智慧图书馆建设与服务
2021年湖北省图书馆学会年会论文集
（上）

汤旭岩　刘伟成◎主编

光明日报出版社

图书在版编目（CIP）数据

智慧图书馆建设与服务：2021年湖北省图书馆学会年会论文集：全二册 / 汤旭岩，刘伟成主编．－－北京：光明日报出版社，2022.3
ISBN 978-7-5194-6499-8

Ⅰ．①智… Ⅱ．①汤… ②刘… Ⅲ．①数字图书馆—图书馆工作—文集 Ⅳ．①G250.76-53

中国版本图书馆 CIP 数据核字（2022）第 040117 号

智慧图书馆建设与服务：2021年湖北省图书馆学会年会论文集
ZHIHUI TUSHUGUAN JIANSHE YU FUWU：2021NIAN HUBEISHENG TUSHUGUAN XUEHUI NIANHUI LUNWENJI

主　　编：汤旭岩　刘伟成	
责任编辑：刘兴华	责任校对：张彩霞
封面设计：中联华文	责任印制：曹　净

出版发行：光明日报出版社
地　　址：北京市西城区永安路106号，100050
电　　话：010-63169890（咨询），010-63131930（邮购）
传　　真：010-63131930
网　　址：http://book.gmw.cn
E - mail：gmrbcbs@gmw.cn
法律顾问：北京市兰台律师事务所龚柳方律师

印　　刷：三河市华东印刷有限公司
装　　订：三河市华东印刷有限公司
本书如有破损、缺页、装订错误，请与本社联系调换，电话：010-63131930

开　　本：170mm×240mm
字　　数：1265千字　　　　　　　　印　张：70.5
版　　次：2022年3月第1版　　　　　印　次：2022年3月第1次印刷
书　　号：ISBN 978-7-5194-6499-8
定　　价：268.00元（全二册）

版权所有　　翻印必究

智慧图书馆建设与服务
——2021年湖北省图书馆学会年会论文集

主　编：汤旭岩　刘伟成
副主编：徐力文　杨　萍
编　委：（按姓氏笔画）
　　　　王新才　汤旭岩　刘伟成　刘杰民　李玉海
　　　　李静霞　杨　萍　钟永恒　徐力文　聂　鸣
　　　　黄如花　曹　薇　颜慧超
编　辑：杨　萍　王锦东　罗茹意　李素娟　况小琴

序　言

黄如花

2021年是"十四五"规划的开局之年，建设智慧图书馆是图书馆界"十四五"期间的重要任务之一。《中华人民共和国国民经济和社会发展第十四个五年规划和2035年远景目标纲要》指出积极发展智慧图书馆等工程，提出全国智慧图书馆体系建设项目。《"十四五"公共文化服务体系建设规划》指出"智慧图书馆体系建设取得明显进展"，并将"全国智慧图书馆体系建设项目"作为十四五期间建设的第20个项目，明确指出"以全国智慧图书馆体系建设为核心，搭建一套支撑智慧图书馆运行的云基础设施，搭载全网知识内容集成仓储，运行下一代智慧图书馆管理系统，建立智慧化知识服务运营环境，在全国部分图书馆及其基层服务网点试点建立实体智慧服务空间，打造面向未来的图书馆智慧服务体系和自有知识产权的智慧图书馆管理系统，助力全国公共图书馆智慧化升级和服务效能提升"。国家图书馆牵头的全国智慧图书馆体系建设项目获财政部、文化和旅游部批准，智慧图书馆研究与实践引起了全国图书馆学界与业界的高度关注。

为回应国家战略需求，积极参加全国智慧图书馆体系建设，推动湖北省智慧图书馆建设与研究，2021年2月，湖北省图书馆学会以"智慧图书馆建设与服务"为主题，组织发起了学术年会征文活动，在上述两个规划指引下，确定了26个子主题，涉及图书馆智慧治理、智慧图书馆建设模式与路径、智能技术应用、智能时代的图书馆空间建设与空间再造、智能时代的图书馆资源建设、智慧服务、智库服务、少儿智慧图书馆的建设与服务创新等。

本次征文活动得到全省各类型图书馆和图书情报院系的大力支持，共收到来自省、市、自治州各级各类图书馆论文228篇。大多数论文观点明确、层次清晰、逻辑性强，作者能密切结合工作实际进行论述，条分缕析，有理有据；部分论文不仅观点深刻、颇具新意，且具备较强的可操作性。

为激发全省同行研究的积极性，以评促研、以评促建、为后续研究提供指导，省图书馆学会开展了优秀论文评选活动，本着公平、公正、普及和提高相兼顾的原则，既鼓励研究内容与工作实际相结合的实践探索，又强调对本行业与本学科新动态与新理论的关注，经过学术系统查重和评审专家初评、复评、终评，按论文总数一等奖10%、二等奖15%、三等奖20%的比率评选，确定了一等奖15篇、二等奖31篇、三等奖38篇。评审结果公布后，经与作者本人沟通，同意编入论文集的论文179篇，我们按论文主题进行归类，将获奖论文排在每个主题的前列，其后依收稿次序编排。

本次征文呈现出三个特点。第一，广泛性。所征论文涵盖征文通知设计的26个子主题、涉及主题范围广，作者分布广，以公共图书馆为主，部分作者来自高校图书馆、科研图书馆、专业图书馆和图书情报学院系，作者中既有资深前辈，也有后起之秀，可谓群英荟萃，少长咸集。第二，时代性。我们很高兴地看到，数字化、智能化、大数据、数据治理、数字阅读、智慧服务、城市书房、文化与科技融合、文化与旅游融合等新兴主题受到了基层图书馆馆员的普遍关注，说明智慧图书馆建设与服务为图书馆管理与服务理念与模式的创新提供了难得的契机，也给图书馆事业提出了崭新的课题，如何抓住机遇、迎接挑战、创新服务，是各类型图书馆在新时期必须面对的重要课题。第三，实践性。本次征文倡导"实践出真知"，鼓励作者从工作实践中提炼思想，以小见大，见微知著。综观获奖论文，作者能从图书馆业务工作中实际问题解决的需求出发，或总结心得、或探索解决方案，论点明确，提供了可贵且丰富的第一手资料，针对性与可操作性较强，对同行工作具有较好的借鉴意义和指导作用。

当然，本次征文还存在诸多提升空间。应征论文多来自公共图书馆，高校、科研和专业图书馆的参与度尚有待提升；深入的理论研究和实践探索成果较少，关注国际前沿、指引未来发展方向的成果非常缺乏；部分论文提出了论点，但论据不够充分，基于实践经验的总结较多、理论总结与提炼不够；总体上自发性、松散式的研究占大多数，合作攻关的学术成果较少；部分论文选题略显陈旧，创新意识有待加强；少量论文在形式上存在着结构失衡，文字表述、标点符号、参考文献使用不够规范，借鉴参考文献方面的比率略高等问题。

综上所述，本次征集的论文突出了智慧图书馆建设与服务的主题，涉及内容广泛，针对上述不尽如人意之处，省学会拟组织学术论文撰写规范相关的培训、在下次征文中细化相关要求，以提高征文质量。湖北省图书馆学会坚持为会员服务、为读者服务的方向，坚持学术导向、学术支持、学术互动，特别是为广大会员搭建学术交流平台，旨在推动我省图书馆事业和研究高质量发展，成为我省公共文化事业发展的重要推手，展现公共文化作为，打造文化高地，更好地推动全省文化科学发展。

2022年1月23日

目 录
CONTENTS

一、5G 时代图书馆服务变革与思考

5G 时代图书馆服务的变革与思考 …………………………………… 刘化兰 3
5G 时代区级图书馆的变革和思考 …………………………………… 何　敏 8
基于 5G 的高校图书馆精准服务展望 ………………………… 肖萍新　李　卉 13
微信公众号在公共图书馆的应用和优化创新 ………………………… 朱晓敏 18
浅析现代信息技术在基层图书馆的实践
　　——以襄阳市图书馆为例 ………………………… 果树奕　姜　懿 24
大数据时代图书馆提升服务效能的创新探索
　　——以咸宁市图书馆为例 ……………………………………… 王　程 29
5G 背景下图书馆服务变革 …………………………………………… 龙志安 35
图书馆微服务信息茧房效应反思
　　——以上海图书馆为例 ………………………………………… 沙宣如 39
手机阅读趋势下图书馆服务创新研究 ………………………………… 王祥荣 46
图书馆 4.0 时代高校图书馆服务创新初探 …………………………… 张甜甜 51
新媒体时代背景下公共图书馆微博营销思路探析 …………………… 杨　媛 56
5G 时代图书馆服务变革与思考 ……………………………………… 许春艳 60
浅谈互联网环境下的现代图书馆服务 ………………………………… 黄　惠 64

二、疫情防控背景下公共图书馆"云服务"探析

湖北省公共图书馆在应对重大突发公共卫生事件中的实践与思考
　　——以新冠肺炎疫情为例 ………………………… 李　红　代新欣 71
疫情防控背景下公共图书馆"云服务"浅探 ………………………… 石　星 79

1

后疫情背景下公共图书馆"云服务"探析
　　——以英山县图书馆为例 ………………………………… 陈云峰 85
疫情防控背景下公共图书馆"云服务"探析
　　——以武汉市少年儿童图书馆为例 …………………………… 刘晓文 88
浅议疫情防控背景下公共图书馆服务创新
　　——以十堰市图书馆为例 ………………………… 李　燕　王群燕 94
疫情防控背景下公共图书馆阅读疗愈服务探析
　　——以湖北省图书馆为例 ………………… 刘静桐　刘林玲　黄国华 99
疫情防控背景下公共图书馆"云服务"探究 ……………………… 李　晶 105

三、智能时代的图书馆资源建设与数据服务

智能时代的图书馆资源建设与数据服务浅析
　　——以湖北省图书馆为例 ……………………………………… 张广振 113
公共图书馆文献资源建设优化实践思考
　　——以湖北省图书馆采访工作为例 …………………………… 胡　多 119
数字乡村与全民阅读融合背景下公共图书馆资源建设研究 …… 张　晨 125
智能时代的图书馆资源建设与数据服务 ………………………… 王　琳 131

四、图书馆智能服务与智慧服务

高校图书馆智慧服务模式探析 …………………………………… 田雅君 139
试探基于多元交互模式下文献智慧借阅体系的架构与设计 …… 翁利鹏 146
浅析后疫情时代读者信息不对称对借还工作的影响
　　——以湖北省图书馆中文外借期刊借还的角度 ……………… 张定高 153
公共图书馆信用免押金办证服务工作探析 ……………………… 黄雨晨 158
基于用户体验的智慧图书馆服务评价研究 ……………… 涂文艳　方　吉 164
公共图书馆党员干部学习基地建设探讨 ………………………… 胡　姝 172

五、图书馆智库服务与决策服务能力建设

疫情时期公共图书馆舆情信息服务研究
　　——以湖北省图书馆为例 ……………………………………… 欧阳磊 179
勇抓时代机遇，力促图书馆建设与服务 ………………… 黄金凤　王群燕 186

六、延伸阅读的触角——公共图书馆阅读推广创新探索

公共图书馆新媒体阅读推广创新探索
　　——2021年湖北省图书馆"因书而美"世界读书日案例浅析 … 竺佳怡 193
短视频延伸阅读的触角 …………………………………… 杨　思 202
新公共管理理论在阅读推广服务中的积极探索
　　——以湖北省图书馆线上方舱图书馆为例 …………… 董思涵 210
图书馆儿童想象力阅读活动探析
　　——以武汉市少年儿童图书馆"千字屋"儿童想象力体验空间为例…… 林　翔 216
公共图书馆阅读推广创新探索 …………………………… 吴红兵 222
公共图书馆红色文献阅读推广研究
　　——以湖北省图书馆建党百年馆藏党报党刊展为例 …… 聂　曚　何　菁 227
"互联网+"背景下的图书馆阅读推广策略探究
　　——以湖北省图书馆为例 ……………………………… 雷　晶 234
公共图书馆公益讲座推广研究
　　——以湖北省图书馆沙湖书会公益讲座为例 ………… 蒋　慧 239
公共图书馆"讲书"系列活动品牌创建成效影响因素分析
　　——以湖北省图书馆讲书人系列活动为例 …………… 曹星月 244
高校图书馆科技情报服务育人实践和思考
　　——以华中科技大学图书馆为例 ……………… 次雨桐　方吉 251
"音乐与阅读"：公共图书馆儿童阅读推广新模式
　　——武汉市少年儿童图书馆"音乐与阅读"活动实践与思考……………
　　………………………………………………… 徐水琴　陈　聪 257
图书馆加强阅读推广的途径与方式
　　——以武汉市新洲区图书馆为例 ……………………… 张彩雯 264
公共图书馆阅读推广创新探索
　　——读书会的实践与启示 ……………………………… 柴　斌 269
全民阅读时代公共图书馆阅读品牌的创建探析 ………… 王　黎 274
关于公共图书馆在阅读推广工作中的思考 ……………… 陈银涛 280
大数据时代公共图书馆服务创新发展方向思考 ………… 王传雄 286
公共图书馆公益讲座工作实践探析
　　——以武汉市少年儿童图书馆为例 …………………… 郭　飞 292

3

公共图书馆红色经典阅读推广实践探索
　　——以十堰市图书馆为例 …………………………… 张燚　李燕　李晚秋　298
基于智慧图书馆阅读推广的创新策略研究 …………………………… 姜　媚　304
浅析湖北省图书馆"沙湖书会·报刊推荐"活动的改版工作 ……… 师晓景　309
融媒体在公共图书馆阅读推广的应用与探索
　　——以《领读者说》节目为例 ……………………………………… 白樱子　313
社会化媒体视角下的公共图书馆红色文化营销策略研究
　　——以湖北省图书馆为例 …………………………………………… 刘林玲　319
"三全育人"理念下高校图书馆阅读推广的"红色书籍阅读"活动实践探索
　　——以中国地质大学（武汉）图书馆"结对读党史"活动为例 …………
　　　………………………………………………………………………… 付　蕾　325
探析公共图书馆讲座衍生品资源的开发与传播
　　——以湖北省图书馆"长江讲坛"为例 …………………………… 谢　宁　331
湖北省图书馆微信公众平台运营与阅读推广研究 …………………… 时　晨　339
社会学习理论视角下多媒体技术助力乡村家庭阅读推广
传播路径研究 …………………………………………………………… 李　丹　347
公共图书馆未成年人经典阅读推广实践研究
　　——以宜昌市图书馆经典阅读推广为例 ………………… 余露雲　刘文涛　353
信息化进程中县级图书馆如何为服务赋能
　　——宜城市图书馆阅读推广实践 …………………………………… 何晓律　359
阅读推广的活动设计和实践的思考 …………………………………… 邓　鹃　364
公共图书馆馆办阅读刊物在阅读推广中的作用探析 ………………… 邓　巍　372
公共图书馆传播优秀传统文化探索与实践
　　——以湖北省图书馆《论语》精读班为例 ………………………… 余　眈　377
真人图书馆阅读推广模式研究
　　——以湖北省图书馆"悦读人"真人图书馆为例 ………………… 黄晓玉　382
全媒体环境下公共图书馆读者活动宣传刍议
　　——以湖北省图书馆"沙湖书会"为例 …………………………… 刘学丹　387

七、智能图书馆法制化、制度化建设研究

我国公共图书馆地方立法的现状分析与对策
　　——以地方立法法律文本及相关研究为考察中心 ………………… 黄国华　395

从《行政事业性国有资产管理条例》和《公共图书馆法》看立法实践在公共文化事业保障领域的延伸 …………………………………… 李 淼 402
公共图书馆国有资产管理工作刍议 ………………………………… 杨 柳 407
我国智慧图书馆法制化建设成果分析 ………………………………… 桂霄雨 412
浅谈对《公共图书馆法》第三十四条的思考 ………………………… 刘晓屿 418

八、挖掘地方文献价值 助力文创产品开发

浅析地方文献对"非遗"文创产品的促进作用
　　——以湖北省纺织类"非遗"为例 ………………… 杨振宇 蔡朝霞 425
新时代图书馆文创产品开发与地方文献相结合的思考 ……………… 王俪颖 430
公共图书馆文化创意产品开发实践与启示 …………………………… 曹 锐 435
挖掘地方特色价值 助力文创产品开发
　　——以湖北省动漫产业SWOT分析为例 ………………………… 曾 铖 440
十堰市地方文献工作案例研究及创新发展探索 ……………… 赵 璐 郝梦寅 446
公共图书馆文化创意产品的开发与利用 ……………………………… 余嫚雪 454

九、古籍文献的保护与利用研究

浅议公共图书馆如何收集和利用灰色文献 …………………………… 涂小红 463

十、特色馆藏建设模式研究

浅谈馆藏统计分析与优化馆藏建设
　　——以武汉市少年儿童图书馆为例 ……………………………… 刘 利 471
图书馆馆藏建设中的港台图书建设
　　——以台版图书为例 …………………………………… 李 昂 郭芳吟 482
特色馆藏建设模式研究
　　——以华中科技大学图书馆医学分馆德文特藏室为例 ………… 文春艳 490

十一、后疫情时代"云馆配"模式的多维比较与优化研究

后疫情时代下的公共图书馆讲座发展路径探析
　　——以长江讲坛为例 ……………………………………………… 刘 虹 497
疫情防控期间公共图书馆开展线上服务的思考
　　——以湖北省图书馆为例 ………………………………………… 杨 萍 503

十二、文旅融合背景下公共图书馆的服务创新

"文旅融合，拥抱诗与远方"
　　——文旅融合发展与总分馆建设背景下的丹江口市"均州书房"探索与实践
　　………………………………………………………………… 邓亚虎 513
文旅融合背景下公共图书馆的服务创新 ………………………… 张广振 518
文旅融合背景下公共图书馆创新服务初探
　　——以湖北省图书馆为例 …………………………………… 钟　源 524
图书馆创建国家A级旅游景区可行性研究分析 ………………… 卢　蓉 530
文旅融合背景下十堰市图书馆红色经典阅读推广服务探索 …… 熊　蕊 537
文旅融合背景下公共图书馆服务创新研究 ……………………… 陈　帆 542
公共图书馆文旅融合实践案例研究与策略 ……………………… 刘学丹 548
浅谈文旅融合背景下市级公共图书馆红色旅游服务的发展 …… 何　群 554
试析文旅融合背景下公共图书馆的创新服务 …………………… 涂小红 560
文旅融合背景下公共图书馆服务创新的路径思考 ……………… 应吉平 567
文旅融合背景下公共图书馆的服务创新 ………………………… 赵　颖 573
文旅融合背景下公共图书馆的服务创新 ………………………… 章利君 579
后疫情背景下公共图书馆在促进文旅融合中的角色定位思考 … 汪　敏 585

十三、公共图书馆服务模式新研究——以"城市书房"建设为例

打造"小而美"的服务矩阵
　　——城市书房差异化建设探讨 ……………………………… 李　茜 593
浅析文旅融合背景下城市书房服务的发展 ……………………… 杨晓彤 599
公共图书馆服务模式新研究
　　——以"城市书房"建设为例 ……………………………… 张潇潇 606
公共图书馆服务模式的新研究
　　——以"城市书房"建设为例 ……………………………… 成素凤 612
公共图书馆服务模式新研究
　　——以"城市书房"建设为例 ……………………………… 许芬荣 618
公共图书馆服务模式新研究
　　——以"城市书房"建设为例 ……………………………… 聂微涟 624
城市书房——便民服务再升级

——以当阳市"城市书房"建设为例………… 徐海燕　钟　燕　严　青 629
公共图书馆服务模式新研究
　　——以"城市书房"建设为例…………………………… 李　黎　吕　莹 633
公共图书馆服务模式新研究
　　——以鄂州市"城市书房"建设为例……………………………… 田　琳 638

十四、智慧图书馆建设模式与路径

我国智慧图书馆研究的热点与趋势分析
　　——基于CNKI信息计量分析 ……………………………………… 秦艳姣 645
最短的路径：以终为始
　　——公共图书馆智慧化建设中的Web 2.0模式应用研究 ……… 朱　玲 659
人文与技术驱动下智慧图书馆建构探析 ……………………………… 李　晶 667
湖北省图书馆科普服务智慧化路径研究
　　——以智能设备在图书馆服务中的应用为例 …………………… 曾　铖 674
智慧图书馆建设模式与路径 …………………… 向秀立　刘卫强　周志清 681
智慧图书馆建设模式与路径 …………………………………………… 郭　智 686
智慧图书馆建设与智慧城市 …………………………………………… 王　显 691

十五、区域图书馆联盟与总分馆建设研究

浅谈公共图书馆总分馆建设 …………………………………………… 叶青青 699
论多元支持与合作对公共图书馆事业发展的助力作用
　　——以黄冈市图书馆总分馆制建设过程中的文献资源建设为例 … 顾　玲 705
地方图书馆信息化建设中面临的机遇与存在的问题及对策研讨 …… 何楚龙 708
文化建设之路上基层社区图书馆的建设运营 ………………………… 李　岚 714

十六、智慧图书馆的数据治理、数据安全与长期保存

高校图书馆开展科研数据管理服务策略研究 ………………… 方　吉　涂文艳 721
浅论图书馆信息资源建设规划与可持续发展 ………………………… 郭　飞 727

十七、智能时代的图书馆空间建设与空间再造

智能时代的图书馆空间建设与空间再造
　　——以中国地质大学（武汉）图书馆为例 …………………… 梁胜男 735

7

智能时代的图书馆空间建设与空间再造 ………………… 顾志芹 张卫列 742
公共图书馆馆藏空间拓展方法研究 ……………………………………… 杨 珂 747

十八、图书馆社会教育与特殊人群服务

基于内容分析的我国公共图书馆老年人服务研究 ……………………… 罗 媛 755
图书馆社会教育与特殊人群服务 ………………………………………… 何 菁 762
公共图书馆解决老年人运用智能技术困难的实践与探索
　　——以湖北省图书馆开展老年读者智慧触网系列主题讲座活动为例 …………
　　…………………………………………………………… 余 梦 贺 维 769
湖北省图书馆特殊人群健康支援 ………………………………………… 李久艳 776
基层图书馆针对特殊人群的服务现状与建议
　　——以武汉市区图书馆为例 ……………………………………… 温明谕 781
公共图书馆主动服务老年读者的探索
　　——以湖北省图书馆为例 ………………………………………… 谢正芬 789
关于公共图书馆开展农民工群体阅读推广的探讨 ……………………… 文 凤 795
公共图书馆为残障群体提供公共文化服务之浅见 ……………………… 胡 玉 800
图书馆社会教育与特殊人群服务 ………………………………………… 曾小梅 804
打开盲人视野　点亮阅读人生
　　——以荆门市图书馆盲人读者服务为例 ………………………… 余金国 810
服务于留守儿童的"农家书屋" ………………………………………… 刘 利 816

十九、智能设备在图书馆服务中的应用研究

Interlib 系统在流通部门统计工作中的应用与实践
　　——以十堰市图书馆外借部为例 ………………………………… 田 蜜 823
电子杂志在公共图书馆信息专题服务中的应用分析 …………………… 刘 聪 831
新媒体在未来公共图书馆的作用简析 …………………………………… 李 蓉 836

二十、数据资源建设与馆员能力建设

浅析大学学术讲座对人才培养的影响 …………………………………… 胡 盼 845
图书馆员在智慧图书馆构建中的定位思考 ……………………………… 孙若涵 850
新时代馆员能力建设探究
　　——以湖北省图书馆参考咨询员为例 …………………………… 叶振宇 856

智能时代图书馆资源建设与数据服务 ············· 齐岩婷 汪海燕 862
基层图书馆员在图书推荐中所应发挥的作用 ············· 杨　帆 867
人工智能服务环境下高校图书馆智慧馆员的培养 ········ 芦健 江丽芳 871

二十一、图书馆智能图书采访和推荐及智能编目的理论、方法和技术研究

关于优化采访流程，丰富馆藏文献的思考 ················· 赵金春 879
浅谈图书馆编目外包业务 ······························ 刘　利 886

二十二、新一代智慧图书馆的功能与业务体系建设研究

文化振兴背景下的公共图书馆功能研究 ·················· 谭兴国 893
高校图书馆吸引社会捐赠措施研究 ······················ 袁　佳 899
我国省级公共图书馆（2016—2020）科研状况分析 ················
　　　　　　　　　　　　　　　　　　张雅俐 刘林玲 黄国华 908

二十三、少儿智慧图书馆的建设与服务创新研究

少儿智慧图书馆的建设与服务创新研究 ·················· 陈　静 917
社会力量在省级少儿图书馆科普阅读推广中的运用分析 ····· 刘映潇 922
洛杉矶公共图书馆夏季儿童阅读推广服务探析
　　——以对襄阳市图书馆的启示为例 ················· 徐　崴 929
基于阅读推广的少儿图书馆图书采访策略补探 ············ 郭　飞 940
公共图书馆开展少儿书目推荐的实践与思考
　　——以武汉市少年儿童图书馆为例 ················· 刘　利 946
现代家庭环境下少年儿童图书馆的作用 ·················· 刘　利 952
文化生态视域下少年儿童图书馆的服务 ·················· 刘　利 957

二十四、其他

国内外三所高校图书馆学者画像服务调查与分析 ··········· 江语蒙 965
甘鹏云纂刻的乡邦文献四种
　　——《楚师儒传》《潜江书征》《潜江贞石记》《潜江旧闻》 ······ 石　玥 974
后扶贫时代公共图书馆的作为 ·························· 王义翠 981
拓展功能　创新机制　探索路径
　　——基层图书馆文化精准扶贫论略 ················· 高颖彦 986

9

图书馆智能学术论文平台的探索与研究 ………………… 胡霍真　孙　明 994
图书馆基于基础工作的体系构想 ……………………………… 要　红 999
浅谈少儿图书馆如何发展志愿者团队
　　——以武汉市少年儿童图书馆为例 ………………………… 陈昌龙 1007
新形势下公共图书馆党建工作与业务工作深度融合的实践与思考
　　——以黄冈市图书馆为例 …………………………………… 刘红波 1013
互联网环境下公共图书馆文化服务探讨 ……………………… 杨丹丹 1021
农家书屋在乡村振兴中的可持续发展探究 …………………… 江艳雯 1026
图书馆推进"党建+业务"工作融合的探索实践
　　——以湖北省图书馆为例 …………………………………… 周　琪 1033
浅议中国图书馆发展历程 ……………………………………… 胡媛媛 1039
书法·读书·养生
　　——记湖北书法家郑颐贞先生与湖北省图书馆的情缘 …… 孙智龙 1043
文化志愿者服务管理实践探索 ………………………………… 赵　燕 1049
浅析基层公共图书馆存在的问题与对策 ……………………… 王传雄 1054
馆员心声——我与读者的交流 ………………………………… 孙智龙 1060
浅谈数字图书馆的四化建设 …………………………………… 张军民 1065
数据分析在图书馆中的应用
　　——浅谈读者个性化阅读 …………………………………… 赵　晶 1071
积殊胜之功德　颂随喜之赞叹
　　——西藏山南市图书馆五年回眸 …………………………… 平措桑珠 1076
藏源之地　求知圆梦
　　——我和图书馆的故事 ……………………………………… 平措桑珠 1078
关于公共图书馆地方文献分类排架方式的探讨
　　——以方志为例 ……………………………………………… 夏汉群 1082
信息时代下在公共图书场景中传承弘扬传统文化 …………… 刘　端 1085
浅谈红色文献收藏的重要性
　　——以武汉市少年儿童图书馆为例 ………………………… 刘　利 1092
满船清梦压星河
　　——感悟图书馆 ……………………………………………… 郭　飞 1096
浅析开架借阅书刊损耗及其规范控制 ………………………… 郭　飞 1098

附件：2021年湖北省图书馆学会年会征文获奖名单 …………… 1103

一、5G时代图书馆服务变革与思考

5G时代图书馆服务的变革与思考

刘化兰

(仙桃市图书馆,湖北仙桃,433000)

摘　要：5G时代下新技术普及与应用将会改变大众获取知识的方式,用户对公共图书馆的服务需求也会发生变化。本文通过对5G时代知识传播特点及用户习惯的分析,提出了公共图书馆智慧化服务的发展方向和面临的挑战。

关键词：5G；图书馆；智慧化服务

5G技术是继云计算、大数据和人工智能之后最热门的信息技术,未来将彻底颠覆现有的互联网模式。图书馆作为社会知识、信息、文化的记忆与扩散装置,大致经历了传统图书馆到数字图书馆再到智慧图书馆三个发展阶段,其工作服务模式也逐渐从基本的纸质载体服务发展到数字信息服务,并最终发展到全面感知体验及提供全方位沉浸式学习的智慧化服务[1]。5G时代的到来不仅为图书馆智慧化服务提供了技术支撑,同时也给图书馆服务和建设带来了新的挑战。因此,探讨5G技术环境下公共图书馆服务的变革及面临的问题对于智慧化图书馆的建立和实现具有重要的现实意义。

一、5G技术概述

5G技术设计了eMBB（增强型移动宽带）、mMTC（海量低功耗连接）和uRLLC（低延时高可靠连接）三大应用场景,从而能够满足高效率、大带宽、低延时、大容量、高可靠性设备接入的需求。从1G到4G,移动通信的核心是人与人之间的通信,个人的通信是移动通信的核心业务,但5G通信不仅仅是人的通信,更是物联网、工业自动化、无人驾驶等技术的引入,通信从人与人之间的通信开始转向人与物的通信,甚至机器与机器的通信[2]。5G技术彻底唤醒了物联网的发展,使人与物、物与物始终保持网络互联,真正进入万物互联的时代。在未来,5G技术将引发相关产业的变革,甚至催生出新的产业应用,如远程教育、跨区域医疗等；促进云计算产业变得更加成熟,大量数据的高频、实时交互将成为可能，云端优势也更易于释放；促进物联网产业的发展更加成熟，同时推进无人驾驶和大数据领域的发展，帮助智能家居迅速崛起，推动智慧城市建设和虚拟现实快速发展[3]。

二、5G时代下的图书馆服务发展方向

5G时代的到来进一步促进了图书馆数字化进程，智慧图书馆也得到了快速的发展。在大数据与人工智能高速发展的时代，人们对获取信息方式和效率的要求也越来也高。5G技术的应用为公共图书馆的信息存储、组织、传播带来了深刻的影响，之前设想的一些应用场景成为现实，其中，具有代表性的十大应用场景包括无感借阅、导览导航、超清全景及互动直播、智慧书房、智慧场馆、云课堂、精准推送、机器人服务、智能安防监控、区域联盟及服务协同。在信息化、数字化、智能化和网络化的信息技术背景下，图书馆在重视网络通信及智能设备的同时，也应该重视服务的个性化、精准化、可视化。

（一）图书馆服务的个性化

5G技术带来的速度快、效率高、容量大等的网络优势，使图书馆终端设备可以采集大量的用户信息，包括摄像头采集的视频信号，麦克风采集的语音信息，自助借还机采集的图书借还信息，门禁系统采集的进出馆信息，服务器手机的文献检索数据，电子图书借阅机、手机的图书阅读与下载数据等等[4]。以云计算和大数据处理技术为代表的数据分析手段可以从用户的数字足迹、情景数据和内容偏好数据三个方面对图书馆用户进行描述，利用大数据相关技术对用户数据进行挖掘和分析，构建用户画像库和场景库，并深度挖掘用户的需求，将用户的需求与图书馆资源融合形成知识资源库，针对图书馆用户的需求提供个性化定制服务、场景式体验服务和特色化参考咨询服务，实现智慧图书馆的场景化、智慧化和智能化[5]。

（二）图书馆服务的精准化

图书馆智慧化服务，不仅是大数据、人工智能等信息技术的综合应用，而且能帮助用户在获取信息时突破时间和空间的限制。传统图书馆的服务模式是"图书馆有什么，用户看什么"，而5G时代将这种服务模式改变为"用户需要什么，图书馆提供什么"。图书馆围绕用户可以提供文献信息的搜集及加工处理、文献借阅、浏览、参考咨询、文献检索、宣传辅导等服务，让服务类型更加具体化。图书馆可以构建知识资源库，针对不同年龄段、场景、专业的用户对资源进行分类与整合，形成知识词条，使用户在使用时可以达到"快人一步、精准高效"的效果。图书馆也可将服务扩展至移动客户端、近场服务、门户网站、新媒体平台等多种渠道，为用户提供方便、快捷的泛在化服务[6]。

（三）图书馆服务的可视化

5G有助于提升虚拟现实技术（VR）和增强现实技术（AR）在图书馆的应用程度，可为用户提供实体场景式或虚拟场景式服务，通过特定设备与虚拟信息进行实时互动，降低优质内容的获取难度和总体成本。福州图书馆的VR/AR的创新阅读体验分为"海底世界""AR4D创作馆""AR4D科普教育馆"三大模块，可在一定程度上激发孩子们的学习兴趣[7]。拥有良好网络承载力的5G将成为图书馆在大型赛事/活动/事件直播、远程安防监控、远程资源、实时展示等领域重要的技术支撑，最终更丰富图书馆的服务内容与用户选择[8]。VR/AR可应用于图书馆服务及设施的指引，方便用户获取图书位置信息，准确定位资源。这种互动式、可视化的服务能够提高图书馆服务的质量和温度，增强用户黏性。

三、5G时代下的图书馆馆员

在5G技术逐渐普及的时代背景下，图书馆馆员作为图书馆服务的核心力量，需要不断学习新技能、转变服务形式、升级服务质量，为图书馆的智慧化服务奠定基础。

（一）知识储备

5G时代下图书馆馆员除应具备图书馆学的理论知识和业务技能外，还需要熟练使用计算机、各类软件、新媒体等。图书馆馆员要传承传统图书馆馆员整理、借阅图书的职能。

（二）文献调研

在物联网、大数据等信息技术逐渐普及、应用的过程中，公共图书馆之间的差异不再是馆藏书籍与文献的差异，而在于自建数据库的形式与内容的差异，因此文献调研将成为5G时代下图书馆馆员不可或缺的能力。图书馆馆员将具备文献搜集、挖掘、整理、分析、总结的能力，将各类分散、零碎的信息进行开发进而传递给用户，形成图书馆自有的特色数据库，使图书馆变得更有活力、竞争力。

（三）数据处理

5G时代的阅读载体更多地由纸质转向屏幕，图书馆更应注重信息的传播和移动数字阅读的推广，使图书馆资源变得更易获取，更贴合用户使用习惯。图书馆馆员则需要搜集用户基本数据、内容偏好数据、用户交互数据、情景数据等对用户画像进行准确描述，对用户数据进行整理、分析和归类，进而构建用户画像库和场景库，实现对用户资源数据的深入挖掘和利用，提供针对性的智慧化服务。

四、5G时代下图书馆面临的挑战

5G时代图书馆发展面临的机遇是技术升级与模式转型，即构建智慧化图书馆。图书馆的传统模式及成熟运行系统将成为其"智慧化"道路上的种种限制性因素。另外，对5G新技术应用及智慧化服务新形态的适应也是一大挑战。

（一）图书馆的"社会地位"

公共图书馆作为社会知识、信息、文化的记忆与扩散装置，以其地方馆藏的书籍和文献与用户相连接，且在很大程度上具有地域特色。在5G时代万物互联、数据开放的背景下，图书馆的空间限制被打破，用户面对的是多个图书馆或多个数据库，可以更加直接、高效地进行机构筛选获取更丰富的文献信息。此时，各地的图书馆的"社会地位"将会被削弱或取代。这就需要各地方的图书馆在分析信息资源市场及自身利弊后，建设特色数据资源，吸引更多的用户。

（二）图书馆的运营、维护成本

5G技术在图书馆的推广下必然会带来硬件设备和软件应用的更新升级；为了配合智能化设施使用，图书馆的布局和空间设计也将会做相应的调整；数字图书馆资源购买等都需要大量的资金投入。智能化设备的一大特点就是更新换代快，为了保证图书馆的正常功能和用户的良好的学习体验，需不断维护并更新智能化设施。数字化图书馆的普及提高了对网站访问流畅度、资源获取速度等方面的要求，这需要配备专人进行维护并随时解决用户的在线问题。

（三）图书馆的管理机制

5G技术全面应用后，公共图书馆的运营、维护、管理与服务的智能化水平将大大提升，这在提高图书馆运转效率的同时，也对其管理机制提出了挑战。首先，传统的管理机制和运营流程必然无法适应智能化的运营、维护、管理与服务的节奏，需要对图书馆的管理机制进行改革和优化；其次，公共图书馆在物联网时代，在业务方面也会进行拓展，不仅要给用户提供馆藏的书籍和文献，而且要分析、整理并传播数字化信息，图书馆关于网络文化和秩序、网络用户、网络数据等的管理制度也需加强；5G智能化带来的高效率以及机器人、无人配送车等的应用会在一定程度上缩减图书馆馆员的需求量，对于富余的人力将面临着如何安置的问题。

五、结语

5G技术将开启全联结、超智能的数字智慧时代，5G技术与云计算、大数据等人工智能新技术的结合将推动图书馆服务更加个性化、精准化和可视化。图书馆在服务用户的同时，也要积极调整自身的管理机制、提升馆员智慧素质与能力、配备完善智能化设施、培养数字资源敏感性，才能在5G新时代到来的过程中保持竞争力，迎接图书馆智慧化服务进程中的挑战。

图书馆的核心宗旨是服务用户，5G时代带来的是新的技术支持。图书馆只有在5G技术浪潮中用智能化和数字化的知识与技术武装自己，了解并掌握5G时代知识传播特点及用户习惯，顺应公共图书馆智慧化服务的发展方向，秉持服务用户这一宗旨，才能在逐步应用5G技术的过程中吸引用户、保持活力。

参考文献

[1] 张桂红, 朱悦. 我国科技平台建设的历程、现状及主要问题分析 [J]. 中国科技论坛, 2015 (1): 17-21, 38.

[2] 刘恩泽, 罗彬. 5G时代高效智慧图书馆变革探究 [J]. 图书馆学刊, 2020 (1): 9-12.

[3] 冯贞翔. 浅议5G时代公共图书馆的机遇和挑战 [J]. 数字图书馆论坛, 2020 (6): 56-61.

[4] 杨琳. 5G技术对图书馆发展的推动作用分析 [J]. 科技经济导刊, 2020 (16): 25-26.

[5] 曾群, 杨柳青. 5G环境下智慧图书馆创新服务模式研究 [J]. 图书馆学研究, 2020 (22): 4-8.

[6] 李彩宁, 毕新华, 陈立军. 智慧图书馆服务模式及平台构建研究 [J]. 图书馆, 2018 (12): 1-7.

[7] 赵沁平. "虚拟现实+"技术开始进入发展期 [N]. 中国科学报, 2018-03-12.

[8] 岳和平. 5G技术驱动的图书馆智慧服务场景研究 [J]. 图书与情报, 2019 (4): 119-121.

5G时代区级图书馆的变革和思考

何 敏

（武汉市洪山区图书馆，湖北武汉，430060）

摘 要：目前，信息化所带来的便利已渗透了社会的各个领域，而作为信息发展的前沿技术——新的5G技术，极大地影响了我们的生活与工作。区县级图书馆作为公共文化场所，更应该将5G技术利用起来，建立包括大数据、物联网和云计算等在内的诸多应用，从而给读者提供多元化、个性化的服务。

关键词：5G；区级图书馆；数据管理

近年来，高速发展的社会科技，将我们带进了5G时代。社会多个领域均开始以5G技术特征为基础，对其应用模式、应用场景展开深度解析。而其中的一项基础领域，就是区级图书馆，图书馆人应在推动图书馆变革、发展的过程中发挥自身积极作用，深层探析了解5G技术，尽可能地整合5G技术和图书馆，实现其效能的最大化。

一、5G技术的内涵与应用

（一）5G技术的内涵

现阶段，最火热的信息技术非5G莫属，作为第五代移动通信技术，其可以说是新时期发展最不能少的一种移动通信网络[1]。5G同4G相比，具有明显的优势，包括传输速度更快，能耗、延时更低等。且其也能提供可靠性更高的互联网安全服务。从20世纪八十年代开始发展到现在，移动通信已经历了四代发展历程，而每一代技术的更迭均见证了信息时代的发展。前四代通讯技术均将人和人的实时通信作为重点，5G则立足于此将物联网、自动化等技术融入其中，以人和物的转化通信取代了人和人的实时通信，且也让机器之间的互联通信成功实现。

（二）5G技术的应用方向

确保数据关联与流通的一个基础条件就是通信技术，因此每代通信技术的发展均会对系统性数据互联的变革产生影响。5G 技术具有显著优势，其可应用于大量场景与行业中。

（1）物联网：万物互联的前提条件就是 5G 技术，而物联网则提供了充足的动力给 5G 技术的实际应用。在信息背景下，物联网技术的成熟度越来越高，5G 的应用既可对物联网的实际应用起到有效保障作用，也能够使之不断进行自我完善，并较好地应用到交通运输、医疗等领域。

（2）云计算：5G 技术可提供更加夯实的基础保障给云计算。在日常生活中，人们开始越来越高标准地要求信息技术。面对云计算的庞大容量，5G 技术可在为其提供较好支撑的同时，综合调动各类资源，更好地服务社会大众。

（3）智能交互：现阶段，在 5G 技术的支持下，电子科技取得了迅猛发展，而其中的代表行业包括无人驾驶和远程医疗。凭借 5G 技术低延时和高速率的优势，相信在不久之后，这部分服务便可实现智能交互。

二、5G 时代带给图书馆的变革影响

图书馆的主要作用就是储存、组织以及传播信息、数据和知识。5G 时代所提出的新技术与新标准，均会对图书馆的信息组织与信息传播产生直接影响。第一，5G 时代下的即时信息传输变化产生的变革影响，其具有诸多鲜明特征，包括超高速、大容量、低时延、高密度和移动性强，就让信息的传播不受限于时间、空间，进而可对信息传输起到积极促进作用，让 24 小时信息传递和"无所不传"的局面成功实现[2]。第二，5G 终端设备的变化对图书馆发展产生的影响，也就是 5G 时代下的信息传递将即时化、人工智能技术等场景呈现了出来，明显改变了图书馆的信息组织形式与内容形态，最终改变图书馆的用户使用终端行为。第三，5G 服务接口变化产生的影响。简单来说就是过去 4G 时代下的 App 媒体发展形态正逐渐被 5G 时代所改变，将 5G 终端特性与网络特征的集成平台建立起来，使云平台慢慢成为图书馆发展中最为重要的信息集成、知识组织与计算机服务形式，让包括图书馆服务系统、书目管理平台等在内的开通数据流通得到充分保证，图书馆取得更好发展。第四，图书馆信息传播的核心资源将不再是内容与渠道，而会转变为数据，同时借助多个服务内容与应用场景把数据的价值更好地突显出来。

三、5G 时代背景下区级图书馆的变革之路

在 5G 时代背景下，区级图书馆的变革发展除了要对用户服务体验予以重视外，还应将自身数据运作、数据管理不断加强，改善目前较为薄弱的数据环节，使之更加稳定和可靠[3]。

(一) 转移服务模式

由 Gartner 2018 年出具的一份报告可知，2022 年前，预测期内云迁移速度最快的部分就是系统基础设施，而截止到 2020 年底，数据中心系统总支出的 41% 均被 Iaas 所占据。如此一来，不难看出，大部分信息服务机构的选择标准都将是云服务，尤其是 Iaas。进入 5G 时代，图书馆拥有非常多的数据获取智能终端与数据处理终端。而在 5G 技术的支持下，信息服务板块形成由多个平台相互合作、结算组成的服务模式，从而把数据获取量不足的问题解决了，促进了数据获取和数据共享的全面提高。Iaas 的高效存取、高效计算、全天候保障的服务模式则能够将更优质的服务体验带给读者。在整个数据体系中，最庞杂的信息平台莫过于 Iaas，区级图书馆应重视对模式的分析运用，把其充分渗透在数据管理中，加强管理质量，将时效性数据应用体系构建起来。所以，图书馆数据管理人员，应针对 Iaas 应用加大解析力度，尽可能地在其中迁移进数据。

(二) 建立科学完善的智能化服务体系

5G 时代，智慧图书馆运行的中心就是广大读者。传统图书馆只是以图书存储的载体存在，图书的借阅是其为读者提供的主要服务，且借阅功能尚不高效。快速发展的互联网技术，借助互联网技术将更科学、高效的智能服务体系建立起来，能够更好地服务读者。所以，不论如何发展，智慧图书馆均要将服务广大读者作为重要基础。过去，区级图书馆为读者提供的服务主要是图书借阅与归还，图书的上架和书本类型的分类服务是由人工完成的。而智慧图书馆便能够借助智能信息技术，提供更加方便、多样且充满个性的服务给广大读者，使读者不仅能够和馆员交流，还可借助自己的智能设备与图书馆馆舍、馆藏资源和图书馆设备展开良好互动，且所享受到的服务也不受时间、空间的限制。

随着 5G 时代的来临，云平台、大数据、人工智能新兴技术开始被较多地应用于智慧图书馆发展过程中。如此一来，智慧图书馆也拥有了多重身份，包括全方位智能化的图书信息资源中心、高效便捷的信息服务中心以及综合的信息资源中心，且提供给广大读者的服务也变化较大。

所以，广大读者可以把云平台的功能利用起来，在短时间内将图书的预约、借阅以及归还完成，图书馆可以借助人脸识别技术识别读者的身份，同时将其借阅历史与阅读兴趣结合起来分析，针对每个读者的需求提供个性化的服务。巧妙利用大数据技术统筹整合智慧图书馆的各类资源，可帮助读者以最短的时间准确掌握图书资源。所以，5G 技术的特性（高速率、低延时）的充分运用，可让读者借助手机等终端对智慧图书馆进行访问，快速地获得自己所需的电子资源。智慧图书馆通过虚拟现实技术与 5G 网络，使广大读者全身心地投入智慧图书馆的体验中，促进服务水平的提升，充分发挥功能，对智能信息技术的智能化服务体系做进一步完善。

设立沉浸式的体验与智慧服务。现阶段，VAR（视频助理裁判）技术在应用过程中可提供沉浸式的体验应用服务给广大用户，提供场所包括商场、景区等。所以，在 5G 时代背景下，智慧图书馆在发展过程中，就应将广大用户的感官体验有效提升与丰富。与此同时，智慧图书馆在建设时还可以结合智慧城市建设的要求予以积极响应，创设良好的服务场景，并对诸多人工智能技术（知识图谱等）予以灵活应用，提供智慧感知、智慧分享、智慧培训和智慧阅读等新型的服务给广大读者，使智慧图书馆原本的刻板印象被改变，将智慧图书馆的公共服务价值充分发挥出来。

（三）加强数据管理

进入大数据时代，数据服务机构最不能少的一项核心要素就是数据管理策略，把数据安全性、稳定性提高。区级图书馆在 5G 时代背景下，应重点考虑的就是全面转向大数据格局，对数据容量做升级处理，并把服务内容不断提高。受 5G 技术的驱动，把广域网、防火墙服务等利用起来，或是在提高可用性模式下借助人工智能算法运用设备，均离不开对有效策略的制定。此外，还要对存在的问题予以解决，构建多元化、合理化数据管理策略，促进图书馆服务效率的提高。因此，就要求区级图书馆高度重视数据管理，将数据管理的薄弱环节进一步完善，以良好的基础更好地应用、共享、分析数据。

（四）推动信息人才队伍建设

严谨、复杂是区级图书馆数据管理工作内容的两大显著特征，由此便要求管理操作人员一定要认真、细致。管理人员必须具备学习精神，把自身知识储备不断丰富，夯实管理技能，以持续发展自身专业。但就实际情况来说，图书馆并未重视信息化人才建设，数据管理人员缺乏较强的专业能力与专业素养，不能就图书馆的发展方向与目标将相应的战略计划制定出来。鉴于此，要在图书馆管理中更好地应用 5G 技术，最重要的一个步骤就是对信息化人才的能力予以强化，加强建设信息化人才队伍。管理人员应把完善的人才吸纳体系建立起来，加强人才培训，对人才招聘方案予以优化，并通过整体推进策略全面强化人才培养体系建设。一方面，把数据管理人才的工作理念提高，对其专业性发展予以拓展，另一方面保障图书馆信息化、智能化发展。

第一，区级图书馆管理人员立足于图书馆发展方向对目前的信息化管理情况进行整合，把具体的工作要求、目标提出来，再同图书馆数据管理具体要求相联系，确定培训方向；第二，将图书馆数据管理中的有效策略与措施联系起来，借助多种形式，如会议、讲座等展开全面渗透，让数据管理人员丰富自身知识储备，进一步规范自身行为，促进数据管理专业性的提高，切实保障图书馆数据管理的稳定性。

四、结语

总而言之，区级图书馆作为社会组成中的一个重要部分，应对5G技术有充分了解，随时关注其发展方向，同时将自身的特点与之结合起来制定行之有效的发展方案，以有机结合5G技术和智慧服务体系，在5G通信时代树立崭新的服务形象。

参考文献

[1] 金武刚. 论县域公共图书馆总分馆制的构建与实现 [J]. 中国图书馆学报, 2015 (3)：42-57.

[2] 陆婷婷. 从智慧图书馆到智能图书馆：人工智能时代图书馆发展的转向 [J]. 图书与情报, 2017 (3)：98-101.

[3] 易壮. 从数据库视角解读大数据的研究进展与趋势 [J]. 电子技术与软件工程, 2014 (17)：206.

[4] 通拉嘎. 智慧图书馆热发展背后的冷思考——以台北市立图书馆智慧图书馆发展现状为例 [J]. 图书馆学研究, 2016 (7)：17-23.

基于 5G 的高校图书馆精准服务展望

肖萍新　李卉

[中国地质大学（武汉）图书馆，湖北武汉，430074]

摘　要：5G 技术为高校图书馆的精准服务提供了契机，不仅提高了馆藏文献资源的分类、搜索、主题标引和馆藏监管等方面的处理效率，同时也为场景设置、阅读辅导、用户兴趣挖掘等信息输出层面提供了技术基础。本文以高校图书馆的实际应用为背景，阐述了 5G 技术在文献资源精准推广、图书馆内环境实时调控、智能穿戴设备的应用、信息资源的超高清视频展示等方面的潜在应用，为未来图书馆的精准化和优质泛在化服务提供借鉴。

关键词：5G；图书馆；精准服务

一、引言

5G 时代的到来，推动了互联网时代的发展，信息传输的效率大大提升。5G 传输的速度是 4G 的 10 至 100 倍，其下载的最高峰峰值为 10Gbps，5G 下载的速率不再用 Mb 衡量[1]，相比于上一代通信技术，无论是无线通信的稳定性以及高效性，都实现了质的飞跃。5G 技术一经诞生就占据了通信领域的主导地位，这一技术的应用，大大促进了云计算、大数据和人工智能等新兴科技的迅猛发展。与此同时，5G 技术也为众多领域提供了绝佳的发展契机，其优质的高效性、稳定性、传输性等特点更是符合高校图书馆信息化、智能化的发展趋势。5G 不仅提高了馆藏文献资源的分类、搜索、主题标引和馆藏监管等方面的处理效率，同时也为场景设置、阅读辅导、用户兴趣挖掘等信息输出层面提供了技术基础。应用 5G 技术，可以实现数据如文字、图片、音频等的快速传输，为全方位高效管理高校图书馆的每个角落，提升高校图书馆的资源服务效率，改善用户体验提供了强有力的支持。

在 5G 技术蓬勃发展的今天，高校图书馆作为紧跟时代技术发展的服务机构，有必要利用好新技术来不断进步，更好地服务用户。高校图书馆业务工作具有程序繁杂、节奏紧凑、连续性强等特点,因此及时响应用户的需求就需要合理改进高校图书馆的服务。在提升高校图书馆服务水平时,我们不仅应该重视先进技术在图书馆中的应用,更应把服务理念的创新与实践纳入考虑范畴,将服务深入各个层面,以用户为中心,满足读者需求,以期图书馆的服务能在5G环境下展现出其特有的魅力。基于上述理念,本文从文献资源精准推广、图书馆内环境实时调控、可穿戴智能设备应用、超高清视频信息资源展示四个方面,为未来图书馆的精准化服务和优质泛在化服务提供借鉴。

二、基于5G提升图书馆精准服务水平的几种潜在应用

(一)分析用户行为特征,为用户提供文献推广精准服务

高校图书馆工作的重心是为用户提供形式多样的服务,它包括文献信息的搜集、信息的加工处理、文献检索、文献借阅、文献浏览、参考咨询、阅读推广、宣传辅导等。基于5G技术的引入,图书馆在信息的获取方面拥有更新更高效的手段,如新的数据采集模式、数据获取模式和数据应用模式,依托机器学习采集用户信息如借阅历史、检索历史、下载历史、收藏历史、评论历史、分享历史等,馆员提取不同用户的信息特征,进行数据的整合与关联,分析并预测其行为偏好,为不同层面的用户提供文献精准推送服务。

收集用户数据是促进图书馆精准服务的重要环节。由于高校图书馆的主要用户——教师和学生的层次和目的有着很大的差异,馆员需要广泛收集用户数据,从而改进服务质量。可以从用户身份数据、学术研究方向、浏览历史、内容偏好、利用馆内空间频率和时长等信息对用户进行标签化分类。通过对上述用户数据进行大数据分析和精准计算,对用户阅读需求进行深层挖掘和感知,将具有不同专业、层次、目的需求的用户分类,如学习型、教学型、科研型用户等。通过机器学习技术与5G的有机结合,以高效、严谨的数据统计,为不同类别的用户提供个性化、智能化服务内容。有了明确的用户类别之后,即便在用户不发起请求行为的情况下,图书馆也可以线上线下推送用户所需信息,进而实现一种以用户需求为前提,以丰富资源为依托点,将服务渗透用户的生活和学习,实现人人、事事、时时、处处不受时间和空间限制的优质泛在化服务[3]。

(二)应用可穿戴智能设备,为用户提供文献获取精准服务

虚拟现实技术和增强现实技术的发展,满足了人们的多样化需求,拓宽了对信息的感知渠道,5G技术的发展将全面升级原有的智能设备的体验服务,使

其得到广泛应用成为可能。现阶段的各种智能感知设备的连接主要依靠有线网络进行，而且传统的智能设备需配备电池或者及时供电才能正常运行，这样就出现了很多局限性。5G网络的出现能够非常方便地解决这些问题，只要我们为图书馆每个智能感知设备都配置5G移动网络，智能感知设备就可以完全脱离网线的束缚，移动便捷，安装在更适合的位置。这能有效地避免了网线问题影响设备的使用，而且更加美观[4]，其低功耗的优势也在很大程度上解决了智能设备需要频繁更换电池或充电的难题。升级改造智能感知设备，为用户精准获取文献节约了大量的时间。

为了进一步迎合5G先进技术手段，为用户提供文献精准获取服务，有必要引进这些提高、丰富用户感官体验的创新模式。图书馆应用虚拟现实技术和增强现实技术，在原有的基础上引进可穿戴智能设备，可以使用户得到空间沉浸式体验，感受到智能化服务的福利。

VR（虚拟现实技术）是指采用以计算机技术为核心的现代信息技术生成逼真的视、听、触觉一体化的一定范围的虚拟环境，用户可以借助必要的装备以自然的方式与虚拟环境中的物体进行交互作用、相互影响，从而获得身临其境的感受和体验[5]。关于可穿戴智能设备的具体应用，本文提出，可以利用VR设备，创建虚拟场景，开展虚拟教学。高校图书馆平时收录有古籍善本、录音资料等材料，这些材料由于存放条件不足，或者受到环境干扰而难以展示，可以经数据整合后录入VR设备中展示出来，使读者以生动的形式接触这些珍贵的资料，实现知识可视化的目的，提高资源利用率。高校图书馆还可借助VR/AR（虚拟/增强现实）技术具象化本馆所提供的各项服务及设施的指引，图书馆用户借助手机上的3D导航地图，便可轻松获取位置信息，准确定位个人所需资源，提高用户精准获取文献资源的效率。

此外，还可让用户佩戴数据手套等可穿戴设备，借助声音控制、动态捕捉、读取面部表情等各种手段增强用户体验。这些都是5G技术下能够为用户提供的重要服务内容，实现通过直观的方式展现庞大冗杂的数据结构。

（三）实时调控馆内环境系统，提供用户环境精准服务

高校图书馆利用5G技术的高效性、传输性，促进图书馆管理过程中的实时控制，并由此实现服务关系网络的实时控制，又可通过采集分析馆内环境数据并提取相关价值信息，为图书馆自动管理的实现提供可操作性，完成馆员、用户和馆内设备之间的联系，实现更立体的信息服务。

高校图书馆可以运用大量的物联网控制设备如温控、照明、色彩控制、空

15

气质量检测系统等，实时智能监控馆内的各项环境指标，包括光线、温度、湿度、空间色彩、空气质量等级等，辅助馆员快速了解用户的需求，这在5G技术高传输速率，低损耗性的条件下是容易实现的。通过监测系统，图书馆馆员每天都能了解馆内的空气质量、光感强度、温度、湿度以及通风状态等，及时判断环境变化的幅度并进行智能调控，使人们处于最舒适的环境。人体最舒适的温湿度和空气质量标准是：冬天，温度20℃到25℃，湿度30%到80%，空气质量指数0到100；夏天，温度23℃到30℃，湿度30%到60%，空气质量指数0到100。实时调控馆内环境系统，才能实现用户环境精准服务。我们在为用户提供舒适的室内环境时，还能依据用户的偏好和习惯进行调整，如对于男女性别差异的需求，主动提供个性化的学习空间，体现图书馆服务类型的多样化。

（四）采用超高清视频，为用户提供信息展示精准服务

4G时代的数据传输速率受到了极大的限制，一些对网速有较高要求的资源，如超高清视频，是很难被传递给用户的，一些超大文件也就更难被在线传递给用户，而5G技术的出现和应用完全能够解决这类难题。对于超高清视频的相关操作早已被业界认定为继数字化、高清化媒体之后的新一代革新技术，将是5G网络最早实现商用的核心场景之一[6]。2018年5月10日，上海首次开展5G外场综合测试，搭载5G通信技术的无人机成功实现了基于5G技术的360度全景4K高清视频现场直播。此外，国家图书馆还与出版机构、企业通力合作，探索用户基于5G、全景视频、全息影像等新一代技术下的沉浸式阅读体验，并将图书馆馆藏精品展览制作成全息影像资源，利用VR眼镜、360度大屏等技术设备，为外界提供全景交互式的阅读体验，上述两个例子均向人们展示了承载5G技术的高清视频应用魅力。

在移动互联网时代，随着自媒体以及网络平台的兴起，不仅纸质文献和电子资源承载着信息资源，音频、视频等形式也承载着大量的信息资源，而超高清视频技术的应用正是对信息资源的全面展示。目前，可依托5G的良好网络承载力，知晓与吸取曾举办过的朗读大赛、阅读推广活动直播等用户服务需求与经验积累，大力发展超高清视频在大型赛事/活动/事件直播、远程资源实时展示、远程安防监控等方面的应用，丰富高校图书馆的服务内容与用户选择。

三、结语

5G技术的发展给各个领域带来了发展的机会，而移动技术与图书馆的融合展现出了提升高校图书馆服务的新活力。图书馆领域中信息技术的应用一般分

为两个阶段：初期盲目乐观的附魅阶段和后期夸大风险的祛魅阶段[5]。因此，高校图书馆在享受新技术带来的福利时，也要充分考虑新技术在提升服务过程中可能出现的一系列问题。比如，采取了上述四种手段以后，能否真正促进高校图书馆资源的高效利用，能否提升用户的多元化体验以及能否改善用户的环境感受等。

5G时代下，人们的生活越来越趋向智能化、数据化、信息化，为了迎合这一发展趋势，也为了提升用户体验，满足其多元化的需求，高校图书馆应不断寻求新的可能，探索为适应新技术带来的变革而需要具备的知识与能力，依托智慧与创造力，始终以人为本，不断探索新的技术，挖掘更多的应用场景和服务，努力打造出一个信息资源丰富，馆员技术过硬，阅读环境智能舒适的智慧图书馆，在为读者服务方面渐入佳境。

参考文献

［1］王祖阳，杨传祥，张进，等.5G无线网技术特征及部署应对策略分析［J］.电信科学，2018（S1）：9-16.

［2］李利娟，于兴尚.5G时代图书馆服务变革思考［J］.图书馆，2020（7）：20-25.

［3］张晓丽.基于5G技术的移动图书馆泛在化信息服务模式研究［J］.河南图书馆学刊，2021（1）：95-97.

［4］王越峰，任国闻，郑皓月，等.基于5G网络环境下高校智慧图书馆的建设与发展［J］.数码世界，2020（12）：35-36.

［5］福州图书馆新增AR/VR体验区读者享受"动、静"结合阅读［EB/OL］.搜狐网，2018-08-02.

［6］赛迪：《5G十大细分应用场景研究报告》［EB/OL］.搜狐网，2019-08-07.

［7］李广建，陈瑜，张庆芝.新中国70年现代图书情报技术研究与实践［J］.图书馆杂志，2019（11）：4-20.

微信公众号在公共图书馆的应用和优化创新

朱晓敏

(鄂州市图书馆,湖北鄂州,436000)

摘　要:随着信息化时代的到来,微信公众号已经成为一种新的服务平台,公共图书馆应紧跟时代发展,建立图书馆微信公众号,利用微信公众号的优势,不断优化创新,提高服务质量,促进图书馆事业的发展。

关键词:微信公众号平台;公共图书馆;应用创新

一、公共图书馆微信公众号建立的必然趋势

习近平总书记曾强调,图书馆是国家文化发展水平的重要标志,是滋养民族心灵、培育文化自信的重要场所。图书馆在建设社会主义文化强国中发挥着重要作用。

随着信息化时代的到来,互联网技术和信息技术的快速发展使人们的生活发生了翻天覆地的变化,传统的学习和阅读服务模式已无法满足读者的需求,公共图书馆应跟紧时代步伐,顺应时代潮流,进行自我变革,创新服务模式,以满足时代发展的需要。

目前,微信公众号平台已经成为人们接受信息的重要渠道之一,被越来越多的企业和机构所应用,并拥有传统服务模式无法比拟的优势。公共图书馆应借助微信公众号改革创新服务方式,结合自身资源优势,充分发挥图书馆价值,满足人们日益增长的精神文化需求。

二、微信公众号在公共图书馆应用的优势

(一)微信公众号平台自身的优势

微信公众平台是腾讯公司在微信的基础上开发的新的功能模块,已经被大多数人熟知和使用。首先,其使用方法简单,只需在微信里搜索相应的图书馆公众号名称,添加关注,即可享受公众号里的所有服务。其次,其运行成本低,

只需每年定期缴纳低额的年审费用。最后，其推送信息快捷及时，无论任何地点、任何时候，都可以将信息推送给读者，同时读者也会在第一时间收到推送信息。

（二）微信公众号平台在图书馆读者服务中的应用优势

1. 获取图书馆基本信息的新平台

微信公众号为读者提供了一个了解图书馆的新平台。读者可以在公众号里全面地了解图书馆的地理位置、办证指南、服务时间、咨询电话、最新公告等基本信息，更加方便、快捷、全面，获得一种全新的服务体验。

2. 图书业务线上办理平台

目前，公共图书馆基本都已开通自己的微信公众号平台，并在公众号里设置不同的功能模块，与图书馆的业务充分对接，读者不仅可以在微信公众号里绑定电子读者证、查询已借阅的书籍、借阅排行榜、图书推荐等信息，办理图书预约、续借等业务，而且可以凭借书目检索功能，快速地查找到全馆任何一本馆藏图书的信息，找寻、浏览、借阅书籍更加方便快捷。部分公共图书馆利用微信公众号平台开通了"云递"网约书服务。通过这一便捷的无接触式借还图书服务，读者足不出户也可借还书籍，实现畅游书海的梦想。微信公众号平台在图书馆的运用，促使图书业务办理打破了时间和空间的限制，拉近了读者与图书馆的距离。

3. 数字资源使用和共享的新平台

随着信息化时代的到来，电子书籍的出现给人们提供了一种新的阅读方式，使人们可以不受时间和地域的限制，在手机端或者电脑端随时随地地浏览阅读电子书籍，阅读电子书籍已经成为人们阅读的主要方式之一。因此，各个公共图书馆都建立了自己的数字资源库（即各种各样、丰富多彩的电子书籍的集合）。例如：电子图书、电子期刊、电子报纸、有声图书等。数字资源已经成为馆藏资源的主体，将图书馆的数字资源对接到微信公众号平台里，专门设置数字资源模块，将所有数字资源整合到这个模块内，读者就可以在微信公众号里阅读、使用图书馆的所有数字资源。不再依赖电脑端，读者在手机端就可以享用各个图书馆的数字资源，与此同时，公共图书馆之间可以利用微信公众号平台实现馆际数字资源共享，丰富各公共图书馆的数字资源库，为读者提供数字资源使用和共享的新平台，极大提高数字资源的利用率。

4. 阅读服务和活动推广的新平台

公共图书馆可以通过微信公众号平台向读者推送一些优质、积极向上的图书，满足读者阅读需求，丰富读者文化知识、提高读者文化素养。此外，公共图书馆还可以紧跟时事热点，推送一些正能量的评论性文章，帮助读者正确地分析社会上的热点问题，使读者特别是年轻读者形成正确的世界观、人生观和价值观，充分发挥公共图书馆教育育人的社会职能，引领社会风尚。

以往图书馆开展活动，都是通过官网发公告、馆内设置宣传展板、发宣传手册等方式进行宣传，受时间和地域限制，推广效果欠佳。现在微信公众号平台给图书馆提供了一个新的活动推广平台，可以通过图书馆微信公众号平台发送线下活动预告，例如：讲座、培训、读书沙龙等活动信息。读者可以在第一时间获取信息，及时参与自己感兴趣的活动。目前图书馆不仅开展丰富多彩的线下活动，还积极开展线上活动，比如：线上有奖问答、讲座、培训、展览等活动，为受时间和地域限制的读者提供了参与活动的机会。特别是在2019年年初爆发的新冠肺炎疫情中，微信公众号平台的优势明显显现出来，线上公共图书馆不打烊，通过微信公众号平台向读者推送阅读服务、最新疫情咨询、保护措施等信息，同时开展丰富多彩的线上活动，充分满足了读者的精神文化需求，推动全民阅读。

5. 拓宽沟通渠道，构建与读者沟通的新平台

图书馆服务的对象是广大读者，这就决定了图书馆必须多与读者交流沟通，了解读者需求、听取读者建议，不断改进图书馆的服务，微信公众号平台的应用构建了一个与读者交流沟通的新平台，读者可以通过在公众号平台里发送留言咨询问题、提出建议。图书馆工作人员可以通过微信公众号平台对读者经常会咨询的问题设置人工或24小时自动回复功能，对读者提出的疑问和建议整合后给予回复和改进。这样相互的沟通更加方便、快捷、高效，又减少了图书馆人工成本，提高了读者对图书馆的服务满意度。

三、微信公众号在公共图书馆应用中存在的问题

（一）服务内容缺乏创新，缺少特色

微信公众号平台在公共图书馆应用中虽然推动了图书馆事业的发展，但也存在诸多不足。中国已经逐步进入小康社会，人们生活水平稳步上升，精神文化需求不断提高，对图书馆的服务内容、服务形式的要求也在提高，但各个图书馆没有充分调研、分析不同年龄、不同性别、不同文化程度的读者需求和兴趣爱好，导致推送内容单一、缺乏创新，缺少自己的特色，千篇一律，读者的对推送的服务内容不太感兴趣，反响都很难达到预期目标。同时，随着读者的

文化素养的提高，审美意识、审美水平的逐步提高，他们对公众号推送的服务内容的美感要求也逐渐提高，但部分公共图书馆为求方便、快捷，推送内容主要以图文为主，缺少图文排版环节，缺少动态推送，缺少美感，无法吸引读者。

（二）与读者沟通交流不及时，影响服务质量

微信公众号有着能够与读者随时随地交流沟通的功能，但在实际运营中，服务效果大打折扣。微信公众号回复读者的留言有时效限制，超过规定时间，无法回复读者，部分读者的留言没有得到及时的回复。而简单机械的24小时系统自动回复无法满足所有读者的需求。交流互动形式单一，降低了读者参与活动的积极性，影响了图书馆的服务质量和形象。

（三）馆员服务意识、运营能力欠缺

现代科技日新月异，社会瞬息万变，图书馆工作人员也要紧跟时代步伐，但相当一部分公共图书馆，一直沿用旧的思想观念，形成了思维定势，习惯作为被动方，服务意识落后，没有化被动为主动。微信公众号平台作为一个新媒体平台，作为目前公共图书馆服务和宣传的重要渠道之一，还存在图书馆工作人员根本不熟悉图书馆公众号平台内容的现象，部分专门管理运营图书馆微信公众号平台的工作人员不够了解各功能模块作用，不能有效运用公众号平台的各个功能，不知道利用与公众号运营相关的辅助软件，能力、技术欠缺，导致图书馆微信公众号平台没有得到充分有效的利用。

四、公共图书馆微信公众号的优化创新

（一）根据读者需求，优化创新服务内容，突出特色

了解读者的服务需求是图书馆服务的基础，只有清楚读者需求，才能靶向优化、创新图书馆微信公众号的服务，因此，首先可以运用图书馆微信公众号数据统计功能，通过公众号后台数据，例如：推文浏览量、数字资源的阅读数据、读者的留言深入分析读者的爱好和需求。其次，可以通过发布调查问卷的形式，深入调研、分析不同年龄、不同性别、不同文化程度读者的爱好和需求，根据需求有的放矢地优化创新图书馆公众号服务内容、服务形式。定期为不同类型的读者推送有针对性的阅读文章、讲座活动、数字资源等服务。要不断创新优化服务，提升服务质量。

每座城市都有自己的特色文化，公共图书馆应与城市的文化相融合，突出自己的特色。公共图书馆可以将各自的特色文化馆藏资源与公众号对接，设置

专门栏目或开展相应的活动，通过微信公众号让市民读者了解城市的特色文化，提升文化素养、增强文化自信。例如：家谱文献是图书馆最具代表性的特色馆藏资源之一，是中国特有的文化遗产。公共图书馆承担着保存人类文化遗产、开发信息资源等重大使命，要积极地搜集和保存家谱文献，将家谱文献做成数字化资源，通过公共图书馆微信公众号对外发布，同时开展"晒谱节"等家谱文化活动，突出图书馆特色文化，传承和弘扬中华优秀传统文化。

（二）加强沟通，提升服务质量

公共图书馆是一个服务型的公益事业机构，为满足社会需求而设置，读者是其服务对象，满足读者需求是其职责，要加强与读者的沟通。图书馆微信公众号作为与读者沟通的新平台，要全面完善24小时系统自动回复，将读者可能咨询的问题全部设置在内，并加强人工回复，加设人工回复的人员，安装手机端人工回复软件，提供24小时人工回复服务，及时回复读者。拓宽交流形式，不要仅仅局限于图文回复，还要增设语音、视频等新功能。

（三）转变服务意识，引进人才，提升管理运营能力

图书馆工作人员要快速转变服务意识，转被动为主动，积极主动对接读者需求，主动思考问题、分析问题、解决问题，提升图书馆公众号服务质量。

创新是引领发展的第一动力，创新驱动实质上是人才的驱动，我们要深刻认识到人才对于推动图书馆事业的发展的重要性，人才是图书馆的生命活力。引进优秀技术人才，为图书馆微信公众号的运行配备专业人才，使专业管理人员能熟练运用公众号的所有功能，有效利用推文制作排版的相关软件，制作内容丰富、形式优美的推文。加强培训学习，不断提升管理、运营公众的能力，完善图书馆微信公众号的服务。

五、结语

综上所述，公共图书馆微信公众号平台作为服务读者的新平台，要有效利用其优势，创新优化服务内容、服务形式，突出特色，转变服务意识，加强与读者的沟通，不断提升管理运营能力，提升公共图书馆的服务质量，为建设社会主义文化强国贡献力量。

参考文献

[1] 唐凯宁. 浅谈微信公众号在图书馆的应用和创新探索 [J]. 科技风，2019（19）：80-81.

［2］李东红.微信公众号在公共图书馆读者服务中的应用探究［J］.河南图书馆学刊，2020（10）：33-34.

［3］刘静.微信公众平台在图书馆阅读推广工作中的应用［J］.办公室业务，2021（9）：188-189.

［4］窦亮亮.图书馆微信公众号运营现状及优化措施探讨［J］.发明与创新（职业教育），2021（4）：183-184.

浅析现代信息技术在基层图书馆的实践
——以襄阳市图书馆为例

果树奕　姜懿

(襄阳市图书馆，湖北襄阳，441106)

摘　要：当今社会大数据、人工智能、云计算、区块链等现代信息技术展现了颠覆性的发展潜力，图书馆界也越来越频繁地开始探讨其在图书馆中的应用细节。襄阳市图书馆作为地市级基层图书馆，近几年来大力推动现代信息技术在图书馆服务中的应用，收获了大量关注。在未来，现代信息技术与图书馆服务的结合是必然趋势也是图书馆创新发展的有力支撑。因此，本文主要从以下几个方面简要探析了现代信息技术在图书馆服务中的实践与展望。

关键词：现代信息技术；图书馆服务；实践

《国际图联趋势报告》和《新地平线报告图书馆版》都将现代信息技术列为未来的发展方向和趋势。"中国最早的图书馆馆长"老子（老子曾任周守藏室之史）曾经说过，江海所以能为百谷王者，以其善下之。从这个角度看，现代信息技术在各个场景中的释放，就像是河流从高山之巅向下冲刷，灌溉着每一寸生活的田园，也延伸出了高价值的图书馆服务产业链，现代信息技术下沉的时刻，往往也是图书馆崛起的时刻。

一、现代信息技术在基层图书馆实践应用的必要性

（一）现代信息技术在图书馆发展规划中的指导思想

《"十三五"时期全国公共图书馆事业发展规划》明确提出要深入贯彻落实习近平总书记系列重要讲话精神和治国理政新理念新思想新战略，围绕中央关于加快构建现代公共文化服务体系的决策部署，按照公益性、基本性、均等性和便利性要求，以完善设施网络为基础，以丰富服务内容、强化资源整合、提高服务效能为重点，以完善体制机制为保障，努力构建覆盖城乡、服务高效、

惠及全民的公共图书馆服务网络，进一步推进全民阅读，坚定文化自信，提高全民族科学文化素质和社会文明程度，增强人民群众对公共文化服务的获得感。这就需要我们对现代信息技术在图书馆中的发展高度重视，大力推进。

（二）当前形势下图书馆对现代信息技术的需求

第一，传统服务的效率升级。多年以来，图书馆一直都是以用户借书还书和读书为主，办证、导航、检索、借还的工作，都需要大量人力去完成，但这些工作本身又十分烦琐和机械，无工作人员的人工智能自助现场服务正在成为发展的主流。

第二，借阅之外的知识服务创新。随着时代的发展，买藏书成为更多寻常人家的日常，而网络能提供海量资讯以供查阅。图书馆作为文化传播的载体，如何利用大数据和区块链挖掘新内容新模式，并让更多的用户知道且认可，就成为一个全新的课题。

第三，馆藏资源的深度价值挖掘。图书馆庞大的实体书籍存储空间和海量电子资源的管理，利用云计算向个性化、精细化利用等方向延展。读者不仅能够通过精准检索得到相关书籍类目，还可以提出更为个性化的模糊需求，如一个学子或专家要为某专题论文查询学术资料，家长给自己的孩子寻找适龄读物等。

显然，在图书馆的智能化转型中，服务逐渐向无人化、多元化、个性化转变，此时就需要一个中间媒介——现代信息技术，来协助读者走完"从需求到获取"的一整条探索之路。

二、当前现代信息技术在基层图书馆中的实践

近几年来襄阳市图书馆大力推动现代信息技术在图书馆服务中的应用，创新服务模式，开拓服务空间，收获了大量关注，取得显著成效。

（一）创新"云"服务，线上联动开启全民云阅读

当阅读进入"云"时代，襄阳市图书馆创新服务模式，突破时间和空间限制，推出"云"阅读、"云"选书、"云"互动，为市民提供更加便捷的数字阅读服务，实现跨平台、跨行业的知识传播与文化融合。市图书馆和襄阳市广播电视台联合推出"云上襄阳数字图书馆"，首批上线的资源种类丰富，包括30万册电子图书、10万集有声图书、2000种电子期刊、1000余种音视频，5000种连环画。双方充分发挥资源、平台及信息传播优势，推进了新媒体领域数字阅读品牌建设。"云上襄阳"由于具有30万的用户，一经上线，广受好评，数字

资源的阅读量得到 80% 的大幅提升，有力地推广了全民阅读。

　　襄阳市图书馆经过大数据分许发现自身的图书闲置率较高，继而利用大数据和调查问卷的方式了解分析读者的阅读喜好，对新采购的图书类别和比例进行了重新优化分配，从而降低了图书的闲置率，同时联合书商三新公司邀请读者线上"云"选书，在线做"馆主"，让读者可以直接参与图书的采购，优化了采购流程的同时，也降低了图书馆采编工作人员的工作量，把普通读者认可的思想与文化传递给了更多的人。活动期间，市民参与度达到了1000余人次，采购的图书达到了3000余册次。通过开展以上"菜单式"、"订单式"服务，促进了供需的有效对接。

　　（二）共享资源，跨域合作助力全民阅读

　　2020 年疫情期间襄阳市图书馆利用统一用户技术打通线上平台，使襄阳市民通过辽宁省图书馆官网或微信公众号在线注册后，即可阅读访问辽宁省图书馆的数字资源，在线阅览辽宁省图书馆的 61 万册古籍。辽宁省图书馆是东北三省最大的古籍宝库，收藏古籍 61 万册，其中善本 12 万余册。在国务院已经公布的五批《国家珍贵古籍名录》中，辽宁省图书馆共有 317 部古籍精品入选。辽宁省图书馆收藏的古籍，文献内容价值较高。仅素有"一页一两黄金"之称的宋元刻本有近百部，多源自清宫旧藏，流传有绪，书品极佳，很多是传世孤本。此举让这些文化瑰宝得以和更多的读者见面，发扬文化价值，提升文化自信，也更是通过书海"辽"阔、"襄"书传情、声诵辽襄等线上跨域活动，实现了跨区域全民阅读的推广，也增进了两地的文化感情。

　　（三）搭建平台，建设智慧城市推广全面阅读

　　襄阳市数字图书馆项目被列为我市智慧城市信息化重点建设项目，建设内容包括图书馆统一用户管理系统、资源馆外访问系统、资源统一检索系统、资源发布系统、移动图书馆 App、微信图书馆等系统平台的开发和建设。其中，依托统一用户管理系统已实现本馆用户数据与湖北省政务服务平台用户数据之间的互相认证和共享。"襄阳云阅读"移动图书馆 App 的安卓版、苹果版也已上线。后期，本馆将配合市政务服务和大数据管理局开展服务和推广工作，实现襄阳市图书馆服务在湖北省政务服务平台的上线，并配合大数据管理局将图书馆服务对接进政务服务"鄂汇办"App。目前，整合信息已上传至全市共享平台，免去了用户多平台之间账户密码出现繁杂交错的状况，实现一个账号"全省"通读，将全民阅读推上了一个新的台阶。

三、未来现代信息技术在基层图书馆实践的展望

虽然襄阳市图书馆在现代信息技术的应用实践中取得了一定成效，但是现代信息技术依然亟待完善和提高。

（一）升级传统借阅模式

从信息业务上实现连通。有许多中小学生或老年人找书比较吃力，我们就可以利用 AI 语音技术，使他们只需要语音对话，利用手机或者查询机等设备就能得到书籍指引，直接提升服务品质。除此之外，未来还可利用 5G 加物联网技术加入图书运输的能力，通过机器人协作，在图书馆内和馆外帮读者完成智能送书和还书。

（二）扩展个性特色服务

对于利用 AI 人脸识别技术，区分读者的的性别及年龄，利用大数据分析，推荐一些适合的书籍和多媒体资料，直接提升读者的阅读兴趣；针对残障读者，提供个性化语音咨询服务以及使用机器人提供引领服务的实现，人工智能技术不可或缺。它需要不断积极和更多的知识库连通，让声音、视频等内容在未来都可以成为服务的一部分；并且不断提升自己的语音识别能力，与讲方言和不标准普通话的读者进行通畅交流，提升读者的服务体验。

（三）拓宽技术应用场景

区块链技术发展至今，应用场景越来越丰富，从金融保险到跨境贸易，从文娱版权到存证溯源，而且区块链技术与大数据、人工智能技术逐渐结合，衍生出越来越多的应用场景。如果我们能将区块链技术运用在图书管理这一块，例如你阅览了读书不放回指定位置，那么你二次阅览的时候就会受到一定的处罚。比如打扫图书馆、比如整理书籍等等，让自己长个记性。如果有逾期不还的，区块链监督下，大家会提醒你还书，如果还是不还，将被区块链记录，二次借书就会变得复杂。可能会让你为图书馆义务工作个十天八天的，以示惩戒，而这个惩戒过程，区块链所有的节点都会自动监督。

为了达到现代信息技术促进未来图书馆实现智能化发展的理想状态，图书馆工作人员一定会利用不同种类的新兴技术或者机器设备去解决不同场景下的智慧服务。这就涉及一系列的应用开发、业务开发、UI 交互开发等能力。这就需要图书馆工作人员具备能根据读者实际需求，动态获取、选择、分析、利用各种信息和知识，动态设计、组织、安排和协调相关服务工作，为读者提供针

对性强的深层次服务的能力，图书馆正逐步向着现代文献信息中心进行转变，只有让现代信息技术可以全方位不断地输入服务场景和细节中，才能为未来读者服务进行业务蓄能。

四、结语

通过分析现代信息技术在襄阳市图书馆的应用现状，可得到一个结论：图书馆从来不是一个与信息技术脱轨的地方，恰恰相反，它一直与科技的脉搏同频共振。现代信息技术在图书馆中走得更加长远，还需要更好的算法和交互，更便宜、性能更优越的执行器件，以及更大力度的数据安全保障等共同做功才能得以实现。

参考文献

[1] 朱静薇，李红艳. 大数据时代下图书馆的挑战及其应对策略 [J]. 现代情报, 2013（5）：9-13.

[2] 姜山，王刚. 大数据对图书馆的启示 [J]. 图书馆工作与研究, 2013（4）：52-54, 79.

[3] 李凤念. 大数据时代高校图书馆受到的挑战及其发展对策 [J]. 农业图书情报学刊, 2014（3）：80-83.

[4] 刘琼. 大数据背景下图书馆服务体系创新与重构 [J]. 科技创新与应用, 2014（6）：55-56.

[5] 兰建华. 结合信息共享与区块链技术的图书馆服务创新与升级 [J]. 图书馆学刊, 2018（9）：121-124.

[6] 陈小平. 区块链技术在图书馆智慧服务中的应用研究 [J]. 现代情报, 2018（11）：66-71.

[7] 曾子明，秦思琪. 去中心化的智慧图书馆移动视觉搜索管理体系 [J]. 情报科学, 2018（1）：11-15, 60.

[8] 刘佩芝. 流媒体技术在图书馆数字化服务和建设中的应用探讨 [J]. 采写编, 2018（6）：110-111.

[9] 杨凡. 基于"互联网+"的数字化技术在图书馆文献开发中的应用研究 [J]. 河南图书馆学刊, 2018（2）：123-125.

大数据时代图书馆提升服务效能的创新探索
——以咸宁市图书馆为例

王 程

(咸宁市图书馆,湖北咸宁,437100)

摘 要:大数据背景下,传统的公共图书馆管理与服务已不能满足当前时代的发展。本文以咸宁市图书馆的现实发展情况,简述在大数据时代下公共图书馆通过创新技术、运用新型策略、吸纳社会力量等多种手段实现自身的转型发展。

关键词:大数据;服务效能;创新探索

一、引言

文化兴国运兴,文化强民族强。没有高度的文化自信,没有文化的繁荣兴盛,就没有中华民族伟大复兴。公共图书馆作为文化的重要载体,在推动文化大发展大繁荣的历史进程中发挥着不可替代的作用。如何充分运用大数据思维提高公共服务水平、共同构建和谐文化社会是当前我国公共图书馆发展应该思考的问题。本文以咸宁市图书馆为例,探讨了大数据时代提升公共图书馆服务效能的创新探索,以期为进一步推动图书馆事业向前发展提供一些参考,为进一步增强和坚定文化自信出一份力。

二、咸宁市图书馆运用大数据思维在提升服务效能方面的探索

大数据在各行各业的重要价值日益凸显,任何一个行业的发展都无法忽视大数据对于实际发展的重要意义。在公共图书馆事业发展中,每天都会产生大量的数据,不管是用户服务、文献信息还是资源建设都需要对数据进行采集、加工、呈现、分析以及应用,让大数据产生新的价值,继而提升公共图书馆的运行质量,提供更优质的公共文化服务。

咸宁市图书馆于 2019 年 11 月 19 日正式对外开放试运行。自开馆以来,咸

宁市图书馆一直高度重视应用新技术、新平台，全方位扩展资源建设，多方面联合社会力量创新服务方式，转变服务理念，切实以提升图书馆的服务效能为宗旨，不断挖掘大数据的价值，不断探索新的发展理念，不断丰富文化创新的内涵。

（一）软件平台技术

咸宁市图书馆充分运用多种软件设施，来分别对咸宁市图书馆及7个城市书房进行每日服务产生的各种数据进行统计，对数据进行加工、整合和有效利用，更好地提升图书馆的服务水平。

RFID（无线射频识别，是一种通信技术，俗称电子标签）设备运行系统，主要包括自助机、图书馆大数据系统、移动点检系统、软件平台等。大数据主要是以总流量和分类流量形式呈现。一定时期产生流通总数据。流通总数据主要是针对用户和图书的相关统计，包含到馆量、借阅量、还书量、办证量。这些数据均含当日数、当月数、当年数，有横向比较和纵向对比。当日流量有近期对比和每个时间段的统计，能够清楚显示用户在每个时间段的活跃程度，以指导我们做好服务准备工作。而分类流量主要是以图书期刊类型为呈现对象，以扇形图客观简洁地呈现出在图书馆各类书籍，如文学、历史、体育、经济、法律及其他类型的借阅占比情况。这将很好地指明今后我们在服务对策、图书采购方面努力的方向，正确地指导我们在图书馆运行中做出科学的决策。

图书管理系统，主要对图书采编、上架、借阅、归还的全流程进行管理。图书的横向流通和纵向流通产生数据，每一次借阅记录都会产生新数据，基于众多读者的使用，大量数据就会产生。图书管理系统根据用户的借阅行为记录图书的流动轨迹，让图书流动产生更大的价值。图书馆工作人员根据图书的搜索痕迹和借阅排行，分出哪些是最受读者喜爱的图书。紧跟用户的借阅喜爱风格，了解用户的需求，才能帮助我们更好地提升服务效能，定期更换升级图书库。

联合图书馆的短信平台。根据流通部门的常态化服务管理，会在办证环节要求用户预留自己的个人信息。当然，我们会充分保障用户的个人信息安全，让其安心地享用图书馆的服务。用户可以根据自身的需求，借阅想看的图书，通过电话续借，但是他们往往忘记了归还图书的期限，这样就很容易造成图书流通率低下的情况。这时，我们就会通过RFID运行系统、图书管理系统根据图书信息调取用户的个人信息，以短信的形式温馨提醒其按时还书，以保障实现图书的最大化流通。

运用自媒体技术，微信、微博、抖音等移动平台。随着大数据技术的出现，信息传递快速、受众群体日益多样化，微信、微博、抖音等平台应运而生，迅速成为人们交流沟通的主要方式。图书馆转变服务理念和服务方式，整合优势资源，开展了个性化、快捷化的信息推送，网罗每日最新热点、读者需求等，定期将最新信息推送给读者。同时，图书馆正在逐步建设直播团队，增进和读者的沟通交流，提供紧跟时代潮流贴近读者的服务。

（二）全信用借还系统

基于大数据时代的特点，传统的读者办证借还模式存在效率低下问题，且无法满足各层次的读者需求，特别是人们在享用互联网带来的便捷下，人们希望自身的自律守信行为可以为自己带来福利，从而自主快速地享用图书馆服务。而图书馆快速迎合并采取新的措施来转变传统的图书馆借还体系，进一步地催生了全信用借还体系。

咸宁市图书馆在图书馆信用借书服务范畴属于先行者，对于本市户籍读者提供了免押金信用办证服务。

图书馆芝麻信用借书是咸宁图市书馆和深圳某科技有限公司在其信用借书产品的基础上合作开发的，接入第三方的信用服务系统（芝麻信用），基于读者的信用情况提供无感办证的服务。一方面解决非本市户籍的读者办理信用读者证的问题；另一方面为已办证读者提供扫码、人脸识别的方式完成身份认证进而完成借书操作，与此同时读者的借还操作能纳入信用体系，还方便图书馆通过信用评估的方式来管理和规范读者的借阅行为。

芝麻信用借书服务由扫码认证、静默办证、信用借书、信用惩戒、信用修复等部分组成。特别值得一提的是，读者在手机上完成信用授权后，移动端应用程序会针对在设备上借阅的图书产生一笔借书信用合约订单，还书操作会结束这个信用合约订单，续借操作会产生新的信用合约订单。借书信用合约订单快到期时，读者会接收到移动端应用程序的提醒信息。读者不仅养成守约习惯，为建设信用社会出一份力，还可以利用支付宝注册预留的信息，无感办证，这无疑是利用大数据的又一个提升图书馆服务效能的创新壮举。

（三）数字资源建设

图书馆积极寻找社会优势力量，探索同社会第三方合作，采取社会购买服务的形式，将专业的事交给专业的团队来做，充分利用他们的专业优势，引用多种形式的数字资源来不断提升图书馆服务水平。

采用移动阅读软件方式。该方式能提供10万种以上的正版电子资料，内容主要涉及文学小说、经济管理、励志学习、生活社科四大类。热门图书，包罗传统出版图书、网络原创作品等完整产品。具体独家版权，很好地解决图书馆要特别注意的知识版权问题。用户无须安装 App，无缝连接微信公众服务平台，随时阅览畅销电子书，非常方便。该方式还可以自动记录用户的阅读行为并将其存入云端。这些用户数据将为图书馆的服务指明方向，为图书馆资源整合及管理提供方便。

以音频的形式来丰富阅读形式，即开展同有声数字图书馆的合作。有声数字图书馆内的图书覆盖人文和社科大部分类目，满足各种年龄段读者的需求，围绕工作、学习、生活精准分类、多级导航，特色突出，从时效、热度、制作、功用等多维度揭示海量内容。同时，它可以结合大数据分析，科学布局，培养读者阅读爱好，引导读者阅读需求；可以对数据进行整合，包括综合统计、分类占比统计、书籍访问统计、用户访问统计等，图书馆可以根据后台信息反馈及时了解读者的阅读需求。

图书馆还同步推出红色经典连环画库，带着一丝怀旧的情愫，以漫画和文字形式讲述红色故事、百年辉煌。在中国共产党成立 100 周年华诞之日，我们还以图文并茂的形式回顾党史，重温红色经典，感受百年风华。

图书馆崇尚现代文化的同时，也持续满足用户对于古老文化的情愫，推出中华诗词库，内容不仅涵盖中华古代各朝代的诗词文化，还包含与中国传统节日、24 节气、典籍、动植物、果蔬等相关的诗词文化。还对中华的诗词文化进行分类，给读者提供一种自由选择的氛围，同时也渲染出热爱中华古老文化的美好氛围。

图书馆以移动可视化软件、移动音频、连环画、诗词库等形式，给用户提供多种渠道去获取数字资源，当然图书馆也根据不同年龄段用户的需求，给出不同的资源推荐。我们也会给老人提供纸质媒介的阅读形式。大数据时代，图书馆服务的人群是更广、更全面的，我们在建设数字资源的同时也会逐步提升传统阅读的形式，同时还会针对特别人群提供个性化定制服务。我们正在逐步深度挖掘和推广地方资源库的建设，如咸宁地方的红色文化、向阳湖文化。

（四）强化服务队伍建设

当前，咸宁市图书馆面临着"大数据"人才总量不足、结构不合理、专业化人才缺乏等问题。在图书馆的常态化服务中，人才起着至关重要的作用。大数据背景下，用户对图书馆的信息服务标准，知识、技术的含金量，发展的趋向，对专业化人才的服务效能有了更高的要求。图书馆利用现有的资源条件，团结了一切可以团结的力量，把服务团队扩大到了尽可能大的领域。

响应市政府购买服务要求，积极引进第三方服务外包团队。该团队以项目服务的形式，积极配合图书馆服务职能，补充在图书馆整个服务体系中。他们主要承担图书馆的免费开放服务窗口服务、日常的管理与维护、数字化服务、阅读推广、延伸服务、品牌活动建设等功能，基本上能满足图书馆正常开放的要求，较好地充实了图书馆核心骨干人员的工作时间，有利于其集中精力进行图书馆事业的创新建设。

倡导奉献精神，招募志愿者团队。图书馆始终把发展文化志愿者团队作为公共文化服务队伍建设的重要内容。我们一直在壮大文化志愿者队伍，通过活动逐渐整合发展了社区文化志愿者团队、义工协会文化志愿者团队、巾帼文化志愿者团队、女作家协会文化志愿者团队、图书馆个人文化志愿者团队。文化志愿者团队的相关活动，把全民阅读送到了社区、景区。图书馆文化志愿者积极开展香城书房日常维护、读者管理、书架整理、读书活动策划等相关内容，文化志愿者的日常化服务为香城书房和全民阅读带去了更为丰富的精神内涵。图书馆新馆还将继续打造英语角公益文化志愿者服务团队、少儿图书馆亲子活动文化志愿者服务团队、家庭教育文化志愿者服务团队、绘本故事会文化志愿者团队、科普创客文化志愿者团队、展览服务文化志愿者团队、流动图书车文化志愿者团队、香城书房综合服务文化志愿者团队、"朗读者"文化志愿者团队等，大力倡导志愿者服务精神，把文化志愿者精神的传播和常态化服务队伍建设同公共图书馆事业发展做更为紧密的结合，更进一步提升图书馆的服务管理水平。

吸纳社会力量，同社会各界联合开展服务合作。图书馆努力进取、深入思索，积极与社会各界开展合作事宜，探索普及科学知识、提高全民文化科学素养新道路。图书馆加强组织协调和资源统筹，充分有效调动各方面的积极性和创造性，如依托妇联开展家庭教育指导中心相关工作；依托科协开展活动创新，香城书房携手科协文化志愿者打造书房科普小课堂；依托文联开展活动，持续推进"本地作家作品欣赏会"，举办"咸宁文学讲堂""职工文化讲堂""青年艺术人才论坛""作品探讨会"等，推进各专业协会的活动对接，把图书馆打造成文化人才之家和活动分享的重要园地；依托义工协会开展活动，"亲职教育"已经逐渐成为少儿图书馆的常设活动品牌。我们始终坚持全面推进社会化合作，全力提升社会组织和市民读者对图书馆的参与度，充分适应大数据时代对图书馆人才队伍壮大的要求。

三、结语

咸宁市图书馆在大数据时代下利用软件技术平台、全方位资源建设、全面提升服务人员专业素质，实现了图书馆在服务理论和实际运行中的创新。在大数据时代的背景下，公共图书馆的发展迎来了机遇也面临着挑战，要把握好大数据时代特点，充分挖掘大数据的价值，及时分析和认清自身发展的情况，积极探索公共图书馆提升服务效能的新出路，可多从引进新技术、创新服务、把握创新型人才多方面发力，转变服务方式和服务理念，以创新促发展、以图书馆的自身服务效能提升助推和谐文化社会构建、坚定文化自信。

参考文献

[1] 吴海缨. 大数据时代图书馆读者服务发展的新思路［J］. 办公室业务，2017（2）：187-188.

[2] 高红燕. 大数据思维：大数据时代图书馆读者服务发展的新思路［J］. 河南图书馆学刊，2016（9）：82-84.

[3] 贾若虹. 公共图书馆服务效能提升策略探究［J］. 传媒论坛，2020（19）：99-100.

[4] 市图书馆推出芝麻信用借还［N］. 咸宁日报，2019-11-16.

[5] 习近平：决胜全面建成小康社会　夺取新时代中国特色社会主义伟大胜利——在中国共产党第十九次全国代表大会上的报告［EB/OL］. 人民网，2017-10-27.

5G 背景下图书馆服务变革

龙志安

(恩施土家族苗族自治州图书馆，湖北恩施，45000)

摘　要：图书馆拥有丰富的图书资源，是当代大学生获取知识的重要场所。这些年来，伴随着互联网的飞速发展，5G 技术给我们的生活带来了很多便利。许多学生喜欢通过互联网阅读。因此，高校图书馆纸质图书的利用率相对较低。本文将分析我国现阶段高校图书馆所存在的服务质量问题，并探究在 5G "互联网+"的背景下如何进行有效提升企业服务技术创新，使高校营造出更便利更优质的读书环境，同时分析社会图书馆目前的发展趋势和服务质量，以便推进新时代下图书馆服务的变革。

关键词：5G 网络技术；服务变革；图书馆

一、引言

我们想谈论 21 世纪的热门话题，必须要谈到 5G 时代。简略地说，5G 是我国第五代的最新网络技术。在现实生活中，它为我们带来的便利极其多。

我们大学的图书馆都担着教育学生传播知识的重担，为了社会可以有着源源不断的新鲜血液，这样一个知识的殿堂必不可少。然而，由于技术增长的坡度太大，5G 的冲击使图书馆的知识资源管理等被学生前来使用时会出现许多纰漏，明明技术已经增长，那么为什么反而出问题了呢？这个时候就需要引进"互联网+"的技术来协调平衡了。这样做不但解决了 5G 的到来对于图书馆造成的冲击，还在原来管理的基础上进行了优化，使图书馆的管理能力进一步提升，给各个前来图书馆学习的人带去更好的用户体验。

二、图书行业发展前景

早在 2018 年，国家就已经颁布政策，让我们更加注重文化的发展，在发展其他项目的同时，不能忘记对于人最基本的文化素养的培养，以及支持各个文化企业的发展。

　　政府对于书籍版权的保护也可以促进各个读者对于知识汲取品质的提升。毕竟当代盗版书籍产生了一些影响。首先，这些盗版书籍不但使作者的著作权受到损害，而且由于价格非常便宜，使原著很难在市场中占领一席之地。其次，它严重降低了读者的阅读体验。由于购买时不知道是正版还是盗版，众多读者的消极体验可能对原著的名誉造成影响。当对知识产权进行保护时，不光可以维护那些售卖正版图书的经营者的权利，同时也可以促使更多的消费者自愿购买正版书籍，以此来保护创作者的著作权，让越来越多的人愿意去创造优质的文章，使这一行业进入良性循环。

　　随着社会经济的不断发展，各个居民家庭的收入也都有所增加，他们对于文化娱乐的消费欲望也越来越大。每一年人们都会在这方面进行很多的消费。

　　当代人民已经不再像过去那样面临上不起学的问题，随着脱贫工作的发展，基本每个人都可以接受到教育，阅读与学习逐渐成为每个人的基础能力，中高等教育入学率增长也更是说明了这一点。全国人民素质水平的普遍提高，为全民阅读提供了良好的前提。

　　由于现在人们越来越依赖手机，随时随地都离不开手机，这也为未来图书的发展提供了方向，那就是电子图书的利用。目前电子阅读已经成为现代人最主要的阅读方式，这样不光使阅读越来越便捷，也让图书的承载量比之前高出许多。在大趋势的引导下，许多线下的书店也面临需要结合在线阅读的功能进行升级的问题。

三、"互联网+"概述

　　"互联网+"的推出对全国的经济形势造成了巨大冲击，这种全新的智能技术包含许多方面，如云计算，数据挖掘出的都是全新高效的产能，促进了中国各个行业的发展。下面主要来说一下微信公众平台，它也是当代形势下诞生的新型生产模式。

　　微信公众平台主要是借助软件来进行平台建设，也就是我们通常生活中用来聊天沟通，上传视频或互相学习文化知识的平台。现在许多高校图书馆都已经建立了这个平台，但目前能达到的水平仅限于及时推送全新书籍，功能全面性上依然急需改进。与它并列的还有物联网技术平台，它需要明确的目标，主要是通过传感器来采集各个部分所需的信息，并且利用云台快速处理，让人与目标间实现交互，这个平台的传感器采集优势可以让它在高校图书馆中实现图书信息的匹配与推出。

四、"互联网+"时代高校图书馆存在的问题

（一）纸质文献利用率偏低，服务内容单一、忽视读者服务需求

现在中国高校的图书馆里纸质的图书已经越来越少。由于我国信息技术的不断发展与创新"互联网+"早已融入每个人的生活里，我们的阅读方式不再局限于纸质阅读。我们可以通过网络学习想知道的知识，图书馆里的书籍发挥的作用已经没有那么大，不能完成它本身的使命。现代高校的图书馆还有一个新的问题，就是图书馆本身的服务内容——对学校的学生、老师等人进行书籍的提供非常的单一，它只能满足读者最基本的要求。

（二）图书馆工作人员业务素质需要提高

高校图书馆每日接待的人几乎都是学生和老师。图书馆内的工作人员也是图书馆能否生存的重要因素。有些高校图书馆里的工作人员服务态度极差，素质水平也很低，在学生进行书籍的借阅或询问内容时，姿态、冷漠，没有任何工作热情，这样的服务对于读者的体验感有很大影响。多数工作人员在问题处理上也很死板，不能依照真实的情况进行灵活的变通并对学生的情绪进行安抚。在"互联网+"的背景下，这种现象急需调整，每个图书馆工作人员都需要学习当代的信息技术。

五、"互联网+"时代高校图书馆的应对策略

（一）加强图书馆工作人员队伍建设

基于5G"互联网+"的新模式开放给我国高校和社会图书馆带来了巨大的机遇，另外读者对图书方面的需求和服务要求较高，再结合相关部门的有关规定，图书馆服务事业应该跟随这种变化作出适应性改变，包括且不限于树立正确的图书服务观念，加强工作人员的社会服务意识，要求工作人员在上岗时需要具备专业技能和素质、能够很好地解决图书馆内借阅等问题，这样才能使图书馆服务事业跟得上现代经济发展的步伐，为高校或是社会图书馆带去更加专业的服务。

（二）利用"互联网+"技术，提升数字化服务水平

很多高校可以利用"互联网+"的方法来建造数字化信息平台。当今社会，大部分人的生活是离不开互联网的，通过无线通信网络获取信息都是常态。我

们可以尝试在图书馆系统内开通无线网络借阅功能来吸引读者；可以将学校或是社会图书馆馆藏书籍通过扫描上传至图书馆的交流群，从而提供新的阅读方式；可以在群内开设相关服务的咨询，让更多的读者体会到图书馆的服务不只局限于图书馆中，体验到类似于一种上门服务的亲切感。基于以上的分析，我们的图书馆建设不仅要利用"互联网+"的技术支持，同时也要提升服务质量。

（三）开展个性化读者服务

通过上述问题我们了解到，使用图书馆资源的人群分布较广，不同读者对于图书资源的使用和获取的方式都不尽相同，所以我觉得提升图书馆个性化定制服务水平是目前的重要工作之一。如果我们针对用户开展了个性化的服务，那么可以利用"互联网+"的大数据以及相关功能进行数据的收集和处理，建立适当的个性化需求数据库，从而定期对这些读者进行数据推送，更好地满足读者的需求。

（四）电子图书与纸质图书共同发展

移动设备的普及让一些本来只能在图书馆阅读的纸质书籍也有了变为电子书籍的可能，如果要将一些很老的书籍录入电子书籍库需要很大的工作量，这就需要有关部门加强对数据库的建设。电子书籍在我国国民阅读中已经占据了很大的比例，同时电子阅读为我国图书行业开辟了新的市场，增加了市场容量。很多数据表明，线下书店需要结合线上经营模式，进行融合转型升级，才可以更好地满足大众对于阅读的需求。

六、结语

在现在的大趋势下，中国高校图书馆要想为读者提供更好的资源与服务，就必须合理运用"互联网+"的技术，并且要注重服务人员的素质培养与管理的提升。

参考文献

[1] 曹丽娜，于春宏，李若，等."互联网+"时代高校图书馆社会化服务的若干思考 [J]. 内蒙古科技与经济，2016（17）：156-158，161.

图书馆微服务信息茧房效应反思
——以上海图书馆为例

沙宣如

(武汉大学信息管理学院,湖北武汉,430072)

摘　要：新媒体时代个性化、碎片化、移动化信息需求的快速增长,为图书馆微服务的快速发展提供契机。图书馆微服务在贴近读者、提供便捷高效服务的同时,也给图书馆和读者带来了问题。其中"信息茧房"效应的出现,阻碍图书馆发展、弱化读者信息处理能力,需要图书馆界加以重视与反思,提出针对性解决方案、保障读者利益、促进图书馆转型升级。

关键词：图书馆；微服务；信息茧房

中国互联网络信息中心《第29次中国互联网络发展状况统计报告》显示,截止到2011年12月底,中国微博用户数量高达2.5亿,同比增长了296%[1]。《2013年微信商业化价值研究报告》显示,2013年第3季度微信月活跃账户数为2.179亿人,同比增长124.3%,环比增长15.3%[2]。数字时代的到来和第二代互联网技术的发展,使得微博与微信相继兴起,读者的信息需求体现出互动性、差异性的特征,碎片化的快餐阅读方式出现,图书馆微服务也因此起步,近年来成为图书馆界的研究热点,相关发文量激增。笔者在中国知网上以"图书馆"为检索词,包含关键词"微服务",规定出版时间为"2008—2020"年,共检索到290篇文献。文献研究内容分为理论与实践两个方面,理论主要包括图书馆微服务的定义、特征、服务模式,实践主要包括图书馆微服务在读者服务工作、图书馆资源建设、图书馆宣传与推广中的应用[3],以及图书馆服务在微信和微博两平台的应用、模型和实证研究[4]。

近两年来,微服务发展趋于成熟,随着现有理论成果的逐渐饱和,各大高校图书馆、公共图书馆相继进行微服务实践,推出了微课堂、微阅读、微书评、微宣传等服务方式。然而,问题也随之涌现,微服务中的"信息茧房"效应在提供便利的同时也为读者和图书馆带来了较大隐患,使读者接触到的信息片面化、狭窄化，降低读者的整体认知能力，导致扭曲的阅读方式，进而危害图书馆的发展，这亟须图书馆界进行反思与改进。

一、微时代背景下用户信息需求特点

（一）内容碎片化与时间零散化

微时代背景下，读者的信息需求在时间上体现为片段性、零散性、不固定性；在内容上体现为短小精练、多样性、精致化[5]。随着通信技术的发展和移动终端的普及，各式各样的信息充斥着我们的生活。读者面对大量信息必须有所取舍，利用零散化的时间整合分散的信息，使其内容精致化[6]，并易于理解与分享。此外，通过纸质资源获取信息已经不再是唯一的选择，数字资源因其便携、易获取的特性受人青睐。移动终端的阅读保障了用户随时随地能够获取所需信息。社会竞争的日趋激烈让人们无法拿出完整的时间慢慢阅读，大多数用户选择在学习、工作的路途中或休息时间，通过阅读推文、图像、微电影等浓缩内容，短暂地满足信息需求，呈现出碎片化与零散化的特点。

（二）服务交互性与传播及时性

在微服务时代，图书馆推动线上服务与线下服务的融合，如：线上微书评与线下读书会、线上微影评与线下放映室，让读者真正走近图书馆。图书馆采取以读者为中心的服务模式，不应只是一个冰冷的机构，而应该让读者感受到图书馆服务的温度。近年来，真人图书馆、创客空间、儿童阅读区的设置，都旨在加强与读者的交互，提供更好的信息服务。读者希望能够与馆员沟通传达准确的信息需求，有针对性地获取信息与知识。此外，互联网时代的信息资源瞬息万变且获取门槛降低，导致信息传播的时效性更加重要。图书馆利用微博、微信、微课等便捷高效、受众面广的微媒体开展服务，能够突破时空限制，使读者在第一时间获取所需信息，保障第一手参考资料的获取。

二、图书馆微服务中的"信息茧房"效应

（一）"信息茧房"的概念与特征

随着数字时代的个性化信息服务逐步兴起，哈佛大学法学院教授桑斯坦提出"信息茧房"（Information Cocoons）概念，表示我们只听我们选择和让我们感到愉悦的东西[7]。在信息领域中，公众的信息需求体量较小且极易受到个体的兴趣引导，由此将自己的生活局限于蚕茧一样的"茧房"之中[8]。

"信息茧房"具有封闭性、片面性的特征[9]。在信息过载的时代，人们往往通过固定习惯接收信息，通过共同喜好划分群体。一旦"信息茧房"形成，人们会不断加强与群体内成员的交流，而忽略甚至敌视群体外的意见，进而引起"群体极化"现象，让人们做出更为保守或冒险的极端决定。此外，随着大数据技术的深入人心，微服务平台越来越多地利用个性化推荐算法，筛选用户的喜好，只推送用户感兴趣的内容。因此当人们按照固有的方式获取到信息时，往往未知全貌就作主观臆断，这可能会导致一系列错误的决策。微平台的普及已经使"信息茧房"成为许多人的生活常态，该问题不仅存在于社交媒体中，也普遍存在于图书馆的微服务中。

（二）"信息茧房"的表现形式——以上海图书馆微信公众号为例

上海图书馆的微信公众号于2013年12月首次推出，在整合传统的借还书等业务的基础上，借助微信平台特有的定位、社交等功能为读者提供创新的阅读服务[10]。上海图书馆始终走在图书馆转型创新第一线，其微服务平台起步早，发展已较为成熟，是研究"信息茧房"效应的典型案例。"信息茧房"在图书馆微服务中的表现形式如下。

1. 个人定制信息服务——"我的图书"

图书馆微服务将以读者为中心，真正走近读者，了解读者的个性化需求，并协调各种资源为读者提供细致的、有针对性的服务。每位读者都可以根据自己的专业背景、信息需求、兴趣爱好等特征定制独一无二的服务。

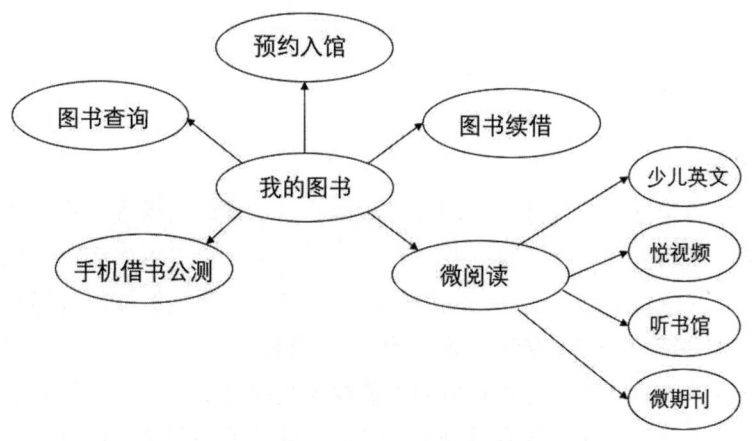

图1 上海图书馆"我的图书"涵盖功能

上海图书馆的微服务平台会为每位读者提供"我的图书"栏目（图1）。其中，设置"微阅读"功能，每周更新，根据读者的浏览倾向，推荐读者可能感兴趣的图书、期刊、音频、视频；专门设置"少儿英语"专区，满足儿童的学习需求与家长的教育需求；设置"听书馆"功能，满足视力障碍人士及老年人的阅读需求，然而该功能只有登录用户才可使用，尚有改进空间。

由于读者的选择性心理，读者在根据自我喜好对"我的图书"中的功能进行筛选与设定后，为了每周都能接收到自己感兴趣的信息类型，不会经常更改功能设定。长此以往，这种个性化推荐的方法会使读者接收到的信息面越来越狭窄，读者渐渐缺失阅读其他类型书刊的机会，并且对内容日趋同质化的推荐书目形成持续性关注，陷入"信息茧房"效应。

2. 快餐式阅读——"推送信息"

图书馆微服务为读者推送的信息具有"短、小、平、快"的特征，使得读者的服务需求、阅读内容、交流方式呈现快餐式、碎片化的特点。读者通过在短时间内阅读短小精练的浓缩推文内容，获取片面的、主观的信息，这可能会导致读者在完整阅读该书刊之前就产生了先入为主的喜爱或厌恶情绪，从而放弃对信息完整性的追求，过滤掉部分有用的信息。

上海图书馆微信公众号的推文内容，为读者提供的阅读内容大多是篇幅精简的微小说、言简意赅的微书评、时长受限的短视频、数量有限的数字化成果展示，而读者间的交流仅仅是评论区的几行文字或几个表情，他们往往利用零碎的时间进行短暂阅读。这些信息看似种类丰富、内容新颖，实则是大数据智能算法下系统为用户定制的内容，这些固定化、封闭化的快餐式信息可能会误导读者对信息内容的整体认知和判断，窄化用户视野。

3. "回声室"效应下的"读者圈"现象——"活动"

图书馆不仅仅提供借阅服务，还会举办不同主题的讲座、展览等活动供读者免费自愿参与，为有共同喜好和需求的读者提供交流互动的场合，逐渐形成多个"读者圈"。

上海图书馆微信公众号"活动"一栏中为具有不同兴趣爱好的读者提供加入读者圈的机会。比如，微服务平台在"上图讲座"和"更多活动"栏目中提前发布讲座、展览、交流会等活动的时间与内容，对该主题或作者感兴趣的读者就会因参加活动而产生交流，进入同一个读者圈内。

读者圈内的读者由于有着相似的价值观与兴趣爱好，并受到从众心理的影响，会不自觉地产生相似的意见倾向，形成一种社群共识并不断强化。该社群会抵制所有不符合群体共识的言论，由此形成群体压力，维护团体共识。桑斯坦将这种现状称为"回声室"（echo chambers）。不同"读者圈"之间的信息交流被切断，同一个"读者圈"内的信息又会趋同，出现群体极化，甚至走向网络暴力。久而久之，用户被封闭在同一个圈子内，陷入"信息茧房"之中。

三、图书馆微服务中"信息茧房"的应对之策

（一）优化推荐算法，对个性与共性内容协同推送

目前图书馆微平台使用的推荐算法主要是基于内容的推荐和协同过滤推荐的算法[13]，这是一种个性化推荐方法，只推荐符合读者心理预期和行为偏好的内容。久而久之，过于窄化的推荐内容会使读者被同质化的信息所包围，陷入茧房。并且由于高度符合预期的推荐，读者易对虚拟的微服务平台产生依赖心理，从而投入大量时间，降低社会黏性。因此，微平台的推荐算法不因只关注"个性"的内容，也要使读者接触到"共性"内容。比如，在现有的基于读者需要和偏好的算法中，引入基于知识的推荐算法，进行不同领域内规则和实例的推理[14]。多样化的算法推荐机制使图书馆微服务平台能够兼顾读者个人偏好与社会信息需求，推送符合主流价值观的内容，帮助读者破除固有的阅读习惯，探索更多读者圈。

破除图书馆微服务中的"信息茧房"，当务之急是提高推荐算法的质量，这需要国家与微服务平台共同努力。在国家层面，需要评估与测试大数据及相应技术[15]，对算法推荐技术的研究与应用进行宏观调控。在微平台层面，需要结合读者的个性化需求与大众的共性化信息需求，不断更新优化推荐算法，整合基于内容的推荐和基于知识的推荐算法，对个性与共性内容协同推送。图书馆微服务通过多元化的推荐机制，既能满足专业研究人员的文献获取需求，也能满足大众群体的全民阅读需求，体现应有的社会价值。

（二）拓宽信息接收渠道，避免信息窄化

随着互联网和移动化设备的发展，很多人过度依赖新媒体、微服务等虚拟平台，从移动端获取信息成为大众的首选，甚至是唯一渠道，获取图书馆服务也不例外。越来越多的读者选择利用图书馆的微博、微信平台进行阅读、参与活动、借还书籍，陷入"信息茧房"。虽然传统图书馆的数字化转型为读者提供了便捷的服务，但同时也导致了图书馆信息服务的地位下降。图书馆的到馆人数下降、馆藏资源浪费、读者间交流减少等一系列问题纷纷涌现。

因此，人们应该在微服务平台与传统服务平台中寻求平衡，结合时间分配、服务体验等考量，综合运用丰富的信息接收渠道，避免信息窄化。各大公共图书馆微服务平台也应学习传统图书馆的创新模式，大力推进信息共享，丰富信息资源类型，联合开办线上活动，为用户提供多元化信息获取渠道，走出"信

息茧房"。

（三）提升信息认知水平和媒介素养，做好风险防范

个人有倾向性的选择是"信息茧房"现象发生的决定性因素[16]。破除图书馆微服务中的"信息茧房"，只靠国家与平台的努力是不够的，读者应清楚地认识到陷入"茧房"的危害并做好防范措施，避免成为群体极化的一分子。经常使用图书馆微服务的读者应了解到个性化算法推荐的内容是不全面的，应提高自身的媒介素养和网络素养，加深对信息的认知并拓宽接触知识的广度。例如，读者在设置"我的图书"后可以定期进行个人喜好的更新，改变平台推荐的内容；进行"微阅读"时除了阅读自己感兴趣的内容，还可以经常浏览不熟悉的领域知识，拓宽自身知识面；在参加图书馆活动时，积极尝试新类型，与意见不同的人交流，主动从多方面了解某一领域的知识。

作为微服务中主要的接受者与参与者，只有当自己具备较高的信息认知水平与媒介素养时，才能辩证地看待个性化推荐，理性地面对庞杂的信息，从中获取有价值的知识内容，走出"回声室"，破除"信息茧房"桎梏。

四、结语

图书馆微服务的发展，是传统图书馆结合新媒体与移动通信技术进行转型创新的重要成果，极大程度上为用户提供了便捷高效的信息服务。然而，在信息过载的当下，图书馆微服务中的"信息茧房"效应却使读者获得的信息更为封闭、片面，进而弱化读者的信息认知水平，阻碍图书馆的发展。图书馆应对这一现象进行深入反思，从多主体入手解决问题。技术人员优化平台推荐算法；图书馆推动线上平台信息共享，提供更具吸引力的传统服务模式来丰富信息渠道；用户自身提升媒介素养与风险防范意识。图书馆应尽可能消除"信息茧房"的危害，为用户提供更安全、更便捷、更科学的微服务。

参考文献

[1] 现代中国悄然进入微时代[EB/OL]. 新华网，2012-01-24.

[2] 艾瑞咨询. 2013年微信商业化价值研究报告（完整版）[R/OL]. 艾瑞咨询，2013-11-27.

[3] 李晓静. 图书馆微服务研究综评与反思[J]. 山东图书馆学刊，2015(6)：59-63.

[4] 黄俊锋. 我国图书馆微服务研究的现状与问题[J]. 桂林航天工业学

院学报，2018（1）：154-159.

[5] 刘丽萍，庞彩云. 图书馆微服务研究 [J]. 图书馆建设，2013（4）：60-63.

[6] 陶侃. 微时代视域中期刊编辑的碎片化学习 [J]. 浙江万里学院学报，2012（5）：57-61.

[7] 凯斯·R. 桑斯坦. 信息乌托邦——众人如何生产知识 [M]. 毕竞悦，译. 北京：法律出版社，2008：8.

[8] 王家玲. 图书馆微服务热下的冷思考 [J]. 新世纪图书馆，2018（12）：5-8.

[9] 刘华栋. 社交媒体"信息茧房"的隐忧与对策 [J]. 中国广播电视学刊，2017（4）：54-57.

[10] 郭利敏，张磊，赵亮. 图书馆微信服务应用开发——以上海图书馆为例 [J]. 现代图书情报技术，2014（5）：96-101.

[11] 厉业强. 算法推送机制下"信息茧房"效应的思考与对策 [J]. 新闻论坛，2020（4）：40-43.

[12] 严俊，宫博. "信息茧房"现象的负效应及对策研究 [J]. 大连民族大学学报，2018（4）：370-373.

手机阅读趋势下图书馆服务创新研究

王祥荣

（武汉职业技术学院图书馆，湖北武汉，430072）

摘 要：如今，手机阅读不仅可以满足人们的基本阅读需求，还可以帮助人们利用碎片时间开展个性化阅读，这种方式非常符合现代人的生活习惯与生活节奏。因此，手机阅读不仅逐渐成为人们主要的阅读方式，更对传统图书馆借阅服务造成极大冲击。为了实现图书馆的健康发展，本文针对手机阅读趋势下图书馆服务创新策略及其保障措施进行了系统化研究，并提出几点想法与建议，供大家参考借鉴。

关键词：手机阅读；图书馆服务；创新策略

手机阅读虽然满足了人们的阅读需求，为人们提供更加灵活便捷的阅读服务，却对公共图书馆这一领域造成极大冲击。图书馆要想实现自身的可持续发展，一方面要不断扩大自身馆藏资源优势；另一方面要主动迎合手机阅读这一发展趋势，积极探索图书馆服务创新策略，构建起一套符合现代人阅读需求和生活习惯的新型服务体系，使图书馆传统借阅服务得到有效的拓展与延伸，充分发挥出图书馆的社会职能价值。

一、手机阅读趋势下图书馆服务创新举措

（一）服务理念创新

在当前的信息化时代，不仅智能手机实现了普及应用，手机阅读模式及相关配套服务也日渐成熟。随着人们生活节奏不断加快，手机阅读凭借其强大的便捷性和灵活多样性极大地满足了人们的阅读需求，很多读者不必走进图书馆，即可在网络上非常精准地检索到自己所需要的书籍，通过电子阅览方式达到获取知识和相关资讯的目的。上述因素既是促成手机阅读这一发展趋势的核心动力所在，又是对图书馆传统服务模式造成巨大冲击的根源所在。对于图书馆而

言，要尽快更新自身服务理念，摆脱固步自封的思想束缚，高度认同手机阅读这一必然发展趋势，深刻认识到创新服务的必要性、重要性以及紧迫性。在此基础上，以满足读者新型阅读需求为主导向，凭借较强的服务意识、创新意识以及互联网思维，积极探索传统借阅服务与手机阅读的融合路径，实现二者的相互渗透与优势互补，构建起充满活力的新型图书馆服务体系。在这个过程当中，图书馆要同时针对服务内容和服务形式进行改革创新，还要借助互联网平台、信息技术以及大数据技术开拓多元化服务渠道，为广大读者提供极具实用价值的附加服务，在读者、手机阅读和图书馆三者之间建立完善的协同机制，以此来推动图书馆的健康发展。

（二）服务内容创新

图书馆服务内容创新主要涉及以下几个方面：其一，新增借阅排行榜，为读者提供借阅推介服务。图书馆依托大数据技术推出此项服务，并且定期将借阅排行榜上传到微信公众平台当中。由此，读者即可随时了解近期都有哪些热门图书，从而有针对性地进行图书借阅，节省大量查询时间。如上海图书馆就推出了"市民数字阅读"，使读者对图书馆服务形成更高的满意度[2]。与此同时，图书馆还可以借助此项服务进一步掌握读者的阅读需求与阅读心理，从而有针对性地推出各类文化活动，如图书签售会、专家讲座、交流分享会等，以此来增强读者与图书馆之间的黏性。其二，开通微书评渠道。读者通过智能手机发表微书评，不仅可以直接增强图书馆和读者之间的互动交流，还可以帮助图书馆及时掌握读者反馈信息和服务评价，从而更快、更好地改进工作。图书馆还可以在读者与图书作者、作家之间搭建一个互动平台，读者利用手机就可以与作者进行在线交流，体验到高质量的附加服务。其三，开通24小时公共图书馆服务。读者在智能手机上完成用户注册之后，即可享受到24小时自助图书查询、借阅等在线服务。这项服务已经成为公共图书馆、书店的主要发展趋势，目前国内已经有多个城市开通了24小时公共图书馆服务，为那些喜爱阅读、热爱学习但又工作忙碌的读者提供便捷、高效的阅读服务，满足其阅读需求。其四，开通数字化图书资源服务。一座大型公共图书馆当中收集了海量文献资料和各类图书，采用传统方式进行资料查询，不仅需要读者亲自来到图书馆，而且费时费力，不符合快节奏生活现状。伴随着数字化图书资源服务的开通，读者通过手机查询，即可轻松完成图书的查询与借阅，极大地提高了图书馆服务效率与服务品质，为人们节省大量宝贵时间。有一些专业书籍本身带有音频、视频等讲解资料，读者可以将这些资料下载到手机当中进行收听观看，从而获得更加完整的学习资料。

（三）创新服务方式

1. 短信推送

目前，国内已经有一些图书馆尝试运用手机短信这一方式为读者提供推送服务，所推送的内容主要来自大数据统计分析结果。图书馆运用大数据技术对现有读者的阅读喜好、阅读需求和阅读习惯进行分类管理，如社会类、自然科学类、文学类、教育类、医学类等。然后，以手机短信的形式向不同类别的读者发送图书到馆提醒、图书归还提醒、图书逾期提醒、新书推介、馆内讲座通过等信息，使读者能够第一时间掌握与自身阅读需求相关的服务信息。

2. 定制服务

只要读者向图书馆表达接受相关定制服务的意愿，图书馆便可以定期向读者发送关于书目查询、图书预约、图书续借、自习座位预定、新书签售等信息的手机短信，使读者不必亲临图书馆或者电话咨询，即可针对自己所感兴趣的内容进行自主选择，同时，可以及时了解图书馆各项服务动态，如第一时间接收到开馆、闭馆时间临时调整通知或者新书到馆通知等。在定制服务方面，国家图书馆通过与北京方正阿帕比技术有限公司合作，采用方正文本信息处理技术将报纸当中的文字、图片、动画等信息通过 GPRS 手机网络免费发送到用户手机当中。用户只需要浏览手机，即可随时了解国内外时政要闻和各类新鲜资讯[5]，实现了真正意义上的数字化阅读，并由此打造一个移动新媒体传播平台。

3. 交互服务

图书馆可以利用智能手机交互性功能为广大读者提供在线互动交流服务，具体可以采用手机短信、微信平台互动、手机微博留言等多种形式，及时采集读者反馈意见、倾听读者心声、了解读者需求，甚至可以筛选出一些热心读者，让他们通过在线互动交流方式参与到图书馆发展建设当中，通过发送短信或者在线留言等方式对图书馆管理工作提出一些合理化建议。当图书馆管理人员接收到读者的建议之后，要第一时间给予相应的回复，对热心读者表示感谢。如果读者所提供的意见和建议被图书馆采纳，还要给读者发放一定的奖励，使图书馆交互服务得到有效落实，促进读者满意度的不断提升[6]。

二、手机阅读趋势下图书馆服务创新的保障策略

（一）做好宣传推广工作

图书馆在服务创新的过程中，会陆续推出多项新服务与新举措。这就需要在开展服务创新的同时，做好相关宣传推广工作，让广大读者能够第一时间了解图书馆最新动态，从而使服务创新工作得到有效落实。这个过程主要包括以下工作：首先，加强与读者之间的互动交流。如在一名新读者申请办理"读者证"时，图书馆服务人员就要面向读者普及各项服务举措。除了简短的语言介绍以外，还可以引导读者关注图书馆微信公众号，通过"读者须知""图书馆服务项目""最新动态信息"等模块详细了解图书馆服务举措。在这个过程当中，服务人员还可以让新读者填写一份调查问卷，引导读者依据个人需求对短信推送、定制服务、个人化阅读服务等项目进行勾选，为后续开展手机阅读服务提供相关数据支持；而对于那些老读者，图书馆可以通过发送短信、在线交流等方式对各种新型服务举措进行宣传推广，以便于读者享受到优质便捷的阅读服务。其次，注重提高手机阅读使用率。对于那些可以借助手机完成的服务措施，如自习位置预约、图书库存查询、图书归还时间查询等，均可以通过手机完成在线询问，使读者习惯于运用手机享受图书馆所提供的各项便捷服务，在读者、手机阅读与图书馆之间建立起较强的关联性，发挥出图书馆自身的宣传推广价值。

（二）提高人员业务能力

即使在手机阅读模式下，图书馆各种服务举措依然需要工作人员负责推进与落实。因此，为了更快、更好地实现手机阅读与图书馆服务的全面整合，要注意提高工作人员的业务能力与职业素养，使其具备较强的服务意识与岗位技能。对此，建议图书馆开展以下工作：首先，定期组织培训。人力资源部门要事先制订好培训计划，将图书馆行业现状及未来发展趋势、本馆发展目标、新型服务理念及相关服务举措等内容有计划地传递给全体工作人员，帮助大家建立起忧患意识与自我提升意识，从而积极主动学习新型岗位技能，尽快完成工作理念的更新，实现工作质效的整体提升。其次，出台长效激励政策。图书馆每月都要面向全体工作人员开展绩效考核，着重考核其工作能力、服务水平以及团队合作精神，并且将考核结果与个人收入相挂钩，督促全体人员加强自我管理与自我提升，确保图书馆服务创新工作的全面落实。

（三）加大资金投入力度

在手机阅读趋势下，图书馆服务创新需要引入大量先进科学技术及相关软硬件设备设施，这就需要图书馆加大资金投入力度，营造出一个良好的网络环境，为各项创新服务举措配备相应的计算机及专业软件系统，这些软硬件还要具有较强的拓展性与兼容性，确保大数据技术、数据信息传输、信息查询等环节获得必要的技术支持，使读者享受到高质量手机阅读服务体验。图书馆还需要在网络信息安全方面设置专项资金，为图书馆信息以及读者信息提供可靠的安全保障。

三、结语

如今，手机阅读已经愈发普及。因此，我们图书馆人要积极探索手机阅读与图书馆新型服务之间的融合策略。在满足读者阅读需求的同时，实现自身的良性发展，充分发挥出图书馆在移动阅读时代的社会价值。引导高职高专大学生读者采用"纸质+手机阅读"相结合的学习方式。特别是在手机阅读中首选国内外经典作品、专业知识及时事新闻类这些正能量的读物进行阅读，不仅能提高个人素养，还可以加强本专业的知识点。提醒我们身边的大学生读者要选择正能量的阅读，远离毒赌黄骗等不良网站。

参考文献

[1] 黄小平. 图书馆在移动阅读中的服务定位与策略［J］. 图书馆, 2020 (6)：90-94.

[2] 李红胜. 新媒体环境下图书馆数字阅读推广探究［J］. 发明与创新（职业教育），2020（4）：164-165.

[3] 杨俊松. 新形势下图书馆信息化管理的发展趋势探讨［J］. 知识文库，2020（3）：221+226.

[4] 贺庆. 移动阅读背景下提高图书馆服务质量策略分析［J］. 科教文汇（下旬刊），2020（1）：189-190.

[5] 于春萍. 网络时代图书馆阅读推广的变革趋势与行动选择［J］. 教育现代化，2019，6（96）：305-306，314.

[6] 崔芳. 新媒体与图书馆阅读推广［J］. 新闻爱好者，2019（3）：85-87.

[7] 吴丽芳. 电子图书移动阅读背景下的图书馆服务提升策略［J］. 农村经济与科技，2018，29（16）：232-233.

[8] 李辉. 技术驱动下的图书馆阅读推广方式创新［J］. 大学图书情报学刊，2018，36（3）：6-10.

图书馆4.0时代高校图书馆服务创新初探

张甜甜

(湖北水利水电职业技术学院图书馆,湖北武汉,430070)

摘 要:随着现代信息技术的加速迭代,依托现代科学技术和网络技术,图书馆4.0时代这一概念应运而生。高校图书馆为高校教学和科研服务,为教学和科研工作提供学术研究基础。本文基于图书馆4.0时代这一概念,探讨高校图书馆服务创新。

关键词:图书馆4.0时代;高校图书馆;服务创新

一、引言

自近代图书馆变革起,图书馆业不断探索图书馆学的新理论和新技术以及同步引入更新的科学技术举措和配置。其中理论创新和科学技术创新是引起变革的重大事件,成为图书馆不同时代的标识。前三个阶段图书馆的主要功能为典藏图书、信息传播、阅读资源的供给,为非智能时代(见表1)。智能式检索是进入数字图书馆时代的必经之路。使各类智能检索、服务子系统有机结合,成为图书馆4.0时代的总架构。4.0时代的图书馆应转变为知识的缔造者、数据的开掘者、资源的开发者等角色,为全社会的创新引路导航。高校图书馆是高校师生通向历史与将来的任意门,是学校实践信息化和社会信息化的根据地。高校图书馆开展工作的根本出发点是为高校读者提供优质服务。随着科学技术的发展,图书馆的建设与发展上升至新高度,信息服务和信息资源逐渐由实体向虚拟方向转变,要求高校图书馆能够更新服务理念和服务模式,实现服务角色转型升级,加强知识服务建设,提升个性化和人性化服务。高校图书馆用优质知识服务为青年的全面发展提供强力支撑。

表1　图书馆1.0到4.0时代的逻辑关系

比较范围	图书馆1.0时代	图书馆2.0时代	图书馆3.0时代	图书馆4.0时代
时代划分	非智能时代	非智能时代	非智能时代	智能时代
服务理念	资源为中心	用户为中心	用户为中心	用户为中心
服务内容	文献服务	信息服务	知识服务	知识服务、信息服务
服务方式	单向	双向	多向	多向
图书馆员	资源中介	助读者获取资源	领域专家	领域专家

二、高校图书馆服务形式变更

（一）服务理念由"单"至"多"

传统模式下，高校图书馆的文献信息载体主要要单一的纸质印刷，而在信息网络环境下，文献信息载体呈现多样化，如电子和文献数据库等。这要求高校图书馆突破传统书刊报资源的束缚，将各领域的新型数据资源纳入馆藏，让数据资源蕴藏的巨大能量不断释放，建立多元立体知识资源体系，并对其进行基于知识内容的精细加工，孕育出涉及深度学习和智慧策略的知识图谱。

传统模式下，高校图书馆的服务对象较单一。高校图书馆的服务对象主要为学校师生。而在科技水平的飞速发展下，基于互联网平台化方略，高校图书馆的服务对象可逐渐扩大到网络终端中的众多用户中。

传统模式下，高校图书馆的读者获取信息的方式较单一。读者获取信息的渠道为图书馆，而凭借阅证进入图书馆借阅和查找资料，易受时间和空间的制约。在科技的飞速发展下，师生可通过网络平台，基于多个渠道从各个方面进行信息获取，从而促使服务理念的发生多样化转变，在一定程度上破除了读者和图书馆之间的时空屏障，使图书馆的可利用资源延伸，也为高校图书馆的社会化服务性能提供了更多的可能性。图书馆提供种类繁多的服务，如信息咨询、图书检索以及读者信息查询等，而读者可依靠网络终端系统和网络平台对期望查找的信息进行随时获取，实现了网络化信息服务的开放性和全面性发展。

（二）服务模式由"人"转"网"

传统模式下，图书馆的服务是以手工操作为主的，其所使用的工具是纸和笔，而后逐渐发展为打字机和卡片复印机等，依赖于较高的人工成本，科学技术含量较低，因此，图书馆所能提供的图书服务相对比较局限。当前，科学技术的快速发展为高校图书馆的服务提供了新的技术，如现代信息技术等，其为图书馆的服务带来更多元化的改变。文献采购、文献类型由纸质文件向电子文件方向发展。

传统模式下，图书馆资源的分类编目需专门工作人员制定规范标准并进行手动编写，而在网络信息环境下，分类编目工作由于逐渐受到信息技术的影响，规范了标准体系，提升了工作效率。各个高校图书馆都积极利用网络资源，建立了网络信息平台，实现了各种类型的数据库的建设。高校图书馆也逐渐建立起数字化的信息咨询系统，为高校读者提供极大的便利。

（三）服务方式由"宾"变"主"

传统模式下，读者到图书馆才能享受馆藏信息资源的各式服务，图书馆所能做到的是尽可能收集藏书资源，配备服务设施，为读者提供比较舒适的环境。在图书馆4.0时代，图书馆得以生存与发展的关键在于树立"以人为本"的服务理念，改变传统的服务模式，更全面的满足新时期读者的需求。探寻高效的服务是高校图书馆发展的主旨，引导图书馆的服务逐渐由被动向主动方向转型。高校图书馆打破传统限制，主动与社会相接、与读者联系且真正了解读者实际要求，选择创新服务方式和服务模式，建立起以用户为中心和以需求为向导的服务体系，逐步向外拓展，主动为读者提供更优质的服务。

三、图书馆4.0时代高校图书馆服务形式转变路径研究

（一）创建高校图书馆有序化管理模式

高校图书馆的管理模式是图书馆的各项工作健康推动的枢纽，因此，需要机构革新，在深化沟通机制的根源上，构建一个以读者为中枢的组织管理模式。以优异的组织机构、有效的工作准则重组工作流程、完善运行体制，在确保可行性的条件下，拟定方针性的工作标准，继而确保工作的可持续性。

（二）构筑高校图书馆科学化资源建设

高校图书馆亟须创建科学有效的资源建设模式，实行有效学科覆盖，进而取得读者的更高满意度。而今，高校图书馆应在综合考虑资源投入产出效益的前提下找寻面向将来的资源建构和评价体系。近年来，读者在资源建设中的主导作用凸显，图书馆在满足读者要求和学科建设的前提下，要使用科学模型来解析资源建设的效果和投入产生比。依照读者的发文、引用、浏览等数据，结合活跃度使用大数据解析模型、学科架构对资源的效能性和满意度进行科学评估，最终形成合适的绩效型馆藏优化机制。

（三）构建高校图书馆领域专家队伍

一名优秀的图书馆馆员本是一座"微型私人图书馆"，其具有检索功能，能

为前来寻求帮助的读者提供指引，并帮助搜索符合的阅读资料。随着时代的不断进步，高校图书馆亟须能够从多种隐性或显性的信息资源中实现知识信息的提炼，要求馆员能够对信息的浓缩和加工给予足够重视，将工作重心逐渐转移到知识信息整合，不断创新工作方法，提高馆员的专业知识和专业技能，为读者提供真正有用的知识信息服务。建立科学人才培养机制，让馆员发挥最大能动性，从而建立顶尖的图书馆领域专家队伍。

四、图书馆4.0时代高校图书馆服务创新初探

（一）服务人性化

高校图书馆所提供的人性化服务是"以人为本"，要求高校必须充分尊重读者、理解读者，并真正了解读者的实际需要，以读者为中心，在多个方面充分考虑读者的实际意图和阅读习惯，培养读者自主取得信息的能力，使读者的需求和服务技能有效衔接；提炼出有利于增进用户体验的新举措，孕育出别具一格的人性化服务；充分发掘、辨析与处理用户疑问，为读者提供更加优质的图书馆服务[4]。现代社会发展背景下，高校图书馆还应积极拓展自助服务，包括网络信息查询、网络图书借阅以及预约服务等，以打破传统模式下的空间和时间限制，同时也为读者提供方便。高校图书馆应积极开展原文传递服务，这项服务内容主要包括本校内部图书馆所收藏的各种资源，能够提升文献服务传递的便捷性，加强专业导航服务，满足读者不同的信息需要。高校图书馆应呈现出人文关怀，为读者营造更舒适的阅读环境，可增设读者交流休息室。

（二）服务个性化

高校图书馆为读者提供个性化服务，以读者为中心，对读者的兴趣爱好和专业习惯进行解析，而后根据读者的实际需要开展个性化服务。高校图书馆所提供的个性化服务依托读者的信息使用行为和信息使用习惯，满足读者多方面的个性化现实需要。建设通过物联网、大数据等先进的科学技术，实行智能升级，凸显以人工智能为中心的技术集群性特征。站在读者的角度，对于其在学科服务中产生的疑问设想满足其特质的服务方案，找出对应的解决办法，协助读者取得信息，实行服务内容的个性化。高校图书馆所提供的信息服务必须与读者的实际需要相符合；实现服务时空的个性化，要求读者能够在其希望的时间、地点得到想要的个性化服务。

（三）服务信息化

高校图书馆在提升自身服务质量的过程中，需加强信息化建设，需利用好

物联网与云计算模式，提升高校图书馆的信息化、智能化水平，为广大师生提供更高效、更便捷的服务。随着现代信息技术的运用，云计算、物联网、大数据、人工智能等技术已深入图书馆的服务中。通过运用读者数据、自助系统RFID等技术，实现了基于智慧服务的刷脸进馆、位置感知、云端电子图书借阅、移动端深度服务、自助借还图书、机器人咨询导航，智能化"无人图书馆"等。针对读者需求的智能应用也可为读者提供多层立体化的服务。通过人工智能技术对读者需求进行精确定位，创建读者供给库与读者定制资源匹配，为读者提供互动平台，提高图书馆服务效能。创造多层级立体化的服务系统，涉及不同需求建设服务级别，从读者角度出发自多个维度为读者提供智慧化需求。使用智慧手段构建全方位、立体化的服务体系，构建基于大数据、人工智能等新技术的下一代图书馆管理系统，对图书馆资源、空间、设备、读者行为等数据进行动态智能开掘，支持读者基于问题场景便捷获取高质量知识资源，从而进行深度学习再造。

五、结语

图书馆4.0时代亟须发挥知识信息服务中介功能。高校图书馆正处于创新改革的关键环节，须顺应时代发展潮流，紧跟时代步伐。高校图书馆应对读者的实际需求变化进行密切关注，掌握新的思想和新的观念，引进新的高校图书馆管理办法和管理技术，将高校图书馆的发展与高等教育的发展相融合，实现高校图书馆服务的可持续发展。

参考文献

[1] 覃珍，韦敏革. 高校图书馆转型危机分析及对策研究[J]. 智库时代，2020（7）：57-58.

[2] 曲萌. 新时代高校图书馆参考咨询研究分析[J]. 青年时代，2019（20）：291-292.

[3] 隋爱萍. 智慧时代高校图书馆服务创新思考[J]. 山西青年，2019（13）：201.

[4] 李曙英. 大数据时代高校图书馆服务创新研究[J]. 数码世界，2019（5）：163.

[5] 周璞. 工业4.0战略对智慧图书馆建设与服务的启示[J]. 时代报告，2020（1）：90-91.

新媒体时代背景下公共图书馆微博营销思路探析

杨 媛

（湖北省图书馆，湖北武汉，430071）

摘 要：新媒体时代的到来对于公共图书馆做好营销来说是一项全新的挑战。微博作为新媒体平台里一个重要的存在，利用好它十分有必要。微博想做好营销，做到在众微博号中"出圈"，还需遵循一定思路。本文根据实际操作列出了基本思路，对如何紧跟热点，输出态度进行了讨论，但微博营销只是一种手段，公共图书馆仍然需要以图书资源和活动内容作为基础支撑，才能保证营销得到更大成效。

关键词：新媒体；微博；营销；思路

对于全媒体时代的到来，2019年1月25日，习近平总书记在中共中央政治局就全媒体时代和媒体融合发展举行第十二次集体学习时强调，我们要"因势而谋、应势而动、顺势而为"，广电传统媒体要顺应互联网传播移动化、社交化、视频化的趋势，瞄准和利用最新最好技术，增强借力发展意识，加快"四个转变"，争创广电媒体发展新优势。

新媒体，即通过对数字技术的运用，如计算机网络、无线通信网、卫星等渠道，以及电脑、手机、数字电视机等终端，向用户提供信息和服务的一种传播形态。与传统媒体相比较，新媒体传播途径在空间上不受约束。因其对数字压缩和无线网络技术的利用，大容量、实时性和交互性的信息能在较短时间内得以跨越地域界线进行传播，实现信息全球化。因此，新媒体时代的到来，对于各类宣传部门来说，可选择的宣传平台更多样，宣传途径更便捷，宣传效果更优质，但同时，也需要各个宣传部门对信息的及时性、信息的准确度和信息的政治正确性进行更高标准的把控。

新媒体时代的到来对于公共图书馆来说，也是一项全新的挑战。图书馆承担着保存人类文化遗产、开发信息资源、参与社会教育等职能，尤其是公共图书馆里的资源基本都是面相大众的，利用好这些资源对于全社会来说是十分有益的。新媒体时代，公共图书馆可以利用微信、微博和抖音等新媒体平台进行资源宣传，每个平台都有各自的特性，利用其不同特性，宣传不同的资源，可以起到十分良好的效果。

一、公共图书馆开展营销的重要性

针对公共图书馆营销，2010年国际图联（IFLA）制定的《公共图书馆服务：IF-LA/UNESCO发展指南》这样定义："公共图书馆营销不仅仅是广告、销售、推销或推广。营销是一种经过实践检验的、实实在在的系统方法，它依赖于根据客户的需求和期望来设计服务或产品，并以客户满意为目标。"

时至今日，营销在各行各业都得到了有效利用和长足发展。"酒香不怕巷子深"在今日也不是绝对真理了，尤其是对于公共图书馆来说，不做营销推广是很难让读者接触到好的图书、好的讲座、好的资源的。特别是在新媒体时代，各种纷繁复杂的营销推广在网络上传播，刺激观感的各种营销转变为实在的流量，从而转化为线下实际的参与人数。公共图书馆只有做出自己的特色，利用好新媒体平台的交流便捷性、及时性和交互性，才能吸引更多的读者从线上走向线下，走进图书馆，了解图书馆。

二、微博营销的重要性

新媒体类型包括手机媒体、数字电视、互联网新媒体和户外新媒体，对于公共图书馆的大部分读者来说，从手机和互联网媒体了解图书馆信息最为便捷，尤其是手机媒体。新媒体时代，微信、微博、抖音等几乎成为全民的获取资讯的平台。这些平台在宣传方面，各有其特性。其中，微博相较于其他平台，不仅可以发布图文信息，还能发布视频信息，且不受发布次数限制，有利于信息的及时发布，因此各大单位和机构纷纷开通了微博，进行各类活动和信息的宣传。

读者对于公共图书馆的信息诉求大多集中于了解书籍信息和活动信息方面，如图书馆开放时间、新书上架情况、讲座活动相关内容等，让读者及时了解相关信息十分有必要。对于这类信息，既可以通过图文的形式展示，也可以通过视频的方式宣传，在不拘于固定形式的情况下，微博可以让读者通过图书馆的重要通知、活动海报和活动视频等进行了解。因此，通过微博进行信息宣传是确实可行的。

公共图书馆用微博作为主要宣传平台不仅可行，且十分有必要，尤其是在突发事件到来时，微博宣传的益处更会凸显。例如，2019年我国突发新冠疫情，不少公共图书馆需要及时闭馆，而闭馆通知以图文形式发布最佳。微信公众号和微博可以发布图文信息，但微信公众号由于每天只能更新一次，如果该图书馆当天已经更新过一次公众号内容，那么闭馆信息便不可以及时在微信公众号上发布了，所以公共图书馆在类似紧急情况下，利用微博平台及时发出信息最为合适。

三、微博营销的基本思路

（一）紧跟热门话题

微博实时更新热搜榜，是根据微博用户的浏览量形成的。热搜榜的话题后有"新""热""爆"等字样，显示该条话题的热门程度。公共图书馆想要"出圈"，可以从热门话题中找出与图书馆相关的，也可以借热点话题推出图书馆相关话题。"新"代表话题刚刚登上榜单，此时博文如果带上该话题，容易引起关注，浏览量会比较大；"热"代表话题已经得到很多人关注了，此时微博带上该话题，相关性较大，内容有趣的话，能引起较多关注，浏览量会很大；"爆"代表话题已经特别热门了，此时如果图书馆没有关联性较大的内容，带上该话题，就没有必要了，操之不当还容易在读者心中形成"蹭话题"的不良形象。因此，紧跟热门话题要注意时机和内容。

（二）表明自我态度

公共图书馆进行微博营销，需要树立正面形象，热门话题有争议时，需要坚决表明立场和态度。例如政府大力号召群众接种新冠疫苗的话题，公共图书馆也应该是顺应政府号召，鼓励民众接种，建立全民免疫屏障。

（三）关联图书内容

带话题还只是图书馆"出圈"的第一步，热门话题跟得好，可以带来阅览量的大幅度提升，但对于账号的关注度和提高用户的黏性并不一定会起到实质性的作用。接下来，还需要乘胜直追，挖掘话题的深度，并且与图书馆相关内容进行联系，图书馆的纸质资源、电子资源和展览讲座等都可以进行关联。

（四）开展福利活动

公共图书馆的博文带话题、关联图书内容后，浏览量会大幅度提升，这时需要继续紧跟话题，开展相关福利活动，保证浏览量能转变为粉丝量，提高用户黏性。微博可以开展福利活动，为读者赠送小礼品，如果读者带话题，可以赠送其与话题相关的物品。公共图书馆可以针对一些话题，赠送相关图书，有条件的图书馆可以赠送热门图书。为了使图书馆微博营销取得实际效果，微博赠书时使用抽奖平台，要求读者必须关注该账号。读者可以选择性使用转发和评论，转发有利于扩大信息传播面，评论可以要求读者走心留言，提升微博的互动率。

四、公共图书馆微博营销的展望

新媒体时代背景下，公共图书馆微博营销要扩大影响力，需要在横向和纵向上发力。横向上需要联合其他文化部门，尤其是所属省市的文化部门，如当地的文旅局、各市县的图书馆等，在重要节日期间，针对同一主题发布微博，并相互转发、评论、点赞，不仅可以提高各自的浏览量，并且可以相互带动粉丝资源，实现主题共享，粉丝互动。纵向上需要在自身内容上着力打造亮点，图书馆的图书资源是微博上其他大V账号所不具备的资源。现在不少图书馆的热点微博都集中在赠书上，这是一个非常吸引粉丝的亮点，可以增加读者粘度。

微博营销是图书馆营销的一种有效手段，但绝不是图书馆营销的最终目的。要做好营销，无论是在线上还是线下，无论是在微博还是抖音，都需要图书馆图书资源和落地活动的实际支持，没有这些支持，博文内容再天花乱坠也不能吸引粉丝长期驻足。因此新媒体时代背景下微博营销需以图书馆实际资源为支撑，以基本思路为导向，以惠民利民为目标，最终参与到"全民阅读"的大浪潮中。

参考文献

[1] IFLA public library service guidelines [M]. Berlin: De Gruyter, 2010: 109.

5G 时代图书馆服务变革与思考

许春艳

（宜都市图书馆，湖北宜都，443300）

摘　要：5G 时代的到来，使人类获取新鲜资讯的时间越来越短，更加便捷高效，同时也给行业服务带来新的挑战：进行深入的改革以顺应 5G 的发展。图书馆是一个提供信息服务的地方，为我国人民提供知识文化服务。在 5G 时代下，图书馆若想要提供更加优质的知识文化信息服务和快速便捷的服务给人们，这就需要适应 5G 新时代的发展需求，对图书馆的信息服务进行变革。本文主要讲述的是对于 5G 时代下图书馆服务变革的思考，为人类带去更加优质便捷的信息服务。

关键词：5G 时代；图书馆；服务变革

5G 时代的到来促使大数据、云计算和人工智能等信息通信技术发生了质的改变，其极致的感官感受和大容量的给图书馆服务变革创造新的机遇，为图书馆的创新指明方向。图书馆是一个知识传播中心，为人类的学习、认知、科研提供优质信息服务。在 5G 时代发展下，图书馆应顺应时代的发展与时俱进，以满足人类需要为目标，使优质资源得到运用。

一、5G 时代对图书馆变革的影响

5G 时代对社会各个行业有了新技术要求与新准则，而图书馆作为对数据信息和知识进行保存和传播的地方，对图书馆数据信息保存和传播产生了一定的影响。以下是 5G 时代对图书馆变革的影响因素。

（一）信息传送变化

5G 拥有信息速度快，信息存储量大，时间延迟率低，高密度和信息移动性强的特点，使信息传播不再受空间和时间的影响，即可获得想要的资讯，有利于实现 4 小时内信息传播的场面。

（二）终端用户行为变化

5G时代带来了信息传播更加及时等场面，使人们更多地使用终端工具。公共服务领域设备使用权和物权的分开，使图书馆的信息和内容发生变化，导致图书馆的使用人发生终端使用方法的改变。

（三）5G服务接口变化

5G时代的到来使以前4G的App媒体传播模式发生改变，使具有5G网络和终端特点的云平台和集成平台成为图书馆的信息汇成、知识整合与计算服务方式，确保图书馆的图书目录管理、服务系统等数据传递得到开放，这样才能够促进图书馆的改革。

（四）数据处理变化

5G时代的到来促使图书馆的信息重要传递方式从内容、路径向数据变向转变，而且通过转变多个应用场面和多个服务场面来体现数据价值。

二、现阶段图书馆信息服务状况

（一）服务方式脱离实际

图书馆服务方式应该呈现出多样化、个性化的特征，图书馆管理人员采用人工智能辨别方法对图书馆的服务作出严格管控，以满足人们对图书馆的要求。现阶段的图书馆服务仍停留在在线借阅、检索、归还等基础层面，图书馆的服务体系中的用户需要分析反馈、图书数据系统等十分缺乏。服务体系不完整，无法对群众的需求准确判断，导致无法准确定位用户群体，这必然会影响读者的信息服务满意度。

（二）技术能力滞后

在5G时代中，图书馆的服务最明显的特征是信息化，对图书馆的信息服务方式改革起决定性作用。5G时代下的图书馆工作人员应该拥有扎实的基础理论知识和信息素养，快速适应5G技术带来的服务模式改革。虽然目前的图书馆服务在信息化建设下取得了较好的成绩，但服务方式依旧不够完善，仅仅把信息化设备和技术用来改变图书馆的管理方式，没有更加深入地剖析两者之间的关系，以致图书馆的技术能力相对落后。图书馆缺少专业性、技术性管理人员，很多技术难题需要依赖别的力量支持解决。图书馆应该加快5G背景下的信息化结合步伐，提高管理服务改革质量。

(三) 缺乏高效合作

图书馆的服务方式种类繁多，服务人群数量多，图书馆多元化发展，图书馆每个部门的工作核心内容不同，每个工作人员素质不同、分工不同，在管理时存在困难，从而抑制了信息服务方式的改革创新。加上图书馆多是开放式的，服务于不同种类的人群，妨碍各部门的相互合作。不同图书馆的服务方式、服务标准基本不一致，不同图书馆之间独立运转的状况，妨碍了图书馆向服务社会化的转变，这就要求图书馆管理部门与别的图书馆管理部门相互合作。

三、5G 时代的图书馆变革应对策略

(一) 摸索 5G 用例与应用场景

有研究发现，5G 在促进公共服务、信息、公共事业、教育方面取得很好的成绩，图书馆是一个集公共服务、信息、公共事业、教育于一体的地方，在 5G 时代发展下具有很大的发展能力。图书馆应积极摸索 5G 技术，将 5G 技术运用在图书馆的建设中，如将 5G 技术摸索用于图书馆服务体系中的图书馆智能服务空间的构建领域。

(二) 发展图书馆云计算

云计算的出现改变了以前的工作模式上，使传统行业在管理模式和运作模式上发生了明显的改变，使信息时代发生质的改变。云计算以互联网为中心，在互联网上提供快速可靠的数据连接存储，让每一个终端都能享用网上巨大的数据信息。5G 时代把云计算技术运用到图书馆管理系统和数字资源的迁徙平台中，创新图书馆的管理模式和服务模式，可以避免服务器连接不好等问题，提高图书馆的运行速度，确保图书馆数据的安全性，也可以降低 5G 时代下图书馆服务维护成本。

利用共享云平台的数字资源增加图书馆的资源数目，促进数字信息建设，使各种各样的信息资源价值获得合理运用。图书馆管理人员和读者可利用身边的设备随时随地登录云平台，搜索所需要的资料信息，满足阅读需求，为读者提供快速方便的信息服务。

(三) 建立完善的服务体系

传统的图书馆服务依旧停留在在线借阅、检索、归还等方面，无法为读者提供图书类型分类服务。图书馆可以利用智能信息技术作为核心基础，为读者提

供更加快速方便、多种多样和个性化服务。读者除了与管理人员进行交流获取信息，还可以通过智能设备与馆藏资源、图书馆馆舍之间互动，获取想要的服务。

可以利用5G技术信息速度快和时间延迟率低的特性，让读者用手机等方式来访问图书馆，从而快速高效地找到想要的电子资料。把虚拟现实技术和5G网络融合起来，能让读者投入图书馆的体验中，提高图书馆的服务水平，让图书馆的各项功能得到充分的发挥，创造良好的图书馆环境，完善智能化服务体系，打破读者对图书馆的刻板印象和社会价值认识。

（四）完善图书馆数据管理策略

图书馆的数据管理策略是5G时代下的改革难以缺少的部分。可以通过数据容量和服务内容升级来作为图书馆的数据管理。5G技术采集本地互联网传感器和设备的数据传送，对不同的数据进行分析处理，并将其存储到数据中心。通过采用数据管理方式，将广域网、防火墙服务、人工智能算法得到整合。改革创新图书馆的数据管理策略，有效促进图书馆健康稳固的成长。

四、结束语

总而言之，5G时代的到来对图书馆变革产生了影响：图书馆的信息传送变化，突破空间阻碍；图书馆的终端用户行为变化；5G服务接口变化，促进图书馆的信息汇成、知识整合与计算服务改善；数据处理变化从内容、路径向数据变向转变。现阶段的图书馆信息服务方式脱离实际，无法满足群众的需求，影响读者的信息服务满意度。仅依靠使用信息化设备和技术改变图书馆的管理方式，没有深入地剖析两者关系，导致图书馆的技术能力相对落后。5G时代图书馆服务变革可以通过摸索5G用例与应用场景，和发展图书馆云计算提高图书馆的运行速度。建立完善的服务体系和完善图书馆数据管理策略，让图书馆的各项功能得到充分发挥，创造良好的图书馆环境，完善智能化服务体系。

参考文献

［1］陆婷婷．从智慧图书馆到智能图书馆：人工智能时代图书馆发展的转向［J］．图书与情报，2017（3）：98-101，140．

［2］通拉嘎．智慧图书馆热发展背后的冷思考——以台北市立图书馆智慧图书馆发展现状为例［J］．图书馆学研究，2016（7）：17-23．

［3］苏瑞竹，张云开．智慧图书馆的产生背景、发展趋势及建设策略研究［J］．图书馆界，2017（4）：32-36．

浅谈互联网环境下的现代图书馆服务

黄 惠

(武汉市少年儿童图书馆,湖北武汉,430014)

摘 要:现代的图书馆已经成为传递特定信息资源、服务和教育的信息门户。图书馆作为社会发展的重要部门,要思考如何在新信息环境下做好图书馆服务。图书馆的社会价值是通过利用网络环境大力发展图书馆资源共建共享,如何在互联网环境下保持图书馆服务的活力,跟得上用户泛在化的需求,借助互联网思维,考虑图书馆的理念创新、技术创新和服务创新。

关键词:互联网;图书馆资源共建共享

随着社会文明和信息化、网络化程度的提高,互联网在全球的迅速发展,中国已有10亿网民,仅5G手机用户达到1.6亿人。这对图书馆提高创新服务水平,改良传统服务工作,创新服务模式,激发读者的阅读兴趣,提高图书利用率,提出了更高要求。

今天的图书馆已经成为传递特定信息资源、服务和教育的信息门户,图书馆作为社会重要的信息资源基地,国家信息基础设施和资源的提供者,对信息化、网络化浪潮的冲击更为敏感。随着现代技术的迅猛发展,全球网络化浪潮的兴起,一个以计算机技术、网络通信技术、光纤技术、数字卫星技术为主要信息传输载体的社会基础设施的新的信息环境已经在我国形成。图书馆这个社会需求的产物,其天职就是为社会提供服务。图书馆发展到复合图书馆阶段后,数字资源和纸本资源保障着用户的资源需求,数字图书馆有着天然的互联网因素,如何在互联网环境下保持图书馆服务的活力,跟得上用户的需求,就需要图书馆跨界思考,借助互联网思维,来考虑图书馆的理念创新,促使网络环境下的图书馆顺应潮流,在信息资源采集、馆藏获取、人员素质、服务方式等方面将发生巨大的变化。以敢于跨界、融合创新的精神重新定位和重新认识,让人性驱动图书馆服务,构建智能互联的图书馆信息服务网络。

一、利用网络环境大力发展图书馆资源共建共享

网络环境下图书馆信息资源的共建共享是指各级各类图书馆根据用户对社会信息的需求，通过网络利用计算机、通信、电子、多媒体等先进的信息技术，对信息资源和网络资源进行综合协作开发和利用。针对网络的日益发展，本着所有人在任何地方、任何时间都可以搜索人类所有的知识，而不会有时间、地点、文化、语言的障碍的原则，实现信息资源共享的最高目标"5A"（任何用户在任何时候、任何地点均可以获得任何图书馆拥有的任何信息资源）。

用互联网提升图书馆服务，创建适应移动互联网和用户行为习惯的新型服务模式。运用大数据提升行业管理能力和资源共建共享能力，使图书馆快速提升资源和服务能力，提高整体服务水平，提高整体服务效能。全面开放，连接一切，使文化服务更加便捷普惠，打造文化服务的新型业态，实现泛在化图书馆服务。

随着社会的发展、科学技术的不断进步，用户对信息资源的需求也产生了根本性的变化。用户不再满足于单一的馆藏信息服务，迫切需要的是内容新颖全面、类型完整、形式多样、来源广泛的信息。用户的这种全方位、综合化的信息需求，使图书馆认识到互联网不是对传统图书馆的替代，而是一个很好的辅助工具，它的意义是帮助图书馆提高工作效率、增强服务的用户体验、利用线上线下结合服务，更好地把图书馆的服务做好、空间利用好，积极面对，专心研究，成为本行业独有的图书馆。图书馆应该以"读者为中心、资源为核心"变革流程，创新创建更好的服务模式；应该具备跨界思维，借鉴各行业的优势做法，借助大数据技术和思维方式，既要做到海量信息的提供，更要做到精准信息提供、人性化服务，进而可以预测读者需求和推荐最为相关的资源给读者。

二、利用网络资源增加馆藏资源获取方式

图书馆传统的获取信息资源的方式，主要是购买、交换、接受捐赠等。文献入后，图书馆便拥有该文献的永久所有权和使用权。互联网蕴涵着丰富的资源，使图书馆馆藏资源不再局限于传统意义上的信息资源收集、整序、贮存并拥有"所有权"的文献。人们从网上存取的信息，虽然不同于馆藏资源具有"所有权"的属性，但它如同馆藏资源一样具有可利用的属性。因此，图书馆的信息资源可以分为馆藏资源和网上资源两部分。对用户来说，需要获得的某一信息，无论是图书馆收藏的，还是网络存取的，信息本身的质量并没有区别。只要信息方便存取，易于获得，用户就无须顾及这些信息存放的位置离自己有

多远。因此，对图书馆来说，网上资源与馆藏资源具有同样重要的意义。而且，网络资源存取便捷，因而可以为图书馆成为服务的重要基础。图书馆还可以通过网络对电子信息里有价值的图像、文本、语音、影视、软件和科学数据等多媒体信息进行收集、组织和规范加工，制作成本馆的电子出版物，版权是属于自己的，或通过购入、租用、交换等多种方式取得信息资源的网络使用权来提高馆藏资源数量。这样做不但可以丰富馆藏还能避开比较麻烦的版权问题。

无处不在的数字阅读图书馆的功能之一在于阅读推广，让更多的人读更多的书、读适合自己的书。阅读包括纸质阅读和数字阅读。阅读几乎可以在所有场景中发生，无孔不入。

三、服务方式需要改变

信息高速公路的出现，网络信息资源的出现，对传统图书馆服务方式带来了挑战，在知识经济时代，社会生产对知识的需求越来越强烈，传统的图书馆服务方式受到严重冲击，促使传统的机制、运作发生着根本性的变化，新型服务模式的雏形已出现。图书馆服务工作从以满足书刊借阅的文献需求为主，转移到以满足知识信息需求为主、以知识开发服务为主的模式。网络环境下图书馆服务将形成新模式，有以下几个特点。

（一）有偿服务与无偿服务相结合

在市场经济条件下，图书馆在完成公益性服务的同时，可以开展各种类型的有偿信息服务，主动与大中型企业联系，了解信息需求，编辑专题剪报，提供信息服务，收取一定的费用，收到经济效益、获得社会效益。不仅可以弥补国家投资的不足，也可以促使图书馆具备自我生存的自身发展能力。全民阅读推广时代，京东阅读、豆瓣阅读、微信阅读、百度阅读、超星阅读等层出不穷，图书馆可以根据自身的需求，与开展这些阅读的商家联合。线上线下互动，既可以提升电商图书销售量，也可以提升图书馆图书借阅量，实实在在地推动阅读，获得共赢。

（二）主动型服务

面对社会的信息需求，图书馆的服务已经开始走出图书馆，面向社会、面向需求、主动服务。图书馆能够最大限度地扩展和延伸服务功能，将社区、学习型组织、商业团体、家庭等连接在一起。图书馆作为服务性质的社会机构，应适应现代社会公众文化生活的需求，更多地承担起文化交流和文化休闲的职能。扩展移动图书馆或手机图书馆的功能，将电子书和期刊文章全文阅读功能加入其中，使移动图书馆作为阅读的入口。

（三）针对型服务

随着社会的发展，信息社会的建立，图书馆开始冲破传统服务模式，紧密地配合社会需求，提供特色服务，有针对性地服务，不断提高用户的满意率。创新线上功能，提供多元服务；完善线下服务，树立服务口碑。图书馆可以根据大数据分析判断哪类资源是受用户喜爱的，哪类资源是闲置的，而且还可以根据用户近期关注程度等信息分析一段时间内哪类资源更受用户欢迎，进行线下分析推广服务。

（四）多样型服务

现代图书馆以用户为中心，需要什么就提供什么，摆脱传统的服务方式，摒弃单个、重复、被动、琐碎的手工服务。把服务模式从"单纯服务型"转变为"服务经营型"，把服务推向市场。图书馆要利用好互联网，甚至创建图书馆的新模式，必须要在解决用户痛点和难点上下功夫。站在用户的立场考虑，他们都碰到了什么障碍，有什么困难，需要什么样的图书馆，我们用新理念新技术更好更快地来解决问题。思考用户利用图书馆的场景，以场景来分割用户的需求，直至满足其需求。这些都是图书馆利用互联网来解决的问题，需要图书馆从理念上接受和理解，从政策上给予保障和支持，从技术上跨界借鉴和引进。这样图书馆在新信息环境下提升服务，成为互联网时代不可或缺的重要的知识服务和空间服务中心。

参考文献

[1] 沈奎林，邵波，陈力军."互联网+"环境下图书馆创新服务研究[J].图书馆学刊，2020（10）：46-52.

二、疫情防控背景下公共图书馆"云服务"探析

湖北省公共图书馆在应对重大突发公共卫生事件中的实践与思考
——以新冠肺炎疫情为例

李 红　代新欣

（湖北省图书馆，湖北武汉，430071）

摘　要：新型冠状病毒肺炎疫情（以下简称"新冠肺炎疫情"）的发生，导致公共服务场所被迫关闭，线下活动取消，民众居家隔离，在这样的情形下，做好线上信息服务工作就显得尤为重要。面对措手不及的新冠疫情，湖北省各级各类公共图书馆迎难而上，在积极落实防疫防控应急管理措施的基础上，保障现有馆藏文献资源服务的同时，积极组织、协调、创新多种线上活动，为公众提供权威信息，为政府提供决策参考咨询服务，线下克服重重困难，联合各相关单位建立放舱书屋，并为方舱书屋配送书刊，为病患送去精神食粮。随着武汉解封，国内疫情趋缓，后疫情时期公共图书馆应何去何从是一个值得深入思考的问题。本文就加强同业与跨行业间协作协调，促进各级各类人才培养，加快新技术开发运用，加速线上资源开发推广，完善重大事件应急管控机制等几个方面加以深入阐释。

关键词：公共图书馆；公共卫生事件；重大；突发；新冠肺炎疫情；实践；思考

根据《2020年文化和旅游发展统计公报》发布的统计数据，2020年我国公共图书馆总流通人次54145.81万，比上年下降39.9%；书刊文献外借42087.15万册次，下降31.4%；外借人次17466.62万，下降34.4%；全年共为读者举办各种活动150713次，比上年下降23.0%；参加人次9279.33万，下降21.3%。分析以上数据产生的原因，一是受到新冠肺炎疫情影响，全国公共图书馆在疫情发生初期闭馆停止所有线下活动，即便疫情取得阶段胜利逐步恢复开馆，2020年全国各地尤其是湖北省各级公共图书馆也由于服务时间减少、"限流"等原因，线下服务人数大幅下降；二是大众对文化信息的需求不仅仅是靠到馆这种单一的线下服务形式来满足，线上服务等多元化的方式在此次疫情中的作用更为突出；三是互联网、新科技等对图书馆的影响越来越明显，图书馆未来的服务由此将进入一个新阶段。此次疫情也检验出我们应对重大突发公共卫生事件的综合能力有所不足，通过这次事件我们要积极完善应对重大突发公共卫生事件的体制机制。

新冠肺炎疫情是百年来全球发生的最严重的传染病大流行，是中华人民共和国成立以来我国遭遇的传播速度最快、感染范围最广、防控难度最大的重大突发公共卫生事件。

全国各省市区纷纷启动重大突发公共卫生事件一级响应机制，举国上下打响了全民抗疫阻击战。作为向社会公众免费开放的人员密集型场所，公共图书馆相继闭馆以应对新冠肺炎疫情。作为疫情防控阻击战的主战场，湖北省各级公共图书馆并未因闭馆而中断公共文化服务，反而排除万难，线下积极筹建方舱书屋，线上开展各类丰富活动，以满足政府、公众和各类读者的不同需求，表现出图书馆作为公共文化服务机构的社会责任感，为我国全民抗疫贡献了应有的专业力量。

一、疫情危机下湖北省公共图书馆开展的应对举措

2020年1月22日，湖北省决定启动重大突发公共卫生事件一级响应机制，湖北省图书馆立即成立疫情防控工作领导小组，迅速制订抗击新冠肺炎疫情工作方案，提出具体防控措施和活动计划，建立了抗疫支援微信群和工作微信群。身处疫情重灾区，省馆决定于1月23日正式闭馆。闭馆期间，省馆线下服务虽已暂停，但坚持线上服务不打烊，为读者免费提供无接触书籍借阅、自建及采购数字资源推介及免费获取、各类线上活动等服务，将疫情带来的的负面影响降至最低。湖北省各级公共图书馆，没有被动"输血"，而是奋起"造血"，履行了图书馆人应有的社会责任与担当。

（一）保障文献资源服务

2020年2月，湖北省图书馆联合武汉图书馆和社会力量在各方舱医院建立起23座"图书驿站"，为洪山体育馆、黄家湖中医药大学体育馆和石牌岭高级职业中学等方舱医院提供书刊近15000多册，建设康复驿站、方舱医院图书站点和图书角78个。通过方舱书屋建设，从精神文化层面为广大患者提供人文关怀，让阅读发挥疗愈之效，为患者和医护人员送去精神食粮。同时，借助"互联网+"现代物流技术，推出了"楚天云递"网约书服务免费邮寄活动，满足

医患和居民"点单"无接触纸电借阅需求。与此同时，紧急上线"方舱数字文化之窗"数字资源平台，积极争取全国多家图书馆、文化单位的关注和资源接入，助力群众居家学习，助益群众疫情期间的学习阅读与心态调整。至2020年4月8日武汉解封时，该平台共接入中文在线、樊登读书会、中华诗词库等31家资源，拥有230707册电子书、11925册电子期刊、17748个视频、34000课时专业课，同时还设有疫情信息更新、权威辟谣、心理疏导等栏目，疫情期间，这一"网上书屋"已经覆盖武汉市所有方舱医院和隔离酒店，并向居家隔离群众推广。湖北省图书馆学会开辟了"抗疫信息专家谈"微信公众号栏目，邀请知名专家李玉海、黄如花教授等通过视频亲自讲授如何辨识真假疫情信息，为居家群众和隔离人员提供丰富的信息资源，为疫情防控工作贡献书香力量。2020年1月24日至6月14日闭馆期间，湖北省图书馆线上数据资源总访问量达到了7000人次，网站访问量327471次，日均2300次。湖北省公共图书馆网上数据资源总访问人次666.3万，其中"掌上鄂图"App约400万人次，方舱数字文化之窗20万人次，网站点击量21.6万人次，微信访问量33.1万人次，文献传递1.6万人次，合计666.3万人次。

（二）强化线上阅读推广

新冠肺炎疫情防控期间，湖北省各级公共图书馆在原有线下活动转为线上直播的基础上，发掘线上直播平台用户的需求，融合讲座、访谈、培训、音乐会、讲书会等多种形式，为政府部门提供决策咨询服务，为医患人员提供医疗阵地服务，为研究人员提供学术科研服务，为社会公众提供教育培训服务，线上活动异彩纷呈。

湖北省图书馆组织推出"在家阅读·书香战'疫'"线上阅读推广系列活动，利用QQ直播间、CCtalk、腾讯会议等平台推广，湖北省图书馆联动省内各级公共图书馆，在疫情期间策划组织了阅读马拉松、童心战疫云游书香、书香战疫楹联征集、世界读书日主题展览等书香战"疫"、"寻找C位出道的湖北数字阅读达人"、《图书馆员业务能力知识竞赛线上初赛》等品牌活动近千场，极大丰富了市民和读者的居家生活和精神文化需求，帮助群众在疫情期间戴上"心灵的口罩"。黄冈市图书馆举办"'宅'家防疫新姿势，图书馆邀您来听书！"活动。黄石市图书馆举办"以'读'攻毒"活动——免费开放数字资源助力"宅阅读"，还携手优谷朗读亭开展"为爱助力——致敬逆行者"行动，给读者提供了一个告白平台，向在这场战役中奋战和奉献的人们深情告白。咸宁市图书馆推出"全民参与 咸宁加油"新型冠状病毒防疫知识线上问答活动，邀请嘉宾以讲座分享的形式，与读者在线交流互动，这种网络互动的直播模式虽然不是疫情期间首创，却在特殊时期发挥了关键性作用。据统计，湖北省各级公共图书馆在闭馆期间共举办线上阅读推广活动100余场，参与人次上百万。数字资源访问量、微信阅读量、线上活动参与人次显著增加。

（三）为政府与公众提供参考咨询

新冠肺炎疫情期间，关于防疫、抗疫、治疫等方面的专题咨询与日俱增，自2020年1月29日（大年初五）开始，应湖北省文旅厅要求，省图书馆负责参考咨询的工作人员开始编制《湖北文旅疫情防控舆情摘报》，为湖北省文旅厅在疫情期间的舆情应对工作提供了强有力的信息支撑，截至2020年4月8日武汉解封，共报送《湖北文旅疫情防控舆情摘报》72期429篇。武汉图书馆第一时间与广东科技出版社联系沟通，取得授权，2020年1月25日即通过微信公众号推出《新型冠状病毒感染防护》电子图书，之后又相继获得相关出版社的授权，连续推出《新型冠状病毒肺炎预防手册》等电子书籍，向读者提供与疫情相关的知识咨询、线上防疫安全讲堂等服务，引导市民科学防范新型冠状病毒，同时，整合权威指南与馆藏资源开展疫情心理危机干预服务，赶制"防疫也防'抑'，疫期一起读"防疫心理电子书专题海报，积极引导市民扫码阅读。英山县图书馆组织职工印发抗疫科普知识及相关宣传资料，并制作视频在抖音上推送。

湖北省各级公共图书馆设置专人值守电话和网络咨询平台。除及时回复读者日常性咨询外，各图书馆以本馆网站为阵地，在醒目位置设置新冠肺炎疫情信息服务专栏，及时更新疫情动态信息，发布权威信息，教读者识别谣言。在知识导航栏目，向读者推荐相关防疫科普图书，为读者提供所需专业学术论文，提供专题信息跟踪检索，推出抗疫专辑，精心设置重点关注、热点聚焦、新闻看台等板块，提供前沿理论资讯，既促进防疫抗疫知识传播，也有助于医患人员振奋精神，为战胜疫情树立信心，同时也为政府疫情防控的精准决策提供信息支持。

（四）有序开放馆舍服务读者

随着武汉疫情防控工作取得阶段性胜利，4月8日武汉解除离汉离鄂通道管控，湖北省各级公共图书馆也逐步筹备恢复适度开放。工作人员提前到馆做开放前期的准备工作，馆内各楼层全面消杀，流通图书和在馆阅览图书全部消毒，馆内设置临时隔离点，编制《防疫指南》，对馆员进行疫情防控相关知识培训和实战演练，严格按照疫情防控标准要求馆员。6月14日经过前期紧密筹备，湖北省图书馆恢复开放,实施线上登记预约、到馆测量体温、扫码进馆、分时段开放、控制在馆总人数等具体措施,做到"四个确保",确保入馆人员体温正常及健康码绿色,确保每位入馆读者行动轨迹可追溯,确保每本流通图书全面消毒,确保图书馆开放区域全面消杀不留死角。

襄阳市图书馆新馆于 4 月 30 日正式开放,宜昌市图书馆 6 月 20 日恢复开放,十堰市图书馆 6 月 22 日恢复开放,五峰图书馆 6 月 20 号恢复开放,荆州、黄石等中等城市图书馆陆续开放,恢复正常服务,截至 2020 年 12 月底,湖北省公共图书馆开馆以来共借还图书 10 万余册次,服务读者 1.6 万余人次。

二、新冠肺炎疫情时期公共图书馆服务暴露出的问题

此次突然发生的疫情暴露出一些平时没有重视到的问题,那就是图书馆行业在应对突发重大公共卫生事件能力较弱,且无章可循。

(一) 各地图书馆对于疫情的应对方式不尽相同

有些图书馆在响应上级的疫情防控要求闭馆后,并没有及时将线下活动转为线上,也没有积极推送疫情相关信息和推广线上活动,只有少数几家图书馆一直坚持推送线上服务,并与读者积极互动交流。

(二) 疫情防控标准不统一

因疫情突如其来,公共图书馆在面对重大突发公共事件的经验不足,且没有规范统一的应对策略,因此,在疫情突袭时,应对疫情的防控标准不尽相同,比如对于进馆体温的设定、对于到馆读者症状的判定和疫情防控具体措施的实施都不尽相同。

(三) 疫情趋缓后各馆开放标准不统一

各地各级各类公共图书馆在开放条件、开放时间、开放区域、限制人数、消杀范围、消杀次数等的设定都不尽相同,这就需要上级相关部门统一制订相关应急服务规范和制度,使各地各级各类图书馆在遇到突发公共卫生事件时有章可循。

三、后疫情时期对公共图书馆未来发展的思考

(一) 加强同业与跨行业间协作协调

湖北省图书馆学会与省图书馆、省高校图工委联动,组织、协调湖北省各级公共图书馆、高校图书馆，积极联系武汉市有关区政府和部门，在武汉市多个方舱医院与隔离点建立书屋，配送书架、书桌等设施，并提供线上服务。了解到湖北省各级图书馆领导及馆员不仅积极筹建方舱书屋，还担负着下沉社区值班的艰巨任务，国家图书馆与中国图书馆学会通过发动倡议，联合全国图书馆界开展了一场以"驰援武汉 共克时艰"为主题的捐赠疫情防控急需物资行动。截至2020年2月24日，全国共有100余家图书馆参与到本次行动中来，为武汉及湖北其他地区图书馆同仁筹集捐赠了大量物资，共计各类口罩3.6万余只、手套26万余双、雨衣2.7万余件、鞋套近1.5万双、防护服1500余套、护目镜6000余副、消毒液4500余瓶（桶）、时蔬30吨，以及湿巾、洗手液、药皂等其他物资6000余份。

2020年2月，全国图书馆界共有四百多人参与共战"疫"不孤"读"接力活动，用各馆读者证制作视频向武汉表达祝福和关切，二百多家图书馆进行了官宣，抖音、微信、微博、网站新媒体全部上线，爱心要比病毒传播得更快！疫情期间还有很多类似的自发活动为武汉和湖北助力，在最困难的时期为武汉加油、让爱心传递。

(二) 促进各级各类人才培养

对于国家和民族的未来而言，人才始终是核心竞争力。一个国家中，如果贤良之士众多，那么治理国家的基础自然就厚实；反之，如果贤良之士稀少，那么治理国家的基础就薄弱。而公共图书馆从应对重大突发公共事件的角度考虑，应加强以下五类人才的培养：

(1) 领导人才。培养遇事冷静、临危不乱、头脑清晰、有较强组织协调能力的人才。

(2) 技术人才。基础设施的构建、门户网站的日常管理、网络运行数据库的维护、大数据的统计分析、新技术的运用、直播互动平台的嵌入都需要具有较高信息处理能力和技术运用能力的人才。

(3) 参考咨询人才。信息检索，定题跟踪，研究综述，挖掘、整合、甄别信息，开发编辑二、三次文献等工作都需要参考咨询人才的参与。要培养各学科参考馆员，为政府机构、企事业单位、高校师生、医护人员、科研机构、弱势群体等各级各类不同需求的读者提供权威专业的信息咨询服务。例如在此次新冠肺炎疫情的发生期间，参考咨询馆员要及时关注权威期刊，尤其是国际知名期刊有关新型冠状病毒的最新研究成果，并及时在图书馆官网醒目位置发布，引导读者建立科学防疫观，不信谣不传谣。

（4）后勤保障人才。经过此次新冠肺炎疫情，我们要加强日常应急预案制订及应急物资储备等后勤保障工作，尤其是培养能够合理应对不同突发公共事件的后勤保障人才，培养具备联系、沟通、协调、调配等全流程能力的后勤保障人才。

（5）阅读推广人才。公共图书馆还要培养掌握阅读推广的基本素质、能够运用新技术、了解读者心里需求、具备敏锐的信息捕捉能力、善于将新技术与阅读结合，并具备一定的沟通协调能力的阅读推广人才。

（三）加快新兴技术开发运用

当前处于数字化、网络化时代，"互联网+"已对当今社会各个领域产生了深刻影响，大数据的应用使得分析更科学精准，也因此可以让服务更加个性化、精准化、人性化，避免不必要的资源浪费，也更加高效。从政策上、技术上、应用上，通过技术手段保障资源稳定有序使用。

（四）加速线上资源开发推广

此次新冠肺炎疫情的发生，导致公共图书馆被迫关闭，线下服务基本"瘫痪"，线上服务在这个过程中起到前所未有的重要作用，同时也颠覆了一些传统的服务模式，迫使业界同仁想方设法用线上服务的方式来满足读者的多种需求。公共图书馆不仅要保证电子书、学术论文、电子报刊、有声读物、视频、讲座、公开课等多种形式线上资源的推广、有效利用和及时反馈，还须大力开拓新平台、新业态、新形式，可联系电视运营商或哔哩哔哩、抖音、快手、优酷、腾讯、喜马拉雅等受众面广、受到广大群众喜欢、互动频率高的各类优质平台，尝试各种有可能的合作模式，以满足不同层次、不同群体、不同知识背景读者的不同需求。

（五）完善重大事件应急管控机制

重大突发公共卫生事件有其很强的突发性和不可预测性，而定义为重大就意味着危害大、影响深，因此，为预防措手不及，需要我们居安思危，未雨绸缪。

（1）加强顶层设计。图书馆应对重大突发公共卫生事件需要理论指导和政策支持，可借鉴国内外相关处置经验，制定符合我国国情的、有现实指导意义的制度，可根据不同类型图书馆的实际情况，制定符合不同类型图书馆需求的制度和指导手册。指导手册应具有可操作性强、覆盖范围广、简单易行等特点。要根据突发事件种类、性质的不同分门别类制定，让各级各类图书馆在遇到突

（2）加强组织领导。国家图书馆指导各省级图书馆、省级图书馆指导各地市县图书馆，各图书馆与政府、社区、防疫部门等相关机构均要建立应急联动机制，以应对不同突发情况、不同性质事件的处置。加强馆员日常培训演练，培养安全意识、让每一位馆员熟知突发事件处置全流程。

（3）完善制度建设。建立应急信息服务平台，有消息第一时间汇报，第一时间发布，第一时间处置。完善应急预案，储备并定期更新应急物资。设置应急专项经费，在突发事件发生时可不必层层审批，高效应对突发事件。

四、结语

新冠肺炎疫情危机下，尽管困难重重，但湖北省公共图书馆与全国公共图书馆一起，及时保障文献资源服务、强化线上阅读推广、为政府和公众提供参考咨询、有序开放馆舍，同时在疫情开放服务期间，对于加强行业间协作协调、各类人才培养、新技术开发运用、线上资源开发推广、重大事件应急管控机制等工作有所思考与启发，做到疫情防控和专业服务并行，体现出危机时期公共图书馆的社会核心价值和馆员的职业精神。湖北省公共图书馆也是这次新冠肺炎疫情的最前沿阵地，面对史无前例的大灾大难，其工作实践还存在诸多不足之处，但湖北省公共图书馆愿意在当前开馆服务的基础上继续深入探索新问题和新思路，为我国图书馆处置灾情积累宝贵经验，为图书馆事业长远发展做出积极贡献。

参考文献

[1] 习近平：在全国抗击新冠肺炎疫情表彰大会上的讲话［EB/OL］.新华网，2020-10-15.

[2] 李静霞，路锦怡.应对新冠肺炎疫情的公共图书馆实践与思考——以武汉图书馆为例［J］.图书与情报，2020（2）：28-32.

[3] 魏大威，廖永霞，柯平，等.重大公共安全突发事件中图书馆应急服务专家笔谈［J］.图书馆杂志，2020（3）：4-18.

[4] 徐益波，万湘容，华东杰，等.应对新冠肺炎疫情的公共图书馆实践与思考［J］.图书与情报，2020（2）：38-42.

[5] 武锋.智慧社会是智慧城市的扩展和深化［N］.经济日报，2017-12-11（13）.

疫情防控背景下公共图书馆"云服务"浅探

石　星

（湖北省图书馆，湖北武汉，430071）

摘　要： 疫情期间，公共图书馆建设的抗击疫情云阅读、云视听平台在满足群众的文化需求上成果显著。本文介绍了"云服务"的模式，介绍了基于 IaaS 和 SaaS 的图书馆云服务应用，就在疫情防控常态化的趋势下公共图书馆如何分别基于 IaaS 和 SaaS 为读者持续提供广度和深度上的服务提出可行性建议。

关键词： 公共图书馆；云服务；集成化；个性化

一、引言

2020 年初，一场新型冠状病毒肺炎疫情侵袭武汉，并蔓延至中华大地，全国上下迅速打响了一场疫情防控的人民战争，全国各级各类图书馆第一时间调整应对，将图书馆的工作重心从线下转移到线上，开通以抗击疫情为主题的云服务平台，整合电子图书、期刊等资源，推出展览、培训，开辟疫情信息更新、权威辟谣、心理疏导等栏目，为大众提供文化服务，满足大众在疫情期间的文化需求。云服务具有覆盖全面、针对性强、便捷性高、非接触等优点，抗疫云平台一经推出便受到了群众的广泛好评。

疫情在一定程度上加速了公共图书馆云服务的发展，在疫情常态化防疫的当下，公共图书馆的云服务不应停留在抗疫云服务平台的建设上，应将眼光放长远，聚焦国内外优秀的政府、企业云服务，积极拓展云服务在图书馆中的应用，增强读者云服务实际体验，为读者展示出公共图书馆的人文关怀，以云服务为驱动，推动公共图书馆未来的发展，提升公共图书馆的社会影响力。

二、公共图书馆云服务

（一）"云服务"概念

云服务是基于云计算技术，通过网络为用户提供的服务。按照美国国家标准与技术研究院（NIST）定义，云计算是一种按使用量付费的模式，这种模式提供可用的、便捷的、按需的网络访问，进入可配置的计算资源共享池（资源包括网络，服务器，存储，应用软件，服务），这些资源能够被快速提供，只需投入很少的管理工作，或与服务供应商进行很少的交互。

（二）"云服务"模式

云服务按照交付模式分为 IaaS（Infrastucture as a Service，基础设施即服务）、PaaS（Platform as a Service，平台即服务）、SaaS（Software as a Service，软件即服务）三种。在 IaaS 中，普通用户不用自己构建数据中心等硬件设施，而是通过租用的方式，利用 Internet 通过 Iaas 提供商获得计算机基础设施服务，包括服务器、存储和网络等服务；PaaS 给用户提供由云服务提供商支持的编程语言、库、服务及开发工具，以便用户创建开发应用程序并部署在相关基础设施上；SaaS 为用户搭建信息化所需要的所有网络基础设施及软件、硬件运作平台，并负责所有前期的实施、后期的维护等，用户通过轻量的客户端接口如 Web 浏览器等即可使用信息系统。公共图书馆的云服务主要基于 IaaS 模式和 SaaS 模式，基于 PaaS 的公共图书馆云服务应用较少，在此不作讨论。

（三）图书馆云服务应用

基于 IaaS 的图书馆云服务应用。基于 IaaS 的云服务在公共图书馆的应用常见于区域数字图书馆的建设。以"湖北省数字图书馆云平台"为例，湖北省图书馆作为云计算的供应方，通过虚拟机与虚拟化技术，对存储、服务器等数字图书馆基础设施进行虚拟化构建，实现对基础设施的集中管理、统一部署，省内其他中小型图书馆无需支出大量费用来单独购买服务器等基础设施，只需配置前端设备和网络接入云服务，即可使用云内基础设施，这无疑大大降低了中小型图书馆数字资源建设成本。基于 IaaS 的云服务为区域数字图书馆的共建共享提供了最理想的模型。

基于 SaaS 图书馆云服务应用。基于 SaaS 的云服务较为灵活，发展迅速。一方面，图书馆或图书馆委托的云计算商可为作为云服务的提供方，提供所有网络基础设施、硬件、软件，搭建阅读、听读平台，并负责前期实施，后期维护，为读者提供线上服务。例如湖北省图书馆在疫情期间建设的"方舱数字文化之窗"，该平台为广大读者提供限期免费的书目听读、书目推荐、名家导读、大众书评、音乐赏析等文化服务，读者只需通过微信小程序便可免费获取所需要的服务内容；另一方面，图书馆也可作为云服务的用户去租用云计算商提供的图书馆管理云系统、云软件，对图书馆的图书订购、图书编目、统一认证、读者培训等各个管理环节进行云端管理。在这种模式下，软件是一对多的形式，这使得公共图书馆不必再花费大量专项资金单独一对一地购买各项管理软件，只需按需租用。例如 CALIS 三期开发了一套基于 SaaS 的数字图书馆云服务平台，该平台由一组集成化软件构成，包括统一认证服务、计费服务、联合资源检索服务、数据服务、知识服务、文献订购服务、联合编目服务等。CALIS 三期以省共享区域为单位整体开通，各省成员馆只需通过省中心云服务平台按需申请租用即可。

三、公共图书馆云服务应用探析

（一）基于 IaaS 的集成化服务

疫情期间，全国大中小型图书均馆推出了具有自己特色的线上资源服务，但是当读者面对的选择过多时，就难以区分，难以挑选最适合自己的服务。将全国图书馆的资源进行整合，推出集成化服务应该是解决这一问题最好的办法，加强图书馆之间资源的共享共建也是图书馆界一直以来的诉求。基于 IaaS 的云服务已经应用于区域数字图书馆的建设，同样的也可用于整个国家数字图书馆的建设。按照构想，在建设中国云图书馆时，可先构建云计算服务中心，按照统一的标准进行数字图书馆基础设施的虚拟化建设，全国所有公共图书馆只需接入平台，便可使用服务器等基础设施进行数字图书馆建设。全国所有公共数字图书馆的资源经同一平台推送给大众，这样便完成了图书馆的数字资源集成，方便开展集成化服务。

2011 年 5 月，文化和旅游部、财政部联合下发通知，正式实施数字图书馆推广工程，近年来推广工程联合全国各地图书馆建成了"网络书香资源检索平台"，各地图书馆能灵活接入平台，依托平台构筑的云服务中心，进行分馆网络的资源发布及组织。"网络书香资源检索平台"将各地图书馆自建的资源和商购数据库等整合在一起，提供一站式检索和发现服务，读者在该平台上可检索成员内所有图书馆的数字资源，实现了图书馆检索服务的集成。类似的集成服务也在不断酝酿之中，例如今年年初国家图书馆公布的文献共享借阅计划的核心：打造全国图书馆借阅云平台。借阅云平台的宗旨是惠及全民，是文献借阅的集成服务。集成服务现阶段的发展更多依赖于云计算的提供方，各合作馆的参与程度并不高，还缺乏统一的规划与有效的沟通。在"网络书香资源检索平台"中虽然有 39 个大型公共省级图书馆（截至发文前）参与分馆资源的建设，但是部分图书馆在 2018 年后便再无资源的更新，且内容多是官方网站的链接引导，缺乏实质的内容，距离实现全国公共图书馆数字资源的集成化还有很远距离。集成化服务的后续发展更多地需要各图书馆成员的合力协作，加强沟通，消除疑虑，在保护自己地方馆藏特色的情况下，做好资源共享共建。

（二）基于 SaaS 的服务

1. 公共文化服务云平台

公共图书馆在抗疫的重要关头通过抗疫云平台为大众建设起了一座抚慰人心的文化桥梁，在疫情防控常态化的背景下，这些平台将继续发挥其作用，同时公共图书馆也应不再局限于以抗击疫情为主题的图书资源共享云服务，在文旅融合的当下，可与其他公共文化服务机构如文化馆、博物馆、演出场所等合作，提供文化活动、场馆预定、文化众筹、文化社团、网上书房等系列服务，作为一个文化服务名片整体性地推向大众。在这种共建模式下，公共图书馆不用单独作为 SaaS 的云计算提供方，承担大量的费用用于平台的建设，而是与其他公共文化机构共同承担。打造公共文化服务云平台是文旅融合背景下图书馆云平台建设的重要方向。

2. 读者个性化云服务平台

疫情防控常态化的当下，公共图书馆需要从防聚集、少接触、拓项目、精服务几个方面去开展工作，读者对公共图书馆的需求也从疫情时简单的文献信息获取重新变得多样化、差异化。在这种要求下如何根据每一位读者的需求为读者提供个性化服务是每一个公共图书馆面临的考验。基于此，可以考虑使用 SaaS 图书馆云服务系统或软件去革新传统图书馆管理环节，透过云计算对数据的强大统计、分析能力，提供智能业务决策，建立图书馆与读者的实时联系，构建读者个性化云服务平台，使读者个性化服务落地。下面以"图书荐购"和"参考咨询"这两个图书馆的日常服务来说明在 SaaS 模式下如何构建以读者个性化为基准的云服务平台。

（1）图书荐购云服务平台

当下公共图书馆的图书荐购流程需要几个部门与书商共同完成，首先由图书外借部门在馆内或微信公众号、官网、微博等媒介上发布书目征集信息，通过实地记录、邮件、电话、书信、微信、QQ 等方式将读者零散的购书意见进行汇总、整理，反馈给采编部门，采编部门在内部协调一致、报批后，再与书商联系，统一进行采购。这个流程涉及的环节多、时间长，造成了图书荐购的效率不高，图书馆人员和读者精力的浪费。如果图书荐购通过云服务平台来完成，那么效率将大大提高：读者在 Web 端接入，直接进入图书荐购云服务平台读者板块，系统根据读书借阅榜及用户个人习惯等为读者推荐图书，读者如果有感兴趣的直接提交，系统记录反馈给采编人员；如果没有读者感兴趣的，则可由读者自行选择图书荐购云平台提供的图书分类进行下一步挑选，或直接检索书名，云平台给出图书馆藏 MARC 信息和网络信息（豆瓣书评、贴吧热议等）供读者参考，读者确认希望图书馆购买的书目后，直接在相应位置勾选，云端自动将该信息传输给采编人员。图书馆采编人员进入图书荐购云服务平台采编板块，云平台提供读者荐购图书的馆藏情况、借阅情况、图书馆采编进度、书商图书存量情况等各项信息给采编人员参考，采编人员进行下一步的订购处理，同时采编人员处理的结果也将在第一时间反馈给读者。图书荐购云服务平台基于云软件的计算、分析，为读者和工作人员提供智能化的参考，加强了双方的实时互动，大大提高了图书荐购的精准度。

(2) 参考咨询云服务平台

参考咨询是发挥图书馆情报职能、开发文献资源、提高文献利用率的重要手段。参考咨询是公共图书馆最重要的读者服务工作之一。参考咨询往往依赖于咨询馆员的个人素质和专业素质，读者获取的服务并不能得到完全的保障，但是借助于云计算技术，参考咨询有了翻天覆地的变化：读者通过终端登录参考咨询云平台进行咨询提问，平台自动将读者的问题进行分类，如果是常见的问题，平台会推荐其常见问题咨询库，如果是具有倾向性的问题，平台提供给网友互动解答，如果是专业学科问题，读者可以选择云平台给出的知识库进行匹配，也可以选择将问题交给专业咨询服务团队，由他们在云端进行解答。参考咨询云平台在每进行一次参考咨询后会对读者的问题，读者咨询结果，读者的满意程度自动记录，生产数据备份，为后续类似问题提供参考，类似于百度知道，知乎问答。近年来参考咨询云服务发展迅速，例如大连市各高校组建的"云联合数字参考咨询平台"（Cloud Collaborative Digital Reference Services，CCDRS）、CALIS 三期提供的虚拟参考系统"CVRS"等，参考咨询云服务平台的发展更多地取决于云计算能力对读者咨询的问题是否能精准定位。

基于 SaaS 的图书馆云服务平台建设不仅局限于图书荐购和参考咨询，在其他服务环节也大有可为。图书馆在利用云系统、云软件构建读者云服务平台时不应一味地追求云端数据的完备，要倾向于为用户打造优质的用户体验，要不断收集读者的反馈意见，注重与云计算供应商的沟通与联系，进行不断地调试和改进。同时注意通过技术手段和管理措施规避潜在的安全隐患，做好数据的隐私与备份。

四、结语

云服务在生活中的应用越来越广泛，其技术的成熟性和安全性不断在提高，图书馆的云服务是图书馆服务未来发展的主要方向，公共图书馆应在现有基础上不断尝试，在疫情常态化的当下和未来继续为读者提供优质的服务，不断提升图书馆对于社会的影响力。

参考文献

[1] 谢伟琳，虞为，陈俊鹏. 我国图书馆云计算服务应用实践研究 [J]. 探索与交流，2018（1）：61-66.

[2] 任旭，姜旭. 疫情防控常态化趋势下对高职院校图书馆"云服务"的思考 [J]. 图书馆世界，2021（4）：110-111.

[3] 史叶明. SaaS 模式的下一代"云"图书馆管理平台架构与功能探究 [J]. 河南图书馆学刊，2021（2）：88-97.

[4] 肖小勃，邵晶，张惠君. CALIS 三期 SaaS 平台及云服务 [J]. 图书馆，2012（3）：52-56.

[5] 史艳芬，徐咏华. 基于云服务的图书馆读者荐购系统模式研究 [J]. 2013（3）：111-113.

后疫情背景下公共图书馆"云服务"探析
——以英山县图书馆为例

陈云峰

(英山县图书馆,湖北黄冈,438700)

摘　要:公共图书馆作为一个地方开展全民教育的重要场所,是滋养民族心灵、培养文化自信的重要窗口,肩负着弘扬优秀传统文化、更好满足人民精神文化需求的重任。后疫情时代,公共图书馆如何开展阅读推广让读者宅家抗疫以读攻毒是我们图书馆服务思考的课题。

关键词:图书馆;疫情;云服务

后疫情时代,公共图书馆正面临着巨大的挑战,到馆的读者大大减少,大型室外阅读推广活动全部取消,预约到馆借阅人数减少,读者居家阅读人数增加等情况严重阻碍着公共图书馆的发展。公共图书馆作为一个地方开展全民教育的重要场所,是滋养民族心灵、培养文化自信的重要窗口,肩负着弘扬优秀传统文化和市民精神文化需求的重任。后疫情时代,公共图书馆如何开展服务,是我们迫切需要思考的一个问题。

近年来,英山县图书馆城乡一体化公共图书馆网络不断完善,已形成"线上和线下相结合,人工和自助相配合,传统和新媒体相融合,互联网、移动终端全覆盖"的新一代发展模式。2020年,英山县数字图书馆用户累计登录120万人次,数据库访问量达到800万次。尤其是疫情期间,英山县图书馆不断创新,"云阅读""云创作""云展览""云展演"等活动开展得有声有色,云服务再次发挥重要作用。

一、普及疫情知识,科学"防"病毒

2020年初发生的新冠肺炎疫情,在给社会带来巨大冲击的同时,也推动了图书馆界的创新、变革。面对突如其来的新冠肺炎,英山县图书馆及时组建工作专班,紧急从电子图书库中筛选《新型冠状病毒肺炎预防手册》《新型冠状病

毒防控指南》等相关应急防护书籍，每天汇集官方网站上发布的权威信息、科普宣教以及心理疏导信息，通过英山图书馆网站、微信公众号等线上渠道，开设"医学知识"防疫专区，引导读者正确解读科普病理常识及防护知识，正确地引导市民不造谣、不信谣、不传谣，维护良好的舆论氛围，凝聚抗击疫情的强大正能量。

二、推广数字阅读，丰富读者"宅"生活

为了满足市民在家阅读需求，英山县图书馆汇集60多个数据库的数字资源，免费提供超过240余万册的电子书、有声书、视频等海量资源，真正做到线上服务不停摆。同时，通过大数据的跟踪，精准分析读者阅读喜好，优化数字图书馆资源配置，增强用户与图书馆的互动，着重打造"人文·英山""声音倾城"、方言讲故事、馆长荐书等栏目，线上阅读率同期增加65%以上，其中收录的县融媒体中心主持人朗诵作品和方言讲故事等栏目在线上平台推出后，深受广大读者喜爱和追捧。英山县图书馆与县税务局合办"税读时光"，掀起了税务青年干部爱读书读好书的氛围。2020年，我们以线上品牌阅读栏目"声音倾城"为基础，争取了中国南山集团英山分公司独家赞助，开展了由县委宣传部、县文旅局主办，图书馆和县黄梅戏剧团承办的"沐南山"杯"声音倾城"音乐朗诵大赛，在县黄梅戏剧院隆重举行。当天，全县16家参赛单位按照我们制订的赛事要求，以创新的艺术表现形式，融合歌、舞、音、诗、画等音乐元素，在提升赛事品味，丰富舞台效果的同时，也提升了观众朋友对朗诵艺术的鉴赏水准。

三、开展线上活动，网络"聚"人气

为了积极应对疫情期间的闭馆问题，英山县图书馆创新组织模式，借助多网融合，推出丰富多彩的个性化活动，进一步提高活动的受众面和吸引力。针对少儿群体，设置"红色故事绘"栏目，由馆员或特聘的朗诵志愿者开展线上值班服务，精心挑选可读性强又有教育意义的红色故事录成音频，再结合绘本动漫视频，让小朋友在娱乐中学习、在学习中陶冶情操。疫情防控期间我们除了抽调大部分馆员下沉社区开展志愿服务活动之外还通过线上策划了听书打卡活动，每天听书30分钟，即可以享受到12位名师经典，又能获得积分奖励。同时，还注重互动体验，组织"英山图书馆与您共战'疫'答题"及"年俗文化展"活动，以全网真人对战形式，通过暖心阅读TALK秀、线上有奖知识问答、读好书赢大奖、疫起留"鄂"书香过大年有声图书荐读等活动，在玩中增

长防护意识，推动市民对优秀传统中的红色文化、名人文化、楚文化的持续关注和传承。

四、总分馆齐助力，携手共战"疫"

除了英山县图书馆外，遍布城乡的各乡镇分馆也积极开展线上活动，普及防疫知识，推广毕昇文化。如石头咀镇分馆推出的英山地名故事大比拼活动，通过线上答题让读者更加了解英山的人文历史，题目包括当地的山水名胜、神话传说、风水传奇、历史传说、红色记忆等。温泉分馆推出"抗疫作品征集"活动，征集抗疫期间的书画摄影作品，宣传疫情防控知识，鼓励群众创造适合网络传播、易于群众接受的文学、美术、书法、摄影、视频、音乐等作品。南河分馆推出"线上灯谜会"，让市民在宅家抗疫中与英山县图书馆共度元宵佳节。杨柳湾镇分馆推出"挑战有声读物"阅读互动活动，邀请市民阅读英山图书馆微信公众平台上的电子书，分享阅读感受。方家咀乡分馆推出"童眼看疫情"视频征集活动，在图书馆平台上征集、播放与防疫主题相关的视频，如孩子的画作、故事、生活片段等视频。目前为止，全县十一个乡镇（社区）分馆共举办线上活动46场。

随着数字时代的突飞猛进，数字化智慧图书馆和云阅读化已成为当今图书馆的发展趋势，著名诗人博尔赫斯说"如果有天堂，应该是图书馆的样子"。书，给我们力量，给我们方向，更给我们光明……。在疫情期间，我们无法相约图书馆，但是，公共图书馆"云服务"将是我们享受图书知识与愉悦的最佳途径。

参考文献

[1] 沈滢. 图书馆环境建设对小学生美育熏陶的探析 [J]. 书香校园，2021（1）：34-37.

[2] 孙云倩. 新冠肺炎疫情下嘉兴市图书馆的"云"服务 [N]. 嘉兴在线，2020-02-01（1）.

疫情防控背景下公共图书馆"云服务"探析
——以武汉市少年儿童图书馆为例

刘晓文

(武汉市少年儿童图书馆,湖北武汉,430071)

摘　要:新冠肺炎疫情对整个社会有机体提出了严峻的考验,公共图书馆作为社会有机体的一员——公共文化服务机构,在疫情防控背景下,应积极转变服务模式,在特殊时期为社会做出独有的贡献。本文通过分析公共图书馆在人才、资源和专业上的优势,以武汉市少年儿童图书馆在疫情防控期间开展的云服务为例,探析公共图书馆在疫情防控期间的角色定位和服务模式。

关键词:公共图书馆,疫情防控,云服务

2019年末,新型冠状肺炎疫情(以下简称"新冠肺炎疫情")在我国武汉发生,武汉首例确诊患者于2019年12月1日发病,自2020年1月起确诊人数激增,疫情在武汉迅速传播,随后波及到了全国各地。世界卫生组织(World Health Organization,WHO)在2020年1月31日宣布新冠肺炎疫情是"国际关注的突发公共卫生事件",并随着国际疫情的愈发严重于2020年3月11日定义新冠肺炎疫情为"大流行病"。

新冠肺炎疫情对我国各行各业产生了较大的冲击,对整个社会有机体提出了严峻的考验,公共图书馆作为社会有机体的一员——公共文化服务机构,人群相对密集,场馆相对封闭,有人群聚集导致传染的风险,因此传统的读者服务模式受到了挑战。在疫情防控背景下,如何根据读者需求和突发公共卫生事件的具体情况改变读者服务方式,拓展服务类型成为了公共图书馆人亟须思考的问题。公共图书馆应顺应疫情防控的需求,及时响应,依托自身优势提供应急服务,在灾难时期为社会做出特有的贡献。

一、依托人才优势,提供信息保障云服务

1949年联合国教科文组织(UNESCO)与国际图书馆联盟(IFLA)联合发

布了《公共图书馆：大众教育的生力军》，也被称为《公共图书馆宣言》，1972年第一次修订后直接以《公共图书馆宣言》问世。最新版1994年修订版由国际图书馆联盟（IFLA）与联合国教科文组织（UNESCO）共同修订[1]。最新版1994年版《公共图书馆宣言》中明确定义了"公共图书馆是地区的信息中心，它向用户迅速提供各种知识和信息"，并且在公共图书馆的使命中明确指定了公共图书馆的主要使命为"保证市民获取各种社区信息"（第九条）以及"为地方企业、社团群体提供充足的信息服务"（第十条）。因此，根据《公共图书馆宣言》，公共图书馆作为地区的信息中心，承担着为公众提供信息保障的责任和义务。在抗疫的关键时期，权威专业信息的公开起着非常关键的作用，自2003年中国对SARS疫情的应对后，信息公开就是最好的疫苗这一点被社会普遍认可，有效甄别虚假信息，可以帮助公众消除恐慌心理，增加抗疫信心。在新冠肺炎疫情防控时期，公共图书馆作为信息服务机构，应该主动参与到信息的提供和保障中，确保对疫情信息的快速响应，主动与公众建立联系，及时、准确且全面地向社会公众提供专业可信的疫情相关知识和权威可靠的信息，引导公众获取官方权威的高质量专业信息。

此次重大突发公共卫生事件——新冠肺炎疫情的应对过程中，公众对信息公开的需求非常迫切。特别是疫情严重后，新冠肺炎疫情引发的各类声音不断发酵。自媒体时代特有的属性，使得信息快速传播，同时虚假新闻和谣言变得难以控制，疫情相关的网络传言迅速增长，信息来源混杂，某些不负责任的自媒体为了争夺流量故意发布和传播不具权威性和未经筛选的不实信息，在一定程度上左右了舆论，再加上公众对疫情的有限认知导致了恐慌心理。而处于疫区中心的武汉市民由于恐慌时期的信息偏好性选择，紧张和焦虑心理尤重，更容易受到虚假新闻和谣言的影响，进一步加重恐慌情绪，从而易引发次生事件。

公共图书馆是文献情报信息的中心，有着对信息工作敏感的高素质馆员是公共图书馆应对新冠肺炎疫情这种突发公共事件的天然优势，在信息收集、筛选、整理和传递方面公共图书馆的馆员有着日积月累的经验，能够筛选提供高质量信息。因此，公共图书馆可以依托自身的资源优势和人才技术优势，在网站和微信公众号上建立专门的疫情相关版块，经过馆员筛选和甄别，从政府、公共卫生防疫部门和主流权威媒体发布的权威通报、动态、指南及相关防控知识中筛选出高质量信息，集中展现和推送疫情的动态和防控信息，对读者开展健康教育和知识科普活动，提高公众对新冠肺炎疫情的应对和自我保护能力，这样既能确保全面地向公众传递信息，还能使公众免受虚假信息干扰，消除不必要的恐慌，杜绝一些自媒体为博取流量传播不实信息误导公众的现象。

由于公共图书馆提供的信息是面向公众的，因此在提供疫情动态和防控信息时，需要符合公众的需求和信息偏好，针对不同年龄的群体，需要注意采用不同的方式来宣传和提供信息，发布的信息资源要具有专业性和通识性。武汉市少年儿童图书馆（以下简称"武汉市少儿图书馆"）作为公共少儿图书馆，在疫情期间对疫情相关的信息资料进行了收集和筛选，并在微信上开展的若朴线上创意绘画与创意课程中对这些信息进行了集中的发布，在课程中集中提供了专业的新冠肺炎知识普及服务，以供家长和孩子参考学习。集中展现的信息以小朋友为主要视角，形式以生动形象的图片、动漫、小视频等为主，信息来源于权威官方微信公众号，例如中国疾控动态、长江少年儿童出版社、中国人口出版社等，提供的信息包括"属于孩子的病毒科普来了！""特殊人群防控指南之二——儿童""《新型冠状病毒感染肺炎防控漫画》出版，免费阅读！"等。通过这些信息的集中转载，吸引青少年儿童更生动地了解新型冠状病毒的概念，了解新冠肺炎疫情防控的手段以及居家隔离的必要性，达到了较好的宣传效果。

二、依托线上云活动，转移公众负面情绪

　　公众的注意力过于集中于疫情会导致信息过载，将长时间的陷入恐惧或者焦虑的负面情绪。公众越是关注新冠肺炎疫情这个话题，就越难以转移注意力，情绪会倾向于愤怒和恐惧，长此以往容易陷入恶性循环。公共图书馆可以依托线上活动转移公众注意力，引导公众关注疫情以外的话题，开展多样化的线上活动，疏导和缓解恐慌心理。

　　武汉市少儿图书馆位于新冠肺炎的重疫区武汉，为了全力做好新冠肺炎疫情防控工作，避免人群聚集可能带来的传染风险，武汉市少儿图书馆按照武汉市的统一部署，于2020年1月23日起暂时闭馆，暂停了各类线下活动，并将工作重心转移到了线上服务中。为了最大程度的满足市民的精神需求，武汉市少儿图书馆在抗疫期间积极转变思路，开展了丰富多彩的线上活动，充分发挥了线上服务的优势，减轻了公众的心理压力。自2020年1月23日武汉市下达封城令以来，面对困守在家的百万武汉青少年，武汉市少儿图书馆开展了"风雨彩虹我与春天的约会——云上读书会"活动，为武汉儿童搭建了与专家线上互动交流的平台，以一天一位故事讲述人，一天一本好书的形式，通过读者微信群进行直播分享，并在小学校园群、社会读书群、社区家长群等进行同步转播，截至2020年4月10日累计直播826场，参与读者达180884人，武汉市少儿图书馆通过"云上读书会"用阅读抚慰心灵，减轻了武汉儿童的心理压力，充实了他们的居家隔离生活，陪伴他们度过这段"至暗时刻"。为了给正在战场中心

的武汉加油打气，武汉市少儿图书馆携手武汉若朴空间开展了"战疫情，武汉能！"2020抗击"新冠肺炎"公益宣传设计征集活动，面向全社会的青年儿童以"战疫情，武汉能！"为主题征集创意绘画设计作品，体现少年人的担当，从儿童群体角度出发，为抗击疫情出一份力，征集到的作品在武汉市少儿图书馆公众微信号上进行了分期线上展出，让全社会的儿童用作品为自己发声，用自己的力量为战斗在疫情中的人们加油。为了让小读者理解武汉为中国作出的巨大牺牲，对武汉市这座英雄的城市有更加深刻的认识，武汉市少儿图书馆与上业科技举办了"新冠肺炎"防疫知识竞答活动和"武汉是一座英雄的城"知识有奖竞答活动，引导百万武汉儿童宅在家学习防疫知识，充实居家隔离生活，在灾难中收获成长。在新冠肺炎疫情的影响下，武汉儿童困守家中不能和同学面对面交流学习，据此武汉市少儿图书馆发起了"传递樱花鼓励信行动"和"共饮长江水，心系两地娃"武汉·重庆儿童文化交流活动，借助书信来寄托彼此的祝福和期盼，把湖北中小学生在这个特殊时期的所思所感通过线上邮筒传递给大学生们和重庆巴南区的小朋友，让全国大学生哥哥姐姐们作为聆听者为湖北中小学生排解疑虑、共同战疫，让武汉儿童和重庆巴南区的小朋友以信会友、以书传情、以心相交，让两地儿童携手抗疫，共同进步。

线上活动的开展在疫情的特殊时期可以陪伴疫区人民，安抚疫区人民的负面情绪，增强疫情期间读者与图书馆之间的联系，避免公众因长时间陷入疫情而一叶障目，引导公众摆脱孤独、迷茫和恐惧。同时，疫情期间线上活动的成功开展也启发了我们公共图书馆不仅要注重读者服务、讲座及书画展等线下活动的举办，还要创新活动形式，注重以新媒体为载体开展多元化的线上活动，特别是在后疫情时期，读者在疫情期间形成了线上读书、线上观展等线上活动的习惯，线上活动将很大程度上取代原有的线下图书馆活动。

三、依托资源优势，提供数字资源云服务

图书馆是信息资源的中心，类似新冠肺炎疫情的重大突发公共卫生事件进一步促进了文献信息的数字化管理和利用，也强化了基于网络云的数字资源服务实践。疫情之前，读者对线上数字资源的获取一般会存在门槛甚至需要缴纳费用，在新冠肺炎疫情的非常时期，图书馆界为了做好公共文化服务，均在本馆权限范围内为读者提供了线上数字资源云服务。

疫情期间，武汉市少儿图书馆充分利用馆网站、馆微信公众号及馆数字资源服务平台为注册读者提供了种类丰富的数字资源，打造24小时不打烊的数字资源云服务，包括电子书、报纸期刊、有声图书、公开课、名师讲堂、少儿绘

本、连环画及童梦武汉自建库等。为了满足读者的需求，武汉市少儿图书馆在非常时期为小读者开放了"云上图书馆"，供读者线上阅读武汉少儿图书馆的数十万电子图书，全方位地覆盖小读者对线上阅读的各种需要，持证读者只需要通过登录馆数字资源服务平台或者馆微信公众号，在家就可方便快捷地访问武汉市少儿图书馆的各种数字资源。同时，武汉市少儿图书馆还开放了在疫情期间与多家出版社和电子数字资源提供商合作提供的线上电子图书，开展了"风雨彩虹春天的约会——全国少年儿童在家读书公益活动"，向读者提供了包括中少动画库、中少绘本库、动画书阅读和艺术、人文、科普等线上大展，让公众线上浏览观展，用线上资源为市民奉献有温度的精神食粮，让疫区民众在阅读中丰盈内心，播种希望，同舟共济，共克时艰。

公共图书馆在长期的采购过程中，与数据库供应商建立了良好的合作关系，可以依托已有的数据库资源，与数据库厂商开展合作，共同建设新冠肺炎疫情专题数据库，自动和人工相结合，针对抗击疫情的需要构建相关应急知识库，例如新冠肺炎知识库、药品治疗知识库、防疫事项知识库、饮食健康知识库、心理调节知识库等，为公众提供专业的知识服务和科学普及服务。根据受众不同年龄、群体的需求和不同偏好，公共图书馆建立的应急专题知识库的方式可以采取多样化的方式来呈现，以目标受众更容易接受的方式，来加工相关的数字资源。

武汉市少儿图书馆作为公共少儿图书馆，主要服务于青少年儿童群体，在构建疫情专题数据库时主要以漫画、音频故事、知识竞答等方式展现来吸引小读者。在疫情期间武汉市少儿图书馆上线了中国少年儿童新闻出版总社加班加点赶制出的《植物大战僵尸之防疫大作战》公益防疫专辑和《孙悟空打妖怪》（新冠病毒篇）的数字资源，用孩子爱听的故事向孩子科普新冠病毒的概念、传播方式及预防措施，通过童话故事引导小朋友宅家里、勤洗手、戴口罩。在武汉战疫过程中，为了向奋战在抗疫一线的勇士们致敬，武汉市少儿图书馆又与神舟共享文化传媒有限公司合作推出了《中华连环画数字图书馆》平台"众志成城抗击疫情"专题数字资源，用连环画的形式记录了战疫一线的感人场景和动容故事，向小朋友描绘了抗击疫情中的感人故事，传播正能量。

四、结语

新冠肺炎疫情这一突发公共卫生事件，是对整个社会有机体的考验，公共图书馆作为社会有机体的一员，在此次新冠肺炎疫情的应对上引发了图书馆界对此类重大突发公共事件下公共图书馆的角色定位和应急服务的思考。本文以新冠肺炎疫情防控背景下武汉市少儿图书馆的服务应对措施为例，提出在疫情防控背景下，公共图书馆应找准角色定位，主动充当政府和社会的合作者，及时、准确、全面地向公众信息保障，同时积极寻求服务模式转变，扩展服务范围和内容，将服务重心转为云服务，开展各类线上活动和服务，转移公众焦点，减少恐慌和焦虑情绪，依托自身的资源优势、人才优势和专业优势，建立应急知识库，为公众提供知识服务和科学普及服务，助力战疫成功。

浅议疫情防控背景下公共图书馆服务创新
——以十堰市图书馆为例

李 燕 王群燕
（十堰市图书馆，湖北十堰，442000）

摘 要：新冠肺炎疫情的爆发及其防控工作，给公共图书馆服务带来了较大的影响和冲击。本文以十堰市图书馆为例，阐述了疫情防控背景下公共图书馆的责任担当，以及新的服务实践、服务业态，提出了公共图书馆在常态化防疫时期做好读者服务的思考和愿景。

关键词：疫情防控；公共图书馆；服务创新

2020年初，一场突如其来的新型冠状病毒肺炎疫情在湖北武汉发生并迅速向全国乃至世界各地蔓延。国内迅速启动重大突发公共卫生事件一级响应，打响了全民抗击新冠疫情阻击战。作为公共文化服务的重要阵地，公共图书馆选择了暂时闭馆来应对突发的新冠疫情，但并未因暂时闭馆而中断公共文化服务。相反，在国家图书馆、中国图书馆学会的倡仪和引领下，各地图书馆开展了许多针对疫情防控的服务活动。在进入常态化疫情防控阶段之后，各地图书馆有序恢复开放，一方面加强对场馆的消杀工作和安全防控管理，另一方面对到馆读者实施限时、限流、预约服务，积极推进线上服务、云服务，拓展了公共图书馆新的服务实践和服务业态。本文以十堰市图书馆为例，阐述疫情防控背景下公共图书馆新的服务实践、服务业态，以及今后的思考和愿景。

一、十堰市图书馆在抗击疫情中的责任担当

十堰市图书馆在此次疫情期间始终以专业服务坚守在抗疫一线，履职尽责，发挥了公共图书馆作为公共文化设施应有的社会职能作用。疫情发生后，十堰馆积极整合数字资源，充实线上服务内容，提供了形式多样、内容丰富的线上阅读服务，较大程度上满足了广大市民的阅读需求。为充分发挥图书馆收集和保存文献的职能作用，妥善收藏保管和开发利用十堰各界抗击新冠肺炎疫情的

地方性资料，更好地服务社会，十堰市图书馆还面向社会各界公开征集十堰抗击新冠肺炎疫情相关文献资料。此外，十堰馆干部职工在疫情发生初期全员下沉社区，逆行抗疫，共克时艰，体现了公共图书馆在抗击疫情期间的行业担当和社会价值。

二、新冠肺炎疫情背景下十堰市图书馆的创新服务实践

新冠肺炎疫情发生以来，十堰市图书馆积极响应市委、市政府及疫情防控指挥部的号召，周密部署了系列防控措施，筑牢疫情防控一线堡垒。在馆领导班子的带领下，全馆齐心协力，团结一致，在做好疫情防控工作的同时，充分发挥服务职能，利用馆藏资源优势，多途径、多形式地保障了公众的文化需求。

（一）整合推介数字资源，保障市民阅读需求

为使新冠疫情不影响广大读者利用图书馆资源，十堰市图书馆联合超星公司推出数字资源阅读活动，共100万册电子图书、500种期刊、400种主流报纸、20000集学术视频等海量资源供读者使用；联合神州共享文化传媒推出"中华连环画"数字阅读活动；通过中国图书馆及数字资源提供商，利用"读联体数字共享阅读服务平台"开展为期半年的数字资源免费推送活动。在图书馆移动App专门开设防疫版块，设有防疫专题、答题战"疫"、全民战"疫"、听书打卡等防疫内容，同时在微信公众号上推出云阅读，包括云图听书、十图悦读等，让广大市民在居家隔离期间尽享海量数字阅读资源。

（二）开展丰富线上活动，创新服务形式

疫情发生前期，全国各公共图书馆以暂时闭馆应对疫情，但服务却从未停止，读者服务从线下转为线上服务。十堰市图书馆积极创新服务方式，精心策划，组织开展了全民读书月活动、领读者之声、讲书人大赛、少儿绘本阅读等形式多样、内容丰富的线上活动，做好了疫情下"不见面"的文化服务。一是启动"同城共读半小时"全民读书月活动。2020年4月23日上午，在第25个"世界读书日"到来之际，十堰市"同城共读半小时"阅读活动拉开了当年全市全民阅读月活动的帷幕。活动采取线下"快闪共读"和线上"引导共读"相结合的方式，通过具有仪式感的多地共读行为，诠释"让阅读成为习惯"的理念。为确保"全民阅读"实现全民关注、全城参与的效果，在线下活动进行的同一时段，十堰市图书馆与十堰晚报、十堰广播电视台、秦楚网对启动仪式进行全程直播，市民可以通过网站、微信公众号、微信群、QQ群等平台发布的活动二维码链接，在线观看"书香十堰·魅力车城"全城诵读大型网络直播。二

是举办"领读者之声"线上阅读、展播活动。为丰富疫情期间市民朋友的精神文化生活,在庆祝中华传统节日和纪念五四运动101周年期间,举办了"领读者之声"共读名家笔下的元宵节线上阅读活动、"感端午文化·咏家国情怀"情景演诵线上展播活动、"领读者之声"线上朗诵接力活动、"领读者之声——聆听'平语'金句,唱响青春之歌"线上展播活动,伴市民度过"抗击疫情、平安宅家、书香为伴、线上阅读"的日子。三是启动首届讲书人大赛。全民读书月期间正式启动十堰市首届讲书人大赛,面向全市招募选手。选手既可自选图书,也可在大赛推荐书目中选择一本与"心理抚慰、自我成长、幸福力"等主题相关的图书分享,录制1分钟的图书推介视频上传评审。四是推出书香战"疫"微信线上阅读绘本活动。疫情期间为使宅家的小朋友停课不停学、有新书可读、有新故事可听,十堰市图书馆积极拓展线上服务渠道,推出书香战"疫"微信线上阅读绘本活动——"小雅姐姐讲故事"。活动自开展伊始,深受家长和小朋友们的欢迎,每晚8点不间断,先后开展24场,分享绘本图书30余本,吸引了500多名低幼儿童和家长的参与,网上点击量达到80万余次,让更多的市民融入到亲子阅读、家庭阅读的队伍中来。在少儿活动方面,还举办了以"争做新时代好少年,阳光下健康成长"为主题的线上书法·绘画展览活动。自2020年5月24日征集作品以来,共征集到团体和个人书法、绘画作品80余幅,优秀作品在馆网站和微信公众号分3期进行展出,丰富了宅家上网课的小朋友们的精神文化生活。在2020年六一儿童节,十堰市图书馆和市商务局幼儿园共同开展了首次"云刷馆"之线上参观图书馆的活动。通过拍摄小视频的方式让小朋友们了解闭馆期间图书馆部分部室的日常工作,让疫情期间无法正常入馆的小读者们了解了不一样的图书馆,同时也开辟了阅读推广新路径。

(三)拓展服务空间,延伸服务范围

一是举办送文化下乡暨"与爱同行·惠游湖北"——"双进双促"活动。十堰市图书馆"红色文艺轻骑兵"小分队走进西沟乡景区、武当山景区,与景区联合开展送文化下乡暨"与爱同行·惠游湖北"——"双进双促"活动,为村民朋友送去优质图书与数字阅读资源,并带去"十进十建"宣传展览。通过文化与景区景点内涵相结合的方式,把文化元素植入景区景点,进一步整合文化旅游资源,推动旅游和文化融合取得"1+1>2"的效果,深化文旅融合发展。二是为活跃村民的文化生活,推进乡村振兴,十堰市图书馆"红色文艺轻骑兵"小分队走进西沟乡黄土村等地,开展了"文化惠民心,书香走基层"系列阅读活动。三是为拓展服务空间和延伸服务触角,十堰市图书馆在儿童节期间走进武当山鲁家寨村开展了"传递书香·爱暖六一"赠书活动暨"相约乡读"阅读推广活动。"相约乡读"系列活动是针对十堰市偏远贫困地区文化资源及阅读推广不均衡等问题"量身定制"的阅读推广项目。活动以乡镇学校为着力点，以家庭阅读推广为抓手，以班小组读书会和整本书阅读为主要内容，通过图书馆指导、学校力推、家长志愿者执行的方式，提升少年儿童的综合素养，激发学生与家长的阅读热情。

（四）加强防控管理，保障读者健康安全

为了确保常态防疫期间图书馆的有序开放，十堰市图书馆加强了消杀和安全防控管理。一是根据湖北省疾控中心关于公共场所预防新冠病毒的通知精神，制订了《疫情期间图书消毒方案》并严格执行。配备了自助消毒机2台，对馆内外借的四个窗口和各分馆所有还回的图书，进行集中消毒处理，确保最大限度消除隐患，保证读者安全借阅图书。二是在网站和大门口发布开馆公告，分区域、分批次对读者进行开放，对到馆读者实施限时、限流、预约服务。预约限额上午、下午各150人，同时在馆读者人数限额120人。读者可以提前在十堰市图书馆微信公众号预约登记平台预约，也可以当天到馆门口扫码预约。为了控制馆内读者数量，采用进馆签到、离馆签退的动态管理模式，预约满员后，采取"一进一出"的方式进行限流。另外，老年读者，残障读者无需预约，采取身份证实名登记，测温正常即可入馆。限时、限流、预约开放期间，全体干部职工加强疫情防控工作，做好场馆消毒工作、读者服务引导，保证服务质量。读者和工作人员入馆须全程佩戴口罩，测量体温，对外开放部室配备消毒剂、洗手液、酒精、体温计等防控物资，保持1米以上距离，避免聚集。服务场所开启窗户，确保通风换气。严格按照疫情防控要求，正确使用空调，严格执行限流+预约流程。

三、新冠肺炎疫情给图书馆工作带来的思考

面对疫情危机，公共图书馆应如何完善疫情防控机制，强化应急管理能力，同时发挥专业特长、资源优势，创新服务模式，更好地为读者提供个性化、数字化服务，成为公共图书馆界亟待研究和解决的问题。

（一）完善应急管理体系，强化应急管理能力

为充分发挥公共图书馆在公共文化服务体系中的重要作用，确保公共图书馆在突发公共安全事件时有序开展工作，公共图书馆应加强应急管理体系和能力建设，强化安全意识，健全应急机制，从源头上防范化解风险，把问题解决在萌芽状态。应启动图书馆馆长和馆员应急服务培训，重点学习公共安全知识、

阅读疗法、新媒体宣传推广等新知识、新技能。

（二）加快构建图书馆智能化服务新模式

新冠肺炎疫情改变了人们的生活和学习方式，要求人们普遍戴口罩，量体温，不聚集，保持社交距离。在这样严密防控的状态下，公共图书馆传统服务已在转变，如以人脸识别设备记录到馆读者信息，大数据系统实时监测读者动态信息，以及运用落地式测温扫描仪、图书消毒机等新型自助设备。公共图书馆应以此次疫情为契机，充分运用大数据、人工智能等现代信息技术，不断推动图书馆服务向智能化方向发展。

（三）着力推进公共图书馆"云服务"

在常态化防疫期间，为避免重新开馆后大规模人员聚集，公共图书馆需要大力推进"云服务"，充分利用网络、终端、App等技术条件，既保障读者安全，又保障文献服务。事实上，疫情防控的要求不仅推动了数字经济的兴起与发展，使得"云办公""在线教育""云阅读""数字资源"需求量大大增加，而且也使公共图书馆的服务需求向着网络化、数字化、在线化、移动化和个性化方向发展。公共图书馆应不断加强数字资源建设，丰富"云服务"的形式与内容，推进线上"云服务"的智能化，不断拓展图书馆服务的新业态、新愿景。

抗击疫情，公共图书馆一直在行动。在过去的时光里，十堰市图书馆与全国公共图书馆一道，及时落实应急防控要求，积极整合文献资源，开展了丰富多彩的线上推广活动及延伸服务，体现了图书馆的责任担当和职业精神。今后，要进一步拓展应急服务的覆盖面，不断提升应急服务水平，充分发挥公共图书馆在传播知识、弘扬正能量等方面的社会作用和社会价值。

参考文献

［1］张军，李波.新冠肺炎疫情下公共图书馆读者服务的思考［N］.图书馆报，2020-03-20（7）.

［2］胡倩倩.守望相助共度时艰［N］.图书馆报，2020-02-21（2）.

［3］卢凤玲.面对疫情，图书馆要着力提升数字服务能力［N］.图书馆报，2020-04-03（6）.

［4］袁江.长江读书节联动湖北全省图书馆书香战"疫"［N］.图书馆报，2020-02-28（1）.

［5］李静霞，路锦怡.应对新冠肺炎疫情的公共图书馆实践与思考——以武汉市图书馆为例［J］.图书与情报，2020（2）：28-32.

疫情防控背景下公共图书馆阅读疗愈服务探析
——以湖北省图书馆为例

刘静桐　刘林玲　黄国华

（湖北省图书馆，湖北武汉，430071）

摘　要：疫情打破了人们生活的常规模式，焦虑、恐慌、抑郁侵袭着人们的心理，阅读疗愈作为一种新兴的心理治疗方法在疫情背景下受到了大众的关注，湖北省图书馆在疫情期间进行了阅读疗愈的初次探索。

关键词：公共图书馆；阅读疗愈

2020年初，新型冠状病毒肺炎（以下简称新冠肺炎）疫情在国内发生，此次疫情防控难度大的部分原因在于疫情传播速度快、感染范围广，是一场重大突发公共卫生事件，对整个社会的医疗与治理水平都是一场严峻挑战。自新冠肺炎肺炎疫情发生以来，各地各单位都积极响应中央号召投入到抗疫工作之中，湖北省图书馆在疫情期间也积极联动各地图书馆，克服困难，一边开展线下活动，建立方舱医院书屋，推出"方舱数字文化之窗"，一边充分利用线上数字图书资源，积极探索全新"云服务"模式，全面铺开线上阅读推广，实现数字文化资源互联共享，积极探索阅读疗愈模式，给方舱医院患者、广大居家隔离的湖北市民提供了安全便捷的公共文化服务。新冠疫情既是一次医学的挑战，又是一次心理的挑战，疫情期间人们居家生活时间大幅增加，被迫重新调整生活方式，常规社会生活被打破，给患者与广大市民都带来了巨大心理压力，而阅读被证实具有安定人类心灵的疗效，湖北省图书馆尝试用阅读去疗愈正在经历疫情的人们。

一、阅读疗愈概念及研究现状

（一）阅读疗愈概念

阅读疗愈实际是通过阅读来帮助读者放松心情，恢复健康心态，消除负面情绪。此时读者的阅读目的不在于获取信息，更重要的是让阅读为自身提供情绪力量，让阅读帮助人民保持心态的稳定与平和，从阅读中获取快乐。防范在特殊环境下个人情绪内耗产生情绪疲劳，寻求超越现状的答案，是充分利用阅读资源开展的一种心理疗愈方式。相对于药物治疗与传统心理咨询方式，阅读疗愈具有多种优势，如阅读资源丰富、资源获取便捷、治疗过程无负担。

（二）阅读疗愈研究现状

阅读疗法（Bibliotherapy）在1916年于《大西洋月刊》中首次被提出。通过中国知识资源总库（CNKI）和Web of Science核心合集两个中外数据库检索发现，近年来国内外有关阅读疗法的研究稳步增长。

国内阅读疗愈研究者以高校图书馆员为主体，国内著名阅读疗法研究者王波于2010年发表的《阅读疗法理论和实践的新进展》中介绍了对阅读疗愈研究最具专业性的三个团队，国内阅读疗愈研究与医学研究联系紧密，相应的医学类的高校图书馆研究和实践成果也最为丰富，例如泰山医学院图书馆宫梅玲团队，成立了大学生阅读疗法研究团队，基于大学生心理健康开展了多项调查研究，最早申报了阅读疗法相关研究课题，是国家社科基金优秀结题项目，开展了大量关于阅读疗法应用的实证研究，取得了丰硕成果。

国外对于阅读疗法的研究则主要和神经学、心理学、普通内科等相关领域相结合。阅读疗愈的方式在工作中被临床医生、心理咨询师、心理医生、图书馆员、教师和社会工作者广泛使用，同时阅读疗愈方式也被公共部门使用，比如英国的公共图书馆尝试为读者提供非临床的社区空间、提供健康知识服务、关注弱势群体、自助获取图书馆资源、开展公共卫生宣传活动、组织读书会等活动，更进一步的还与当地卫生部门合作组织开展了"阅读疗愈处方图书"（Reading Well Books on Prescription）项目，这是在阅读疗愈领域跨部门合作的先进案例之一，是重要的阅读疗愈时间尝试。在国际图联网站上我们可以看到中欧2020年阅读疗法项目，其中包括来自奥地利，捷克共和国，克罗地亚，斯洛伐克，匈牙利，波兰，斯洛文尼亚，来自德国的8个州，来自意大利的9个地区的所有青年图书馆员，此阅读疗愈项目内容涵盖了建立阅读疗法数据库、职业指导、书目咨询、培训和监督指导等多项活动。由此可见，在国外以公共图书馆为主导的阅读疗愈已被普遍投入实践。

二、湖北省图书馆阅读疗愈实践

湖北省图书馆在新冠疫情期间对阅读疗愈进行了探索和尝试，在读者因疫情居家隔离期间，鼓励读者利用隔离的空闲时间通过在家阅读，舒缓疫情带来的压力，通过阅读分享释放疫情带来的负面情绪。自1月23日暂时闭馆以来，湖北省图书馆陆续在新媒体平台推出多项阅读主题活动、线上展览、讲座主导研发智海方舟阅读程序等，同时，在线下也积极参与方舱书屋建设，为居家群众提供了丰富的精神食粮。从2月4日到7月7日，湖北省图书馆共开展了41场线上阅读疗愈活动，吸引了47637名读者的参与。湖北省图书馆根据疫情发生的早、中、晚不同时期，针对不同阶段读者需求的变化开展了"在家阅读，书香战'疫'""相约乡读·阅读疗愈"活动，其中"在家阅读，书香战'疫'"活动由书说战"疫"、真人图书馆、我拆你思三个部分组成，"相约乡读·阅读疗愈"活动由"阅读有你 讲书有我"书说战"疫"、"敞开心扉 谈幸福"幸福疗愈、"聆听音乐 品人生"音乐疗愈、"体验角色 说生活"语言疗愈四个部分组成，从语言到音乐到阅读、从多方入手开展阅读疗愈实践，活动利用了直播、QQ群、视频等多渠道与读者在线交流，打破了疫情带来的物理阻隔，尝试以疫情危机为契机，用阅读守护心灵，蓄积能量。

从活动参与度来看，随着疫情时间推进参与人数存在明显波动：在疫情发生初期，图书馆线上阅读疗愈处于探索阶段，大部分市民对于未知病毒感到恐惧，对疫情隔离带来的社会生活模式突变感到焦虑，同时对线上活动也不太了解，活动的关注度处于较低水平，活动参与人数基本在1000人以内，从微信阅读量来看，此阶段数据比较平稳，每月阅读量约为5万人次；疫情中期，人们开始逐渐接受居家隔离的现状，开始尝试寻找更健康的居家模式，活动逐渐得到读者的熟悉和认同，活动参与人数小幅提升，参与人数达到1000人以上，而微信阅读量在此阶段则呈几何倍数增长，于6月达到了最高峰，为276807人次；到疫情常态化阶段，政府对疫情的合理应对让人们更有抗疫信心，人们生活重点回归到复工复产，参加活动人数回落到1000人以下，微信阅读量也基本恢复疫情之前的水平。总体来看省图书馆网站访问量达20余万次；微信公众号阅读点击322万次，阅读人数36万次；掌上鄂图App总点击量525万次。从全国公共图书馆微信影响力排名来看，疫情初期湖北省图书馆微信排队均在十名之后，疫情中期关注度都在前十名，尤其是6月为第四名，而疫情常态化阶段，排名基本恢复疫情之前的水平。

从参与活动的读者结构来看，大部分为经常参加省图书馆线下活动的读者，这部分人群有阅读的习惯，一定的学习基础，或者有亲子共读的良好家庭氛围。通过活动后的问卷调查，我们发现活动参与者学历水平主要在本科及大专学历的，人数达238人，占比66.4%；硕士研究生以上学历的合计103人，占比28.

7%，活动参与者大部分为具备较高文化素养的人群，可见高学历人群对阅读疗愈模式更感兴趣，参与主动性更高。

从活动内容来看，参与人数最多的两场活动为书说战"疫"之《本色英雄张富清》和一部令人击节咏叹的英雄史诗《大国军魂》，分别达到了7143和4029人次。系列活动邀请了少儿阅读推广人、心理学专家、语言艺术类专家、图书馆和博物馆馆员、艺术类专家等不同领域的专家，用极富创意和以个人体验为中心的方式治愈读者的负面情绪，根据统计结果图书馆和博物馆馆员和语言文学类专家为主要参与嘉宾，分别占比45%和25%，心理学专家、艺术类专家、和少儿阅读推广人则占比较低，分别为9%、15%和6%。由此我们发现，相比于心理疗愈类活动，读者更加偏向于选择传统的语言文学类活动，对心理疗愈类活动了解较少，同时现阶段的心理疗愈活动尝试较为浅显，未能与大众关注的医学相结合，较为缺乏吸引力。

为了更好地了解到读者的一些内心想法，在活动最后对参与者进行了问卷调查，参与问卷填写人数为358人，男性读者147人，女性读者211人。通过调查结果我们可以看到参与者对活动整体满意度较高，均达到了75%，其中女性读者对直播活动的收获表示更高的认可（"有帮助+很有帮助"），占比76.3%。另外参与者普遍认为相比传统拆书阅读模式，"拆书阅读+方言朗读+电影解析"的组合更加有吸引力，同时也反映出在阅读疗愈中读者互动方面比较薄弱，需要优化。另外在此次阅读疗愈书籍选择上，团队选举了了九个类型的书籍，分别是美食、旅行、人物、心理学、文化、历史、职场、管理哲学、经济金融，我们发现读者在阅读类型选择上有明显偏向性：文化类和历史类书籍普遍受各年龄段读者的喜爱，正处于职场年龄的读者对心理学类、职场类更为关注，相反美食、旅行这一块的关注度占比并不大，仅在41—50岁年龄段显得略为突出，占比17.1%。

三、公共图书馆开展阅读疗愈的未来展望

（一）借助新兴技术，进一步打造阅读疗愈"云平台"

此次疫情对公共图书馆既是一次挑战，又是一次启发。在后疫情时代，人们的生活逐步回到正轨，防疫工作并没有结束，而是进入常态化，公共图书馆提供"云服务"也应该进入常态化。充分利用网络技术与现有的数字图书资源，在公共图书馆官网、微信以及视频直播平台，设立专项阅读疗愈专项栏目，让阅读疗愈不只存在于特殊时期，更发展为常态化服务；同时可以充分利用新兴

的 VR 技术，让阅读疗愈不只通过单纯阅读，而是拓展到阅读疗愈、音乐疗愈、感官疗愈，让参与者通过视觉、味觉、嗅觉多维度与书籍进行互动，在阅读疗愈中打造交互式与沉浸式体验，以达到更好的疗愈效果。

（二）跨部门合作，推动阅读疗愈与医学治疗深度融合

在国外的阅读疗愈实践中，我们发现阅读疗愈模式被心理医生、心理咨询师等普遍应用，相比于作为单纯的阅读推广的活动形式，在国外阅读疗愈更被作为一种心理治疗的辅助手段。而国内的心理阅读疗愈实践与研究则鲜有与医学相融合，一方面由于国内医疗与大众对于心理健康关注度整体较低，另一方面阅读疗愈模式在国内医学界也普遍被认为实用价值不高，受到忽视。国内实践更多以图书馆员与教育工作者为主体，未能充分发挥其作为心理治疗手段的作用。公共图书馆作应该更加主动尝试与专业医院合作，推动阅读疗愈方式更多投入到临床应用之中，与药物治疗相结合，帮助心理治疗与抑郁治疗取得更佳效果。

（三）人才培养，打造阅读疗愈专业队伍

开展阅读疗愈，是以书为药，这就需要开方"医师"具有更加专业的知识，阅读疗愈必须在图书馆学、心理学和医学等多学科的指导下协同开展。必须有专业的人员对患者的心理状况进行诊断与分析，再作出相应的书目编制、书目选择、疗效的分析等工作。这项工作不仅仅只要求有单一的图书馆管理相关经验的人员，更需要一支有跨专业背景、有学科融合研究能力的专业人才队伍。公共图书馆除了图书馆相关专业人才外，更可通过邀请、招募志愿者的方式，吸纳有医学、心理学、文学、网络技术等学科背景的人才，打造一支专业的阅读疗法队伍，同时对现有人员进行跨专业学科培训，建设稳定的阅读疗愈人才队伍，为读者提供专业贴心对症优质的阅疗服务。

（四）书目选择，构建阅读疗愈专业书单

一部好的推荐书单能起到指导阅读、指示门径的作用，阅读疗愈的书目便是心理治疗的药方，关系到阅读疗法的效果与成败。书单建设不仅要保证内容覆盖面广，更要做好读者调查，有所偏向与偏重。通过疫情期间湖北省图书馆的阅读疗愈实践，我们可以发现，历史与文学类作品更加受到读者欢迎，研究者对阅读疗法的疗效跟踪分析也得出，文艺作品是最有利的工具。有此可见，对于阅读疗愈的书单构建，我们可以更多选择大众接受度更高的文艺类作品，比如在日本文学与影视界"治愈系"作品便非常盛行，疗愈系音乐、动漫、书

籍甚至形成了专门的分类与独立产业链，在公共图书馆阅读疗愈书单的构建上，我们可以充分参考。

（五）巩固效果，做好阅读疗愈定期回访

公共图书馆阅读疗愈不是一次性活动，公共图书馆开展的阅读疗愈活动可以对不同参与者分类建档，做好对参与者参与感受的调查，掌握参与者接受阅读疗愈后心理的感受与变化，加强事后互动，帮助我们了解何种方式与何种类型的书目能起到更好的疗愈效果，最终建立不同读者的专属治疗方案，在不断的实践与回访中总结规律、积累经验，帮助后续治疗方案不断改善。

参考文献

[1] 叶丹. 公共图书馆阅读疗愈创新服务研究 [J]. 图书馆建设，2017，40 (7)：72-75.

[2] 王玲. 图书馆"阅读疗愈"服务探究 [J]. 新世纪图书馆，2014，35 (9)：41-44.

[3] 刘丽娜. 阅读疗愈对图书馆服务的拓展 [J]. 四川图书馆学报，2020 (5)：35-38.

[4] 徐雁. "阅读疗法" "文学疗愈"与"全民阅读推广" [J] 图书情报研究，2010 (4)：12-23.

[5] 黄晓鹂，王景文. 关于阅读疗法书目编制问题的思考 [J]. 大学图书情报学刊，2012 (3)：63-65.

疫情防控背景下公共图书馆"云服务"探究

李 晶

(湖北省图书馆,湖北武汉,430071)

摘 要:新冠肺炎疫情发生以来,公共图书馆坚持服务读者,同时结合疫情防控需求,开展了一系列卓有成效的云服务,彰显了自身价值与使命。本文结合疫情期间各地公共图书馆开展云服务的有益实践,对疫情防控背景下公共图书馆云服务的必要性、特点以及后疫情时期公共图书馆云服务质量提升策略进行探究,望以此推动公共图书馆云服务的长远发展。

关键词:疫情防控;公共图书馆;云服务

新型冠状病毒肺炎重大疫情给国民经济造成巨大冲击,各地公共图书馆在中图学会的倡议下开展了许多针对疫情的云服务活动,主要包括疫情防控和读者服务,特别是在读者服务方面,数字资源服务、防疫专题服务、听书服务等展示出了图书馆资源服务与信息专业优势。在历经突发公共事件这场大考后,我们需要及时总结,加紧研究,不断改进,使得公共图书馆云服务得到进一步优化。

一、疫情防控背景下公共图书馆云服务必要性

公共图书馆始终肩负着传播知识、启迪民智的重要使命,尤其是在重大公共安全突发事件中,更是要做到守土有责、守土尽责。公共图书馆必须及时发布权威信息,正确引导民众,提升公民素养;必须弘扬崇高的民族精神,做好优秀传统文化的传承工作,用文化的力量坚定群众战胜疫情的信心,给人们带去砥砺奋进的动力。因此在新冠疫情背景下,既要遵守防控要求减少人员外出与聚集,同时又要坚持发挥图书馆的作用与使命,这便需要依赖强大的云服务功能。比如居家隔离期间馆员根据读者需求邮寄书籍,读者远程办理图书续借手序,开放用户远程登录检索、下载电子文献权限,公共图书馆通过微信公众号平台向读者推荐好书等。在云服务环境下,图书馆的资源从实体馆舍转移到

"云"中，各类信息数据，特别是与疫情相关的社会热点资讯实现了共享，大大降低了资源建设的成本和使用门槛，也节省了各种设备运营维护的费用。因此，云服务以其强大的支撑体系和开放共享的特性在突发紧急公共卫生事件时得到了更多的关注。

二、疫情防控背景下公共图书馆云服务特点

（一）专题信息需求暴增

从信息主题上看，疫情使得医学类、心理辅导类图书与资源成为热门，这类受众包括直面新冠肺炎的医护、患者，以及受"信息疫情"所影响，在情绪心理、思维角度、价值取向等方面需要心理帮助的群体。从信息内容上看，由于新冠病毒的致病性、传播速度惊人且治愈率不高的特点，给公众造成极大恐慌，在抗击疫情的过程中出现了许多言论，一时间难辨真伪。为此，公众迫切希望能够获取疫情相关的权威动态信息和科学有效的防疫知识，增强自我保护的手段与方法，纾解内心对病毒的恐惧。

（二）网络舆情监测加强

随着社交网络的兴起，信息的传播分享更为便捷，对相关内容进行点赞、转发、评论等即时化互动，加剧了信息的传播影响力，但也可能在某种程度上导致新闻价值的客观真实性让步于"交流互动"和"情绪表达"的需要。这种情形在"新冠肺炎"疫情期间表现尤为突出，群众更加频繁地转发社交媒体上的疫情报道，参与讨论和互动，在媒体平台开辟了新的舆论场。因此，公共图书馆在疫情期间在社会舆情的监测与引导上必须加大对网络舆情的关注，保持对社会即时热点的敏感性，追踪报道，通过图书馆筛选与处理，将准确易懂的信息输出给公众，规范公众的思想和行为，化解舆情危机，为应对新冠疫情的突袭营造良好的舆论氛围。

三、疫情防控背景下公共图书馆云服务实践

（一）完善数字资源云服务平台

通常为保证信息资源的安全，图书馆数字资源在远程访问时常会遇到权限设置、并发和下载数量等限制，尤其是对专业学术类资源的管控更加严格，而受疫情影响读者获取信息的渠道又更多地集中于线上，在线资源需求陡增，远程访问必然会遇到更多障碍。为解决这一困难，公共图书馆积极寻求供应商的支持与配合，加紧优化线上云服务平台，保证远程登录系统的稳定与正常。此外，图书馆还加紧引入和更新数字资源存储技术，扩大存储容量，提升数据存储的安全性，为公共图书馆文献资源云服务提供可靠保障。天津图书馆就安排了专人持续监测网络与数字资源的运行情况，加强数据库运行检测和网络故障巡查，如发现问题则及时联系供应商寻求解决办法，做到资源不间断，服务不卡壳。

（二）提供丰富的影音服务

公共图书馆云平台中收录了丰富的数字资源，其中除了文字资源外还包含许多珍贵的视频音像，这类资源能丰富读者的阅读体验，多样的读书形式也可加深用户对知识的理解，增进阅读的兴趣。严格的疫情防控条件下许多公共图书馆开始大力推广听书服务。首都图书馆选出14本优质图书的音频，要求读者每天坚持听书打卡。浙江省图书馆、山东省图书馆和陕西省图书馆分别与知名音频分享平台喜马拉雅合作，为读者免费提供为期15天的会员福利，让读者能免费享受更多优质的听书资源。

（三）搭建数字虚拟展厅

受疫情影响，每天到访实体图书馆的人次明显减少。物理空间的阻隔难免会让人产生一种疏离感，阅读的浓厚氛围也将大幅减弱。公共图书馆充分利用先进的VR、三维成像投影技术构建了虚拟云端展厅，通过虚拟游览、影片、音乐、图片等方式让读者身临其境地感受各类文化艺术的魅力。湖北省图书馆、陕西省图书馆、吉林省图书馆和贵州省图书馆均在微信公众号上推出数字展厅云服务。通过这些"云展厅"既解决了疫情期间人员聚集的问题，也极大拓展了图书馆文献资源、读者活动的宣传范围，将利用云存储技术收藏的大量文献在同一时间大量展出，提高了资源利用率，降低读者活动成本，将有助于产生更大的社会效益。

（四）强化参考咨询云服务

优秀的参考咨询馆员是公共图书馆核心竞争力之一，也是精准服务社会公众的重要组成要素。疫情防控期间，读者的线上访问咨询量陡然增加，云服务需求上升，广大参考咨询馆员充分利用云资源平台，快速查询、整合文献信息，积极参加突发应急事件的相关文献信息定题检索、信息编译、分析研究工作。同时通过线上平台准确解答读者的相关咨询、消除社会恐慌。例如，部分图书馆开展了舆情跟踪、案例收集、专题研究等工作，为相关部门及公众提供相关法律法规、专家知识库、社会应急管理、防控先进经验、疫后经济恢复等信息，为公共卫生安全提供决策参考咨询服务。

（五）正向引导社会舆情

做好公众的舆情引导，推行积极向上的主流舆论和价值导向是疫情防控期间公共图书馆的重要任务。疫情防控背景下公共图书馆成立舆情管理小组，利用强大的云服务平台优势来负责网络舆情的搜集、研判、应对、疏导，一旦发现有可能形成网络舆情的话题或态势，及时向小组领导发出预警并持续更新事态发展，并保证与上级管理部门建立顺畅的交流渠道。

疫情防控期间，各地公共图书馆在对获得的信息加以核实甄别后，会摒弃掉缺乏事实依据的媒体报道及附带情绪诱导的自媒体文章，及时更新与疫情相关的图文信息、官方辟谣消息，帮助公众消除焦虑情绪，平息舆论危机。如OCLC持续监测来自WHO的最新报告，并将能够帮助公众获得关于病毒及其感染症状和如何采取措施有效预防感染的其他可靠信息源展示在WorldCat上供用户浏览与获取所需信息。

四、疫情防控背景下公共图书馆云服务质量提升策略

在新冠疫情这一突发公共卫生安全事件的推动下，公共图书馆的云服务水平在短时间内有了较大进步，给特殊时期图书馆工作的顺利开展带来了极大帮助。为了进一步提升云服务质量，给读者提供更多阅读便利，公共图书馆还需不断探索疫情防控常态化背景下开展云服务的策略与路径。

（一）合理配置图书馆云资源

公共图书馆要想实现云服务的优化，必须及时更新相关的软硬件设施，制订配置云资源的科学方案与制度。首先，要进一步加大资源的整合与获取，对于馆藏现有资源要尽快加以转化，同时还要不断获取新资源，及时捕捉实时资讯和热点信息，然后将这些信息进行归纳整理，分类整合到公共图书馆云服务平台中，给广大读者提供随时随地、方便快捷的查询借阅途径。其次，要进一步推进公共图书馆之间云服务的共建共享，采用统一的分类标准，提供相同的检索界面，让跨数据库、跨平台检索更加精准、全面。最后，图书馆不仅要动态更新信息资源还要及时发布云服务平台存储的数据资源现状，节省用户检索时间。

（二）加强知识产权保护

云服务使资源获取更加便利的前提是尊重和保护知识产权。在强化知识产权保护方面，图书馆应该积极做好各方面的协调工作，主动寻求更多的支持和帮助。特别是在疫情防控期间，图书馆应该争取为读者赢得更多免费获取资源的权限，满足人们宅家、隔离期间陡然增长的阅读需求。此外，云服务平台上的共享开放数据应主要以各馆的馆藏概要或者获得正规授权的图书为主，较少涉及文献的全文内容，当需要使用馆际互借时要先认证图书馆的 IP 地址，以防出现恶意下载等侵犯知识产权的现象出现。

（三）加强云服务安全意识

云服务的运用在很大程度上依靠的是虚拟互联网以及数字存储技术，它解决了传统服务方式的一些弊端，使得文献检索、储存方式都更加便捷而且存储容量大大增加，但同时也会使系统和资源更容易受到网络黑客的攻击，网络上纷繁复杂的信息也给资源的筛选带来更大难度。公共图书馆的服务对象是广大的社会公众，所提供的信息必须保证权威准确不能对大众产生误导。因此，公共图书馆要加强馆员的云服务安全意识的教育，不仅要注意人身财产安全还要特别留意意识形态安全，还要提高对新闻、政治的敏感度，筑牢信息安全屏障，防范出现读者隐私泄露等损害用户权益的事情发生。

（四）拓展云服务管理空间

云服务不仅能在信息的获取上提供更加广阔的空间，而且也能拓宽图书馆的财物、人员管理范围，提高管理工作的效率，减轻工作人员的业务负担。疫情防控的压力给图书馆的管理工作增加了更大难度，无论是人员进出的把控、健康状况的监测、书籍的更新剔旧还是各类活动的筹备与举办都必须时刻绷紧防范疫情这根弦，如果缺少有效的应对措施将会给图书馆的管理工作带来较大难题。而借助于云服务的强大功能，图书馆的管理工作能够更加细致、精准，能大大降低工作失误的可能性，降低人力成本。图书馆要大胆运用云服务技术，逐步摆脱传统管理模式和观念的束缚，利用云服务开展馆舍的维护、员工的关怀和考核，可以针对不同岗位、人群的特点制订差异化的管理办法，使管理工作更加科学和人性化。

（五）注重云服务人才培养

疫情防控对云服务的能力和质量都提出了更高要求，相关的工作必须更加细致认真。公共图书馆应该安排专人负责和牵头此项工作，严格把关云信息的获取渠道以及发布方式和范围，让公众能够获得权威的数据资源，特别是对待疫情有关的问题上，要在全社会形成正确的舆论导向。公共图书馆要注重云服务人才的培训与教育，使馆员创新服务理念，拓展服务思路，利用过硬的云服务手段在做好疫情防控的同时能开展更多更周到的读者服务，不断延伸服务触角，丰富服务内容。馆员们要加强交流学习，吸收借鉴同行业的优秀经验，不断总结和完善云服务的相关技术与做法，打造一支业务精湛、充满活力的云服务团队。

参考文献

［1］白萍.高校图书馆云服务能力引入研究［J］.河南图书馆学刊，2021，41（5）：82-83，87.

［2］周浩.山东公共文化云服务模式探索［J］.山东图书馆学刊，2021（2）：54-58.

［3］姚晓敏，谢根甲.基于云服务的图书馆信息检索服务初探［J］.山西青年，2021（8）：81-82.

［4］任斐，姜旭.疫情防控常态化趋势下对高职院校图书馆"云服务"的思考［J］.参花（上），2021（4）：110-111.

［5］张洋.面向读者需求的数字图书馆云服务平台构建分析［J］.图书馆学刊，2020，42（12）：89-92.

［6］佟文岩.基于云服务的高校图书馆资源共建共享模式研究［J］.河南图书馆学刊，2020，40（10）：63-64.

三、智能时代的图书馆资源建设与数据服务

智能时代的图书馆资源建设与数据服务浅析
——以湖北省图书馆为例

张广振

(湖北省图书馆，湖北武汉，430071)

摘　要：智慧图书馆通过物联网云计算等功能实现智慧化的服务和管理，即：智慧图书馆=图书馆+物联网+云计算+智能化设备。智慧图书馆利用人工智能的深度学习优势，在检索的过程中实现用户与数据库之间的双向交流学习，数据系统通过不断学习优化升级，因人而异，精确服务，不断推进智慧图书馆的智能化发展。湖北省图书馆可以依托总分馆建设及城市书房建设的契机，充分利用当前海量数字资源优势，结合以荆楚文库为特点的区域地方特色，依托湖北省图书馆国学馆的总分馆基础及全国文化信息资源共享工程网络优势不断探索自建资源的建设。不断深化荆楚特色数字文创资源的创新与共享。

关键词：人工智能；云计算；共享工程；信息检索

科技的发展为图书馆向智能化发展增添了新的内容、丰富了表现手段、增强了表现力。而智慧图书馆的蓬勃发展，也能为科技创新营造更好的氛围和环境。

人工智能和云计算的产业变革正在兴起，信息大爆炸，传播大变革，多元文化碰撞冲击强烈，社会急剧转型，使人们在生活方式、思维方式、思想观念等方面表现出更多冲突与困惑。以新的技术手段促进智慧图书馆发展是新时代满足人民日益增长的美好生活需要的重要途径。智慧图书馆与科技深度融合，通过科技手段不断丰富馆藏资源、阅读推广传播形式及信息采编加工、数字资源生产创造及存储、新媒体阅读推广、推广智慧化的阅读应用和社交互动方式，促进文化传播、科技创造乃至社会方方面面的深刻变化。在这一时代潮流下，我国图书事业不断繁荣、涌现出一批利用科技手段制作精良的数字产品，提升了图书馆传播文化内容和艺术形式的表现力、感染力，大幅增加了文化创新的有效供给，丰富了图书馆资源建设，提升了传统文化的传播力。例如，湖北省图书馆利用支付宝生活号等新媒体账号，利用支付宝芝麻信用等大数据优势，通过传统数字资源与现代科技的巧妙结合，一改图书借阅难和还书难的困境，将过去读者与图书馆的关系，拓展为虚拟无接触模式信用担保形式。图书馆智慧化既能满足读者当前复杂疫情情况下对图书资源的需求，又能顾全疫情防控的大局。利用智慧图书馆建设还能通过线上大数据对比，及时了解读者的个性化需求和意见反馈，对推动智慧化图书馆建设与发展提供了宝贵的意见。充分利用当前政策与网络环境优势，全力发展图书周边文创产品，借助新媒体创新推出卡通形象鄂小图，拉近了年轻人与图书馆的亲和力，引发了广大年轻人对全民读书热度的关注，也间接推动了全民阅读推广事业的发展。

一、智慧图书馆概念及数字资源服务特点浅析

智慧图书馆通过物联网云计算等功能实现智慧化的服务和管理，即：智慧图书馆=图书馆+物联网+云计算+智能化设备。智慧图书馆为读者提供了全方位和一体化的服务，通过知识和管理的共享，解决读者的各类问题，并且为读者在借阅过程中节约更多的时间，为馆员提供更加快捷的管理，让馆员为读者提供更加优良的服务。智慧图书馆凭借高效、便捷、灵敏的服务高效性及给读者带来的广泛便利性，深受广大读者的欢迎，是现在图书馆转型的方向。

二、楚天智海、数字资源建设成果显著

目前湖北省图书馆馆藏总量达979.211万余册（件），其中古籍46万余册，其中数字图书馆，数字资源总量共880TB，数字资源数据库111个，是全国文化信息资源共享工程单位，数字图书馆推广工程单位。经过多年建设逐步形成了图书馆数字化资源库群，品牌资源包括国学数字图书馆、《荆楚文库》、《超星数字图书馆》、《荆楚悦读——湖北省图书馆书香阅读平台》、《书同文古籍数据库》、《瀚堂近代报刊数据库》等一大批优秀数字资源库。依托电子图书、电子期刊、企业产品、科技成果等数据库，以及具有湖北地方特色的文献和多媒体数据库，设立了电子阅览室、影视观摩厅、视频点播室、多媒体教室、少儿阅览室等服务窗口，以及公共查询和检索服务系统。2020年先后进行了掌上鄂图App平台升级项目，支付宝生活号项目，不断补足软件短板，充分发挥智能移动端的便捷性。

2020年度，湖北省图书馆在数字资源建设方面先后投入700万元对数据库进行了升级（如表1），先后投资83万元开展了数字资源整合利用采购项目，整合我馆自建古籍库数字资源，优化我馆门户网站"楚天智海 学习中心"专栏，

打造微课学习平台，并在馆微信和小程序、App 平台同步链接自建和外购数字资源内容，保障读者在利用数字资源时有更便捷的体验，通过开展打造国学精品课程与推广人才培养计划积极拓宽渠道推广数字资源知识普及，积极开展优秀传统文化下基层系列活动，服务乡村文化振兴。开展了湖北省图书馆公共数字文化推广与培训。投资 45 万元开展了湖北省图书馆 2020 年公开课、网事典藏项目。并对用户中心进行升级，建设统一的全省用户中心平台，将全省各级图书馆用户数据进行整合，实现图书馆用户的统一认证，这是建立全省通借通还及数据共建共享的基础性工作，是湖北省公共图书馆大数据中心建设的重要组成部分。统一的全省用户中心平台将为建设智慧型图书馆、全省"图书馆大流通"环境提供服务保障。

表1 2020 年湖北省图书馆数字资源升级部分内容

序号	采购清单数据库名称	访问方式	备注
1	学术资源数据库	镜像+远程	核心产品
2	知识服务云系统	镜像+远程	
3	国务院发展研究中心信息资源	镜像+远程	
4	研究分析报告资源库	镜像+远程	
5	中文科技期刊数据库、考试资源系统	镜像+远程	
6	移动数字图书馆	移动端+镜像+远程	
7	数字书苑	镜像+远程	
8	畅销期刊数据库	移动端+镜像+远程	
9	热门电子图书数据库	移动端	
10	党建理论库	镜像+远程	
11	数字阅读平台	移动端	
12	外文原版电子书和有声书	移动端+远程	
13	数字音乐图书馆	远程	
14	经典影院数据库	镜像	
15	有声读物数据库	远程	
16	数字报纸数据库	远程	

三、智能时代的图书馆数据服务的挑战与机遇

立足人工智能与大数据优势不断创新信息检索服务，传统的信息检索是读者根据需要，采用电脑用户端通过 Interlib2.0 系统，这种检索方式单一性缺点比较突出。从数字图书馆数据库中找出所需要信息的查找效率明显跟不上智慧图书馆的发展要求。2019 年 8 月，科技部等六部门印发的《关于促进文化和科技深度融合的指导意见》强调，"找准文化和科技两种思维、缺乏交融的软肋，补齐文化发展缺少核心技术支撑的短板，以体系化思维攻克关键核心技术和系统集成技术"，指明了文化和科技深度融合的方向。即：智能时代的图书馆数据检索服务要立足于用户特定的需求与喜好，利用大数据检索技术手段将相关信息准确的查找出来并自动根据用户输入信息进行归纳匹对，自动筛选出多套信息解决方案，并向用户推荐，根据用户的评价，及时将数据回传系统，利用人工智能算法进行数据优化，推出符合读者需求的数据服务方案。智慧图书馆利用人工智能的深度学习优势，在检索的过程中实现用户与数据库之间的双向交流学习，数据系统通过不断学习优化升级，因人而异，精确服务，不断推进智慧图书馆的智能化发展。

智慧图书馆建设与服务探索的立足点是重视用户的真实数据需求。云计算程序借助于架构，整理各路的来源的信息，为用户提供更加贴心的安全的使用环境。智慧图书馆建设与科技的深度融合及用户至上的服务理念让用户可以实现无障碍、横跨时候的资源共享，追求资源利用的最大化。

四、图书馆人才队伍建设及创新服务

2018 年 1 月 1 日起施行的《中华人民共和国公共图书馆法》第十五条第（四）与其功能、馆藏规模等相适应的工作人员，从法律的层面肯定了图书馆员的法律地位。近期相关部门推出的《关于深化图书资料专业人员职称制度改革的指导意见（征求意见稿）》，再次对图书馆员的发展建立了制度保障。图书馆员年轻化，专业化是推动智慧图书馆建设的重要力量。目前湖北省图书馆图书专业技术岗在编员工 266 名，专业技术四级至专业技术十二级设岗 308 个，鉴于2012 年至今招聘年轻馆员过多，导致初级岗位人员过多，面对该局面馆党委及时修订了《湖北省图书馆岗位设置管理实施方案》，对人员考聘，职级晋级，职称评审进行了优化。今年以来，不断开展业务培训，拓展馆员专业知识，聘请知名学者开展了"新时代、新思想、新发展——公共图书馆智慧化建设思路"等多场讲座，丰富了全体馆员对数字图书馆建设、信息检索与利用等方面的业

务知识。

图书馆作为储藏知识信息的场馆，是现代社会公共服务体系的重要组成部分。伴随大数据时代的到来，大数据逐渐成为图书馆发展过程中的重要内容，图书馆员自身服务水平和服务质量的提升也越来越需要使用大数据作为有效支撑。智慧图书馆时代数字资源的不断丰富和优化是永远不变的工作重点。馆员素养不仅体现在服务形式上不断创新，更在主动提供更加优质的服务。优质高效的服务源自于对读者阅读偏好的准确分析，从而为不同阅读需求类型的读者提供富有针对性的个性化服务。图书馆员要把服务放在第一位。秉持"读者至上"的"首问负责制"精神，通过不断地业务实践与业务知识的积累，以更好地开展服务工作。

当前全体馆员应利用新媒体优势，积极宣传推广创新全民阅读活动，对长江讲坛讲座之书、长江读书节阅读之书品牌进行数字化升级，适应当前新媒体阅读推广要求，让数字之书活跃在屏幕上。加强图书馆业务咨询相关专业培训，创新线上新媒体咨询智能化和实效性工作方式，对读者咨询大数据分析，不断提高自身业务知识储备。

五、智能时代的图书馆数字资源共享探索

智能时代的图书馆数字资源共享是基于"全国文化信息资源共享工程"，通过大数据技术，对现有信息资源进行数字化加工和整合，利用大数据、云计算、5G通讯、新媒体等最新技术成果，建立文化信息资源的网络传播通道，向广大公众群体，城市的社区、边远山区、学校基层文化单位提供覆盖面宽、方便、快捷、个性化的服务，开辟一个不受地域时空限制的崭新的文化传播渠道。

湖北省图书馆数字图书馆充分利用"全国文化信息资源共享工程"的基础，在国家中心业务指导下，充分利用湖北省级分中心资源优势以及基层图书分馆中心组成的网络开展资源共享共建服务。2020年湖北省图书馆已经在全省范围内完成了12个分馆的建设任务，2个分馆项目正在有条不紊的进行。利用建设智慧图书馆契机各图书分馆可利用省图书馆的授权。以第三方身份使用湖北省图书馆数字文献资源，包括近50万种中外电子资源的远程网络服务。部分数字资源可以实现在线阅读，图书检索、下载、借阅、续借、归还等功能正在不断完善；部分数字资源囿于知识产权的有关规定，无法直接获取原文，可以通过馆际互借和文献传递等服务方式向基层图书分馆提供文献服务。以此为基础，深入挖掘资源潜力，探讨为基层图书馆提供数字资源服务的可行性和服务模式。智能时代数字共享工程开辟了一个不受地域、时空限制的崭新的文化传播渠道，对于迅速扭转我省边远地区，特别是贫困地区的信息匮乏和经济、文化落后的状况将起到极大的促进作用，对于继承和发扬中华民族优秀文化，实施"科教兴国、以德治国"、乡村振兴战略将产生深远的影响。

当前基于《公共图书馆法》，将来湖北省图书馆可以依托城市书房建设的契机，充分利用当前海量数字资源优势，结合以荆楚文库为特点的区域地方特色，依托湖北省图书馆国学馆的总分馆基础，5G网络优势不断探索荆楚特色资源库的建设。不断深化数字文创产品的创新与共享。

智能时代的图书馆资源建设是"全国文化信息资源共享工程"的升级与创新，秉持人工智能时代特色云计算技术基础，在总分馆建设上实行数字资源互通共享，利用人才优势积极探索创新信息检索形式，以用户为中心积极拓展大数据服务，积极为十四五开局、建党一百周年主题活动提供信息咨询服务，为全面实现乡村文化振兴，保驾护航。

参考文献

[1]《中华人民共和国公共图书馆法》（2017年11月4日第十二届全国人民代表大会常务委员会第三十次会议通过）[EB/OL]. 新华社，2017-11-05.

[2] 关于深化图书资料专业人员职称制度改革的指导意见（征求意见稿）[EB/OL]. 人力资源社会保障部办公厅文化和旅游部办公厅，2021-04-26.

公共图书馆文献资源建设优化实践思考
——以湖北省图书馆采访工作为例

胡 多

(湖北省图书馆,湖北武汉,430071)

摘 要:大部分公共图书馆在资源建设上投入了巨大的精力也在业务工作实践过程中遇到了大量困难。以湖北省图书馆采访工作为例,遇到了文献信息收集困难,采访人员素质难以应付繁重的工作任务,书架上书难,库存危机等等。在实践中遇到问题,思考解决问题的方法,比如提高部门工作人员的业务素质,加强馆内人员培训,交流,加强公共图书馆分馆建设,提高读者在文献资源建设过程中的参与度等。

关键词:公共图书馆;文献资源建设优化;采访

随着国家经济的高速发展,公共图书馆业务工作部门也得到了巨大的实惠。国家重视公共图书馆文化事业,投入了大量的预算,颁布《中华人民共和国公共图书馆法》保障公共图书馆文化发展。社会上读书风气蒸蒸日上,读者平均阅读量也在稳步上升。图书馆文献信息的采访系统,采购方式等都在升级换代,各种网络技术的也应用到了公共图书馆上,这些都让图书馆文化发展焕发了新生。这对图书馆文献资源建设即是机遇也是挑战,只有顺应时代的变化,在实践中发现问题解决问题,才能更好的实现图书馆的为读者服务理念。

一、湖北省图书馆简介

湖北省图书馆前身是湖广总督张之洞在武昌武当宫创办的"图书局",是全国最早成立、最早对外开放的省级公共图书馆,始建于1904年3月,馆址历经多次变迁,迄今已有110余年的历史。湖北省图书馆是国家一级图书馆,新馆占地100.5亩,总建筑面积10万余平方米,馆舍主体建筑地上8层,底下2层,截至2020年底,文献总藏量已经多达900余万册(件)。

二、公共图书馆文献资源建设的内容和环节

文献资料是一个图书馆工作的物资基础,优化文献资料建设能提高图书馆的整体水平,对图书馆馆员的综合能力也有很大的要求。制定一个科学高效的图书馆文献资源建设方案能够更好地指导馆员进行文献选择,优化文献资源建设还能合理安排文献资源经费,减少浪费进一步提高图书馆馆藏质量,量效并举,也能更好地服务人民大众。

以湖北省图书馆文献资源建设流程工作为例,整个文献资源建设的环节和基本流程有以下几个流程:首先是文献信息的搜集,就是搜集最新最全的出版图书书目信息,再由采访员从书目中查重剔除不适合馆藏要求的书目,选订合适的复本数之后,发给中标的书商,书商整理配货送到图书馆后验收编目加工完成后,交送到各个窗口部门供读者外借浏览。当然还有图书文献的整理收藏保存,之后就是举办活动,宣传推广,参考咨询服务更好的利用这些藏书文献资料。

三、湖北省图书馆文献信息采选标准

文献信息搜集是整个图书馆工作的基础开端,需要根据图书馆的收藏原则、收藏范围、收藏重点和采购标准来进行筛选搜集。参照国家图书馆中文图书招标文件中不购买出版物的要求以及咨询对外服务的窗口部门馆员,湖北省图书馆采访员在选订图书书目工作中,会分类剔除那些不适合馆藏的书目。比如:

1. 中小学教辅教参:中小学课本、扫盲课本、乡土教材、中专基础课教材(专业教材除外)、高考临摹范本、中小学教学参考图书、练习册、填充图、寒暑假作业、注音读物、描红字帖、小学、初中、高中各学科习题汇编及中高级考试题、中小学作文选、中小学读物、中小学字典、词典、学习手册、知识表解等。2. 低幼读物:以图为主的科普读物、科学、历史故事、卡通图片、64开连环画、手抄报等各种低幼读物。3. 非书出版物:年画、年历、卷轴画、明信片、挂历(图)、通讯录、笔记本、单词卡片、色谱及配色手册等。4. 纪念册:离退休、大中小学毕业、结婚、教师、婴幼儿等各种纪念册。5. 地图册:导游图、交通图;火车时刻表、电话号码簿。6. 少数民族语文图书、国内出版的外文图书等。7. 其它根据对外服务部门反馈意见不适合馆藏的图书等。

四、图书馆文献收集中遇到的困难

湖北省图书馆的文献资源收集和采选主要是由文献资源建设部门负责。此

部门负责非数字化文献资源建设；承担中文图书的分类、主题标引、编目、加工工作；建立中文图书书目数据库；负责馆际中文图书交换。

（1）首先面对的困难是文献收集工作，根据国家统计局近5年的图书出版数据（表1），2019年全国图书出版种数为505979种，虽然相比2018年的出版种数519250种呈现下降趋势，但是依旧数据量庞大。采访人员需要通过各种渠道、方法收集关于读者需求、书目供应的信息，并对这些信息进行整理、分析，为采访决策提供信息支持，从而及时调整采访策略、方案。然而采访员在每年收集文献信息的过程中，很难在当年就全部收集到全部的图书书目信息。其中文献信息收集的渠道有限，除了向中标的采购书商收集，就是参加各种图书博览会了解最新的图书书目信息等等。在这些过程中由于出版年限，图书折扣，图书印刷册数等等原因，图书馆采访员无法及时的了解到最新的出版数据，就很难全采全选到适合馆藏的图书到馆。

（2）当收集到图书书目数据以后，采访员就要开始筛选这些数据采选图书，在这些繁多的书目里要按照采访标准认真剔除掉不适合馆藏的图书，对采访员的心理和专业素质要求很高。采访员对图书采访系统比如interlib系统的运用操作都有相当严格的要求，如果不熟悉这些过程，就会严重拖慢图书采访的进度，错过精品图书的采选时间，增加了不适合馆藏图书进入采访流程的风险。图书的遴选过程费时费力，需要时刻保持清醒的头脑。

（3）采选图书到馆以后的验收加工过程严格按照订单查验，需要大量人力工作，随着社会经济的发展，大型公共图书馆购书专项经费预算大幅增加，图书的采编量也成倍增加，必然不得不增加采编力量，以加快新书的采编速度和上架速度。然而受编制限制，专业的采编人员并不能同步增长。以湖北省图书馆为例，近几年湖北省图书馆采选进馆的图书量每年都有40—50万册左右。然而文献资源建设部负责采选图书的员工长期不足10人，整个部门还要负责图书验收，编目加工，图书交送等等，大量的工作任务只能交给外包公司完成。对采选图书的审核，外包公司的业务监管问题，如何高效的对图书保质保量，这些又成了新的挑战。繁多的书目筛选任务加上业务工作外包，造成采访员长期脱离与读者和图书的直接接触，让采访员已经缺乏对了文献价值文献受欢迎度的基本辨别能力，这是当前文献资源建设中的重大问题。

（4）公共图书馆建筑设计库存已经无法满足现在日益增长的购书量，虽然《公共图书馆建设标准》第20条规定了公共图书馆总建筑面积以及相应的总藏书量、总阅览座席数量控制指标，但是随着经济的日益发展，大型公共图书馆的购书经费也快速增加，每年的新增出版物越来越多、读者相应对阅读空间也提出更高要求，书架上积累的旧书也越来越多。湖北省图书馆新馆建筑建设之初设计的文献总藏量就可达1000万册，可是到了现在书架上挤满了图书，地下书库也接近饱和。根据《中华人民共和国公共图书馆法》第二十八条规定公共图书馆应当妥善保存馆藏文献信息，不得随意处置；确需处置的，应当遵守国务院文化主管部门相关处置文献信息的规定。图书的剔旧十分慎重，旧书只能先存放书库，新书也很难及时上架，这样很难满足读者对新书畅销书的需求。长期挤压下去，新书也变成旧书，还影响到了新书的到馆加工，读者因此对图书馆馆员的专业素质产生质疑，对图书馆业务工作的投诉也会与日俱增。

表1　近5年图书出版数据

数据库：年度数据
时间：最近5年

指标	2020年	2019年	2018年	2017年	2016年
图书出版种数(种)		505979	519250	512487	499884
使用"中国标准书号"部分图书出版种数(种)		505533	518913	512207	499439
马列主义、毛泽东思想图书出版种数(种)		758	974	777	743
哲学图书出版种数(种)		9506	10083	9984	9796
社会科学总论图书出版种数(种)		5378	5770	5445	5729
政治、法律图书出版种数(种)		17939	18972	18256	19015
军事图书出版种数(种)		1218	1388	1410	1548
经济图书出版种数(种)		34239	35228	34840	34225
文化、科学、教育、体育图书出版种数(种)		203978	209534	210137	202536
语言、文字图书出版种数(种)		21222	21367	21790	22021
文学图书出版种数(种)		53191	58909	56790	54502
艺术图书出版种数(种)		26539	28488	27294	27497
历史、地理图书出版种数(种)		18913	19444	18720	18680
自然科学总论图书出版种数(种)		861	820	793	797
数理科学、化学图书出版种数(种)		10682	9789	9482	8847
天文学、地球科学图书出版种数(种)		3389	3222	2968	2756
生物科学图书出版种数(种)		3692	3907	3486	3410
医学、卫生图书出版种数(种)		22788	23573	22633	21530
农业科学图书出版种数(种)		5025	5355	5517	5141
工业技术图书出版种数(种)		52615	49336	48783	48093
交通运输图书出版种数(种)		6299	5741	6035	5648
航空、航天图书出版种数(种)		740	706	613	539
环境科学图书出版种数(种)		2657	2561	2525	2247
综合性图书出版种数(种)		3904	3746	3929	4139
不使用"中国标准书号"部分图书出版种数(种)		446	337	280	445
图片出版种数(种)		446	337	280	445
国标(GB)、部标(BB)等标准类文件印品出版种数(种)					
活页文选、活页歌篇、小件印品等出版种数(种)					

数据来源：国家统计局

五、公共图书馆文献资源建设实践解决方案

（1）首先要提高文献采访人员的专业素养，在招聘时增加相关图书馆专业的编制岗位。定期开展专业的培训工作，寻找相关高校的老师来开展讲座活动，注重收集对外服务窗口部门员工的意见，与读者直接沟通联系，与馆配商沟通联系，外出参加书店的现采工作，及时了解最新的图书出版情况。定期开展部门的总结交流活动，由更有经验的老员工帮助新员工快速适应采访工作，互帮互助，取长补短，总结教训，增加对外学习交流的机会。

（2）增强馆内部门之间的互动联系，让更专业的员工做对应的事。比如让少儿馆的馆员负责少儿类图书书目的审核筛选工作，让计算机网络部的馆员负责 TP 类书目进行筛选工作，让特藏文献部门的馆员对古籍，特殊文献类进行挑选等。这样让熟悉馆藏熟悉相关专业知识的馆员来提供书目筛选书目采购图书，不仅可以让文献采访工作人员在繁多的书目里更轻松更有针对性的筛选查重，也可以将图书分门别类让这些更了解读者需求的专业人员挑选出更适合馆藏更受读者欢迎的图书，增加图书的流通效率，提高工作效率。

（3）增加公共图书馆分馆建设，研究出台新的图书剔旧制度，加强图书盘点清理，及时整理旧书破书下架，防止国有资产流失，同时提高图书利用率，建造新的图书书库，应对图书馆文献库存危机。目前不少社区图书馆资金匮乏，文献内容陈旧，更新速度慢，有的社区图书馆建馆时一次性藏书后即陷入后续资金不足窘境，只能通过自筹经费购书或依赖出版商、社区居民捐赠图书，可读性不强。大型公共图书馆馆藏富余，可以挑选出部分旧书捐献给这些地方，既可以让社区图书馆满足读者需求，也可以减少公共图书馆的图书库存。还有那些县市地方图书馆，那里缺少足够的购书经费，而同样有广大的读者阅读需求。大型省级公共图书馆可以帮扶这些图书馆，专门调拨合适的图书，向这些地方倾斜，不仅可以赠送旧书，也可以购买合适的新书为地方乡镇的广大人民服务。

（4）提高读者在公共图书馆信息资源建设中的参与感。美国学者普塔切克（Bill Ptacek）认为，当公共图书馆的信息功能不断弱化时，更要强调其在社会教育、公民社会参与中的重要作用。随着经济的高速发展，国外的 PDA（读者决策采购）理念也越来越普及传播开来，湖北省图书馆也在推广"你选书，我买单"活动实践，开展了各类读者荐书途径，及时满足读者的阅读需求。读者荐购采访模式的最大特点是让读者也成为采购主体，参与到图书馆的馆藏建设中，使图书采购工作由图书馆的基础性、内部工作变成了直接面向读者的服务工作，读者也具有采购的决定权，成为了服务的参与者。公共图书馆的宗旨就是为读者服务，让读者推荐图书不仅是满足读者的阅读需求，也是让读者了解图书馆文献资源建设的流程。这样读者可以直接向文献采访部门提出各种意见，能让馆内的采访员直接了解到最新的社会读者需求，改进工作服务态度。

六、结语

图书馆文献资源建设工作是一项长期艰巨的工作，需要部门的采访员时时刻刻关注最新的动态及时更进工作内容。公共图书馆应当为社会公众提供更加优秀、更受欢迎的、满足读者需求的文化服务，文献资源建设工作是重中之重。图书馆采访员也应当加强学习，提高自己的专业水平，为文献资源建设贡献自己的力量。

参考文献

[1] 陈学清. 中文图书采访决策模式的选择性分析 [J]. 图书馆论坛, 2010, 30 (4)：13-15.

[2] 王林, 师丽梅, 肖焕忠, 余胜英, 朱淑华. 以新服务涵养图书馆未来——《社区图书馆服务规范解读》[J]. 国家图书馆学刊, 2016 (6)：9-16.

[3] 杨扬. 城市书屋：社区图书馆发展的新动态 [J]. 图书馆工作与研究, 2019 (2)：82-87.

[4] 王义翠, 杨萍, 曾永鑫. 公共图书馆文献采集工作的现实困境和实践探索——以湖北省图书馆为例 [J]. 图书馆研究与工作, 2020 (4)：89-93.

数字乡村与全民阅读融合背景下公共图书馆资源建设研究

张 晨

(湖北省图书馆,湖北武汉,430071)

摘 要：本文阐述了数字乡村环境下全民阅读推广的特点,指出公共图书馆在数字乡村与全民阅读融合条件下资源建设及技术等优势以及存在的问题,提出新环境下资源建设工作优化的策略。

关键词：数字乡村；全民阅读；公共图书馆；资源建设

国家的十四五规划纲明确提出"深入推进全民阅读 建设书香中国"。要优化城乡文化资源配置,推进城乡公共文化服务体系一体建设。创新实施文化惠民工程,提升基层综合性文化服务中心功能,广泛开展群众性文化活动。推进公共图书馆、文化馆、美术馆、博物馆等公共文化场馆免费开放和数字化发展。推进媒体深度融合,做强新型主流媒体。完善应急广播体系,实施智慧广电固边工程和乡村工程。

2020年1月公布的《数字农业农村发展规划（2019—2025年）》,提出到2025年,数字农业农村建设取得重要进展,有力支撑数字乡村战略实施。顺应了数字化发展新趋势,契合了亿万农民群众的新期待,突出了数字农业农村建设的战略地位,公共图书馆是推动全民阅读普及与发展的重要力量,致力于进行阅读推广工作,提升民众的文化素质和信息素养。作为全民阅读工作开展的公益机构,在数字乡村战略的背景下,公共图书馆需要适应新的形势,丰富自己的馆藏文献资源,优化特色馆藏资源体系,注重实体馆藏和虚拟馆藏有效搭配,合理配置信息资源,尤其是大力发展数字信息化资源,建设好乡村阅读的阵地,有效缩小城乡阅读发展不均衡的状况,这也是图书馆工作者需要探讨和研究的重要课题。

一、数字乡村战略背景下全民阅读的特点

(一) 政策的大力支持

国家和各级政府一直高度重视全民阅读,出台了多项相关政策有力地推动。从 2014 起,"全民阅读"连续 8 年被写入国务院《政府工作报告》;《全民阅读"十三五"时期发展规划》建议将全民阅读指数纳入社会发展指标体系,《全民阅读促进条例(草案)》自 2017 年 6 月起实施;自 2018 年开始实施的《中华人民共和国公共图书馆法》(简称《公共图书馆法》)明确规定"国家建立覆盖城乡、便捷实用的公共图书馆服务网络"。2020 年 10 月,中宣部办公厅印发了《关于做好 2021 年全民阅读工作的通知》,通知部署了 2021 年全民阅读重点工作:着力培根铸魂,深入推进习近平新时代中国特色社会主义思想读物的学习阅读,推动习近平新时代中国特色社会主义思想深入人心。深入基层群众,加强优质出版内容供给,优化基层阅读资源配置,改善公共场所阅读条件,更好满足人民阅读新期待。加大服务力度,倡导家庭阅读、亲子阅读,重视保障农村留守儿童、城市务工人员随迁子女等群体的基本阅读需求,加强面向残障人士、务工人员等群体的阅读服务,有针对性地做好重点和特殊人群的阅读工作。创新方法手段,主动适应信息技术条件下数字阅读方式更便捷、更广泛的特点,积极推动全民阅读工作与新媒体技术紧密结合。而数字乡村也是国家高度重视的战略方向。为此,国家出台了一系列相关文件,数字乡村及信息化战略的内容连续被写入重要的政策文件和制度设计。2016 年 7 月发布的《国家信息化发展战略纲要》,提出将信息化贯穿我国现代化进程始终,加快释放信息化发展的巨大潜能,2018 年 1 月印发的《中共中央、国务院关于实施乡村振兴战略的意见》,提出数字乡村的概念,指出实施数字乡村战略,做好整体规划设计,2018 年 9 月制定的《乡村振兴战略规划(2018—2022 年)》,描绘了数字乡村建设的蓝图。2019 年 5 月提出的《数字乡村发展战略纲要》,是深入贯彻习近平总书记关于"三农"工作的重要论述,强调坚持党的领导、坚持全面振兴、坚持城乡融合,2020 年 5 月规划的《2020 年数字乡村发展工作要点》,明确了 2020 年数字乡村发展工作目标:农村信息基础设施建设加快推进,基本实现行政村光纤网络和 4G 普遍覆盖,农村互联网普及率明显提升。农村数字经济快速发展,农业农村数字化转型快速推进,遥感监测、物联网、大数据等信息技术在农业生产经营管理中广泛应用。乡村信息惠民便民不断深化,乡村数字普惠金融覆盖面进一步拓展。网络扶贫行动目标任务全面完成,巩固提升脱贫成果。

从以上全民阅读与数字乡村的指引文件可以看出，数字乡村战略的实施与全民阅读推广的趋势高度呼应，相互融合，互相促进，数字乡村战略为信息化与全民阅读的融合发展为公共图书馆的发展提供了良好的发展机遇。

（二）信息资源的变化

据第47次《中国互联网络发展状况统计报告》显示，截至2020年12月，我国网民规模达9.89亿，较2020年3月增长8540万，互联网普及率达70.4%，较2020年3月提升5.9个百分点。城镇网民规模达6.80亿，占网民整体的68.7%，较2020年3月增长3069万。我国网民使用手机上网的比例达99.7%；使用电视上网的比例为24.0%；使用台式电脑上网、笔记本电脑上网、平板电脑上网的比例分别为32.8%、28.2%和22.9%。我国IPv6地址数量为57634块/32，较2019年底增长13.3%。我国域名总数为4198万个。其中，".CN"域名数量为1897万个，占我国域名总数的45.2%。在这样一个数字资源飞速发展的时代，网络信息资源的数量以及结构发生了较大的变化，农村数字信息化战略实施面临互联网、大数据、云计算、人工智能等诸多要素深度融合的信息环境。

（三）阅读需求的变化

根据中国新闻出版研究院发布的第十七次全民阅读调查，2019年我国成年国民各媒介综合阅读率保持增长势头，各类数字化阅读方式的接触率都在显著增长。2019年我国成年国民包括书报刊和数字出版物在内的各种媒介的综合阅读率为81.1%，较2018年的80.8%提升了0.3个百分点，数字化阅读方式（包括网络在线阅读、手机阅读、电子阅读器阅读、Pad阅读等）的接触率为79.3%，较2018年的76.2%上升了3.1个百分点。调查显示，城乡居民阅读差距较为明显，我国城镇居民不同介质阅读率和阅读量远高于农村居民。2019年，我国城镇居民的图书阅读率为67.9%，农村居民的图书阅读率为49.8%。城镇居民2019年的数字化阅读方式接触率为84.4%，较农村居民的73.2%高11.2个百分点。2019年我国城镇居民的综合阅读率为86.4%，较农村居民的75.2%高11.2个百分点。这种城乡之间信息及阅读化差异加深了地区间的信息鸿沟，因此必须提高农村人员的阅读能力与信息素养，实现数字信息的普及，丰富适合于农村人员的信息资源。

二、公共图书馆促进数字乡村与全民阅读工作的优势

（一）特色资源优势

各大公共图书馆经过长期的发展与积累，建立了适合本馆特色的馆藏资源

体系。每年都在根据自身实际系统、连续的入藏大量的文献，不仅包括纸质文献资源，还有数字资源、数据库、音像制品、历史文献等，形成了本地区具有特色的文献资源体系。这其中也有大量适合于农业农村的资源，这些都是实现数字乡村环境下实施与开展全民阅读的良好基础。

（二）信息资源技术优势

公共图书馆为了适应信息化的发展，在政府的支持下，投入了大量的经费和人力，形成了图书馆业务自动化，图书馆网络化发展，图书馆信息化研究等方面的巨大技术优势。图书馆的业务部门基本实现了采访、编目、典藏、流通的自动化，提高了资源的利用和便捷程度。尤其是图书馆的业务网络化迅速发展，促进了全民阅读多种形式的实施，为数字乡村阅读的开展提供了技术保障。

（三）资源的整合优势

公共图书馆是专业的文献保存机构，具有较强的信息资源整合和二次加工能力。面对信息化环境下这么多的数字信息资源，公共图书馆的资源管理、信息检索、数据挖掘、资源筛选能力的优势较为明显。公共图书馆应该利用这样的技术优势加强乡村或者农业类资源的建设，有效的整合资源，仔细鉴别数字资源的保存价值和阅读实用性，提高广大读者的利用率。

（四）人才资源优势

现在的公共图书馆通过多种形式引进人才，如公开招聘、专业技术人员引进和内部员工培训，实现了多专业多学科的人才储备，有一大批学历高、专业性强、高素质的人才队伍，他们大多都是图书馆学、档案学、情报信息学的专业人员，也具备一定的外语与计算机网络的知识，为图书馆业务发展和开展全面阅读提供了良好的人才支撑。经过数年的学习与培训，积累了丰富的资源处理与应用能力，可以对乡村、农业、技能、就业等电子数字资源进行专业的检索、咨询、利用、评价，能够促进和实施全民阅读的工作，可以开展各类形式和不同层次的基层阅读推广工作，这些专业人才是数字乡村与全民阅读工作进一步开展的人力保障。

三、数字乡村与全民阅读融合背景下资源建设优化的策略

目前来看，我国农村的数字化资源建设已经取得了很大的进步，公共图书馆在这方面也做了大量的工作，但是依然还是有诸多问题。比如信息化数字鸿沟依然存在，数字资源的品种还不够丰富和专业，信息的专深程度不够，资源的筛选与二次加工能力还不足，资源的使用还不够便捷，数字信息技术与农村产业结合不够深入，资源服务的质量还有待提高等等，这些都需要公共图书馆在资源建设方面进一步完善和加强。上述问题可以从以下四个方面来优化：

（一）建立农业信息资源信息化管理平台

农业发展信息化平台的建立，能够有效的实现农业数字化资源的整合与应用，推动信息资源的的智能化发展，满足农业技术发展过程中数字化转型的要求，促进城乡信息融合的重要基础，逐步缩小城乡之间的数字鸿沟。在新的信息化阅读环境下，农业信息读者的需求呈现出多样化与个性化的特点。公共图书馆有海量的馆藏资源，尤其是近年来大力度的采购电子资源与数据库资源，那么需要将这些资源中的农业资源、产业资源、农村产品、就业技能等多种资源建立统一的信息平台来进行管理，建立更有效的连接方式，充分应用大数据、云计算和人工智能等技术，在平台和资源建设的统一导航检索上下功夫，形成简洁有效、分类准确、检索快捷的管理系统，将最优质的农业信息资源进行整合和利用，使整个平台更加全面与系统，实现农业的智能化与信息化。

（二）加强数字资源的采访与建设力度

数字乡村的建设，全民阅读的普及，离不开数字资源的建设。公共图书馆应该加大电子资源采访力度，促使印刷型纸质文献与电子资源共同结合发展，注重实体馆藏与虚拟馆藏的配比，逐步建成多种载体组成的、结构合理、特色突出的馆藏资源体系。其一，要时刻跟踪电子资源的最新动态，了解各个品种，各个类别，尤其是农业、农村技术技能方面的出版信息资源，突出湖北地区的特色，综合考虑资源的普及性和实用性，适应和满足城乡基层大众的基本需求；其二，要促进各馆之间数字资源的共建共享，各馆通过协调自己的特色资源，利用导航和检索系统可以提供数字化资源共享，实现优势资源互补，丰富农业相关资源量。这样可以减少购置经费，又可以充分利用各馆的馆藏电子资源，不受空间时间的限制，方便地利用和检索电子资源；其三，数字乡村的电子资源应该以普及性和实用性为主。建设出喜闻乐见、实用的农业生产、科技技术知识、民俗、讲座、戏剧、影视等专题数据库，扩展图书馆馆藏量的同时，又丰富了特色的馆藏资源，增强了数字乡村与全民阅读的影响力。

（三）拓展信息资源的深度与广度

公共图书馆应在现有文献资源的基础上，继续构建和丰富特色的农业数字资源，在资源的精深程度更进一步。一方面，电子资源或数据库应该尽量考虑当地的特色，扩充和丰富农业、乡村相关内容的电子资源与数据库的采购，比如湖北地区应该以荆楚地方特色的专题资源为主，包括地区的新农村建设、农业知识、实用技能技术、养殖、旅游、种植多产业结合等内容，尤其是农业与其他行业的深度融合的资源，增强资源阅读的实用性，指导乡村形成产业特色模式，注重内容的整合和利用；另一方面，要关注自建电子资源的深度，建设有应用价值、有特色的专题文献资源，如建设乡村医疗、教育、培训等专题的特色自建资源，保持数据资源的价值和核心竞争力。各馆要深入了解读者的阅读需求、阅读偏好，通过读者已经线上阅读的资源浏览情况，结合大数据分析统计，高效整合有效的数字化文献。

（四）扩大宣传提升数字资源的使用率

在信息化高速发展的今天，利用数字资源可以极大的促进全民阅读的发展。建设数字乡村可以满足广大人民群众对美好生活向往的需求，但由于乡村地区较为偏远，经济发展落后，电子设备的应用和普及率远远的落后于城镇。很多公共图书馆购置了丰富的农业信息资源，提供了信息化服务平台，但是乡村人员缺乏有效利用这些资源的能力。图书馆可以通过举办实用技术讲座、增加线上互动交流、开展主题活动、举办线上知识展览等多种形式，指导读者合理应用优质的图书馆资源，提升乡村基层的技术创业能力和知识水平。这需要各地区出台相关的配套措施，加大宣传力度，多在基层地区进行资源应用的培训，通过多种方式扩大宣传，逐步地让人们把这些资源利用起来，提升人们的阅读覆盖率和文化素养，助力本地区经济水平的发展。

总之，在数字乡村与全民阅读融合的新环境下，对公共图书馆的资源建设提出了更高的要求。图书馆只有不断创新，适应广大读者的信息需求，更好地开展特色文献资源建设，提高电子信息资源的质量，优化馆藏资源的配置，提升文献的可读性和实用性，促进公共图书馆全民阅读与资源建设工作更好更快地发展。

智能时代的图书馆资源建设与数据服务

王 琳

（武汉图书馆，湖北武汉，430014）

摘　要：本文主要以智能时代的图书馆资源建设与数据服务为重点进行阐述，首先分析智能时代的图书馆发展方向，其次介绍智能时代的图书馆发展机遇，再次阐述智能时代的图书馆资源建设策略，包含挑选高效的资源建设模式、运用先进的资源建设技术、合理进行资源建设规划，最后从创新图书馆数据服务方案、形成主动推送的数据服务体系、优化图书馆团队建设、提高图书馆数据服务效率几个方面深入说明并探讨智能化时代的图书馆数据服务变革途径，继而强化智能时代的图书馆建设效率，增强图书馆数据服务质量，推动图书馆持续化发展，旨意在为相关研究提供参考资料。

关键词：智能时代；图书馆；资源建设；数据服务

随着科学技术的日益发展，数字化与智能化成为时代的特征。最近几年智能化资源的建设作为图书馆发展主要方向，及时处理图书馆中各类文献资料，不只可以给图书馆节约一定的储存空间，还能增强用户获取资料的效率。智能时代背景下，图书馆资源建设以及数据服务是至关重要的，相关人员应加大力进行图书馆资源智能化建设，给用户提供智能化的数据服务，保证用户可以随时随地利用图书馆资源获得所需信息，获得优质阅读服务体验，更好地推动社会发展。

一、智能时代的图书馆发展方向

（一）对于图书馆角色进行定位

智能化时代的下，传统的图书馆开始了创建数字图书馆的工作，一些图书馆将数字图书当作给阅读者提供服务的主要途径。智能化时代的图书馆具备储存信息和收藏信息以及服务等多种功能，拥有的图书资源比较全面。除此之外，智能化时代的图书馆建设涉及多种类型的文章与图片，可以构建完整的信息化资源体系。智能图书馆建设可结合阅读者的行为爱好提供针对性的服务体验，立足于这一个视角，智能图书馆提供的服务是相对周到的，给阅读者留下优质印象，在一定程度上加快智能化图书馆的建设。

（二）信息资源建设倾向

智能图书馆以公共性资源为主，因此智能图书馆的信息化建设需具备公共性以及服务性。智能化图书馆信息资源建设的特征为目的，应该注重资源建设，抓住地区特色，充分体现图书馆的自身优势，凭借丰厚的知识资源以及文化资源吸引大量阅读者。

（三）数据服务的变革

图书馆的种类比较多，涉及省级图书馆、市级图书馆、行政图书馆等，所以要对图书馆的级别进行定位，完成数据服务设置。智能化时代下，图书馆的服务模式应逐步转变以适应用户的需求。每一所图书馆都要结合地区特征，挖掘带动本区域发展的图书馆数据服务模式，给用户建设更多的数字化资源，切合实际的给阅读者提供参考信息。

二、智能时代的图书馆发展机遇

智能时代的科学成果给图书馆的发展带来了重大机遇，概括起来有以下两个方面：第一个层面是拓展图书馆资源优化的空间，图书馆资源之间的优化与整合，传统工作中以人力为主实现目标。因为管理工作者的素质是存在差异的，那么图书馆资源优化的效率难以保证，尤其是知识海量变化的背景，若仅仅依靠人力资源进行图书馆资源优化，势必会影响图书馆尽数效率。智能化时代生成诸多的先进技术，给管理工作者资源整合提供智能化技术支持，管理者只要把图书资源以及相关的数据进行分类即可，这样能够搜索相关的图书资源。并且图书馆领域内运用大数据技术，便于把大量的图书资源转变为数字形式，不只是实现对藏书空间的压缩还可以提高资源传输的效率。第二个层面是增强图书馆服务有效性，以往的图书馆主要运用纸媒，存在业务管理难度大的问题。阅读者查阅文献过程中受到时间与空间的制约。智能化时代背景下，先进信息技术给管理者以及用户提供便捷条件。管理者可借助信息技术便捷性的得到信息数据，尤其是运用用二维码技术和无线射频识别技术，使得信息服务的水平可以增强。通过信息服务引擎，给用户带来信息检索的条件，全方位研究用户需求爱好，提供个性化的图书馆服务。站在用户角度上，因为图书馆的智能化服务，不用受到时空约束，通过电脑以及手机相关设备，可随时随地进行登录和查阅，不只是达到个性化的服务目标，还节约图书馆服务的成本。

三、智能时代的图书馆资源建设策略

一些图书馆的建设并不是给当地人们提供信息资源，而是满足上级的要求进行表面化建设。此种条件下建设的图书馆难以保证服务项目满足阅读者需求，基于智能化时代，每一个图书馆都要结合实际的发展需求，明确战略方向，全方位了解信息资源建设的目的，保证信息资源建设的合理化与全面化。对于图书馆资源的保存，重点保存具备地区特色与存在当地发展价值的资源信息。数据服务设置深刻掌握服务对象的特征，有效的完成针对性服务。并且要想适应智能图书馆的资源建设需求，必须关注稳定与可靠的网络平台建设。

（一）挑选高效的资源建设模式

智能时代的图书馆资源建设有诸多模式，包含资源保存模式、技术探索模式与资源服务模式，以给阅读者提供充分的图书馆资源为目的，与资源服务类型的模式存在更大的信息资源建设优势。与资源服务模式关联，阅读者和图书馆的资源共享平台，能够及时给阅读者提供对应的资源服务。除此之外，图书馆在智能化建设过程中应依托一定的图书馆过渡机构，与时俱进地完成图书馆资源建设模式的转变。

（二）运用先进的资源建设技术

基于智能化时代环境，图书馆的资源建设要依托多样化的先进技术，体现信息资源建设的稳定性和安全性，首选先进的资源建设技术。相关的技术不只是具备稳定性，还具备一定的兼容性，对于多样化的资源技术进行整合突显优势。因为我国部分地区的图书馆资源建设经验匮乏，在技术运用方面有待提升，所以要参考发达区域的图书馆建设要点，运用先进的智能技术，立足于图书馆本区域的特征，创造智能化时代的特色图书馆。

（三）合理进行资源建设规划

图书馆资源建设期间，相关人员应确保资源建设足够科学与实效，结合时代趋势以及阅读者的阅读需求，做好资源建设规划工作。准确定位智能化时代的图书馆资源建设目标之后，应合理的进行信息资源规划，结合图书馆的发展优势，挑选相关的服务手段，高效率部署图书馆资源建设。并且整合资源建设流程，关注信息库的建设与创新，由此尽量购买具备较高运用价值的信息库，

开发具备个性化与智能化的信息服务平台以及工具。

四、智能化时代的图书馆数据服务变革途径

（一）创新图书馆数据服务方案

用户需求的主要是图书馆，对于现有资源进行整合，围绕用户的具体需求，图书馆在数据服务过程中要有机优化相对独立的资源信息。可是依旧表现出阅读者需要纸质资源的现象，此种情况下，图书馆管理人员要融合纸质资源以及数字化资源，给用户提供信息整合条件。关注相关机构调整工作，完成图书馆数据服务资源优化，全方位结合数字资源与现有的纸质资源，加大力度建设数据服务部门，使阅读者阅读图书更加便捷。另外，需要积极运用大数据资源。目前智能化时代的图书馆资源逐步丰富，工作者对资料整理以及类别整合是工作中的重点问题。图书馆资源给图书工作带来便捷性，而图书资源的丰富增加了工作者的难度。智能化时代给传统的图书馆工作带来影响，要求图书馆相关人员不只是要对图书资源进行保护，还应强化图书馆的借阅能力。图书馆建设过程中，对大数据进行处理是提高工作效率的一项内容，有助于增强图书馆数据服务水平。因此，在数据服务过程中，应充分的发挥大数据资源优势。此外一些数字图书难免会受到黑客的攻击，影响着阅读者的体验，不利于维护图书馆信誉，所以工作者应充分的融合大数据以及图书服务，不仅要充分做好丰富图书资源，还应确保借阅者的身份信息安全，防止阅读者的个人隐私受到侵犯。智能化时代的图书馆建设关注大数据融合，给用户提供相对安全的网络平台，深层次挖掘有用信息，使图书馆服务质量得以增强，提高全民对图书馆图书阅读的热情。

（二）形成主动推送的数据服务体系

以主动推送为主进行图书馆数据服务体系建设，以用户得到数据化资源平台为前提，自动的查阅用户阅读需求进行信息记录，接下来按照用户的兴趣推送相关内容，不需要人工服务过程。图书馆数据服务的创新应关注主动推送式服务体系的建设，帮助工作者减少工作量，及时与全方位的提供精准化服务。除此之外，在图书馆数据服务创新过程中，不管是服务模式、服务内容、服务手段还是服务主体，都需要图书馆按照实际发展需求，形成数据服务机制，完成服务资源的优化。智能化时代中，图书馆以往的服务模式已经弱化，图书馆相关人员可进行空间与时间的资源整合，帮助用户进行知识应用和知识交流，加强数据资源有效共享。

（三）优化图书馆团队建设

在提升智能时代的图书馆数据服务效率过程中，需关注图书馆团队建设的优化处理。首先对于智能图书馆招聘模式进行创新，要求参与工作考试的人员起点足够高，涉及专业匹配度和计算机能力以及思维能力等图书馆，可参考其他行业的招聘方式提高国立工作者的准入门槛。如果在图书馆工作应得到对应的馆员证书，由此保证图书馆整体人员素质得以提升，还可招聘到能力较为精湛的馆员。其次关注图书馆人力资源的划分，相关单位负责人应科学划分图书馆工作者，把不同类别的人才划分到对应岗位，智能化时代的图书馆管理人才，要加大培训力度。负责人鼓励高素质和高水平的人才与时俱进地丰富自身知识面，增强智能图书馆建设质量。最后培训相关单位的负责人，每一个图书馆馆区的负责人都要强化学习能力，树立自我完善和自我提升的意识，利用网络技术获取新型的图书馆建设理念，定期和其他负责人交流与互动，落实图书馆相关单位负责人的一同进步。

（四）提高图书馆数据服务效率

对于智能化时代，图书馆数据资源的服务模式以及流程均要依据图书馆发展方向进行转变，图书馆数据服务模式要满足用户自身需求，保证用户享受的服务满足个性化特征。图书馆数据服务的流程应尽可能地关注用户需求，创新阅读和参与等传统数据服务的流程，借助创新图书馆数据服务方案、形成主动推送的数据服务体系、优化图书馆团队建设方式，把线性服务转变为协同服务，提升图书馆数据服务效率。

五、结语

综上所述，智能时代下进行图书馆资源建设以及数据服务创新是至关重要的，智能化时代给图书馆发展带来较多机遇，然而图书馆应与时俱进的发展，满足社会发展趋势。关注资源建设与数据服务效率提升，通过行之有效的措施强化图书馆发展建设，排除影响图书馆发展的诸多因素，全方位给阅读者提供优质服务，提高阅读者对图书馆工作的满意度。

参考文献

[1] 扈凤梅. 智能时代下图书馆与读者互动的实践——以兰州大学图书馆为例 [J]. 经济师，2019（7）：219-221.

[2] 郝彦娜，樊俊. 基于大数据应用的智能图书馆管理思维探索——评

《智能时代：大数据与智能革命重新定义未来》［J］．领导科学，2019（1）：128．

［3］张颖君．人工智能时代图书馆智能化服务模式探讨［J］．中国中医药图书情报杂志，2019，43（3）：30-32．

［4］刘心妤．人工智能时代图书馆的服务定位与建设策略分析［J］．卷宗，2020，10（5）：164．

［5］曹东．人工智能时代图书馆服务模式的变革与重构［J］．河南图书馆学刊，2019，39（10）：81-83．

［6］李晓婧，杨扬．基于虚拟现实技术的图书馆信息资源建设与服务创新研究［J］．课程教育研究：外语学法教法研究，2019（18）：29．

［7］刘静春．大数据时代图书馆信息资源建设与服务方式变革［J］．中国中医药图书情报杂志，2019，43（1）：23-25．

［8］冯占英，陈锐，姚敏等．新时代图书馆文献资源共建共享的挑战与机遇［J］．中华医学图书情报杂志，2020，29（8）：66-69．

［9］丁永贵．大数据时代图书馆发展的机遇，困境与路径选择［J］．中小企业管理与科技（中旬刊），2020，605（3）：113-114．

四、图书馆智能服务与智慧服务

高校图书馆智慧服务模式探析

田雅君

(武昌理工学院,湖北武汉,430023)

摘 要: 高校图书馆智慧服务模式建设是高校图书馆的发展趋势,也是高校建设和谐校园的必然要求。本文分析了智慧服务模式原理、高校图书馆智慧服务模式发展的案例及特点,并对我国高校图书馆智慧服务模式进行探析。

关键词: 智慧图书馆;图书馆服务;服务模式;高校

一、前言

随着信息技术和通信技术的快速发展,如物联网、人工智能等新兴技术的迅速崛起,智慧图书馆已经由理念逐步变成现实。随着智慧网络的建立和图书馆 Web 2.0 的进一步应用,智慧图书馆已经发展到了一个全新的高度。然而,智慧图书馆的建设依然面对着诸多挑战,既要重视成熟技术,如 RFID、传感技术等,这些成熟技术的合理利用能够对现有智慧图书馆模式构建提供重大帮助;也要关注一些潜力巨大的新兴技术,如人工智能、云计算等,这些理念性的技术能够给未来智慧图书馆的建设提供方向。对于现在的科技水平而言,智慧图书馆已经从纯粹的概念变成了一种可能,图书馆管理人员根据自身的实际情况,设计相应的智慧服务是非常迫切的,关于智慧图书馆的研究也应该进入到新的阶段。国内外诸多学者如刘赵为、段美珍、李玉海、罗文英等人都对智慧图书馆的发展及应用现状有着深入研究,总结归纳智慧图书馆发展的成功和失败的经验教训,也对智慧图书馆的前景提出了好的构想。

二、智慧图书馆的特点和发展现状

(一)智慧图书馆的特点

1. 智慧图书馆的特性包括互联性、高效性、便利性

互联性主要体现是图书馆内部各个组织功能能够实现资源共享、条件共享,

能够由点到面的进行管理、使用。互联性可以让图书馆管理者的工作更加轻松，让图书馆的使用者更加高效和便利。

高效性指的是智慧图书馆的建设能够大大增加图书馆的办事效率[4]。传统图书馆在完全不借助现代科技的条件下纯粹是依靠人工，这样的情况和目前的发展需求是不匹配的。现代的人工费用极高，而且效率有限。智慧图书馆的构建，能够让图书馆的管理和现代科技有机的结合起来，高效快捷地为读者提供信息。

便利性是指智慧图书馆相比于普通图书馆更加的便捷。读者们不仅是使用上的便捷，图书馆的终端也能够感受到便捷。读者们不仅可以在电脑上进入图书馆的资料库还能够在手机、平板电脑等终端进入图书馆的系统查阅资料。随着科技的发展，图书馆不应该像过去一样在固定的地方让用户去使用，如今手机图书馆或掌上图书馆就是智慧图书馆便利性的生动体现[5]。

2. 智慧图书馆服务模式体现方式

智慧图书馆服务模式各有侧重，具体表现为以下三个方面：

侧重于知识性。侧重于知识性的智慧图书馆服务模式主要基于图书馆的基础功能，对于使用者来说，图书馆存在的意义就是能够查到一般地方难以查到的资料。现代智慧图书馆的建立，如果以知识性为侧重点，那么建立全面且有特色的资料库就是其工作的重点。侧重于知识性的智慧图书馆服务模式，优质的知识资源和具有地方特色的资料库是发展的主要方向。不过侧重于知识性的智慧图书馆构建难度较大，而且效率较低，现在智慧图书馆的构建普遍并不以知识性为侧重点。

侧重于智能性。智能性是目前国内智慧图书馆发展最受欢迎的一个方向，通过新兴技术增强智慧图书馆的智能性，最直观的体现就是能够体现图书馆的服务和人性化。通过图书馆智能性的布局，能够让用户在进入图书馆的一瞬间，就能够接受到知识，就能感受到图书馆的氛围。可以说智能性的构建，是智慧图书馆建设最有效率的一个方向。

侧重于理念性。智慧图书馆的理念性是目前技术难以实现，是超越现有技术解决目前智慧图书馆建设困境的观念。智慧图书馆的建设并没有一个终极目标，智慧图书馆的建设目标是随着时代的进步而不断改变的。

三、高校图书馆智慧服务模式的发展前景分析

（一）科学技术在智慧图书馆上的发展前景分析

1. RFID 在智慧图书馆的应用

RFID（Radio Frequency Identification）技术，又称无线射频识别技术。射频

识别是一种自动识别装置，如条形码，智能卡，生物识别技术（视网膜扫描，指纹，面识别，掌纹等）和光学特性。RFID技术现在已经应用的非常普遍，从最初的高信息技术已经变得随处可见，比如现在停车场的识别就是 RFID 的一种应用。RFID也是最早进入高校图书馆的新兴科学技术之一。RFID 在图书馆的应用，大大的增强了图书馆的办事效率，是智慧图书馆高效性、互联性、便利性的体现。

2. 地板路径识别技术在智慧图书馆的应用

地板路径识别技术也是较早应用在图书馆工作中的一类技术，在图书馆资产设备上加贴地板路径识别，实现图书馆除了人以外所有静态资源的实时定位，方便查找与维护。从互联性的角度上来说，地板

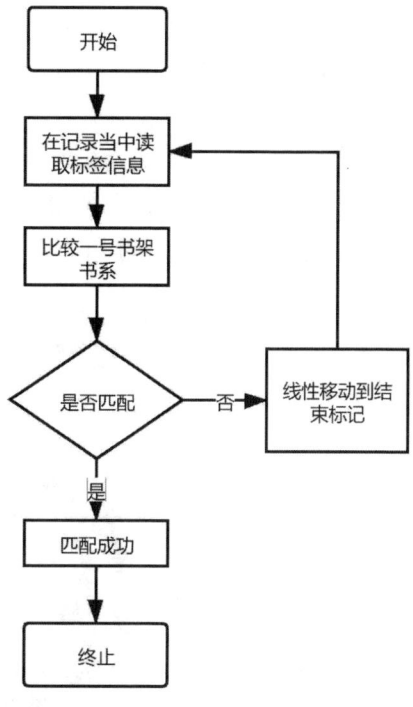

图 1 智慧图书馆检索模式

路径识别技术使得整个图书馆的联系的更加的紧密，管理者能够时事关注图书馆资产的移动轨迹[6]。

3. 人工智能技术

2017 年人工智能产品 Alpha-Go 和围棋顶尖高手李世石的对决受到了广泛关注，这也说明了人工智能技术已经到了一个相当成熟的水准。虽然说目前人工智能技术在智慧图书馆的应用中还没有实际案例，但是随着该技术的继续改良，应用到智慧图书馆中只是时间问题[7]。

(二) 国外智慧图书馆的成功案例

1. 巴基斯坦公立大学图书馆完善的智慧图书馆设备

就图书馆设备而言巴基斯坦公立大学图书馆是相当全面和完善的，拥有当地和巴基斯坦国内最为齐全的图书资料，电子期刊购买量也是非常丰富[8]。不仅如此，门径设备、路径设备、网络服务设备巴基斯坦公立大学图书馆全部都具备，硬件设施上面来讲，该图书馆已经到了一个很高的水准，至少已经是将传统技术应用的非常纯熟了。

但是巴基斯坦公立大学图书馆的使用体验并不能够达到预期，详细情况如

图 2 所示。巴基斯坦公立大学之所以在硬件措施成熟的情况下，并不能将已有的设备发挥出最大的效果，主要原因还是巴基斯坦公立大学图书馆的智慧图书馆的服务没有能够跟上。综合世界各国各地区现代智慧图书馆的建设情况来看，建立智慧图书馆已经由通过提升科技设备为主逐渐转变成了以服务为主。智慧图书馆的建设需要硬件设备的帮助，但是并不是以设备为核心，仅仅提升图书馆的设备是不能够建立出真正的智慧图书馆的。

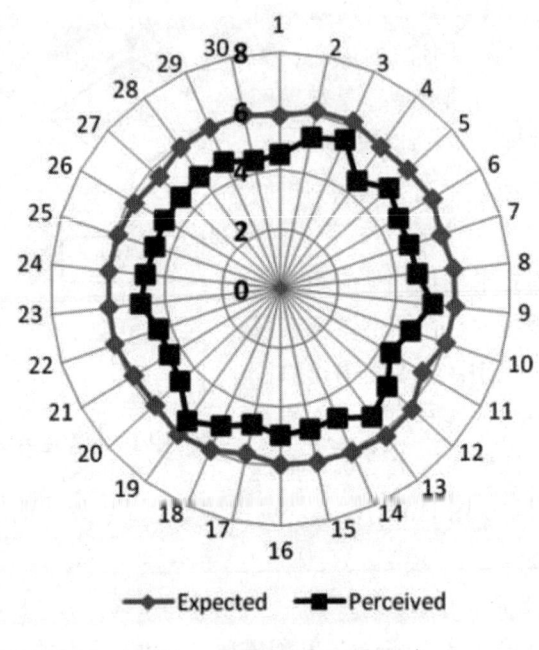

图 2　预期和感知的关系

2. 美国加州大学伯克利分校图书馆智慧服务的建立

美国加州大学伯克利分校（以下简称"伯克利分校"）是世界知名的综合型研究型大学。伯克利分校图书馆隶属于加州数字图书馆联盟。由于伯克利大学本身就是研究性高等学校，在图书馆的构建上有很多优势，智慧图书馆的建立上也有诸多突破性、实验性的内容[9]。

相比于普通高校智慧图书馆的建设，美国加州伯克利分校图书馆智慧服务建设的特点有以下两个方面：第一，改变用户对图书馆的刻板印象，改变图书馆的服务重点。传统图书馆的功能非常单一，仅仅作为知识的仓库，信息和知识汇聚在这个地方，只要把资料保管好，图书馆就完成了自己的使命。伯克利智慧图书馆服务则是突破了这一点，它把图书馆的服务和用户科研紧密的联系在一起，这不仅深化了智慧图书馆建设的内涵，同时也符合学校的研究性特色。

第二，智慧图书馆和用户相互交流。伯克利分校的智慧图书馆服务不是传统图书馆冷冰冰的样子，用户在进行科研的过程中可以和图书馆的管理人员进行深入交流，图书馆会依据用户的条件给出最全面的服务方案，这样的智慧图书馆大大增加了研究效率。

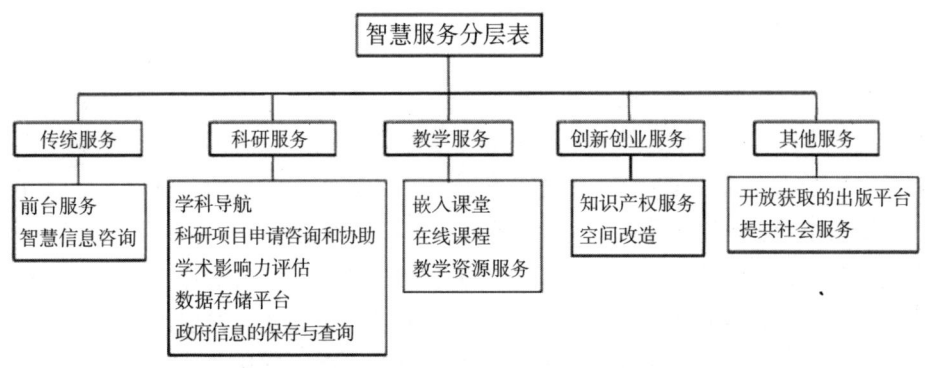

图3　伯克利分校智慧图书馆服务分层表

（三）中国高校智慧图书馆的发展前景

中国高校智慧图书馆发展潜力巨大，因为中国图书馆在构建智慧图书馆方面有着诸多国外图书馆索不具备的条件[10]。第一，中国国内的高校图书馆，资金、人力充足。对于图书馆来说，不管是引入新设备还是引入智慧图书馆服务，都需要耗费大量的人力物力。资金方面来说，我国高校有较为充沛的财政支持，有条件开展智慧图书馆的建设工作。人力方面，高校的高等人才较多，完全可以配合高校智慧图书馆的建设，另外高校还能充分发挥出自身优势，让学生也参与到智慧图书馆的建设中来。第二，国内新兴科技的迅速发展。智慧图书馆的建设离不开新兴技术的支持，而在新兴技术这一方面，我国已经有了诸多的成果，国内图书馆可以依据我国自身的优势，大胆地引入国产新兴技术，建立具有中国特色的智慧图书馆。

智慧图书馆的构建首先需要解决的是自身形象的问题。传统图书馆作为知识的储存点，不需要什么优质的服务，工作人员和管理人员主要的工作就是维护图书馆内部的知识。智慧图书馆则不同，它需要图书馆做出形象的改变，从一个知识管理者变成研究的服务者。智慧图书馆的推进之下，图书馆的工作人员需要根据用户的需要来设计服务方案，提供能够帮助用户研究的实质性内容。换而言之，传统的图书馆和用户是单向交流，即用户在图书馆找自己需要的资料，而智慧图书馆的构建则是变成了双向交流，图书馆成为科学研究的配合者和构成者。其次，就我国的实际情况而言，大多数高校不应该好高骛远，只要能应用好已有的科学技术，一样能建立让人满意的智慧图书馆服务。智慧图书馆的构建重点在于服务而不在技术，部分技术虽然看起来很高大上，但更多的是处于探索阶段、实验阶段，并不具备高应用价值。

四、结语

笔者接触智慧图书馆这个概念的时间较早，智慧图书馆概念在刚刚提出的时期定位实际比较模糊，怎样才能够算是智慧图书馆，如何去建设智慧图书馆都没有一个明确的标准和方向。随着科技的不断发展，时代的不断进步，关于智慧图书馆的研究不断深入，现在普遍对于智慧图书馆的认知主要有三个方面，也就是互联性、高效性和便利性。高校在建设智慧图书馆的过程中任何工作都要围绕这三个方面来进行跟进。智慧图书馆服务也是如此，在现代科技的帮助下，智慧图书馆的服务不应该仅限于知识的储存，更应该从和使用者的互动入手。综上所述，笔者认为智慧图书馆最终的成果就是将图书馆从一个知识的储存点变成研究人员的研究助手，智慧图书馆服务即是配合研究人员进行科学研究的服务，智慧图书馆会给科研人员提供最为实际有效的帮助。

参考文献

[1] 刘赵为.基于MOA视角与TAM模型的高校图书馆智慧服务评价指标体系研究［J］.情报探索，2021（4）：112-117.

[2] 段美珍，冯占英，李雯，等."十四五"时期图书馆发展趋势与路径研究［J］.中华医学图书情报杂志，2021，30（1）：5-11.

[3] 李玉海，金喆，李佳会，等.我国智慧图书馆建设面临的五大问题［J］.中国图书馆学报，2020，46（2）：17-26.

[4] 罗文英."互联网+"背景下智慧图书馆服务模式评价——基于惠州地区图书馆的调查研究［J］.图书馆学刊，2020，42（2）：15-20.

[5] 段美珍，初景利.国内外智慧图书馆研究述评［J］.图书馆论坛，2019，39（11）：104-112.

[6] 赵发珍，杨新涯，张洁，等.智慧图书馆系统支撑下的阅读推广模式与实践［J］.大学图书馆学报，2019：37（1）：75-81.

[7] 邵波，张文竹.下一代图书馆系统平台的实践与思考［J］.图书情报工作，2019，63（1）：98-104.

[8] 刘玉静，张秀华.智慧图书馆智慧化水平测度评估研究［J］.图书与

情报，2018（5）：98-102.

[9] 2018 中国（北京）未来智慧图书馆发展论坛会议通知[J]. 图书情报工作，2018，62（2）：88.

[10] 杨新涯，魏群义，许天才，等. 论新一代图书馆系统的特征[J]. 图书馆论坛，2017，37（7）：2-8.

试探基于多元交互模式下文献智慧借阅体系的架构与设计

翁利鹏

(湖北省图书馆,湖北武汉,430071)

摘　要：降低纸本文献借阅成本、提升流通率是图书馆长期需要研究和探讨的重点方向之一，本文以此为出发点，尝试围绕纸本文献的流通环节，构建基于多元交互模式的文献智慧借阅体系，并从平台系统、智慧借阅流程、特色机制、个性化设计等方面给出了具体的架构方法与设计思路。

关键词：多元交互；智慧借阅；架构设计

一、引言

目前，图书馆及图书馆事业在我国各级政府资金和政策的支持下，在人民群众对文化知识需求的日益高涨下，已经进入到了高速发展期，图书馆的服务质量、涵盖范围、文献数量较以往都有了显著提升，随着大量文献资源的积累以及读者需求的增加，如何运用多元交互的模式和智慧借阅的理念，有效降低读者借阅纸本文献的成本、提升纸本文献的流通率，成为了图书馆需要面临和解决的问题。

二、普通借阅模式的局限性及智慧借阅的概念特点

公共图书馆现有的纸本文献借阅模式具有一定的局限性，一定程度上增加了纸本文献的借阅成本，降低了纸本文献的流通率，而通过智慧借阅模式中多渠道的多元交互式借阅，可以减少流通环节和成本，也可以做到"藏书于民""流通于民"。

(一) 普通借阅模式的局限性

借阅渠道单一。图书馆通常采取"图书馆—读者"的纸本文献借阅模式，是先由图书馆流通至读者，再由读者流通至图书馆的具备唯一指向性的单渠道借

阅模式。读者无法自行选择其它流通渠道，图书馆在流通环节中主要作为文献和读者之间中转枢纽，一本文献在不同读者间流通均需通过图书馆进行中转交接。

借阅时空固化。图书馆因地理位置的因素，涵盖的服务范围随距离的增长而递减，由近至远的辐射单个社会个体，同时图书馆开放时间不能满足全体读者的实时借阅需求，且容易与读者的日常行程相冲突。

（二）智慧借阅模式的概念及特点

智慧借阅是以数字化、网络化、智能化的信息技术为基础，以互联、高效、便利为主要特征[1]的智慧图书馆理念为指导方向，以物联网、大数据、和智能平台为支撑，在纸本文献流通环节中采取"图书馆—读者""图书馆—分馆""图书馆—文献""读者—读者""读者—文献""读者—分馆""分馆—文献"的多元多渠道交互模式，并结合读者实际需求的智慧化纸本文献借阅体系。（图1）智慧借阅具备智慧化、便捷化、互联化等显著特点。读者可以根据自己实际阅读需求和行程安排，发起线上线下相结合的文献借阅操作，使读者具备文献流通环节中发起者和接收者的双重身份，从而辐射身边群体（亲戚、朋友、同学、同事、邻里等）开展文献资源二次借阅流通。

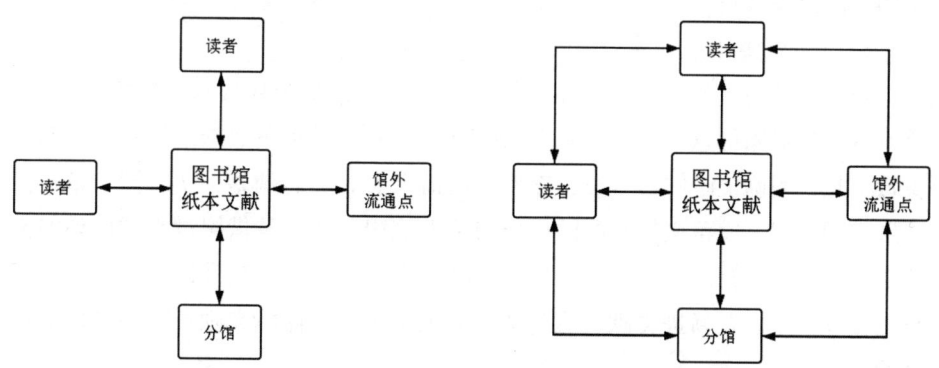

图1　普通借阅（左）与智慧借阅（右）的文献流通模式

三、智慧借阅模式架构与设计

智慧借阅模式需要一个完整的体系来支撑和实现其各项基本功能与服务。主要包含平台系统、借阅流程、特色机制及个性化设计等几个方面。

（一）智慧借阅的系统架构

1. 平台系统功能

开展智慧借阅的基础是平台系统，图书馆可整合升级现有服务系统平台，或构建全新服务平台支撑智慧借阅。平台需支持手机移动端、电脑终端等硬件设备安装登录，支持与图书馆 App、微信公众号和小程序、支付宝应用等网络平台以及图书馆数据库的绑定对接。同时，该平台需支持多人同步在线操作与交互连接，支持在线扫码以及人脸识别功能，支持实时定位与同步在线导航，并能实时完成各项数据的获取与更新。平台系统全方位、立体式的服务布局为用户提供服务，从而让用户在任何场所、任何时间都能够对图书馆服务触手可及。[2]

2. 用户体系功能

用户体系功能是智慧借阅的基本保障，读者需使用个人身份证号注册账户，设置安全密码并完成实名制验证。账户支持与其它第三方应用进行多元交互关联，实现多渠道、多平台一键绑定登录。读者需要与图书馆签订智慧互联服务电子协议，明确双方责任和权限划分。账户创建完毕时，可与现有读者证号码进行绑定关联，并导入读者证原有信息。没有读者证号码的账户则以身份证号作为个人读者证号使用。图书馆有权对所有读者账户进行统一登记、管理，对投诉量较多、影响智慧借阅秩序、违反规定的读者用户，可根据规定采取限用、禁用、注销等措施。

3. 文献资源体系建设

智慧借阅的核心是海量的馆藏文献资源。平台系统连接馆藏文献数据库，将纸本文献资源信息数据化。在文献内外页醒目位置张贴数据条形码方便扫码读取信息，明确文献的副本量，支持借阅需求实时动态调整，实时同步馆藏信息和借阅数据。完善文献资源的更新与下架流程，对智慧借阅过程中出现的文献破损、遗失等情况进行登记处理，及时补充复本上架。加强旧文献、借阅率低的文献下架以及新进文献、热门文献的上架工作，保障文献资源的良性更新替换。

4. 系统使用普及性及推广功能

智慧借阅平台需要面向更广泛的读者群众，其涉及面更广、涵盖读者更多，满足受众群体可普及性和宣传推广便捷性的需求。操作界面简洁明了，不同年龄层次读者上手简单、操作便捷。支持快速推广功能，读者可以一键推广分享至朋友圈等第三方社交媒体和平台，有利于该服务的二次宣传。

（二）智慧借阅流程设计

1. 文献信息的检索与查询

读者用户登录系统平台后可以通过三种形式检索获取文献信息，根据实际需求筛选适合文献。系统检索查询，读者可通过检索栏检索意向文献的馆藏信息。区域定位检索，读者可根据实时定位，搜索指定距离范围内、指定时间范围内、指定文献类型范围内可供智慧借阅的文献信息。系统匹配推荐，图书馆海量文献数据在用户画像、标签、语义分析技术作用下，通过形式各异的获取渠道与服务方式，逐步实现文献信息的精准推荐。

2. 智慧借阅的联系与预约

读者用户筛选好意向文献后可点击"发起联系"或"发起预约"选项，点击"发起联系"选项进入在线交流界面与文献借出方实时交流，协商具体事宜，协商完毕点击"发起预约"或"退出"选项。点击"发起预约"选项时会进入智慧借阅预约设置界面，根据要求填写"交接人""交接时间""交接地点""是否接受协商"等信息，然后点击"确认"由系统后台自动保存并发送。文献借出方接收到"联系申请"，可查看具体内容并交流，收到"预约申请"时，可结合实际情况选择"同意"或"不同意"。如文献在图书馆，可直接点击"借阅"选项，填写地址后图书馆通过网约借书渠道免费邮寄至读者手中。

3. 读者的线下交接

同意进行智慧借阅的读者双方，需按照约定时间、地点进行现场交接，必要时可借助"实时共享定位"功能导航交接。交接现场首先需双方进行"人脸识别认证"，然后借出方提交实体文献供借入方查验，借入方查验无误后点击"扫码借阅"选项，扫录文献条码并点击"确认借入"，借出方收到对方借入确认后点击"确认借出"后，本次智慧借阅判定完成。因特殊原因需延迟或取消的，需双方现场协商后选择"重新发起借阅"或"取消本次借阅"选项。

4. 确认完成借阅并评价，系统更新统计

完成智慧借阅的读者双方可点击"我要评价"选项进入评价打分界面，在该界面可以给借阅双方及被借文献写评语及星级打分，并支持文献的照片和视频上传，评价信息实时显示至平台系统中读者用户及文献的智慧借阅评价目录中，平台系统实时更新此次智慧借阅流程中的三方数据。（图2）

（三）智慧借阅特色机制的设计与管理

1. 读者信息管理机制

智慧借阅汇总和展示读者各类型信息，展示读者的基本情况。自定义标注信息，读者用户可在个人账户管理界面标注自己性别年龄、学历专业、喜好图书类型、特长爱好、生活和工作区域、社交时段等个人基本信息，方便读者间能快速了解，以及准确获取系统匹配信息。系统标注信息，系统自动计算并标

149

注指定类型信息,如读者智慧借阅参与天数和次数、智慧借阅使用率和成功率。社会评价信息,读者在完成智慧借阅后可对借阅双方和文献进行评价打分,并在个人借阅信息界面公开展示评价信息,为其它读者提供参考。

2. 文献管理机制

文献的信息管理,智慧借阅平台对所有纸本文献数据信息进行实时统计并分类汇总,将其中读者参考价值高、借阅率高以及符合重点推广要求的文献进行分类展示推送。设立文献资源借阅排行榜、推荐排行榜、点赞排行榜,并根据时间段分为总榜、年榜、月榜、周榜等。

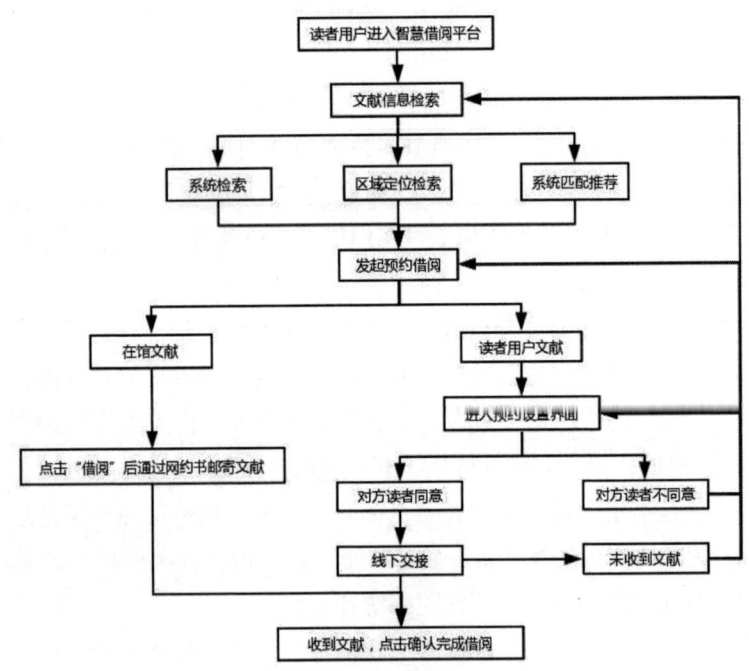

图 2 　智慧借阅流程图

设立文献资源评分栏、点评栏,展示读者用户对该文献的综合评分以及内容点评,并置顶精选信息。文献的流通管理,为保证文献资源的定期回流。延长文献的单次可借阅时至 60 天,文献每轮可智慧借阅次数上限为 5 次(次数为 0 时,将无法发起智慧借阅,需按期归还至图书馆后才能重新发起)。同时,当文献归还日期已经超期或不足 5 个自然日时,则不支持发起智慧借阅,需按期归还至图书馆。

3. 安全保障机制

智慧借阅通过一套健全的安全保障机制确保读者用户的人身财产安全。读者安全保障，智慧借阅平台采取账户实名制及身份终身绑定制，不支持多人共用同一账户，不支持未成年发起智慧借阅，当读者用户在进入系统平台、发起智慧借阅、确认线下借阅交接等操作时均需面部识别认证。个人隐私保障，严格按照国家要求管理和保护读者用户的个人信息，在智慧借阅联系时均采取虚拟电话、虚拟昵称的方式进行联系交流。时空保障，对线下交接的时间地点进行限制，线下交接时间段限制在 9 时至 18 时，交接地点限制在住宅区出入口、社区街道办、物业中心、城市书房书店、交通站点、商圈枢纽等室外人流量较多的公共区域。智慧借阅平台 24 小时实时联网公安系统平台，支持一键报警等功能。

（四）个性化设计

智慧借阅平台可通过个性化的设计来丰富读者用户借阅文献以外的操作空间和操作体验，从而提升参与智慧借阅的积极性。

1. 积分制设计

智慧借阅平台对读者用户和文献资源进行积分制汇总统计，设置读者积分排行榜，读者用户参与智慧借阅时文献借阅、文献归还、线下交互、交互评分、阅读点评、分享推广等操作均按照一定算法统计积分并进行累计计算。设置文献积分排行榜，文献被借阅、续借、评分时均按照一定算法统计积分并进行累计计算。设置积分兑换渠道，读者可使用个人积分在智慧借阅商城进行兑换操作。

2. 铭牌标识设计

读者用户界面将以阅读成就墙的形式，展示代表读者参与智慧借阅活动以来获得各种成就的铭牌。固定任务，如累计参与天数、阅读打卡活动、累计借阅图书册数、交互完成次数、交互评分等级、阅读点评数量等，完成时可获得任务所属身份铭牌。特殊任务，如节假日阅读活动、主题阅读活动、年度阅读之星评选等，完成时可获得任务所属身份铭牌。

四、智慧借阅模式特色服务

（一）开展活动与交流互动

智慧借阅平台也可作为开展活动和读者交流互动的平台，读者用户可根据喜好图书类型、特长爱好、生活和工作区域、社交时段等具体指标发起组群建立申请，吸引志同道合的读者以及智慧借阅潜在对象读者进群参与互动交流讨论。图书馆、出版社、学者、著者也可开展各类节假日专场阅读活动、名师大家专场讲座活动、热门图书及知名作家的专场图书发布会活动，供读者报名打卡、点评交流等。

（二）建立智慧借阅商城

图书馆通过智慧借阅商城提供各类创新服务。借阅服务，支持积分兑换延长借阅时间、临时提升借阅图书数量等权限。文创服务，支持自行购买或积分兑换纸本文献、电子文献、图书馆周边文创产品、纪念品等。文旅融合服务，连接全省文旅平台，支持自行购买或积分兑换文化活动门票、活动预约名额、景区门票等。商品服务，支持自行购买或积分兑换图书馆就餐券、文化商店文具商品、全省扶贫产品等。

（三）共享图书数据统计及分析

图书馆可以通过分析文献关注度、文献需求榜、读者分布图、时段内阅读情况、阅读文献类型、文献热力图等综合信息，实时调整文献馆藏、优化智慧借阅的服务模式、拓展服务范围、发布问卷调查、收集研究数据等。

（四）意见收集反馈

智慧借阅平台设置在线意见反馈征集窗口，实时收集、回复读者的各类咨询、意见和建议，不断完善服务体系，不断增强读者获得感，不断提升借阅满意率，从根本上增加智慧借阅服务的社会参与度以及图书文献资源的借阅率。

随着网络化、信息化、互联化在图书馆行业的不断发展，我们需要不断借鉴和探索新平台、新模式、新方向，确保图书馆文献资源借阅流通服务能符合图书馆持续发展规律、跟上社会的发展潮流、满足读者动态借阅需求，不断创新，打造的常态化、便捷化、生态化、互联化、智慧化的新时代图书馆借阅服务体系。

参考文献

[1] 王世伟. 公共图书馆为残疾人开展服务研究 [J]. 中国图书馆学报. 2012, 38 (6): 22-28.

[2] 初景利, 段美珍. 智慧图书馆与智慧服务 [J]. 图书馆建设, 2018 (4): 85-90.

[3] 常盛. 5G时代图书馆信息生态服务框架构建研究 [J]. 图书馆学研究, 2021 (8): 37-41.

浅析后疫情时代读者信息不对称对借还工作的影响
——以湖北省图书馆中文外借期刊借还的角度

张定高

(湖北省图书馆，湖北武汉，430071)

摘　要：图书馆和读者间的信息不对称现象是实际存在的，特别是突如其来的疫情更加重了这种信息不对称的矛盾。文章从图书馆馆藏、读者了解信息的来源、借还工作的侧重点、信息不对称的原因入手分析了其中的原因，并试图提出了解决信息不对称影响，做好借还工作，特别是后疫情时代如何做好借还工作的方法。

关键词：信息不对称；后疫情时代；借还工作

图书馆的馆藏信息、保存与外借信息对读者是相对独立的。图书馆有自己独有的藏书体系；保存本与外界书刊分区摆放，各自的借还规则也不一样；读者因个体特有因素和图书馆间信息不对称会对借还工作（如借还频次，到馆阅览次数）有诸多影响。

一、信息不对称体现在馆藏分布、新旧出版期刊增减、馆藏数据变化、供货商提供能力、人员流动与经济社会发展变化等诸多因素

馆藏分布受较多因素影响，如馆舍面积、期刊受众定位、期刊订阅秩序等。馆舍面积直接影响期刊采购、编辑上架的数目。期刊受众的不同直接决定了其应该归为外借期刊还是保存本。一般情况下研究类型的刊物较多为保存本，仅供读者在馆阅览；相对娱乐休闲大众一类的刊物为外借期刊。受馆舍建设时间、期刊出现新旧顺序和图书馆订购时间的因素影响，期刊的位置也会有所不同。本馆参考一般图书分类法的基础上，适当调整来刊摆放顺序，并将新购图书暂放置在最后一排，以荐购与试采的定位，供读者阅读了解。

新旧出版期刊增减受诸多因素影响，如相关产业的发展趋势、经济社会发

展变化对出版行业的冲击、读者诉求变化。一般来说，因科技进步出现的新兴产业也会出现相应的期刊，如联网新动态、物流指南、科学养生等等。受纸质出版行业不景气或资金供给不足、编辑人才流失影响，一些纸质刊物如大武汉、银潮、高保真音响等出现暂时停刊或长久停刊。读者受年龄、个人偏好对期刊的的需求也不一样，如在校学生更偏向学业相关的教育、科普类，职场青年更偏向于娱乐休闲、行业技能相关类，中年人更偏向教育子女、技术研究、经济方向类，老年人更偏向健康养生等方面。随着大众阅读习惯的变化，还出现了电子期刊，读者足不出户，在手机、ipad、电脑上就可以联网阅读电子期刊。

馆藏数据变化主要体现在新旧期刊增减方面。如新期刊的上架，对馆藏的宣传推广、旧期刊的下架打包流动再利用等，保证馆藏数据的适时更新与资源利用的最大化，是信息产出的重要体现。

供货商是期刊的来源，供货商在满足图书馆需求和资质许可的基础上低价中标，在保证资金有效利用方面是有优势的，但供货时间、供货质量、偏好数目的变化会受经济客观因素的制约供货商的供货能力对书刊数目、质量也存在一定的影响，热销期刊难得满足众多读者需求也是客观存在的。部分期刊供货滞后，地方合作的期刊偏多也时有发生。在疫情期间，随着管控力度的加大，最新的期刊还会因为快递停运后现运存在严重的滞后现象。

人员流动在经济发展、交通便利的今天是不可避免的。随着受众生活圈的改变，馆藏中的外借期刊还也会有所影响，如酷爱书法收藏的艺术工作者迁移到新住地，可能原馆借还艺术类期刊也会减少。

社会经济发展是信息的直接来源，也是影响读者与图书馆信息不对称的最重要因素。A 交通。图书馆设置在交通便利、人口集中，特别是爱好阅读，喜爱期刊借阅的读者集聚地，到馆阅览和期刊借阅的数值也会增加很多。交通便捷可促进借阅量上升。B 网络影响。网络加速、期刊电子化，其传播速度快，受众范围广，其影响也是巨大的，轻松一点，可搜索阅览。如果版权允许，还可以复制、粘贴、编辑、打印，重新加工利用，读者可以直接收集自己所需。C 宣传。现在是网络信息化时代，人们已经慢慢习惯从网络上了解信息，广电媒体只成了人们了解信息的一种方式。单纯依靠口口相传吸引读者，只依靠纸质书刊报来招揽读者已经不能满足要求。如何加强宣传，增加图书馆的知名度和美誉度，对馆藏资源加以发掘，提升资源的利用率，也是平衡图书馆供给和读者信息信息诉求的重要方面。

154

二、信息不对称所带来的不利影响

（一）相对割裂了图书馆与读者的相互依存关系

图书馆与读者本是一组相互依存关系，通过馆员，借助馆舍、馆藏资源提供服务，从而实现馆藏资源在读者眼中的最大化利用。而信息不对称在某种程度上阻碍了两者的依存，形成了图书馆孤立存在，或读者在家局限性阅读，图书馆只成为单一的自习休闲的地方，不能实现资源利用的最大化。

（二）加重了读者查找自己需求期刊的困难度

社会文献信息量巨大而造成信息的湮没不彰，读者面对书海有时会茫然，造成了智力资源的浪费。文献资源摆放的相对无序，耗损了读者查找文献的时间。常订期刊采用分类排架法，而新试增订期刊采用刊名拼音首字母排架法，读者如果不明晓，会造成查找困难。因时限和工作需要而进行的调架和下架，也会对读者尽快获取期刊产生影响。

（三）开架式阅览，图书馆工作人员与读者沟通相对较少

无效沟通阻碍了图书馆信息职能的发挥。莫名的停刊会加剧这一矛盾。增加的试订刊，读者没有收到有效信息，也会影响借阅量。疫情影响导致的刊物书籍更新滞后严重加深的期刊作为连续出版物的实效性发挥作用，加深了读者对图书馆更新速度的误解。

网络信息的冲击和交通便利度相对滞后，也会加剧信息不对称，影响读者获取图书馆最新资讯、来馆借阅。特别是新时代自媒体发展、互联与各个行业相互融合导致的信息量巨大，严重冲击着人们的生活，作为图书馆服务的读者需要在信息流中甄别有效信息获取自己所需的资源，在信息不对称的疫情时期和后疫情时期，政府的辟谣和读者自身的判断要求图书馆主动出击适当推送缓解信息不对称的矛盾。

三、如何减少读者与图书馆信息不对称的影响

（一）改善交通、馆舍、馆藏等硬件

改善交通设施，方便读者来馆。在公共交通领域，建言献策，在图书馆附近增设轨道交通站点，增加公共交通到馆线路。改善馆藏期刊布局。规范引导牌，让读者方便了解自己想借期刊位置。在疫情期间，开通预约功能，确保实

际在馆人数在可控范围内。在闭馆期间和内部整理时期，做好消杀工作，保证文献，特别是外借文献的消毒。在显著地方提醒读者戴好口罩，做好防护，避免交叉感染。在保护用户隐私的前提下，增设显示屏，在人工借还期刊的窗口，让读者了解借还信息，第一时间明确借还期刊的具体明细。明确少儿期刊和成人中文期刊的区分方式，明确查找中文外借期刊的馆藏位置。增设少儿馆、普通外借期刊、图书不同馆藏资源的引导标识，方便初次来馆读者便捷借阅。丰富和完善馆藏，可以将受大众欢迎、借阅次数多、可读性强的往期期刊做成合订本，将连续出版物特别是带有专题性质的刊物编辑在一起，挖掘期刊资源再次利用。

（二）做好宣传文献、辅导阅读工作；办好培训、讲座和专项推荐

A适当将就外制度公开，在读者区域和官网上公示，明确借还制度，方便读者掌握借还时间。如碰上疫情期间，还需做好提示和预约工作，将开放时间、接待条件，来馆需知明确让读者知晓防止读者空跑或来馆后才知晓无证号无法还期刊。B向用户提示馆藏，让用户更好地利用馆藏，提高文献利用率、降低文献拒借率。C做好培训工作。对读者做好查询、查找培训，告知借还地点、归还时间，疫情期间预约方式、流程和注意事项。方便他们尽快找到所需期刊，方便其在家也能查询自己期刊的借还信息。对员工做好馆情培训。让各部门员工了解各部门职能、书刊区分方式、各文献的借还方法，快捷引导读者。D办好讲座和专项推荐。以讲座、展览、讨论会、知识竞赛等方式培养用户。如针对读者，结合某刊，开展公益养生讲座。如结合时节，围绕一主题，将相关期刊同时小区域同时展出，吸引读者。例如，妇女节女性健康题材；建军节军事题材；建党节政治题材；重阳节健康养生题材等。在疫情期间可以通过开展线上活动，让读者在家就能了解、参与期刊展的活动。结合某文学刊物，安排文学作家、编辑讲座见面会。在吸引潜在用户的同时，提升他们利用文献信息的意识和能力。

（三）开展互动，平台引流

参考社会营销模式，类似好友助力红包，组队盖楼PK，多平台协同分享，吸引读者，提升读者参与感。正如现在自媒体，网络上直播带货一样，广电媒体或图书馆的自媒体，利用微信、微博、抖音公众号等手段，加大宣传，推荐特色期刊，让读者了解馆藏期刊的类型、内容，提升他们对期刊的兴趣和需求，从而让读者走进外借区或通过电子借阅来增加借阅量，减轻信息不对称所带来的影响。线上开展多平台互荐，读者留言互动，线下通过读者荐书采购，与书

店开展"读者点单,图书馆买单"活动。有条件的地方还可以直播互动。

(四)做好用户研究和挖掘文献资源工作

A 做好用户研究,了解用户的阅读倾向和对文献信息需求的规律及特点,分析借还排行榜,通过大数据分析,推送借了该书刊的读者又借了哪些文献,定制个性化服务。通过个性化营销,构建智慧图书馆。B 深入挖掘文献资源,通过讲书人推荐,真人图书馆讲书,让书刊内容与用户之间产生有效的互动转化。结合馆藏丰富的文献资源,还能汇编二次文献,供用户参考。成立课题小组,开展有价值的参考咨询服务。

(五)针对在设计之初考虑不周或实际工作中的新变化,可适当调整方案,做到有效沟通

如针对疫情期间,部分老年读者没有智能手机,无微信账号,无法网上预约,但要到馆借还期刊,可以适当增设电话预约名额。对于年纪偏大、行动不便读者,工作时间馆门口增设服务台或开通借还电话提醒,馆员代为查找后,帮忙借还。对于读者强烈要求的新期刊、图书可根据需要提供网上预约,联系快递借还服务。对因时或局势变动更改信息,调整方案要及时发布,做好信息沟通,方便工作。

参考文献

[1] 吴慰慈,董焱.图书馆学概论 [M].国家图书馆出版社,2008.

[2] 何菁.立足读者需求提高服务质量——湖北省图书馆中文报刊部的服务创新 [J].图书情报论坛,2013(4):63-65.

公共图书馆信用免押金办证服务工作探析

黄雨晨

(湖北省图书馆,湖北武汉,430071)

摘　要:为了进一步提升公共文化服务的公益性和人性化,公共图书馆融合现代信用系统,正在逐步推行信用免押金办证等信用服务。本文阐述了公共图书馆推行信用免押金服务的时代背景,结合湖北省图书馆信用免押金办证服务实际工作,详细总结了免押金办证服务的实施困难和效果,引申出未来公共图书馆信用服务工作的方向和期许,从而推进诚信图书馆和诚信社会的建设。

关键词:信用服务;免押金办证;诚信图书馆

公共图书馆是具有现代化、信息化特点的文献情报中心和社会教育场所,在构建社会主义和谐社会中扮演着重要角色。图书馆推进信用服务与当下人们的生活方式融合在一起,让图书馆的服务变得更人性化和智能化,是建设诚信社会在国家公共文化服务领域的体现,更是对《公共文化服务保障法》和《公共图书馆法》的贯彻落实。

一、公共图书馆推行信用免押金办证服务的时代背景

互联网技术和大数据技术的快速发展,给公共图书馆服务智能化和人性化带来了更多的可能性。2014年国务院印发的《社会信用体系建设规划纲要》指出:"(社会信用体系)以健全覆盖社会成员的信用记录和信用基础设施网络为基础,以信用信息合规应用和信用服务体系为支撑,以树立诚信文化理念、弘扬诚信传统美德为内在要求,以守信激励和失信约束为奖惩机制,目的是提高全社会的诚信意识和信用水平。"在国家全面建设社会信用体系的号召下,公共图书馆要发挥自身职能,积极利用社会信用体系改进自己的服务方式,提高服务能力,同时也为完善社会信用体系助力。随着社会经济水平不断提高,市民读者对公共图书馆的硬件和软件设施服务提出更高要求,需要图书馆提供更先进的智能服务。在这些时代背景下,公共图书馆推行信用免押金办证是满足读

者需求，顺应时代潮流，更是提高公共文化服务水平的必然要求。

二、公共图书馆推行信用免押金办证服务的必要性

《公共图书馆宣言》中指出"对其所在地民众，应不分职业、信仰、阶层或种族，一视同仁，给与同等的免费服务。"作为公益性文化机构的图书馆，不但是社会公共文化服务体系的重要组成部分，也是社会包容的重要载体，免费服务是公共图书馆的本质特点和根本原则。而图书馆办证收取押金是指读者向图书馆申请借阅证时，必须交纳一定数额的货币作为押金，然后才能登记领证进行借阅，当读者不想使用借阅证时可退证并退回押金。可以看到，押金并不是收费，所以并不违反免费服务的原则。押金的主要作用就是信用凭证，是读者使用图书馆文献资源时愿意遵守规则的一种保证方式。随着科技的进步和社会信用体系的不断完善，通过其他更人性化和智能化的方式来替代押金在图书馆服务信用体系中的作用成为读者的重要需求，公共图书馆推行信用免押金服务成为行业共识和必然趋势，有着重大意义。

（一）信用免押金服务进一步提升公共图书馆的公益性和普惠性

过去公共图书馆收取押金办证在一定程度上造成对读者的不平等筛选，对没有能力缴纳押金的读者造成了一定的壁垒。押金作为读者在图书馆的信用保证，随着社会经济水平的提高、图书资源的升值，押金金额也一直在变化。以湖北省图书馆为例，1990年时，押金金额为10元起，2000年时，押金金额为50元起，2005年左右，办证押金调高为100元到200元不等，并一直延续至今。可以看出押金金额是一直在不断增长的，并且增幅较大，金额也一直保持着相对普通书籍期刊单价的较高倍数。纵观全国其他各省级图书馆，押金金额在100至200元的居多，还有300元或400元的高价押金。在社会信用体系尚未构建成熟的时期，押金办证成了一些读者进入图书馆的一道门槛，这抑制了一部分读者借阅的意愿。相比较，信用免押金办证服务更能保障每个读者平等使用图书馆的权利，只是长期以来，没有能替代押金的读者信用凭证。而近十年来，微信支付宝等数字支付的普及带来了信用体系的普及，通过对读者数字信用的验证，即可共享为读者在图书馆的信用凭证，信用免押金服务即可实现。信用免押金服务消除了公共图书馆的门槛，体现了公共图书馆社会责任和文化使命，进一步提升了公共图书馆的公益性和普惠性，得到了读者和社会的肯定。

（二）信用免押金服务进一步加快诚信图书馆和诚信社会的建设

诚信社会的建设需要政府、组织、社区和个人一起参与，而图书馆落实信用免押金服务推进了公共文化服务领域的诚信建设。图书馆利用信用共享、信用拓展、信用普惠的原则实现信用体系建设，对公共文化服务的方式、职能、作风等都起到了积极的创新作用，也为建设诚信社会作出了有效的探索。

信用免押金服务对读者和图书馆也是双赢。信用服务方式下读者与图书馆之间的纽带是信任与诚信，可以提高读者的借阅意愿和图书馆资源的使用率以及读者对图书资源的保护意识，同时也有利于读者个人信用的提升。而公共图书馆面对与日俱增的读者量和数额庞大的押金金额，信用免押金也让财务管理和财务安全的压力大大减轻，同时加强了对读者的充分信任，创建了一个更为开放共享普惠的图书馆读者服务体系。诚信作为图书馆服务的基本准则之一，信用关系的建立，既是现代公共图书馆和读者和谐的标志，又是建设诚信社会与和谐社会的重要组成部分。

三、公共图书馆推行信用免押金办证服务的困难与措施

互联网数字信用体系的发展和智能终端的普及为公共图书馆推行信用免押金服务奠定了良好的基础。通过更新自动化设备，利用支付宝信用等信用体系，信用免押金服务得以迅速推进实施。但是从收取押金到信用免押，中间必然会出现一些困难和矛盾，要充分做好预案和准备工作才能将信用免押服务工作做好。以湖北省图书馆为例，湖北省图书馆新馆在2012年建成使用，彼时支付宝等网络支付以及信用体系尚未健全，读者办证需用现金或银行卡交纳押金。但是随着支付宝等信用体系的健全，与支付宝合作提供信用免押金办证成为可能，在落实信用免押服务时也出现了一些困难。

（一）信用免押金服务对读者服务工作提出更高要求

由于湖北省图书馆新馆开馆初期是发展最迅速的时期，在信用免押服务实施前已总共收取读者押金逾3千万元。信用免押金办证服务不只面向新读者，同时也面向老读者，面向已交纳押金的读者，所以会出现已交纳押金的读者集中退押金的类似挤兑的情况，退还押金与信用免押金新办证的业务将叠加出现，读者服务工作量数倍增长，需要图书馆集中力量做好信用服务落地的前期读者服务工作，避免出现纠纷和矛盾。

（二）信用免押金服务对图书馆软硬件设施提出更高要求

由于支付宝信用系统等不接入第三方检测，所以信用服务的实现必须在支付宝的自动化设备上完成，所以需要前期增大设备的采购与更新，做好人员培训与设备调试，设立一个试行期，并增加人工审核等备用方案。

（三）信用免押金服务对图书馆资源优化提出更高要求

信用办证服务的落实需要图书馆后续的借阅规则，数字服务等同步更新，

对于信用差别的读者要有信用服务的差异,让读者信用和图书馆信用服务形成良性循环,互相促进的作用。

自 2019 年 8 月 20 日,湖北省图书馆正式接入了支付宝芝麻信用服务,支付宝芝麻信用达到 650 分的读者可在自助办证机免押金自助办理。这次信用免押金服务的实施既极大的方便读者,也让图书馆的数字化向前迈进了一大步,满足广大读者更多的需求。

四、公共图书馆推行信用免押金办证服务的成果

以湖北省图书馆为例,推出信用免押金办证服务后,读者信用免押金办证数迅速增长,使用率很高,读者服务工作成效也明显提升。笔者对信用免押金办证开始后的 2019 年 8 月 20 日至 2021 年 5 月 31 日这一时间段进行了具体统计。通过对 Interlib 图书馆集群管理系统里的"读者分类统计"和"读者增长统计"的查询统计制作出表 1 和图 1,在这一时间段内,湖北省图书馆信用免押金办证 34079 张,收取押金办证 20486 张,信用免押金办证量明显超过收押金办证量,可明确看出,信用免押金办证服务的推行受到了读者的认可。

根据表 1 我们可以看出,信用免押金办证数量在总办证量的占比除了实施的当月外,其他月份占比几乎在 60% 以上,在信用免押金服务的促进下,湖北省图书馆数字化服务呈现快速发展的趋势。(注:2020 年 2 月至 2020 年 5 月因为疫情闭馆,无数据;2020 年 6 月 8 日疫情后恢复对外开放,由于疫情管控的原因,2020 年 6 月办证量出现较低的数据)

表 1 湖北省图书馆信用免押金服务后读者办证量情况对比表

时间段(按月)	信用免押金	交押金办证	信用免押金占总办证量占比
2019-08	998	3179	23.9%
2019-09	2972	1576	65.3%
2019-10	2903	1556	65.1%
2019-11	2584	1247	67.4%
2019-12	2422	1036	70.0%
2020-01	1287	854	60.1%
2020-06	434	227	66.0%
2020-07	1006	650	60.7%
2020-08	1455	843	63.3%
2020-09	1821	774	70.2%
2020-10	2406	1049	69.6%

续表

时间段（按月）	信用免押金	交押金办证	信用免押金占总办证量占比
2020-11	2005	952	67.8%
2020-12	1626	738	68.8%
2021-01	2395	1252	65.7%
2021-02	1496	1145	56.6%
2021-03	2001	1169	63.1%
2021-04	2147	1066	61.6%
2021-05	2121	1173	64.4%

根据表1中的各项数据，笔者绘制了图1，可以更加直观的看出两种办证模式的情况对比。通过下图可看出免押金办证的方式更易被读者选择和接纳，更有利于吸引更多的公众使用图书馆，提高图书馆的服务效益。

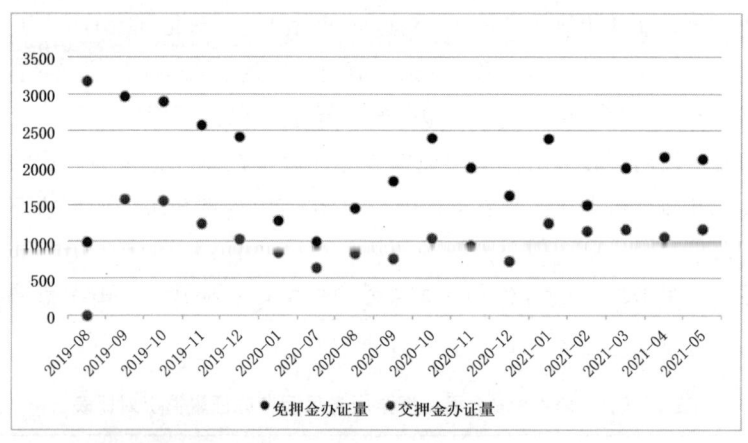

图1 湖北省图书馆信用免押金服务后两种办证模式下办证量对比图

五、公共图书馆推进信用服务工作的发展方向

通过对湖北省图书馆推行信用免押金办证工作的实践研究，可以看到虽然信用免押金服务取得了重大的成绩，但是离读者的需求，离建设普及的信用服务和信用图书馆都还有一定的差距，还有着很多后续工作要进一步开展，信用免押金办证只是图书馆信用服务的起点，以后要继续优化调整方向，提供更多的图书馆读者信用服务。

（一）加快图书馆界信用体系建设，弥补第三方信用体系局限性

目前公共图书馆推进的信用服务主要依托第三方信用体系如支付宝芝麻信

用。不可否认，第三方信用拥有强大的公信力和普及程度，合作起来也非常的简便。但在数字化多元时代，单纯的依托第三方也会带来一定的局限性，湖北省图书馆信用免押金办证比例出现一定程度上的"天花板"现象也与此有关。要想实现最大程度的信用服务普及，必然要求图书馆在充分利用第三方信用体系的同时，为无法使用第三方体系的读者提供一个图书馆读者信用体系，长期甚至可以替代一些第三方的信用体系。但是这不是某一家图书馆能做到的，需要多家甚至整个公共图书馆界来共同建设属于图书馆界的信用体系，深化和扩大读者信用服务工作。

（二）加强图书馆信用体系的完善程度，弥补信用服务的单一性

目前公共图书馆的信用服务多存在于读者服务工作的初始阶段，即读者只需在初始阶段完成信用验证后，之后的读者服务与信用的关系非常微弱。面对此类情况，要注重读者信用体系建设中的动态调整，对于长期遵守图书馆规章制度的读者和违反借阅规则公序良俗的读者要区分评估，根据评估的结果进行奖惩，实现正向循环，并完善后续读者信用与读者服务的紧密联系。

（三）加大图书馆与信用读者关系的延展性

图书馆读者在享受信用服务的同时，也为图书馆的各项工作开展提供更大平台，诚信图书馆的建设要求图书馆要加强与信用读者之间的延展工作，不仅在馆内提供所需的服务，日常读者活动，读者培训，对外交流，阅读推广等都可以为信用读者提供更多的可能，也可以让读者参与到图书馆的日常工作中，帮助图书馆改进与发展。

六、结语

随着诚信图书馆和诚信社会的建设发展，越来越多的公共图书馆将采取信用免押金办证服务等读者信用服务工作。这是保障公民阅读平等和阅读权益的重要措施和方向，也是公共图书馆在未来进一步为社会提供优质服务的保证。图书馆信用服务工作必将在未来取得更大的成绩。

参考文献

［1］高美云.公共图书馆免押金办证在我国推行的可行性研究［J］.图书馆学研究，2016（8）：24-29.

［2］杨烨，高波.基于德尔菲法的我国公共图书馆免押金办证服务研究［J］.图书情报工作，2017，61（2）74-80.

基于用户体验的智慧图书馆服务评价研究

涂文艳　方　吉

(华中科技大学图书馆，湖北武汉，430074)

摘　要：本文在对国内外关于图书馆服务评价的研究调查基础上，总结了目前国内关于图书馆服务的评价主要是在 LibQual+TM 的基础上对一些评价指标进行修正调整。在此基础上，本文以用户体验为出发点，充分考虑智慧化环境下图书馆服务的新特点，构建了包含软硬件环境、交互设计、读者参与、创新体验四个层面的 14 个指标体系。

关键词：用户体验；图书馆服务；评价体系

一、引言

智慧图书馆是在物联网技术、智能化技术、云计算技术快速发展的背景下产生，作为一种新兴的技术或者趋势，智慧图书馆背景下的服务方式和体验将产生巨大的变化。深入分析和探讨智慧化图书馆服务的评价方式和影响因素，将对提升图书馆整体服务水平或者应对图书馆服务中面临的挑战具有现实意义。

在中国知网中对图书馆服务质量评价相关的文献检索分析发现，我国关于图书馆服务质量评价研究主要集中在对 SERQUAL、LibQUAL+TM 的指标体系进行修正、调整分析以适应我国图书馆服务评价需求的实际。另外，在图书馆服务质量评价的实证研究上，国内多所大学图书馆等以 LibQUAL+TM 的指标体系为基础，根据自身需求特点进行了指标调整和修正，并采取问卷调查方式进行了实证分析。

目前，我国对图书馆的服务质量评价有一定的研究成果，但是局限在对图书馆服务的某一个方面。对以用户为中心的全方面的服务质量评价的研究较少。

二、智慧图书馆服务量化研究存在的不足

当前图书馆的技术环境、服务内容、服务形式等发生了变化，图书馆开展

智慧服务评价缺乏一定的经验和基础。为此，在对各高校的服务水平进行量化评价时，需充分考虑多种因素，形成一套适应智慧图书馆发展的服务评价体系，以对图书馆的服务科学评价。

目前我国智慧图书馆的建设仍处于探索起步阶段，主要存在以下问题：

（一）智能设施设备不完善

当今世界新技术发展日新月异，但是受资金、管理等多种因素的影响，图书馆智慧化设施设备的更新迭代具有一定滞后性，且不同类型、不同体量的图书馆之间的差异较大。目前，我国大部分图书馆智慧化程度仍然较低，例如已有部分图书馆开通人脸识别系统、馆情大数据展示平台等，但是人脸识别的准确率有效性仍有较大问题，大数据平台也仅限展示日常进出馆、借阅量等信息。

（二）专业馆员队伍培养与储备不足

与国外图书馆不同，国内图书馆员无需从业资格认证，馆员的专业素养、综合能力存在较大差异。在智慧化图书馆建设中，加强对专业馆员培养与储备是支撑图书馆发展的重要因素，馆员能力的强弱，直接影响图书馆服务水平及用户体验。

（三）服务管理制度不健全

图书馆目前建立的各项规章制度，管理体系依赖传统图书馆工作流程，可能不适应智慧化建设中的管理流程。图书馆智慧化建设是一个复杂工程，需要依据新出现的服务内容、服务特点建立相应的规章制度。

三、用户体验在智慧图书馆服务中的应用

图书馆提供服务时，需对用户体验的相关影响因素进行分析论证，确保能够与用户体验需求达到深度契合。随着图书馆智慧化建设速度加快，用户所追求的不再是对单一文献信息资源的获取，图书馆建筑布局的合理性、馆藏文献资源的丰富性、自助设备的易于操作性、人员服务态度的规范性等都已成为影响用户体验的客观因素。

随着智慧化图书馆的建设，强调用户感知和体验的服务受到更多关注。用户体验强调人的主观感受，图书馆服务目的是为用户提供更加优质、满意的服务。将用户体验嵌入智慧图书馆服务体系，对图书馆服务转型，改善用户与图书馆之间的关系具有参考意义。

在智慧图书馆服务中，图书馆基于用户体验开展服务，需考虑服务方式、

服务内容、人员等各方面因素，具体可以从以下几个方面着手：

（一）利用数据挖掘定制个性化服务

随着图书馆智慧化技术的进步，多源数据广泛融合，图书馆可以根据用户特点推出基于数据挖掘的个性化服务，如根据用户专业、爱好、借阅记录，将用户有可能会感兴趣的资源精准推荐给用户。也可以基于多种推荐方式，如相似度原则、空间位置信息等，推荐更符合用户实时需求的个性化服务。

（二）加强数字资源开发利用

智慧化环境下，数字资源是图书馆开展服务的基石与核心，加强对数字资源的开发与利用，对提升服务质量与水平有着重大的意义。对于高校图书馆而言，充分开发和利用数字资源的价值，对提升学校师生的资源使用体验，满足不同的专业、学科特点的需求具有广泛的应用场景。

（三）打造专业化馆员队伍

智慧化时代，馆员要转变被动服务模式，主动挖掘用户需求，提升服务质量。同时，还应注重馆员创新能力的培养，鼓励馆员提出图书馆服务方式以及智能硬件设备的不足之处和改进方法。馆员除了需要具备专业技能，还要有能力组织互动性更强的活动，利用微信、微博或其它网络社交媒体吸引读者，形成品牌影响力等等，这对图书馆员和团队都提出了更高的要求。

四、图书馆服务水平量化研究指标构建

（一）指标体系的建立

通过文献调研、分析，本文认为图书馆服务质量在智慧化环境下，除了基础服务，更多应考虑技术变化、智慧化服务对图书馆整体服务质量和水平的影响。为此，应充分考虑包含软硬件环境、交互设计、读者参与、创新体验对图书馆服务感知、认同的影响。

软硬件环境直接影响用户对图书馆的第一印象，图书馆可以依据特色、性质，充分调研，科学评估，配置方便用户使用，体验个性化的软硬件设施。

交互设计包含用户与图书馆之间的交流互动体验，从纸本资源的借阅体验、电子资源获取的便利性，到充满人性化的空间设计等，对图书馆整体服务水平和质量都有着较大的影响。

读者参与度体验了用户与图书馆的粘合度、忠诚度。影响读者参与图书馆互动的因素包含用户的意见或建议是否及时被采纳、反馈的信息是否能够被及时接收，新媒体网络中的信息是否能够引起读者的兴趣和认同等。只有充分考虑这些因素，让读者的参与度更高，读者对图书馆的服务才能越满意。

图书馆是用户自主学习、终身学习重要场所。在图书馆应用新技术、展现科学发展的成果，对培养、吸引读者有着一定的作用，为此，图书馆要充分考虑新技术的应用，优化各项技术体验，提升图书馆形象。

鉴于此，本文建立的图书馆服务水平量化研究指标体系如下：

表1 图书馆服务水平量化研究指标体系

目标层	一级指标	二级指标
智慧图书馆服务量化评价指标体系	软硬件环境	资源借阅体验 网络使用体验 设备操作体验
	交互设计	主页界面设计 新媒体功能设计 实体空间设计
	读者参与	新媒体活跃度 活动参与度 图书荐购方式 投诉意见渠道
	创新体验	多功能一体机 智能交互设备 智能穿戴体验设备 创新创客空间

（二）层次分析法（AHP）

层次分析法（Analytic Hierarchy Process，简称AHP），它结合了定性和定量两种分析方法，是一种系统化、层次化的分析方法。层次分析法，在设置对比矩阵时，依赖评分者的主观评分。目前，该方法在生态安全、环境规划等领域得到广泛运用。陆萍利用层次分析法来确定高校图书馆评估的各项指标及权重。翟东升等人，利用层次分析法来确定专利预警指标及权重。

层次分析法大致可以分为4个步骤：

第一步：建立系统的递阶层次结构

首先需要确定分析问题的目标层，这里构建的目标层即智慧图书馆服务量化评价指标体系，然后构建中间层，中间层一般是准则层，这里包含软硬件环境、交互设计、读者参与、创新体验四个指标；最低一层设置为具体指标层。

第二步：构造判断矩阵

构造判断矩阵的方法是将指标进行两两对比，用 1 至 9 评分来说明其相对重要性，然后构造出初始判断矩阵。比较尺度的取值方法及范围见表2。

表 2　两因素相比的判断取值

取值	含义
1	两者相比，同样重要
3	两者相比，其中一个稍微重要
5	两者相比，其中一个明显重要
7	两者相比，其中一个强烈重要
9	两者相比，其中一个极端重要
2、4、6、8	两相邻判断的中间值
倒数	若因素 i 与 j 比较得 aij，则 j 与 i 比较得 1/aij

第三步：进行权重计算

第四步：进行一致性指标验证：

一致性检验公式：$CI = \dfrac{\lambda_{max} - n}{n - 1}$

公式中 λmax 表示矩阵的最大特征值，n 表示矩阵的阶数。当 CI 的值越小，则判断矩阵越接近于完全一致。反之，判断矩阵偏离完全一致的程度越大。为了度量不同阶数判断矩阵是否符合一致性，需引入判断矩阵的平均随机一致性指标 RI 值。当阶数大于2，判断矩阵的一致性比率 CR = CI/RI < 0.10 时，即认为判断矩阵具有满意的一致性，否则不具有一致性，需要对判断矩阵进行调整，以使之具有满意的一致性。

表 3　平均随机一致性指标 RI 值

n	1	2	3	4	5	6	7	8	9	10
RI	0	0	0.52	0.89	1.12	1.26	1.36	1.41	1.46	1.49

（三）指标权重计算

1. 构建指标评价矩阵

本文基于层次分析法，采用专家打分的方式，对各指标进行重要性判断，形成的判断矩阵如下：

表4　维度层判断矩阵

	A1 软硬件环境	A2 交互设计	A3 读者参与	A4 创新体验
A1 软硬件环境	1	3	2	1/3
A2 交互设计		1	1/3	1/5
A3 读者参与			1	1/3
A4 创新体验				1

表5　软硬件环境层

	B1 资源借阅体验	B2 网络使用体验	B3 设备操作体验
B1 资源借阅体验	1	5	3
B2 网络使用体验		1	1/3
B3 设备操作体验			1

表6　交互设计层

	B4 主页界面设计	B5 新媒体功能设计	B6 实体空间设计
B4 主页界面设计	1	1/3	1/5
B5 新媒体功能设计		1	1/3
B6 实体空间设计			1

表7　读者参与层

	B7 新媒体活跃度	B8 活动参与度	B9 图书荐购方式	B10 投诉意见渠道
B7 新媒体活跃度	1	2	3	2
B8 活动参与度		1	2	3
B9 图书荐购方式			1	1/3
B10 投诉意见渠道				1

表8 创新体验

	B11 多功能一体机	B12 智能交互设备	B13 创新创客空间	B14 智能穿戴体验设备
B11 多功能一体机	1	1/2	1/3	2
B12 智能交互设备		1	1/3	3
B13 创新创客空间			1	3
B14 智能穿戴体验设备				1

2. 利用层次分析法进行指标权重计算

通过利用 yaahp 层次分析软件对已构建的判断矩阵计算得出各项指标权重如下表。

表9 各指标权重

指标	权重
B1 资源借阅体验	15.13%
B2 网络使用体验	2.49%
B3 设备操作体验	6.14%
B4 主页界面设计	0.81%
B5 新媒体功能设计	1.99%
B6 实体空间设计	4.91%
B7 新媒体活跃度	6.94%
B8 活动参与度	4.91%
B9 图书荐购方式	1.81%
B10 投诉意见渠道	3.14%
B11 多功能一体机	8.34%
B12 智能交互设备	13.05%
B13 创新创客空间	25.01%
B14 智能穿戴体验设备	5.33%

五、总结

目前，关于用户体验在各领域的应用研究发展迅速，在图书馆建设和发展中，同样引起了广泛关注。在新兴技术背景和理论背景下，未来更全面、真实、有效地反映图书馆服务在智慧化、知识化进程中用户的满意度，提升图书馆的服务创新能力，关于服务质量的评价需要在实践中不断完善和优化。本文基于国内目前在图书馆服务中围绕用户体验而进行的一些量化研究探索和思考为基础，构建了一个包含四个维度，涉及14个指标的评价体系。基于层次分析法的指标权重计算得出创新创客空间、资源借阅体验、智能交互设备的指标权重占比较大，这在以技术变化和创新驱动发展的环境下，对图书馆服务水平和服务新颖性具有一定呈现和对比。在5G技术、人工智能技术进一步发展的条件下，影响图书馆服务水平和质量的评价指标也将进一步改变和完善。

参考文献

[1] 周玲元，王雪，梁路等. 基于用户感知的智慧图书馆服务质量影响因素分析[J]. 图书馆学研究，2018（13）：45-54.

[2] 白莉娜，陆萍，乔爱丽等. 基于LibQUAL+~（TM）的图书馆服务质量实证研究——以哈尔滨工程大学图书馆为例[J]. 图书馆杂志，2014，33（9）：60-65.

[3] 王宁. 基于用户体验的高校图书馆嵌入式服务发展探析[J]. 合肥工业大学学报（社会科学版），2013，27（3）：134-140.

[4] 张洁，赵英，余红. B2C电子商务网站用户体验评价研究[J]. 情报科学，2013，31（12）：84-89，94.

[5] 郑德俊，轩双霞，沈军威. 用户感知的移动图书馆服务质量测评模型构建[J]. 大学图书馆学报，2015，33（5）：83-92.

[6] 陆萍. 在高校图书馆评估中运用层次分析法确定指标的权重[J]. 现代情报，2005（5）：36-38.

[7] 翟东升，张帆. 企业专利预警指标体系研究及实例分析[J]. 现代情报，2011，31（5）：37-40.

[8] 涂文艳. 基于专利计量的专利预警及实证研究[D]. 武汉：武汉大学，2017.

公共图书馆党员干部学习基地建设探讨

胡 姝

(湖北省图书馆,湖北武汉,430071)

摘 要:湖北省图书馆省直机关党员干部学习基地建设是新时代下公共图书馆探索为党政机关服务模式下的新举措。文章探讨了公共图书馆党员干部学习基地建设的意义、职能和实践,从而就公共图书馆在新时代下建设党员干部学习基地的有益尝试展开论述。

关键词:公共图书馆;党员干部;学习基地

党的十九大报告深刻指出,党员干部"要增强学习本领,在全党营造善于学习、勇于实践的浓厚氛围,建设马克思主义学习型政党,推动建设学习大国。"目前,国内的公共图书馆面向党政机关服务内容多数仅局限在提供文献信息和相关咨询服务,而党政机关主动运用图书馆资源开展学习教育程度还不够。因此,积极发挥公共图书馆资源优势,构筑公共图书馆党员干部学习教育阵地势在必行。

一、公共图书馆建设党员干部学习基地的意义

公共图书馆是向社会公众传播科学知识、弘扬科学精神的公益性文化事业单位。2018年颁布的《中华人民共和国公共图书馆法》,更加明确了公共图书馆向党政机关提供服务的职责。公共图书馆作为公共文化服务的重要窗口和宣传意识形态的重要阵地,立足于丰富的馆藏资源,把学习宣传贯彻习近平新时代中国特色社会主义思想作为首要政治任务和核心业务,牢固树立"四个意识",坚定"四个自信"。因此,公共图书馆建设党员干部学习基地具有特别重要的意义。

(一)强化党员干部理论学习

图书馆体现了国家文化发展水平,不仅是滋养民族心灵、培育文化自信的

重要场所，还是人民的终身学校。为了使公共图书馆的公益职能得到充分彰显，满足社会公众多样化需求，使改革发展成果由人民共享，努力为社会公共文化建设服务，公共图书馆应该利用充足的文献资源优势和先进齐全的设施设备，为社会公众提供更好的教育和服务。公共图书馆建设党员干部学习基地的特殊性，在于其不仅存储了丰富的文献资料，同时它还收录了我国各行业专家学者的学术研究资料，有利于党员干部通过公共图书馆党员干部学习基地进行相关的文献检索，从而与行业专家学者们产生详细的交流。当前，有些党员干部存在着培训期间短，接受教育不充足、不全面的问题，致使他们对培训的理论没有彻底的理解与消化，存在理论联系实际不紧密等问题。因此，公共图书馆建设党员干部学习基地，不仅能够为党员干部提供一个良好的学习环境，辅助其充分运用图书馆中的资源，充实自身理论，提升知识储备，还可以强化党员干部理论学习的效果，为其在实际工作中用好理论知识奠定基础。

（二）加强党员干部党性教育

公共图书馆党员干部学习基地的建设，不仅能够为党员干部提供丰富的文献资料，同时它还能将学习教育资源与党员干部教育无缝对接，推动基地成为一个增强党员干部理想信念重要阵地，锤炼党性修养的重要场所，强化使命担当的重要载体。湖北省图书馆建设党员干部学习基地，满足了新时代党员干部的学习需求，帮助党员干部夯实理论基础，提升党性修养，进一步增强自身的政治意识与责任意识，保持一名党员干部在思想上、作风上应有的先进性、自觉性与纯洁性，进而更加全心全意的服务人民，提高自身的工作能力。为加强基层党组织和党员干部思想政治建设，活化教育方式，拓展学习渠道，使学习教育变得更加针对性，更加生动、更加实效，2016年初，红安七里坪镇、洪湖瞿家湾镇等7处被湖北省委直属机关工委确定为第一批省直机关党员干部教育基地。2019年8月，湖北省图书馆被省委直属机关工委列为湖北省直机关党员干部教育基地。2020年，在湖北省文化和旅游厅指导下，湖北省图书馆党委再次对全馆学习教育资源进行"大摸底"，力求突出特色，打造亮点，梳理品牌，建立湖北省图书馆省直机关党员干部学习基地。整合后的学习基地教育资源将馆藏资源与党员干部教育无缝对接，使基地真正成为激发党员干部坚定理想信念、锤炼党性修养、强化使命担当的重要阵地。

（三）图书馆发展的必然要求

以习近平同志为核心的党中央高度重视思想建设，强调各级党员干部要牢固树立正确的理想信念，补足精神之"钙"。公共图书馆依托丰富的馆藏资源优势，建设党员干部学习基地具有着其独特的作用与功能，需要图书馆不断丰富馆藏并完善馆藏结构，促进馆藏资源建设。同时，要求图书馆进一步发挥"智库"作用，为机关党员干部提供决策信息服务。湖北省图书馆省直机关党员干部学习基地依托自身丰富的馆藏文献资源和专业的信息咨询队伍，把握重点、突出特点、紧扣热点，有针对性地选编，为省直机关党员干部提供专题文献信息，如：领导参考、文化动态、信息专报、廉政文化图书馆推荐阅读及廉政视野等，以及结合时政为"两会"代表编制专题信息参考，助力领导科学决策。此外，学习基地的建设，需要联动图书馆各部门同部署、同参与、同配合，对图书馆领导班子和各部门的领导力、执行力和创造力以及馆员个人素质提出了更高的要求，因此，图书馆要不断加强人才队伍建设，提升馆员综合素养。

二、公共图书馆在党员干部学习教育中的职能

《中华人民共和国公共图书馆法》指出，公共图书馆应当根据自身条件，为国家机关制定法律、法规、政策和开展有关问题研究。公共图书馆要建设好党员干部学习基地，就必须立足于自身文献信息中心这一基础，努力发挥文化传承、信息服务和社会教育等职能，成为传承中华文明、提高国民素质、推动经济社会发展重要阵地。

（一）开展廉政文化教育

湖北省图书馆廉政文化图书馆是由湖北省图书馆精心打造的特色图书馆，于2014年3月正式对外开放，2015年5月被省纪委监委命名为"湖北省廉政教育基地"。廉政文化图书馆面向湖北省直机关党员干部开展廉政文献借阅、廉政影视观摩和学习交流活动。打造线上教育平台，湖北省图书馆廉政文化图书馆网页提供丰富的廉政文化数字资源；举办"清风颂"湖北省直机关廉政书画作品展，积极面向省直机关党员干部征集作品。编印"二次文献"，对廉政文化资源进行再加工、整理，形成廉政文化资源文献目录，为党员干部提供廉政文化导航服务。

（二）决策咨询服务

发挥湖北省图书馆省直机关党员干部学习基地的"智库"作用。依托自身丰富的馆藏文献资源和专业的信息咨询队伍，把握重点、突出特点、紧扣热点，有针对性地选编，为省直机关党员干部提供专题文献信息，如：领导参考、文化动态、信息专报、廉政文化图书馆推荐阅读及廉政视野等，以及结合时政为"两会"代表编制专题信息参考，助力领导科学决策。

（三）开展多元化服务

为满足党员干部多样化、个性化学习需求，公共图书馆着眼于丰富党员多元化学习载体、搭建党建知识系统化平台，力求建设一个党员读书学用的新平台、打造一处党员学习的主阵地，切实在党员教育中发挥实效。湖北省图书馆率先在全国各省级公共图书馆中建设党员干部学习基地，依托资源优势，结合"长江讲坛"、"长江读书节"和"廉政文化图书馆"特色品牌，设立学雷锋志愿服务岗，助推书香社会建设，积极打造党员干部"知行合一"的"一体化"学习课堂。

三、公共图书馆党员干部学习基地建设实践

（一）打造党建与业务工作的创新融合

基地建设过程中，公共图书馆可利用"党建+平台""党建+资源""党建+活动"等方式，以丰富的馆藏资源为依托，充分发挥图书馆在图书文献、数字资源、信息资源等方面的知识综合优势，打造终身学习品牌项目，做到寓教于乐、寓学于乐、寓理于乐，而实现党建业务两促进、两提升。湖北省图书馆党员干部学习基地馆党委将基地建设工作与业务发展规划同研究、同规划、同部署，将廉政文化教育、机关干部周末大讲堂、"书说荆楚"讲书活动、"沙湖书会"好干部讲堂、学雷锋志愿服务岗、文化修养培训班等内容纳入基地活动内容，及时做好决策咨询服务，定期开设机关建设风采展，不断丰富基地学习活动内容。通过开展形式多样、生动活泼的学习教育活动，丰富省直机关党员干部的文化生活、提高文化品位，使基地真正成为独具文化特色、品质成效一流的"省直机关党员干部之家"。

（二）开展形式多样的专题资源推荐活动

文化和旅游部《"十四五"公共文化服务体系建设规划》（文旅公共发〔2021〕64号）中指出，要建设以人为中心的图书馆，推荐公共图书馆功能转型升级。为了使公共图书馆的资源用起来、"活"起来，推动公共图书馆向"以人为中心"转型，提升服务能力，创新服务方式，建设区域性知识、信息和学习中心，湖北省图书馆党员干部学习基地充分发挥文献保障和智库作用，开展形式多样的专题资源推荐活动。疫情期间，向援鄂医疗队提供文化服务，量身定制个性书单，为医疗队提供力所能及的文化服务保障；整合海量文化数字资源，开展数字文化服务，特别推出"方舱数字文化之窗"，以实际行动贡献文化

力量；创新活动模式，开展"在家阅读·书香战'疫'"线上阅读直播活动、"书香战疫，对话楹联"世界读书日主题活动、童心战"疫"·云游书香——世界读书日活动等，进一步将公共图书馆建设成为滋养民族心灵、培育文化自信的中央场所。

（三）建设宣传习近平新时代中国特色社会主义思想的主阵地

公共图书馆在服务党史教育、党建文化建设方面具有着非常显著的优势。湖北省图书馆省直机关党员干部学习基地充分发挥图书馆在宣传思想文化和意识形态工作中的作用，牢牢把握意识形态工作的领导权和主动权，以丰富的馆藏资源为依托，把基地作为意识形态主阵地，大力宣传习近平新时代中国特色社会主义思想，不断加强廉政文化建设。基地建设中，建设廉政文化图书馆特色馆，面向省直机关党员干部开展廉政文献借阅、廉政影视观摩和学习交流活动；在湖北省图书馆官网设立廉政文化图书馆专栏，提供廉政文化数字资源等等。积极开展廉政文化教育系列活动、"长江讲坛·省直机关周末大讲堂"系列活动、"长江读书节·书说荆楚"系列阅读推广活动、"沙湖书会"系列活动，充分发挥公共图书馆充意识形态引导作用和"智库"作用，强化教育功能，为领导决策服务，营造浓厚的学习氛围，让党员干部群众无论身处何处都能参与基地活动，感受阅读的魅力，坚定文化自信。

四、结语

公共图书馆作为拥有着丰富文献资源的知识宝库，对党员干部学习教育起着至关重要的作用。对公共图书馆党员干部学习基地建设进行探讨与分析，有利于为党员干部的学习提供一个新的发展方向与途径，也有利于推动公共图书馆与党建工作相结合，从而更好地发挥出其宣传职能与教育职能，服务于党的建设。

参考文献

[1] 邓美华，邓文池. 现代省级公共图书馆功能定位的思考及构建 [J]. 图书馆，2012（5）：1-6.

[2] 谢灵. 对新升本院校图书馆特色化馆藏建设的思考——以梧州学院图书馆为例 [J]. 科技情报开发与经济，2015（9）：73-75.

五、图书馆智库服务与决策服务能力建设

疫情时期公共图书馆舆情信息服务研究
——以湖北省图书馆为例

欧阳磊

(湖北省图书馆,湖北武汉,430071)

摘　要:2020年伊始,突如其来的新冠肺炎疫情不仅给国家与人民造成了巨大影响和损失,也对全国公共图书馆的工作提出了严峻考验。湖北省图书馆积极作为,紧急制作《湖北文旅疫情防控舆情摘报》,为上级政府单位提供决策咨询服务。文章旨在对该项舆情信息服务进行全面梳理与数据分析,并针对存在的一些问题,做了研究和思考。

关键词:疫情;公共图书馆;舆情

一、经纬梳理

2020年伊始,新冠肺炎疫情爆发,多省份先后启动重大突发公共卫生事件一级响应。1月23日,武汉市所有离汉通道暂时关闭。公共图书馆作为人员稠密的公共场所,极易发生交叉感染,国内各级图书馆相继实施闭馆措施。全国图书馆人都面临着一场前所未有的重大考验。

在此背景下,1月29日大年初五,湖北省图书馆接到湖北省文化和旅游厅办公室指示,希望紧急提供一种舆情信息产品以供厅领导作为决策参考使用。省图书馆外文书刊与信息咨询部具体负责该项任务,迅速安排两名馆员全力投入工作,当天即制作出第一期《湖北文旅疫情防控舆情摘报》呈报厅办。

2月2日,《湖北文旅疫情防控舆情摘报》获得两位厅领导批示和肯定,在文件批示中,厅领导安排部署了各文旅单位下一阶段的重要工作任务,这也意味着本项决策咨询服务的价值得到初步体现。

4月8日零时,武汉市解除离汉离鄂通道管控措施,有序恢复对外交通。4月9日,按上级指示,《湖北文旅疫情防控舆情摘报》更名为《湖北文旅舆情摘报周报》,并制作一期样刊报送。舆情信息产品摘掉"疫情"的帽子,报送频次从一日一报改为一周一报，这象征着我馆在疫情时期的该项紧急舆情信息服务告一段落。步入"后疫情时代"，舆情信息服务工作继续常态化开展。疫情期间，《湖北文旅疫情防控舆情摘报》坚持一日一报，共制作72期，合计报送各类舆情信息429条，为湖北文旅系统的抗疫战斗贡献了一份力量。

二、服务亮点

复盘本次决策咨询服务工作，其中有三个亮点值得一提：

（一）快速响应

1月29日，接到省文旅厅指示后，我馆外文书刊与信息咨询部快速响应，立即安排两名馆员投入该项任务。信息咨询部的馆员们克服因疫情管制措施带来的生活不便以及居家办公设备不足等困难，不推诿、不懈怠，积极投入到工作中。当日下午16时，准时提交了疫情期间的第一份《湖北文旅疫情防控舆情摘报》。

（二）连续作战

根据上级要求，《湖北文旅疫情防控舆情摘报》实行一日一报，每日下午16时前，将之前24小时的舆情信息摘编成一期报告，通过网络报送至厅办公室。舆情信息工作与其他常规参考咨询工作不同，有着自身的特殊属性，即网络舆情形势瞬息万变，舆情信息随时都可能产生，馆员必须时刻保持关注。即使每期舆情摘报制作完成，工作时间与休息时间也没有明确的区隔。连续工作带来的巨大精神压力与体力消耗对于馆员自身来说也是极其严峻的考验。武汉封城76天，舆情信息报送工作也持续了72天，中途未有一期中断或是延迟。

（三）服务灵活

新冠肺炎疫情来势汹汹，在千万级人口的城市实施封城，也是历史上罕见的防疫举措。虽然此前三年间，我们一直在为省文旅厅报送舆情信息，但突然面对如此重大变局，也感到力不从心。幸而在厅办公室、图书馆领导的指导下，两位馆员迎难而上，通过建立微信工作群，边学边作，边报边改。不拘泥于一时的成败，及时根据领导反馈，逐步调整舆情监测方向，确定报道格式、篇幅等。最终形成了连续的、质量稳定的舆情报告。

三、工作数据分析

《湖北文旅疫情防控舆情摘报》共72期，含429篇各类信息。笔者将从中

五、图书馆智库服务与决策服务能力建设

提取出的舆情信息试分为六大类：国内外疫情防控政策动态，本省滞留旅客信息跟踪，本省文旅单位抗疫工作，外省文旅政策与经验，文旅行业观察与评论，文旅相关负面舆情。与之对应的舆情信息监测效能可分为三大类：为工作部署提供决策依据，提供参考借鉴，揭示风险点进行预警。其对应关系详见表1。

表1 舆情信息类别与舆情信息监测效能

舆情信息类别	舆情信息监测效能
国内外疫情防控政策动态 本省滞留旅客信息跟踪 本省文旅单位抗疫工作	为工作部署提供决策依据
外省文旅政策与经验 文旅行业观察与评论	提供参考借鉴
文旅相关负面舆情	揭示风险点，进行预警

从舆情信息的分类统计数据来看，舆情监测重点排序依次是：本省文旅单位抗疫工作（45.68%），文旅行业观察与对策（22.61%），本省滞留旅客信息跟踪（10.96%），外省文旅行业政策与经验（9.56%），文旅相关负面舆情（5.83%），国内外疫情防控政策动态（5.36%），详见图1。

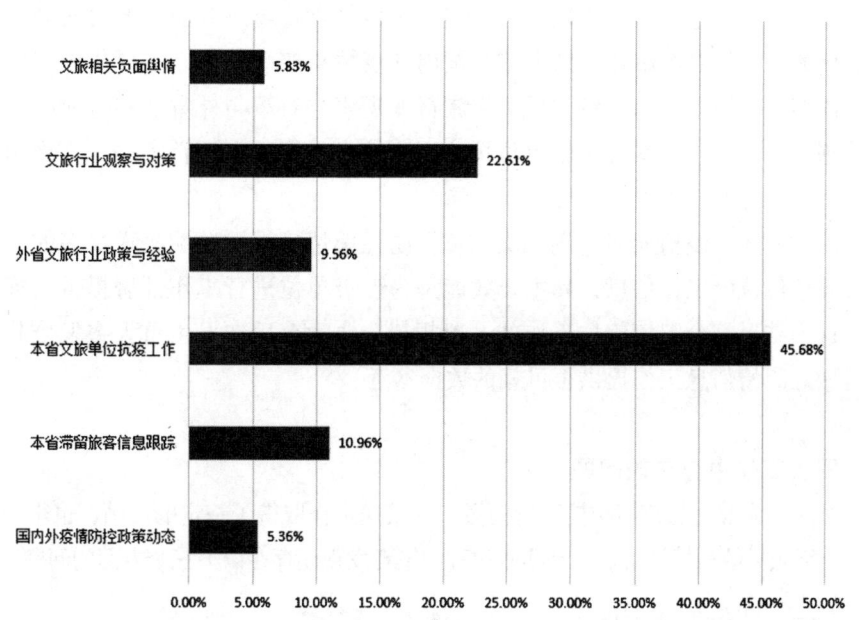

图1 舆情信息监测重点

舆情监测效能排序依次为：为工作部署提供决策依据（62%），提供参考借鉴（32.17%），揭示风险点，进行预警（5.83%），详见图2。

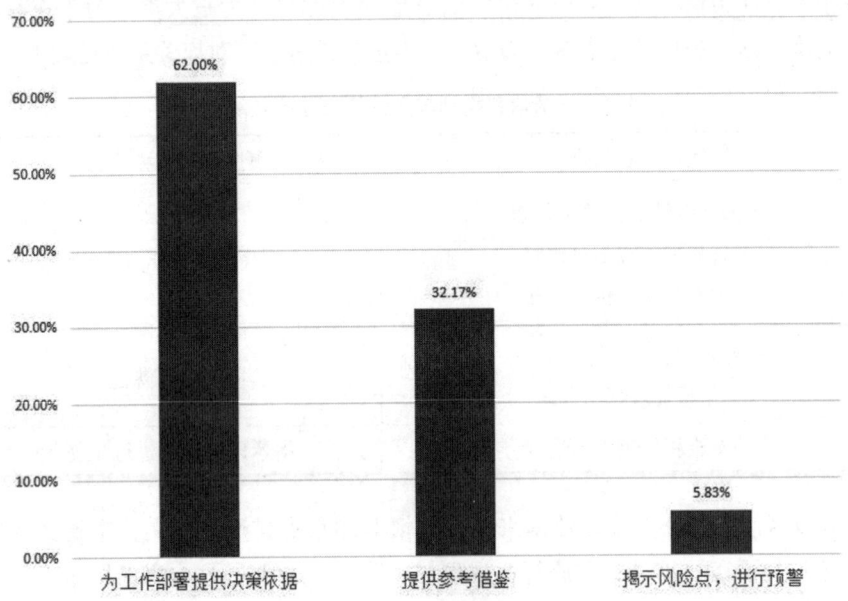

图2 舆情监测效能排序

此外，在统计过程中还发现，监测的舆情信息种类还有明显的时间分布规律。例如，本省滞留旅客信息跟踪与国内外疫情防控政策动态主要集中在疫情爆发前期。疫情状况趋于稳定后，文旅行业观察与对策与外省文旅行业政策与经验则迅速增加。而本省文旅单位抗疫工作信息贯穿整个疫情期间，文旅相关负面舆情则无明显时间分布规律。

综上所述，疫情期间《湖北文旅疫情防控舆情摘报》监测报送最多的是本省文旅单位抗疫工作信息，其主要效能是为上级单位进行工作部署提供决策依据。这个结果符合舆情信息工作的一般规律，也为今后在发生重大突发公共事件时做好舆情信息工作提供了可靠的数据参考。

四、工作中存在的问题

虽然《湖北文旅疫情防控舆情摘报》的报送工作取得了一定的成绩，也得到了来自上级领导的积极评价。但在实践过程中笔者发现还存在以下三个方面的问题：

（一）准备工作仓促

主要是设备与人员不足。因疫情爆发期间正逢春节，图书馆咨询部门馆员家庭情况不一，分散在省内多地。部分员工家中并未配备电脑或者无宽带接入，难以有效开展工作。虽然笔者与另一名同事先行投入了舆情信息报送工作，但实际面临的困难也不小。一来当时笔者居于父母家中，没有宽带接入，一直依靠个人手机4G网络热点接入进行工作，工作效率打了折扣，同时也需要承担高额手机通讯费用。二是难以获得人员补充，两人连续工作72天，中途无休。虽然最终坚持完成了工作，但必须承认后期身心处于相当疲惫的状态，工作效率远不如早期。

（二）多人协同模式下的远程工作经验不足

现在从事参考咨询工作大都采用基于 web 的工具，例如 SNS 通讯软件、数据库、大数据舆情平台等，但是内部工作流程还比较传统，许多环节还依赖于多人会议面对面讨论或者一对一的文档传递、修改。2015年6月，"东方之星"号客轮翻沉事件发生后，虽然外文书刊与参考咨询部曾有为省政府部门紧急提供决策咨询服务的成功经验，但当时正是采用紧急召回所有参考咨询馆员，集中连夜加班的传统工作模式。在疫情期间，所有工作参与者都处于不同地点，况且所持办公设备规格不一，网络条件参差。面对这些或大或小的问题，以往的工作模式显得陈旧，难以高效应对。

（三）大数据量下的信息研判能力不足

众所周知，在2020年疫情最危急的时期，互联网上的信息流量激增，信息噪声巨大。以往大多数舆情信息产品主要以原始信息汇编为主，停留在对舆情信息的加工统计和编辑这一个层次上，缺乏对舆情的整体把握和解读。所以面对当时鱼龙混杂的网路信息环境，一度无从下手。头几天提交的数份舆情报告也多次返回进行修改，近一周时间才逐渐走上正轨。

五、舆情信息服务提升策略

（一）制订应急预案

凡事预则立，不预则废。提高公共公共图书馆的应急管理能力，不仅是新时代公共图书馆发展的必然要求，也是面对突发事件时保障公共图书馆事业健康发展的核心能力[1]。在吸取新冠疫情肺炎时期的工作经验与教训后，参考咨询部门应该制定重大突发公共事件后进行舆情信息服务工作的应急预案，重点要保障人员和设备的配置。馆员进行舆情信息工作时，主要依托本馆数字资源。疫情期间，本馆的报纸全文数据库、大数据舆情平台等工具运行完好，为本次舆情信息服务工作的顺利完成打下了基础。今后参考咨询部门继续引入各类数字资源时，能否进行多人远程访问也应成为考察重点要素。

（二）尝试探索远程工作

2020年，新冠肺炎疫情席卷全球，多国人民都遭受到惨重损失，全球的经济活动也大受打击。然而在这巨大阴霾下，新的机会也在崛起。以全球大型跨国IT公司为代表的一大批企业纷纷开始倡导远程工作。在国内，大量企业部署使用钉钉、飞书、企业微信等在线协同办公软件。2020年2月3日复工第一天，钉钉上有2亿人开启在家办公模式[2]。图书馆行业也开始通过Zoom、微博直播、Bilibili平台等互联网工具发起在线数字阅读推广活动和居家阅读服务。由此可见，即使全球疫情彻底平息后，远程办公也会长期存在下去。使用在线协同办公软件，在网络环境下进行咨询工作项目管理，多人共享文档制作，在线会议讨论等技能，对于今后从事舆情信息工作的馆员来说应该成为一门必修课。

（三）培养专业人才队伍

公共图书馆要建设一支专门的人才队伍，通过加强学习和提供培训，强化员工对舆情工作的兴趣与敏感度，提升工作质量和工作效率。应该保持决策咨询队伍的稳定性，通过长期与服务对象的沟通，深入掌握对象需求与偏好，进而提升服务质量与服务满意度。同时，公共图书馆应在保证突发事件应急管理工作正常开展的前提下，合理安排馆员轮休，同时可将舆情监测与业务绩效考核挂钩，提升馆员参与突发事件应急管理的积极性[3]。此外，员工也应提升自身职业素养与业务能力，主动学习舆情服务工作原理，掌握大数据舆情监测工具，以及锻炼远程协同办公能力。

四、结语

如今国内的疫情影响趋于稳定，但是世界范围内疫情的威胁仍未解除。全国的图书馆人依然严阵以待，准备好面对各种突发状况的挑战。72天的艰苦奋战对于笔者来说已成为毕生难忘的工作记忆。本文除了作为工作回顾，也意在将自身粗浅的疫情时期舆情信息工作经验分享给所有图书馆同仁。

综上所述，在发生重大突发公共事件后，公共图书馆如何做好决策咨询服务应该成为一个长期研究和讨论的话题。"后疫情时代"公共图书馆应该发挥己之所长，充分利用信息化工具与技术，积极探索，求新求变，做好政府机构智库工作，切实履行图书馆为领导机关决策提供信息服务的职能，实现社会效益最大化。

参考文献

[1] 马宝成. 坚持总体国家安全观全面推进新时代应急管理体系建设 [J]. 国家行政学院学报, 2018 (6): 52-56, 188.

[2] 超过3亿人远程办公, 上班族"宅在家"的梦想实现了 [EB/OL]. 2020-03-07.

[3] 张伟, 刘怡, 巫朝滨, 等. 国内公共图书馆突发事件应急管理中舆情监测运用研究 [J]. 河南图书馆学刊, 2020 (11): 20-25.

勇抓时代机遇,力促图书馆建设与服务

黄金凤　王群燕

(十堰市图书馆,湖北十堰,442000)

摘　要:今年是十四五规划的开局之年,也是中国共产党建党一百周年之际,本文从"十四五"规划和"学党史"两个节点入手,看到了十堰市图书馆发展的机遇。一是勇抓"十四五"规划的新机遇,力促图书馆新馆建设;创新服务手段与方式,提升图书馆服务。二是勇抓"学党史"机遇,积极开展群众性主题宣传教育活动,加强党史教育,延伸服务外延。

关键词:十四五规划;建党100周年;图书馆建设与服务

一、勇抓"十四五"机遇,力促十堰市图书馆建设与服务

"十四五"时期是开启全面建设社会主义现代化国家新征程的第一个五年,也是建设社会主义文化强国的关键五年。"十四五"规划和2035年远景目标纲要中有108处提到"文化",2处提到图书馆,图书馆是国家文化发展水平的重要标志,是滋养民族心灵、培育文化自信的重要场所,在文化强国建设中,图书馆担负着举旗帜、聚民心、育新人、兴文化、展形象的使命任务。十堰市图书馆作为地市级公共图书馆,要勇抓时代机遇,在"十四五"时期,努力促进新馆建设、积极提升公共文化服务水平。

(一)抓机遇,力促新馆建设

1. 湖北省各地市州新馆建设状况

截至现在,湖北省市级图书馆中,襄阳、荆州、孝感、鄂州、荆门、随州已建成新馆并投入开放,黄冈新馆也在装修阶段。县级图书馆中,黄冈市的武穴、黄梅、红安、罗田、麻城、蕲春,孝感市的汉川、云梦已建新馆已经投入使用;十堰市竹山、竹溪、房县新馆已建并对外开放;襄阳市南漳、谷城、保康新馆已建成并对外开放;宜昌市宜都、枝江图书馆,恩施的巴东、宣恩、来凤、咸丰新馆已建新馆并投入使用。

2. 十堰市图书馆旧馆馆舍状况

十堰市图书馆大楼建成于1988年，后经加层改造，馆舍面积达到1.03万平方米，2017年第六次被评定为国家一级公共图书馆；截止2018年12月，馆藏文献突破75万册（件），可利用数字资源达到150TB，随着公共图书馆事业的发展和评估定级标准的不断提高，现有馆舍面积和功能布局已显滞后。为此，我馆早在2012年，便抓住十堰市图书馆新馆建设项目被纳入《全国地市级公共文化设施建设项目储备库》的机遇，对新馆建设进行了积极争取和推动。2015年4月，十堰市规划委员会第46次全体会议原则上同意了将图书馆新馆"选址于石家沟、临林荫大道侧"的规划选址意见；2015年6月，十堰市规划局为市图书馆办理了《建设项目选址意见书》；2016年，2020年，十堰市图书馆新馆建设作为重点文化服务设施建设项目，先后被纳入了《十堰市国家经济和社会发展第十三个五年规划纲要》、《十堰市国家经济和社会发展第十四个五年规划纲要》，新馆建设推动工作一直在进行。

3. 新馆建设前期筹划情况

2021年6月27日，十堰市委书记胡亚波在听取城市规划工作时强调，要找准城市定位，坚持多馆合一，坚持以人为本，进一步科学选址，力争把各场馆规划建设成为十堰城市新地标、新名片。合理布局、完善功能，推进多馆高效协同发展，实现要素之间的集约融合和信息资源的互通共享，做到功能上集中、服务上集合、板块上集群，打造集展览展示、科普教育、休闲娱乐、市场经营为一体的综合性场馆；突出特色、提升内涵，将汽车、山水、人文等元素融入场馆规划和公共空间，把5G、人工智能、物联网等智慧化技术嵌入场馆建设、管理和运营，着力建设具有十堰文化品牌和地域印象的现代化智慧场馆，以数字赋能提升功能品质、降低运营成本。

4. 新馆建设畅想

要统筹新馆、老馆功能，合理规划阅读空间、艺术空间、人文空间。对于新馆，可以加大改革创新力度，引进模拟飞行、智能机器人制作、3D打印等智能设备，应用智能技术，创新智慧服务，打造创客服务空间，构筑立体化、全方位、广覆盖的知识服务体系，为读者提供专业知识信息服务及沉浸式阅读学习体验，更好地发挥在文献收藏利用、知识传播、公共教育、文化交流等方面的职能作用。

（二）抓机遇，提升公共文化服务水平

提升公共文化服务水平是更好保障人民文化权益的迫切需要。实现好、维

护好、发展好人民文化权益，是社会主义文化建设的根本目的，是推动我国文化发展的出发点和落脚点。践行党的初心使命、根本宗旨、执政理念、在文化领域最重要的体现就是担当起保障人民文化权益的责任。为进一步提升公共文化服务水平，要重点推进以下工作：以人民群众日益增长的精神需求为出发点和落脚点，适应时代发展需要，努力探索和实现图书馆服务"转型""融合"和"创新"，优化图书文化服务设施空间布局，拓宽文旅融合途径。

1. 大力提升智能化、信息化服务水平

一是推进数字化、网络化发展，建设智慧图书馆。不断完善数字平台、资源平台、服务平台功能，推进平台一体化建设。二是优化阅读空间，开展普惠均等阅读服务体验，满足群众多元化的文化需求。围绕"世界读书日""图书馆服务宣传周"等主题，组织开展全方位、多层次的阅读推广活动，巩固提升服务品牌形象，扩大影响力和覆盖面，发挥公共图书馆滋养民族心灵、培育文化自信的重要作用。

2. 积极创新服务手段

疫情期间，十堰市图书馆创新服务形式，精心策划组织开展了讲书人大赛、云阅读、绘本阅读、领读者之声等形式多样、内容丰富的线上活动。"领读者之声"共读名家笔下的元宵节线上阅读活动、"感端午文化 咏家国情怀"情景演诵线上展播活动、"领读者之声"线上朗诵接力、"领读者之声——聆听'平语'金句 唱响青春之歌"线上展播活动，伴市民度过"抗击疫情、平安宅家、书香为伴、线上阅读"的日子。

3. 推出书香战"疫"微信线上阅读绘本活动

疫情期间，为保障停课不停学宅家的小朋友有新书可读、有新故事可听，十堰市图书馆积极拓展线上服务渠道，推出书香战"疫"微信线上阅读绘本活动——小雅姐姐讲故事，活动自2月27日开展以来，深受家长和小朋友们的欢迎，每晚8点不间断，先后共开展24场，分享绘本图书30余本，吸引了500多名低幼儿童和家长的参与，网上点击量达到80万余次。同时也能让更多的市民融入到亲子阅读、家庭阅读的队伍中来。

4. 深化公共图书馆总分馆建设

近年来，十堰市不断深入推进全民阅读和"书香城市"建设，积极推进图书馆总分馆建设，以市图书馆为中心、各分馆为切入点，百姓书屋、农家书屋等为支撑，构成三级服务管理体系，营造了"多读书、读好书、善读书"的社会氛围。目前，我市已建成了市广东路小学、市警训基地、市实验中学、市柳林小学、上书房、柏林镇文化站、市东风41学校、市看守所、市老干部局活动中心、车城路街道康乐社区、车城路街道涨湾社区、汉江路街道阳光社区、汉江路街道东风社区等 13 所分馆，影太文化传播公司、柏林镇柏林村农家书屋、图书流动车等 3 个基层服务点，共调配文献资源 3 万多册，完成了 InterlibV2.0 图书馆集成管理化系统试运行和人员培训工作，对一卡通用、通借通还进行了试运行。

二、勇抓"建党 100 周年"机遇，提升服务水平

党的十八以来，以习近平同志为核心的党中央高度重视党史教育工作，习近平同志强调："中国共产党的历史是一部丰富生动的教科书，用党的历史教育党员、教育干部、教育群众尤其是教育青少年，是党史工作服务党和国家大局的重要内容。"进入新时代，随着我国社会主要矛盾的转变，人民已经不只是满足于对物质的需求，精神需求显著提升，而中国共产党的历史蕴涵着丰富的传统文化精神，加强党史教育对于提升新时代社会群体的爱国主义、集体主义情怀以及传承老一辈革命家艰苦奋斗的品质有着积极的推动作用。十堰市图书馆作为社会教育的重要基地，积极向广大群众开展党史宣传教育，推出了系列活动。

1. 共读红色经典，共庆百年华诞

百年风雨兼程，世纪沧桑巨变。为庆祝中国共产党成立 100 周年，向党的百年华诞献礼，十堰市图书馆总分馆开展了以"共读红色经典 共庆百年华诞"为主题的红色经典同城快闪共读活动。本次诵读活动由市图书馆各总分馆、基层服务点自行录制视频，以云诵读的方式进行展演，共 50 多个分馆、基层服务点及部分社区、机关、企业参与。"建党百年不忘初心，建党百年牢记使命……中国一定会，引领世界，再创辉煌！"来自各行各业不同领域的同志们共同演绎，齐声诵读共读篇目《建党百年诵》，重温党的光辉历史，共同追念先辈精神，体味真理味道，感悟信仰力量。

2. 送红色资源进基层、进景区

延伸图书馆服务。"红色文艺轻骑兵"小分队走进西沟乡景区、武当山景区与景区联合开展送文化下乡暨"与爱同行·惠游湖北"——"双进双促"活动，为村民朋友送去优质图书与数字阅读资源，并带去"十进十建"宣传展览。通过文化与景区景点内涵相结合的方式，把文化元素植入景区景点，进一步整合文化旅游资源，推动旅游和文化融合取得"1+1>2"的效果，深化文旅融合发展，延伸拓宽了图书馆服务外延和内涵。

3. 推出童心向党系列活动

为庆祝中国共产党成立 100 周年，大力弘扬社会主义核心价值观，市图书

馆联合神州共享、武汉超星在四楼报告厅举办了"童心向党，快乐成长"庆"六一"主题活动，60余名幼儿园小朋友和家长参加了活动。6月18日，十堰市图书馆联合广东路小学组织11名低幼学生走进图书馆，开展童心向党系列活动之"广泛开展党史学习教育，深情关爱留守儿童"。今年是中国共产党百年华诞，接下来，十堰市图书馆将持续开展童心向党系列活动，把党的历史深植在广大少年儿童心中，增强他们爱党爱国爱社会主义的情感，让红色基因、革命薪火在一代又一代的传承中，生生不息。

4. 推出红色主题展览系列活动

为深入学习贯彻习近平总书记关于"要把红色资源利用好、把红色传统发扬好、把红色基因传承好"的重要指示精神，引导青少年厚植"强信念、感党恩、跟党走"的情感主线，在中国共产党建党百年之际，市图书馆于4月11日起至4月25日在少儿部开展为期两周的"红色经典专题书展"；4月22日至4月30日，在二楼报刊阅览室举办了"学党史、颂党恩、跟党走"主题期刊展活动；精心挑选了部分在线电子图书，对社会主义核心价值观进行了明确的解读和生动形象的宣传，以文字之美传递正能量，引领大众在阅读过程中感受到文字背后的精神内核，让人们在文化熏陶中感悟认同社会主义核心价值观，培育和增强社会主义核心价值观的感召力。十堰市图书馆充分发挥社会教育职能，在广大读者群中广泛开展党史学习教育，重温党的光辉历程、歌颂党的伟大成就，进一步倡导市民践行社会主义核心价值观的积极性和自觉性，用社会主义核心价值体系引领社会思潮、凝聚社会共识。

三、结语

"雄关漫道真如铁，而今迈步从头越"。新时期，新机遇，十堰市图书馆的发展也面临新的挑战，我们将直面挑战。在省、市领导的正确引领下，在馆领导和全体员工的不懈努力下，在全社会的共同参与下，汲取经验教训，抓住机遇，敢于"亮剑"，稳定发展，奋力促进图书馆建设与服务，闯出发展新天地。

六、延伸阅读的触角——公共图书馆阅读推广创新探索

公共图书馆新媒体阅读推广创新探索
——2021年湖北省图书馆"因书而美"世界读书日案例浅析

竺佳怡

（湖北省图书馆，湖北武汉，430071）

摘　要：本文立足移动互联网迅猛发展的时代背景，深入思考公共图书馆如何运用新媒体更好地进行阅读推广。一方面从宏观角度，本文探讨了新媒体推广在公共图书馆的应用，具有传播速度快、覆盖范围广、用户粘性高、活动交互性强等优势。另一方面，以2021年湖北省图书馆"因书而美"世界读书日新媒体推广案例为小切口，分析该馆新媒体平台的运营状况，"因书而美"推广活动的读者服务数据，以期为创新公共图书馆新媒体服务提供普适性的工作思路，为营造全民阅读浓厚氛围探索新的行之有效的路径。

关键词：新媒体；湖北省图书馆；世界读书日；案例探析

一、背景

移动互联网用户快速增长，对公共图书馆阅读推广模式产生了深刻的影响，图书馆新媒体阅读推广实践日益积累并不断探索新的发展机遇。根据《第47次中国互联网络发展状况统计报告》，截至2020年12月，我国网民规模达9.89亿，已占全球网民的五分之一；互联网普及率达70.4%，高于全球平均水平。公共图书馆为大众服务，具有社会教育的重要职能。互联网的迅速发展改变了大众的文化生活方式，公共图书馆因时而变，利用新媒体拓展了阅读推广的模式和渠道，使用微信、微博、哔哩哔哩、抖音等社交平台，通过文字、音乐、短视频等多维度的方式丰富阅读体验，吸引更广泛的人群惠享公益文化资源与服务。

二、新媒体阅读推广的概念和优势

新时代读者阅读行为呈现出跨媒介和多媒介的特征。媒介传递文字符号等信息的同时，也传递价值判断、社会理念等精神和情感层面的信息。新技术环境下的阅读媒介可分为纸质媒介，电脑媒介和移动媒介等。《中华人民共和国公共图书馆法》要求公共图书馆运用现代化的信息技术与传播手段提高图书馆服务效能，并利用数字化和网络化技术向社会公众提供优质的信息服务。新媒体阅读推广克服了实体书籍的借阅困境，让更广泛的社会大众获得良好的阅读体验。借助新媒体平台进行阅读，不仅针对有实体文化场馆的地区开放，微博、微信、抖音等也将阅读的服务触角延伸到乡镇社区的每一个角落。只要有网络覆盖的地方，就能免费登陆公共图书馆的新媒体服务端口，畅享数字文化资源。

（一）新媒体的相关概念

新媒体服务是指"利用互联网+"、云计算、大数据等先进的数字技术、网络技术，依托电脑、手机、智能电视以及各种触摸设备等终端，向用户提供更加直接、实时、精准的信息和数字资源服务。与传统媒体相比，新媒体具有形式丰富、渠道广泛、覆盖率高、互动性强、推送精准、推广便捷等优势"。匡洁在《新媒体教学的案例研究》论文中提到，新媒体概念可以追溯到二十世纪五十年代加拿大学者麦克卢汉发表的"电子革命：新媒体的革命影响"演讲。在该演讲中，麦克卢汉提出了"新媒体"这一概念。笔者赞同清华大学新媒体传播研究中心主任熊澄宇教授的论述。熊教授认为："所谓新媒体是一个相对的概念，新相对旧而言。广播相对报纸是新媒体，电视相对广播是新媒体，网络相对电视是新媒体。今天我们所说的新媒体通常是指在计算机信息处理基础之上出现和影响的媒体形体"。综观新媒体的发展，经历了网络媒体、自媒体、移动新媒体三个阶段。

（二）公共图书馆新媒体推广优势

公共图书馆新媒体优势显著，集中表现在：传播与更新速度快、成本低、信息量大、内容丰富、覆盖面广、检索便捷、融媒体传播，用户的粘性高、互动性强等方面。黄琳等人在《阅读推广融合渠道及路径》提出：本馆渠道、第三方渠道以及通用渠道是阅读推广的新媒体语境下的三种主要推广模式。本馆渠道主要指由该图书馆建立的具有权威性的渠道，如图书馆微信、图书馆微博、图书馆实体馆、图书馆App以及图书馆官网等。第三方渠道主要指由其他图书馆、相关机构或者学（协）会建立的具有权威性的渠道，例如由中国图书馆学会建设、各馆均可使用的线上竞赛网站，上海图书馆向天津大学图书馆免费开放的馆藏目录查询系统，万方、Wiley、Emerald等提供的专门网站、微信小程序等。通用渠道主要指与图书馆服务无必然的直接关系，图书馆仅借助其部分功能达成宣传推广效果，如微信群、QQ 群、阅读类 App、电视、抖音以及城市地铁等。2018 年被誉为"政务短视频元年，其后关于政务短视频的研究如雨后春笋般涌现，虽然总体研究数量还较少，但依然为政务新媒体研究时代增色不少。政务新媒体的研究热度在公共文化服务领域带来了公共图书馆运营、研究和推广新媒体的热潮。

三、湖北省图书馆新媒体运营与"因书而美"新媒体案例的启示

笔者从 2021 年湖北省图书馆"因书而美"世界读书日阅读推广案例出发，分析新媒体各平台的运营概况，通过图表与文字相结合的方式呈现。同时，从"因书而美"的推广案例中展示新媒体推广的丰富内容，并从读者反馈调查中，了解读者参与活动的信息渠道、满意度、体验感等，从中总结经验来更好地指导实践。

（一）湖北省图书馆新媒体运营概况

湖北省图书馆主要通过网站、微信、掌上鄂图 App、微博、抖音、哔哩哔哩、喜马拉雅等新媒体为读者提供服务并进行宣传和阅读推广。2020 年，湖北省图书馆新媒体平台进行叠加式推广宣传，阅读总量超 1400 万次。其中，湖北省图书馆微信公众号发布推文 1550 条，阅读量共计 281.03 万次。官方微博 2020 年发布图文信息 356 条，阅览量共计 1069 万次。全年通过新媒体线上活动运营和服务，推动了全省全民阅读工作的开展。

根据《全国图书馆微信微博监测月报》最新数据，2021 年 5 月，湖北省图书馆微信订阅号排名省级图书馆第二名，抖音号排名省级图书馆第二名。根据人民网数据，省馆微博官方账号入围 2021 年第一季度湖北文旅系统十大微博。湖北省图书馆通过微信、微博、抖音、哔哩哔哩、喜马拉雅等新媒体平台配合传统媒体，初步形成全媒体矩阵。湖北省图书馆新媒体各平台用户共计约 40 万人次。用户特征表现为整体用户年龄偏向年轻化，18 岁至 45 岁的年龄群体构成了用户主体，占比高达 84.92%。用户的性别比例方面，女性用户占比 59.42%，多于男性用户。语言使用习惯方面，97.5% 的用户习惯使用简体中文。新媒体平台的用户呈现较为明显的地域划分，89.82% 的用户来自湖北省，其次用户较为集中的依次是广东和北京。这些用户特征的提取推动图书馆新媒体运营者更有针对性的策划活动，优化每日资讯的推送内容。

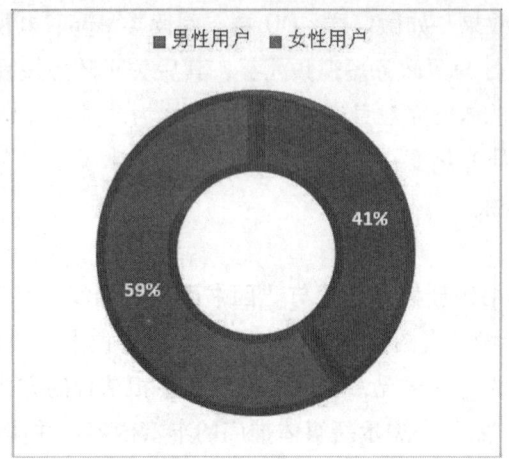

图 1　湖北省图书馆新媒体平台用户性别比例图

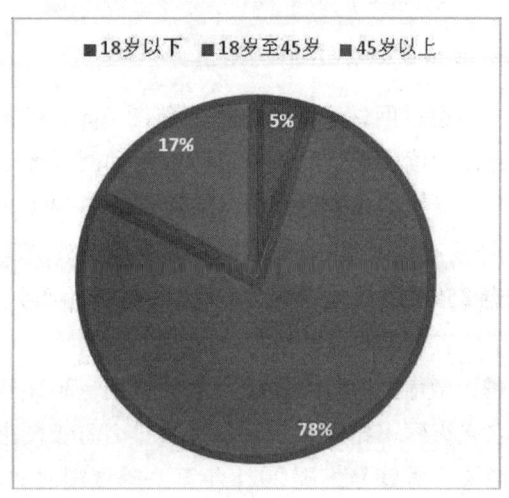

图 2　湖北省图书馆新媒体平台用户年龄比例图

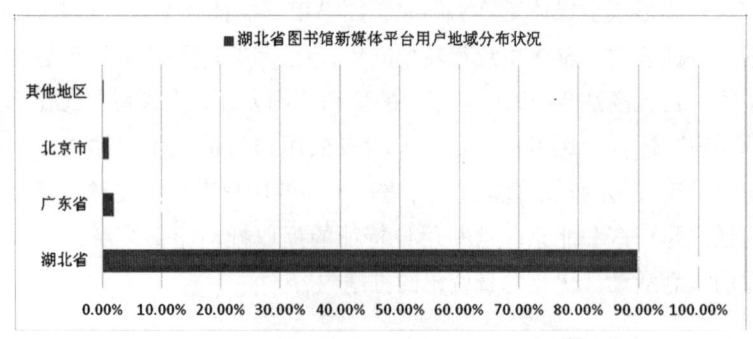

图 3　湖北省图书馆新媒体平台用户地域分布状况图

（二）"因书而美"阅读推广案例的背景

1995年联合国教科文组织将每年的4月23日设定为"世界图书与版权日"（即"世界读书日"）。"世界读书日"成为世界各国开展全民阅读活动的重要节点。我国图书馆界自2004年起开展"世界读书日"阅读推广宣传活动，迄今已连续进行了十七年。数据统计表明，武汉在校大学生人数超过100万，大学生是新媒体平台文化内容核心消费人群。为营造浓厚的全民阅读氛围，提升社会公众阅读兴趣，创新阅读推广的渠道，2021年4月，湖北省图书馆联合抖音、新浪等新媒体策划了"因书而美——世界读书日阅读推广活动"。借势世界读书日的时间节点，在新媒体各平台推出"因书而美"话题营销，加强读者交流与互动，提升图书馆服务的社会美誉度。

（三）"因书而美"阅读推广案例的做法

湖北省图书馆"因书而美"世界读书日新媒体推广系列活动线上和线下共同发力，展现了书香湖北的阅读之美。湖北省图书馆新媒体矩阵在官方微博、微信、抖音和哔哩哔哩（简称B站）等多个平台同步推出"因书而美"话题营销，吸引广大读者和网友线上参与。联动《湖北日报》官微公众号在4月23日当天发布《欢迎加入读书氛围组》推文。同时，馆内开展"因书而美"主题活动三场：2021年4月17日，湖北省图书馆"因书而美——世界读书日主题摄影展"吸引2万余名读者观展。本次展览共展出摄影作品100幅。作品从时间和地域上，展示了纵贯五个世纪，横跨五大洲的美好阅读场景。来省图书馆观展读者说，观看这些摄影作品，和更广阔的的世界相遇，感受到读书人真挚的快乐。有机会也想多出去走走，多读读好书。为更好与读者分享摄影中的阅读文化，同时邀请摄影展作者顾晓光以《影像中的世界阅读文化》为主题进行现场讲座，分享世界50多个国家和地区的图书馆、书店及相关阅读文化，现场读者反响热烈。2021年4月23日，"因书而美"新媒体阅读推广打卡活动在湖北省图书馆现场举行，读者争相到馆打卡并将与阅读主题相关的短视频标记图书馆地名后分享上传至抖音平台，现场领取图书馆文创纪念品百余份。

（四）"因书而美"阅读推广案例的成效

"因书而美"世界读书日新媒体推广的活动成效体现在两个方面。一是微博、微信、抖音、哔哩哔哩等平台叠加推广，形成了新媒体传播的有力矩阵。二是单个平台的推广效果突出，本文以新浪微博湖北省图书馆官方平台为例进行详述。

1. 单平台推广亮点突出

以微博平台为例,世界读书日,湖北省图书馆联合新浪发起线上宣传,结合世界图书日打造"因书而美"微博话题,湖北大V联动传播,推出"全民读书V力十足"助威短视频,同时结合省图书馆的读书活动,制作精美活动海报@湖北省图书馆 发布"因书而美"有奖送书活动种子微博。"因书而美"微博话题阅读量达109.1万;"因书而美"还发布了有奖送书活动种子微博,单条微博阅读量77.3万;"全民读书V力十足"助威短视频微博阅读量44万。湖北省图书馆官方微博联动粉丝量367万微博读物大V@读书小马甲、微博粉丝量58万@湖北消防、微博粉丝量1万@湖北边检、微博粉丝量117万@武汉地铁运营联动转发,在微博掀起世界读书日的推广热潮。

2. 叠加平台形成新媒体传播矩阵

本次活动还联合抖音共同推出"因书而美"世界读书日主题短视频创作活动,网友和读者共产生675条投稿,总流量超过1003万。湖北省图书馆微信发布《世界最美的读书风景都在这里(文创福利来啦!)》,以及"因书而美——世界读书日主题摄影展"预告,并挑选走心留言赠送文创明信片,阅读量5064,留言62条,点赞和在看数量近200,读者反响热烈。

新媒体阅读推广活动结束后,笔者从活动的满意度调查可以得出,读者认为"因书而美"世界读书日主题推广体验感较好的原因主要包括以下方面:能贴近热点,顺应时间节点推出活动(37.2%);活动的形式设计有创新,能引发读者的广泛留言和互动(31%);活动内容为阅读主题,符合读者的精神文化需求(19.8%),其他积极原因占12%。

关于读者参与"因书而美"世界读书日活动的渠道,可以归纳为以下方面:通过新媒体平台活动预告、馆内醒目位置的宣传物料台、数字化展示,例如,电子屏幕的海报投放等多种渠道了解到本次世界读书日的活动信息。在参与活动的过程中,读者整体参与度较高,满意度较高。通过新媒体平台提前了解活动的读者占参与活动读者总数的47%,被馆内宣传物料吸引前来参加活动的读者约占参与活动总数的17%,看到电子屏幕滚动播放的活动海报等数字化展示形式,参与线上或线下"因书而美"主题活动的读者约占比21%。因此有较强烈主观意愿积极参与活动的读者占参与活动读者总数的共计比例约83%,构成本次活动的读者主体。此外,随机参与的读者都是到馆享受公共文化服务的读者,说明活动能够吸引固定阅读群体的兴趣,为将这些读者转化为新媒体平台的忠实用户奠定了良好基础。

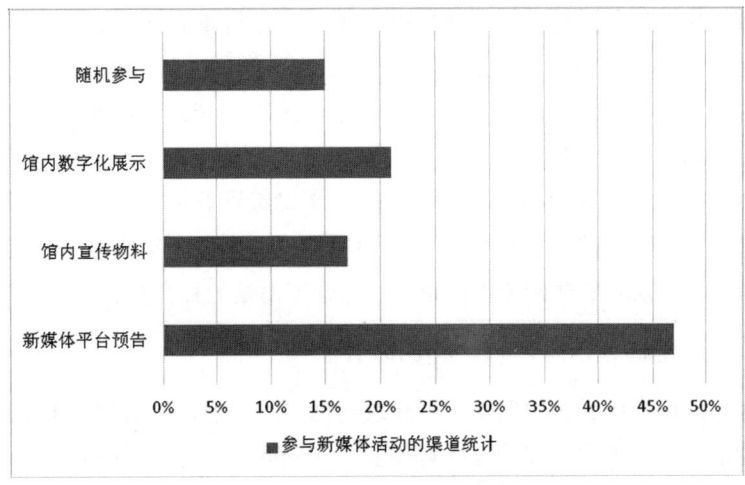

图4 读者参与"因书而美"新媒体推广的渠道统计图

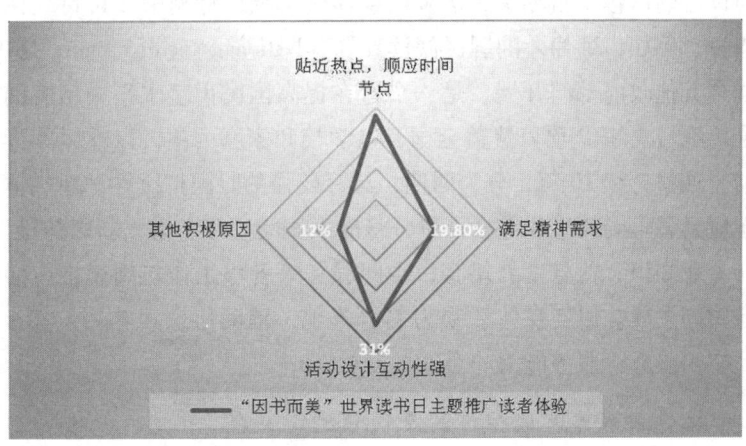

图5 "因书而美"世界读书日新媒体推广读者体验图

四、公共图书馆新媒体阅读推广的思考与建议

通过对湖北省图书馆"因书而美"世界读书日新媒体推广案例的活动目的、活动内容、活动成效等方面的详细梳理，结合湖北省图书馆新媒体日常运营的状况，探讨新媒体推广的普适性规律。从实践经验出发，对公共图书馆运用新媒体，扩大阅读推广成果提出以下建议。

（一）形成融媒体推广的强大矩阵

笔者建议开展新媒体阅读推广的公共图书馆能形成以外宣通讯、微信、微博、官网、抖音、哔哩哔哩等平台多位一体的融媒体矩阵，重视新媒体平台的整体传宣效果。与此同时，科学选择推广渠道，进行重点运营。进一步打通短视频平台宣传推广渠道，优化视频内容和形式。例如，抖音的用户基数庞大，人民日报、新华社、新京报等主流媒体已全面进军抖音，各政务平台也逐步重视抖音平台的宣传。公共图书馆围绕短视频平台运营，需成立运营团队，从内容构思、素材采集、视频拍摄、视频剪辑、文案编辑等环节，发挥团队成员专长，合理分工，贴合热点，优化短视频的质量，扩大推广范围，增强读者的点赞数和好评度。从新媒体阅读推广角度，增强图书馆的社会知名度和美誉度。

（二）创建新媒体阅读推广特色品牌

新媒体阅读推广品牌的创建离不开系列充实的阅读推广活动、丰富和完善，在连续性活动开展中积累和培育新媒体推广品牌的内涵和生命力，前瞻性的品牌意识和常态化的读者维护对新媒体品牌的可持续性产生深远影响。品牌的可持续性与读者的信赖紧密相关，国外新媒体阅读推广计划中"可持续性"是一项重要指标。例如，葡萄牙的国民阅读计划（National Reading Plan，NRP），由教育部联合其他政府部门开展，是一个旨在提高国民识字水平并培养阅读习惯的阅读推广项目。NRP 项目覆盖全国，以学校和家庭为主，以社区阅读及网站推广为辅。项目持续 10 年，分为两期，具有较强的时间持续性。新媒体推广品牌的创建应具备全局构思和综合视野，将嵌入式阅读理念融入新媒体推广工作，促成学科专业知识，信息素养培育，空间服务等各项工作与阅读推广活动的深度融合与协同发展。以新媒体活动为集合阵地，辅助信息素养、人文素养、学科服务、空间服务等服务能力的全面提升。

（三）搭建新媒体阅读推广的互动与反馈平台

目前，部分公共图书馆的新媒体阅读推广活动缺乏相匹配的读者反馈机制，在评价体系的设计中，进行活动参与对象的"满意度调查"时应注意区分"读者"和"公众"的范围。通常，"读者"是公共文化资源的"存量"使用者和受益人，而"公众"所涵盖的范围是广泛的社会群体，其中部分人并未养成使用公共图书馆等资源获取渠道的习惯。因此，评价体系中的"满意度调查"应面向全体社会公众开放，而不是仅集中于现有的读者群，从而获得更加真实客观的用户数据。研究表明，国外图书馆看重与读者的沟通与反馈，"共同阅读"是一项美国全民阅读的著名推广活动。通过一个社区共读一本书等涵盖线上互动的新媒体阅读推广项目建立对话途径，在阅读活动结束后采取调查问卷、读者访谈等形式了解读者对活动开展的收获与建议并及时制定改善措施，此类新媒体阅读推广与读者反馈结合的服务模式值得借鉴。

五、结语

综上所述，面对公共文化服务全面发展的有利局面，本文以湖北省图书馆"因书而美"世界读书日新媒体阅读推广案例为切口，分析了湖北省图书馆新媒体运营现状，新媒体推广活动的内容和成效，及时进行经验总结并尝试探索公共图书馆新媒体阅读推广的普适性规律和路径。站在两个一百年的历史交汇点，我国公共图书馆将进一步立足时代需求，结合地域特色，广泛运用新媒体技术不断丰富图书馆阅读推广的内涵和外延，并为社会主义先进文化的繁荣贡献力量。

参考文献

[1] 龚晓婷. 图书馆营销品牌升级实施策略 [J]. 大学图书馆学报，2019 (2)：29-32.

[2] 于晶，谢泽杭，马新瑶. 发展脉络与未来图景 [J]. 大学图书情报学刊，2020 (9)：122-128.

[3] 易红，詹洁，张冰梅. 公共图书馆全媒体阅读服务链的构建策略研究 [J]. 图书与实践，2019 (2)：90-94.

[4] 陈菲茵. 公共图书馆新媒体服务营销策略研究 [J]. 江苏科技信息，2021 (4)：17-19.

短视频延伸阅读的触角

杨 思

(湖北省图书馆,湖北武汉,430071)

摘 要:随着媒体融合的推进,以数字媒体为主的全媒体发展成为必然趋势,自此,全媒体概念也被积极引入图书馆的服务工作领域。基于此背景,本文试图重点对短视频及其分发平台的特点、阅读类短视频案例、图书馆如何利用短视频进行阅读推广等问题进行探讨和分析,并列举了几个国内图书馆短视频推广成功的案例,结合相关理论和实际找出目前短视频在图书馆推广应用中存在的问题,并提出有针对性的促进图书馆利用短视频进行阅读推广的策略。

关键词:短视频;阅读推广;跨界合作

随着媒体融合的推进,以数字媒体为主的全媒体发展成为必然趋势,全媒体概念也被引入图书馆的服务工作领域。图书馆的阅读推广工作不再局限于线下开展各类活动,逐渐向新媒体领域拓展。图书馆拥有得天独厚的文化资源,利用数字化传播手段,提升读者服务质量,将优质文化资源共享给社会,是图书馆工作者的义务和担当。

一、短视频及其分发平台特点分析

(一) 短视频的界定

不同于长视频,短视频是受一定时间限制的视频内容,可以是独立的一篇,也可以是多部视频组成的有体系有规模的栏目。时长基本维持在 15 秒—5 分钟,适合在手机观看。短视频以时间短、内容精炼、操作便利、交互性强的特点,迅速发展为主流的信息传播方式和休闲娱乐产品,读者可以"十五秒读懂历史朝代更替"、"一分钟学习一个理财知识"、"五分钟解读一本书"。用户在刷短视频时,常常会忘记时间,给用户带来沉浸式体验。短视频的特点也完美适应当今人们对碎片化时间的使用习惯。充分利用短视频工具,能够更好的进行阅读推广与读者服务。

(二) 主要的短视频平台及特点

1. 抖音

抖音于 2016 年 9 月上线，起初是一个鼓励年轻人进行音乐短视频创作分享的社区平台，如今发展为音乐舞蹈、影视娱乐、美食类内容火爆的视频开放平台[1]。抖音在 15 秒、1 分钟、3 分钟视频后，开放了 15 分钟的视频拍摄权限，同时支持直播与电脑网页版的使用，长视频将促进内容创作者进行深度表达。过去抖音的用户以年轻人为主，目前中老年用户群体呈上升趋势，基本实现受众全覆盖。在抖音平台搜索众多公共图书馆发布的内容可以发现，大部分短视频创作突破了较为传统的表现手法，呈现出富有创意、接地气、风趣、活泼的形式。能够让读者在欢乐的氛围中吸取知识，纯干货型内容的分享是吸引用户的关键因素。

2. 哔哩哔哩

哔哩哔哩（简称 B 站）从最初的"二次元"聚集地，借由动漫吸引到一批稳定的受众后，逐渐向游戏、电影、知识科普、生活方式等领域展开，已成为跨越各年龄段、各文化圈层的不同人群的聚集地。作为年轻群体居多的文化社区，B 站上知识型服务的视频内容质量较高，涉猎范围广泛，相比短视频，长视频内容更多。在 B 站的知识区，人文历史、法律科普、科学科普等学习领域的用户活跃度高。在此平台中与阅读相关的主题多样化，垂直型内容博主有着各自稳定的受众群体。继娱乐化为主的视频内容之后，目前，知识型内容开始有了更大竞争力。明确受众的定位，推发高质量的垂直型内容，将更容易获得 B 站用户的青睐。

3. 微博

微博从 2009 年起发展至今已有十多年，成为人们获取时事动态最常用的主流社交平台之一，其所具备的热搜功能，更是能让人们第一时间了解到现下最火爆的话题。微博平台在链接博主、信息与普通用户方面有着突出优势，制造热点话题、加强与大 V 的联动，是此平台吸引受众关注的重要手段。微博主要以传统图文承载内容，在今天以短视频为主的内容消费形式下，面对内容层面越发激烈的竞争，微博也开展了短视频业务，但并不具备明显优势。但作为中文世界最大的开放式社交媒体，它依然是内容创业者积累社交资源的最佳平台。

4. 视频号

微信视频号是腾讯进入短视频领域的重要方式，以图片和短视频发布为主，可发布 1GB 以内的视频，不超过 9 张的图片，还兼具直播功能。有别于抖音、微博等开放型社交平台，视频号主要以私域流量为主。例如，视频号内容仅对微信账号好友可见，通过好友点赞机制才能进行内容的推广。想要在视频号引流，需要通过微信号、微信群、公众号之间交互式引流的方式进行。微信公众号目前依旧是图文类信息发布的主要阵地，泛娱乐类内容较为弱势，教育、金融财经类等深度解读的文字内容有较好的受众群体。

通过对以上主流短视频投放平台的分析来看，目前各视频平台在受众方面已没有明显的界限，但仍有自己的核心受众。内容创作者一方面需要将视频内容进行全渠道投放，而不只是入驻某一个平台；另一方面，还是要根据该平台的受众特点调整时长、表达形式、视频风格等，从而达到内容传播最大化。内容平台发展日渐成熟，短视频已步入存量竞争的时代，内容依然是争夺用户时间的重要因素，结合受众心理准确定位内容才能达到事半功倍的效果。

二、阅读类短视频成功案例及分析

（一）樊登读书会

樊登读书会作为一个知识信息服务平台，最初只是一个传统的封闭式读书会，随着受众群体不断扩大，逐渐以线下多场地、线上多平台为推广策略，满足不同受众群体的需求。樊登读书会及时把握短视频发展潮流，通过短视频不断增强自身品牌影响力，继而将短视频平台积累的数亿流量[2]，引流到自己的受众群体当中。

樊登读书会分别在抖音、视频号、B 站等多个平台开设账号，针对不同的受众类型投放相应内容，以达成差异化运营的效果。其中在抖音平台的注册账号数据最佳，在此平台注册了一系列账号，包括"樊登""樊登读书""樊登听书""樊登读书精华""樊登读书新父母""樊登读书冷知识"等，每个账号都有特定的受众群体，推送有针对性的内容，综合起来形成作品产量大、话题丰富、推荐量广的效果，使樊登系列的短视频覆盖率节节攀升，品牌影响力越做越大，其中，仅"樊登读书"账号关注人数已达939.5万。通过分别运营多个账号来吸引不同群体，进而来合力打造一个品牌，或许值得我们借鉴。

（二）看理想

看理想作为理想国推出的影像出版计划，从人文类书籍的出版社裂变成当前在新媒体领域最为成功的文化品牌之一。看理想以"看理想 vistopia"为名称分别在各平台开设账号，其中微博开设的看理想超话有148.1万的阅读量。此外,看理想旗下知名节目如《一千零一夜》《圆桌派》《局部》等受众广泛,视频号通过从各个视频节目中汲取经典内容与观点,发布1分钟到3分钟不等的视频,培养出一批持续关注内容的铁粉。其中在主界面点赞量最高的视频为"'局部'第一季艺术最可贵的是直觉与'无知'",时长44秒,5.4万点赞,3万转发,618评论。看理想的短视频起到了很好的广告效应,以预告或精选的形式,吸引受众进一步关注长视频的深度内容。看理想的视频数据虽不如樊登读书会,但其高质量内容的输出,得到受众的一致认可,也具备一定的社会影响力。

值得学习的是,看理想影像风格化的处理能很好的将人文情怀融入其中,并打破传统文化节目在摄影棚中录制的局限[3],拓展到街头、家中、博物馆、美术馆等不限于国内外的各类场景,画面语言丰富,以平等的视角将文化内容讲给普通人听。以人文情怀推广知识性内容,是看理想为图书馆的内容传播工作提供的一份良好借鉴。

在众多内容领域中,新知成为资讯的新风口,知识类需求超越娱乐,除了重大事件的分享,人们开始从关注娱乐型内容转向与阅读有用的涨知识的内容。图书馆丰富的知识型资源,应该成为我们源源不断的智库。我们可以学习樊登读书会、看理想的经验,通过多账号分发内容的方式、人文情怀化的内容表达来运营短视频,将丰富的文化资源推送到更多受众群体。

三、图书馆利用短视频推广成功案例分析

(一) 江西省图书馆

在抖音平台注册的公共图书馆账号里,目前江西省图书馆的数据最佳。该账号下的"赣图最美读者访谈"板块,仅仅用5个1分钟左右的视频获取了145.6万播放量。此系列抓住了短视频受众的审美偏好,在馆内探寻"最美读者",以颜值高、学霸、穿着时尚、性格风趣的年轻读者为对象进行简短访谈,采访内容涉及喜欢的书籍类型、图书馆的体验等,馆员轻松风趣略带侃大山的说话方式,让一个仅以对话为主的内容显的好看又有趣。在与"最美读者"的交流中,馆员也会巧妙地嵌入图书馆服务项目。例如针对不同读者推荐适合的阅读场所、阅读资源等,在潜移默化中为读者服务,同时也对图书馆的信息资源与场所功能进行了宣传。

(二) 浙江图书馆

浙江图书馆在抖音主要开设了"大咖有话要说""有话要说大咖""嘿!看

书不"三个板块,分别有着2941万、653万、5.4万的阅读量。其中阅读量最高的"大咖有话要说"收录了浙图文澜讲坛讲座视频中专家教授的经典观点合集。除此之外,视频并没有局限在现有讲座资源中,馆内数字资源以及网络视频资源也被收录其中,为视频创作提供更多资源和丰富的主题。此外,浙图抖音平台发布的视频内容紧跟时事,及时策划制作短视频,且每个视频都配以一目了然的标题与话题。例如,视频"那些35+的互联网中年人,都去哪里了?"采访了腾讯·大浙网总裁,以35岁的互联网人视角分享自己的人生与职场经验,抖音点赞1.3w。2020年3月,浙江图书馆创立视频号,内容基本与抖音同步,但数据量远不及抖音。

(三) 广东省立中山图书馆

广东省立中山图书馆的抖音账号中设置了五个内容板块,其中播放量最高的"主播带你涨知识"栏目有767.6万播放,主持人以口述的形式配以图文,在半分钟内解读一个传统文化知识,知识点单一明确、通俗易懂,兼顾了各类受众群体的文化接受度。此外,"挑战星期五"栏目是一档知识型问答栏目,时长一分钟左右,视频内容往往是三位馆员围绕一个知识话题进行现场抢答,制造出传递知识、寓教于乐的效果。例如,与中国古代衣食住行、诗词歌赋相关的话题,三位馆员全身着汉服,既符合当下"汉服热"的热点,吸引受众目光,又以互动性强的形式让受众很有代入感。

(四) 上海图书馆

上海图书馆的视频推广主阵地在微博与B站,两个平台有着不同的分发内容。其中,上海图书馆在B站的频道中共有10个专栏,如"非遗大课堂""海上新声"诗歌朗诵会、"馆员荐书:和首甫同学一起来读书""文学作品中的女性形象"等。除此之外,还会在B站不定期直播讲座,"上图讲座"的完整视频资源也集中在B站发布。其中,上海图书馆"VLOG丨沈逸教授在上海图书馆:看看他在后台说了什么",视频以问答的形式进行,馆员对当下大热话题"美国总统选举"提出相关提问,沈逸教授阐述关于自己的思考,问答环节结束后视频继续记录幕后花絮,与接下来沈逸教授做客上图讲座演讲的现场情况。6分多钟的视频,得到6.9万的关注,以短视频引导读者关注深度内容。在B站这个平台上,上海图书馆借助不同领域行业专家们知识深厚、人气度高等优势,通过视频传播进行阅读推广,是值得借鉴的积极尝试。

据统计,当前开通抖音账号并进行官方认证的公共图书馆有78家,仅占我国公共图书馆总数的2.46%[4]。目前来看,越来越多的公共图书馆纷纷入驻抖音、微博、视频号等短视频平台,期望通过短视频更好的传播图书馆服务,开展阅读推广,但这一工作仍处于初步的探索阶段,零星的成功经验都值得我们学习,比如抓住受众审美偏好、紧跟时事热点、轻松开展互动、借助专家优势等做法都可以拿来借鉴。各公共图书馆在哔哩哔哩与抖音平台的数据对比见表1、表2。

表1 10家公共图书在哔哩哔哩平台数据排名（截止日期：2021.6.27）

哔哩哔哩平台账号	粉丝数	获赞	作品量
上海图书馆	1.5w	1.7w	140
深圳市坪山图书馆	8925	1468	22
湖北省图书馆	2411	835	97
深圳图书馆	1660	698	41
浦东图书馆	1457	507	130
浙江图书馆	1253	6	1
首都图书馆	1232	252	36
陕西省图书馆	1225	1153	134
太仓市图书馆	1005	1064	110
广西图书馆	512	237	16

备注：哔哩哔哩平台在作品量的统计中,未包含合集中的分集作品,例如：在湖北省图书馆账号发布的"2020讲座合集"中就有28个分集视频,但平台仅将"2020讲座合集"统计为1个作品。因此平台统计的各馆作品量不完全准确,在此仅供参考。

表2 10家公共图书在抖音平台数据排名（截止日期：2021.6.27）

抖音平台账号	粉丝数	获赞	作品量
江西图书馆	47.1w	897.6w	163
浙江省图书馆	27.3w	276.9w	104
临沂市图书馆	9.2w	127w	577
广东省立中山图书馆	7w	14.9w	262
国家图书馆	4.7w	5.7w	103
上海图书馆	2.5w	6.9w	448
重庆图书馆	1.5w	11.4w	210
陕西省图书馆	1.4w	32.2w	430
朔州市图书馆	1.2w	12w	739
湖北省图书馆	1.1w	3.8w	262

四、短视频在图书馆推广应用中存在的问题

（一）短视频账号运营管理不规范

从目前已经开通并认证的图书馆官方抖音账号的运营情况来看,大部分图

书馆没有专业的短视频运营管理人员。有的账号已经开通一年多，有的开通大半年或者几个月，但是大部分账号的作品数量都是两位数，也就是说账号的运营管理比较随意，没有固定的内容发布时间。目前主流短视频平台除了视频内容的传播，其显著的社交属性也是当下用户的需求之一。据艾媒咨询发布的《2020—2021年中国移动社交行业研究报告》显示[5]，超六成受访用户表示使用社交媒体目的是保持联系，约三成受访用户表示是为了认识有相同兴趣的人。以兴趣为边界，构建良好社区内容也是我们需要关注的领域。因此在保证内容质量的同时，与用户之间双向互动交流也是保证用户黏性的重要特征。例如浙江图书馆、江西图书馆在互动方面做得相对较好，经常在评论区回复网友提问。这样不但可以了解网友的关注点和需求，也可以激发网友参与话题讨论的热情。

（二）缺乏原创优质内容

从目前我国图书馆抖音账号发布的内容来看，原创内容和转发内容数量基本相当，但是原创内容中存在以下几个问题：其一，视频内容主题分散，随意性较强。一些图书馆账号发布的视频作品中，没有突出图书馆的主体特征，以重大节日纪念、本地重要事件、街景随手拍等为主。一些与图书馆主题相关的内容多为小编随手拍的借书、阅读和活动场景，没有经过认真策划、精心选题、专业制作以及有效推广，因此转评、点赞数量都不多。其二，视频数量少，制作简单粗糙。有的图书馆只开通了抖音账号，却未发布任何作品；有些图书馆发布的作品数量仅为个位数；有的图书馆发布的视频有亮点，但未持续更新。例如"国家图书馆"在抖音平台策划的"好书推荐官"系列活动，邀请众多明星推介图书，以名人效应带动阅读，起到了较好的宣传效果，但此系列后续没有持续跟进或是进行内容升级。

五、促进图书馆利用短视频进行阅读推广的策略

（一）规范图书馆短视频账号的运营管理

图书馆短视频想要做好做强做大，必须拥有专业的运营管理人员，部分政务、媒体、高校和企事业单位短视频账号影响力较大的主要原因在于其拥有专业的运营团队。与运营官方微博、微信公众号相比，短视频运营人员还需具备视频拍摄、剪辑发布等工作技能。图书馆短视频原创内容大都缺乏后期制作，在画面、音效、清晰度等感官体验方面欠佳。除了现有团队之外，可以聘请专业指导团队进行技术支持，也可以招募有短视频技能的实习生参与运营管理，与专业人员共同负责相关运营工作，以保证持续输出优质原创内容，不断吸引

粉丝关注和增强用户黏性。另外，短视频账号作为图书馆的新媒体平台之一，也要纳入图书馆的日常工作当中，通过建立相关的管理制度和激励机制，不断激发运营人员的积极性，保证短视频账号的健康可持续发展。

（二）明确主题，优化图书馆短视频账号发布内容

图书馆短视频的运营之道，说到底还在于内容质量，能够源源不断地为用户提供优质的视频作品才是图书馆短视频推广模式生存的根本。图书馆作为公共文化服务机构拥有较多的专业内容素材，不仅可以对本馆馆藏进行系列推介，还可以邀请专业研究领域的学者或读者进行简单解读。其次，图书馆可以结合世界读书日、城市阅读周（月）、各类图书期刊展、签名售书活动等策划拍摄相关短视频，最好形成系列作品和话题效应，吸引更多的用户参与其中。

通过对各类图书馆在各个平台发布的视频数据可以看出：知识类互动娱乐型内容、人文科学类短视频、与时下热点相关、本地文旅指南、名家经典语录等内容普遍有较高的受众群。各地图书馆既要尽量避免内容重合，也要凸显地域特色，结合受众的兴趣去定位内容。内容定位上需要兼顾大众娱乐需求，同时也要打造自己的品牌化栏目，结合深度内容的表达，从而提升大众人文素养和审美情趣。

很多时候人们通过短视频寄托心灵与情感、打发闲散时光、寻找归属；或是通过短视频快速获取信息，让视野变得更广阔。图书馆应该充分利用短视频这一形式，在熟悉馆藏文献资源的基础上，紧跟时事热点，把受众关切与相对冷门的、深度的优质文献资源联系起来，通过鲜活的互动形式把知识养分传播出去，延伸阅读的触角，让更多人受益。

参考文献

［1］QuestMobile2021年跨平台KOL生态研究报告［EB/OL］.澎湃网，2021-06-09.

［2］张笛.樊登读书运营策略分析［J］.新闻研究导刊，2021，12（7）：213-214.

［3］黄敏.新媒体节目的垂直受众分析——以《看理想》为例［J］.新媒体研究，2018，4（9）：13-14.

［4］辛海滨.公共图书馆短视频传播实证研究——以抖音为例［J］.河南图书馆学刊，2021，41（5）：20-22.

［5］艾媒咨询.2020—2021年中国移动社交行业研究报告［EB/OL］.艾媒网，2021-01-04.

新公共管理理论在阅读推广服务中的积极探索
——以湖北省图书馆线上方舱图书馆为例

董思涵

（湖北省图书馆，湖北武汉，430071）

摘 要：本文以新公共管理理论为基础，从公共管理视角出发，对湖北省图书馆线上"方舱图书馆"阅读推广案例进行梳理分析，发现市场导向、顾客驱动及结果取向等理念的应用在阅读推广服务中可以起到积极的促进作用，进而建议图书馆可以探索新公共管理理论在图书馆工作中的适用性，从坚持需求导向、转变服务理念、树立营销思维、优化人才培养机制等方面，提升阅读推广服务效率和品质。

关键词：新公共管理理论；阅读推广；图书馆

一、新公共管理理论概述

新公共管理理论是20世纪70—80年代，美英等国面对国内政府行政效率低、管理体制僵化的恶劣行政局面进行的自我革命，该理论对西方国家政府改革影响巨大。新公共管理理论以经济学为基础，以3E——Economy 经济、Efficiency 效率以及 Effectiveness 效益为目标，倡导以企业思维进行管理，准确抓住市场需求变化特点，确保公共服务的准确性与全面性。该理论注重创新管理方法，将市场导向、顾客驱动及结果取向等理念应用到管理中，使三者相互渗透、相互影响、相互作用。同时强调积极发挥人的主观能动性，以此来提高公共管理的科学性和有效性。

二、新公共管理理论视角下阅读推广的实践探索——线上方舱图书馆

湖北省图书馆一直致力于充分发挥公共图书馆的公共文化服务和社会教育功能，力求通过深入挖掘及拓展以读者需求为中心的阅读推广服务，成为社会发展的助推器。将新公共管理理论融入到阅读推广活动中去，一方面可以增强活动的科学性和可持续性，另一方面能够很好的解决图书馆与读者间存在的活

动"供求"问题。以湖北省图书馆线上"方舱图书馆"建设为例，2019年底，武汉市新型冠状病毒肺炎疫情爆发，文化场馆相继闭馆，2020年1月23日武汉市封城。为提振抗疫士气，满足特殊时期人们阅读需求，丰富人民精神文化生活，湖北省图书馆第一时间组织力量进行文化抗"疫"。湖北省图书馆以馆藏资源为依托，联合各地区图书馆，整合数字文化资源和数字平台，促进网上数字资源互通，重点开展"线上云服务"，着力推广线上阅读，打造出一个线上"方舱图书馆"。

（一）服务线上化——结果取向

从公共管理理论视角来看，受疫情影响，图书馆文化服务受阻，为读者提供的馆内服务中断，使图书馆的社会效益降低，服务效率下降。针对此种情况，湖北省图书馆积极主持开发了"方舱数字文化之窗"，旨在整合网上数字资源，为广大民众免费提供线上阅读平台，扭转这一不利局面。据统计，"方舱数字文化之窗"在2020年2月期间，已完成与全国数字文化工程、中文在线、QQ阅读、云图有声、新语听书、仁仁阅、懒人听书、中华连环画、中华诗词库、艺术一刻钟、翼弧设计库等共12家资源商资源对接，整合的免费电子资源有：电子书近20万册，音频53万余个，视频资源4.6万余个，动漫1080集，以及古诗词10万余条。文化之窗开通的具体栏目有：疫情信息、心理疏导以及辟谣新闻等；提供的专业文化项目有：线上读书活动、文博内容云展览以及群众艺术普及教程等。此外，湖北省图书馆还与上海图书馆合作，开通了"浦江伴读"频道，吸收上图的资源优势，增加听书资料、家谱资源、英文原版电子书等内容，进一步优化了资源共享，丰富了文化服务的内容、形式、类别，让读者可以足不出户获取海量电子资源，方便快捷地享受公共文化服务。服务开通半个月，已有20余万用户成功获取所需资源。

（二）内容个性化——顾客驱动

新公共管理理论强调顾客驱动，以需求端的要求倒推供给端的供应，从而满足顾客需求。对于图书馆服务来讲，应把握供求关系——想读者之所想，急读者之所急，有的放矢，为读者提供有针对性的、个性化的服务。疫情期间，湖北省图书馆以"肺炎疫情不止，书香战'疫'不息"为口号，通过CC talk直播平台，以每两天一期栏目的频率，面向不同年龄、不同需求的读者，推出系列网络直播服务，助力读者战胜疫情。截至2020年3月10日，已累计推出"在家阅读·书香战疫"线上直播活动19场，每场收看读者超千人。具体开发的活动项目有：1、"书香伴读"活动。即通过网络平台，如微信公众号、读者qq群以及官方网站等开展馆长荐书活动。读者可以通过扫描活动二维码参与阅读馆长推荐的书香战"疫"系列书目，分享阅读体验。工作人员根据读者反馈情况，定期举办线上图书拆解活动，邀请专业人士讲述书籍创作的文化背景、写作构思及启示启发，与读者交流、互动；2、"书说战疫"。由工作人员组织、邀请优秀讲书人，以图书分享、讲书说书的形式，引导广大读者构筑抗疫心理防线，用科学方法应对疫情、用积极心态面对问题；3、"真人阅读"。打破以往传统纸质、电子阅读方式，邀请各行各业代表性的人物参与活动，将真实的人化作书籍，以人为书，通过读"人"，受邀者在直播中与读者分享其真人真事故事和人生感悟，为读者提供新颖、直观的阅读体验。

（三）选择多样化——市场导向

新公共管理理论的市场导向理念，为图书馆转变服务理念提供了参考。图书馆不再局限于图书馆自身的基础性业务，而是针对市场上日益多元化的文化需求，进一步延伸拓展服务宽度和深度，在社会教育功能和发扬传承文化上做出了积极的探索。线上"方舱图书馆"开发了"云展厅"文化休闲项目，具体内容包括：云旅游，如在线上游览祖国名山大川、古村名镇；云展览，在线举办优秀美术作品展、摄影展等文汇展览或专题馆藏展览；云视听，在线欣赏动画片、视频以及音乐会等。此外，还有许多在线教授养生、美食、保健操、趣味游戏等云互动体验活动，受到了广大读者的参与和喜爱。与此同时，湖北省图书馆积极联系全国公共文化发展中心、国家图书馆和湖北省文化旅游厅等部门，寻求与湖北省博物馆、群艺馆、京剧院等专业馆、院、团单位的支持，以期推出更多能够弘扬湖北荆楚文化、展现地方文化特色的公共文化数字资源，满足广大读者的文化需求。

三、新公共管理理论对图书馆阅读推广服务的应用启示

（一）吸纳新型管理模式

以提高管理效率和质量为核心，创新管理模式。积极整合各种优势资源，开发出具有特色化的阅读推广和公共文化服务内容，打造出富有独特性的图书馆文化服务品牌。此外，还应树立以满足公众需求的发展理念，优化员工工作内容，提高工作效率和质量。

（二）弘扬市场经济理念

在商品化经济时代，公共图书馆虽然具备公益化属性，但其提供的公共文

化服务同样是市场中的一种商品。图书馆要想在当前社会获得良好的发展，就必须实施内部体制改革，转变管理理念，创新营销模式，拓展服务渠道，加大市场开拓力度，了解掌握读者的需求，及时调整好适应自己的文化产品项目，树立良好形象，赢得公众信任。

（三）重视专业人才培养

图书馆的阅读推广服务水平与馆员的管理能力、服务能力、运营能力密切相关，综合能力较强的图书馆员是图书馆的重要财富。要建立健全人才培育机制，依据不同员工的工作状况，为其制定具有针对性的培训活动，使员工的综合素质和工作能力不断提升。也只有加大对人才的管理力度，重视人才的培育工作，才能不断优化图书馆服务效能，增强图书馆市场竞争能力，使其能够以更高的效率和质量为社会公众提供优质的服务。

四、基于新公共管理理论的阅读推广建议

（一）以人为本——坚持需求导向

立足于读者需求，科学制定服务目标，有助于明确服务方向、优化服务内容，提高图书馆阅读推广的质量和效率：一方面，从公共文化服务的属性上看，让广大人民群众共享国家的文化发展成果是其最终的目标。以人为本，坚持需求导向，是满足公共文化服务均等化目标的要求。加大均衡化服务供给能力，提供开放式服务，是保障其发展能力的主要途径；另一方面，以人为本，坚持需求导向，既满足了社会大众的阅读需求，更保障了社会特殊群体的公共文化服务权益。

（二）读者至上——转变服务理念

在服务理念上，坚持以读者至上，深化服务思维，变"被动服务"为"主动服务"。不断优化服务模式，增强服务效能，提高服务价值，提升图书馆的服务竞争力。尊重、认同并满足读者个性化的阅读需求，提高资源体系的多元化水平，在资源建设方面充分利用数字化技术，全面提升图书馆资源保障能力；转变传统服务方式，服务重心从一般服务转向知识服务；转变管理理念，由"管理读者"向"服务读者"转型。着力开展图书馆"空间建设"，将更多服务空间建成读者的学习、交流、人文、主题和休闲空间，将图书馆建设成社会公众"免费的公共空间"，促进阅读推广和全民阅读。

(三) 品牌战略——树立营销思维

公共图书馆在打造优质品牌、制定差异化品牌发展战略的同时，应树立营销思维，全面提升公共文化机构的核心竞争能力、服务能力和影响力。图书馆应当与时俱进，加强新型媒体营销，做好品牌包装重塑工作，打造系列化的文化活动与专业化的文化内容，全面增强文化服务功能；科学利用公共媒体和网络媒体的资源优势，深化与社会公众的交流与互动，充分发掘公众潜在需求，构建多维服务营销体系：一是建立健全的网站推广机制。如：在知名度较高和影响力较大的网站与搜索引擎站点建立特色连接通道，通过新媒体宣传和广告宣传增加推广范围，提高网站知名度。在网站的设计上，要高度重视互动性与可操作性；二是发挥新兴媒介作用。图书馆要注重推广微信公众号、官方微博以及短视频 App 账号等，基于不同用户的需求特点设置更为特色化的服务功能，以精益的服务与高品质的内容来吸引公众的注意力，增强图书馆的客户获取能力；三是积极开发数字电视业务，加快推出以手机和移动设备为载体的公共数字文化资源服务软件。整合网上冲浪、在线影视、多媒体信息服务、网络通讯服务等功能为图书馆公共文化项目服务拓展图书馆的资源门类。

(四) 人才储备——优化培养机制

在未来图书馆公共文化服务发展中，离不开人才的储备和培养。图书馆在补充和完善公共图书馆人力资源管理模式的同时，要创新人才选拔机制，科学制定人才培育计划，创建青年人才资源储备机制，优化新型工作培训体系，为青年馆员提供更加专业的培训服务，加强技能教育培训，全面提升馆员业务能力和素质，为青年馆员的未来发展提供更多的空间；同时，还应当以优化人才队伍结构为目标，加大与第三方机构的业务交流，定期开展学术研究会议，整合各方资源，保障图书馆人才质量。图书馆应着力发现、引进、培养和用好发展急需的复合型人才和相关领域专门人才；发现、培养和配备图书馆急需的管理人才。

五、结语

湖北省图书馆是公益性公共文化服务组织，如何提升阅读推广工作的影响和效益，是图书馆工作者必须思考的问题。从新公共管理理论角度思考图书馆阅读推广工作，能够为图书馆优化服务质量，提高读者满意度提供一个新的思路。当然，公共管理理论自身也存在一定的局限性，但其作为一种新的管理方式，对创新图书馆的公共文化服务，仍具有一定的指导意义和启发作用。

参考文献

[1] 杨小玲,肖希明. 新公共管理理论与图书馆管理[J]. 图书与情报, 2010 (4): 26-29, 34.

[2] 齐维颖. 试谈新公共服务理论对图书馆发展的启示[J]. 福建图书馆理论与实践, 2016, 37 (2): 3-5.

[3] 许卫东. 新公共管理理论指导下的图书馆管理创新[J]. 才智, 2017 (21): 229.

[4] 曲莎薇. 阅读推广：图书馆实现社会文化建构功能的新路径[J]. 图书馆, 2020 (12): 88-92.

[5] 郭欣萍. 后疫情时期图书馆的阅读推广理念变化[N]. 新华书目报, 2020-12-25.

图书馆儿童想象力阅读活动探析
——以武汉市少年儿童图书馆"千字屋"儿童想象力体验空间为例

林 翔

(武汉市少年儿童图书馆,湖北武汉,430014)

摘 要: 本文基于武汉市少年儿童图书馆"千字屋"儿童想象力体验空间项目,探讨阅读与想象力教育相结,在儿童想象力保护、想象力之于学科运用方法的作用。"千字屋"通过运用"人物、地点、问题、愿望"要素工具,帮助儿童在活动中敢想、敢说、敢演,并作用于活动前和活动后,达到想象力阅读的预设成效。

关键词: 儿童想象力阅读;千字屋;图书馆儿童阅读推广

想象力是人的大脑里所具有的形成画面的一种能力,是人不可缺少的一种智能,是发展出创造力的基础。儿童时期是人想象力最丰富的阶段,阅读则能有效帮助他们发展想象,形成文字以外的画面。图书馆在做儿童阅读推广的过程中,应该重视想象力阅读在儿童成长过程中的作用,帮助儿童培养良好阅读习惯的同时,发展想象力。武汉市少年儿童图书馆通过借鉴西方儿童想象力教育理念,搭建"千字屋"儿童想象力体验空间,探索儿童想象力阅读拓展的方法,积累了丰富的经验。笔者作为"千字屋"项目的策划、运营负责人之一,将就该项目取得的一些成果与同行们进行交流探讨。

一、儿童时期想象力教育现状

儿童阶段是人想象力最丰富的时期,俗语说无知则无畏,因为较少世俗的禁锢,他们可以天马行空、百无禁忌的去想象。他们偶尔冒出的一个想法会让我们大人感到惊艳,所以也有种说法,孩子都是天生的哲学家。

然而随着年龄的增长,知识储备的增加,这种自由的想象空间被逐渐压缩。他们会被告知地球是圆的,圣诞老人都是哄小孩的。所以在我和"千字屋"项目的瑞典伙伴们探讨时，他们也提出：人从出生开始，各种能力整体上都处于上升趋势，只有想象力是随着年龄的增长在下降。虽然这种说法有些片面，但当我们对比各自国家的教育现状之后，不得不承认这种担忧是存在的。这也是"千字屋"项目创造出来的一个重要原因，"千字屋"是对儿童想象力教育进行探索性的项目，旨在补充世界范围内学校教育在儿童想象力发展方面的不足。

无论是在西方还是东方，学校教育更多的是"求知"，以提升儿童的知识储备。尤其是在我国，千年来的教育传统让我们习惯了传授、灌输式的学习。虽然近年来倡导素质教育，开始重视儿童的独立思考、逻辑判断、实践探索的能力。但固有的教育体系依然难以打破，因而儿童想象力的发展依然边缘化。

二、儿童想象力阅读及阅读推广

国内基于想象力的阅读在近年来逐渐被重视，首先反应在童书出版领域，国外优秀的想象力图画书相继被引进，如德国的米切尔·恩德、英国的安东尼·布朗、日本的吉竹伸介等儿童想象力大师作品。而国内原创儿童想象力优秀作品也不少，如左伟的《好神奇的小石头》、麦克小奎的《跑跑镇》等。

相对于童书出版，国内基于儿童想象力阅读的推广还不多见，推广的形式也仅基于图书作品的分享。笔者所在图书馆儿童想象力阅读的活动除了童书分享还有"儿童电影翻转课堂"，以及本文重点介绍的"千字屋"儿童想象力体验空间。在想象力阅读推广方面还需要更多的摸索和创新。

三、"千字屋"儿童想象力体验空间

"千字屋"项目核心是儿童想象力教育，但同时也是一个文化项目，因为它涉及以瑞典为代表的西方文化和以中国为代表的东方文化，在活动形式上以不同文化呈现出来。武汉市少年儿童图书馆作为这个项目在中国的主要探索者，也为项目烙上了图书馆的属性，将其与阅读相结合，在儿童想象力阅读方面进行探索。所以，武汉"千字屋"是将西方儿童想象力教育与中国传统文化相结合，将儿童阅读与想象力拓展训练相结合，而创造出来的儿童阅读活动新模式。

（一）什么是"千字屋"

"千字屋"来源于瑞典语 TUSEN ORD，翻译过来就是："有很多字的房子"。"千字屋"项目最早由武汉在瑞典的友城博伦厄市下辖的公立阿斯肯文化中心所创建，旨在帮助当地儿童在提升想象力。由于瑞典"千字屋"项目的教师团队都由不同科目的艺术老师组成，包括戏剧、音乐、美术、雕塑等，所以"千字屋"活动大多结合了艺术形式。所以除了想象力,他们也希望孩子们在语言训练、艺术表达方面有所提升。因语言和文字有关,"千字屋"里也有很多和文字相关的游戏,所以叫"千字屋"。

得益于友城文化交流,在两地政府的支持下,武汉"千字屋"于2015年立项,2016年11月9日搭建完成并正式对公众开放。空间面积300多平米,位于武汉市少年儿童图书馆一楼大厅一侧,由预备区、彩虹桥的冒险、愿望塔、楚室、神秘屋、瑞典屋及梦想剧场七大主题区组成,每个区又设有小的主题场景若干。整体营造出梦幻的童话氛围。

因文化和国情的差异,武汉"千字屋"虽然继承了瑞典"千字屋"在儿童想象力教育方面的成果,但在场地搭建、活动形式、运营方式、教师团队建设等方面都进行了重新规划,尤其是将阅读作为项目核心之一,创造出武汉"千字屋"所独有的儿童想象力阅读活动。并借助中国武汉这片热土,在儿童想象力教育方面做进一步的研究和探索。这也是瑞方将项目介绍给武汉的初衷之一。而武汉"千字屋"几年来的实践和研究,大大超过预期,许多实践成果被瑞典"千字屋"借鉴。

(二)"千字屋"的活动

"千字屋"的活动简单来说就是志愿老师们带领孩子们利用各种场景、道具编创故事。为此,我们围绕想象力教学理念,开发出丰富的想象力阅读活动教案,并以此为基础创设空间,以及活动教具。

武汉"千字屋"的第一个想象力活动也是以文字为主题,相比西方字母文字,我们采用了更具想象力的图形化文字——古老的中国象形文字,并将其与中国木活字印刷相结合。孩子们以文字图案设题,创编故事,之后将引发故事的文字亲自印刷到玉扣纸上,将"故事"带回家。新颖而饱含中国文化底蕴的设计让瑞典伙伴惊艳不已,也将其引进到瑞典"千字屋"。

此外武汉"千字屋"里还大量运用了中国传统文化的元素,例如,楚文化风格的"迷你古戏台"、京剧脸谱墙、面塑、微型风筝、剪纸等。中西文化在这里交相辉映,都成为孩子们创编故事的材料。另外"千字屋"也是一个多变的空间,随着项目运营发展,活动教案的数量不断累积,每年都会根据不同的主题进行新的空间创设,以保持新鲜感。

(三)"千字屋"的服务模式

"千字屋"在服务模式上设定为志愿服务项目,体现公益性、志愿者文化。志愿教师是服务的主体,而客体对象是5—12岁少儿。活动分为开放日活动及团队预约活动，开放日活动安排于周末及节假日，公众通过手机网络平台预约，免费参加。非开放日（工作日）以团队预约为主。

几年来，"千字屋"已建立起一支经验丰富、专业性多样、高素质的志愿教师团队。年开展活动230多场次，接待5000多人次，活动名额供不应求。"千字屋"不仅是孩子成长的乐园，也是教师和家长成长的空间。志愿教师们利用业余时间来"千字屋"服务，与此同时，学习先进的教育理念和孩子一起成长。

（四）"千字屋"里的儿童想象力阅读

1. 想象力的引发

"千字屋"对儿童想象力的引发继承了瑞典在这方面多年来的研究。志愿老师的主要任务是在活动中引导孩子们编创故事，他们的方法是以问题回答孩子的问题，尽可能地激发孩子的想象，而不是给出答案。老师是顺着孩子的想象给出问题，帮助他们将一个接一个的想象接续起来。当故事继续不下去时，适当给出引导，让想象继续，从而让孩子沉浸于故事想象的乐趣之中，这就是活动体验的重点，而故事的完整性和结局就显得并不重要。

想象引发的工具是什么呢？"人物、地点、问题、愿望"四个要素。例如"千字屋"内的"神秘屋"，黑漆漆的屋子里有一排有着洞洞的墙壁，当孩子伸手进去触摸时，老师不会让他猜摸到的是什么。老师会说："这是一面横跨现实与想象的墙壁，你现在触摸到的是来自想象世界的精灵，他将和你开启一次冒险，去寻找失落的七彩智花。你能悄悄地告诉我，墙那边的精灵长什么样吗？他的脸是方的还是圆的？他的皮肤是软的还是硬的，或者长满了绒毛？……他是女生还是男生？……你觉得他是一个有趣的人，还是一个沉默的人？……"通过一问一答的引导，帮助孩子在脑海中构建出一个专属于他自己的未知人物的形象。

当想象发生，恰当地运用要素工具，孩子们便可以持续体验"永远讲不完的故事"。

2. 儿童想象力阅读的转化能力

"千字屋"充分利用了图书馆丰富馆藏文献的优势，将优秀的童书作品、故事设定为活动主题，让儿童产生熟悉感、亲切感，更加容易融入活动的情景，同时也将活动延伸到活动前和活动之后，促进阅读行为的发生。

而活动中则将重点放到儿童阅读的能力转化上。帮助儿童通过阅读发展想象力，并延伸出创造能力。鼓励儿童大胆讲述自己想象的故事，并演绎自己的故事，以此帮助他们提升语言表达及肢体感受、表现的能力。同时通过活动效果反哺，促进儿童的阅读兴趣，提升阅读理解能力。

"千字屋"里最受欢迎的是主题活动场，每场活动会以一本图画书，或一个故事为主题，例如以著名图画书作家安东尼·布朗的作品《走进森林》设计的"千字屋"活动。我们不仅以书中场景营造了环境，让老师们穿上道具服装，扮演成书里的关键角色。当孩子们一进入"千字屋"便能产生代入感，仿佛走进了书里的童话世界。但我们不是照搬书里的情节，而是将人物和情节开放，老师们运用"千字屋"要素工具引导孩子们发散思维，激发想象，形成自己的角色画面，跳脱原有故事场景，演绎出一个既相似又不同的新故事。不仅帮助他们更好的理解书里的故事，同时延续了作者想象，激发了孩子的创造力，并唤起了阅读的兴趣，达到想象力阅读的转化。

3. 想象力阅读的新体验

孩子们进入"千字屋"，老师们首先会帮助他们破除胆怯、顾忌，打开自己，敢于想象，大胆地想象。而后敢于将自己的想象表达出来，与大家分享。再进一步，老师会引导他们用肢体动作将自己的故事演绎出来。综合起来就是敢想、敢说、敢演。

所以，"千字屋"活动不同于图书馆以往的各类活动，更注重真实体验。活动结合了故事、手工、绘画、戏剧、表演等多种元素。并在"千字屋"里，适当营造神秘氛围，让孩子在活动中产生代入感。

"千字屋"里虽然有许多新奇有趣的场景和道具，但不同于游乐场，不以玩乐为目的。活动必须在教师的带领下完成，每个区域都有对应的执行教案，但又不是以教学为目的的培训项目。"千字屋"注重活动的体验，寓教于乐，虽然活动中有故事创编、戏剧表演等，但不以最终的作品呈现为目的，而注重孩子创编、表现过程中的感受和突破。

例如戏剧游戏，老师和孩子们一起用表演的方式读一本图画书。读之前老师会将孩子们分组，每组分配一个书中的角色，比如雪球、树、风，同时给每个角色指定一个音乐，孩子们需要小组配合设计角色的动作。故事开始，当老师讲到某个角色时，相应的音乐响起，扮演该角色的小组就需要赶紧跑到舞台中央，表演这段情节。老师不会告诉孩子们该怎么演，所有的动作都由孩子们自己想象。看似舞台效果乱成一团，实则孩子们感受到想象表演的快乐！

通过游戏孩子们对书中的人物和情节有了更深的理解，并形成了自己的阅读想象画面。

儿童想象力的教育非局限于文学、艺术或某一学科，而适用于各类学科。"千字屋"的儿童想象力探索，以阅读为基础，所触及到的虽然只是想象力教育的基础，但也是无比重要的部分。以保护儿童想象力的源泉，帮助其打开运用想象力的大门，为今后想象力运用于各学科创造条件。和阅读习惯的培养一样，儿童想象力阅读开始的年龄也是宜早不宜迟，越早开始越能为孩子打下牢固的基础，形成固有思维，有助于其未来成长为创新型人才。

图书馆在做阅读推广的工作时，尤其儿童阅读推广，也应该在阅读门类细分时，重视想象力阅读。

参考文献

[1] 陈怡婧. 论童话文本中儿童阅读想象力的培养 [J]. 小学生作文辅导（读写双赢），2021（5）：87-88.

[2] 李志清. 一所学校想象力教育的探索实践 [J]. 教育视界，2020（5）：68-71.

[3] 匡红鹰. 少儿图书馆阅读推广工作探析——以武汉市少年儿童图书馆为例 [J]. 河南图书馆学刊，2020，40（11）：125-127.

[4] 冯妍. 基于少年儿童阅读推广的图书馆阅读空间建设实践探索——以大庆市图书馆少儿馆为例 [J]. 文化创新比较研究，2021（1）：160-162.

[5] 施衍如，文杰. 大英图书馆学前儿童阅读推广实践与启示 [J]. 图书馆工作与研究，2021（6）：49-54.

公共图书馆阅读推广创新探索

吴红兵

(武汉市新洲区图书馆,湖北武汉,430400)

摘　要：文章简述了图书馆在阅读中的阵地作用,分析了目前我国的阅读现象和图书馆当前的服务模式,针对性地提出了图书馆阅读推广新举措。

关键词：图书馆；阅读；服务模式；新举措

一、图书馆在全民阅读中的重要作用

书是人类进步的阶梯。古今中外的著名学者都十分重视读书,"头悬梁,锥刺股""凿壁借光""铁棒磨成针"的故事从小就深刻影响并激励着我们,纵观全世界,凡是发达国家几乎都是文化强国。李克强总理在国务院常务会议上说：一个国家养成全民阅读习惯非常重要。并且从2014年至今,全民阅读已经成为了国家战略。鸟欲高飞先振翅,人求上进先读书,图书馆作为公共文化服务的主阵地,在全民阅读中发挥着重要作用。

(一) 发扬传承古今中外传统文化

从古代的藏书楼发展到现代的数字化图书馆,图书馆历经了二千多年的发展历程。早在夏商周三代就有了藏书室,藏书楼是现代中国图书馆的前身,主要注重"藏",而现代图书馆重"用",不仅将馆内优质纸质、非纸质资源最大化收藏加以利用,而且要跨时间、跨地区、跨层次、跨类型实现文献资源共享,图书馆的作用主要体现在保存人类文化遗产、传递科学情报、开发智力资源等方面,引导人们爱读书、读好书、善读书,传承优秀传统文化,弘扬社会主义核心价值观,增强全社会向上向善的力量。

(二) 提升国民素质,加强社会主义思想道德建设

歌德说：读一本好书,就是和许多高尚的人谈话。在信息化时代,阅读的方式已然发生变化,电子阅读占据了大多成人的时间,但阅读学习的主题没有改变,读书可以让人们增进才干、增长见识、开阔视野。图书馆顺应时代潮流,

开展多种形式的读书、荐书、评书等活动，大力加强公民思想道德建设，让人们在这个浮躁的社会，修身养性，净化思想，在引领科学阅读、提升国民素养、构建和谐社会中发挥重要阵地作用。

（三）推进社会教育，构建高质量的教育体系

图书馆是一所没有围墙的学校，公共图书馆开展社会教育是对学校教育的一个重要补充，不可或缺，为广大读者提供精神动力和智力支持。如今去图书馆所受的限制越来越少，没有时间、地域、职业限制，图书馆不仅是信息交流的集聚地，是文化中心，还是集学习、研究、教育、知识存储、社交、文化交流、休闲为一体的大型文化设施，承担着社会教育的重大作用。图书馆积极的氛围和环境，更能培养学生积极的求知态度和自学能力，人们在图书馆能各取所需，充分发挥主观能动性，发展多方面的能力，形成正确的人生观、世界观、价值观，推动了文化教育事业的重大进步。

（四）满足文化需要，丰富精神世界，促进全面发展

书籍是全人类的营养品。图书馆丰富的馆藏文献极大地丰富了人们的科学文化素质和思想道德素质。图书馆从以藏书为主，发展到以外借为主，至目前的以知识交流为主，历经了漫长的过程，书籍也成为了人们的精神食粮，图书馆的重心也已由外借转向交流，各种研讨交流会和大型公益讲座，极大地丰富了人们的精神世界，推进精神道德及思想境界的提升，促进人类全面发展进步。

二、当前阅读现状及公共图书馆服务模式（以新洲区图书馆为例）

自1999年起，由中国新闻出版研究院组织实施的全国国民阅读调查已持续开展了十七次。但调查结果显示国民阅读现状不容乐观。我国未成年人的图书阅读率和阅读量均有所增长，2019年11.1%的国民年均阅读10本以上纸质图书，未成年人的人均阅读量为10.36本，而0-8岁的儿童家庭中，七成家庭有陪伴孩子读书的习惯。就我馆而言，儿童阅读的比例占了超过70%，成人阅读率还不及30%，而这种阅读比例的悬殊体现在图书馆为读者服务的方式上更是受到很大制约。近四成的成年国民认为自己的阅读数量较少，希望当地有关部门多举办阅读活动，68.2%的成年国民认为有关部门应当举办读书活动或读书节。

（一）阅读环境不尽人意，难以满足读者需求

我馆目前还只是上世纪八十年代建造的，新馆迟迟没有动工，面积过于狭小，始终难以达到国家一级图书馆对面积的要求，因此许多工作受到制约。目前各项

基础设施都配备到位，自助借还机、图书消毒机、电子阅读机及自助查询机器等等都极大地方便了读者，但受空间限制，少儿阅览室经常是一座难求，而电子阅览室和成人阅览室也不算宽松；另外由于书库面积跟不上，购书经费却逐年增加，新书一上架，旧书只好先清理打包，运送到比较远的分馆存放，很大程度上给读者借阅造成困难，很多老年读者喜欢看白话文的古书，但是因为路途遥远不方便只好作罢，而且我馆是老馆没有电梯，阅览外借都在二楼，那些年迈体衰以及身体有残疾的读者经常需要我们搀扶才能进馆阅读。所以改善我馆环境迫在眉睫。

（二）服务方式有局限性，没有体现人性化

二十世纪八九十年代，我馆的许多读者活动在全区乃至武汉都赫赫有名，比如每年正月十五的有奖猜谜和"红读"活动。但随着信息时代的不断进步，服务的方式方法都发生了巨大的改变，服务模式层出不穷，按部就班、借借还还的工作早已不再是图书馆服务的主要内容。过去图书馆靠图书交流，现在都要靠信息来交流。特别是新冠肺炎疫情以来，我们图书馆人在加大线上活动的同时，减少了与读者的交流沟通，应急管理措施稍显滞后，在心理及行动上没有发挥公共图书馆以人为本的服务理念。

（三）现代化设备跟不上，无法真正实现资源共享

大数据时代，信息资源应全球共享，我馆不仅由于面积不达标导致很多工作都处于被动地位，而且硬件设施的滞后也给读者带来了极大的困扰。有时孩子喜欢朗读，因受场地和设施限制经常被管理员劝阻，读者特别多的情况下，工作人员不仅要办理借书证，指导读者借书，还要维持秩序，解答读者的疑难问题，应付不来；自助查询机几乎处于停止状态，而那台备受观众喜爱的电子阅读机也因为长时间未更新而被搁置，没有真正实现资源共享。目前武汉市公共图书馆大多只限于市内资源共享，要做到全方位实现资源共享，还需更多的人力、物力及财力的投入。

（四）阅读推广力度不大，读者积极性不高

网络信息社会，各种类型的电子阅读引领潮流，人手一部手机、平板、电子阅读器之类深受年轻人的青睐。纸质阅读推广已成了一个长久不衰的话题，图书馆人在这方面也下了功夫，然而线下阅读始终没有深入人心，还是值得我们深思。各种阅读活动也只是走走形式，读者也是重在参与一下，除了少儿读者，一方面学校老师应多到图书馆看书，另一方面家长应孩子要求一起前往图书馆看书，成人看书的比例确实令人堪忧。2020年第十七次全国国民阅读调查

显示：2019年数字化阅读占比为79.3%，图书阅读率为59.3%，网上活动的行为中，以阅读新闻、社交和观看视频为主，大多为娱乐化和碎片化，深度图书阅读行为占比低，数字化阅读已远超传统阅读。

三、图书馆阅读推广新举措

"真正的阅读需要亲自把文字当药煎服，使其进入体内，和身心、血液、神经中枢发生奇妙反应，没有人能你进行新陈代谢"，学者、评论家但汉松把阅读比喻成给人治病的良药，反对以浓缩音频替代文本阅读。如何引导国民阅读、引导国民最大化利用图书馆的各种资源，如何更人性化服务读者是我们图书馆人当下要做的事。

（一）政府的引领和关注，加强对文化事业的资金投入

改善馆舍环境，加大对图书馆硬件设施的投入。一座图书馆大体可以反映出当地政府对文化事业的资金投入。纵观江苏、山东、广东等省国家一级图书馆之多，再对比我馆自身，80年代初的建筑，且不论布局是否合理，仅面积只有1700平方米，这对于人口超百万的郊区，显然是远不达标的。硬件设施不改善，读者服务工作始终跟不上去。政府要做领头羊，利用媒体、网络等方式引领国民对图书馆的关注，做阅读推广的模范带头人，要全方位多角度地把全民阅读的理念渗透到文明城市建设和市民精神文化生活的方方面面，全力打造"书香城市"的文化新品牌。

（二）拓展阅读阵地，改善阅读环境

不管是疫情之前还是现阶段疫情常态化情况下，图书馆针对读者的各类活动不断推进，线上线下的活动层出不穷，归根结底还是要直面读者，一切从读者的需求出发。武汉公共图书馆自2020年6月解封以来，图书馆借还书的读者成倍增长，为缓解压力，全市各公共图书馆都加大了对分馆建设的投入，积极推进了分馆及农家书屋、社区书屋、职工书屋等公共阅读场所建设，配备图书流通车及时运转，形成动静结合、布局合理的图书馆服务网络，让想读书的老百姓能读书，读好书。建议未来能设立、亲子阅读室、朗读室、自助办证机等设备，满足各类型读者的需求，优化阅读环境。

（三）改进服务方式，整合优化资源

改进服务方式，首先要进行技术创新。阅读要无国界且不受时间、空间约束，只有这样才能算是真正意义上的资源共享。笔者认为山东东营的"公共图书馆+书店"的服务模式值得推广，读者持公共图书馆借书证在书店挑书现场借阅，

并且可以在通借通还的总馆或分馆还书，让读者成为采购员，打破了公共图书馆传统的采、编、藏、借运转模式，同时还把书店变成另一个图书馆，解决了公共图书馆供需不对称、图书更新慢、公共图书馆馆藏文献资源利用率低等问题。

（四）拓展阅读途径，激发阅读热情

阅读应是无处不在的，朝九晚五的服务时间也逐渐退入幕后。当下24小时自助图书馆已遍布全国各地的公园、地铁站、小区，不受时间地域限制，自助办证自助借阅；还可以借用许多城市推出的城市书房模式，它集阅读、借阅、休闲于一体，市民可凭市民卡、身份证或区县图书馆借书证进书房免费阅读；还有24小时不打烊的书店，让市民可以看书、上网、品咖啡；还有大量的农家书屋和分馆遍布乡镇的各个角落，并且都实行了通借通还。各种类型的阅读场所不仅是新的阅读空间，更是新的多元文化活动空间，这些场所有利于激发人们的读书兴趣，形成了热爱读书、终身学习的良好风气。

（五）提高馆员素质，让阅读推广真正落到实处

图书馆馆员日常工作实质是阅读推广。推送新书、推荐好书、阅读导航、阅读分享都是图书馆馆员的工作内容。不同的岗位分工不同，但都是面对不同的读者进行各种阅读推广的工作。新时代馆员面临各种新的挑战，除必须具备图书馆学专业知识外，还需要有过硬的计算机应用技术，在工作中加强现代信息技术在文献信息处理工作中的应用，分辨网络信息的真伪，给读者展示准确有用的网络资源，更需要学习一定的社科知识，应对工作中出现的各种问题，提高综合处理问题的能力，还需要有与读者沟通的能力，和谐构建图书馆与读者情感桥梁，从而提高馆员服务创新意识，提升图书馆的服务质量和社会效益。

阅读是一个国家精神发育的基本途径，是建设学习大国的重要内容，图书馆是国家文化发展水平的重要标志，是滋养民族心灵、培育文化自信的重要场所，图书馆应当继续弘扬优秀传统文化，创新服务方式，推动全民阅读，更好满足人民精神文化需求，为建设社会主义文化强国做出贡献。

参考文献

[1] 习近平给国家图书馆老专家的回信[EB/OL]. 新华网，2019-09-09.

[2] 全民阅读点亮书香东营：政府搭台 文化引领 群众参与[EB/OL]. 中国文明网，2016-04-22.

[3] 2019全国国民阅读调查报告权威发布进行[EB/OL]. 搜狐网，2020-04-21.

公共图书馆红色文献阅读推广研究
——以湖北省图书馆建党百年馆藏党报党刊展为例

聂曚 何菁

（湖北省图书馆，湖北武汉，430071）

摘 要：在中国共产党建党百年之际，图书馆充分发挥公共文化服务职能，开展红色文献阅读推广活动。文章以湖北省图书馆"党建+"为核心打造的特色品牌活动——建党百年馆藏党报党刊展为例，描述了活动概况及面临的问题，并提出了相应的探索与建议。

关键词：建党百年；报刊；阅读推广

红色文献记录了从中国共产党成立到新中国成立期间中国共产党各机关各部门、基地以及各个地区出版的各种文献资料，其记载着中国共产党艰苦卓绝的革命历史，也是在中国共产党领导下英勇的中国人民长期革命斗争的结晶。公共图书馆承担着传承发展中华优秀传统文化、继承革命文化、发展社会主义先进文化的职能，馆藏的红色文献资源的保存、建设、开发已然成为图书馆界重要的研究课题。

一、公共图书馆开展建党百年红色文献阅读推广活动总体思路

党的十八大以来，习近平总书记多次强调要用好红色资源、讲好红色故事、搞好红色教育，让红色基因代代相传。2021年2月习总书记在党史学习教育动员大会上强调全党同志要做到学党史、悟思想、办实事、开新局，以优异成绩迎接建党一百周年。

公共图书馆是社会主义公共文化服务体系的重要组成部分，应当将推动、引导、服务全民阅读作为重要任务。秉承这样的使命与任务，在建党100周年之际，湖北省图书馆作为省级公共图书馆，在省文旅厅党组的正确领导下，全面发挥党组织的引领作用，以"党建+"为核心，将职能部门党建优势与业务部门文献优势充分结合，开展了红色文献阅读推广活动。将中国共产党党史与中

国妇女运动史相结合，再现中国特色社会主义妇女发展道路；通过线上与线下联动，开辟多元立体展陈和活动模式；将党建活动与党员学习基地建设、志愿者服务相结合，打造独具湖北省图书馆特色的建党百年品牌案例。

二、湖北省图书馆建党百年馆藏党报党刊展

党报党刊是中央和地方党组织主办的，以传播党的思想理论和政治主张为主要内容，是党联系人民群众的桥梁和纽带，也是广大党员和干部群众学习了解党在各个时期各项方针政策的重要渠道。一百年来，党报党刊和党的事业共同进步、共同发展，见证了中国共产党波澜壮阔的辉煌历史。在建党百年之际，湖北省图书馆利用丰富的馆藏报刊资源举办了建党百年馆藏党报党刊展。

本次展览依托湖北省图书馆馆藏资源，按照中国共产党的发展历史，整合了1919年至2021年馆藏红色文献、党报党刊和妇女运动相关文献，注重宏观历史与微观史实有机结合，突出历史线索和脉络，以报刊图片展板和实物展柜相结合的形式进行呈现，力求以省图丰富的馆藏资料、简明的叙事脉络再现一百年来中国共产党领导下的发展历程、辉煌成就和中国特色社会主义妇女发展道路。展览分为五个部分，分别是新民主主义革命时期、社会主义革命和建设时期、改革开放和社会主义现代化建设新时期、中国特色社会主义新时代和巾帼奋斗新征程。

（一）第一部分：新民主主义革命时期

新民主主义革命是指在帝国主义和无产阶级革命时代，殖民地半殖民地国家中的无产阶级领导的资产阶级民主革命。"五四运动"的爆发，标志着新民主主义革命的伟大开端，并由此促进了马克思主义在中国的广泛传播。党的一大宣告中国共产党的正式成立。中国共产党领导全国人民经过北伐战争、土地革命战争、抗日战争和全国解放战争，浴血奋战28年，打败了日本帝国主义，推翻了国民党反动统治，取得了新民主主义革命的伟大胜利，赢得了民族独立和人民解放，建立了新中国。

本部分通过查找1919年至1949年馆藏红色文献：《共产党宣言》《中国妇女第一次全国代表大会重要文献》《抗战中的女战士》《每周评论》《新青年》等民国图书和期刊，调阅中央日报（1945年8月）和新华日报（1949年3月）的报纸印影本，读取馆藏民国图书的缩微胶片，检索查阅馆藏数据库海量信息，选取了68张图片和10件实物，展现中国共产党在新民主主义革命时期的重要节点和事件。

（二）第二部分：社会主义革命和建设时期

从新中国成立到"文化大革命"结束，是中国共产党领导人民艰辛探索社会主义革命和建设道路的历史时期。这一时期建立起独立且比较完整的工业体系和国民经济体系，独立研制出"两弹一星"，取得了社会主义革命和建设的一系列伟大成就。

本部分通过查找1949年至1976年馆藏党报和党刊：《人民日报》《光明日报》《长江日报》《人民画报》《湖北日报》等，调阅《图文中国共产党纪事》《当代中国妇女》《中国共产党妇女工作史》等历史文献，检索选取馆藏数据库相关信息，选取了40张图片和6件实物，展现中国共产党在社会主义革命和建设时期的重要节点和事件。

（三）第三部分：改革开放和社会主义现代化建设新时期

1978年12月党的十一届三中全会在北京召开，会上作出把党和国家的工作重心转移到经济建设上来、实行改革开放的历史性决策，实现了新中国成立以来党的历史上具有深远意义的伟大转折，开启了改革开放和社会主义现代化建设新时期。中国共产党把马克思主义基本原理同中国改革开放的具体实际相结合，团结带领人民进行建设中国特色社会主义新的伟大实践，实现了中华民族从站起来到富起来的伟大飞跃。

本部分通过查找1978年至2012年馆藏党报和党刊：《人民日报》《光明日报》《国务院公报》《长江日报》《湖北日报》《湖北画报》《解放军画报》《人民画报》《西藏日报》《四川日报》《深圳特区报》等，调阅《中国共产党的九十年》等馆藏文献，选取了49张图片和12件实物，展现中国共产党在改革开放和社会主义现代化建设新时期的重要节点和事件。

（四）第四部分：中国特色社会主义新时代

2012年11月，党的十八大实现了中央领导集体的新老交替，中国特色社会主义进入新时代的大幕徐徐拉开。

进入新时代，以习近平同志为核心的党中央团结带领全党全国各族人民，从理论和实践结合上系统回答了新时代坚持和发展什么样的中国特色社会主义、怎样坚持和发展中国特色社会主义这个重大时代课题，创立了习近平新时代中国特色社会主义思想，坚持统筹推进"五位一体"总体布局、协调推进"四个全面"战略布局，坚持以人民为中心的发展思想，坚持稳中求进工作总基调，坚持发展和完善中国特色社会主义制度，加强党的全面领导，推进国家治理体系和治理能力现代化建设，解决了许多长期想解决而没有解决的难题，办成了许多过去想办而没有办成的大事，全面建成小康社会取得伟大历史性成就，中华民族迎来了从富起来到强起来的伟大飞跃。

本部分通过查找党的十八大以来的馆藏党报和党刊：《人民日报》《光明日报》《长江日报》《湖北日报》《湖北画报》《解放军画报》《今日中国》《瞭望东方周刊》《西部大开发》等，调阅《图文中国共产党纪事》《论中国共产党历史》《习近平新时代中国特色社会主义思想学习问答》等馆藏文献，选取了34张图片和6件实物，展现中国共产党在中国特色社会主义新时代的重要节点和事件。

（五）第五部分（特色部分）：巾帼奋斗新征程

此部分为展览特色部分：巾帼心向党建功新时代，武昌区"巾帼文明岗"风采展示。近年来，武昌区妇联不断深化"巾帼文明岗"创建活动，全力打造"巾帼文明岗"品牌，取得了丰硕成果。

本部分通过查找1949年至2020年馆藏党报和党刊：《人民日报》《团结报》《大连日报》《深圳特区报》《湖北日报》《长江日报》《南京日报》《人民画报》等，调阅《论中国共产党历史》等馆藏文献，选取了38张图片和8件实物，展现中国共产党在改革开放和社会主义现代化建设新时期的重要节点和事件，将党史与中国妇女运动史相结合，再现中国特色社会主义妇女发展道路。

三、公共图书馆开展红色文献阅读推广活动存在的问题

公共图书馆是促进全民阅读、满足全民阅读需求的实施者，承担着为全民文化服务、传承人类文明的重要职责，承担着实施和创新文化服务模式的责任。在建党百年这一特殊历史时期，对活动质量、组织流程、活动效果都有着更高的要求。

（一）文化品牌建设不足

湖北省图书馆在空间、地域上都有举办展览的独特优势，近年来举办了许多大型展览，如2020年10月的圆梦小康——全省摄影大展，2021年6月"放飞梦想"中国湖北·拉脱维亚里加国际少儿画展，都受到读者热烈欢迎。但总体上仍存在品牌建设不足的问题，主要体现在：一是品牌知名度较弱，展览活动没有充分发挥全馆文献资源力量，距离全国乃至国际知名文化品牌还有一定差距；二是展览往往采取合作的形式，体现本馆特色馆藏资源的展览较少，图书馆阅读推广，要通过精心创意、策划，将读者的注意力从海量馆藏引导到小

范围的有吸引力的馆藏，以提高馆藏的流通量和利用率。馆藏特色的缺失必将导致展览核心竞争力、吸引力的缺乏。

（二）资源整合力度不够

《公共图书馆法》规定政府有加强公共图书馆建设的职责，鼓励并引导社会力量共同参与图书馆建设。举办大型阅读推广活动，只靠图书馆的力量，在经费、组织、人员方面都存在一定困难。尤其是基层公共图书馆受限于资源的投入不足，首要考虑的问题在于维持其基本功能的实现和运转，无法针对优秀传统文化开展有效的探索研究和推广活动。

（三）活动延伸性有待提高

红色文献的政治性、史料性、理论性强，会让读者产生枯燥、无趣的感觉，降低读者对此类阅读推广活动的参与意愿，使得红色文献阅读活动不能达到预期效果。红色阅读推广活动中，如果开展单向的、一次性项目，活动广度、深度都达不到一定程度，很少能形成持续影响力。一方面内容单一，容易给读者造成枯燥无趣的印象，达不到活动效果；另一方面缺乏反馈机制，相关问题得不到有效改进，就难以真正得到读者的认可。

四、公共图书馆开展红色文献阅读推广活动的建议

"十四五"期间，满足人民群众高质量文化生活是公共图书馆的重要任务。在活动策划上，湖北省图书馆以"党建+"为核心，以党报党刊展览为抓手，将党建工作与业务工作相结合，将党建活动与图书馆阅读推广等业务工作相结合，在红色文献阅读中追寻中国共产党的光辉足迹。

（一）成立专项工作小组，着力打造文化品牌

2021年4月，展览活动方案得到馆领导认可后，由省图书馆中文报刊部牵头，宣传策划部、古籍与地方文献部、长江讲坛工作部共同参与，成立了16人的专项工作小组，成员由12名各部党员，3名业务骨干，1名党史老专家组成。按照党史发展脉络，进行了初步的分工与组合：10人负责资料收集，2人负责展览布置与协调，1人负责活动宣传，1人负责讲解文字及现场解说，1人负责展览文字定稿，报刊部主任负责总协调。在短短一个多月之内，专题工作小组成员依托湖北省图书馆馆藏资源，查阅了大量文献资料，从馆藏的11000余种、30余万册中文报刊和党报党刊资料库、全国报刊索引等特色数据库中，按照中国共产党的发展历程，突出历史线索和脉络，精心撷取了文献图片230余幅，

实物36件呈现在展览中。

（二）引导社会力量参与，加强资源整合建设

2019年3月湖北省图书馆中文报刊部被中华全国妇女联合会授予"巾帼文明岗"称号。此次馆藏党报党刊展得到了武昌区妇女联合会、武昌区新时代文明实践中心联合的大力支持，从前期策划、策展、LOGO设计到布展，都给予了有力帮助与支持，保障了活动顺利开幕与开展。此外，展览开幕后，还受到湖北省总工会的持续关注与支持，并提出了宝贵意见和建议。此次展览在七月前后接到各级机关和企事业单位的预约，由于讲解人员有限，在省图书馆文化志愿者服务大队统一招募下，开展了党报党刊展讲解的志愿服务项目。经过初步筛选和选拔，共有6名文化志愿者参与到活动讲解和秩序维护中来，经过一个月的培训与锻炼，一共开展讲解十余次，成为一次成功探索的志愿服务项目。

在图书馆馆党委统一部署下，此次展览系列活动与基地建设相结合，在展出的5—7月中，党报党刊展成为成为省直机关党员干部参加基地学习教育的重要内容。前后共有40余家省直机关、企事业单位前来参展学习，通过馆藏党史文献交流党史学习心得体会。

（三）丰富活动参与形式，打造多角度沉浸式体验

随着活动方案逐步完善，此次红色阅读推广活动也形成了丰富的系列活动：一是开展一次丰富的党报党刊展。活动将通过主题期刊展的形式，强化党史学习教育，通过学史明理、学史增信、学史崇德、学史力行，传承红色基因，牢筑初心使命；二是开展一堂生动的党史教育课。通过长江讲坛邀请党史研究专家授课，帮助读者深入了解党史，领悟党的精神，加强爱国主义和革命传统教育，并对党史中重点、难点、疑点问题进行解读，提高教育质量；三是播放一部优秀的党史宣传片，馆藏党报党刊展期间在二楼中庭大屏循环播放党史宣传片。以此形成全方位多层次沉浸式的红色阅读体验。

参考文献

［1］中华人民共和国公共图书馆法［EB/OL］.中国人大网，2017-11-04.

［2］高峰.公共图书馆服务高质量发展研究［J］.图书馆学刊，2021（6）：80-83.

［3］王波.阅读推广、图书馆阅读推广的定义：兼论如何认识和学习图书馆时尚阅读推广案例［J］.图书馆论坛，2015，35（10）：1-7.

［4］杨静.公共图书馆优秀传统文化阅读推广的现实困境与策略研究［J］.

河南图书馆学刊,2021(6):37-39.

[5] 王晓园,曹慧.数字化背景下红色文献阅读推广策略研究—基于扎根理论[J].湘潭大学学报(哲学社会科学版),2021(4):175-180.

[6] 曹忠.公共图书馆项目化实施的案例研究究[J].图书馆建设,2021(4):165-169.

"互联网+"背景下的图书馆阅读推广策略探究
——以湖北省图书馆为例

雷 晶

（湖北省图书馆，湖北武汉，430071）

摘 要：本文通过介绍"互联网"背景下图书馆阅读推广现状，分析"互联网+"背景下图书馆阅读推广中存在的问题，并以湖北省图书馆为例，提出在"互联网+"背景下图书馆阅读推广策略。图书馆应该及时创新阅读推广的服务思路和模式，实现更加多元化、服务内容更加优质以及具有长效机制保障的阅读推广方式，让人们能够更好地感受到图书馆的文化服务。

关键字："互联网+"；图书馆阅读推广；策略探究

一、"互联网"背景下图书馆阅读推广现状

现阶段，我国的互联网信息技术呈现高速发展的趋势，国内各行各业都在通过信息化及大数据来增强自身在市场中的竞争力，从而实现自身良好的转型和发展。在此背景下，人们的阅读方式也有所改变，传统的纸质版阅读已经逐渐被网络在线阅读、手机阅读和Kindle阅读所替代，以书本阅读为主的阅读方式已经转变为了以数字化阅读为主的方式，人们在阅读的时候不再拘泥于时间和地点，能够随时随地的通过多元化的方式进行阅读，能够在闲暇的空余时间随时随地开展碎片化的阅读。"互联网"背景下的图书馆阅读推广方式具有新的特点和优势，比如阅读更加方便、形式更加多样、内容更加丰富。因此，图书馆在互联网信息技术快速发展以及大数据爆炸的新时代，要持续深入的加强阅读推广服务，创新推广服务的模式。近年来，由于互联网大数据信息技术的快速发展，信息的搜集和获取更加的便捷，在这种情况下，图书馆如果还是以传统的阅读推广方式进行推广，那么在信息资源大爆炸的今天就无法满足人们阅读的迫切需要。因此，图书馆阅读推广工作与"互联网+"相融合的方式就成了现今阅读推广服务的新模式。"互联网+"不仅能够使图书馆具有强大的信息服

务能力和检索能力，同时还能够促进图书馆推广服务的精准性。目前，"互联网+阅读"的方式已经成为图书馆发展的主流模式，通过互联网信息大数据的通道，图书馆不仅能够实现人们自由自主地选择和发表言论，还能够及时地发出、接收和反馈信息，形成一个完整的闭环，使得人们在阅读的时候能够感受到更加真实的情感。

二、"互联网+"背景下图书馆阅读推广中存在的问题

虽然图书馆阅读推广在"互联网+"背景下呈现出良好的发展态势和机遇，但仍旧存在着一些问题，这些问题会给图书馆的发展带来不利的影响，需要及时的处理和解决。

（一）缺乏健全的规章制度和推广长效机制

由于大部分的图书馆偏向教学和科研服务，在阅读推广工作上较为忽视，因此当前部分图书馆在开展阅读推广工作的时候，缺乏健全的规章制度和推广长效机制，没有形成一套完善的推广工作体系；同时，由于图书馆一般采取的阅读推广工作都具有统一流程化和程序化的特点，只是流于表面形式的推广，没有在阅读者中间起到良好的作用，导致引起阅读者的排斥，这就导致图书馆在开展阅读推广工作的过程中，遇到了一定的阻碍。

（二）阅读推广方式和服务内容单一

目前，还有部分图书馆在阅读推广工作上，缺乏多元化的推广方式，整体阅读推广方式较为单一，缺乏个性化。在"互联网+"背景下，虽然有些图书馆能够在信息技术发展的基础上建立起数字化图书馆，但是，在日常的阅读推广工作中却并不能将数字图书馆的优势和特点发挥出来，导致阅读推广的工作质量不佳。例如，在有些图书馆的官网或者官微上，都能查看到很多阅读推广活动，但是这些阅读推广活动的内容都很难吸引读者的兴趣，推广活动缺乏创新性，没有有效地将"互联网+"的特色融入进去。在这种情况下，阅读推广工作难以与社会发展特色有效地联系和融合，在内容上有所缺失，缺乏独特的魅力，这就导致阅读推广工作难以有效地开展。

（三）阅读推广合作机制存在缺陷

图书馆阅读推广的目的是为了能够增加读者的黏性，让图书馆和读者能够在一定的条件下进行时间和空间范围内的有效融合，促使人们能够通过阅读获取知识、陶冶情操、愉悦身心。但是，在当前图书馆阅读推广的实际工作中，有些图书馆没有建立起有效的推广合作机制，缺乏社会上各类组织或者资源的支持，导致阅读推广工作不能有效地开展。

三、"互联网+"背景下图书馆阅读推广策略

（一）完善图书馆阅读推广工作机制

为了确保图书馆阅读工作地有效开展，提高阅读推广工作的质量，要建立起图书馆的阅读推广工作长效保障机制，并逐步进行完善。在图书馆管理内部，可以建立起相应的阅读推广小组，例如建立微信群、微信公众号、QQ群、抖音号，微博号等。在这些时下流行的平台开展专门的阅读推广工作。设置专人负责阅读推广的一系列工作，并制定健全的阅读推广工作长效保障机制。在阅读推广小组里面的小组成员要能够具备基本的服务能力和工作能力，要能够了解和掌握读者的阅读需求和阅读兴趣，并时刻将阅读推广工作放在日常工作中的首位。在阅读推广活动工作开展之前，阅读推广小组要能够对活动的流程和方案进行科学合理地设计，避免活动中出现问题；在阅读推广工作结束后，阅读推广小组成员能够对活动开展的流程、效果以及读者的反馈进行及时的总结和分析，对活动开展进行有效的评价，针对需要改善的环节进行反思，总结出阅读推广的经验和新方式，建立起阅读推广的长效机制，从而有效提高阅读推广工作的质量。以湖北省图书馆为例，该馆建立了自己的官方网站、微信公众号，以及微信小程序等互联网平台，实时同步发布该馆活动相关信息。同时也建立了抖音号和微博号等时下最流行的媒体传播形式，获得年轻读者的喜爱。

（二）丰富"互联网+"阅读的服务内容

在"互联网+"背景下，图书馆要根据自身的定位向不同的服务对象提供针对性的服务，从而实现全民阅读。比如，在国内各大高校中的图书馆，其服务对象主要是校内的大学生和教师，图书馆可以根据高校内不同专业，提供更具有针对性和全面的书籍，尽可能满足服务对象对阅读的需求，不断提升他们的专业素养、职业道德和综合素养。而市政的公共图书馆，一方面可以在满足人们阅读的需求下，将人们喜爱阅读的小说、财经、科普等等类别书籍进行扩充；另一方面，针对不同读者的阅读需求，可以开展精准化的阅读推广方式，使不同地方的读者能够快速获取自身需要的内容。针对一些特殊群体，比如残疾人读者，可以根据不同读者需求，开展线上及线下的专题性读书活动，为特殊群体打造一个交流的平台。图书馆应该在"互联网+"背景下，不断探索阅读推广发展的新方式，发挥出互联网大数据的优势，将各方资源进行充分有效地整合，

有针对性地、精准地为不同类型和不同需求的读者提供相应的阅读推广服务，有效提升读者的阅读幸福感和满足感。以湖北省图书馆为例，该馆定期举办多种内容丰富的图书推荐活动，如"新书推荐""热门书推荐""馆长荐书"等，充分满足不同读者的需求。

（三）建立"互联网+阅读"的多元合作

在"互联网+"背景下，各行各业对技术的要求都更高，而图书馆在信息技术发展的条件下，需要更加开放，不断将各类资源进行整合，共同进行合作。在图书馆建立多元化合作时，首先，就需要政府的大力支持，在政府引导各方资源加强阅读服务意识的同时，帮助图书馆和各类组织建立起有效的合作关系，将阅读推广和行业发展有效地结合起来，让学校、企业、金融机构以及出版服务商等不同的社会力量都参与其中，促进全民阅读的发展。比如，图书馆还可以和学校进行合作，校园内的图书馆的种类与其他图书馆的种类有所不同，针对的服务群体也有所不同，和学校进行合作，校园可以在官网上开展读书主题活动，例如线上阅读赢学分活动，让学生通过官网链接在图书馆的数字化阅读平台中进行阅读，以学分的激励方式来使学生提起阅读的兴趣；其次，图书馆可以和国内的三大运营商进行合作，运营商负责平台的搭建和方案的设计，图书馆则根据方案内容和主题提供相应的内容和服务，双方共同推动互联网背景下的高效阅读，推进阅读成为城市生活的特色和亮点。以湖北省图书馆为例，该馆开展了许多新颖的"互联网+阅读"的多元合作活动，比如"光明直播室"邀请了广播电台专门针对盲人读者展开阅读交流；"草根梦想空间"邀请了广大读者参与全民阅读；"长江讲坛"邀请了各界名家为读者讲解各种知识，开展丰富多彩的讲座；在一楼展厅经常开展各种主题的作品展等。

（四）深化利用高新技术服务手段

"互联网+"时代下为人们的生活带来了极大的便利，也促使各类市场主体不断进行转型和升级，不断通过各种信息技术服务的先进手段实现快速发展和新业务模式的扩张。因此，图书馆在当前"互联网+"持续深入推进的背景下，应该不断加深对信息技术的认识，在云计算技术、大数据分析技术以及物联网等高新技术的支撑下，建立数字化图书馆，不断提升自身"互联网+阅读"推广服务的能力，转变推广服务的方式，优化阅读推广的服务策略。全方位地开展数字阅读推广服务的创新活动，以期实现跨越式的转型发展。以湖北省图书馆为例，该馆有专业的网络资源数据库，以及专业的线上咨询服务，为广大读者提供了专业的知识解答和咨询。

在当今信息社会，信息的便捷获取对每个人来说都至关重要，全国正大力开展全民阅读活动，公共图书馆在全民阅读推广中发挥着十分重要的作用。在"互联网+"背景下，阅读推广的形式和内容都需要不断创新。因此，在"互联网+"的背景下，公共图书馆应该利用网络的便捷性，让全体社会成员平等、均等地享受公共文化服务。只有深入创新阅读推广的工作模式，不断地推陈出新，才能让图书馆阅读推广能够紧跟时代地潮流，不断提升读者的满意度。

参考文献

[1] 王锦贵."互联网+"时代背景下我国基层公共图书馆开展阅读推广活动的问题与对策研究［J］.上海高校图书情报工作研究，2018（3）：60-63.

[2] 王欢.互联网视域下图书馆阅读推广研究［J］.中国战略新兴产业（理论版），2019（8）：1.

[3] 黄晓军."互联网+"时代高校图书馆阅读推广策略探讨［J］.知识经济，2017（3）：137-138.

[4] 陈俊霖，周天旻.泛信息环境下图书馆阅读推广策略研究［J］.河南图书馆学刊，2019，39（2）：9-11.

[5] 宋磊.新环境下图书馆阅读推广工作探析［J］.北方文学，2017（3）：113-114.

公共图书馆公益讲座推广研究
——以湖北省图书馆沙湖书会公益讲座为例

蒋 慧

(湖北省图书馆,湖北武汉,430071)

摘 要:近年来,随着国家对文化领域发展的重视,新时期公共图书馆的发展越建越好。随着人们对阅读、文化的需求增加,公共图书馆也越来越重视阅读推广,通过结合信息化技术开展阅读推广,大大提高了读者的阅读兴趣。公益讲座是图书馆阅读推广活动的重要形式之一,能够发挥公共图书馆的社会教育功能。本文以湖北省图书馆沙湖书会医学健康讲座为例,探讨图书馆公益讲座发展推广的问题。

关键词:公共图书馆;公益讲座;推广

全媒体时代,公益讲座是公共图书馆发挥其社会教育功能、信息交互功能、智力开发功能的重要载体,它与报纸、电视、网络等媒体紧密结合,以读者需求为出发点,以其公益性、开放性、平等性和互动性的特点,为听众提供了丰富的科学文化知识,并且其多样的方式适合不同读者的学习选择和文化享受,公益讲座如今吸引了越来越多的人走进图书馆。

一、湖北省图书馆沙湖书会"看医学报刊,听医学讲座"的实践发展

湖北省图书馆中文报刊部为了更好的服务读者,让读者享受到更丰富多样的阅读体验,结合本部门的阅读人群和阅读特点,自2015年创办沙湖书会"看医学报刊,听医学讲座"以来,坚持每年一讲。每一次的讲座都以本部门的医学报刊为载体,以时事热点和读者比较关注的医学问题为素材,为读者搭建与名医面对面交流的平台,吸引了市民读者的广泛关注和参与。每一场讲座的成功举办都离不开广泛、有效的宣传推广,离不开工作人员的专业筹备,讲座的举办不仅能让读者学习到更多的知识,也能帮助宣传推广医学健康类报刊,充分发挥了图书馆社会教育功能,并且树立和打造了图书馆品牌形象。

（一）结合部门特点，利用社会资源，创建讲座

随着人们对健康问题的重视及对养生领域的探究，医学健康类报刊越来越受到读者的欢迎和选择，从图书馆统计的期刊借阅量来看，养生健康报刊的借阅量占到了三成左右。为了丰富读者的阅读方式，传播科学知识，推广医学健康类报刊，湖北省图书馆中文报刊部联合湖北省中医院，双方建立了长期合作机制，创建了沙湖书会"看医学报刊，听医学讲座"品牌栏目，本栏目在明确目标与任务，细化责任与分工后，开始了医学健康公益讲座推广之路。

（二）精选讲师，严选主题，提升讲座质量

讲师是讲座成功和保持旺盛生命力的关键，医学健康公益讲座每年都是由各医院的知名专家担纲，如湖北省中医院肾病专家巴元明书记，湖北省中医院耳鼻咽喉科主任邓可斌，他们都是中医学科领域的带头人，他们专业的讲解每次都让读者和听众受益匪浅。

主题是讲座成功的第一核心要素，医学健康公益讲座的主题内容以读者最感兴趣的内容为基础，综合考虑社会时事热点后，以普及科学知识为目的，传播科学知识、传播社会正能量。如《急救知识普及》讲座、《变应性鼻炎防治与全年整体疗法》讲座、《别低头，皇冠会掉，颈椎会伤》讲座涉及的内容都是大家平时最容易遇到并且最关注的问题。医学健康公益讲座对讲师与主题的精选，确保了讲座的质量，讲座的平均上座率一直保持在80%左右。

（三）宣传推广，创新形式，扩大讲座影响

宣传推广是扩大讲座社会影响的重要手段。在前期宣传上，会根据讲座主题和内容设计相应的宣传展板、宣传册；展板和宣传册的主要内容包括主题、讲师简介、时间、地点等，这些宣传资料都会在讲座前一周分发给读者。讲座开讲前还会张贴宣传海报、在本馆网站及微信公众号进行宣传文案推送，讲座结束后还有现场照片和宣传报道。讲座想要吸引更多听众长期参与，讲座形式非常重要。讲座形式有：讲授式、论谈式、实践式等。每场讲座中间设有听众互动环节、最后都设有半小时问答时间，并对参与互动的听众奖励与讲座相关的小礼品一份。2017年《急救知识普及》讲座现场进行了模型急救示范，就吸引了许多听众积极上台参与；2020年的《别低头，皇冠会掉，颈椎会伤》讲座，医生带领听众一起做"中医诊疗法——古本易筋经十二势导引法"也大受读者欢迎。

二、湖北省图书馆沙湖书会"看医学报刊,听医学讲座"存在的问题

(一)品牌效应不明显

品牌活动的举办需要长期性、周期性,要用战略规划来明确目标方向,指引行动,产生社会效应。沙湖书会医学健康公益讲座虽已创办6年,但举办模式不新颖,品牌效果不显著,社会影响力有限。虽然讲座活动的宗旨明确,每年也有一个年度计划,但没有系统的品牌建设和长远的发展规划,缺乏长期纲领性目标引领,以及应对变化的工作措施及预案。并且在网络多媒体盛行的时代,面对面交流的形式已经不再主流,大家更愿意通过直播、短视频等方式来获取想要的知识信息。笔者作为长期负责与开展讲座工作的一线人员,近年来已明显感觉讲座遇到瓶颈,影响到讲座品牌的提升与发展。

(二)讲座主题、形式太单一

沙湖书会医学健康公益讲座的主题大多都是围绕大众感兴趣和关注的医学类主题,但是整体来看,讲座主题特色不突出,缺乏整体规划,主题选择随意性大,讲座内容不够系统连续,有的甚至是根据讲师来确定主题,没有从广大听众需求和城市文化的定位来精选讲座主题,导致讲座出现碎片化、零散化现象,讲座主题系统性、延续性不强,内容方面也不够完整和规范。再加上医学健康公益讲座本身范围有限,讲座可以采用的形式比较单一,大多都是以授课的形式,与听众的互动过少,再加上模式不够新颖、多变,时间久了,难免让人觉得单调、乏味。

(三)宣传推广不够

活动的积极开展需要宣传,品牌的反响效果依靠推广。医学健康公益讲座在宣传形式上虽然有宣传单、展板等实物宣传,还有官网、公众号等多媒体宣传,但存在宣传对象不明确、宣传重点不突出、宣传范围狭小、宣传力度也不大等弊端,缺少互联网思维下的新的宣传推广方式与方法。再加上沙湖书会医学健康公益讲座是以部门为主组织的讲座,因为级别和能力有限,所以缺少很多高端优质的资源和设备,讲座结束后期的推广仅有宣传稿件和照片,讲座宣传推广延续性不强,影响不够持久。

三、公共图书馆公益讲座发展推广

(一)坚持公益性原则,树立品牌效应

公益性是公共文化服务体系最本质的特征,也是公共文化服务与其他市场

经营文化服务最本质的区别。图书馆讲座应始终坚持公益性原则，为广大群众提供健康的精神食粮，并且要建立机制化的经费保障措施，树立品牌理念，建立品牌目标，做好品牌设计。公益讲座要以满足社会各个领域多层次的文化知识需求为目标，保障其基本的公共文化服务权利。公益讲座不仅可以满足广大群众对文化知识的渴求，而且还可以为广大群众建立一个在家门口与专家学者近距离接触、面对面交流的平台，真正起到文化惠民的作用。

（二）建立讲座团队，完善讲座资源库

讲座是一个系统工程，从前期的形式规划、选题范围、讲师选择、组织策划、宣传推广，到讲座当天的设备准备，现场的主持、拍摄、音响灯光，再到后期的资料整理、信息保存、后期推广，每一个环节都需要工作人员的智慧和付出。在建立团队基础上要强化内部管理，规范流程，明确职责，合理分工，树立团队意识，增强责任感。应当加强馆员业务能力培训，提高馆员的综合素质。对于专业知识的学习，可请相关专业老师做培训，还可以组织员工外出学习考察，学习其他图书馆的优良经验，并且可以组织讲座团队到品牌讲座现场进行观摩交流学习等。

（三）做好宣传推广，延长讲座影响力

做好馆内宣传。定期制作、发放宣传资料。通过海报、宣传单、折页等宣传资料，引导读者了解、利用图书馆讲座资源。这种宣传方式虽然传统但很有效。在读者进门处、电梯旁、综合阅览室等显眼处张贴讲座海报，并发放宣传单。除此之外，讲座海报还可以在各个社区文化活动中心、文化馆、美术馆等兄弟单位张贴，这些公告定时、持续，且较为醒目，可以带来一定的讲座听众。

延伸馆外宣传。利用网络新媒体，扩大宣传范围。随着互联网和多媒体技术的发展与渗透，宣传工作不仅可以突破地域和时空限制，还可以扩大范围，降低成本。新媒体利用文字、图片、动图、小视频等多种手段进行讲座预告，让预告变得更加生动新颖；并且通过这种方式还以接受预约报名，为现场服务提前做好充足的准备。另外，网络宣传的交互性是传统宣传方式不具备的。不方便到现场的读者可以通过网络观看实时直播，并参与互动；读者还可以在公众号的推文内留言、表达观点，也可以通过回看、转发等方式，由单一的信息接收者发展为讲座宣传的参与者与推广者。

（四）做好讲座效果评估，不断提升质量

讲座效果评估体系是对阅读推广整个活动流程进行评价与总结，是为活动的持续开展提供客观的参考依据。图书馆可以聘请业内专业人士运用大数据原理开发评估模型。评估内容应该包括参与人次、互动情况、主题选择、听众需求、活动影响及活动建议等方面。评估方式可采用调查问卷、读者采访、现场活动人次统计、媒体报道等方式。调查问卷是一种更科学全面的评价指标，也是听众与讲座组织者有效沟通的桥梁。一份切实且受调查者乐意回答的调查问卷可以协助讲座组织者收集听众反馈的信息、了解听众诉求，便于综合分析一个阶段讲座的质量，为下一阶段讲座的开展指明方向。

四、结语

公益讲座是图书馆的重要活动载体，它起到维系图书馆与百姓、专家学者、社会之间关系的桥梁作用。"十四五"规划纲要提出要推进公共图书馆、文化馆、美术馆、博物馆等公共文化场馆免费开放和数字化发展。深入推进全民阅读，建设"书香中国"，推动农村电影放映优化升级。创新公共文化服务运行机制，鼓励社会力量参与到公共文化服务供给和设施建设运营中。随着相关的纲要和法律条文的颁布实施，公共图书馆将具有更为广阔的发展前景，承担更为重要的社会责任。公共图书馆应该从百姓的角度出发，为百姓提供一个便于学习的文化平台，架起先进文化与广大群众之间的桥梁，使他们真正享受到公共文化服务的阳光，实现他们的文化权益，满足他们的精神需求。

参考文献

[1] 刘艺.基层公共图书馆阅读推广讲座品牌影响力探析［J］.传媒论坛，2020，3（21）：103-104，106.

[2] 崔娜.全媒体时代公共图书馆阅读推广策略研究［J］.图书馆学刊，2020，42（9）：34-37.

[3] 陈璟妍.公共图书馆讲座宣传工作的推广策略——以上海市普陀区图书馆"苏州河名家讲坛"为例［J］.传媒论坛，2018，1（6）：105-106.

公共图书馆"讲书"系列活动品牌创建成效影响因素分析
——以湖北省图书馆讲书人系列活动为例

曹星月

（湖北省图书馆，湖北武汉，430071）

摘 要：本文旨在以湖北省图书馆讲书系列活动为研究对象，运用 stv 三角模型理论，从三角模型的战略、战术和价值三个维度对其进行分析，发现市场定位清晰、活动差异化和重视个体和群体的价值，是影响品牌创建成效的重要因素。

关键词：讲书；STV 模型；影响因素

2021 年 1 月《"十四五"文化和旅游发展规划》提出，要广泛开展全民阅读活动，促进公共文化服务提质增效。2021 年 6 月，文化和旅游部印发的《"十四五"公共文化服务体系建设规划》指出，要建设以人为中心的图书馆，培育一批领读者、阅读推广人和阅读社群。以人为本，全面推进全民阅读建设，已成为了当前公共图书馆阅读推广的重点工作。湖北省图书馆自 2018 年启动"百场讲书读荆楚"系列活动以来，持续开展了书说战"疫"、长江读书节首届讲书人大赛、"书说百年路 启航新征程"红色故事讲书人大赛等讲书活动，先后获得了团中央"第五届青年志愿者大赛金奖"、中图学会"全民阅读优秀项目"奖、中图学会阅读推广委员会第二届创新创意"最佳创意"奖、文化和旅游部"2020 年全国文化和旅游志愿者服务二等奖"等多项大奖，受到了社会各界的一致认可。本文运用 STV 三角模型理论对湖北省图书馆系列讲书活动进行分析，找出其创建成效的影响因素，以供后续学习研究。

一、STV 三角模型理论介绍

作为在全球范围内有着广泛影响力的营销大师菲利普·科特勒，针对市场营销战略率先提出了 STV 三角模型理论。该模型将企业营销体系分为以下三个维度：第一维度是通过进一步细分市场，明确目标客户和目标市场，进而准确进行市场定位，最终健全公司战略（Strategy）体系；第二维度，通过整合和优化差异化、销售、营销组合三要素来进一步提升公司策略（Tactics）的合理化和可行性；第三维度，是通过品牌、服务以及流程三个不同的要素来实现对公司价值（Value）的设计。

模型结构图如下所示：

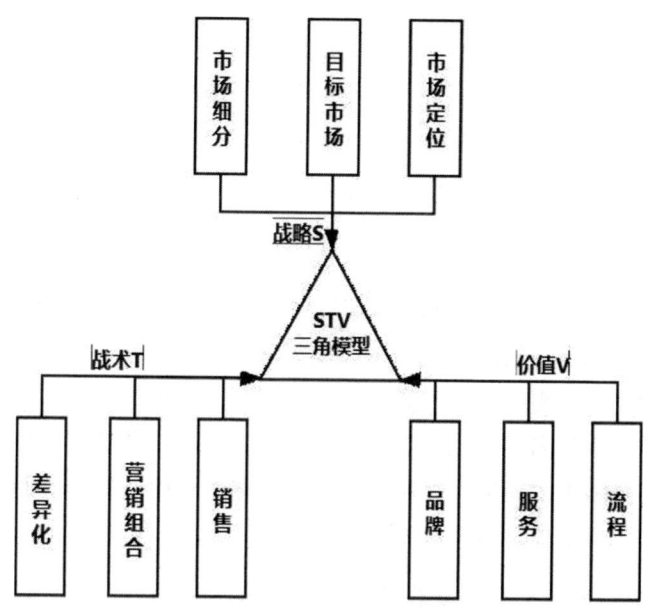

图 1　STV 三角模型

此后，赵晔在《基于 STV 三角模型的图书馆服务品牌营销研究》中将 STV 三角模型在图书馆领域的构建分为：图书馆战略（Strategy），包括图书馆市场细分、目标服务对象、品牌市场定位；图书馆战术（Tactics），包括图书馆服务品牌差异化战术、图书馆服务品牌的营销组合、图书馆服务品牌推广；图书馆价值（Value），包括图书馆品牌价值、图书馆服务价值、服务流程价值。

这一理论模型体现了，公共图书馆在开展阅读推广活动时，首先，要确定该活动的宏观层面，对市场准确定位，并对服务对象进行划分，估算目标服务对象的潜力，以及未来几年可能带来的反响。其次，要确实具体战术，就是在宏观层面确定后，对具体活动如何开展，运用什么营销手段，产品、内容和服务的差异化如何体现，做好活动推广。最后，定位活动的价值，从品牌、服务和流程价值上对图书馆、参与者和社会带来什么样的影响。该模型提供的思路，为公共图书馆开展阅读推广活动提供了良好的指导和评估方法。

二、湖北省图书馆讲书人系列活动概况

（一）百场讲书读荆楚

百场讲书读荆楚通过评选十佳荆楚图书、十佳讲书人等一些列方式推动湖北好书大家读。一是每月一场大型特色讲书活动。通过一本图书+N个讲书人+一个网红景点，打造不一样的讲书活动，倡导讲书跨界、文旅融合，鼓励讲书与研学、吟诵、实操等相结合。二是身边讲书人读书分享活动。湖北省图书馆招募、培养讲书人，联络图书馆、学校、书店、社区、茶馆、公司、医院、咖啡吧等空间讲书。三是走进乡村培养讲书人活动。通过走进乡村培训、座谈和线上交流的方式培养在乡村开展讲书活动的内生力量。

（二）首届讲书人大赛

2020年3月湖北省图书馆联合湖北省演讲协会，共同启动首届讲书人大赛，按照疫情期间可能出现的问题列出了夫妻关系、亲子关系、自我成长、职场问题、抗疫心理五大类心理疗愈书单，并提供省图电子图书全文链接供大家阅读，广泛宣传号召大众报名讲书人，参与讲书人大赛，贡献讲书"抗疫"力量，用一本本好书迎接城市的新生。大赛近4000人报名，总计录制了2400多份精彩的讲书视频，评选出十佳讲书人和优秀讲书人若干。

（三）红色故事讲书人大赛（第二届讲书人大赛）

2021年3月，湖北省图书馆联合湖南图书馆、湖北省演讲协会共同主办，湖北省各级公共图书馆、湖南省各级公共图书馆和北京豆伴网络科技有限公司协办长江读书节红色故事讲书人大赛，大赛以"书说百年路 启航新征程"为主题，按照党史、新中国史、改革开放史、社会主义发展史精选了100本经典红色书籍，提供省图电子图书全文链接供大家阅读，通过提交视频作品、分阶段评选、线上培训、优秀作品推广等形式开展活动，在阅读、讲书中，重温红色历史，弘扬革命精神，为建党100周年献礼！

三、湖北省图书馆讲书人系列活动创建成效

讲书包含了阅读和积累、逻辑与思辨能力、文字的转化与组织能力、语言的表达与感染力。讲书并不限于读书，也不仅是演讲。讲书人需要在完全咀嚼和消化一本书后，提炼其核心内容，并加以自己的理解，通过有趣的讲书形式与表达技巧来展现一本好书的魅力和意义。

（一）以讲书带动读书，营造"好读书，求甚解"的良好氛围

湖北省图书馆自2018年启动首场系列讲书活动至今，4年共计近万人报名讲书人，其中5000多人在湖北省图书馆提供的讲书活动和平台上进行讲书，推荐图书参与量达到200多万人次，线上线下观看讲书活动的人流量达到300多万人次。来自于全省教育、科研、文化、金融、医疗、工程等领域的讲书志愿者们走进图书馆、社区、旅游打卡地、医院、学校、书店、文化空间、线上直播间等场地开展各类讲书活动，活动报道转载量总计近1000次，受益人群辐射到各个角落。

来自各行各业的讲书人大多是普通人，他们喜爱图书、乐于分享，通过各种形式的讲书活动，展现了"腹有诗书气自华"的新时代中国百姓风采。每一次面向各行各业、各个群体的讲书活动，都是一座座流动的"全民阅读"宣讲站，通过亲民、接地气、有用有益有趣的文化活动形式，吸引全社会的关注和参与，让讲书人成为明星，让阅读成为时尚潮流。

（二）社会化合作成效明显，提升图书馆社会影响力

湖北省图书馆讲书人系列活动自创办以来，合作了融创华中公司、中建铁投路桥有限公司、华中师范大学等100多家企事业单位和高校，湖南图书馆等200多家各级公共图书馆，以及100多家读书会和中小学，极大地提升了活动的影响力和图书馆的形象。如红色故事讲书人大赛由湖北省图书馆和湖南图书馆共同主办，吸引了来自全国22省的选手参赛；融创华中公司承办的"书说武昌""书说汉阳"形成了书说系列活动的金字招牌。

2021年红色故事讲书人大赛的一位参赛者来自一个地级市的首席主持人，她最初觉得图书馆组织的比赛应该很容易，所以没怎么准备，没想到现场碰到了来自全国各地的讲书人选手，他们有大学播音系教师、大型国企主持人、演讲教练、省级宣讲人等，这位首席主持人最终与"十佳讲书人"荣誉擦肩而过，同时也对图书馆的社会凝聚力产生了新的认识。

（三）倡导全民讲书，有效解决全民阅读推广的多个问题

一是通过广泛培育讲书人，有效弥补了基层文化工作者缺乏的瓶颈。将普通读者培养为讲书人，成为阅读推广的主体，为基层开展常态化文化活动提供了保障。他们同时也是各级图书馆在线注册的文化志愿者，成为了基层阅读推广的中坚力量。二是通过多方社会化合作，打破了各领域阅读分享的壁垒。来自各行各业的讲书人，有工人、医生、教师、科研工作者、媒体人、文化工作

者、警官等,他们进行线上线下讲书,促进了社会各界阅读与分享的广泛链接。三是通过讲书的交流与分享,达到了"读好书,求甚解"的目的。讲书人通过讲述和解读,将书的思想艺术性与人的世界观价值观相通相融,一方面从大众视角结合自身经历来讲书,带给听众更多的惊喜和感动;另一方面也通过讲书形成了更严谨的逻辑、精炼的语言和原著的思想内化。这样,以讲书活动引领更多普通大众分享读书的快乐,通过读书寻求解决生活问题的答案,为大众文化生活注入了新鲜血液。

四、影响因素分析

从STV三角模型对湖北省图书馆讲书系列活动分析发现,影响其成效的因素主要体现在其在活动之初就有准确的市场定位,具体在开展活动时力求差异化,最重要的是,讲书各类活动通过链接全媒体宣传和社会化合作,不断提升参与者的价值感。

(一)准确的定位

图书馆开展活动首先需要明确的是其服务品牌定位,准确的定位通常要考虑环境因素、政治因素、经济和科技因素。讲书活动创办的根本目的是立足于国家多次倡导全民阅读,助力文化强国的号召,随之提出来"选素人,展现大众文化生活"导向,打造讲书明星,促进全民阅读。从环境因素的考虑,讲书人系列活动旨在适应时代的需求,开展"百场讲书读荆楚"活动,响应文旅融合的号召。"书说战疫"和"首届讲书人大赛"是图书馆人的书香战"疫",用一本本好书克服疫情困难,迎接城市新生,"红色故事讲书人大赛"则是讲读红书,向建党一百周年献礼,每一项活动都有其明确的方向和定位。同时考虑经济和科技因素,不断尝试新的方式,比如拓展线上服务空间,线上线下相结合开展讲书活动。湖北省图书馆讲书人系列活动也真正体现了图书馆"为人找书,为书找人"的社会职能。

(二)活动的差异化

STV模型体现的活动差异化有多个方面,包括内容、背景、基础设施、宣传方式、服务等多方面。讲书系列活动宣传的差异化就体现在全媒体宣传和持续链接,全方位保证讲书人的曝光度。一是宣传热度,主办方在荆楚网、今日头条、大楚网、东湖论坛等多渠道对活动各个阶段进行广泛宣传,同时在全省公共图书馆、新华书店各门店、各合作单位的官网官微以及抖音等平台开展线上线下宣传工作。二是讲书人工作持续发酵,除了日常开展的讲书人活动,主办方还与与湖北教育频道合作《领读者说》栏目、与荆楚网合作《为你讲书》官微头条音频栏目、以及与楚天音乐广播合作《声音倾城》等栏目，进一步开辟讲书人版块，宣传和展示讲书人风采。同时讲书人的书稿刊发在湖北省图书馆内刊《读者空间》等。讲书人通过网媒、纸媒、电视台、电台、新媒体和刊物等全媒体进行展示和宣传，讲书热度只增不减。

活动内容的差异化，从讲书大赛就可见一斑。讲述大赛以大赛代培训、练技能。为解答选手日常问题和引导大家读好、讲好红书，大赛共建立了27个微信群，每个群有专业教练进行运维、答疑和VIP指导，定期开展线上培训和辅导，如CCTV导演陶峻《如何讲好一本书》、华中农业大学兰霞副教授《点石成金 树上开花——讲好书的四个方面》、湖北省演讲协会副会长陈飞《找寻初心 讲好红色书籍》、湖北省青年讲师团讲师王昊《讲好百年党史的红色基因》等10场线上线下相结合的培训，每场培训都进行了录制和直播，尤其是斗鱼平台直播热度达10万+。这样的大赛通过建社群、炼能力、促交流，用其与众不同的工作方式赢得了"市场份额"。

（三）重视每一个个体和群体的价值

在STV三角模型下，最后一个层面是要体现图书馆的社会价值，湖北省图书馆讲书人系列活动从个体、组织和社会层面都体现了其应有的价值，赢得了大众喜爱，从而获取阅读者的"心里份额"。

讲书人大赛定制感恩海报，为每一位参赛选手自动生成有个人名字的专属海报，重视每一位参赛者的价值。每个赛段设置个人奖，对每一赛段选手的进步都予以认可和表彰。每年评选十佳讲书人，对其进行正式表彰，邀请全媒体采访报道，并成立"湖北省红色故事讲书人宣讲团"，为其颁发讲师聘书和量身打造全国红色图书巡讲，进一步发挥优秀讲书人的价值，提高其个人知名度，使其有持续的价值获得感。

同时，设置优秀组织奖，为组织参加超过50人以上讲书活动的单位颁发优秀组织奖，目前已有30多家单位获得湖北省图书馆颁发的优秀组织奖，其中有12位单位代表在总决赛颁奖典礼上进行现场领奖。

社会价值体现在，讲书人系列活动除了使直接参加的讲书人受益，讲书活动也通过视频、培训直播、比赛直播等方式，使线上受益群体达到了300多万人次。讲书大赛从个人、组织和社会受众三个方面全方位地体现了其活动的价值。

五、结语

人们日益增长的物质文化需求对图书馆人提供阅读服务等工作提出了新的

要求，阅读服务工作也面临越来越多的挑战。这就需要图书馆人不断学习、发现和创新，把握有利于品牌活动良好开展的影响因素，为全民提供优质的阅读服务。樊登说："每本书都有一个使命，而讲书人首先要识别它的使命，从一本书中去发现一个人生道理，在让自我内心丰富的同时让更多的人与书结缘。"湖北省图书馆希望通过讲书系列活动，倡导讲书人对作品进行讲述和解读，带领更多读者触摸每一本书的内核，激发大家的阅读兴趣，培育文化自信。

参考文献

［1］图情要闻｜文旅部：建设以人为中心的图书馆 培育一批领读者、阅读推广人、阅读社群［EB/OL］.中国网，2021-06-29.

［2］赵晔.基于STV三角模型的图书馆服务品牌营销研究［D］.大连：辽宁师范大学，2019.

［3］《有请讲书人》总决赛5位明星讲书人诞生，黑马冠军获一致好评［EB/OL］.腾讯网，2020-08-12.

［4］马乐.广东卫视《我是讲书人》——看电视节目如何点燃全民阅读热情 提升大众文化自信［J］.广电时评，2018（2）：29-30.

高校图书馆科技情报服务育人实践和思考
——以华中科技大学图书馆为例

次雨桐　方吉

（华中科技大学图书馆，湖北武汉，430074）

摘　要：坚持立德树人，践行"三全育人"是高校的职责和使命。高校图书馆是学生学习的重要场所，因此也要切实肩负起服务育人的职责。2018—2021年，华中科技大学图书馆通过官方微信发布一系列文章，利用科技情报分析成果向学生展示学校学科排名、学院科研产出和顶级期刊论文等。文章发布后，众多学生纷纷点赞，迸发出强烈的爱校情怀和昂扬向上的精神，产生了良好的教育功效。

关键词：图书馆；科技情报服务；育人

一、引言

习近平总书记在全国高校思想政治工作会议上指出，要坚持把立德树人作为中心环节，把思想政治工作贯穿教育教学全过程，实现全程育人、全方位育人，努力开创我国高等教育事业发展新局面。高校肩负着立德树人、三全育人的职责和使命，也是育人的沃土。高校图书馆要为人才成长提供充足的养分，切实肩负起培养人、教育人的职责，将育人贯穿到图书馆服务的各环节及全过程。科技情报服务是图书馆一项重要的工作，如何创新科技情报服务形成，探索特色情报服务价值，打造具有图书馆特色的育人工作路径，实现"服"与"育"的融会贯通，为学校"三全育人"工作汇聚协同育人的智慧和力量，这是一个值得探讨的问题。

二、高校图书馆科技情报服务育人的现状

高校图书馆科技情报服务一般是围绕学校发展战略规划，依托自身文献资源优势和专业优势，以职能部门和院系需求为目标、以决策支持服务和特色学

科服务为中心开展工作，为学校人才培养、科学研究、学科建设以及社会服务需求，提供多方位、多角度、专业化的情报分析和数据支持。然而，目前国内高校图书馆较少面向学生群体开展服务。

三、华中科技大学图书馆科技情报服务育人实践

（一）实施背景

华中科技大学图书馆自2009年开展科技情报服务，跟踪学校学科发展态势并编制相关学科分析报告，呈送给学校领导决策层、学院及职能部门管理层等，获得了充分肯定，并产生了广泛影响，但是较少面向学生群体开展育人工作。

华中科技大学图书馆官方微信关注人数超过4万人，主要群体是本校学生，它是学生获取图书馆文献资源、借阅信息、通知公告、信息素养教育等服务的重要渠道。

利用微信平台将科技情报研究成果转化，2018—2021年相继推出一系列科技情报分析成果如学校排名、学院论文排行榜、三大国际顶级期刊和四大医学顶级期刊论文等，通过展示学校学术声誉、学科发展态势、高水平论文学术成果等内容，激发学生对母校的自豪感、认同感和爱校情怀，实现立德树人、三全育人的目的。

（二）实施过程

为了充分激发学生的爱校情怀，达到育人的目的，华中科技大学图书馆从前期策划、确定方案到具体实施等方面进行了充分的讨论和准备。

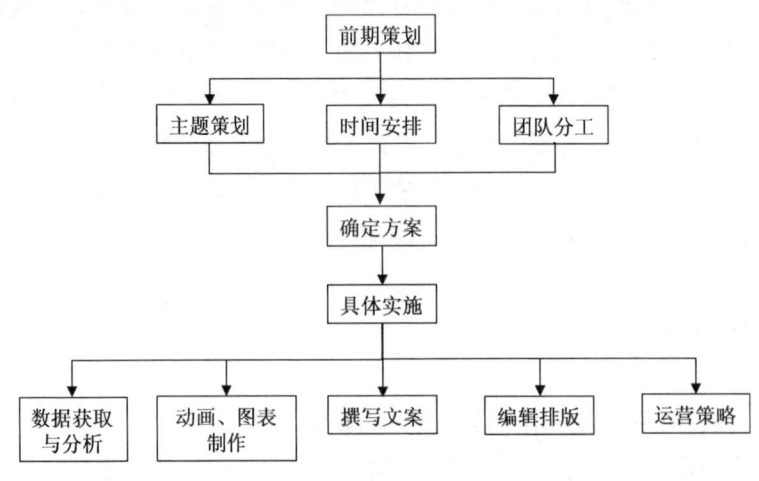

图1　实施过程

1. 前期策划

(1) 精心策划,确定主题

在不同的政策背景和导向下,从学校、学院、学者三个层面出发,确定每一期主题,策划不同的主题内容。

2019 年之前,国内各个高校图书馆十分关注 ESI 排名。ESI 公布的全球排名、学科排名数据是衡量学术机构科研表现、学术水平和影响力的重要指标之一。因此,华中科技大学图书馆策划了多篇 ESI 排名主题的微信文章。例如,为了激发学生的爱校情怀,让学生感受学校在 ESI 国际排名各项指标中的快速进步和优秀成绩,确定了《盘点 2018:我校 ESI 全球排名创新高》《盘点 2019:我校 ESI 排名情况》等主题。为了激发学生对学院的认同感、归属感,让学生感受各自学院的科研产出,确定了《盘点 2018:我校国际学术论文学院排行榜》《盘点 2019:华中大 ESI 高被引论文院系排名 TOP15》等主题。

近几年,"破五唯"、不唯 SCI 的呼声越来越高,教育部、科技部等多个部门也公布了相关文件。在这样的政策导向下,华中科技大学图书馆对相关政策进行研究,工作重点开始发生变化,更加重视论文质量,并策划多篇微信文章,展示华中科技大学高水平论文产出情况。例如,为了让学生从身边的榜样和好老师中汲取正能量,激发其奋斗精神,确定了《盘点 2018:我校 Nature、Science 论文成果榜》《盘点 2019:Nature、Science、Cell 上的华中大》《盘点 2020:我校三大顶级学术期刊论文速览》和《盘点 2020:我校 ESI 高水平论文数上升至国内第八》等主题。

2020 年初,新冠肺炎疫情发生。通过初步数据分析发现,华中科技大学发表的新冠肺炎研究论文数量位居全球第一。因此,确定了《全球第一!华中大新冠肺炎研究论文 399 篇》主题的微信文章,展示华中科技大学在科研抗疫中发挥的积极作用。之后,又推出了《盘点 2020:我校医学顶级期刊论文产出再创新高》文章。

2021 年是"十四五"规划开局之年。中共中央办公厅组织开展群众性主题宣传教育活动,指出活动要展示"十三五"时期发展的辉煌成就,宣传"十四五"时期发展的美好前景。基于此,华中科技大学图书馆推出《我校"十三五"国际学术影响力大幅提升》的微信文章,充分展示华中科技大学在"十三五"时期取得的辉煌成绩,激发了学生的自豪感。

(2) 合理规划推送时间

合理规划推送时间,能获得更多的关注和影响力。例如,以改革开放四十周年大会为契机,在 2018 年 12 月 19 日推出一期文章,让学生在感受祖国改革开放40年的繁荣发展历程后,通过动画的形式回顾学院在近十年科研方面的快速发展与进步。另外,在前后一个星期(2018.12.12和2018.12.26)各推出一期微信,分别展示学校排名和优秀学者。

(3)团队协作,细化分工

选定主题和推送时间后,对工作进行分工安排。一般来说,微信文章主要有数据支持、图片设计、视频制作、文案撰写、编辑排版等五项工作。每项工作分别由不同的馆员负责,充分发挥团队中每个人的优势。

2. 实施要点

(1)可靠的数据,专业的分析

团队之前撰写过各类情报分析报告,其中有不少数据。然而选择哪些数据进行展示是一个难点。一般是从关注学校学科发展、科研产出和学术影响力出发,聚焦优势学科、国际学术论文和顶级期刊论文,从学校、学院、学者三个层面展示学校成绩单。

(2)深入浅出、活泼易懂的文案

情报分析报告中有很多专业术语,一些数据指标的计算方法也很复杂。如果直接将报告中的数据、图表和文字生搬硬套到微信文章中,对于学生群体来说,会有一定的阅读障碍和困难。如何把晦涩难懂的专业语言转化为通俗易懂的语言,又不改变语言表达的准确性,是我们工作的另一个难点。因此,在撰写文案时,我们可以适当运用网络流行语,增加阅读的趣味性和文章的吸引力。用通俗的语言来解释专业术语,深入浅出,通过小百科的形式帮助学生了解高被引论文、热点论文这些概念。

(3)酷炫的动画、简洁的设计

在《盘点2018:我校国际学术论文学院排行榜》这期微信文章中,团队成员制作了一个60秒的动画,动态展现了华中科技大学近十年SCIE/SSCI论文数TOP20学院的排行变化情况。不少学生看到动画中各自学院科研产出不断上升的数字后,对自己的学院产生了强烈的骄傲感和自豪感。

在设计封面图片、选择排版样式时,选取符合学生特点的简洁、文艺、大气的设计风格和排版样式。在对数据进行可视化展示时,采取简单明快的风格,尽量做到一目了然。

(4)留言点赞送礼物

为了提高学生的参与度,调动学生参与的积极性,不断扩大传播范围,我们推出了留言点赞送礼物的活动。鼓励大家在评论区进行留言,我们会选出被点赞最多的10个留言,送出图书馆精心准备的小礼物,例如笔记本、文创产品、精美台历、双肩包、水杯等。这项活动得到了大家的积极响应，也是图书馆和学生之间一次良好的互动。

(5) 微信内链

在推送后一期的文章时，我们会在文中加入上一期文章的链接，同时，也会将相似主题的文章收录到同一个微信话题中。这主要是考虑到没看到其他期文章的学生也能够通过链接很方便地回顾内容，帮助学生对一系列情报分析文章的内容有更好的理解，对学校、学院、学者有全方位的认识。

(三) 实施效果

1. 阅读点赞创新高

华中科技大学图书馆官方微信推出的这些科技情报分析类文章，读者纷纷阅读、点赞、留言。2018年的文章，平均每篇阅读量达到5000次。2019年的文章，平均每篇阅读量达到6000次。2020年撰写的《全球第一！华中大新冠肺炎研究论文399篇》新闻稿件被网易、搜狐以及多个教育类公众号等媒体转载。

清博大数据平台提供的微信传播指数WCI能权威地反映出微信公众号的整体传播力和影响力。在其公布的全国高校图书馆微信排行榜中（包含485所高校图书馆），华中科技大学图书馆的2018年末的三篇情报分析类文章，微信传播指数WCI在文章发布当天分别为664.46、718.51和623.1，在榜单中的排名分别为第1名、第2名、第1名。

2. 春风化雨，润物无声

我们希望通过简短的微信文章在不经意间潜移默化地激发学生对学校的认同感，这样一次尝试性的探索得到了学生的积极参与，获得了强烈的反响。学生们纷纷在评论区留言道："华科真是越来越棒了，我也要多发几篇论文，做点贡献""很棒，但是在文这条路上任重道远！加油加油！""大赞华中大，看到视频中不断上升的数字油然而生的骄傲感""看到这么多高被引论文，激发了我写高水平论文的欲望""厉害了，华小图太棒，这个视频看的振奋人心"。这些留言也得到了学生们的纷纷点赞。

从这些留言可以看出，学生的评论留言多以抒发正能量为主，或是对学校、学院进步萌生的荣誉感、骄傲感；或是对自己的激励和鼓舞。在新媒体、新技术环境下，图书馆推出系列微信文章，运用丰富的信息化手段，与学生产生情感共鸣、引导学生从学校、学院的进步、身边的榜样等方面形成正确的价值观，甚至对学生的思想或行为方式做出影响或改变。这样一种渗透大学校园思想教育和文化建设的可行性方式，潜移默化地帮助学生增强了对母校的认同感，激发了学生的奋斗精神，达到了服务育人的教育功效。

3. 守正创新，协同育人，图书馆人成为新时代"播育者"

在系列文章中，我们会加入对图书馆的职责、职能、服务的介绍，使学生更加了解图书馆，它不仅提供借还书服务和阅读空间，还有为学校人才培养、科学研究、学科发展提供决策支持的科技情报服务。将微信公众平台与科技情报服务相结合，是一次新媒体环境下的创新服务，既拓宽了科技情报服务范围，又提高了华中科技大学图书馆的影响力以及在学生中的亲和力，让学生喜欢图书馆，爱"上"图书馆。同时也达到了宣传学校、宣传图书馆和育人的效果。

新时代的图书馆人以强烈的使命感和责任感，创新服务，争做新时代"播育者"，迸发催人奋进、昂扬向上的精神力量，给学生心灵埋下了真善美的种子，为学生打好精神底色，为学校"三全育人"工作注入了自己的力量。

四、总结与思考

华中科技大学图书馆科技情报服务尝试性地将立德树人、三全育人融入服务过程，聚焦学生，扩展服务对象，打开育人新局面；创新服务，"服""育"融合，构建育人新模式；团队合作，协同育人，营造育人新生态。从效果来看，激发了学生对母校强烈的认同感、荣誉感和昂扬向上的奋斗精神。该案例也有较好的推广价值，其服务模式易于操作、复制性强，各高校图书馆都可以利用自己的官方微信平台推出类似的文章。

未来，我们将继续探索服务育人的长效机制和有效路径，总结经验，学习新思想、新技术、新方法，深耕细作，实现"服"与"育"的融会贯通，继续为学校"三全育人"工作注入智慧和力量。

参考文献

[1] 郑晓娜，翟文豹. 高校构建"三全育人"协同机制研究 [J]. 现代教育管理，2020（10）：59-63.

[2] 张现龙. "双一流"高校图书馆决策咨询服务调查与思考 [J]. 图书馆工作与研究，2020（8）：115-122.

"音乐与阅读"：公共图书馆儿童阅读推广新模式
——武汉市少年儿童图书馆"音乐与阅读"活动实践与思考

徐水琴　陈聪

（武汉市少年儿童图书馆，湖北武汉，430014）

摘　要："音乐与阅读"活动具有宣传图书馆，吸引儿童走进图书馆，增添阅读仪式感，有效促进儿童阅读的重要作用。结合工作实际，从活动目的与对象、阅读作品的选择与再创作、主讲人与音乐团队、活动模式、活动宣传与推广等方面对"音乐与阅读"活动进行探析，在此基础上查找活动存在的不足，提出改进建议。

关键词：音乐与阅读；公共图书馆；儿童阅读

一、引言

汉代诗歌理论著作《毛诗序》强调："情动于中而形于言，言之不足，故嗟叹之，嗟叹之不足，故永歌之"。德国诗人海涅曾说："话语尽，音乐始。"音乐有时比语言更能表达情感。讲故事是一百多年来公共图书馆儿童阅读推广服务最为普遍、最有吸引力、最行之有效的方式。武汉市少年儿童图书馆（以下简称"我馆"）创新性地将音乐与讲故事结合起来，推出"音乐与阅读"活动，用音乐演绎绘本故事，给孩子们带去更丰富的阅读体验，同时实现更佳的阅读推广效果。

二、活动概况及意义

（一）"音乐与阅读"活动概况

通过生动有趣、形式多样的阅读推广活动，引导儿童感受阅读的魅力、享受阅读的乐趣，并逐步形成阅读的意愿，是图书馆阅读推广最有意义的目标。为有效激发儿童阅读意愿，我馆于2016年创办"音乐与阅读"活动，将目标受众定位为5至12岁儿童及其家长。

初期活动模式是音乐知识普及公益讲座，由我馆联合武汉本地乐团共同举办。活动中，首先由乐团的老师演奏一系列经典曲目，继而主讲人用简单风趣的语言介绍每首乐曲的作者、创作背景及演奏特点，向观众普及音乐知识。活动一经推出，场场爆满，大受欢迎。整场活动历时90分钟，没有一个人中途离场，也没有孩子吵闹。孩子们听得津津有味，家长也感慨收获颇多。一系列讲座的成功举办，让我馆感受到音乐与儿童阅读活动结合后所产生的巨大魅力，也体现了"音乐与阅读"活动的巨大发展前景和机遇。我馆乘势而上，在此基础上积极探索，将音乐与绘本故事讲述相结合，根据故事情节设计相应的音乐背景，现场演奏辅以主讲人的表述，再加上设计的一些互动环节，带给读者沉浸式、立体化的阅读体验。至此，"音乐与阅读"活动模式正式成型。

（二）公共图书馆开展"音乐与阅读"活动的意义

1. 宣传图书馆，吸引儿童走进图书馆

著名图书馆学家刘国钧提出，读者是图书馆事业的"五要素"之一。读者是图书馆的服务对象，也是图书馆存在的根基。随着网络技术的迅猛发展以及信息获取渠道的日趋多元化，公共图书馆面临读者流失的困境。因此面向未来的读者，即儿童宣传图书馆，培养儿童的图书馆意识尤为重要。"音乐与阅读"活动是公共图书馆读者活动的创新探索，具有丰富公共图书馆儿童阅读服务方式、宣传图书馆、吸引儿童走进图书馆、提高绘本资源利用率的重要价值。

2.增添仪式感，帮助儿童爱上阅读

世界儿童文学名著《小王子》里说："仪式感就是使某一天与其他日子不同，使某一时刻与其他时刻不同。"阅读仪式对于儿童爱上阅读有着不可轻视的作用。固定的阅读时间、特定的阅读环境以及亲子共读都有助于帮助孩子建立阅读仪式感。"音乐与阅读"活动实质也是一种亲子共读方式。活动场地一般设置在图书馆内。活动开始前，孩子与父母一起走进图书馆，感受到图书馆里良好的阅读环境和读书氛围，会对孩子产生一种积极的心理暗示，孩子会觉得阅读是一件非常美好的事情。活动过程中，在主讲人的带领下，孩子跟随音乐欣赏绘本，走入音乐旋律塑造的故事情境中，获得立体化的阅读体验，帮助孩子在内心进一步明晰阅读的概念，强化阅读的美好感受，进而走上自觉阅读、热爱阅读的道路。

3. 发挥社会职能，有效促进儿童阅读

吴慰慈、董焱在《图书馆学概论》里提出，图书馆的社会职能主要有四种：信息职能、教育职能、保存职能和消遣娱乐职能。"音乐与阅读"活动不设门槛，读者到馆即可参与。孩子们在参加阅读活动的同时可以学习音乐基础知识、观看各种乐器演奏、聆听欣赏乐曲和参与即兴表演互动。从某种程度上看，"音乐与阅读"活动是对孩子进行艺术启蒙，发挥了图书馆的社会教育职能。对于陪伴孩子参与活动的家长来说，图书馆则发挥了满足社会成员文化欣赏和娱乐消遣的职能。理论界早有研究表明，音乐对于阅读具有促进作用。音乐和文字读物的结合使用，能让抽象概念变得具体，更容易被孩子理解。在公共图书馆开展"音乐与阅读"活动能够不断提高儿童阅读能力，有效促进儿童阅读。

三、"音乐与阅读"活动探析

（一）活动目的与对象

"音乐与阅读"活动有别于单一的"音乐会"与"故事会"，是音乐会与故事会的有效整合，其表现形式体现为音乐与阅读的并重。在音乐方面偏重于基础音乐知识了解与音乐赏析，因势利导地培养孩子的音乐素养，并不刻意对孩子进行音乐教育。在阅读方面则注重绘本阅读指导，引导亲子共读，激发儿童阅读意愿，培养儿童阅读能力。活动的目的和落脚点是推广儿童阅读。

随着国内对音乐启蒙教育的逐步重视，有越来越多幼儿家长选择带孩子看演出、听音乐会，想要给孩子良好的音乐启蒙。为了给观众营造良好的观演环境，剧场对儿童进入设有一定的限制，除了儿童或亲子类节目外，明文规定1.2米以下儿童谢绝入场。因此，有相当一部分5至6岁儿童想要参与音乐会的需求难以满足。我馆的"音乐与阅读"活动将参与对象定位为5至12岁儿童及其家长，培养儿童早期阅读的同时也在一定程度上满足了部分低龄儿童家长对于孩子音乐启蒙的需求。

（二）阅读作品的选择与再创作

选择优秀的作品是开展"音乐与阅读"活动的基础。用图画与文字共同叙述故事的绘本，具有鲜明的视觉图像，能满足儿童趣味阅读的需求。且绘本故事富有想象力、感染力，适合用音乐表达，因此成为"音乐与阅读"活动的最佳选择。例如，往期活动的阅读作品有绘本《不可思议的旅程》《天鹅》《犟龟》《胡桃夹子》《天鹅湖》等。

选好作品之后，我馆活动团队会对作品进行解析，将其进行段落分解，写出讲述脚本，并描述出希望呈现的活动效果。然后再选择合作的音乐团队。由音乐团队帮助确定音乐表现形式，选择适宜的旋律与乐器，进行编曲，创作音乐脚本。接着再共同策划活动的各个环节及具体细节。最终呈现的是一部再创作的、全新的"音乐与阅读"活动作品。以活动《犟龟》为例，经解析绘本原文进行再创作后，作品变身成《小号自由调》、钢琴《乌龟进行曲》《婚礼进行曲》《乌龟—布吉》、尤克里里《蜘蛛—塔兰台拉舞》、铜管五重奏《壁虎组曲》《威廉退尔进行曲》等13个音乐章节的组合。

（三）主讲人与音乐团队

活动主讲人由我馆经验丰富的儿童阅读推广人担任。除主持活动外，主讲人还要全程参与活动策划、作品的选择与再创作以及与乐队之间的沟通等环节。主讲人不仅要了解阅读的作品、了解读者，还应掌握吸引读者注意力的方法技巧。可以说，主讲人的业务能力直接关系到"音乐与阅读"活动的质量。我馆非常重视阅读推广人的培养，定期选派活动部馆员参加行业协会组织的阅读推广人培训，鼓励推广人自学儿童心理学、教育学、播音与主持等相关知识，督促其提升专业素养，打造过硬队伍。

合作的音乐团队一般为本地乐团。我馆的合作对象有湖北歌舞剧院室内乐团、武汉爱乐乐团、武汉乐启经典乐团等团队。他们都是出于对志愿服务的热情和儿童公益事业的热爱，不计报酬奉献演出。不仅如此，为了呈现更好的活动效果，每场活动之前，主讲人及乐团的老师们还会利用休息时间一遍遍地反复排练，精心打磨每个活动细节，确保为观众带来高质量的活动体验。

（四）活动模式

活动的基本模式是音乐团队现场演奏与主讲人故事讲述相结合。故事讲述与演奏并重，或按作品章节分段演绎，或是采用融合的形式。演奏形式可以是单人器乐，也可以是多人乐队。既有西洋乐（大提琴、小提琴、钢琴等），也有传统器乐（琵琶、古筝、二胡等）。还有童声独唱或合唱。演奏的具体形式、曲风根据所演绎的作品需求来定。

在讲述过程中会设计互动环节，将作品导读内容穿插其中，让观众在参与中实现对作品的多角度阅读。以活动《犟龟》为例。设计的互动环节之一是根据不同乐器的音色分辨各种动物。乐团老师在用不同的乐器演奏一小片段后，主讲人会邀请孩子们大胆猜测声音像什么动物。答案没有对错之分，孩子们也可以尽情发挥想象。有的孩子认为，小号音色高亢，节奏强烈，主导着乐曲的主旋律，如同领头的大雁。也有孩子说，长号俏皮有趣的音调像动物中的猴子，从高音滑落到低音，又从低音爬上高音。互动环节之二是主讲人佩戴动物形状的头饰，带领全场一边打响指一边说唱台词，台词则出自绘本书原文，让观众对故事情节产生更深刻的印象和更直观的感受。互动环节之三是主讲人用手扮演故事中的主角"乌龟陶陶",把身体当作故事情节里的各个场景,带领观众一起用手与其他身体部位互动,模拟"乌龟陶陶"一步一步走完全部的路程。这些创意十足、趣味盎然的互动方式吸引了在场所有观众,孩子们纷纷踊跃参与,积极发言,现场气氛十分热烈。

（五）活动宣传与推广

为了提高读者对活动的知晓率和参与率,我馆会提前一周在官方微信公众号、读者微信群及QQ群发布活动预告。活动预告包含阅读的作品与导读语、活动信息、音乐节目单、主讲人与乐团简介等内容。同时,设计制作活动海报并张贴在馆门口宣传栏及各阅览室入口处,让更多的读者接收到活动信息。活动结束后会发布图文并茂的活动回顾推文,便于未能到场和意犹未尽的读者"细品"活动。

每场活动都赢得读者好评,给予我馆更大的动力,同时我馆也意识到,有必要让更多的潜在活动对象接收到活动信息,到更宽阔的平台展示与推广我们的活动。我馆开始深入探索,主动寻求社会合作,积极走出馆门,将活动场地拓展到其他图书馆、学校、社区、书店及景区。与湖北省图书馆合作,在可同时容纳500人的多功能报告厅里举办活动,既让活动本身增色,也让更多读者受益。与武汉电视台《阅读人》栏目合作,将活动《天鹅》作为武汉市中小学校2019年春季"开学第一课",以网络接力的方式在武汉实验外国语学校小学部和江夏区舒安小学城乡两所学校进行开展,并全程网络直播,让孩子们尽情享受这一视听盛宴,同时带动更多孩子走进阅读之门。还在汉口江滩、古琴台景区、新华书店、汉宜社区等地举办活动,既是宣传图书馆、倡导阅读、推广"音乐与阅读"活动的有效方式,也是丰富本地区公共文化服务产品供给的创新举措,进一步扩大活动覆盖面和影响力,产生更大的社会效益。

四、对"音乐与阅读"活动的思考

（一）存在的问题

开办五年以来,"音乐与阅读"活动在积极探索、适时调整、不断完善中走向成熟。虽然活动得到了一定的社会认可,受到众多读者的喜爱,但仍存在一些不足,还有待继续改进。主要表现在:(1)阅读作品的选择范围比较狭窄。作为专门的少年儿童图书馆,我馆的绘本馆藏资源丰富,品类齐全,为活动提供广泛的选择范围。但往期活动选择的作品数量却非常有限,且其中绘本《天鹅湖》《胡桃夹子》本身即是经典音乐和舞台剧作品的图画书版本。今后绘本开发还有待加强。（2）活动的前期准备工作不足。在90分钟的活动时长里，以五种以上的乐器演奏多达十几首乐曲，对于几乎没有音乐基础的孩子来说，可能只是走马观花式地欣赏，孩子难以全面接受活动讯息。因此在每场活动之前简单发布活动预告并不能有效帮助孩子了解相关音乐知识。（3）活动缺乏反馈评价机制。以往活动收到的反馈信息一般都是读者以口头方式表达的，但仅凭读者口头反馈难以有效评价活动成效，不利于活动的优化。（4）活动宣传工作还有待提升。没有充分利用新媒体手段，活动宣传力度不够。（5）与音乐团队的合作机制还有待完善。时间、精力、经济等因素影响双方之间达成长期稳定的合作关系。

（二）进一步完善"音乐与阅读"活动的建议

针对前期存在的不足，笔者认为活动今后可从以下几个方面进行完善：（1）扩大阅读作品选择范围。由阅读绘本扩展到阅读儿童文学作品，以音乐阅读的形式开展儿童文学作品导读。（2）配合每场活动开展音乐知识普及与馆藏资源推介。通过线上推广和线下发放宣传单页的形式，帮助参与活动的孩子详细了解本场活动中的乐器及乐曲知识。结合馆藏开展关于音乐的图书与数字资源推介。（3）吸纳音乐领域的专业人士参与活动志愿服务。（4）打造活动品牌。规范活动内容，不断提升活动品质。注重整合社会资源，壮大活动品牌影响力。（5）加强与读者的互动。活动准备阶段，广泛征集读者意见，了解读者阅读偏好。活动结束后通过线上线下相结合的方式发放活动反馈表，收集读者对活动的评价和建议。（6）加强活动主讲人的培养。通过提高主讲人的专业素养促进活动水平的提升。（7）争取专项活动经费支持。以政府购买服务的形式与乐团合作。（8）全媒体多渠道开展活动宣传。

五、结语

公共图书馆儿童阅读推广工作需要不断创新才能有所作为。"音乐与阅读"是我馆丰富儿童阅读推广活动形式的创新探索，为公共图书馆将音乐应用在阅读推广中提供一个成功的做法。今后，我馆将继续努力探索其他艺术形式与阅读的结合，尝试更新颖的阅读推广模式，为助力儿童阅读、推动全民阅读贡献力量。

参考文献

[1] 程焕文. 图画书故事衣：公共图书馆儿童阅读推广的新潮流［J］. 图

书馆建设，2020（2）：78-82.

［2］范并思. 阅读推广与图书馆学：基础理论问题分析［J］. 中国图书馆学报，2014，40（5）：4-13.

［3］储兰. 公共图书馆读者群培育研究［J］. 图书馆研究，2014，44（3）：113-116.

［4］张丽娜. 巧用仪式感，让孩子爱上阅读［J］. 大众心理学，2019（12）：36，33.

［5］吴慰慈，董焱. 图书馆学概论［M］. 北京：国家图书馆出版社，2008：78-79.

［6］胡韵琴，范并思. 美国公共图书馆的音乐推广活动［J］. 图书馆建设，2021（5）：87-90，97.

图书馆加强阅读推广的途径与方式
——以武汉市新洲区图书馆为例

张彩雯

(武汉市新洲区图书馆，湖北武汉，430400)

摘　要：图书馆能够引导广大人民群众积极、主动的进行阅读，实现全民阅读的目标。在社会主义精神文明建设的过程中，要充分发挥图书馆的社会文化功能，进一步提升广大人民群众的文化素养，提高我们国家的文化软实力。在现代化城市建设之中，图书馆占据十分重要的地位，图书馆的发展，能够体现一个城市的文化氛围。加强对图书馆阅读推广，能够满足广大市民朋友们对于阅读的基本需求。因此，本文就图书馆加强阅读推广的途径和方式进行了分析。

关键词：图书馆；阅读推广；途径；方式

图书馆阅读推广工作对于一个图书馆的建设与发展有着重要的作用，图书馆只有加强阅读推广工作，才能为广大人民群众提供更大的阅读便利，为提升广大人民群众的文化素质和丰富其文化生活提供保障。我们要加大图书馆阅读推广力度，不断改善图书馆馆藏资源的结构设置，充分调动广大人民群众的阅读积极性，让更多的人民群众能够加深对图书馆书籍的了解，丰富自身的知识储备。除此之外，管理人员还要提高自身的服务质量，结合读者的阅读兴趣，满足不同读者的阅读需求。

一、图书馆加强阅读推广的重要性分析

图书馆开展阅读推广工作，能够增强我们国家广大人民群众的阅读能力，还能进一步提升广大市民朋友们的自身知识储备量。加强图书馆的阅读推广活动，能够促成学习型社会的建立，显著增强我们国家的文化软实力；另外，能够加强我们国家社会主义人才队伍的建设，增强广大人民群众的文化内涵，从而有利于构建社会主义精神文明建设[1]。随着我们国家综合国力的不断增强，

且在互联网信息技术的发展背景之下,图书馆有着丰富的馆藏资源和服务能力,为更多的人民群众增强知识储备提供一定的便利。

武汉市新洲区图书馆作为武汉市一个区县级图书馆,也是国家二级图书馆,为了拓展图书馆服务功能,最大限度地发挥图书馆资源的优势,更好地开展好阅读推广工作,有力推进新洲区全民阅读建设进程,于2018年单独成立了阅读推广部,聚集优质馆员的力量,专门负责阅读推广活动的组织、策划和实施工作。通过开展丰富多样的阅读推广活动,极大地激发广大市民的阅读兴趣,特别是在开展"问津读书节"品牌活动中,发动全区各机关事业单位、企业、社区、农村、学校、部队和社会团体参与到阅读中来,每年海选出一批阅读达人、书香家庭、书香机关、社区等,以榜样的力量带动更多的人参与阅读。

二、图书馆阅读推广存在的问题

(一)电子资源阅读推广不足

图书馆的文献资源一般有两种形式:一是传统的纸质文献,二是新型的电子文献资源。在现代互联网信息技术不断发展的背景之下,图书馆的电子文献应运而生,电子文献不管是在体积上,容量上,还是在传播途径上,都存在一定的优势。另外电子文献被计算机所收录,通过计算机相应的软件,还具有快速检索、查询、查阅的特点。但是电子文献的阅读成本比较高,一定要有相应的电子设备才能进行阅读。纸质文献是一种比较传统的文献资源,也是广大人民群众比较习惯使用的一种阅读载体[2]。目前,许多图书馆,特别是基层图书馆,电子文献资源建设不够,加之对于电子文献的阅读推广方式还存在一定的问题,部分读者对于电子文献资源还不太了解、不太接受,因此,在阅读电子文献的时候还是习惯性选择纸质文献,导致电子文献的阅读推广和利用都存在很大的局限。新洲区图书馆电子资源严重不足,每年购买的电子资源在整个新增资源中占比非常小。虽然我们每年利用"超星阅读""云图有声""扫码看书百城共读"等互联网资源不断向读者推送一些电子文献,但由于资源提供方提供的资源不是我馆购买的长效资源,大多都是有时效性的,这样势必会影响读者的长期阅读。

(二)有效阅读效率不太高

读者有效阅读指的是广大读者在阅读的时候,能够真正获得相应的信息知识,在精神层面上能够获得知识层面的满足,某一领域的水平能得到有效的提升。由于图书馆阅读推广工作人员责任心不强、推广能力不够、推广手段缺乏创新等因素，导致读者有效阅读的效率不太高。所以想要达到阅读的有效性，就必须要求图书馆在阅读推广的过程中，需要考虑重点推广和有效推广的问题。但是大部分的图书馆在阅读推广的过程中并没有注重到这一点，导致有部分读者朋友并没有进行有效的阅读，阅读效率不高，有的甚至仅仅是读浅层次的书，并没有从我们推荐的书籍或者文献之中获得有效的帮助，从而出现无效阅读的状况[3]。

就新洲区图书馆来说，由于资源不足和馆员综合素质等因素，读者的有效性阅读也存在着很大的问题。特别是读者岗位工作人员的责任心和专业素养直接影响到读者的有效阅读。记得有一次，有一位蔬菜种植读者找到我们的工作人员，想要解决番茄烂底的问题，负责接待的工作人员找来几本书，让读者自己查看，读者并没有从中找到问题的解决方案。正当读者准备离开的时候，另一名有经验的工作人员听说后，通过互联网和联线农业局专家，帮读者彻底解决了这个问题。这就充分说明图书馆资源、人才和敬业精神都是导致读者能否有效阅读的关键因素。

三、图书馆加强阅读推广的途径和方式

（一）加强网络推广模式

目前，在互联网信息技术高速发展的背景之下，电子阅读推广的宣传力度也逐渐增强，在人们的日常生活中，网络也是不可缺少的部分，网络的发展，为广大人民群众的日常生产生活提供了很大的便利。在电子阅读推广的过程中，加强网络推广平台，能够整体提升图书馆的阅读推广活动的宣传效率。比如：在微信、微博、QQ、网站、图书馆App等发布相关新书的资源信息，加强图书馆的阅读宣传，吸引广大读者能够积极、主动地参与活动，在微信公众号、微博官方网站上及时的更新新书资源，加强和读者朋友们的密切交流，通过微信、微博、QQ、网站、图书馆App，能够迅速解决读者在阅读过程中遇到的问题，激发读者的阅读积极性。现如今，广大人民群众离不开智能收集，因此，图书馆阅读推广活动可以有效针对这一特点，让社会大众能够快捷地通过智能手机的形式浏览相应的图书资源，为广大人民群众带来更大的阅读便利，提高读者朋友们的阅读兴趣。

2020年一场突如其来的新冠病毒疫情袭击武汉，图书馆网络阅读推广彰显出巨大的作用。新洲区图书馆通过微信公众号、图书馆网站、微信群、QQ群等方式开展大量的阅读推广活动，不仅为读者推荐了大量的电子图书，还带领读

者参加丰富多彩的读书活动,如8个书友会微信同时参加"澳粤鄂共读半小时""每周共读一本书"、少儿"云上读者会"天天有志愿者带领小读者读绘本等等活动。通过这些活动的开展,新洲区图书馆微信公众号和网站关注量迅速飚升,图书馆影响力也不断提高,全民阅读的氛围也不断增强。

(二) 开展系列阅读活动,促进全民阅读

系列阅读活动是图书馆阅读推广中比较常见的宣传方式。新时代的背景之下,全民阅读已经成为我们国家提升社会大众文化素养的重要路径,大部分企业、单位为了加深工作人员的思想政治素养,在工作过程中营造"全民学习、终身学习"的读书氛围,开展系列读书活动,提高工作人员的思想政治觉悟,增强工作人员的自身文化素养。高等院校也纷纷开展系列读书活动,通过阅读活动,有效提高现代大学生自身阅读素养,增强阅读能力,促使更多的大学生们能够积极、主动地参与到阅读活动当中。在图书馆开展阅读推广活动之中,应该通过借鉴社会成功的活动经验,有目的性地开展一系列阅读推广活动,有效地推动广大市民积极参与阅读活动。除此之外,图书馆还可以将阅读推广活动开进社区、农村、机关、学校、部队等,倡导社会大众积极参与图书馆的阅读活动中,以此来弘扬经典文学,提升居民群众的自身文化素养。在开展图书馆阅读活动之中,图书馆应该和这些单位和社区团体将活动长期、持续开展下去,并与读者建立长效互动机制,引导读者朋友们读好书、多读书、好读书,完成阅读活动的分享,在全社会范围内营造"全民阅读"的良好风气。

新洲区图书馆成立阅读推广部后,与读者岗位紧密配合,每年在全区范围内开展各类阅读推广活动达60多场次。其中影响力最大的是"问津读书节"和"元宵有奖读书猜谜"活动。这两个活动原来都是图书馆的传统读者项目,由于其历史悠久、影响力大,后来都发展成为政府主导、图书馆实施的全区性读书活动,"问津读书节"成员单位有50多个,成员单位每年开展读书活动共达100多项;"元宵有奖读书猜谜"连续举办了36年,成为全市春节期间最重要的文化活动之一,在整个新洲区几乎家喻户晓。

四、结语

总而言之,图书馆是人们快速获取知识信息的重要场地,加大对图书馆阅读推广活动的宣传力度,能够提升市民朋友们自身的文化素养。但是在实际的图书馆阅读推广活动中,还是存在一系列的问题,我们通过对存在的问题进行具体的分析,积极探索图书馆阅读推广的途径和方式,不断创新图书馆管理理念，充分挖掘图书馆的馆藏资源，利用现代化信息技术，积极宣传图书馆的阅读推广活动，吸引更多的人民群众慕名而来，有效地增强图书馆阅读推广宣传的效率，从而更好地提高读者的有效阅读水平。

参考文献

[1] 李莉，黎亚峰. 图书馆加强阅读推广的途径与方式 [J]. 中文信息，2019（2）：45-46.

[2] 李俊俊. 基于新媒体背景下高校图书馆阅读推广的途径与措施 [J]. 黑河学院学报，2020，11（4）：174-175，177.

[3] 杨英华. 高校图书馆阅读推广的必要性及有效途径 [J]. 传媒论坛，2019，44（20）：153-153.

公共图书馆阅读推广创新探索
——读书会的实践与启示

柴 斌

(湖北省图书馆,湖北武汉,430071)

摘 要:读书会是公共图书馆阅读推广工作的一种重要形式,湖北省图书馆传薪读书会自 2016 年 8 月创立以来,以中华优秀传统文化为主要活动内容,围绕阅读推广工作,开展了一系列的读书活动。本文以湖北省图书馆传薪读书会近四年的实践经验,从其创立、工作开展、及对阅读推广工作的启示三个方面进行了详细介绍,以期供从事相关工作者参考。

关键词:读书会;阅读推广;传统文化

一、传薪读书会的创立

(一)目的

湖北省图书馆传薪读书会(以下简称传薪读书会)于 2016 年 8 月创立,以宣传和弘扬中华民族优秀传统文化与民族精神,倡导良好的社会风气,培育和践行社会主义核心价值观,为广大读者群众营造一个良好的读书环境为目的。

(二)宗旨

"传薪"二字出自古代典籍《庄子·养生主》:"指穷於为薪,火传也,不知其尽也。"[1]意为传火于薪,前薪尽而火又传于后薪,火种传续不绝。传薪读书会旨在"共读国学经典,传承优秀文化",故名"传薪"。

(三)原则

传薪读书会在内容的选择上遵循两个原则:首先,能体现优秀传统文化的核心精神;其次,通俗易懂,适应当代人文言文基础普遍薄弱的阅读实际。规划学习内容依次为:

蒙书类:《朱子家训》《三字经》《千家诗》。

经典类：《论语》《大学》《中庸》《孟子》。

将来可根据实际情况，增加五经、二十六史、诸子百家、诗词歌赋等内容的学习。

二、传薪读书会的开展

（一）成员

参加传薪读书会的成员非常广泛，有离退休干部、大学老师、机关单位人员、企业家、中层管理干部、工程师、执业律师、全职妈妈、在校大中小学生、医生、图书馆员等，从六岁小孩至八十多岁老人，涵盖各个年龄层的人员。

（二）形式

传薪读书会从2016年8月至2018年3月，每周日下午举办一次，时间为两小时，2018年3月以后调整为每两周举办一次，时间为三小时，中间休息十分钟。读书会形式多种多样，既有对优秀传统文化经典书籍的逐字逐句的精读，又有成员之间的相互交流，也有在某方面有特长成员的专题试讲，还有户外游学活动。

（三）内容

传薪读书会在内容的选择上坚持专攻与泛览并重的思路，既有对优秀传统文化经典的系统阅读，又有对与优秀传统文化相关内容的广泛涉猎。从2016年8月开展第一期读书会活动至2020年1月，共开展了100期。

在对优秀传统文化经典的专攻方面，我们先从《论语》开始。《论语》全书共二十篇，约五百章，总计一万五千九百多个字。传薪读书会以宋朝朱熹的《论语集注》为主要参考书，逐句逐章研读，以每周一次的频率，持续二十个月方读完全本《论语》。接着，传薪读书会研读了蒙学经典《朱子家训》《三字经》《弟子规》及《大学》《中庸》。随后，我们又开始了《论语》的第二遍研读。与第一遍不同的是，这次以《论语》中孔门十二哲（配祀于孔庙大成殿内，除朱熹外，均为与孔子同时代的学生）为主线，以人物为专题，收集《论语》中相关章节进行研读。

在对与优秀传统文化相关内容的泛览方面，我们结合成员的阅读兴趣，穿插性的开展了以中医、武术、养生、书法、国学人物为专题的读书活动。中医方面，传薪读书会学习了《上古天真论》《四气调神大论》等名篇；武术方面邀请杨氏太极拳第六代弟子叶金峰老师作专题介绍及演示；养生方面共同学习了传统养生功法《金刚长寿功》，并于户外集中演练；书法方面邀请了省书法家协会会员廖静芳女士现场展示并撰写春联免费分送给参与活动的读者；国学人物方面，分别对马一浮先生、冯友兰先生、杜道生先生等国学大师进行了专题介绍及阅读学习其代表著作（如马一浮先生所著《泰和宜山会语》《复性书院讲录》，冯友兰先生所著《新原人》《中国哲学简史》，杜道生先生所著《论语全注全译》等）。

三、传薪读书会的实践对公共图书馆阅读推广的启示

（一）为书找人

公共图书馆的常态是读者进图书馆找书，而读书会的形式是主动将书介绍给读者，为书找到适合且需要阅读它的人。传薪读书会对书的介绍不是简单的图书推介，而是更加深入的精细化分享。凡是我们选择的图书，首要前提是馆员深入阅读过的，并提前进行内容梳理，做好充分的活动准备。这样参与读书会的读者能通过读书会全面且深入地了解图书，并激发出其进一步的阅读兴趣。如在阅读《论语》的活动前，馆员会在图书馆搜索相关文献，找来十多种注解《论语》的版本提前研读，从而在活动中对该书内容进行系统的、全面的介绍，使读者对阅读该书产生浓厚的兴趣。

为书找人，不仅提升了图书的使用率，增强了图书馆的服务效能，而且拉近了图书馆与读者之间的距离。

（二）让人找书

通过读书会可以为图书找到需要它的读者，读者也会更加认真深入地阅读该书。与此同时，读者在认真深入的阅读过程中，也会引发出许多阅读的困惑和兴趣点，顺着这些困惑和兴趣点，读者需要阅读更多的图书资料，从而促使读者寻找更多相关图书资料来阅读。如在以阅读《论语》为主题的读书会中，除了我们推荐的《论语》注解版本之外，许多读者会主动在图书馆检索与《论语》相关的其它图书资料，同时阅读了大量相关文献，真正做到了让人找书。

让人找书，不仅激发了读者阅读的兴趣，调动了读者阅读的能动性，而且可以同时督促图书馆不断完善和丰富文献资源建设。

（三）精准服务

通过读书会拉近了馆员和读者的距离，馆员和读者之间有了更加深入密切的接触。正是由于馆员对读者的逐步认识及了解，使馆员在准备读书会内容时

会考虑到读者的实际情况，在遵循读书会宗旨的前提下，选择更贴合读者的图书资料进行读书会活动。如针对参与读书会的老年读者较多，且他们对养生比较感兴趣的情况，馆员专门从中医经典《黄帝内经》中挑选了《上古天真论》《四气调神大论》等多篇养生名篇进行阅读学习，还邀请了杨氏太极拳第六代弟子叶金峰老师讲解太极拳；针对有部分参与读书会的读者为全职妈妈，对少儿教育方面的知识有迫切需求的情况，馆员专门从传统蒙学中挑选了《朱子家训》《三字经》《千家诗》等经典蒙书进行阅读学习；针对在校学生对读书方法比较感兴趣，馆员专门挑选了《礼记·学记》《复性书院讲录·读书法》《论语首末两章大义》等专门介绍读书方法的篇章进行阅读学习。

（四）文化自信

文化自信的前提是有文化，没有文化何谈文化自信。所以，学习、了解、热爱并践行我们的文化是文化自信的题中之意。学习与了解文化，关键在热爱，根本在践行。图书是文化的重要载体，阅读是学习文化的重要方式，而在图书馆开展读书会，能更好地进行阅读推广，促进全民阅读，增强文化自信。如经历过"批林批孔"运动的一位老党员干部一直对传统文化有疑惑，通过长期参加读书会活动，阅读了许多传统文化经典，对传统文化有了新的、系统化的认识，解除了自己的疑惑；如一辈子从事理工科的一位老工程师自认为一直对传统文化一知半解，通过参加读书会活动，了解到传统文化内容的丰富广阔，增强了作为中国人的自豪感；如一位即将出国留学的在校中学生，通过参加读书会活动，接触到经典的传统文化，了解到传统思想的可贵，增强了民族自信，对未来的学习生活有了清晰的安排，表示留学结束后将回国发展。

（五）读书习惯

读者要养成读书习惯，想读书、爱读书、会读书，是图书馆阅读推广工作取得成效的重要体现。读书习惯的养成不是看几篇介绍读书好处的文章或听几场相关讲座就可以的。读者读书习惯的真正养成，是在读者自身不断的阅读实践及经历阅读挫败中，通过总结与提升读书经验，并真切体验到读书的乐趣而逐渐形成的。传薪读书会，从来不心灵鸡汤式地宣扬读书的好处，引诱大家来读书，这仅仅是单纯的读书而已，我们更注重的是强调读书习惯的养成。读书当然要讲实用，没有用处何必去读！但如果存了功利实用的心去读书，可能就走错了路。读书就是读书，书读好了，所谓实用的东西是自然而然的。所以传薪读书会在开展读书活动的过程中，老老实实的阅读图书原本，不提倡空谈，而是主张静下心来先认真读完一本书或一篇文章，先了解文意，再慢慢体会作者的深意，尽量联系自己的生活实际切己体察。读书的习惯一旦养成，读书即生活，生活也是读书，两者相互交融，密不可分。

（六）情感交流

传薪读书会自 2016 年 8 月首次开办以来，在一百期不间断的读书活动中，很多读者从第一期起就一直参与进来，馆员与许多参与读书会的读者围绕读书这一主题，密切往来，深入交流，他们之间建立了深厚的感情。这对广大读者朋友对图书馆的了解及工作的认可，对图书馆阅读推广工作的开展起到了重要的作用。

参考文献

[1] 陆永品. 庄子选译 [M]. 北京：人民文学出版社，2003：56.

全民阅读时代公共图书馆阅读品牌的创建探析

王 黎

(湖北省图书馆,湖北武汉,430071)

摘 要:全民阅读是党的十六大中提出的关于建设学习型社会的重要方法。全民阅读工作至今已开展十余年,全社会阅读氛围更加浓厚。公共图书馆作为全民阅读开展的主要阵地,积极推出丰富多彩的主题阅读活动,逐渐形成了以"阅读品牌"为核心的阅读活动的举办方式。本文主要论述了公共图书馆在全民阅读推广下阅读品牌创建的方向和策略,以推进公共图书馆阅读品牌的创建,促进阅读推广工作的长效发展。

关键词:公共图书馆;全民阅读;阅读品牌;品牌创建

一、引言

2020年10月,中央宣传部印发《关于促进全民阅读工作的意见》,《意见》提出,要组织开展重点阅读活动,着力打造"书香中国"全国性阅读活动品牌;加强全民阅读宣传推广,创新宣传方式方法;加强评估督导,完善全民阅读评价指标体系,实施全民阅读绩效评估。2018年1月实施的《公共图书馆法》中明确规定:"公共图书馆是社会主义公共文化服务体系的重要组成部分,应当将推动、引导、服务全民阅读作为重要任务;应当通过开展阅读指导、读书交流、演讲诵读、图书交换共享等活动,推广全民阅读。"公共图书馆具有公共性、开放性和公益性的特点,拥有海量且免费的阅读资源、舒适的阅读环境和完善的场所设施,它是全民阅读活动的重要载体,是推动全民阅读、建成文化强国的关键一环。各级公共图书馆已将开展阅读活动作为深化读者服务、推广全民阅读的主要途径,在开展阅读活动的过程中,相继推出各具特色的阅读品牌活动,逐渐形成了以"阅读品牌"为核心的阅读活动的举办方式。

二、阅读品牌概述

（一）阅读品牌的内涵

品牌是指消费者对产品及产品系列的认知程度，是品质的保障和形象的体现，是具有持久价值的无形资产。

阅读品牌彰显着公共图书馆的文化品位、服务品质，是深化服务的有效途径，是体现社会影响价值的重要方式。同时也为了吸引更多的人参与全民阅读活动，达到更好地阅读推广效果。

（二）阅读品牌的创建原则

1. 性化原则

阅读品牌的创建要满足个性化原则，以个性化为前提创建阅读品牌，才能最大程度保障不同群体的阅读权益，同时能够区别于其他图书馆的阅读品牌，彰显公共图书馆的个性文化魅力和吸引力，形成深入民心的特色阅读品牌。

2. 系统化原则

阅读品牌的创建需要满足系统性原则，公共图书馆阅读品牌的创建是一项系统化的工程，图书馆对阅读活动核心与主题的选取、策划与宣传、信息的加工与推送、个性化支持等服务都要进行前期认真的考量与设计，统筹阅读品牌建设的持续性和长久性，坚持总体规划，按阶段不断实施，定期对阅读推广活动效果和数据进行评估，形成一个良性的循环系统。

3. 阅读品牌创建的意义

阅读活动品牌的建立可以进一步提升图书馆的知名度，扩大图书馆的社会影响力，充分发挥其所拥有的文化价值魅力，有助于塑造良好的图书馆形象。再者，根据读者需求不断探索、建立图书馆阅读活动品牌，可以更好地实现图书馆的服务目标，许多公共图书馆相继开展了多年的阅读品牌活动都有清晰的定位人群，针对不同的读者群体，如听障读者、中小学生、留守儿童、老年人等，对应开展符合读者需求的阅读活动，达到精准服务的效果，从而获得读者的喜爱，使得阅读活动工作获得长久发展。

三、阅读品牌创建的方向

（一）丰富阅读品牌创建的类型

现阶段多数公共图书馆的阅读品牌活动的创建集中于公益类讲座，公共图书馆的各类讲座已成为现代公共图书馆服务的一项核心业务，公益讲座受众广泛，有利于发挥图书馆的社会教育功能，同时也彰显了图书馆的文化公益性，在活动连续性上也能较好的保持，有利于讲座品牌的创建。

公共图书馆在做好讲座品牌的同时，应注重其他类型的活动品牌的创建，依托互联网技术的发展、新媒体技术的应用，多多开展竞赛、展览、体验、演出等更具特色的阅读活动，打造丰富的阅读品牌类型。比如竞赛，如今也是公共图书馆开展品牌创建的尝试途经，旨在吸引公众注意力，提高其参与阅读活动的积极性。深圳图书馆的数字资源竞赛活动自2010年启动以来，已经举办了近10届各类在线竞赛活动，包含"电子资源技能大赛""数字资源大闯关""图书馆之城知识大闯关""数字图书馆嘉年华趣味问答活动""音乐大闯关""诗词大闯关"等主题多样的在线活动，在竞赛中让更多的读者熟悉深圳图书馆各种数字资源，培养数字资源的使用习惯。再比如体验，体验活动的形式独特新颖，深受当下公众喜爱，不少公共图书馆都紧跟时代潮流，陆续开展了一系列的体验活动。重庆图书馆开展的"探索恐龙世界—4D互动阅读"体验活动，通过全新的视频阅读方式，全息成像，全方位、立体化的展现百科知识，让小朋友们在娱乐互动中学习到百科知识。

（二）创造鲜明的主题

鲜明的主题是阅读品牌创建的重要内容，是增强活动持久影响力的关键，也是公共图书馆在社会产生积极影响的关键因素。

美国"国家图书节"成功举办18届，以作家为核心活动内容，每届图书节邀请有影响力的、擅长演说的作家和诗人参与，其中不乏诺贝尔奖、普利策奖等重量级奖项的获得者，因此对公众产生了极大吸引力。"国家图书节"特别注重活动主题的策划与选定，每届活动都会围绕某一特定的主题开展，例如，2010年度的主题是"走过辉煌的十年"回顾了过往十年的美国文学，2011年的主题是"国会图书馆：过去、现在和未来"，以图书馆的历史变迁发展为中心，同时呈现了美国的阅读变迁，2012年的主题是"塑造美国之书"，选出了"塑造美国的88本书"并在馆内展览，引起了民众的热烈讨论。多届活动的主题都围绕明确的核心，精准把握活动内容，鼓励人们通过阅读和书籍来感受国家的历史、社会潮流的变迁，激发人们阅读的兴趣和热情。

精心策划的鲜明主题，能够有效地传播社会核心价值观，丰富大众的精神世界，真正使其成为大众心灵上的营养剂，不断传播积极的阅读理念，增强阅读品牌的社会影响力。

四、阅读品牌的创建策略

（一）以需求为导向，创建个性化阅读品牌

成功的阅读推广品牌必定是经过研究读者的阅读习惯、兴趣爱好，掌握读者现实的和潜在的文化服务诉求，针对不同读者群体设计出的具有针对性又兼顾多元化的阅读活动。

要打造独特性、系列化、效果佳的阅读推广活动品牌，图书馆首先应该以满足读者个性化需求为目标，掌握用户心理，确定品牌定位。因此，想要创建阅读品牌开展信息调查，了解读者需求是关键。图书馆应充分利用各类网络平台以及线下平台广泛开展读者信息服务需求调查，全面了解各类读者对于阅读活动的需求。可以采取网络及线下调查问卷、座谈会、现场询问、微信公众号推文、微博留言讨论等形式了解读者对于阅读活动最期待的内容、形式和时间等等。这是从阅读活动品牌建立之初，到贯穿整个品牌发展的重要组成部分，只有充分开展读者需求信息调查，确保调查对象的广泛性，才能设计出以读者需求为导向的阅读活动品牌，才能保持阅读品牌的生命力和可持续发展。

一项阅读推广活动从设计推出到成为品牌项目，必定要经过长时间的考验，许多公共图书馆的品牌活动开展数年乃至数十年之久，得到了公众的广泛参与和社会的认可。因此，打造阅读活动品牌实际上是一个动态的、发展的、不断汲取的过程。要保持品牌的生命力，必须根据时代的变化、读者需求的变化，不断推陈出新，创新品牌形式，丰富品牌内涵，使品牌具有持续的竞争力。优秀的阅读品牌正是在读者需求不断变化的情况下，不断完善、不断发展，自我革新，积累了读者粘性和关注度，阅读品牌得以持续发展。

（二）扩大宣传渠道，促进全民参与

阅读活动的宣传工作，对扩大阅读活动的范围、增加参与活动的人气、提高阅读品牌的影响力有着十分重要的作用。目前许多图书馆阅读活动的推广渠道略显单一，大多只利用微信社交平台，作为发布活动预告和网上预约报名的工具，推广效果不佳。品牌活动的建立中，让活动信息传递给更多的目标读者是活动成功与否的重要一环。因此，图书馆应采取多元化的宣传方式，线上线下相结合，事前事后相呼应。线上宣传可以借助官方微博、App、微信公众号、短视频平台、广播电视媒体、网站、朋友圈等网络平台推送相关主题活动信息；线下宣传可在馆内派发活动宣传单、悬挂宣传海报，充分利用公告栏、展牌、电视墙展示活动信息资讯等方式开展活动宣传，方便读者及时掌握活动信息。

在活动结束后,鼓励参与过活动的读者向周围人群进行宣传,定期制作有关主题活动精彩回顾和总结的宣传手册等,便于更多读者尤其是还未参与过活动的读者了解活动内容、过程和效果,以期达到更好的宣传效果。

(三) 建立阅读活动效果评估体系

阅读活动效果评估体系是对活动的整个流程进行总结与评价,为下一次阅读推广的策划与开展提供可参考的理论依据。通过对读者需求、阅读推广制度、保障机制、活动实施及活动产生的影响进行评价,既可以了解阅读推广活动运行的成果,又可以找出活动实施过程中的问题与缺陷,以评促建,以评促改,为今后更好地开展阅读推广活动指明方向。

(四) 注重阅读推广人才培养

加拿大学者通过研究发现,图书馆服务人员的能力和服务质量对图书馆阅读推广的影响极为重要。随着图书馆阅读活动品牌影响力的增强,覆盖面的扩大,社会各界对图书馆举办全民阅读活动的期待也越来越高,图书馆员的身份已不再是单纯的"引导者",而是在向"组织者"转变。因而图书馆员自身要符合时代发展的要求,只有具备"组织者"的相关能力,如沟通协调能力、新媒体技术、文学素养等,才能更好地胜任阅读推广者、活动策划者、学习实践者等多重身份,推动阅读品牌活动的高效发展。

因此,图书馆要建立人才培养的长效管理机制,树立馆员打造阅读品牌活动的意识,定期组织馆员进行阅读推广相关工作培训,将理论学习和实际经验相结合,制定出符合本馆实际情况的馆员培养计划,提高馆员的综合能力,为推动阅读活动品牌化提供有力保障。

五、结语

提升全民阅读水平,促进全民阅读推广工作是公共图书馆肩负的重要使命。阅读活动品牌的创建有助于公共图书馆吸引更多人参与全民阅读的活动。为了促进阅读推广事业的长效发展,公共图书馆要明确阅读活动品牌化的重要地位,根据读者需求创办具有特色的阅读推广品牌活动,激发公众阅读的积极性和主动性,营造全民阅读的良好社会氛围。

参考文献

[1] 钟楚.《关于促进全民阅读工作的意见》要点 [J]. 中国出版, 2020 (22): 3-5.

［2］完颜邓邓，宋婷. 融合创新发展背景下公共数字文化服务品牌建设研究［J］. 图书馆，2020（10）：15-19，46.

［3］王听波. 湖北省公共图书馆全民阅读推广对策研究［D］. 武汉：华中师范大学，2019.

关于公共图书馆在阅读推广工作中的思考

陈银涛

（湖北省图书馆，湖北武汉，430071）

摘 要：公共图书馆在开展阅读推广工作时，应坚持全民普惠阅读的原则，了解当下全民阅读的现状，努力降低公众在阅读图书中的难度，积极开展各种形式的图书推荐、读者互动交流活动，完善馆内各种文献资源，创设馆内优良的阅读环境，紧跟时代步伐，积极应用当前最新的信息技术。

关键词：阅读推广；公共图书馆；思考

一、背景

在国家积极推动全民阅读的宏观背景下，公共图书馆在倡导阅读推广时，应坚持普遍、惠民、平等、公开的指导原则，秉承真心奉献、全心服务的工作态度，以推广雅俗共赏、健康积极、进取奋发的书目内容为原则，坚持多渠道、多媒体、多形式的推广方针，切实履行公共图书馆作为国家机构的公益责任和职能。

二、阅读推广工作的原则

（一）坚持普遍、惠民、平等的原则

公共图书馆的阅读推广工作必须向所有公众开放，这既包括一般的普通民众，又包括接受信息有困难的特定群体，比如残障人士、留守妇女儿童、农民工等社会客观存在的弱势群体。虽然他们获取信息的能力相对较弱，但同样有获取信息的意愿，公共图书馆的阅读推广工作不可忽视他们，必须采取相应的活动方式，将这些人群全部纳入到全民阅读的工作范畴中去。

（二）真心奉献，全心服务的原则

公共图书馆是国家设立的公益性文化事业单位，是国家全民阅读推广战略

的参与主体。图书阅读推广工作是本馆工作的重要内容,必须建立一支专业阅读推广的队伍,树立真心奉献、全心服务的理念,让公众真心享受到阅读推广的便利、舒适和体贴,真正受益并体验到阅读推广的积极意义,让公众的正反馈成为公共图书馆推进这项工作的动力,从而促进和保障阅读推广工作的持续开展。

(三) 与时俱进的原则

当前全民阅读的现状,是大多数人还是为了消遣时间、复习备考、查阅资料、了解和掌握某些专业技能知识等去阅读,阅读的目的性比较明确[1]。而国家推进阅读推广的普遍意义在于让人们品味书中的内涵,陶冶情操,提升自身的精神境界,树立积极健康的世界观和价值观,契合国家精神文明建设的需求。也就是说大部分公众觉得阅读其实是一件功利性的事情,而国家阅读推广战略的目标是让阅读成为一件全民自觉的事情。这点在开展阅读工作的时候需要特别注意,它一方面要求公共图书馆能够及时、全面地提供给读者需要的阅读资源,满足读者的阅读需求,另一方面要求公共图书馆在进行阅读推广的时候,要主动提供能陶冶情操、升华读者内心的图书。

民众的阅读形式同以往有了很大的改变。在过去的几十年间,纸质的图书期刊和杂志一直是公众阅读的主要载体。21世纪以后,互联网技术、信息技术的飞速发展,深刻地改变了大众的阅读形式和阅读内容,更为方便快捷的现代网络阅读方式迅速地征服了人们[2]。这种阅读形式的主要载体是各种网络应用,包括电脑网页、移动终端上的微信微博公众号平台和App,各种室内室外的固定或移动的电子显示屏等。相比较传统信息媒体,在传递和接受信息上更便捷、全面,有图表、文字、声音、动画等多种形式[3],还具有让读者和阅读内容发布方进行深度互动交流的优势。据统计,截至2020年底中国已有9.89亿网民,互联网覆盖率达到了70%以上[4],国民数字化阅读接触率达到了79.3%,移动阅读已经成为主流。因此公共图书馆在进行阅读推广时,应当格外重视互联网阅读。

三、阅读推广活动的困难

自古以来,图书阅读就不是一件容易的事情。它需要相对安稳的社会环境、一定程度的文化脱盲人口。这些人口须有适宜的生活环境,不必每日为生计奔波发愁,有闲暇时间用在阅读图书上,还要承担得起阅读的成本,比如购书的经济成本,找书、借书、看书、还书的时间和精力成本,也就是阅读的受众,必须"有钱、有闲、有心"。阅读推广工作有一半是在降低公众在阅读中遇到的成本，解决公众在阅读中遇到的问题。只有在社会安稳、经济发达、国家机构强力支持、社会团体积极参与配合的情况，全民阅读活动才会得到迅速发展，我国在提出全面建设小康社会时就提出了全民阅读的口号。公共图书馆在阅读推广上所做的努力，其中降低公众的阅读成本占了重要地位。

（一）降低读者选择阅读内容的成本

主要包括散文推送、举办图书推荐活动和阅读交流活动。

许多公共图书馆的微博、微信公众号上每周都会推送各类文章，吸引读者入馆阅读、参观和自习。这些文章既包括时事新闻、文化热点、历史人文故事、本地特色文化等，又包括原创和转发官媒和自媒体的文章。一方面要宣扬本馆良好的文化形象，维护知名度。另一方面要通过宣传各类文化事件，提升公众对阅读的兴趣，增强公众自身文化素质。

图书推荐活动是公共图书馆面向大众的重要工作内容。比如湖北省图书馆开展的每月网站图书推荐、新书专架陈列、"馆长荐书"活动，都是向读者推荐并引导借阅一些具有一定思想深度的图书，提升阅读者的阅读品味。还有直播荐书的模式，通过知名直播平台，公共图书馆馆员在线与读者互动，讲解并推广图书。这样公众与图书的距离更近更亲切，读者反馈的效果也会更好。

丰富多彩的深度读者互动活动的阅读推广模式已经被大多数公共图书馆实践着，这些线下交流活动包括解析文化作品类的专家讲座，分享展示类的群体阅读心得交流会，创造比赛类的的公益文艺大赛或征文，推荐阅读类的节日主题的书画阅读专场，加强读者印象类的品牌读书节活动，展示主题文化类的书法、绘画和报刊的会展等等。比如2018年上海图书馆举办的海派文化主题的"海尚悦读，寻梦上海海派文化阅读推广"活动[5]。

（二）降低读者借还图书的成本

有些公共图书馆为了照顾交通不便的读者，采取了送书上门的服务。比如湖北省图书馆自2020年6月起开通的"楚天云递"服务，创建网借书库，精选图书三千本，在微信公众上设立借书入口，读者可以在上面远程借书，通过快递送书到家，之后通过快递邮寄到馆内归还。为了方便市内社区居民就近借还书，许多公共图书馆还在一些小区设立自助图书馆，比如2019年重庆市渝北区的图书馆。

有些公共图书馆直接采取赠书给读者、包邮到家的方式。通过官网、微博或微信公众号发布的文章与读者互动交流，向有阅读意愿的读者介绍某些图书，并随机挑选一部分读者赠送图书，免除了读者自行购买或借还图书的困扰。

为了更方便的让读者阅读到自己需要的图书，不少公共图书馆已经开启了读者荐购图书的模式。有的让读者自行登记所需图书和联系方式，待公共图书馆酌情采购后通知其优先借阅，如2018年的湖北省图书馆；有的让读者在书店选择图书时由公共图书馆买单并在书店现场借阅，书店即图书馆，它集阅览、采集、借书于一体，比如2015年的浙江绍兴图书馆；有的让读者在书店凭图书借阅证直接选中图书拿走，阅读完毕后再把书还到公共图书馆，由馆内工作人员完成采集、编目、上架的过程，最后由公共图书馆与书店之间进行资金结算，如2014年的深圳图书馆。这种模式顺应了读者的阅读需求，节省了公共图书馆在选书、采集和运输环节的成本，扩大了图书馆的影响力。

（三）降低读者使用数字资源的成本

省级公共图书馆通过从本地区文化情况入手，收集、整理、创建了具有当地特色文化的数字资源，激起读者阅读的兴趣。包括各种讲座的直播和录播，各类文化专辑音视频，图书附带的光碟资源等。很多公共图书馆购买了一些知名数据库的版权，民众可以通过借书证上的账号登录这些公共图书馆的个人页面，免费使用这些数据库，比如说知网、万方、维普、读秀等，并在全媒体渠道开通使用这些数据库的入口，比如电脑端的官网首页、手机移动端的App、微信公众号平台等，这样大大降低了读者使用这些数据库的经济成本。

（四）降低不同人群的阅读成本

为实现普惠、公平的主旨，公共图书馆针对不同的人群，开展了不同类型的阅读推广活动，使得一些接受信息能力差的人群也获得平等的阅读机会。比如湖北省图书馆举办的"小小图书管理员"活动、"书香伴读·聆听你我""相约乡读 悦读恩施"活动等，就是针对不同的阅读群体推出不同的推广活动，这类活动侧重于更多种人群对阅读的深度参与，扩大阅读推广的受众，塑造公共图书馆良好的公众形象，实现全民阅读的效果。

四、短视频阅读推广正在兴起

如今各种碎片化阅读行为方式，包括概读，扫读，跳读、断续读等大行其道，时间短信息量大、可自主选择、深度交互的短视频阅读方式受到普遍钟爱。目前短视频阅读用户的数量十分庞大，已达8.73亿人，其中使用抖音、秒拍、微视、西瓜等短视频的用户每日超过6亿，越来越多的公共图书馆开始推广短视频阅读的模式。

短视频阅读是目前信息科技应用上最时尚最普及的阅读模式,同传统的实体书阅读相比,短视频阅读有着无可比拟的优势:第一,方便,推广门槛低。只要一部人们普遍携带的手机就能随时随地地阅读到相关内容。第二,图书只是单一媒体,而短视频是多媒体,信息量大,更能吸引人。第三,一册书刊是包括重点阅读部分和浏览阅读部分的,读者需要花相当长的时间慢慢体味,而短视频往往都是别人已经将图书中的精读部分剪辑完毕,省略掉了不重要的部分,再投放给读者,包括讲解说明,这样读者可以快速获得自己想要的信息,节约了大量的时间。第四,利用短视频平台推广阅读,还可以与读者进行互动,读者可以留言,视频发布者可以及时回复信息,这是传统阅读推广模式无论如何都做不到的。公共图书馆在使用短视频平台进行阅读推广的时候,其内容应该包括本馆人文环境展示、文献资源建设情况说明、各类读书活动和读者互动交流活动推荐和跟踪,图书推荐和图书内容快速阅读等。

五、重视公共图书馆内部阅读环境的建设

传统的纸质书刊阅读模式受到了各类电子阅读模式的强力冲击,但是其依旧散发着独特的魅力。在可预见的将来,各个年龄层段的人中都有很大一部分人依旧喜欢实体图书阅读。实体阅读没有网络阅读的庞大信息量的冲击,没有网络阅读声图并茂的喧嚣,没有他人一起参与阅读的困扰,独守一方静土,手捧一本实体书刊慢慢翻阅,细细品读,仍然是很多人选择消遣闲暇时光的不二选择,目前到图书馆读书仍然是一件十分流行的事情。因此公共图书馆应当丰富馆藏资源,创设优良的内部阅读环境,打造舒适的阅读氛围,吸引公众到馆阅读,重视读者在馆内阅读时的情绪反馈。比如在大型网络社区"知乎"上,关于华中地区最大的公共图书馆——湖北省图书馆,其内部的阅读环境是否优秀就是一个众多发言人抨击的话题,他们都提到了在湖北省图书馆借阅图书时遇到的种种不舒心的情况,这严重影响了该图书馆的形象,应该引起有关部门的重视,尽力解决相关问题,体现图书馆的人性化服务,真正做到全心全意为广大读者服务。

六、结语

公共图书馆应该了解当下的实际情况,着力于解决公众在阅读图书中遇到的困难,加强建设馆藏图书资源,打造馆内良好的阅读环境,重视同公众的读书交流活动,为社会上不同类型的读者提供适宜的阅读条件。同时紧跟当下互联网时代的潮流,充分利用现代信息技术,本着弘扬民族文化、培养大众良好

阅读品味、提升民众的阅读素养和为国家精神文化建设添砖加瓦的态度，根据实际情况，因地制宜地制定图书阅读推广计划。

参考文献

[1] 樊慧勇. 关于公共图书馆阅读推广工作的几点思考［J］. 发明与创新（职业教育），2020（10）：174.

[2] 李思墨. 公共图书馆推广全民阅读的服务模式探析［J］. 参花（上），2020（12）：121-122.

[3] 李小幸. 公共图书馆全媒体阅读推广服务研究［J］. 河南省图书馆，2020，10（10）：42-44.

[4] 付少杰. 基于互联网思维的公共图书馆阅读推广策略探析［J］. 河南图书馆学刊，2021，41（4）：28-29+51.

[5] 刘海鹏，李健. 图书馆阅读推广特色实践考察与角色拓展研究［J］. 图书馆理论与实践，2021（3）：75-53.

大数据时代公共图书馆服务创新发展方向思考

王传雄

(安陆市图书馆,湖北安陆,432600)

摘　要：书籍是人类进步的阶梯,图书馆的存在对于人们的精神生活及社会的发展有着重大的意义。在大数据背景下,数据利用、分析的价值不断凸显,图书馆在资源、服务、设施、管理等各方面都发生了巨大的变化,需重新定位自身发展方向以适应时代变化,从而实现图书馆的转型与发展。本文结合大数据时代对图书馆造成的影响,对创新图书馆服务的必要性展开详细分析。同时简单阐述了大数据时代图书馆服务的创新路径,助力我国公共图书馆的现代化建设。

关键词：图书馆；创新；发展；方向

一、大数据时代对图书馆造成的影响

随着数字时代的来临,互联网等科学技术已经渗透到我们生活的方方面面,在大数据的影响下,图书馆的存在形态、服务方式、资源共享都发生了天翻地覆的变化,这些变化都改变着图书馆原有的服务模式,一方面大数据时代,图书馆在内容整理方面,不再局限于馆内所收集的内容,而是在准确分析读者需求后,多渠道的获取可满足读者需求的阅读治疗,为读者提供更为针对性的阅读服务。另一方面大数据可以增强图书馆信息整合的能力,推进图书馆信息化建设,创新图书馆读者服务、图书信息检索、资料查询流程,帮助用户高效率的查找所需信息,为其提供更为优质、便捷的图书阅读服务。

然而,随着用户信息需求的日益多元化、新技术的不断涌现以及信息服务竞争的日趋激烈等外部环境越来越迅速和剧烈的变化,用户对图书馆的依赖性正在逐渐减弱,图书馆的发展面临着严峻挑战和重大机遇,我们需要积极想出应对措施,解决图书馆中存在的问题,充分利用大数据提供给我们的信息技术,改变服务途径,真实有效地分析和探索出读者的内心需求,对图书的资源与供应途径进行调整和完善,实现服务的创新与发展。

二、公共图书馆创新发展的意义

（一）适应时代变化

图书馆传统服务模式为"封闭式"的馆内服务，仅为用户提供文献资料的查找服务。但是随着时代的发展，用户服务需求改变，图书馆服务内容逐渐丰富，包括数据查找、参考咨询、快递上门等服务，此种开放式的服务形式，不断促进着图书馆服务的转型。

现阶段，大数据、信息技术被广泛应用在图书馆的建设中，用户在图书馆阅读、信息资料查找的过程中，其服务需求呈现出多样化的趋势，因此，图书馆在与云计算、大数据、计算机等先进技术融合后，还应基于用户需求，创新服务模式，以此适应时代变化，避免图书馆服务被市场、社会所淘汰。大数据在数据收集、分析、处理等方面有很大优势。图书馆经过发展创新，可以增加数据资源的积累，并准确地提取有价值的数据，对图书馆的长远发展有重要意义。

（二）增强图书馆市场竞争力

大数据时代，图书馆资源类型逐渐丰富，整体数字化程度不断加深，海量数字资源的产生，明确着图书馆服务的改进方向。图书馆在数字化资源处理中创新服务，应高效利用图书馆数字资源。同时在与用户需求信息的交互中，要优化图书馆服务流程，满足个性化服务需求，增强图书馆的市场竞争力。如果图书馆未能通过数据分析与处理，掌握用户需求、创新图书馆服务，则会流失较多用户，但是如果图书馆能够及时创新内部服务模式，为用户提供针对性的信息、图书服务后，则会为图书馆积累大量用户，强化图书馆在图书市场的竞争力。

三、创新发展方向

（一）以新发展理念推动融合发展

首先是公共文化机构之间的融合发展。图书馆、文化馆、博物馆、美术馆、基层综合性文化服务中心等是政府的公共文化服务机构的主力军。长期以来，虽然"图文博美"都属于文化行政部门管理，俗称一个系统，但彼此之间缺乏联系与合作是较为普遍的现象。所以，首先要推动公共文化机构之间的融合发展。融合发展并不是谁取代谁、谁吃掉谁，而是功能融合，聚焦核心任务，发挥各自优势，形成服务合力，以多样化的形式和方法共同推动全民阅读、全民艺术普及、全民优秀传统文化传承等核心任务。

其次是公共图书馆服务与旅游公共服务的融合发展。传统图书馆建筑只考虑到藏书和借阅等常规功能，往往不具备进行旅游的条件和吸引力。文化与旅游融合的时代，政府应与企业等合作，在建立图书馆进行建筑外观设计时，要充分考虑到建筑外观所具有的文化艺术性，可在墙壁上增添一些能够体现历史性、艺术性和观赏性的雕刻、绘画等，丰富整个建筑的文化气息，使图书馆充满感染力。同时还要注重融入本国或者地方特色文化，在馆内布局方面，要彻底颠覆传统图书馆形象，充分考虑到旅游空间的设立，让游客在图书馆内也可以欣赏文化艺术，感受图书馆传递的文化艺术气息。

重视地方特色资源建设，在进行书籍采购时，有意识地采购一些能够充实地方特色资源的书籍，建立起富有地方特色气息的馆藏。建设地方特色资源能够为图书馆打造一张独特的地方名片，使游览者和阅读者在游览图书馆的过程中充分感受到地方特色。此外，图书馆还应提供特色服务如将本馆特色馆藏艺术品、画作、作家手稿等复制文件进行陈列，提供本馆特色参观服务，安排专门人员向游客进行讲解、演说，帮助游客更好地了解该图书馆，文旅融合图书馆还可以和当地的旅游部门建立合作关系，将图书馆作为当地的特色旅游景点之一，纳入旅游路线，开设图书馆旅游项目，针对文旅融合图书馆的特点对其进行宣传，通过游客的不断参观旅游，其作为旅游景点的身份也不断发展成熟，形成品牌效应，从而吸引更多的游客，带动当地旅游业的发展。另外，文旅融合图书馆也可以为游客提供一些旅游增值业务，如设置文化纪念品购买区域，借此获得旅游收益，提高其作为旅游景点的效益。总的来说，图书馆服务和旅游的融合发展，既要看到融合的大背景为公共文化服务、公共图书馆服务扩大覆盖面提供了新的契机和空间，又要清醒地认识到公共文化服务、公共图书馆服务和旅游在性质、功能上的区别，防止公共文化设施和服务的"旅游化"。

(二) 实施"网上点书、送书上门"服务

公共图书馆是现代公共文化服务体系的一个重要部分，提高公共图书馆的服务效能，是其服务体系建设过程中的重要环节。我国现正处于"互联网+"蓬勃发展时代，移动互联网、云计算、大数据、物联网等正与现代产业无缝连接，图书馆产业也得到飞快的推进。大家可以想象，坐下来打开图书馆网页或点开微信公众号，选中自己想阅读的图书，就有专人快递送书上门，不用自己特地跑去图书馆找书还书，这是一件多么便捷的事情。在"互联网+"时代，我们可以充分利用各图书馆的自身资源，建立区域内甚至全国性的图书借还服务平台，各图书馆通过共建共享，实现了读者不管身处何地想借何书都能就近通过快递借还书，最大程度地发挥出图书馆的服务效能，为读者带来方便与快捷的服务体验。公共图书馆开展快递图书服务不仅提高了服务质量、提升了社会形象，还切实地推动了全民阅读工作的深入开展。

（三）引导社会力量参与公共文化服务建设

中国的文化资源分布具有突出的地方性特色，可供挖掘的经济价值、人文价值、社会价值巨大，公共文化服务建设的发展自始至终有着厚重的多元资源作为支撑，而政府的支持力度还不足以让社会力量更加积极地参与到公共文化服务建设领域，许多社会力量仍然持有纠结的观望态度，需要政府从全局出发，激活社会力量参与公共文化服务建设的动力。

在公共文化服务领域，社会力量主要包括文化企业、文化类社会组织、文化艺术协会、志愿者队伍和其他文体教卫资源等。社会力量参与公共文化服务建设的动力需要政府与社会力量的合作强度不断提高、合作范围逐渐拓宽，既要求政府通过政策引导、财政扶持、制度保障等手段为社会力量营造健全的参与环境，又要求社会力量能够在专业人才培养、行业资源整合、技术创新应用等方面实现突破，从而完善社会力量参与公共文化服务建设的动力机制，进一步解放文化生产力，最终实现双方的有效互动和长效合作。社会力量参与公共文化服务建设需要一定的扶持导向、资源统筹、监督考核等机制，使政府与社会力量都有应得利益、应有权利和应负责任，激励社会力量把公共文化服务目标的实现和自身资源禀赋优势的发挥融合在一起，形成社会力量参与公共文化服务建设的巨大推动力，调动社会力量参与的主动性、积极性和创造性，从而提升公共文化服务的建设与供给质量。

（四）开发数字图书馆配套的 AI 高效文献阅读工具

在现今社会，全球年书刊发行量已经超过一百万种，就我国而言年均出版图书依然超过 50 万种，其中新书超过 25 万种，而且这个数量还在持续增加。如果将预印本等更多类型和范围的文献纳入统计，这个数据会更加庞大。读书的速度远远赶不上发行的速度。因此读者需要不断在海量的出版物中汲取知识，在出版信息爆炸的时代，这个任务变得越来越艰巨。如何快速高效的阅读并利用文献，是很多人一直面临的问题。面对当前快速发展的数字阅读环境，图书馆只有采用更好的工具和方法，支持读者提高文献筛选、阅读、提取和分析效率，以更高效的方式支撑图书成果利用，才能帮助更多的群体获得更多的阅读成果。所以我们需要应用先进的AI技术开发一款在线的文献阅读综述工具，它能从全格式文档中提取结构化数据，通过知识归纳引擎生成文章概要，精炼的呈现文章重要概念、方法、过程、数据、结果、结论等信息，并自动导出参考文献、表格、图片等元素，从而最大限度地减少阅读时间和精力，实现高效阅读。同时它还支持关键词、句的搜索，从中提取众多出版物中的核心内容以简括的方式呈现，不仅为专业读者节省时间，而且可以指导非专业读者快速理解出版物内容；另外它还可以制作宣传材料促进作者推广其近期的出版相关物，也为出版商和机构重点宣传其最新内容。欲善其事、必先利器，好的工具能让阅读起到事半功倍的效果。

（五）由智慧化向智能化图书馆发展

在公共文化领域，公共图书馆的数字化建设走在前列。要继续保持其领先地位，需要引领公共文化服务由数字化向智慧化、智能化迈进。图书馆在信息资源、知识资源建设方面有着得天独厚的经验与优势，另外图书馆具有的公益性、面向全社会等属性将有利于其在开展面向智能社会发展的数据资源建设服务方面仍具优势。

从人工智能技术特征来看，人工智能技术区别于其他现代科技的核心点就在于其具有学习能力，特别是"自主性"的学习能力。在实际应用中，智慧图书馆虽然在服务内容的延伸上具有了一定的数据服务特征，但智能的不明显，还无法通过将互为关联的数据进行挖掘和量化，以发现存在的规律、问题和趋势，这样就促使图书馆特别是适应社会新形态发展的智慧图书馆必须适应社会从信息时代走向人工智能时代的发展旋律，一个完整的人工智能系统必须具备信息获取、信息传递、信息处理、知识生成、策略创建、策略执行以及反馈学习优化等环节。智能图书馆面向用户的服务也必须是一个包含有基础数据层、中间技术处理层、上层服务应用层的下一代图书馆人工智能服务系统，在提供智慧图书馆所实现的文献借阅、资源定制、学科咨询、数据共享等基本的文献服务、信息服务、知识服务的同时，将服务逐渐从以"面向用户为中心"的智慧服务到面向数据智能计算的智能服务方向转变，为社会用户提供基于用户信息行为数据挖掘分析的需求感知与传递、知识生成与发现、服务策略创建与调整、用户反馈与优化等服务产品。一方面，借助人类开发的人工智能专项技术大大增强智能化能力，即最大化地发挥图书馆的教育、孵化功能，另一方面完成过去只有人类才能完成甚至未能完成的工作，升级图书馆的服务，将已有的服务进一步智慧化、智能化。

（六）应用 VR 技术到图书馆

随着 VR 技术的不断发展创新，该技术与计算机网络、智能技术的相互结合，为图书馆的发展和创新带来了翻天覆地的变化。VR 技术把"读万卷书"和"行万里路"有机结合起来，给读者带来"穿越"的乐趣和"眼见为实"的亲身体验。

图书馆可以通过 VR 技术的展示优势，以及互联网的传播便利性，让更多的读者能够共享虚拟 VR 资源并提供真实场景下的实时交互，通过创造性的理念和完善的服务模式，"VR 阅读"必将为读者带来革命性的体验。对于图书馆来说，需要尽可能多地更新 VR 设备的展示内容以及解决实体书籍、文献的数字化，持续对读者的各项行为数据进行收集和挖掘，掌握读者不断变化的需求和潜在需求，让 VR 系统中的智能服务主动为读者提供个性化知识服务，对图书馆的馆藏资源和特色资源进行多维展示。建立以图书馆为主体的 VR 图书场馆平台，读者可以不受时间和空间的限制，通过任意的移动设备端，链接图书馆提供的服务，即享受图书馆提供的各项服务，以及以第一人称的视角浏览图书场馆。

参考文献

[1] 李国新. "十四五"时期公共图书馆高质量发展思考 [J]. 图书馆论坛, 2021, 41 (1)：12-17.

[2] 姚羽. 大数据时代图书馆服务创新路径研究 [J]. 中国新通信, 2020, 22 (23)：43-44.

[3] 王辉. 文旅融合图书馆创新发展探析—以滨海新区图书馆为例 [J]. 图书馆工作与研究, 2019 (S1)：108-110.

[4] 陆婷婷. 从智慧图书馆到智能图书馆：人工智能时代图书馆发展的转向 [J]. 图书与情报, 2017 (3)：98-101, 140.

公共图书馆公益讲座工作实践探析
——以武汉市少年儿童图书馆为例

郭 飞

(武汉市少年儿童图书馆,湖北武汉,430014)

摘 要:本文从公共图书馆的角度,讲述了开展公益讲座的重要意义,再结合武汉市少年儿童图书馆创办的公益讲座"家教大讲堂"这七年来发展和实践的过程,探析一下公益讲座的运作方式、实践经验及获得的思考启示。

关键词:公益讲座;实践;思考

一、公共图书馆开展公益讲座的意义

(一)拓展服务领域

图书馆正是因为有了讲座,使其功能得到了进一步的发挥和拓展;讲座正是因为依托了图书馆,才有了其资源的整合和多功能的优势以及广大读者的参与。这段话出自一本名叫《论图书馆讲座的功能与发展》的书,作者是王世伟、赵景国,这段话说明了讲座是图书馆深化阅读推广服务的一种重要方式,把图书馆作为平台,服务广大读者,用讲座的方式来增强阅读效果,让读者不仅知其然,还要知其所以然,解惑读者在阅读过程中碰到的各种问题,同时还能引起读者对阅读更多的兴趣,既充分利用了图书馆丰富的馆藏资源,又拓展了为读者服务的功能。

(二)推进全民终身教育

随着世界科技、文化、经济和社会的发展,一种"学习型社会"的概念开始被全世界重视,很多国家都提出创建学习型社会的理念,我国在党的十六大也提出把"形成全民学习终身教育体系,促进人的全面发展"作为全面建设小康社会的目标之一,创建学习型社会已经成为时代发展的潮流,而图书馆是家庭教育、学校教育之外的社会教育主体,人们只要对知识有需求,就可以随时随地来到图书馆读书学习、寻求知识,因此图书馆的服务必须跟上,要拓宽服务领域,全方位、多层次地为读者服务,满足读者的需求。讲座正是图书馆开展教育、传播文化和信息的有利工具,对于倡导全民读书学习,促进全民终身教育有着很大的作用和意义。推进全民终身教育可以帮助人们克服工作中的困难,解决工作中的新问题;能满足人们生存和发展的需要;能使人们得到更大的发展空间,更好地实现自身价值;能充实人们的精神生活,不断提高生活品质。

（三）树立良好社会形象

图书馆在为读者服务的过程中不管做的再好,如果无法让读者了解,得不到读者的认可,图书馆的良好形象同样很难树立起来,吸引不到读者来图书馆学习。只有积极主动地掌握读者的需求,想读者所想,有的放矢地开展读者服务工作,让讲座内容关系到读者的切身利益,再通过与报纸、电台、电视台、网络等媒体合作面相给全社会展示图书馆人一心为民的社会责任感,从而才能在广大读者中树立良好形象,使图书馆得到全社会的认同、信任,成为文化交流传播的平台。

二、武汉市少年儿童图书馆讲座工作实践探析

（一）明确讲座主题

武汉市少年儿童图书馆于2005年开办了"童窗讲坛"公益讲座,讲座的主题是以家庭、父母、孩子为对象,之所以选这个主题是因为家庭是孩子的第一所学校,父母是孩子的第一任教师。不同的家庭,父母对子女的教育方式都不一样,对子女的期望值也不一样,这对于形成孩子最初的人格、体格和智慧以至孩子一生的成长都会产生不一样的结果。很多家长在家庭教育中存在教育观念的偏差,有些家长不能正确了解子女的心理特点,不能够正确地评估他们的思想面貌;有些家长与子女之间思想交流较为欠缺,家庭生活中出现"代沟",导致部分孩子存在娇惯、任性、心理脆弱、缺乏毅力、不易与他人合作等问题;有些家长的教育期望与自身素质失调引起亲子心理偏差;还有些家长的思想行为给孩子带来较多的负面影响。我馆希望通过开设"童窗讲坛"公益讲座来解决这些观念上的偏差,帮助家长解决一些子女教育过程中的困惑,学习一些教育子女的先进思想和科学方法。

（二）精选讲座内容

2015年,武汉市少年儿童图书馆与本地新媒体"掌上武汉"合作共同举办公益讲座,将原来的"童窗讲坛"更名为"家教大讲堂"。"家教大讲堂"公益

讲座的主题设定为"陪孩子一起成长，让家庭洒满阳光"。讲座内容分为智育与德育两大板块，注重引入亲子活动，鼓励普通家长走上讲台，分享育儿心得，解决每个家庭在育儿过程中比较关注的问题。

1. 如何培养孩子专注力

孩子专注力的培养往往让家长十分头疼，在《记忆大师与您一起检验专注力改善效果》《用瑜伽提高孩子专注力》《格物致知体会专注中的智慧》《音乐减压改善专注力》等讲座中，主讲者阐释道理，从不同侧面展示培养专注力的方法，让家长脑洞大开。如在《亲子瑜伽与注意力养护》中，家教大讲堂请来一位普通的瑜伽教练——一个孩子的妈妈，从瑜伽角度讲解孩子的专注力源自内在的支持力量。这位教练不仅制作了 PPT，通过 PPT 来讲解瑜伽理念；还设计了许多互动环节，让现场观众切身体会到内在的力量。活动结束后，许多家长继续向教练取经，久久不肯离去。

2. 如何让孩子学会与他人相处

在《跟孩子一起成长，学会包容接纳与尊重》讲座中，向家长讲述为什么要让孩子在生活中受到一定挫折，因为这些挫折可能让孩子有意外收获，很多家长听后若有所悟。在《让孩子懂得自制》讲座中，邀请了一位 12 岁男孩的妈妈上台，她与听众分享了自己曾经的苦恼与现在的幸福。在她的不懈摸索下，最终找到了合适的方法，让孩子懂得了如何自制，并学会了与人相处的一些方法，后来孩子慢慢地变得阳光、自信、充满朝气。在《用舞蹈述说生命的秘密》讲座中，有位妈妈活力四射，不仅教孩子在音乐中体会不同的角色扮演，还绘声绘色地表演了神话故事，最后带领全场观众用肢体语言讲故事——跳起了印度舞蹈格涅萨。通过亲身参与她设计的舞蹈活动，现场的家长明白了怎样去尊重孩子内在的纯真与智慧。

3. 如何发展孩子的各种能力

学会说话，学会表达，是孩子学习乃至今后事业成功的关键所在，如何引导孩子"想说"，鼓励孩子"敢说"，教会孩子"会说"，这不能仅靠学校教育，家庭教育也至关重要。在《让孩子和小甜馨一样会说话》讲座上，主讲与大家一起探寻沟通表达背后的奥秘，让家长找到自己的发力点。在《辣妈教你在家辅导孩子写作文》讲座上，功夫作文群群主引导家长学习功夫作文并现场指导孩子写作文。用孩子听得懂的语言，把作文变得不那么高深，通过"扶上马，送一程"，让作文变得易于操作，现场效果特别好。

4. 如何培养情操

在《钢琴发展史及古董钢琴鉴赏》讲座上，博物馆长带领亲子家庭了解钢琴的发展历史，共同鉴赏古董钢琴，通过音乐史，孩子们不难发现人类文明成长的足迹。在端午节前夕,家教大讲堂做了一期《端午节与中国结》讲座,主讲者是一位爱心爸爸,讲述端午节的来历和湖北的风土人情,引导家长和孩子认同我们民族传统。在互动环节,他带领家长、孩子在盐蛋上作画;学习中国结时,让孩子们编织小小的蛋网兜,家长、孩子都兴趣盎然。在《国学中的智慧》讲座上,孩子们上台演绎了《孔融让梨》,背诵了《三字经》《弟子规》,透过国学热,看到了孩子们对传统文化的热爱及对人类古老智慧的追寻。

由于家教大讲堂是和媒体合作,讲座活动通过网络得到了广泛的传播,让更多的人知道了"家教大讲堂",吸引了众多家庭参与,获得了很多好评。此活动后来荣获武汉市文化局组织评选的2015年"全民阅读活动优秀项目扶持评选"一等奖。

(三) 多元化的主讲人

我馆聘请了多名专家为讲座指引方向,并配备专业团队,将整个活动细分为活动策划、消息发布、信息反馈等多个环节。利用媒体和少儿图书馆的社会影响力,延请武汉市有名教育家、作家、社会各界的领军人物走进《家教大讲堂》,与家庭分享家庭教育新理念,与家长探讨育儿新方法。

(四) 注重与受众互动

1. 家长作主

讲座活动主张让家长成为活动的主人,在专家指导下,讲座内容贴近家长,贴近孩子。不仅有专家上台讲学,还邀请教子有方的、甚至普通家长或家庭走上讲堂,讲自己的故事,讲身边人的故事,借亲身经历、借当前热点、借大家都关心的事,来讲家风、讲成长,甚至讲失败的教训,以鲜活的事例感染教育听众。

2. 孩子参与

为了鼓励孩子参与,讲座形式作了重大改革,从开讲前以儿歌、古诗文诵读、讲故事暖场,到正式演讲,到后期讨论时的互动,都最大限度地吸引孩子参与。在这里,亲子活动是讲座的重要环节。报告中,孩子与主讲人可以互动,期间,还让孩子参与到做游戏、唱歌、跳舞、演剧、演小品、动手做小手工等活动。各种有童趣的活动让他们有了归属感,他们也就愿意将听讲进行到底。

(五) 强化宣传推广

家教大讲堂的每一期讲座都由"掌上武汉"开展现场图文直播,满足现场观众多角度、全方位的互动参与。活动前、中、后期均开通了爆料平台,鼓励所有受众参与对活动效果的监督与检测,并将结果公之于众。活动通过掌上武汉发布信息，提前预约席位，同时，还开通了微博、微信、朋友圈、邮件、短信等六个分享渠道，方便所有参与人员进行二次传播。武汉少儿图书馆网站也开辟了"怎样做好爸好妈"的资料性专栏，追踪每期活动，介绍优秀图书作为讲座内容的补充，以便更多家庭在网上也可得知讲座内容。

三、公共图书馆开展公益讲座工作的思考与启示

（一）重视讲座品牌的打造

图书馆公益讲座的发展应朝着品牌目标努力，建立起图书馆公益讲座品牌文化平台，提高图书馆在社会文化中的竞争力。公共图书馆应把握的理念：首先，开办公益讲座不仅仅是一项图书馆的服务活动，而更应该是以传播文明为图书馆的社会责任；以实现崇尚知识，弘扬文化，加强社会全民阅读为目标；以构建公共文化服务体系，开展公共文化服务，保障公民文化权益的高度来推动图书馆公益讲座的发展。其次，应培育讲座品牌市场。在讲座初期，图书馆可以就地邀请一些本地的名人、专家来主讲，既可以降低讲座开办初期的成本；又可以利用熟人效应，缩小讲座与听众之间的距离，让听众感到讲座的亲切感和凝聚力。再次，有效的宣传推广，能扩大公益讲座的品牌知名度。最后，还应注重提升公益讲座服务。服务质量是品牌质量的重要组成部分。创新服务是公益讲座品牌建设的源泉，而多元化服务则是公益讲座品牌建设的基础。

（二）活动主题的确定是关键

图书馆讲座的成功要素主要有三个方面，即合适的主题、合适的主讲人与忠实的听众。讲座主题是给听众的第一印象，是发挥主讲人智慧与才能的前提，也是吸引听众的最重要因素。读者是否愿意来听讲座，很大一部分取决于讲座的主题，合适的主题有时甚至能够弥补主讲人表达能力不足的缺憾。一个好的选题的确立，首先要考虑听众的需求，要使讲座的主题贴近生活，更贴近于孩子，找到家长和孩子生活中关心的重点或是热点，那么讲座就会成功一半。关注度高的选题，是讲座成功的保障。

（三）吸纳读者参与到讲座中

公共图书馆的讲座以听众为本，听众对讲座的反应，为讲座的可持续发展提供了可靠的信息。一方面，公共图书馆可以吸引听众成为讲座的策划者、组织者；另一方面，也应及时收集听众的回馈信息。回馈信息应包括听众对讲座主题、讲座形式、主讲人演讲情况、讲座配套活动开展、听讲环境的评价以及

听众对讲座的特殊要求等方面。公共图书馆收集听众回馈信息的途径有：观察与询问、读者座谈会、问卷调查、网络论坛、讲座博客、QQ群或微信群等。

（四）应做好宣传工作

图书馆公益讲座属于延续性的定期公益文化活动，其宣传行为不是一个短暂的突击任务，而是一项长期工作。根据公益讲座活动的过程，宣传又被划分为不同的阶段，例如前期宣传、活动中宣传、后期宣传等。随着社会的发展，信息发布方式呈多元化。公共图书馆可以根据讲座的需求，选择最适合自身特点的宣传途径。

1. 自主宣传

指公共图书馆依靠自身力量，选择自身固有途径对公益讲座进行宣传。①平面宣传。指图书馆通过宣传专栏、馆刊栏目、宣传单张等方面进行宣传。在宣传品的选择上，部分图书馆的公益讲座还增加了入场门票的设计与制作。②网络宣传。利用图书馆网站发布的讲座信息，通过网络将讲座传向四面八方，既能节约宣传成本，又有利于讲座信息的及时更新。有些图书馆还开通了公益讲座的专属官方博客、QQ群及微信公众号。

2. 社会合作

公共图书馆是一个社会触角极为广泛的社会文化机构，有着与社会各界合作的天然优势。①媒体合作。公共图书馆除了与传统的报业、广播、电视媒体合作外，还应注重与网络媒体合作。②政府部门及社会各行业的协作。一方面，公共图书馆可以通过合作把听众组织的工作转交给合作单位；另一方面，针对讲座不同主题的关注人群，公共图书馆可以邀请各部门或各行业的从业人员参与公益讲座。

综上所述，公益讲座可以帮助公共图书馆树立起良好的品牌形象，向社会展现图书馆在文化教育方面的价值，也能对公共图书馆的服务理念、服务领域、服务方式的探索和延伸产生促进作用。公共图书馆开展优质的公益讲座活动，获益的是广大读者，读者从讲座中能得到自己所需要的知识、技能和快乐，这也是公共图书馆举办公益讲座的目的。

参考文献

[1] 郭金丽. 中小型图书馆馆员主讲公益讲座的实践思考 [J]. 河南图书馆学刊，2017（12）：88-90.

[2] 刘杰民，焉虹，贺定安. 唱响先进文化主旋律 打造图书馆讲座新品牌——湖北省图书馆公益讲座的回顾与展望 [J]. 图书情报论坛，2007（1）：66-69.

公共图书馆红色经典阅读推广实践探索
——以十堰市图书馆为例

张燚　李燕　李晚秋

(十堰市图书馆，湖北十堰，442000)

摘　要：本文从红色经典的内涵及其历史背景入手，结合十堰市图书馆近年来开展的红色经典阅读推广活动及具体实践，提出了红色经典阅读推广的策略和思路。

关键词：阅读推广；公共图书馆；红色经典

红色经典作为人类文化精华的凝聚，有着丰厚的特定文化底蕴，红色经典阅读作为阅读推广的新亮点，近年来受到人们越来越多的关注与重视，成为全民阅读的重要组成部分。公共图书馆作为全民阅读推广的主阵地，应积极主动地做好红色经典阅读推广工作。十堰市图书馆近年来充分发挥文化主阵地作用，在整理开发馆藏红色资源，探索阅读推广模式，营造红色文化氛围，弘扬时代正能量等方面，做了大量的工作，取得了一定的成绩。

一、红色经典的内涵及产生背景

红色经典，就是流淌的、跳动的鲜血铸就而成的具有时代特色的精品文化。它是始创于中国革命时期，以革命历史、革命传统为题材而创作的优秀文艺作品。其呈现形式多见于书籍、影视、音乐及舞台剧等。红色经典如同新中国的诞生一样，经历了艰难而又漫长的历史时期，它作为一个特定时代的产物，在数百年的历史长河中已经沉淀为民族文化中的宝贵遗产。在过去的年代里，红色经典主要以书籍的形式呈现，它所体现出的偶像魅力和精神召唤，鼓舞、激励和教育了共和国的几代人；在未来的岁月里，这些体现我党先进性的红色经典文化依然会散发出无穷的艺术魅力，它是永不褪色的精神旗帜。红色经典已经在广大人民群众心中产生了深远的影响。

公共图书馆作为中国传统文化的传播者之一，引领着当代公众树立正确的人生观、价值观、世界观，对传承和发扬红色精神起到了非常积极的促进作用。十堰市图书馆现有馆藏文献 75 万册（件）、可利用数字资源 150TB，年接待读者 70 余万人次，借阅书刊 70 万册次，是十堰市最大的文献信息集聚地之一，也是十堰市民自主学习、终身学习的学校。十堰市图书馆坚持"以人为本、读者至上"的服务理念，进一步丰富馆藏、优化服务、创新活动、拓展服务外延、推广数字阅读、探索"总分馆体系+建设"，有力地推动了全民阅读的广泛开展。时值中国共产党建党 100 周年之际，十堰市图书馆充分发挥文化主阵地作用，整理开发馆藏红色资源，探索阅读推广模式，开展了一系列的红色经典阅读推广活动。

二、十堰市图书馆红色经典阅读推广活动的具体实践

2021 年是中国共产党成立 100 周年，也是全面建设社会主义现代化国家新征程的开启之年。为深入落实国家"倡导全民阅读、建设学习型社会"战略任务，十堰市图书馆在全市掀起"学党史，读红书，感党恩，跟党走"的高潮，整合数字资源，为读者提供了内容丰富的线上阅读服务。而且还推出了"星火燎原"红色故事汇线上有声书展播、"红色故事会——连环画里的中国共产党 100 周年"专题阅读、"学党史，读红书，阅中国"主题扫码阅读等一系列线上阅读活动。同时利用世界读书日、全民读书月创新读者活动，在线下开展了一系列丰富多彩的红色经典阅读推广活动，线上线下活动异彩纷呈。

（一）举办了"书香十堰·红动车城"全民阅读暨庆祝中国共产党成立 100 周年红色经典大型阅读活动

4 月 22 日上午，由市委宣传部、市全阅办、市文化和旅游局等主办，市图书馆、秦楚网、湖北省新华书店（集团）有限公司十堰分公司、茅箭区文化和旅游局等承办的"书香十堰·红动车城"全民阅读暨庆祝中国共产党成立 100 周年红色经典系列阅读活动启动仪式在十堰市茅箭东沟爱国主义教育基地隆重举行，开启了我市新一年的阅读旅程。在全民阅读启动仪式上，通过"演、颂、展、讲、读、荐+系列阅读推广活动"的模式，全面立体启动全民阅读活动，在全市营造"读红色经典，传红色基因，扬红色精神"的阅读氛围。

为进一步扩大活动的影响力和覆盖面，当日，除了在东沟爱国主义教育基地举办红色经典阅读活动外，市财政局、市烟草专卖局、湖北十堰农商银行、湖北汽车工业学院也同步组织了大型诵读活动，同步开展全城共读大型直播活动十堰晚报·秦楚网全媒体进行 5 路直播，营造了"全城共读"的浓厚氛围。

市民可通过新华社现场云、十堰头条、云上十堰、十堰日报微信、十堰晚报微信、微博、秦楚网微信、秦楚网等平台在线观看。

(二) 少儿红色阅读活动厚植全民阅读

为深入学习贯彻习近平总书记关于"要把红色资源利用好，把红色传统发扬好，把红色基因传承好"的重要指示精神，在全民读书月期间，十堰市图书馆先后走进市外国语幼儿园、郧西县城关镇寺沟幼儿园，开展"不忘初心，童心向党"系列活动之"童心向党，红色伴读"专题活动，市图书馆工作人员小雅姐姐给幼儿园的小朋友讲解党旗、党徽的基本知识，让小朋友对党旗、党徽有了初步了解；同时带领小朋友们唱红歌，学习手势舞《闪闪的红星》，分享绘本故事《小兵张嘎》《倔强的小红军》，小雅姐姐通过丰富的文字、生动的演绎，给小朋友们传递绘本的魅力和阅读的乐趣。通过一系列看红色书籍、讲红色故事、观看红色影视、唱红色歌曲等活动，让少儿群体在朗读红色经典和具有鲜明时代感的作品中接受党史教育，增进对党的热爱，感受红色经典的伟大力量。十堰市图书馆在"六一"儿童节来临之际，联合神州共享、武汉超星在我馆四楼报告厅举办了"童心向党，快乐成长"庆"六一"主题活动，小朋友们表演了舞蹈《少年中国说》《红红的太阳》，歌曲《祖国祖国我爱你》，朗诵了《彩色的中国》《水调歌头·重上井冈山》等精彩节目。在游戏互动环节，图书馆工作人员带领孩子们学习"童心向党"手势舞、站军姿、行军礼、打军拳，进一步激发了他们爱党、爱国、爱社会主义的思想情感。活动现场小朋友及家长们情不自禁地挥舞着手中的国旗，活动从头到尾气氛热烈、高潮迭起，充分展示了小朋友们"童心向党"的朴素愿望。

(三) 开展"我们的中国梦"文化进万家红色经典阅读活动

在全民读书月期间，市图书馆、市图书馆学会、市图书馆约读书房分馆共同开展"我们的中国梦"文化进万家暨"书香十堰·红动车城"庆祝中国共产党成立100周年红色经典阅读分享活动，让红色经典阅读走进学校、社区、街道文化站。市图书馆红色文艺轻骑小分队携同约读书房分馆走进市阳光社区、白浪街道文化站、花果街道文化站、广东路小学开展形式多样的红色经典阅读活动。图书馆约读书房分馆的老师们为广大党员和学生们分享了红色经典读本《建军大业》《恰同学少年》《闪闪的红星》《红色娘子军》《小兵张嘎》《上甘岭》等，引领广大市民和少年儿童接受革命传统教育，发扬红色精神，传承红色基因，共建"书香十堰"，为更好地促进红色文化资政育人履职尽责。

为了向党的百年华诞献礼，十堰市图书馆总分馆还开展了以"共读红色经

典 共庆百年华诞"为主题的红色经典同城快闪共读活动。本次颂读活动由市图书馆各分馆、基层服务点自行录制视频,以云颂读的方式进行展演,活动共50多个分馆、基层服务点及部分社区、机关、企业、学校参与。

(四) 举办红色经典专题书刊展,加大阅读推广力度

市图书馆以"世界读书日、全民阅读月"为契机,充分发挥文化阵地作用,整理开发馆藏红色资源,探索阅读推广模式,营造红色文化氛围,弘扬时代正能量,先后举办了"童心向党 经典回望"红色经典专题书展、"学党史 颂党恩 跟党走"的主题期刊展和"百年征程心向党 书卷雅言颂中华"的主题书展。期刊展集中展出了《求是》《党史纵横》《党史博览》《文史知识》等100余册期刊。书展包括《历史为什么选择中国共产党》《中国共产党新时期简史》《共和国血脉》《读懂红船精神》《榜样——周恩来的故事》等100余册图书。书刊内容不仅展现了中国共产党百年奋斗和发展史,也展示出了中国共产党在各个时期取得的重要成就,激励读者不忘初心、牢记使命、开拓奋进、攻坚克难,立足本职岗位,以更加优异的成绩,迎接中国共产党的百年华诞。

(五) 长江读书节红色故事讲书人大赛拓展阅读路径

市图书馆为积极响应湖北省图书馆"长江读书节""书说百年路 启航新征程"系列阅读活动,全馆职工踊跃参加红色故事讲书人大赛活动,提交讲书视频,并组织各分馆、县馆干部职工积极参加了讲书人大赛活动。共计100多人参加了此活动。

红色讲书人大赛旨在推荐一批经典易读的红色图书,培育一批红色图书讲书人,走读一条红色旅游线路。通过推荐党史、革命战争史、新中国史、改革开放史及新时代中国特色社会主义建设伟大实践、中国共产党治国理政等系列书目,号召更多人阅读红色图书,通过阅读、讲书,重温红色历史,弘扬革命精神,展望中国特色社会主义事业和中华民族伟大复兴的光明前景。

与此同时我馆职工也积极参加由市委宣传部、十堰市全民阅读小组办公室、十堰市图书馆等单位主办,樊登读书会、一丢城市书房等承办的"我是讲书人"活动,每本书都有一个使命,讲书人的任务就是帮它完成使命,读书点亮生活。

(六) 开展"与党同行,礼赞百年"好书新书推荐活动

为庆祝中国共产党成立100周年,大力弘扬爱国精神、民族精神、时代精神,在世界读书日、全民读书月期间,十堰市图书馆在微信公众号推出了新书推荐菜单,读者可以直接填入自己想看的书名;并在对外窗口部门张贴读者荐

书二维码，读者扫描二维码即可推荐新书好书。结合读者荐读的书目，精心挑选讴歌辉煌历史、弘扬革命传统的100种优秀红色书籍，荐读图书有《红星照耀中国》《习近平的七年知青岁月》《建军大业》《时代大潮和中国共产党》《大国工程》《小兵张嘎》《童声唱中国》《闪闪的红星》等涵盖党史国史、红色文学、新中国成就等多种类型的经典读物，引领广大读者在红色经典阅读中汇聚爱党爱国奋进力量。

三、红色经典阅读推广服务思路和策略

（一）进一步建立和完善红色经典文献资源

公共图书馆一方面通过向政府部门争取资金投入，一定程度上加大红色经典文献的采购种类，另一方面应加强民间搜集力度，鼓励和调动捐献红色文献的个人和集体的积极性，并向捐赠个人或集体颁发收藏证书。同时，与当地红色旅游景点沟通，搜集他们制作的宣传片、纪录片，整理形成具有当地特色的红色经典资料，通过搜集整理好的红色经典纸质文献与电子资源，开设"红色经典阅览室"，特设红色经典资源数据库。图书馆要深入挖掘红色经典文献的内涵及价值，做好书目推荐，在馆内网站、微信公众号上做成专题专栏进行网络宣传。

（二）做好红色经典阅读宣传推广，打造全新阅读空间

近年来，随着研学旅游的不断兴起，"红色研学"蔚然成风。公共图书馆应利用这一契机，通过文化与旅游资源的完美融合，逐步实现文化服务和旅游产业的互促互进。在旅游景区内投放宣传小册子，利用景区内的智能借阅柜、文旅数字阅读机、户外朗读亭等阅读设备和阅读场所设置的"红色阅读"专栏，并投放专栏二维码，方便游客可以随时扫码阅读。还要在景区内、文创园内建立24小时自助图书馆，配置红色经典图书，实时组织开展红色经典颂读会、户外沙龙等活动，为游客提供一个阅读、交流和休闲的公共文化服务空间。让广大市民玩中有学、学中有玩，以研学旅游的形式实地了解相关的革命故事和文化，实现红色旅游与党史学习的完美契合。

为深入学习贯彻习近平总书记关于"要把红色资源利用好、把红色传统发扬好、把红色基因传承好"的重要指示精神，引导青少年厚植"强信念、感党恩、跟党走"的情感主线，习总书记的这一重要指示精神，让我们深深感受到了图书馆人的使命担当。公共图书馆应进一步加强文献资源建设，打造更加舒适的阅读环境，不断提升图书馆人的业务能力和专业素养。利用丰富的文献资

源和社会各界联合协作,让信仰之火熊熊不息,红色基因融入血脉,红色精神激发力量。

参考文献

[1] 金龙. 文旅融合背景下公共图书馆研学旅游服务创新策略 [J]. 图书馆工作与研究, 2019 (5): 123-128.

基于智慧图书馆阅读推广的创新策略研究

姜 媚

(湖北省图书馆,湖北武汉,430071)

摘 要:随着信息技术的大力发展,传统的阅读推广服务模式受到挑战,智慧图书馆是未来图书馆发展的趋势,阅读推广活动的开展必须建立起与智慧图书馆相适应的发展方向和内容。论文首先介绍了智慧图书馆的特点,然后从图书馆服务效果的提升、阅读推广活动参与度的增加、图书馆社会影响力的扩大、图书馆阅读推广服务能力的提高四个方面阐述了智慧图书馆阅读推广的优势。为了应对新时期阅读服务模式的转变,在开展阅读推广服务时,智慧图书馆应通过空间再造泛在智能化、数字阅读推荐服务个性化、读者评价体系制度化、阅读推广人才专业化、跨界合作推广常态化五个途径,来构建崭新的阅读推广服务体系。

关键词:智慧图书馆;阅读推广;创新策略

智慧图书馆是未来图书馆发展的趋势,阅读推广活动的开展必须建立起与智慧图书馆相适应的发展方向和内容。公共图书馆作为阅读推广工作的主阵地,应融合新的信息技术、智慧手段,改变传统的阅读推广模式,不断创新阅读推广内容,挖掘读者的目标资源,从而达到为读者提供更为精准、个性化的智能推荐,进一步提高为读者服务的能力。

一、智慧图书馆阅读推广的特点

(一)推广载体的多样性

传统图书馆主要以纸质材料为载体进行阅读推广。智慧图书馆由于融入了现代智能技术,阅读推广形式不仅仅局限于纸质、文本材料,新时代主要以数字阅读为主要阅读推广表现形式,除了电子文本、图片外,音视、频等,立体、动态媒体也位列其中,如电子书、网络小说、博客、数据资源库、数码照片等,可利用数字化阅读设备来进行阅读,如电脑、手机和电子阅读器,阅读推广工作通过不同载体提供给读者多样性的内容选择，增强了阅读推广活动的体验感。

(二) 服务模式的智慧性

作为我国阅读推广的主体，公共图书馆是阅读推广的主力军和领头羊，在阅读推广活动中具有举足轻重的地位，同时也发挥着重要的作用。公共图书馆要实现阅读推广的智慧化服务模式，首先要实现公共图书馆智慧化的广泛互联及融合共享模式。在阅读推广服务智慧化方面，公共图书馆首先要实现广泛互联的智慧服务模式，其中主要内容包括馆馆相连、网网相连、库库相连以及人物相连。想要实现阅读推广管理和服务的互联性，广泛互联的公共图书馆将成为未来阅读推广的重要支撑，其次要实现融合共享的智慧服务模式，其主要内容包括三网融合、跨界融合、新旧融合以及多样融合。

(三) 信息技术的先进性

数字时代下，新信息技术在智慧图书馆建设中被广泛应用，其中最为代表的是物联网、云计算以及移动通信技术。物联网技术是指在相关技术设备的支持下，将任何物体与网络相连接，以实现对现实中物体的智能化识别、定位、监控、追踪等功能。云计算概念就是以互联网为中心，在网站上提供快速且安全的数据存储、数据管理与分析、编程技术，云计算是信息时代的一个大飞跃。移动通信技术能使用户彻底摆脱终端设备的束缚、实现完整的个人移动性、可靠的传输手段和接收方式，移动通信将逐渐演变成社会发展和进步的必不可少的工具。新技术的发展为图书馆阅读推广工作创新了服务方式和内容。

(四) 阅读方式的灵活性

现今科学技术不断发展，使得读者的阅读习惯也发生了变化，目前新型的阅读方式逐渐占据重要位置，公共图书馆的阅读推广方式也发生了转变。传统图书馆受时间、空间限制，主要以图书馆为载体开展现场阅读推广活动，而数字时代下的智慧图书馆不受阅读方式、时间、空间限制，任何读者可在任何地点通过智能终端设备，获取图书馆整合、加工后的阅读资源，实现了资源的共享，而且网络的灵活性、快速性、开放性更受读者的青睐，智慧图书馆能全方位满足读者的阅读需求，增强了阅读推广工作的实效性。

二、智慧图书馆阅读推广的优势

(一) 智能技术的大力应用，助力提升图书馆服务效果

智能时代的到来，有助于图书馆发挥现代化技术的优势，来拓展图书馆服

务新渠道，开展阅读推广的创新工作。智慧图书馆利用RFID技术开展读者服务工作，增强了图书馆的自主性、高效性。RFID技术可以获取大量准确且有价值的数据，RFID技术是推动大数据研究和应用的催化剂，通过对读者阅读行为规律的分析，精确了解读者需求，增加阅读推广的准确性，同时图书馆的服务价值也得到了更好的提升。结合VR或AR技术，进一步推进"智慧图书馆"建设和"智慧化"阅读推广工作，提升了图书馆的服务效果。

（二）推广对象的范围不断增大，增加了阅读推广活动的参与度

传统图书馆的阅读推广主要是帮助一些缺少阅读意愿或阅读能力的人群，面向特殊人群提供个性化、差异化服务。传统图书馆在阅读推广对象方面存在某些局限，但在信息技术飞速发展的今天，图书馆更具开放性，图书馆推广人群不断增大，服务对象不分年龄、职业、国界，吸引了更多的读者参与其中，增加了阅读推广活动的参与度。

（三）阅读推广应用性的拓展，扩大了图书馆的社会影响力

图书馆顺应时代的变革，将智能技术融入到阅读推广工作中来，不断创新阅读推广内容，数字阅读工作是智慧图书馆的主要工作。数字化阅读助推科研发展，数字化阅读为科学发展带来了各个学科的融合，定性与定量相互融合渗透，激发出创造新知识的潜能。新知识又创造了先进的科学技术，科学技术反作用于生产力，科学技术的不断发展促进了各个行业的发展，进一步促进了智慧图书馆阅读推广和社会影响力的扩大。

（四）推广模式的多元化，提高了图书馆阅读推广的服务能力

现代信息技术的发展，传统阅读推广模式无法适应数字化时代的需求，随着新媒体技术的广泛应用，图书馆也在不断创新阅读推广的模式，一改传统局面，创建线上线下阅读推广模式。在智慧环境中，只有不断创新阅读推广方法，才能面向不同读者提供多元化的阅读推广服务，进而提高图书馆阅读推广的服务能力。

三、智慧图书馆阅读推广的创新策略

（一）空间再造泛在智能化

空间再造是通过拓展智慧图书馆的功能来推动阅读推广创新工作的发展。传统图书馆越来越难以满足数字化时代读者多元化的信息需求，在阅读推广推

进的过程中，图书馆的传统空间设置已不适应阅读推广工作的变革发展，甚至成为一种障碍。为适应新变化，以高品质的公共文化服务满足读者需求，智慧图书馆依托馆藏资源，通过空间再造、活动升级、技术融合、专业服务等手段，以创造性的方法、创新性的手段，引发潜在的阅读需求，催化阅读推广活动效用，实现阅读推广服务升级。科学技术的不断发展带来了图书馆空间环境的巨大变化，图书馆只有通过智能手段深入挖掘和再造空间资源，以读者需求为中心，优化资源布局，让空间再造泛在智能化，提供给读者以人为本、自然亲和的空间环境，才能增加读者从距离、时间、空间的角度的灵活性。

（二）数字化阅读推荐服务个性化

随着互联网技术的不断发展，阅读推荐要从读者的借阅数据、浏览历史、检索记录等信息挖掘和分析出读者的兴趣偏好、情感偏好、社交偏好。通过多维度的用户偏好融合，深挖读者的目标资源，从而达到精准的智能推荐，高效满足读者显性知识需求，为读者提供更为精准、个性化的数字阅读推荐服务。图书馆还可根据读者的阅读特征，构建读者阅读特征模型，在此基础上根据不同读者的阅读特征制定有针对性的阅读推广目标，以满足读者个性化的信息需求，使图书馆的读者服务更加富有活力。

（三）读者评价体系制度化

公共图书馆的阅读推广工作首先有活动的组织者，根据读者需求确定活动主题，再根据推广活动的形式及内容制定活动方案，利用媒介进行活动宣传，从而对阅读推广的对象产生一定的影响，根据读者的评价和反馈来改进和调整阅读推广工作，旨在提升阅读推广成效。阅读推广活动的读者评价体系只有建立在合理、完善的制度保障体系下，并不断完善评价标准制度，才能保证阅读推广活动的真实有效。只有规范读者评价流程，才能不断推进评价体系制度化建设，同时将阅读推广资源的利用率、读者参与度、活动的广泛度以及产生影响的内容进行分析，建立起规范化的、切实可行而又适合于阅读推广新模式的读者评价制度，实现阅读推广的持续性发展。

（四）阅读推广人才专业化

新形势下，为了满足读者个性化、多元化的信息需求，图书馆应以提高服务水平为目标，满足读者需求为任务，延伸和拓展阅读推广工作的内容，加强阅读推广人才建设，构建科学的人才培养体系。建立阅读推广人才培养的长效机制，有助于提高阅读推广活动的成效性，促进阅读推广事业的不断发展。阅读推广工作需要打造一支专门从事阅读推广工作的人才队伍，阅读推广专业人员不仅要具备阅读推广职业素养、掌握现代化智慧技术，还应具备公共技能、品牌营销技能等市场营销知识，为读者提供更为专业化的阅读推广服务。

（五）跨界合作推广常态化

数字时代阅读推广工作要积极参与数字资源的整体化组织与建设，通过紧密协作，突破学科、部门、空间的界限，进行数字资源整体规划。跨学科的资源融合共享，便于读者利用，使资源在配置、推广上更具灵活性和专业性。公共图书馆开展阅读推广工作单靠一个部门、一个单位的力量是不够的，只有广泛与其他部门、其他行业合作，才能达到阅读推广活动的最佳效果。跨空间资源的开发合作、资源整合，是实现资源互补、协调发展的跨界合作推广模式的重要方式。跨界合作阅读推广模式是智慧图书馆信息资源服务与未来发展的需要，以实现跨学科融合共享、跨部门资源协作、跨空间资源整合，起到推进全民阅读的积极作用。建立跨界合作推广常态化的工作机制，为图书馆阅读推广工作的开展提供了保障，更进一步加强了阅读推广工作高效、持续、长久地发展。

随着智能技术的发展，不断创新阅读推广新模式是智慧图书馆发展的时代要求。阅读推广创新工作推动图书馆服务改革和发展，在新的信息环境下，利用网络技术全面了解读者的阅读需求，精准地开展阅读推广资源推送工作，逐渐形成智慧化的阅读推广体系，从而全面提升公共图书馆的服务水平。

参考文献

［1］黄葵.智慧图书馆视角下的阅读推广研究［M］.天津：天津科学技术出版社，2019：168.

［2］王大壮.智慧图书馆阅读推广服务创新策略研究［J］.图书馆学刊，2018（3）：99-102.

［3］王宇，张燕伟.全民阅读从创新发展中走来［M］.北京：中国社会科学出版社，2016：150-151.

［4］卢致尤.公共图书馆空间再造助推阅读推广创新实践——以广州图书馆为例［J］.内蒙古科技与经济，2020（15）：117-120.

［5］张贤淑.智慧图书馆阅读推广创新策略研究［J］.农业图书情报学报，2020，32（6）：42-48.

［6］董雪敏.基于智慧图书馆技术的公共图书馆阅读推广模式研究［D］.天津：天津理工大学，2018.

浅析湖北省图书馆"沙湖书会·报刊推荐"活动的改版工作

师晓景

(湖北省图书馆,湖北武汉,430071)

摘 要:阅读推广是图书馆的根本任务,公共图书馆进行阅读推广活动,须和公众生活进行融合,为读者提供更加便捷、丰富有趣的阅读服务。本文以湖北省图书馆"沙湖书会·报刊推荐"活动的改版工作为例,从改版工作的主要背景和重要意义、改版后的主要形式和效果来具体阐述中文期刊阅读推广工作的意义和阅读推广效果,并对中文期刊阅读推广工作进行总结。

关键词:"沙湖书会·报刊推荐";改版工作 重要意义;阅读推广效果

一、"沙湖书会·报刊推荐"改版工作的主要背景和重要意义

(一)"沙湖书会·报刊推荐"改版工作的主要背景

过去二十多年来图书馆行业的最大变化之一,就是阅读推广成为图书馆的主流服务,这是图书馆历史发展的必然趋势,更是图书馆行业生存发展的需要。新常态下图书馆现代使命的首要任务就是阅读推广。2010年北京大学信息管理系教授王余光在东莞图书馆演讲时指出:社会不断发展,书籍的载体与阅读方式不断改变,但阅读习惯和冲上阅读的社会风气,应该是永恒的。全民阅读环境下,阅读推广已成为图书馆拓宽工作思路、吸引读者的重要举措。通过阅读,提升公民素养,使不爱阅读的人爱上阅读,不会阅读的人学会阅读,帮助阅读有困难的人跨越阅读障碍,这是阅读推广的最终目标。阅读推广既是图书馆服务的一种形式,也是文化生活中非常普遍的一种现象。公共图书馆通过对阅读推广活动的重视,为读者塑造了良好的阅读环境,为社会培养了良好的阅读风气。同时公共图书馆还通过开展各类生动有趣、形式多样的阅读推广活动,让读者领略阅读的魅力,感受阅读的乐趣,培养读者的阅读意愿。

因此,为了进一步做好湖北省图书馆中文期刊的阅读推广工作,"沙湖书

会·报刊推荐"于2020年7月起在往期报刊推荐模式的基础上进行了一系列的改版和创新,在了解和研究馆藏纸质和电子期刊资源的基础上,积极向读者展示各类优秀的纸质及电子期刊资源,力图为读者提供良好的阅读氛围和优质的阅读服务。通过推荐高质量的馆藏纸质期刊和电子期刊,吸引读者充分利用我馆馆藏的各类期刊,为读者提供我馆丰富的期刊馆藏资源,以更加丰富、直观、便捷、美观的形式带给读者更好的阅读体验。

(二)"沙湖书会·报刊推荐"改版工作的重要意义

2004年全国知识工程领导小组对全民读书、建设阅读社会进行了倡导,阅读推广成为各公共图书馆工作的重点内容之一。公共图书馆的阅读推广活动主要分为两大类,一类是图书阅读推广,另一类是期刊阅读推广。而期刊阅读推广是沟通馆藏期刊与读者的媒介,开发利用期刊资源作为图书馆教育、影响、吸引读者用户的有效方式,该服务工作内容广泛,形式多种多样,运用各类期刊馆藏资源为读者提供服务。期刊阅读推广服务是公共图书馆促进期刊利用的有效途径,公共图书馆应当注重期刊阅读推广内容与形式的丰富与创新,将期刊阅读推广工作融入到图书馆日常服务工作中,在服务中推广,在推广中实现价值。

作为湖北省图书馆中文期刊部阅读推广的品牌活动之一,"沙湖书会·报刊推荐"改版后的重要意义就是将中文期刊的阅读推广工作做的更有新意,更能吸引读者的兴趣,得到读者的青睐,吸引读者充分利用我馆馆藏的各类期刊,实现了真正把阅读带到读者身边。通过将我馆丰富的期刊馆藏资源提供给更多的读者,从而更好的实现期刊的有效价值,为每本刊找到适合的读者,促进读者阅读兴趣的培养,提高读者的人文素养。

二、"沙湖书会·报刊推荐"改版工作的创新模式及阅读推广效果

(一)"沙湖书会·报刊推荐"改版工作的创新模式

"沙湖书会·报刊推荐"为适应公共图书馆、数字化图书馆的发展,2020年7月起进行了模式上全新的改版。结合电子期刊的优势和特点,改版后以电子馆藏资源为主,重点推荐我馆电子期刊数据库里的优秀刊物,"沙湖书会·报刊推荐"改版工作的创新模式主要体现在以下四个方面:

1. 首次实现了微信扫码在线阅读期刊的功能

通过对我馆电子馆藏期刊资源的筛选,严格从读者的需求角度来考虑,为读者展现形式上更加精彩纷呈的报刊推荐内容,利用相关的二维码制作软件,

进行电子期刊的二维码制作，实现了每期所推刊物的"二维码在线扫码阅读"，鼓励和引导读者合理利用碎片化时间打开手机进行在线阅读。

2. 首次实现了微信扫码在线收听期刊的功能

通过融入有声期刊资源，实现了读者可直接扫码在线收听期刊的功能，有助于广大读者随时随地打开手机在线阅读收听。改版后融入的有声刊物资源在很大程度上也照顾了一些弱势群体的阅读需求，比如老年读者。他们中的很大一部分人，在这个信息高速发达的时代，也学会了利用手机进行学习娱乐和放松。但利用手机进行喜欢的刊物的在线阅读对他们而言并不太方便，因为手机上的文字相对较小，老年人阅读时相对而言比较吃力，而改版后融入的有声刊物资源可让这部分老年读者进行刊物的在线收听，大大提高了这部分弱势群体使用我馆电子期刊资源的效率。

3. 首次加入小引言及精美配图

改版后的报刊推荐，在坚持了以往每期的特色主题类别的基础上，首次添加了小引言，引言主要是根据本期的推荐主题来进行创作，目的为了简单引入介绍本期所推主题的刊物和内容，并根据主题对应插入精美的配图来更加直观的显示本期的主题内容，同时也增加了新版推荐的阅读美感。

4. 首次添加了"本期精彩导读"及对应的音频文件

将每期推荐所推刊物里面精彩的文章段落摘选出来作为本期的精彩导读内容，通过相关的文字转换语音的软件进行音频文件的制作，实现了精彩导读内容的有声版，读者可解放双手和眼睛直接在线收听。

（二）"沙湖书会·报刊推荐"改版工作的阅读推广效果

针对2020年7月改版后的阅读推广效果，以2020年4月到2021年4月的官微阅读量来分析对比改版前后的效果。单纯从官微阅读量来看，笔者进行了一个简单的统计，具体数据以官微上的阅读量显示为准，官网上对应的阅读推广数据暂时忽略不计（见表1）。

表1 "沙湖书会·报刊推荐"改版工作的阅读推广效果

序号	期数	标题	阅读量
1	2020.4	阅读认知世界抚慰心灵	132
2	2020.5	中国书法，字里千秋	102
3	2020.6	建筑——力与美的结合	101
4	2020.7	阅精彩期刊，看大千世界	196

续表

序号	期数	标题	阅读量
5	2020.8	兵心横槊天下行：纪念八一建军节	237
6	2020.9	魅力无穷的文学世界	282
7	2020.10	此生无悔入华夏	218
8	2020.11	体育无处不在 运动无限精彩	254
9	2020.12	探科学奥秘，感科技神奇	174
10	2021.1	中小学教育：一场期待花开的旅行	607
11	2021.2	万里河山，吾心安处即故乡：传统文化类期刊精选	527
12	2021.3	时尚是一种生活态度	227
13	2021.4	你若在江南，春天该很好	764

通过改版前后共计13期的报刊推荐官微阅读量来看，新版的报刊推荐更容易得到读者认可，改版之后阅读量总体来看都明显高于改版之前，说明"沙湖书会·报刊推荐"的改版工作取得了一定的成效，阅读推广效果也显著好于改版之前。由此可见，在中文期刊的阅读推广工作中，需要我们树立创新意识，培养创造性思维，在实际工作中不断的进行总结，善于探索和改变工作模式，以提高读者的阅读需求和阅读体验为目的，将中文期刊的阅读推广工作提升到一个新台阶。

三、结语

公共图书馆中文期刊在进行阅读推广活动时，要与本馆的馆藏特色和读者特点相结合，充分利用馆藏特色报刊资源，选定特色主题，进行精准推荐，为读者展现形式和内容更加丰富多彩的报刊推荐内容，逐步扩大湖北省图书馆沙湖书会开展中文期刊阅读推广的范围，不断提高沙湖书会的活动品牌影响力和读者服务水平。

参考文献

[1] 郝天晓.利用期刊载体开展阅读推广活动的新思考——以吉林省图书馆"阅读在身边"系列活动为例[J].情报探索，2013（6）：103-105.

[2] 王继华.新媒体环境下公共图书馆有声阅读推广策略研究[J].图书馆学刊，2019（3）：94-97.

融媒体在公共图书馆阅读推广的应用与探索
——以《领读者说》节目为例

白樱子

(湖北省图书馆,湖北武汉,430071)

摘 要:2014年,国务院颁布了关于应用融媒体推动公共图书馆阅读推广指导纲要。近年来,随着社会力量的引入,公共图书馆利用融媒体进行阅读推广开始有了新的尝试和探索。湖北省图书馆《领读者说》项目就是其中之一。本文以该项目为例,阐述了项目的基本情况、成效和特色,分析了项目的意义,并提出了建议。

关键词:融媒体;公共图书馆;阅读推广;应用

一、引言

"推进城乡公共文化服务体系一体建设,创新实施文化惠民工程,倡导全民阅读"。这是自2014年起,将"全民阅读"连续第八次写入政府工作报告。文化的力量让政府愈加重视推进阅读推广。在这种大环境下,公共图书馆作为阅读推广的重要力量,面临着更多更大的机遇和挑战。为此,不少公共图书馆都积极开展了面向公众的阅读推广服务,全国上下涌现了大量阅读推广项目,其中不乏方式新颖、效果显著的案例,开创了阅读推广服务的新模式。

随着网络时代的到来,电子阅读逐步兴起,越来越多的人更偏向于依托电子资源或者移动设备开展阅读,而不是到图书馆进行阅读。这种情况是网络发展所带来的,却也让图书馆陷入了发展危机。因此,如何在危机中育新机、于变局中开新局,成为了图书馆必须认真思考的课题。

二、融媒体及利用融媒体进行阅读推广的优势

"融媒体"是充分利用媒介载体,把广播、电视、报纸等既有共同点、又存在互补性的不同媒体,在人力、内容、宣传等方面进行全面整合,实现"资源

通融、内容兼融、宣传互融、利益共融"的新型媒体宣传理念。

虽然"融媒体"是一种以发展为前提、以扬优为手段的理念，目前常见于传媒行业。但对于同样需要营销和推广的公共图书馆与阅读推广而言，同样具有重要意义。

一是融媒体顺应了时代潮流，满足了图书馆的发展需求。进入移动互联网时代，大众的阅读行为和习惯发生了巨大改变。一方面，多元化的阅读途径让提供传统阅读服务的公共图书馆逐渐失去优势与存在感；另一方面，各种媒体的出现极大地拓展了大众阅读的渠道，增加了阅读机会，图书馆有了更多的渠道去介入读者的阅读与生活。尤其是以"两微一端"为代表的网络交流平台，不仅能使阅读推广服务变得更有吸引力、更有效率，还能充分利用人们大量的零碎时间，延长阅读时间，进一步营造图书馆的良好形象。

二是融媒体改变了公共图书馆阅读推广的载体，打破了阅读的空间局限。传统形式上的公共图书馆进行阅读推广，一般来说都是以文字文本阅读为主，但是在融媒体时代背景下及公共图书馆阅读推广中，图片和视频是信息知识内容的核心。而且，公共图书馆在没有应用融媒体技术进行阅读推广之前，其服务模式较为单一且空间局限性相对较大，合理有效的使用融媒体，能使图书馆服务机制得到进一步的创新。

三是融媒体有助于实现公共图书馆与社会力量的合作共赢。融媒体创新了公共图书馆阅读推广的活动和宣传方式。以往，公共图书馆开展阅读推广活动大都是凭借自身力量来操作，宣传方式主要以单线或并线展开，不能真正打通，存在效益低的问题。图书馆和媒体开展融合式宣传，不仅能在一定程度上借助媒体的专业技能强化公共图书馆阅读服务的效能，还能通过融媒体整合优势，全方位、多角度的将最新资讯传递到读者身边，有效提升公共图书馆阅读推广的效率，拓宽基础性活动覆盖面，进一步提高活动影响力。

三、融媒体在公共图书馆阅读推广的应用案例分析——《领读者说》

（一）《领读者说》项目产生背景

2017年，为持续激发基层阅读推广活力，由湖北省图书馆主办的全省性阅读推广品牌活动——长江读书节推出了子项目"领读者行动"。该活动以社交化阅读理念为基础，将有共同爱好和兴趣的读书人聚集在一起，推动了省内阅读推广队伍的壮大，促使全省阅读风貌呈现百花齐放的状态。活动期间，湖北全省涌现了多位优秀的领读者代表。他们虽然来自不同行业，年龄、学历也不尽相同，但热爱阅读的心却是一样的。

为进一步推介优质书籍，宣传典型人物和事迹，以榜样的力量号召鼓励更多人爱上阅读，自2017年4月起，湖北省图书馆与湖北广播电视台合作，联合制播了周播栏目《领读者说》。《领读者说》以讲好湖北领读者的故事，传播好湖北领读者的声音，弘扬好湖北领读者的精神为宗旨，进一步营造读好书、好读书的良好氛围，为推动湖北全民阅读的深入开展贡献力量。

（二）项目概况

《领读者说》项目以同名电视节目《领读者说》为主，在电视节目的基础上，衍生出文字、图片、小视频等相关内容。项目分两阶段进行。第一阶段为2017—2018年，第二阶段为2019—2020年。

1. 电视节目概况

（1）结构及内容

2017—2018年，节目每期确定一个核心主题，围绕主题，设置"领"（名家鉴书）、"读"（朗读计划）、"者"（人物故事）、"说"（市民采访）四个板块，具体情况如下：

①领：即名家鉴书，邀请名家或图书馆长精选一本好书进行精华导读，要求通俗易懂又不失专业性；

②读：即朗读计划，寻找推荐图书或相关图书中最有价值的片段，请专业人员或者领读者团队朗诵；

③人：即本周人物，拍摄领读者阅读推广过程中的故事或采访领读者在阅读之路上的心路历程，展现领读者魅力；

④说：即市民采访，结合阅读主题、新闻热点和阅读反馈，进行海采，形成互动反馈。

2019—2020年，以专题片的形式立体讲述领读者故事和阅读推广事迹。节目不再设置四个板块，而是以核心人物或者事迹展开，通过一系列的收集与整理，展现当下省内阅读推广的现状和趋势。

（2）节目播出平台及安排

2017—2018年，节目为周播专栏，播放平台为湖北公共·新闻频道。每期节目12分钟。大体筹备阶段为当年的4月—11月，播出时间为当年的6月—12月。

第一季于2017年6月11日开播，2017年12月17日结束。共27期。首播时间为每周日晚8：10，重播三次。

第二季于2018年6月29日开播，2017年12月21日结束。共23期。首播时间为每周五晚7：50，重播三次。

2019—2020年，节目采取单独设置栏目播出，播放平台为湖北电视教育频道，时间为每周六下午15点30分。从2019年11月23日开始播出，到2020年5月9日全部播出完毕（受疫情影响）。

2. 其他推广传播形式及渠道

2017—2018年，选取每期电视节目的精品内容，以视频、音频、图文等多种形式，通过新媒体化的撰稿、创意、包装、设计，分别在湖北新闻和湖北省图书馆微信公众号上推送。整期节目曾在斗鱼、优酷等平台播出。同时，湖北省图书馆内刊《读者空间》上开辟专栏《图书馆缘》，将节目中名家导读等内容文字化，方便到馆读者细品名家智慧、共读经典好书。2019年—2020年，在原基础上经沟通和努力，部分节目成功在长江云平台上发布，进一步扩大了宣传推广的范围。

（三）项目成效及特色

1. 深入全省，形式新颖

《领读者说》以讲好湖北领读者故事，传播好湖北领读者声音，弘扬好湖北领读者精神为宗旨，依托湖北省图书馆资源和湖北广播电视台的制播优势，通过不同人物和主题的传播推广，带领更多的人爱上阅读，推动全民阅读深入发展。这种形式在全国并不多见。

每年的筹备期，湖北省图书馆和湖北广播电视台都会共同组建项目团队，在一个月时间内完成岗位职责、工作分工、业务培训、编审把关、播出安全等制作流程、管理制度的搭建。项目核心成员已基本固定。节目制播期间，栏目团队深入湖北各地，不辞辛劳，挖掘出具有典型性、代表性和感染力的人物故事。2017年至今，已深入武汉、襄阳、宜昌、黄石、孝感、黄冈、荆州、咸宁、随州、恩施、潜江、仙桃、孝昌、广水、丹江口等多个市县拍摄节目。节目播出后，取得了良好的效果，读者反响热烈。

2. 主题突出，亮点纷呈

项目紧紧围绕少儿阅读、亲子阅读、共享阅读、科普阅读等多个不同主题，邀请很多的名家学者和普通群众，共同制作播出。

第一季中，既有桂汉良、郭齐勇、马敏、叶青、徐鲁等数十位专家学者领读经典，又有敬一丹、张明舟、新月姐姐等全国知名阅读推广人讲述领读故事，更有普通书友分享自己的阅读体验。从第一期节目《让改变从阅读开始》首播开始，便受到了省文化和旅游厅等各级领导的高度好评。其中毕业季、军营阅读、深阅读的魅力、世界反法西斯战争胜利72周年、教师节、共享阅读、喜迎十九大等节目主题成为最大亮点。如 2017 年 7 月 2 日播出的"毕业季"主题，讲述了习近平总书记的读书故事和他对青年的期许，展现了青年学子用阅读点亮青春，唱响新时代青春之歌的风采。

第二季中，节目组大力邀请了朱迅、沈壮海、李修文、于文华、刘冬颖等社会名家及襄阳、荆州、孝感、恩施、潜江等地图书馆馆长导读优质好书，也有董明、彭绪洛、杜诚诚及广大领读者代表分享了个人的阅读体验。在 2018 年 9 月 7 日"工匠精神"主题的节目中，节目组不仅推荐了"一字一景，绘出城市记忆"的《字绘武汉》（该书为 2017 年度武汉市设计行业重大创新成果之一），还深入位于武汉华侨城的建筑工地，与广大农民工面对面，感受书香工地、体悟工匠精神。

第三季中，节目以专题片的形式立体讲述领读者故事、传播领读者声音。通过一系列的收集与整理，长江读书节发现亲子阅读、朗诵艺术、乡土文化与传统文化依旧是领读者关注的焦点，同时科普阅读也逐渐崭露头角。荆门市"公益小天使"项目负责人王丽莉开展的"小手牵大手"文明劝导、"学习垃圾分类""共享文明·共享单车维护"等多项科普活动，受到了大家广泛的关注与好评，这也为今后领读者行动的持续开展提供了新的生长点。

3. 跨屏传播，互联分享

在电视台播出同时，节目还先后在湖北新闻、湖北省图书馆微信公众号中开设专题，将每期节目中的经典部分，碎片化剪辑为上百条小视频，每天持续推送，实现了优质节目内容的跨屏传播，而且与移动互联的全国分享，累计阅读量达上万次。2019 年，经过前两年的积累，节目还登上了长江云平台，实现了更大范围、更高层次地宣传。进一步发挥了融媒体在阅读推广中的作用。

四、意义及建议

（一）意义

《领读者说》项目是融媒体在公共图书馆阅读推广方面的一次有益尝试。

从项目本身来说，通过名家推荐和对普通人阅读事迹的报道，既能将优质书籍导读给更多群众，发挥名人效应；又能让普通人成为榜样，感召更多的人参与到阅读分享中来，这为阅读推广提供了一条容易复制和参考的经验。

从项目执行上说，节目由湖北省图书馆和湖北广播电视台合作制播，是图书馆跨领域合作的一次有益探索。这种探索充分利用了图书馆阅读资源和电视台宣传资源的优势，在营造氛围、扩大影响等方面实现了共赢，创造了"1+1>2"的效果。

从项目意义上说，节目摆脱了以往阅读推广纸质化、平面化的普遍特征，让阅读推广的手段更生动立体，内容更活灵活现，途径更丰富多样，既满足了传统的传播需求，更顺应了当下网络化、碎片化的传播趋势，适应了全年龄段的不同审美和爱好倾向，让公共图书馆的阅读推广再添上一抹浓郁的生机和活力。

（二）建议

项目实施三年来，取得了较为突出的效果，但也反映了一些问题，值得之后类似的探索和研究加以注意。

一是建立决策机制。融媒体运用到阅读推广中，一定要有组织、有计划地开展，明确各环节的分工，并通过合理的规章制度达到协调共进、合理调配的目标。同时，为了适应现实的迅猛发展，决策主体要敢于突破创新，基于时代要求不断做出变革，除了内部具体事项的优化调整外，决策主体也要由单一化向多元化方向转变。

二是促进联合协作。运用融媒体进行阅读推广要在多方协力合作下开展。图书馆要制定具有统筹性的推广计划、提供高质量的阅读和拍摄资源，媒体要通过技术和传播知识构建优质、丰富的传播内容和渠道。双方要在联合协作的机制下完成合理分工。

三是有效沟通和保障。图书馆、媒体和拍摄对象甚至当地相关部门单位首先要确保沟通的畅通和有效。只有进行有效沟通，节目的质量才会更高，拍摄制作才会顺利，成果才会更加符合预期。同时，由于节目制作需要深入基层，其中不乏部分农村地区，交通、住宿甚至是语言沟通方面都存在困难，加之涉及的人员和拍摄方面比较多，也存在协调甚至补拍等问题，这些都需要提前做好应对措施，保障节目制播的顺利。

参考文献

[1] 李克强. 政府工作报告——2021年3月5日在第十三届全国人民代表大会第四次会议上 [EB/OL]. 人民网, 2021-03-12.

[2] 张雯. 谈公共图书馆利用融媒体推动阅读推广 [J]. 传媒论坛, 2020, 3 (5): 113-114.

[3] 丁雪伟. 融媒体时代下数字阅读推广机制构建分析 [J]. 新阅读, 2021 (1): 53-54.

[4] 叶蕊. 公共图书馆融媒体阅读推广研究 [J]. 图书情报, 2020 (7): 50-53.

社会化媒体视角下的公共图书馆红色文化营销策略研究
——以湖北省图书馆为例

刘林玲

（湖北省图书馆，湖北武汉，430071）

摘　要：社会化媒体是伴随着信息技术的不断发展而兴起的交互平台，具有用户基数大、传播速度快等优势。本文对湖北省图书馆红色文化的资源开发、多元营销、创新服务等社会化媒体营销模式进行了分析，并针对营销中存在的问题，提出了相应的对策和建议。

关键词：红色文化；公共图书馆；社会化媒体

习近平总书记在看望参加政协会议的文艺界社科界委员时指出："共和国是红色的，不能淡化这个颜色。"红色文化是中国共产党领导广大民众在多年的革命战争中形成的先进文化，蕴含了革命旧址、纪念场馆、与革命相关的历史文物、文艺作品等呈现形式，凝聚和发扬了中华民族精神，代表了中国共产党和广大民众的优良品格和价值追求，在激发爱国热情、提高政治凝聚力、加强文化认同感等方面具有重要作用。随着互联网技术的快速发展，社会化媒体营销模式应运而生，并以其所具有的传播速度快、参与性强、方便交流互动等特点被许多行业应用。新时代湖北省图书馆通过社会化媒体营销模式不断创新红色文化的表现形式、提升红色文化的宣传效果、拓宽红色文化的传播路径、弘扬红色文化中蕴含的精神力量、坚定中国特色社会主义文化自信，引导大众形成正确的主流价值观。

一、公共图书馆社会化媒体营销的内涵

"营销"是以用户为导向，满足用户的需求甚至为用户创造需求的战略管理过程。因此，成功的营销要充分考虑用户的需求，以提高相关产品或服务的知晓度、满意度和使用率为目标，在不断提高产品和服务质量的同时，提供一系

列的方法、工具来评价和判断现有产品和服务的有效性、合理性。

信息技术的飞速发展促进公共图书馆可以通过线上线下多种营销模式向用户推广阅读资源与服务。通过运用社会化媒体，用户可以不限时间、地点进行广泛互动，发表自己的观点，并从其他用户的观点中获得有价值的信息，形成营销、销售、用户关系服务的维护和开拓。公共图书馆运用社会化媒体作为深入用户群体进行营销和互动的手段，推动资源和服务充分有效的利用，并针对不同用户群体进行精准营销，不断擦亮图书馆品牌形象。

二、公共图书馆红色文化的社会化媒体营销实践

公共图书馆作为传承人类文明、传播先进文化、开展社会教育的重要阵地，是推广红色文化、传承红色基因的重要力量。湖北省图书馆积极探索红色文化的社会化营销模式，注重红色文化传播的顶层设计，通过直播、音频、视频等形式增强读者的体验感，利用官网、微信公众号、广播电台等平台开辟红色文化传播新阵地，为读者提供多层次、立体化的红色文化宣传推广服务，并充分调动红色宣讲人、讲书人的积极性，做到讲好红色故事、传承红色基因、让红色文化"活起来"。

（一）开发红色资源 提供内容支撑

地处"九省通衢"的荆楚大地，湖北省的红色文化在中国革命历史中起到了非常重要的作用，红色资源丰富，楚山汉水间形成的荆楚红色文化蕴含着深厚的精神文明价值。湖北省图书馆充分发挥新媒体的优势，在网站、微信公众号增设红色文化板块，将图片、视频、音乐、展览等资源融入其中，带领读者从历史遗迹、革命人物故事、文艺作品等感受红色文化的内涵，将荆楚红色文化发扬光大。

湖北省图书馆充分发挥资源优势，挖掘并整合革命史实、红色名人、红色地标、历史图片、革命文献、文艺作品、相关视频等，借助新媒体平台，将红色文化不断渗入到日常的生活、阅读推广服务中，不断扩大红色文化的影响范围和感染力。如在官网建立了湖北红色历史文化数据库，将湖北红色文化的精神风貌和中国共产党的革命历程全方位的呈现在读者眼前；在微信公众号设立"荆楚史库·场馆""绘声绘影·连环画""绘声绘影·电影"专栏，以图片、文字、视频、电影、连环画、动漫等形式分别定期推送湖北省第一次农民代表大会会址暨国民党湖北省党部旧址、陆军新编第四军司令部旧址、塔区苏维埃政府旧址等革命旧址、革命领袖毛泽东等连环画故事、建国大业等影视作品，

让读者重温革命先烈们历尽千难万险和不懈抗争，创建中国共产党的艰辛历程；在中华人民共和国70周年华诞，红军长征胜利80周年，马克思诞辰200周年等重大纪念日，结合活动内容，采取线上线下互动传播的方式，建立3D虚拟展厅、图片展的专题网站、微信活动等同期对大众开放，并举行线上红色知识活动，鼓励读者积极参与答题，学习红色文化，传承革命精神。

（二）多元营销平台 弘扬红色文化

针对不同的受众群体、营销目的和媒体平台特点选择多样化的营销内容和策略方法。目前，湖北省图书馆运用的社会化媒体主要有：微博、微信、QQ、官方平台、电台、抖音以及直播平台。根据不同媒体的宣传特色和读者需求，提供不同的宣传内容和阅读推广服务。同时，对传统的纸媒、电视媒体等也加以整合运用，有效运用优质资源合理、有效地发挥提升图书馆红色文化阅读推广的作用。

湖北红色历史动漫数据库利用湖北的红色文化资源，紧密围绕社会主义核心价值观的基本内容、中华优秀传统文化、民族民间文化和革命传统文化进行深入的挖掘和创作，以贴合青少年欣赏趣味的方式，用动漫来讲好湖北的红色历史，以文化人、以文育人，寓教于乐、寓理于情。传承红色精神，记录时代历史，使青少年一代从历史中汲取营养。

作为国内知名文化品牌的"长江讲坛"，邀请中央美术学院研究生院院长许平、陆军勤务学院教授刘朝勋、江西财经大学生态文明与现代中国研究中心旅游所所长曹国新分别作关于《中国现代设计发展中的几个红色瞬间》《不忘初心周恩来》《湖北红色旅游的十条经验和五大旅游趋势》主题讲座，打造线上线下宣传平台，在湖北广播电视台教育频道、楚天交通广播和湖北私家车广播开设同名专栏进行录制播出，并开通微信、微博等新媒体平台发布讲坛资源，全方位提升讲座品牌和红色文化的影响力。

长江读书节领读者公开课运用直播平台，邀请红色文学作家、红色讲书人、朗诵艺术家等为大家分享红色写作的创作经验，通过讲述本色英雄张富清的英雄事迹，展现中国人民解放军由弱到强的成长历史，号召读者不忘初心、牢记使命，努力做新时代的奋斗者，在平凡的岗位上建功立业。

（三）优化体验服务 创新传播路径

新媒体时代，形式新颖、互动性强的内容才能吸引读者的积极参与。红色文化的传播也需要充分满足读者的个性化需求，强化受众互动意识，通过加强与读者之间的兴趣和互动，提高读者分享、宣传的积极性，促进图书馆阅读品牌的影响力，如：为阅读兴趣小组、读书会、红色宣讲人、大学生志愿者等提供红色阅读推广平台，鼓励团队在此基础上，在自身的关系范围内进行传播，形成口碑效应。湖北省图书馆联合华中师范大学"红心宣讲团"的大学生志愿者，策划"相约乡读·领读红色经典 传承红色基因"直播活动，组织乡村小学生们和大学生牵手云端，激活红色基因密码，让红色基因代代相传；邀请长江读书节十佳讲书人金新宇、"恩施州十佳红色讲解员"李树林等走进书香"战"疫直播间讲述《大国军魂》《本色英雄张富清》等红色书籍，在云端与读者互动交流，并组织讲书人大赛，全省各级公共图书馆组织讲书人走进图书馆、书店、军营、学校、企业等，将"红色种子"播撒到读者心中，不断延伸红色基因的感染力。

三、红色文化社会化媒体营销存在的问题

在运用社会化媒体宣传红色文化的过程中，不断掀起的"文化热"让读者们激情澎湃，对自己的文化产生认同感和自豪感。但随着信息技术的突飞猛进，大众对信息获取、文化需求的方式都提出了更高的要求，图书馆针对红色文化的社会化营销模式还存在着互动性、趣味性、差异性不足等问题，导致红色文化内涵没有得到深度解读，传播效果没有达到最大化等情况。

（一）传播形式单一 互动性不足

湖北省图书馆立足于荆楚大地红色文化的资源优势，运用多样化的新媒体平台，实现了荆楚红色文化传播的创新发展。在宣传的过程中，线上线上相结合的直播、讲书活动很受读者欢迎。但是，红色文化场馆、革命名人等数字资源设计不够完善，仅限于在媒体平台的单向输出，忽略了大众分享、交流的需求，导致阅读量有限，转发效果不够明显。

（二）缺乏差异化营销策略

由于读者自身各方面因素和所处社会环境的不用，大众对媒体平台的使用率和接受度都有所差异。目前，图书馆虽然运用微信、微博、直播等多种社会化媒体平台进行红色文化传播，但是差异化、个性化的营销模式不够明显，尤其是对于年轻人而言，很难形成设身处地的共鸣感。

（三）内容缺乏创意

湖北省图书馆定期在社会化媒体平台更新革命旧址、红色文化知识、红色经典书籍推荐等内容，但是部分内容过于教科书化，往往缺乏新意和趣味性，

难以吸引读者的兴趣，同时也没有体现出图书馆作为"知识宝库"的创新性。

四、公共图书馆红色文化的社会化媒体营销策略

针对公共图书馆红色文化的社会化媒体营销存在的问题，需要不断加强红色资源的挖掘、增强传播的互动性和感染力，同时充分利用新兴媒体技术创新红色文化的传播内容、形式和手段，并注重营销效果的评估，最大限度地实现图书馆与读者的有效连接，增强红色文化传播的有效性和影响力。

（一）加强红色资源挖掘，拓展营销影响范围

公共图书馆要针对社会化媒体平台将媒体和沟通相结合，加大对馆藏红色资源的挖掘和利用，坚持文化创新，通过专家推荐、读书分享、经典诵读等阅读推广活动将相关的红色经典书籍、电子资源挖掘出来，并加以合理利用，提高红色资源的利用率。同时，公共图书馆之间、图书馆与用户之间、图书馆与各文化场机构、学校以及社会组织等之间可以建立合作机制，整合资源，发挥各自优势，不断适应读者的思维模式、阅读习惯和信息需求，将红色文化进行合理有序的"立体化""可视化"处理，制定内容的更新计划，保证更新频率，并融入有奖竞猜、小程序互动、小游戏等功能，让读者产生兴趣并快速接受，激发读者了解、传播红色文化的意愿，在拓展营销红色资源资源的同时，不断提升红色资源营销的参与面和影响力。

（二）明确社会化媒体平台差异，基于用户视角确定营销策略

社会化媒体改变了传统媒体一对多的单向传播模式，将媒体和人际关系深度结合，拓展了传播的途径和手段，为用户提供了思想交流和分享的平台。图书馆社会化营销的核心应该关注读者的心理诉求，帮助他们拓展知识半径、扩大社交范围。而广大读者由于年龄、职业、性别、学历等方面的原因，对社会化媒体的内容、形式的偏好也不尽相同。因此，图书馆在社会化媒体营销平台的定位和选择方面，应该根据受众的教育水平、城乡分布、宗教信仰、年龄差距等进行分类施策，坚持差异化、个性化的策略。如：针对年轻的读者，图书馆可以选择活泼、互动方便、形式多样的社会化媒体营销平台；而针对中老年读者，则需选择理性、稳重、大方的平台。

（三）确定评估目标，制定评估策略精准优化营销内容

社会化媒体的营销评价也是红色文化营销有效且推进可持续实施的重要一环，用户需求和满意度分析是公共图书馆社会化媒体营销整体效果的重要指标。

想要更好的宣传红色文化，图书馆需要建立行之有效的评估体系。针对社会化媒体平台，图书馆需要充分运用大数据、人工智能、移动数据等工具重点关注阅读量、转发量和评论量，并可以通过问卷调查、到馆读者访谈、设置意见箱等方式了解读者满意度、各项活动的参与度以及活动的了解度，根据数据的对比分析，随时调整宣传内容与策略。

五、结语

红色文化蕴含着丰富的革命文化传统和革命精神，在提升道德情操、树立良好风尚、坚定理想信念、等方面的价值尤为重要。社会化媒体是互联网不断发展的产物，公共图书馆要充分意识到社会化媒体营销的重要性，把握红色文化的传播方向，探索红色文化传播的新路径，以红色文化凝聚力量和智慧，真正让红色基因铸入灵魂、融入血脉。

＊本文系 2020 年度湖北省图书馆科研项目"全媒体时代下公共图书馆阅读推广传播路径研究"的阶段性研究成果之一，项目编号：鄂图科 2020-08。

参考文献

[1] 陈志鹏. 高校图书馆红色阅读推广案例研究——以辽宁工业大学图书馆为例 [J]. 读者研究与服务，2019（3）：60-63.

[2] 杜尚泽. 习近平总书记看望文艺界社科界委员的微镜头："共和国是红色的" [N]. 人民日报，2019-03-05（1）.

[3] 李斌. 新时代赣南红色文化传播价值和路径思考 [J]. 赣南师范大学学报，2020（2）：27-31.

[4] 刘德杰. 博物馆的社会化营销研究 [D]. 长春：吉林大学，2016（9）.

"三全育人"理念下高校图书馆阅读推广的"红色书籍阅读"活动实践探索
——以中国地质大学（武汉）图书馆"结对读党史"活动为例

付 蕾

（中国地质大学（武汉）图书馆，湖北武汉，430074）

摘 要：高校图书馆在教书育人、立德树人环节中发挥重要作用，各类阅读推广活动是高校图书馆实施育人的重要方式。红色经典书籍在培养大学生的人生观、价值观和世界观方面具有积极的引导作用，在"三全育人"教育理念的指导下，高校图书馆可以充分利用阅读推广活动，面向师生，有计划、主题鲜明地推进红色书籍的阅读，引领学生正确认识历史使命和时代担当，为立德树人，培养复兴中华民族人才发挥积极作用。

关键词：高校图书馆；三全育人；阅读推广；红色书籍阅读

一、研究背景

2021年正值伟大的中国共产党成立100周年，全国高校图书馆纷纷开展了各种各样的以庆祝百年华诞为主题的阅读推广活动，例如由湖北省高等学校图书情报工作委员会阅读推广专业委员会组织，武汉大学图书馆承办的面向全省高校全体在校师生举办的"重温百年党史传承红色基因"党史学习教育主题活动；以及全国"阅百年历程传精神力量"全国第三届大学生"悦读之星"读书演讲风采展示活动，通过演讲红色经典作品，展示当代大学生一心向党，积极进取的精神风貌等等众多活动。

刘娜、公慧玲对1071名学生调查表明：97.89%的学生认为阅读经典文学"有必要"和"非常有必要"，表明当代大学生对经典文学有着非常高的认同感。纵观这些全国及全省的阅读推广活动，都是主题鲜明，围绕建党百年进行，活动所选择的朗诵或演讲的材料都是来自于红色经典文学作品，例如革命诗歌、革命小说、革命话剧剧本等。这些诗歌、小说和话剧，都是自创作出来后，被几代人所熟知的红色经典作品，历久弥新，时时被重温、被阅读、被思考。这些经典作品，富含人生理想、生活哲理，引导读者思考人生、思考世界，具有强大的生命力，完全不是现在网络上流行的只为取悦读者或博取流量的快餐式文学作品可以比拟的。刘娜、公慧玲的调查同样表明：学生认为思想内容深（78.35%），具有崇高的美学价值（60.06%），经得起事件的考验（68.49%）的书籍才是经典文学作品。大学生是网络读者的重要群体，不少质量堪忧的网络文学，不仅占用了大学生们宝贵的读书时间，而且无法给价值观、人生观和世界观尚在塑造阶段的学生们提供正确的指引，令人担忧。

2004年10月14日，中共中央、国务院在《关于进一步加强和改进大学生思想政治教育的意见》指出："大学生是十分宝贵的人才资源，是民族的希望，是祖国的未来。加强和改进大学生思想政治教育，提高他们的思想政治素质，把他们培养成中国特色社会主义事业的建设者和接班人，对于全面实施科教兴国和人才强国战略……确保中国特色社会主义事业兴旺发达、后继有人，具有重大而深远的战略意义"。同时也指出，"图书馆是高校教育的重要组成部分，是校园精神文明建设的重要服务窗口"。高校图书馆是大学校园思想政治工作的重要阵地，拥有非常丰富的教育资源，可以在大学生的思想政治教育工作中发挥重要作用。

二、指导理论

（一）"三全育人"理念

2016年12月，习总书记在全国高校思想政治工作会议上提出："要坚持把立德树人作为中心环节，把思想政治工作贯穿教育教学全过程，实现全程育人、全方位育人，努力开创我国高等驾驭事业发展新局面"，针对高校的思想政治教育，首次提出了"三全育人"的标准。紧接着在2017年2月，中共中央国务院发布了《关于加强和改进新形势下高校思想政治工作的意见》，将全员全过程全方位的育人要求，明确为高校思想政治教育工作的标准之一。至此，"三全育人"理念正式成为了高校思想政治教育，培养人才的重要指导思想。

"三全育人"理念，即是全员参与育人，全程实施育人和全方位多维度育人，构建育人新模式，从"教"走向"育"。"三全育人"的中心在"全"，"全员育人"要求学校全体教职员工，无论是教师，还是管理人员，或是服务人员，都要参与，都要履行育人的职责，实现"人人履行育人之责"。"全程育人"要求高校育人工作要贯穿教学学习和学生课外成长的全过程，实现"育人无时不有"。"全方位育人"要求无论课内课外，校内校外，都要全方位覆盖思想政治教育工作，实现"育人无处不在"，形成高校立德树人教育的新格局。

（二）图书馆的教育功能

许莉认为：图书馆自诞生之日起，便天然具有文化和教育功能合一的特点。李小缘认为图书馆的功能在于"辅佐学校教育之不及""图书馆即教育"。他认为图书馆要为学校的专业课程教育服务，课外的学习需要图书馆利用图书馆进行补充。这一观点和教育部印发的《普通高等学校图书馆规程（2015）》中表述的要求不谋而合："图书馆应全面参与学校人才培养工作，充分发挥第二课堂的作用，采取多种形式提高学生综合素质"。提高学生综合素质，发挥育人功能，图书馆有着独特的优越条件。首先，图书馆有丰富的馆藏资源，想要开展某个专题活动，比较容易找到合适的资源提供给学生。其次，图书馆环境优良。为了给学生提供优质的学习环境，现在高校都很重视图书馆建设，很多高校图书馆是学校的中心建筑，在建设和装饰上都好于校园内其他建筑，不少图书馆甚至是当地地标。管内设施一应俱全，学术报告厅，中央空调，休闲沙发，独立阅读桌椅，朗读亭和书法练习机等，给学生提供了舒适便利的学习环境。这些设施，为开展各种形式的育人活动提供了有利条件。范并思认为："随着图书馆阅读推广部门边界消失，信息技术广泛应用于阅读推广工作"。林培煜、占亚剑等人也指出："如何运用互联网等新媒体新技术……创新高校思政工作，让思政工作活起来，是高校思政工作面临的新机遇和新挑战"。高校图书馆一般运行有多种网络平台，如微信公众号，微博，QQ群和微信群等，还有各种数据库公司提供的各种学习App，这些都可以充分利用，作为开展育人的平台。

三、"三全育人"理念指导下的实践探索

在"三全育人"理念的指导下，全国高校开展了学习"三全育人"标准的学习，进行了对思想政治教育工作新模式的实践，摸索如何把"三全育人"的育人标准落实到日常的学校教育中。中国地质大学（武汉）图书馆（以下简称地大图书馆）积极践行"三全育人"理念，借助自身的各个学习平台和传统阅读推广活动，助力学校的思政教育工作。

地大图书馆"结对读书"活动始于2017年，每年举办一届，迄今已连续举办五届。读书节在每年的世界读书日4月23号启动，在图书馆举办隆重的启动仪式。分管图书馆的校领导现场发表讲话，校办，校团委，教务处，学工处等部门负责人参加。每年的"结对读书"活动会拟定一个主题，例如"书香伴我

成长"，"阅读·悦读"等，号召全校师生结成对共读一本书。读完后在规定时间内提交做成PPT的读书心得或感悟，在年尾时进行现场演讲，邀请专业评委现场打分评比，评选出优秀的读书心得进行奖励。后期会把获奖的优秀读书心得发到读书群里，供所有参加读书活动的师生学习欣赏。王宇、王磊等引用上海交通大学图书馆郭晶副馆长的论述，高校图书馆阅读推广关注的主线应是阅读氛围的营造，"经典阅读素养的培养"和文化氛围的营造。王娟等认为，浅阅读、阅读碎片化已成为大学生阅读的主要特点。地大图书馆的"结对读书"活动旨在通过这种有仪式感的集体读书形式，引导学生读好书，并对所读内容进行深度思考，借此矫正现今网络时代下很多学生读过即忘的快餐式阅读习惯，引导他们进行深度阅读，读有所得。

刘开琼指出："学生在阅读中最主要的困惑是不知道读什么书和不知道怎样读，图书馆有责任和义务告诉学生们读什么书，并知道学生如何读书。"今年正值中国共产党成立一百周年，举国同庆，地大图书馆今年的"结对读书"活动主题选定为"迎百年华诞　结对读党史"。向全校师生推荐革命书籍，马克思主义哲学，毛泽东、邓小平思想等涉及革命文化和社会主义先进文化的书籍。为了阅读类型的多样化，兼顾师生们阅读兴趣的多样性，充分利用已有馆藏书籍，在书籍体裁的选取上也注重了多样性，既有经典的革命文学作品，又有著名革命人物传记，既有记录抗日战争和解放战争的各场重大战争的战役实录，又有记录新中国成立以来发展的历程。活动共选取书籍237部供师生们挑选，部分选取图书见下图：

1	邓小平理论、"三个代表"重要思想与中国经济	毛泽东与朱德	老百姓的中国梦
2	邓小平理论与中国现代化	毛泽东与彭德怀	中华人民共和国史纪实
3	国家治理现代化的唯物史观基础	中国共产党与中国社会主义	中国的光荣与梦想——21世纪前十年中国镜像
4	中国道路的哲学自觉	中国超越-一个文明型国家的光荣与梦想	国旗飘飘——话说中华人民共和国（上）
5	直面生活本身：马克思人学存在论革命研究	毛泽东与艰苦奋斗	大国记忆：新中国七十年经典瞬间
6	青年们，读马克思吧！一个20多岁青年人的探索与热情	毛泽东与红军-从井冈山到古田	林海雪原
7	《资本论》与社会主义经济发展	做一个幸福的中国人	上甘岭
8	中外关于马克思、恩格斯、列宁、斯大林军事理论研究	21世纪海上丝绸之路研究-海上安全与奉献	共和国记忆
9	红军如何走过万水千山	世界大趋势与未来10年中国面临的挑战	现代中国的历程
10	为什么要坚持马克思主义	中国地缘政治的转型-走入全球化的深海	上海1949
11	马克思还活着	对美国说不-一种健康的民族主义价值观	"大锅饭"农村公共食堂始末
12	向毛泽东学战略——中国需要毛泽东	世界期待一个怎样的中国	共和国历史的细节
13	毛泽东是怎样读二十四史的	优秀共产党员是这样炼成的	小岗村40年
14	毛泽东的辉煌人生与未了心愿	中国共产党执政"五种能力"解读	血战台儿庄
15	毛泽东在一九五八	党的建设30various历史瞬间	国家记忆-一本《共产党宣言》的中国传奇
16	邓小平视察中国	为什么要拥护中国共产党	全国动员 做志愿军坚强的后盾
17	毛泽东与周恩来	社会主义核心价值观 和谐	跟着毛泽东打天下
18	毛泽东的中国梦	社会主义核心价值观 富强	从军行
19	邓小平中美外交风云	社会主义核心价值观 平安	江南小延安
20	没有回家的士兵	社会主义核心价值观 民主	共和国血脉（上）
21	跨越百年的美丽-我们与伟人	社会主义核心价值观 敬业	共和国血脉（下）
22	青春之歌	社会主义核心价值观 公正	家国十年1966--1976-一个红色少女的日记
23	红岩	社会主义核心价值观 自由	一名记者的红色印记采访
24	血战四平	社会主义核心价值观 爱国	跟随红军长征的日子：一个外国传教士所亲历的长征
25	苏维埃血脉-中共中央至苏区秘密交通线纪实	社会主义核心价值观 文明	一个人的抗战
26	红色圣地上的呼喊声-习仲勋在陕甘边区	社会主义核心价值观 友善	辉煌60年 共和国纪实
27	狮吼平型关	社会主义核心价值观 法治	武汉往事1首义风云
28	地下党	社会主义核心价值观 诚信	历史的天空

图1　选取图书

可供选择书籍发布后，师生们踊跃选择自己感兴趣的书籍。在此过程中，笔者发现几个有规律的现象：教师选择讲述老一辈革命家的书籍比较多，喜欢研读介绍伟人生平和思想的书籍；学生倾向选择和所学专业相关的书籍，例如经济学院的学生偏向选择讲述改革开放、新中国经济发展历程的书籍；学生党员更多的选择介绍马克思主义、毛泽东邓小平思想的书籍；整体上社会学科的学生比理工科的学生参与度更高。观察、总结这些在活动中出现的规律，有助于今后更精准地开展阅读活动。

革命历史，革命小说，革命领袖人物传记，革命大事件纪实，以及历史发展过程记录等，都是革命文化、红色文化。高校图书馆有义务向师生们，特别是青年学生们，推荐这些经典红色书籍，展现党和国家的发展历程，引领大学生们读好书，学习党的革命精神、爱国精神，塑造正确的人生观、价值观和世界观。

总结今年地大图书馆的"结对读党史"活动，活动的成效是看得见的。师生们提交的读书感想PPT，除了总结书中的内容，更多的是和现实社会状况，国际环境结合起来进行思考：大学生该怎样度过青春时光？中国经济发展会走向哪里？如何增强中国在国际舞台上的话语权？怎样恢复中国的文化自信，国人不再崇洋媚外？如何做一个合格的中国人？新冠病毒会带给中国和世界的怎样改变等等。我们欣喜地看到，当代大学生除了关注自身的发展，对国家、对世界也高度关注，并有着自己的思考和判断。这些得益于当今社会新闻资讯传播的发达，更多的资讯、更多的阅读，带给青年学生们更开阔的眼界和更多的思考。

四、结语

红色书籍是我国优秀文化的一部分，在塑造学生的人生观和世界观方面有着重要影响。大学生是高校图书馆的读者主体，图书馆是学生的第二课堂，图书馆在"三全育人"，立德树人、培养人才的过程中，发挥着重要作用。在"三全育人"理念的指导下，高校图书馆可充分利用自身丰富的馆藏资源，优良的阅读环境和学习环境，以及图书馆网络学习平台等有利条件，主题鲜明、目标明确的开展红色书籍阅读推广活动，引领学生树立正确的人生观、价值观和世界观，引导学生正确认识时代担当和历史使命，在培养担当民族复兴大任的人才环节中发挥自己应有的作用。

参考文献

[1] 刘娜, 公惠玲. "三全育人"视域下大学生经典阅读的现状和推广策略 [J]. 江苏科技信息, 2020 (7): 18-21.

[2] 中共中央国务院. 关于进一步加强和改进大学生思想政治教育的意见 [EB/OL]. 人民网, 2017-02-28.

[3] 习近平在全国高校思想政治工作会议上强调: 把思想政治工作贯穿教育教学全过程 开创我国高等教育事业发展新局面 [EB/OL]. 央视网, 2016-12-08.

[4] 中共中央国务院. 关于加强和改进新形势下高校思想政治工作的意见 [EB/OL]. 中国政府网, 2017-02-27.

[5] 许莉. 论公共图书馆文化职能和教育职能的发展辩证关系 [J]. 图书馆工作与研究, 2015 (1): 12-16.

[6] 李小缘. 中国图书馆事业十年来之进步 [J]. 图书馆学季刊, 1936 (4): 538.

[7] 中华人名共和国教育部. 普通高等学校图书馆规程 (修订) [EB/OL]. 中华人民共和国教育部, 2016-01-20.

[8] 范并思. 公共图书馆阅读推广的发展趋势 [J]. 图书馆杂志, 2015 (4): 12-15.

[9] 林培煜, 占亚剑, 梁菲. 基于新媒体的高校形式思政教育发展策略研究 [J]. 吉首大学学报 (社会科学版), 2017, 38 (S2): 151-153.

[10] 王宇, 王磊, 胡永强, 等. 图书馆阅读推广实践和理论的新进展: 东北地区高校图书馆阅读推广研讨会综述 [J]. 大学图书馆学报, 2016 (4): 17-22.

[11] 王娟, 朱慧敏, 程贤萍. "三全育人"视阈下的阅读推广路径与策略研究 [J]. 大学图书情报学刊, 2020 (7): 33-35.

[12] 刘开琼. "三全"理念引领下的高校图书馆阅读推广新探索 [J]. 图书情报导刊, 2017 (2): 12-16.

探析公共图书馆讲座衍生品资源的开发与传播
——以湖北省图书馆"长江讲坛"为例

谢 宁

(湖北省图书馆,湖北武汉,430071)

摘 要:本文从湖北省图书馆公益讲座"长江讲坛"的工作实践出发,对讲座衍生品资源类型进行划分,对新时期讲座衍生品资源的主要传播形式进行分析,为公共图书馆讲座衍生品资源的开发与传播提出了几点建议,以期进一步提升公益讲座的受众面和社会影响力。

关键词:讲座衍生品资源;开发与传播;长江讲坛

2017年11月4日颁布的《中华人民共和国公共图书馆法》规定:"公共图书馆应当免费向社会公众提供公益性讲座、阅读推广、培训、展览服务",公共图书馆公益讲座服务已经成为核心业务之一,近些年也打造了诸如"文津讲坛""上图讲坛""长江讲坛""文澜讲坛"等具有深远影响力的讲座品牌。为了突破现场讲座时间和空间的局限性,满足更多读者的文化需求,扩大讲座受众面,提高讲座的辐射面和影响力,公共图书馆越来越重视讲座衍生品资源的开发与传播。随着全媒体时代的到来和新兴技术的不断应用,如何充分发挥现代传播媒介的作用,通过多种途径,利用多种方式,充分提高讲座衍生品资源的传播和利用效率,满足受众的不同需求是我们值得思考的话题。

湖北省图书馆的公益讲座自20世纪50年代至今已经举办两千余场,书籍、光盘、网络视频、讲师输出等讲座衍生品资源和延伸服务更是惠及无数听众与读者。2012年底搬入新馆后,在省委领导的高度重视下,大型高端公益性讲座"长江讲坛"正式亮相,"长江讲坛"的举办让省图书馆近600万册藏书,从高架深阁中"走"出来,服务普通百姓。建设"讲座之书",服务百姓的理念成为讲座团队及每一位成员的共同理想和信念。自开坛至2021年6月1日,"长江讲坛"共举办讲座607场,现场服务群众44万余人次。8年来,国内外著名专家学者纷至沓来,使湖北省图书馆长江报告厅经常出现座无虚席、一票难求的场面。

一、讲座衍生品资源的概念

公共图书馆讲座衍生品资源是指基于现场讲座而产生的图文资源、视听资源、数字资源，通过加工制作，以不同的载体形式和传播方式推出的一系列衍生事物。公共图书馆讲座衍生品资源丰富多样、类型各异，按其表现形式可划分为文字型、图片型、音频型、视频型、数字型衍生品资源。

讲座衍生品资源与现场讲座息息相关，两者既有区别，又有联系。从内容上来看，讲座衍生品资源是以现场讲座为素材，围绕讲座而产生的，无论其以何种方式呈现，都超不出现场讲座的内容范围。但从形式上来看，现场讲座是固定时间地点的传统语言交流模式，具有传播方面的局限性，而讲座衍生品资源恰好弥补了这方面的不足，不仅能提供静态的、稳重的书面讲座读物，还能提供动态的音视频资料[1]。

二、讲座衍生品资源的主要类型

（一）文字型衍生品资源

1. 讲座报道

讲座报道即将图书馆讲座内容通过加工和二次创作，配上讲座现场图片，形成主题鲜明、具有宣传价值的文章。讲座报道还可以根据报道主体分为馆内报道和馆外报道。馆内报道主要包括讲座主题、主讲人信息、讲座内容概述、讲座现场反馈等；馆外报道主要是刊登在报纸媒体上。

2. 讲座文稿

讲座文稿是对现场讲座的文字记录，是对演讲者学术、思想和才华的一种浓缩展示，每一场精彩的讲座形成文字稿后，经过编辑、加工可以集结汇编成册，由出版社出版；也可以发布在阅读推广或图书馆讲座刊物的专栏里。

3. 讲师课件

讲座课件高度概括展现了主讲人讲座的内容和精神实质，具有较强的使用价值。讲座之后课件的分享和传播必须得到主讲人的授权许可。讲座课件多用于后期讲座视频制作，增加讲座视频的可看性和专业度。

4. 嘉宾题词

主讲嘉宾为讲座题的词是具有纪念价值和收藏意义的文字资料。这些资料不仅要妥善保存好，拍照扫描存档，还要借机或创造机会适时地展示出来，借此宣传推广讲座品牌。

(二) 图片型衍生品资源

1. 讲座海报

海报是一种视觉传达的形式,借助于图形以及文字,将需要表达的信息利用一定的艺术手法,使内容更加吸引观众的注意,海报的合理设计能够为讲座活动起到良好的预告宣传作用[2]。海报不仅用于现场展示,更多用于网站、新媒体平台的预告宣传中。

2. 讲座图片

讲座图片是讲座现场情况的直观反映,也是讲座后期宣传推广最佳资源。现场图片不仅可以用于讲座报道、图书出版,还可以用于新媒体平台的推文中。在"读图"时代,图片的重要性不言而喻。

(三) 视听型衍生品资源

1. 讲座宣传片

讲座宣传片是为主讲嘉宾制作的宣传短视频,图文并茂的形式可以让听众直观快速地了解主讲嘉宾的基本信息,可以在开场前现场循环播放,也可以在预告阶段发布在网站或新媒体平台上。

2. 讲座录音

通过录音笔录制的讲座音频是声音上对现场讲座的还原再现,讲座录音可以帮助撰写讲座报道,也可以用于广播电台、图书馆网站和新媒体平台的播放。

3. 讲座视频

讲座视频是由专业的摄像人员对现场讲座进行录制,后期对讲座视频进行加工、剪辑制作。近些年,短视频受到大众的追捧,短视频的发展态势为公共图书馆传播信息与开展业务提供了新途径[3]。

(四) 数字型衍生品资源

数字型衍生品资源是指借用先进的数字化技术,借助计算机技术、多媒体技术以及互联网技术实现直播而产生的数字型衍生品资源。直播的本质与魅力就是真实、实时、互动,且投入成本低、参与门槛低,用户只需要借助手机或电脑联网即可[4]。除了便捷,直播还可以解决地域限制问题,人们可以跨区域体验参与活动。部分直播平台还提供回放功能,便于因时间关系无法实时参加的用户后期学习。突破人数限制、扩大服务对象,这对图书馆吸引更多读者,推广公共文化服务起到很大的推动作用。正是由于这些功能上的优势,促使越来越多的图书馆开始应用直播技术开展服务。

三、讲座衍生品资源的主要传播方式

（一）媒体传播方式

媒体传播是图书馆与报社、电视台和电台等新闻媒体进行合作，在报纸上刊登或报道讲座内容，在电视台开展电视直播或转播。传统媒体的种类繁多、传播速度快、辐射面广、影响力大，能使讲座内容得以通过多层次、立体化的传播网络获得更为广泛的社会效益。今天信息传播的速度、广度和渠道都在发生着深刻的变化，传统媒体也在积极探索新媒体的发展，并向全媒体转型，可以说传统媒体和新媒体的界限日益模糊。

1. 报纸媒体的传播

最常见有两种方式，一种是对讲座嘉宾进行专访，深入挖掘内容，获取真知灼见，梳理出有意义的精彩回答；另一种是根据讲座的录音转化成演讲录，选取读者感兴趣的内容刊登转载，读者能直观了解讲座内容，把握讲座真实内涵，获取有效信息。湖北省图书馆"长江讲坛"积极与当地纸质媒体开展合作，在重点讲座之前，宣传员会主动联系媒体记者，推送讲座内容，发送讲座通稿，邀请媒体记者参与对主讲人的专题采访。湖北日报"读书"栏目和楚天都市报"对话"栏目每月都会整版刊登"长江讲坛"主讲人的专题访谈内容，这几家本地主流媒体的 App 客户端和融媒体平台也会积极转发讲座报道。

2. 广播电视媒体的传播

广播和电视主要是对现场讲座的录音录像所形成的视听资源，对其进行选择、加工、整理，并通过广播、电视等媒介传播。基于广播和电视传播渠道较为稳定，覆盖传统媒体的固定用户。湖北广播电视台教育频道每年摄制播出"长江讲坛"视频 52 场；湖北广播电台每年制作播放"长江讲坛"音频 50 期，收视收听率在同时间段较高，受到这部分群体的喜爱。

（二）载体传播方式

载体传播是将讲座资源以图书、光盘的形式进行流通传播，以拓宽传播渠道，让更多的人受益。这种传播形式不仅能满足没有参与讲座的广大听众的需求，还可以满足现场听众对经典细节再回味的需求，扩大了讲座的辐射面，提高了讲座资源的传播和利用效率。

讲座书刊出版既包括图书的编辑出版，又包括讲座专刊的编辑出版。多数图书馆编印有馆刊，但专门针对图书馆讲座编制的刊物很少，这其中具有代表

性的要属上海图书馆的《上图讲座》专刊。湖北省图书馆的内刊《读者空间》每期都会刊登"长江讲坛"讲座文稿，每年"长江讲坛"的讲座录音稿会精选汇编成讲座丛书。"长江讲坛"视频资源刻录成光盘、制作成光碟卡书的形式进行传播，后因制作成本高、不便携带，改为小巧精致的U盘形式。

（三）网络传播方式

1. 网站传播

通过网络传播是视听资源的主要形式，目前图书馆网站上一般都有专门讲座资源视听区，提供讲座音视频服务。读者只要打开图书馆的讲座专栏网页，点击感兴趣的视频，就可以观看。湖北省图书馆网站上的"长江讲坛"专栏就提供了2013年开坛以来至今的所有讲座视频。

2. 新媒体平台传播

随着新媒体技术的发展，图书馆讲座部门利用社会化媒体营销，针对年轻群体，积极主动服务，将讲座音频或视频上传至主流新媒体平台，这样可以让更多的人知晓并参与进来，也极大提升了讲座品牌的社会影响力。"长江讲坛"在2014年就开发了讲座App，上传了所有讲座视频，读者可以利用手机随时随地观看讲座视频。湖北省图书B站和喜马拉雅账号开通后，"长江讲坛"为进一步拓展讲座音视频的线上传播，助力扩大讲座受众群体，截至2021年6月1日，共上传400个视频、146个音频。除了上传完整讲座视频，"长江讲坛"还录制多期"长江讲坛会客厅"嘉宾访谈视频，并经过精心剪辑加工成短视频，发布在长江讲坛微信公众号里。

讲座现场直播可以解决听众无法亲临现场聆听讲座的问题，也可以避免热门讲座一票难求的尴尬。讲座直播真实地还原了整场讲座，让听众能更好地领会主讲嘉宾的讲座内容和传播的价值理念。讲座直播主要利用抖音、B站、微信视频号、微博、QQ群等新媒体平台进行传播，"长江讲坛"2020年开通B站直播间和微博直播间，实时直播部分讲座。2020年9月至2021年6月1日，共开展28场讲座直播，湖北省图书馆B站直播间和长江讲坛微博直播间观看直播总数为4.4万余人次，平均每场1500人次。

四、对讲座衍生品资源开发与传播的建议

（一）重视原始档案资料的收集整理

公共图书馆讲座发展至今，逐步形成了一个较为稳定的工作流程，很多图书馆更加重视讲座主题策划、预告、实施和报道几个环节，忽视了讲座之后的

事宜。这包括讲座档案资料的收集与整理以及讲座衍生品资源的开发,而讲座档案资料正是开发讲座衍生品的原始素材,因此需要重视讲座档案工作,这是基础且重要的问题。不同类型的档案在管理和利用方式上都各有其特殊性,均需受到重视。重视档案工作,需要讲座工作人员之间积极配合,建立档案意识,做好档案工作。

(二)提高录制和后期制作水平

图书馆讲座大多为现场一次性、连贯性的录像产品,后期剪辑是十分必要的,也有一些需要系统化加工整理而产生的新产品,特别是以对话、互动交流为主要形式的讲座。多样化的讲座形式对现场录制和后期开发都提出了更高的要求,现场多机位的录制可以为后期制作提供更加丰富的素材,更容易产生质量上乘的新产品。

在讲座视频资源后期制作上,不仅要体现出技术水平,更要展现出馆员的专业化背景和图书馆的人文情怀。可以对讲座资源按知识点进行切分处理,通过对知识点的片段再整理,从而演绎出新作品,以汇编的形式呈现给读者,在素材的选择和编排上体现出独创性。短视频已经成为信息传播的有效途径,这就需要对讲座视频进行"碎片化"处理,节选精彩片段,制作类似预告片形式的短片,时间控制在 3—5 分钟。然后利用微信、微博、视频网站等进行主动推广,吸引读者来图书馆网站观看完整视频[3]。

(三)注重知识产权的保护

基于新媒体技术传播的开放性和互动性,用户能够轻易地获取网络上的讲座资源,也可能产生侵权行为。面对海量的数字化资源,如何既能达到公众对资源共享使用的目的,又能保护作者的利益,是图书馆讲座必须要面对的问题。我们首先要重视版权和传播权,加强对讲座资源著作权的保护。

"长江讲坛"在讲座之前会与主讲人签署授权书,主讲人同意将讲座及访谈相关内容录音、录像、编辑、加工、整理以及汇编相关作品或数据库;图书馆的合作单位可对本授权书的讲座、访谈及其形成的载体进行公益性出版、播放,进行新媒体传播;公共数字文化工程各级参与馆可以通过计算机互联网、向公众开放的局域网、广播电视网、移动通信终端等途径,用于公共数字文化工程相关服务平台的公益性服务等。其次,通过新媒体平台发布的讲座衍生品资源要严格审核,有选择性的公开和发布,避免在网络上引起舆论和信息危机。

(四)以讲座联盟带动资源共建共享

如何促进讲座资源的共建共享,促进发达地区图书馆优秀讲座资源的有效传播、欠发达地区以及基层图书馆对优秀讲座的吸收是大家一直关心的问题。我们应该积极推动以讲座联盟为载体，搭建公共图书馆讲座资源共建共享平台，推广有地区影响力的讲座，打造有行业代表性的文化品牌，注重讲座成果整理和衍生品资源开发，扩大讲座的社会影响力，实现全国公共图书馆讲座业务的共同发展。

2013年5月11日，湖北省图书馆作为主办方，联合湖南图书馆、江西省图书馆、安徽省图书馆，首次举办长江中游湘鄂赣皖四省图书馆联盟系列讲座，如今，长江中游四省巡讲已成为惯例，每年进行一次。2021年山西省图书馆、河南省图书馆共同加入，中部六省湘鄂赣皖晋豫公共图书馆联盟正式成立，并在6月开展了庆祝建党100周年的巡讲活动。后期"长江讲坛"计划与湖北省内地市州一级图书馆讲座部门建立联动机制，积极构建"以强带弱、以上带下、上下联动"的讲座工作新格局，在相互借鉴中努力缩小差距，谋求全省公共图书馆讲座衍生品资源的共建共享、共同发展。

（五）重视新技术和人才培养

新时期新环境下，首先，图书馆人要更新理念，保持思想的敏锐性和开放度，打破传统思维定势，努力打开工作新局面。其次，图书馆人要适应社会信息化持续推进的新情况，充分运用新媒体传播方式，将图书馆的信息资源快捷、精准、有效的推送给用户。

新媒体环境下，新技术的产生和应用，对图书馆讲座工作人员的个人素质和专业技能提出了更高的要求。对此，图书馆必须不断吸收社会上的人才，选拔一些高素质的专业技术人员。同时，不断完善讲座工作人员的专业技能培训机制，不仅要加强内部专业技能培训，还要走出去到新媒体技术运用较好的地方去考察学习，不断吸收其它图书馆的长处，提高竞争意识，促进自我提升，真正成为运用现代传媒新手段、新方法的行家里手。

参考文献

[1] 曹娟. 公共图书馆讲座衍生品发展的回顾、现状与前瞻 [J]. 图书馆学研究，2017（11）：85-86.

[2] 张逸伦. 高校图书馆讲座海报设计研究 [J]. 江苏科技信息，2018（10）：27-28.

[3] 甘春梅，张梦金. 我国副省级及以上公共图书馆的短视频应用现状——以抖音为中心的调查 [J]. 图书馆论坛，2021，41（10）：83-89.

［4］杨敏，于倩倩.直播技术在图书馆领域的应用及发展［J］.新世纪图书馆，2021（3）：50-52.

［5］丁志群.公共图书馆讲座资源后期开发的调研与分析［J］.图书馆界，2016（3）：68-70.

湖北省图书馆微信公众平台运营与阅读推广研究

时 晨

(湖北省图书馆,湖北武汉,430071)

摘 要:本文从数字化阅读和新冠疫情防控常态化的背景出发,阐述湖北省图书馆微信公众平台的运营情况和服务功能,分析服务内容和运营亮点,最后提出湖北省图书馆微信公众平台在阅读推广中存在的问题和改进措施,以期更好地进行阅读推广。

关键词:湖北省图书馆;微信公众平台;阅读推广

作为移动互联时代最重要的网络平台,微信凭借方便快捷、海量信息、形式多样、互动活跃等优势,吸引了众多忠实用户,其中微信公众平台于2012年推出以来迅速发展成为用户获取信息的重要渠道。在数字化阅读时代,全国各个地区的公共图书馆纷纷开始运营微信公众号,为读者提供服务,进行阅读推广。2020年至今,在新冠肺炎疫情的影响下,各级图书馆逐渐重视利用新媒体平台向读者提供各类数字资源和阅读服务。在此背景和趋势下,湖北省图书馆于2013年5月25日开通"湖北省图书馆"官方微信订阅号,并自2020年2月4日以来每日为读者推送资源服务信息。"湖北省图书馆"微信公众平台具有馆藏资源查询、在线预约、续借、活动报名、新书推荐等各类咨询服务功能,也是读者活动交流以及进行阅读推广的平台。

一、湖北省图书馆微信公众平台运营情况和服务功能

(一)运营情况

1. 把握发展趋势,运营成效显著

自2020年2月4日以来,湖北省图书馆微信公众号全年不间断运营,发布频率为日更,日均发布4条推文。2020年全年发布推文1550条,阅读量共计281.03万次,对比2019年,发布推文条数上涨142.95%,阅读量上涨529.69%。

2021年上半年发布推文725条，阅读量共计156.8万次。从2013年5月25日开通后至2020年2月4日，粉丝量为159434，截至2021年6月30日，关注人数由159434增长至319511，增长率为50.1%。

根据山东省图书馆参考咨询部编录的《全国公共图书馆微信微博监测月报》统计数据显示，湖北省图书馆微信公众号的微信影响力指数（WCI）在全国省级公共图书馆排名平均在第三位。如图1湖北省图书馆微信影响力指数排名可直观呈现从2020年2月—2021年5月，湖北省图书馆在全国及省级公共图书馆微信影响力逐渐增大，排名逐渐靠前。

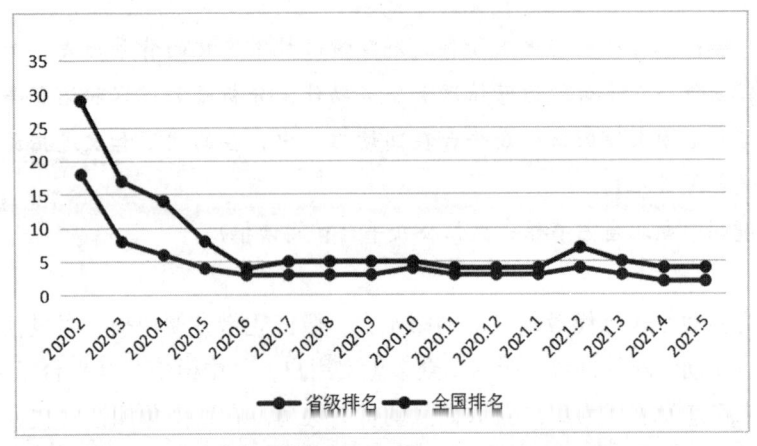

图1　湖北省图书馆微信影响力指数排名

（数据来源：《全国公共图书馆微信微博监测月报》总第94~109期）

在新冠疫情防控常态化的背景下，湖北省图书馆把握新媒体发展趋势，加强新媒体团队建设，不断改善微信公众平台的服务内容和功能，一年多以来，湖北省图书馆微信公众号取得了显著的成效和发展。

2. 明确平台定位，树立品牌意识

根据湖北省图书馆微信公众号后台数据进行关注读者的用户画像分析，用户群体偏向年轻化，年龄段在18岁至45岁的用户最为集中，占比84.92%。针对用户群体的特征，明确湖北省图书馆微信公众平台文化性、公益性、特色化、年轻化的宣传定位，排版设计活泼，内容推送精准。

树立品牌意识，设定品牌色，以湖北省图书馆LOGO标准蓝：#008BB4、#049CAF作为强调色，设计统一微信小图标。设计新媒体卡通形象"鄂小图"（如图2），在微信表情商店上线可免费使用的"鄂小图"原创表情包，并在中国版权保护中心登记作品著作权。卡通形象"鄂小图"使湖北省图书馆公众号品牌人格化，视觉传播效果好，与读者之间互动更亲切。"鄂小图新年阅读打卡""鄂图零距离"系列 Vlog 等新媒体案例取得了良好的阅读推广效果，提升了湖北省图书馆的品牌形象。

图2　湖北省图书馆新媒体卡通形象"鄂小图"设计思路

（二）服务功能

1. 服务功能全面，菜单设置合理

湖北省图书馆微信公众平台根据读者的需求，合理设置菜单，不断完善服务功能。进入湖北省图书馆微信公众号，菜单栏包括"服务""资源""活动"三栏（如图3）。（1）"服务"栏为读者提供进馆预约、借阅查询、检索、网约书等在线功能。主要包括"湖北预约"：接入"湖北省文旅场所分时预约管理服务平台"，提供读者进馆预约通道；"我的图书馆"：提供读者绑定读者证后书目检索、借阅查询、图书续借、馆长荐书、活动报名等功能；"楚天云递"：链接网约书小程序；"最新公告"：链接官网公告，整合信息资源；"更多……"：提供湖北省图书馆服务时间、办证指南、交通指南、服务数据、服务电话等基本服务信息。（2）"资源"栏整合本馆特色、热门数字资源，提供手机端便利的使用途径。主要包括"数字资源"：提供红色故事绘、红色经典等爱国主义推荐资源；QQ阅读、博看期刊、维普期刊等电子书刊资源；赛阅数字图书馆、云图有声、数字展厅、库克音乐等影音数据库资源；湖北地方特色资源库、数字标准馆、武当武术互动平台等特色资源。还包括"智海方舟"：链接湖北省图书馆微信小程序。（3）"活动"栏动态展示湖北省图书馆近期重要阅读推广活动的概况、参与方式等。目前包括"学朗读 颂党史""百年星火燎原 光影重现峥嵘""沙湖书会·一起读诗""文创产品设计大赛""书香湖北公益广告创意设计大赛"。

图3　湖北省图书馆微信公众号菜单栏

2. 完善线上咨询，开展特色服务

微信公众号线上咨询已经成为读者与图书馆之间沟通最便捷、最重要的咨询方式之一。湖北省图书馆微信公众号后台和推文留言区每天都有很大的咨询量，为了保障读者咨询能实时得到回复，除了微信运营人员线上回复还设置了关键词自动回复。通过拟人化"鄂小图"身份及时与读者互动，答疑解惑，提升了湖北省图书馆微信公众平台的亲和力，增强粉丝黏性。

湖北省图书馆微信公众平台提供"楚天云递"网上借书服务，开展基于O2O模式（Online To Offline）的新型特色服务。融合线上线下，将线上移动图书馆服务与线下传统图书馆服务进行有机结合。通过"楚天云递"网约书平台首页书目推荐或者搜索栏查询想看的图书，绑定读者证后点击"立即借阅"直接下单，填写地址后快递送书上门，在规定借阅期限内阅读完毕后，再通过线上"预约还书"服务预约快递人员取书，此种方式需要承担运费。湖北省图书馆"楚天云递"服务还提供线上预约下单图书，线下自行到馆取书还书，此种方式不需要运费。此外，"楚天云递"网约书平台还不定期提供快递免运费福利，如2021年2月"书香过大年"快递免邮活动，4月"四月天天都是读书天"免邮活动。这种O2O网约书服务利用移动端微信公众平台随时随地操作，突破时空限制，满足了没有时间去图书馆的读者需求，有效循环利用馆藏图书，提高了读者阅读的积极性,达到了阅读推广的效果。

二、湖北省图书馆微信公众平台服务内容和运营亮点

(一)服务内容

1. 栏目设置灵活多样

湖北省图书馆微信公众号栏目设置灵活多样。(1)"品牌活动"包括"长江讲坛""长江读书节""鄂图展览""e海悦读""沙湖书会""书香伴读""童之趣"少儿读书节等系列品牌读者活动的活动预告、现场回顾等信息。(2)"图书推介"包括新书推荐、馆长荐书等图书推荐信息,其中"馆长荐书"栏目每周日发布一条推文,推荐七本精选好书,通过菜单栏"服务—我的图书馆—馆长荐书"每天上午九点进行预约借阅。(3)"资源推介"结合当下热点不定期推荐馆藏数据库中精选资源,介绍数据库用法,帮助读者更好地利用湖北省图书馆的数字资源。(4)"赠书福利"是与出版社合作进行的推广赠书活动,每周六发布推文,推荐一本好书并从公众号留言中抽选读者赠送推荐图书。(5)"文旅风采"栏目每周一发布与文旅融合相关的转载文章或原创展览及图文。(6)"网罗天下"不定期推送新鲜、热门、有趣、正能量的信息。(7)"鄂图资讯"向读者分享湖北省图书馆最新资讯和动态。(8)"荆楚图情"联动湖北省内其他地区图书馆,发挥湖北省图书馆龙头作用,带动全省公共图书馆事业发展。(9)"媒体传真"栏目充分发挥湖北省图书馆微信宣传推广的功能,展示全国或本地媒体对湖北省图书馆的优质新闻报道。(10)"在线活动"是湖北省图书馆举办的线上读者活动,是充分利用新媒体技术发起的活动报名、答题比赛、投票、抽奖等互动性较强的活动。

除了以上栏目,湖北省图书馆微信公众号还会以转载方式分享文化科普、社会聚焦等方面的微信图文,作为对其他栏目版块内容的拓展和补充。此外,湖北省图书馆公众号会将系列品牌活动推文编辑话题标签设立专栏,开启文章"文末连续阅读"功能,整合成系统栏目,突出品牌化标签,增强读者印象,提升访问次数。

2. 原创策划贴近热点

湖北省图书馆微信公众号会根据特定节日或社会热点进行原创图文或视频的特别策划。包括七夕、重阳节、宪法宣传日、最美春天遇见鄂图、妇女节"她说图书馆"、沉痛悼别章开沅先生、馆长书说端午——典籍中的端午、鄂图零距离系列Vlog等,充分利用图书馆资源,进行阅读推广的外延。

3. 融媒体宣传互动活跃

新媒体平台融合宣传，增强线上线下读者互动。（1）设计微信公众号读者调查问卷，了解读者微信阅读兴趣和主题，针对读者提出的建议进行改进。（2）设计湖北省图书馆新媒体平台的卡通形象"鄂小图"，上线鄂小图表情包，开展到馆与"鄂小图"创意纪念牌合照打卡集赞领取文创礼物的活动。（3）微信、微博等新媒体平台开展"就地过年添精彩，免费春联带回家"活动，配合疫情防控工作，线上开展写春联送万"福"文化惠民活动，读者参与度高，互动量大。（4）"因书而美"世界读书日主题新媒体推广。微信发布《世界最美的读书风景都在这里（文创福利来啦！）》，发布"因书而美——世界读书日主题摄影展"预告，并挑选留言赠送文创明信片。联合抖音共同推出"因书而美"话题，上抖音全国热榜；联合新浪湖北通过微博话题互动宣传。世界读书日当天，在湖北省图书馆二楼大厅进行"因书而美"阅读推广打卡活动，发放文创纪念品，读者反响热烈。（5）每周在微信、微博发布"赠书福利"，精选留言集赞赠书，读者互动性强。

4. 内容突出文旅融合和地域性

湖北省图书馆微信公众号内容为了更好地传播荆楚风情和湖北特色文化，突出文旅融合和地域性，推出"文旅风采"栏目，发布与文旅融合相关的转载文章或原创展览及图文，以及"荆楚图情"栏目联动湖北省内其他地区图书馆，增强热爱湖北文化的读者的认同感和转化率。

（二）运营亮点

1. 推广本馆原创新媒体卡通形象"鄂小图"

设计并推广"鄂小图"新媒体原创形象。平台运营的全过程中，赋予数字化的平台书卷气、可爱的人格特征，并延伸到线下活动中，加强与读者互动的亲切感。设计1套包括16个表情，适应各种聊天场景的微信表情包，在微信表情包商店上线供读者免费下载、使用，为表情包申请作品著作权。在公众号推文前后的引导图、原创Vlog等素材，以及与读者的互动中使用鄂小图的身份形象。成功推出"鄂小图新年阅读打卡"阅读推广案例，2021年春节期间，将鄂小图形象立牌展示在图书馆公共空间内供读者合影，公众号平台与线下活动结合推广。

2. 灵活运用特色文献资源

（1）挖掘数字资源。结合当下热点为我馆馆藏数据库撰写推文，推广优质资源。通过"智海方舟"小程序便捷使用特色数字资源。（2）结合红色馆藏资源，在庆祝建党100周年之际举办红色故事讲书人大赛，撰写推文宣传红色资源，举办"学党史铭初心 巾帼奋斗新征程"馆藏党报党刊展览。(3) 盘活纸质馆藏。通过微信公众号的"馆长荐书"栏目进行预约借阅，每周推文浏览量1000+，图书预约借阅量迅速上升，每种书5本的副本量已经达到供不应求的效应。

3. 加强特色品牌建设

通过公众号线上活动、直播等形式，扩充湖北省图书馆特色品牌的推广阵地。"长江讲坛""长江读书节""鄂图展览""e海悦读""沙湖书会""童之趣"少儿读书节等特色品牌的受众群体逐步扩大，活动辐射面拓展，更好地满足读者的精神文化需求。

4. 加强创新与互联

湖北省图书馆微信公众号在互联中探索新的发展机遇。一方面，加强行业互联。主要体现在与国家图书馆的联动；走进长江沿线各省份公共图书馆开展阅读推广；联动湖北省内基层图书馆开展线上活动。另一方面，加强跨界互联。与优势企业合作，联合新浪湖北开展妇女节"她说图书馆"微博话题营销等活动，联合字节跳动开展"因书而美"世界读书日抖音系列宣传。

5. 新媒体团队建设

为了更好地在全媒体时代做好阅读推广工作，湖北省图书馆于2020年8月组建新媒体小组，隶属宣传策划部，并在全馆各部门设置宣传员，建立宣传员联络微信群。新媒体团队建设的逐渐完善，为湖北省图书馆微信公众平台运营和阅读推广打下了良好的基础。

三、湖北省图书馆微信公众平台的不足与改进方法

（一）内容质量有待提升，读者需求挖掘不足

在微信阅读推广中，湖北省图书馆微信公众号推送内容形式较为单一，缺乏生动活泼的形式和深度阅读的导向，有些活动、资讯推文语言官方，标题太长，内容表达形式不符合手机端阅读习惯，读者阅读量和参与度不高。

针对这个问题，湖北省图书馆要立足本馆特色馆藏资源，找准粉丝痛点，充分从读者角度进行阅读推广，推送读者真正想看的内容。结合线上与线下方式进行问卷调查，从微信后台和推文评论区互动留言中广泛收集读者的阅读需求，及时掌握读者反馈信息。定期分析湖北省图书馆新媒体周报、全国公共图书馆微信监测月报，挖掘读者阅读习惯和兴趣，提升微信推文质量和阅读服务的针对性、有效性，扩大微信阅读推广的影响力。

（二）宣传推广经费不足，文创福利缺乏吸引力

目前湖北省图书馆宣传推广经费不足，缺少高品质的文创礼品和互动福利，限制了读者互动量和关注量。

针对这个问题，建议湖北省图书馆加大微信等新媒体经费投入，提供具有吸引力的文创福利。设计具有特色且实用的文创产品，利用"文创+"联动湖北省图书馆线上线下读者活动和服务，并结合热点进行互动，加大活动宣传力度，吸引并鼓励市民走进图书馆，增强读者的新鲜感和关注度。如设计精美的"鄂小图"系列特色文创礼品，提高用户关注积极性和互动量，线上线下联动，实现微信普通用户到图书馆读者的转变。另外，可以设置有偿主题征稿和插画栏目，提升本馆馆员和读者在微信公众平台的参与度。

（三）缺乏社会合作，阅读推广力度不够

湖北省图书馆微信公众平台缺少相关合作资源，主要以馆内运营人员和各部门宣传员提供的素材内容进行每日推送，微信阅读推广形式单一，力度不够。

针对这个问题，要整合相关社会资源，充分发挥湖北省图书馆主体作用，引导多方参与阅读推广工作，如与本地企业、书店、公益组织、高校、其他文化场馆以及社区、城市书房、分馆等新媒体平台共同合作，建立多方参与阅读推广机制，置换现有资源，在经费不足的情况下实现读者福利来源多样化和资源利用最大化。同时，要拓宽宣传途径，积极关注优秀政务文化同行创新信息服务，学习和借鉴优秀的服务理念与模式，丰富信息获取途径与服务开展方式，吸引读者广泛关注，扩大微信阅读推广活动的影响力与覆盖面。此外，也要进一步加强新媒体团队建设，定期进行宣传员培训，提升馆员的宣传积极性。

最后，虽然微信公众平台是图书馆新媒体进行阅读推广的主要工具，但是微信公众平台也存在着困境，微信传播的影响力逐渐减弱，阅读渠道呈现多元化趋势，短视频快速发展，流量被抖音、哔哩哔哩等视频平台分流，当下湖北省图书馆微信公众号如何在微信公众平台疲软期这种大环境下增加流量与用户数量，如何平衡流量与文化内容更好地进行阅读推广，这还需要图书馆微信公众平台运营者们继续努力探索。

参考文献

[1] 应珂. 公共图书馆微信公众平台建设策略与运营研究——基于宁波图书馆微信公众号案例分析 [J]. 内蒙古科技与经济，2021 (7)：95-97.

[2] 管文玲. 基于微信的公共图书馆阅读推广模式构建探析 [J]. 参花（上），2021 (3)：111-112.

社会学习理论视角下多媒体技术助力乡村家庭阅读推广传播路径研究

李 丹

(湖北省图书馆,湖北武汉,430071)

摘 要:近年来,由于乡村留守儿童监护人阅读能力弱、家中藏书量小、留守儿童阅读自主意识不强等因素影响,开展乡村家庭阅读推广困难重重。公共图书馆作为公共文化服务体系的重要组成部分,积极探索乡村家庭阅读的有效路径,并将数字阅读融入乡村家庭阅读推广传播中,不断提升服务效能。本文基于社会学习理论,探讨了公共图书馆通过数字阅读助力乡村阅读传播的有效路径,以期为公共图书馆开展乡村家庭阅读推广提供思路。

关键词:社会学习理论;多媒体;乡村;家庭阅读

习近平总书记曾多次指出要注重家庭、注重家教、注重家风,强调家庭的前途命运同国家和民族的前途命运紧密相连。我国有4.3亿个家庭,虽然每个家庭的情况不同,教育孩子的方法也不同,但据相关研究论证,共读共写等家庭阅读习惯的养成是改善亲子关系最好的路径。心理学家林传鼎曾指出:"在许多场合下,特别是教育活动中,成功的智力操作是以阅读能力为基础的。缺乏这种能力是一种严重的障碍,因为阅读是获得知识的主要手段之一。"阅读是人类获取知识,传递信息的重要媒介。

一、背景

2018年起,湖北省图书馆积极探索家庭阅读推广助力乡村文化振兴的有效途径。在走访调研中发现,贫困偏远地区大多数青壮年都外出打工,留在乡村的是少年儿童、妇女和老人。2019年,湖北省图书馆向五峰、孝昌、随县、竹山、丹江口等地的1000名留守儿童发放调查问卷,了解乡村留守家庭的阅读情况,有效问卷683份。调查显示乡村家庭阅读主要存在以下问题:留守儿童监护人多为老人和妇女,阅读能力弱,甚至没有阅读能力,经常或者总是阅读的仅占28%；家中藏书量小，57%的家庭中课外藏书量少于20本；留守儿童阅读自主性差，意识不强，虽然68%的儿童在调查中表示愿意每天阅读一次，实际上在跟乡村学校老师的访谈中发现，当前学校也在积极推进"书香校园"建设，但是由于教学任务重、资源有限等原因，孩子的阅读效果并不好；当前贫困地区农村中小学基本为寄宿制教育，除少数离家较近的学生外，多数学生周一到周五全程在校学习生活……开展乡村家庭阅读推广困难重重。

《全民阅读"十三五"时期发展规划》提出："大力倡导家庭阅读、亲子阅读，发挥父母和未成年人监护人言传身教的重要作用，推动全社会共同创造、维护少年儿童良好阅读环境。"近年来，公共图书馆作为公共文化服务体系的重要组成部分，积极探索乡村家庭阅读的有效路径，并积极将数字阅读融入乡村家庭阅读推广传播中，不断提升服务效能。

二、理论基础：社会学习理论

阅读是个体提升自我修养，社会传承人类文明的方式。随着科技的进步，阅读方式发生深刻的变革：个性化与社交元素逐渐融合，传统的封闭式个体阅读行为逐渐被开放式的社交化阅读行为所取代。美国著名心理学家阿尔伯特·班杜拉提出的社会学习理论为本文研究提供了坚实的理论依据。其核心观点主要有以下三点。

（一）交互决定理论

个体行为本身是认知与环境相互作用的一种副产品。人、环境和行为三者之间是双向互动的交互关系，存在因果关联。阅读素养的提升一方面在于自我努力，另一方面来源于周围环境的刺激。公共图书馆开展数字阅读推广时，要注重为家庭创设良好的环境。

（二）观察学习理论

儿童总是"长着眼睛和耳朵"观察和模仿那些有意和无意的反应，父母的一言一行会潜移默化地影响孩子的言行。班杜拉认为儿童的学习从来不是靠强化、惩罚或乏味的按部就班的教授，而是从简单地观察别人即模仿中学习的。在家庭中，家长的一言一行都会影响儿童个体行为，这种影响可能是正面的，也可能是负面的，因此开展阅读活动时，要注重给家长树立正面形象。

（三）强化理论

所谓强化，就是采用一些手段，以助于该行为重复出现，因此强化是观察学习的一个促进条件而非必要条件。

三、数字阅读助力乡村阅读传播

（一）主要传播方式

（1）借助湖北省图书馆微信公众号平台，开设"相约乡读"专栏，提供整本书阅读书目、每周阅读指导课件、在线培训视频和活动风采展示等栏目。创建"相约乡读 早晚课堂"栏目：一是通过大咖说书，邀请社会名人，精选不同主题的优秀图书，以视频、音频、文稿的形式，开展家庭教育、心理健康、亲子关系、亲密关系等不同类型的导读；二是通过馆员搜集大家关注问题，以邀请大咖录制视频或音频答疑解惑的形式，开展精准阅读推广；"领读故事"讲述大家开展阅读推广的故事，向家庭传播更加丰富的阅读形式。

（2）借助CCtalk在线学习平台开展"家庭讲书人"活动。倡导乡村家庭组建家庭读书会，倡导亲子共读，开展家庭线上线下讲书活动。搭配活动，邀请名家在线上开展阅读指导，帮助家庭选择图书，丰富阅读形式，拓宽阅读思路。

（3）跟湖北电视台教育频道合作，依托《领读者说》栏目，挖掘和宣传在活动周期内的优秀经验、创新做法和典型人物。为更好地评估试点学校的阅读效果，湖北省图书馆还联合月芽阅读平台，免费为试点学校的5000余名师生开通了阅读和阅读效果评估的功能模块。

（二）主要传播路径

1. 优选传播平台

范并思教授认为，阅读推广的专业性体现为维护知识自由，表现为间接性，图书馆员不一定直接从事阅读推广，而应该扮演供给者和管理者。从交互决定理论，我们也可以看到，在社会学习过程中，环境对个体行为影响非常大，因此公共图书馆在提供数字阅读推广服务时，要优选传播平台，如以上案例中所选平台或为公共图书馆官方平台，或为比较有社会公信力的学习平台，或为官方媒体平台。加强对平台鉴别，一方面可以维护公共图书馆在数字阅读传播中的权威性，从而让推广对象更加信任推介内容；另一方面，乡村家庭监护人大多数文化程度不高，缺乏对信息的鉴别力，图书馆在开展阅读推广时，不仅是推介某一场活动或者是某一本书，亦或是某种思想理念，同时也是推介某一个平台或者资源，所使用的平台上的其他内容也会同步成为推介的对象，因此一定要加强鉴别；最后，用户因为图书馆的推介进入某个平台，从某种意义上，也进入了该平台所在的社群，社群中的人以及平台内容都会对用户产生影响。

2. 精选推广内容

个体在发展过程中并不是孤立存在的，而是能动地与周围环境相互作用，利用家长、学校及社区形成合力为子女成长创建一个良好的受教育环境。良好的亲子关系，必然会为子女的阅读素养发展创造愉悦氛围。根据观察学校理论，湖北省图书馆在总结整理乡村家庭阅读推广中的各种"短板"基础上策划线上活动，明确重点是提升家长素养，内容充分结合乡村实际，并要求亲子共同参与。首先，内容准备方面，包括家庭教育课堂、朗读培训、作家讲书、亲子阅读等。通过活动不断提升家长阅读素养，打造优质乡村家长队伍，为孩子树立正面榜样。其次，内容推送形式方面，大部分推广内容以音频、视频形式呈现，一方面形式更加丰富，另一方面也是充分考虑部分乡村监护人文化程度不高的问题。最后，内容深度方面，既有易于传播推广的短音频、短视频内容，也有深度解析的专家讲座，确保阅读推广的深度和广度。

3. 优化奖励机制

阅读素养的提升不是一朝一夕的，公共图书馆需要在"润物细无声"的阅读滋养同时，注重给予推广对象一定的奖励，不断强化对象阅读行为。湖北省图书馆搭建线上线下平台，倡导乡村家庭开展家庭讲书人活动，在活动中挖掘爱阅读、善阅读的学生、老师和家长，并给予他们展示阅读成果的机会。2020年"六一"儿童节前夕，联合试点学校组织它家儿童以家庭为单位开展线上家庭讲书人活动，组织讲书人代表展示家庭阅读成果，1.6万余人在线观看直播，该活动参与人数位列同期同平台湖北省图书馆阅读推广活动的人数最高峰。参与活动的家庭讲书人中有的孩子比较羞涩，在监护人的引导下自信展示自己；有的孩子比较热爱阅读，监护人在孩子的带动下参与活动；有的孩子跟远在外地打工的父母通过云连线的方式讲书互动。活动结束后，主办方为参与活动的讲书家庭颁发证书和图书作为礼物。从物质层面来说，有了图书和证书作为奖励，能让参与对象更有成就感；从精神层面来说，参与对象成为了当地、学校的"小网红"，成为了班级同学学习的阅读榜样，收获了精神上满满的富足感。家长们通过参与活动，转变了读书是孩子自己事情的观念，他们不只是阅读活动的"监工"，更是参与者；远在外地的父母也可以通过电话远程陪伴孩子阅读；通过小组读书会，部分家长成为了文化志愿者，作为本地文化力量积极参与到阅读活动中，大大激发阅读推广的内生动力。

四、经验和启示

再好的服务如不进行精准宣传，也很容易被海量信息淹没，达不到应有的效果。随着数字技术的飞速发展,公共图书馆要用好新媒体技术这把"利刃",构建高效宣传网络。

一是搭建交互式互动交流平台,促进供需精准对接。将图书馆自身的官方网站、微信公众号等平台和权威的社会化媒体及学习平台相融合,一方面,定向普及家庭阅读的常识、发布家庭阅读推广计划、推荐并提供优秀阅读资源等;另一方面,儿童及其家长可通过平台交流反馈经验、困惑与需求等。通过交互式互动交流,做好阅读推广的供给者和管理者。在此基础上,融入对公共图书馆数字资源和数字服务的推介,能够吸纳乡村家庭自发地加入公共图书馆资源的使用。

二是畅通家庭阅读指导渠道,提高阅读推广效能。目前,农村、社区成为社会治理的终端,阅读推广除了深入农村、社区,还应该充分利用优质数字化平台和数字资源,开展线上培训。一方面,解决了乡村家庭阅读推广中线下推广成本太高以及阅读资源不足的问题,打通乡村家庭阅读推广"最后一公里"。另一方面,打破了时间地域屏障,由于时间和空间因素,专家没有办法大批量或者长期到某一个乡村学校开展活动,但是通过线上直播的形式可以解决以上局限性,有利于开展全方位、体系化的家庭阅读指导。最后,通过一系列家庭阅读培训,还可以不断提升家长素养,培养一支黏性最强的家庭阅读推广志愿服务队伍,不断提升公共图书馆服务效能。

三是榜样引领激发内生动力,寻求阅读推广新的增长点。在短视频、直播的赋能下,"乡村主播"成为一种时髦的职业,不仅是增加村民收入的重要方式,同时也带动了农产品的销售,助力乡村经济发展和脱贫攻坚。近年来,市长、县长摇身变成主播"带货"火遍全网,成为一种全新营销模式。运用社交媒体,借鉴直播带货模式,挖掘乡村阅读典型,开展线上家庭讲书人活动,搭建平台,鼓励乡村家庭直播"带书",乡村文化能人直播"带文化"。一方面,通过活动提升乡村家庭阅读获得感;另一方面,通过榜样引领营造良好的阅读环境,可以有效强化乡村家庭阅读行为,让乡村家庭不仅仅是"为学习而阅读",而是"为阅读而学习"。

参考文献

[1] 注重家庭、注重家教、注重家风,习近平总书记这样说[EB/OL]. 中央纪委监察部网,2017-02-10.

[2] 高雯雯. 社会化阅读视角下阅读推广用户满意度影响因素研究[J]. 现代情报,2018,38(12):103-108,171.

[3] 郭金丽. 新时代背景下的家庭阅读推广研究——基于社会学习理论和实证分析 [J]. 图书馆工作与研究, 2018 (12): 111-114.

[4] [美] 班图拉. 社会学习理论 [M]. 陈欣银, 等译. 沈阳: 辽宁人民出版社, 1989: 19, 123.

[5] 赵月枝, 张志华. 跨文化传播政治经济学视角下的乡村数字经济 [J]. 新闻与写作, 2019 (9): 12-20.

公共图书馆未成年人经典阅读推广实践研究
——以宜昌市图书馆经典阅读推广为例

余露雲　刘文涛

（宜昌市图书馆，湖北宜昌，443000）

摘　要：本文分析了宜昌市现阶段未成年人经典阅读推广的现状，并以宜昌市图书馆经典阅读分级推广模式为例，探讨公共图书馆根据不同年龄段儿童的阅读需求和阅读兴趣开展经典阅读活动的可行性，反思公共图书馆深入开展经典阅读推广工作的策略。

关键词：未成年人；经典阅读推广；分级经典阅读

一、宜昌市未成年人经典阅读推广现状

随着网络技术的不断发展，青少年获取信息的途径更加方便快捷。那些传承中华文化精粹的国学经典读物正逐渐被流行快餐文化所取代，越来越多的少年儿童倾向于阅读漫画、小说等快餐文学作品，而国学经典读物的阅读时间越来越少，国学经典的传承面临着严峻的挑战。面对这一问题，宜昌市政府、各中小学校、各公益性机构积极努力，举办各种丰富多彩的阅读活动，旨在为宜昌广大青少年儿童创造良好的经典阅读氛围，推动中华优秀文化的传承。

（一）政府推动未成年人经典阅读

宜昌市政府一直致力于打造"书香之城，文化之城"，在推动未成年人经典阅读上也不断创新思路，开展了幼儿园"起点阅读"、中小学"朝读经典""诗意校园"、广播节目"一起读书吧"等活动，通过丰富多彩的诵读活动，在孩子们心中播下中华优秀传统文化的"种子"，为他们扣好人生的第一颗"纽扣"。

自2016年以来，宜昌市共评选"诗意校园"50多个，3000多名大中小学生参加了朗诵艺术大赛。在全市重大节庆文化活动的推进下，宜昌市连续两年举办"万人吟诗"活动。2017年9月12日，为庆祝第五届中国诗歌节在宜昌举办，宜昌400余所中小学校的近30万师生齐声吟诗。与此同时，宜昌市还连续

4年举办汉语言文化知识电视大赛,每年有30余万名中小学生踊跃参与,并面向社会各界征题百万道,让传统文化在孩子们心中扎根发芽。

（二）国学经典专业团队不断涌现

随着人们对国学经典的重视程度不断提高,越来越多的国学经典专业团队不断涌现,并积极参与国学经典阅读的推广。

宜昌市天香书院、宜昌市童学馆、宜昌尚德经典文化、宜昌市图书馆好孩儿国学班、宜昌市知仁国学馆、育心经典宜昌读书会、爱心之家少儿公益读经班、雅吟诗社等,都是近些年涌现的国学经典专业团队,他们拥有专业的国学经典教师,并致力于经典阅读和传统文化的推广。这些专业团队的老师曾多次参与宜昌市图书馆的公益少儿阅读推广活动,编排国学绘本剧、展示经典吟诵技巧,让越来越多的人认识国学,爱上经典。

二、宜昌市图书馆经典阅读分级推广模式

在宜昌市广泛开展未成年人经典阅读的浪潮中,宜昌市图书馆作为青少年离开学校的"第二课堂",也积极参与到未成年人经典阅读的指导工作中来,根据不同年龄段儿童的阅读需求和阅读兴趣,开展了一系列的经典阅读分级推广活动,帮助青少年进一步了解中华传统文化,感受国学经典,提高阅读国学经典的兴趣,增强青少年的文化认同感和文化自信心。

（一）开展传统节日亲子故事会,了解优秀传统文化

低幼年龄段的孩子心灵还很稚嫩,智力还不健全,好动和好奇是他们的天性。在这一时期,开展以绘本讲解为主、知识科普为辅的传统节日亲子故事会,能让他们在听故事的过程中感受传统节日的氛围,了解中国优秀的传统文化。

宜昌市图书馆以品牌活动"快乐小屋故事会"为依托,在传统佳节即将到来之际开展节日特别活动,例如"端午习俗大体验""中秋特辑""元宵节猜灯谜"等,主题以分享节日相关绘本故事为主,并在活动中开展知识问答、节日诗词朗诵、传统习俗讲解等辅助教学,让家长与孩子共同参与,以此帮助孩子们启迪智慧,增长国学知识,了解中国优秀传统文化。而这种亲子阅读的活动形式,也可以增进父母与孩子的交流,形成以家庭为单位的经典阅读分享小组。

（二）以诵读促阅读,在感受经典韵律中促进国学传承

中华文明上下五千年,古人为我们留下了诸多的经典文学。从启蒙时的《三字经》《弟子规》《声律启蒙》到唐诗、宋词、元曲,从《论语》《孟子》

《大学》到《汉书》《史记》《三国志》，它们以其独特的韵律、深刻的哲理向我们展示着古代先贤的智慧，而其独特的韵律正是引导未成年人阅读国学经典、感受国学魅力的着力点。

以诵读促阅读，在感受经典韵律过程中促进国学的传承。宜昌市图书馆以此为出发点，每年以"4·2"国际儿童图书日、"9·18"孔子诞辰日为契机，面向低学龄段儿童开展国学经典诵读会，以诵读与朗读相结合的形式，展示国学经典的韵味与魅力。由于这一时期的儿童具有活泼多动的特点，纯粹的诗词朗诵并不能长时间吸引他们的注意力。为此，宜昌市图书馆在国学经典诵读活动中还穿插了宝贝开蒙礼、古琴表演、茶道、少儿太极拳等多种活动形式，并要求孩子们着汉服参加活动，为活动的开展营造了良好的国学氛围，也调动了孩子们参与的积极性。

（三）倡导阅读交流，开展"童之趣"书评征文比赛

随着学龄儿童知识的不断丰富，高学龄段儿童对阅读的图书有了自己的认识和见解，需要与同龄人进行交流互动。针对这一时期的儿童，公共图书馆可以开展"经典图书推荐""经典图书征文比赛""微书评"等系列活动，帮助小读者选择知识性强、内容丰富的经典读物，让他们在与同龄人的交流学习中扩宽知识面，学习关联性阅读，从而对同一问题把握得更加深入详尽。

为此，宜昌市图书馆自2014年起积极参与湖北省"童之趣"杯征文大赛，并与全市多所中小学校联系，组织学生对优秀经典读物进行阅读，并撰写书评，为全市青少年儿童建立了一个广阔的阅读交流平台。2016年，宜昌市图书馆组织宜昌第十六中学、宜昌市第四中学、宜昌市桃花岭小学等单位参与湖北省"读国学经典，树优良家风"的第十三届"童之趣"杯征文大赛，共有3227名同学参加征文写作活动，经过各校老师及图书馆老师的认真筛选和评定，最后精选出28篇征文推送到湖北省图书馆参赛，取得3枚金牌、3枚银牌、4枚铜牌的优异成绩。通过这次活动，宜昌各参赛学校掀起了一股读经典图书、写读书心得的活动热潮。

三、关于促进宜昌市图书馆经典阅读推广的思考

宜昌市图书馆推出的分级经典阅读活动是根据少儿不同年龄段的阅读需求制定的，在一定程度上起到了经典启蒙的作用，但为了推动广大少年儿童长期深入地了解国学经典，宜昌市图书馆经典阅读推广还要从以下几个方面继续努力。

（一）甄选优质读物，丰富阅读活动资源

为了进一步激发未成年人阅读经典的热情，培养阅读兴趣，图书馆要做好经典读物的甄选工作。要尽可能选取那些广为流传、载体多样、形式简约且具有丰富传统文化意蕴的国学经典读物，在横向上为少年儿童提供更多的阅读可能；在选择国学经典读物原本的同时，还要注重国学经典解读注释书籍的采购和推荐，在纵向上让孩子们针对某些专题能有更深入的了解。同时还要提供开展各种相关读书活动的空间、师资、经费等，让青少年有好书可读，有具有影响力的活动可以参加，以培养和巩固其良好的阅读习惯。

（二）利用网络技术，开展数字经典阅读

网络是一把双刃剑，它既让青少年越来越沉迷于快餐式、碎片化、娱乐化的阅读模式，也让青少年获取知识的途径更加方便快捷。我们应扬长避短，积极利用其方便、快捷的优势，及时将经典读物送至读者身边，同时也要注意引导青少年不要过度依赖数字阅读，让纸质阅读和数字阅读并驾齐驱，互相促进。

1. 建立"国学经典阅读"专区

图书馆可以在图书馆网站、微信、微博中单独设立"国学经典阅读"专区，定时推送馆内经典读物借阅排行榜和专题栏。其中专题栏可以是针对某一本书、某一位作者或某一个问题的经典图书推荐，也可以是其关联性读物的推荐，并且在推荐栏下方建立交流区，方便读者之间的讨论。与此同时，图书馆还要积极实现线上线下的联动，在线下及时建立相应的借阅排行榜展示架和专题书架，开展相应的经典阅读专题活动，让读者走进图书馆就能感受到浓厚的经典阅读氛围。

另外，在"国学经典阅读"专区内还应收录、展示图书馆经典阅读推广活动的相关图片、视频、报道，让未能到现场参与的小读者也能通过网络了解图书馆的活动，感受经典阅读的魅力。

2. 搭建数字经典阅读平台

由于受场馆内空间限制，图书馆内的图书常常只能购买3至5本的副本数量，因此一些经典读物常常出现供不应求的情况。为此，图书馆应积极搭建数字经典阅读平台，与一些知名的读书网站合作，购买读者喜欢的经典读物。另外，许多电子书网站收录了大量的中外经典名著，图书馆可以与这些网站合作，以链接的方式将更多的优秀经典作品推荐给未成年人。

(三) 多方位、多维度合作，营造浓郁的经典阅读氛围

图书馆应积极与政府、学校、家庭、社区等联系，充分利用自身"第二课堂"的优势，在完善自身馆藏资源与活动内容的基础上，参与政府组织的众多经典阅读推广活动，让未成年人经典阅读场地不局限于校园、家庭，更延续到孩子们的课外生活中。

进一步倡导"亲子共读"的家庭教育形式，邀请相关方面专家举办家长讲坛，举办藏书读书优秀家庭评选，组织指导和帮助其营造学习型家庭，激发孩子的阅读潜能。继续坚持分级阅读的模式，根据学生不同的年龄段，联合学校、社区、书店、绘本馆、出版社等社会力量，有针对性地开展亲子阅读故事会、童话剧表演、同伴共读、好书推荐、征文比赛等活动，促进经典阅读的深入开展。

(四) 提升阅读素养，加强经典导读工作

馆员作为引导儿童阅读的主体，不仅需要加强学识修养，提升阅读素养，营造宽松愉悦的阅读环境，同时还需培养爱心，提升服务效能，给孩子足够的鼓励和引导，积极交流阅读感悟，传递阅读喜悦，陪伴孩子们共享阅读的好时光。参与经典阅读指导的馆员、教师、志愿者等必须参与丰富多彩的专业性阅读，获取丰富的经典阅读体验，才能站在指导者、引领者的位置，以共读者的身份，带领孩子们进行国学经典、传统文化的仔细品读，领悟到经典丰富的内涵和智慧。做好经典导读工作，做好优秀书目的推荐，可以通过微信、短信和官方App等将书籍中的词语解析、历史背景、作者简介等资料，定向推荐给需要的读者，帮助其理解与记忆。

(五) 借助互联网+，促进阅读活动品牌化发展

品牌代表着知名度、美誉度，是品质优异的核心体现，其巨大的价值和影响力为人所共知。集中精力打造少儿阅读品牌，不仅能搭建一个参与阅读、展示自我的舞台，促进少儿阅读活动常态化、系列化、品牌化开展，还可以吸引社会力量的积极参与，推进少儿阅读向纵深发展。同时加大宣传力度，借鉴市场营销手段，采用大众传媒、官方自媒体等活动媒介，特别是官网、微博、微信公众号、视频号、App、读者QQ群等新媒体，大力宣传品牌特色，引起多方关注，增加读者黏性，让图书馆的阅读品牌活动持续走热，深入人心。如宜昌市图书馆的少儿阅读品牌"快乐小屋故事会"，就是一个以绘本讲解为主，以绘本剧表演、经典诵读、绘画、手工为辅的阅读品牌，每月定期开展两次活动，

形成了一个活动前有预告、活动中有互动、活动后有报道的科学闭环管理。随着众多爱心老师、家长、志愿者的加入，它的内容不断丰富，品质不断提升，形成了一个具有示范作用和可推广性的亲子阅读品牌。自 2011 年创办至今，共开展活动 240 多期，覆盖近 2 万人次，其影响力不断扩大，品牌效应不断凸显。

参考文献

［1］许欢. 儿童传统经典阅读推广研究［J］. 图书与情报，2011（2）：7-10.

［2］吴月. 把传统文化"种"到学生心中——宜昌市"起点阅读""朝读经典"活动纪实［EB/OL］. 宜昌市人民政府网，2018-03-29.

［3］何跃. 少儿图书馆国学经典阅读推广实践探索［J］. 图书馆学刊，2017（9）：113-116.

［4］傅宝珍. 公共图书馆向未成年人开展经典阅读推广策略［J］. 图书馆研究，2016（1）：61-64.

信息化进程中县级图书馆如何为服务赋能
——宜城市图书馆阅读推广实践

何晓律

(宜城市图书馆,湖北襄阳,441000)

摘　要：信息时代的来临,加速了各行各业的产业转型与变革。图书馆作为提升公民文化素养的核心基础设施,在这场变革中既有机遇,也有挑战。对于县级公共图书馆来说,受限于编制、经费、人才,无法在短期内实现图书管理数据化、智慧化,那么是否就意味着悲观失望、"闭馆"观望呢?本文以宜城市图书馆开展的"七进"活动为例,力求证实在信息化进程受阻的背景下,公共图书馆社会服务也能跃上新能级。

关键词：大数据；信息化；七进；社会服务

一、引言

宜城市是湖北省襄阳市下辖的县级市,根据相关文献记载,宜城市民文盲率低于2.5%,优于全国平均水平。现有县级公共图书馆1个,分馆11个,流通点5个,投资50万元以上的村、校级图书馆(室)198个,馆藏图书18.38万册。2018年,宜城市图书馆整体调配开馆后,阅览面积1000平方米以上,分为成人阅览室、少儿阅览室、盲人阅览室等,有书架38架,阅览桌椅50套,供成人阅读的图书3704种,共1.2万册,供少儿阅读的图书5.6万册,供盲人阅览的图书200余册。年接待读者达16.8万人次,年流通图书总量达39.4万册次,图书外借量达14.6万册次。

为了更进一步地提升图书馆的文化普及职能,加速提高市民的科学文化素养,同时使"书香"长久飘溢宜城大地,宜城市图书馆开展了图书"七进"活动。在信息化进程受阻的背景下,宜城市图书馆以"七进"活动为契机,深耕推广、普及活动,以广泛性、针对性投放为基本手段,力求赋能新时代背景下的图书基础服务。

二、进机关

市委、政府机关是宜城政治、经济、文化的中心，如果机关里没有"书香"，那么其它地方的书香也不会太浓。宜城市图书馆抓住全国公共图书馆第六次评估定级的契机，引进两台"超星移动图书馆"数字图书借阅机，放在市委大院和财政局大厅。该借阅机是一种新型数字阅读平台，由触控屏和云资源组成，机关干部用手机在借阅机上扫描和下载"超星移动图书馆"客户端，扫描图书封面二维码即可下载对应图书，也可通过微信扫一扫功能，扫描图书二维码在线阅读。两台借阅机共启用5000册数字图书，500集听书以及若干个视频，涵盖了名家经典、大众科技、人文精品、红色传记、廉政风云题材，使广大机关干部在推广全民阅读活动中，更加方便地发挥模范带头作用。截止到2021年12月底，借阅机上点击量达60.9万次，下载图书6500多册次，网站浏览量3.6万人次，微信公众平台留言达2000多条。市政府办一个扶贫驻村干部写道："改革先锋、矛盾文学奖获得者、著名作家路遥的作品太激励人了，年轻时受限于经济、时间没能尽情阅读他的作品，这次通过借阅机系统阅读了《惊心动魄的一刻》《人生》《在困难的日子里》《平凡的世界》和《早晨从中午开始》，感慨万千，'像牛一样劳动，像土地一样奉献'的农民，其奉献精神值得我们扶贫干部学习。路遥的作品可以恢复我们的集体记忆，在三年困难时期，在波澜壮阔的农村改革大潮中，尽管我国有这样或那样的不足，但他总能捕捉人们美好的心灵和向上的精神，不怨天尤人，是何等的担当和作为！《人生》获奖感言中，路遥写道，'人不仅要战胜失败，更要超越胜利'，'是祖国西部高原贫瘠而充满营养的土地和在土地上弯腰弓背劳动，憨厚而又充满智慧的父老乡亲养育了我，没有他们就没有我，也没有我的作品'。是何等的亲民爱民！"该同志认为公共图书馆推荐的图书很好，还认真听了湖北省图书馆长江大讲堂所讲的"苏东坡的生平"，认为不亚于央视的《百家讲坛》中所讲的苏轼，"若问凭生功业，黄州、惠州、儋州"的名句一直让他记忆犹新，《水调歌头·明月几时有》更是千古绝唱。市农业农村局种植技术农艺师借阅相关农业科技杂志后，注重将大田作物引种的生物特性与宜城气候、土壤相结合，建议在宜城市图书馆主办的《科技与信息》上推广经宜城农业专家集体确定的良种，以免造成损失。宜城科学技术协会已退休的老主席七十多岁了，不管风雨寒暑，天天都到图书馆阅读，以搜寻最新科普信息。

三、进校园

宜城市图书馆于2013年创建了针对未成年人阅读的服务品牌——"楚童趣读"。围绕这一主题开展系列服务活动，利用流动图书车走进市南街小学、环翠小学、窑湾小学、宋玉小学、万洋小学、宜城四中、鄢城幼儿园等学校建立图书角30余处，累计送出各类阅读书籍2.4万余册。同时，结合送书组织学生开展"齐悦读"和"童之趣"征文比赛、国学精典朗诵、关爱留守儿童送温暖等活动，极大激发学生的阅读热情。2021年4月，宜城市图书馆送红色书籍进校园活动获得湖北日报新闻报道。在全省第十四届"童之趣"杯，弘扬社会主义核心价值观，传递中华正能量征文大赛中获得优异成绩，湖北省知识工程领导小组、湖北省图书馆、全国信息资源共享工程湖北分中心，共评出优秀作品168篇，宜城选送的10篇作品全部获奖。其中二等奖2名、优秀奖8名，南街小学学生王言中、张瑞旭的作品主题突出、立意新颖，获得二等奖，宜城市图书馆领导专程将奖励证书送到学校，由学校组织大会颁奖，使很多学生认识了阅读的"神奇"力量。

四、进企业

为响应市委大抓县域经济发展的号召，更加丰富企业家和产业工人的管理、技术知识，宜城市图书馆将流动图书车开进针织器械厂、共同药业、襄大集团等10多家企业，为他们送去各类企业管理、高新技术企业集锦、5G智能时代、物联网、区块链等方面的书籍达5000余册。共同药业行政担当在微信公众平台上留言："我看了《华为的冬天》，懂得了任正非的忧患意识，一个再好的企业也必须警钟常鸣。我看了高新技术企业知识，我们公司也终于申报成为湖北省高新技术了。"

五、进社区

宜城共有18个社区，流动图书车在5年内已覆盖所有社区，共送图书9000余册。社区是新时代社会治理最基层的平台，进社区送图书与送电影、免费办理图书借阅证同时进行，将知识送进了家。陆公堤社区原石油公司小区以前是宜城的脏乱差小区，宜城市图书馆人员与社区干部通过送图书、放电影，宣传介绍其他小区的管理经验，帮助他们打扫卫生，现在该小区面貌焕然一新。

六、进农村

宜城市图书馆的流动图书车共到过 25 个村，为助力脱贫攻坚，使农村这个广阔天地中产生更多有学识的农民，共送国学经典、文学类、科普类、新型产业类书籍 1.3 万余册。2020 年 9 月 17 日，流动图书车开进小河镇高庄村，送书 500 余册。一个有贫困户包保任务的村干部，拿了一本《平凡的世界》第一部，送给 6 组孤儿女初中生丁雨婕看。结果，丁雨婕看后，性格孤独内向、从来不愿说话的她找到村干部，还要看第二、三部。现在，村农家书屋已赠送给她一套崭新的《平凡的世界》，她和爷爷、奶奶享受国家兜底保障政策，全家已经脱贫，她可以安心上学深造。相信"知识改变命运"一定会在丁雨婕身上得到验证。

七、进军营

宜城原有两部驻军，一是朱市国防通信哨所，二是武警消防大队（现改为应急大队）。为满足官兵对知识阅读的需求，宜城市图书馆每年"八一"建军节都将 300 册以上现代文学、解放军文艺、画报、军事前沿、消防、通讯科技类图书送到他们驻地图书室，深受官兵的好评。

八、进特殊人群

一是在"九九"重阳节，宜城市图书馆精选养生、歌唱、锻炼、琴棋书画、报刊类图书 2000 余册，送到孔湾、刘猴等 5 个社会福利院，让老人们在安享晚年的同时，享受知识的"芳香"。璞河福利院五保老人余祖国对图书馆人员说："春天我在福利院晒晒太阳，慢慢看看"古书"，有吃有穿，跟神仙一样，我真心感谢共产党。"

二是关爱留守儿童、残疾儿童，每年"六一"儿童节，在送图书进校园的同时，宜城市图书馆另开"小灶"，不仅优先满足特殊儿童对图书的需要，还单独为这些儿童送书包，送文体用具。2020 年，仅在南营万洋小学、鄢城腊树小学就为特殊儿童送图书 200 册、文具 100 套，价值 5000 元以上。环翠小学留守学生胡冰怡对图书馆人员说："感谢叔叔阿姨为我们送书送文具、送温暖，有你们在，我们会学到更多的知识。"

三是走进贫困残疾人口，让他们利用知识力量"站"起来。宜城市图书馆与宜城残疾人联合会联合对身残志坚、有学习愿望的 1000 余人，进行有针对性的推广阅读活动，为这一群体送去电商入门、农产品加工、科学种养等书籍

6000余册。小河镇砖庙社区建档立卡贫困户、脊粘连患者、二级残疾人丁大龙，自学修鞋技术，每天睡着踦电动三轮车到街上开鞋店，修鞋之余看中医养生书，他说现在40多岁了，比前些年活得还有劲些。

九、思考与认识

一是新时代要搞好阅读推广活动，图书馆管理人员必须顺应时代需求，认真进行知识更新。5G时代、数字时代、智能时代即将普及到县，对读者资源变化、需求、爱好都要做到心中有数。特别是某些领域极大部分读者，他们看似没有文凭，也没有专业职称和编制，但他们孜孜以求，爱好阅读，有一定视野，而又笔耕不辍，很容易产生阅读效应，要将其纳入重点读者群。每次图书流动车进入服务区域前，不仅要精挑细选送什么书，还要知道现在还有什么相关的书。打好腹稿，在读者问时能"一口清"，像个"活图书馆"。

二是对读者反馈信息要认真收集、整理、提炼。过去，虽然宜城市图书馆每次活动都有照片、总结，馆办公室也编发了大量《科技与信息》简报，但还没有引起广大读者"碰撞共鸣"。图书馆要在公众服务平台上一发现好的阅读反馈就主动出击，将同类精英召集起来，让他们畅所欲言地讨论，以产生更加耀眼的亮点，然后整理精炼这些亮点，编成文本资料，再向社会推广，产生阅读的"马太效应"。

三是开展读者资源中精英库建设，即建设一批"真人图书馆"，以便用时"优中选优"。湖北省图书馆的长江讲坛享誉全国，宜城市读书馆也要发挥这些精英读者的作用，创造出具有宜城楚都韵味，促进高质量发展的百姓大讲坛，让书香在宜城大地永续飘溢。

阅读推广的活动设计和实践的思考

邓 鹃

(华中师范大学图书馆，湖北武汉，430079)

摘 要：阅读推广活动已经进行了多年，目前已经从传统的活动方式发展到线上线下结合、网络营销团队的策划、抓时事热点的方式以及多种活动方式并举。我校作为历史悠久的传统师范类院校，采用的推广活动方式和策略比较符合我校的历史传统和学校特色。本文对我馆的阅读推广方式进行了介绍并就其合理性和特点进行了分析。

关键词：高校图书馆；阅读推广；实践

一、阅读推广的活动设计

阅读推广的设计部分要满足图书馆各个职能的需要，比如资源宣传、文化传承、阅读推广、大数据时代数据揭示、红色教育基地以及丰富文化生活等职能。我馆今年设计了七个系列的阅读推广活动，覆盖了领读系列活动、读书日系列活动、楚文化系列活动、毕业季系列活动、年风年俗系列活动、红色经典系列活动和资源推介系列活动。按照不同的宣传目的，可以分成以下四个部分。

(一) 读书活动

对于读书活动，我们图书馆设计了两个系列，一是领读系列活动，二是读书日系列活动。

领读系列活动，是由校领导或者相关学科的专家带领大家读书、分享、交流。活动的举办有很好的号召力和示范作用。以我校图书馆2021年的阅读推广工作为例，文化宣传部的"云窗共读"系列活动是一项很成功的读书系列活动。2021年的阅读季举办了四场活动，分别是"彭南生副校长领读《瘟疫与人》"（2021年3月31日）；"任友洲副校长领读《习近平的七年知青岁月》"（2021年4月16日）；"彭双阶副校长领读《人类简史：从动物到上帝》"（2021年4月23日）以及"党委副书记陈厚丰领读《细节的力量：新中国的伟大实战》"

（2021年5月）。

《瘟疫与人》是威廉·麦克尼尔备受欢迎的经典作品，也是宏观论述瘟疫与人类历史关系的史学佳作。全书从疫病史的角度，以编年的手法，以恢宏的规模将生态、人口、政治、文化整合起来，讲述三千年来传染病塑造人类与社会的历史进程。本次活动建立在2021年寒假期间图书馆举办的《瘟疫与人》阅读打卡活动的基础上，在同学们对书本内容有基本了解后，由彭副校长做深入解读和现场答疑。在后疫情时代，人们难免会因为国内外延绵的疫情感到焦虑、恐慌，我们通过《瘟疫与人》这本书了解传染病的历史沿革，自然疫情是如何发生的，它对人类社会的影响，以及人们如何抗击疫情，长期与疫情共存的状况。它不失为一本缓解焦虑、增进知识、了解历史、理解现状的好书。

《习近平的七年知青岁月》是由29名采访对象的口述汇集起来的一本采访实录，受访者以口述历史的方式，再现了青年习近平扎根陕北黄土高原，七年来同人民群众同甘共苦、情同手足、血肉相连、鱼水交融的青春面貌。本次活动建立在2021年寒假期间图书馆举办的《习近平的七年知青岁月》阅读打卡活动的基础上，由任副校长做现场领读和答疑。这也是华中师范大学图书馆庆祝中国共产党成立100周年的一项重要活动。

《人类简史：从动物到上帝》是以色列新锐历史学家尤瓦尔·赫拉利的一部重磅作品。该书厘清了影响人类发展的重大脉络，挖掘人类文化、宗教、法律、国家、信贷等产生的根源。这是一部宏大的人类简史，见微知著、以小写大，让人类重新审视自己。在同学们对书本内容有基本了解的基础上，由彭副校长做深入解读和现场答疑。讲座旨在启发学生思考在现代社会人应该如何处理与自然的关系。

《细节的力量：新中国的伟大实践》是一部由细节构成的新中国史。从中华人民共和国成立，到开启新时代，该书以宏大视野全景，呈现了新中国历史上的"大事件"中的"小细节"，展现了70年波澜壮阔的伟大实践历程，以独特视角深刻解析中国共产党领导人民历尽千难万险走向新的胜利的成功密码。在阅读打卡活动的基础上，在同学们对书本内容有基本了解的基础上，由党委副书记陈厚丰做深入解读和现场答疑。

读书日系列活动有"书""影""诵""讲""手工"等形式，以活动促阅读，以展示促分享，以分享促交流，以写作促思考，以竞赛促参与。2021年的读书日系列活动由以下这些活动组成："'养成读书好习惯'漫画展"（2021年4月20日—5月6日）、"最美书封推荐活动"（2021年4月20日—5月6日）、"优秀读书笔记征集"（2021年4月20日—5月6日）、"2021年'最美不过读书事'摄影作品征集大赛"（2021年4月20日—5月6日）、"2021年华中师范大学图书馆书评影评大赛"（2021年4月20日—5月6日）、"2021年华中师范大学'寻找桂子山最美之声'诵读大赛"（2021年4月5日—4月23日）、"以书为友，求索经典——2021年华中师范大学文学作品竞答活动"（2021年4月23日）、"大学生'悦读之星'读书演讲风采展示活动"（2021年4月—6月）。

读书日系列活动分成线上和线下两部分，丰富的活动形式提升了学生的参与度和满意度。活动有漫画展、书封征集、读书笔记评选、摄影展、诵读大赛、知识竞答、演讲风采展示等，丰富的活动形式很受年轻学子的欢迎，在网络信息时代，学生们期待更多的正式或者非正式的平台来展示个人的文学作品、摄影作品、表演能力或者个人风采。多样化的活动形式可以促进积极向上的校风、良好的阅读风气、审美能力、写作能力和表达能力，促进大学生的全面发展并进一步推广了我馆的阅读品牌。

"'养成读书好习惯'漫画展"以漫画展的形式分享读书好习惯和心得，漫画以极具现代气息的笔触，生动展示了养成良好读书习惯的几个小细节。读者在观展的过程中不知不觉地收获了知识类信息和艺术类信息，以良好的感官体验完美地参与了此次漫画展，得到了我们的书籍、资源和行为习惯的推介信息。

"最美书封推荐活动"是一场别致而有意义的活动。总有一些书，颜值与实力并存。在图书馆，在书店，只是不经意的惊鸿一瞥，某一本书便让人"一见钟情"。阅读之后，忽而开启了一个宝藏世界。阅读的美好从书封开始。最美书封在一楼图书馆大厅展出，这是一场视觉的盛宴和知识的洗脑。

"优秀读书笔记征集"考察的是大家的读书笔记内容。对于读书笔记，每个人都有自己的记录方法和习惯。此次活动征集了大量读书笔记，并将优秀作品在图书馆一楼大厅展出。

"2021年'最美不过读书事'摄影作品征集大赛"是针对阅读主题的摄影作品的征集。一盏灯、一本书、一杯茶，阅读的人感受到的是文字的心情，路过的人或许见到的就是最美的风景。读书，像无数条隐形的纽带，让世界上每一个爱好阅读的心灵紧紧相连，让人类的智慧和文化代代传承。最美不过读书事，定格阅读最美瞬间。

"2021年华中师范大学图书馆书评影评大赛"将推选出优秀作品参加第二届湖北省高校书评影评大赛。一场回眸与眺望，演绎出闪光的记忆和鲜美的远方，这流彩的过往，需要声情并茂地倾诉与分享，更需要展示楷模的精彩与荣光。在建党100周年之际，华中师范大学图书馆面向全校师生开展以"回眸·眺望"为主题的书评影评大赛。

"2021年华中师范大学'寻找桂子山最美之声'诵读大赛"是往年诵读大赛的延续。为展示新时代大学生自信自强、勤于探索、昂扬向上的精神风貌，华中师范大学图书馆携手学校团委，在全校范围内开展了主题为"砥砺百年风雨 携手书卷同行"的2021年华中师范大学"寻找桂子山最美之声"诵读大赛。4月23日世界读书日当天，在图书馆一楼大厅举行决赛，将推选出优秀作品参加湖北省高校大赛。

"以书为友，求索经典——2021年华中师范大学文学作品竞答活动"是一场以书籍为主的文学互动性活动。"唯书有色，艳于西子；唯文有华，秀于百卉。"书，是我们亲密、真挚的朋友。为了营造良好的校园学习氛围，进一步提高大学生文学素养水平，华中师范大学图书馆开展了"以书为友，求索经典"文学作品竞答活动。

"大学生'悦读之星'读书演讲风采展示活动"以"阅百年历程·传精神力量"为主题，组织华中师范大学学生根据活动主题自选书目阅读，将读书心得录制为演讲视频，在线参加活动。

（二）文化品牌活动

文化品牌活动包含楚文化系列活动、毕业季系列活动、年风年俗系列活动。

楚文化系列活动包含三场活动，分别是"楚文化之旅：楚乐楚舞里的浪漫楚韵"（2021年5月）、"楚文化之旅：参观湖北省博物馆楚文化藏品"（2021年5月）、"楚文化剪纸小课堂及艺术展"（2021年5月）。楚歌楚韵楚文化是我国优秀的文化瑰宝，湖北更是楚文化的发源地。以文化促阅读、以历史促阅读、以文明促阅读、以文物促阅读是一类很好的阅读推广、文化推广方式，给人以历史的积淀、文化的熏陶，文明的传承和向上的动力穿过悠悠历史和岁月，抵达今日之文明和辉煌。在历史中承袭，在批判中继承，促进学生反思历史，思考当下，以阅读促进学业、品质、思想的完善和发展。

"楚文化之旅：楚乐楚舞里的浪漫楚韵"活动的主办地点在湖北省博物馆。《礼记·乐记》记载有"大乐与天地同和"。礼乐文化是中国传统文化的精髓。而楚乐指中国战国秦汉间楚国的音乐，也称"楚调"或"南音"；楚舞主要包括民间的巫舞和宫廷乐舞。楚乐楚舞是民族交流融合的产物，雅俗共赏，表现了楚人的浪漫精神和开阔胸怀。通过欣赏楚乐楚舞，增强对楚文化的直观感受，从视听盛宴中感悟楚风楚韵。

"楚文化之旅：参观湖北省博物馆楚文化藏品"活动的主办地点在湖北省博物馆。湖北省博物馆馆藏丰富，藏品绝大多数来自考古发掘和各地征集，以出土文物为主，既有浓郁、鲜明的地方色彩，又反映出湖北地区古代文化的面貌，其四大镇馆之宝为：越王勾践剑、曾侯乙编钟、郧县人头骨化石、元青花四爱图梅瓶。

"楚文化剪纸小课堂及艺术展"的主办地点在华中师范大学图书馆一楼大厅。郭沫若曾说："曾见北国之窗花，其味天真而浑厚；今见南方之剪纸，玲珑剔透得未有；一剪之巧夺神工，美在民间永不朽！"荆楚剪纸艺术有浓郁的地方特色，反映三国文化，巫祭色彩浓厚。通过剪纸非物质文化遗产传承人的课堂教学和同学们的亲自动手实践，感受荆楚剪纸艺术魅力。

毕业季系列活动包含两场活动："毕业季留言墙寄语活动"（2021年5月—6月）和"我和图书馆的美好时光——华师校友讲图书馆故事征文大赛"（2021年5月—6月）。在毕业季这一美好的时期，打造图书馆品牌，记录读者与图书馆的美好故事，活动的开展为读者留下有关图书馆的美好记忆。

"毕业季留言墙寄语活动"的主要内容是：图书馆以毕业季为契机，在馆门口一侧设立毕业留言寄语墙，让学生留下自己生活学习中的感悟想法或是对未来的希冀。

"我和图书馆的美好时光——华师校友讲图书馆故事征文大赛"是一场线上征集图书馆故事的活动。一座图书馆就是一座精神家园，一方知识殿堂，陪伴着广大读者成长、成熟和成功，多少读者与图书馆结下了一辈子的不解之缘，也留下了许许多多平凡而又值得分享的难忘故事。为了留住这些珍贵而美好的记忆，图书馆特举办华中师范大学校友讲图书馆故事征文大赛，与广大校友一起回首往日美好校园时光点滴。

年风年俗系列活动包含两场活动："'疫'起守护 楹联送福"（2021年1月）和"下基层送楹联活动"。

年风年俗系列活动已经成功举办和延续多年，展示了中国传统的年风年俗。其包含小工艺品展示和楹联的现场书写两部分。师生可以现场制作和领取小工艺品，领取自己喜欢的楹联作品回家张贴，活动现场充满了浓浓的年味和学子们的欢声笑语。

（三）红色经典活动

红色经典系列活动由以下这些活动组成："建党百年馆藏党史视频资源分享"（2021年4月—5月）、"红色经典书展"（2021年4月22日—23日）、"建党100周年有奖答题活动"（2021年3月29日—4月2日）、"'重温百年党史 传承红色基因'党史知识竞赛以及党史学习教育主题系列活动"（2021年4

月—5月）、"博物馆火花精品展"（2021年5月17日—21日）、"庆祝中国共产党成立一百周年图片展"（2021年5月18日—31日）。红色经典永流传，党史教育主题永葆青春，以活动促党史学习、党史教育、党员保先。

"建党百年馆藏党史视频资源分享"活动是华中师范大学图书馆特推出的建党百年在线党史资源专题讲座，以此引导广大师生读者全面了解建党百年的光辉历程、伟大成就和宝贵经验，铭记历史，不忘初心。

"红色经典书展"的主题是"共读经典华章 喜迎建党百年"。活动选取了部分红色书籍及中原大学时期的馆藏经典图书，以及当年的馆藏图书印章照片进行展出。重温红色记忆，传承华师精神。

"建党100周年有奖答题活动"是线上活动，华中师范大学图书馆联合博看网举办"百年荣光 薪火相传"有奖答题活动，带领广大读者一起回顾党的奋斗历史，弘扬以爱国主义为核心的伟大民族精神。

"'重温百年党史 传承红色基因'党史知识竞赛以及党史学习教育主题系列活动"的主办单位是湖北省高等学校图书情报工作委员会、华中师范大学图书馆，是线上联合线下的活动。

"博物馆火花精品展"是以庆祝中国共产党成立100周年暨2021年"5·18"国际博物馆日为主题的华中师范大学博物馆火花精品展览。

"庆祝中国共产党成立一百周年图片展"的主题为星火初燃江汉间，内容分为三部分。

（1）湖北新文化运动兴起：①青年领袖恽代英；②湖北新文化运动；（2）湖北地区马克思主义的传播：①利群书社影响大；②湖北译著居前列；（3）湖北早期党组织建立。

（四）资源推介活动

资源推介系列活动由以下三个活动组成："春暖花开，培训徐来——数据资源培训讲座"（2021年4月）、"2021年外文原版图书书展"（2021年4月12日—4月16日）和"图书馆阅读数据季度分析"（2021年6月）。

外文书展活动是我馆每年例行的活动，为服务我校师生的教学与科研工作，我馆联合北京中科进出口有限责任公司举办"2021年外文原版图书书展"，为广大读者提供了解国外最新出版物及出版动态的机会。

"图书馆阅读数据季度分析"发布第二季度图书馆使用阅读数据分析，以准确翔实的大数据揭示了图书馆第二季度的图书馆使用情况。

图书馆通过资源的宣传、展示、数据的可视化分析来揭示资源，促进资源的使用，邀请读者进入图书馆，使用图书馆。是每年阅读推广必不可少的组成部分。

二、阅读推广活动的实践和思考

（一）活动的内容和形式

活动的内容和形式是首先要考量的部分。读书活动的内容在于推广阅读，推介的书籍要积极向上、与时俱进，符合主流，结合当下热点。主讲人的权威性、专业性、学术性、人文性和表达性，都要兼顾。如果是读书活动，活动的文化性、互动性、参与性、趣味性、主题性等都需要兼顾。文化性的活动我们选取了一个特定的主题——楚文化系列。湖北是楚文化的发祥地，而图书馆承担着重要的文化传承使命，文化系列的活动也是我馆的特色之一。活动的内容和形式的多样性有助于提升图书馆的知名度、美誉度，打造文化品牌，进而创造出全民阅读的良好环境。

（二）活动的组织和策划

活动的组织和策划也是最先要考虑的问题。同纪念日相切合的活动需要安排在纪念日当天；同一个系列的活动之间要有合理的间隔时长；适合户外举办的大型活动需要考虑天气因素；活动按照大型、中型和小型，根据量级的不同，选取图书馆内不同的场地并在活动预告中标明具体地点。如果活动稍稍复杂，涉及表演、竞技，需要一定的舞台效果，那么需要的准备活动更加繁多，需要核实的方案则更加缜密，现场的遴选、组织和把控能力也相应地要更强。

（三）活动的未来发展方向

除了现行的活动形式之外，未来阅读推广活动的发展方向可以考虑以下五个方面：（1）延申文化性活动的深度和广度，比如请专业的专家教授来讲解特定文化内容；将活动的场地延申到美术馆、科技馆、博物馆和文化馆等校外机构；采用线上线下相结合的方式。（2）采用当下比较流行的形式，如真人代言活动、真人秀活动、真人百科、阅读推广等。（3）联合教务系统，让更广泛的读者来图书馆学习图书馆学等百科知识，听讲座打卡等，取得一定的课外知识学分。（4）学习更多的大型表演和展示活动的经验，学习如何举办一场人文性、历史性、特定主题的表演或者展示活动。（5）学习全国各地的美术馆、艺术馆、博物馆等的经验，留意其藏品的介绍和陈列方式，获得更多的经验和灵感。

三、结语

阅读推广活动已经举办了多年。活动从一开始的单一类型——阅读会活动（每年邀请一些文学、历史方面的学者教授就特定的主题进行讲授的小范围讲座），发展到如今多种不同的活动类型。阅读推广团队从以前的两三位老师整体负责，发展到分工明确的一整个团队，活动从策划、举办和实施，越来越倾向于精准和细致，细节和舞台美术效果也做得越来越好。在图书馆经费投入有限的情况下，将阅读推广系列活动策划好，和读者进行广泛的交互，精于细节，是一项积极、有意义的工作。各个图书馆应当因地制宜，将阅读推广工作越办越好。

参考文献

[1] 朱茗,刘婧,袁华.高校图书馆主题阅读推广的实践与思考——以南京师范大学图书馆"校史阅读"推广为例[J].新世纪图书馆,2021(5):29-32,43.

[2] 张琼珠.新媒体语境下高校图书馆阅读推广策略探析[J].出版广角,2021(9):24.

[3] 于静,孙媛媛,弓建华,等.阅读推广中的文创道具应用实践探索与思考——以北京师范大学图书馆为例[J].图书馆杂志,2021,40(3):42-48.

[4] 李杉杉,高莹莹,邓稳健.从"阅读生命周期"的角度构建全流程的阅读推广模式[J].大学图书馆学报,2021,39(1):110-115.

[5] 孙翌,陈晶晶,易庆,等.高校图书馆多元化阅读推广服务体系建设与实践——以上海交通大学图书馆为例[J].大学图书馆学报,2021,39(1):78-84.

[6] 张正.高校经典阅读推广机制建设研究[J].图书馆理论与实践,2021(1):79-84,90.

[7] 徐荣丽.中华优秀传统文化融入高校图书馆阅读推广活动的逻辑路线和实践向度研究[J].图书馆,2021(6):94-98.

公共图书馆馆办阅读刊物在阅读推广中的作用探析

邓 巍

(湖北省图书馆,湖北武汉,430071)

摘 要:在全民阅读推广的大背景下,公共图书馆馆办阅读刊物呈现欣欣向荣之势,并且成为图书馆界推广阅读的一大趋势与特色。本文分析阐述了我国公共图书馆利用馆办阅读刊物进行阅读推广的发展概况、公共图书馆馆办阅读刊物在阅读推广中的作用,以及提高馆办阅读刊物办刊水平的方法和途径。

关键词:公共图书馆馆办阅读刊物阅读推广

作为社会总书库和市民终身课堂的公共图书馆,是组织阅读、提供阅读的重要场所,在引导和推广全民阅读的工作中有着义不容辞的责任。随着图书馆阅读推广事业的蓬勃发展,图书馆创办的阅读内刊已如雨后春笋般涌现,成为图书馆推荐优秀读物、倡导全民阅读的重要平台和开展全民阅读推广工作的重要载体。公共图书馆馆办阅读刊物在加强馆际合作、推动区域全民阅读、促进文化交流方面有着重要的意义。对于挖掘和推荐优秀馆藏、充分发挥地方文献的重要作用、激发读者的阅读兴趣、传播和推广阅读方法、提高读者的阅读能力、建设学习型图书馆和培养学习型馆员等,都有着十分积极的作用。

一、我国公共图书馆利用馆办阅读刊物进行阅读推广的发展概况

阅读推广类刊物是近年来常见的一种图书馆阅读推广工作形式。2007年以来,我国越来越多的公共图书馆开始将自编的小刊物作为阅读推广的创新手段,尤其是东部沿海地区的部分省市图书馆,引领了馆办阅读推广类刊物的兴办热潮。馆办阅读刊物特指面向读者、业界、馆员等对象推广阅读的刊物,与以往传统公共图书馆刊物偏重学术交流和工作动态不同,以新书推荐、分享阅读和传播地域文化为重点,着眼于推广阅读,包括推广读物、阅读习惯、阅读素养、阅读方法、阅读理念等,通过书评、文章、书目等有选择性地介绍、推荐图书,引领阅读。作为非正式出版物定期或不定期推出,采用免费赠阅和内部交流的

方式免费赠予读者，以让更多的读者接受并喜爱阅读为目标，其外观设计典雅、印刷精美、形式多样，具有浓郁的地方特色和人文内涵，起到了推广图书馆、倡导阅读生活、提升阅读素养、传承人文精神的作用。

随着全民阅读推广越来越受到重视，有不少图书馆正在酝酿阅读刊物的创办，图书馆馆办阅读刊物呈现欣欣向荣之势。利用馆刊进行阅读推广，逐渐成为公共图书馆联系读者的纽带和桥梁，不仅有效提高了喜爱阅读的读者的阅读兴趣，更能吸引更多对个人阅读不满意的读者参与到阅读活动中来，扩展了阅读推广的广度。

二、公共图书馆馆办阅读刊物在阅读推广中的作用

（一）馆办阅读刊物是图书馆的一张名片

馆办阅读刊物的赠送对象不仅是图书馆读者，更多的是还没有走进图书馆的人。这些人在成为馆办阅读刊物读者的同时，还成了图书馆的读者、朋友，而且他们比普通读者更加关心图书馆的发展，为馆办阅读刊物宣传、撰稿，甚至还会对不足之处提出中肯的意见。因此，馆办阅读刊物不仅是图书馆的一张名片，也可以成为读者之间的名片，通过馆办阅读刊物的广泛发行，其知晓率和影响力会逐渐扩大。赠阅方式拓宽了馆办阅读刊物的传播途径，当装帧精美的小书在最平实的民众手中传递时，它也将阅读的理念播撒开来，读别人的感受，写自己的故事，即使不爱读书的人也会有所感悟和行动。

（二）馆办阅读刊物是图书馆阅读推广的有效载体

图书馆的服务宗旨是读者至上，保障人民群众的文化权益是图书馆的责任。联合国教科文组织和国际图书馆协会联合会颁布的《公共图书馆服务发展指南》指出："公共图书馆是在日益复杂化的社会中运行的，这个社会消耗人们大量的时间和精力，因此，图书馆应当注重宣传自己的存在和所提供的服务。"由于我国公众对图书馆的认知程度普遍不高，图书馆的宣传可以帮助民众维护和享受他们应有的文化权利。馆办阅读刊物作为与读者沟通的纽带和媒介，助推阅读推广活动，使人们认识到图书馆在人类生活中的重要作用，从而让更多的人都能够充分利用图书馆，懂得并乐于使用图书馆。

（三）馆办阅读刊物是图书馆争取支持的有效措施

加强图书馆宣传在某种程度上是解决经费的重要途径。通过宣传，可以吸引更多的读者来使用图书馆，图书馆根据读者的反馈，改善图书馆的服务和功

能，如此良性循环形成良好的社会效益后，才能迈入"社会效益改善—财政拨款投入增加—图书馆资源增加、服务增强—社会效益进一步改善"的良性发展轨道。图书馆只有对社会、对公众起到积极作用，才能换来更多的支持。利用编印馆办阅读刊物开展宣传推介活动，使得图书馆的服务理念被政府部门认同，从而加强对图书馆业务和功能的再认识，对图书馆的支持力度也会相应增大。

（四）馆办阅读刊物是图书馆吸引潜在读者的磁铁

公共图书馆近几年来取得了长足的发展，针对读者举办的活动越来越多，如各类读书知识竞赛、有奖征文、专家讲座等，甚至还设立了读者点书台等，尽一切可能满足读者的需求。这些活动对进馆读者或对图书馆有了解的读者影响较大，但对尚未进馆的社会公众和广大有潜在需求的读者则很难发挥作用。我们已进入信息社会，社会上尚有不少人不了解图书馆工作的内涵和价值，通过馆办阅读刊物的宣传和推介，能有效地吸引这部分人成为图书馆的读者，大力发展潜在读者。

三、提高馆办阅读刊物办刊水平的方法和途径

（一）明确办刊宗旨和定位

办刊宗旨为馆办阅读刊物的发展奠定基础、指明方向。目前各刊物的宗旨虽然表达方式不同，但都传达了"阅读推广"的内涵。馆办阅读刊物中应明确提出"阅读推广"的办刊宗旨，利用各种途径主动向读者宣传阅读的意义、价值和方法，积极倡导雅正的阅读观，引导读者静心阅读，品味书香，并建立图书馆与读者的互动关系。

办刊定位对刊物的内容选择、栏目设置和受众群体具有决定性作用。只有准确的定位才能办出有自己特色的刊物。馆办阅读刊物的重点对象是图书馆内外的读者。倡导阅读价值，指引阅读方法，提供馆藏读物信息，推动社会阅读风气的形成，是馆办阅读刊物主要职责和功能。

（二）突出特色风格

馆办阅读刊物的特色应该结合图书馆性质，依托本馆的资源、服务和地方特色，形成独特的风格，这种独特的风格既可以是学科优势、地域特色，也可以是文章意境、设计风格等，具体表现为：栏目特色、选题特色和版面设计特色。栏目是馆刊风格的重要表现形式，设置精品栏目、特色栏目是展示刊物风格特色的重要途径。选题要立足办刊宗旨，结合地方特色，分析读者的需求，

反映读者最关注的问题；另外，选题要体现本馆资源优势。此外，稿件的价值取向、思想内容、观念意识等也是形成馆办阅读刊物风格特色的重要因素。版面设计是馆办阅读刊物风格的外在表现形式。版面设计应与地方文化特色相协调，体现本馆风格。在版式设计上要新颖、美观，既赏心悦目，又有文化内涵，从而提高读者的阅读兴趣。

（三）开发刊物宣传途径

办刊的根本目的是供人阅读，没有读者的刊物就没有办下去的意义。就目前来看，各种类型的刊物越来越多，阅读率却不容乐观，人文正式刊物都面临着发行的困难，更不要说图书馆的馆办阅读刊物了。一个刊物要想赢得读者，提高刊物质量是必备条件。此外，强化刊物的宣传工作也需要引起重视。第一，利用各种宣传途径，提高馆办阅读刊物的知名度。除了每期定向发送外，可以利用图书馆的网站，将每期要刊登的内容进行简要的介绍，让读者能够及时地了解出版动态；也可以在开展各类读者活动的同时，向读者赠送馆办阅读刊物，进行宣传推广；还可以利用图书馆内的宣传海报，让读者认识馆办阅读刊物、了解馆办阅读刊物，并进一步阅读；还可以充分利用微信、微博向读者定期推送内刊信息，并与读者互动，关注读者的评论与回复。

（四）为读者搭建互动平台

大多数馆办阅读刊物都设有读者交流栏目，读者可通过这一平台交流好的读书方法，推荐自己喜爱的图书及发表读书心得等，进而起到阅读推广的作用。这就要求图书馆需要了解读者的阅读需求和阅读现状，构建有效的沟通平台，这一平台不仅能使图书馆精准传达阅读推广信息，而且能使读者及时反馈需求和意见。并且这一平台对应的双方是图书馆和读者，能够避免借助第三方媒介导致信息流的阻塞和延时。所以，不能单纯地将馆办阅读刊物视为阅读的媒介，而应该将其定位成图书馆进行阅读推广活动的平台。

（五）走向阅读推广媒体融合

全媒体阅读对图书馆阅读推广工作提出了新要求，主要表现为：既要提高馆藏纸质资源的经典性、服务的便捷性，稳定传统阅读群体，又要适应现代阅读的个性化需求，开展分众化服务，还要融合多种媒体文献资源，建立跨媒体阅读空间，组织数字化信息及其技术进入图书馆并提供有效服务。"互联网+"荐书应该成为引导年轻人培养良好阅读习惯的又一重要渠道，那么，图书馆阅读推广类刊物平台就应该逐步发展成为融合读书协会组织活动、纸质媒体以及微博、微信公众号等新媒体的全媒体平台。

四、结语

当计算机和网络技术越来越发达，当休闲娱乐与个人体验越来越及时，当每天的时间被分割成零散的段落，当人们的表达欲不断增强……这让原本微小的馆办阅读刊物有了在民间迅速传播扩张的土壤，从而使大众的眼界更开阔，触角更敏锐，感受更鲜活。馆办阅读刊物并不是图书馆阅读推广的唯一媒介，而应是全民阅读推广的全媒体平台。图书馆运用这一平台，可以构建起一个多维立体的"阅读推广网络"，相互配合，取长补短，共同为阅读推广服务，高效推进全民阅读。数字化时代的馆办阅读刊物，必定是以全媒体为发展方向的。公共图书馆的共同心愿，就是将阅读、读者、图书馆连接成一个大纽带，为建设全民阅读的书香社会发挥应有的作用。

参考文献

[1] 李岚屏. 图书馆内刊的宣传推广途径及其社会效益研究 [J]. 科技情报开发与经济, 2013, 23 (14)：90-92.

[2] 李海燕. 阅文品书 微言大义——以金陵图书馆《阅微》为例谈图书馆馆办阅读刊物 [J]. 山东图书馆学刊, 2014 (3)：117-120.

[3] 梁卫华, 张爱新. 公共图书馆"导读"服务与全民阅读的思考 [J]. 河南图书馆学刊, 2013, 33 (12)：29-31.

公共图书馆传播优秀传统文化探索与实践
——以湖北省图书馆《论语》精读班为例

余 眈

（湖北省图书馆，湖北武汉，430071）

摘　要：中华优秀传统文化源远流长、灿烂辉煌，是中华民族生存与发展的重要力量。公共图书馆作为公共文化服务的主阵地，有义务、有责任将中华优秀传统文化以群众喜闻乐见的形式进行传播推广。本文在阐述公共图书馆传播中华优秀传统文化现状的基础上，以湖北省图书馆《论语》精读班为例，探索通过创新学习方式、塑造阅读环境、推广数字资源、举办相关活动等举措开展国学经典传播与推广，从而更好地传承弘扬中华优秀传统文化。

关键词：公共图书馆；优秀传统文化；阅读推广

中华优秀传统文化博大精深，积淀着中华民族最深沉的精神追求，代表着中华民族独特的精神标识，是中华民族生生不息、发展壮大的丰厚滋养。习近平总书记强调："没有高度的文化自信，没有文化的繁荣兴盛，就没有中华民族伟大复兴。"中华优秀传统文化中所蕴含的哲学思想、人文精神、教化思想、道德理念等，对于推进社会主义文化强国建设、提高国家文化软实力具有重要意义。2021年是"十四五"规划开局之年，是实现两个百年目标的交汇期，更是中国共产党成立的100周年。在此新的历史交汇点，公共图书馆作为公共文化服务的主阵地有义务将中华优秀传统文化以群众喜闻乐见的形式进行推广传播，有责任不断增强中华优秀传统文化的生命力和影响力。

一、公共图书馆推广优秀传统文化现状

（一）国家政策背景

现代社会，读书不仅成为一个人修养的标志之一，也成为人们完善自我、塑造自我、提升自我、凝聚智慧的重要途径之一。一个民族具有阅读的追求与

渴望，就会充满智慧和希望，因此传承弘扬中华优秀传统文化与全民阅读密不可分。早在 2006 年，中共中央宣传部、教育部、原文化部等 11 个部门联合发出《关于开展全民阅读活动的倡议书》，告示全民在那浩淼的书卷里，博大精深的中华文化得以汇聚，光辉的中华民族精神得以传承，灿烂的中华文明得以延续；倡导大家亲近图书、开卷有益，从读书中汲取力量和智慧，为中华民族的伟大复兴而努力奋斗。

"百年大计，教育为本"，可见教育的根本价值就是培养具有崇高信仰、道德高尚、诚实守法、博学多才的人才，从而为个人、家庭、国家创造物质与精神财富。因此，加强中华优秀传统文化教育不可或缺。2014 年 3 月，教育部印发了《完善中华优秀传统文化教育指导纲要》的通知，通过落实立德树人的根本任务，强调了中华优秀传统文化教育的重要性和紧迫性。

文化自信是更基本、更深层、更持久的力量。中华优秀传统文化独一无二的理念、智慧、气度、神韵，增添了中华民族内心深处的自信和自豪。2017 年 1 月，中共中央办公厅、国务院办公厅印发了《关于实施中华优秀传统文化传承发展工程的意见》（以下简称《意见》）。这是第一次以中央文件形式推动延续中华文脉、传承文化基因。《意见》明确了实施中华优秀传统文化传承发展工程，是建设社会主义文化强国的重大战略任务，对于传承中华文脉、全面提升人民群众文化素养、维护国家文化安全、增强国家文化软实力、推进国家治理体系和治理能力现代化具有重要意义。

2018 年 1 月 1 日，《中华人民共和国公共图书馆法》（以下简称《公共图书馆法》）正式实施。《公共图书馆法》里总则第三条明确规定公共图书馆应当坚持以人民为中心，坚持以社会主义核心价值观为引领，传承发展中华优秀传统文化。上述《意见》与《公共图书馆法》为公共图书馆传播推广中华优秀传统文化指明了方向。

2021 年 12 月 14 日，在中国文学艺术界联合会第十一次全国代表大会、中国作家协会第十次全国代表大会开幕式上，习近平总书记再次强调"要挖掘中华优秀传统文化的思想观念、人文精神、道德规范，把艺术创造力和中华文化价值融合起来，把中华美学精神和当代审美追求结合起来，激活中华文化生命力"。可见党的十八大以来，在以习近平同志为核心的党中央领导下，各级党委和政府更加自觉、更加主动推动中华优秀传统文化的传承与发展。

（二）各地推广举措

各地公共图书馆开展了一系列富有创新意义和成效的中华优秀传统文化推

广工作，增强了优秀传统文化的凝聚力、影响力、创造力。2014年6月，山东省创新推进"图书馆+书院"的公共文化服务模式，并以"尼山书院"命名山东省各级公共图书馆的书院，深入开发公共图书馆自身承载的历史与文化资源，增强国学氛围，强化以文化人、以人育人的功能，使图书馆在提供传统公共文化产品的基础上，成为新的文化重镇和精神殿堂。2014年，上海图书馆创办东方书院传统文化精读班，始终以传承和弘扬优秀传统文化为己任，以小学低年级学生为授课对象，在孩子们记忆力最佳的黄金时期，将传统文化的精华通过深入浅出的讲解与反复诵读，根植其脑海，使之受益一生。东方书院传统文化精读班已成为上海图书馆未成年人系列活动的一张亮丽名片。2015年1月25日，在福建省各级领导的高度重视下，享誉"福州四大书院"之一的正谊书院正式对外开放，常态性举办相关活动。福建省图书馆为其确立了文化、传统、经典、创新的定位；以打造优秀国学教育品牌的实践活动为目标，以广大青少年及爱好国学的读者为服务对象，立足社会性、公益性，通过国学精品课程、传统文化活动、国学讲座展览等方式传承和弘扬优秀传统文化，取得了良好的社会效益。

（三）现实推广困境

上述公共图书馆在优秀传统文化传播推广中积极履行职责，发挥了积极作用，取得了不错的成效，也为其他公共图书馆提供了可行的案例，但是其他公共图书馆在现实推广和日常工作中，仍然遇到了或多或少的困境。

部分公共图书馆传播优秀传统文化的形式较为单一，偏重讲座培训、线下活动等现场传播方式。近年来，一些公共图书馆通过网页展示、微信推文、网络直播等线上方式进行推广，但是信息传播仍为单向灌输，缺乏互动与交流，给优秀传统文化的传播效果打上了一定折扣。公共图书馆在提出推广优秀传统文化方案时，未能充分结合本地文化特点、挖掘本地特色资源。假如各地公共图书馆都通过传播"四书五经"来进行推广，使推广的内容同质化，将会使传播对象减弱对传统文化的学习兴趣和关注程度。推广优秀传统文化不仅需要专业的师资队伍和传播平台，更需要持之以恒地进行关注与实践。公共图书馆仅凭自身力量难以长期维持，缺乏良好的社会化合作势必会影响到传播推广优秀传统文化的力度和广度。另外，由于公共图书馆在阅读推广工作上缺乏科学化的效能评估机制，使传播优秀传统文化时缺乏有效的反馈与评估方法，对于改善传播渠道、创新传播形式、提升推广力度、扩大影响范围均造成了一定的困难。

二、《论语》精读班践行优秀传统文化传播

(一) 项目简介

湖北省图书馆（以下简称"省图书馆"）作为湖北省公共文化服务体系的重要组成部分，更好地满足广大人民群众的文化需求是其一直在追求和努力的目标。2021年9月，省图书馆与武汉大学国学院深入合作，开创性地以家庭为传播单位，以培育中华优秀传统文化推广志愿者为目标，通过免费举办为期一年的《论语》精读班，不仅让学员系统地学习了解了国学知识和优秀数字资源，培育良好道德品质，提高自身综合文化素养，还培养了他们组织、策划、参与、实施优秀传统文化活动的能力，让参与学习的家庭成员与公共图书馆一起成为传播推广中华优秀传统文化的主力军与志愿者，从而扩大中华优秀传统文化的传播范围和社会影响力，使优秀传统文化精华得以薪火相传、发扬光大。

(二) 项目特点

针对公共图书馆传播优秀传统文化遇到的一些困境，省图书馆《论语》精读班针对性地进行了改进与尝试。近年来，省图书馆在数字化设施设备、平台建设上投入了大量经费，相继建设开通了数字图书馆门户、掌声鄂图App、微博、微信公众号等移动服务，并在馆内投入数字读报屏、数字朗读亭等多媒体阅读设备供读者免费使用，使数字阅读深入人心，成为服务读者的重要途径。因此，在《论语》精读班的实施过程中，运用全媒体和数字化技术手段进行大力宣传，充分发挥新媒体的传播效力，扩大了宣传范围。在课程内容设计上，除了深入讲解《论语》，培养家庭阅读习惯，塑造书香家风，还结合荆楚文化讲授湖北相关历史事件和重要人物，联系现实生活讲解人生哲理。在招生阶段，为了扩大优秀传统文化的传播范围，营造共同学习的良好氛围，省图书馆精心组织了初试与面试，从各行各业的国学爱好者中优中选优，最终确定了25组家庭参与首期《论语》精读班学习。在实际教学阶段，省图书馆向学员推介数字资源库，提供更优质、更便捷的数字资源与信息服务。在课余学习阶段，除了布置一定量的作业及开通班级交流QQ群以便及时解答学员疑问外，每次课后还让每位家长和小朋友们认真填写学习效果反馈表。省图书馆收集后进行数据整理、分析，而后根据反馈内容及时调整课程内容或讲授方式，保证了学员们的学习效果与学习进度。

(三) 项目成效

经过4个月的努力实践，省图书馆《论语》精读班已组织线下课堂教学42

课时，开展课外研学、辩论赛、专题展览参观、社区推广等活动近10场，充分调动了学员们学习与推广优秀传统文化的积极性。线下近100人次参加了学习，线上近2千人次观看活动和培训直播，相关受益人群已达1万人次。《论语》精读班受到学员们的一致好评，社会反响良好，被人民资讯、武汉广播电视台等官方媒体报道，荆楚网、新浪网、搜狐网等互联网媒体也转载了有关报道。学满所有课程后通过结业考试，并积极参加中华优秀传统文化推广活动的学员还可获得由武汉大学国学院和省图书馆共同颁发的结业证书与优秀传统文化推广人聘书。届时，他们将代表省图书馆在各行各业积极传播推广中华优秀传统文化，让人民群众在实践中体悟中华优秀传统文化，不断增强对中华优秀传统文化的认同感。

三、结语

向广大人民群众传播中华优秀传统文化是各级公共图书馆的时代使命，下一步省图书馆将根据国学课程内容和学员需求，将传播模式广泛向省内基层公共图书馆推广。在不同类型读者对中华优秀传统文化的需求和智慧图书馆时代新趋势新技术不断革新的双重影响下，优秀传统文化传播在内容形式、推广模式、渠道融合等方面也必将有更大的发展空间。公共图书馆以何种方式提高馆藏与数字资源利用效率，如何更好地将其与优秀传统文化传播推广相结合，有待学界进一步探索与实践。

参考文献

[1] 中共中央办公厅 国务院办公厅印发《关于实施中华优秀传统文化传承发展工程的意见》[EB/OL]. 中国政府网，2017-01-25.

[2] 教育部关于印发《完善中华优秀传统文化教育指导纲要》的通知》[EB/OL]. 中华人民共和国教育部网，2021-04-17.

[3] 陆明，潘潮. 国学与地方文化相结合的少儿阅读推广研究——以上海市虹口区图书馆"一起读经典"活动为例[J]. 图书馆建设，2019（1）：67-69.

[4] 伍力. 公共图书馆中华优秀传统文化阅读推广体系构建研究[J]. 图书馆建设，2020（S1）：130-131, 135.

[5] 张婷. 公共图书馆国学阅读推广的实践与思考——以南京图书馆国学馆建设为例[J]. 图书馆研究与工作，2017（12）：60-62.

[6] 陈筱琳. 公共图书馆优秀传统文化阅读推广研究[J]. 图书馆研究与工作，2019（9）：106-111.

真人图书馆阅读推广模式研究
——以湖北省图书馆"悦读人"真人图书馆为例

黄晓玉

(湖北省图书馆,湖北武汉,430071)

摘　要：现阶段多数研究者仅从理论层面对真人图书馆的现状及未来发展提出设想,对于实际运作及效益缺乏深入了解,本文运用案例分析法,以湖北省图书馆"悦读人"真人图书馆为实际案例,对其活动开展、活动特色、建设模式进行分析,以期对真人图书馆在公共图书馆的阅读推广和质量建设工作进行思考和展望。

关键词：公共图书馆；真人图书馆；阅读推广

一、真人图书馆概念

真人图书馆（Living Library）是一种阅读理念,是读者通过"借"一个活生生的人交谈,获得更多的见识的一类活动,其"零距离"交谈形式倡导了一种返璞归真式的"慢阅读"新风尚。

真人图书馆在实际开展中以图书馆为实施主体,通过为读者搭建非正式阅读空间,运用面对面交谈的形式让读者了解不同的生活方式,践行其"反对暴力、倡导沟通、鼓励对话、消除偏见"[1]的初衷,使我们的社会变得更加和谐、多元、包容与平等。

二、国内真人图书馆研究现状分析

真人图书馆作为一种舶来品,在本土化过程中存在着诸多困难,需要进行符合实际情况的革新。国外的真人图书馆活动多为"一对一",然而放到国内,这种形式则显得有一些水土不服,一是读者不适应,二是对图书馆来说效率太低。另外,一些真人图书馆活动违背了活动的初衷变成了讲座和研讨会,彻底失去了原有的意义。

明均仁等人对 42 所大学图书馆开展真人图书馆的情况进行调研，发现真人图书馆活动存在开展频率不高和难以维持的特点。[2]李宁等人研究发现国内真人图书馆在开展过程中存在缺少长效机制、主题单一、缺少管理制度、团队建设有待加强的问题。[3]张秋等人以清华大学真人图书馆为例，提出了多数研究者仅从理论层面对真人图书馆的现状及未来发展提出设想，对于实际运作及效益缺乏深入了解的问题。[4]叶丽红、虞乐对我国公共图书馆真人图书馆建设现状进行调研与总结，针对真人图书馆定位和实践两方面提出了6点建议。[5]现阶段我国真人图书馆的建设任重道远，笔者以湖北省图书馆"悦读人"真人图书馆为实际案例，对其活动开展、活动特色、建设模式进行分析，以期对真人图书馆在公共图书馆的阅读推广和质量建设工作进行思考和展望。

三、"悦读人"真人图书馆的实践与特点

（一）活动缘起

自2014年起，倡导全民阅读连续5年被写入《政府工作报告》。《中华人民共和国国民经济和社会发展第十三个五年规划纲要》要求推动全民阅读，并将全民阅读工程列为"十三五"时期文化重大工程之一，将全民阅读提升至国家战略高度。[6]《中华人民共和国公共图书馆法》第三十六条对于推广全民阅读作了规定：开展读书交流、阅读指导、演讲诵读、图书互换共享等活动，是公共图书馆推广全民阅读的主要手段和方式。[7]公共图书馆是公共文化服务体系的重要组成部分，推动、引导、服务全民阅读是其重要任务。

为响应国家全民阅读的号召，丰富湖北省图书馆文化服务方式，湖北省图书馆于2017年6月启动"悦读人"真人图书馆活动。"悦读人"真人图书馆活动坚持以人生经历为重点，以让读者了解更多的生活方式和人生更多可能性为宗旨，提供开放式的自主交流环境和人性化阅读服务，给予读者与真人图书近距离交流的机会，强调真人图书与读者阅读交流过程中的双向互动，是湖北省图书馆继"藏书之书"和"讲座之书"后为读者提供的又一种新型阅读体验。

（二）活动形式

"悦读人"真人图书馆每期精选活动主题，开展别致活动，采取"一对多""多对多"的阅读方式，以为真人图书配备导读的阅读模式开展活动。每场活动至少邀请两本真人图书，每本书最多供10名读者阅读，双方围坐在一起，在轻松融洽的氛围中展开沟通与交流。活动频率为每季度一场，活动时长约2小时，真人图书讲述与读者提问时间各占一半，最大程度保留读者与真人图书互动的空间。

活动前期，会根据节庆特点和嘉宾情况确定活动主题与方向，工作人员和导读提前半个月对真人图书进行采访，在了解图书情况后查找相关主题资料并与真人图书反复沟通，再一次调整和确认主题，打磨内容。

活动进行期间，由导读负责主持小场阅读，起到控制时间和节奏、活跃气氛的作用。真人图书在分享的过程中，会借助PPT、视频、模型、书籍、图片、现场展示、实践互动等方式实现真人图书的多维度的表达，如文物修复专家江旭东带来PPT和视频，讲解青铜器及越王勾践剑的相关知识，古籍修复专家盛兰带领读者做年画托裱，塔吊专家徐彬展示塔吊模型，还原施工场景。下半场的提问环节中，导读可以先抛出几个问题，调动读者的积极性，同时适当制造轻松的气氛鼓励读者参与对话。

活动结束后，真人图书会向读者推荐相关书籍，将真人阅读与传统阅读相结合。如法医韩煦推荐了《法医，警察，与罪案现场：稀奇古怪的216个问题》，带读者深入领会匪夷所思的犯罪情节和疑问；心理专家何放勋推荐了《神奇的结构——NLP语言与治疗的艺术》。读者还可以在湖北省图书馆就地借阅，图书馆根据自身优势提供便捷服务，更大限度上让读者拥有愉快而立体的阅读体验。

在真人图书管理方面。湖北省图书馆为每位真人颁发真人图书聘书，并纳入真人图书馆馆藏，根据图书特点进行编目和标签，方便后期对真人图书的管理。活动结束后，读者可在网上预约真人，满足借阅条件的，可再次提供该本真人图书的阅读服务。

（三）活动效果

自2017年6月真人图书馆活动启动以来，至今已举办8场线下活动，共邀请到21位真人图书做分享，图书主题包括：留学、校园、旅行、创业、文物保护、古籍修复、工程技术、法医、心理、瑜伽、志愿者、美食、作家等。活动超过400位读者现场借阅，共计10余家主流媒体宣传报道，其它媒体频繁转载，受到社会各界的广泛关注。

四、"悦读人"真人图书馆的体会与思考

（一）抓住真人图书馆活动特点，严选优秀真人图书

在真人图书的选择上，要求具备较好的语言表达能力，乐于分享、善于沟通；拥有独特或有趣的人生故事、生活经验、心灵感悟；来自不同领域，有代表性；具有公益精神，无偿支持阅读公益事业，传递正确的人生观、价值观、世界观。真人图书招募除在网上广泛发布招募公告外，还定点与省、市残疾人

联合会、共青团委员会、妇女联合会、科学技术协会、企业等单位联系，多渠道招募优质真人图书，力求为读者推送题材新颖、内容别致的"文化大餐"。

（二）造愉悦氛围，促知识传播

我有一壶酒，聊以慰知音。"悦读人"真人图书馆活动以新型公益的形式存在，不再是提倡帮扶，而是提倡平等、真诚沟通和倾听。为保证活动效果，特别开辟适宜的场地，座椅采用圆圈式摆放，让"书"和读者围坐在一起，拉近空间上的距离，使双方都能在轻松的环境中畅所欲言，平等地沟通。后期还将根据主题和开展流程等因素，选择不同的地点举行活动，甚至延伸至馆外。在愉悦的环境中完成阅读式知识传播，在互动的过程中享受阅读的快乐，并得到心灵上的滋养与智慧上的提升。

（三）配备导读，实现无障碍沟通

"悦读人"真人图书馆活动打破固有框架，以为真人图书配备导读的形式开展。导读是连接真人图书与读者的桥梁，任务是整理图书目录、梳理脉络层次，帮助读者高效阅读的同时引导双方交流，对阅读过程起到至关重要的作用。导读作为当场真人图书的助理，同时负责在阅读时主持、控场，达到引导图书高效展示、激发读者积极发言的目的，有效解决"沉默的大多数"的问题，实现互动的美好场景和无障碍沟通效果。在导读招募中，除了本部门的员工外，真人图书还与湖北省图书馆共青团委员会、高校志愿者社团合作，挑选优秀的志愿者作为导读，开发一部分社会力量参与真人图书馆的建设。

（四）多维度展示，提升阅读体验

在阅读中有针对性地设计多种形式的真人图书表达方式，配以丰富的环节，给读者新颖、有趣的阅读体验，也让真人图书所具备的显性、隐性知识更加生动、具体。在活动最后辅以深度阅读推荐，实现真人图书与纸质书的互补，延伸了阅读的深度，使同主线的阅读更加清晰、具体、绵长、深入。

（五）实现馆际互借，优秀资源共享

真人图书馆活动在开展过程中会遇到真人图书稀缺和组织经验不足等问题。鉴于真人图书的稀缺性、独特性及不可复制性，真人图书的馆际共享及互借的策略，可以最大限度地满足读者阅读真人图书的需求。除本地借阅外，湖北省图书馆拥有强大的资源优势，可实现不同地域的优秀真人图书互借。其中，湘、鄂、赣、皖四省公共图书馆联盟于2013年在武汉成立，四省联盟在文献采购、

资源共享、信息服务、研讨活动等方面积极搭建平台，整合四省公共图书馆信息资源，放大规模效应，使四省之间的真人图书馆服务的经验交流和借鉴变得快捷，使不同地域间的真人图书互借变得触手可得。

（六）评估和反馈，促活动更好发展

真人图书馆作为一种全新服务模式，很多方面还在探索之中，活动在结束时向读者发放调查问卷，拟从读者的认知、感受和期望等方面对服务进行评价，进行分析总结。实践证明，重视活动评估是真人图书馆能够得到持续开展的一个主要动力，更是提高活动组织水平的一个重要手段。同时，通过建立读者微信等方式，为后续的交流提供渠道，便于二次活动的开展，如写一篇读后感等。

五、结语

真人阅读在碎片化阅读时代用返璞归真的交流形式，吸引更多读者关注图书馆、走进图书馆，推动了公共图书馆的建设和发展。全国的公共图书馆应持续开展多种主题的真人图书系列活动，积极营造全民阅读、快乐生活的新时代氛围，为满足人民群众对美好生活的向往提供更为丰富的精神文化食粮。

参考文献

[1] 高飞. 从文化差异的视角探析中西方真人图书馆发展之不同 [J]. 图书馆理论与实践, 2019 (7)：17-20, 50.

[2] 明均仁, 陈晓禹, 杨艳妮, 等. 我国真人图书馆建设现状调查与研究 [J]. 图书馆工作与研究, 2021 (5)：16-22.

[3] 李宇, 马波, 鲁超. 基于真人图书馆的阅读推广服务模式研究 [J]. 四川图书馆学报, 2020 (6)：65-68.

[4] 张秋, 杨玲, 毛李洁, 等. 真人图书馆在一流大学建设中的实践探索与发展策略——以"学在清华·真人图书馆"为例 [J]. 图书馆学刊, 2020, 42 (3)：85-92.

[5] 叶丽红, 虞乐. 我国公共图书馆真人图书馆的建设现状与对策研究 [J]. 山东图书馆学刊, 2020 (3)：67-73, 90.

[6] 中华人民共和国国民经济和社会发展第十三个五年规划纲要 [EB/OL]. 新华网, 2016-03-17.

[7] 中华人民共和国公共图书馆法 [EB/OL]. 中华人民共和国教育部网, 2017-11-04.

全媒体环境下公共图书馆读者活动宣传刍议
——以湖北省图书馆"沙湖书会"为例

刘学丹

(湖北省图书馆,湖北武汉,430071)

摘 要:传统媒体和新兴媒体融合发展的全媒体时代,图书馆发展迎来全新的机遇和挑战。读者活动作为展示图书馆服务和形象的动态窗口,其宣传推广工作显得尤为重要。公共图书馆要抓住机遇,乘势而上,掌握自媒体特点,巧用新媒体平台,做好图书馆读者活动的全媒体宣传,提升图书馆整体形象。

关键词:全媒体;公共图书馆;宣传;读者活动

一、引言

2019年1月25日,习近平总书记在主持中共中央政治局集体学习时指出,全媒体不断发展,出现了全程媒体、全息媒体、全员媒体、全效媒体,信息无处不在、无所不及、无人不用,导致舆论生态、媒体格局、传播方式发生深刻变化。2019年2月28日,中国互联网络信息中心(CNNIC)发布的第43次《中国互联网络发展状况统计报告》显示:截至2018年12月,我国手机网民规模达8.17亿,网民通过手机接入互联网的比例高达98.6%。网络视频用户规模已达6.12亿,短视频用户规模达6.48亿,用户使用率为78.2%。由此可见,随着信息、通信及互联网技术的飞速发展,微博、微信、短视频等网络媒体的不断更新,传播格局发生极大变革,大众传播进入"万物皆媒"的全媒体时代。在此背景下,公共图书馆如何抓住机遇,利用全媒体宣传推广馆藏资源和读者服务,成为当前业界关注和思考的问题。

二、全媒体和图书馆宣传推广工作

(一)全媒体的概念和特点

"全媒体"是指服务(及运营)机构综合运用多种媒体表现手段,比如文字、图形、图像、动画、声音和视频等，通过广播、电视、音像、电影、出版、报纸、杂志、网站等不同媒介形态，借助融合的广电网络、电信网络以及互联网络进行传播，最终实现为用户提供电视、电脑、手机等多种终端的融合接收，实现任何人、任何时间、任何地点、任何方式接收任何媒体内容。

"全媒体"是传统媒体和新兴媒体相互融合的全新发展阶段，其特点主要表现在以下四个方面。

（1）信息发布的集成性。全媒体并非单一的信息传播形式，也不是多种信息传播形式的简单叠加，全媒体将信息通过纸质媒体、电视、网络、广播、电信、卫星通信等集成发布，使得人们能从多种媒介获取同一信息，是一种对现有信息传播手段的高度融合。

（2）信息传播的立体化。全媒体可通过文字、图像、声音、视频等不同传播手段全方位、立体式地传播信息，受众在任何时候、任何地点都能获取想要的信息，它涵盖了视觉、听觉、触觉甚至嗅觉等人们接收信息的全部感官。

（3）信息交流的互动性。全媒体融合了互联网、手机等互动交流优势，人们不仅仅是传统媒介中的信息接收者，也是信息发布者、传播者，在全媒体传播过程中信息发送方和信息接收方之间可以实现高效的交流，这种互动既丰富了信息的内涵，又拓展了信息传播的空间。

（4）信息选择的个性化。针对受众的不同需求，传播主体可以选择最适合的媒体形式和最佳传播渠道，提供超细分的全方位服务，满足全部受众的个性需求从而实现最佳接收效果。

（二）图书馆宣传推广工作的内涵和意义

印度著名的图书馆学专家阮冈纳赞曾认为，图书馆工作人员需要走到大街小巷上去宣传推广图书馆的图书。为了让更多读者全面了解和充分利用图书馆，公共图书馆借助一定的媒介形式，对馆藏资源、服务内容、公众形象等进行宣传推介，这就是图书馆宣传推广工作。

美国著名的图书馆学专家谢拉认为，图书馆工作人员的责任不仅仅在于敞开大门，还在于使这扇敞开的大门别具吸引力。读者活动作为图书馆工作中最能彰显图书馆活力的组成部分，是图书馆激发读者阅读热情、丰富读者文化生活的关键渠道，是广泛吸引读者、密切联系群众的有效途径，也是图书馆实现社会教育职能、扩展图书馆服务功能、增强图书馆社会影响力的重要平台。因此，读者活动的宣传推广对于公共图书馆的整体宣传工作来说尤为重要。

三、以"沙湖书会"为缩影的湖北省图书馆全媒体宣传

湖北省图书馆作为省级公共图书馆,除了为读者提供文献借阅、信息咨询、课题检索、数字资源利用等依托文献资源的基础业务服务外,还培育和打造了"长江讲坛""长江读书节""童之趣少儿读书节"等品牌活动。"沙湖书会"成立于2013年,是湖北省图书馆品牌读者活动之一。书会主旨是立足读者需求,坚持优秀文献的宣传推广和导读,积极主动地开展形式多样的服务工作,主要工作包含导读服务、开展形式多样的读者活动以及关注弱势群体、服务延伸。随着信息技术的发展和媒体传播形式的改变,在全媒体时代技术与理念的影响下,在传统宣传方式的基础上,"沙湖书会"开始使用新媒体、自媒体进行读者活动融合宣传,它作为湖北省图书馆品牌读者活动的一个缩影,其宣传推广模式的发展和变化主要体现在以下三个方面。

(一)宣传主题整合化

自湖北省图书馆新馆开馆以来,中文报刊部以馆藏报刊资源为依托,继承和开创了诸多不同类型的读者活动,比如推广报刊资源的主题期刊展、弘扬传统文化的闹元宵、给文学爱好者提供展示平台的诗歌吟诵会以及各类讲座、送书、读者培训等活动。这些丰富多彩的活动虽然吸引了众多读者,满足了读者的不同需求,但是它们各自为营、独自精彩,缺乏统一的宣传主题和口径,因而推广不得力,品牌打不响。2013年以来,随着领导的重视和宣传媒体平台多样化,中文报刊部整合资源、总结经验、改进不足,开创了湖北省图书馆"沙湖书会"读者活动品牌。

(二)宣传类型多元化

在单一媒体宣传时期,湖北省图书馆读者活动以消息类和通讯类宣传为主,主要体现在活动之前通过海报或官网发布包含时间、地点、参与须知等信息的活动通知;活动之后在官网登载新闻通讯稿,总结活动过程、展示活动盛况。整个宣传过程都是读者被动接受活动主办方提供的文字图片类静止信息,缺乏趣味和互动。

随着全媒体宣传的不断推进,图书馆宣传推广读者活动的类型和形式也逐渐多样化。一方面,在消息类和通讯类基础上增加了评论类宣传。比如,"沙湖书会"在湖北省图书馆开通的微信公众号上举办书评比赛、诗歌朗诵比赛、征求读者订购意见等活动,听取读者心声,收集读者反馈;还建立了读者交流微信群及QQ以供群友们分享阅读心得和活动感想,活动主办者与读者之间、读者

与读者之间实现了更加频繁的互动。另一方面，宣传形式趋向立体化。比如，"沙湖书会"在举办诗歌吟诵会初赛海选时，通过网络征集朗诵音频或演诵视频，在决赛时通过网络直播现场盛况，赛后把录制的视频分享给读者们，比赛中抽奖环节的获奖者可以现场领取或通过邮寄方式获得奖品纪念品。整个过程充分体现了传统媒体和新兴媒体融合宣传的优势，宣传内容 360 度围绕在读者的周围，使读者无论在室内还是户外、无论是桌面还是指尖、无论是纸墨视觉还是光电视觉、无论是听觉还是触觉，都能随时随地接收到多种媒体传播的信息。

（三）宣传载体多样化

图书馆传统宣传三个宝：报纸、官网和海报。不可否认，传统媒体着重新闻的权威性、公信力和影响力，其优势是对重要信息的深度解读。湖北省图书馆的活动宣传常见于《中国文化报》《湖北日报》《楚天都市报》等省市内外报端，也被湖北卫视、武汉电视台、长江云等广电媒体采访和报道。由于传统媒体的宣传模式是单一的线性传播，缺乏参与性和互动性，湖北省图书馆在新媒体宣传方面也走出了一条属于自己的探索之路。伴随微博、微信、短视频 App 等新媒体的迅速崛起，湖北省图书馆开通了官方微博、微信公众号、官方抖音号，图书馆发微博、发推文、拍 Vlog，读者留言、点赞和评论。全媒体宣传使信息传播方式由单向传播向双向传播转变，由线性传播向网状传播转变，人人都掌握舆论信息话语权，随时可以利用网络自由表达情绪。

四、公共图书馆读者活动全媒体宣传策略

湖北省图书馆对于读者活动全媒体宣传的尝试充分体现了图书馆以读者需求为中心的宗旨，也展示了更形象、更高效的宣传效果，但也存在一些缺陷和有待改进之处，如公益性单位容易脱离市场，宣传意识和竞争意识不够强烈，捕捉宣传重点和热点不够敏锐，缺乏熟练操控新媒体技术平台的技术人员，文案设计和短视频拍摄制作不够新颖和熟练等。因此，在读者活动全媒体宣传推广策略上，公共图书馆的探索任重道远。

（一）更新观念，加强宣传队伍建设

公共图书馆要重视宣传推广工作，观念上与时俱进，树立竞争意识和宣传意识，并将其渗透到图书馆工作的各个环节，了解行业最新动态，在第一时间把新政策、新技术、新风向标传达给馆员。图书馆还要注重人才培养，吸纳具备创新意识和熟练使用新媒体手段的年轻人加入宣传队伍，利用新鲜血液的受

众视角带来新的理念，推动宣传路径、文风和传播方式的转变。培养宣传团队的剪辑能力、编写能力和美工能力，发展团队成员的短视频录制、剪辑能力。举办学习参观和培训活动，确立奖惩机制，促使宣传队伍更新知识储备，形成以老带新、互助赶超的良好氛围，永葆创新活力。

（二）传统媒体与新媒体结合，融合宣传

传统媒体着重新闻的权威性、公信力和影响力，其优势是对重要信息的深度解读，但缺点是其单一的线性传播模式；新媒体着重参与性和互动性，其优势是保证信息传播的即时性。公共图书馆在进行读者活动宣传时，可以将传统媒体与新媒体结合起来，扬长避短，实施联动，充分发挥他们各自的传播优势。例如，在宣传一场活动时，可利用微信公众号、官方微博以及读者群发布活动预告；在活动过程中利用微博或抖音等平台直播，也可以安排报纸、电视台或其他网络媒体的采访；活动结束后在图书馆官网、官方微博发布图文并茂的详细报道并且转载报纸、电视、网络等其他媒体的报道，力争呈现完整性、多样性、纵深化、全面化的宣传效果，打造高效、立体、全方位的宣传格局。

（三）善用自媒体，突出短视频

自媒体具有平民化、个性化、低门槛、易操作、互动性强、传播速度快的优势，在全媒体时代，公共图书馆宣传人员要善于运用自媒体拓宽宣传渠道。在利用自媒体平台进行宣传推广时，要注意揣摩读者心理，运用流行热词和关键词，不拘一格、别出心裁，善于用标题吸引读者眼球。炫一下（北京）科技有限公司创始人韩坤在2019年全国短视频创意峰会上指出，"（短视频）长度以秒计时，内容却包罗万象，是移动短视频行业特点之一"。相对于文字来说，视频可听、可视、可感，生动活泼、直击人心，更具有视觉冲击力，传播范围更广泛。图书馆在进行宣传时，可多制作声音、图像、视频、音频、动画、特效相结合的短视频，录制微电影、拍摄 Vlog 等，使得读者活动宣传更加形象化、立体化。

（四）突出重点，塑造品牌

就像企业的品牌经营是其重要的营销策略一样，打造并宣传品牌读者活动对图书馆来说也意义非凡。多媒体的报道和宣传可以向人们传递图书馆所蕴含的品牌文化，也可以增进人们对图书馆作用、性质、功能及服务等方面的了解与认识，进而提升图书馆在大众心目中的形象，只有通过品牌效益，树立行业形象，才能调动图书馆服务社会的最大潜能。公共图书馆在开展宣传推广工作时应突出重点，以本馆特色资源和特色活动为基础，打造品牌活动和品牌服务，做好品牌管理和品牌推广，大面积、多层次、全方位、持续地对品牌活动进行全媒体宣传报道。

五、结语

全媒体时代到来，传播技术汇聚交融、传媒介质有机组合、媒体渠道和终端相互兼容、媒体表现形式丰富多彩，图书馆的宣传推广模式随着人们获取信息方式的改变而改变了。公共图书馆要在观念上与时俱进，加强宣传队伍建设，融合传统媒体和新媒体，充分利用自媒体尤其是短视频的功能，构建全媒体平台，形成高效率、立体化、全方位的宣传格局，打造图书馆文化品牌，提高图书馆社会影响力，为建设社会主义文化强国贡献力量。

参考文献

［1］习近平. 推动媒体融合向纵深发展，巩固全党全国人民共同思想基础［N］. 人民日报，2019-01-26（1）.

［2］黄婧. 公共图书馆媒体宣传推广策略探究——以深圳图书馆2014年媒体报道为例［J］. 图书馆理论与实践，2016（4）：18-20.

［3］柴会明. 全媒体时代图书馆宣传推广活动探析——基于图书馆"微电影宣传"现象分析［J］. 图书馆工作与研究，2014（12）：89-93.

七、智能图书馆法制化、制度化建设研究

我国公共图书馆地方立法的现状分析与对策
——以地方立法法律文本及相关研究为考察中心

黄国华

(湖北省图书馆,湖北武汉,430071)

摘 要:本文主要通过分析比对我国现有的地方立法的现状,考察学者对地方立法的研究现状,了解我国公共图书馆立法现状以及存在的问题,并尝试提出相关对策,以期为我国公共图书馆地方立法提出相应对策。

关键词:公共图书馆;地方立法

《中华人民共和国公共图书馆法》(以下简称《公共图书馆法》)的实施,标志着我国公共图书馆法制事业迈向新时代。从我国公共图书馆立法进程来看,我国走的是"地方—国家"的立法过程,在国家法出台前,我国已有16部地方法规、地方政府规章施行。那么,国家上位法出台后,按照《中华人民共和国立法法》(以下简称《立法法》)的相关规定,下位法必须与上位法相适应,不得违背上位法的相关规定的要求,我国地方立法必定会出现"国家—地方"的修法或重新立法的新过程。因此,考量我国地方立法法律文本以及法律实施效果的现状,有助于提升地方立法质量,推动公共图书馆事业发展。笔者以地方法律文本的比较分析、地方立法研究现状的梳理为出发点,发现相关不足与问题,提出相关建议。

一、公共图书馆地方立法法律文本比较

通过运用国内主流法律法规数据库北大法宝,以"图书馆法"为主题进行检索,共检索到中央法规司法解释74条信息、地方法规规章419条信息、立法草案6条信息,为确保研究质量和相关性,经过筛选,专门为公共图书馆制定的法律法规共有18部,包括法律、地方性法规、地方性规章和规范性文件17部,地方立法草案1部,依据法律的效力位阶,依次是国家级立法1部、省级地方立法4部、副省级地方立法2部、地方政府规章和地方规范性文件8部

(如表1)。

表1 我国公共图书馆相关法律法规

序号	名称	实施日期	发文机关字号	条文篇章结构
法律			
1	公共图书馆法	2018年1月1日	中华人民共和国主席令第79号	共6章55条
地方性法规			
2	内蒙古自治区公共图书馆管理条例	2000年8月6日	内蒙古自治区人大常委会公告第42号	共6章34条
3	湖北省公共图书馆条例	2001年10月1日	湖北人大常委会公告第12号	共0章23条
4	北京市图书馆条例	2002年11月1日	北京市人大常委会公告第60号	共7章33条
5	四川省公共图书馆条例	2013年10月1日	四川省人大常委会公告第3号	共6章46条
6	广州市公共图书馆条例	2015年5月1日	广州市人大常委会公告第59号	共6章58条
7	深圳经济特区公共图书馆条例①	2019年9月5日	深圳市人大常委会公告第161号	共8章38条
8	贵州省公共图书馆条例	2021年1月1日	贵州省人大常委会公告第11号	共6章53条
地方政府规章及规范性文件			
9	贵州省县级图书馆工作条例	1985年6月7日	黔府〔1985〕49号	共7章20条
10	河南省公共图书馆管理办法	2002年9月1日	河南省人民政府令第71号	共0章28条
11	浙江省公共图书馆管理办法	2003年10月1日	浙江省人民政府令第161号	共7章34条

---

① 《深圳经济特区公共图书馆条例》1997年试行,在2019年修订为正式地方法规,并出台条文大幅修改的征求意见稿。

续表

序号	名称	实施日期	发文机关字号	条文篇章结构
12	乌鲁木齐市公共图书馆管理办法	2008年5月1日	乌鲁木齐市人民政府令第91号	共6章40条
13	山东省公共图书馆管理办法	2009年6月1日	山东省人民政府令第211号	共0章27条
14	上海市公共图书馆管理办法①	2015年5月22日	上海市人民政府令第30号	共8章37条
15	东莞市公共图书馆办法	2017年3月1日	东莞市人民政府令第146号	共5章57条
16	重庆市公共图书馆管理办法	2017年9月4日	渝府办发〔2017〕140号	共6章37条
17	佛山市公共图书馆管理办法	2021年5月1日	佛山市人民政府令第14号	共6章58条
立法草案					
18	《深圳经济特区公共图书馆条例》（修订征求意见稿）	2019年3月5日	深圳市文化广电旅游体育局	共6章36条

（一）地区分布

从地区分布看，涉及北京、上海、湖北、内蒙古、四川、重庆、河南、浙江、山东、贵州、深圳、广州、乌鲁木齐和东莞14个地区，不论是东、中、西部，还是发达和欠发达地区都有代表，但从《立法法》赋予具有地方性立法或者规章制定权力的全国32个省市区和282个设区的市来看，对公共图书馆进行法律规范的地区所占比例非常小，说明公共图书馆的地方立法还是薄弱环节，处于持续探索阶段，需要加强。

（二）条文数量

从条文的数量来看，越新的法律文本条文数量越多，越旧的法律文本条文

---

① 《上海市公共图书馆管理办法》1996年出台，分别在2002、2004、2010、2015年进行了四次修订。

数量越少，说明随着公共图书馆事业发展，需要规范的方面越来越多。如《广州市公共图书馆条例》《东莞市公共图书馆管理办法》《佛山市公共图书馆管理办法》和《公共图书馆法》的条文数量分别是58条、57条、56条和55条。除《四川省公共图书馆条例》外，其他的法律文本均在40条以下，《湖北省公共图书馆条例》仅23条。

（三）篇章结构

根据《立法法》第61条规定，"法律根据内容需要，可以分编、章、节、条、款、项、目"。在法律文本中设置编、章、节能有效地对法条归类，有助于增强法律文本的逻辑性和规范性。大多数公共图书馆的法律文本都进行了篇章分类，最少的分为5章，最多的分为8章，涵盖内容大同小异。仅《湖北省公共图书馆条例》《山东省公共图书馆管理办法》《河南省公共图书馆管理办法》未进行篇章分类，同时也是条文数量最少的三部法律文本，分别是23条、27条和28条。

（四）时间跨度

我国公共图书馆立法的开展，除了最早的1985年出台的《贵州省县级图书馆工作条例》以及政府规章外，其他地方立法主要集中在2000年以后，这与"党的十五大提出依法治国方略和1999年3月九届全国人大二次会议通过的《宪法修正案》规定中华人民共和国实行依法治国"的历史背景是密不可分的。2018年《公共图书馆法》出台后，深圳修订了在1997年制定的条例，贵州在出台国家法后出台第一部省级地方性法规。

二、公共图书馆立法相关研究现状

以中国知网（CNKI）为检索工具和数据来源，勾选学术期刊、学位论文和会议，首先以"主题=图书馆法"检索式检索，检索时间不限，共检索到4188条结果，证明在图书馆法研究领域，成果颇为丰富。2018年达到研究峰值，为361篇，此年刚好《公共图书馆法》出台。然后"主题=图书馆法"并含"主题=地方立法"的结果只有27篇相关文章，说明在公共图书馆地方立法研究方面很薄弱。通过对内容的研究，我国关于图书馆地方性法规的研究成果主要集中在以下三个方面。

（一）国内外比较研究

早期的地方立法研究主要以借鉴图书馆系统发展较成熟的国家为主，这一时期主要是在我国公共图书馆法出台之前。汤旭岩、欧阳军等人评述立法对于图书馆事业发展的重要性，借鉴国外图书馆地方立法的经验和案例，探讨对于我国在地方立法的实现路径；方家忠从公民的宪法权益，即公民的文化权益出发，通过比较研究美国在图书馆立法上的一些做法，来证明我国进行图书馆地方立法的必要性。屈红军、刘明等人从俄罗斯关于图书馆法律体系出发，比较了中国与俄罗斯之间在法律体系上的差异并提出建议。

（二）国内地方立法比较

有一些论文主要集中研究我国已经出台的地方性法规、政府规章以及规范性文件，比较各地区在法律文本上的区别，探索地方立法的新路径。姚明、赵建国通过将我国14部地方立法文本进行比较，反思我国地方公共图书馆在立法上的不足，通过借鉴发达国家先进经验，提出我国在地方立法进程中如何实现超越。潘燕桃主要通过比较法律位阶更高的地方人大立法的地方性法规，将《广州市公共图书馆条例》与深圳、内蒙古、湖北、北京、四川地区出台的地方性法规进行比较，突出了《广州市公共图书馆条例》在图书馆诸多业务在法规上的创新。徐磊、郭旭回顾了我国地方立法的进程，提出我国地方立法存在的不规范、同质化和立法评估缺失等问题，提出了科学化和合理化的立法建议。

三、我国公共图书馆地方立法存在的问题及对策

（一）部分地方立法"超龄服役"，需修订以适应时代

立法必须要与时代相符，才能起到良法善治的作用。从表1可以看出，通过地方人大制定的《内蒙古自治区公共图书馆管理条例》（2000）、《湖北省公共图书馆条例》（2001）都已服役超过二十年，通过政府制定的《河南省公共图书馆管理办法》（2002）、《浙江省公共图书馆管理办法》（2003）也将要服役满二十年。《公共图书馆法》出台后，上述法规必定在很多条文上与上位法存在冲突，而且图书馆事业在很多方面已经发生了巨大变化，社会科技和经济也取得了巨大进步，因而这些法规存在"过时"的问题，相对滞后，亟待修改。

（二）部分地方立法操作性不足，需科学量化指标性条款

从现有的地方立法法律文本来看，在涉及建设面积、文献资源、人力资源等方面的规定可以分为以下两种类型：一是简单的原则性规定，即在条文中规定参照国家相关规范标准执行，这主要出现在较早的地方立法中。二是具体量化指标性条款，主要体现在近几年的地方立法中，比如《广州市公共图书馆条

例》《贵州省公共图书馆条例》。

我国以往的地方性图书馆立法对建筑面积、文献信息资源作出量化规定的，均以行政级别为依据设置其绝对指标，绝对指标有固定性，同时也有局限性。采用人均指标是国际通用做法，比如，2008年颁布的《公共图书馆建设标准》首次以服务人口为依据，制定了我国公共图书馆建筑面积以及基本藏量的人均控制指标，这为我国公共图书馆建设提供了标准和依据，也为我国地方性图书馆立法中的相关量化指标的制定提供了重要参考。再如，《广州市公共图书馆条例》《东莞市公共图书馆管理办法》立法中的量化指标即采用了人均指标，《深圳经济特区公共图书馆条例》（修订征求意见稿）和《贵州省公共图书馆条例》跟进了这种做法，不仅更具科学性，也是公共图书馆普遍均等理念在立法中的重要体现。

（三）立法需因地制宜，避免套用无法落地

从地方立法的现状来看，具有地方立法权的城市立法相对容易把控，如《广州市公共图书馆条例》，尤其是在具体的指标设置上，能够测算出科学的数据，反观省级立法，在相关问题上存在难点。一是省级立法不可避免的问题就是本省各地的发展差异较大、参差不齐。省级立法应考虑各地发展的不平衡，加强考察和调研，让立法能够落地，让各个地方政府能够在最大程度上降低执行难度。二是省级立法是否需要像副省级城市或者地市级城市立法那样细致值得考量，比如《公共图书馆法》在很大程度上都是原则性的条款，其体现的是一个国家发展不平衡，无法用一个具体指标去指导所有区域。因此省级以上立法在重要指标上，如年人均文献入藏更新量上，可以细化规定。比如新近出台的《贵州省公共图书馆条例》，在征求意见稿中有许多具体数据化的指标，正式出台后在文献入藏、开放时间上做了数据细化，规范全省公共图书馆。

（四）地方立法配套文件不足，需政府加强落实

法谚有云，"徒法不足以自行""法律的生命在于实施"，法律法规的良好施行需要依赖政府出台更多配套实施办法，加强执法检查，才能良好地贯彻落实法律法规的有关规定。从法的理论上来说，法的系统化通常是指对法的规范性文件的整理、分类和加工，主要包括法典编纂和法的汇编。公共图书馆法律体系的系统化是不足的，许多地方立法虽先行于国家法，但条文制定后，并未辅以推动和解释立法的相关规范性文件出台，使得立法可操作性大大减弱，越陈旧的立法越难操作。因此，公共图书馆法律体系的系统化应当以《公共图书馆法》为基本法，围绕《公共图书馆法》展开，让《公共图书馆法》的具体规

定真正落地。落实《公共图书馆法》所确立的一系列制度需要制定更为详细、具体的法律规范，有立法权的相关机构应当根据自身实际情况展开对相关规范性法律文件的整理、修订工作，尽快出台与《公共图书馆法》相配套的地方性法规、自治条例、单行条例、地方政府规章等规范性法律文件以及相关政策性文件。

参考文献

［1］徐磊，郭旭.我国公共图书馆地方立法：回顾与展望［J］.图书馆工作与研究，2021（3）：15-22，40.

［2］朱茂磊.我国公共图书馆立法局限的再审视及其优化［J］.图书馆，2020（10）：1-8.

［3］梁静涛.公共图书馆地方性法规研究的文献计量分析［J］.河南图书馆学刊，2020，40（3）：19-22.

［4］汤旭岩.心动不如行动——应加强地方性公共图书馆立法及其研究［J］.山东图书馆季刊，2001（4）：12.

［5］王嘉陵.四川公共图书馆地方立法的实践与探索［J］.四川图书馆学报，2014（4）：2-6.

［6］方家忠.保障 促进 规范 提升——论地方立法对广州市公共图书馆事业的作用［J］.图书馆论坛，2015，35（8）：14-21.

从《行政事业性国有资产管理条例》和《公共图书馆法》看立法实践在公共文化事业保障领域的延伸

李 淼

(湖北省图书馆,湖北武汉,430071)

摘 要:2021年2月1日,国务院正式公布《行政事业性国有资产管理条例》(以下简称《条例》)自2021年4月1日起施行。该《条例》是我国行政事业性国有资产管理的第一部行政法规,行政事业性国有资产管理自此全面纳入法治轨道。包括公共图书馆在内的行政事业性国有资产,是国有资产的重要组成部分,是党和国家公共文化事业发展的物质基础和重要保障。《条例》与《中华人民共和国公共图书馆法》的立法渊源由此密不可分。

关键词:条例;公共图书馆法

为贯彻落实党中央、国务院决策部署,根据全国人大常委会关于加强国有资产管理情况监督的决定,制定了《条例》。加强管理和监督包括公共图书馆在内的行政事业性国有资产,促进此类资产管理的法治化、规范化、科学化,构建此类资产安全规范、节约高效、公开透明、权责一致的管理机制,已成为行政事业性国有资产管理的核心任务。党中央、国务院高度重视国有资产立法工作。习近平总书记、李克强总理多次作出重要指示批示,对加强行政事业性国有资产管理与监督提出明确要求。党的十九大报告重要改革举措任务分工要求制定行政事业性国有资产管理法律法规。

制定《条例》的总体思路:一是贯彻落实党中央、国务院决策部署,加强行政事业性国有资产管理和监督,明确管理职责,推进国有资产管理公开透明、规范有效。二是以改革为引领、以创新为支撑,构建符合"放管服"改革要求的行政事业性国有资产管理制度,建立信息管理系统、资产共享共用机制。三是体现改革成果,将实践中成熟的行政事业性国有资产管理制度确立下来,提高国有资产利用效率,促进国有资产保值增值。

一、关于管理体制与部门职责

(一)《条例》明确的管理体制和部门职责

管理体制：行政事业性国有资产属于国家所有，实行政府分级监管、各部门及其所属单位直接支配的管理体制。各级人民政府应当建立健全行政事业性国有资产管理机制，加强对本级行政事业性国有资产的管理，审查、批准重大行政事业性国有资产管理事项。

部门职责：国务院财政部门负责制定行政事业单位国有资产管理规章制度并负责组织实施和监督检查；相关部门根据职责规定，按照集中统一、分类分级原则，加强中央行政事业单位国有资产管理，优化管理手段，提高管理效率。

(二)《公共图书馆法》的管理体制及部门职责

2018年1月1日起施行的《中华人民共和国公共图书馆法》（以下简称《公共图书馆法》）规定了如下管理体制与部门职责：国务院文化主管部门负责全国公共图书馆的管理工作。国务院其他有关部门在各自职责范围内负责与公共图书馆管理有关的工作。县级以上地方人民政府文化主管部门负责本行政区域内公共图书馆的管理工作。县级以上地方人民政府其他有关部门在各自职责范围内负责本行政区域内与公共图书馆管理有关的工作。

从施行时间上看，《公共图书馆法》是2018年初施行的，《条例》是2021年初施行的，直观上看，《公共图书馆法》先于《条例》3年出台实施。事实上，早在党的十九大报告（2017年）就明确要求制定行政事业性国有资产管理法律法规，其筹备工作可以追溯至更早些时候。2015年4月，湖北省公布施行了全国第一个省级行政事业单位国有资产管理条例，使行政事业性国有资产立法的落地时间可以追溯至更早。可以说，《条例》在初步立法实践上较《公共图书馆法》更深远，在决定立法到实施立法的准备时间上更充足。这让我们不得不对立法实践在公共文化事业保障领域的延伸充满信任和期待。

从管理体制与部门职责的内容上看，《公共图书馆法》强调的是业务主管部门即文化主管部门，行政级别是县级以上的地方人民政府的管理和保障权力和义务。相较《条例》明确了财政部门对行政事业性国有资产的总体管辖权，明确了各级人民政府对本级行政事业性国有资产分级管理的自上而下的管理体系，无论从资产作为财权权力的管理专业性角度，还是我国长期社会治理的层级推动方向而言，都是一定意义上的进步。通俗地说，术业有专攻，上行才能下效，指的就是这个意思。公共图书馆，是指向社会公众免费开放，收集、整理、保存文献信息并提供查询、借阅及相关服务,开展社会教育的公共文化设施。按照《公共图书馆法》的这个定义,公共图书馆作为公共文化设施,无疑是行政事业性国有资产的重要标的,《条例》将从更直接的管理切入角度,提供更有力的法治保障。

(三)资产管理与预算管理相结合是行政事业性国有资产管理的重要原则

按照预算法及其实施条例有关规定,《条例》专设一章对资产的预算管理作了规定,一是要求行政事业单位购置、建设、租用资产应当提出资产配置需求,编制资产配置相关支出预算,并严格按照预算管理规定和财政部门批复的预算配置资产。二是要求行政事业单位国有资产收入,应当按照政府非税收入和国库集中收缴制度管理,并由本级人民政府财政部门规定具体管理办法。同时,行政事业单位不得违反国家规定多收、少收、不收、侵占、私分、截留、占用、挪用、隐匿、坐支。三是关于决算管理,行政事业单位应当在决算中全面、真实、准确反映其国有资产收入、支出以及国有资产存量情况。四是关于绩效管理,行政事业单位应当按照国家规定建立国有资产绩效管理制度,建立健全绩效指标和标准,有序开展国有资产绩效管理工作。此外,《条例》还规定,县级以上人民政府投资建设公共基础设施应当依法落实资金来源,加强预算约束,防范政府债务风险。

《公共图书馆法》的规定是,县级以上人民政府应当将公共图书馆事业纳入本级国民经济和社会发展规划,将公共图书馆建设纳入城乡规划和土地利用总体规划,加大对政府设立的公共图书馆的投入,将所需经费列入本级政府预算,并及时、足额拨付。

从资产管理与预算管理相结合的角度看,《条例》对于文化事业的保障,已经由《公共图书馆法》纳入财政公共支出预算的初步保障措施,完善成为支出预算、收入管理、决算反馈、绩效评价、债务风险防控的保障综合体系。

二、关于建立资产共享共用机制。

以改革为引领、以创新为支撑,构建符合"放管服"改革要求的行政事业性国有资产管理制度,建立资产共享共用机制。随着"放管服"改革的不断深入,为确保政府"过紧日子"、老百姓"过好日子",《条例》规定了以下具体措施:一是明确行政事业单位国有资产应当用于保障事业发展、提供公共服务。二是要求行政事业单位应当结合资产存量、资产配置标准、绩效目标、财政承受能力合理配置资产。三是明确调剂作为优先配置方式,不能调剂的,可以采用购置、建设、租用等方式。四是规范资产使用管理，明确资产使用人和管理人岗位责任，充分发挥资产效能。五是鼓励共享共用，规定县级以上人民政府及其有关部门应当建立健全国有资产共享共用机制，并鼓励行政事业单位在确保安全使用的前提下，推进本单位大型设备等国有资产共享共用工作。

《公共图书馆法》则在馆际交流、公共图书馆层级共建和共享资料方面做出了明确要求：第三十条中要求，公共图书馆应当加强馆际交流与合作。国家支持公共图书馆开展联合采购、联合编目、联合服务，实现文献信息的共建共享，促进文献信息的有效利用。第三十一条中要求，县级人民政府应当因地制宜建立符合当地特点的以县级公共图书馆为总馆，乡镇（街道）综合文化站、村（社区）图书室等为分馆或者基层服务点的总分馆制，完善数字化、网络化服务体系和配送体系，实现通借通还，促进公共图书馆服务向城乡基层延伸。总馆应当加强对分馆和基层服务点的业务指导。第三十二条中要求，公共图书馆馆藏文献信息属于档案、文物的，公共图书馆可以与档案馆、博物馆、纪念馆等单位相互交换重复件、复制件或者目录，联合举办展览，共同编辑出版有关史料或者进行史料研究。第四十八条中要求，国家支持公共图书馆加强与学校图书馆、科研机构图书馆以及其他类型图书馆的交流与合作，开展联合服务。

不难看出，《公共图书馆法》在资源共享、信息系统共建等具体业务方面，全方位展现出对公共图书馆日常业务的精准把控和引导；而《条例》则从可操作方式方法的通行规范上做出了规约，两者在立法实践中的侧重各有不同，但核心内涵都指向公共服务，集中力量办大事、办要紧事，用更少的资金和人力成本覆盖更大范围的服务群体，提升公共事业保障效能。二者息息相关，一脉相承，各有发展。

三、建立行政事业性国有资产报告制度

（一）《条例》明确建立行政事业性国有资产报告制度的内容

报告制度方面，2017年，中共中央印发《关于建立国务院向全国人大常委会报告国有资产管理情况制度的意见》。为贯彻落实党中央关于国有资产报告制度的要求，《条例》规定：一是明确国务院向全国人大常委会报告全国行政事业性国有资产管理情况。二是细化资产管理情况报告的内容，并按照国家有关规定向社会公开管理情况。三是完善报告程序。

监管方面，关于行政事业性国有资产监督，《条例》规定：一是接受人大监督。二是明确政府层级监督。三是强化财政监督。四是落实审计监督。五是完

善行业监督。此外,《条例》还推进社会监督,规定公民、法人或者其他组织发现违反本条例的行为,有权向有关部门进行检举、控告。

(二)《公共图书馆法》的相应内容

第四十二条中规定公共图书馆应当改善服务条件、提高服务水平,定期公告服务开展情况,听取读者意见,建立投诉渠道,完善反馈机制,接受社会监督。第四十七条中规定国务院文化主管部门和省、自治区、直辖市人民政府文化主管部门应当制定公共图书馆服务规范,对公共图书馆的服务质量和水平进行考核。考核应当吸收社会公众参与。考核结果应当向社会公布,并作为对公共图书馆给予补贴或者奖励等的依据。

综上,《公共图书馆法》的法定监督路径主要是社会监督和业务主管部门考核,而《条例》则规范了完整的报告体系和监管体系,既从明确国务院向全国人大常委会报告全国行政事业性资产管理情况,做出了报告制度顶层责任设计要求,又从人大监督、政府层级监督、财政监督、审计监督、行业监督、社会监督全方位多角度明确了监管体系设置,立法实践向前发展的每一步,都是中国特色社会主义经济制度体系、法治体系的有力探索。

《条例》的发布施行,必将成为提高资产治理水平、治理能力和全面依法治国的重要实践。《条例》的发布施行诠释了立法实践在公共文化事业保障领域的重大突破,是继《公共图书馆法》出台后,依法治国立法实践在公共事业保障领域的重要延伸。

公共图书馆国有资产管理工作刍议

杨 柳

(湖北省图书馆,湖北武汉,430071)

摘 要:本文立足国内公共图书馆资产管理工作的实际,列举了公共图书馆在长期发展过程中,国有资产管理工作中存在的主要问题和不足。结合资产管理工作的实际,简略地介绍了应对的主要举措和建议。

关键词:公共图书馆;国有资产;资产管理

随着经济社会的不断发展,人民群众对精神文化需求的日益增强,特别是《中华人民共和国公共图书馆法》的颁布施行,为公共图书馆的建设和发展提供了重要保障。而公共图书馆在长期的社会公众文化普惠服务中,也积累了数额巨大的各式各类国有资产。这些国有资产在促进公共图书馆更好履行社会职能和公益文化服务的同时,也对公共图书馆的国有资产管理工作提出了新的要求和目标。促进公共图书馆国有资产管理工作对更好发挥国有资产在公共图书馆基础性服务中的保障作用,提高国有资产的利用效率,进而提升公共图书馆的整体社会服务效益,具有重大的意义。

一、公共图书馆国有资产管理现状概述

近年来,特别是党的十九大以来,全国各地掀起了一阵"公共图书馆建设"的高潮。馆舍面积不断增大,馆配设施不断完善,但是针对公共图书馆国有资产管理的具体管理举措和制度却严重滞后,"硬件"跑在前,"软件"拖在后的现象日益突出,严重影响了公共图书馆服务效率和服务水平的提升,一定程度上削弱了国有资产原本在图书馆职能服务中应有的使用效率和保障作用。

根据国家财政部《行政事业单位国有资产管理暂行办法》和《事业单位国有资产管理暂行办法》的相关内容的原则性规定,公共图书馆的国有资产管理工作在具体的细致化实践操作中,缺乏更为细致规范的实施细则,使公共图书馆的国有资产管理具体实践活动中缺乏更为详尽的、明确的指导意见,"粗放

式"管理现象普遍存在。

新的技术手段不断融入到公共图书馆事业发展的过程中，也相应地产生了一些前所未有的具体管理新问题，在具体实践中遭遇到的共性问题和成熟有效的具体应对举措，缺乏系统性的总结、归纳，并未能形成对原有资产管理办法的有力补充。

二、公共图书馆国有资产管理工作存在的主要问题

公共图书馆国有资产管理工作在图书馆事业的长期发展中，积累了一些突出的问题，主要表现在以下三个方面。

（一）国有资产管理工作的重视程度普遍不高

近十年以来，公共图书馆无论是从"质"，还是从"量"上都得到了前所未有的发展，迎来了"文化大繁荣大发展的光辉十年"。随着公共文化事业的不断深入，作为公共文化事业的重要平台——公共图书馆，将参与社会文化职能服务的深度和广度进一步拓展。国有资产管理工作对公共图书馆的基础性保障作用也将更加突出。国有资产管理水平的高低将直接影响到公共图书馆服务水平的高低。而长期以来，公共图书馆在快速发展过程中所产生的重基础业务服务，而轻内务保障管理的"惯性"意识，使得国有资产管理工作在公共图书馆业内的重视程度普遍不高，甚至有所缺失。据个人不完全统计，以国内30个省级公共图书馆官方网站公布的内设职能部室为例，明确设置有专职国有资产管理职能部门的公共图书馆仅5个，可能设置有国有资产管理职能部门的公共图书馆有7个，主要归属于财务部门、后勤保障部门，而未发现国有资产管理职能部门的公共图书馆则有18个。所占比例分别为16.67%、23.33%和60%，相关专门职能机构的设置，也从侧面反映出国有资产管理工作在公共图书馆日常管理中的重视程度普遍不高。

（二）国有资产管理体系建设缺失

随着技术水平的不断提档升级，技术引领带给公共图书馆的阅读体验模式不断更新，技术革新发展带来公共图书馆智能化、智慧化程度的不断提高，原有的一些资产管理制度已不能满足新形势下的公共图书馆事业发展的新变化。国有资产管理制度体系的滞后性与复杂多变的资产配置、使用及处置过程中出现的新问题、新现象之间的矛盾日益凸显，现行制度与资产管理工作的实际严重脱节，使得建立更加完善有效的资产管理制度，建立健全更为灵活便捷实时监控的新型国有资产管理体系显得尤为重要。随着新媒体技术、数字技术不断与公共图书馆的深度融合，基于公共图书馆平台而产生的一系列新媒体网络账号资源的监管与承续管理，数据资源库网络账号的使用与管理，开展文化惠民工程而下发至基层文化服务馆（站）设备及账号使用权与所有权的分割与监管问题等，都对国有资产管理工作提出了新的挑战。

（三）国有资产管理团队的专业化素养培养欠缺

兵马未动，粮草先行。这是一场战役取得最终胜利的重要保障。一座图书馆的正常对外开放运行，除了需要向读者提供面对面社会文化基本服务的图书馆馆员，还需要默默驻守在幕后保障各类设施设备、提供物资补给的后勤勤务馆员。而在公共图书馆的实际中，大多数从事国有资产管理日常工作的人员是兼职的，虽然也按照基本的要求建立了资产管理台账，建立了资产调拨、发放、盘点、监督等工作流程和规则，但缺乏系统专业的资产管理业务知识技能培训，资产管理工作存在一定的随意性，资产管理工作的有效性、实时性大打折扣。

三、公共图书馆国有资产管理工作的对策和建议

针对目前公共图书馆国有资产管理工作存在的主要问题和现象，结合公共图书馆国有资产管理工作的实际，对公共图书馆国有资产管理工作提出以下的应对策略和建议。

（一）进一步强化公共图书馆国有资产管理工作意识

在推动全面从严治党，树立强烈的"规矩"意识宣传教育实践活动过程中，进一步加强公共图书馆国有资产管理工作的责任意识、规范意识。结合公共图书馆国有资产的实际情况，建立独立的国有资产管理专职内设机构，全面承担起监督和管理国有资产工作的重要职能。贯彻和落实上级主管部门关于资产管理责任目标要求，将资产管理职责分层落实，建立资产管理责任目标考核机制和办法，在强化思想意识的同时，把"制度"的笼子扎好，双管齐下，推动国有资产管理工作的规范化、常态化、实效化。

（二）进一步建立和完善公共图书馆国有资产管理体系

建立和完善公共图书馆国有资产管理体系，一方面，要进一步细化资产管理工作中的具体细则和规程，如探索关于网络数据账号、密码等无形资产的资产登记方式方法，进一步明确因政策原因下发以及转赠部分资产的权属划分以及转移登记等实施细则。另一方面，要充分利用计算机网络数据系统管理平台，最大程度地实现对国有资产的智能化、实时化管理。在具体管理举措上实施总

分式管理，资产管理部门为总责，各资产使用部门具体负责所属资产情况的方式，在馆内内设部门中设置1~2名部门资产管理员，通过资产管理系统平台对其授权，对所在部门的资产变更、报废、申请、新增登记等进行实时信息上传操作，最后实现对国有资产的实时、动态、高效管理。

（四）进一步加强公共图书馆国有资产管理专业化队伍建设培训

通过建立定期业务培训机制和拓展不定期业务交流活动，开展多种形式的线上线下资产管理教育主题课程安排，进一步提高公共图书馆国有资产管理团队的整体管理水平和管理素质，为国有资产管理工作储备相应的专业技术服务团队和人才。

四、结语

公共图书馆国有资产，是公共图书馆履行社会文化服务基本职能，切实开展对外交流、读者服务、信息咨询等系列基础性公众文化服务工作的重要物质保障。只有公共图书馆国有资产管理工作水平不断提升，才能更好地实现对公共图书馆各项资源配置配备的优化，才能在维护国有资产安全、完整的基础上，释放国有资产原有的"活力"，更好促进公共图书馆社会服务功能的展现。

参考文献

[1] 黄如花, 赵洋, 申晓娟, 等. 我国公共图书馆文献信息处置制度的需求分析与框架构建 [J]. 中国图书馆学报, 2019, 45（2）: 43-56.

[2] 乔金. 公共图书馆国有资产管理现状分析及对策研究 [J]. 河北科技图苑, 2019, 32（1）: 93-96.

[3] 韩川平, 洪懿. 浅谈公共图书馆资产管理现状及思路 [J]. 电子世界, 2012（11）: 155-156.

[4] 沈佩霞. 公共图书馆国有资产条形码管理模式的实践与思考 [J]. 图书馆研究与工作, 2011（4）: 22-23.

[5] 谢林. 关于公共图书馆后勤管理的可经营性探讨 [J]. 图书馆学刊, 2009, 31（7）: 42-43, 98.

[6] 叶永福. 以科学发展观为统领加强公共图书馆资产管理 [J]. 经济问题探索, 2009（3）: 186-190.

[7] 罗京萍. 论公共图书馆国有资产的管理 [J]. 河南图书馆学刊, 2008（2）: 37-38, 96.

[8] 丁永林. 试论公共图书馆的资产管理 [J]. 山东图书馆季刊, 2004 (4): 76-77.

[9] 严若森. 行政事业性国有资产管理体制的构建与完善 [J]. 江淮论坛, 2004 (3): 26-32.

[10] 李慧敏. 公共图书馆资产管理存在的问题 [J]. 图书与情报, 2003 (3): 49-50.

我国智慧图书馆法制化建设成果分析

桂霄雨

（湖北省图书馆，湖北武汉，430071）

摘 要：从理论研究到实践落地，智慧图书馆的发展离不开法制规范的保驾护航。本文从概念分析展开，阐述了智慧图书馆法制化建设的必要性，从中央层级和地方层级两个维度，介绍了我国现阶段有关智慧图书馆的法制化建设成果，并作出有针对性的评价与分析。

关键词：智慧图书馆；法制化建设

一、智慧图书馆的概念分析

智慧图书馆的定义是什么，国内学者研究颇多。初景利、段美珍提出智慧图书馆离不开智慧城市、智慧校园的理论研究及实践发展，通过重点分析"智慧"客体的特点、作用及功能，提炼出人、物和技术这三大核心要素，最终认为，智慧图书馆是通过人机交互的耦合方式致力于提供高端知识服务的高级图书馆，是一种有机的复合型生态系统，"人的智慧+物的智能"是最基本、最关键的构成要素。

张坤、查先进提出智慧图书馆的发展历经五个阶段：无网络时代—实体图书馆；Lib1.0阶段—数字图书馆；Lib2.0阶段—移动图书馆；Lib3.0阶段—智能图书馆；Lib4.0阶段—智慧图书馆。结合不同学者的要素构成研究，并与智能图书馆进行对比研究，最终演绎出智慧图书馆的六要素——用户需求、智能技术、智慧馆员、图书馆资源、行业规范、智慧服务。

赵彦敏提出智慧图书馆是智慧城市建设的重要范畴，是图书馆可持续化健康发展的新模式。智慧图书馆通过物联网技术突破用户与图书馆系统之间原有的传统交流互动方式，提升了信息资源交互功能的明确性、灵敏性和快速性，实现了图书馆生态系统中人与人、人与物、物与物的深度融合与互助。

笔者认为，智慧图书馆是传统图书馆业态在智慧生态语境下的升级产物，通过"人"和"物"之间系列"智慧化"的化学反应，依托集成物联网络、先进技术设备和高素质馆员队伍，构建出自动化、数字化、智能化、人性化的公共文化服务系统。

二、智慧图书馆法制化建设的必要性分析

作为一种全新的图书馆业态，智慧图书馆需要走上规范的法制化建设之路，切实培育与之配套且结构完备的法律法规制度以及政策体系。推进智慧图书馆的法制化建设进程，是保障读者相关法律权益的必要，也是丰富我国文化领域立法的必要。

（一）保障读者相关法律权益的必要

读者是图书馆的主要服务对象，法制化命题中，读者是最重要的权利义务主体。《中华人民共和国宪法》第二十二条规定："国家发展为人民服务、为社会主义服务的文学艺术事业、新闻广播电视事业、出版发行事业、图书馆博物馆文化馆和其他文化事业，开展群众性的文化活动。"图书馆事业被宪法赋予了保障群众文化权益的意义，智慧图书馆是图书馆事业发展的高级模式，由于涉及人工智能、云计算、人脸识别等诸多技术，除了传统意义上的读者借阅权、读者空间使用权、读者参与活动权等文化权益以外，还应该特别重视在技术话语背景下的读者信息发布知情权、馆藏资源利用权、个人隐私保护权。将智慧图书馆置于法制化框架之下，有助于保障读者在使用并利用智慧图书馆过程中的切身权益。

（二）丰富我国文化领域立法的必要

随着我国社会主义法制体系建设的不断升级和完善，文化领域出台了《中华人民共和国公共文化服务保障法》（以下简称《公共文化服务保障法》）、《中华人民共和国公共图书馆法》（以下简称《公共图书馆法》）两部专门法。推进智慧图书馆的法制化建设，形成与之配套的法律法规政策等规范性文本，是对我国文化领域立法的卓越贡献。通过法制化的升级，智慧图书馆的潜能得以充分释放，借助智慧手段、智慧思维，广泛开展有利于社会的各类文化活动，突破传统模式，强化服务效能，提升公众对智慧图书馆的体验感和信任感。这在宏观层面有助于我国图书馆事业的创新变革，有助于我国公共文化事业的繁荣发展。

三、现阶段我国智慧图书馆的法制化建设成果

我国社会主义法制体系框架完备，法律形式涵盖宪法、法律、行政法规、部门规章、地方法规、地方规章以及国际条约，除了国际条约，其他法律文本的制定单位包括全国人大及其常务委员会、国务院及其各部委、地方人大及其常委会以及地方国家行政机关。此外，中央和地方不同单位所制定的政策文件，在一定程度上也承担了规范文本的功能。为了更为直观地厘清我国智慧图书馆的法制化建设成果，笔者从中央和地方两个层级，分别阐述不同法律法规与政策文件有关智慧图书馆的具体规定。

（一）中央层级

1. 法律法规成果

论及智慧图书馆的法制化建设，我国文化领域的两部专门法当然有迹可循。《公共文化服务保障法》第三十三条规定："国家统筹规划公共数字文化建设，构建标准统一、互联互通的公共数字文化服务网络，建设公共文化信息资源库，实现基层网络服务共建共享。"这为智慧图书馆创设了宏观的技术支持，特别强调了公共数字文化服务网络的系统化、标准化、共享化、资源化建设。《公共图书馆法》第四十条规定："国家构建标准统一、互联互通的公共图书馆数字服务网络，支持数字阅读产品开发和数字资源保存技术研究，推动公共图书馆利用数字化、网络化技术向社会公众提供便捷服务。政府设立的公共图书馆应当加强数字资源建设、配备相应的设施设备，建立线上线下相结合的文献信息共享平台，为社会公众提供优质服务。"这从微观角度提供了具体可行的智慧化手段，并且呼应了《公共文化服务保障法》的法条内容，凸显了为社会公众提供便捷服务的目标属性。

2. 政策文件成果

有关智慧图书馆的中央一级专项政策制定单位，最具代表性的当为文化和旅游部。文化和旅游部发布的《"十四五"公共文化服务体系建设规划》在健全现代公共文化服务体系专栏3——公共文化设施提升和服务拓展一节中论述："全国智慧图书馆体系建设：以全国智慧图书馆体系建设为核心，搭建一套支撑智慧图书馆运行的云基础设施，形成国家层面知识内容集成仓储，建设和运行智慧图书馆管理系统，在全国各级图书馆及其基层服务网点普遍建立实体智慧服务空间。"《文化和旅游部 国家发展改革委 财政部关于推动公共文化服务高质量发展的意见》在主要任务部分明确提出："要加快推进公共文化服务数字化。加强智慧图书馆体系建设，建立覆盖全国的图书馆智慧服务和管理架构。推动将相关文化资源纳入国家文化大数据体系建设。鼓励公共文化机构与数字文化企业对接合作，大力发展基于5G等新技术应用的数字服务类型，拓宽数字文化服务应用场景。鼓励与企业合作，探索有声图书馆、文化馆互动体验等新型文化服务方式。"两个政策文件都强调了全国范围内智慧图书馆的体系化建设目标，重点以云基础设施、国家层面知识集成仓、5G技术、文化大数据体系为支撑，并以创立各级实体智慧服务空间和谋求与数字文化企业的合作作为辅助。

（二）地方层级

1. 法律法规成果

我国地方关于图书馆的专门立法成果颇多，深圳、北京、湖北、四川、广州等地拥有本地区的《公共图书馆条例》，东莞、佛山出台了两市的《公共图书馆管理办法》，以上地方性法规及规章的部分条款规定了与智慧图书馆相关的内容。

以《广州市公共图书馆条例》为例，第十九条规定："公共图书馆应当加强数字信息资源共建共享。中心馆应当建立全市统一的通用数字信息资源库，对数字信息资源与传统载体资源进行整合，为全市公共图书馆用户提供数字化、网络化服务；区域总馆可以建设具有本区域特色内容的数字信息资源库。区域总馆建设的数字信息资源库应当在中心馆网站建立链接。数字信息资源建设中应当注重信息技术的应用，根据数字信息资源的用途，确定相应的加工级别和保存期，优秀文化遗产应当长期保存。中心馆与区域总馆应当建立完善的数字信息资源管理平台，实现对数字信息资源的科学管理，加强知识产权保护，保证数字信息资源的合法使用。"第二十五条规定："中心馆应当履行下列职责……（三）负责统筹全市公共图书馆通借通还服务网络、信息化管理系统和数字图书馆建设。"第三十七条规定："公共图书馆应当利用互联网、手机等信息技术手段和载体，为用户提供远程查询、阅读等服务以及个性化信息服务。公共图书馆应当借助计算机管理与书目检索系统，将纸质、电子和缩微等不同载体的馆藏文献目录向公众公开，提供题名、著者、主题等方便用户查询的基本检索途径。公共图书馆应当为用户提供必要的数字服务空间和设施设备。"以上法规旨在通过强化数字信息资源库的建设管理，强化中心馆的地位和职责，强化各级公共图书馆的个性化、智慧化服务责任，助力智慧图书馆的发展。

2. 政策文件成果

有关智慧图书馆的地方政策文件成果同样丰富。《湖北省国民经济和社会发展第十四个五年规划和二〇三五年远景目标纲要》提出："推进公共文化数字化建设，加强数字图书馆、数字文化馆、数字档案馆、数字博物馆、数字非物质文化遗产展示馆、数字农家书屋等建设，打通各层级公共文化数字平台，打造公共文化数字资源库群。"《辽宁省国民经济和社会发展第十四个五年规划和二〇三五年远景目标纲要》提出："实施文化信息资源共享工程，搭建'辽宁图书馆文化驿站'，丰富数字文化服务。"《"智联江西"建设三年行动方案（2021-2023 年）》提出："加快文化设施数字化更新，推进文化大数据体系建设，建立数据标准，实现文化大数据产业在社会各领域融合发展。深入推进数字图书馆、数字文化馆、数字博物馆和数字非物质文化遗产等智慧场馆建设，提升公共数字文化服务水平。"《山东省文化和旅游厅关于进一步加强城市书房和乡村书房建设的意见》提出："加强智慧书房建设，安装身份验证和人脸识别系统，结合实际配备水电暖网等设备设施以及远程控制系统。配备自助借还机等自助设备，逐步实现 24 小时无人值守自助服务。采用无线射频识别（RFID）技术进行业务管理，实现与公共图书馆通借通还。"以上政策文件将智慧图书馆的理念落地为切实可行的方案，凸显社会服务的功能，强调其他文化服务机构与公共图书馆的配套化、长远化发展。

四、评价及分析

综观现阶段我国智慧图书馆的法制化建设成果，优势与不足并存。

体系化特征明显，是我国智慧图书馆法制化建设成果的最大优势。我国幅员辽阔、人口众多，从中央到地方，有关智慧图书馆的法律法规与政策文件在诸多条款中，都提出了有助于智慧图书馆建设发展的思路以及方案。不同法规政策之间界限分明、重点突出，真正做到了宏观与微观相结合，理论与实践相结合，眼前与长远相结合，智慧图书馆的法制化路径极为丰富。

智慧生态效应明显，是我国智慧图书馆法制化建设成果的另一大优势。大数据、5G、区块链、人工智能等技术催生了智慧时代的来临，"智慧点亮生活"越来越成为一种社会新风尚。我国智慧图书馆的法制化建设成果，描绘了智慧生态语境下图书馆智慧服务的目标属性，融入了各项成熟稳定的配套技术，以广大公众享受智慧图书馆服务空间的红利为落脚点，展示了多维度、多层次、多用途的智慧图书馆发展方向。

然而，就专业深度和地方特色来说，现有的法制化成果明显不足。智慧图书馆运行的专业性和复杂性，需要出台专门立法，挖掘专业深度、彰显地方特色，是未来我国继续推进智慧图书馆法制化建设的必由之路。

五、结语

智慧图书馆的法制化建设，其终极目标是通过依法治理的手段，让智慧图书馆真正落地实施,从而丰富我国公共文化服务的供给渠道,让广大公众享受智慧图书馆的广阔空间。积极完善内部规范,大胆探索创新模式,充分调动广大公众投入智慧图书馆法制化建设的积极性,鼓励更多公民和社会团体参与立法,未来的中国式智慧图书馆,一定大有可为!

参考文献

[1] 刘彩霞. 国内图书馆法制建设知识图谱分析 [J]. 河北科技图苑, 2018, 31 (4): 83-88, 96.

[2] 初景利, 段美珍. 从智能图书馆到智慧图书馆 [J]. 国家图书馆学刊, 2019, 28 (1): 3-9.

[3] 张坤, 查先进. 我国智慧图书馆的发展沿革及构建策略研究 [J]. 国家图书馆学刊, 2021, 30 (2): 80-89.

[4] 赵彦敏. 基于"智慧城市"建设的"智慧图书馆"空间再造探究 [J]. 产业与科技论坛, 2021, 20 (4): 38-40.

[5] 刘深璟. 人工智能在智慧图书馆建设中的应用研究 [J]. 传媒论坛, 2019, 2 (13): 126-127.

浅谈对《公共图书馆法》第三十四条的思考

刘晓屿

(鄂州市图书馆，湖北鄂州，436000)

摘　要：《中华人民共和国公共图书馆法》第三十三条和第三十四条对图书馆的开放资源及服务群体作出了规定，尤其强调了对少年儿童、老年人、残疾人等群体的关注。但在图书馆建设中，出现了少儿阅览区沦为家长"放养"区、残障阅览室沦为休息区等现象。本文针对此现象，从法治化道路进行探索，实现图书馆资源高效利用。

关键词：公共图书馆法法治化

一、公共图书馆开放背景

第十二届全国人民代表大会常务委员会第三十次会议于2017年11月4日通过《中华人民共和国公共图书馆法》（以下简称《公共图书馆法》），自2018年1月1日起施行。作为中国第一部图书馆专门法，是为了加强对公共图书馆的管理，推进公共图书馆事业的发展，较好地保障人民群众的公共读书阅览权利而制定的法律。该部法律第一条、第二条明确了公共图书馆的公益性质，而全文也对公共图书馆的开放资源作出了概括性规定。这意味着图书馆建设开始进入法治化时代。

二、公共图书馆资源利用现状

（一）以少儿阅览区为例

《公共图书馆法》第三十四条第一款规定："政府设立的公共图书馆应当设置少年儿童阅览区域，根据少年儿童的特点配备相应的专业人员，开展面向少年儿童的阅读指导和社会教育活动，并为学校开展有关课外活动提供支持。有条件的地区可以单独设立少年儿童图书馆。"该条中，当少年儿童读者作为服务对象时，原则上应当配备相应的专业人员，开展相关活动。但根据实际反馈，不少公共图书馆所设置的少儿馆虽有一定占地面积，但并未真正发挥教育指导作用。根据少儿馆工作人员反映，少儿馆逐渐沦为家长"放养"小孩的"游乐场"。主要表现为少年儿童读者无监护人陪同，少儿馆内绘本，书刊缺失丢失，场馆内孩童吵闹追逐，场馆内出现非适龄的婴幼儿等。

（二）以残障阅览室为例

《公共图书馆法》第三十四条第二款规定："政府设立的公共图书馆应当考虑老年人、残疾人等群体的特点，积极创造条件，提供适合其需要的文献信息、无障碍设施设备和服务等。"《中华人民共和国残疾人保障法》《公共图书馆服务规范》《公共图书馆建设标准》等的出台也从制度上为残疾人提供保障。但我国公共图书馆残障阅览室建设起步较晚，且基础十分薄弱，情况不容乐观。一是公共图书馆的残障阅览室利用率极低，甚至存在沦为杂物室的现象。二是虽然有些公共图书馆设立了专门的残障阅览室，但提供的服务单一，大多数局限于盲文书籍及有声读物借阅、盲人电脑的使用等。三是读者较少，书刊利用率低，更新上架慢，存在严重的资源浪费。

三、优秀案例参考

（一）以深圳少年儿童图书馆为例

2015年12月14日，深圳市第六届人民代表大会常务委员会第四次会议通过了《深圳经济特区全民阅读促进条例》（以下简称《条例》），自2016年4月1日起施行。《条例》第十九条规定："每年4月23日为深圳未成年人读书日。市、区有关部门、共青团等应当在深圳未成年人读书日组织开展未成年人阅读促进活动；公共图书馆、中小学校和幼儿园等应当开展未成年人阅读及交流活动。鼓励企事业单位、其他组织和个人开展各种形式的未成年人阅读促进活动。"该条文表明深圳市对于未成年人阅读高度重视，并将服务未成年人阅读纳入法治化道路。

依据该条例，深圳将少年儿童图书馆作为未成年人阅读活动的主阵地，开展了一系列阅读推广活动。如引入证券交易中的"涨停""跌停"概念，打造青少年阅读指数平台，根据数值来监测图书阅读情况；开展"图书馆之夜"活动，邀请少儿读者家庭参与交流，将阅读与亲子教育相融合，让少儿馆不再沦为"放养区"；构建"我最喜欢的童书"排行榜，推广少儿阅读精品书目等。

（二）以中国盲文图书馆为例

位于北京陶然亭公园旁的中国盲文图书馆于2011年6月28日建成开馆，致力于打造集图书馆、文化馆、博物馆、社会终生教育于一体的一站式综合性公益文化资讯服务机构，为全国盲人提供公益性、便利性、综合性文化资讯服务。

中国盲文图书馆内设视障文化体验馆、触觉博物馆、爱眼博物馆三大馆。其中视障文化体验馆以展示视障文化为主题，集中体现视障群体的智慧和创造。在这里，参观者可以通过大量图片文字介绍和实物互动，进一步走近和了解盲人，感知我国盲人的精神风貌，以及平等参与共享残疾人的文化观和事业观，参观者在黑暗体验区还将用除视觉以外的其他感官去探索喧闹都市、繁忙海港，穿过热带丛林……在这个全新的体验中，参观者可以设身处地地体会到视觉障碍者的感受，唤起社会更多的爱心来关注这个群体。触觉博物馆是专门为视障人士开办的，以"触摸文明"为主题的触摸展馆，它将中国文明划分为四个篇章，通过二百余件标志性人物塑像、事件模拟和物品展示，让盲人以触觉、听觉等感知方式理解人类文明的发展历程。

中国盲文图书馆针对盲人群体特性和独特需求搭建视障文化资讯服务平台，不仅提供各类馆藏盲人读物和数字资源的在线服务，还提供电子盲文、盲人数字有声书、有声电子书、口述影像等数字化服务，同时还发布馆内相关培训、展览、讲座等文化活动的实时信息。

四、对少儿阅览区和残障阅览区的法治化建设路径的思考

（一）立法可行性

目前，我国针对公共文化服务出台的相关立法并不多，针对公共图书馆出台的立法更是少之又少。《公共图书馆法》的出台为图书馆法治化建设开辟了道路，但由于其全篇仅六章五十五条，篇幅较少，大多为概括性规定，而各省出台的实施条例也篇幅较少，内容并不详尽，有些条例甚至没有对于未成年人和残障人群的相关保障，因此，在该方面仍存在较大的立法空间。

（二）完善方向

1. 针对少儿阅览区

（1）专业服务人员

公共图书馆原则上应当配备专业服务人员，但何为专业？是否应取得相应资质？这些问题均无答案。在此，笔者对其进行探讨。

公共图书馆作为公益类事业单位，入职采用的是事业单位招考，馆员专业大多为图书管理类，行政人员专业大多为文学类、会计类等，而岗位分为专业技术岗和管理岗位，以专业技术岗位为主。在此基础上，根据各馆的分工安排人员在不同部门就职。因此，并没有专门针对以少年儿童为服务对象的专业

服务人员。少年儿童作为特殊服务对象具有一定的特殊性，与成人不同，需要更多的耐心与精力，也更具专业性。譬如在我国从事教师行业就需要取得教师资格证，针对未成年人教学，还需要学习教育知识与能力。针对少年儿童，图书馆员也应当具备相应资格。即在招考时，应当根据少儿特性，录取具有少儿心理学习经验的人员，在沟通与表达上也应当进行考察。

（2）儿童准入年龄

一般来讲，婴幼儿年龄段在3岁以内，该阶段的孩童语言、认知能力都还没有形成体系，对于规则的定义较为模糊，原则上是不适宜到图书馆内进行阅读活动的。而3岁以上的孩童，由于已经接受过学前教育，有一定的认知能力、是非观念，能够较好地在家长的管教下遵守规章制度，便于管理。现实中，不少家长将婴幼儿带入少儿阅览室，引起不少矛盾纠纷，要解决该类问题，还需将少儿入馆年龄进行划分。通过立法，将少儿准入年龄作出原则性规定，作出区分。

（3）家长监护责任

在少儿阅览室，存在不少少儿读者吵闹、追逐问题，形成极大的安全隐患。图书馆的工作人员大多以劝导为主，收效甚微。因此，立法应当明确监护人的监管责任，做好儿童的教育与引导，对于多次扰乱秩序屡教不改的，应当采取一定的措施。同时还应要求，少儿读者在馆内进行阅读时，应当有成年家属陪同，与公共图书馆共同完成安全监管职责。

2. 针对残障阅览区

联合国教科文组织的《公共图书馆宣言》和《中华人民共和国残疾人保障法》均对盲人公共文化生活作出了规定。其中，《中华人民共和国残疾人保障法》第四十三条第二款更是直接规定"组织和扶持盲文读物、盲人有声读物及其他残疾人读物的编写和出版，根据盲人的实际需要，在公共图书馆设立盲文读物、盲人有声读物图书室"。因此，结合我国盲人阅览区的现状，笔者认为可以通过立法进行细化。

（1）残障阅览区建设数量

《公共图书馆法》第十四条规定："县级以上人民政府应当设立公共图书馆。地方人民政府应当充分利用乡镇（街道）和村（社区）的综合服务设施设立图书室，服务城乡居民。"据统计，截至2021年4月，我国合计拥有2843个县级区划。数量多、分布广是我国公共图书馆的突出特性，随着脱贫攻坚任务的完成，我国居民文化需求日益增长，更需要不断完善图书馆配备。针对残障人士，可以在县区一级设置残障阅览书屋或分馆，保障当地残障人士的文化需求，实现资源的合理配置。

（2）残障阅览区设施设备

目前，我国大部分残障阅览室提供的服务限于盲文书籍、有声读物等。而美国、日本等发达国家在此方面则有不少可取之处。如美国通过"国会图书馆盲人及生理残障者服务"形成盲人图书馆服务网络。英国也采用与美国类似的做法，同时公共图书馆还自制有声读物等对外开放。因此，我国在设置残障阅览室时，可以借鉴上述国家的经验做法，提供更具针对性和个性化的服务。一是要丰富盲文书籍的种类和数量，完善盲文资料库；二是要完善图书馆内残障设施，比如设立必要的盲道，开通专门通道；三是要配备盲人专用设备，引入读屏软件、智能阅读器、便携式助视器、阅读扩视器等，通过这些辅助设备帮助视障读者使用电子设备。

（3）残障阅览区线下服务

日本是一个注重人文关怀的国家，针对视障读者，他们提供了个性化服务，如馆员或志愿者通过现场朗读为视障读者提供服务，通过送书到家、邮寄到家、医院服务、电话传真等提供服务。据此，我们也可以借鉴日本的做法，逐步实现一对一、点对点服务。一是针对残障人士本身行动不便的情况，可以通过图书馆工作人员及志愿者送书上门、邮寄上门等形式为残障人士送去书籍，同时发挥图书馆通借通还的功能，实现就近就地还书。二是开展各类针对性服务活动。如点对点在残障学校开展送书活动。三是招募残障志愿者，通过志愿服务，让普通群体能够更好接受残障群体，以平常心待之，同时也能够发挥残障群体的社会功效，实现社会价值，让这些志愿者可以更好地了解图书馆的运作方式，达到推广宣传目的。

五、结语

图书馆是文献信息资源的集散地，是传播文献信息资源的枢纽。图书馆的丰富馆藏，可以向读者提供文献信息服务，把物质化成精神。建设好公共图书馆的少儿阅览区和残障阅览区，探索法治化发展，能够让图书馆充分发挥教化作用，承担起应有的公共文化职能，为构建书香社会、营造全民阅读氛围提供支持，为建设社会主义文化强国做出贡献。

参考文献

[1] 石志松. "图书馆之城"向"读城"的进化与蜕变深圳全民阅读推广法制化建设新进展 [J]. 河南图书馆学刊, 2019, 39 (5)：2-4, 7.

[2] 胡桂萍. 浅谈我国公共图书馆盲人阅览室服务体系构建 [J]. 科技创新导报, 2017, 14 (2)：245, 247.

[3] 陈佳祺. 对公共图书馆设立盲人阅览室的几点思考 [J]. 图书与情报, 2008 (3)：88-93.

八、挖掘地方文献价值 助力文创产品开发

浅析地方文献对"非遗"文创产品的促进作用
——以湖北省纺织类"非遗"为例

杨振宇　蔡朝霞

（武汉市少年儿童图书馆，湖北武汉，430014）

摘　要：地方文献对区域内文化的记载、继承及发扬有着重要价值。非物质文化遗产是中华传统文化繁衍发展的显著体现，并逐步受到人们重视。现今湖北省已有部分纺织类"非遗"项目消逝于世，作为地方图书馆的文献工作者有必要对这些珍贵的"非遗"项目做好收集、记录及整理工作，通过建立地方文献数据库、构建合作平台、强化推广等方面使它们适应现今文化加速交融的大环境，促进其文创产品的开发，使之不断传承发展并充满活力。

关键词：地方文献；纺织类非物质文化遗产；文创开发

习近平总书记在十九大报告中指出"文化兴则国运兴，文化强则国运强"。"非遗"作为我国传统文化的代表，是中华文化的集中体现。纺织类非物质文化遗产作为"非遗"大家族中的重要组成部分，千百年来一直融于民众日常生活及文化教育之中。地方文献作为区域内自然、社会、人文、历史等方面的综合载体，既是纺织类"非遗"传承的坚固基石也是其发展的必要保障。湖北省以其独具特色的荆楚文化闻名，同时也拥有诸多纺织类"非遗"项目，具有文化挖掘潜力。

一、湖北省地方文献概述

（一）湖北省地方文献概念

地方文献是区域内自然、社会、人文、历史等多方面的综合载体，也是记载地方知识信息的一切载体，包含纸质图书、报刊及非物质形式的录音、影像、微缩资料及电子资源等多种形式[1]。湖北省地方文献记载了湖北省域内自然、社会、人文、历史等诸多方面的实物载体及精神产品。随着地方历史、人文等方面的不断发展，地方文献的内涵及外延也在随之扩充，变得更为详尽丰富。

（二）湖北省地方文献特征

湖北省地方文献有着浓郁的湖北地方特色。以文学作品、地方史志、统计数据、书刊、画作、碑文及现代影音资料等多种方式对湖北省历史沿革、文化传统、地理特征、气象观测、科技发展、生产生活等方面进行正面或侧面记录，集中反映了湖北省发展的整体脉络，体现出湖北地方文献表现形式多样、资料详尽度高、地域色彩明显等显著特色。

二、湖北省地方文献对湖北纺织类"非遗"文创发展的价值分析

（一）湖北省纺织类"非遗"现状

我国纺织类非物质文化遗产由前人们结合当时生活实际所产生发展而来，依据其基本特征我们可以发现，纺织类非遗更多被赋予了传统的工艺技法和历史文化内涵。根据湖北省非物质文化遗产网数据显示，湖北省早在2006年就有黄梅挑花项目入选第一批国家级非物质文化遗产名录，2008年汉绣、民间绣活的红安乡活和阳新布贴入选第二批国家级非物质文化遗产名录，这表明湖北省拥有丰富的纺织类非遗资源。但在我们生活的当代社会，纺织类非物质文化遗产的实际效用开始呈现出衰退的趋势，新的工业材料的出现，机器生产的普及都对纺织类非遗的生存发展产生了巨大的冲击。一些具有文化内涵和背景意义的纺织类非遗作品被迫冠上了"落后、老土"的名头。时代交给了我们一个难题，即如何使经典手工技艺在保持自身特色的前提下走出一条手工生产方式的产业化道路，实现它的经济效益。对于这样的现状，社会各界在纺织非遗的文创上都做出了相应的努力，但是其传承保护现状和实际成效却不尽如人意。

（二）地方文献是文创发展的关键因素

男耕女织是我国从远古时期流传至今的文明方式，纺织文化一直以来是百姓日常生活的重要组成部分。纺织类非物质文化遗产是我国悠久历史和灿烂文化的载体与见证，最早的纺织类产品距今已有3000多年。

具有浓郁湖北地方特色的荆楚文化是华夏民族文化的重要一员，在我国文明史上有着举足轻重的地位。纺织一直伴随着荆楚文明的发展，成为记载和延续荆楚文化的主要方式之一。笔者在武汉纺织大学刺绣传承人培训班上通过与红安绣活国家级传承人刘寿仙之间的交流了解到，红安绣活等纺织类非遗的传承方式相对单一，主要通过言传身教及记录传承等方式，她的团队在进行文创

产品开发时，也以她的大学生子女为主进行开发。在与其子女的交谈中笔者发现，除了刘寿仙本人的技法传授外，他们也都会通过书本文献学习红安的历史传统、人文特点等影响创作的重要因素，并对传统配色与造型都有过了解和学习。同样的情况笔者也在同汉绣国家级传承人任本荣、黄梅挑花传承人胡德稳等一批湖北省重要纺织类非遗传承人的交流中得到证实。这证明了，除去田野调查，地方史、口述史、地方学者整理成册的相关文章、书目成为了现今我们对湖北纺织类非遗研究的主要途径。同样，文创者们在进行文创产品的开发工作上，大多也以此类文献为创作基准。那么，只有基于湖北省现有地方文献——而非凭空想象——所进行的文创产品开发工作才能保证在不脱离其文化本质的前提下，对形式、纹样、配色、工艺等方面进行创意研发，在保持纺织类非遗固有基因的基础上加以现代化的发展。由此可见，湖北省地方文献是湖北省纺织类非物质文化遗产中文化基因的物质载体及精神传递途径，是湖北省纺织非遗文创发展的关键因素。

（三）地方文献是文创发展的保障

"本真性"是所有非物质文化遗产最重要的特质，这个意思指的就是其特性是真实存在的而非虚假编造的，是它原本所拥有的而非复制他人的。[3] 目前纺织类非遗的四类主要保护模式为抢救性保护、整体性保护、法律性保护和生产性保护。前三类保护方式主要抢救和维护纺织类非遗的形式和内涵，其实际成效在于挽救和保存纺织类非遗传承链的完整，维护了纺织类非遗传统意义上的"本真性"，这三类保护方式除去传承人体系链中的口口相传、言传身教外，最主要的记录及传承方式就是通过文物及文献，以实物及文字的形式详尽地记载，以供后人调查研究。我国有大量的图书馆、博物馆担负起了这一重要职责，如武汉纺织大学图书馆内建立的荆楚纺织非遗馆、汉阳江欣苑汉绣博物馆、黄梅县图书馆、黄梅挑花博物馆等都存有大量实物资料及纺织非遗相关文献。以黄梅挑花为例，黄梅挑花早在解放初期就受到国家和地方政府高度重视，保存、流传下来大量的图案纹样。[4] 主要以《黄梅挑花》《黄梅挑花经典图案集成》等重要文献为依托。在2010年前后，曾出现大量不法商贩以十字绣充当黄梅挑花高价售卖，最终研究黄梅挑花方向的专家学者以文献中记载的黄梅挑花发展沿革、技艺特征、纹样配色为依据进行及时指正，才将以次充好、以假乱真的"冒充品"打压下来。这也反映出专业文献及研究成果资料在湖北纺织类非遗长期的传承发展历程中能有力保障其作品不失"本真"，同时在与当代元素进行有机跨界结合进行文化创意时，有效做到不"跑偏"。

三、湖北省地方文献推动湖北纺织类非遗文创发展的途径

（一）完善地方纺织类"非遗"文献建设

湖北省纺织类非物质文化遗产历史悠久且文化内涵丰富，是湖北人民长期以来生产生活的真实写照，是大众喜闻乐见的民族文化。那么，要让这类文化瑰宝屹立于世界文化之林，成为我国重要的文化财富，就需要进行系统的文献信息资源建设。湖北省应以省、各市、各区图书馆为基础，通过影像、照片、书目、记录等方式对各纺织类非遗项目进行详细的记载、积累及留存。信息资源建设作为图书馆重要的基础性工作，其根本是提高信息资源的利用效能。湖北纺织类非遗的现代文创工作也应基于湖北独有信息资源进行研究创作，这样才能保证其文创产品留有湖北地域特色，保持其"本真性"。例如，湖北荆沙汉绣大师张先松的作品多以湖北各类地方文献中出现频繁的龙凤、仙鹤、牡丹等为主体进行创作，其作品恢弘大气，富有荆楚文化底蕴，是弘扬和传承荆楚文化的途径之一。

（二）构建网络"文献+文创"互联平台

在大众看来，非物质文化遗产是"高大上"的文化。其实不然，纺织类非遗是人民群众在日常生活中频繁使用的一部分。若要使非遗文创产品进入大众视野，就必须让纺织类非遗变得亲民，让纺织类非遗知识和产品触手可及。

互联网时代使满足这一需求变得容易。湖北省各图书馆可加紧进行纺织类非遗专项数字图书馆建设，构建网络"文献+文创"互联平台。通过增设电子馆藏、收集数字资源、扩展云存储广度、增设资源下载方式、扩展沟通交流渠道等一系列措施，使湖北省纺织类非物质文化遗产的产地来源、历史沿革、表现形式、图案纹样、色彩配置等各项关键知识数字化，便于文创设计工作者随时随地进行数据资源的获取与下载，为纺织类非遗文创产品的快速发展提供保障。同时，文创设计者也可通过该平台对纹样创新设计、色彩潮流搭配进行针对性上传，为纺织类非遗传承人进行作品创新提供新思路，反哺纺织类非遗实现进一步发展，开创文献与文创的双赢局面。

（三）强化推广助推文创发展

可以以湖北省中省、市、区等各公共图书馆的功能与活动为依托，助推纺织类非遗文创发展。一是以馆藏文献为依托。广泛收集、整理纺织类非遗相关书籍，利用馆存纺织类非遗书籍进行全民阅读推广，请传承人或学科老师分批

次组织各年级学生或社会人士进行湖北纺织类非遗线上线下知识讲座,全民普及纺织类非遗知识,使大众深入了解其所蕴含的人力成本与文化价值,增强纺织类非遗文创市场的价值认同。二是以馆内外活动为依托。以武汉市少年儿童图书馆为例,以两周一次的频率在馆内开展非遗小课堂,邀请武汉市各中小学学生代表20余人进行线下非遗知识科普并让其提交创意作品,以儿童视角对传统非遗进行创意创作,不仅能引起少年儿童对非物质文化遗产的浓厚兴趣,积极投身于非遗的传承与传播上,还能通过少年儿童之手,让纺织类非遗文创产品插上童真的"翅膀",有效开辟湖北纺织非遗文创新思路和新想法。

四、小结

湖北省纺织类非物质文化遗产作为我国重要的文化瑰宝,在当今社会呈现出无法适应的一面。作为公共图书馆的工作人员,要想将这样的艺术宝藏继续传承发展下去,就需要在现存保护机制下进行"两步走",一是以湖北省各级公共图书馆为依托,强化以文献保护为主的基础性保护方式,在此基础上争取做到抢救濒危项目,维护普遍项目,发展少数项目,形成立体式纺织类非遗保护模式;二是以文献为基础进行文创产品的延伸开发,即活态与创造性的保护方式。通过收集、保护、整理等方式对现有纺织类非遗文献进行系统收录整理,形成基础数据资料库,使文创产品有理可依,同时,通过构建网络互联平台使纺织类非遗相关数字资源的上传、获取更加简易,搭建起各级传承人与文创工作者之间的桥梁,使文创开发变得高效便捷;三是以未来为蓝图的发展性保护模式,即通过各级图书馆的图书推广活动或创意课堂活动广泛吸引青少年或设计者参与文创设计,开辟文创新思路、新理念。希望以湖北省地方文献为依托,达到更好促进湖北省纺织类非遗文创产品的开发工作的目的。

参考文献

[1] 黄宗忠. 文献信息学[M]. 北京:科技文献出版社,1992:45-51.

[2] 吕品田. 在生产中保护和发展——谈传统手工技艺的"生产性方式保护"[J]. 美术观察,2009(7):5-7.

[3] 王文章. 非物质文化遗产概论[M]. 北京:教育科学出版社,2006:323-326.

[4] 潘百佳. 湖北最美黄梅挑花[M]. 武汉:湖北美术出版社,2016:8.

新时代图书馆文创产品开发与地方文献相结合的思考

王俪颖

（湖北省图书馆，湖北武汉，430071）

摘　要：自从故宫博物院旗下的"故宫淘宝"在网络爆红，文化创意产品逐渐走入人们的视野，也越来越受到博物馆的重视，现在已有多家博物馆文创产品年收入突破千万。而图书馆刚刚进入文创产品行业，起步晚、资源少，想要做好文创产品，必须立足于图书特色与地方特色。

关键词：图书馆；文创产品；地方文献

2014年，习近平总书记在联合国教科文组织总部的演讲中提出："让收藏在博物馆里的文物、陈列在广阔大地上的遗产、书写在古籍里的文字都活起来，让中华文明同世界各国人民创造的丰富多彩的文明一道，为人类提供正确的精神指引和强大的精神动力。"习近平总书记的话点出了我国文物管理的现状，也指出了文化工作者的责任。目前，我国各级博物馆、图书馆等文博场所收藏了大量的文物与古籍文献，其中绝大部分文物从进入博物馆之后，便再没有与大众接触的机会。对于我国种类繁多、年代连绵不绝的文物、文献收藏来说十分可惜。从故宫淘宝的大热开始，国内文博场馆开始逐渐探索开发特色文创产品。在文创产品的开发过程中，逐渐出现了一大批优秀热门的文创产品。作为图书馆，相对而言可供开发的文物资源较少，怎样挖掘自身优势，实现经济效益与文化传播的双赢局面，是值得思考的问题。

一、文博行业文创产品发展现状

文创产品是指与一定民族和地区的文化背景相联系，源自个人才情、灵感或智慧，并通过产业化的方式进行生产、消费和营销的，满足人们精神需要和欲望的任何有形产品和无形服务。[1]国外博物馆与图书馆率先开始以馆藏为素材设计产品售卖，这与国外文博场馆运营模式有关，国外的博物馆与图书馆长期开设有商店作为运营资金来源，其中图书馆以卖书为主。我国的文博场馆以公立为主，而公立馆均由当地财政进行供给，没有自收自支的生存压力，并且馆员多以研究古籍、图书情报工作为主，设计能力有限，故而我国文创产品起步较晚。

故宫博物院作为我国藏品极为丰富的大型博物馆，2008年尝试上线"故宫淘宝"，当时的文创产品主要是书画与瓷器的简单复制，价格高昂、质量一般，销量惨淡。变化出现在2013年，台北"故宫博物院"推出康熙朱批拓印出的纸胶带——"朕知道了"在网络爆红。[2]故宫淘宝看到了文创产品的新可能，由此推出了一系列以故宫馆藏文物、建筑为原型的，具有故宫特色的纸胶带，吸引了大批忠实粉丝。故宫淘宝又以院内流浪猫、格格、贝勒、宫女、太监等为形象设计了形态各异的摆件、茶杯、折扇等产品。据数据显示，故宫文创2013年增加文创产品195种，2014年增加文创产品265种，2015年增加文创产品813种。截至2016年底，故宫文创产品共计9170种。[3]在2019年的亚布力论坛上，时任故宫博物院院长的单霁翔首次对公众公布，2017年，故宫所有的文创收入之和已达15亿元。

故宫淘宝的走红带动了博物馆界的文创产业发展，越来越多的博物馆开设网店或线上线下同步销售文创产品。各地博物馆都在寻求独创性，挖掘自身特色，从而提升竞争力。苏州博物馆天猫官方旗舰店里的产品有大量苏州非遗元素，如苏绣、苏扇、缂丝等，既有地方特色，又充满了美感；陕西历史博物馆则充满唐元素，广泛使用仕女图进行设计；三星堆博物馆则以青铜人面具形成独有特色；河南博物院文物知名度较低，于是主打考古盲盒、文物修复盲盒，将原本普通的文物复制品放入有历史感的尘土中，买家必须利用附赠工具，或购买工具才能获得内藏的文物复制品，这样的参与感，给买家带来寻宝的乐趣，同时盲盒机制更加刺激买家的复购欲望，从而提升销量。不仅国内的博物馆，大英博物馆、大都会艺术博物馆、卢浮宫博物馆等外国博物馆也进入中国开设线上网店，可见文创产品市场还有较大的可开发空间。

2021年出现了一种新的文创产品——景区雪糕，全国各大景点、各大地标建筑都推出了以建筑楼体或园区特色花卉为原型的雪糕，售价高于市场上雪糕的平均水平，但销量很高，吸引大量游客前往景区打卡。湖北省博物馆也在此基础上推出了湖北特色文创，包括越王勾践剑慕斯、编钟蛋糕、虎座鸟架鼓提拉米苏等产品。这些产品只在博物馆内售卖，吸引了更多观众走进博物馆。

与博物馆相比，图书馆的文创产品开发较为滞后。截至2021年6月，在淘宝上以"图书馆"为关键词搜索店铺，仅能搜到两家：国家图书馆旗舰店和全国图书馆文创联盟。国家图书馆旗舰店于2019年8月20日上线。全国图书馆文创联盟是由图家图书馆率领全国116家图书馆开设，于2018年12月24日上线，其中国家图书馆藏书票、永乐大典纸胶带、庆赏昇平钥匙扣、四库全书笔袋等产品销量较高。全国图书馆文创联盟中的产品依然以国家图书馆为主，其他图书馆产品少，销量低，地方特色不明显。

二、图书馆文创产品的开发方向

（一）坚定自我，挖掘图书馆内涵

图书馆以图书、画作等藏品为主，相较于博物馆藏品的丰富种类，有着天然的劣势，但图书馆也可以利用好这样的差异，与博物馆形成差异化竞争。以古籍为例，一方面，图书馆可以从自己的馆藏中选取对大众有吸收力的古籍进行修复、整理、编辑、出版。另一方面，可以从单本古籍中选取原素材进行二次创作。旧瓶装新酒，把古籍里表现的人物、思想通过现代表现手法进行改造、传播。推出新颖、有创意的产品，形成自己的IP，更好地传播文化知识。

增加读者参与感，拉近读者与图书馆的距离。可以向河南博物院的考古盲盒学习，如果图书馆没有足够有特色的藏书，可以尝试推出特色服务，定期开设培训班教授读者如何制作古书。读者学习制作的过程不仅是对技艺的学习与传承，也是对古籍增进了解的过程。读者需要经历墩齐书口、打纸钉眼、穿纸捻、上书皮、订丝线、贴书签的漫长过程才能完成一本线装古籍的书样，这时，他们会对古籍更有敬畏心，更加向往。正如《我在故宫修文物》给故宫带来过许多新的、更加热情的观众，由读者自己制作古书这样的文创产品，更能吸引读者到馆参加活动，加强读者与图书馆的联系，扩大图书馆的读者群，增强读者的黏性，从而帮助实现图书馆以书化人的目的。文化创意的可贵之处在于，能让人因喜爱一个产品而主动走近一首诗、一幅画或是一段历史，并由此及彼、由浅入深地探索更多未知。[4]

（二）扎根本土，发掘地方文献

以湖北省图书馆收藏的《荆楚岁时记》为例，该书第一次系统地记录了荆楚地区一年内依次进行的岁时节日习俗。20世纪80年代，国内已有几种校注本，对于这样的古籍，图书馆再次出版时可以改变形式，将其改为科普漫画、动画，面向少年儿童。通过形式变化可以与过往版本形成差异，增强对读者的吸引力，实现文创产品的价值最大化。同时还可以从书中记载的节日习俗中提取一些可供设计的元素，如端午节的习俗中记载了粽子、赛龙舟等，可以根据书中记载提取出与以往不同的元素亮点，加以二次创造，粽子可以做成挂饰而不是食物，龙舟可以做成立体书签，将传统物品与其他物品相互组合，碰撞出新的创意，让简单的物品拥有文化气息，增添文化附加值。

（三）拥抱市场，吸收新鲜概念

从故宫淘宝的早期产品"小格格""御猫"与河南博物院的近期大热产品"考古盲盒"的热销中不难看出，最吸引消费者的两大元素：IP与盲盒。

故宫以"格格""帝王""御猫"等形象加深了故宫在消费者心目中的印象，故宫不再是冷冰冰的建筑，而拥有了许多拟人化的角色，即IP。IP一旦形成，就有了无限开拓的空间，现在打开故宫淘宝，首页依然有许多以这些IP创造的新产品，月销量从几千至几万不等。

另一个重要概念是盲盒，相较于IP形象对文化底蕴与设计人员水平的高要求，盲盒概念更易实现。盲盒出现年代较早，但真正实现大规模赢利是在2015年以后，以泡泡玛特公司的崛起为标志。泡泡玛特最早是一家潮流百货公司，2015年公司创始人从营业额的占比中发现了潮流玩具的前景，之后转型专卖潮流玩具。潮流玩具以各种设计师设计出的卡通人物为基础，按系列发行，一系列中会有固定数量的商品加一个隐藏商品，隐藏商品随机出现，概率较低。商品统一外包装，所以称之为盲盒，盲盒玩家往往想要集齐所有玩具，则必须反复购买，直接结果就是销量巨增。这种商业模式带来的巨大前景也让泡泡玛特公司市值破千亿港币。

图书馆可以学习的正是利用馆内地方文献特色，提炼出精品IP，以此为中心开发文创产品，学习盲盒这种商业模式，获得商业前景。

三、图书馆文创产品问题与困难

（一）面临的问题与困难

一是创意与设计的问题，图书馆员多为业务工作者，既没有文创产品设计经验，也没有接受过文创产品设计的系统理论知识学习，在创意与设计上都相对缺乏相应能力，不能很好地将图书馆资源转化为创意，设计成产品。二是同质化问题，往往一个优秀的文创产品面市后，总会出现大量跟风之作，从台北"故宫博物院"的纸胶带爆红，文创产品就与纸胶带捆绑在一起，一些博物馆与自身特色元素相结合创作纸胶带，同样获得追捧，还有一些博物馆不进行优化创作，即便是曾经最热销的纸胶带也销量极低。三是销售渠道与宣传渠道问题，博物馆是旅游景点，进馆人员以游客为主，流动性强，购买力强，可以开设线下商店。图书馆进馆人员主要是固定读者，目的明确，文创产品对他们的吸引力较小，不适宜开设线下商店。线上商店需要投入大量宣传经费，否则只能利用馆内场地与自有新媒体平台进行宣传，宣传效果弱。

（二）可行性解决方案

第一，针对创意不足问题，可以寻求专业设计团队合作，图书馆员对资源进行归纳整理，设计团队选择可利用资源进行创作，图书馆员对其中可能存在的错误进行更正，优化设计；第二，针对同质化问题，图书馆在整理现有资源的过程中，应着重注意地方文献资源。各地有各地的特色，从当地特色、历史名人、重要文献等资源出发，可以形成与其他图书馆的差异。同时，不要盲目跟风，一种商品的热销往往有多种因素，图书馆作为文创产品行业的新成员，贸然跟风，学习不到精髓，反而会沦为抄袭；第三，图书馆可以利用馆内的立牌、电子屏等设备投放宣传资料，在馆内新媒体平台数据量理想的情况下，也可在新媒体平台投放宣传。同时，图书馆前期可以寻求知名品牌的合作，推出联名文创产品，利用品牌效应带动宣传效果。

四、结语

目前，开始进行文创产品研发的图书馆数量较少，已经开始尝试的图书馆也大多处于初创阶段，正是尚未进入文创产品行业的图书馆的机遇。以湖北省图书馆为例，湖北作为荆楚文化的发祥地，拥有卷帙浩繁的古籍，正是这些丰富的地方文献，为湖北省图书馆提供了取之不尽的资源。通过对这些资源的二次创作与开发，创作人们喜爱的文创产品，产生经济效益以补充图书馆发展所需，吸引更多读者到馆阅读、传播传统文化，才能真正实现"让收藏在博物馆里的文物、陈列在广阔大地上的遗产、书写在古籍里的文字都活起来"，才能更加保护好、研究好、利用好这些珍贵的地方文献，才能更好地履行图书馆滋养民族心灵、培育文化自信的责任。

参考文献

[1] 郝鑫. 浅析文化创意产品的内涵和外延 [J]. 产业经济, 2012 (7): 126-128.

[2] 王萌. 故宫文创这样造品牌 [EB/OL]. 海外网, 2019-03-01.

[3] 任明杰. 故宫首晒"账本"：文创收入15亿，竟然超过1500家A股公司 [EB/OL]. 中国经济网, 2019-02-19.

[4] 刘静文. 用文化创意营造消费惊喜 [N]. 人民日报, 2019-06-13.

公共图书馆文化创意产品开发实践与启示

曹 锐

(湖北省图书馆，湖北武汉，430071)

摘　要：本文通过对国外部分公共图书馆文创商店背景、研发特点、营销模式分析，提炼成功经验，针对国内公共图书馆文创事业发展不足进行剖析，提出多方协调能动、交互沉浸参观体验、跨区域营销传播、塑造文创品牌等新策略，以期为公共图书馆的文创事业发展和营销推广提供有益启示。

关键词：公共图书馆；文创产品

公共图书馆文创产品定义为以公共图书馆的文化资源为前提，紧紧围绕公共图书馆文化内涵与服务内容，采取创意设计形成具有独立知识产权的实物产品或创意、服务，以满足用户的文化需求。2017年9月，"全国文化创意产品开发联盟"成立，37家公共图书馆有了能满足开发、销售、授权、众筹等需求的资源共享平台。2018年5月30日，在河北廊坊举办的中国图书馆学会年会上，公共图书馆文创联盟举办了文创精品展，图书馆界的五百多种文创产品集中展出。

公共图书馆借助全国文化创意产品开发联盟资源共享平台机遇，在文创空间、产品研发、营销方式、多方宣传等方面进行了不少实践和探索，但公共图书馆文创产品的全面发展仍存在不足之处。本文通过对国外部分公共图书馆文创商店背景、研发特点、营销模式进行调研，结合我国公共图书馆文创产品开发存在的问题，提出我国公共图书馆开发文创产品的创新思路与建议。

一、国外公共图书馆开展文创产品的实践研究

(一) 国外部分公共图书馆文创商店调研

国外公共图书馆对文创产品的开发起步较早，研发和营销工作已取得了成功经验，本文调研了国外部分有代表性的公共图书馆，如圣地亚哥公共图书馆、英国国家图书馆、澳大利亚国会图书馆、澳大利亚昆士兰图书馆、美国得克萨

斯州奥斯汀公共图书管美国国会图书馆的文创商店的情况（如表1）。

表1 国外公共图书馆文创商店情况表

图书馆名称	背景	研发特点	营销模式
圣地亚哥公共图书馆	1. 社会企业支持、志愿者合作筹集活动资金和组织活动 2. 设计师加盟提交创意想法 3. 公共图书馆商店工作人员生产商生产	1. "本地制作"商店去联系生产商生产出设计师创意想法的商品 2. 将文学元素、图书馆元素融入文创产品中	Instagram、Facebook等多种新媒体宣传图书馆文创产品商店销售
英国国家图书馆	1. 社会企业支持 2. 建立图书馆基金委员管理会对商店盈利资金进行管理、监督和使用	1. 节日主题系列商品 2. 开设展览和设计比赛，获奖作品开发为文创产品 3. 为读者定制服务 4. 出售"哈利·波特"系列丛书全系列周边产品	图书馆商店销售
澳大利亚国会图书馆	社会企业支持	1. 售卖书籍及出版物的周边产品 2. 合作推出有文化元素外包装的护肤品或者彩妆产品 3. 启发儿童智力的产品 4. 记录宣传历史的产品	图书馆商店销售
澳大利亚昆士兰图书馆	社会企业支持	1. 专栏展出当地及其周边地区的历史指南和昆士兰遗产的书籍，开发海报、背包等产品。 2. 出售当地作家文学奖得主的书籍 3. 重视本地历史、文化和生活	以"文学与爱"作为主题来进行营销图书馆商店销售
美国德克萨斯州奥斯汀公共图书馆	1. 公众捐赠，志愿者参与 2. 图书馆工作人员利用丢弃的材料新加工为艺术品，产品定价较低 4. 开设了"回收阅读艺术画廊"展出后售卖	"环保理念"以及"循环回收理念"	奥斯汀公共图书馆网站"3D空间技术"营销回收阅读礼品店销售

续表

图书馆名称	背景	研发特点	营销模式
美国国会图书馆	社会企业支持	1. "樱花"为主题的特色产品 2. 注重历史记忆的传承、关注社会问题。	图书馆文创产品商店销售

（二）国外部分公共图书馆文创商店调研情况分析

通过调研上述部分国外文创商店背景、研发特点、营销模式的情况，综合分析其特点：一是文创产品开发借助社会力量筹集活动资金支持，吸引当地的设计师提供创意，社会机构和志愿者参与协作。二是设立图书馆基金委员管理会对商店盈利资金进行管理、监督和使用，提供了文创产品再生产的资金保障。三是重视挖掘本地历史和文化元素，以传播爱与文学为营销方式，利用"3D空间技术"、Instagram、Facebook等多种新媒体宣传产品。四是馆内工作人员对公众捐赠的材料回收后开发利用，产品定价较低，吸引读者消费。

二、我国公共图书馆文创产品开发存在的问题

（一）文创研发经费不足

公共图书馆文创产品开发已经成为了图书馆打造品牌效应、推广特色文化的重要指标，然而文创资金的不足限制了文创产品的开发、生产和销售。国内部分公共图书馆如湖南图书馆、金陵图书馆、山西省图书馆、安徽省图书馆、宁波图书馆等有文创专项经费投入，但大多数公共图书馆并没有可支配的专项经费。文创产品获得的盈利上缴后再生产资金欠缺，因此后期文创产品设计及生产的延续十分受限。

（二）文化元素提取存在局限

公共图书馆文创产品主要集中在古籍整理（复制品、影印本）、办公文具、家庭用品、服装饰品等，部分公共图书馆在馆徽、馆标LOGO等元素提取加入文创产品设计有一些实践探索，但也存在局限。如广东省立中山图书馆提取馆徽的元素运用到雨伞的图案设计中，南京图书馆设计的钱夹中运用了图书馆的标志，湖北省图书馆用于读者活动的笔记本、手提袋上印有馆徽和馆标LOGO等，对于挖掘本地历史和文化元素稍显不足，文创产品种类大同小异，缺乏市场竞争力。

（三）产品开发持续性受限

公共图书馆多以"藏、阅、讲、展"为主，文创产品工作的实践多数依托于文创展览会等形式，以展示珍贵古籍为主，没有延续性。部分公共图书馆对开展文创经营尚持观望态度，文创产品数量少且上新持续缓慢，开发的文创产品并未量产且面向市场销售，仅作活动宣传展示用或作礼品、奖品赠送。

（四）产品营销推广薄弱

目前，全国文化创意产品开发联盟的公共图书馆中，利用新媒体创新的营销方式主动宣传且取得显著成效的是国家图书馆。点淘"国家图书馆旗舰店"直播间中，用3D立体卡通形象小官人"元元子"结合产品视频播放和风趣幽默的语言详细介绍店内文创产品，收获了20.1万粉丝的喜爱，在对话框打字就可以和元元子互动聊天。虽然超过半数的公共图书馆也探索了古籍衍生文创产品，但主动营销宣传不足，也未开展营销与销售，仅在馆内实体书店销售或文创公司代售。

三、我国公共图书馆开发文创产品的思路与建议

（一）多方协调能动，建立专项资金

公共图书馆文创资金欠缺，要主动研发文创产品，人力和物资上需要他方支持，寻找企业捐赠或以资源和知识产权的形式入股。鼓励与社会企业如网红实体书店、文创开发公司、网上销售平台签订合作协议，发挥资源优势共同完成文创产品开发设计、生产、落地销售等。同时，注重激励导向，接收公众的艺术品、书籍字画、周边产品等捐赠。建立图书馆基金委员管理会对图书馆文创产品所获盈利资金进行管理、监督和使用，方便图书馆文创产品的再生产。

（二）交互沉浸参观体验，扩大产品销售

打造公共图书馆城市文化地标，创新"图书馆打卡+文创产品"的运营模式，以VR、AR技术方式智能游览场馆、地方名人、文化符号、文学作品等，通过媒体互动、合办共享活动等方式扩大宣传文创产品业务。如湖北省图书馆"云春游"、浙江省图书馆"云游浙江"等数字文旅，将读者带入图书馆沉浸式体验，营造了有趣的参观氛围，可以推动场馆内文创产品销售。

（三）拓展线上宣传，跨区域营销传播

公共图书馆在场馆内设立文创空间，通过空间的舒适、位置的便利性、内容生产的创新来推广营销文创产品，营销对象相对固定，多为附近居民。为了扩大产品宣传的辐射面，应大力拓展线上跨区域营销传播。如国家图书馆"国图文创官方微博""国图文创"微信公众号，"全国图书馆文创福利群"微信群等。同时，针对多年龄层群体开发互动式、情境式、知识普及式等产品。

（四）建立长效协作，塑造文创品牌

从2017年"全国图书馆文化创意产品开发联盟"到2020年"巴蜀文化特色文创产品研发"，部分公共图书馆已经具有了文创产品的实体店和网店，营造了良好的文创产品共建互推的氛围，在淘宝、微信等平台打造了热门产品，为读者提供了网售渠道。公共图书馆加入和共享"全国图书馆文化创意产品产品开发联盟"的同时，需要开发该馆的文创商标、动漫形象，建立研发、设计、生产、销售完整的文创产业链条，建立长效协作，吸引特定人群，特别是消费能力强的年轻群体，塑造品牌文创产品。

参考文献

[1] 黎菊芬. 国外公共图书馆文化创意产品开发及启示 [J]. 河北科技图苑, 2020 (1): 40-43.

[2] 田韶峻. 我国图书馆文创工作研究综述 [J]. 图书馆学刊, 2020 (4): 92-98.

挖掘地方特色价值 助力文创产品开发
——以湖北省动漫产业 SWOT 分析为例

曾 铖

(湖北省图书馆,湖北武汉,430071)

摘 要:"十四五"规划时期,动漫产业作为绿色朝阳产业,对推动湖北文化产业发展具有重要作用,本研究采用SWOT分析法分析了湖北动漫产业的总体情况和竞争态势,借鉴动漫产业发展超前的美国、日本、韩国等国家,在湖北动漫产业SWOT分析的基础上,从政府、产业和社会等方面提出了提升湖北动漫产业竞争力的政策建议。

关键词:动漫产业;文化创新;SWOT分析;湖北

一、国外动漫产业发展背景与意义

现代社会,人们生活遭遇环境恶化、人口老龄化、温室效应、自然资源短缺等突出的人口环境问题。当今,人类对自然环境过度开发利用,全球气候变暖,人类经济社会周期波动,中美贸易摩擦加大,政治动荡加剧,环境污染问题日益严重,如何实现可持续发展成为本文重视的研究主题。

2008年世界金融危机后,主要大国都在进行经济发展的战略筹谋,寻找新一轮经济产业发展的重点,文化在面临经济发展不确定时具有战略性作用。历史上世界经济危机与人类社会繁荣并存,在带来损失的同时,各国政府积极应对的文化创新手段也值得中国思考借鉴。从20世纪30年代美国电影技术创新促使好莱坞电影从经济大萧条中崛起,并成为支柱型产业链,到20世纪90年代日本制定全球文化输出战略,其动漫文化带动了整个日本经济的复苏,再到1998年韩国政府的"文化立国"方略,促使韩国游戏业处于世界游戏产业的第一方阵。在经济危机阴霾的笼罩下,这些国家广泛、深入、持久的文化创新实践带来了危机中的转机。中国作为走在现代化道路上的后发国家,也应该大力实施文化创新战略,顺应文化发展的内生力量,摆脱经济周期性危机影响,探索出适宜本国发展实际的文化创新之路。

展望21世纪中叶,中国文化软实力对美国的追赶将经过先"量变"后"质变"两个阶段。预测到2025年中国文化软实力水平将相当于美国的四成,到2035年将进一步达到美国的一半。[1]随着中华民族伟大中国梦进程的不断推进,在文化软实力方面,东方文明与西方文明的竞争中,本文一方面认可中国将实现对美国的赶超,同时也清醒认识到赶超过程将需要相当长的时间,文化发展过程中的文化创新大有可为。随着创效力量的积累,本文看好国家文化发展的美好前景。

浸润文化元素的动漫产业属于朝阳产业、绿色产业已成为世界共识。与石油、煤炭、土壤等不可再生资源截然不同,动漫以及相关衍生品经济的发展源自于人的精神力、创造力和个人才能等精神要素,可以通过交流、教育学习、灵感迸发实现可持续再生产。以日本动漫产业为例,其产业链密集了劳动力、资本、知识与技术。这种因素对环境零污染,对资源零浪费,具有深层次高附加经济值,因此,需要大力发展动漫产业。

二、湖北省动漫产业SWOT态势分析

据国家统计局发布的2020年国民经济和社会发展统计公报显示,2020年我国人均国内生产总值达到1.05万美元,湖北省达到了73298元,迈入了中上等收入国家或地区的行列,居民恩格尔系数降至30.2%,接近联合国划分的20%至30%的富足标准,在社会消费层次由中低端向中高端转变的过程中,消费趋势日益呈现出"脱物化"的倾向。十九大报告强调,"满足人民过上美好生活的新期待,必须提供丰富的精神食粮"。SWOT态势分析法研究了主体自身内部与外部环境的优劣,面临的机遇与挑战,并根据"发挥优势,利用机会,克服劣势,避免威胁"的基本原则为湖北动漫产业的未来发展制定了一个合理的战略规划。

(一)内外部环境

以充分运用政策工具为动漫产业发展营造良好的氛围为目的分析,内外部环境宏观上包括:文化思想体系,文化战略设计、实施和评估,文化法规体系,国际环境等;微观上则涉及文化政策和相关监督管理政策等。本文从法律环境、政策环境、市场环境、国际环境等方面分析当前湖北省动漫产业内外环境现状。

表 1 湖北省"十二五"与"十三五"时期动漫产业相关政策

十二五	十三五
1.《关于推动全省动漫产业发展的意见》《湖北省扶持动漫产业发展专项资金管理办法（试行）》 2.《组织实施弘扬社会主义核心价值观动漫扶持计划》 3.《关于做好2015年扶持成长型小微文化企业工作方案》 4.《关于组织做好2015年"原动力"中国原创动漫出版扶持计划项目申报工作的通知》	1.《关于实施中华优秀传统文化传承发展工程的意见》 2.《文化部十三五时期文化产业发展规划》 3.《关于推动数字文化产业创新发展的指导意见》 4.《湖北省十三五时期文化事业发展规划》 5.《湖北省扶持动漫产业发展专项资金管理办法》

由表1可知，"十二五"时期与"十三五"时期湖北省动漫产业相关政策一直持续发力，不断追求更全面、更精准、更突出湖北特色。湖北省经济高速发展背景下，人民生活水平不断提高，不仅湖北省内，国内动漫产业市场需求呈指数级增长，新文化经济时代已经到来。动漫作品中的文化创意具有与科学研究类似的灵感瞬间性、方式随意性、路径不确定性的特点，这要求动漫产业发展需要一个宽松、宽容的外部环境，从而培养开放的意识和心态，开展创意设计和活动策划。所以"十四五"时期湖北省动漫产业的政策环境打造上，需要从体制机制、法制建设、经济政策、人才及公共服务等方面，更为注重培育动漫产业有质量、有数量的文化创新。而这样的湖北动漫产业产品走出国门，也会在国际舞台上展现出现代湖北的文化魅力。

内部环境上还有湖北省政府在政府工作报告上提出的具体文化政策，不断健全现代文化产业体系和市场体系，推动文化市场繁荣发展、文化产业提质增效。党的十九大对建设现代化经济体系提出一系列重大战略举措，对健全现代文化产业体系和市场体系提出明确要求，包括"以推进文化产业供给侧结构性改革为主线，努力提升文化产业发展质量和效益""坚持创造性转化、创新性发展，提高文化遗产保护传承水平"，党的十九大把坚持创造性转化、创新性发展与坚持"二为"方向、"双百"方针并列作为新时代文化建设的基本方针，创造了良好的内部环境。

（二）优势与劣势

动漫产业作为承载文化创新的重要经济实体，湖北省省委、省政府高度重视动漫产业发展,"十二五"计划目标是重点扶持动漫产业走民族风格和时代特点相结合的原创之路,并力争实现动漫企业300家、全省动漫年产值100亿元的发展目标。"十三五"时期,动漫与游戏类企业的全部营业收入不断高升。湖北省国家动画产业基地、国家重点动漫企业、知名动画品牌等逐渐涌现,湖北省动漫"大动漫全产业链"渐成规模。

成功承接国际动漫产业转移的重大机遇后,湖北的动漫产业发展却并不全面。最明显的短板便是行业利润率低,湖北省动漫的版权保护环境差,动画精品不多,创新复合高端人才严重不足。结症明显的情况下,湖北省各地依然受短期利益吸引,低效复制扩大规模的同时,跟风蔚然成风。经研究,中国的动漫产业百分之九十是"小散弱差",即规模小,专业分散,研发能力差,竞争能力差,动漫产品自主品牌少,专有动漫技术更少,这些构成了中国动漫产业发展的瓶颈。

动漫行业的版权法是生命力,以三个亚洲国家的动漫版权为例统计,迄今为止,日本国家版权法修订了35次,韩国修订了17次,印度修订了5次。与前文分析的湖北省文化创新分布特点表现一致,湖北省动漫产业结构缺乏核心竞争力,整体实力不强,高端人才紧缺,龙头品牌企业乏力的同时,产品结构与分布都十分不平衡,百花齐放的产业群效应还未形成。以衡量作品质量的奥斯卡评奖标准为例,电影故事的优秀表达与推动电影技术进步发展的创新发明两类方向,文化创新中的内容创新与技术创新缺一不可。

综上所述,湖北省动漫产业SWOT矩阵分析如表2所示。

表2 湖北省动漫产业SWOT矩阵分析图

优势S	劣势W
代表湖北楚文化的一批优秀精品力作丰富多元,有利的品牌形象,轻量化资产; 作品创作展演精彩纷呈,现代公共文化服务体系不断完善; 传承性方面,优秀传统文化传承体系建设成果丰硕; 融合性方面,文化"无边界"产业涌现; 对外文化交流影响扩大。	产业结构不优,传统文化产业比重偏大; 需要解决的问题异常艰巨复杂,动漫产业发展环境新老问题交织,各种因素相互影响; 文化产业对促进经济、政治的实体绩效的提高难以全面准确计量; 缺乏高层次复合型人才。

机会 O	威胁 T
动漫产业重点政策支持； 文化市场繁荣有序； 文化产业的增益性方面，与经济社会活动互相影响、互相交融、互相促进的趋势越来越明显。	动漫产业发展滞后，人民群众日益增长的精神文化需求、文化艺术自身发展的要求高； 城乡、区域之间发展不平衡，动漫企业主体偏弱小； 西方文化入侵。

三、湖北省动漫产业提质升级政策方略

（一）加强版权保护，重视自主创新

1986年，史蒂夫·乔布斯和美国动漫电影著名管理人卢卡斯成立了皮克斯动画制作工厂，在1988年为迪士尼量身定做了一款电脑动画制作系统（CAPS），革新了当时的传统动画制作技术。这部设备生产的第一部动画短片《锡铁小兵》获得了当年奥斯卡最佳短片奖，此后在技术创新引领下创作不断，连续几年都荣获此奖项。当下湖北的企业家、专家学者、智库等都聚焦于新技术的研发与应用，包括动漫游戏等数字艺术展示化产品研发、数字文化装备、数字艺术展示方面的创新等，湖北省动漫产业文化创新的一项重要内容是数字化优化转型。如果湖北省动漫产业能把握5G时代带来的动漫发展机遇，开拓创新，动漫行业跨步发展可期。

（二）挖掘地方特色，推出荆楚精品

在未受新冠疫情冲击的2019年，知识产权的运营典范迪士尼在全球范围内共获得了超过100亿美元的票房价值。湖北是楚文化的发祥地，是全国知名的文化、文物大省之一。动漫产业具有丰厚的经济回报，如果湖北各地谋求差异化创新发展，也能运营出代表湖北的动漫IP，利润回报也会非常可观。相较于其他文化产业，轻资产的动漫产业如果能坚持技术革新，坚守数字化优化转型，托起动漫产业高地，将涵盖游戏、文学、纺织、文物、工艺等方面的湖北漫画产业链作为一个整体看待，注重各层次产业的培育与发展，最终会取得指数级整合优势。

（三）重视文化交往的作用。

即使是面临中美贸易摩擦加大挑战的今天，世界全球化、多边贸易发展、

数字化生存、文化交往在世界范围内受到各国广泛认可，建设人类社会美好未来，文化文明力量不可或缺。文化是民族的，更是世界的。本文倡导警惕文化霸凌主义，传承中华民族优秀传统文化的同时，更倡导要以共享开放的心态吸收西方文化中的精华，为我所用。

总的来看，国外文献研究内容更倾向于从定量与逻辑角度分析文创产业。如 EEG、IGA、BPNN 脑电图交互技术在文创产品设计中的应用，结合文化要素、消费者偏好预测助力文化产品设计。[2] 公共文化领域中大数据预测模型改进图书馆服务的应用，传承传统文化方面的文化遗产保存上如何利用新的矩阵模型达到更好的效果等。总结以上国外数据库相关的检索领域可知，当前研究的一个重要进展是探索大数据在国家治理中的运用，可以预见接下来新技术、新工具在动漫产业中的运用研究会不断深化细化发展。

参考文献

[1] 杨竺松，胡明远，胡鞍钢. 中美文化软实力评估与预测（2003—2035）[J]. 清华大学学报（哲学社会科学版），2019，34（3）：155-167，197.

[2] Li Deng, Guohua Wang. Application of EEG and Interactive Evolutionary Design Method in Cultural and Creative Product Design [J]. Computational Intelligence and Neuroscience，2019.

[3] 钱刚. 楚文化对湖北动漫品牌的提升作用——基于文化产业视角 [J]. 今日财富（中国知识产权），2019（3）：139-140.

[4] 刘伟成，戴彦昶. 基于钻石模型的湖北动漫产业竞争力分析 [J]. 科技情报开发与经济，2010，20（28）：156-159.

[5] 陶萍. 省域动漫产业发展与产业政策研究——以黑龙江动漫产业 SWOT 分析为例 [J]. 哈尔滨工业大学学报（社会科学版），2011（4）：14-21.

[6] 朱永琼，高榛，罗飞. 湖北动漫产业发展现状与产业链构建策略研究 [J]. 经贸实践，2016（15）：102，104.

[7] 刘兵. 武汉动漫产业的现状及发展研究 [D]. 武汉理工大学，2008.

十堰市地方文献工作案例研究及创新发展探索

赵 璐 郝梦寅

(十堰市图书馆,湖北十堰,442000)

摘 要:十堰市图书馆为拓宽其服务功能,挖掘和弘扬本土文化,自1999年起正式设立地方文献部。本文通过记述十堰市地方文献部二十多年坚持推广地方文献资源,宣传优秀地方文化的发展历程,研究探讨未来地方文献工作可持续发展的新理念和新方式。

关键词:地方文献;地方文化;创新发展

十堰市城市的发展虽然只有短短五十年,但十堰地区的文化发展源远流长。十堰地区具有丰富的远古文化遗存,包括:原始的神农文化,富有底蕴的楚文化,长汀文化、汉水文化、巴山文化、享有盛名的武当文化,颇具特色的移民文化,还有古朴稚拙的民俗民间文化。1958—1978年,随着三线建设的展开,"汽车文化""山水文化"异军突起,古老文明和现代文化交汇贯通,形成了具有十堰特色的文化内涵。以此为基础的十堰市地方文献因此具有较高的学术价值和应用价值,既可存史鉴今,兼能资政育人,其既是十堰市地方文化基础建设的硬件,也是十堰市精神文明建设的硬件,另外也从一个侧面反映出华夏民族的发展历程。

1999年年底,十堰市图书馆专业地开展地方文献收集整理、展示研究、开发利用等工作,正式设立地方文献部。经过二十余年的奋斗,通过不断创新服务方式、发展服务理念,地方文献部最终成长为现今的地方文献中心。地方文献工作的创新发展对于我们进一步认识十堰,为十堰的发展及文化建设、打造鄂西生态文化旅游圈的核心板块具有重要的历史意义和支撑作用。

一、地方文献征集道路的拓宽

1999年3月,十堰市地方文献部正式成立,在成立之初,其主要依靠呈缴本制度对地方文献进行收集与入藏。但是,被动收集的方法令地方文献的收集工作举步维艰。2001年起,地方文献部改变了坐等文献入藏的保守工作方式,它开始面向全市广发征集函,征集内容及范围扩大到本市辖区内各种出版物或非正式出版物、正式和非正式出版的有关论述十堰市各方面情况的著作(包括本市作者和外地作者的正式和非正式出版物)。2002年年初,地方文献部走出市区范围,首先向湖北省馆发函,积极广泛地开展湖北文献征集活动,随后几年还将此工作扩展到周边地区,与襄阳市图书馆、荆门市图书馆、仙桃市图书馆等地先后进行了一些有价值的地方文献交换。2011年,十堰市政府发文指导征集工作,成立工作小组面向社会征集地方文献,同时,在"十堰日报""十堰晚报""十堰广电"等媒体向广大市民征集家谱。由于政府层面的宣传和推动,地方文献征集工作成效显著,时年征集各类地方文献一千多种。

2012年年初,经过彻底的修缮整理,十堰市推出了全新的地方文献中心。由于馆藏量的逐渐扩大,地方文献中心划分出地方文献阅览室和特藏文献典藏室两个部分,服务功能也从原来单纯地收集文献延伸到以收书、展书、编书、讲书于一体的开放型多功能文献服务中心。随着新媒体时代的到来,十堰市地方文献中心进一步拓宽其征集道路。近年来,通过本土作家文库,地方文献中心网罗到一批在本地及国内的十堰籍知名作家,并以市台办为基点联系海外郧阳籍知名人士,征集到一批在全国较有影响的知名作家的作品,涵盖文艺界、旅游界、医学界、收藏圈等诸多领域,在一定程度上提升了十堰市图书馆地方文献的质量;同时,更加注重加强地方文献的交流、交换工作,采用邮寄、扫描电子版、电子邮件传送、网络传输等多种方式,增加文献的流动率和使用率。普遍收集与重点收集、单独收集与联合收集相结合的收集理念,也使征集工作取得了更为明显的成效。

二、地方文化推广活动的创新

图书馆已从资源驱动走向服务主导的新时代,多元化的新兴服务模式正逐渐兴起并走向成熟。在文化高质量发展要求的大背景下,如何加强服务供给、丰富服务内涵、探索新型服务是图书馆需要深入探讨的课题。十堰市地方文献中心为满足读者的新需求,增强读者了解地方文化、传承地方文化的主动性,促使更多读者爱上地方文化,在文献的收集、共享、宣传与传播方式上不断进行创新。

(一)建立资源共享网络

图书馆2.0时代的到来,促进十堰市图书馆形成"以展促藏,以藏推展"

的新发展理念。为了促进文献交流，实现资源共享，全面完整地收藏、保护和利用十堰地方文献资料，十堰市图书馆和各县图书馆协商后，建立了以市图书馆为中心，覆盖四县一市三区（原五县一市）图书馆的地方文献征集和共享网络，在为全市政治、经济、科学、文化建设服务中发挥着重要作用。十堰市图书馆在各县图书馆建立地方文献分中心，同时向机关、企事业单位、学校以及社会各界广发地方文献捐赠倡议书。分中心在负责各辖区地方文献的征集、整理和服务的同时，保持与市馆地文中心经常性的沟通与联系，做到信息互通有无，文献互通有无。

为加强各县市区的地方文献宣传推广力度，让更多市民、读者了解地方文献中心的作用和价值，感受地方文化的魅力和厚重，市中心和分中心每年都联合开展地方文献专题活动，共同策划地方文献的宣传展示活动。例如，房县、竹溪县两地所出版的地方文献新作基本上都通过县文联罗列于市图书馆之中；竹山县定期举办的"竹山圣水茶文化节"得到竹山县图书馆的积极协助，也为其完整地收集竹山县的地方文献提供了良好的契机和条件。地方文献的交流与交换，一方面大大促进了征集工作，节约了成本，丰富了馆藏，另一方面也使高品质的地方文献得以流动和更大范围的传播。

（二）创新宣传展示活动

2015年以前，十堰市图书馆为宣传推广地方文献资源，制定出《地方文献捐赠奖励办法》，里面包括：在场馆大厅设立"地方文献捐赠榜"，策划并开展"地方文献系列主题书展""家谱征集与展览展示活动""十堰作家捐书读书会"等多项品牌活动，同时在媒体和市图书馆网站上进行宣传报道。

近年来，十堰市图书馆依靠网络技术，创新并宣传展示方式，线下线上多措并举，更加直观生动、系统深入地开展地方文献的宣传及阅读推广活动。例如，在十堰市图书馆微信公众平台开设"赠书留芳名""话说地方文献"等专栏，采用"图文声"并茂的方式进行专题推送；在湖北省社科普及周期间，利用高清电子显示屏开展地方社科知识视频展播活动，生动展现十堰市的地方风土人情；全民阅读月期间举办线上线下同步书展等。（详见表1）。多元化的宣传推广，有效拓宽了图书馆的服务路径，既能满足普通读者的需求，又能满足十堰市的地方文化研究专业人士的需求。

表1 十堰市图书馆地方文献资源线上推广活动

平台	栏目	内容	周期
微信公众平台	赠书留芳名	介绍地方文献周期内的具体捐赠情况，包括捐赠者、捐赠书目及图片、捐赠数量、文献主要内容等。	每月1-3期，具体根据文献捐赠情况。
	话说地方文献	每期推荐一部优秀的地方文献，介绍其作者、文献内容及内涵，并延伸讲解相关的十堰市的地方历史文化和时代意义。	每周1期
	地方文献系列主题书展	捐赠专架书籍展示、"4.23世界读书日"主题书展、"寻根溯源"家谱展、稀少姓氏家谱展、"建市五十周年"地方谱志展等活动展示及文献展示。	与线下书展同步举办
十堰市图书馆网站	地方文献专题数据库	收录、展示地方文献馆藏数字资源。	实时更新
	地方文化资源服务	十堰市文化共享动态、十堰民间文化、十堰旅游、十堰非遗、十堰视频、问道武当、十堰讲坛等多个栏目展示十堰市的地方文化。	
	线上书香	书单推荐、电子书展	
	读者咨询	解答读者疑问，记录读者反馈、意见和建议。	
其他媒体	宣传报道地方文献开展的各项活动		
馆舍内外电子屏	社科知识视频、十堰市风景风貌（优秀摄影展）、十堰风土人情视频等。		根据具体内容在馆舍内外三块电子屏上不定期播出。

（三）传播地方文化的新路径

2006年起，十堰市图书馆推出公益性讲座平台"十堰讲坛"，成为传播地方文化的重要依托。"十堰讲坛"重点讲述地方文化的传承、历史典故及风土人情,将地方文献资源的文字、图像进行生动立体的转化并进行广泛有效的推广传播,提升市民的城市文化认同感,营造健康向上的文化环境,扩大地域文化的社会影响力。"十堰讲坛"曾邀请民间文艺家、汉江师范学院艺术系讲师康平女士以"说唱十堰好声音—吕家河民歌赏析"为题,采用讲唱结合的方式,生动展示出吕家河市民歌的类型与艺术特征,深入解析吕家河民歌的历史文化成因和传承发展现状,感受十堰市民歌的动人魅力;邀请汉水文化研究专家潘世东在十堰市的市区、郧阳区、郧西等县市区巡回演讲《汉水文化与中华文明》,从空间、时间和历史地理学、考古学、哲学等多角度维度、多角度论证了汉水文化的悠久历史和文明伟绩;还邀请过十堰籍国家一级作家梅洁开展"屈原魂归汉江"专题讲座,从屈原的生平和作品等方面讲述屈原一生的艰辛以及屈原生平被误读的原因,感受屈原一生守候汉江的爱国情怀。

2013 年起,十堰市图书馆馆员充分利用馆藏资源,对文献进行二次开发,整理汇编教案《十堰五千年》《舌尖上的十堰》《十堰红色故事》等,走进全市中小学校、武警部队、机关企事业单位,巡回开展"十堰地方历史文化系列讲座",辅以幻灯片、视频、音频等多种素材,讲述十堰市在中华民族五千年历史长河中的发展变迁,以及十堰市人民勤恳劳作并在其过程中留存和传承文化、习俗与情感。

由于新冠肺炎疫情的影响,2020 年起,十堰市图书馆将讲座重点转移至线上,开展了"十四五——开启十堰新征程""十九届五中全会指引十堰未来""优化十堰营商环境""十堰市基层社区治理"等系列线上专题讲座,联合十堰晚报、十堰广电、秦楚网等媒体进行直播,并共同录制成高清视频在全市各大媒体及图书馆网站和微信公众号进行宣传推广,供读者、市民线上观看。同时,十堰市图书馆策划并开展了线上"文化沙龙"分享交流活动,通过 QQ 群、微信群打造出十堰地方文化爱好者的交流平台,一方面使图书馆及读者均更快获得最新的地方文献资源信息,达到资源交流共享的目的;一方面也鼓励读者分享阅读心得,交流文化观点,碰撞智慧火花,延展知识的广度和深度,达到彼此促进、共同提升的效果。

三、地方文献开发利用的深入

地方文献的二次开发,是增加文献的学术价值、扩大读者群、提升服务能效的重要手段。为增加地方文献利用的深度和广度,实现地方文献多样化发展,十堰市图书馆采取了"三步推进"的有效措施:

第一，拓展文献的结集工作。为系统展示和推介地域文化，市图书馆实现了地方文献资料的二次开发，整理汇编出《十堰市地方文献联合目录》《十堰市古籍图书联合目录》《十堰市名优特产录》《湖北省第十一届运动会文献集锦——金色的十月》《白马山民间故事集》等多部再生成果，更好地保护了本土文化遗产，对文献进行了深入的挖掘与科学的整理。

第二，拓展地方文献的利用价值，拓宽地方文献的交流渠道。市图书馆主动为地方志办、文联、社科联等专业机构提供二次开发资源，打好辅助战。例如，市地方志办根据市图书馆提供的《十堰市志》《张湾区志》《茅箭区志》以及《东风公司各厂厂志》等文献，经过五年时间整理汇编出一套《十堰文史 三线建设·二汽卷》，并向图书馆地方文献中心捐赠二十套，同时开设了"政协文史专架"，以保持市政协、市地方志办与市图书馆的长期交流合作。

第三，积极发挥图书馆智库作用。在开发利用方面，市图书馆深入到市委市政府及党政机关、企事业单位，主动服务于领导决策和中心工作，服务于地方经济建设和文化建设。例如，2014年至2016年间，图书馆为市政府提供整理十堰市戏曲、曲艺、书画、摄影、非遗保护、文学创作等方面的文献资源，开展了扫描、校对、整理等多项工作，汇编出一套地方文化精品《十堰记忆》，对十堰市的文化发展轨迹进行了全面且翔实的记录，对发生在十堰市的大小事情做到"一书在手、全部都有"。

四、未来创新发展地方文献工作的思考与探索

目前，十堰市的地方文献工作虽取得了一定的成果，但面对丰富的地方文献资源，在数据库建设、专业人员培养以及分类编目等方面仍需不断创新强化。未来，如何增大地方文献的使用率和实用性、延续和拓展文化服务功能、更好的服务于地方文化建设和区域经济建设，是图书馆地方文献工作需要深入探究的内容。

（一）需着力建设地方文献专题数据库

当前，期刊数据库、馆藏数据库等已日趋成熟，而地方文献数据库的发展仍较为缓慢，这虽然是由地方文献的属性所决定，但建立地方文献专题数据库势在必行。十堰市图书馆应采用自建和共建相结合的方式，着力打造具有地方特色的地方文献专题数据库，逐渐丰富地方文献数字资源。例如，将十堰名人、特产、文化旅游、风土人情等专题文献资料进行分类整理，建立相应的专题数据库；根据十堰市的地方历史文化特点，建立起楚文化、汉水文化、红色文化、民间文化、武当文化、神农文化等专题数据库,增加分类检索方式,为读者提供多样化、专业化、特色化的地方文献信息资源,提升信息服务能效。

(二) 需定向打造专业图书馆员队伍

目前,十堰市图书馆的在编人员的培训和学习,侧重于针对普通文献的服务技能的提升,缺乏针对专业资源服务技能的培训。地方文献工作者需要有一定的地方历史文化基础、及时了解市政市情、懂得如何将信息资源进行有效利用,以解决不同读者的不同需求。一位具备较为全面的地文工作能力的人员对于今后地文工作的发展起着举足轻重的作用。因此,图书馆需对地方文献工作者定期开展专业技能培训、参观学习交流等活动,培养其对地方文献的挖掘能力和开发能力,进一步提升图书馆的服务品质。另外,广泛吸纳社会人才、壮大志愿服务队伍、加强社会合作,也是提升图书馆服务质量的有效路径。

(三) 需制定地方文献规范化分类排架制度

为突出地方特色,目前十堰市图书馆对地方文献的分类办法是在《中国图书馆图书分类法》的基础上,根据本地文献的特点进行分类编目。在七千多册的地方文献中,有近四千册按照二十二大类分类排架,其余的三千多册则分别放置于捐赠专架、家谱专架、各县市区八大专架以及政协文史专架上面。这样的分类方式并不属于规范化、标准化的分类方式,在图书的分类加工上存在编目规则复杂、字段多、耗时长等诸多不便,同时,在很大程度上不利于地方文献数据库体系的建设。因此,亟需制定出规范的分类办法和排架制度。

五、结语

博大精深的十堰文化,是我们的精神家园,也是弥足珍贵的精神财富,其理应得到积极传承、大力弘扬和保护。十堰市图书馆的地方文献工作由最初的困难重重发展到至今取得了一定的成绩,立足本土文化,传播地方文化、打造文化亮点既是我们的责任,也是我们的义务。我们应继续加快十堰文化挖掘、开发、利用和发展的步伐,增强十堰市的历史文化底蕴,加快区域性中心城市建设,提升城市整体形象,加强全市凝聚力和影响力。

参考文献

[1] 杨琳. 公共图书馆地方文献工作问题研究 [J]. 经济师, 2014 (2): 278-280.

[2] 欧阳勇俊. 广州图书馆地方文献阅读推广工作的实践与思考 [J]. 河南图书馆学刊, 2017, 37 (12): 100-101.

[3] 邹辉杰. 参考咨询馆员的角色新定位与实现路径 [J]. 当代图书馆, 2017 (1): 22-24.

公共图书馆文化创意产品的开发与利用

余嫚雪

（湖北省图书馆，湖北武汉，430071）

摘　要：文创产品的开发与利用，有利于弘扬传统文化、提升文化素养、推动文化产业的发展。公共图书馆加强挖掘文化资源，提升研发能力，创立文创品牌，也有利于提升图书馆服务能力与服务效益。

关键词：文创产品；开发的意义；如何开发与利用

2016年5月11日，文化部、国家发展改革委、财政部、国家文物局联合发布了《关于推动文化文物单位文化创意产品开发的若干意见》（以下简称意见）。《意见》要求各级各类博物馆、美术馆、图书馆等掌握各种形式文化资源的单位，依托馆藏文化资源，开发各类文化创意产品，满足广大人民群众日益增长、不断升级和个性化的物质和精神文化需求。

公共图书馆作为重要的精神文明窗口，深入发掘馆藏文献资源、着力开发优质文化创意产品，这对于实现弘扬中华优秀文化，提升国家文化软实力的宏伟目标具有不可推卸的责任和举足轻重的作用。近年来，文创产品作为公共图书馆拓展文化服务的新兴产品，愈来愈受到广泛关注，围绕文化创意的相关研究日渐增多。据中国知网数据显示：截至2021年4月，以文创为主题词进行搜索，在学术期刊上搜索到7580篇文章；以图书馆文创为主题词搜索，在学术期刊上搜索到的文章只有299篇，占比约为3.9%；以图书馆文化创意产品为主题词，在学术期刊上搜索到199篇文章，占比2.6%。由此可见，对于图书馆文化创意产品的研究任重道远，本文则试图从公共图书馆如何做好文化创意产品的开发与利用的方向进行阐述。

一、文化创意产品的定义

自《意见》发布后，博物馆、图书馆等单位积极投入研发，纷纷推出了文具、书签、丝巾、背包、茶具、抽纸盒等一系列文创产品。那么，什么样的产品才能被称为文化创意产品呢？根据联合国教科文组织的相关定义，文化创意产品一般是指以文化、创意理念为核心的产品，是人的知识、智慧和灵感在特定行业的物化表现。主要是透过文化器物本身所蕴含的文化因素，分析后转化成设计要素，并运用设计为这一文化因素寻求一个符合现代生活型态的一种新形式。因此，优秀的文创产品必须能够有效地传播和普及文化知识，满足人们对精神愉悦享受的追求和个性化、定制化消费的需求。

二、图书馆开发文化创意产品的意义

文创产品的开发需要以文化作为底蕴，寻找出可利用的文化要素，集知识性、艺术性、生活性、时尚性、趣味性等元素为一体，使做出来的实物更符合现代人的生活习惯及精神需求。对于图书馆而言，丰富的馆藏资源是开发文创产品的最大优势。通过深入挖掘馆内文献资源，特别是对传统文化资源进行深入研究，结合优秀的创意理念，设计出让读者喜爱的产品，从而让更多的人了解和认识图书馆，走进图书馆，可以有效地扩大图书馆的文化影响力，促进图书馆提升其公益文化服务的水平。

（一）有利于公共图书馆挖掘馆藏资源，进行创新性传承

2018年1月1日，作为图书馆领域的第一部专门法律《中华人民共和国公共图书馆法》正式开始实施。该法规的第四十一条规定，公共图书馆可通过创意产品开发等方式传承发展中华优秀传统文化。文化创意产品让文化以更新颖、更有趣的方式出现在人们的生活之中。

国家图书馆通过研究古籍《庆赏升平》中的京剧行头与脸谱，设计出了一整套戏曲人物图谱，并衍生出状元、公主造型的公交卡、书签等数十种文化创意产品，深受读者喜爱。南京图书馆则通过其馆藏的明朝胡氏的《十竹斋画谱》彩色套印本研发出了镇纸、书签、反向伞等文创产品，闲趣的风格与古典风韵融为一体，颇惹人喜爱。文创产品的推出一方面使图书馆冰冷的馆藏资源生动活泼起来；另一方面，其以一种潜移默化的方式，无形之中推动了传统文化的推广和普及。因此，各级各类公共图书馆应依托馆藏资源，采取多种方式开发文化创意产品，这对于馆藏资源的创新与传承具有积极意义。

（二）有利于提升文化附加值，推动图书馆经济效益

图书馆作为公益性文化事业单位，在注重社会公益效益的同时，也应实现社会效益和经济效益相统一，文创产品的开发与利用便是契机。一方面，优秀的文创产品能够满足人们对文化、对美、对个性的追求，达到"以文化人"的

目的；另一方面，文创产品能提升文化的附加价值，形成新型的文化产业。

根据国家统计局 2021 年 2 月公布的数据，经过对全国 6 万家规模以上文化及相关产业企业调查结果显示，2020 年实现营业收入为 98514 亿元，按可比口径计算，2021 年比上一年增长 2.2%。2020 年由于新冠肺炎疫情的影响，文化产业收入增幅减小，但在 2016 年—2020 年期间，文化产业收入实现了逐年增长，文化消费成为新的经济增长点，文化产业逐步成为国民经济的支柱性产业。广东省早在 2015 年 11 月发布了《广东省推进文化创意和设计服务与相关产业融合发展行动计划（2015—2020 年）》，从 2012 年到 2016 年，广东省文化产业实现了将近 1500 亿的产值增幅。由此可见，公共图书馆积极研发文创产品，必能打开一个既能满足读者日益增长的精神文化需求，又能有利于图书馆增加经济效益的双赢新局面。

（三）有利于丰富图书馆服务品牌，提升社会影响力

公共图书馆作为公益性质的文化传播服务机构，面临着社会信息获取多途径的竞争压力，要提供更好的信息服务，树立良好的公众形象，确立自己在社会中不可替代的作用，就必须实施品牌战略。《意见》中也专门提到，文化及文物单位要积极培育拥有较高知名度和美誉度的文化创意品牌。

故宫博物院深入挖掘其院藏的 180 多万件文物的文化价值，研发出了书签、笔记本、饰品、团扇、日历等文创产品，特别是近年推出的故宫胶带、故宫口红、故宫雪糕被抢购一空，可以说，让人们喜爱上了故宫的文创产品，故宫之创产品成为了故宫新的品牌。截至 2018 年底，故宫博物院已研发了 11936 个文创产品，销售额超过 15 亿元，故宫文化创意馆也成为了人们在故宫游玩时的必访的景点之一。国家图书馆也深入挖掘图书资源的价值内涵和文化元素，充分利用文化创意，仅 2017 年一年，就设计出 270 多种文创产品，经营收入达 5900 万元左右，成为了众所周知的文创品牌。在今年的世界读书日，国家图书馆文创与天猫联合打造了"读书让人可爱"主题营销活动，在国家图书馆的天猫旗舰店推出了三款产品：汤显祖与莎士比亚 T 恤、"书中自有黄金屋"金属书签和永乐大典"书生"胸章。这些产品设计新颖、做工精美，得到了一致好评。这些实例都证明，文创产品的开发与利用，有利于图书馆从传统的服务中扩展出新的路径，将文化资源推陈出新，创立服务品牌，提升社会影响力。

三、图书馆如何开发与利用文创产品

相对于博物馆文创产品的开发与利用，图书馆文创产品起步较晚、资源分

散且品牌效应不高。为了让各级公共图书馆加深对文创工作的认识,提升文创产品开发能力,2017年全国第六次县级以上公共图书馆评估定级专门在评估标准中设置了文创产品开发的加分项。那么,图书馆需如何开发和利用文创产品呢?

(一) 发扬馆内特色,打造文创品牌

在竞争激烈的市场环境中,公共图书馆开发与利用文创产品,理应发扬其馆内特色,打造出文创品牌,形成系列产品,以此来能吸引读者的目光,形成带有浓郁文化底蕴的核心竞争力。

设计师爱德华·克拉克·皮特(Edward Clark Potter)设计的一款石狮形象的大理石挡书板,其灵感就源自纽约市公共图书馆门口已矗立百年的两座石狮。20世纪20年代大萧条时期,当时的纽约市长拉瓜迪亚为鼓励市民说道:"这座城市的人们有两个可贵的品质:坚忍与刚毅。"于是这两座具有地标性的石狮被赋予了这两个名字。这款既美观实用,又凝聚了浓厚的历史气息与人文情怀的文创产品,一经推出就深得市民的喜爱。

(二) 积极加入开发联盟,共享文创资源

积极探索和尝试资源共享、合作共建的文创模式,是公共图书馆迅速推进和提高文创工作进程和水平的一种有效捷径。

2017年9月,全国37家图书馆文创试点单位按照试点先行、逐步推进的原则,自愿组成"全国图书馆文化创意产品开发联盟"。该联盟致力于通过整合各馆优质文化资源,打造图书馆文化创意产品开发与利用的一体化平台。成员馆既可以委托平台开展设计活动或在线授权,又可以通过访问产品库选取适合本馆的优质文创产品,实现了设计资源与流通渠道的共享;12月,联盟邀请阿里巴巴、新浪微博、喜马拉雅、法蓝瓷等企业参加其举办的"全国图书馆文化创意产品开发创新论坛暨优秀校企对接会",各方面专家学者以"图书馆如何通过文创产品开发的形式,让书写在古籍里的文字都活起来"为主题进行深入交流,引入社会力量共同提升图书馆文化创意产品开发水平。2018年5月,500余种新出炉的图书馆文创产品面向社会进行集中展示;6月,联盟与上海自贸区签订战略合作协议,在图书馆文创产品的开发、营销等方面展开全方位合作。

成功的案例说明,公共图书馆组成类似的联盟,可以打破各馆发展不平衡的壁垒,聚集各成员馆的力量,进一步提升文创产品的研发能力,较好地满足公共图书馆对文创产品的开发、销售、在线授权、批发、众筹等一系列的需求,为读者提供更多、更好的文创产品服务。

(三) 利用"互联网+"技术，构思文化创意

如今，在互联网技术迅猛发展的时代背景下，互联网应用服务发展速度迅猛。中国网民超过7亿人，移动游戏、网络文学、网络音乐、网络视频等数字文化消费增速明显。公共图书馆依托高新技术，创新文化资源展示方式，提升用户体验性和互动性，开发兼具文化价值和实用价值的数字文化创意产品显得尤为关键。

国家图书馆推出的"翰墨书香"智能书法文具盒，就是一个联合"互联网+"技术打造出来的文创产品。打开文具盒，里面是国家级非遗传承人制作的笔墨纸砚，和一套从国图馆藏金石拓片中集取的经典字帖。当购买者用相关的App扫描文具盒内的产品，就会有非遗传承人为购买者口述相关知识；而在扫描字帖时，则会有书法家现场教购买者写字，为购买者讲述汉字发展流变中的故事。这样的文创产品兼具文化性和趣味性，寓教于乐的同时又弘扬了传统文化，堪称创意无限的代表作。

(四) 培养专业人才，提升设计能力

文化创意产品的设计和开发离不开人才队伍的储备和支持。公共图书馆应有自己的人才队伍和招揽、扶持、培养方案和计划，着力打造兼具文化文物素养、经营管理和设计开发能力的人才团队。《意见》中也提到要加强对文化创意产品开发与经营人才的培养和扶持。

公共图书馆应把各类文化文物人才纳入扶持计划支持范围内，通过多种形式引进优秀专业人才，鼓励其开展交流与合作。例如，金陵图书馆在当地财政部门的支持下注册成立了文创公司，4名在编人员兼职于公司，6名外聘人员专职于文创的研发销售，金陵图书馆采取自主开发和联合研发相结合的模式，推出30余种近百款的文创产品，合作代销300余件。近半年的时间里，金陵图书馆的文创营业收入达到60多万元，向国家纳税7000元左右。

另外，公共图书馆可以与企业进行合作，通过引进社会力量，打造出更高质量的文创产品。2018年1月18日，湖南图书馆分别与招商银行长沙分行、湖南天娱广告有限公司、湖南文化创意有限公司、湖南善禧文化股份有限公司、娄底博通数码彩印有限公司相关负责人签署了《战略合作协议》。湖南图书馆还首次发布了文创商标"难得湖图"和图书馆动漫形象"湘湘"和"图图"，以及T恤衫、水杯、棒球帽等部分文创产品。湖南图书馆通过整合资源，借用各自优势，共同做好文创产品的研发、设计、生产和销售工作，不但有利于进一步提升湖南"图文化"的内涵与品质，还可以更好地满足读者个性化和品质化

的思想文化消费需求。

（五）打造创客空间，鼓励研发文创产品

公共图书馆可以充分利用创客空间等途径，鼓励读者参与研发文创产品，制定相关制度予以奖励，激发市民们的参与热情，为创造更亲民、更接地气的文创产品提供养分和土壤。2012年以来，已有不少图书馆开始尝试设立创客空间。2014年6月，国内首家图书馆里的创客空间在长沙市图书馆成立，在新三角创客空间里，有着3D打印机、数控雕刻机、激光切割机等近200套设备工具，可以免费供读者使用。同时，长沙市图书馆还为读者提供DIY培训、项目跟踪、文献咨询、创业指导等信息服务。近两年来，长沙市图书馆接连举办了"创战计"星城创客大赛，吸引了众多"创客"的目光，鼓励他们设计出兼具生活美学和未来科技发展的文创产品。创客空间的开设，让有着共同兴趣和爱好的人们聚集在一起，利用图书馆提供的工具资源、技术指导和交流平台，制造和创作文创产品，使得图书馆的空间能够得以充分利用，图书馆的社会价值被深层挖掘，成为人民群众思想和创意的孵化器，产生了新的社会效益和经济效益。

四、结语

公共图书馆文化创意产品的开发与利用才处于刚起步的阶段，任重道远。作为公共图书馆馆员，我们要在自己平凡的岗位上磨炼出发现的眼睛，用饱满的热情去探索和寻找富含本地特色的精品馆藏文化资源并加以开发和利用，努力打造出不平凡的文创品牌，以实际行动贯彻落实《中华人民共和国公共图书馆法》《关于推动文化文物单位文化创意产品开发的若干意见》等文件精神，更好地促进公共图书馆事业发展。

参考文献

[1]《关于推动文化文物单位文化创意产品开发的若干意见》[EB/OL]. 中华人民共和国中央人民政府, 2016-06-16.

[2] 习近平在中国共产党第十九次全国代表大会上的报告[EB/OL]. 人民网, 2017-10-28.

[3] 中华人民共和国公共图书馆法（全国人民代表大会常务委员会公报版）[M]. 北京：中国民主法制出版社, 2017.

[4] 2020年全国规模以上文化及相关产业企业营业收入增长2.2%[EB/

OL]. 中华人民共和国中央人民政府，2021-02-01.

[5] 王毅，柯平. 美国公共图书馆文化创意产品开发实践研究 [J]. 图书馆建设，2017（9）：69-77.

[6] 王孔刚. 古老的故事 现代的"讲述"关于故宫文化创意产品的思考 [J]. 紫禁城，2017（11）：142-155.

[7] 基于图书馆基本要素的文创工作研究 [J]. 图书馆学刊，2018，40（6）：32-35.

[8] 安仁. 文化产业：提升国民幸福总值 [EB/OL]. 中国经济网，2017-12-15.

[9] 广东省人民政府办公厅转发《国务院办公厅转发文化部等部门关于推动文化文物单位文化创意产品开发若干意见的通知》[EB/OL]. 广东省人民政府办公厅，2016-08-19.

[10] 故宫文创一年卖出10个亿，文化大IP的创意设计究竟有多重要? [EB/OL]. 搜狐网，2017-11-24.

[11] "全国图书馆文化创意产品开发联盟"在京成立 [EB/OL]. 中国新闻网，2017-09-12.

[12] 用创意让文化产业活起来："全国图书馆文化创意产品开发创新论坛暨优秀成果对接会"精彩报道 [EB/OL]. 搜狐网，2017-12-13.

[13] 徐海瑞，羊漾，杨庆怀. 湖南图书馆发布首个文创商标"难得湖图"和动漫形象湘湘和图图 [EB/OL]. 红网，2018-01-19.

[14] 南京图书馆最新打开方式看这里 [EB/OL]. 搜狐网，2018-10-07.

[15] 陈美淇，罗倩倩. 长沙图书馆创客空间开启 近200套设备工具免费使用 [EB/OL]. 红网，2016-01-01.

[16] 国家图书馆文创"世界读书日"系列活动启动 联合经济日报线上开讲《永乐大典》[EB/OL]. 经济日报，2020-04-23.

九、古籍文献的保护与利用研究

浅议公共图书馆如何收集和利用灰色文献

涂小红

(十堰市图书馆,湖北十堰,442000)

提　要：本文以湖北省十堰市图书馆为例,通过论述公共图书馆的收集整理优势、开发利用优势和机构组织优势,思考了如何利用图书馆服务的活动经验、品牌效应和数字资源参与灰色文献的收集、保护及利用工作。

关键词：图书馆灰色文献收集；保护；利用

公共图书馆秉承着延续、维护和保存所属区域的文化遗产职能。公共图书馆的地方属性,使得其非常注重本地地方文献的收集工作,地方文献是各地区公共图书馆的重要特色文献。作为地方公共图书馆馆藏资源的重要组成部分,灰色文献以其独特的情报价值、实用价值和科学价值越来越多地被人们了解和使用。灰色文献在服务于文化、经济与社会发展中的作用日益凸显,其收集、保护和利用工作已经成为图书馆工作的重要组成部分。

一、灰色文献的定义和理解

1997年在卢森堡举行的"第3次国际灰色文献会议"对灰色文献有了具体的界定,灰色文献指的是"不经营利性出版者控制,而由各级政府、学术单位、工商业界所出版的各类印刷与电子形式的数据"。2010年,布拉格"第12次国际灰色文献会议"进一步将灰色文献进行了界定,灰色文献指"由各级政府、学术单位、工商业界所生产的多种类型的印刷与电子形式的资料,这些资料受知识产权的保护,并具有被图书馆或知识库收藏并保存的充足价值,却不受商业出版活动的控制"。从这些定义中可以看出,灰色文献具有较高的包容性。我们可以理解为公共图书馆的灰色文献主要包括各种形式和载体的非公开出版的地方政府文献、机关和社会组织内部出版物、会议资料、学位论文、信札以及家谱等。

二、公共图书馆在收集保护和利用灰色文献工作中的优势

灰色文献出版形式灵活、文献类型多样、文献内容繁杂，与普通图书期刊等常规出版物有较大的区别，工作人员必须探索出多种适合灰色文献自身特征的资源构建方式。公共图书馆在征集和利用灰色文献上具有以下三点优势。

（一）收集整理优势

公共图书馆可以针对区域特点，运用自己的专业知识与专业技能，多渠道、多形式地收集整理地方灰色文献资源，使灰色文献挖掘工作从更深、更广的角度去进行。湖北省十堰市图书馆从文化大市着眼，针对十堰市地处湖北省地方文献资源丰富、特色鲜明的重要区域特点，立足于图书馆的基本职能，积极主动地与市政协委员取得联系，请他们将"向图书馆呈缴地方文献"的重要性和必要性写进政协提案报告中，市领导在听取政协代表的提案后，下发了《关于授权市图书馆进行地方文献征集工作的通知》。十堰市图书馆又积极说服文化体育出版局的领导，下发了《关于征集十堰市地方文献的通知》。该通知规定：凡市内各单位及个人出版的图书、杂志、音像制品等必须向十堰市图书馆送样本。在地方政府的大力支持下，经过多年的努力探索，在地方灰色文献资源收集整理工作中主要以征集捐赠与出资购买相结合、普遍收集与重点收集相结合、集体捐赠与个人捐赠相结合、横向收集与纵向收集相结合的方式，从政府机关文件、报告及地方志中收集整理，从社会组织文献、高校学报中收集整理，从民间家谱、族谱及手迹真品中收集整理，从本地遗存下来的历史遗迹、绘画、图符及故事、传说中收集整理，从民间风俗、习惯、礼仪及方言中收集整理，从本地的寺院庙宇等渠道中收集整理。通过这样多方面、多层次、多渠道的收集整理，从所征集的文献内容来看，地方灰色文献涉及到了地方各个部门、各个社会层面和各个行业，包含当地社会发展的方方面面。目前收集的较珍贵的地方灰色文献有：被誉为汉民族创世史诗的《黑暗传》、唐朝李世民的《家盛》、清同治年的《郧阳县志》、明万历年间的《郧台志》、《武当山志》、全套的东风汽车集团（原第二汽车制造厂）各专业厂志、各县志、家谱、民间故事、歌谣集等。目前，十堰图书馆地方文献部馆保存具有研究价值的地方灰色文献共4000多册（件），约占我馆地方文献总数的三分之一。

（二）开发利用优势

公共图书馆在长期收集整理地方文献资源的过程中，深入基层了解地方文化，清楚地方文化的渊源、出处，加上知识信息时代图书馆员具备了完善的知

识结构，一定的信息过滤、分析、整合的能力，所以对收集到的大量民间传说、地方志、名人手迹等灰色文献具有开发利用优势。湖北省十堰市图书馆在本市拥有全国重点文物保护单位6处，省级文物保护单位86处，武当武术、武当山宫观道乐、伍家沟民间故事等被国家列为首批非物质文化遗产名录，十堰市武当山古建筑群、竹溪县慈孝沟"采皇木"摩崖石刻名列第六批全国重点文物保护单位。在丰厚的文化背景下，对收集的这方面地方文献、其中多数为灰色文献进行深入细致的研究，先后完成了市级软科学课题研究项目《十堰市口传民间文化研究》《十堰文化信息资源建设的现状、问题及对策》《十堰市古建筑文化遗产的抢救保护与开发》等，并全部获得本市"抢救保护鄂西北民间口头文学文化遗产工程研究"软科学研究课题三等奖。十堰市图书馆还着力对一些十堰地域文化方面的灰色文献进行研究，通过搜集、整理、编撰完成了拥有两百余幅珍贵图片、六万字的《十堰记忆》，该书主要记录了历年来过十堰的伟人、名人等及其留下的手迹、照片等珍贵的历史文化资料。编辑出版了《十堰记忆·方言》《十堰记忆·掌故》《白马山民间故事集》《十堰市名优特产录》、湖北省第11届运动会资料汇编《金色的十月》等地域特色鲜明的文化史料。

（三）完备的组织优势

我国公共图书馆组织网络呈现出省（市）、地、县、乡、镇五级网络系统，而各级图书馆又是所属区域的中心牵头馆，且对本地各机关、企事业单位、学校等图书馆（室）具有业务辅导职责，这种由上而下、纵横交织的网络体系，具有很强的网络辐射功能，这为提高公众对灰色文献的保护意识、征集灰色文献奠定了组织基础。图书馆应大力发扬这些基层组织的作用，使其在收集整理流散在各单位、各组织和民间的灰色文献中发挥其更大的优势。湖北省十堰市拥有一所市级公共图书馆，七所县（市）级公共图书馆，一辆流动汽车图书馆，八个理事馆。2015年5月28日，经湖北省文化厅推荐，十堰市文化体育局（新闻出版）申报的《湖北省十堰市图书馆总分馆体系+建设》顺利通过国家公共服务体系建设专家委员会评审，成为第三批创建示范项目。经过三年的建设，目前已建成以十堰图书馆和汉江师范学院图书馆为中心馆，40个分馆和基层服务点的服务网络。组织网络可谓纵横交织、阵容庞大，十堰市图书馆正是发挥了这一组织完备的网络辐射功能，在灰色文献保护、收集、整理工作中取得了一些成绩。

三、公共图书馆保护和利用灰色文献的方式

公共图书馆作为一个区域的信息中心和社会教育中心，一直致力于社会文

化的传播与教育,且已形成一套行之有效的方式,拥有一批固定的读者队伍和良好的品牌效应,图书馆应利用已有的资源优势与服务经验,本着藏用并重的精神,研究和发掘灰色文献的价值所在,以讲座、展览等形式积极开展和参与灰色文献的宣传、普及工作,提高公众对灰色文献的认知、关注和保护、利用意识。

（一）讲座

通过讲座告诉广大市民,灰色文献都是人类智慧的结晶,它渗透社会生活的各个角落。考虑到不同听众的需求,讲座应从老百姓身边的事物、现象出发,通过深入挖掘地方历史、文化遗存、城市发展、文物考古、园林艺术、坛庙寺观、民族宗教等各个方面的精华,向广大市民揭示和传播其文化的内涵,从而在社会上营造保护灰色文献的良好氛围。第一,湖北省十堰市图书馆通过举办以地域文化为主题的公益讲座,赢得社会关注。如利用"共筑和谐·十堰讲坛"文化品牌,先后举办了"武当进香民俗的由来""十堰历史文化概况""武当武术"等大型讲座,讲师都是来自学术团体、高等院校、政府机关,有影响力的专家教授,其中,《武当进香民俗的由来》还被收入了共享工程国家中心公益讲座资源库。第二,利用故事叙事的手法参考部分地方文献（包括灰色文献）编写成《地方文化史讲义》稿子,并制成多媒体课件,先后在全市各中小学设地方文化讲坛,由馆员讲授十堰真实的历史。每当讲到建丹江大坝使十堰市有近500年历史的郧阳古城、均州古城被湮没汉水时,同学们个个流露出惋惜的神情,学生们在反馈信中讲到:"我长大后要当一名地质学家、考古学家,把埋在汉江里的古城挖出来。"每当讲到为了国家南水北调工程的修建,有千千万万的村民毅然决然地离开故土时,更激起了孩子们对家乡的热爱。第三,走进军营,为刚入伍的新兵讲十堰市的历史和现在,增强他们对十堰的认识,达到"知十堰、爱十堰"的目的。通过灵活多样、内容丰富的讲座,吸引了众多听众,在宣传地域文化精髓的同时,让市民了解、接触和认同灰色文献,扩大了灰色文献的影响力。

（二）展览

展览是图书馆宣传工作中普遍运用的一种读者服务模式,十堰市图书馆根据政治活动、群众文化活动、科普教育、乡土教育、素质教育、风俗节令等需求,利用其丰富的馆藏文献资源,认真构思和策划、深入挖掘和梳理,遵循"大开放、大服务"的办馆方针和"以人为本,读者至上"的服务理念,先后配合"八艺节"举办了"十堰民间剪纸展";在"文化遗产日"举办了"第一届民间藏书珍品展";配合"十进十建"活动举办了"丰碑与旗帜——十堰市革命英烈和优秀共产党员先进事迹大型图片展""发展中的十堰展"。另外,还举办了"郧阳石器文化展(展出原始社会新旧石器时代的近两百件石器)""十堰书法、篆刻家作品展""民间连环画、邮票展""民间扇形画展""地方灰色文献展""特藏文献精品展"等具有地域文化特色的展览,这些展览制作精美、内容丰富、图文并茂、雅俗共赏,通过全方位、多视角的渗透力,提高了读者对灰色文献保护的认识。

(三)整合数字资源。

近年来,借助文化共享工程、数字图书馆推广工程等文化惠民工程,十堰市图书馆在地方灰色文献的数字化资源建设上取得了一定的成效。例如,十堰市图书馆相继联合各高校图书馆、县图书馆建设地方文献全文数据库;借助文化共享工程资源建设项目资金,市图书馆相继建设了武当武术、武当建筑、武当民俗、道教文化和汉水民歌等专题多媒体数据库,另外,湖北省医药学院图书馆建设了多个医学专题数据库,湖北省汽车工业图书馆建设了多个汽车专题的数据库,郧阳区师范高等专科学校图书馆建设了多个汉水文化数据库,湖北省工业职业技术教育学院图书馆建设了多个艺术类专题数据库,郧西县图书馆全面收集了七夕文化资源,房县图书馆收集的诗经文化资源等。

灰色文献数量众多、内容丰富,但由于我国对灰色文献的开发利用起步较晚,也没有引起足够的重视,大量灰色文献没有得到充分利用而被闲置。图书馆如何做好宣传、收集、整理、研究、利用、开发工作,使得灰色文献的开发利用范围更广、更有深度,开发利用的系统性进一步完善、有效性进一步提升,还需要我们进行积极的探索和研究。

参考文献

[1] 金鑫.基于灰色文献征集工作的实践和思考 [J].图书馆工作与研究,2017(3):77-80.

十、特色馆藏建设模式研究

浅谈馆藏统计分析与优化馆藏建设
——以武汉市少年儿童图书馆为例

刘 利

(武汉市少年儿童图书馆,湖北武汉,430014)

摘 要:本文针对武汉市少年儿童图书馆 2014-2019 年的文献馆藏总量、年新增文献量、文献种类及类型进行调研。通过馆藏统计与分析,以实现调整优化馆藏结构,更好为读者服务。

关键词:文献馆藏;统计分析;馆藏建设

根据采编工作的各项规定和《武汉市少年儿童图书馆文献采选条例》规定,采编部精心挑选图书,为进一步丰富和完善馆藏体系,进行文献资源建设。

一、公共馆馆配市场概况

(一) 单册平均价格情况

在公共馆馆配市场中,2019 年单册平均价格为 44.71 元/册,受纸张、人力和书号等因素影响,图书价格出现小幅上涨,2019 年较 2018 年同期图书单册平均价格上涨了 3.10%。

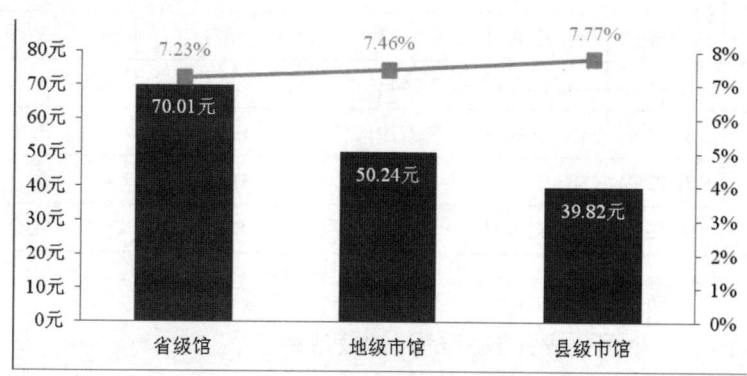

图1 各层次公共馆单册平均价格分布

在各层次公共馆中,图书单册平均价格最高的是省级馆,达 70.01 元/册;其次是地级市馆,为 50.24 元/册;县级市馆单册平均价格为 39.82 元/册。与 2019 年同期图书单册平均价格相比,省级馆单册平均价格上涨 7.23%,地级市馆单册平均价格上涨 7.46%,县级市馆单册平均价格上涨 7.77%。

(二)馆藏平均复本情况

在公共馆馆配市场中,2019 年平均复本为 2.43 册/种,较 2018 年同期上升 0.85%。各层次公共馆采购平均复本均在 2.30 册种至 2.70 册种之间,县级市馆平均复本最高,为 2.62 册/种。

二、本馆馆藏结构

(一)从出版时间角度统计馆藏结构

从馆藏图书的出版时间结构上看,本馆 2019 年馆藏的图书仍以前一年版(2018 年版)为主。该年版图书品种及册数份额分别为 27.82%、38.52%;其次是 2017 年版图书,品种及册数份额分别为 18.27%、15.20%;2019 年入藏的新书合计有 2183 种,册数合计为 8716 册,品种及册数分别占当年馆藏总量的 10.56%、10.71%。

在本馆 2019 年的总馆藏中,单品种平均馆藏复本为 3.9 册/种,本馆对 2017 年及之前出版的图书馆藏复本都在 3.5 册/种及以下,2018 年、2019 年版图书的复本配置则分别为 5.4 册/种、4.0 册/种。

表 1 本馆入藏近几年版图书情况

出版日期	品种份额	册数份额	总品种数(种)	总册数(册)	平均复本(册/种)
2014 年	7.43%	5.42%	1536	4406	2.9
2015 年	7.96%	6.23%	1647	5071	3.1
2016 年	11.84%	10.68%	2448	8685	3.5
2017 年	18.27%	15.20%	3779	12366	3.3
2018 年	27.82%	38.52%	5753	31335	5.4
2019 年	10.56%	10.71%	2183	8716	4.0

(二)从《中图法少儿版》统计馆藏结构

细分至各类可知,本馆艺术(J 类)图书品种入藏量居首,共 7746 种,占

2019年馆藏总品种的37.46%，合计28674册，占馆藏总册数的35.25%，在22大类中排名第二位；册数排名第一位的是文学（I类）图书，册数份额为35.36%，其品种份额为26.35%，在22大类中排名第二位；品种排名第三的语言、文字（H类）图书品种及册数份额分别为14.99%、13.88%。在艺术（J类）图书的主要细分类别中，又以雕塑（J3类）图书居多，品种及册数份额分别占到本馆2019年馆藏总品种、总册数的35.53%、32.50%。在文字（I类）图书的主要细分类别中，儿童文学（I8类）图书的馆藏量最大，品种及册数份额分别为20.43%、30.35%。

在整体馆藏中，本馆的社科（A—K类）图书品种份额为91.84%，自科（N-X类）图书品种份额为5.09%。从平均复本来看，经济（F类）图书平均复本为16.6册/种，环境科学、安全科学（X类）图书平均复本为10.4册/种，其他类别复本均在1.6册/种至8.8册/种的范围内。

表2 本馆各类别图书入藏量分布

图书类别	品种份额	册数份额	总品种数（种）	总册数（册）	平均复本（册/种）
马列主义毛邓思想（A类）	0.06%	0.13%	12	106	8.8
哲学、宗教（B类）	1.38%	0.82%	285	666	2.3
社会科学总论（C类）	0.35%	0.15%	73	119	1.6
政治、法律（D类）	0.47%	0.27%	97	223	2.3
军事（E类）	0.23%	0.16%	48	127	2.6
经济（F类）	0.07%	0.31%	15	249	16.6
文化、科学、教育、体育（G类）	8.22%	3.42%	1700	2785	1.6
语言、文字（H类）	14.99%	13.88%	3099	11287	3.6
文学（I类）	26.35%	35.36%	5449	28766	5.3
艺术（J类）	37.46%	35.25%	7746	28674	3.7
历史、地理（K类）	2.25%	2.18%	465	1770	3.8
自然科学总论（N类）	0.86%	0.66%	178	535	3.0
数理科学和化学（O类）	1.61%	1.63%	332	1322	4.0
天文学、地球科学（P类）	0.33%	0.39%	69	320	4.6
生物科学（Q类）	1.08%	1.47%	223	1198	5.4
医药、卫生（R类）	0.42%	0.17%	87	135	1.6

续表

图书类别	品种份额	册数份额	总品种数（种）	总册数（册）	平均复本（册/种）
农业科学（S类）	0.09%	0.08%	19	63	3.3
工业技术（T类）	0.44%	0.59%	92	480	5.2
交通运输（U类）	0.08%	0.05%	16	44	2.8
航空、航天（V类）	0.03%	0.02%	7	18	2.6
环境科学、安全科学（X类）	0.15%	0.41%	32	333	10.4
综合性图书（Z类）	3.07%	2.61%	635	2124	3.3

表3 本馆艺术类下各细分类图书入藏量分布

图书类别	品种份额	册数份额	总品种数（种）	总册数（册）	平均复本（册/种）
艺术理论（J0类）	0.04%	0.30%	8	245	30.6
绘画（J2类）	1.62%	2.23%	335	1811	5.4
雕塑（J3类）	35.53%	32.50%	7347	26438	3.6
摄影艺术（J4类）	0.17%	0.12%	36	99	2.8
工艺美术（J5类）	0.06%	0.06%	13	50	3.8

表4 本馆文学类下各细分类图书入藏量分布

图书类别	品种份额	册数份额	总品种数（种）	总册数（册）	平均复本（册/种）
文学理论（I0类）	0.43%	0.27%	89	220	2.5
世界文学（I1类）	0.49%	0.33%	102	272	2.7
中国文学（I2类）	0.14%	0.12%	28	101	3.6
亚洲文学（I3类）	0.04%	0.03%	8	26	3.3
非洲文学（I4类）	3.60%	3.22%	744	2622	3.5
欧洲文学（I5类）	0.27%	0.24%	55	197	3.6
大洋洲及太平洋岛屿文学（I6类）	0.96%	0.79%	199	641	3.2
儿童文学（I8类）*	20.43%	30.35%	4224	24687	5.8

（三）从门类学科角度统计馆藏结构

从门类的角度看，本馆2019年入藏的图书中，艺术学门类相关图书共7749种，占馆藏总品种的37.47%，合计28910册，占馆藏总册数的35.54%。其次是文学门类的相关图书，共4336种，占馆藏总品种的20.97%，合计15388册，占馆藏总册数的18.92%。

表5　本馆13门类相关图书入藏量分布

品种排名	学科名称	总品种数（种）	总册数（册）	品种份额	册数份额
1	艺术学	7749	28910	37.47%	35.54%
2	文学	4336	15388	20.97%	18.92%
3	教育学	1774	2886	8.58%	3.55%
4	理学	729	3196	3.53%	3.93%
5	历史学	365	1430	1.77%	1.76%
6	法学	188	496	0.91%	0.61%
7	哲学	132	432	0.64%	0.53%
8	工学	107	816	0.52%	1.00%
9	医学	86	134	0.42%	0.16%
10	管理学	64	146	0.31%	0.18%
11	军事学	48	127	0.23%	0.16%
12	农学	19	63	0.09%	0.08%
13	经济学	10	240	0.05%	0.30%

从一级学科的角度来看，美术学学科相关图书的品种及册数排名均在第一位，共7718种，合计28348册，分别占到本馆2019年馆藏总品种、总册数的37.32%、34.85%。所属文学门类下的中国语言文学和外国语言文学两个一级学科相关图书入藏量分别排名二、三位，其中，中国语言文学学科相关图书的品种及册数份额分别为11.13%、11.58%。

表6　本馆TOP15一级学科相关图书入藏量分布

品种排名	学科名称	总品种数（种）	总册数（册）	品种份额	册数份额
1	美术学	7718	28348	37.32%	34.85%
2	中国语言文学	2302	9422	11.13%	11.58%
3	外国语言文学	2025	5948	9.79%	7.31%

续表

品种排名	学科名称	总品种数（种）	总册数（册）	品种份额	册数份额
4	教育学	1449	1968	7.01%	2.42%
5	数学	263	1121	1.27%	1.38%
6	生物工程	224	1200	1.08%	1.48%
7	体育学	211	698	1.02%	0.86%
8	中国史	191	691	0.92%	0.85%
9	世界史	183	740	0.88%	0.91%
10	生物学	157	941	0.76%	1.16%
11	心理学	134	251	0.65%	0.31%
12	哲学	132	432	0.64%	0.53%
13	地理学	113	441	0.55%	0.54%
14	政治学	98	298	0.47%	0.37%
15	医学技术	87	135	0.42%	0.17%

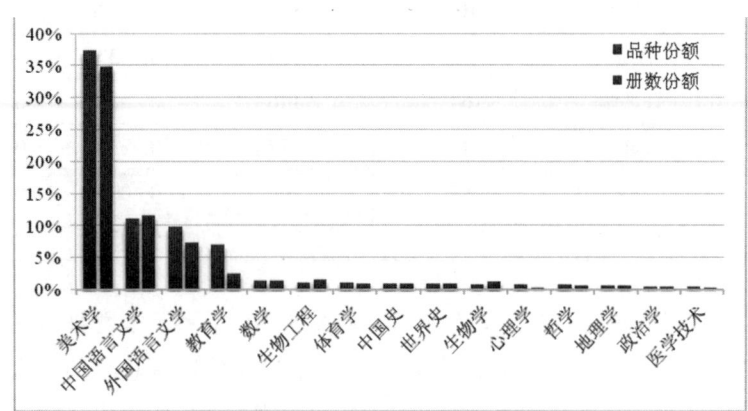

图 2　本馆 TOP15 一级学科相关图书入藏比例分布

（四）从出版社角度统计馆藏结构

表 7　本馆入藏量前 20 名的出版社

品种排名	出版社	品种数（种）	册数（册）	品种份额	册数份额
1	长江少年儿童出版社	1485	11617	7.18%	14.28%
2	接力出版社	536	3147	2.59%	3.87%

续表

品种排名	出版社	品种数（种）	册数（册）	品种份额	册数份额
3	浙江少年儿童出版社	448	1878	2.17%	2.31%
4	人民邮电出版社	430	1351	2.08%	1.66%
5	北京科学技术出版社	414	1278	2.00%	1.57%
6	湖南少年儿童出版社	377	1984	1.82%	2.44%
7	安徽少年儿童出版社	346	2884	1.67%	3.55%
8	中信出版集团	321	1757	1.55%	2.16%
9	中国少年儿童出版社	294	1602	1.42%	1.97%
10	天地出版社	294	1252	1.42%	1.54%
11	北京联合出版公司	271	1824	1.31%	2.24%
12	长江文艺出版社	264	1646	1.28%	2.02%
13	二十一世纪出版社集团	258	807	1.25%	0.99%
14	湖北少年儿童出版社	244	1120	1.18%	1.38%
15	天津人民美术出版社	241	278	1.17%	0.34%
16	江西高校出版社	232	1193	1.12%	1.47%
17	化学工业出版社	214	776	1.03%	0.95%
18	煤炭工业出版社	212	656	1.03%	0.81%
19	青岛出版社	205	422	0.99%	0.52%
20	译林出版社	204	1093	0.99%	1.34%
—	合计	7290	38565	35.25%	47.41%

表8　本馆艺术类图书入藏量前20名的出版社

品种排名	出版社	品种数（种）	册数（册）	品种份额	册数份额
1	长江少年儿童出版社	544	2473	7.02%	8.62%
2	北京科学技术出版社	271	897	3.50%	3.13%
3	接力出版社	234	1681	3.02%	5.86%
4	二十一世纪出版社集团	185	898	2.39%	3.13%
5	人民邮电出版社	170	553	2.19%	1.93%
6	中信出版集团	166	1139	2.14%	3.97%
7	中国少年儿童出版社	128	922	1.65%	3.22%

续表

品种排名	出版社	品种数（种）	册数（册）	品种份额	册数份额
8	格林文化事业股份有限公司	125	134	1.61%	0.47%
9	煤炭工业出版社	123	262	1.59%	0.91%
10	北京联合出版公司	115	1317	1.48%	4.59%
11	天津人民美术出版社	111	137	1.43%	0.48%
12	上海人民美术出版社	103	169	1.33%	0.59%
13	石油工业出版社	85	288	1.10%	1.00%
14	韦伯文化国际出版有限公司	85	128	1.10%	0.45%
15	青岛出版社	79	91	1.02%	0.32%
16	上海文化出版社	76	396	0.98%	1.38%
17	中国人口出版社	76	202	0.98%	0.70%
18	安徽少年儿童出版社	73	1387	0.94%	4.84%
19	连环画出版社	71	101	0.92%	0.35%
20	湖南少年儿童出版社	70	909	0.90%	3.17%
——	合计	2890	14084	37.31%	49.12%

表9 本馆文学类图书入藏量前20名的出版社

品种排名	出版社	品种数（种）	册数（册）	品种份额	册数份额
1	长江少年儿童出版社	508	5976	9.32%	20.77%
2	浙江少年儿童出版社	316	1493	5.80%	5.19%
3	安徽少年儿童出版社	194	1124	3.56%	3.91%
4	湖南少年儿童出版社	193	721	3.54%	2.51%
5	接力出版社	181	1019	3.32%	3.54%
6	长江文艺出版社	141	647	2.59%	2.25%
7	译林出版社	137	525	2.51%	1.83%
8	中国少年儿童出版社	133	587	2.44%	2.04%
9	百花洲文艺出版社	121	453	2.22%	1.57%

续表

品种排名	出版社	品种数（种）	册数（册）	品种份额	册数份额
10	人民邮电出版社	119	347	2.18%	1.21%
11	人民文学出版社	113	791	2.07%	2.75%
12	作家出版社	92	328	1.69%	1.14%
13	北京联合出版公司	89	306	1.63%	1.06%
13	天地出版社	86	378	1.58%	1.31%
15	明天出版社	82	705	1.50%	2.45%
16	知识出版社	82	416	1.50%	1.45%
17	中信出版集团	81	290	1.49%	1.01%
18	青岛出版社	79	217	1.45%	0.75%
18	湖北少年儿童出版社	75	458	1.38%	1.59%
20	少年儿童出版社	74	443	1.36%	1.54%
——	合计	2896	17224	53.15%	59.88%

四、项目取得成效

2019年为了让读者看到更多好书、新书，我馆通过多种渠道收集图书信息，转变购书方式，以订购为主，加大预订采购的比例，以现采为辅，对使用效率高的图书进行增补，丰富优化馆藏结构，取得以下成效：

（1）系统地收藏全国出版社出版的优秀少儿读物。我馆作为市级少年儿童公共图书馆，担负着为广大少年儿童、家长及少儿教育（研究）工作者提供文献信息服务和咨询服务的职责，藏书建设的系统性和完整性是文献资源检索和利用的最终保障，2018年我馆收集全国各类型出版社的少儿读物，重点以儿童文学类及绘本类图书为主，入藏率达100%。

（2）2019年纸质文献的品种、册数与2018年相比品种有所上升，册数也有所减少，主要是由于中文图书的经费减少，增加了数据库经费的投入。我馆自2012年以来，已将电子资源的建设作为馆藏建设的重要部分。

（3）补购2012年以来我馆缺藏的中文图书。订购是我馆中文图书采购的主要方式，由于图书发行和配送渠道方面的原因，现采图书存在品种不全的问题，而各个出版社在卖场的图书也陈列不全；预订图书到书周期在2—4个月，少部分的预订图书还不能如期到馆。为了保障我馆藏书建设的系统性和完整性，2019年依据《全国少年儿童图书馆基本藏书目录》返藏我馆的馆藏书目，整理出 2012—2018 年以来我馆缺藏的中文图书的书目，委托市内实力较强的书商进行补购，现补购的图书已陆续到馆。

（4）组织重点读者到市新华书店各大卖场进行现场采购，举办读者座谈会，发放大量读者调查表，了解读者需求进行有针对性的采购，深受读者的喜爱。

（5）流动图书覆盖全市 13 个区、7 个分馆、38 个流通点、13 个流通车，新增了一个盲校分馆并与站点单位合作开展各项阅读活动，进行流动阅读，使得图书覆盖面更广，并有专业人员组织和推动图书的利用，效果显著，促进了图书的利用率。

五、优化馆藏结构的思考

通过对馆藏的统计分析，我们对近 5 年本馆馆藏结构体系有了一个初步了解和认识。从总体来看，我馆藏书结构基本合理，藏书体系也有自己的特色，个性突出。但从具体上看，还需进行进一步的规划调整。

1. 藏书比例

本馆文学类、低幼连环画类图书占的比重最大，文学类图书最受大众群体欢迎，其次是连环画、漫画类图书，其需求量大，出版界也比较热衷出版此类图书。所以应考虑以上种类书籍的质量，避免出现同化严重、比重过高的现象。

2. 复本标准

在制定复本量的标准时，应当采取分学科、分等级制度，不能搞"一刀切"。如专业参考书、研究级图书，复本量为 1 本，一般的学科类图书为 3 本左右，畅销类图书按需求可控制在 5-20 本左右。

3. 重视布局

藏书布局应更加便理，开架书库应集中流通量大的图书，主题专架标志显示明显且准确，扩大面积，根据读者需要调整布局。

4. 注重沟通

经常有目的地到借阅部书库了解馆藏借阅情况，听取各部门的工作意见，关注馆内网站和微信公众号留言，了解读者需求。同时，切实把握读者需求倾向，做好新书推荐工作。迅速、及时、准确地收集、采购、分配各种图书资料。

此外，为了吸引更多的读者走进图书馆，本馆应当积极增加一些服务项目，开拓服务新领域。面对出版量剧增、图书价格逐年上涨的困境，图书采购工作不可能面面俱到，但必须做到突出重点、加强基础、兼顾其他，形成自身特色。如中文图书采购工作要点必须遵行下面四个方面内容来开展工作：①完善一个体系，建成并完善一个涵盖面全、重点突出且结构合理、完整的馆藏资源体系，它由纸质与数字资源相互补充、共同构成。②实现一个作用，即对少年儿童服务、为社会服务，为全市的经济建设和社会发展服务起支撑作用。③遵守一个原则，即"读者第一，服务至上"。④坚持一个方法，让读者成为采购的主体，而馆员的重点在于整合服务。

图书馆藏书是图书馆开展全部工作的物质基础，图书馆文献资源建设的水平是衡量图书馆的标尺之一。文献资源调查，既是对以往工作的总结检查，也是今后的工作的新任务。通过本次馆藏统计与分析反映出来的问题，是我们今后采选工作应重视起来的方面。提高查书利用率、满足读者阅读需求必然要求本馆在确保定数量馆藏的基础上提高馆藏文献的质量，使图书馆的藏书建设工作走向科学化、规范化、现代化，让有限的图书经费发挥出更大的作用。

参考文献

[1] 张学福. 基于馆藏统计分析的文献资源建探讨——以渝中区图书馆为例 [J]. 图书情报, 2018 (11)：109-111.

[2] 王艳艳. 以藏促用：东平县图书馆馆藏统计与分析 [J]. 中文信息, 2020 (2)：67.

图书馆馆藏建设中的港台图书建设
——以台版图书为例

李 昂 郭芳吟

（湖北省图书馆，湖北武汉，430071）

摘 要：我国港台地区收藏的文献资源极其丰富和珍贵，港台图书详细记载了港台地区丰富的文化、经济、科技等，是大陆公共图书馆及高校图书馆馆藏文献资源建设必不可少的一部分。尤其是台版图书，其对构建以文学典籍、国学经典为特色的中华国学研究馆藏建设体系具有十分重要的意义。各图书馆需根据职能定位，采取有针对性的图书采访措施，确保台版图书馆藏资源建设的合理性。

关键词：港台图书建设；台版图书；出版现状；图书采访；对策

一、构建以文学典籍、国学经典为特色的中华国学研究馆藏建设体系

中国台湾和香港地区是仅次于大陆（内地）的华文出版发行地，是华文阅读的重地，台湾和香港地区的图书出版品种丰富、类型多样，与中国大陆出版图书具有一定的互补性，是传播中华文化的重要载体之一，也是完善中国现代出版版图的重要区域。

我国港台地区收藏有大量珍贵文物和历史文献，文献资源极其丰富和珍贵。港台地区出版的图书详细记载了港台地区丰富的文化、经济、科技等，是大陆公共图书馆及高校图书馆馆藏文献资源建设必不可少的一部分，也是读者了解港台地区风土人情和发展动态的主要渠道。我馆从2014年至2020年，共计采购港台图书26000余册，9000余种，构建了以文学典籍、国学经典为特色的中华国学研究馆藏体系，精品文献如《稀见清代四部辑刊》《稀见明代四部辑刊》《中国方志丛书》《子海珍本编》台北故宫博物院藏的《永乐大典》及《傅斯年图书馆藏未刊稿钞本》《古典文献研究辑刊》《古典文学研究辑刊》《民国历史文化研究辑刊》等中华经典古籍、学术典籍。

（一）规划和发展台湾、香港地区出版物的馆藏建设

规划和发展台湾、香港地区出版物的馆藏建设十分重要。一方面在应收尽收的指导原则下逐年进行目录的回溯征集、集中组织实物征集；另一方面，从出版品质和文化传承的角度，进行重点出版物如《宋画全集》《稀见清代尺牍》《傅斯年眉批题跋辑录》《一带一路历史文献辑录》《古代中国农学遗产文献汇刊》《稀见明代四部辑刊》等文献史料丛书的收藏与补配。

（二）与港台地区各个重点出版社建立动态信息跟踪的联系

要了解港台经典古籍、学术典籍等书籍的出版动态，就要与重点出版社建立动态信息跟踪的联系，如台湾商务印书馆、台湾新文丰出版社、台湾文津出版社、台湾"中央研究院"、花木兰出版社、万卷楼图书有限公司、文听阁图书公司、香港城市大学出版社、香港大学出版社、香港中文大学出版社以及台湾地区成立30年左右的人文社，如联经出版公司、五南文化出版集团、世界书局、城邦出版集团、时报文化出版公司、远流出版公司等有不俗的成就的出版社，从而获得最新的港台图书信息，最大限度地保证符合采访范围的港台图书不漏订。

（三）在引进品种上有重点和针对性

首先是文史哲类作品，其为是港台图书出版的翘楚，清代以前相当多的历史资料和满文资料分布在台湾地区；其次是法律法规的研究、文学作品、经济管理等方面的作品；再是反映港台地区政治、经济、社会、民俗文化等方面的文献，各行各业著名人士的著作，特别是一些获奖项的作品；最后是学术性很强的哲学类、社科类、自科类的文献及工具书，也是港台图书采选的重点，如《文渊阁四库全书》《四库荟要》《中国方志丛书》《满文原档》《永乐大典》等中华经典古籍。

（四）补配本馆2014年至今港台地区的连续出版物

由于港台出版和发行机构时常出现变换等不确定因素，会造成出版物馆藏延续性断代或者缺藏，应对中标书商进行长期的分析及反馈工作，做好查漏补缺工作，以保障重要连续出版物具有延续性和良性发展。如《古典文献研究辑刊》《古典文学研究辑刊》《中国学术思想研究辑刊》《古典诗歌研究汇刊》等连续出版物。

（五）拓宽获取最新港台图书的信息和海峡两岸最新动态的渠道

要拓宽获取最新港台图书的信息和海峡两岸最新动态的渠道，可通过书展

考察、参加海峡两岸图书交易会、到供应商所在地现采等途径了解港台出版界和港台图书的发行情况。目前我们对港台图书信息的掌握主要通过每年招标港台图书书商提供的书目信息、书展信息等，以及采访员在杂志、报刊、电视、广播、网络等途径检索有关信息。要拓宽思路，具有前瞻性，关注港台地区的出版交流动态，了解港台出版社的最新形势，从而获取最新的图书信息，这样才能采购到最新、最有价值的图书。

二、台版图书是中国各图书馆馆藏资源建设必不可少的组成部分

台湾地区收藏有大陆地区大量的珍贵文物和历史文献，台湾地区出版的图书、文献资源极其丰富和珍贵。台版图书详细记载了台湾地区厚重的文化、经济、科技等，是大陆公共图书馆及高校图书馆馆藏资源建设必不可少的一部分，也是读者了解台湾动态的主要渠道。同时，版权贸易活跃"，出版内容丰富无比。因此，台版图书是中国各图书馆馆藏资源建设必不可少的组成部分，中国各图书馆需根据职能定位，采取有针对性的图书采访措施，以确保台版图书馆藏资源建设的合理性。

三、台湾地区的图书出版概况

（一）新书出版种数概况

1999年，台湾地区的出版社开始实行登记制，版权行业非常活跃。个人集资到一定金额即可随时申请设立出版社。根据台湾地区国际书号中心统计分析显示，台湾地区图书出版社的数量从1991年的3491家，到2018年的32257家，28年来数量增长惊人。2017年1月至12月，台湾地区共出版40401种新书，新书出版种数及申请ISBN的出版社（单位）呈缓慢的上升趋势，与2016年相比，2018年出版新书种数比2016年增加307种，具体情况如表1所示：

表1　2015-2018年申请ISBN的新书种数

年度	ISBN量（个）	图书种数（种）
2015年	44363	39717
2016年	43489	38807
2017年	45411	40401
2018年	40868	39144

(二) 出版机构与出版图书种数概况

从出版机构类型分析，2017年，一般出版社（单位）出版36052种新书（占比89.24%）；当局机构出版3376种新书（占比8.36%）；个人出版973种新书（占比2.41%）。一般出版社出版新书种数较2016年增加1918种，政府出版机构出版新书种数比2016年减少268种，个人出版新书种数比2016年减少56种。具体情况如表2所示：

表2 各类型出版机构与出版图书种数

机构类型	2015年	2016年	2017年
一般出版社	35134（88.46%）	34134（87.96%）	36052（89.24%）
当局机构	3629（9.14%）	3644（9.39%）	3376（8.36%）
个人	954（2.41%）	1029（2.65%）	973（2.41%）
合计	39717	38807	40401

台湾地区出版社众多，其组成比较复杂。既有正规的出版社，也有当局下属部门、学校、研究机构、协会、财团以及个人成立的出版社等。

2017年，台湾地区出版社（含政府机构、个人等）向国际书号中心申请ISBN，统计核发40401种新书，依照一般图书馆常用分类有总类、哲学、宗教、自然科学、计算机通讯、应用科学、社会科学、历史传记、语言文学、儿童文学及艺术类分类，具体如下表3所示：

表3 分类图表

序号	图书分类	图书种数
1	总类	370（0.92%）
2	哲学	1815（4.49%）
3	宗教	1936（4.79%）
4	自然科学	938（2.32%）
5	计算机与通讯	1223（3.03%）
6	应用科学	6732（16.66%）
7	社会科学	6307（15.61%）
8	历史传记	2866（7.09%）
9	语言文学	9143（22.63%）
10	儿童文学	3033（7.51%）

续表

序号	图书分类	图书种数
11	艺术	5988（14.82%）
12	其他	50（0.12%）
合计	——	40401

综合上述，可以看出台湾地区图书出版的一些特色：出版社数量繁多，集团经营的同时存在小规模、不稳定的个人出版机构；出版图书的种类多，内容上以语言文学占比最大，其次是应用科学类和社会科学类，以及各种艺术类的各种图书。

四、台版图书采访出现的问题和挑战

台湾地区自1999年有关出版的规定废止后，台湾地区的出版事业空前活跃，女权、智商与情绪、科普、环保、休闲、娱乐、电脑与网络、教科书等种类的图书都成为新的出版热点。而近年来，台湾地区的社会环境产生了巨大变化：中产阶级走出台湾地区，意味着阅读主力之一的流失；网络的崛起致使数字阅读成熟、报纸杂志购买力萎缩、计算机书购买力萎缩；受电子化的冲击，年人口出生量已从1976年的高峰40多万人跌落至今不满20万人（新生儿中还包括1/7外籍母亲的子女），这使得台湾地区的童书、教科书和参考书市场萎缩；租书店崛起，购者少、租者多，以致漫画与言情小说、武侠小说的销售量和出版量缓步下降；民众重视文化、设计、旅游、美学知识，图书设计装订技术的提升刺激了旅游与设计类出版品的兴起。

台版图书的出版行业竞争非常激烈，台版图书每年会有超过4万种新书进入市场。高产和高额利润的影响下必然导致图书出版的周期减短，伴随而来的是质量的下滑，很多图书选材雷同，缺乏新颖，学术性不强，对科研、文献资源建设的作用不大。

迎合大众口味的台版图书越来越多，严重挤压了曾经火热的哲学经典、文化经典、历史经典、学术丛书等类型的研究性文献，适合馆藏良性建设的好书在书市举步维艰；非原创性的图书增多，不少出版社热衷于再版大陆已经出版过的古籍，大量引进国外作品版权和译制作品，译制作品的内容也大多为合大众胃口的畅销书。许多好书无法凭借其内容优势生存在市场里。以上种种原因干扰了图书馆采访员信息采集，无法及时采选适合馆藏发展的优秀台版图书，加大采访工作者日常采选的时间和难度。因此图书馆采访员在日常工作中需更加慎重地采选台版书籍，特别对于一些书名、作者相同但出版社不同，或书名相似、作者相同、出版社相同、内容完全一样等诸如此类的雷同书籍采选更要慎重，从而使采访员在资金有限的情况下更好的完善台版图书的馆藏资源建设。

五、台版图书的采访策略和应对措施

（一）获取最新台版书信息和海峡两岸最新动态

图书馆采访人员可通过书展考察、参加海峡两岸图书博览会、到供应商所在地现采等途径了解台湾出版界和台版书的发行。目前我们主要通过每年招标港台图书书商提供的书目信息、书展信息等对台版图书信息进行掌握，以及在杂志、报刊、电视、广播、网络等途径检索有关信息。

（二）建立重点出版社动态信息跟踪数据库获得最新台版图书信息

与重点出版社建立动态信息跟踪的数据库；如台湾商务印书馆、台湾新文丰出版社、台湾文津出版社、台湾中央研究院、花木兰出版社、万卷楼图书有限公司、文听阁图书公司以及台湾地区成立30年左右的人文社如联经出版公司、五南文化出版集团、世界书局、城邦出版集团、时报文化出版公司、远流出版公司等有不俗的成就的出版社，从而获得最新的台版图书信息，最大限度地保证符合采访范围的台版图书不漏订。

（三）对书商进行分析及反馈，做好台湾地区年鉴、年报查重工作

由于台版年鉴年报的出版和发行机构时常出现变换等不确定因素，会造成年鉴年报的馆藏延续性断代或者缺藏，因此我们要对中标书商进行长期的分析及反馈工作，做好查漏补缺工作，以保障重要年鉴、年报的入藏的延续性和良性发展。

（四）台版图书采访人员要拓宽思路，具有前瞻性

台版图书采访人员通过多渠道搜集的书目信息，经常会出现不少重复的书目，因此采访员一定要做好查重工作。我们要利用ISBN号、题目、责任者、主题等多个检索点进行查重，不应该重复采购，只有这样我们才能尽量做到不错订、不漏订、不重订。作为台版图书采访人员必须具有前瞻性，能够拓宽思路与眼界，在日常工作中注意关注关于台版图书出版的各类信息，只有关注了两岸的出版交流动态才能了解台版图书和台版图书出版社的最新的形势，从而获取最新台版图书信息，这样才能采购到最新、最有价值的图书。

（五）引进图书品种选择上要有重点和针对性

对台版图书的采选，需要在引进品种上有重点和针对性。做好台版图书的采访工作，采访部工作人员要熟悉本馆的馆藏，保证图书的连续性、多样性，确定补订的方向；从图书内容来看，需要遵循本馆的职能定位，湖北省图书馆新馆作为湖北省"十二五"期间文化建设的重点工程，是湖北省重要的知识信息枢纽和精神文明建设的重要阵地，湖北省图书馆以古籍大馆、少儿图书大馆、地方文献大馆、特色图书大馆、数字图书大馆这"五个大馆"为支柱，实现跨越式发展。本着遵循省图书馆的职能定位，采访部工作人员采选台版图书时需要注重古籍文献、特色文献、地方文献等文献资源的建设；省级公共图书馆肩负着为省内科学研究、学术发展、文化建设等提供研究文献的职能，以及读者群体的不同，故省级公共图书馆的馆藏内容要照顾到各个学科、各种层次、各类服务对象，馆藏内容首先需要注意的是文史哲类作品，目前清代以前相当多的历史资料和满文资料分布在台湾；其次是法律法规的研究、文学作品、经济管理等方面的作品；再次是反映台湾地区政治、经济、社会、风俗文化等方面的文献，各行各业著名人士的著作，特别是一些获奖项的作品；最后是学术性很强的哲学、社科类、自科类的文献及工具书，也是台版图书采选的重点。对于一些大陆已出版过的古籍，以及大陆已有并引进的翻译作品等非原创类的图书需要慎重采选，以免与馆藏重复；台湾出版的套书、丛书、年鉴、年报等，其中有些出版持续很多年，这些图书一般具备较高的学术价值和珍藏价值，是图书入藏的重点。经采访员统计，湖北省图书馆自2014年至2018年年底，已累计采购台版图书9075种，23315册，其中2014—2015年采购种数最多，数量为4683种，10420册，2015年后每年采购种数稳定在1100-2000种，入藏册数在3000-6000册；采访员除了要完成日常采访工作外，还应在工作中与各业务部门多合作、多宣传和推介精品台版图书，提高台版图书的认知度和利用率，并有周期性地收集本馆读者和专家学者对台版图书的意见和建议，把以前没有收藏的图书可以根据需求补藏，每个月或每个季度做好定期回访和评估，有利于台版书采访工作和馆藏质量的提高，从而更好地为读者服务工作，使采选的台版文献领域更广、题材更新、学术性更强、内容更全，使图书馆的馆藏资源建设良性发展，真正使湖北省图书馆成为中部领先、全国一流、国际知名的学习型、研究型、创意型、示范型的现代化图书馆。

（六）注重培养图书采访人员的综合素养

文献采访的目的有二个：一是要满足读者的需要，二是要建立一个科学合理的文献馆藏体系。要做好这两点，培养图书采访工作人员的综合素养就显得格外重要。

作为公共图书馆的采访工作人员，首先要树立正确的人生观和培养良好的职业道德，要脚踏实地地工作，爱岗敬业并且在岗位上需有高度的使命感、责任感，同时应在工作中不断学习、不断提高自身的专业技术和业务能力；其次，采访工作人员应具备过硬的业务能力，提高台版图书信息收集能力，培养良好的鉴别能力及敏锐的捕捉能力，扩展自身的视野，对台湾地区的经济、政治、文化、历史等增加全方位的了解，同时把握一些重点学科、特殊文献，与台湾地区的业界人士进行适当的业务交流，了解海峡两岸及台湾当地出版事业的发展情况；再次，图书采访工作人员与台版图书的中标供应商之间要有良性的合作方法，做到既能够及时与其沟通信息又不可对书商过分依赖，所以采访工作员要调动自己的主观能动性，做到有的放矢，通过多个渠道主动收集图书资讯，整理新书目。这样既能与书商提供的书目形成互补，又能更好地完成台版图书的查漏补缺工作，同时也确保了采访渠道的通畅、到书的及时；最后，采访工作人员还应定期回访和评估台版图书的采选质量，通过各业务部门的反馈信息和对文献借阅率的统计，及时发现各工作环节存在的问题。图书采访工作是馆藏发展建设的重要部分，决定着馆藏的质量，在台版文献采购工作中，采访工作人员既要查漏补缺，努力甄别各类台版文献，保证"藏书之书"馆藏资源建设的良好发展，同时也要有勇气拓展思路，保障馆藏质量。

总而言之，我们只有充分了解台湾地区图书出版的概况，完善采访策略，才能够建立良性的台版图书收藏体系，才能健全台版图书的采访工作和馆藏资源建设，才能使馆藏文献在品种、质量、数量等方面更进一步，使图书馆文献资源收藏更完整，以高质量的馆藏资源满足读者的多元化需求，真正使湖北省图书馆成为国际知名、全国一流的现代化图书馆。

参考文献

[1] 辛广伟. 台湾出版史概论 [J]. 中国出版, 2000 (5)：60-62.

[2] 王干任. 台湾出版市场，是转型不是缩小 [J]. 出版参考, 2008 (12)：29.

[3] 肖竹青. 刍议新形势下图书馆台版图书的采访工作 [J]. 图书馆工作与研究, 2008 (10)：50-52.

[4] 李德跃. 中文图书采访工作手册 [M]. 北京：北京图书馆出版社, 2004.

特色馆藏建设模式研究
——以华中科技大学图书馆医学分馆德文特藏室为例

文春艳

(华中科技大学图书馆,湖北武汉,430010)

摘 要:本文就特藏的意义和作用进行简要的阐述,通过对华中科技大学图书馆医学分馆的德文特藏文献室目前存在的问题进行分析,对德文特藏文献的开放和利用进行探讨,从人才的引进、预约制度的完善、特色数据库的创建、特藏文献的摘要翻译等方面,有针对性地提出了实施的意见与建议,不仅提高了德文特藏文献的利用和传承,还更有助于提高图书馆的知名度,为图书馆的发展提供有利支持。

关键词:高校图书馆;特藏文献;模式研究

华中科技大学图书馆医学分馆(以下统称医学分馆)建馆已有百余年,自1907年德国医师埃里希宝隆博士创建上海德文医学堂伊始,华中科技大学图书馆就随着学院一起发展,历经德文医学堂(同济大学前身)图书馆、中南同济医学院图书馆、武汉医学院图书馆、同济医科大学图书馆、华中科技大学同济医学院图书馆后,2006年更名为华中科技大学图书馆医学分馆。在此背景下,作为德文的文献中心,医学分馆存有不少珍贵的德文医学书刊,为更好地传承利用这些文献,现就目前医学分馆的德文特藏情况进行研究。

一、特藏的概念和意义

大学图书馆特藏是指大学图书馆根据学校的办学特色、专业特色、主要读者群的需求特色等,在文献资源建设的过程中,有意识、有规划、有选择地逐渐形成的具有一定特点和地域或行业优势的馆藏资源。华中科技大学图书馆的医学分馆德文特藏室就是按学校创办史、专业特色、读者群需求等因素创建而成。

在社会信息化和大学图书馆馆藏资源日益同质化的环境下,各大学图书馆在具有保障学校教学科研必需的文献信息资源的基础上，积累了一些珍贵且稀缺的特藏资源。医学分馆作为华中科技大学同济医学院的知识信息中心，内存着丰富的医学类特藏资源。对特藏资源进行有序化整理、挖掘不仅能传承其珍贵的历史文化与文献价值，而且会促进学校的学科建设与发展。开发和建设具有本校及学科特色的信息资源，为师生提供特色的学科服务、信息服务和知识服务，不仅能体现出医学分馆文献价值的珍贵性，还能体现出医学分馆对自身文化价值的追求。另外，特藏资源还可以扩大医学分馆的学术影响力，提高医学院声誉，彰显学校专业特色以及创校文化。

二、德文特藏室的馆藏情况及作用

为了更好地保护及利用医学分馆的特藏文献，医学分馆逐年对馆内特色文献进行细致整理，对德文特藏室的硬件设施进行更换，改善德文特藏文献的保存条件，并根据同济医学院创建历史及专业特性特点、知名人物、时间、语种等特色分类，设有裘法祖阅览室、中文文献特藏室及德文文献特藏室。德文特藏室的成立已经成为医学分馆的一个亮点，既彰显了华中科技大学同济医学院人文内涵和历史传统，也是医学分馆文献建设开展的一项重要工作。本文主要对德文文献特藏室进行研究。

（一）德文文献的馆藏情况

2019年，在加大特藏文献建设力度的前提下，医学分馆对德文文献特藏室进行了重新整理排序，对缺损严重的文献进行修复，对因历史遗留问题出现的馆藏位置不准确、条码缺失等的问题文献进行了全面梳理，将整理出来的文献重新设置条形码并统一录入馆藏。目前主要收藏1945年以前出版的德文书刊，还收藏了武忠弼教授捐赠的德文书刊等。

（二）德文特藏室的作用

1. 史料作用

德文特藏室的文献资料承载着同济医学院的创办历史，更记录了校友前辈、学者们对医学的研究，体现了同济医学院专家学者们对医学界所做的贡献及其影响力，具有很强的史料价值。

2. 桥梁作用

德文特藏室的建立有利于同济医学院联系校友及德国学府、医疗系统，成为这之间的纽带和桥梁。在与各地校友、德国高校的教授学子、德国医学专家等的联络、沟通与交流中，既能凝聚广大校友的爱校情结，促进华中科技大学同济医学院对广大校友的亲和力和感召力,又能在与德国学术研究中获得更多的国外友谊及医疗交流。

3. 教学作用

医学分馆德文特藏室既是同济医学院的博物馆,又是宣传机构、播种机,它的存在不仅为在校学者们提供了文献资料,同时也提醒着华中科技大学的广大师生员工们学院的发展历史,激励学生奋发向上,攀登世界医学高峰。

三、德文特藏室发展存在的问题

(一)人才结构和分工问题

人才结构的不合理和馆内人员素质亟待提高是医学分馆人才队伍建设面临的两大较为突出问题。一是特藏专业人员的短缺对于德文特藏室的管理与发展是一个较为棘手问题。人员素质亟待提高,主要体现在现有人员的服务能力上。德文特藏馆员学科背景不强,对德文了解不深,不能有效地对特藏室的文献资料进行挖掘和再利用,在其他学者来访时不能较好地进行宣传推广;二是特藏馆员同时兼任其他工作,不能专注于特藏室的开发和利用。目前,医学分馆特藏馆员除管理特藏室外,还兼任阅读推广、新闻宣传、学生组织管理等工作,很难有大量时间完成特藏工作,这就导致特藏的发展很难向前推进,以至不能发挥其珍贵的利用价值。

(二)经费问题

目前医学分馆未能设立专项资金用于特藏室储藏环境的改造、文献收藏的扩充以及专业人才的聘请等,这可能会导致特藏的收藏数量难以增加、传承受阻。

(三)语种障碍

华中科技大学同济医学院,其前身为德国医生宝隆博士于1907年创建的上海德文医学堂,但随着学校的发展和形势的变化,目前学习德文的学者越来越少,专修德医方面的学者更是少之又少,这使得德文特藏室的推广及利用动力不足,德文特藏室成为了参观之所,不能有效发挥其应有的知识传承功能。

四、如何开发和利用德文特藏文献

(一)完善预约系统,建立合理预约制度

目前,由于德文特藏馆自身的特殊性其实行半封闭式管理,有需求的读者通过采取电话预约、实地预约及邮箱留言预约的方式进行参观阅读，但因预约系统不够完善且未出台相关制度，会出现读者预约后不能按时参观阅读，读者预约过于随意等现象，造成工作人员空等的问题。这就迫切需要制订出行之有效的预约制度，设计出完善的预约管理系统，可与图书借阅、良好阅读行为等挂钩，采用信用积分形式，对按时参观的读者给予积分奖励，无故未到的读者可根据规定适当扣除信用积分，以此督促读者，提高其责任心。

（二）引进从事德国医学专业的工作人员

由于德文语种的特殊性且医学分馆德文特藏大多是二战以前的文献，这就要求负责德文特藏室的图书馆员不仅要具备图书馆专业知识，还要有识别德文的能力，了解二战前后的历史文化，其应是素质过硬的复合型人才。然而，想要熟练掌握德文需要长期的积累，想通过培训现有馆员使其掌握德文不太实际，且长时间的搁置不利于医学分馆德文特藏文献的利用，为此，图书馆有必要引进德医专业管理方面的人才，加强历史文化学习，并定期为图书馆员开展业务学习活动，使图书馆员了解德文特藏室的馆藏情况，从而促进德文特藏室的建设与发展。

（三）编写文献目录及摘要并将其翻译成汉文

自建立德文特藏室以来，由于语种的限制，该室接待最多的是老一辈的校友、德国访校友人及德国留学生等人员，因大多读者不知馆藏文献的具体作用，馆内大量的珍贵文献不能得到很好的利用。很多读者对德文特藏室的文献"心仪"已久，但由于缺乏阅读德文文献的水平从而使他们望而却步。假如能向读者提供对应的德文文献摘要翻译目录，许多问题都可以迎刃而解。

制定对应的汉语目录迫在眉睫，即使因馆情原因目前无法聘请德周医生的专业人才加入，也可设立专项资金，以有偿服务的形式聘请德医专业人士协助翻译德文特藏室收藏的文献标题，在资金允许的情况下最好能细致到每本文献中的每篇文章标题。

（四）创建特色数据库

应创建特色文献资源机制，以满足师生对德文文献的需求，将翻译出的文献摘要目录上传至数据库，便于读者查阅。通过数字化技术加快资源传输速度、扩大资源传播范围。也可采用信息资源共享理念，运用数字化技术创建线上联合查询系统，对用户进行识别判断，便于师生跨区域检索，以此提高德文文献的利用率。

（五）加大德文特藏室的宣传推广力度

目前，医学分馆已将德文特藏室的藏书全部录入馆藏且专门为该特藏室撰写了简介，并以"4·23读书日"为契机，采用线上线下的形式，结合学校创建历史对特藏室做了相关宣传，学校在后期将不断加大宣传力度，结合新生入学教育、微信公众号、馆内电子屏、特藏资源展示等宣传手段，让读者进一步了解特藏室的文献资源，从而激发其求学精神。

五、结语

新时期图书馆与传统图书馆功能上最显著的区别就是要充分开展信息服务，变被动为主动。特别是对于特藏建设，图书馆应尽快改变"以藏为主"的思想，使馆内的珍贵特藏文献"活起来"、并用起来，只有这样，才能增强名牌效应，从而更快地促进图书馆的发展。

参考文献

[1] 王波. 高校特色资源库构建模式研究 [J]. 图书馆学研究，2009（9）：45-50.

[2] 丁友兰. 我校图书馆特藏建设的实践与探讨 [J]. 武夷学院学报，2012，31（4）：74-77.

[3] 费愉庆. 高校图书馆特藏部文献的开放与利用 [J]. 苏州大学学报（工科版），2008，25（5）：106-107.

[4] 朱聪，龙爽. 高校图书馆学科特色馆藏资源建设及共享模式 [J]. 黑龙江科学，2019，10（21）：72-73.

[5] 孟玫. 浅谈南阳医专图书馆张仲景文化特藏馆建设 [J]. 河南图书馆学刊，2013，33（6）：51-52.

[6] 黄坚，段连秀，黄勇. 图书馆旅游信息开发初探 [J]. 图书馆论坛，2002（3）：111-113.

十一、后疫情时代"云馆配"模式的多维比较与优化研究

后疫情时代下的公共图书馆讲座发展路径探析
——以长江讲坛为例

刘 虹

(湖北省图书馆,湖北武汉,430071)

摘 要:讲座一直是公共图书馆最重要的阵地服务活动之一,随着新冠肺炎疫情的发生,人们的生活和学习方式受到了极大的改变和冲击,讲座作为线下开展的聚集性活动,也受到了不同程度的影响。为了适应新形势下大众的需求,讲座服务开始进行多种形式的业务探索和服务延申,本文重点以长江讲坛为例,探析后疫情时代下公共图书馆讲座发展的模式和创新。

关键词:公共图书馆;讲座;创新

一、讲座在疫情之前的服务现状

讲座是公共图书馆履行社会教育职能最重要的方式之一,随着时代发展和业务积累,近些年,图书馆行业的一批讲座活动广受大众欢迎。然而随着信息技术的革新,大众的学习方式愈来愈丰富,讲座也面临了各种冲击,包括曾经"一票难求"的"长江讲坛"也陷入了同样的困境。

"长江讲坛"是在湖北省委组织部、湖北省委宣传部、湖北省委省直机关工委、湖北省文化和旅游厅的支持下,由湖北省图书馆主办的大型公益讲座活动,曾获全国"群星奖",入选全国文化共享工程。该讲坛以政治、经济、文化、社会、生态为主线,以荆楚乃至中华优秀历史文化为重点,传播人类文明,启迪社会智慧。自2013年"长江讲坛"开讲以来,其每周举办现场讲座,已迎来王蒙、余秋雨、阎崇年、周国平、易中天、傅佩荣、蒙曼、王立群、郦波、刘震云、余华、王跃文、戴建业等众多学者莅临授讲,可谓名家云集,学风蔚然。

作为国内知名文化品牌的"长江讲坛",在疫情之前,其主要以湖北省图书馆为主要阵地,走向全省、全国乃至国外进行巡讲,以现场讲授为主。为了进一步扩大影响力,"长江讲坛"的大部分讲座会进行现场录制,后期通过视频加工、剪辑等方式,常年在湖北广播电视台教育频道、楚天交通广播(fm92.7)和湖北私家车广播(fm107.8)开设同名专栏播出。同时,每年分阶段收录整理讲座文字稿,集结出版《长江讲坛》,并开通微信、微博等新媒体平台发布讲坛预告。这一现状,一方面在便利策划和管理的基础上,通过地域辐射和传统媒体最大化讲座的社会效益,强调了讲座的现场感和互动性;另一方面,相对后疫情时代人们对线上传播的极大需求,服务方式还是受到了一些限制,无法满足常态化防控局势下人们参与的热情。

二、后疫情时代讲座服务的革新和特点

后疫情时代,群众生活逐步恢复正常,但是在一定时期内,常态化的线下活动还是受到诸多限制,比如上座率的控制、预约方式的规范、基于健康码的行程数据管理等,各种因素的影响让习惯参与线下活动的众多读者多了份顾虑,全国各图书馆的线下讲座恢复后参与人数普遍较之前有不同幅度减少。从2020年8月,"长江讲坛"恢复线下讲座以来,其现场参与讲座人数相比疫情之前每场下降近一半。为了缓解突如其来的改变,"长江讲坛"在其原有服务基础上,迅速做出反应,在多方面进行调整应对。

(一)讲座增开线上直播服务

为了便利更广大读者参与讲座活动,充分发挥讲坛现有资源的作用,"长江讲坛"在疫情期间持续通过微信公众号每个月推出讲座视频回顾专辑,包括重制讲座海报、精炼讲座摘要、制作讲座视频链接二维码等方式,推送讲座视频150场,在暂时无法开展线下活动的情况下,极大补充了讲座服务的空白,也受到了居家读者的支持和欢迎。待疫情稳定后,"长江讲坛"在推送资源同时,开始逐步邀请嘉宾到电视台演播厅或馆内进行讲座录制,虽然现场没有观众,但经后期制作后由电视台、电台播放,可以保持对讲座活动和内容进行持续更新和输出。

待线下讲座完全恢复后,"长江讲坛"开始购置设备,改造报告厅现有条件,尝试进行现场讲座线上同步直播,陆续开通官方微信、BiliBili(以下简称B站)等直播平台。经前期统计,这两个直播平台观看人数一直稳定增长,平均每场3000人次左右,如果引入长江云直播平台(湖北广播电视台移动客户端),多则可达23万人次在线观看。

除了线上实时直播外,湖北省图书馆开通B站账号后,长江讲坛利用B站平台特点和优势,集中将讲坛资源上传到B站,进一步拓展讲座视频线上传播渠道，吸引和扩大讲座受众群体。据统计，"长江讲坛"仅一个月上传的讲座视频多达 354 个，分别纳入"讲座年度合集""长江讲坛会客厅""长江讲坛经典回顾"等栏目。其中，年度合集中已包含从 2013 年至 2020 年在湖北电视台播出的全部"长江讲坛"讲座视频，并且与电视台保持同步更新。目前，讲座视频播放量和收藏数、点赞数均稳定增长。

（二）提升讲座现场服务体验

随着线上活动的普及，讲座为了吸引更多读者参与，也要不断提升现场体验感，强调现场交流的不可替代。据此，长江讲坛从两方面进行了改造，一方面，全面评估开展讲座的长江报告厅场地，对现场灯光、音响进行升级，包括顶光、面光、耳光的灯具，铺设舞台地毯，将设备室进行迁移，优化工作动线；另一方面，对讲坛涉及的宣传品进行改版升级，规范主 LOGO 应用，变换海报、折页风格，更换海报展架 8 个，增加广告物料投放量，并对"长江讲坛"的形象和系列衍生品进行设计。不管是讲座现场的环境，还是日常展示的各类宣传物品，都直接关系到大众读者对讲座的第一印象，也直接会影响读者是否会有兴趣关注、体验活动，从打造品牌的角度，这些细节也是品牌营销中必不可少的一环。

（三）开设线上订票预约服务

疫情发生之前，每一期"长江讲坛"都会定制、印刷当场讲座的预约门票，在开场前半个小时免费发放给读者，这主要为了控制现场人数，合理分配座次，方便现场管理。但是在疫情常态防控期间，为了倡导无接触服务的防控需求，"长江讲坛"经前期调研，结合读者使用习惯和自身需求，在百格活动平台定制了网上预约平台系统，通过线上注册、预约等功能，替代了原先的纸质票务服务。新开发的预约系统可以实现按序分配座位的功能，不仅先后实现了隔座分配和顺序分配，还设置了现场扫码签到及黑名单功能。为了照顾不擅长线上操作的老年读者，在开放网络预约的同时，"长江讲坛"还设置了电话预约方式，方便 65 岁以上老年人预约参加讲座。

三、后疫情时代讲座活动的发展趋势

（一）形式更加多样，线上线下同步展开

经过疫情期间的服务拓展后，据了解，全国大部分省级公共图书馆讲座活动都能实现线上、线下同步举办，主要为线下讲座结合线上直播或录播。直播

讲座虽没有得到完全普及，但已经有部分图书馆做出了良好尝试，积累了丰富经验，比如上海图书馆、宁波图书馆、嘉兴图书馆等；而没有开通讲座直播的图书馆，也通过公众号、微博等新媒体进行讲座的预告和宣传。

（二）宣传作用凸显，新老媒体充分联动

传统媒体作为权威性和公信力的代表，在讲座活动中依然有着比较大的借势空间。讲座活动除了开通各类新媒体平台外，利用当地的党媒等主流媒体发声也很重要。需要注意的是，传统媒体的内容大多偏综合类，而讲座侧重文化艺术或学者名家的角度，二者的结合需要在传统媒体中找到更精准的投放和结合点。比如，"长江讲坛"与《湖北日报》的"读书"栏目联合，以每月一期专访讲座嘉宾的方式，结合当场讲座主题，深挖讲座背后的内容，通过深度专题报道，不仅可以为讲座提供内容拓展解读，还能给嘉宾提供进一步表达的平台；同时，"长江讲坛"与湖北电视台合作录播期间开通长江云直播，借助媒体直播平台，让讲坛影响力进一步扩大；与楚天交通广播合作的栏目播出期间，取消影响力示弱的湖北私家车广播平台，增设楚天交通广播的微信公众号转发投放，也是借助媒体平台进行流量导入，将媒体受众吸纳入讲坛平台，扩大受众群体。据统计，从2020年8月至12月，"湖北日报""楚天都市报""荆楚网"等媒体已发布长江讲坛相关报道25篇；湖北广播电视台教育频道已播出"长江讲坛"视频节目49场，另重播17场；湖北广播电台已制作播放"长江讲坛"音频41场，共62场节目。

另外，讲座服务在新媒体平台进行推广，也已经是后疫情时代普遍的共识，无论是号称"两微一端"的微信、微博、App，还是B站、喜马拉雅等新平台，"长江讲坛"都进行了持续运营，包括创意策划、视觉设计，举办线上互动活动等。尤其在微信公众号方面，除常规开展讲座预告+阅读推荐外，还自主拍摄制作了"长江讲坛会客厅"嘉宾访谈视频，以问答形式回复大众关注的热点问题，通过短视频访谈形式展示当场嘉宾和主题相关的内容，与讲座不一样的是，会客厅的定位更轻松诙谐。

（三）讲座组织规范，代入数据分析受众

基于讲座服务中的线上预约系统，活动服务可以得到进一步的规范，包括讲座预告发布、设置参与人数限制、座次分配等，每位需要参加讲座的读者可在预约系统中提供自己的基本信息进行简单的注册，包括读者个人的身份证号、姓名、电话号码等，注册信息可以展开更多拓展，比如选填自己的性别、职业、喜欢的讲座类型或嘉宾等。

曾经提前发布纸质门票的预约方式更多是普遍撒网的单项模式，可以保障现场基本秩序，但是无法得到读者信息的回馈，也不能收集大数据进行进一步分析。现在经过尝试后，线上预约系统可以更好地补充讲座活动在市场调研这部分的空白，通过前期注册环节信息的设置，基本可以系统得出讲座活动每个时间段的参与人次、人群的性别、年龄、职业分布等，代入大数据进行客观分析后，将极大便利讲座活动在下一个阶段具有针对性地调整服务定位、策划选题和开展互动，具有非常好的借鉴意义。

（四）嘉宾范围更广，突破地域时空限制

对大部分公共图书馆而言，因为受到经费、地域、人员等多方面投入的限制，日常讲座活动邀请的嘉宾多以本地嘉宾为主。后疫情时代，在直播和录播逐步开通普及的趋势下，线上讲座的方式催生讲坛嘉宾的选择也可以更多样化，突破了一定程度的时空地域限制，比之前有更广泛的选择。比如有的嘉宾因为身处外省，甚至是国外，有的嘉宾没有时间为一场讲座奔赴2-3天，那么线上模式能在一定程度上解决顾虑。如果讲坛本身争取到的平台资源有足够的吸引力，流量大曝光量比较足，可以与外省乃至国外的更多嘉宾进行协商，邀请到更多重要级嘉宾做线上讲座或交流活动。对嘉宾来讲，线上的讲座，可以节约自身时间和奔波的成本，双方实现共赢，是一种比较好的模式。这一案例，宁波图书馆的"天一讲堂"已经有了比较成熟的运营和沟通模式。

（五）社会参与度更高，资源合作模式得到拓展

依照开放共享原则，开通直播后的大众讲座，具有更强的普适性和影响力，尤其可以联合更多社会力量，如优质出版社、大型影剧院等单位团体共同参与协作，与其建立广泛的合作关系。比如与出版社合作在讲座现场新增"新书分享会"系列讲座，可以吸引到更多出版社资源的关注，再经过筛选把关，优先邀请到近期有新作出版的作者或专家，也将讲座和图书馆的书目推荐服务进行了整合。

在阵地服务的联合上，省级公共图书馆通过自身的优势，建立全省范围的讲座共享联盟，将自身讲座设计的宣传物料、直播平台可以推送和辐射到基层图书馆，拓展讲坛的宣传半径和服务半径，在配合度更高的基层图书馆中每年可以选择一部分进行现场巡讲支援，这样不仅可以提高省馆和各地市州县图书馆的互动积极性，补充部分基层馆活动资源不平衡的现状，也可以让现有讲座资源发挥其更大社会效益。

四、总结

图书馆讲座服务虽然已经成为大众读者耳熟能详的日常活动，但是后疫情时代的讲座活动，在原有服务的基础上，提出了更高的要求和挑战，尤其是在市场上各种新型学习模式的冲击下，讲座服务是继续上升，还是被逐渐边缘化，都是从事相关业务的图书馆人需要思考的问题。庆幸的是，危机与挑战并存，被疫情倒逼转型的图书馆讲座服务，也正在以更快的速度成长，在不断反思和精进中，依然是服务读者的中坚力量。

参考文献

[1] 许苑. 新媒体环境下图书馆公益讲座服务模式的创新与发展 [J]. 文化产业，2021（9）：64-65.

疫情防控期间公共图书馆开展线上服务的思考
——以湖北省图书馆为例

杨 萍

(湖北省图书馆,湖北武汉,430071)

摘 要:全媒体环境改变了读者获取信息方式的同时,也改变了读者的阅读习惯和阅读需求,致使公共图书馆的读者服务工作内容发生改变。新冠肺炎疫情防控期间,湖北省图书馆迅速着手抗击疫情,采取了一系列应对举措,特别是通过有效的线上服务将疫情对读者的影响程度降到最低。读者可以远程获取疫情防控资源、数字文献资源,享受线上阅读推广服务,通过门户网站和新媒体平台参加在线展览、演出、讲座、游览等文化活动。公共图书馆如何更好地优化线上服务,开创知识服务新途径,发挥图书馆在社会服务中的作用,应是公共图书馆着重思考的问题。

关键词:全媒体图书馆线上服务

2020年以所有人都意想不到的方式拉开序幕,一场席卷全球的疫情横行肆虐。在这个特殊时期,看似"无奈"选择的线上形式,适应了"不见面、不接触"的抗疫要求,拓宽了图书馆服务的空间和时间,逐渐成为当前阅读推广的主流选择,其或将改变图书馆阅读推广格局,成为服务新常态。

一、图书馆线上资源与服务的优势

(一)云端服务,远距离无接触

云计算、大数据、区块链、云存储、二维码等技术的不断涌现,加快了图书馆不断向数字化、智能化、精准化服务迈进的步伐。全媒体环境在改变读者获取信息方式的同时,也改变了读者的阅读习惯和阅读需求,致使公共图书馆的读者服务工作内容发生改变。图书馆通过网络,将阅读推广活动拓宽至"远距离无接触"服务方向发展,将线下的有限空间延伸到线上的无限空间,将线下有限的服务时间延伸至线上 24 小时的无间断服务，突破时间空间限制，扩大图书馆阅读推广服务的受众面积，为各地读者搭建实时、便捷、交互性强的线上平台。在疫情防控期间，读者不直接到馆就可以享受图书馆的馆藏资源，这不但极大地满足了读者的需求，提高了图书馆馆藏资源的利用效率，也提高了防疫安全性。

（二）线上推送，服务精准化

杨敏在其《大学生网络阅读中存在的问题与对策探析》一文中，通过对第五次全国国民阅读调查数据进行分析，随后指出，随着网络技术的迅猛发展，人们获取信息、进行交流的方式发生了很大的改变，人们在学习和掌握信息的方式上，不再局限于花大量的时间去专心阅读厚重的传统纸质图书，好奇心、知欲强并熟练掌握计算机操作技术的大学生，更愿意使用方便快捷的电子化载体进行阅读。传统的纸质文献因为复本量低、单向获取等局限性，已经不能满足现代读者的需求。线上服务从单一的将馆藏资源和服务内容告知读者，转变为以读者的需求为立足点，在线推荐资源、反馈读者问题等。并且通过对馆藏资源的深度挖掘，有针对性地推送学习、研究、决策需要的资源和服务，更大程度地使服务达到精准化。

（三）数字化阅读，资源利用率高

数字化阅读可呈放射型树状或网状阅读路径，可以直线阅读、比较阅读、寻找阅读，读者既可纵向探索、横向比较，又可以交叉、重叠、转折、反向地研讨使读者思维处于活跃的状态，一改纸媒体或平面媒体线状阅读路径限制创造型思维的局限性。传统图书馆的纸质资源复本量与电子资源相较少，单次可供读者同时使用的量有限。电子资源较纸本资源更易于传播，同时多人重复使用，管理维护也较方便，节省了图书馆的有限空间，大大提升了资源的使用效率，降低了图书馆资源建设和服务成本。

（四）新媒体平台，信息辐射面广

全媒体环境下，微信公众号、微博、抖音等新媒体平台，凭借传播速度快、辐射面广、互动性强等优点成了读者交流互动的主流平台。通过线上的微信平台的方式开展传统的阅读推广活动，一方面可以将传统的阅读推广活动与新媒体相结合，增加活动的吸引力，让活动的形式更加多样化；另一方面，可以用活动带动微信的人气，增加粉丝量，实现共赢。在此次疫情防控期间，资源服务商取消 IP 登录、开通临时账号等服务的举措使读者在馆网外享受图书馆资源，免去繁琐过程和网络不畅等因素，也增加了信息的传播量。

二、新冠肺炎疫情期间，湖北省图书馆开展线上服务

在新型冠状病毒肺炎发生期间，湖北省图书馆发挥引领作用，联动全省各级各类图书馆，利用图书馆资源优势开创新的阅读模式，实现线上拓展，打破时空壁垒，启动云端服务，最大限度满足疫情期间多样化、"零接触"的公共文化服务需求，不断丰富广大人民群众精神文化生活，做到"闭馆不闭网，服务不打烊"。

（一）隔离不隔爱，方舱书屋建设铺开数字资源惠享蓝图

疫情期间，湖北省图书馆牵头建设"方舱书屋"10座，指导建设4座。在建设方舱书屋的同时，针对疫情特别推出"方舱数字文化之窗"在线数字资源库，里面包含8万册电子图书、42万个音频、8482个视频、10万道古诗词、1080册连环画、3万个专业课程，以及丰富的读书活动、精彩的文博展览、趣味在线游戏、群众艺术普及教程等数字资源，同时还设有疫情信息更新、权威辟谣、心理疏导等栏目。

此外，湖北省图书馆还联手上海图书馆，在"方舱数字文化之窗"开通"浦江伴读"频道，精选上海图书馆优质数字资源包，并链接"上海书展·阅读的力量"2020年特别网聚活动，为湖北读者推送高品质、多品类的线上阅读活动和文化服务。同时，"方舱数字文化之窗"也获得文旅部全国公共文化发展中心、国家图书馆、省文旅厅艺术处、湖北省博物馆、群艺馆、京剧院等单位的支持，实现文化资源的共享与流通。随着方舱医院的休舱，"方舱数字文化之窗"转型心理疗愈，更名"智海方舟"，继续在全省联动中发挥好引领作用。

（二）全省共行动，长江读书节在战"疫"路上书香领跑

长江读书节领读者、讲书人作为书香荆楚建设的领跑人，一方面积极参加省图书馆在家阅读系列讲书活动，用书香炼制良方、用声音传递力量；另一方面联动全省公共图书馆，发挥团队力量，手拉手用阅读筑起强大书香联盟，疗愈坚守家中和奋战在前线人们的身心。与上海图书馆、武汉图书馆等单位联合主办2020年"我的战疫"阅读马拉松线上快闪赛，共组织全省84家公共图书馆代表湖北省图书馆赛区参赛，活动得到了"湖北日报""荆楚网""楚天都市报"等多家媒体的宣传和报道。

（三）宅家同阅读，线上阅读活动丰富多样暖人心

开展形式多样的线上书香抗"疫"活动，克服疫情期间人员调配、技术响

应等困难，或坚守岗位、或远程操作，湖北省图书馆发挥出了前所未有的优势，催生出多样化的全新服务形式，为读者打赢这场持续战"疫"提供精神食粮。

1. "e海悦读·宅家看书"系列活动

推荐各类数字资源库与专题特色资源服务。为了让广大读者足不出户依旧能博览群书，湖北省图书馆整合海量数字资源，"e海悦读·宅家看书"活动在官网和微信平台展开，推送线上连环画数字阅读、健康图书介绍、传统文化等7项活动，持续发挥数字图书馆的"精神绿地"作用，让读者宅在家里充实精神世界。同时，首发专题历史、艺术人文、科学科普数字展厅，推出多场线上展览，让广大读者足出不户也能身临其境感受观展体验；活动在疫情期间推出各类资源推文90多篇，内容阅读量达14.9万次。元宵节当天推送猜灯谜活动，为疫期节日送上图书馆人的特别问候，实现听书与电子资源随心所愿的选择。

2. 在家阅读，书香战"疫"线上直播活动

创新在家阅读的模式，将独创、分享、交流与防控工作紧密相连。书香战"疫"活动以"以读攻毒，书香战疫"为主题，通过QQ读书群、直播、视频等渠道，开展荐书、讲书、诵书活动，发动读者共同分享交流阅读必得，营造居家学习的良好氛围。活动主要包括书香伴读、领读者讲书、真人阅读、馆长荐书特辑这四项主打内容，采取的是互动交流模式，参加活动的读者能与现场嘉宾进行时时互动，参与感强，该活动被读者赞誉为"隔离在家的一抹书香"。

3. 助力湖北文旅疫情防控舆情

做好疫情防控期间的舆情收集工作。湖北省图书馆充分利用馆内信息与技术资源，配合湖北省文旅厅做好疫情防控期间的舆情收集工作，实行疫情期间每天报送《湖北文旅疫情防控舆情摘报》，编辑《线上公共文化服务及数字文化资源开放相关舆情汇总》《全国部分文化机构疫期网上活动推荐》等，撰写《"全国联动支援湖北——疫情防控动态汇编"编印方案》并组建汇编小组，跟踪收集媒体报道及相关文件2千多篇，获得省文旅厅的肯定。

4. 建设书香战疫专栏，举办线上书画展

用文化抗击疫情，用艺术鼓舞人心。在湖北省图书馆的联动下，湖北省各地市州图书馆通过多种渠道向市民推送优秀数字资源，全方位宣传疫情防控知识，在守好阵地保安全的同时，将信息服务下沉到一线支援基层疫情防控。

湖北省图书馆在官网开设书香战疫专栏，及时推送本馆战疫活动。发起"艺"起战疫——优秀美术（线上）作品展，联合湖北省中国画学会、武汉漫画研究会、孝感市中国画学会等专业组织，共同推出"艺"起战疫——优秀美术作品展（线上）。共推出7期常规展览和1期妇女节特辑，共展出抗疫主题作

品170余件，涵盖中国画、书法、漫画、速写、油画等多种表现形式。

5. 心理防"疫"，省图青年在行动

成立鄂图心理健康咨询志愿者服务队，宣传抗"疫"社会正能量。为引导读者积极对抗新型冠状肺炎疫情这场不见硝烟的战场，一方面做好自我防护，另一方面，心理防"疫"也同样重要。鄂图心理健康咨询志愿者服务队由组织馆内持有心理咨询师资质及相关经验的青年馆员组成，他们通过在家办公、成立服务群的形式，坚持向职工与读者分享心理健康相关知识，学习心理援助操作技能，宣传抗"疫"社会正能量。

三、公共图书深化线上服务的思考

疫情期间，读者对线上阅读推广服务的需求呈井喷式增长。作为湖北省全民阅读主要阵地的湖北省图书馆，在疫情的特殊状态下，将线下活动全力转移到线上，收获了不少积极的反馈和响应。但如何让我们的线上服务真正涵盖线下全体受众，需要我们不断积累创新经验。其意义不仅在于满足疫情期间的阅读需求，更在于疫情之后，它将为读者提供更泛在的阅读服务、更便捷的知识获取渠道。

（一）积累阅读推广创新经验，夯实疫情常态化服务理念

以此次疫情为契机，线上阅读推广服务的价值和发展空间被重新审视和挖掘，此次随机应变正是大势所趋。线上阅读推广活动因其便捷性、多样性和互动性，在疫情结束之后将演变成为公共图书馆阅读推广服务的新常态。对于长期以阵地服务为主要形式的公共图书馆来说，要适应线上阅读推广服务的新形势，积极创新服务模式，夯实疫情常态化服务理念。

（二）开发与线上阅读推广服务匹配的受众群体

"互联网+"时代背景下的图书馆需要找出其与新媒体结合的突破点，创新图书馆阅读推广活动单一的格局，将图书馆内资源的价值充分发挥出来，将信息精准传递到读者手中，有针性地根据读者的需求进行个性化推送。例如通过新技术构建数据管理模型，有效整合读者"什么时间""什么地点"与"做什么"，建立完善的数据库，完善馆藏特色资源，在为读者提供信息一站式服务的同时，剖析读者在线上服务平台的行为活动与历史记录，通过有效的数据营销价值完善推广服务质量，定期或不定期为读者推送相应的资源，从而推进线上传递信息的能力，以满足不同读者的阅读需要。

让读者持续关注图书馆，对图书馆服务产生依赖，公共图书馆需要充分利

用各种网络平台，以读者体验为中心，创新"互联网+阅读推广"的活动方式，开发与线上阅读推广服务匹配的受众群体，为读者提供更多便捷的阅读服务。

（三）拓宽和创新原有的宣传推广渠道和模式

开展线上服务，需要拓宽思路，创新服务模式和宣传渠道。在考虑线上服务建设时，应首先考虑本单位的特色文化资源、本地区的文化亮点及用户群体的文化需求等，开创一些去同质化的线上服务供市民群众选择。

例如，借助云端，联动各地图书馆开展阅读活动，在图书馆已逐步成为一种推动模式。湖北省图书馆与湖南省图书馆尝试的"云上"阅读合作，两座城、两个馆、两本书，以《武汉封城——坚守与逆行》和《你信大爱我信你——潇湘家书》为主要拆读内容，串联起武汉轮渡和长沙岳麓书院、武汉热干面和长沙米粉等城市风土人情、旅游美食的文化元素。"洞庭连湘鄂，长江贯荆楚"，此活动不仅增进了两座城市图书馆读者之间交流和情谊，更推动了湘鄂之间文旅融合的互通互联。

（四）优化线上数字化技术平台的功能

近几年图书馆以手机终端为主体，不断增强移动互联网的服务能力，利用新媒体的传播功能，推出各种微服务，使依托移动终端推广其资源和服务成为阅读推广线上活动的一种重要发展趋势。

各类数字化技术平台，扩大了图书馆阅读推广服务的受众面积，为各地读者搭建实时、便捷、交互性强的线上平台。微信凭借其用户基数大、信息传播快、互动功能强的特点，成为阅读推广线上活动的重要平台之一；为了促进数字资源的利用率，图书馆依托数字资源 App 客户端进行阅读推广活动；移动互联网上第三方新媒体应用平台也成为阅读推广线上活动的重要平台，这些依托手机终端的活动平台为图书馆带来了馆内藏书阅读量的大幅增长。不过，新媒体的竞争已经到了白热化的阶段。针对微博流量衰弱、微信公众号关注度降低、各类短视频平台崛起的现象，图书馆需要进一步拓宽思路，向更新的新媒体阵地展开探索。

（五）提升馆员在线上阅读推广服务中所需的专业素养

疫情期间，展览、讲座、演出、游览等原本以线下为主或线上线下相结合的阅读推广活动都没有中断，甚至实现了从线下到线上的无缝衔接。在图书馆不得不完全转向在线服务的情况下，读者和工作人员只能在最短的时间内培养新的习惯、适应新的方式，这必然对图书馆提供的资源形态与服务模式提出新的要求，这也对图书馆员能力提出了更高的要求。

图书馆线上服务人员一方面要提供线上信息咨询服务、电子文献推荐服务、科研数据查询服务，另一方面要通过网站、微博、微信等平台开展信息推送、知识问答、电子展览、线上讲座等服务，同时还要通过各类直播平台开展各种线上互动活动。这些线上空间服务要求图书馆员不仅具备丰富的专业知识，还要具备较强的现代信息资源检索、分析、组织、整合能力以及网络环境下多媒体资源转换与传播技术。

四、总结

此次疫情防控期间，图书馆在线服务的优势显露无疑，不足之处也亟待完善。基于新媒体背景，如何更好地进行线上服务，是图书馆无法回避和值得深思的一项关于生存的问题。图书馆需要进一步拓宽思路，向更新的新媒体阵地展开探索，如如何依托抖音、快手等主流短视频平台开展线上服务，图书馆仍处在尝试、摸索阶段。公共图书馆应顺应时代发展的潮流，对新媒体流行趋势保持高度灵敏，用发展的眼光聚焦读者用户的最新需求，依托馆藏资源，发挥自身优势，为读者提供云端化、数据化、智慧化的服务。

参考文献

[1] 屈艳玲. 区块链技术驱动图书馆智慧服务增值路径的再选择——基于Fabric构建自律型借阅环境［J］. 图书馆学研究，2020（7）：21-26.

[2] 杨敏. 大学生网络阅读中存在的问题与对策探析［J］. 新西部（下半月），2008（9）：212-213.

[3] 郭玮，王睿，王勇. 新冠肺炎疫情防控期间大学图书馆开展线上服务的思考——以兰州大学图书馆为例［J］. 高校图书馆工作，2020，40（3）：71-74.

[4] 李新祥. 成果述评：我国国民阅读研究现状述评（上）［J］. 浙江传媒学院学报，2010，17（1）：6-14.

[5] 王晓宇. 高校图书馆线上阅读推广活动策划思考［J］. 科技世界，2020（16）：180-181.

[6] 黄百川. 线上活动或将成为阅读推广新常态［N］. 新华书目报，2020-04-24（7）.

[7] 黄晓春. 基于线上—线下模式的数字图书馆体验服务探讨［J］. 情报探索，2016（3）：89-92.

[8] 奚惠娟,方嘉瑶. 数字阅读推广中图书馆行业价值分析——以"扫码看书,百城共读"活动为例[J]. 图书馆建设,2018(7):8-12.

[9] 黄志勇,黄佳. 湖南省高校图书馆数字阅读推广调查分析[J]. 图书馆,2018(11):84-90.

[10] 杜希林,刘芳. 基于重大公共安全突发事件视域的图书馆线上空间服务研究[J]. 图书馆学刊,2020,42(6):1-8.

十二、文旅融合背景下公共图书馆的服务创新

"文旅融合，拥抱诗与远方"
——文旅融合发展与总分馆建设背景下的丹江口市"均州书房"探索与实践

邓亚虎

（湖北省丹江口市图书馆，湖北丹江上，442700）

摘　要：积极探索、实践公共图书馆在文旅融合与总分馆建设背景下的城市书房建设，以打造充满地方特色的公共文化服务品牌和"15分钟阅读圈"为目标，努力实现"公共文化服务标准化、均等化"，使城市书房成为文化地标、自然风景中的文化风景。

关键词：文旅融合；总分馆；城市书房

一、文旅融合与总分馆建设背景下的城市书房建设

（一）文旅融合

2018年11月16日上午8时18分，湖北省文化和旅游厅正式挂牌。文化与旅游的全面融合，将有效扫除文化和旅游产业发展的机制障碍，民众也将更好地拥抱"诗和远方"。从基础模式升级到有深度的旅游产品，文化内涵是不可或缺的因素。文化可以借助旅游实现从虚到实的转变，而旅游可以通过文化来提高竞争力。

（二）总分馆建设

根据文化部（现文化和旅游部）、新闻出版广电总局、体育总局、国家发展和改革委员会、财政部文公共发〔2016〕38号文件《关于推进县级文化馆图书馆总分馆制建设的指导意见》，湖北省委办公厅、省政府办公厅《关于推进现代公共文化服务体系建设的实施意见》鄂办发〔2015〕62号文件、湖北省文化和旅游厅鄂文旅发〔2019〕17号《关于推进全省文化馆图书馆总分馆制建设的通知》："全省各地均建立起上下联通、覆盖广泛、运行规范、服务优质、便捷高

效的文化馆、图书馆总分馆体系。"

（三）选择建设"均州书房"做为图书馆文旅融合工作和总分馆建设工作的突破点

文化与旅游全面融合，文化和旅游系统的兄弟单位，即文化馆、剧院工作完成得比较出色，比如，他们在景区开展快闪活动与文艺演出。文物部门比较擅长在景区开展"我和我和祖国"快闪活动，因为很多景区本身就是文物保护单位，如恩施土司城就是全国重点文物保护单位、世界文化遗产，丹江口的武当山、钟祥的明显陵也都是全国重点文物保护单位、世界文化遗产。

"均州书房"将建设地点选择在南水北调中线工程源头、国家级水利风景区、国家3A风景区——丹江口大坝景区，因为南水北调的关系，丹江口大坝景区还是具有相当的知名度，总分馆建设和文旅融合工作相结合，融入到景区，以完成景点、完成文化地标的思路去建设"均州书房"，把建设"均州书房"作为图书馆在文旅融合工作的突破点，也是在总分馆体系建设上的突破点。

二、建设过程和具体做法

（一）用打造景点的思路建设"均州书房"，做自然风景中的文化风景

"均州书房"的原建筑为1982年建成的公园管理用房和游乐设施用房，其为圆形玻璃房建筑，建设风格很独特，在设计时融入通透的玻璃幕墙、旋转楼梯等设计元素，用打造景点的思路，力争将"均州书房"打造成一个网红图书馆。最终达到为喜爱阅读的市民提供优美的阅读环境，用优美的阅读环境吸引还没有形成阅读习惯的市民前来阅读、喜欢上阅读的目的。

（二）用打造有地方特色的公共服务品牌来建设"均州书房"

"均州书房"实际上就是目前很多地方都在建设的城市书房，这个城市书房名名为"均州书房"有以下两个目的：

一是为了凸显本地特色。简单的叫"城市书房"显得太普遍化了，没有地方特色，丹江口市拥有2200多年建置历史，春秋战国的时候丹江口市叫均陵郡，秦代设武当县，隋唐改称均州。现在的丹江口市是一个移民城市，原来的均州城因为20世纪六十年代修建丹江口大坝被淹没在水下，目前的均州古城在丹江口水库水下40米左右。

二是用"均州书房"这个有地方特色的名字来打造丹江口市独特的公共文化服务品牌。从一开始就要用标准化、体系化思路去建设"均州书房"，丹江口

市图书馆在其网站和公众号上大范围发布公告，有奖公开征集 LOGO 和标识牌，半个月的时间，就征集到了 42 份设计方案。公开有奖征集，既为书房征集到了好的 LOGO 作品，又起到了为书房的宣传预热的作用。

"均州书房"不仅要做总分馆体系品牌，而且要把"均州书房"打造成充满丹江口市特色的地方公共文化服务品牌。

（三）招募志愿者，共同管理

丹江口市图书馆是一家县级图书馆，县级图书馆工作人员不足是普遍问题，丹江口市图书馆也不例外，2019 年 7 月 11 日，"均州书房"正式开馆。"均州书房"每天开馆的时间是早九点到晚九点，一天十二个小时。"均州书房"开馆正值暑假，每天馆内都是暴满的状态。鄂文旅发〔2019〕17 号文件提到："大力推进文化志愿服务，动员人民群众参与文化馆图书馆总分馆制建设。"为了应对开馆工作人员不足的问题，"均州书房"在开馆前做了充分的准备工作，其公开招募志愿者，并对招募来的志愿者做了两次培训，一次是关于文明劝导的，另一次是图书馆专业知识方面的。志愿者主要是亲子志愿者，父母带着孩子一起来完成志愿者，目前招募了 60 个家庭，以"亲子志愿者"的形式每天早、中、晚三班，一班两小时在书房完成志愿服务。志愿者们不仅能在馆内做文明劝导、图书整理等志愿服务，还能利用自己的专长为图书馆提供帮助，比如录制开馆、闭馆的提示语音，专业的摄影、摄像拍摄宣传照片、宣传微视频。志愿者的加入，不仅有效的缓解了图书馆在人力上的不足，还为图书馆和读者之间搭起了一道良好的沟通、互动的桥梁。

（四）智能化设备为读者提供便捷高效的服务

丹江口市图书馆目前开放的两家"均州书房"内均配备了自助办证机、自助借还机、电子图书借阅机等智能化服务设备，充分展现了现代图书馆智能化、数字化和人性化的特征，给广大市民带来了"便捷、高效、舒适"的阅读服务。这是丹江口市努力实现公共文化服务标准化、均等化的重要举措，标志着丹江口市公共图书馆总分馆体系的逐步形成。

（五）"均州书房"的建成开放离不开省馆的大力支持

丹江口市图书馆新馆在建设之中，遇到的问题不少例如馆藏图书缺乏、自动化管理经验薄弱等。湖北省图书馆的刘馆长和王馆长先后莅临出席了大坝景区的"均州书房"、沧浪洲湿地公园的"均州书房"的开馆仪式，并亲自为书房揭牌，给予了我们充分的支持，支援了 25000 册的流动图书，到书房做现场

515

技术指导，帮助本馆解决问题，没有省馆的大力支持，以本馆薄弱的基础，"均州书房"不可能会这么快开馆，并在很短的时间内建成并开放第二家"均州书房"。

三、建设成效

丹江口市图书馆目前已在丹江口大坝景区、沧浪州湿地公园建成并开放两个"均州书房"，总面积为750平方米，阅览座席120个，藏书26000余册，开馆以来已办理读者证3262张，日均接待读者500余人次。

（一）有力地提升了城市形象和公共图书馆形象

两家书房自建成和开放以来，获得了广大市民的高度好评，读者们纷纷来书房打卡，书房的照片和"最美图书馆""文化地标""网红图书馆""风景中的风景"等誉美之词刷爆了读者的朋友圈。

公共图书馆是"全国文明城市"评比中的必检单位，图书馆是市民的终身学校，广大市民不仅在书房学到了知识，还学习了文明礼仪，丹江口市图书馆"均州书房"的建成开放和志愿者团队的服务有力提升了丹江口市的城市形象，成为城市中一道靓丽的人文风景线，图书馆人为2020年丹江口市成功创建"全国文明城市"作出了贡献。

（二）以文旅融合发展的高度建设总分馆体系，打造优秀的公共文化服务品牌

自然风景中的人文风景成为了风景中的风景。"均州书房"的建成与开放不仅是丹江口市图书馆文旅融合发展的重要举措，也是是丹江口市图书馆建设总分馆体系和打造优秀的公共文化服务品牌的重要举措。通过书房的建设，已经初步建成丹江口市总分馆体系，形成了"均州书房"的公共文化服务品牌，新馆即将建成开放，总分馆体系和品牌的形成为图书馆的发展打下了坚实的基础。

四、进一步发展完善的构想

"均州书房"大坝景区分馆、沧浪洲湿地公园分馆的建成和开放只是文旅融合发展、总分馆建设和打造优秀的公共文化服务品牌的第一步，接下来本馆将通过如下举措来推动书房的发展、品牌的进一步建立。

不断丰富馆藏资源，进一步引入智能化、智慧化软硬件设施设备，提升服务水平、创新服务业态，为读者提供更加"便捷、高效、舒适"的阅读服务。

根据鄂文旅发〔2019〕17号"按照"15分钟公共文化服务圈"的原则，

科学布局，保障人民群众就近获取公共文化服务"。文件精神以打造城市"15分钟阅读圈"为目标，在全市机关、社区、学校建设更多的"均州书房"。丹江口市城区中有21个社区，现在社区群众服务中心的条件普遍都比较好，但很多社区群众服务中心之间距离很近，有的直线距离不到一公里，在每个社区都建书房是一种比较浪费资源的行为。所以，本馆的想法是：要建设目标，但不要建设数量目标，只要建设质量目标，建成一个，要全覆盖，但不做数量上的全覆盖，要做服务半径上的全覆盖。

在乡镇、A级以上景区推广建设"均州书房"，充分发挥公共图书馆在"乡村振兴"工作中的作用，努力实现公共文化服务的标准化、均等化，在"乡村振兴"工作中做出公共图书馆人应有的贡献。

有人说：世界那么大，我想去看看。还有人说：要么读书，要么旅行，灵魂和身体，必须有一个在路上。我们公共图书馆人要说：文旅融合，拥抱诗与远方，一场真正的旅行，身体和灵魂都要在路上。

文旅融合背景下公共图书馆的服务创新

张广振

(湖北省图书馆，湖北武汉，430071)

摘　要： 坚持"读者第一，服务为本"宗旨。发挥中部六馆联盟优势，打破区域限制，拓展馆际数字资源共享，融合地方特色文献资源，打造文旅融合数据库。服务乡村文化振兴，打造产学结合的田园农家书屋特色阅读推广品牌，发挥少年儿童图书馆优势，开展关爱留守儿童阅读活动。探索城市书房建设，为读者在宣泄的都市、车水马龙的城市里寻得一片宁静的书房。不断探索文化与科技的深度融合，2019年先后投资160万元对互联互通硬件设备进行了升级、开展了人脸识别借还系统建设项目。服务乡村文化振兴，开展了湖北省图书馆2019年湖北省贫困地区公共数字文化提档升级终端设备采购项目。提倡馆员服务意识的创新，倡导"老带新"模式，言传身教，提升图书馆馆员的荣誉感。对年轻官员深化智慧图书馆专业知识的培训，不断提高其图书管理知识水平。

关键词： 公共图书馆法；文旅融合；城市书房；服务创新

2018年11月16日，湖北省文化和旅游厅正式挂牌，开启了湖北荆楚文化与旅游融合发展的新篇章。2019年全国两会期间，政府工作报告提出"推动文化事业和文化产业改革发展""加强文物保护利用和非物质文化遗产传承"等多项与文化和旅游密切相关的内容，进一步为繁荣荆楚文化创新奠定了政策基础。新时期，为服务乡村文化振兴工作，省文旅厅先后组建了多批次扶贫工作队。湖北省图书馆充分发挥公共文化传播窗口作用，积极参与文化扶贫和乡村文化振兴工作，先后多批次派出馆员参与工作队驻村工作，先后向37个文化扶贫点、14个流通点配置书刊12.6万册，进一步强化文化扶贫工作。近年来积极开展扶贫结对、送书下乡、总分馆建设等一系列措施，助力乡村文化振兴、乡村文旅融合。

一、文旅融合当下省图书馆的现状

公共图书馆是信息咨询服务的窗口，有着117年悠久历史的湖北省图书馆是全国最早的公共图书馆,现总建筑面积为10.33万平方米,有5293个阅览座位,以2019年为例,其全年接待读者333.7119万人,年书刊借阅量为214.4648万册。楚天书库——文献资源典藏的"楚天智海",湖北省图书馆馆藏总量达979.211万余册(件),其中,古籍为46万余册,2019年新增馆藏资源40.9755万余册(件)。2019年采编预算投入经费达2700万元如表1所示。

表1 2019年湖北省图书馆文献资源部分采购预算

项目	采购内容	金额	经费
中文图书	中文图书	1,600.00万元	图书购置经费
外文图书	外文图书	250.00万元	图书购置经费
港台图书	港台图书	100.00万元	图书购置经费
中文期刊	中文期刊	200.00万元	图书购置经费
外文期刊	外文期刊	50.00万元	图书购置经费
古籍历史文献	古籍历史文献	340.00万元	图书购置经费
征集家谱类非正式出版物	征集家谱类非正式出版物	30.00万元	图书购置经费
声像资料	声像资料	50.00万元	图书购置经费
零星征集地方文献等非正式出版物及工作用书	零星征集地方文献等非正式出版物及工作用书	80.00万元	图书购置经费
合计	——	2700万元	——

作为中部省份图书行业的领航者,湖北省图书馆2019年指导全省86家图书馆,建设分馆851个;开展基层培训辅导5529人次。积极响应省政府相关援疆援藏政策,不断深化与山南图书馆(分馆)进行业务帮扶带,2020年援建博州图书馆,捐赠自助办证一体机、OPAC图书检索机、图书馆管理系统软件平台(SIP2)等价值十万元的物资设备,还为图书馆捐赠了2万册图书,并选派工作人员到博尔塔拉蒙古自治州,为博尔塔拉蒙古自治州图书馆新馆图书排架、馆藏文献资源搭建、标识系统、数字信息化建设等提供培训和指导。深化湘、鄂、赣、皖、豫、晋六省图书馆联盟建设,推进中部六省联盟格局;不断深化与国家图书馆开展的馆际业务合作,多次派馆员外出参加图书业务知识培训。

二、文旅融合下,公共图书馆的使命

坚持以社会主义核心价值观为引领,传承发展中华优秀传统文化。湖北省图书馆于2016年率先成立了湖北省图书馆优秀传统文化年办公室，统筹全馆资源，开展优秀传统文化活动。本馆先后在全省开通湖北省图书馆国学数字图书馆及10家分馆，先后开展了"道行天下"道德经系列作品展，"道德经漫谈"讲座，国学读书会、电影、古典音乐欣赏等丰富多彩的系列活动，从听觉、视觉、数字化技术、实物展示、讲座探讨等多种形式立体、全方位地弘扬中华优秀传统文化。

在文旅大融合背景下，省图书馆加强对馆内古籍的保护，深入挖掘中华传统文化，推进地方文化资源和旅游的结合。创新文旅融合的切入方式，实现载体的创新、功能的拓展。根据自身条件采用数字化、影印或者缩微技术等推进古籍的整理、出版和研究利用，编纂《荆楚文库·方志编》126部，累计达260部。2019年新建国家级古籍修复中心湖北传习所，完成特藏文献、地方现报和缩微胶片数字化36万余拍；帮助各市、县整理古籍2786种计20707册。

不断探索馆中馆建设，先后推出徐行可纪念馆，湖北省图书馆文献馆。通过开展晒谱节展览等优秀传统文化活动加强古籍宣传，传承发展中华优秀传统文化。连续12年开展晒谱节活动，2017年经湖北省文化厅批准，在省图书馆设立了"湖北家谱收藏中心"，丰富鄂籍家谱文献资源。近年来，湖北省图书馆继续着力全省家谱的收藏、整理和研究，建设家谱数据库；开展公众家谱阅读服务，帮助各姓氏的家谱纂修工作，加强与海内外相关机构的文化交流，在广播平台开播专栏节目《湖北家谱》，实现省内家谱资源的共建共享；2019年新建湖北家谱库，新增录入家谱3764册，编纂完成首个湖北地区家谱总目《湖北家谱总目》，并开通了家谱全文影像数据库，为民众的寻根问祖和专家的学术研究提供帮助。

弘扬讲座之书建设，依托长江读书节与长江讲坛品牌系列活动，带动文化的传承与创新。让长江读书节走出去、把优秀学者请进来，将阅读活动带到社会基层，打通全民阅读"最后一公里"，让读者感受到图书馆就在身边。长江读书节"乡约乡读"架起乡村文化振兴的沟通桥梁，长江讲坛非遗系列讲座让文化乐章活跃在电波之中，传入平常百姓家。2021年3月31日，第六届长江读书节在湖北省图书馆开展。本届长江读书节联合长江沿线的8家图书馆，走进长江经济带沿岸城市开展读书活动，把荆楚文化、读书品牌活动带到这些地方去，同时凝聚长江沿线兄弟省市图书馆的资源，通过开展丰富多样的阅读活动，加强长江文化的交流互鉴，更好地满足了人民精神文化需求。保护和传承了长江文化。

弘扬展览之书建设，加强国际文化交流。近年来，图书馆相关部门先后开展"湖北与俄罗斯""湖北文化图片展""少儿国际画展""湖北书架"等系列展览。为宣传湖北文化起到了良好的反响和效应。湖北省图书馆今年开展了喜迎建党一百周年为主题的系列展览活动，通过广泛开展各类主题展览、歌咏会等活动，弘扬社会主义核心价值观，加强党史宣传教育，受到社会一致好评。

不断探索图书馆总分馆建设，积极贯彻《公共图书馆法》的规定，完善数字化、网络化服务体系和配送体系，实现总分馆通借通还，促进省图书馆服务向城乡基层延伸，服务乡村文化振兴。2021年2月8日，湖北省图书馆首个社区分馆在武汉市洪山区复地悦城社区正式开放，湖北省图书馆向复地悦城分馆配送图书1万册，其中，成人图书6000册，少儿读物4000册。本次分馆建设全面实现了社区分馆与本馆的通借通还、共建共享，即读者在本馆借出的图书，可以在分馆还书；同时，读者还可以通过扫描二维码，或登录省图的官方网站、"掌上鄂图"App、智海方舟阅读小程序等方式，使用湖北省图书馆丰富的数字资源，包括资源总量共计565TB的86个数据库。只需在网上注册电子账号，读者便可足不出户享受到湖北省图书馆的海量数字资源和免费公益文化资源，总馆近千万册馆藏书籍和海量数字资源在这里实现了共享。

探索城市书房模式，新形势下总分馆建设应当加强对分馆和基层服务点的业务指导，总分馆建设要倡导文化信息的双向的交流，总馆既要送出去资源文献，也要把地方文化特色请进来，丰富地方志馆藏资源。当前面对大数据时代特色，积极推出城市书房建设思路，把握文化窗口历史使命，结合建党百年特点，利用智慧图书馆优势让党史活跃在屏幕上，积极开展优秀讲书人选拔活动，让更多的年轻人参与进来，把书本的经典讲出去。让书本的文字活起来。

三、文旅融合下公共图书馆的服务创新

坚持"读者第一，服务为本"理念，不断探索信息咨询服务创新。图书馆的立馆之本就是基于馆藏资源为读者提供满意的服务、强化服务意识、创新服务方式，以人为本，是文旅融合大背景下提升图书馆形象的重要举措。为读者提供舒适安逸的阅读环境，提供信息检索咨询服务，疫情以来推出的"楚天云递服务""馆长荐书"等系列活动，不仅满足了不同层次读者的需求，更进一步提升了公共图书馆形象。不断拓展"展览之书""讲座之书""长江讲坛""草根梦想空间""童之趣"等系列品牌活动。发挥中部六馆联盟优势，打破区域限制，不断借鉴拓展馆际数字资源共享，融合地方特色文献资源，打造馆际文旅融合数据库，读万卷书，行万里路，读学结合，提升读者服务的身临其境效果。服务乡村文化振兴，打造产学结合的特色阅读推广品牌，发挥少年儿童图书馆优势开展关爱留守儿童阅读活动，让书香飘扬在田间地头。把读者带入自然，

体会返璞归真的童趣。探索城市书房建设，为读者在喧嚣的都市、车水马龙的城市里寻得一片宁静的书房。提升公共图书馆服务水平，推进文化和旅游的深度融合是繁荣文化发展、满足人民群众文化需求的必然要求。

不断探索图书馆与科技的深度融合，推进智慧图书馆提档升级。2019年8月，科技部等六部门印发的《关于促进文化和科技深度融合的指导意见》中强调，"找准文化和科技两种思维、缺乏交融的软肋，补齐文化发展缺少核心技术支撑的短板，以体系化思维攻克关键核心技术和系统集成技术"。这不仅指明了文化和科技深度融合的方向，还对智慧图书馆建设提供了政策基础。湖北省图书馆2019年先后投资160万元对互联互通硬件设备进行了升级（如表2）。开展了人脸识别借还系统建设项目，通过大数据系统和智慧图书馆展示系统向读者提供个性化信息服务（如表3）。对RFID设备进行升级维保，公共数字文化服务云平台系统升级改造等项目的开展，补足了硬件短板，不断提升科技在智慧图书馆建设上的投入。服务乡村文化振兴，完成了湖北省图书馆2019年湖北省贫困地区公共数字文化提档升级终端设备采购项目采购及调试工作，不断推进科技带动乡村文化振兴。不断加大自有资源建设，先后进行了地方特色资源库加工项目，建设《中国戏曲经典动漫-湖北篇（二期）》等系列项目。

表2　湖北省图书馆互联互通硬件设备采购项

序号	产品名称	数量	单位
1	防火墙	12	台
2	核心交换机	12	台
3	放装AP	60	台
4	POE交换机（24口）	12	台
5	无线管理系统	1	套

表3　湖北省图书馆人脸识别借还系统建设项目

序号	设备/软件名称	说明	数量	单位
1	人脸识别模组	应用与自助办证机及自助借还书机，实现人脸采集及人脸识别借还书。含主机并加装人脸识别摄像头等设备。	36	套
2	人脸识别模组实施	在指定位置改造自助终端设备，增加人脸识别模组。	36	套

续表

序号	设备/软件名称	说明	数量	单位
3	自助终端设备软件改造	优化升级自助办证系统和自助借还系统，增加人脸识别模块。	1	套
4	人脸识别服务平台	人脸识别业务流程管理、人脸识别引擎、自助借还系统对接等。	1	套
5	智慧图书馆数据展示平台	人流统计分析，图书馆运营数据分析，读者人群画像、到馆人群画像分析对比等。	1	套

加强人才建设，建设一支高素质高学历、服务意识高、专业素养过硬的馆员队伍。馆员素养的高低既决定智慧图书馆服务工作的成败，又关系着图书馆服务质量与服务效果。提倡馆员服务意识的创新，倡导老带新传统，通过言传身教，提升图书馆员荣誉感。加强年轻的工作人员智慧图书馆专业知识的培训，不断提高其管理知识，使其熟练掌握业务管理工作。不断引进计算机、大数据和人工智能等方面的高端人才，完善培训与考核机制，不断促进图书信息管理逐步由经验管理形式向智慧化智能化管理型得到转变。图书信息服务形式由事务处理型向由人工智能自动化主导，人工辅助的信息服务型转变。

参考文献

[1]《中华人民共和国公共图书馆法》（2017年11月4日第十二届全国人民代表大会常务委员会第三十次会议通过）[EB/OL]. 中国人大网，2017-11-04.

文旅融合背景下公共图书馆创新服务初探
——以湖北省图书馆为例

钟 源

（湖北省图书馆，湖北武汉，430071）

摘　要：2018年，国家文化和旅游部的合并，标志着文旅融合得到了国家战略层面的肯定和推动。文旅融合新时代的到来，为公共图书馆的发展注入了新的动力与生机。本文通过近年来湖北省图书馆在建设特色分馆、开展图书馆研学游和开展跨界合作特色阅读推广活动等方面的成功实践，对文旅融合背景下，进一步创新公共图书馆服务提出对策。

关键词：文旅融合；公共图书馆；服务创新

2018年4月，文化和旅游部的正式成立，使公共图书馆服务方式向文旅融合的新发展方向迈进。2020年《中共中央关于制定国民经济和社会发展第十四个五年规划和二〇三五年远景目标的建议》中也明确提出要推动文化和旅游融合发展。在新机遇、新挑战面前，公共图书馆开展了多种形式的服务创新，为图书馆事业带来新的活力。

一、文旅融合背景下公共图书馆服务创新的必要性

（一）是扩大公共文化图书馆影响力，促进自身发展的要求

随着广大人民群众对公共文化服务需求的不断增加，公共图书馆特别需要紧跟时代步伐，为读者提供更优质、更高效的服务。当前文旅融合的时代主题正是公共图书馆转型发展应该把握的重要机会。2019年全国文化和旅游厅局长会议上，文旅融合的总思路被确定：坚持"宜融则融、能融尽融"，推动文化和旅游工作各领域、多方位、全链条深度融合，实现资源共享、优势互补、协同并进，为文化建设和旅游发展提供新引擎、新动力，形成发展新优势。公共图书馆应按照政策导向，以满足大众日益增长的文化旅游需求为目标，不断探索

文旅融合新道路，发展新服务，实现文旅深度融合，扩大公共图书馆的影响力，体现公共图书馆在公共文化服务中的重要地位，为公共图书馆的长远发展争取更多支持。

（二）是助力全民阅读，推广文化资源的要求

公共图书馆通过在景区设立分馆、书吧，开展研学游等方式进行融合合作，创造出更多的阅读空间，突破了公共图书馆自身服务的局限性，将服务延伸到旅游和休闲娱乐的每个场景中，影响人群和精神文化辐射范围进一步的扩大，有利于助力全民阅读氛围的形成。文旅融合跨界合作，既拓展了公共图书馆的文化休闲功能，也丰富了旅游的内容和形态，使外在景观和内涵文化相统一，彰显独特的文化魅力。对图书馆馆藏资源的进一步挖掘，打造高品质的文旅融合服务品牌，可以改变社会对图书馆的刻板印象，进一步体现文化的社会价值，实现文化传播与传承。

二、文旅融合背景下湖北省图书馆的服务创新实践

湖北省图书馆立足的资源优势，创新服务方式，通过打造特色分馆，开展"研学游"，开展跨界合作等形式，在文旅融合发展上进行了一些有益的实践，获得了良好社会效益。

（一）建立特色分馆，开辟魅力阅读新阵地

湖北省图书馆通过"景区+图书馆""公园+图书馆"等多种形式，搭建起了集阅读、交流、休闲为一体的特色文化平台，打造出了"旅游+阅读"的特色分馆路线。2017年，湖北省图书馆就已在随州大洪山核心景区建设分馆，并与大洪山慈恩寺禅修书院的建设融为一体。此举是省图书馆打造特色服务品牌，传播优秀传统文化的具体行动，是图书馆文旅融合合作、包容、共享、开放的有益探索，对提升景区文化品位、传播大洪山佛学文化、促进文化旅游都起到了重要作用。2019年湖北省图书馆成立丹江口市分馆，在丹江口大坝公园内建设"均州书房"，2020年沧浪湿地分馆又建成开放，这些特色分馆都成为打卡新地标，成为了风景中的风景。通过各方资源的整合、扩展服务，景区分馆成为图书馆打造的文旅融合发展新阵地，取得了显著的社会效益。

（二）组织图书馆研学游，体验"行走中的阅读"

研学游是有目的的研究性学习和旅行体验于一体的实践活动。公共图书馆图书馆凭借自身丰富的资源活动和平台，在研学游开发上有着独特的优势。在

研学旅行已经纳入中小学教学计划的背景下,"研学游"也在公共图书馆掀起了一阵热潮。2018年暑期,湖北省图书馆的少年儿童图书馆推出的"游学记"活动,以"参观""讲座""手工""户外拓展"四位一体,开展青少年读者和书海、馆员、历史、阅读、陪伴、科普这6大主题对话活动,开启了一场趣味和知识相结合的深度图书馆游学旅程。此次活动激发了小学员阅读的潜能和动力,让其拥有一个美好的图书馆学习体验之旅。2020年9月,湖北省图书馆利用大洪山分馆资源,通过活动信息公开招募10组家庭,与洪山镇本地5组家庭一起,开展"e海悦读·惠游湖北"研学大洪山之旅。这是湖北省图书馆在新冠肺炎疫情得到有效控制后,为响应省文化与旅游厅的"与爱同行 惠游湖北"活动,举行的第一场研学之旅。此次研学活动通过聆听中国传统禅文化、徒步攀登金顶、餐厅光盘行动、互动篝火晚会、田野游戏寻宝、粮食绘本讲解、参观红色公馆等内容,真正践行着"读万卷书行万里路",让孩子们收获鲜活生动的研学体验。2021年"六一"儿童节前夕,湖北省图书馆又联合宜昌市图书馆、秭归县图书馆,组织"相约相读"暨家庭领读者走进秭归希望小学研学活动。通过走进屈原故里、观看光影秀、登三峡大坝、讲述红色故事、进行阅读分享等方式,构建起读书与心灵沟通的桥梁,是文旅融合阅读推广的又一次有益尝试。在旅行中开展阅读的研学活动,既结合了湖北省的旅游、历史文化、特色民俗等资源,也结合了相关图书、绘本,在行走体验参观的同时娓娓道来故事和知识,为读者搭建"人在书中走,书在景中读"阅读体验平台,有利于阅读推广及全民阅读氛围的营造。

(三)加强文化馆际间合作,开辟文旅融合新路径

为有效进行阅读推广和进一步提高图书馆的公共影响力,湖北省图书馆打破思想壁垒和地域限制,与其他多家文化场馆共同合作,使湖北省图书馆多个有影响力的阅读推广品牌和活动"走出去",获得了社会的广泛关注,使图书馆受众读者范围进一步扩大,充分挖掘了图书馆的资源优势,开辟了文旅融合的新路径。2018年,湖北省少年儿童图书馆暑期品牌"游学记"活动,就带领小学员们走入湖北省气象科普馆。在活动中,小学员们了解了湖北地貌、气象学名人、节气的来历以及天气的种类;参观了雨量计、便携观测仪、浅居地温温度表等气象仪器;观看了雷电、龙卷风以及降雨的模拟演示;体验了一次成为小小气象预报员。这种动静结合、丰富多彩的互动形式,在潜移默化中提高了小读者的阅读能力、增强了他们的生活体验。2021年3月,湖北省图书馆"长江讲坛",为纪念建党百年华诞,走进中国共产党的诞生地上海,联动上海市图

书馆，启动2021年党史主题系列讲座。4月，湖北省图书馆走进嘉兴南湖，联动嘉兴市图书馆，讲述中共一大代表里的湖北人的故事。湖北省图书馆走出馆门，寻访红色足迹，领带读者重温红色经典，使读者们吸收了满满的正能量。馆际间的合作，不仅能服务馆内读者，也将阅读服务的受众面扩大到其他文化领域范围、地域范围，通过实地探寻、专题讲座、活动体验相结合等方式，体验地方人文科学、历史文化和旅游文化的魅力。

三、文旅融合背景下，公共图书馆服务创新的思考

目前，公共图书馆在文旅融合方面已有许多成功的实践，在图书馆界被不断推广和深化。2018年至今，我国文旅融合发展不过3年，公共图书馆在推动文旅融合上仍有巨大潜力可以挖掘。公共图书馆应解放思想，探索更多图书馆和旅游的共通之处，进一步拓展服务方式，升级服务品质。

（一）重视图书馆文化景观建设，构建多元化图书馆

图书馆场馆本身也是一道亮丽的景点线。打造符合图书馆自身气质和特定的文化体验场景，可以吸引更多人群走进图书馆。以"书山""书墙"为特色的天津市滨海新区图书馆就因其独树一帜的建筑风格成为网红打卡地。武汉汤湖图书馆也因与公园风景融合在一起，被喻为"最美基层图书馆"，吸引游客专程前往。湖北省图书馆因其酷似"翻开的书页"的造型和大体量，也成为重要的地标性建筑，但在特色和创意方面有待加强。例如，在阅读活动中融入体验环节，加入咖啡、茶道、花艺等其他文化艺术表现形式，通过艺术沙龙、读书会，现场展示等，打造以图书馆为主体的共享文化体验空间。湖北省图书馆馆内设有少年儿童图书馆、盲文图书馆、典籍博物馆、廉政文化图书馆等，都可以从各自服务对象和资源优势入手，打造有特色、有魅力的阅读空间，在统一协调中，突出多元化，将图书馆打造成既有文化品位又有艺术气息的特色旅游名片。

（二）依托新媒体平台，加强文旅融合活动宣传

微信和微博是目前人们社交和信息传播的最主要形式。在此背景下，公共图书馆应加强新媒体平台宣传，进一步扩大文旅融合活动的影响辐射范围。2019年武汉市图书馆就曾在线上以手绘地图的形式，展示了全市16家市区图书馆馆貌及精选的旅游景点。通过微信小程序，实现"云旅行"。这种新颖的方式，迅速吸引了很多读者。2021年湖北省图书馆的微博入选了湖北文旅系统十大微博，微信影响力指数、抖音指数居全国省级馆第二位和第三位。应该说，湖北省图书馆已经有了很好的新媒体平台，目前湖北省图书馆在微信平台上开展了"品诗书礼乐，绘楚脉千年"文创产品大赛，这也是深化文旅融合、深挖荆楚文化底蕴的创意活动。除此之外，还可以通过线上栏目、利用省馆的数字媒体资源和线下书架联合的方式，重磅推介湖北的精品旅游景点、美食、风俗、历史、建筑等，将旅游推介和读书打卡结合起来，以文化体验、文创旅游、地图打卡、旅游攻略，美食住宿等形式，吸引年轻读者的关注。把湖北省本地特色与本馆的优势资源和服务有机结合起来，不断探索出新。

（三）深挖地方特色文献资源，打造文旅体验新项目

利用图书馆特色资源举办文献展是图书馆展示馆藏、进行文化传承的主要形式。举办图书馆会展旅游活动，既可以吸引大批游客前来参观，又拓展了图书馆服务领域。国家图书馆的典籍博物馆2014年就面向公众首展"国家图书馆馆藏精品大展"，展出金石拓片、敦煌遗书、名家手稿、西文善本等文献珍品，吸引了大批游客。2020年湖北省图书馆也举办了"湖北省图书馆藏国家珍贵古籍展"，邀请湖北八家文化场馆齐聚馆内进行"晒宝"，社会效益显著。作为湖北省古籍保护中心，湖北省图书馆应更加积极地对具有湖北特色的馆藏资源进行梳理和深度开发，寻找地方家谱、名家手稿、游记字画等特色资源中可以与湖北旅游进行融合的切入点。图书馆提供的珍贵古籍资料，不仅可以作为景点的重要历史文化支撑，也可以让古籍里的图片和文字"活起来"。湖北省图书馆内的典籍博物馆和徐行可纪念馆，也可在休息日期间，面向读者开展古籍修复技艺展示、互动体验等活动，针对湖北本土的文化旅游资源，打造特色体验空间，让更多的读者、游客走进湖北，体验地方旅游文化的魅力。

（四）提升馆员专业素养，培养文旅融合复合型人才

图书馆员是图书馆发展的关键所在。在大数据发展和融媒体兴盛的时代背景下，多元化、数字化、融合化是图书馆服务方式的主要发展方向，因此对图书馆员的专业素养也提出了更高要求。除掌握图书情报资料专业基础知识外，还需要掌握具体的新媒体传播、阅读推广、数字化多媒体技术、宣传策划、文化旅游管理等方面内容。图书馆应该着重培养青年馆员，可以每年制定青年文旅融合人才培养计划，通过参加培训、外出调研、服务项目开发、综合考察等方式全面培养复合型人才。同时可以在相关部室成立专门的文旅工作小组，专门针对图书馆文旅融合进行读者服务、文旅活动宣传、文创产品开发等一系列工作的研究和推广工作，让具有专业素养的复合型人才成为图书馆创新服务的新生力量。

四、结语

文旅融合是图书馆事业发展的大趋势。公共图书馆作为前沿阵地，在创新服务的基础上，需因地制宜，通过深度挖掘地方特色文旅资源，有机结合，打造出高质量、影响力大的文旅融合服务品牌，从而达到"1+1>2"的效果，使公共图书馆成为一个地区的文化地标、旅游名片。

参考文献

[1] 孙红强. 图书馆文化创意旅游项目开发探究 [J]. 图书馆工作与研究，2018（8）：96-99.

[2] 王世伟. 关于公共图书馆文旅深度融合的思考 [J]. 图书馆，2019（2）：1-6.

[3] 黄雅麟. 文旅融合背景下公共图书馆发展策略分析 [J]. 图书馆学刊，2020，42（5）：46-50.

[4] 龚林奇，庞天慧. 文旅融合背景下公共图书馆跨界合作研究 [J]. 图书馆工作与研究. 2020（6）：78-81.

图书馆创建国家 A 级旅游景区可行性研究分析

卢 蓉

(黄石市图书馆，湖北黄石，435000)

摘 要：纵观全国，随着人们对美好生活的向往愈来愈强烈，文化旅游呈现出快速增长的态势，图书馆作为重要的文化机构，在文化旅游中的重要性得到越来越多人的认可。越来越多的博物馆成为了 A 级及以上景区，本文对照国家 A 级旅游景区评定标准进行分析，认为图书馆创建国家 A 级旅游景区具有一定可行性。

关键词：图书馆；旅游景区；可行性

一、背景分析

旅游是人与生俱来的基本生理和精神需求，旅游需求是游客基于自我发展需要的弹性的需求，疫情虽然重挫了全球旅游消费环境、加大了全球旅游活动障碍，但也必然给中国旅游业发展带来了巨大的变革，在危机中孕育出中国旅游发展的新生态模式。

宁波市图书馆跳出传统图书馆思维，拓展思路、延伸服务内容和手段，将图书馆的公共文化服务与旅游相融合，使文化更加富有活力，使旅游更加富有魅力，打造了全国图书馆文旅融合"宁波样本"。广西自治区文化和旅游厅以图书馆为依托，全心打造了"走读广西"公共服务活动品牌，并创新首发了《广西公共文化场馆导览图》，导览图以手绘形式集中展示了广西市级以上 54 家公共文化场馆，让人们真正在旅游中感悟文化的自信与力量。足见，在文化旅游中，人们开始对图书馆有了更多关注。

二、概念

旅游资源使自然界和人类社会对旅游者产生吸引力，可以为旅游业开发利用，并可产生经济效益、社会效益和环境效益的各种事物和因素。近年来，作为新兴旅游资源的图书馆已经成为了众多游客旅行打卡地的必选项，图书馆之旅势如破竹不断升温，参观游览图书馆作为一种新时尚开始兴起，图书馆作为城市旅游吸引物开始得到越来越多游客的认可。图书馆在历史文化资料、旅游信息提供方面有着绝对的优势作用，这一点已经引起图书馆与游客双方的注意。

旅游景区是指具有参观游览、休闲度假、康乐健身等功能，具备相应旅游服务设施并提供相应旅游服务的独立管理区。该管理区应有统一的经营管理机构和明确的地域范围。当下，越来越多的博物馆成为了 A 级旅游景区。以北京市为例，有 A 级旅游景区 201 家，其中博物馆有 33 家，占比达 16%；在湖北省，武汉市、荆州区、十堰博物馆都是 4A 级旅游景区，今年 6 月宜昌市博物馆参加了 2021 年度创建国家 4A 级旅游景区景观质量评审工作会。公共图书馆能否创建成为 A 级旅游景区成为了一个新课题。

三、对标分析

对标《旅游景区质量等级的划分与评定》《旅游景区质量等级评定管理办法》，结合《旅游景区质量等级评定与划分》国家标准评定细则（以下简称细则），对图书馆创建国家 4A 级旅游景区进行可行性分析。

（一）服务质量与环境质量对标分析

此项细则共计 1000 分，分为 8 个大项，各大项分值为：旅游交通为 130 分；游览为 235 分；旅游安全为 80 分；卫生为 140 分；邮电服务为 20 分；旅游购物为 50 分；综合管理为 200 分；资源和环境的保护为 145 分。A 级旅游景区需达到 500 分。

1. 旅游交通方面对标分析

由于图书馆对于城市文化的重要性，通常通往图书馆的交通都能保障通畅，有较好的可进入性；交通设施完善，通常有一条或多条公交线进出，设有专属站点很是便捷。图书馆外一般都有场地较平整坚实、绿化美观、容量较大、标志清晰的停车场所，能充分满足需求。馆内游览（参观）路线布局合理、顺畅；在馆内通常不用使用交通工具，步梯、电梯等极为便捷。交通联系空间，如过道、走廊、门厅、楼梯、电梯等设计都极大方便内外交通联系，与观赏内容联结度高。

对照细则，此项图书馆评分均可达 115–130 分。

2. 游览方面对标分析

图书馆是一座有现代信息、人文色彩、生命力的建筑物，外形上，融合了人文地理、气候环境、风土人情等多重文化特色；建筑内，从空间到氛围打造都充满人性化，既能保证环境优美、视野开阔、宽敞明亮、空气清新，又能做到各种公众信息资料，包括馆舍分布图、标识牌、部门介绍牌等都与周边环境协调且设置合理、内容规范、视觉醒目、设计美观，均符合 GB/T10001 标准；公共休息区内设施布局也非常合理，数量能够满足需要，大多数图书馆将休息区设计得很精美，有浓郁地方特色或强烈艺术感。天津市滨海新区图书馆荣登美国《时代》周刊发布的世界上 100 个值得一去的地方之榜首；上海市嘉定区图书馆建筑沿袭江南书院风格，屋顶似打开的书籍，更是引入竹元素和水元素，将古代古朴和现代简约的气质完美融合；深圳市宝安区图书馆方形的馆形设计，简约端方，犹如君子行止，外部水池环绕，犹如《诗经》中的伊人，在水一方。

图书馆通常都设有可提供咨询服务的固定场所，专业人员对图书馆业务极为熟悉，馆内职工人人都是讲解员，人数及语种都能满足游客需求。面对游客的咨询等既可应对自如，又能热情周到。针对特殊人群服务更加人性化，馆内针对残疾人有轮椅、盲道、无障碍设施，为老年人提供轮椅、拐杖，还有儿童可使用的童车等。

图书馆文献资源丰富，与旅游相关的世界地理、中外文学、风土人情、游记散文等人文地理主题的特色书刊以及各种宣传教育材料（如研究论著、科普读物、综合画册、音像制品、旅游图和旅游材料等）品种多样、内容丰富、制作精良、更新及时。可以充分弥补游客对于旅游目的地城市历史文化、民俗风情等了解的不足。

对照细则，此项图书馆评分均可达 180-235 分。

3. 安全方面对标分析

图书馆一直是安全部门重点关注对象，让每座图书馆树立了安全观，坚持做到领导重视、措施得力、制度完善、管理到位；每一名职工都牢固树立"人民至上、生命至上"的安全发展理念，时刻绷紧安全生产这根弦；每一个部门都能做到全面排查、及时整治各类安全隐患，举一反三，防范重大突发事件的发生。图书馆均设有安全保护机构、制度与人员，消防、防盗、救护、交通、机电、游览、娱乐等设备齐全、完好、有效、运行正常，都能达到 A 级旅游景区的要求。对于有危险的地方，比如玻璃护栏、电井等都会明显标志且做到防护设施齐备、有效。各类应急预案齐备，设有突发事件处理预案，应急处理能力强，对于突发事故处理都能及时、妥当，建档并保存完整记录，各层服务台均配备常用药品。

对照细则，此项图书馆评分均可达 75-80 分。

4. 卫生方面对标分析

图书馆环境整洁，按照公共图书馆评估定级标准、细则要求，不存在污水、污物，乱建、乱堆、乱放现象；对于建筑物及各种设施设备长期维修维护，无剥落、无污垢、空气清新、无异味；食品卫生符合国家规定，餐饮服务配备消毒设施，不使用对环境造成污染的一次性餐具；各类场所全部达到 GB9664 规定的要求，馆内餐饮场所达到 GB16153 规定的要求。

馆内厕所布局合理，数量能满足需要，室内整洁，内部装饰与馆内环境协调。所有厕所具备水冲、盥洗、通风设备。厕所管理完善，洁具洁净、无污垢、无堵塞。垃圾箱布局较合理，标识明显，数量基本满足需要，造型与环境比较协调。垃圾清扫及时，日产日清。

对照细则，此项图书馆评分均可达 130-140 分。

5. 邮电服务方面对标分析

图书馆发展至今，智慧图书馆已成大趋势，虚拟现实、云计算、物联网、大数据、人工智能等新兴技术投入使用，网络环境、网络空间、网络技术、网络服务不断优化。数字新基建带来全新体验，远远超过细则中要求的游人集中场所设有公用电话，具备国内直拨功能，通讯方便、线路畅通、收费合理，能接收手提电话信号等标准。

对照细则，此项图书馆评分均可达 18-20 分。

6. 旅游购物方面对标分析

图书馆购物场所建筑造型、色彩、材质与环境较协调，环境整洁，秩序良好；对购物场所实行集中管理，对商品从业人员有统一管理措施和手段，不可能出现无围追兜售、强买强卖现象；文创产品店通过产品与游客对话既能体现图书馆的文化内涵又能起到文化传播作用，既有本地区特色又能满足不同群体和对象的消费，既是产品商店、最后一个"阅览室"，又是旅行者的终点站。2017 年 9 月，"全国图书馆文化创意产品开发联盟"成立；2018 年，联盟举办精品展；2019 年，国图"新文创　新阅读"系列、莆田市图书馆"莆仙"系列引发热议，上海市图书馆、山东省图书馆、台山市图书馆……越来越多图书馆的文创产品吸引着游客再回归。

对照细则，此项图书馆评分均可达 45-50 分。

7. 综合管理方面对标分析

图书馆具有良好的社会形象、产品形象、质量形象和文明形象。管理体制健全、规章制度完善。质量、安全、统计等各项管理制度健全有效，计划、组织、协调和控制水平较高，贯彻措施得力有效，提高了工作效益。各级管理机构设置合理，定期、不定期对员工开展培训、考核、监督检查，并有完整的书面记录和总结。管理人员比例和结构不断优化，2020年的统计数据显示，湖北省内的3212个公共图书馆，有从业人员57980人，其中专业技术人才40396人，正高职称有923人、副高职称有6130人、中级职称有18868人。

公共图书馆精神与社会责任以及在公共文化服务体系中的定位与服务都促使其具备保障服务质量，建立健全投诉制度，及时处理投诉，投诉档案记录完整的功能；建立健全弱势群体服务机制，为特定人群（老年人、儿童、残疾人等）提供特殊服务。通过预约平台科学管理容量，"游湖北"等各类预约App、小程序纷纷上线，精准管控，做到"错峰、限量、预约"，既保障了疫情防控常态化，又保障了服务高质量。

对照细则，此项图书馆评分均可达180-200分。

8. 资源和环境的保护方面对标分析

图书馆建筑布局合理，建筑物造型、出入口主体建筑、周边建筑物与景观格调协调，环境氛围较好；绿化覆盖率高，环境美化效果较好。图书馆历来是一个充满了浪漫气息的建筑场所，建筑与自然在这里相遇融合，海口市"云洞图书馆"、上海市平和图书剧场、唯品会广州市总部朝彻书屋、澳门特别行政区中央图书馆让每一个到馆者遇上自然、遇上光、遇上交往，在图书馆听风、看海、赏雪、观星都能有新的感悟。自然景观和文物古迹保护手段科学，措施得力，充分保持自然景观和文物古迹的真实性和完整性，有效预防了自然和人为的破坏。

图书馆各项设施设备均符合国家关于环境保护的要求，不会造成环境污染和其他公害，不会破坏旅游资源和游览气氛。空气质量都能达到《GB3095-1996环境空气质量标准》的一级标准，噪声质量能达到《GB3096-1993城市区域环境噪声标准》的一类标准，地面水环境质量能达到《GB3838地表水环境质量标准》的规定，污水排放达能到《GB8978污水综合排放标准》的规定。

对照细则，此项图书馆评分均可达130-145分。

（二）景观质量对标分析

此项细则分为资源要素价值与景观市场价值两大评价项目、九项评价因子，总分为100分。其中，资源吸引力为65分，市场吸引力为35分。A级旅游景区需达到50分。

1. 旅游资源吸引力

图书馆休闲与旅游观光价值很高，拥有地方文献资源、建筑文化资源、名人文化资源、藏书文化资源等具有很高的历史价值、文化价值、科学价值的优质文化旅游资源。同时，拥有具有国家级资源的实体，国家图书馆拥有明文渊阁、清内阁大库等皇家珍藏善本古籍，宋元古椠、明清佳刻琳琅满目；各省级图书馆均有入选"国家珍贵古籍名录"的珍贵古籍。资源实体体量很大，类型多，实体疏密度优良；资源实体完整，较好保持了原来形态与结构。据2020年的统计数据可见，湖北省公共图书馆藏书量达94789.34万册，古籍为2688.02万册，报刊为10145.5万册，视听文献为2063.92万册，缩微制品为1556.95万册等。

对照细则，此项图书馆评分均可在50-65分。

2. 市场吸引力

通过构建公共文化服务体系、打造各类阅读及服务品牌、提高信息服务质量、开启定制化及个性化服务、线下线上积极宣传营销等手段，使图书馆"能见度"逐渐提高、美誉度不断提升，据文化旅游市场的辐射力进一步增强。据2020年的统计数据可见，虽受疫情影响，湖北省公共图书馆仍举办讲座61660场次、展览36439场次、培训班52614个，网站访问量达22.9618亿人次。图书馆都设有特色主题分馆，有一定的独创性，深圳市首个以旅游为主题的图书馆藏身于宝安区图书馆内；全国首家女子图书馆位于湖南图书馆。2020年受疫情影响，各市级图书馆接待量均受影响，武汉市图书馆为94.9万人次，襄阳市图书馆为72.7万人次，宜昌市图书馆为55.4万人次，仍超过细则年接待海内外旅游者50万人次以上的要求。

对照细则，此项图书馆评分均可在30-35分。

（三）满意度调查对标分析

旅游景区质量等级对游客意见的评分，以游客对该旅游景区的综合满意度为依据。游客综合满意度总分为100分，旅游景区质量等级游客意见综合得分最低要求为A级旅游景区50分。

按照细则规定，《游客意见调查表》由现场评定检查员在景区员工的陪同下，直接向游客发放、回收并统计。在质量等级评定过程中，《游客意见调查表》发放规模，应区分图书馆的规模、范围和申报等级，一般为30—50份，采取即时发放、即时回收、最后汇总统计的方法。回收率不应低于80%。分发应采取随机发放方式，在发放调查表时一般要注意以下两点：第一，要做到随机抽样；第二，样本要合理策划，分布均匀，尽量选择不同年龄结构的人进行调查，等等，并注意游客的性别、年龄、职业、消费水平等方面的均衡。

满意是一种心理感受，是个体感知与期望值之间的比值。《游客意见调查表》让游客对外部交通内部游览线路、观景设施、路标指示、景物介绍牌、宣传资料、导游讲解、服务质量、安全保障、环境卫生、厕所、邮电服务、商品购物、餐饮或食品、旅游秩序、景物保护、总体印象等16项予以很满意、满意、一般、不满意这四个等级的评定。图书馆一直致力营造令人满意的环境、持续强化内部的管理、不断优化人本服务，通常都能获取满意及以上评价。

四、结论

综上所述，根据旅游景区质量等级划分条件，按照《服务质量与环境质量评分细则》《景观质量评分细则》的评价得分，并结合《游客意见评分细则》的得分进行综合分析，图书馆已具备创建成为国家A级旅游景区的条件。图书馆成为A级旅游景区会促进文旅公共服务设施共建共享，"滋养民族心灵、培育文化自信"，在古色古香的人文书房，品味人文历史魅力；在温馨舒适的亲子书房，享受家庭美好时光；在复古怀旧的电影书房，沉浸于艺术的世界；在香气四溢的美食书房，体验色香味俱全的食文化……

参考文献

[1] 单红波. 公共图书馆与旅游融合的模式与路径研究[J]. 图书与情报，2019（3）：136-139.

[2] 袁莉莉. 主题服务模式：公共图书馆与旅游融合可持续发展探析[J]. 新世纪图书馆，2021（2）：50-55.

[3] 徐益波，毛婕. 打造公共图书馆文旅融合的"宁波样本"：宁波市图书馆文旅融合服务实践探析[J]. 图书研究与工作，2019（9）：10-12.

文旅融合背景下十堰市图书馆红色经典阅读推广服务探索

熊 蕊

(十堰市图书馆,湖北十堰,442000)

摘 要:红色文化是在革命战争年代,由中国共产党人、先进分子和人民群众共同创造的极具中国特色的先进文化、蕴含着丰富的革命精神和厚重的历史文化内涵。红色经典阅读作为近年阅读推广的新亮点,近年来广受人们的喜爱和重视,成为全民阅读推广的重要组成部分。本文主要探讨了文旅融合背景下公共图书馆如何更好地开展红色经典阅读推广服务工作。

关键词:文旅融合;阅读推广;红色文化

一、文旅融合背景下,公共图书馆的阅读推广服务

在文化和旅游部挂牌当天,一位记者写了一篇《诗和远方》的短评,"诗"比喻文化,"远方"比喻旅游。意思是文化与旅游的结合,使文化可以更好地走向"远方",旅游更有"诗"意。诗和远方在一起,是国家文化事业和文化产业发展的需要。文化是旅游的灵魂,旅游是文化的载体。从本质上说,旅游是一种文化体验、文化认知与文化分享的重要形式。而文化又需要通过旅游这一载体加以传承和创新。整合文化部、国家旅游局的职责,组建文化和旅游部,将更有利于统筹文化事业、文化产业发展和旅游资源开发,提高国家文化软实力和中华文化影响力,推动文化事业、文化产业和旅游业融合发展。诗和远方在一起,折射出人民群众对更美好生活的向往和期待。生活不止眼前的苟且,还有诗和远方。诗和远方,代表的是期待、是渴望、是梦想、是追求。从浅层的观光到深度的文化体验,从简单地看风景到感受历史的笔触,人们更高的精神需求将会得到更好的满足。在文旅融合的新背景下,公共图书馆秉承着"宜融则融、能融尽融、以文促旅、以旅彰文"的原则积极探索文旅融合发展新途径,使图书馆与旅游事业相互融合,协同发展。

二、红色阅读推广服务的意义

红色文化是广大人民群众在中国共产党的领导下,在实现中华民族伟大复兴的历史进程中,在整合、吸收、优化古今中外先进优秀文化成果的基础上,以马克思列宁主义科学理论为指导而产生的。红色经典文化是我国特有的在特定历史时期的生活反映,这种特殊的文化不仅体现了中华民族的伟大精神,还承载着特殊记忆,红色经典读本不仅具有历史教育价值,也具有思想教育价值。公共图书馆肩负着社会继续教育以及未成年人思想道德建设的历史使命,开展红色经典阅读推广服务活动能够有效地促进广大人民群众,尤其是当代青少年树立正确的价值观和人生导向,提高他们的社会责任感及国家荣誉感,增强民族自信心。

三、红色阅读推广服务的"十堰模式"

为了响应习近平总书记"要充分发挥红色资源的作用,开展优良传统教育和理想信念教育"的号召,近年来,十堰市图书馆因地制宜,依托流动图书车、总分馆等平台,充分发挥"领读者之声""长江读书节""4.23全民阅读日广场诵读"等活动的影响力,努力探索欠发达地区中小型图书馆的红色阅读推广模式。

(一)"总分馆+红色阅读"推广模式

十堰市图书馆的"总分馆体系+"建设示范项目于2015年启动至今,已在十堰市城区建成市、县(区)、乡镇(社区)、村四级总分馆63个,总分馆服务体系的创建为我市全民阅读推广提供了便捷高效的平台。为深入贯彻落实十九届四中全会精神,践行社会主义核心价值观,坚持中国特色社会主义文化发展道路,十堰市图书馆以各分馆、基层服务点为红色阅读推广阵地掀起以学习"十九届四中全会精神"为主要内容的"学习热潮、评论热潮、践行热潮"。从以下两点将红色经典阅读推广工作常态化、具体化、普及化。一是统筹规划。由市图书馆集中统一采购、分编、加工一批红色经典书籍,并在各馆的显著位置设置"红色经典"专区,吸引广大读者了解、研读经典读物。二是开拓创新,积极倡导红色研学旅行。近年来,研学旅游搭上文旅融合的快班车悄然兴起。研学旅行继承和发展了我国传统游学、"读万卷书,行万里路"的教育理念和人文精神,成为素质教育的新内容和新方式,能够提升中小学生的自理能力、创新精神和实践能力。十堰市图书馆积极组织部分中小学分馆、基层服务点在

"4.23世界读书日"、国庆节、建军节、建党纪念日等重大节庆日,到革命烈士纪念林园、纪念馆、博物馆、档案馆参观红色主题教育展,诵读红色经典。孩子们在与平常不同的生活中拓展视野、丰富知识,加深与自然和文化的亲近感,增加对集体生活方式和社会公共道德的体验。

(二)"流动图书车+红色阅读"推广模式

为响应习近平总书记给内蒙古苏尼特右旗乌兰牧骑队员们回信的重要指示精神,十堰市图书馆依托流动图书车成立了"红色文艺轻骑兵小分队"。这支红色小分队满载着2000余册图书常年奔走在秦巴山区的乡村、学校、社区、景区等地开展"与爱同行,惠游湖北"红色经典进景区活动。为居民、游客们送去经典的红色读本、红色展览、红色电影。国庆节期间,十堰市图书馆红色文艺轻骑兵小分队来到广东路小学、西城开发区小学等地开展了"向国旗敬礼""看红色电影"等主题教育活动;小分队还来到张湾区退役军人事务管理局开展了"听退伍老军人讲述红色经典故事"活动,老兵们慷慨激昂地讲述红色感人故事,重温了革命前辈的战斗历程。现场气氛感染着每一位听众,让大家深刻认识到现在的生活来之不易,要珍惜当下。

四、红色经典阅读推广服务的现状

(一)读者缺少对红色经典的了解,阅读量过少

据调查,13.4%的读者对红色经典不了解,75.2%的读者对红色经典一般了解,11.4%的读者对红色经典很了解。从数据看,广大读者缺少对红色经典的了解。由此看来,公共图书馆应加强红色经典阅读方面的指导和普及,增强广大读者,特别是青少年读者对中国革命史及英雄人物革命情怀及担当精神的感性认识,激发其爱国情怀,鉴定其理想信念。

(二)广大读者认同红色经典的阅读价值,但阅读兴趣不高涨

调查显示,70%的读者都认为红色经典阅读对个人成长有帮助,能够提升党性修养、弘扬正气,更有90%的读者认为红色经典阅读可以增强人们对祖国的热爱。但是他们都一致表示对红色经典的阅读兴趣一般。

(三)公共图书馆红色经典文献馆藏量占比较少

以十堰市图书馆为例,截止目前十堰市图书馆的馆藏量为80万册次,其中,红色文献文献资源仅有2500余册,占全馆总文献量的0.3%。红色文献产

生于艰苦的战争年代,保存下来的资料较少且极其分散,具有地域性、丰富性、形式多样性、文本稀缺性等特点。公共图书馆要加强地方文化资源建设,开发红色文化资源,开展特色资源读物,使本地区成为充满特色的地方文化中心,弘扬地方传统文化。

五、文旅融合背景下红色经典阅读推广服务的建议及策略

(一)"以文促旅,以旅彰文"创建红色旅游基地分馆

红色教育是提高全民族整体素质的基本工程,是引领广大青少年树立正确价值观、人生观、世界观,有利于促进中华民族伟大复兴的重要途径之一。近年来,随着十堰市人民受教育水平及综合素质的不断提高,红色教育备受关注。据了解,十堰市的革命遗址共249处,文明挂牌保护的革命遗址有44处,列为国家级保护的有4处,省级保护的有8处,开发利用的革命基地有33处,列为省级爱国主义教育基地的有2处。十堰市图书馆可以充分发挥其专业优势和资源优势,选择合适的革命教育基地创建为十堰市图书馆分馆、基层服务点,为其配备特色资源,打造红色教育特色分馆,同时还能够以流动图书车为载体开展流动服务,走进红色教育基地,通过"演、展、讲、诵"等方式促进红色旅游与文化相互融合、共同发展,为红色教育开辟新路径。

(二)红色经典阅读推广活动常态化

一是通过线下主题书展和线上扫码看书的方式,发挥图书馆阵地资源优势,积极开展红色经典阅读推广活动,倡导全市广大读者多读红色经典,重温红色年代。二是可以举办"红色经典,传承红色基因"线上阅读比赛活动,评选出红色经典阅读冠军,通过活动,不断提升人们的思想境遇,增强人民的精神动力。三是培养一批红色经典阅读范本讲书人。阅读推广是一项长期工作,红色经典阅读推广也将贯穿阅读推广的始终,这就需要培养一批热爱红色经典的领读者和讲书人。如果说图书馆是红色文化资源的载体,馆员则是红色阅读推广的主力军。馆员的职业道德、业务水平、知识结构和组织能力,直接影响着红色阅读推广服务的水平和层次。目前,十堰市图书馆红色阅读推广活动的人才比较匮乏,馆员对红色文化资源也缺乏较深层次的认识,对红色文化保护和研究的意识比较薄弱,红色阅读推广的效果不慎显著。因此,应有针对性地对馆员进行相关培训,聘请这方面的专家学者,为图书馆员讲授红色文化的相关知识,提高馆员对红色文化的认识和保护意识,培养他们搜集、整理和挖掘红色资源的能力,充分发挥他们在社区红色阅读推广中的作用。

（三）办公益文化讲座，讲经典红色故事

"十堰讲坛"是十堰市图书馆开办的免费公益讲座，是十堰人自己的"百家讲坛"。十堰市图书馆可以通过"十堰讲坛"举办"讲红色故事、看红色影视剧，传红色精神"的专题讲座。在重大纪念日开展红色经典教育宣讲，对青少年进行专题教育展播，让他们铭记昨天、珍惜今天、创造明天。

六、结语

习近平总书记在党的十九大报告中指出，要讲好中国故事，展现真实、立体、全面的中国。红色经典阅读推广不能止步于旅游与经典的简单叠加上，而是要把内涵丰富的红色历史文化整合起来，通过故事讲解的方式给游客们一种情景再现的画面感，让游客们充分理解和认识红色经典文化代表的革命实践精神和特殊文化形态，让游客在观光休闲活动中体验红色经典蕴含的丰富革命精神价值和厚重历史文化价值，把红色经典阅读推广活动有机融合到旅游中，把红色经典阅读推广活动更进一步延伸到更广阔的地方，打造书香城市，促进全民阅读。

参考文献

[1] 陈丽琴，文旅融合背景下市级公共图书馆红色经典阅读推广服务探析[J]. 卷宗，2020（7）：172.

[2] 王晨铃，公共图书馆红色文化资源建设与服务推广探析——以广西桂林图书馆为例，河北科技图苑，2020，33（6）：64-67.

[3] 陈福磊，郑亚洁，周冠季，等. 十堰市红色教育基地房展现状与调查分析[J]. 神州，2017（19）：2.

[4] 袁俊，公共图书馆开展红色经典书籍阅读推广的相关研究[J]. 赤子，2020（5）：156.

文旅融合背景下公共图书馆服务创新研究

陈 帆

（湖北省图书馆，湖北武汉，430071）

摘 要：文章结合部分案例简要介绍了文旅融合下公共图书馆服务创新形式：打造地区文化旅游标志、研学旅游模式、为地区旅游开发提供文献支持、总分馆制与"图书馆+"模式和开发特色文创产品，简要总结了文旅融合下了公共图书馆服务创新的启示，即坚持以文化为主体的文旅融合发展的定位，立足文化旅游资源，打造魅力阅读新空间，夯实研学旅游课程开发基础，运用新技术实现创新融合，培养文旅融合发展人才。

关键词：文旅融合；公共图书馆；服务创新

一、引言

随着我国社会经济的发展和物质生活水平的提高，人民群众的精神文化需求也随之提高，文化、旅游等都成为人们群众休闲的重要内容。2018年3月，国务院机构改革方案公布，原文化部和国家旅游局成为了历史，取而代之的是文化和旅游部。新成立的文化和旅游部将统筹文化事业、文化产业发展和旅游资源开发，推动文化产业和旅游业融合发展，为图书馆参与文旅融合发展提供了新的体制环境。

文旅融合致力于以文促旅、以旅彰文，以文化提升旅游产品的内涵，以旅游带动文化传承。文化是旅游的核心资源，文旅融合不是简单相加，而是深度相融，挖掘地域特色文化，传承与弘扬传统文化，通过相互融合实现文化和旅游相互支撑、相互促进，共同发展。

图书馆作为公共文化服务体系中的重要一环，肩负着为全社会提供公共文化服务，推进基本公共文化服务标准化、均等化的责任。在文旅融合发展的大背景下，图书馆利用馆舍建筑特色、馆藏资源、技术应用等优势，探索出体验式旅游、研学旅游、"图书馆+"等创新服务实践形式，大力改善基础设施，提高服务水平，使阅读环境更加舒适化、便利化。

二、文旅融合时代公共图书馆的使命

（一）充分发挥公共图书馆的职能属性

公共图书馆作为重要的文化阵地，在传承发展优秀传统文化和满足人民群众文化需求等方面都发挥着积极作用。旅游业的发展离不开文化注入的引导和扶持，文化也要依靠旅游进行传播。公共图书馆服务人群广泛，服务内容丰富，在探索文旅融合方面有着先天的优势，力求当好文旅融合的排头兵和先行者。

（二）承载文化的传承与复兴重任

图书馆是社会知识、信息、文化的记忆装置、扩散装置，承担着丰富群众文化生活教育的职能。文旅融合推动文化传承创新，能进一步增强文化自信。

（三）旅游公共服务体系建设的保障

目前，我国尚未明确旅游公共服务的内涵，旅游公共服务体系尚未纳入国家公共服务体系。公共图书馆作为文化和旅游的沟通桥梁，应积极参与旅游公共服务体系的建设。现有的旅游产品已经不能满足游客的文化信息的需求，图书馆可以在向游客提供旅游信息的同时，向旅游机构提供文化指导，为丰富旅游内容、提高旅游产品的质量、促进旅游产业的发展做出贡献。

三、文旅融合背景下国内公共图书馆服务创新形式

（一）打造地区文化旅游标志

图书馆与旅游发展密切相关，是市民的文化客厅，不失为一条了解一座城市文化气息的便捷之路。在文旅融合的大背景下，越来越多的图书馆将建筑、展陈等特色文化要素与旅游服务要素有机融合，拓宽服务边界，图书馆也逐渐成为了众多游客的出行目的地。今天，许多公共图书馆都以独特的设计理念来建造，旨在建造一座既具观赏性又富有知识性的综合性建筑。例如，有着"滨海之眼"之称的天津市滨海新区图书馆，以其独特的外观设计、文化特色鲜明的内部空间构造，被众多游客津津乐道，成为了天津著名的文化旅游景点之一。

除了建筑特色，图书馆丰富的讲座、展览也成为吸引游客的重要方式。例如，湖北省图书馆的讲座品牌"长江讲坛"专门开设了"阅读讲堂""旅游讲堂"系列，深受读者欢迎。庆祝中国共产党成立100周年的"馆藏党报党刊展"

"湖北省中国画作品展"等展览,立足优秀传统文化,从百年党史中汲取奋进力量,吸引了众多观众到访参观。

(二)研学旅游模式

公共图书馆结合文献保护和建筑特色的实际,拓展社会教育功能,形成了图书馆的研学旅游模式。2011年4月,国家图书馆启动"阅读之旅"项目,为后续公共图书馆开展研学旅游提供了参考。

世界上最大的图书馆美国国会图书馆将其历史、内外部建筑、绘画特色、镇馆之宝等都串联进来,专门设置了研学旅游的游览路线,还为参加研学旅游的儿童设置互动的图书、玩具、游戏等。湖南省少儿图书馆的研学旅游活动,创新活动形式和内容,注重亲子参与互动,通过读书、听书、手工制作人偶等活动,营造沉浸式学习氛围,打造图书馆特色阅读体验。湖北省图书馆则是通过开展"书香读书会""趣味科普季""荆楚科普大讲堂"等系列活动,带领孩子们步入户外,增加阅读趣味性。湖北省图书馆和湖北省环保宣教中心联合举办"童之趣"趣味科普季"同一个地球"户外拓展活动,在植物专家的带领下,对武汉植物园内的植物进行户外调查,注重寓教于乐,让孩子在游玩中学到了知识,这是以往作为普通游客所无法拥有的体验。

(三)为地区旅游开发提供文献支持

文化是旅游产业的核心内涵,众多景点因其有深厚的历史文化底蕴而成名,背后蕴藏着丰富的典籍文献,文献成就了景点,景点也发挥了文献的价值。地方文化的深入研究与挖掘将助力地方旅游产业的发展,使地方旅游业充满生机与活力。

地方文献中记载了丰富的信息,如地方志能从客观的角度带领人们了解一个地方的历史变迁、风土人情等信息;散文游记类文献则是作者将游览中的所见、所闻、所想生动形象地展示给人们,形成了独特的文化体验。这类文献在经过图书馆员的加工后整理成二、三次文献,便能为旅游景点的设计组景、意境构造等提供重要的参考依据。例如,近年来,无锡市开发了许多旅游景点都与无锡市图书馆提供的文献资料密不可分,如巡塘古镇、荡口古镇、小娄巷、南长街清名桥等,让古籍中的文字和图片"活生生"地展现在公众眼前。

(四)总分馆制与"图书馆+"模式

文旅融合背景下的总分馆制和"图书馆+",本质上就是"阅读+",即"阅读+景区""阅读+民宿",把图书馆的基础服务融入到旅游活动全环节中。图书馆和旅游的融合，不只局限于馆舍之内，更可拓展至景点、酒店、地铁、车站。这是物理空间上的延伸，也是价值辐射面的扩大。"阅读+景区"模式以图书馆出书、旅游景点出空间的方式整合文化和旅游资源，在游览中传播文化，在阅读中欣赏风景，既提高了文献资源的利用率，丰富了游客的阅读体验，又为景区提升了文化内涵，实现了互惠、合作、共赢。这方面成功的代表就是丽水的民宿书吧，这些民宿书吧有的将图书馆、咖啡吧和住宿融合在一起，有的结合农耕文化，聚焦书香传家，为游客打造一日"耕读传家"的研学体验，有的是一个集图书、餐饮、文创为一体的生活美学空间。又如湖北省图书馆组织的"相约乡读·共读百年红色经典"活动——省州县三级图书馆联动走进巴东县野三关镇的活动。湖北省图书馆文化志愿者在野三关镇的红军小学、鼓楼小学，开展形式多样的班小组读书会、家庭领读者进班级体验，为孩子们带来丰富精彩的阅读体验，为乡村的孩子们献上一份"阅读大礼包"。这些各具特色的阅读空间不仅成为感受地方历史文化的极佳场所，也为文旅融合背景下图书馆的发展提供了新的思路和实践案例。

（五）开发特色文创产品

顺应文旅融合大势，开发文创产品是图书馆发展的必然趋势，是挖掘利用馆藏资源、提升图书馆形象和提高服务水平的重要举措。文创产品是物质和文化的结合体，其中蕴含着丰富的文化内涵。文旅融合背景下，图书馆参与文创产品开发，在设计中吸收旅游特色元素，以地方特有的建筑、自然景观、风俗人情、历史人文等为文化载体，向公众展示地区文化和旅游特色。

国家图书馆依托其丰富的馆藏文献，开发出兼具书香特色、实用价值和文化教育意义的文创产品。如按1∶1的比例复制《资治通鉴》手稿、《永乐大典》"湖"字册单页；绘有《芥子园画传》图案的帆布袋、明信片等，深受读者的喜爱。

四、旅融合背景下公共图书馆创新服务的启示

（一）坚持以文化为主体的文旅融合发展的定位

文旅融合是我国文化产业和旅游业成熟和完善发展而产生的必然结果。公共图书馆有责任促进文旅融合发展，文旅融合给公共图书馆带来了新的发展机遇，但也需要探索出与之相适应的新的工作理念和模式，图书馆的基本职能和特点不应被忽视。要合理规划馆舍布局，在馆内的各种参观、游览活动不应对阅览区的读者造成干扰。在实践中，要始终坚持图书馆的主体地位，着力推动全民阅读活动，以文化的传承和发展为终极目标，进一步使公共文化服务得以延伸。

（二）立足文化旅游资源，打造魅力阅读新空间

文旅融合就是要把博物馆、美术馆、图书馆等公共文化场馆打造成特色旅游景点。图书馆要在特色和创意方面推出新亮点，打造沉浸式文化体验，借助讲座、读书会、艺术沙龙等活动，形成一个以图书馆为载体的文化共享空间，将图书馆打造成市民的文化客厅和第二起居室。

（三）夯实研学旅游课程开发基础

转变服务对象的定位，以规模化的研学旅游师生为主，从被动的问答式服务转变为主动的宣传式服务。根据不同的研学旅游主题设置课程，开发符合双方要求的研学旅游活动。开展定制游览，举办亲子读书会、儿童手工体验等活动。充分展现图书馆的公共服务能力和影响力，有效拓展社区教育事业的广度和深度，让学生在活动中了解图书馆，感受文化古韵，提高人文素养。

（四）运用新技术实现创新融合

充分利用新媒体平台，创新图书馆服务的方式和宣传手段。落实"互联网+"战略，充分利用好5G、增强现实（AR）、视频直播等技术与手段，拓展服务边界。

（五）培养文旅融合发展人才

文旅融合是一项复杂的系统工程，为更好地推进文旅融合，需要大量具有创新意识、专业技能的复合人才。图书馆需要创新融合理念，成立文旅融合的专职部门，寻找文旅融合的结合点，宜融则融、能融尽融，充分挖掘图书馆行业和旅游行业的人才资源，组建一支适应新环境的复合型工作团队，加强对人员的培训，着重培养创意策划人才和团队。

五、结语

文旅融合时代，公共图书馆的发展环境发生了巨大的变化，为公共图书馆的发展提供了新的机遇。未来，图书馆需要充分发掘优秀传统文化，通过现代化手段，将更多文化遗产、文化资源转化为游客喜爱的产品和服务。进一步摸索出一条适用于图书馆的文旅融合发展路径，找好旅游功能开发和文献资料保护的平衡点，将图书馆打造成第二起居室。继续为保障人民群众的基本文化权

益，提升公共文化服务水平，促进全域旅游的蓬勃发展，贡献图书馆的力量。

参考文献

[1] 黄安妮，陈雅. 文旅融合下的公共图书馆服务创新路径［J］. 图书馆，2020（2）：35-40.

[2] 沈啸."滨海之眼"有颜值更有内涵［N］. 中国旅游报，2019-05-08（2）.

[3] 云云，陆和建. 文旅融合背景下公共图书馆服务创新案例探析［J］. 农业图书情报学报，2020，32（7）：32-40.

[4] 张佳. 文旅融合背景下公共图书馆服务创新的实践与思考——以无锡市图书馆为例［J］. 河北科技图苑，2020，33（2）：34-37.

[5] 李茜. 文旅融合形势下图书馆业态发展的河南模式［J］. 河南图书馆学刊，2020，40（8）：124-126.

[6] 马祥涛. 文旅融合背景下图书馆文创产品开发探析［J］. 图书馆，2020，32（11）：15-21.

公共图书馆文旅融合实践案例研究与策略

刘学丹

（湖北省图书馆，湖北武汉，430071）

摘　要：近几年来，在我国公共图书馆领域，出现了诸多文旅融合相关的实践探索，常见模式包括旅游信息服务、"图书馆+民宿"、研学旅游、网红图书馆等，虽取得了良好成效，但互融意识、合作意识、品牌意识和特色化理念有待增强，未来我国公共图书馆文旅融合应树立互融理念、利用自媒体平台、打造文化品牌、加强合作以实现文化和旅游的相互促进与发展。

关键词：公共图书馆；文旅融合；案例

一、引言

对于有着五千年文明的中华民族来说，文化与旅游一直密不可分，从经典名句"读万卷书，行万里路"到流行语"诗与远方"，都充分体现出"书本中长知识，行路里长见识"。2018年4月8日，国家文化和旅游部在北京正式成立，紧随其后的是各省、市、县级"文化和旅游厅（局）"挂牌成立。2019年，文化和旅游部部长雒树刚提出了"理念融合、职能融合、产业融合、市场融合、服务融合、交流融合"的文旅融合新路径，明确了"宜融则融，能融尽融，以文促旅，以旅彰文"的工作思路。文化和旅游融合已成为当前社会发展的必然趋势。

当今旅游产业发展速度迅猛，根据文化和旅游部数据中心的数据显示，2019年春节期间，全国参观美术馆的游客比例高达44.2%，参观博物馆、图书馆和科技馆的游客比例分别达到了40.5%和40.6%。在消费升级和满足广大人民群众对于美好生活追求的品质需求的背景下，事业型公共文化机构在文化资源方面所具有的优势凸显，积极探索"事业型"公共文化产品与旅游产业融合的发展新机制、新模式，既是加快传统文化事业机构转变职能的有效策略，也是实现文旅融合创新发展的一条新路径。公共图书馆作为最重要的公共文化服务机构之一，在文旅融合发展模式上仍然存在局限性，尚有较大的发展空间，需要对其进行理论与实践的探索和思考。

二、国内外公共图书馆文旅融合现状

（一）国外情况

博物馆陈列着历史悠久的自然资源和人类文化遗产，是旅游业发展的重要吸引点。闻名遐迩的伦敦大英博物馆，始建于1753年，它同时也是大英图书馆的前身。大英图书馆于1973年正式成立，它将大英博物馆图书馆部的收藏全部纳入其管辖范围，因此继承了大英博物馆的旅游基因，成为旅游胜地。世界各地到英国伦敦去旅游的游客，无论是去瞻仰最早的莎士比亚戏剧集，还是想一睹《简·爱》手稿真容，或是寻求当年马克思撰写《资本论》的故事，他们都能在大英图书馆了却心愿。

美国社区图书馆面向社区进行文化融合，不以借阅图书为唯一服务，根据不同社区的文化特质为社区民众提供文化服务，实现社区图书馆功能的拓展和转变，使图书馆在信息时代焕发新的生机和活力。纽约皇后区公共图书馆法拉盛分馆新馆，外观设计呈弧形，正面立面为玻璃幕墙体，其余立面为砖石复合墙，阅览区域多采用玻璃墙作隔断，以体现整个建筑"通透、敞开"的设计理念。法拉盛图书馆作为一个社区馆，其宗旨是服务多元文化和族裔之社区，并针对社区需求，将图书馆拓展和转变为一个文化和信息中心，与一个多元与繁荣的移民社区共同成长。

新加坡的国家图书馆和滨海艺术中心图书馆，从多个层面诠释了"诗与远方"的融合。新加坡国家图书馆新馆建筑总共16层，在第5层和第10层的外台设计了数百平米的绿化庭院，以恬静的绿色植物为基调，搭配四季不同形态色调的花朵果实，为读者营造出一种回归自然的舒畅感；位于建筑顶层的饮食休闲观光区，是读者和旅游者的休闲圣地，人们在此驻足、喝咖啡、鸟瞰新加坡全景，尽享文旅盛宴。在新加坡滨海艺术中心图书馆，读者和驴友们可以在那里观看电影、欣赏服饰展览、感受多媒体艺术，还可以弹奏钢琴、练习舞蹈。新加坡图书馆多姿多彩的文化、娱乐、教育和信息活动，使图书馆突破传统概念，成为城市的客厅，信息和交际的中心。

（二）国内现状

1. 以民宿书吧为代表的体验式旅游

随着人民生活水平和精神文化需求的不断提升，城市居民亲近自然、回归乡村的意愿愈发强烈，以追求心理愉悦体验为终极目标的体验式旅游日益兴起。后疫情时代，以近郊游、周边游、乡村民宿等为代表的乡村旅游成为撬动旅游业复苏的杠杆，以及下一阶段国内旅游的新亮点和增长点。乡村民宿充分利用了闲置资源——当地民居将乡土元素的物质特征与文化内涵相结合，营建了自然的庭院景观，还原休闲、舒适的乡村活动体验。国内不乏民宿与图书馆合作的例子，浙江省丽水市的莲都区图书馆，利用其区域内丰富的旅游资源，与周边的民宿合作，建立民宿书房，开展网络资源和新媒体服务，让书香浸润休闲旅游，将现代5G设备与田园生活结合在一起，为更多的人打造理想中的"桃花源"。

2015年5月，坐落于板桥区庄敬路62号的台湾新北市图书馆新馆开馆了，图书馆实行全天24小时开放的管理模式，在楼层设计和室内装修方面别具匠心：在一楼建筑入口处开辟了成片的可供读者饮食休息、谈话交流的休闲区；为了方便家庭式或团队型读者学习娱乐，该馆精心设计，将单一整体的阅览空间分割开来，装修成各具特色的小型阅览间。新北市图书馆的种种做法使公共图书馆兼具文化和旅游的功能，为读者创设出一个像家一样舒适的全天候休闲娱乐的公共空间。

2. 研学旅游

研学旅游是目前"旅游+"概念下发展出来的旅游新模式，是由我国古代游学、近代的修学旅行发展演变而来的，是我国传统教学理念"读万卷书，行万里路""知行合一"的现实表现。诸如游学夏令营、红色研学旅游、自然科普旅游、国学旅游以及青少年户外拓展等都属于研学旅游的范畴。

2018年8月，首届海淀区研学旅游季活动在国家图书馆举行了启动仪式，它以"文旅·融合·创新"为主题，称得上是一次研学旅游的推介会。这场活动推动了"旅游+文化"的双向促进，是公共图书馆在新形势下文旅深度融合实践的一次新尝试。

3. 网红图书馆

天津市滨海新区图书馆从2017年10月1日正式开放以来就受到社会各界的高度关注，凭借其独特的建筑风格和强大的视觉冲击力迅速刷爆朋友圈并登上微博热搜，成为"网红图书馆"，吸引大量游客为一窥全貌慕名而来。据统计，滨海新区图书馆仅开放10天访问量便超20万人次，日最高访问约32000人，2018年春节期间共接待读者69673人次，成功跻身热门文化休闲旅游新景点。该馆建筑内外造型设计"惊艳"，总建筑面积约为33700平方米，分地上五层和地下一层，建筑外观为"滨海之眼"，立意为"书山有路勤为径"，建筑内部空间由寓意推动滨海发展能量球的"眼球"和寓意书籍是人类进步的阶梯的"书山"所组成。天津市滨海新区图书馆博得了足够多的关注，一跃成为网红图书馆和文化新地标，"滨海之眼"宛如一只"眼睛"观察着我们所在的城市，既为图书馆公共空间塑造了具有强烈视觉冲击的空间焦点，也表现出天津滨海新区世界级的文化抱负。正像"眼睛"的功能一样，图书馆成为人们探究世界、世界认知地区的新窗口。

三、公共图书馆文旅融合策略

（一）用新媒体搭建旅游文献专栏

图书馆作为文化旅游宣传者，仅依靠自身平台进行旅游宣传存在一定的局限性，新媒体的运用必不可少。公共图书馆在文旅融合中需要发挥新媒体的宣传作用，充分运用已有的官方微博、微信公众号、短视频等媒体平台，专项开发旅游文献专栏，使公众了解当地文化内涵，便于规划旅游线路，寻找旅游的深刻含义。

图书馆要积极扩大宣传渠道，拓展文旅融合的宣传平台。一是与电视台、报纸、网络平台和具有影响力的微信公众号、微博号等社交媒体合作，有计划地通过专题报道、系列报道、品牌推广等方式，宣传推广图书馆文化旅游产品和服务。二是依靠用户口碑进行宣传推广。鼓励读者通过QQ、微博、微信、抖音或其他网络社交平台转发相关资讯和活动，扩大图书馆文旅融合宣传范围。三是引入社会化力量进行宣传推广。通过与名人合作，邀请名人担任宣传大使，利用名人效应扩大图书馆文旅融合服务的影响力。同时，还可以与社会力量创建的网红图书馆、共享书店等机构合作，利用搭建好的社会化服务平台宣传本地旅游资源，开展特色品牌活动，扩大图书馆文旅融合服务的品牌知名度。

（二）设计制作文创产品

"购"是旅游核心六要素之一，购买文创产品不仅满足了旅游者对旅游商品的功能需求，更满足了大众欣赏美物、追求心灵愉悦的精神需求。公共图书馆作为文化产业之一，吸收当地文化特色，设计文创产品，与其他企业合作，使文创产品既能够保证品质，又能够带有当地的特色。物美价廉的文创产品也能成为人们旅游的伴手礼，既能够轻便大方，又具有别样的文化特点，故宫文创产品火爆网络的案例值得借鉴。

开发一款成功的文创产品，需要策划、设计、生产、展陈、营销、渠道等多环节全力配合。图书馆在开发文创产品时，依托古籍文献，以场馆建筑、文化故事及周边地理历史环境为创意点，设计形象，打造品牌，凸显地方特色，让读者把文旅文创带回家。

（三）打造传统文化活动品牌

传统文化博大精深、源远流长。中华民族屹立世界不倒的原因就是我国深厚的传统文化内涵，这是我们一辈子不能忘记的资本。公共图书馆要积极打造传统文化活动品牌，将优秀的文化传承下去。例如，在传统节日里，策划带给人们不一样的活动，例如：元宵节猜灯谜，端午节包粽子，重阳节要敬老等等活动，能够将传统文化进行传播，也可以培养优良的品质，吸引公众积极参与到活动中来，促进文旅融合。

（四）建立长期共赢的文旅合作关系

在推动文化和旅游各领域、多方位、全链条深度融合的背景下，图书馆需全面发展合作伙伴，完善"图书馆+"全域服务实践模式，推动图书馆服务朝着多元化方向发展。一是与博物馆、文化馆、学校等文化教育机构共同协作，建立文化服务点或特色主题分馆，实现资源合作共享，推动文化和旅游深度融合。二是通过与旅游机构合作，打造"图书馆+旅游"文旅融合服务实践模式。随着图书馆旅游休闲功能的开发、研学游服务的深入、主题展览活动的开展以及文创旅游产业的发展，公共图书馆应通过与旅游机构合作，打造独具特色的文化旅游路线，将图书馆旅游设为旅行社的常规游览路线。

四、结语

文化是旅游的灵魂，旅游是文化的载体。文旅融合发展是文化和旅游获得更好发展的必然选择。公共图书馆在文化和旅游融合发展的时代背景下，要将文化旅游作为新的切入点，在借鉴国内外实践经验的基础上结合各馆实际情况，借助新媒体平台，设计制作文创产品，打造文化活动品牌，"以文促旅，以旅彰文"，让诗和远方真正走在一起，不断推进文化和旅游的深度融合，以满足人民对美好生活的向往和追求。

参考文献

[1] 艾青雨，李雅. 脚落文化实地，胸怀远方星空——公共图书馆创新推动文旅融合的深思考 [J]. 新世纪图书馆，2020（5）：5-8.

[2] 2019年春节假期全国旅游接待总人数4.15亿人次 [EB/OL]. 世界商业新闻与国际市场报道，2020-04-06.

[3] 王世伟. 关于公共图书馆文旅深度融合的思考 [J]. 图书馆, 2019 (2)：1-6.

[4] 许超. 美国社区图书馆功能服务——以美国法拉盛图书馆为例 [C]. //第十三届中国社区乡镇图书馆发展战略研讨会论文集, 2014.

[5] 马琳. 社交媒体环境下"网红"图书馆营销案例探究 [J]. 图书馆研究与工作, 2018 (7)：40-43.

[6] 陈雪莉. 浅谈文旅融合中公共图书馆的发展与创新 [J]. 内蒙古科技与经济, 2020 (14)：107-108.

[7] 罗燕. 公共图书馆文旅融合服务路径探析 [J]. 图书情报导报, 2020, 5 (7)：12-18.

[8] 王满. 图书馆文旅融合发展典型实践与启示 [J]. 山东图书馆学刊, 2020 (4)：49-52.

[9] 王世伟. 致力于优雅社会的新加坡公共图书馆 [J]. 图书馆杂志, 2005 (11)：57-60.

浅谈文旅融合背景下市级公共图书馆红色旅游服务的发展

何 群

(十堰市图书馆，湖北十堰，442000)

摘 要：随着文化和旅游机构融合的正式推进，文旅融合新时代稳步开启。文旅融合是实现国家战略的一项重要举措，是实现文化传承与复兴，增强文化自信的重要手段。在文旅融合新时代，公共图书馆遵循"宜融则融、能融尽融、以文促旅、以旅彰文"的原则。红色文化是革命文化的传承和发展，而红色旅游是红色文化的重要载体，本文将从公共图书馆在文旅融合背景下如何利用优势做好红色旅游服务，研究构建公共图书馆红色旅游服务体系。

关键词：文旅融合；红色旅游；公共图书馆

一、概述

(一) 红色旅游的背景

习近平总书记多次提出："要把红色资源利用好、把红色传统发扬好、把红色基因传承好。"随着当代中国特色小康社会主义事业建设发展进入新历史时期，在社会上，尤其特别是广大知识青少年中积极开展对中国红色长征文化的知识传播教育工作已经变得越来越重要。另外，我国把红色文化旅游业作为当前我国开展红色历史文化旅游传播的一个重要服务载体，在这种文旅旅游融合的关键时代，通过与当前我国其他红色旅游文化观光旅游产业资源互补交融，逐步基本实现了红色文化旅游服务和红色旅游文化产业的互促、相继发展并存。红色旅游活动是"以革命、建设、改革的各个历史时期所遗存的纪念地、标志物为载体，以其所承载的革命历史、革命事迹和革命精神为内涵，开展的主题性参观游览活动"。习近平总书记多次提出"红色旅游是红色文化传承的生动课堂"，强调"要把红色资源利用好、把红色传统发扬好、把红色基因传承好"。国家发改委、旅游局、中宣部等14个部委共同部署联合研究发布了300个国家级重点红色旅游区和经典文化风景景点名胜区，428 处重点建设为首批全国红色爱国主义思想教育实践示范实训基地。红色旅游对于如何培育中国青少年的政治思想品质、政治道德品质、文化素养与对于传承中国红色革命精神等都同样具有着无法取代的特殊性及重要性。

（二）公共图书馆服务红色旅游

2018 年 3 月，国务院在第十三届五次全国人大第一次全体会议上首次明确提出关于推进加快研究成立国家文化与观光旅游主管部门的有关工作。该改革方案明确影视文化部与所属国家旅游局的主要工作。2018 年 4 月 8 日，文化与旅游部正式下令成立，这也被人们称之为"诗与远方"组合。在红色旅游融合发展的新形势下，为了适应当前新的发展趋势，公共图书馆纷纷寻求"图书馆+旅游"和践行以中国特色社会主义为核心的价值观、开展全民阅读、促进全民参与阅读为目标的使命担当，而这种具有突出的教育意义和服务功能的红色旅游融合服务已经成为公共图书馆积极开展红色旅游融合服务的一次有益尝试。然而，目前公共图书馆开展红色旅行服务的经验较少，研究成果也是空白。本文从当前红色旅游现状入手，浅谈公共图书馆在红色旅游和文旅融合政策背景下的资源服务优势。

二、公共图书馆服务红色旅游的优势

（一）公益属性

公共图书馆的根本基础属性之一就是"公益性"。《公共图书馆法》中分别明确其"向社会免费开放""开展社会教育"的职能，公共图书馆在其介入到红色旅行市场后，基于其公益性质，去除了市场利润，降低了其红色旅行的成本，对贫困家庭、残障等弱势群体来说是一种全新的覆盖和保证。

（二）文献资源

公共图书馆有着丰富的红色文化馆藏，包括大量的纸质文献和电子数据库。尤为重要的是图书馆利用了当地具有民族特色的文化资源蕴含的丰富文化气息和当地民族特色，图书馆综合利用了红色传统文化资源，开展了红色传统文化资源和服务，对于国家和地区建设一个具有民族特色的当地文化集聚体，弘扬当地红色传统文化具有十分重要的意义。湖北省十堰市图书馆建立了一个地方性文献中心，征集了各类具有当地特色的文献，包含了一本本充满地方特色的红色经典图书。

（三）阅读活动

为了践行中国特色社会主义的核心价值观，传承红色文化，公共图书馆常年不定期组织开展以红色为主题的图书推荐、导读、讲座、展示以及走进社区、走学校、走机关单位、走进景区等各种类型的读者互动的阅读推广活动。

（四）社会合作

开展红色旅游服务，除了以图书馆为主的参与者外，合作单位还广泛地涉及各机关单位、中小学校、文博单位、旅游景点、旅行机构等各种文化、旅游、教育单位，有时需要实现跨区域的合作；旅游机构等各文化、旅游、教育单位，有时还需实现跨地区合作。自我国文化和旅游部门组建之后，在同一级的文化和旅游主管部门领导和专人负责下，公共图书馆与同一层的博物馆、文化厅、各个旅游景点、旅行服务单位进行的沟通、合作更加方便，网络服务也更加完善。旅游机构等文化旅游服务单位沟通、合作更加便利，网络服务更加完善。而公共图书馆行业早已成熟的协同与合作关系体制为其开展红色旅游项目搭建了一个覆盖整个中国的服务网络，异地项目也能够通过公共图书馆内部的网络方式进行联系和共建资源的分享。

三、图书馆服务地方红色旅游的意义

（一）红色旅游业重要价值的凸显

旅游业在当今世界上可以算得上一个世界公认的向日式产业，也已经成为我们国民经济中一个最具生命力的重要新兴产业，而且红色旅游不仅在意义上具有重要的教育价值、历史价值和文化价值，还在实质上具有重要的社会经济效益，对于我国社会主义经济振兴与发展和人民群众物质生活水平改善与提高都十分重要。同时，具有重要的经济效益，对于经济的振兴发展以及人民生活水平的改善与提高都具有重要的意义。

（二）图书馆与旅游业融合发展是文旅时代图书馆的职责和使命

文化和旅游相辅相成、相互促进的说法自古就有。古人云，读万卷书，行万里路；古罗马思想家圣·奥古斯丁曾说过："世界是一本书，那些不旅行的人只读过其中一页"；现代人常说"生活不只眼前的苟且，还有诗和远方的田野"以及"要么读书，要么旅行，身体和灵魂总有一个在路上"。由此可以看出，文化和旅游相结合的观念自古便有，现代人也同样认同。没有文化的旅游是空洞的，而缺乏流动性的旅游也会故步自封。旅游以独特、差别化的文化和对旅游产品的消费行为为主要特点，而这种文化生存的途径则是通过不断地流动与传播才能得到满足。图书馆应当作为一个具有公益性质的文化服务组织，负责为当地旅游业繁荣发展所做贡献，尽快加入到文旅融合的浪潮中来是新时代图书馆的责任和使命。

四、公共图书馆红色旅游服务体系构建

（一）以书为中心，围绕书籍主题制定读行方案

"以书为中心"是将图书馆文献导读与红色研学旅行融合，即确定某一主题的红色文献或某一本红色书籍，围绕该主题或书中涉及的内容、地点、事件、文化开展专题性讲座、书展和游览活动。先自行阅读，再邀请老师进行导读和解说，最后进行游览，游览时注重对书中的内容进行走访、考察、比较、研究。

（二）以讲为中心，讲座专家创新边游边讲模式

"以讲为中心"是将图书馆讲座沙龙与红色研学旅行融合，即确定红色游览线路，邀请专家讲师一起去旅行，将讲座地点放在行走的路上，开启边游边讲的模式。讲座内容以线路为结构，围绕景点线路上依次呈现的区域文化、人物故事、革命文物等推进讲座进程。

（三）以宿为中心，打开景点民宿分馆建设思路

"以宿为中心"是将图书馆分馆与红色研学旅行融合，即把图书流动站、"24小时图书馆"等图书馆分馆落脚民宿，建立红色景区民宿图书馆服务网。民宿是游客旅行途中暂时停留、休闲之地，在一天的参观行程之后，在游客游览记忆最强的时候能够翻阅相关书籍资料巩固游学所获，时间充沛者，还能围绕相关文献开展小型沙龙、座谈等互动活动。

（四）以游为中心，围绕旅行产品定制课题服务

"以游为中心"是将图书馆信息资源与红色研学旅行融合，即图书馆参与到红色旅游研学市场的产品设计中，为旅游机构的红色研学产品定制配套的课题服务、设计课题架构、搜集相关文献，为参与者提供行前和行后的课题研究服务。关于合作方式，一方面可以和旅游机构合作，在产品介绍上列出此项服务；另一方面，可以直接面向有需要的青少年读者，针对个人已选购的红色旅行产品开发定制课题大纲和研究方向。

（五）以馆为中心，打造特色品牌成为红色名片

"以馆为中心"是将图书馆阅读推广项目与红色旅行融合，即将图书馆阅读推广活动植入纪念场馆型红色旅游景区，配合红色旅游基地建设，开展相关红色课程，打造特色阅读品牌。如今许多红色纪念场馆景区的游览方式不仅有传统的陈列、参观，还有讲故事、分享会、历史剧等多种形式。

五、需待解决的问题

（一）加强专业人才队伍建设

红色旅游项目目前在公共图书馆界尚处于起步阶段，需要培养和建立一支专业的人才队伍。由于工作涉及红色旅游的项目策划、课题服务、组织联络、安全保障等环节，这就要求图书馆员不仅要对信息服务、阅读推广等本职业务相当熟练，也需要不断补充青少年教育学、心理学、红色文化、旅游策划等相关基础知识。此外，还需组建一支专家队伍，队伍中包括来自高校、中小学、科研机构、旅游机构的红色专家、教育专家、旅游专家、青少年专家等担当项目导师，参与设计核心课程。

（二）加大专项经费政策支持

目前公共图书馆的资金使用大多还是投入在文献资源采购等方面，红色旅游服务属于新的领域，并没有归入原有的图书馆业务任何一种。若是开展这一活动，项目的支出名称并不明确，更多的是属于计划外的支出。而且红色旅游活动涉及的包括了用车、就餐、景点、场馆的门票，以及购买出行保险等各项经费，全部都由图书馆自己承担。因此，希望能尽快出台相关专项经费政策支持，在外部环境好的机遇下，保证内部资金充足，方能有利于项目的长期可持续发展。

（三）加强图书馆的社会认知

在互联网信息时代，公共图书馆的功能也发生着快速的转变，早已不再局限书籍文献的借还和使用。图书馆需紧跟文旅融合的政策脚步，在原有的业务基础上不断推陈出新，适应当代人群的切实需要。特别是要努力做好青少年学校教育与校外教育的无缝衔接，引导广大青少年群体积极地适应这个社会，促进他们的书本知识与生活体验的更加深度交流与融合。但是，社会公众对图书馆的普遍认知还没有跟上图书馆实际发展的脚步，大多数人并不了解图书馆的

新兴业务和专业水平。这就需要图书馆利用各类新媒体传播途径和宣传营销方式加大对自身的宣传力度,更新社会对图书馆的固有认知,让更多人看见图书馆的红色旅游等新兴服务,最终选择图书馆。

六、结语

公共图书馆开展红色旅行服务方兴未艾。随着图书馆界对各项文旅融合、更多创新服务案例的尝试和产生,公共图书馆将更好地利用自身既有的文献资源和阅读推广经验,将图书馆专业的信息服务技能融入红色旅游服务中,从而发挥出公共图书馆红色文化传播和青少年课外教育的更大作用。

参考文献

[1] 国务院办公厅关于印发国民旅游休闲纲要(2013-2020年)的通知[J].广西壮族自治区人民政府公报,2013(10):31-32.

[2] 国务院关于促进旅游业改革发展的若干意见[J].辽宁省人民政府公报,2014(18):12-20.

[3] 中华人民共和国公共图书馆法[N].中国文化报,2017-11-06(2).

[4] 陈静静.红色文化产品消费需求分析[J].泸州职业技术学院学报,2019(2):21-27.

[5] 鄢莹.公共图书馆文旅融合的典型实践与分析[J].图书与情报,2019(1):111-114.

试析文旅融合背景下公共图书馆的创新服务

涂小红

（十堰市图书馆，湖北十堰，442000）

摘　要：文旅融合发展的背景，给公共图书馆带来了新的发展机遇。公共图书馆应不断创新服务内容和手段，将图书馆独有的文化元素与旅游相融合，开创更具吸引力的文化旅游产品和品牌，扩大中华优秀文化的传播群体和范围，更好的服务当地经济和文化建设，满足广大人民群众的新需求。为此，本文主要以文旅融合为探究视角，针对图书馆的创新服务展开分析，旨在为广大相关同仁提供借鉴，以期助力各大图书馆实现长足发展。

关键词：文旅融合；公共图书馆；创新服务

文化和旅游部的成立标志着我国文化产业和旅游产业进入融合发展的时代，文化和旅游部部长雒树刚在2019年全国文化和旅游厅局长会议上要求，各地文化和旅游厅局要坚持"宜融则融、能融尽融"原则，要重规律、因地制宜、稳中求进、鼓励创新，着力推进"六大融合"工作。2021年2月3日，湖北省文化厅厅长雷文洁在湖北省文化和旅游（文物）局长及地方志工作负责人电视电话会议上发言："经过五年的努力，文化建设和旅游发展上了一个大台阶"，在2021年要重点抓好的十项工作中强调要"着力提升文化和旅游公共服务水平""着力推动文化和旅游产业提质升级""着力促进形成强大文化和旅游消费市场""着力扩大湖北文化和旅游品牌影响力"。在文旅融合发展的背景下，公共图书馆迎来了新的发展机会。公共图书馆应不断创新服务内容和手段，将图书馆所具有的文化元素与旅游相融合，构建更具吸引力的文化旅游产品和品牌，扩大中华优秀文化的传播群体和范围，更好地服务当地经济和文化建设，满足广大人民群众的新需求。

一、目前我国公共图书馆文旅融合服务实践概况

当前，我国文旅融合的路径与模式不断延伸，多地公共图书馆开展了研学

旅行、城市书房、主题图书馆、景区书房等文旅融合实践活动,既提供了便捷的公共文化服务,也提升了游客对当地文化的消费体验品质。但图书馆文旅融合仍属于一个新事物,正处在实践中不断探索、发展的阶段。

(一) 研学旅行

研学旅行既包括游览、观摩,也包括深度学习、交流,是将当代教育和旅游结合的新模式。研学旅行推进公共图书馆开放的深度和广度,是探索文化旅游融合发展的新举措、新载体。近年来,研学旅行因被纳入中小学生的课程规划备受关注。研学旅行需要配套的基地建设,作为文献信息集中地以及具有文化底蕴和鲜明建筑特色的图书馆就成为绝佳的场所。许多中小学校联合高校、图书馆组织学生在寒暑假期间前往国内外知名学府及当地图书馆进行参观和交流,建立学生对知识的向往,对知名学府的憧憬,并了解当地风土人情、历史文化、科技发展等。为促进研学旅行对图书馆资源的利用,很多图书馆将研学旅行教育服务融入图书馆阅读推广计划中。

(二) 城市书房

由政府主导、社会力量合办,依托各级中心图书馆,采用自动化设备和无线射频技术,实现一体化服务,具备24小时开放条件的场馆型自助公共图书馆。温州市的城市书房建设工作连续五年被温州市市委、市政府列入"为民办实事"项目,截止2019年5月,温州市已建成城市书房76家,总建筑面积11800平方米,总藏书69.81万册,日均开放22小时,累计接待读者704万人次,图书流通率高达380%,读者满意率达98%以上。城市书房点亮了城市温暖的阅读之灯,提升了城市的品味和文化氛围,已成为一道引人注目的城市文化风景,受到市民的一致好评、领导专家的广泛认可。

(三) 主题图书馆

主题图书馆建设是我国公共图书馆服务深化的重要举措之一,在公共图书馆服务体系中有着重要且不可替代的作用。2020年12月31日,作为全国首家以汉文化为主题的图书馆——徐州市云龙区图书馆,正式开馆运营。云龙区图书馆在设计理念上多处融入和呈现汉文化元素,进入图书馆首先感受到的是浓浓的汉文化气息,如:汉砖、竹简、车马出行图中轺车造型等极具鲜明特色的汉文化元素在图书馆多个地方均有体现。

"主题图书馆是公共图书馆事业发展新时代的产物,从满足人民群众的基本文化需求提升到高品质的文化需求。"教育部长江学者特聘教授、图书馆界资深专家、南开大学柯平教授在《主题图书馆建设中的若干问题与发展思考》的主旨报告中指出，从解决普遍均等服务的普通公共图书馆总分馆（基础、综合），到解决专门服务的公共主题图书馆，主题图书馆的价值功能在不断彰显。

（四）景区图书馆

图书馆分馆入驻景区，把"读万卷书"与"行万里路"结合起来，是文旅深度融合的很好尝试。如重庆市涪陵区图书馆816小镇分馆是涪陵区首家景区图书馆，也是区图书馆嵌入式服务的创新举措。吸引更多的人走进816小镇、了解816工程及三线建设的历史文化，成为游客休闲旅游后品书香、尝文化的精神家园，实现了"用文化的理念发展旅游，用旅游的方式传播文化"的目的。

（五）图书馆进民宿

图书馆与民宿深度融合，增添了民宿的文化底蕴。民宿属于国家倡导的旅游住宿新业态，民宿由民众自主打造，将空余的房屋打造成"旅游休憩地"，以独特的面貌呈现给游客。各地图书馆正是看中了民宿行业的发展，将图书馆与民宿行业结合起来，既让游客在民宿中体验到图书馆的服务，也增添民宿的文化底蕴。浙江公共图书馆率先施行"图书馆+民宿"模式，提升旅游文化内涵，让远方更有诗意。

二、公共图书馆探索文旅融合创新服务发展中存在的问题

（一）图书馆对文旅融合服务的宣传和推广不足

在当前互联网时代，各类新媒体、自媒体推出的无数碎片化信息占据了大众的视线。真正有价值的公共文化服务内容在宣传推广方面却没有足够的流量，多数公共图书馆在互联网中的宣传推广渠道主要依靠图书馆网页、微博、微信公众号、图书馆App等。这些宣传推广渠道的流量和阅读量均不高，图书馆也较少进行多种形式的宣传推广活动，并且在这方面与读者进行互动不多，导致大众了解图书馆文旅融合服务信息的渠道有限，对图书馆文旅融合服务的内容不了解。

（二）民众参与文旅融合服务的积极性较低

当前图书馆的文旅融合服务，服务对象范围较小，游客由于时间限制，主要以参观为主，接受文旅服务较少。尽管当前各地图书馆不断拓展思路，延伸服务的内容和手段，将图书馆阅读推广活动和文化旅游相结合，但图书馆提供

的文旅融合服务多是实地场景式服务，需要前往固定地点接受服务。相比之下，手机、电脑带来的极大便利和"足不出户"的体验更深得人心。因此，民众真正参与文旅融合服务的积极性较低。

（三）文旅融合服务活动缺乏品牌效应

公共图书馆开展服务活动虽然多，但是资源分散没有聚焦点，整体活动举办容易呈现临时性、随意性的特征，所以需要打造属于公共图书馆自身特色的品牌活动，并且品牌活动应精准定位内涵，优化读者的阅读时间，给予游客足够的时间去体验和享受品牌活动。

（四）文旅融合深度不够

图书馆作为当地文化传播的重要场所，也承担着围绕游客需求开展服务的职责。提供多元化服务是文旅融合打造核心竞争力的重要途径，当图书馆本身成为一个旅游景点时，不能仅局限于收藏、提供当地文献资源等方面的社会服务，而是要扩展到旅游行业所注重建设的其他方面。

（五）文旅融合服务管理制度不够具体完善

公共图书馆虽然比较重视对馆内读者服务的管理，但对文旅融合服务应该具体从哪些方面深入展开、实施效果应该如何评价分析，后续内容应该如何跟踪反馈和调整等，缺乏具体的制度规范，整体的管理制度有待具体补充、完善。

三、公共图书馆发展文旅融合创新服务的策略

（一）整合文化资源，打造馆藏资源的特色

图书馆从服务建设和发展中提炼出的文化特色是其具有的独特属性，对文旅融合起着决定性作用。公共图书馆建设文化资源不仅要注重收藏生动直观的资源，而且要融合特色的文化元素，应当充分发挥资源优势，对馆藏的特色文献资源、场馆资源、文创资源等进行全面梳理，并有机整合成符合地方旅游特色的文化资源集合，找寻新的文旅融合创新点。

第一，收藏珍贵的特色文献资源，打造特色馆藏；第二，以馆藏资源为原型，在研发文创产品中融合当地文化元素。如美国国会图书馆的收藏数量超过1.68亿件，是世界上最大的综合性图书馆，收藏包括用470种语言编录超过3900万本的图书、7200多万本手稿、北美最大的珍本藏书、电影、地图、乐谱和录音等各式特色资源，还馈赠游客与馆内文化元素相关的小礼物、照片、纪

念品等。广东省图书馆在馆徽设计中融入馆名、创建时间和岭南建筑特色标志，并将其作为特色元素融入文创产品开发中。

（二）联合打造"一站式服务"文化区域

公共图书馆借鉴"一站式服务"的实质是政府为民服务的集成、整合，为公民提供一次性完成或一步到位便捷服务的经验。公共图书馆可以引以为鉴，联合档案馆、博物馆、文化馆、音乐厅等文化服务单位发展成一定规模的文化区域，体现文化单位的聚集效应并且节省游客路途时间、以延长体验服务时间。如长沙市图书馆和长沙市博物馆、长沙市音乐厅等比肩而立，共同打造文化区域。2020年10月26日，"房县非物质文化遗产展览馆新馆、博物馆、图书馆、罗国士艺术博物馆、古南河国家湿地公园科普宣教馆"开放。"五馆"联合开放形成了集聚效应和规模效应，也是文旅融合"一站式服务"的体现。

（三）加强文旅融合服务内容的宣传推广

各地图书馆在实施各类文旅融合服务时，积极创新，探索了一些更新颖的服务方式或活动，这些模式可能在当地文旅圈有一定的名气，但在整个文旅圈缺少知名度。各地图书馆应积极宣传推广文旅融合服务活动内容，从各地图书馆当前的文旅融合实践情况来看，文旅融合服务宣传较为成功的图书馆有秦皇岛阿那亚三联书店海边公益图书馆，民间称为"孤独图书馆"，还有天津市滨海新区图书馆，由知名的建筑设计事务所设计，设计立意是"滨海之眼"和"书山有路勤为径"，该图书馆被国外知名艺术设计网站 Bored Panda 誉为"世界上最酷的图书馆"，一开馆就吸引了各路媒体的目光，新闻、新媒体报道不断。这些图书馆主要凭借独特鲜明的建筑特色吸引媒体、吸引游客，但更多图书馆需要有深度精彩的文旅服务活动吸引游客到访，在之前就必须有足够的宣传推广活动将深度精彩的服务内容推送给游客。

（四）精心设计文旅融合创新性服务内容

公共图书馆要坚持"宜融则融，能融尽融"的原则，对旅游行业参与方的切实需求深入研究。对政府旅游信息管理、地方文旅资源宣传以及游客文化需求的准确分析为前提，找准公共图书馆在服务地方文旅融合中的定位。除目前在我国多数公共图书馆探索实践的研学旅行、城市书房、主题图书馆、景区书房等文旅融合实践活动外，公共图书馆文旅服务内容的融合还可以从三方面进行细化，一是设计专属游客的线路，如美国国会图书馆为视障游客专门设计无障碍触摸的历史之旅、纽约公共图书馆为游客参观学习设计两条可供选择的线路等;二是在开展活动内容上,积极创新设计开展多种形式服务活动。如国外阿德蒙特修道院图书馆开设夜游项目等;三是在配置适当的休闲设施上,如伦敦公共图书馆集剧院、餐馆、咖啡馆、夜校场所、音乐练习室以及社区聚会厅为一体等,这都可供我们参考学习。在服务管理上,波士顿公共图书馆、纽约公共图书馆等图书馆具体划分游客类型和参观人数,明确规定接待游客的时间,兼顾读者和游客的不同需求,不仅能为游客提供良好服务的体验,还能从平常读者的流动量出发,有效预防人群拥挤、秩序混乱的状况出现。这些举措都体现了服务管理的细节。

(五) 打造独特文旅品牌或文化 IP

打造独特文旅品牌或文化 IP 是未来文化服务发展的方向。图书馆文化旅游从客观上要求形成一系列富有吸引力的文旅融合品牌项目,通过打造图书馆文旅融合品牌项目能够放大文化宣传的效果和旅游产业本身的价值。当前国内图书馆文旅品牌创建需要着重加强休闲娱乐、用户体验、文化底蕴、社会参与等方面的建设。

在文旅融合服务探索中,各地图书馆推出的活动通常是迎合旅游项目,还没有立足于深入打造一个文旅融合品牌或文化 IP。文旅融合的核心是打破过去传统的旅游模式、文化模式,创新文旅融合模式,在文旅融合产业中创造增量。独特的品牌会产生无穷的影响力,比如迪士尼乐园。迪士尼乐园的场景中融合了各类文化要素,与游客产生强大的情感共鸣,迪士尼乐园是文旅融合的标准品牌典范。文化 IP 原意为知识产权 (Intellectual Property),是文化积累到一定量级后所输出的精华,具备完整的世界观、价值观,有属于自己的生命力。随着互联网这一平台的出现,便能够迅速将不同的文化整合在一起,组成一个 IP 的大综合体平台。位于芬兰赫尔辛基市中心的颂歌图书馆就在内容与空间形式上探索了新的可能,图书馆被打造成为一个小型社区,与城市生活紧密相连,每天吸引上万人前往。可见,图书馆作为文旅产业的重要组成要素之一,需要有标识化 IP,有自己独一无二的特色。除了围绕空间,还要围绕精神和服务,实现"空间+精神+服务"三合一的复合场,满足人们对于美好幸福生活的需求。

(六) 建设复合型的文旅人才队伍

公共图书馆应注重组建复合型的人才队伍,除提升服务人员日常接待读者的能力外,还应具备接待游客的业务能力。公共图书馆应定期对服务人员的资历情况进行考察、评估和评审,配备能够面向游客进行流利导游解说的专业人员。图书馆还需要积极培育并建立文旅融合背景下新的服务体制机制，成立文旅融合的专职部门，负责开展文化旅游服务项目。如开设访客服务办公室、组建服务团队致力开发和运作面向游客的服务项目，专门解决游客参观图书馆的注意事项、安排游客的相关事宜或招募游客志愿者的问题。

（七）完善制度和规范的建设

建立并完善制度和规范是图书馆与其他业界合作模式实现可持续发展的根本保障。上级主管部门应当根据现有的实践案例，研究并制定公共图书馆文旅融合的试行制度和标准，有利于主管部门对图书馆跨界融合发展进行监督和管理。还应建立图书馆文化旅游项目绩效评估机制，对公共图书馆开展的文旅活动项目进行考核与评估，并及时调整项目发展策略，为今后公共图书馆开展文旅活动提供借鉴，进而实现文旅融合深度发展，确保文化惠民。

参考文献

[1] 沈丽红，童卉，史小莉，等.社会力量参与"运河书房"建设的模式探索［J］.图书馆研究与工作，2019（10）：69-73.

[2] 孙红强.城市书房建设应重视的几个问题［J］.河南图书馆学刊，2019，39（9）：130-132.

[3] 全区首家景区图书馆正式挂牌成立！［EB/OL］.涪风在线，2020-06-07.

[4] 王慧.徐利明：让图书馆成为文旅融合中的新亮点［EB/OL］.交汇点新闻客户端，2021-03-09.

[5] 陈畅.公共图书馆文创产品的开发与推广研究［J］.图书馆学研究，2017（11）：74-78.

[6] 储节旺，夏莉.图书馆文旅融合现状、问题及对策研究.国家图书馆学刊，2020，29（5）：40-50.

文旅融合背景下公共图书馆服务创新的路径思考

应吉平

（武汉市汉阳区图书馆，湖北武汉，430050）

摘　要：本文分析了文旅融合背景下公共图书馆服务创新的主要路径，提出了作为旅游目的地、与旅游要素互动、跨时空服务三种方式，并总结了公共图书馆文旅融合服务过程中应处理好动与静、公益性与市场性、常住人口服务与旅游人口服务等几个方面的矛盾，展望了文旅融合背景下公共图书馆的自身发展与社会价值。

关键词：公共图书馆；文旅融合；服务创新

中华民族自古就崇尚"读万卷书，行万里路"，读书与远行是人获取新知不可或缺的两种途径。文化和旅游本质上是人满足自身求知欲，探索世界、了解世界的两面。文化是旅游的内涵，能够提升旅游的品质；旅游是文化的实现方式，可以在所见所闻所感中加深对文化的认知，并推动跨地域、跨时空的文化交流。2018年国家文化和旅游部的组建，标志着诗和远方在国家政策层面上正式走到了一起。公共图书馆作为地方信息文献中心，是地方文化最重要的承载场所，理所应当成为文旅融合的重要主体。一方面，公共图书馆服务群体广泛，服务需求多样，服务内容丰富，其全覆盖、多层次的全域服务与旅游相结合，适应全域旅游发展理念和发展模式，能够为文旅融合提供现实可行的实现路径。另一方面，公共图书馆与旅游的深度融合发展，也能为新时代图书馆事业进一步创新发展和提质增效注入新的内涵和动力。

一、文旅融合背景下公共图书馆服务创新的路径

公共图书馆是一个城市和地区的信息资源中心、市民阅读学习中心和文化交流和体验中心。在文旅融合的新时期，社会对公共图书馆的社会服务职能有了新的期待和要求。作为城市和地区的文化地标，公共图书馆既可以以其自身成为旅游的要素之一，也可通过与其他旅游要素的互动，实现文旅融合的新

发展。

(一) 作为旅游目的地

1. 成为旅游景点。公共图书馆因其丰厚的文化底蕴，本身就具备成为旅游景点的潜质。公共图书馆可以选址在风景优美、地理位置优越的地方，通过建筑设计更多地突出图书馆的艺术性，并融入地方特色文化元素，使其成为令人瞩目的文化地标和旅游景观。如天津滨海新区图书馆，取"书山有路勤为径"之意，其恢弘壮丽的外观和内部设计吸引了众多游客，成为天津著名的网红打卡地。针对游客游览需求，公共图书馆可以开辟相应的导览讲解服务，帮助游客在这一过程中更加了解公共图书馆，更加了解当地的文化。

2. 进行地方文化旅游资源的集中呈现。公共图书馆作为地方文献信息中心，是地方文化资源集中收集、储存、整理、利用的场所。公共图书馆可以收集地方特色文献史料、档案家谱、名人手稿、影像资料等特色文化旅游资源，进行加工整理，通过主题图书馆、特色馆藏陈列、专题数据库等方式予以集中呈现。一方面为市民游客提供一个深入了解学习本地区文化历史渊源的窗口；另一方面通过地域文化特征推出具备独特性与不可替代性的特色展陈，也可使其本身成为吸引游客观光的因素之一。

3. 开展地方文化互动体验。公共图书馆占有丰富的地方文化资源，在地方文化的挖掘、提炼、诠释、运用上具备先天优势。公共图书馆可以通过在馆内开展丰富多样的文化旅游活动，加深游客对地方文化的体验与感知。例如邀请地方文化研究专家开展相关的专题讲座，深入讲解地方历史典故、文学艺术、建筑特色、民俗风情等内容，还可将地方文化元素与现代生活的现实应用相联结，开展趣味性的互动体验活动，丰富旅游的文化内涵和精神体验。

(二) 与旅游要素互动

1. 公共图书馆资源嵌入旅游。通过与景区、酒店、民宿、地铁、商场等旅游要素相结合，开办公共图书分馆、流动点、书吧、城市书房等多样化的形式，公共图书馆可以实现服务阵地向旅游市场的进一步延伸，如浙江丽水民宿书吧、黑龙江伊春森林书房等就是成功案例。阅读与旅游要素的结合，缩短了公共图书馆与游客之间的地理距离，使游客在旅行的过程中能够享受到更加充沛的心灵体验，同时也进一步浓厚了旅游景区的文化氛围。

2. 共同举办文化旅游活动。公共图书馆加强与旅游景区的合作，整合文化旅游资源，举办"图书馆+景区"的阅读推广和研学旅游活动，对旅游景区的文化背景做更深入生动的阐释。一方面使纸上的知识呈现为具体可观的建筑、风景、风俗，另一方面也使景区的文化资源得到进一步的提炼和运用，使读者走进景区，也让游客更贴近阅读。如绍兴图书馆开展的"走读人文绍兴"活动，按照"读+走+写"的顺序组织开展活动，将文献资料、旅游资源良好结合，既激发了人们对于景区的探索兴趣，也带动了相关图书的借阅热度。

3. 地方文化元素的提炼与运用。发挥公共图书馆的功能优势，对馆藏地方文献资源进行挖掘与研究，帮助提炼代表地方精神内涵与气质的文化元素并加以推广。开展与旅游要素"吃、住、行、游、购、娱"各环节的合作，在旅游中融入并突出地方特色文化元素，形成具有独特性的文化标识体系，进一步强化旅游的文化内涵，彰显城市的文化精神，提供宣传营销上鲜明的记忆点。

4. 服务旅游从业人员。随着文化和旅游的不断深入融合，旅游市场亟需具备更高文化素质的复合型人才。公共图书馆可以运用自身丰富的文化旅游信息资源，为政府、景区、企业等旅游相关主体提供图书借阅、专题信息服务、文献史料汇编等针对性服务，还可开展相关的文化旅游专题讲座、展览、研讨、培训，帮助旅游从业者更好地理解运用地方文化旅游资源，为游客提供更为全面的服务。

（三）跨时空服务

1. 开发文化创意产品。文化创意产品销售是当前旅游市场的一个重要环节。文化创意产品是对历史文化资源的活化利用，它可以突破时间与空间的限制，使游客将生动的历史文化产品从远方带回家中，且融入自己的日常生活，进行更为广泛的传播。国家图书馆联合全国各级公共图书馆成立全国公共图书馆文化创意产品开发联盟，并在淘宝上开通"国家图书馆旗舰店"，这是公共图书馆文化创意产品开发的有益实践。但目前公共图书馆领域文化创意产品的开发仍处在相对初级的阶段，还应向博物馆等较为成熟的领域学习文化创意产品开发的经验，结合公共图书馆独有的书籍与阅读的内涵，将丰富的馆藏文化资源转化成市民游客乐于接受的形式，丰富文化旅游市场产品供给，进一步满足游客消费需求。

2. 数字资源的远程利用。游客在旅游的过程中，即使有文化上的体验和学习，往往限于时间和行程的因素，只是匆匆一瞥、浅尝辄止。在通过游览、讲解、体验等多种形式激发游客对于地方文化的探索兴趣之后，还可考虑如何保持更加深入长久的互动。公共图书馆可以整合馆藏文化旅游资源，进行数字化呈现，建设专题资源数据库，或开设线上特色展陈，以"线上+线下"相结合的方式，方便游客在更远的距离、更长的时间仍能方便地获取相关资源进行深度阅读与学习，扩大传播范围。

3. 文化旅游信息的跨时空传播。公共图书馆联合旅游相关主体举办文化旅游活动时，可以将活动的持续性效应纳入考虑范围，如通过在当地游览、参与文化活动，回到家中撰写游记、读后感并进行线上征集和展示的方式，进一步延伸游客的文化旅游体验，取得更佳的传播效果。还需加强文化旅游营销，通过在网站、新媒体开设文化旅游信息专题，对典型案例进行宣传报道，对文化旅游特色亮点进行总结推广，如邀请名人网红开展体验宣传等方式，主动吸引潜在游客群体，扩大知名度和影响力。

二、公共图书馆文旅融合服务应处理好几方面关系

（一）动与静的关系

公共图书馆凭借优越的地理位置、精美的建筑外观、丰富的馆藏资源、浓厚的文化氛围，成为吸引游客观光打卡的目的地。然而公共图书馆本质上仍是收藏与借阅书籍的场所，旅游所带来的"动"与阅读所需的"静"存在一定程度的矛盾，这对公共图书馆的管理与服务提出了新的挑战。公共图书馆在馆舍设计建造中应更多地考虑动静分离的问题，合理规划功能分区，加强读者引导和管理，开展适宜的导览讲解服务。只有保障公共图书馆的基本服务和功能，维护安静的阅读环境，保障读者的基础服务，才能使得文旅融合实现可持续发展。

（二）公益性与市场性的关系

公共图书馆是公益性文化机构，面向社会免费开放，是社会主义公共文化服务体系的重要组成部分。公共图书馆参与文旅融合，与旅游市场的多个主体、多种要素进行合作与互动，如开办民宿书吧、开发文创产品、提供特色餐饮等，应注重保持公共图书馆的公益性质，保障公民基本文化权益。在此基础上，合理推进文化和旅游地深度融合，实现宜融则融、能融尽融，以文化提升旅游的品质，以旅游彰显文化的内涵。

（三）服务常住人口与服务旅游人口的关系

公共图书馆是地区文献信息中心、阅读学习中心和文化交流中心。是为地区居民提供日常文化服务的场所，是城市文化生活的重要组成部分。常住人口构成了一个城市的社会经济文化生活，而旅游人口则带来了跨地区的交流与传播，对地方社会经济文化各领域形成新的刺激。在文旅融合的大背景下，旅游

为文化注入了新的元素与活力，为公共图书馆带来了服务拓展与提升的新机遇。但公共图书馆服务的主体仍是本地常住人口，同时以流动的旅游人口服务作为延伸和补充。

三、公共图书馆文旅融合的使命与展望

（一）为图书馆事业发展提供新动能

诗与远方的结合，本质上是人民对于美好生活日益增长的渴望，对文化和旅游各环节，对公共图书馆的社会功能提出了更高的期待与要求。公共图书馆应当以此为机遇，创新服务手段，探索文旅融合背景下总分馆建设的新模式，运用紧跟时代发展的新技术，实现馆舍设施的新功能，开发文化旅游资源的新载体，培育与旅游相结合的阅读推广新品牌。通过推进文化与旅游的深度融合，寻求新的发展空间与增长点，明确公共图书馆在新时代的价值定位。

（二）为地方社会经济与文化生活注入新活力

公共图书馆文旅深度融合正面临重要的发展窗口期，即中国当代公共图书馆覆盖全社会的公共文化服务体系建设进程与中国当代旅游业的井喷式发展增长、中国公共图书馆正在积极推进的"全域服务"与旅游行业正在努力践行的"全域旅游"形成了历史性交汇。公共图书馆应当顺应时代需求、迎接社会挑战，深入挖掘利用地方历史文化资源，开展多样化的馆外合作，更加积极地参与到地方社会经济建设中来，传承弘扬地方文化，赋予旅游更丰富的文化内涵，彰显地方文化品质与精神气质，推动高质量快速发展，为城市建设注入源源不断的活力。

面对文旅融合的新的历史机遇，公共图书馆应主动作为，发挥自身优势，探索与旅游相结合的服务新模式，推动图书馆事业长远快速发展，为地方文化建设和经济社会发展注入新的内涵和动力。同时，政府层面还需加强政策制定、资金投入、人才队伍等各个方面的保障，公共图书馆行业内部也应进一步明确具有可操作性的制度规范，实现公共图书馆文旅融合的健康可持续发展。

参考文献

[1] 黄安妮，陈雅. 文旅融合下的公共图书馆服务创新路径［J］. 图书馆，2020（2）：35-40+52.

[2] 王世伟. 关于公共图书馆文旅深度融合的思考［J］. 图书馆，2019（2）：1-6.

［3］李燕. 文旅融合背景下的图书馆服务管见［J］. 图书馆学刊, 2019, 41 (12): 108-112.

［4］陈琦. 图书馆+旅游: 绍兴图书馆"走读人文绍兴"案例研究［J］. 图书馆研究与工作, 2019 (9): 13-15.

［5］韩晔, 胡娟, 阴宇轩. 公共图书馆文旅融合实践与模式研究［J］. 图书馆, 2020 (2): 27-34.

文旅融合背景下公共图书馆的服务创新

赵 颖

(湖北省图书馆,湖北武汉,430071)

摘 要:"文旅融合"是近年来随着旅游业的发展,而逐步兴起的一个热词。文化是旅游业发展的灵魂,旅游业是促进文化发展的重要载体。在旅游业日益发展的过程中,二者的联系越来越密切,在这一背景下,公共图书馆应如何进行服务创新呢?本文将从文旅融合兴起的原因,公共图书馆的发展历程,公共图书馆的社会职能三个方面入手,对公共图书馆服务创新提出设想。

关键词:文旅融合;公共图书馆;服务创新

一、文旅融合兴起的原因

(一) 文化和旅游的定义

文化主要是指人类社会中的一种相对于经济、政治而言的各种精神活动及其结果,它们被划分为两种:物质性的文化与非物质性的文化。

旅游是指为了享受休闲、商务或其他目的而选择离开他们惯常的环境,去某些地方并继续逗留在那里,但不允许连续时间超过一年的旅行。旅游目的主要包括六个大类:旅行休闲、娱乐、度假,探亲访友,商务、职业访问,健康护理医疗,宗教/礼仪朝拜,其他。

(二) 文化和旅游之间的关系

文化和旅游之间的关系是复杂的,总的来说是互相影响、互相促进的关系,文化是旅游业发展的重要依托,对旅游业的发展起着至关重要的作用,而一个地方旅游业的发展又会促进当地文化的传播,使大众对当地文化有了更加深刻的认识,为当地文化的发展注入了新的活力。

(三) 文旅融合兴起的原因

1. 人们日益增长的精神文化需求

改革开放以前，对于中国人民来说，吃饱饭是他们最大的愿望，改革开放后，新中国的变化日新月异，经济快速发展，生活水平也随之逐步得到了提升，物质条件得到满足后，人们开始寻求对精神世界的追求，这种对精神世界的追求在生活中的表现便是"旅游热"的兴起。"你最近去哪里旅游了？"越来越成为人们日常生活中十分常见的话题。从经济学角度来说，有需求就会有市场，人们日益增长的精神文化需求，在催生巨大旅游市场的同时，也加大了旅游业的竞争力。脱离文化的旅游难以对人们产生持久的吸引力，但若在旅游活动中加入当地的文化因子，比如风俗习惯，历史事件，历史人物等，则可让游客在观景的同时，了解到当地的地域文化，丰富人们的精神文化需求。

2. 中华五千年文明具有丰富的文化资源

中华文化具有悠久的发展历史，在人类文明进化发展的过程中，留下了丰富多彩的文化，为文旅融合提供了可能性。我们国家拥有十分丰富的自然景观以及人文景观，其中的文化底蕴有待于我们去挖掘、去发扬、去继承，文旅融合是实现文化传承的重要方法。近些年来，我们国家越来越重视对传统文化的继承和发扬，这是"文旅融合"兴起的重要原因。

3. 是增强文化自信的重要举措

当今世界各国之间的竞争，不仅仅是经济上的竞争，文化也是其中不可忽视的重要一面，文化软实力是提高经济竞争力的重要手段。一百年前我国备受外国列强的压迫，除了经济落后，民众愚昧，对自己民族的文化不自信也是重要的原因。新时代要想提升我国的国际地位，必须要做到文化自信。要实现文化自信，首先要了解我们的文化，认同我们的文化，自觉主动地去传承我们的文化，旅行不单单只是游览当地的风景，也是让游客在游览的过程中通过耳濡目染来认同我们的民族文化，对增强文化自信具有重要作用，这就要求旅游业在发展过程中必须注重文旅融合。

二、公共图书馆的发展历程

公共图书馆是人类社会发展和文明进步的重要标志，是一个国家、地区、城市的文化中心。

我国的公共图书馆具有悠久的发展历史，从时间上来说可以分为三个阶段：

(一) 19世界中期至解放战争时期

这一时期对我国来说是一段屈辱的历史，不仅遭到世界各国列强的侵略，而且民智未开，人们思想愚昧，以康有为和梁启超为代表的维新派开始探索变法维新之路，建设藏书楼来开启民智，这是公共图书馆的雏形，此后1909年至1914年十年间，中国共建立了18个省级图书馆，至1925年发展到了259家，1936年全面抗战前夕，更是在重重阻碍中快速发展到了5196家。这一时期公共图书馆的建设，以激发民众的爱国主义精神为主要目的，是后来中国特色公共图书馆宝贵的精神财富。

(二) 1949年新中国成立后的30年

新中国成立后，在政府的推动下，公共图书馆发展十分迅速，在上海和北京两个直辖市分别设立了全国第一中心图书馆和第二中心图书馆，同时在武汉、沈阳、南京、广州、成都、西安、兰州、天津和哈尔滨等城市分别建立9个地区性中心图书馆，这为改革开放后中国公共图书馆的建设提供了重要思路。

(三) 1978年改革开放以后

改革开放以后，中国图书馆人在吸取前两个阶段发展经验的基础上，对中国公共图书馆的发展进行了一系列的探索和实践，并最终走出了一条具有中国特色的公共图书馆发展道路。

三、公共图书馆的社会职能

(一) 为公众提供平等免费的终身教育服务

公共图书馆作为一个服务大众的公共设施，要始终把公益性放到第一位，无条件为公众提供信息查询服务，馆内贮藏的文献书籍要不设门槛，任何公民都可以去查阅，除此之外还要引导公众树立终身学习的意识。

(二) 提升民众素养和文化水平

公共图书馆有其社会职责，提升民众素养和文学水平便是其中之一。纵观公共图书馆的发展历程，我们不难发现，其诞生之初衷就是为了开启民智，如今，我国公共图书馆根据我国国情探索出了一条具有中国特色的发展道路，依然要牢记其开启民智的职责。

(三) 推动教育的发展，维护公民的知识权

随着经济的发展，我国公共图书馆的建设日渐成熟，无论是大城市还是小

县城，亦或者是农村地区，想要查找文献书籍并不是一件难事，但与之相反的是，我国的人均阅读量却并不高，为了改变这一现状，在全社会形成"我爱阅读"的读书氛围，将大众的注意力从手机、游戏、电视中转移到阅读中来，公共图书馆要开展丰富多彩的读书活动。

（四）传播先进文化知识，促进社会经济的发展

一个民族的文化要流传下来，并在人民群众中广泛地传播开来，公共图书馆的作用功不可没，公共图书馆不仅是文化传播的重要渠道，对经济发展也具有推动作用，大众可以在公共图书馆获取先进的科学文化知识，并将获取到的知识运用到工作中去，将知识转化为经济效益，从而推动整个社会经济的发展。

四、公共图书馆的服务创新设想

（一）进行管理体制改革，完善公共图书馆的服务体系

1. 创立总分馆制度，构建一体化的网络服务

随着信息技术的发展，我国的公共图书馆在管理上的一些弊端日益暴露了出来：区域之间图书信息不流通，图书馆规划不合理，存在重复修建的问题；图书馆的典籍收藏没有进行统一设置，区域类各馆收藏的典籍雷同。公共图书馆图书馆出现的这些问题是管理体制带来的弊端，要想解决这些问题，必须进行管理体制改革。创立总分馆制度就是解决这一问题的重要方法。

创立总分馆制度，在区域内实现统一规划，统一管理，统一购买，统一调配，加强区域之间的信息流通，减少资源的浪费，让公共图书馆真正能在文化传播中发挥重要作用。除此之外，还应将图书馆搬到景区附近，让游客在游览的过程中能够更加便捷、全面地了解到当地文化的发展。

2. 精心设计，营造舒适的读书环境

在建设公共图书馆时，公共图书馆的外观设计要与当地的文化背景结合起来，修建具有地方特色的公共图书馆，让游客形成联想记忆，只要提到当地的公共图书馆，脑海里就能浮现出与当地有关的文化特色。

不仅要注重对公共图书馆整体外观的设计，公共图书馆内也要进行精心设计，座椅要舒适，绿植的摆放要整齐美观，要让每一个走进图书馆看书的读者都有一种宾至如归的感觉，让读者在阅读中获得美的享受，这样读者才会爱上阅读，才会有下一次还想来看书的感觉。

3. 根据不同人群的需求，创建不同的主题馆

不同年龄层次的人，对阅读的需求是不一样的，要提升大众的文化素养，

满足不同年龄段游客的需求，应依托当地文化特色，创建形式多样的主题阅读馆。比如小朋友富有童真，对世界充满好奇，要吸引他们的注意力就要把主题场馆打造的有童趣，主题馆内书籍也应多收入小朋友爱看的绘本及故事书等。年轻人、老年人、各种不同职业的人群，他们对阅读的需求都是不一样的。要设计调查问卷，从实际出发，设计各种形式新颖的主题阅读馆。

（二）以当地文化资源为依托，创造性开展各种各样的文旅活动

文化和旅游业之间的互相影响，随着经济的发展越来越深入，公共图书馆作为具有促进文化传播职责的基础设施，要以当地的文化资源为依托，创造性的开展一系列的文旅活动，既促进文化的传播，又为旅游业的发展注入新的活力。

活动的开展要新颖，既要紧跟时代潮流，又要继承和发扬优秀的文化传统。创办文化讲座，邀请当地的名人开展一系列主题讲座，扩展知名度；开发文旅体验空间，抓住当地的特色文化，在公共图书馆内开展与之相对应的体验活动，形成品牌效应，像今年河南卫视出圈的《唐宫夜宴》《祈》等节目，都是立足于对河南十三朝古都深厚的文化底蕴，结合极具中国风的舞蹈进行的创新；开展研学活动，通过研学活动拓展当地文化的影响力。

（三）注重人才选拔，提升图书管理员的专业素质

国家与国家之间的竞争，归根到底是人才之间的竞争，一个企业想要保持活力，人才是发展的核心所在，尤其是在近几年文旅融合兴起的背景之下，涉足方方面面，能说、会写、善策划的全能型人才在行业发展中至关重要。对于公共图书馆来说，应该如何去培养高素质的人才呢？

首先，从人才选拔上来说，要提高人才选拔的标准，在招聘工作人员时，不仅要考虑到专业对口，还应注重考查其对信息技术的应用以及文化素养的高低。其次，要定期举行各种培训活动，现代信息社会瞬息万变，公共图书馆的管理员要树立终身学习的理念，积极参加各种培训活动，学习先进的管理理念，将先进的思想融入到日常的管理工作中去。

（四）加强宣传，利用新媒体平台进行文旅服务推介

当今世界是一个飞速发展的时代，信息技术在各行各业的发展中发挥着越来越重要的作用，酒香也怕巷子深，公共图书馆是面向大众，始终要为大众服务的。如果管理人员创造性地提出了一系列设想，但没有进行宣传，大众参与度不高，那这种设想就等同于空想，为避免这种情况的发生，必须利用现代信

息技术，在微博、微信等网络平台创办本馆的公众号，及时推送本馆的活动动向，加强宣传，在网络平台上进行文旅服务推介。

参考文献

[1] 周淑云，卢思佳，冉从敬. 公共图书馆文旅融合：理论内涵、时代价值与发展路径 [J]. 图书情报工作，2021，65（3）：28-33.

[2] 柯平. 主题图书馆建设中的若干问题与发展思考 [J]. 图书馆杂志，2020，39（3）：41-47.

[3] 傅才武. 论文化和旅游融合的内在逻辑 [J]. 武汉大学学报（哲学社会科学版），2020，73（2）：89-100.

[4] 韩晔，胡娟，阴宇轩. 公共图书馆文旅融合实践与模式研究 [J]. 图书馆，2020（2）：27-34.

[5] 鲁祎. 文旅融合背景下"红船书苑"体系建设探析 [J]. 图书馆研究与工作，2019（9）：5-9.

[6] 黄益军，吕振奎. 文旅教体融合：内在机理、运行机制与实现路径 [J]. 图书与情报，2019（4）：44-52.

[7] 金武刚，赵娜，张雨晴，等. 促进文旅融合发展的公共服务建设途径 [J]. 图书与情报，2019（4）：53-58.

[8] 冯佳. 国外文化旅游中的图书馆：作用、服务及启示 [J]. 图书与情报，2019（4）：59-65.

[9] 王世伟. 关于公共图书馆文旅深度融合的思考 [J]. 图书馆，2019（2）：1-6.

[10] 吴建中，程焕文，科恩·戴安娜，等. 开放包容共享：新时代图书馆空间再造的榜样——芬兰赫尔辛基中央图书馆开馆专家访谈 [J]. 图书馆杂志，2019，38（1）：4-12.

[11] 黄潇婷. 融合空间和内容，带动文旅"大产业"发展 [J]. 人文天下，2019（1）：9-11.

[12] 孙红强. 图书馆文化创意旅游项目开发探究 [J]. 图书馆工作与研究，2018（8）：96-99.

文旅融合背景下公共图书馆的服务创新

章利君

(麻城市图书馆,湖北麻城,438300)

摘 要:文旅融合的发展,是按照"以文塑旅、以旅彰文"的总体思路和"宜融则融,能融尽融"的工作原则,不断满足人民群众对文化和旅游公共服务的总需求。文旅融合背景下,公共图书馆的服务创新成为重点思考的问题,本文以文旅融合背景下公共图书馆的服务创新展开论述,并在此基础上更新公共图书馆的定位,提出公共图书馆服务高质量发展的方法,以期能为更多研究者提供有价值的借鉴。

关键词:文旅融合;公共图书馆;服务创新

一、引言

2018年3月13日,第十三届全国人民代表大会第一次会议提出文旅融合发展的理念,文旅融合注重文化与旅游资源的融合,而公共图书馆作为重要的文化传播渠道,其能打开文旅融合之门,提升两者的融合效果。

二、文旅融合背景下公共图书馆服务创新的意义

(一)有利于智慧图书馆的打造,提升文旅融合效果

互联网时代背景下,信息技术成为一种教育主流充斥于各个领域,其也为人们描绘了一幅美好蓝图。在该背景下有利于智慧图书馆的打造,同时也能进一步提升文旅融合的效果。首先,信息化技术能够集中各种优质的资源,同时也有利于文化的传播。在文旅融合背景下,借助信息技术之力融合文化与旅游资源尤为重要,其不仅能进一步丰富图书馆的服务职能,也能给读者创造别样的读书体验。其次,信息技术的应用也能实现数据资源的整合,且满足用户个性化的学习需求。再次,信息技术具有很强的图像识别功能,能够根据用户阅览记录为用户推荐相关读物,进一步拓展公共图书馆的纵向服务功能。此外,

信息技术也有高智能化的特征,如VR技术,其能为用户提供多元化的服务,同时,该技术有很强的模拟性,能够为读者创设比较逼真的阅读环境,使其身临其境,进一步拉近读者与文本之间的距离,在此基础上进一步扩充服务内容。总体来看,公共图书馆为校内文化对校外文化的对接搭建了桥梁。在此背景下,注重文旅的融合能够促进文化的传播,带动旅游业的发展,进而提升人们的旅游体验。

(二)能够促进文化传播,带动旅游业的发展

文旅融合注重文化与旅游行业的共同发展。公共图书馆作为文化传播的重要场所,承担着文化传播的重任。在新的时代背景下,公共图书馆要宣传自身独特的文化,如各种历史文献、古典书籍等,使大众参与到阅读活动中,感受文化的发展历程,通过这种方式使游客了解到各个地区的风土人情及历史典故。从当前旅游业的发展情况来看,相关部门在旅游胜地的介绍仅停留在风景方面,且售卖的纪念品也多为建筑物,并未体现文化特色,也不能提升旅游者的文化体验感。对此,相关部门可借公共图书馆之力积极宣传旅游文化,且着力于风俗习惯的介绍与推广,为地区文化传播奠定基础。

三、文旅融合背景下公共图书馆定位的更新

(一)拓宽文化阵地

公共图书馆作为文化场所,肩负着文化传播的重任。在文旅融合的背景下,公共图书馆要拓宽文化阵地,重新审视自身的地位,将文化传播作为己任,同时还要注重自身服务水平的提升。公共图书馆要将文化产品打造作为己任,优化产品形式,不断提升自身的竞争水平,进而带动旅游业的发展。

(二)注重文化传播

文化传播是公共图书馆的重要任务,每座城市都有公共图书馆,其也是城市文明的集散地,承担着重要的文化传播重任。在文旅融合的背景下,各地的公共图书馆要积极发挥文化传播的作用,将旅游业与文化建立有机联系,以文化传播为主线,探索新的发展道路。这种情况下,旅游业发展态势有了新的改变,由传统的粗放型开始向文旅融合综合型发展格局转变,此外,该种模式也从一定程度上拓展了图书馆服务的纵向深度。在此背景下,公共图书馆也要注重新型旅游产品的开发形式,结合区域特色开发新型旅游产品,通过这种模式也能高度契合游览者的精神诉求,于旅游文化的传播有积极意义。

(三) 紧抓主流媒体

旅游与文化有契合之处，以旅游业为例，其能陶冶人们的情操，而文化能够汇聚人气。在文旅融合的背景下，文化与旅游产业的融合能够促进双方的共同发展。对此，公共图书馆要借助主流媒体的作用，做好当地旅游文化的宣传，同时还要了解文化和旅游产业的融合动态，在此基础上把握大致的发展方向。

四、文旅融合背景下公共图书馆的服务创新

（一）打造公共图书馆+景区模式，促进文旅深度融合

麻城市图书馆作为湖北省公共服务机构功能融合试点单位之一，该图书馆选取全市游客量较大的景区，赠送书籍成立流动服务点。助力龟峰山风景区打造大别山精神红色文化展览馆，且图书资源由市图书馆统一配送管理，整理上架，深挖公共图书馆+景区模式，促进文旅深度融合。图书馆服务嵌入旅游景区，开展旅游信息服务，提供丰富、精准、适用的旅游信息，能够凝聚景区特色，提升景区的文化品质和影响力。

今年5月，麻城龟峰山景区10万亩连片杜鹃花海迎来一年一度最美盛花期，山上大别山精神红色文化展览馆如期开放，山脚下的杜鹃博览园里，来自世界500多个品种的杜鹃盆景竞相绽放。调查数据显示，"五一"假期，该景区接待游客5万余人次。由此可见，文化和旅游深度融合的发展态势喜人。

在麻城最美民宿齐家山居，一处别致的图书馆伫立在河畔边上，集茶饮、休闲于一体的民宿乡村书吧，每天吸引大量的游客前来拍照打卡。基于此，我们还配送相关书籍给龙腾生态园景区，积极发挥流动图书的优势，让游客在饱览秀美风光的同时感受书香气息。此外，在公共图书馆+景区模式打造过程中，我们还要分析当地旅游特色和文化内涵的特点，在著名的网红打卡地——锦绣三河创意产业园景区，我们将书法作品与书籍聚在一起，配以现代化阅览桌椅，与当地青山绿水的自然景观交相辉映，打造人文气息浓郁的"三河书院"，让图书服务"走"出图书馆，惠及更多人民群众。

（二）打造公共图书馆+红色模式，为旅游注入优质的文化内容

在新的时代背景下，我们要打造公共图书馆+红色模式，特别要加强总分馆建设，加快公共图书馆服务延伸，打通公共文化服务"最后一公里"，完成19个乡镇1个重点村的分馆设立工作，精心挑选符合基层群众的各类优秀书籍并将其投放到分馆，形成全市覆盖、均等便捷的基层图书馆总分馆体系，让每位

进入我市的游客都能享受现代化阅读服务。同时，我们也可利用夫子河当地红色名人蔡济璜的故居，在此基础上增设红色驿站图书分馆，使游客在红色旅游中享受文化的陶冶，接受心灵的洗礼。在2021年成功申报中组部红色美丽村庄试点村的乘马岗村，图书馆长期举办红色文化讲座和红色阅读，开展美丽村庄建设，辐射周边红色革命遗址，传承红色基因，弘扬红色精神。在木子店毕家河分馆，我们也可以利用当地乡土气息浓郁的地域文化，打造一道独特的旅游风景，为旅游注入更加优质的文化内容。

（三）注重图书馆旅游品牌的创立，提升图书馆的影响力

在文旅融合的背景下，图书馆要改变以往的发展方式，注重旅游品牌的创立，通过这种方式打造特色的品牌文化，进一步提升自身的影响力。目前来看，人们对于文化旅游的重视程度越来越高，开始追求精神生活质量，且越来越多的人们在旅游时不仅关注旅游的舒适性，而且也关注旅游地区的地域文化。他们希望通过旅游感受各具特色的地域文化，且在此基础上传播相关文化，促进文化的发展。此外，公共图书馆在文旅融合过程中也要了解当地的旅游资源，在此基础上思考提升服务质量的方法，进而完善服务体系，打造特色的旅游品牌。在服务质量提升过程中，公共图书馆也要做出多种努力，如做好对当地历史、文化知识的了解，同时也要尊重不同民族的文化，用发展的眼光看待地区文化差异，且在此基础上为游客提供更加有针对性的服务。

（四）做好文化旅游宣传及营销，使文旅文化深入人心

做好公共图书馆品牌宣传，在互联网背景下，公共图书馆品牌宣传的渠道拓宽，这也为文旅融合奠定了基础。特别是信息技术的应用，为公共图书馆建设提供了新的发展方向，同时也有利于智慧文旅图书馆的打造，例如相关人员可以借助VR体验地区文化，增强文化代入感，且在此基础上激发游客进行文化分享的激情。此外，每位游客也可登录公共图书馆平台，上传自己的旅游视频，丰富公共图书馆文化内容，同时起到文化传播的效果，于当地旅游业的发展也有积极意义。

注重文旅品牌营销，在文旅融合的背景下，相关人员要改变以往的发展理念，注重文化产品的开发与营销，提高旅游文化的影响力，使更多的人认识到旅游文化，并参与到文化宣传的过程中来。客观来讲，公共图书馆文旅产品营销范围比较广，我们不应只把重点集中到建筑空间的规划方面，而更应该注重文化产品的开发。以文化为主线，传播旅游文化，进而形成文旅营销链，带动旅游业的发展。

（五）借助主流技术之力，打造"智慧文旅"

利用VR为读者提供个性化的服务。信息化时代背景下，VR技术的应用能够为游客提供逼真的游览空间，这种情况下于其服务体验感的提升也有积极意义。此外，公共图书馆也可将相关技术引入活动组织、新闻广告、音乐电影中，游客只要戴上VR眼镜，就能感受逼真的旅游资源，进行沉浸式地体验。

利用AI使读者有个性化的体验。AI技术的应用能够为游客及用户提供个性化的服务，这种情况下也能拓展馆藏资源，同时也能为游客提供良好的文化体验，如游客可以借助相关技术获取文字资源的音频、图片资料，设置3D模型，这种情况下也便于其加深对馆藏资源的辅助个性化讲解。

（六）优化公共图书馆服务政策，为读者提供个性化的阅读环境

免费开放，满足读者个性化的需求。文旅融合背景下，公共图书馆要探寻新的发展路径，可从阅读环境的优化入手，满足读者个性化的需求。以少儿为例，这类群体的读物所占比例比较高。首先，在阅读环境优化过程中可从书籍的更新入手，为该类群体挑选内容健康、体裁多样的书籍，通过这种方式也能为少儿群体提供更多的学习资源，拓宽其视野，使其感受更多的文化。其次，公共图书馆也可结合少儿群体的特征改变以往的环境模式，落实行动、静分区管理，同时也可配置少儿学习一体机，电子书阅读本等，为其提供特色的文化服务，提升其阅读兴趣。

加强图书信息录入，丰富馆藏资源建设。从当前麻城市图书馆图书分布情况来看，少儿阅览室新增图书2000多册，资源的扩充为少儿群体提供了丰富的学习资源，于其情感体验的提升也有积极帮助。此外，麻城市图书馆的期刊阅览室全年订购300多种期刊杂质，1500多套合订本杂志，并将其录入系统中，集中上架供读者免费借阅。不仅丰富了馆藏资源建设，而且也为读者创造了个性化的阅读体验。

开展流动图书配送，延伸公共图书馆服务范围。麻城市有多个公共图书馆的配送站点，调查数据显示：麻城市新增农家书屋60个品种共计图书2.8万册，整理编目并配送到452个村级农家书屋。流动图书配送工作能够延伸公共图书馆的服务范围，也能使更多人了解旅游文化，在此基础上深化文旅融合效果。

五、线上、线下契合，推动服务形式多元化发展

公共图书馆的根本目的是为用户提供丰富的文化体验。信息化背景下，相

关人员要转变以往的服务理念，如注重线上与线下服务的联合，推动服务形式的多元化发展。以线上服务为例，首先，公共图书馆可依托互联网之力（如网络论坛、新闻头条等）进行服务宣传，在此基础上拉近读者与图书馆之间的距离。其次，在线下服务模式更新过程中可利用馆内线下活动调动读者阅读文旅融合书籍作品的积极性，可引入学生感兴趣的内容，也可从服务质量的提升这一角度入手，拓展服务空间。

六、结束语

在文旅融合的背景下，公共图书馆服务的创新对于公共图书馆的个性化发展有积极影响，同时也能促进地区文化资源的整合，给游客不同的文化体验。公共图书馆在文旅融合过程中，要更新自身的定位，同时还要注重公共图书馆旅游品牌的创立，提升自身的影响力；做好文化旅游宣传及营销，使文旅文化深入人心；借助主流技术之力，打造"智慧文旅"；线上、线下契合，推动服务形式多元化发展，多措并举，提升文旅融合效果。

参考文献

[1] 罗雪文.文旅融合背景下图书馆空间改造[J].传媒论坛，2021，4(11)：136-137.

[2] 刘婕.文旅融合下公共图书馆定位及发展模式研究[J].中国报业，2021(10)：14-15.

[3] 王朝霞.文旅融合背景下我国公共图书馆的发展现状与路径探索[J].河南图书馆学刊，2021，41(5)：26-27，31.

[4] 李欣悦.公共图书馆在文旅融合时代的实践与探索——以河南省图书馆为例[J].河南图书馆学刊，2021，41(4)：18-19，25.

后疫情背景下公共图书馆在促进文旅融合中的角色定位思考

汪 敏

(湖北省图书馆，湖北武汉，430071)

摘 要：文化和旅游部发布《"十四五"文化和旅游发展规划》(以下简称《规划》)，明确文旅在国家形象、对外交往、增进合作方面的重要作用，公共图书馆作为文旅系统的重要组成部分，理应担当起促进文旅融合的使命，作者分析公共图书馆与文旅融合的契合点，从服务内容、服务产品、服务保障、创新亮点等方面提出策略，为公共图书馆深化文旅融合注入活力，为促进文旅融合提供新思路。

关键词：后疫情；公共图书馆；文旅融合；定位

文化和旅游部发布《"十四五"文化和旅游发展规划》(以下简称《规划》)，明确文旅在国家形象、对外交往、增进合作方面的重要作用，在坚持正确方向、以人民为中心、创新驱动、深化改革开放、融合发展的原则下，全面推进"一个工程、七大体系"，使文旅业成为经济发展和综合国力竞争的强大动力和重要支撑。新冠疫情对文化和旅游影响巨大，《规划》的出台有望引领文旅产业在有序恢复的基础上，以双循环为背景，实现行业高质量发展，进一步推进文旅融合。

在地方上，湖北省《十四五规划简介》专题指出了本省"十四五"规划纲领对文化旅游产业发展的谋篇布局：将会以更大力度推动公共基础设施建设、发展壮大文化产业、推进文化和旅游融合发展、深化文化体制改革。发展文旅产业的四字秘诀就在于"大、小、合、文"，即"大投入建主题公园，建国际消费城市；小投入建特色小镇实现共同富裕；合作创造大项目争全国第一；大文化带动大旅游"。

在后疫情和文旅融合的大背景之下，公共图书馆需要主动站位，充分挖掘内生资源优势，把握好在文旅融合的角色定位，对可持续促进文旅融合具有重要的意义。

一、深挖文旅政策机会点

（一）文化铸魂、文化赋能，旅游为民、旅游带动

《规划》在弘扬中华传统文化、革命（红色）文化、社会主义先进文化的同时，谋定实现新时代艺术创作、遗产保护传承利用、公共文化服务、文化产业、旅游业、文旅市场、对外交流推广等体系的建立和健全。为2035年我国建成社会主义文化强国、国民素质和社会文明程度达到新高度、国家文化软实力显著增强奠定基础，进一步明确文化和旅游相互促进发展的重要性。笔者认为，公共图书馆作为文旅系统重要的文化传播阵地，利用书刊图书专题专栏、特藏&地方文献、数据库、展览、讲座、线下授课、在线直播等多种形式，形成组合拳，宣传本土文旅特色，讲好文旅背后的故事。

（二）完善创新型体系建设，推动金融赋能文旅

《规划》指出，优化城乡文化资源配置，统筹公共文化设施软硬件建设，提高公共文化服务的覆盖面和时效性，利用数字化建设拓宽应用场景和传播渠道。在产业结构、协调发展、产业合作等方面鼓励创新性深化发展。为了提升金融业服务文旅产业发展，《规划》在支持文旅企业上市融资、债券融资的基础上，鼓励产业基金投资文旅产业，推广社会资本合作，完善文旅企业信用体系，推动文旅基础设施纳入不动产投资信托基金试点。"十四五"期间，文旅产业的发展有望获得新的动能。笔者认为，公共图书馆可以借助图书流动车和移动数据库触摸屏，与本土文旅单位展开定期专题合作，在世界读书日、民间传统佳节时期，在原有文化服务的基础上推陈出新，新服务，新产品、新风貌，以吸引更多省内外游客"品文享旅"。

（三）丰富精品供给，引导文旅消费

《规划》明确文旅精品供给发展目标，培育30个旅游演艺精品项目、100个线上演播项目、100个沉浸式体验项目、100个数字艺术体验场景，建成50家国家级文化产业示范园区、500个国家文化产业示范基地。"十四五"期间还将建成30个国家文旅消费示范城市、60个区域文旅消费中心城市、200个以上国家级夜间文旅消费集聚区，且在具备条件的地区推动旅游消费免税政策。数字化和精品化的产品供给，叠加夜间经济和免税政策在文旅行业间的释放，让文旅企业创收渠道有望获得拓宽。笔者认为，相较于夜间经济，公共图书馆也应尝试"夜间文化"新挑战，提出24小时不眠夜图书馆，即通宵图书馆，一方面让更多省内外读者可以感受本地读书氛围，体验城市文化；另一方面，与国家提出的夜间经济相匹配，带动人流，提升氛围，促进文旅发展。

（四）优化文旅发展布局，国内及出入境旅游协同发展

《规划》指出，要依据国土空间规划推进适应文旅高质量发展的空间布局，推进长城、大运河、长征、黄河等国家文化公园建设，在京津冀、长三角、大湾区、中西部、东北区域，建设京张、长江、杭黄、湾区、巴蜀文化、冰雪康养休闲农业旅游带和旅游长廊，并且要推动海南自贸港和国际旅游消费中心建设，开展旅游援疆、援藏工作。顺应旅游需求变化，推进自驾游、乡村旅游、红色旅游、研学旅行等细分产品发展，助力国内旅游发展。通过实施振兴行动和出台相关政策，提升入境旅游便利度和服务水平，并推动出境旅游目的地国家和地区提高针对中国游客的服务品质，实现入出境旅游的共同发展。笔者认为，公共图书馆在研学旅行方面大有可为，古人云，"读万卷书，行万里路"，过去的文人通过游历方式将学与思、做与行统一起来。在文旅融合时代，当代研学旅行秉承了这一治学理念，成为促进文旅融合发展的新内容和新方式之一。公共图书馆作为国家向全体社会公众提供的一种文化服务产品的重要阵地，也是政府全额拨款的公益性文化组织，在引领社会公众的文化品位、文化素养、文化价值偏好等层面承担着重要的义务与职责。

二、促进文旅融合过程中遇到的问题与对策

（一）跨组织协调促进文旅融合不够深入，公共图书馆需要主动站位

偏旅游属性单位唱主角，文化单位靠边站。作为文旅融合主阵地，偏旅游属性的单位并没有带上公共图书馆等文化单位一起搭台唱戏，而是依然唱着独角戏，这跟部分公共图书馆自身实力不够厚实和自身热情不够高也有关系。

对策：主动站位，用联系的观点看问题、想问题，围绕周边、自身、同行怎么做，寻求灵感。

以武汉紫阳湖公园为例，作为武汉市武昌区仅有的一处有自然湖泊的公园，除了景色秀美外，还与区图书馆、辛亥革命纪念馆、地契博物馆等文化单位进行合作，且引入了人文与历史元素，如宋代诗人陆游在此创作了经典的"十里亭阁菱荷香"。另外一个著名的历史事件——武昌起义，辛亥革命就在紫阳湖的首义广场打响，公园此举广受居民、游客好评。公共图书馆可以根据本地自身情况，主动联系旅游单位，一起合作共建文旅项目开发，比如研学、文创、地方文献等的二次开发，人文风景名胜展览讲座策划等，做成品牌。国外一些著

名图书馆在旅游方面的探索基本集中在文创产品、研学旅游、流行文化、特色属性、餐饮服务等方面，并逐渐形成"网红"属性的品牌效应，吸引游客慕名前来打卡。

比如，大英图书馆完美继承了大英博物馆的旅游基因，除了提供丰富有趣的各式展览之外，还很注重文创产品的开发以吸引世界各地的游客。其文创产品有时尚用品、文具、画布、卡片、文物手稿等复制品，而且充分融入了英国文化元素，如将哈利波特、爱丽丝漫游仙境等进行各式搭配。美国国会图书馆专门为研学旅游提供了大约1小的公共游览时间，设置精品参观线路，将图书馆的历史、内外部建筑、绘画特色、镇馆之宝等都组织了进来，还专门为参加研学旅行的儿童设置了一些互动的图书、玩具、游戏等。

（二）运行机制不完善，品牌意识不强，创新动力不足

当前很多文旅单位的通病就是缺少主观能动性，看人家有什么，就有模有样地去"抄作业"，即便开发了自有署名的品牌，但又因没有好好维护开发，造成了"空有一副好皮囊，原来腹中草莽"的现象。品牌与创新的双低，在于文旅专业人才队伍的匮乏，文旅人才培养机制的不健全、宣传营销推广形式的单一等。

对策：内部成立专门的文旅融合对接部门（团队），针对自有的或待开发的品牌做好整体规划，包括品牌管理、内容开发、营销、销售、平台、渠道、宣传等流程环节。

以国家图书馆为例，承接定制游览活动，让游客通过参观北区阅览室、少年儿童馆、国家典籍博物馆精品展览了解国图历史、了解中华传统典籍文化；通过制作线装书、永乐大典抄书页、玩转印刷术等多种互动体验让游客深刻体会古籍文化的魅力；定期举办周末亲子活动，通过亲子读书会、儿童手工体验等活动，分享教育理念；聘请业内知名专家、学者和非物质文化遗产传承人，不断加大研学旅行的课程开发与推广力度。

（三）公共图书馆自我定位不够清晰

国内公共图书馆主要呈文化公共服务属性，除少数网红图书馆（如天津滨海新区图书馆）可吸引省内外游客观光外，本身不具备旅游资源。

对策：公共图书馆要做好文旅融合，一方面，态度积极，配合本系统旅游单位，共同做好文旅资源的开发与创新服务；另一方面，还需从自身出发，深挖本土地方特色文化，毕竟"打铁还需自身硬"。

一是根据本地饮食文化、名人名文、风景名胜、历史文献等，打造特色书

屋。例如，重庆市渝中区图书馆就与城市精品民宿"米民宿"合作，在民宿内建立了"24小时城市书房"；浙江多个公共图书馆与相关民宿机构在大山深处建立了一批特色公共阅读服务的民宿。以"图书馆+咖啡馆"为例，江阴市图书馆开创的"三味书咖"城市阅读联盟就是这几年冒出来的一个亮点，其根据咖啡馆的实际情况，提供数千册图书供市民和游客在店内免费阅读，还实现了与总馆的通借通还，目前已有数十家加盟分馆。二是建设地方特色资源数据库。例如湖北省图书馆建设的自有数据库，包含了湖北通志、湖北三国文化、荆楚名胜、问道武当、红色历史文化等方方面面，为促进文旅融合提供文献保障。三是深挖文化创新产品，打开增长空间。在文旅融合深入推进的历史契机下，全国不少公共图书馆都在积极探索文旅融合的可能性及可行性路径，但基本都还处于起步阶段。国图创新在研学旅行设计、文创产品开发等方面取得一定的进展，逐渐摸索出一条适用于公共图书馆的"典籍展览+非遗技艺+研学旅游+文创衍生品"的文旅融合之路；还牵头成立了"全国图书馆文化创意产品开发联盟"，引入了市场机制探索图书馆文创产品开发新模式。这为国内公共图书馆提供一条比较明确的文旅融合之路。

三、领会《规划》精神，解读《规划》用意

《规划》指出，十四五时期我国公共图书馆事业发展的目标方向为"建设以人为中心的图书馆"。

一是要求推动公共图书馆功能向"以人为中心"转型，"建设开放、智慧、包容、共享的现代图书馆，将公共图书馆建设成为滋养民族心灵、培育文化自信的重要场所"。《规划》所指"人"，不仅仅是作为个体的社会公众，也包括公共图书馆所服务的区域及社会群体。《规划》进一步阐释了"以人为中心"的方法路径，即：为所在区域经济社会的创新发展提供支持，建设区域创新文献支持中心；为所在区域社会公众的个人发展和自我提升提供支持，建设区域性知识、信息和学习中心；为社会文化生活和文化社交提供支持，建设高品质文化空间和有温度的文化社交中心；为公众阅读提供支持，建设一批管理先进、特色鲜明、与社区融合共生的主题性阅读场所。

二是要求广泛开展全民阅读活动。推动、引导、服务全民阅读是《中华人民共和国公共图书馆法》规定的公共图书馆的职能之一。《规划》在推进这一核心传统职能的高质量发展方面展现出新了思路，例如，提出公共图书馆要树立"大阅读""悦读"等现代理念，培育一批具有时代感的城乡阅读品牌；汇聚、培育一批领读者、阅读推广人、阅读社群，不断丰富以阅读为核心的综合性文化服务。《规划》还提出要加大"四史"等阅读内容的引领,实施青少年阅读素养提升计划,推广读者积分激励机制,要求公共图书馆扩大阅读生态圈,加强与出版社、品牌书店、上网服务场所和互联网平台等的合作,主动适应公众阅读习惯和媒介传播方式变化等。

三是要求加强古籍整理保护和传承利用。《规划》部署了中华古籍保护计划、革命文献与民国时期文献保护计划、"中华传统文化百部经典"编纂、珍贵濒危古籍抢救保护等项目,并明确了四项主要任务:开展古籍普查,全面掌握海内外古籍存藏情况;加强古籍分级分类保护,做好《永乐大典》、敦煌文献、藏文古籍以及黄河流域、大运河沿线相关古籍的保护修复;加强古籍再生性保护和揭示利用,一方面促进古籍数字化成果的便捷使用和开放共享,另一方面促进古籍保护成果整理出版。此外,为使小众的古籍保护事业实现大众化传播,《规划》还特别提出要加强古籍在公共文化服务中的应用,通过讲座、展览、互动体验、文创产品开发等,让中华珍贵典籍蕴含的中华民族的历史记忆、思想智慧和知识体系得以服务当代、服务社会,使中华民族一脉相承的文化基因世代相传。

四、总结

未来的公共图书馆不仅仅是一个读书学习的地方,还是一个提供休闲、交流、研学、旅游、消费等服务的综合便民场所,在后疫情时代文旅融合大背景下,扮演着更加重要的文旅融合推进者角色,在旅游资源丰富的地区,可以用"图书馆+"思路联接本土各种旅游资源,促进文旅融合;在旅游资源不多的地区,公共图书馆可转换思路,主动站位,从自身出发,深挖自有资源,创新服务,也能为促进文旅融合添砖加瓦。

参考文献

[1] 文化和旅游部.《"十四五"文化和旅游发展规划》[EB/OL].中国政府网,2021-06-04.

[2] 重焕时代青春 武汉紫阳公园"大湖+"正式开园开馆[EB/OL].人民网湖北频道,2021-04-27.

[3] 大英图书馆出版部负责人:上世纪30、40年代的再版小说最受年轻人喜欢[EB/OL].每日经济新闻,2018-09-17.

[4] 一个意味深长的缩影:国家图书馆文旅融合的探索[EB/OL].中国青年网,2020-10-28.

智慧图书馆建设与服务

2021年湖北省图书馆学会年会论文集

（下）

汤旭岩　　刘伟成◎主编

光明日报出版社

十三、公共图书馆服务模式新研究
——以"城市书房"建设为例

打造"小而美"的服务矩阵
——城市书房差异化建设探讨

李 茜

(湖北省图书馆,湖北武汉,430071)

摘 要:近年来,全国各地虽掀起了城市书房建设热潮,但却存在综合服务不足、服务内容同质化等问题。针对这些问题,本文提出城市书房差异化建设应围绕"小而美"展开,细分用户群体,按需提供服务内容,逐步建立起一个个服务"小众"的城市书房,打造"小而美"的服务矩阵,最终连成服务"大众"的公共文化服务网。

关键词:城市书房;差异化建设;小而美

近年来,全国各地掀起了城市书房建设热潮。据统计,截至2020年10月底,全国已有至少29个省(市、自治区)的193个地级市建成了3300多个城市书房,极大提升了阅读服务的可及性,丰富了基层图书馆的服务内容和方式。但是,城市书房在建设中也出现了一些新问题和新趋势,比如,在数量、规模、选址上应破除"工程导向",在服务内容上应向综合化发展等。金武刚等学者指出"城乡居民的文化需求已不再拘泥于单一的阅读服务,因此,城市书房可在保障阅读服务的基础上适当扩大服务内容范围。"且提出了"在有限空间内,可以合理安排、错时利用,在特定时段内变身为展览厅、报告厅、多功能活动室,开展文化展览展示、提供小型讲座、组织文艺沙龙、开展学习培训等活动,满足社会公众个性化、差异化需求。"

2021年3月,文化和旅游部等三部委也联合印发《关于推动公共文化服务高质量发展的意见》,鼓励在都市商圈、文化园区等区域,引入社会力量,按照规模适当、布局科学、业态多元、特色鲜明的要求,创新打造一批融合图书阅读、艺术展览、文化沙龙、轻食餐饮等服务于一体的"城市书房""文化驿站"等新型文化业态,营造小而美的公共阅读和艺术空间。

城市书房尚在如火如荼的建设当中,究竟如何打造满足各方要求的特色公共阅读空间呢？本文提出，城市书房应以"小而美"为核心定位，根据自身空间条件、地理位置等客观因素，明确主要用户群体，进而围绕这部分用户群体的学习、生活提供个性化服务内容，形成"一个特色城市书房服务一部分小众群体，多个城市书房联合起来服务大众群体"的局面，既满足城市书房差异化建设的要求，又能合力打造"小而美"的服务矩阵，共同推动公共文化服务全覆盖。

一、找准城市书房服务内容定位——"小而美"

城市书房的建设目标是"小而美"。如毛细血管一般延伸到城市不同角落的城市书房，为市民提供近在身边的文化服务，解决了公共图书馆在城市整体空间中布局不均、不足等问题。因而，从功能上看，城市书房不必追求"大而全"的服务内容，而应专注于自身服务半径内的市民群体，先了解目标群体的公共文化需求，再提供有针对性的"小而美"的文化活动等服务。

城市书房的建筑面积适宜开展"小而美"的活动。最早开设城市书房的浙江温州，要求城市书房，建设面积在150-300平方米之间；江苏徐州首家城市书房——和平路城市书房，建筑面积约为300平方米；广东佛山南海区"读书驿站"的馆舍面积一般在16-350平方米之间；2017年到2020年已建设完成的146个城市书房，平均建筑面积为263平方米。单从建筑面积看，城市书房更适宜面向小范围群体开展文化活动。

城市书房的服务内容应专注"小而美"，形成自身特色。目前，一些城市书房已经开展了不同类型的小范围文化服务，但存在同质化倾向，难以形成有特色的"美"。例如，在合肥，林间书舍开展的文化活动有艺术展览、读书会、手工课堂、英语角等；南山书院开展的活动有阅读沙龙、朗读者、文学讲座、手工绘画、电影沙龙等；瑶海图书城开展的活动有周末读书会、图书推荐会、儿童绘本课堂、手工制作、绘本小剧场，等等。这三间位于同一城市的不同书房，虽然活动名称不尽相同，活动内容却差异不大，难言特色。而在上海，嘉定区的"我嘉书房"（嘉定新城·宝龙广场）位于商圈，选择以"亲子时光馆"为主题，图书配置以少儿绘本和文学类书籍为主，每月定期举办亲子阅读、亲子手工体验等活动，形成了鲜明的自身特色。显而易见，城市书房要做到差异化建设，更适宜选择专注部分用户群体，提供精准服务，集中力量打造特色，树立品牌。

二、瞄准城市书房主要用户群体，提供"小而美"的服务内容

有些城市书房在筹建之初就有明显的差异化定位，比如，位于金融区的，集中开展受白领欢迎的文化活动，有的放矢；位于景区的，面向游客开展风景人文主题活动，亮点突出。但对于更普遍、不易找准特色的城市书房来说，如何明确自身的差异化定位？本文认为，按照年龄层次划分目标用户不失为方法之一。例如，在同一城市中，A书房以服务学龄前儿童为主，B书房以服务小学生为主，C书房以服务青少年为主，D书房以服务中青年为主，E书房以服务老年人为主，每间书房都围绕特定人群做足自己的特色，且从A到E五间书房又能对彼此的功能进行补充，通过相互配合为市民提供覆盖全年龄的服务内容。

（一）专注服务学龄前儿童，提供亲子服务

公共图书馆较少针对婴幼儿提供亲子服务，但以邻国日本为例，上至国家级图书馆，下至平均服务人口1.35万人/馆的町村立图书馆都能见到亲子活动的身影，对周边居民颇具吸引力，这一经验很值得我国新兴的城市书房借鉴。亲子活动包括音乐体验、绘本讲座、亲子游戏同，等等。城市书房可以找准一个方向，提供特色亲子服务。比如，有的以服务准爸妈为主，设置"宝宝阅读课"讲座，回答准父母们关于育儿的问题；有的以服务0到2岁幼儿及其家长为主，专门提供音乐体验活动；有的以服务2到4岁幼儿为主，开展亲子游戏。这样一来，城市书房差异化特征明显，处在不同阶段的家长就比较清楚哪间书房能提供当下所需的服务，有利于为城市书房吸引更多的目标用户，也更有助于促进亲子关系，间接使城市书房成为家长育儿和孩子成长的起点。

（二）专注服务小学生，开展素养培育活动

如果某城市书房以小学生为主要服务群体，不妨选择一个或几个学科方向提供服务，比如定位为科普书房、信息素养书房、艺术交流书房等。具体到开展服务时，因要专注"小而美"，每次活动服务的人数不需要多，募集参加者难度不宜过大，城市书房还可以明确向参与者提出要求，比如该科学活动仅面向3-6年级的学生，比如某绘画交流仅限于同一年龄小学生等，进而根据该年龄段小学生的知识水平、身心条件更好地开展活动，做到精准服务，形成特色。对于有条件的城市书房来说，还可围绕特殊学童提供服务，比如，面对有阅读障碍症的小学生等特殊人群，定期举办讲座帮助家长和孩子克服阅读障碍，为他们提供更多成长支持，这样的城市书房也能逐步完成自己的差异化建设。

(三）专注服务青少年，打造特色文化空间

介于儿童和成人之间，青少年往往是公共文化活动中少见的群体，而他们利用图书馆、城市书房时，也常常是单一的把场所作为自习室来使用。城市书房需要认识到，自己拥有宝贵的空间资源，兼具小体量的灵动优势，可以着力打造青少年喜闻乐见的主题空间，同时辅以相关服务内容，提供有别于学校、家庭、培训机构、消费场所的公共文化空间。比如，打造艺展书房，为青少年提供才艺展示和交流的空间；打造朗读书房，邀请专业人士帮助青少年提升表达能力，并辅以"朗读亭"等硬件设备，鼓励青少年参与有声书创作；打造社团书房，供青少年兴趣团体开展社团活动，等等。总之，城市书房可以围绕青少年自主活动需要，打造特色公共文化空间，同时完成自身的差异化建设。

（四）专注服务中青年人，开展生活服务活动

城市书房营造了"小而美"的环境，本身具有网红潜质，但除了供市民拍照打卡外，更应思考如何吸引用户常来长留。鉴于日常生活的实际需要，城市书房可考虑提供与市民家庭生活和职业生涯密切相关的服务。比如，打造消费生活主题书房，开展模型搭建、手办展示、花艺交流、化妆技巧、服饰穿搭等丰富多样的活动，并配以相关书籍供学习借阅；打造运动主题书房，把小型健身器械与有声书、音像出版物搭配在一起；打造职业助手城市书房，在举办相关主题活动时，辅以"职业设计""职场健康""提升领导力"等方面的书籍展示，使职场人士获得"讲座+书籍"的综合服务。再比如，针对不同职业人群建立创业者城市书房、毕业生城市书房等，长期提供相应服务，打造特色城市书房。

（五）专注服务老年人，提供交流服务

老龄化社会到来，城市书房也应当把日益庞大的老年读者群体作为自己的主要服务对象之一，比如打造长者城市书房，有针对性地举办一些互联网技术辅导，开展以健康生活、地域文化和历史为主题的交流活动等，为老年人提供更便利的学习空间，创造更多人际交往的机会。汪卫红曾提到一项"关于老年人学习、参加社会活动的国际比较调查"，调查显示，学习活动对老年人保持身体健康有好处。而在学习活动中，老年人普遍认为重要的是：伙伴、讲座丰富多彩、费用便宜、情报与交流、面向老年人。因此，在老龄化程度较高的地区，城市书房更有必要打造专门的长者服务空间，甚至建立专门的特色城市书房。

三、"小而美"有助破解城市书房持续运营困局

细分用户群体，开展相应活动，有助于帮助城市书房找到差异化建设之路。在具体运作中，这种专注"小而美"的做法也有助于破解城市书房持续运营的困局，因为"小而美"的服务在规模、频率、时长、地点安排、功能设计等方面都有很大的灵活度，既能尽可能方便特定用户参加，又能减轻组织压力，进而缓解活动经费不足、人力资源不足、场馆硬件条件有限、读者参与意愿较低等制约因素造成的困扰。

（一）"小而美"有助破解经费困局

"小而美"的活动有助于开拓思路从多个渠道争取政府和社会力量的经费支持。例如，专注服务老年人的城市书房，可以尝试申请政府拨付的养老建设服务经费，将特定书房作为老年活动中心、居家养老服务站之外的一种补充；有些城市设有文创发展基金，该市以非遗为主题的城市书房，就可以尝试争取非遗文创融合创新发展专项经费；类似与消费生活有关的主题书房，还有可能以公益为前提适当争取商业捐赠、技术支持、场地支持，弥补书房运行经费的不足。"小而美"的活动，组织者和参与者都以市民为主，通过邀请有专长的居民开展志愿授课活动，邀请当地高校的留学生介绍自己祖国或家乡的文化，邀请居民音乐团体举办小型表演等活动，都能破解经费的困局。

（二）"小而美"有助破解人力资源难题

"小而美"的活动可以大量启用社会资源。城市书房各自服务不同年龄群体，围绕特定群体的学习、生活需求开展活动时，各行各业都有可能成为人力资源提供方。当地的中小学教师、高校教师、各种社会团体、协会，甚至网络论坛里的"达人"，都可以作为活动主理人，有助于降低活动组织门槛。此外，在某些地区，省市一级图书馆还有条件向城市书房派遣讲师，面向志愿服务人员举办研修活动，以此向城市书房运营者、志愿者提供专业支持。嘉兴市图书馆近年来持续请馆员开展志愿者培训，以不断复制成功模板的方式，做到同一时间、不同地点，各种活动遍地开花。

（三）"小而美"有助于保持用户数量和质量的正向发展

"小而美"的城市书房，服务目标明确，有助于精准吸引用户参加，且有助于开发潜在用户，形成持续宣传，打造自身品牌，从而进一步提高用户留存度。以一个孩童为例，从幼时在家长带领下参与亲子活动，到上学时与同龄人共同

参与各种素养培训，再到走入社会后通过城市书房获取生活和工作所需的指导或辅助，甚至在城市书房结识更多兴趣相近的朋友……城市书房有可能成为陪伴市民一生的长久伙伴。城市书房各有特色，又彼此配合，共同织就城市文化服务的一张网，为市民提供终身学习和生活的辅助，同时也增加了用户留存度以及市民对城市书房的认可度，城市书房也因此得以一直良性发展下去。

四、结语

城市书房的差异化建设可以聚焦在"小而美"上。"小"不仅指建筑面积，还指单一城市书房的特色可以建立在"小众"基础上，许多个"小众"化的城市书房联合起来，就能连成服务"大众"的一张网；"美"也不仅指城市书房的造型美、装饰美，还指服务内容差异化的多元之美。城市书房需要围绕"小众"的文化需求提升自身的专业素养，不断增强为用户提供所需服务的能力，为市民生活、学习提供助力，让用户美在心里。

简而言之，城市书房的差异化建设，首先需要每一间书房找到自身重点服务的"小众"用户群体，其次要找准个体在全市城市书房整体服务网络中的定位，使自己成为"小而美"的公共文化服务矩阵中的一份子，从而建成特色鲜明的品牌城市书房，实现自身价值。

参考文献

[1] 段宇锋，熊泽泉. 温州城市书房现象［J］. 图书馆杂志，2020，39（11）：30-35.

[2] 鹿贺. 山东省公共图书馆服务新模式研究——以山东"城市书房建设"为例［J］. 山东图书馆学刊，2020（5）：79-83.

[3] 李昊远. 社会力量参与合肥市城市公共阅读空间建设与发展研究［D］. 合肥：安徽大学，2019.

[4] 谌乐旋. "城市书房"运行机制研究［D］. 上海：上海大学，2019.

[5] 汪卫红. 日本图书馆为老年人服务的现状和课题——自立 参与 关怀 自我实现 尊严［J］. 情报资料工作，2002（S1）：410+419-420.

浅析文旅融合背景下城市书房服务的发展

杨晓彤

（湖北省图书馆，湖北武汉，430071）

摘 要：城市书房作为一种新兴的阅读服务模式，近年来发展迅速。本文主要介绍城市书房的定义和历年来的政策支持；从CNKI（中国知网）文献数据库中的理论发展现状和文旅融合背景下的实践发展现状两个方面，对城市书房服务的发展进行详细阐述。

关键词：城市书房；公共图书馆；文旅融合

一、引言

在"24小时不打烊书店"的启示下，温州市图书馆开始探索"城市书房"建设模式，并于2014年建立了第一家24小时自助图书馆，命名为"城市书房"。之后，城市书房作为一种新型公共图书馆服务模式，以其高效、便捷的特点，在全国各个城市蓬勃发展起来，呈现出迅猛增长的态势，我们将其称为城市书房现象。

二、城市书房概况

（一）定义

在浙江省2019年1月发布的省级地方标准DB33/T 2181-2019《城市书房服务规范》[1]和温州市2020年7月印发的《温州市城市书房建设和管理办法》[2]中称，城市书房是指由政府主导，社会力量参与，依托各级公共图书馆，采用自动化设备和无线射频技术，实现一体化服务，具备24小时开放条件的场馆型自助公共图书馆。

洛阳市2021年1月印发的《洛阳市"河洛书苑"城市书房建设管理办法》[3]认为，城市书房是指由政府主导、社会力量参与、依托公共图书馆总分馆服务体系，采用自助设备，为社会公众免费提供图书报刊阅览、自助办证、自助借还等服务项目,具备 24 小时开放条件的文化服务设施。

(二)政策支持

自 2013 年起,我国政府陆续出台了一系列的政策法规,秉着"政府主导、社会力量参与"的原则,指导各机构团体共同建设公共文化空间。这其中包括了《关于政府向社会力量购买服务的指导意见》《关于加快构建现代公共文化服务体系的意见》《关于做好政府向社会力量购买公共文化服务工作的意见》《中华人民共和国公共文化服务保障法》《公共图书馆法》等。

自 2014 年起,"全民阅读"连续八次写入政府工作报告,要求提高国民素质,创新实施文化惠民工程,倡导全民阅读。

2021 年 3 月,文化和旅游部、国家发展改革委、财政部三部委联合印发《关于推动公共文化服务高质量发展的意见》。意见鼓励,通过把社会多元化力量引入到都市商圈、文化园区等区域,按照"规模适当、布局科学、业态多元、特色鲜明"的要求,创新性地打造一批城市书房、文化驿站,并融合图书阅读、艺术展览、文化沙龙、轻食餐饮等多种服务,以新型文化业态盘活地方文化资源,营造"小而美"的公共阅读空间。

各个城市也出台了一系列政策,以助力全民阅读、推进城市书房建设发展。例如,上海市闵行区于 2017 年 2 月出台《关于推进城市书房建设的实施意见》;威海市将"城市书房"建设列入威海市委、市政府"为民办实事"工程项目,先后出台《威海市全民阅读三年行动计划(2017—2019 年)》《威海市关于建设城市书房的实施方案》《威海市城市书房管理细则》等文件[4];福建省莆田市文化广电新闻总局将"莆阳书房"建设项目列入"2018 年美丽莆田建设行动计划";烟台市 2019 年政府工作报告中提出新建 13 家城市书房[5];济南市把"泉城书房"建设纳入 2019 年全市 20 件"为民办实事"重点项目之一,印发了《关于建设济南市"泉城书房"实施方案》[6];日照市 2020 年出台《日照市城市书房建设实施方案》《日照市城市书房建设管理规范》等文件;洛阳市 2020 年印发《洛阳市"河洛书苑"城市书房达标创优实施办法(试行)》,2021 年 1 月印发《洛阳市"河洛书苑"城市书房管理办法》和《洛阳市"河洛书苑"城市书房达标创优实施办法》;2021 年 3 月西宁市副市长陈兆超表示"十四五"期间,西宁市将建设 100 家城市书房,持续推进"书香夏都"建设。

三、城市书房理论研究现状

本章节以 CNKI 数据为例研究城市书房理论发展现状。

笔者多次用不同检索方式进行检索后发现，SU（主题）为"城市书房"时可以获得最大的查全率。因城市书房 2014 年始建于中国温州，主要在国内迅速发展，所以为提高查准率，文献发表年度选择"2014 年-2021 年 4 月"，语种限定为中文。

（一）全部文献概况

在总库检索到文献共 430 篇，其中包括 163 篇学术期刊论文，16 篇硕士论文，1 篇博士论文，7 篇会议文献，51 篇报纸，4 份专利，121 篇年鉴文献，1 篇学术辑刊论文，66 篇特色期刊论文，及 1 份培训讲座视频等。

"城市书房"相关文献发表量呈逐年攀升的态势，从 2014 年的 3 篇，到 2020 年的 90 篇。2021 年截至 3 月底已发表文献 10 篇，CNKI 预测 2021 年文献发表量可至 109 篇。

文献主题主要集中在公共图书馆提供的公共文化服务领域。主要主题排名前五的依次是"城市书房（129 篇）""公共图书馆（18 篇）""图书馆（15 篇）""全民阅读（14 篇）"和"公共文化服务（10 篇）"。次要主题排名前五的依次是"城市书房（56 篇）""图书馆（29 篇）""温州市图书馆（19 篇）""公共图书馆（19 篇）"和"公共文化服务（15 篇）"。

文献学科主要集中在"图书情报与数字图书馆"领域，统计出来的发文量共计 287 篇，占全部文献的 60% 以上。此外，"出版（36 篇）"和"文化（27 篇）"领域也有一定数量的文献。其余文献分散分布于其他各个学科。

（二）学术论文

城市书房始于 2014 年，该年度并无相关学术论文发表。2015 年发表了 3 篇，此后文献发表量逐年增加，2020 年文献发表量为 59 篇，2021 年 1-4 月文献发表量为 11 篇。学术论文主题排名与全部文献主题排名基本一致，只是数量上有所减少。"社会力量参与""阅读服务""实体书店"等主题出现的次数也比较多。

在期刊分布上，下面所列五种期刊自 2016 年开始，发表了大部分与"城市书房"主题相关的论文。其中《河南图书馆学刊》的总发文量为 14 篇，《图书馆研究与工作》总发文量为 9 篇，《内蒙古科技与经济》总发文量为 8 篇，《图书馆杂志》和《走向世界》的总发文量各 7 篇。从 2018 年开始，《新阅读》凭借 23 篇的总发文量，以后来居上的姿态跃居第一，占全部发文量的 22.33%。

在学科分布上，"图书情报与数字图书馆"领域有 127 篇学术论文，占全部文献的 70% 以上；"出版"领域有 14 篇；"计算机软件及计算机应用"领域有 7

篇;"高等教育""建筑科学与工程"和"文化"领域各有 5 篇。另外,在 163 篇学术期刊论文中,有 8 篇论文来自 CSSCI(中文社会科学引文索引),有 7 篇论文来自核心期刊。

在作者分布上,发文量最多的首先是温州图书馆的吴蛟鹏(5 篇),其次是温州图书馆的鲁方平(4 篇),再次是温州图书馆的胡海荣(3 篇)和广西外国语学院的贾茜(3 篇)。以上四位作者首篇论文均发表于 2016 年。

在机构分布上,浙江省温州市图书馆以 25 篇的发文量一骑绝尘领先于其他机构,独占鳌头。其次是扬州市图书馆,发文量 5 篇。接下来是广西外国语学院、郑州市图书馆、重庆市图书馆、南京大学、洛阳师范学院和福建省晋江市图书馆,发文量均为 3 篇。

(三)年鉴

"城市书房"相关记录自 2016 年首次出现在年鉴上,共有 6 篇;2017 年增长至 15 篇;2018 年达到峰值,发文量 42 篇;2019 年发文量 41 篇;2020 年回落至 17 篇;2021 年年鉴尚未发表出版,暂无数据。

在地域分布上,53 篇出自浙江省各地区的年鉴,占全部的 43.80%;22 篇出自江苏省,占 18.18%;9 篇出自河南省,占 7.44%;8 篇出自上海市,占 6.61%;6 篇出自北京市,占 4.96%。长三角地区的"城市书房"出现在年鉴上的次数最多,浙苏闽三地共有 83 篇,占全部的 68.59%。由此可以看出,城市书房在长三角地区,尤其是发源地浙江,作为助力全民阅读和加速文旅融合的新生事物得到迅速发展。

具体到不同年鉴的数量上,《上海闵行年鉴》最多,有 7 篇;《洛阳年鉴》、《扬州年鉴》和《中国图书馆年鉴》各 5 篇;《温州洞头年鉴》和《扬州江都年鉴》各 4 篇。

在条目类型上,事实类有 85 篇,图片类有 34 篇,机构类有 2 篇。在年鉴级别上,地方综合有 101 篇,地方行业有 15 篇,中央行业有 5 篇。城市书房主要集中记录在地方综合年鉴的事实类条目里。

在学科分布上,80%以上的年鉴条目都集中在"图书情报与数字图书馆"领域,"文化""出版"领域也有零星分布。

(四)报纸

2018 年之前,报纸上;"城市书房"相关的报道比较少,每年均在 5 篇以下;2018 年报道增长至 14 篇;2019 年到达峰值,有相关报道 17 篇;2020 年热度降低,报道降至 7 篇;2021 年 1-4 月有报道 1 篇。《中华读书报》《绍兴日报》《扬州日报》和《中华读书报》报道次数最多，各有3篇。

在主题分布上，除上文提到的主题出现次数较多之外，"文化地标"和"旅游景区"也被提及，体现了文旅融合的大趋势。

四、城市书房实践发展现状

截至2020年8月，据不完全统计全国已有130余个城市学习参照温州模式，建成1687家城市书房，掀起了城市特色公共阅读空间建设大潮[7]。

（一）温州城市书房

2014年4月，温州市图书馆在分馆馆舍的基础上建设了第一家城市书房[8]。据温州市图书馆官网数据显示，截至2021年4月，全市共有城市书房103家。从温州市图书馆官网发布的《已开放城市书房、百姓书屋信息一览》中获知，目前这103家城市书房基本都没能做到24小时无间断开放，最晚开放时间至晚十点，大部分开放时间至下午五点或晚八点。

温州城市书房综合采用了老馆改造、社区联建、企事业单位联建、开发现有公共文化场所资源、与茶吧、酒吧合作共建等多种建设模式，实行"无人值守，有人管理"的运营模式。依照公开征集选址、接受申请、组织评审、公示的程序进行组织建设。温州城市书房的建设遵循了总分馆模式，其中温州市图书馆承担了中心馆职能；其余各县（市、区）图书馆承担总馆职能；申请城市书房的单位履行属地管理职责，接受中心馆、总馆业务管理，开展日常管理和安全防范工作。

（二）莆阳书房

2017年底，福建省莆田市文化广电新闻总局将"莆阳书房"建设项目列入"2018年美丽莆田建设行动计划"[9]。目前莆阳书房已在古谯楼、群众艺术馆、元妙观三清殿、市图书馆、市博物馆、仁和居、市移动营业厅和市儿童银行先后开放8家分馆，是打造"美丽莆田"城市新名片的创新项目。目前只有莆田市图书馆的莆阳书房做到了24小时开放。

莆阳书房采用"书房+公共文化机构"和"书房+企业"的建设模式，以"书香莆阳，书适生活"为核心，以莆仙文化根基为支撑，通过入驻多个地标旅游景点和文化景点的多维运营模式，打造了集公共阅读、艺术展览、文娱休闲、餐饮轻食于一体的新型公共文化空间，实现了文旅场所的融合，盘活了地方文化资源。

（三）河洛书苑

洛阳市从 2016 年才开始建设城市书房，虽然起步略晚，但建设速度很快，仅 2020 年就新建城市书房 39 家。截至 2021 年 3 月，全市已建成城市书房 204 家，总建筑面积超过 3 万平方米，藏书量超过 100 万册。这 204 家河洛书苑目前均没有实现 24 小时开放。

河洛书苑遵循"15 分钟阅读文化服务圈"的布局要求科学选址，刻意避开了现有公共图书馆、民营书店，采取"政府主导、企业协同、民众参与、专业机构推动、统一管理"的众筹合作多方共建模式[10]，实现了"八统一"，即统一书房名称、统一制作悬挂 LOGO 标识、统一开放时间、统一配置图书资源、统一配置自助设备、统一培训工作人员、统一服务标准、统一配置便民服务设施。

（四）山东各地城市书房

2017 年 4 月 23 日，威海市第一家城市书房在"世界读书日"当天正式开放。截至 2020 年，威海（25 家）、日照（25 家）、烟台（35 家）、济南（26 家）、淄博（6 家）、潍坊（2 家）、泰安（20 家）、德州（2 家）等 8 个地市相继建成并开放了 141 家城市书房，总面积将近 4 万平方米，总藏书量超过 120 万册。

山东各地普遍遵循市级政府主导，市、区县共建、社会参与，全民共享的原则[12]，利用城市书房的阵地优势打造 15 分钟阅读文化服务圈，通过与文化机构、旅游景点等合作，开展深度文旅融合，为读者提供更加便利的文化服务。

（五）全国城市书房合作共享机制

全国城市书房合作共享机制于 2020 年 9 月 27 日在浙江温州市成立，是由文化和旅游部公共服务司、中国图书馆学会指导，温州市、上海市浦东新区等 10 个城市共同发起，各城市图书馆自愿加入的公益性服务组织。其目的是通过共同探讨城市书房可持续发展机制、文旅融合背景下公共文化空间功能拓展、大数据时代特色阅读空间精准化服务等问题，进一步加强新时代城市间的文化交流与合作，推动城乡公共阅读空间创新服务，全面促进公共文化服务体系大繁荣大发展。截至 2021 年 5 月 20 日，共有 84 家市、区县图书馆加入全国城市书房合作共享机制，网站收录了全国范围内共计 1480 家城市书房。

五、结语

就实际运行情况来看，各地城市书房虽然具备 24 小时开放条件，但绝大多数都没能做到24小时开放，只有个别城市书房将开放时间延长至晚上九、十点钟，有些城市书房每日开放时长甚至不足12小时。在时间跨度上，可以说城市书房并没能起到填补公共图书馆运行空白的作用。它的作用更多体现在空间布局上，通过构筑"15分钟阅读文化服务圈"，打通公共阅读的"最后一公里"，进一步实现公共文化服务均等化。同时城市书房还起到了仓储图书馆的作用，解决了图书馆存储空间不足的问题，减轻了馆藏存储压力，延长了图书的使用周期。

城市书房充分发挥"阵地优势"推进文化场馆的综合利用，创新性地将公益性文化场所和效益性文化场所相结合，将文旅融合和城市推广相结合，实现了机构、场所、业态、产品、管理等五大方面的融合，促进了文化渗透旅游、旅游彰显文化的一体化发展。

参考文献

［1］浙江省地方标准——城市书房服务规范：DB33/T2181—2019［S］.

［2］温州市城市书房建设和管理办法［EB/OL］.温州市人民政府，2020-07-29.

［3］洛阳市"河洛书苑"城市书房建设管理办法［EB/OL］.洛阳市人民政府，2021-01-27.

［4］打造城市书房 建设书香威海 探索新时代公共阅读服务模式［EB/OL］.山东省文化和旅游厅，2020-08-25.

［5］2019年烟台市政府工作报告［EB/OL］.烟台市人民政府，2019-01-21.

［6］2019年20件民生实事全完成［EB/OL］.济南市人民政府，2020-05-23.

［7］《温州市城市书房建设和管理办法》解读［EB/OL］.温州市人民政府，2020-08-06.

［8］胡海荣.城市图书馆服务体系新模式——温州"城市书房"建设的研究与实践［J］.图书馆杂志，2016，35（5）：4-8.

［9］陈诺，洪秋兰.城市阅读空间创新发展研究——以"莆阳书房"为例［J］.图书馆工作与研究，2020（11）：123-128.

［10］王艳梅.洛阳城市书房发展现状和运行模式分析［J］.内蒙古科技与经济，2020（16）：156-157.

公共图书馆服务模式新研究
——以"城市书房"建设为例

张潇潇

(湖北省图书馆,湖北武汉,430071)

摘 要:近年来,"城市书房"这种新型公共阅读空间如雨后春笋般出现,它是公共图书馆服务模式的新突破。本文从城市书房的背景、内涵特征、作用以及实际建设中遇到的问题等方面作了相关论述,并给出了相应的对策和建议。

关键词:城市书房;阅读空间;公共图书馆服务模式

一、城市书房的建设背景及内涵特征

(一) 城市书房的建设背景

《"十三五"时期公共图书馆事业发展规划》中提到,要着力完善公共图书馆服务网络体系,在节能环保、均衡配置、经济适用、规模适当原则的指导下,统一筹划公共图书馆布局,结合城乡人口分布、发展实际,助推地方公共图书馆设施体系建设,建成有效覆盖、上下联通、资源共享的总分馆体系。推进公共图书馆服务均等化建设,支持社会力量共建公共图书馆。

(二) 城市书房的内涵及特征

城市书房是在政府主导下,在街道社区、企事业单位等多方力量积极参与合建下,主要依托现代化的信息技术手段,配备自动化设备,实现文献资源一站式自助服务的智慧实体图书馆。城市书房作为一种新的图书馆服务模式具有如下特征:

一是城市书房建设主体的多样性。城市书房不再由政府单一力量统包统揽建设,而是聚合了多元化的社会力量。例如温州的城市书房,只有第一家是旧馆改建,其余书房都是各方自主申报地址方案,温州市文化广电新闻总局和市图书馆统一接收后,按照公开公正的原则进行实地考察,提出拟建地址,广泛收取各方意见，并及时公示于众，最终敲定出落地方案，全程公开透明。温州城市书房现有社区（菱藕社区）、公园（杨府山公园）、企业（梦多多小镇）、创意园区（东瓯智库）、繁华商业区（南塘街）等多种联建方式。

二是城市书房运作的自助性。城市书房作为一种新的服务模式，更着力于数字赋能，融合各种类型的信息资源。从技术手段上看，它采用数字化系统、无线射频技术，内置多种新式自动化硬件设施，智能化突出。24小时自助借还机、智能双向门禁系统、电子监控设备、电子书刊阅读屏等智慧化设备得到了最大程度的利用，让城市书房全天候不打烊、无人值守、一站式不间断服务成为可能。一些城市书房与支付宝、微信等合作，可以通过扫码、刷脸等方式提供相关服务。从运营上看，自主性明显加强。城市书房大多由社会公开招募集结的志愿者进行自主管理，最大程度上调动集结了社会力量。

三是城市书房资源的聚合性。"麻雀虽小，五脏俱全"，城市书房就好像是一个个微型公共图书馆，嵌入城市社群网。它不仅是有桌椅、书本的传统读书室，还能够"动起来"，盘活社会闲散资源，凭借其智慧化的阅读空间将文献信息资源、空间场地资源、人文资源等合为一体，是打造书香城市快捷文化圈的重要公共文化场所。

四是城市书房服务的公益性。城市书房虽然积极鼓励社会力量联建，是一种创新的阅读场所，但它仍然是公共图书馆服务面向基层的延伸，城市书房面向大众免费开放，其公益性的服务性质不会改变，公益性、均等性理念始终伴随其建设运作的全过程。比如扬州市城市书房还会配备一些急救药品、雨具、充电宝、茶水间等公益便民设施，彰显着细致的人文关怀，让城市书房变得更有温度。

二、城市书房作为公共图书馆服务新模式的作用

（一）城市书房是书香城市的活力细胞

一方面，城市书房大多采取以读者自助服务为主的"自助餐式"新模式，招揽了大批热心的城市文化志愿者，组建服务队轮流进行馆舍日常秩序维护、整架、清洁、活动宣传执行、基础读者服务等工作，积极调动广大市民参与到书香城市的建设中来，激发了市民的文化建设主人翁意识，是全民阅读的生动写照。比如山东省沿海城市日照就极为重视整合文化志愿者这一人力资源，市共青团委、志愿者协会等联合招募，集结了九支以上的志愿服务队参与书房日常运营维护。另一方面，城市书房的选址多会考量人口密度、人流量、交通便捷性等因素，科学筹划，合理布局，尽可能使更多的人群享受到公共文化资源的服务。城市书房星罗棋布散落在城市各区，各具特色、环境优雅、外表美观，散发缕缕书香，彰显城市文化魅力。比如2021年3月31揭牌的贵阳市观山湖区首家城市书房，由于其交通四通八达、坐落在该区主干道，周边可服务范围囊括近十几个大中型社区，使居民"足不出社区"阅读成为可能，走五分钟即可抵达场馆，真正打造出了便民的"五分钟文化圈"。

（二）城市书房是促进全民阅读的前沿阵地

《全民阅读"十三五"时期发展规划》将坚持公益普惠，深入基层的基本原则摆在重要位置。必须加快推进全民阅读推广服务体系城乡一体化建设，坚持公益性、基本性、均等性和便利性相统一，面向基层、面向群众，保障全民平等享有基本阅读权益。城市书房作为新型公共文化场馆，可以筹划多角度、新元素的阅读推广活动。比如近年来时兴的"真人图书馆"邀请嘉宾现场讲解无字之书，进一步地拉近了读者与书本文字之间的距离，一个个鲜活的故事在讲解中展开，让文字变得有态度、有温度，极大地方便了阅读障碍人士、老年群体。此外还有围绕不同主题进行的读书沙龙，如国学堂等优秀传统文化的公益讲座、非遗作品技艺展览、各式摄影主题展、西方侦探小说爱好者的线下书友交流会，等等。这些活动对目标人群吸引力、凝聚力强。例如最早一批建设城市书房的温州市就开展了大批特色城市书房主题活动。2017年以来，在温州市读书会联盟的倡导下，"百家读书会"定期进驻各城市书房，开展"把书读出来"栏目系列活动、《新年，我与读书有一场约会》这样的跨年诗会直播，反响热烈，让"漂泊"的读书活动小组找到了温馨的"根据地"。

（三）城市书房是文旅融合模式的新结晶

文旅融合对文化传承意义非凡。在广东省文化强省战略背景下，2020年广东省文旅厅发起了"粤书吧"项目，已在多家单位进行试点。书吧馆藏建设注重当地文旅特色，比如红色文化、非遗文化，书单勾选上注重读物的可读性、休闲性，充分以目标群体阅读需求为导向，以"一吧一特色"为目标，主题鲜明的书吧嵌入各大旅游经营场所，比如风景名胜区、民宿客栈、餐饮酒店、旅游交通集散地等。此外还专门设计了统一的"粤书吧"形象标识，数据纳入了当地公共图书馆总分馆系统，逐渐形成了书吧网络，极大地拓展了文旅融合的内涵，取得了良好的社会反响。

又比如河南省历史悠久的焦作市就按照"宜融则融、以文促旅、能融尽融、以旅彰文"的全域旅游思路，打造城市书房这一精神坐标。在焦作市目前规划的十余个城市书房中，别具一格的公园型覃怀城市书房就非常吸睛，清幽雅致、书香四溢，市民既能在龙源湖公园舒展身体，又能在书房中放松心灵，可谓是动静结合、相得益彰。历史氛围浓郁的百年焦作城市书房好似时光隧道，让远道而来的游客在英商福公司钱庄旧址感悟历史的同时还能体验到阅读的魅力。

（四）城市书房是基层社会治理的新载体

社会治理最终必须落地基层，而治理方式的创新正需要"接地气"的活动，城市书房则可以为基层社会治理搭建这样的平台。比如"泉城之都"济南的城市书房以各社区街道提供场所为主，辐射诸多人口密集型社区。丰富的馆藏资源、温馨舒适的阅读空间、便捷齐备的各类设施为社区活动的开展创造了良好的外部环境。老年人可以一起看报刊丰富精神世界，学生放学后可以进行课外阅读、复习功课，深受家长好评。城市书房还鼓励社区内有专长的居民担任主讲，举办了许多书画、朗诵、养生等主题活动，极大地丰富了居民的业余生活。此外社区居委会、业主委员会、小区物业还定期开展居民沟通交流会。这些活动的开展，无形中吸引了广大居民参与到社区公共事项中来，形成了和睦的街坊氛围，从互不相识到有共同的兴趣爱好，增进了居民间的良性互动，推动了美好社区的共建共享共治。

此外相对于传统意义上的大型公共图书馆而言，城市书房小而分散，全天候不打烊，可辐射的时空范围更广阔，是基本公共文化服务均等化的生动写照，彰显着社会的正义公平。

三、城市书房建设中存在的问题及对策

（一）管理水平、服务质量有待提高

城市书房建设过程中，多方社会力量为其注入了新鲜血液，填补了人财物的不足，降低了运维成本，但也暴露了一些实际问题。城市书房的实际管理过多依赖于志愿服务，缺乏统一常态化管理，不能很好地满足读者多样化的服务需求，加之各方职责划分不明晰，使得志愿服务的不固定性、专业局限性、流动性等风险难以避免。此外由于城市书房管理规章制度的空白，"一建了事""形象工程"等现象突出，制度缺位势必管理松散，比如图书流转、整架等环节监督角色的缺位，导致一些城市书房出现图书摆放混乱、环境喧嚣等问题。此外城市书房力推现代化信息技术，其自助性得到了极大增强，但与此同时，读者需求难以有效收集，图书馆与读者的沟通渠道闭塞，影响了服务水平的提升。

为了解决这些问题，建章立制就显得十分重要。比如温州市图书馆专门就

城市书房制定了一系列十分具体的规范性文件，如《城市书房服务规范》《城市书房建设要求》《城市书房借阅设备巡检暂行条例》等。此类文件可操作性极强，对资源配备、图书流通、导引标识、服务内容等都作了细致规范，将各方的责任义务以文件的形式确认下来。此外还引入第三方评估机制，主要考察读者对书房服务是否满意、运营管理是否通畅有序、文献资源建设是否有质量保障、活动取得多大的社会效应等多个方面，严格执行《城市书房年度绩效考核办法》，考核后按排名进行奖惩，激励了城市书房建设的自主性、积极性和创新性。

（二）城市书房数量有待增加，发展的均衡性有待提升

城市书房作为公共图书馆的"触角"，就是要发挥其小而精、多而散的优势，织就密实的社群阅读网。继温州市开创后，城市书房这样的新型公共阅读空间如雨后春笋般兴起，呈欣欣向荣之势。据统计，截至2020年10月底，全国已有至少29个省（市、自治区）的193个地级市建成了3300多个城市书房。但是面对庞大的居民文化需求，这个体量还远远不够。另外，社会力量的不确定性等一系列潜在风险，也使得城市书房的扩张频频受限。因此，寻求书房建设资金多渠道流入，确保财政对城市书房的稳定投入，将其纳入总分馆制度，显得尤为重要。此外，从分布上看，各区差距明显，这就需要提前宏观筹划，注意均衡发展，确保各区公共文化服务的均等可得性。

（三）城市书房的服务内容有待综合性延伸

城市书房的热潮不断，但片面求急、从快，容易让其陷入"工程导向"的模式化建设，千篇一律、同质化，活动开展过少等会让书房丧失生机，无法体现公共图书馆服务模式的创新性，使之变成功能单一的阅读室、流通点，影响周边居民的阅读体验。因此城市书房要加速资源融合，丰富载体内涵，在实现基本功能的前提下，对服务的内容范围进行针对性的延展，对现有空间进行合理的错时利用，满足读者差异化和个性化的需求。同时它还可以因地制宜，盘活当地优质文化资源，形成当地文化特色，成为一座城市的精神文化坐标。

城市书房作为公共图书馆服务的新模式，是基层图书馆建设事业的新突破。越来越多的居民走进城市书房，感受着阵阵书香。全国多个城市也在实践中逐步摸索建设经验，为公共文化服务的均等化而努力。

参考文献

[1]《"十三五"时期全国公共图书馆事业发展规划》发布[J]. 国家图书

馆学刊，2017，26（5）：31.

［2］吴蛟鹏. 社会力量参与温州"城市书房"建设和运维的现状分析［J］. 新世纪图书馆，2017（10）：29-31.

［3］《全民阅读"十三五"时期发展规划》发布［J］. 国家图书馆学刊，2017，26（1）：22.

［4］金武刚，王瑞芸，穆安琦. 城市书房：2013—2020年——基层图书馆建设的突破与跨越［J］. 图书馆理论与实践，2021（3）：1-9+21.

公共图书馆服务模式的新研究
——以"城市书房"建设为例

成素凤

(华中科技大学图书馆,湖北武汉,430074)

摘 要:繁杂、多元化的现代快节奏生活,使得人们倍感疲倦,人们常常希望能够找到一个让生活节奏放慢,让疲惫的身体得以栖息,让紧绷的精神得以舒缓的静谧场所,"城市书房"便由此应运而生,并且一出现便受到广大市民的热切追捧和夸赞。本文将介绍城市书房作为一种新型公共图书馆所具有的时代意义与定位,并且探讨一系列有助于未来创新发展的可行性方案。

关键词:公共图书馆;城市书房;创新

一个民族的阅读水平决定着这个民族的精神境界,一个书香充盈的城市才能拥有更加清晰美好的未来。为了提升全民综合阅读,吸引更多的市民参与阅读,城市书房以更具当地城市特色的新型服务模式从传统公共图书馆中"孵化"而出,城市书房不仅提供了全天候"24 小时不打烊"便于提高国民素质的良好阅读场所,而且也是传承阅读文化,增长国民智慧,推动社会文明进步的重要基础建设。

一、传统公共图书馆面临的挑战与契机

据国家统计局、国务院第七次全国人口普查领导小组办公室发布,已知全国人口超 14 亿。毋庸置疑的是我国是一个教育大国,伴随着党的十九届五中全会的召开,国家教育开启了全面建设社会主义现代化的新征程,勾画了二〇三五年 9 大愿景目标和"十四五"规划几项任务的美好蓝图,明确提出了"建成文化强国、教育强国、人才强国、体育强国、健康强国,国民素质和社会文明程度达到新高度,国家软实力显著增强"这个目标,并强调要深入实施科教兴国战略,人才强国战略,创新驱动发展战略,全面塑造发展新优势。近年来随着互联网技术、移动应用领域的不断发展和延伸,人们可以不再需要单单依靠

纸质书籍来获取阅读上的观感。通过网络、移动应用获得图书阅读渠道更宽泛，这样给读者提供了多样性的选择，同时也给传统的公共图书馆的运作模式带来了冲击和挑战。比如传统纸质书籍阅读占比明显下滑，而互联网上的消息庞大又杂乱，阅读爱好者在快餐文化与传播泛滥的碎片化信息中难以筛选出完整且有效的内容，与传统纸质阅读给读者带来的阅读体验相差甚远，因此公共图书馆要紧跟文化强国，提高国民素质，社会文明的脚步，为市民提供崭新的知识共享、信息交流、互动阅读的人文空间。同时也要借助互联网高速发展的东风，提出创新且符合社会发展规律的服务新模式，转变运作观念，抓住发展机遇，全心全意为人民提供更加高效、优质的服务。

二、城市书房的基础特征

实现均等化、社会化、信息化、标准化，为市民提供便捷、人性化的服务，是当前公共图书馆建设的重要任务和目标。基于公共图书馆的共享理念，城市书房从传统公共图书馆的服务模式下"孵化"而出。城市书房不仅继承了传统阅读空间的环境品质与体验要求，还给读者提供了24小时不闭馆的图书体验，且在外观造型、室内装潢、服务模式、阅读体验上也追求创意与个性化的氛围，从而提高了城市阅读品味与文化品质。

（一）全天候开放

响应全民阅读的号召，城市书房为了满足广大读者不同时段的阅读需求，选择了24小时全天候开发的运行模式。这样做一方面打破了传统公共图书馆开放时间的限制，有助于读者随时获得阅读资源而不受时空限制，另一方面还可以引导读者养成阅读的好习惯，有助于社会全民阅读的形成，让24小时不打烊书店成为城市的精神地标。

（二）面向所有读者开放

城市书房还打破了传统公共图书馆对读者背景的限制，不分文化水平层次、身份背景层次、年龄大小层次，可一人独来，可家庭式来，只要愿意，城市书房畅开大门欢迎读者前来阅读休憩，为广阔范围内不同读者提供相同的阅读服务，进而更能体现公共图书馆社会服务功能性的身份定位。

（三）生活的交融性

城市书房不但具有传统公共图书馆的图书借阅服务、阅读功能，还能通过各种线下阅读活动加强读者之间的联系，创造一个和谐温馨的环境。在城市书房内可以进行阅读思考、头脑风暴等社交活动，这些活动提高了读者对城市书房的粘性，增强了城市书房的用户吸引力。城市书房在设计之时也赋予了每一个书房在一个空间实现多种功能的能力，这样不但可以提升读者的阅读质量也可以提高城市书房的图书阅读利用率。

（四）建馆灵活性

城市书房建设面积可大可小，大到总面积不少于100平方米，阅览室座位不少于15座，也可小到几平方米，虽只是相互接壤的独间，却也是功能齐全，服务质量一流的阅读空间。而且藏书数量也随建馆大小而变，它可坐落于都市繁华热闹地段，如地铁、商业街、办公楼等，也可伫立在安静详和的休闲娱乐场所，如公园、植物园、旅游区。

（五）建馆独特性

城市书房外观和室内设计宜结合所在区域的人文精神与生活风格，且体现文化建筑的氛围特点，优雅精致，营造家居式阅读环境。内部功能区分布明确，如亲子儿童区、青年区、老年区、便民服务区。

三、探索多元化的服务模式

（一）切实抓住读者需求，融入读者生活

公共图书馆的价值主要包括资源价值和社会价值两个方面。信息资源、空间资源、文化资源是公共图书馆资源价值的基本要素，自由与平等是公共图书馆社会价值的根本。在现在和未来，公共图书馆应该担当的主要使命是知识中心、学习中心和文化中心。将读者的生活需求和生活节奏考虑进入构建城市书房的要素是公共图书馆创新服务模式的重要途径之一。因此公共图书馆需要对不同年龄阶段的读者提供具有这个年龄段特色的服务。例如可以创建"越活越年轻"的主题房间，该房间专门针对老年人经常出现的问题放置相关书籍；也可以创造"兴趣天地"，该房间放置一些可以提起低年龄读者兴趣的书籍，或者根据他们的喜好来提供他们需要的资源，这样可以为低年龄读者们提供一个开拓视野的机会。除此之外还可以提供一个安静的区域作为"办公区"，这样可以让家长带孩子来图书馆学习，且自己的工作也不会耽误，这样的话就可以大幅度的调动公民的图书馆阅读积极性；对于青年，可以通过在图书馆内加入"阅读+咖啡""阅读+编织"等不同读者需求爱好方式，提高青年的阅读热情，这种方式已经在许多的书店或者公共图书馆有了实践。

（二）打造具有地方特色阅读，丰富读者不同阅读体验

城市书房在全国各地如雨过春笋般破土而出，广角、公园、地铁站旁、旅游景点等地随处可见。城市书房要想吸引更多读者打卡，就应打造自己的城市服务标准，增加图书馆特色服务阵地，扩大服务区域，让更多读者了解一下自己城市的生活、人文气息。一个个城市书房代表的不仅仅是书店文化，更代表着城市的文化。

（三）积极响应国家政治宣传，传递社会正能量

为迎接"建党百年"活动，在城市书房可推出"寻访英雄红色记忆""武汉红色故事汇"主题活动，在武汉革命博物馆、武汉中共中央旧址纪念馆、八七会议会址纪念馆等地，讲武汉红色故事，讲抗疫英雄故事，主办主题鲜明、内容丰富的展览和社教活动。吸引读者走进城市书房，还可以进行党史党章、学习强国史知识竞赛，给获胜者颁发证书和奖金。

（四）品美食，了解城市习俗

当我们谈到某个地方的文化时，不可避免地要涉及这个地方的饮食。武汉小吃热干面、三鲜豆皮、四季汤包等特色小吃代表着这个城市的城市文化和平民文化，我们通过打造"品美食、解习俗"活动，来了解武汉这座英雄城市的小吃来历、历史原因、小吃使用食材、人口构成。

（五）将新技术与阅读结合

与书籍难以产生共鸣，难以理解并品读书籍是传统公共图书馆日渐式微的主要原因，同时也是城市书房急需解决的主要矛盾。怎么吸引新读者，怎么留住并加深与有阅读习惯的读者之间的纽带，是城市书房需要思考的问题。依托地理及经济优势，城市书房坐落于城市繁华地段，有着一定的设施基础，可以与时下快速发展的虚拟现实技术相结合，使读者在了解作品背景的条件下，能够有更身临其境的阅读体验，拉近经典书籍与其受众的界限，让更多没有阅读习惯或有阅读障碍的人体会到阅读的乐趣，让阅读也成为一件可以很吸引人的事情，带动群体效应，吸引新的读者，让阅读成为一种习惯，从而达到加深公共图书馆与读者之间的纽带。

（六）以读者的需求为中心

企业中经常强调要以用户的需求为中心，而构建城市书房也是将读者的需求放在第一位。目前传统公共图书馆的服务模式是读者来公共图书馆找书或者

是读者有想看的书然后再去公共图书馆。传统公共图书馆与读者缺少交互的机会。所以为了解决这个问题公共图书馆可以从分析读者的需求做起，利用各种途径调查或根据网上的搜索热点来添置藏书，通过这样的方法不断更新和添加藏书，增加公共图书馆的活力，满足大部分读者的阅读需求，从而吸引读者和留住读者。

四、城市书房运行中出现的一系列问题

（一）分布不均衡

读者们多有同感，城市书房建设大多数选在人口密集地区、交通便利地区、风景优美独特公园，这对农村地区的居民需求是无法满足的。城市书房有大有小，有些馆场建设规模小，馆内藏书少，种类不全，导致在特殊的日子，如节假日里读者人数过多，藏书不够，很难满足读者阅读的需求，影响读者来书房体验阅读的兴趣。

（二）服务业务存在问题

任何事情在做的过程中都可能存在需要解决的问题，城市书房虽然无人值守，全天候开放，但有些问题是现代科技也代替不了的。城市书房以"小而精""24小时不打烊"与"无人值守"的先进运作模式得到读者的充分肯定，虽然凭借这些模式极大限度地解决了读者的自由阅读需求与图书资源优化配置问题，但同样也导致馆员无法给予读者准确的服务体验，造成馆员与读者之间出现沟通问题。城市书房在组织机构上仍采取传统的自上而下的管理方式，管理人员一般都是老职员，且学历低，思想上紧跟时代步伐缓慢，接受新鲜事物能力慢，薪资低，青年人很少愿意到城市书房工作，这就在一定程度上影响了城市书房未来的发展。

（三）运行中资金的保障管理问题

城市书房全天开放，24小时工作，虽一定程度上满足了不同读者的要求，但无疑在运行中增大了人力物力的运营成本，比如运行中的日常维护、增加的人力成本、日常的水电消耗、运行中机器设备难免的耗坏，等等。这一系列问题出现，都需要资金的投入。在前期的运行和管理中，资金费用方面是可以满足运营的，如果后续资金投入不到位，一旦城市书房的使用率和关注度下降，将使地方政府和投资者陷入投与不投的境地。

五、结束语

城市书房的建成启用，为市民们提供了优质便捷的阅读服务，提升了公共文化服务水平，为全民读书喜爱者营造了良好的社会氛围，为建设品味独特的城市注入了不竭的文化动力，让知识传播到城市的每个角落、让心灵在这里得以清静、让文化在这里永远传承。

参考文献

［1］中华人民共和国国家统计局.中国统计年鉴［M］.北京：中国统计出版社，2021.

［2］李克强致信北京三联韬奋书店倡导全民阅读［EB/OL］.人民网，2014-04-22.

［3］中国图书馆学会.图书馆服务宣言［J］.中国图书馆学报，2008（4）：8.

［4］吴蛟鹏.社会力量参与温州"城市书房"建设和运维的现状分析［J］.新世纪图书馆，2017（10）：29-31.

公共图书馆服务模式新研究

——以"城市书房"建设为例

许芬荣

(武汉市江岸区图书馆,湖北武汉,430014)

摘 要:近年来,公共图书馆采用新模式新方法进行服务创新,不断为读者创建舒适的阅读空间、提供便捷的阅读方式。其中公共图书馆一项重要的实践探索就是打造24小时自助开放的城市阅读空间——城市书房。本文以"城市书房建设"为例进行研究分析,以期为公共图书馆服务模式创新提供一些借鉴。

关键词:公共图书馆;城市书房;图书馆服务模式

一、建设城市书房的背景及现状

(一)城市书房兴起的背景

城市书房是贯彻国家文化发展总体要求的具体承接方式,通过持续推进全民阅读,达到提高全民素质的目的。城市书房的发展对国家倡导全民阅读、构建书香社会、丰富人民精神生活工作的推进起到了积极的作用,并得益于国家文化政策的支持,此项工作得到了社会的肯定。互联网的发展、智能手机的普及改变着人们的生活方式和信息获取习惯,传统阅读阵地不断被蚕食,而作为全民阅读的新型服务载体,"城市书房"无疑是传统阅读阵地的坚强守护者,会成为一座城市最具温度的文化地标,提升这座城市的文化品位和文化底蕴。

(二)城市书房建设的现状

2014年,浙江省温州市率先开始建设城市书房,这种由地方政府主导,社会力量参与的多元化、现代化、时尚化城市公共阅读空间应运而生,越来越多的城市将它称为"城市书房"抑或"城市书屋"。

2019年7月,湖北省武汉市江岸区深入贯彻党的文化纲领,以建设武汉"历史之城、当代之城、未来之城"为契机,积极盘活辖区内的文化资源,最终促成了武汉市江岸区图书馆与山东高速湖北发展有限公司联合在楼宇内建立的"城市书房"的正式开业，这也是武汉市首家在楼宇内开设的 24 小时无人值守智能公共图书馆。此书房位于武汉市江岸区铂仕汇国际广场一楼，24 小时不打烊，馆内书籍可实现与市图书馆、区图书馆的通借通还。相同的是模式，不同的是细节。与其他图书馆不同的是，该图书馆主要是为楼宇内企业白领职工打造的，周边来往市民都可进馆阅读，市民可在任何时间段刷脸进入馆内，自助办证、自助借还书籍，是市民在家门口的"精神粮仓"。馆内的智能显示屏可实时了解在馆阅读人数，累计服务人数，热门书籍推荐和近期图书预告。同时，借助智能分析技术，后台系统可对读者借阅情况进行智能化分析，并根据读者兴趣，定期推送并上架最新书籍，满足读者多样化的阅读需求。截止到目前，铂仕汇城市书房有 8 千余册在馆书籍，它的建立是公共图书馆服务的延伸，是支撑全民阅读的末梢神经，为群众提供了更加丰富的精神文化生活，实实在在的产品、实实在在的服务，不仅增加了优质公共文化服务供给，更成为了市民文化生活的"新热点"。

虽然我国城市书房建设只有短短 7 年左右的时间，但其服务案例证明公共图书馆城市书房服务模式有进一步提升的探索空间。

二、城市书房建设的特点

（一）纯公益性

纯公益性特征是城市书房服务模式构建的出发点和最重要的基础，无论提供何种图书服务，都要以此为基准进行衡量。从城市书房的最基本功能出发，扩展并创新其内容和功能，丰富周边人民群众文化生活，推动精神文明建设向高层次发展。通过公益性服务的开展，使其融入当地街道社区，与附近街道文化建设相得益彰。

（二）24 小时无间隔服务

全天 24 小时服务是城市书房运营模式需要坚持的优秀做法。传统公共图书馆由于时间和条件限制，难以实现 24 小时服务，只能提供白天工作时间的服务，而城市书房则可以利用信息智能化优势，突破时间限制，实现全天 24 小时服务，这样不仅能够实现服务时间无限制，真正提升效率，还能够将服务的灵活性优势充分发挥出来，满足更多老百姓的多样化需求。

（三）便利化服务

便利化服务是城市书房服务效率提升的灵魂。城市书房在设计和建设过程中，必须依托信息化技术、人工智能技术，紧跟时代发展方向，构建起智能化的服务网络，达到便利群众、为读者服务的目的。从读者进入城市书房，每一个环节，都以最简单便捷的途径，分析读者的需求，且进行多维度分析，为读者推送其所需要的书籍，从而确保读者能够得到个性化服务，提升服务效率。

（四）沉浸式服务

沉浸式服务是城市书房服务模式的又一显著改进方向。相对于传统公共图书馆主要以图书阅览和网上信息阅览为主的服务内容，城市书房在服务内容方面的构建更加丰富、更加全面，沉浸式服务内容更加充实。就目前各地城市书房的运营现状而言，大多数城市书房都带有扩展后内容多样化的体验式服务，通过扩充其内涵，让读者沉浸其中，提升了书房对读者的黏性。

三、城市书房建设的意义

（一）城市书房能让公共阅读走进千家万户

城市书房能够参与解决公共阅读服务"最前沿阵地"的问题，让公共阅读更好地融入人民群众生活当中。"城市书房"建设项目是公共文化服务的创新发展，是打造有文化品味的城市窗口，是城市的"文化坐标"。城市书房可以通过不断提升基层公共文化产品内容和服务水平，打造市民家门口的文化阵地。

（二）城市书房是社区联结社会的重要载体

城市书房可以作为社区联结社会空间的场所，成为二者之间的纽带，这不仅可以丰富社区文化内涵，提升社区居民精神文化生活和文化品位，倡导积极健康的生活方式，而且对精神文明建设大有裨益。城市书房能够较好地与图书出版机构、文化机构、文化社团结合起来，组织社会文化相关活动，打造具有文化内涵的社团品牌，使其真正融入居民生活。

（三）城市书房能促进文化创意和创业就业

城市书房还可让文化创意植根于本土，通过文化创意与交流促进创业就业。作为一个展示窗口，城市书房可以与省内文创企业乃至省外优秀企业合作，让那些颇具创意和文化元素的文创产品参与其中。流水不腐、户枢不蠹，毕竟，独特的文化创意产品能让顾客对城市书房产生归属感、新鲜感和亲切感。同时，还可以借助城市书房，举办文化活动，给社区居民提供创业就业机会，使之与社会或民间创意很好地结合起来，促进其就业，增加文化多样性与独特性。

四、城市书房运营管理存在的痛点

(一) 建设和运行的门槛需求高

城市书房在前期的选址和建设过程中要符合安全、卫生又环保的标准，市政配套设施齐全，交通要方便，配置必要的硬件设备和阅读辅助设备，建成智能运行平台，安装相应安防系统，配备自助借还机等自助设备，达到24小时自助服务条件，采用智能信息业务管理；建成开放后要配备相应的专业工作人员，负责日常管理工作，还要配备适当的图书期刊，这些都需要大量的资金投入，如何保障资金来源和图书资源，将是城市书房建设和运行面临的首要难题。

(二) 24小时开放实现起来困难多

服务范围的延伸可以为城市书房带来更广的读者群体，但众多的读者需求必然是有差异的，部分读者提出希望能够尽可能延长开放时间，甚至达到24小时开放，每个城市书房都是当地城市文明的缩影，其安全问题，工作人员的安排，书籍的整理等都会对延长开放时间以及书屋管理造成巨大困难。

(三) 城市书房建设规模有局限

随着城市的快速发展，人们对于阅读的品质需求也日益增长，已建成的城市书房得到了读者的认可，且越来越多的读者期望未来可以建成更多的城市书房。城市书房不能仅成为各地的文化活动场所，更应成为提升文明城市形象、提高市民道德文化素质的重要阵地。

(四) 管理和运营模式尚需探索

我国城市书房发展时间短，各地又是根据各地资源条件自主建设，因此缺乏可借鉴的统一模式。这就需要各地公共图书馆根据城市书房自身特点和读者需求探索出符合自身运行发展的新模式。管理也应该结合当地实际情况，形成自己的地域特色。

五、城市书房建设的几点建议

城市书房建设是一个系统工程，需要大量资源，仅仅依靠公共图书馆自身的力量是杯水车薪，困难重重。因此公共图书馆除了积极争取政府的财政支持，引进专业人员之外，还应将社会力量纳入城市书房的建设中，合力办大事，使城市书房能够顺利发展。

（一）凸显公益特点，产生规模效应

城市书房是 24 小时为读者提供服务的，最大的竞争力是不间断服务，这就需要有多元化、人性化的服务，增加读者黏性。社会文明进步离不开志愿服务，在城市书房建设的过程中可招募有热情和兴趣的志愿者加入，对其进行图书分类、编目、整理上架，这样既解决了城市书房管理人员不足和开放时间有限的难题，还为志愿者搭建了一个奉献和锻炼的平台，弘扬了志愿服务精神，让更多的人参与进来，推广城市文化与城市阅读，分享阅读与文化带来的快乐，增加了社会参与度。此外，公共图书馆应定期组织专业人士对阅读服务进行交流和探讨，开展丰富多样的文化活动，积聚人气，促进多元化发展，以期产生规模效应。

（二）引入最新技术，引领时代先进元素

要想使城市书房在现代化建设中发挥作用，就需要跟上信息智能化潮流，在城市书房中引入信息智能平台，不断更新城市书房的信息要素，引进智能设备，以便民为宗旨，让读者能够自主选择服务项目，通过小空间实现大功能。

（三）鼓励社会力量参与，形成合力

城市书房建设应该积极鼓励社会力量参与，互相借力，在便民服务上下功夫，营造优质阅读环境、丰富生活场景。问渠哪得清如许，为有源头活水来，让社会力量参与，更能让场馆效能得到发挥，社会力量参与也会有所得。因为财政投入有限，引入优质企业和吸收各种社会力量，可为城市书房建设发展争取更多资金支持，有效地解决资金困难的难题。

六、结语

随着互联网的快速发展以及人们精神文化需求多样性的日益增加，图书馆阅读服务模式也需要不断创新，这样才能满足人们日益多元化的阅读需求。以满足读者需求为基本目标的城市书房建设，需创新服务模式，寻求社会力量的参与，使读者享受更优质、更丰富的阅读服务，进一步推进书香社会的建设。城市书房不仅是公共图书馆的一项创新探索，更是满足城市居民日益增长的文化需求的有益实践，符合精神文明建设的纲领要求。

参考文献

[1] 龚晓华. 公共图书馆的公益性与服务效能的提升路径研究 [J]. 河南图书馆学刊, 2019, 39 (9): 11-12, 28.

[2] 熊静. 重拾阅读传统 再建书香社会 [J]. 图书馆建设, 2017 (12): 15-18.

[3] 缪建新. 志愿者与图书馆阅读推广 [M]. 北京: 朝华出版社, 2020.

公共图书馆服务模式新研究
——以"城市书房"建设为例

聂微涟

(武汉市新洲区图书馆,湖北武汉,431400)

摘 要:文化是城市的灵魂,随着人们的阅读方式不断改变,公共图书馆的重要职责就是搭建传播文化多样化的平台。公共图书馆在满足人们的阅读中发挥着重要的作用。由于多数公共图书馆建设受年代久远、设备落后、规模的限制,已经远远不能满足人们阅读和学习的需求。在这样的背景下,城市书房应运而生,填补了传统图书馆使用功能和服务不到位的空缺。

关键词:公共图书馆;服务模式;城市书房建设

随着社会生活的进步,人们对精神文化的追求越来越高,图书是文化的主要呈现方式之一,公共图书馆是承载人们文化追求的主要场所。传统公共图书馆在建设和服务上存在着很多缺陷,例如多功能自习室缺失、盲道的缺失、开放时间的限制、服务项目单一等等。这就要求相关部门在建设公共图书馆的时候要从人民的需求出发,不断完善和创新公共图书馆的建设模式,城市书房就是当下公共图书馆较为新颖的建设和服务模式。

一、城市书房建设的内涵与功能

(一) 内涵

城市书房指的是由政府主导,社会力量合办,替考各级公共图书馆,运用自动化设备以及无线射频的技术,全天24小时开放,实现一体化的自助型公共图书馆。

(二) 功能

城市书房除了具有公共图书馆的借书还书以及办理借书卡的功能之外,还具有咨询、沟通交流、社会教育、阅读推广、特殊群体服务以及便民服务等一系列功能。

二、城市书房建设中存在的问题

（一）成本问题

相较于普通的公共图书馆而言，城市书房开放没有时间限制，这一点能够极大的满足读者需求，但是伴随而来的，是比普通图书馆运营要高好几倍的运营成本。一方面，尽管城市书房依靠技术支撑，需要的人员数量比以前少，但是仍旧需要一定的人力进行管理和维护，人的精力是有限的，全天开放就意味着人员需要倒班，需要的人数相比之前并没有很大的减少，薪水支出仍需占场馆运营的很大一部分。另一方面，城市书房的水、电以及维持场馆运营的设备需要全天开启，这也是一笔不小的费用。

（二）忽略读者需求

城市书房因为处在建设初期，相比于传统公共图书馆的严肃以及沉闷来讲，其环境设置会更加现代化，也比较温馨，但是城市书房的本质是公共图书馆，公共图书馆主要的功能就是确保读者在舒适的环境下有良好的阅读体验。舒适的环境包括桌椅、灯光、插头、网速等，这些方面都与读者的需求息息相关，部分城市书房过分关注场馆的特色而忽视了读者的基本需求。

（三）数量有限

城市书房的本质是公共图书馆，公共图书馆的主要功能就是满足读者的读书需求，馆藏图书的类别和数量也是非常重要的，目前城市书房的建设还处在探索阶段，其图书的种类和数量只能满足部分读者的阅读需求。

（四）管理问题

当前，我国城市书房的建设完全依靠于地方政府，并没有完备的管理制度和统一的管理标准。因为建设处于探索阶段，很多城市都是依靠企业聘请专业的管理团队进行日常的运营和管理，这种管理模式容易出现问题，如政府以及企业的管理意见与专业的管理团队出现较大分歧等。

三、公共图书馆服务模式新研究——以"城市书房建设"为例

（一）优化运营模式

与传统公共图书馆不同，城市书房没有固定的开放时间，全天开放使得读

者阅读没有了时间的限制。此外，城市书房的建设是完全从读者的需求出发，其最大程度满足人们对公共图书馆的利用。因此，运营成本也会大大增加，所以其运营模式也应当进行一定程度的优化。优化城市书房的运营模式，本人觉得应该从以下三个方面入手：

1. 引进先进的公共图书馆管理技术、创设统一的平台系统。城市书房的建设是一项庞大的工程，需要大量的资金支持，过去的公共图书馆建设需要大量的人力、物力，特别是规模较大的公共图书馆。现在信息技术的急速发展，像传统公共图书馆的借书还书或者办借书卡等业务，可以通过技术系统来进行解决。城市书房在建设的时候可以把过去在人力、物力上的大部分资金用在技术建设方面，比如建立统一的图书管理系统，用系统来替代过去的一些人力工作等，使城市书房能够在便捷高效服务市民的同时，最大程度的节省运营成本。

2. 加入志愿服务。人力资源是过去公共图书馆建设必须要考虑的因素，降低人力成本也是城市书房建设中需要考虑的问题。实际上，除了用技术系统代替人力之外，招募志愿者同样可以达到减少人力成本的目的。城市之中会有很多热爱图书文化的市民，这些市民可以作为城市书房的志愿资源，同时城市书房建设的时候，可以选择建设在大学周围，大学生的时间较为宽松、对于文化的追求也较高，大学生也可以作为志愿资源。志愿者的引入，主要是为了方便一些年纪较大和较小对城市书房技术系统不会使用的人，提高城市书房的服务效率，提高读者的借还书体验。

3. 拓宽业务。城市书房不仅建设时需要大量的资金投入，同时因为城市书房要运用技术维持正常运作，也需要不少资金，如果不拓展业务，只依靠借书、还书、办借记卡业务，很难支撑城市书房的长时间运行。因此，城市书房可以在基础业务之上，开展"以商补文"的模式，卖些咖啡、饮料、零食等商品，来增加一些收入，补充城市书房的运营费用，减轻城市书房在运营资金上的负担。

（二）满足读者需求

城市书房的建设是完全基于读者的需求，读者合理的需求在这里应当得到最大程度的满足，充分体现城市书房建设过程中秉承的"以人为本"的理念。在满足读者需求这一点中，本人觉得应当包含以下两个方面的需求：

1. 外部环境需求。为方便市民的生活，满足市民的文化需求。城市书房应当选址在周围多是居民楼、学校、靠近地铁附近交通便利的地点，选址既要保证环境安静，同时也要保证市民来去不受交通的限制。城市书房建设数量也不能扎堆，要均衡分布，来满足各个地区读者的要求。

2. 内部环境需求。城市书房归根结底本质还是公共图书馆，是为了满足广大读者的阅读需求。因此，图书的数量和种类一定要最大限度满足读者的需求。同时，城市书房的环境摆设要温馨自然，读书环境的安静都是很有必要的。除此之外，城市书房还应当设置特殊活动区，满足不同人群的需求。例如可以设置儿童阅读专区，满足儿童读者需求的同时也能达到不打扰其他读者的目的；还可以设置自习专区，满足学习、备考人群的需求；设置书画练习专区，满足书法爱好者的需求，等等。

（三）鼓励社会参与

城市书房的建设并不是一个小的工程，其与城市规划以及城市发展都有着很大的关系，但是城市书房建设所需要的资金以及技术支持单单依靠政府是远远不够的，这就需要寻求社会力量，鼓励社会与政府一同建设城市书房。政府可以与企业进行合作，例如企业出资对城市书房进行建设、装修以及提供专业运营管理的团队，政府负责提供系统的设备、技术支持以及后期的维持管理运营费用，同时志愿者招募也由政府负责。这种合作方式能够大大减轻政府的压力，同时还能更好地促进城市书房的发展。

（四）完善管理制度

城市书房本质上是公共图书馆的创新和发展，但是从其他意义上来讲，城市书房属于新兴的事物，新兴事物的发展是一个漫长的过程，需要新的技术、人才以及新的管理制度。城市书房正处于发展的关键阶段，要确保其正常的运行，就必须制定合理的、科学的、有效的管理方式。具体管理制度笔者觉得应当具有以下三个方面的标准：

1. 符合公共图书馆的管理标准。城市书房是公共图书馆的一种，其基本规范应当与公共图书馆的行业标准相吻合。

2. 最大程度满足读者需求。建立城市书房最主要的原因就是为了要满足市民与日俱增的文化需求，因此，市民的意见和想法是相关部门在建设城市书房的时候必须要考虑的因素。

3. 各方意见。城市书房的建立不仅依靠于政府，还依靠于社会力量。因此在建设的时候需要考虑社会中各个阶层的意见，使城市书房的建设兼具文化效益以及经济效益。

四、结束语

总而言之，城市书房作为城市公共图书馆的创新模式，其不仅包含传统公共图书馆的借阅功能，还包含空间、特殊群体、便民服务、阅读推广以及揭示馆藏等功能，能较好补充传统公共图书馆缺失的功能，目前城市书房的建设还处在摸索阶段，建设过程中虽出现了不少问题，但还是要始终坚持以读者的需求为城市书房发展的重点，不断完善和促进城市书房更好的发展。

参考文献

[1] 胡莹."城市书房"与公共图书馆服务内容的比较及思考——以上海市闵行区"城市书房"建设为例[J].图书馆杂志,2019(5):61-64.

[2] 盛兴军,张璐.文旅融合背景下公共图书馆地方文献资源宣传推广研究——以浙江省地级市图书馆为例[J].图书馆学研究,2020(5):77-82.

[3] 余纪珍.新型城镇化背景下河南省公共图书馆服务研究——以信阳市平桥区公共图书馆发展模式为例[J].信阳师范学院学报（哲学社会科学版）,2019,39(2):100-104.

[4] 尤艺成.以小区书屋为公共图书馆服务体系的终端模式研究——以厦门市湖里区小区书屋建设为例[J].河南图书馆学刊,2020(5):12-13,24.

[5] 谢作力,林微微,钱永宽.基于温州城市书房服务模式的创新实践——瑞安"玉海缥缃"城市书房建设与管理[J].河南图书馆学刊,2020(8):90-92.

[6] 刘昱,张振康,王永菲.城市书房在社会治理中的作用研究——以济南市泉城书房为例[J].河北科技图苑,2020(2):3-7.

城市书房——便民服务再升级
——以当阳市"城市书房"建设为例

徐海燕 钟燕 严青

(当阳市图书馆,湖北当阳,444100)

摘 要:在全民阅读的浪潮下,城市书房是公共图书馆拓展阅读服务空间的创新尝试,在推动公共文化服务区域均衡发展中起到重要作用。当阳市城市书房建设积累了丰富的经验,同时也存在一些问题。本文首先介绍当阳市城市书房建设背景及概括,其次介绍存在的问题,并对原因进行分析,最后提出切实有效地解决方案。

关键词:全民阅读;城市书房;通借通还

《"十四五"公共文化服务体系建设规划》(简称《规划》)针对经济社会发展水平制约下区域之间公共文化服务发展水平的差距,提出了"推动公共文化服务区域均衡发展"的主要任务。城市书房,作为公共图书馆在馆外的延伸服务形式,在推动区域间、城市间公共文化服务均衡协调发展中起着不可或缺的作用。

一、城市书房的概念以及目前建设背景

"城市书房"这个名词,最开始是浙江省温州市政府向市民征集来的词语,是指城市自助公共图书馆,即依靠先进的智能技术和网络平台为广大居民提供图书借阅、书目搜索等相应服务的场所,是传统公共图书馆拓展服务半径、创新服务手段的一种新尝试。通过高科技手段,把"阅读"送到老百姓身边,实现公共文化服务便利化、均等化。现在城市书房建设已经由江浙地区发展到全国各地,而且出现快速增长态势。据不完全统计,全国有130余座城市在落地推进该项工作,已建成1300余家城市书房,引领了公共文化服务新风尚。

二、当阳市城市书房建设情况

目前,当阳市已经建成"香榭里城市书房"和"坝陵桥城市书房",但香

榭里城市书房受场馆条件限制，只配送图书，并无自助借阅设备和门禁系统，和当阳市图书馆并未实现"通借通还"，只能算是一个馆外流通点，真正意义上的城市书房只有坝陵桥城市书房。该书房位于锦屏大道中段39号，面积约110平方米，读者座位30余个，纸质图书2000余册，包括近200册红色图书。其主要建设特征有：

（一）政府牵头，社会合作

坝陵桥城市书房改变了过去单纯依靠政府来建文化场馆的现状，开创了政府和社区共建城市书房的新局面。其中，政府投资配置图书、自助借还办证一体机和门禁刷脸系统、大数据显示屏等，社区提供场地、书架、书桌、座椅等。

（二）精心选址，服务居民

坝陵桥城市书房打破传统公共图书馆重规模的模式，仅依据"15分钟阅读圈"理念，即市民出行15分钟即可找到最近的公共阅读空间，谨慎选址。该书房所在的坝陵街道离城区较远，辖区面积8平方千米，常住人口10 700人，青壮年大多外出务工，主要是老年人带着孙辈居住于此。以前要想看书借书，需走近个把小时到市图书馆，现在城市书房的出现改变了这种状况，居民出门仅半分钟即可走到城市书房，极大方便了借阅，真正服务社区居民。

（三）一卡通用，通借通还

坝陵桥城市书房自助办证借还一体机业务系统与当阳市图书馆总馆对接，实现了"一卡通用，通借通还"。即在当阳市图书馆办的证，在社区书房能借书；在书房办的证，在当阳市图书馆可以使用，所借图书均可就近归还。当阳市图书馆和城市书房分馆形成"总馆主导下的文献资源统一采购、统一检索、统一编目、统一配送、统一通借通还和统一人员培训"的"六统一"运行机制。

（四）智能管控，安全出入

书房门禁刷脸系统也对接业务系统，外面的读者想进入，直接刷身份证、实体读者证、电子读者证、当阳文惠卡，读者证绑定脸谱的亦可刷脸，大门感应放行；书房里面的读者想出去，手里的图书必须是通过借书机办理借书手续，不经过借阅手续直接带走图书的话，会发出报警声。通过技术手段，书房实现无人值守，诚信借阅，打造社区居民"15分钟阅读圈"，便民阅读再升级。同时，书房内部配置大数据显示屏，能够实时显示读者进入情况、图书借阅情况、读者证办理情况等，通过对大数据进行分析，方便及时分流读者、图书精准采购等。

（五）场馆便利，活动丰富

在坝陵桥社区一楼靠近居民楼端建城市书房，书房建设和社区风格协调一致，别具一格，温馨有爱，阅读氛围浓厚。一楼靠近马路一端是社区网格员办公区，并设定有专人对书房设备、图书、卫生进行管理维护。同时，二楼建有多媒体教室、心理辅导室、儿童活动室等，极大方便开展各种阅读推广活动。在第26个世界读书日，坝陵桥城市书房正式对外开放，当阳市图书馆携手樊登读书当阳服务中心，在书房以"书香沮漳——守护花开，关爱成长"为主题开展首届阅读分享活动，附近共有40多位居民参加。坝陵桥城市书房同时将每月23日定为社区阅读日，定期开展各种阅读分享活动，

三、当阳市城市书房建设问题、原因分析及解决办法

（一）数量偏少，推广不够

至今为止，当阳市真正意义上的城市书房只有一家，这远远不能满足本地居民不断增长的精神文化需求。这与起步较晚有一定关系，另外资金缺口大也是一个原因。建成一个城市书房，配备各种高科技设备大概需要30万元，光靠政府投入进行全市推广，财政负担不起。今后政府可发挥主导作用，呼吁企业、爱心人士等参与城市书房建设！政府引导，多元参与，为城市书房可持续发展提供资金保障。另外，城市书房设计应该根据场馆的实际情况来进行风格设计，如景区内的城市书房可打造成地方特色馆，除了摆放地方文献外，还可在里面展示本地文创产品，宣传本地文化；学校附近的城市书房可以打造成青少年馆，里面图书投放充分考虑学生读者需求，装修风格也应考虑读者喜好。

（二）培训不够，"软件"不齐

坝陵桥城市书房借书设备、图书、门禁系统等硬件全部配齐，但"软件"——书房管理员的专业素质有待提高，城市书房最开始运行期间，因管理员操作不当，直接导致设备无法正常使用，这给读者带来了不好的借阅体验。虽然读者在城市书房内，通过智能设备提示即可开展自助办证、借阅、续借等，不需要书房管理员直接参与，但整理图书、解答读者咨询、设备维护等都需要管理员的参与，因此管理员也需要具备较高的文化素养。当阳市图书馆应根据城市书房实际需要，对书房管理员开展诸如智能设备基本情况、正确使用方法、一般故障维修、组织开展阅读活动等方面的培训。同时，很多城市书房为读者配备了针线、放大镜、纸、笔、饮用水、便民伞等，想民所想为民服务，提高

了读者在城市书房的幸福感和满足感。坝陵桥城市书房应该在这些服务软实力上下功夫。

（三）场地有限，座位不够

因整个书房面积仅110平方米、座位只有30余个，社区很多居民一起过来看书时，读者座位也不够。建议后期建设城市书房时，尽量扩大阅读空间，满足读者需求。

（四）资源有限，选择单一

在当今数字化潮流中，选择看书看报的市民屈指可数，从第十七次全国国民阅读调查结果来看，每天的传统纸质阅读时间不到20分钟。目前坝陵桥社区只投放了2000册纸质图书，这就需要坝陵桥城市书房在提升读者思想文化素质方面要与时俱进，服务不能局限于传统纸质图书，应多谋划"阅读+"模式，增加各种形式的阅读活动，如读者沙龙、诗歌亲子朗诵、情景剧表演等多种文化活动，增强读者粘性，发挥优秀服务平台的传播作用，把城市书房打造成承载知识共享、信息交流城市文化空间。

总之，城市书房改变了"一城一馆"的公共图书馆建设布局，采取"1+X"的模式，以总馆带动若干城市书房，构建了高效、便捷的都市公共图书馆服务体系和城市"15分钟阅读文化圈"。但城市书房要长久服务读者和城市，成为常态化的存在，还需要经营者的精细管理和科学运营。

参考文献

[1] 温州市图书馆. 我市24小时自助图书馆的正式名称、标志LOGO和今年增设的10家拟定选址于昨日公布：不夜的书房，不灭的理想 [EB/OL]. 中国图书馆网，2015-05-07.

[2] 张洁. 关于扬州市城市书房建设及管理模式的探讨 [J]. 图书情报导刊，2018（8）：20-23.

[3] 杜洁芳. 城市书房，宛如深夜灯盏 [N]. 中国文化报，2019-05-22（6）.

[4] 吴克莉. 城市街区24小时自助图书馆用户服务评价：基于983份来自深圳的问卷数据统计 [J]. 出版广角，2019（6）：82-84.

[4] 第十七次全国国民阅读调查报告：有声阅读成为国民阅读新增长点 [EB/OL]. 光明网，2020-04-21.

[5] 胡海荣. 点一盏灯暖一座城：温州城市书房创新公共图书馆服务 [J]. 图书馆研究与工作，2018（15）：5.

公共图书馆服务模式新研究
——以"城市书房"建设为例

李黎　吕莹
（宜城市图书馆，湖北宜城，441000）

摘　要：在我国经济实力不断提高，人们生活水平不断提升的大背景下，文旅融合成为人们旅游休闲过程中获取文化信息的重要平台，发挥了提供公共文化和旅游服务的重要作用。在文旅融合的背景下，我们需要不断探索公共图书馆服务的创新服务模式。城市书房是一种延伸自"公共图书馆+"的阅读服务空间新形态，并且逐渐成为当前城市文化建设重点领域与内容。在技术方面与自助图书馆机相类似，同样也存在许多问题影响其可持续发展。本文通过对城市书房建设主体形式及应重视的主要问题进行阐述与深入分析，希望能够为各个地区公共图书馆事业发展提供有效参考。

关键词：公共图书馆；文旅融合服务；创新模式；城市书房

一、城市书房相关概述

当今社会，图书馆智慧成为了图书馆存在与发展的一个非常重要的现象与属性，图书馆智慧服务不仅仅是图书馆人的一种与时俱进、不断提升的自主选择，更是图书馆在信息化时代下基于读者服务的一种或多种新理念、新能力与新服务方式。图书馆智慧服务主要有知识性的图书馆智慧服务、智能性的图书馆智慧服务和理念性的图书馆智慧服务等3种概念及内涵。知识性的图书馆智慧服务实质上是图书馆的一种学问智慧；智能性的图书馆智慧服务实质上是图书馆的一种技术智慧；而理念性的图书馆智慧服务实质上是图书馆的一种人文智慧。城市书房是一种学问智慧，也是一种技术智慧更是一种人文智慧。

一般来讲，城市书房的建设是以当地的图书资源为中心来进行，以政府为主导联合社会资本共同创办，通过信息通信、无线射频等现代化技术，在系统上实现图书馆阅读空间和服务拓展的一体化建设。城市书房是一种场馆型的建设体系，一般是作为自助公共图书馆全天候开放的。本质上来说城市书房就是对公共图书馆阅读空间与服务的外设延伸，与"无人超市"可以说是异曲同工、大同小异。城市书房以公共图书馆资源与功能为基础，集自助办证、自助借还、数字阅读、阅读推广等基本功能为一体。城市书房相较于实物公共图书馆具有周期短、占地小、规模可控等优点，在实际生活中发挥了远超实物公共图书馆的作用，在各地得到了较为广泛的应用，成为了完善当地公共图书馆功能，延伸公共图书馆网络体系，实现公共图书馆均衡布局的重要的新型模式。

当前人们追求快节奏、高品质的生活以及优雅地阅读氛围，作为传统公共图书馆服务的延伸和拓展，现在的公共图书馆模式改变了传统的以中心图书馆为核心的文化服务模式，利用多种多样的、现代化的高效服务手段，打造优越的、舒适的阅读环境，提升了公共图书馆的服务效益，也通过建设市民家门口的公共图书馆——城市书房，为我国城市公共阅读空间的发展带来了新方向。

二、当前我国城市书房建设主体形式及存在问题分析

（一）图书馆主导型

这种形式主要是从公共图书馆自身发展实情出发，以财政资金作为支撑的图书馆主体建设形式。为了实现公共图书馆服务功能拓展，许多公共图书馆采用改造现有馆舍、馆内设置独立开放阅读空间、延长开放时间等方式，来满足读者的阅读需求。图书馆主导型模式结合了读者需求与公共图书馆服务，基于对公共图书馆基本条件资源的合理利用，大大提高了运行成本的可控性，降低了管理难度。在面对分馆建设需求时，公共图书馆可以通过合作的方式建设自助型阅读空间，但是由于部分合作单位意向不强烈、建设能力有限、建设数量少等原因，推广过程有较大的难度，并且其仅能够满足合作方的需求，面对的受众较少，无法从根源上解决公共图书馆布局不合理、图书资源不均衡的问题。

（二）政府主导型

顾名思义，政府主导型的城市书房是以地方政府为主体进行建设，当地政府通常会将城市书房建设列入其地区的公共文化建设规划当中。城市书房的布局、建设资金、队伍配置，都是由政府统筹规划，以达到均衡配置公共文化资源的目的。建设过程中涉及发改委、规划局、财政部以及各级文化主管部门的协调配合，能够较好地提高城市书房建设规划布局的科学性、合理性与规范性。政府主导型的城市书房具备较高的建设标准，无论是在政策、资金还是人员方面的保障性水平均较高。

三、城市书房建设应重视的问题

不管是类似于"ATM 机"模式的自助公共图书馆，还是类似于"无人超市"模式的城市书房，都需要通过加载无线射频与现代通信技术的方式，利用现代化的科技手段衍生新型的公共图书馆服务形态。两者的主要区别在于城市书房采用的是场馆式体验形态的服务模式，而自助公共图书馆采用的是终端设备形态的服务模式。相对而言，城市书房的优势主要在阅读空间的体验感和图书资源的丰富性上。当然，在实际运行过程中自助公共图书馆和城市书房均存在机器使用率不高，管理理念、配套技术不成熟等许多问题，需在建设过程中予以高度重视。

（一）投资管理主体划分问题

在城市书房的投资主体为公共图书馆或是社会机构的情况下，一般实施的是投资主体管理原则，这种情况下投资与管理方面不存在突出矛盾。在城市书房的投资主体为政府的情况下，其框架通常架构的较为庞大，在图书调配、设备维护、安全管理等方面的强度要求也较大，需要较高的运作资金与后勤保障作为运行支撑。就管理层面而言，若是采用单一的管理委托模式，相关机构设立门槛则会对城市书房维护管理形成较大制约；若是委托各级公共图书馆辖区代为管理，则可能受限于公共图书馆基层人员、职能、技术因素，难以有效履行管理职责。此外，各个公共图书馆资源和城市书房资源之间的调配共享难度大，对于政府投资的城市公共图书馆管理而言，如何实现"通借通还"的流通模式与当地财政资产管理规定地有效协调，成为城市书房管理必须慎重解决的问题。城市书房原则上是无人值守的 24 小时开放模式，市民对城市书房的开放借阅模式比较陌生，需要一个适应的过程。开放之初需要抽调部分公共图书馆管理人员进行管理和引导，帮助市民尽快适应新型的公共图书馆服务模式。

（二）运行保障资金管理问题

当前，城市书房场馆主要包括"独立建制"与"门面租用"两种建设形式。独立建制的优点相当明显就是一次建设可以长年使用，不存在场地纠纷，但是也有许多的缺点，例如，如何保证建筑建设的规范、如何协调后期的安全与维护、如何解决后续运维资金问题，等等。门面租用优点则是建筑建设规范化水平高、安全维护问题少、一次性付出资金相对较少等。它的缺点一是容易受到房屋产权归属变动的影响，有房屋场地纠纷的可能，难以保证公益服务的可持续性，有可能造成城市书房无法长期发展；二是房屋租金不是一成不变的，需要充分考虑租金总额变化的可控性，是否符合财政支持的力度等。就建设层面而言，城市书房前期固投可控性较高，但是后期运维会产生较高费用，往往占据建设费用的30%至40%左右，公共图书馆财政压力较大，并且由于缺乏完善的运维资金管理体系，导致城市书房管理面临较大的资金浪费问题。

（三）人员配置问题

在城市书房运行过程中，服务人员、运行维保人员分属不同职能，作为无人自助型图书馆并非不需要人员维护，仍然需要专职工作人员进行日常维护和管理。例如，城市书房运行过程中接待的读者素质良莠不齐，可能会出现图书散乱、读者喧哗、环境脏乱的情况，这就需要配置保洁和安保人员进行图书整理、秩序维护和卫生打扫等日常维护，同时在城市书房运行初期也需要图书馆管理人员对读者进行文明阅读的引导和提供新型阅读模式适应的帮助。缺乏有效的、固定的管理模式成为了限制城市书房建设与发展的重要问题。

（四）服务效能提升问题

在服务效能上，城市书房具备"小而精"的建设布局优势，以及"无人值守"的读者自治优势，实现了文献优化配置更新，但是在实现馆员与读者互动效能方面仍然存在较大短板，馆员与读者没有直接地沟通渠道，造成信息沟通困难，无法及时、充分了解读者需求，进而更好地进行文献资源的优化配置和更新，大大限制了城市书房功能的发挥。因此，如何有效引导读者利用好城市书房，如何结合读者需求丰富城市书房内涵，提高城市书房服务效能，提高民众吸引力成为了当前城市书房建设需要深入探索的重点问题。

五、结语

建设城市书房能够有效实现公共图书馆资源的共享、服务的均等以及效益的最大化，可以切实避免以往公共图书馆服务范围小、效能不高的情况。城市书房的建成开放以及平稳运行，为市民提供了资源优化、知识共享、信息互换、互动阅读的崭新空间，满足了人民群众对文化生活的基本需求。城市书房建设与管理各地可因地制宜，借鉴其他地区城市书房的先进经验，打造富有地域特色的城市书房。在进行城市书房建设过程中如何让建成的城市书房具有更持久的生命力；如何引导民众适应城市书房的模式，更好地利用城市书房的资源；如何丰富城市书房的内涵，加强城市书房的资源优化配置；如何增强城市书房的魅力，发挥城市书房的作用，让其成为市民生活中不可或缺的文化和信息交流平台，提升城市书房服务效能，还应当要求有关部门能够对其服务规范、运行体制以及管理制度予以完善，并逐步形成独具特色的公共图书馆服务体系发展模式，以切实有效地推动公共图书馆事业的发展。

参考文献

［1］杨贤林.城市书房公共阅读服务体系建设研究［J］.图书馆学刊，2018（5）：61-65.

［2］张洁.关于扬州市城市书房建设及管理模式的探讨［J］.图书情报导刊，2018（8）：20-23.

［3］孙红强.城市书房建设应重视的几个问题［J］.河南图书学刊，2019（9）：130-132.

［4］吴蛟鹏.社会力量参与温州"城市书房"建设和运维的现状分析［J］.新世纪图书馆，2017（10）：29-31.

［5］许荣鑫.城市书房建设的探索与实践——以晋江市图书馆为例［J］.卷宗，2019（22）：209.

［6］吴晋斐.24小时城市书房的建设与发展［J］.卷宗，2019（24）：162.

公共图书馆服务模式新研究
——以鄂州市"城市书房"建设为例

田 琳

(鄂州市图书馆,湖北鄂州,436000)

摘 要:随着社会经济的发展,人民物质生活水平持续提高,现有的公共文化服务已经不能满足人们对文化的需求。城市书房的建设就是鄂州市图书馆对公共图书馆服务新模式的积极探索。本文简要介绍了鄂州市城市书房的基本情况,并详细阐述了城市书房建成后的积极意义、在城市书房建设和运行中遇到的问题,以及针对这些问题提出的解决建议,希望能够为城市书房未来发展提供借鉴案例。

关键词:城市书房;公共图书馆

一、城市书房建设的背景

随着社会经济的发展,人民物质生活水平持续提高,现有的公共文化服务已经不能满足人们对文化的需求。十九大报告中指出,中国特色社会主义进入新时代,我国社会的主要矛盾已经转化为人民日益增长的美好生活需要和不平衡不充分的发展之间的矛盾。公共图书馆作为公共文化服务的主要提供者应该采取怎样的措施来满足人民日益增长的精神文化需求。于是图书馆人开始思考,怎样可以最大限度的延伸公共图书馆服务面,"城市书房"的概念应运而生。

二、鄂州市城市书房情况介绍

近年来,鄂州市政府持续推进全民阅读工作,大力支持"书香鄂州"的建设。鄂州市目前有三家24小时城市书房建成并对外开放,分别是镜园社区城市书房、儒学社区城市书房和滨湖社区城市书房。这些城市书房由社区提供场地并安排工作人员兼职管理,市图书馆提供装修设计、电子设备、选配更新书籍等。城市书房平均室内面积80平方米,平均藏书量5000册。为方便市民借阅图书，书房内设置有阿法迪门禁、LED显示屏、自助办证机、自助借还机、阅读机、监控设备、智能语音系统、大数据展示平台、空调、饮水机等设施，实现了与市图书馆、各分馆之间的通借通还，可以说是一个功能齐全的微型公共图书馆。市民可以通过人脸识别、刷身份证、读者证等三种方式进入城市书房，并通过自助借还设备查询馆藏、借还书籍、办理续借等业务。鄂州市图书馆还开通了自助信用办证服务，读者可以凭借支付宝信用积分自助办理免押金借阅证。

三、鄂州市城市书房建成后的积极影响

（一）城市书房可以提供24小时的借阅服务

公共图书馆有固定的开馆时间，城市书房则不受开馆时间的限制。鄂州市图书馆开馆时间为8：30-17：30，每周一闭馆，这与大部分成年人工作时间和未成年人上学时间相冲突，下班后或放学后想要到图书馆阅读学习时，却发现图书馆的大门紧闭。24小时对外开放的城市书房就延长了公共图书馆的服务时间，可以随时满足市民的阅读需求。

（二）城市书房地理位置灵活，更加贴近居民生活

阅读不仅要"随时"，还要"随地"。鄂州市主城区只有一家公共图书馆，藏书资源高度集中，阅读空间有限，地理位置固定。这不仅不利于吸引更多读者走进图书馆，也会造成藏书资源的浪费。对于有强烈阅读需求，交通距离又比较远的读者来说，这也是他们到图书馆的主要阻碍因素。城市书房恰好就有选址灵活的优势，鄂州市图书馆建成的三家城市书房，分布在城市不同方位，并选址在人流密集的居民区，书房投入使用后就吸引了大量居民入内阅读学习。

（三）城市书房空间布局更加温馨，更像市民的第二客厅

城市书房的面积比较小，因此装修风格会比公共图书馆"接地气"，在书架、阅读桌椅等内部陈设的选择上可以更贴近家庭的装修风格。当读者走进城市书房，这种温馨的感觉会更容易让人放松下来。并且这样的内部构造，非常适合组织小规模的阅读活动，就像是在自己家的客厅与朋友交流。比如鄂州市图书馆在镜园社区城市书房定期举办"读书交流会"，不但为社区创造了更加浓厚的阅读文化氛围，还吸引了周边的阅读爱好者到社区参加活动，从而扩大了公共图书馆阅读推广的影响力。

（四）先进的自助阅读服务，能够吸引更多年轻读者走进城市书房

年轻人对新技术有着很强的好奇心和更高的接受度，传统公共图书馆的服务可能对青少年群体吸引力不足。但是24小时无人值守城市书房是一种全新的服务模式，更加智能化与个性化，这会吸引年轻人到城市书房来体验这种先进的人机交互技术，年轻人不仅可以在这里自助查询馆藏信息，借还图书，还可以使用电子阅读设备来听书，看书，从而实现阅读方式的多样化。

四、鄂州市城市书房建设和运行中遇到的困难

（一）书房选址难

城市书房对场地面积、周边环境有较高要求。考虑到城市书房的实际利用率以及希望其能够最大限度的服务更多读者，在前期进行选址中需要综合考虑多方因素。从辐射范围的角度看，需要考察交通是否便利，周边人流量情况，15分钟步行距离内是否有居民区、学校，购物中心等；从书房硬件设施的角度看，需要有一定的独立空间，内部结构不能太复杂，拥有良好的采光条件等；从读者的使用体验角度看，需要考察书房周边配套设施是否完善，周边停车是否便利，与公交车站的步行距离，有几条公交线路通过，等等。

（二）书房筹建资金有限

没钱是公共图书馆建设老大难的问题。目前鄂州市图书馆建设城市书房的费用全部依靠上级单位拨款，资金来源单一，经费不足。城市书房前期的装修设计成本，一整套自助借还设备，以及阿法迪门禁、阅读机、监控设备、空调等，再加上至少5000册的藏书量与室内桌椅，经费就显得捉襟见肘。因此鄂州市图书馆采取与社区合作的模式，使用社区的场地，节省场地的使用成本。在装修设计方面也想方设法降低成本，比如与施工团队签署长期合作协议，压减施工费用，同时尽量使用简约的装修风格，用木工制作的整墙书架代替购买单独的成品书架。

（三）书房后期维护管理难

一个城市书房建成后，怎样让它尽快运行起来，并实现良性循环，相信是很多城市书房都面临的难题，鄂州市的城市书房同样不可避免地遇到这样的问题。城市书房面积小，人流量大，然而不是所有的读者都能够按照要求将借阅书籍放回原处，并及时带走自己产生的垃圾。同时因为实现了与总馆和各个社

区分馆的"通借通还",书籍的总数是不断变动的,这也对后期管理造成了困难。尽管业务部门定期会到城市书房清理书籍,然而人手有限,不足以实现城市书房的全部管理工作。鄂州市图书馆在书房的日常运营中主要是依靠社区工作人员与图书馆志愿者,但是社区工作人员是兼职管理,精力有限;志愿者流动性大,对城市书房情况不熟悉,难以做到高效管理。因此书房内的书籍会出现乱堆乱放情况,以及书桌上还有喝完的饮料瓶没有及时清理等情况。

（四）不能及时解决读者在城市书房中遇到的问题

城市书房是24小时自助服务,没有专门的工作人员值守管理,而居民的阅读时间多集中在工作日的18：00至24：00和节假日,这个时候工作人员也不在岗位,如果此时借还设备或其他设施出现故障后,读者遇到的问题难以及时反映并得到解决。即使是在工作时间,由于工作安排和交通距离,工作人员也难以及时到达现场排除设备故障,这样就会造成读者借阅不便。尽管城市书房是市民们的"第二客厅",但是依旧不能像在家里那样自由,当书房内有读者高声交谈或是用手机外放,影响到其他人又交涉无果的情况下,读者就会产生对城市书房服务的负面评价甚至是投诉。

五、对鄂州市城市书房建设提出的建议

（一）在城市书房的建设中重视社会力量的引入

独木难成林。完全依靠财政拨款和公共图书馆的力量,城市书房的建设是难以形成规模的。只有引入社会资本加入到城市书房的建设中来,才能解决资金不足的问题。一方面,公共图书馆要打造城市书房良好形象,策划开展品牌阅读活动,扩大城市书房社会影响力和知名度,吸引社会力量参与并能够形成共赢效果;另一方面,政府也要出台相关政策,对参与城市书房建设的企业、公司、团体等给予扶持优待,让它们从中获益,实现自身的发展。

（二）招募社区志愿者,参与书房日常管理

相比较公共图书馆的志愿者团队,由当地社区的热心居民、退休党员组建的志愿者团队更稳定。招募这样的一批志愿者,组织规范化培训,成立专门为城市书房服务的专业志愿者团队,参与到社区城市书房日常管理中,就可以有效解决人手不足的问题。也可以探索常驻城市书房的社区志愿者服务模式,让爱读书又有空闲时间的热心读者成为城市书房的工作人员,既可以满足他们的阅读需求,又能及时整理上架图书,维护书房日常秩序。

（三）加强与教育培训机构的合作，丰富书房的活动形式

利用城市书房的资源优势，加强与教育培训机构的合作，利用它们的专业课程，积极开展有针对性群体的公益阅读推广活动。让读者们不仅能够在城市书房获得专业的指导培训，还能结识与自己有共同爱好的朋友。同时鼓励参与活动的读者们也参与到活动策划中来，让他们在书房留下自己的专属记忆。这样不但能够增加读者对城市书房的认同感，也能够让他们自觉成为城市书房的推广者。

（四）城市书房装修设计应统一标识，并突出特色

城市书房作为公共图书馆服务场地和范围的延伸，应该与公共图书馆统一标识，但二者又有不同的功能侧重，因此城市书房可以有自己的二级专属名称，以此来突出城市书房的特色，比如咸宁市的香城书房。咸宁市又被称为"香城泉都"，用香城书房来为城市书房命名，就在无形中为城市做了宣传。每一家香城书房门口还有统一的书房专属吉祥物供读者拍照打卡，既吸引了年轻人到书房读书，又提高了城市书房的知名度。

（五）创新"城市书房+X"模式

如"城市书房+旅游景点"模式，将城市书房与鄂州市当地旅游资源相结合。鄂州市西山历史悠久，名胜古迹众多，风景区内有松风阁、吴王避暑宫、古灵泉寺等建筑，这些建筑中有些是空置状态，如果能够将书房搬入景区，并选配与景点相对应的书籍，当游客爬山有些疲惫，走进掩映在苍松翠柏之间的松风阁小憩时，读起黄庭坚的《松风阁序》，岂不是对"诗与远方"最好的阐释。

六、结语

综上所述，鄂州市城市书房作为公共图书馆服务模式的创新探索，不但为读者提供了温馨的阅读空间，而且延长了公共图书馆的服务时间，扩大了公共图书馆的服务范围。然而城市书房作为一个新兴的公共服务空间还有很多地方需要发展和摸索，因此，如何引入社会力量参与城市书房管理，如何利用城市书房开展更加有针对性的阅读推广活动等，都值得我们深思。

十四、智慧图书馆建设模式与路径

我国智慧图书馆研究的热点与趋势分析
——基于 CNKI 信息计量分析

秦艳姣

(湖北第二师范学院图书馆,湖北武汉,430205)

摘 要:文章基于信息计量学研究方法,利用中国知网(CNKI)网络期刊数据库的数据源,依托 CiteSpace 可视化分析软件进行研究。分析我国智慧图书馆研究的热点问题和研究趋势,以期为后续研究提供参考。我国智慧图书馆研究的热点和趋势有新技术在智慧图书馆中的应用研究,智慧馆员的成长路径研究,智慧服务的实践研究,智慧空间再造研究几个方面。未来智慧图书馆的研究需要在微观的实践应用层面进一步加强。

关键词:智慧图书馆;智慧馆员;智慧服务;智慧空间;CiteSpace

自 2003 年芬兰奥卢大学图书馆的 Aittola 提出了"Smart Library"概念后,学术界开启了智慧图书馆的研究。2009 年在物联网、云计算等技术的发展驱动下,智慧地球、智慧城市相继提出,智慧图书馆的相关研究进入快速发展期。国内智慧图书馆的研究是在 2010 年正式开始的。智慧图书馆是在馆员的主导下,利用先进的智能信息技术手段,即时感知或预知用户的需求,提供泛在的智慧服务的一种新型图书馆。实体图书馆、数字图书馆、移动图书馆都是图书馆在发展的不同阶段所呈现的不同形态,智慧图书馆是图书馆转型发展的高级阶段的形态。相比数字图书馆和移动图书馆,智慧图书馆在技术上强调感知、智能,在服务上强调主动、个性,在管理上强调高效,在资源上强调集约、绿色。全面概观智慧图书馆研究的现状,挖掘其内在规律,探究研究的热点与趋势,能够从理论上指导智慧图书馆的建设和实践。

一、研究方法与数据来源

本文使用信息计量学的研究方法,以十年来我国智慧图书馆研究的学术期刊论文作为数据来源,探寻我国智慧图书馆研究的发展历程、热点与趋势。信息计量学，主要是研究情报信息（或文献情报）的计量问题。它的主要内容是应用数学、统计学等定量方法来分析和处理信息过程中的种种矛盾；从定量的角度分析和研究信息的动态特征，并找出其中的内在规律。CiteSpace 是信息计量学的分析工具之一，是一款着眼于分析科学文献中蕴含的潜在知识，并在科学计量学、数据和信息可视化背景下发展起来的一款多元、分时、动态的引文可视化分析软件。通过可视化的手段来呈现科学知识的结构、规律和分布情况，可视化图形称为"科学知识图谱"。

本文利用中国知网（CNKI）的网络期刊数据库，检索表达式为主题＝"智慧图书馆"，时间跨度为 2010 年 1 月 1 日至 2021 年 5 月 27 日，选择中文核心期刊和 CSSCI 来源期刊，结果检索到 627 篇文献，剔除会议通知、征文等不相关的文献，得到有效文献 620 篇。以这 620 篇有效文献为研究基础，依托 CiteSpace（V5.7.R2 版）作为分析工具，对这些数据进行词频、共词以及聚类的可视化分析，对我国智慧图书馆研究的分析图谱进行展示。

参数设置：时间分区设置 2010-2021 年，时间切片为 1 年，节点类型选"Keyword"，其他参数采用默认设置。

二、我国智慧图书馆研究的发文量分析

（一）发文时间分析

通过年发文量的统计，可以探寻某个研究主题领域的学术关注度。某一主题发文量随发文时间的变化能够直观反映该主题研究的趋势变化与研究进展。根据检索文献的统计，我国智慧图书馆的研究论文数量随年度变化分布的情况如图 1 所示。根据图 1 的年发文量统计图可知，国内智慧图书馆的研究从 2010 年后开始，发文量逐年攀升，到 2016 年后，发文量增长更加明显，到 2019 年后，研究热度更是呈直线上升。说明自 2010 年以后，智慧图书馆这一研究主题一直备受学者关注，近五年来，研究热度增长，近三年来，研究热度继续上涨。

2009 年自温家宝总理提出"感知中国"以来，物联网技术方兴未艾，物联网的快速发展及其在各行各业的推广应用，推动了"智慧图书馆"的起步研究，并持续升温。2011 年的 6 篇文献中，有 4 篇文献的关键词包含"物联网"。严大虎、陈明选阐述物联网在智慧校园、智慧图书馆中的应用；董晓霞、龚向阳等分析了北京邮电大学研制的感知智慧图书馆示范系统的系统框架和关键技术；黄力分析了物联网技术应用下的图书馆服务模式和内容。

2015 年，李克强总理在政府工作报告中将"互联网+"作为重要主题。随

后,"互联网+"相关研究如井喷式发展,"互联网+图书馆"的研究,移动互联网在图书馆中的应用研究,物联网在图书馆的深入应用等内容都是智慧图书馆研究的具体内容。2016 年后智慧图书馆相关的研究文献快速增长,张兴旺、李晨辉提出了图书馆"互联网+"应对方法、实施原则及其创新发展的对策建议;刘露探讨了"互联网+"时代下公共图书馆智慧服务体系构建;王铁力、梁欣等提出了面向"互联网"思维、"用户"思维的智慧图书馆建设理念,构建了一种全新的"数字服务中心"服务模式。

2019 年,工信部向四家运营商发放了 5G 商用牌照,我国正式进入 5G 时代。5G 作为一项基础性技术,使人类社会加速进入万物互联时代,5G 刺激大数据、人工智能和机器学习等相关信息技术高速发展,刺激所有产业门类发展变化,图书馆也不例外。刘伟、陈晨等提出了 5G 在图书馆中应用的十大场景,讨论了 5G 技术对图书馆行业带来的风险与挑战;程秀峰、周玮珽等从四个维度构建用户画像标签体系和智慧参考咨询服务框架,总结智慧参考咨询服务的工具、方法、策略及路径;范昊、徐颖慧等构建了智慧图书馆人工智能服务用户接受行为影响因素模型并进行实证分析。

2019 年后,智慧图书馆研究的文献直线上升,预测 2021 年还会持续攀升,随着 5G、人工智能、区块链的深入研究,智慧图书馆研究的主题领域越来越宽广,研究热度只增不减。

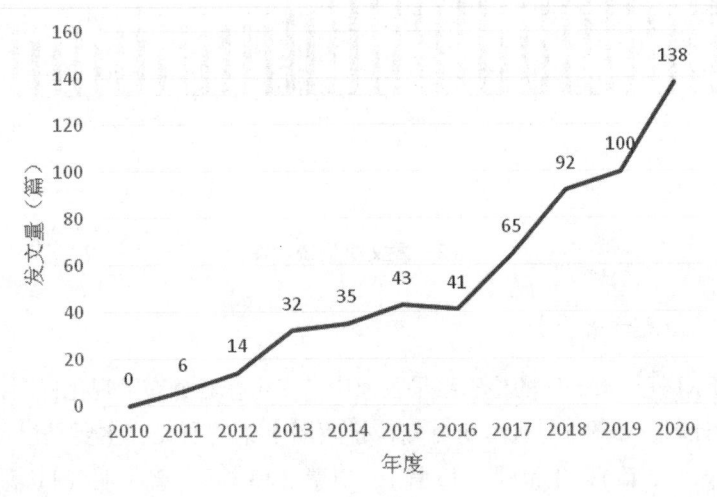

图 1　年发文量统计图

（二）发文机构分析

在 CNKI 期刊数据库的检索结果页面中，点击机构分布可视化视图，得到发文机构统计图，如图 2。从图 2 可知，智慧图书馆的研究，主要是以南京大学（33 篇）、武汉大学（33 篇）、南京晓庄学院（21 篇）、重庆大学（15 篇）、上海社会科学院信息研究院（13 篇）、南京交通职业技术学院（13 篇）、曲阜师范大学（12 篇）、中国科学院大学（11 篇）等机构为核心的研究团队。其中南京大学、武汉大学、南京晓庄学院发文数量超过 20 篇，分别为 33 篇、33 篇、21 篇。

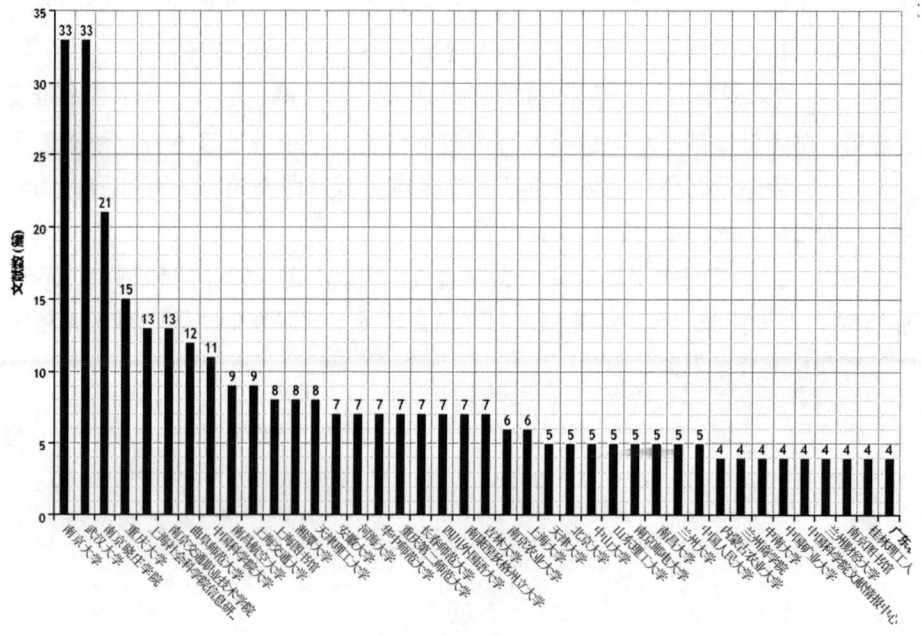

图 2　发文机构统计图

（三）发文作者分析

在 CNKI 期刊数据库的检索结果页面中，点击作者分布可视化视图，得到发文作者统计图，如图 3。从图 3 可知，智慧图书馆的研究，主要是以邵波（21 篇）、陆康（15 篇）、王世伟（13 篇）、刘慧（13 篇）、曾子明（11 篇）、许正兴（11 篇）等为核心的作者，其中邵波、陆康、王世伟发文数量分别为 21 篇、15 篇、13 篇。

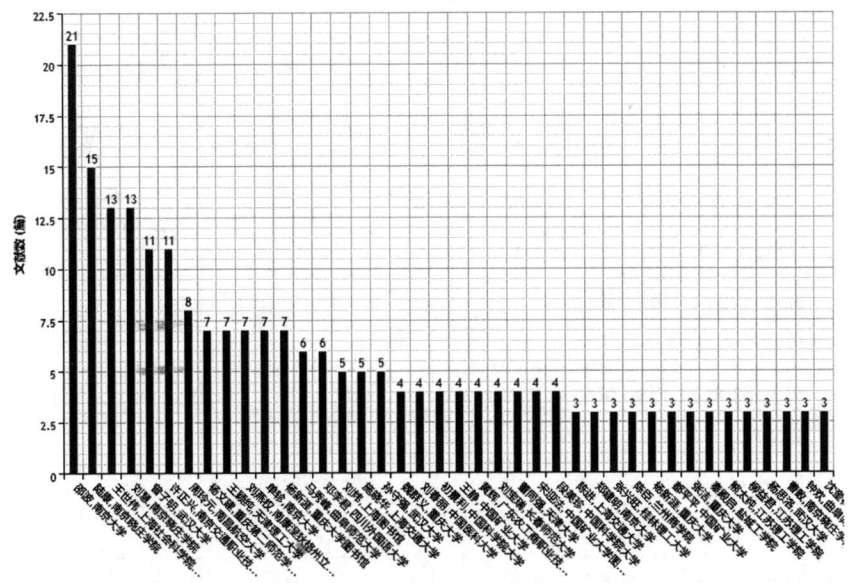

图3 发文作者统计图

三、我国智慧图书馆研究的主题分析

(一) 高被引文献分析

高被引文献是学术影响力大的文献,在一定程度上可以反映出某一领域的知识基础、本质内容与学术发展脉络。在 CNKI 期刊数据库的检索结果页面中,点击被引次数降序排名,得到近 10 年智慧图书馆研究的高被引文献排序表,前十名排序如表1所示。分析这10篇高被引文献,了解智慧图书馆的研究知识基础,主要包括以下这几点:

第一,智慧图书馆的理论研究,包括概念、特征、构成要素,其中王世伟阐述了智慧图书馆是广泛互联的图书馆,包括馆馆相连、网网相连、库库相连、人物相连,是融合共享的图书馆,包括三网融合、跨界融合、新旧融合、多样融合,论述了智慧图书馆的三大特征,即互联、高效、便利。伊安·约翰逊、陈旭炎指出所有图书馆都需要智慧图书馆员的存在。

表1 高被引文献排序表(前10名)

排序	篇名	作者	刊名	发表时间	被引
1	未来图书馆的新模式——智慧图书馆	王世伟	图书馆建设	2011/12/20	467

续表

排序	篇名	作者	刊名	发表时间	被引
2	智慧图书馆的三大特点	王世伟	中国图书馆学报	2012/11/15	437
3	智慧图书馆的定义、设计以及实现	董晓霞,龚向阳,张若林,严潮斌	现代图书情报技术	2011/2/25	246
4	智慧图书馆及其服务模式的构建	乌恩	情报资料工作	2012/9/25	239
5	智慧图书馆与智慧服务	初景利,段美珍	图书馆建设	2018/4/25	175
6	当图书馆遇上"互联网+"	张兴旺,李晨晖	图书与情报	2015/8/25	173
7	物联网在智慧校园中的应用	严大虎,陈明选	现代教育技术	2011/6/15	142
8	智慧城市、智慧图书馆与智慧图书馆员	伊安·约翰逊,陈旭炎	图书馆杂志	2013/1/15	135
9	再论智慧图书馆	王世伟	图书馆杂志	2012/11/15	127
10	融合与重构:智慧图书馆发展新形态	夏立新,白阳,张心怡	中国图书馆学报	2018/1/15	122

第二,智慧图书馆的技术应用。如严大虎、陈明选、董晓霞、龚向阳等论述了物联网技术在智慧图书馆的应用。张兴旺、李晨辉提出了图书馆"互联网+"应对方法、实施原则及其创新发展的对策建议。

第三,智慧图书馆的服务模式。如乌恩构建了一种智慧图书馆的服务模式,提出智慧图书馆服务平台的构建必须具有异构性、开放性、移动性、协同性、融合性等特点。初景利、段美珍认为智慧服务才是智慧图书馆的核心,智慧服务的特点有场所泛在化、空间虚拟化、手段智能化、内容知识化、体验满意化等。夏立新、白阳等提出融合智慧图书馆三大核心要素"资源""人""空间",构建智慧环境以支持用户智慧活动的建设理念及服务模式。

(二)突变词分析

突变词检测是指在词频的时间分布中,将频次变化率高、增长速度快的突变词（burst terms）检测出来，用词频的变动趋势，而不是词频的高低，来分析研究热点与前沿。本文依托 CiteSpace，通过突变词探测功能，得出智慧图书馆研究的 8 个热门突变词，如图 4 所示。

Top 8 Keywords with the Strongest Citation Bursts

Keywords	Year	Strength	Begin	End	2011 - 2021
物联网	2011	8.97	2011	2014	
云计算	2011	3.49	2012	2015	
rfid	2011	2.96	2012	2015	
智慧图书馆员	2011	2.56	2014	2014	
重庆大学图书馆	2011	3.53	2017	2017	
人工智能	2011	4.33	2018	2018	
5G	2011	3.13	2020	2021	
区块链	2011	2.98	2020	2021	

图 4　突变词知识图谱

图 4 的 8 个热门突变词中，其中 6 个与智慧图书馆的实现技术有关，这说明技术对智慧图书馆的研究起到了关键性的推动作用，这些技术在图书馆的应用无疑成为智慧图书馆的研究热点和前沿。根据时间划分，这 6 个突变词又可以分为两个阶段：2011 年至 2015 年，以物联网、云计算、rfid 为主流的技术力量掀起了智慧图书馆的研究热潮；2018 年后，人工智能、5G、区块链技术的兴起，将智慧图书馆的研究推向更高、更广、更深的层次。"智慧图书馆员"也是突变词之一，毋庸置疑，技术是智慧图书馆的核心要素之一，李燕波指出一味强调技术，会使图书馆员忽视人文精神的存在。先进的技术应用是智慧图书馆研究最直观的热点，随着研究的深入，越来越多的学者开始关注到技术的使用者——馆员的素质上来。储节旺、李安认为智慧图书馆建设是一项系统工程，智慧科技和智慧馆员是最核心的要素，未来智慧图书馆科技体系的建设和馆员队伍的培养更应结合图书馆实际情况。蒋知义，曹丹等构建了一种双螺旋结构的智慧图书馆馆员胜任力模型。

（三）高频关键词分析

关键词是对研究主题的高度概括，关键词的出现频次是该主题研究热点的重要指标。也就是说，通过对高频关键词的分析，可以确定该主题的研究热点和趋势。利用 CiteSpace 绘制关键词共现知识图谱，节点类型选择"Keyword"，得到图 5。图中字体越大，代表频次越高。字体在图的位置由其中心性决定，中心性越高离中心越近。根据图 5 可知，核心关键词和中心节点为智慧图书馆，频次为 378 次，其他关键词与核心关键词有着紧密的联系。进一步的，从 CiteSpace 中得出高频关键词排序表，如表 2，表中列出了频次在 4 次以上（包含 4 次）的关键词。

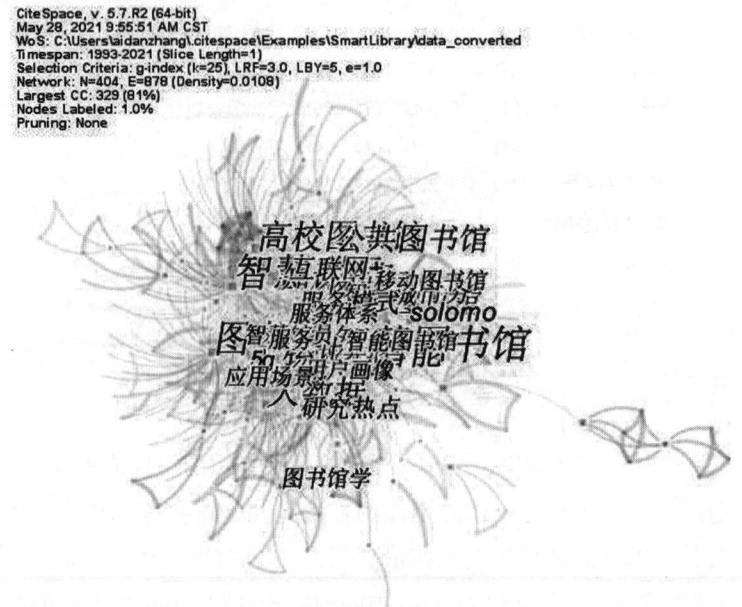

图 5　关键词共现知识图谱

这些高频关键词大致可分为五类，第一类是图书馆的类型、形态，如"智慧图书馆""高校图书馆""公共图书馆""数字图书馆""移动图书馆""智能图书馆"等；第二类是智慧图书馆的实现技术，如"物联网""云计算""人工智能""rfid""5G""区块链""数字孪生"等；第三类是智慧图书馆的智慧服务，如"个性化服务""用户画像""情境感知""创新服务""服务体系"等；第四类是智慧图书馆的馆员，如"智慧馆员""馆员""智慧图书馆馆员"等；第五类是智慧图书馆的空间再造，如"图书馆空间""智慧空间""空间再造"等。

表 2　高频关键词排序表

词频	中心性	关键词	词频	中心性	关键词
378	0.45	智慧图书馆	7	0.01	学科服务
113	0.32	智慧服务	7	0.01	创新服务

续表

词频	中心性	关键词	词频	中心性	关键词
71	0.23	图书馆	7	0.01	隐私保护
51	0.16	高校图书馆	7	0.01	智慧化服务
39	0.14	物联网	6	0.03	图书馆学
37	0.13	大数据	6	0.00	阅读推广
34	0.12	人工智能	6	0.01	"十四五"规划
20	0.09	公共图书馆	6	0.01	馆员
19	0.06	数字图书馆	5	0.01	移动图书馆
17	0.05	知识服务	5	0.00	图书馆学五定律
16	0.01	云计算	5	0.01	智能图书馆
12	0.03	智慧城市	5	0.02	图书馆空间
12	0.03	rfid	5	0.01	数字孪生
11	0.02	5G	5	0.08	信息技术
11	0.01	个性化服务	5	0.01	服务体系
11	0.05	互联网+	4	0.02	创新
10	0.00	情境感知	4	0.02	融合图书馆
9	0.02	研究热点	4	0.02	智慧化
9	0.01	区块链	4	0.03	公共智慧服务
9	0.01	用户画像	4	0.02	智慧空间
8	0.01	智慧馆员	4	0.01	空间再造
8	0.02	服务模式	4	0.01	智能技术
7	0.02	solomo	4	0.01	智慧图书馆员
7	0.00	服务创新	4	0.01	共词分析

（四）关键词聚类分析

CiteSpace 的聚类时间线视图可以直观地反映该主题领域的演化发展脉络与各阶段的研究热点。在聚类时间线视图中，同一聚类的文献被放置在同一水平线上。文献的时间置于聚类时间线视图的最上方，聚类中文献越多代表所得到的聚类领域越重要；还能够得到各类文献的时间跨度以及某一个特定聚类研究的兴起、繁荣以及衰落过程。本文利用 CiteSpace 的关键词聚类时间线视图，来探寻智慧图书馆的关键词随时间发展的趋势和共性，进一步分析该研究的热点主题领域。在 CiteSpace 的节点类型选择"Keyword"，其他参数如前文所述，聚类时间线视图选择"Timeline View"，得到关键词的聚类时间线视图，如图6所示。

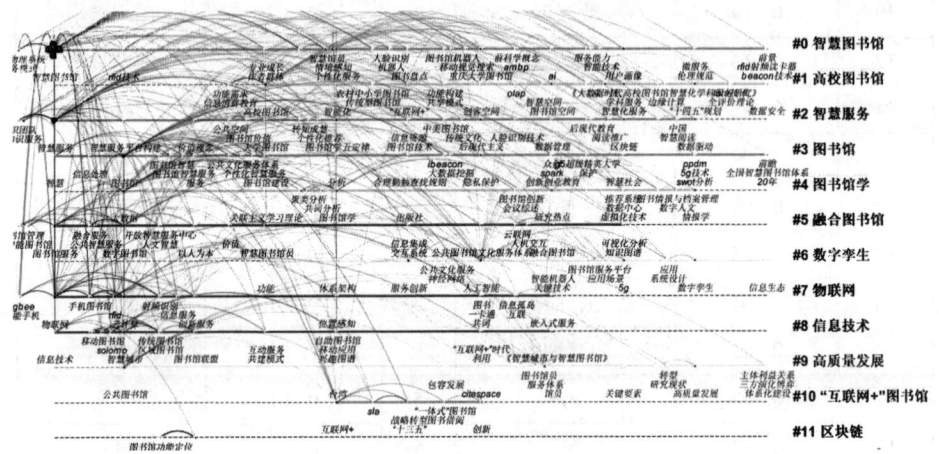

图6　关键词聚类时间线视图谱

从图6可看到，智慧图书馆研究的关键词汇聚了12个聚类，第一个聚类以"智慧图书馆"为检索式，合并相近的聚类，得到有效聚类有智慧服务、图书馆、融合图书馆、数字孪生、物联网、信息技术、高质量发展、互联网+图书馆、区块链等，且智慧图书馆的研究主要围绕这些聚类主题来展开。贯穿整个时间轴的聚类有智慧服务、图书馆、高质量发展；前半段时间轴活跃的聚类有融合图书馆、物联网、信息技术；后半段时间轴活跃的聚类有数字孪生、区块链；在中间时间轴活跃的聚类是互联网+图书馆。根据在时间轴不同段活跃的聚类，可大致判断在不同时期智慧图书馆研究主题的热点，以及各聚类主题随时间的变迁。

四、我国智慧图书馆研究的热点与趋势

（一）新技术在智慧图书馆中的应用研究

技术推动变革，纵观十多年来智慧图书馆的研究发展，每一次新技术的兴起，都会有大量的研究者探讨这种技术在智慧图书馆中的应用。技术研究的路径一般是分析技术的原理、特点，在图书馆实施的可行性、优越性，实施的场景、技术应用的实践或案例等。目前，物联网、rfid 等技术在智慧图书馆自助借

还、图书分拣、盘点、门禁防盗等方面已经有了相当成熟的实践应用；大数据、云计算等技术在智慧图书馆的智能参考、个性化推荐、主动服务等方面不仅有理论研究，还有应用探索。根据前文的主题分析，近三年来，人工智能、区块链、数字孪生技术等进入研究热潮，不少学者提出了这些新兴的技术在智慧图书馆应用的可行性、场景和路径。傅云霞分析了人工智能在智慧图书馆应用的技术路径，包括馆藏数字资源的有效整合、数字资源的智慧检索、服务模式的全新打造、系统分析与管理、网络安全管控打造智慧咨询馆员。杨群、黎雪松等提出了一种区块链技术驱动智慧增值服务模式及应用路径。李璐、尹玉吉分析了数字孪生技术应用于图书馆智慧管控系统的可行性、优势，提出了一种数字孪生图书馆智慧管控系统的模型。随着技术的发展和逐步成熟，势必推动这些技术在智慧图书馆的深入应用研究。

（二）智慧馆员的成长路径研究

图书馆的智慧来源于人的智慧和物的智慧，这里的人包括用户和馆员，物包括技术和设备。若只有先进的技术和智能设备，没有善于利用这些技术和设备进行服务的馆员，那么技术和设备在图书馆的作用就大打折扣，难以真正实现技术对接，图书馆就不能实现服务的智慧化。图书馆的主导力量是馆员，在智慧的图书馆需要智慧的馆员。在智慧图书馆发展趋势下，馆员除了具备传统图书馆员也需具备的专业学科知识和图情知识能力外，还需要具备信息检索、分析及预测的能力、利用信息技术及智能设备的能力、创新服务的能力、善于学习和接受新知识的能力。馆员成长为智慧馆员可以通过强化危机意识、倒逼理念更新，项目驱动研究、集群拓展协同，推动学习体验、促进时间反思这三个路径实现突破。智慧馆员是智慧图书馆的核心要素之一，智慧馆员的能力提升、智慧馆员与用户之间的有效沟通、智慧馆员队伍建设等主题都是研究的热点。

（三）智慧服务的实践研究

智慧服务既是智慧图书馆的服务方式和手段，也是智慧图书馆的服务目标。智慧图书馆的服务愿景有服务场所泛在化、服务空间虚拟化、服务手段智能化、服务方式集约化、服务内容知识化、服务体验满意化。从前文的主题分析中可知，各学者在智慧图书馆的服务体系、服务模式、服务路径等宏观层面的研究已形成热点；在智能参考咨询、智慧检索、隐私保护、个性化推荐、入馆预约、智能监控等微观具体服务上的理论研究层面也较丰富，而具体的实践应用研究还不足。随着研究的不断深入，理论研究成果必将应用于具体的智慧图书馆建设当中，智慧服务的实践研究将是趋势所在。

（四）智慧空间再造研究

智慧空间是智慧图书馆的形态，是虚拟空间与实体空间的结合体，智慧空间再造是智慧图书馆建设的重要组成部分。从前文主题分析可知，有多个高频关键词与智慧空间有关。图书馆智慧空间的建设必须以用户需求为导向，以新技术的综合应用为引领，整体规划、合理布局、循序渐进、以点及面、不断迭代的方式进行建设。杨梦、薛崧等提出了空间管理服务、空间导航服务、空间交互服务、多媒体管理服务、运维管理服务等五维视角图书馆智慧空间应用场景。我国图书馆可以加强数字人文服务空间再造，诸如开展数字人文咨询、数字管理、社交写作、创意制作、劳动力孵化、数字人文素养培养等数字人文服务，全方位提高图书馆空间的智慧服务水平。

五、结语

对智慧图书馆研究文献的信息计量分析得知，我国智慧图书馆研究的起步较晚，研究发展持续增长，特别是近三年来研究成果增长迅速。经过十多年的研究和实践应用，新技术在智慧图书馆中的应用研究，智慧馆员的成长路径研究，智慧服务的实践研究，智慧空间再造研究这几个方面是智慧图书馆研究的热点和趋势所在。就目前研究情况来看，理论研究成果丰富，实践研究略显不足。而在实践应用中，还会产生许多具体问题需要解决，比如各种新技术的标准规范、融合对接，技术与人文的协调发展，数据的迁移处理、安全保护等等。总之，未来智慧图书馆的研究需要在微观的实践应用层面进一步加强。技术、设施、空间、资源、馆员、用户等都是图书馆的核心要素，智慧图书馆的转型发展需要这些要素的融合协调发展。各图书馆应在"十四五"发展战略开局之初，准确把握图书馆事业发展方向和趋势，统筹谋划，积极推进智慧图书馆建设。

参考文献

[1] 邱均平. 信息计量学 [M]. 武汉：武汉大学出版社，2007：15.

[2] 李杰，陈超美. CiteSpace：科技文本挖掘及可视化（第二版）[M]. 北京：首都经贸大学出版社，2017：2，158.

[3] 秦艳姣. 浅谈智慧图书馆趋势下馆员核心能力的提升 [J]. 湖北第二师范学院学报，2020，37（6）：104-108.

[4] 严大虎,陈明选.物联网在智慧校园中的应用[J].现代教育技术,2011,21(6):123-125.

[5] 董晓霞,龚向阳,张若林,等.智慧图书馆的定义、设计以及实现[J].现代图书情报技术,2011,202(2):76-80.

[6] 黄力.基于物联网技术的图书馆服务模式与内容的研究[J].图书馆学研究,2011(6):51-55.

[7] 张兴旺,李晨晖.当图书馆遇上"互联网+"[J].图书与情报,2015,164(4):63-70.

[8] 刘露."互联网+"时代公共图书馆智慧服务体系的构建[J].山西档案,2017(2):115-117.

[9] 王铁力,梁欣,过仕明.基于"互联网+"思维的智慧图书馆研究[J].情报科学,2017,35(4):74-78.

[10] 刘炜,陈晨,张磊.5G与智慧图书馆建设[J].中国图书馆学报,2019,45(5):42-50.

[11] 程秀峰,周玮斑,张小龙,等.基于用户画像的图书馆智慧参考咨询服务模式研究[J].图书馆学研究,2021,493(2):86-93,101.

[12] 范昊,徐颖慧,曾子明.智慧图书馆AI服务用户接受行为影响因素研究[J].图书馆学研究,2021(2):37-47.

[13] 王晓慧.我国智慧图书馆研究现状与问题——基于CNKI文献计量分析[J].高校图书馆工作,2020,40(2):7-12.

[14] 王世伟.再论智慧图书馆[J].图书馆杂志,2012,31(11):2-7.

[15] 王世伟.论智慧图书馆的三大特点[J].中国图书馆学报,2012,38(6):22-28.

[16] 伊安·约翰逊,陈旭炎.智慧城市、智慧图书馆与智慧图书馆员[J].图书馆杂志,2013,32(1):4-7.

[17] 乌恩.智慧图书馆及其服务模式的构建[J].情报资料工作,2012,188(5):102-104.

[18] 初景利,段美珍.智慧图书馆与智慧服务[J].图书馆建设,2018,286(4):85-90,95.

[19] 夏立新,白阳,张心怡.融合与重构:智慧图书馆发展新形态[J].中国图书馆学报,2018,44(1):35-49.

[20] 李燕波.国内智慧图书馆研究中的"不智慧"[J].国家图书馆学刊,2014,23(1):63-68.

[21] 储节旺，李安. 智慧图书馆的建设及其对技术和馆员的要求 [J]. 图书情报工作，2015 (15)：27-34.

[22] 蒋知义，曹丹，邹凯，等. 智慧图书馆馆员胜任力双螺旋模型构建 [J]. 图书馆，2020 (12)：34-41，66.

[23] 傅云霞. 人工智能在智慧图书馆建设中应用研究 [J]. 图书馆工作与研究，2018 (9)：47-51，79.

[24] 杨群，黎雪松，王毅菲. 区块链技术驱动智慧图书馆智慧增值服务路径研究 [J]. 图书馆，2021，316 (1)：40-48.

[25] 李璐，尹玉吉，李永明. 基于数字孪生的图书馆智慧管控系统模型构建研究 [J]. 图书馆学研究，2021，495 (4)：29-37.

[26] 张芳，唐崇忻. 面向智慧图书馆的高校馆员专业成长突破路径研究 [J]. 图书馆工作与研究，2018 (1)：56-60.

[27] 程焕文，钟远薪. 智慧图书馆的三维解析 [J]. 图书馆论坛，2021，41 (6)：43-55.

[28] 江芸，蒋一平，诸葛晴怡，等. 图书馆空间的变革与发展趋势 [J]. 图书馆杂志，2021，40 (5)：44-50，58.

[29] 杨梦，薛崧，任磊，等. 基于智慧大脑的图书馆智慧空间架构研究 [J]. 高校图书馆工作，2021，41 (3)：5-10.

[30] 唐燕，刘小榕，李健. 智慧图书馆空间再造与数字人文服务创新研究 [J]. 图书馆，2020 (5)：74-80.

最短的路径：以终为始
——公共图书馆智慧化建设中的 Web 2.0 模式应用研究

朱 玲

(武汉市江岸区图书馆，湖北武汉，430000)

摘 要：近年来公共图书馆在经过数字化改造后，随着内容多样化和服务效率的提升，公共书馆获得了大众越来越多的认可，但内容建设和服务手段的高科技改进，却一直未能很好地触及和解决传统图书馆"信息单向流转"的问题。文本以追本溯源的方式重新解读"Web 2.0"这一似乎略显过时的概念，通过对比和发掘近十年来在其他产业中运用 Web 2.0 模式的基本要素，指出贯穿其中的核心理念和切入点。

关键词：公共图书馆智慧化建设切入点；图书馆智能服务；Web 2.0 的公共图书馆

千百年来，在世界各地的文明中，图书馆都是作为汇聚着人类智慧而存在的场所。根据 2004 年出版的《图书馆学与情报科学》(Dictionary for Library and Information Science) 一书中的定义可知，"图书馆"是收藏各类图书及资料，进行资料文献的组织和处理，并最终提供给大众使用的场所。图书馆一词起源于拉丁语"Librarium"其英文"Library"一词就有"藏书之所"的意思。而在我国，历代也都不乏各类藏书的斋院楼阁。随着文明的发展和时间的变迁，图书馆也历经了一系列的发展变革。伴随着记录和传播工具的进步，早期以保留、传承文献典籍和人类记忆为主要使命的藏书场所，通过不断扩展保存资料的内容和手段，逐渐演化为知识传播和智慧启发的中心，且承担了越来越多资料记录、学术研究、知识累积和教育的任务。

近一个多世纪以来，图书馆作为文明记录的维护和留存系统，开始由传统意义上以强调馆藏为中心，转变成以读者为中心的公共图书馆，更进一步地在满足个人阅读、学习和提供精神食粮方面发挥影响力。

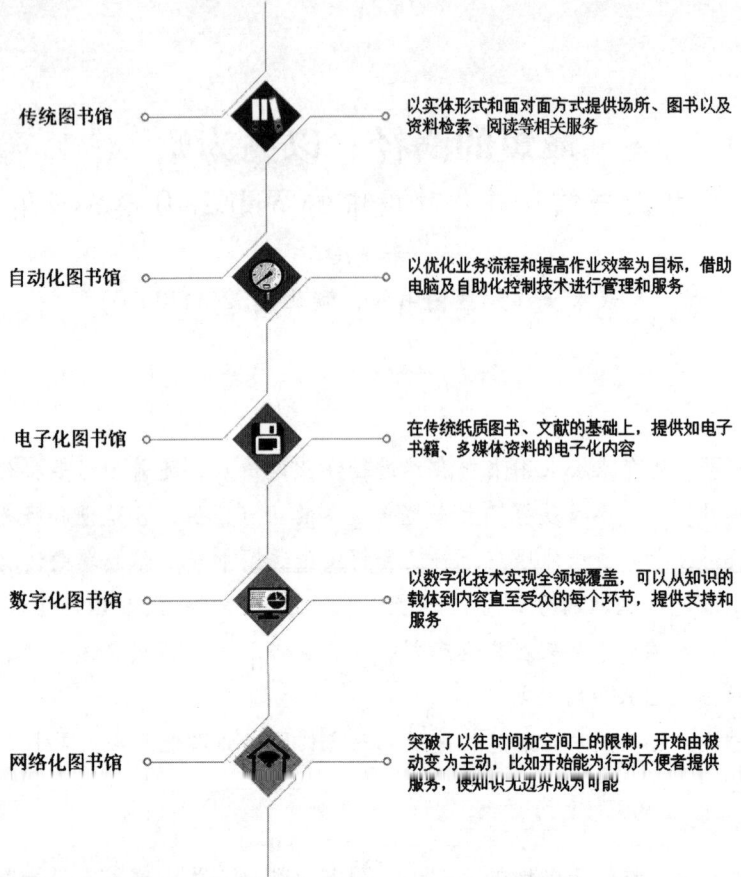

图 1　传统图书馆到网络化图书馆的变革

最近十年来，随着数字技术的迅猛发展，我国公共图书馆也从早期以纸质媒体为主要维护对象和知识载体的传统形式，顺应时势，先后引入各种电子自动化系统和信息管理系统。这些电子自动代系统和信息管理系统，在对各类资料进行更高效地组织、采访和存放的同时，也为读者提供了更丰富、更具品质感的内容和服务。

在历经从传统图书馆到网络化图书馆的一系列变革之后（图1），特别是当结合网络进行知识的数字化传播后，人们发现尽管技术的发展促使读者对于图书馆的定义和诠释不断更新，公共图书馆所扮演的角色也几经变化，但究其本质，其功能特点还是可以归纳为以下几点：

1. 文化留存和传播的载体

作为承担人类知识储藏、加工和传播任务的图书馆，有责任利用现代技术，将这些文化宝藏保存、整理、开发利用，并传播给大众。

2. 为学习研究提供资源池

得益于与数据网络的充分结合，馆藏的各类文献资料使之成为了资讯的集散地，成为知识与人的连通器，为社会生活中的研习与决策提供丰富且有价值的信息储备。

3. 多元化教育和培训作用

图书馆肩负着提高全民素质的重任，凭借自身多样化的资源，满足大众对学校教育、继续教育和自我教育等方面的知识需求，为广大的终身学习者提供了"没有围墙的大学"。

4. 社区化休闲和人文交流

公共图书馆以其丰富的精神内涵、优雅的环境，在向社区和家庭的服务延伸过程中，逐渐成为可以陶冶性情、健全人格的社区文化、教育和活动中心，并结合社区需求和特点，通过展览和推广等活动，发挥文化交流、休闲娱乐的功能。

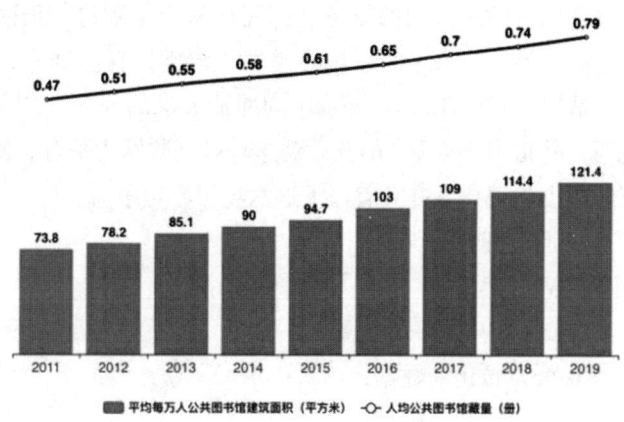

图 2　2011—2019 年中国公共图书馆人均资源情况

图 3　2011—2019 年全国公共图书馆总流通人闪及书刊外借册次

虽然从上述角度来看，公共图书馆的功能已经较为完善，结合图2，图3所见，我国在公共图书馆的建设和发展方面也都取得了相当的成绩。但从读者的角度，从资讯的流向来看，目前大多数图书馆仍然是围绕文献资料，向社会大众提供检索服务，或进一步通过个别解答等方式，向读者提供具体文献或其他查询资料文献途径的一项服务。而该项服务方式依旧是以"人找信息"为其核心。

虽然在现实生活中已经大量应用了自动化和信息管理系统，在读者数据库中记录了他们的借阅历史，但我们可曾考虑通过对这些记录进行分析挖掘，且为读者提供进一步的推荐阅读清单？或者在读者找不到某本书时，告诉他，我们还有另外几本内容相关且评价不错的书籍可供选择？

Tim O'Reilly 在 2004 年 9 月提出 Web 2.0 一词，在某种程度上给出了我们解决上述问题的答案。虽然距离这一概念的提出已过去十数年，但 Web 2.0 所代表的技术、理念以及应用方面的争论和探究却从未停歇过。正因为这一概念是累积的、渐进的，导致有关它的讨论容易发生误解，在实践中，也曾出现过一些似是而非的情况。对此 Tim O'Reilly 为厘清大家的观念，在专题文章中特意作了解释说明，并指出 web 2.0 的核心观念是以互联网为平台、使用者可以控制自己所拥有的数据之地位、并具有以下这六项核心竞争力：

（1）提供服务而非套装软件；
（2）使用参与式的架构；
（3）具有成本效益的规模；
（4）可供再整合及转化的数据；
（5）不受限于单一设备的软件；
（6）运用集体智慧；

至于它的一系列规则/理念则包含：

信任你的使用者、组合小组件及降低加入门槛、丰富使用者的经验、微粒化的内容位址、让使用者参与其中、使用者的行为并非事先决定、越多人使用带来越好的结果、使用者有再组合的权利、开放化使用、持续更新、具有内建标签的数据、形成长尾效应、它是一种态度而非一种技术。

可以发现 Web 2.0 的主角是使用者，唯有把握住 4C，即内容（Content）、社群（Community）、使用者经验（Consumer Experience）和跨服务整合（Cross-Service Integration），才能使其成为应用 Web 2.0 成功的关键。这在急于运用 web 2.0 的人看来，其所表达的含意是很抽象和复杂的。为了更清晰和更具体的运用，可以借助已经融合到当下社会生活中的几类主要基于 Web 2.0 的网站和

App 来大致勾勒出使用者、社群的 Web 2.0 特质。

1. 基于使用者个人习惯和交互行为的新闻内容推荐

根据苹果 App Store 新闻类免费排行榜显示，移动端排名靠前的三大新闻类 App 分别是腾讯新闻、网易新闻和新浪新闻。

这三款 App 有个共同特点，在传统的几个新闻频道之外，它们常常会主动向使用者进行一些新闻信息的推荐，且其推荐的依据往往基于以下几点：

（1）当下受到大众关注的热点事件、消息；

（2）与当前使用者阅读（或收藏、转发、评论）过的内容主题相似，或包含同类关键词的新闻；

（3）根据与当前使用者有类似阅读（或收藏、转发、评论）习惯的用户看过的内容来进行推荐。

2. 基于使用者个人和社群行为的音乐播放

《互联网周刊》发布的 2019 年网络音乐平台排行榜前三位的是酷狗音乐、QQ 音乐和酷我音乐，作为 Web 2.0 的实践者，这些产品中提供了类似的推荐：

（1）依据当下的热点推荐，或是大众的搜索记录，或者分类排行榜，抑或是如中国好声音、我是歌手等此类的主题娱乐事件；

（2）根据使用者的听歌记录推荐，包括用户对每首歌的点赞、点踩、收藏记录等；

（3）通过定位技术根据地理位置信息结合用户兴趣进行推荐；

（4）根据用户喜欢的歌手信息进行推荐；

3. 基于社交网络互动行为的媒体传播

在 Web 2.0 应用的探索之路上，比上面两类走得更远的是根植于使用者社会交往关系网络的软件比如"今日头条"。人们可以通过手机号码、微博帐号、QQ 或者微信帐号登录到 App，就可以通过登录的渠道获取该用户的好友关系，进而分析用户好友最近在关注的内容，可以预测当前用户感兴趣的内容，从而解决个性化推荐中一个非常重要的问题：冷启动。创始人张一鸣在 2013 年接受媒体采访时对其推荐系统架构作了如下描述："今日头条"会在用户绑定社交软件（如：新浪微博）后的 5 秒钟之内即为用户建立起一个数字 DNA 兴趣图谱。同时"今日头条"也允许用户使用多社交网站的账号进行绑定，那么这一兴趣图谱中的推荐依据将会更为丰富和完善，可完成更进一步的关注点推测。

由此一来，看似独立的"今日头条"个体用户，通过微博等社交软件账号的绑定，就变成了有网络结构的群体，图 4 就生动形象的展现了这一数据层面的转变。

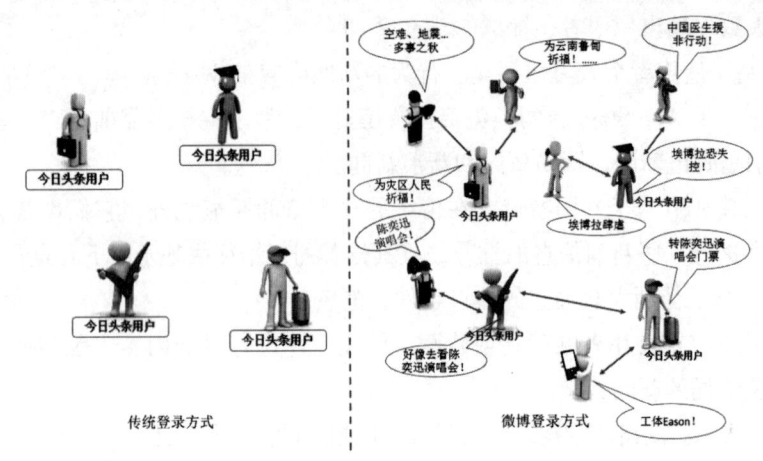

图 4 传统登录方式与微博登录方式的网络结构

可以看到在传统的登录方式中，用户被当成了独立的个体，他们每个人彼此互不关联，都只是一对一的与今日头条发生互动。而当引入 Web 2.0 中的社群理念，在 App 中融入社交网络数据之后，情况就大不一样了，"今日头条"就可以通过获取到的好友关系（例如图 4 右侧小人之间的连线表明二者是好友关系）和好友的动态（如云状对话框里展示了好友最近的关注点）建立联系。古话说"物以类聚，人以群分"，时至今日，我们依旧会发现通常情况下越是关系相近的人，他们关注的话题也就越相似。如此一来，根据使用者个人及其社交圈的互动数据，推测兴趣点从而进行信息筛选和向用户推荐内容，以更为自然的方式，完成了资讯的流传方式从"人找信息"到"信息找人"的进化。

那么应该如何在公共图书馆服务领域中运用 Web 2.0 呢？面对在其他领域已经习惯使用 Web 2.0 各种服务的广大读者群，图书馆应该做什么来满足他们的期望呢？

虽然 Web 2.0 发端于互联网产业，但它不应被理解为是由一组技术产品堆砌而成的复杂和庞大的数字系统。根据 Tim O'Reilly 的描述，Web 2.0 的核心应是在开放且持续更新的体系中，通过鼓励社群互动，使用者在消费内容的同时，也成为内容的生产者，从而让用户和内容产生高频次迭代，最终发挥长尾效应的巨大影响力。可以看到，Web 2.0 是一种态度而非一种技术。

由此，当公共图书馆引入 Web 2.0 模式时，着眼的重点不应只有技术产品和其配套服务，更应关注的是"读者"和"内容"，这将是一切的起点。在该模式下，从读者的角度来看，文献资料是动态的，随时都在传播、新增和修改当中，读者是可以参与其中并留下痕迹的，它们所蕴含的知识，也是可以不断生长和更新的。当然，要实现这一切，还需获得技术的支持和相应的服务体系。

所以较好的选择应是将 Web 2.0 的公共图书馆理解为由技术、服务、读者三个要素共同构成，互为支撑一体三面的生态整体。目前在服务中可供借鉴的技术手段有：

1. 评分/评价

通过评分、评价体系表达读者的个人看法，进而影响其他读者。这将从质量或契合度角度，为内容建立筛选机制，使得有价值的资料在长尾效应的影响下，更容易地被读者获取。

2. 标签/关键词

标签的运用，是将描述内容的权利下放给普通读者，让其在形成图书馆专业索引之外，更贴近大众语言对内容的表述；基于标签的筛选可以说是 Web 2.0 模式中最重要的一环，是提高资料检索和进行内容推荐精准度的重要依据，越能精准的分析预测读者的需求，就越能够向读者提供多样化选择，也可为没有特定目的的读者提供指引。

3. 转发/多端发布

由个人自主驱动，读者将内容进行分发，所涉及的资料文献将更广泛更精准地被传播到内容的使用者，这在提升资源利用率的同时，也可以形成更良性的社群互动。

4. 开放 API

在足够的技术和服务保障下，有些公共图书馆也可对外提供标准数据接口聚合多方数据，以混搭的方式进行数据聚合服务。这方面最著名的实例应属中央气象台提供的天气实况接口，接入方通过它可获取 3×3 千米格点范围的天气实况数据，此外还有生活指数、卫星云图等全方位的气象数据服务。

综上，公共图书馆在这一波变革中，能否善用 Web 2.0 模式发展出自己的长尾效应，将始终需要关注技术、服务、读者与内容之间的互动和流转，力求以技术工具促进读者的内容创造、分享，以服务保障内容的汇集和技术工具的运行，以读者的互动参与促使服务不断更新迭代。这个时代的公共图书馆将不再只是把资料文献放在网络上，而是已经成为网络的一部分，这个时代的图书索引目录将不再是终点，而是成为了新的起点。

参考文献

[1] 岑慧连. 我国图书馆发展历程与功能变迁 [J]. 图书情报导刊, 2013, 23 (2)：147-149.

[2] O'REILLY T. What Is Web 2.0-Design Patterns and Business Models for the Next Generation of Software [J]. International Journal of Digital Economics, 2007 (65): 17-37.

[3] 黄传慧. 基于Web 2.0的图书馆信息服务研究综述 [J]. 新世纪图书馆, 2011 (6): 4.

人文与技术驱动下智慧图书馆建构探析

李 晶

(湖北省图书馆,湖北武汉,430071)

摘　要:本文旨在探究人文与技术驱动下智慧图书馆的建构模式与路径。通过对智慧图书馆建设理念的介绍,阐明了人文与技术在智慧图书馆建构中的重要作用,为建构模式与路径的选择奠定了基础。此外本文还介绍了智慧图书馆建构过程中的关键技术,并结合人文主义精神提出了建构智慧图书馆的模式与路径,以期为人文与技术驱动下智慧图书馆的搭建提供参考和依据。

关键词:人文;智慧图书馆;建构

近年来"智慧"的概念与构想受到人们的更多关注,智慧服务的实现离我们越来越近。历史上,图书馆的发展始终与科学技术的进步紧密融合,时代的变迁、技术的更迭都深深影响着图书馆的前途命运。在当前创建智慧中国、智慧城市的背景下,图书馆也必须审时度势朝着智慧化的方向进行转型,以此化解自身发展的局限和矛盾。智慧图书馆是现今图书馆发展的最新阶段,它充分利用互联网时代的各种信息技术手段,在信息通讯技术的帮助下利用传感器把馆舍建筑、设施设备、藏书资源、读者等要素整合起来构成一个庞大的感知系统,且对系统内发生的任何变化都能即时捕捉,做到图书馆监控与管理的同步一体化,具有互联、高效、便利的显著特征。由此可见,智慧图书馆的构建离不开先进技术,但也必须耦合人的智慧、关注人文需求,能够根据用户情境提供精准的个性化服务。

一、人文与技术驱动下智慧图书馆的建构理念

(一)基于"技术"思维的建设理念

智慧图书馆的搭建是结合了物联网、云计算、5G、人工智能和大数据等众多先进技术的系统工程,为的是极大节省资源调度成本,提升读者的阅读体验。

从技术角度来看，智慧图书馆的建构过程将创新理念与智慧贯穿其中，是科学技术推动人类社会进步的缩影。在技术的帮持下，智慧图书馆相对于传统图书馆应具有更高的智能化水平和现代化水平，不断提升更新图书管理体制机制，不断完善智能图书馆管理系统，为读者提供更加细致的服务内容。

（二）基于"用户"思维的建设理念

基于"用户"出发建设智慧图书馆指的是将图书馆的用户群体摆在开展一切工作的中心地位，为给用户提供更好的阅读感受，而在简化图书借还流程、智慧化推荐书目、阅读空间共享化等方面做出的努力。智慧图书馆营造的现代化智能导航阅读环境将有效整合图书馆管理人员、图书资源及读者，切实保障读者的阅读权益和典藏图书的信息安全。在建构中，处处坚持"以人为本"的理念，树立强烈的服务意识，构建以读者为核心的服务体系，利用各种智能化信息技术充分了解读者的需求，合理规划布局，时刻体现人文关怀。

二、人文与技术驱动下智慧图书馆的建构技术

（一）大数据技术

智慧图书馆运行中所涉及的数据庞大，为了用好这些数据，智慧图书馆会首先对各种类型的数据进行多渠道采集并分层归类，然后利用 Hadoop 技术、云计算、关系型数据库等技术对数据进行存储，其次对数据进行清洗、加工、组织、备份等处理，最后利用知识发现、专家系统、数据挖掘等技术对智慧图书馆的数据进行分析、分批处理，挖掘数据潜在价值，了解读者用户的阅读行为及需求，以便为读者用户和图书馆管理员、用户提供相应的智慧服务及个性化服务等。

（二）云计算技术

依托云计算技术建立的智慧图书馆可在云端实现各类馆藏信息的资源共享，提升数据的利用率。智慧图书馆的云服务平台分为三个层次，分别为用户层、云服务层（IaaS 层、PaaS 层、SaaS 层）和资源层，其中资源层主要包括各类馆藏纸质资源、数字资源以及其他拥有使用权限的远程数据库或者电子资源。资源信息的存储、运算以及用户资源信息的调度和负载均衡由云服务层中的 IaaS 层负责管理。IaaS 资源池主要由 CPU、存储、网络构成的实体层和由应用、计算、服务器虚拟化等构成的虚拟层组成；PaaS 层对图书馆各种资源进行分类、存储及发布，为智慧图书馆的使用者提供有效的个性化服务；SaaS 层直接由互

联网提供软件服务，用户直接租用云服务商提供的网络软件来经营管理相关的个性化业务活动，并且后期的软件维护与管理由服务提供商进行。在此模式下，图书馆管理人员无须管理和控制下层的基础设施、操作系统、网络和服务器等，只须用管理控制操作层的应用安全。

（三）AI 技术

智慧图书馆智慧功能的实现需要在各个环节上部署大量的 AI 智能终端。在智慧馆舍建构上，馆内将安装各类环境信息采集终端，对温度、湿度、明暗、人员密集程度等实现实时智能监控，达到与读者个性需求和阅览氛围的完美匹配，既舒适便捷又节能环保。AI 智能人脸识别技术、体温检测预警技术等能满足人员往来频繁的大体量图书馆对于读者安全与健康情况的快速掌握，保证图书馆大门与各个阅览区出入通行的顺畅。在智慧机器人的运用上，不再停留在虚幻构想中，而是真正广泛将其投入使用，使人和机器人实现无障碍交流，在导引导览、参考咨询方面提供更完善的服务。

（四）RFID 与 WSN 融合技术

基于 RFID 技术的智慧图书馆系统主要由阅读器、电子标签、RFID 中间件和应用软件组成，可实现智慧图书管理的自助借还、标签转换、安全检测、智慧查找、智慧移动盘点等基本功能。利用 RFID 和 WSN 融合技术可实现对图书的实时监控，且具有识别检测速度快、检测距离远、报警误报率低等优点，消除了磁条、二维条形码等技术弊端，简化了借还书流程，提高了图书管理的准确度，保障了文献资源的安全。

三、人文与技术驱动下智慧图书馆的建构模式

智慧图书馆是集信息化服务体系、文献管理体系及物业管理体系于一体的协同完善服务体系，能从各个方面提高读者阅读体验，最大限度发挥当代先进技术对人们学习生活的积极影响，进一步突显图书馆建构的人文价值。因此，图书馆的智慧化变革中会涉及许多方面，不仅包含硬件设施也包含软件配套。完整的智慧图书馆的建构模式中包含感知层、网络层、数据分析层、平台层、应用层五个模块。

（一）感知层

感知层是智慧图书馆从外界获取信息的通道，能为后续的决策和服务提供重要数据。它主要通过馆内处处布设的传感探头、移动手机等开展 RFID 感知、

人脸识别、温湿度感知、光度感知及烟雾感知等,实现对馆内各项业务、人员的实时监测与及时响应。感知层涉及许多智慧化技术,主要包括物联网与情境感知。依托物联网技术可以构建基于 RFID 技术的馆藏管理系统和智慧楼宇系统,实现对物的感知;而依托情境感知技术则可以真正体现人文关怀,实现对人的感知,从而根据读者所处情境提供专属的导览导航、交流互动等服务。

(二)网络层

网络层依靠网络将图书馆内各种感知设备连接起来。设备运行数据、图书状态信息等都能随时随地,无障碍地传输与获取。各个图书馆采用规范统一的网络协议,将在感知层得到的数据通过网络层传递给应用层,使读者能全面及时了解整个图书馆的服务动态。智慧书架上安装的 RFID 阅读器能准确快速识别嵌有电子标签的图书,如果图书被读者借出或归还,智能书架将能快速记录情况并反馈给图书管理系统。情景感知系统对于互联网带宽、网速要求颇高,随着网络通讯技术的发展,目前已经推出了许多用于支撑智慧图书馆网络层搭建的先进技术,能够使各要素之间实现稳定且高速的互联互通。

(三)数据分析层

数据分析层由大数据质量管理模块、大数据挖掘模块、语义引擎、数据噪声过滤模块、数据标准化处理模块、大数据整合模块、可视化分析模块和数据挖掘算法等部分组成,主要由数据传输层对传输来的高噪声、低价值密度和低相关性数据,进行数据噪声过滤、标准化处理、数据挖掘和数据价值可视化分析等操作,并将从大数据中发现、挖掘的智慧与知识存储在大数据库当中,为图书馆的系统管理、用户服务和读者满意度等提供科学的大数据智慧决策服务。

(四)平台层

智慧图书馆服务平台是各类信息汇集、处理的中心。在先进的大数据、云计算技术的帮助下,平台层能对信息进行深度挖掘与智能化处理,实现基础信息的重复利用,有效降低了重复建设成本,具有异构性、集成性、开放性、移动性、协同性、融合性等特点。平台层的建设过程充分体现人文理念,时刻关注用户需求,致力于提供安全、放心、便捷的使用环境,让读者能随时随地,无障碍获取图书馆文献资源。平台层的构建主要包含三个方面的内容:一是基础支撑部分,包括互联网技术、RF 传感技术、智能信息处理技术、云存储、操作系统;二是数字资源建设部分,包含大量数字化纸质资源、数据库等;三是智慧服务部分,该部分以用户为核心,利用各种信息搜集处理方式,通过移动互联网、移动 OPAC、虚拟参考咨询等提供定制化的周到服务。

（五）应用层

应用层是智慧图书馆价值与功能的体现层，它包含智慧感知系统、智慧资源系统、智慧管理系统、智慧服务系统、智慧馆员系统、智慧技术系统、智慧学习系统、智慧社交系统，它们使得图书馆能跨越空间与距离，全面感知周围的一切变化并作出智能化应对。应用层面向读者提供的服务主要有图书借还、智能检索、智能推送、个性化参考咨询等；面向馆员的服务主要有自动分拣、上架、整理，并对读者数据进行分析研判等。智能图书定位系统能为读者呈现立体的图书定位图，精准获取书籍所在架位，并且能让读者查看该书有关的评论和心得体会以及相应的数字化资源。智能图书点检系统则不仅可以自动完成图书查找、导架、盘点等任务，还可以提供图书的借阅率等数据，使馆员及时做好图书的剔旧更新工作。

四、人文与技术驱动下智慧图书馆的建构路径

（一）努力营造智慧阅读馆舍环境

馆舍建筑风格、智慧化程度能带给到馆读者最直观的体验，是智慧图书馆建设的重要一环，许多智能硬件设备的功能需要在这一部分建构过程中加以考虑。实现图书馆馆舍建筑的智慧化，要将图书馆的设备布置、综合布线、环境艺术、自动控制、消防安全等各项设施系统有机的结合在一起，综合考虑图书馆的智能化、智慧化设计原则。如通过智能照明，根据不同时间段日照光线的强度变化自动适应调节馆舍照明亮度，既为读者提供了舒适、便利的照明空间、阅读环境，又达到了绿色环保、节能减排的目的。在设备设施的安放及筹备方面应加快采用信息技术、感应技术以及监控等系统。

（二）加快完善智慧管理法律法规

智慧图书馆的构建过程中要加快完善法律法规建设，堵塞违法漏洞，不让互联网在给我们生活学习带来便利的同时损害到自身与他人的合法权益。智慧图书馆在建构之初就应该充分考虑用户的身份信息、个人隐私等安全。在采集用户数据时，既要保证能充分全面地研判读者需求偏好又要做到有所限制，对于非必要非授权的信息绝不擅自获取。对盗取公民个人信息及其他网络犯罪行为要坚决予以打击和惩治。同时针对网络信息传播极为快速、网络犯罪打击分秒必争的特点，可以对该类违法行为设置报警维权的绿色通道，及时遏制犯罪

后果的扩散蔓延,将危害程度降到最低,让公众对图书馆的数据管理产生信任,能安心放心地享受智慧图书馆的各项服务。

(三)加紧配套智慧文献资源

文献资源是图书馆的立身之本,是开展一切工作的基础。面对海量的数据资源,智慧图书馆要加强资源建设与管理,推动文献的开放有序存取。首先,要对现有馆藏资源进行智慧化处理,拟定整合规划方案,推动纸质资源的全面数字化;其次,要挖掘特色资源,形成独特品牌标签,对特色资源进行深入挖掘与体系化建设;最后可利用智慧图书馆的信息搜集功能,了解掌握大众读者的阅读偏好与时下研究热点,在符合馆藏整体规划的情况下,扩大部分资源的资源拥有量,满足人们的阅读需求。智慧图书馆的功能实现很大程度上要依靠各种数据库的支持,因此在建构过程中要合理分配资金,适当向电子资源的配置倾斜,与各级图书馆共同搭建资源共享平台,扩充本馆的资源服务范围。

(四)有效搭建智慧服务支撑平台

智慧服务支撑平台是集合了大数据分析研判、资源共享、应用服务等多种功能的体系,它能为用户提供全方位一站式的大数据知识服务。构建该平台要充分融合云计算、物联网、传感技术,将传感器嵌入图书馆设备,实现对读者用户的全面智能化感知。图书馆应该利用好建成后平台的强大存储功能,将与图书、馆员、读者有关的各类数据收集起来,再利用平台的数据处理功能进行充分挖掘、灵活组织、深度分析,从而提供快捷便利地检索与浏览服务。同时还要构建针对该平台的质量考核评价体系,动态掌握平台运行状况,及时反馈和改进问题。

(五)积极引入智慧建构所需人才

智慧图书馆要加强对管理人员信息素养的培育。管理人员要具有适合于信息技术时代发展的信息技术水平,熟悉智慧图书馆建设、运行、管理中的关键技术,掌握数据分析工具的使用方法,既能为读者做好引导推荐工作,又能自主开展专业领域的研究与探索。图书馆要积极创造条件提升管理人员综合素质,开拓眼界,例如可分批派遣管理人员到国外图书馆进行交流学习,或是邀请专家学者进行教学授课,亦可鼓励管理人员自查自学等。除了业务能力的提升,管理人员职业道德的建设也必须常抓不懈。图书馆管理人员是图书馆人文精神的重要体现,其精神风貌直接反映着图书馆的建设水准,要尤为重视对管理人员开展理想宗旨教育,牢固树立"以人为本"的思想,尤其在面对特殊群体时,要适时提供帮助和服务，要有足够的耐心、热心、关心和责任心，承担起社会精神文明建设重任，引导与传播积极向上的社会风尚。

参考文献

[1] 俞蒙. 面向用户泛在智慧服务的智慧图书馆构建 [J]. 河南图书馆学刊, 2018, 38 (2): 126-127+135.

[2] 陈远, 许亮. 面向用户泛在智慧服务的智慧图书馆构建 [J]. 图书馆杂志, 2015, 34 (8): 4-9.

[3] 只莹莹. 5G+区块链技术在图书馆智慧服务中的应用研究 [J]. 图书馆工作与研究, 2020 (10): 12-17.

[4] 张源. 基于5G时代的智慧图书馆建设模式与路径研究 [J]. 现代信息科技, 2020, 4 (14): 119-120+124.

[5] 熊太纯, 陆雪梅, 袁森. 5G背景下智慧图书馆建设的策略研究 [J]. 图书馆研究与工作, 2020 (6): 25-29.

[6] 曾群, 杨柳青. 5G环境下智慧图书馆创新服务模式研究 [J]. 图书馆学研究, 2020 (22): 2-6.

[7] 徐向东, 王方园. 公共图书馆智慧服务体系建设研究 [J]. 图书馆学刊, 2021, 43 (1): 23-27.

[8] 沈玉, 傅文奇. 基于5G技术的全场景智慧图书馆研究 [J]. 福建图书馆学刊, 2020, 3 (4): 3-7.

[9] 田淑娴. 基于大数据的高校智慧图书馆建设研究 [J]. 传媒论坛, 2020, 3 (23): 103-104.

[10] 陈曼曼. 基于个性化服务的智慧图书馆构建策略探索 [J]. 河南图书馆学刊, 2018, 38 (8): 89-90.

湖北省图书馆科普服务智慧化路径研究
——以智能设备在图书馆服务中的应用为例

曾 铖

(湖北省图书馆,湖北武汉,430071)

摘 要:在中国科协公布湖北省公民科学素质现状后,本研究以熊彼特创新理论思想为指导,分析了图书馆科普服务智慧化的发展方向,围绕智能设备在图书馆服务中的相关影响因素运用调查问卷等方法,针对当前智能设备在图书馆服务中的实际应用展开研究分析并提出相关建议。

关键词:智慧化;图书馆;智能设备;湖北

一、图书馆科普服务智慧化的背景与意义

十九大报告中首次出现了"智慧社会"的理念,在智慧城市的背景下,图书馆的功能角色随之提质升级。在《国家创新驱动发展战略纲要》的"三步走"目标中,第二步的目标内容是"创新文化氛围浓厚,法治保障有力,全社会形成创新活力竞相迸发、创新源泉不断涌流的生动局面。"再结合2021年6月颁发的《全民科学素质行动规划纲要(2021—2035年)》,可以推断出理想中的科普和科学素质建设体系是"党的领导、政府推动、全民参与、社会协同、开放合作"的建设模式,国家、省、市、县四级组织实施,为创新创造营造出良好的社会氛围。

5G时代,知识化与全球化的浪潮冲击着国家、社会、人民群众的方方面面,后疫情时代,网络已成为当代不可或缺的基础设施。同样,我们可以将"智慧城市"的本质理解为基础设施发展到高级阶段的一个产物。在数字化生存的当前,围绕包括"智慧图书馆"在内的公共文化基础设施建设前沿研究,不再仅仅局限于传统建筑学,其主题讨论往往是人类学、社会学等众多学科的跨界研究。更为广泛的共识是,无论是哈佛、麻省理工等高校,还是顶尖科研杂志,各学科最新研究的"智慧"化研究路径都不谋而合地共同聚焦于大数据智

能算法方向。据此,本文可以推断,"智慧图书馆"的最终目标与走向,会与智慧城市的大数据、物联网、云平台、地理信息系统、高德等信息系统密切相关。

世界范围内,现代高科技越来越广泛地渗入文化领域,为公共服务和优秀公共文化产品的生产传播提供了现代化手段。我们要顺应时代发展,积极主动运用高科技技术手段,加强图书馆现代化服务管理,为湖北公民提高科学素质创造良好的环境和条件。

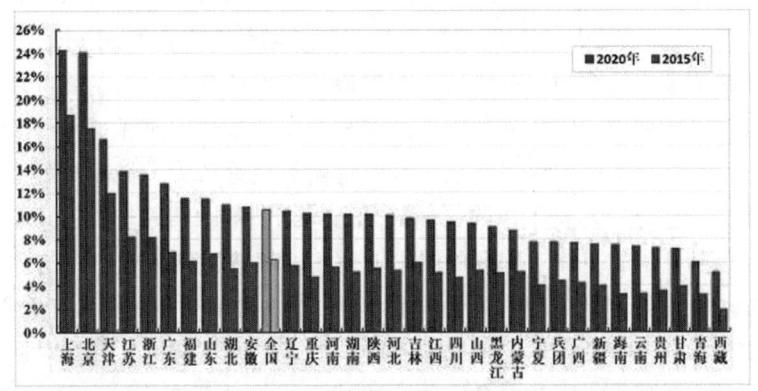

图1 我国31个省区市和新疆兵团公民科学素质发展状况

(图片来源:中国科协)

2021年1月中国科协对外发布第十一次中国公民科学素质抽样调查结果显示(图1),湖北省公民具备科学素质的比例达到10.95%,指标排名全国第九位,与北京上海等发达地区相比还有一定的差距。文化权利是国家文化战略发展中极其重要的一环,作为这座大厦的地基,文化权利的深度和广度决定了大厦的高度。科普服务智慧化路径研究有助于提升湖北省公民科学素养水平,有助于增强湖北省人民群众文化权利的深层次幸福感和改革开放成果的获得感。

二、相关概念研究与国外先进案例分析

(一)"智慧化"概念研究

图书馆智慧化的本质在于"以人为本"和"持续创新"。目前学界对于智慧化,乃至智能化,数字化未有明确定义。学界围绕图书馆服务智慧化的相关研究多围绕在服务方式、服务空间、服务内容等方面。前文中提到,"智慧图书馆"是在"智慧社会""智慧城市"的背景下衍生的,可以确定的是,智慧化路径使图书馆在新时代更高效、更便捷,可以依据读者需求进行定制,从而带来更好的服务体验。所以,"智慧化"不是对图书馆传统服务的否定,而是在传

统服务的基础上做加法，运用当下的信息技术手段做进一步的开拓创新。

与数字图书馆、智能图书馆等相关概念进行比较，本文对智慧图书馆的概念把握为超于技术层面之上，以现代高科技技术为载体，以知识内容为介质，以高效精准地为读者提供更深层次的服务为目的。

（二）熊彼特创新理论分析

创新理论学家熊彼特在1912年引入创新（innovation）概念，最早在其著作《经济发展理论》中，从企业家角度阐释演绎了创新要素在利润、资本、信贷、利息、经济周期中发挥的独特作用。在抽象了技术革命、政治制度等外界条件概念后，生产活动中的创新是利用生产要素和生产条件，演绎了一种全新的生产函数，从而获得丰厚的利润回报。熊彼特创新理论认为，创新过程中，企业家为实现"新组合"承担了风险，凭借其远见卓识主动利用贷款实现资源的新配置，是创新活动的主体。从抽象层面上理解，熊彼特创新理论中的"创新精神"被抽象为主导创新活动的重要构成要素，是一种稀缺资源，具有重要地位。

本文秉承熊彼特创新理论思想的启迪，围绕"创新精神"展开对图书馆智慧化路径的应用环境、服务对象、服务方式等元素的思考，以"智慧图书馆"为发展目标，对现存的图书馆资源等各种服务要素进行重新组合，以"智慧化"为方法路径，探寻科普服务的新途径，实现服务者与被服务者良性互动，以创造更大的社会价值。

（三）英国公益组织服务智慧化探索

交互式服务、服务机器人、人工智能是英国公益组织（Social Purpose Organisations 简称SPO）智能设备应用与业务模式相集成的三种主要手段，这使得公益组织能够在社会责任和商业活动之间创造协同和平衡。在文旅融合的大背景下，对旅游业的一项研究发现，互动服务与愉快的旅游体验之间有积极的联系，而服务机器人有利于对所有游客提供大量详尽信息的多次输出。人工智能可以被大学用来作为虚拟教学的助手，可以被企业用来提高生产自动化速度，也可以被各类组织用来开发自动化系统。许多研究文献显示，公益组织任务的二重性，即公益目的与商业变现困难是组织运行紧张的根源。如图2所示，英国公益组织创造性地利用数字化手段提供高质量的公共服务，以广告等形式创造了商业收入流，增加了组织社会捐赠收入并降低了成本。

在此需要说明的是，本研究在搜索国外相关文献时发现，超过一半的研究成果在探讨包含图书馆在内的公共事业时，研究范围涉及文化、教育与健康卫生等多个方面的服务，以上方面通常被一起归类至公共事业对象展开研究，故英国公益组织的智慧化经验对探索图书馆科普服务的智慧化路径依然有值得借鉴之处。

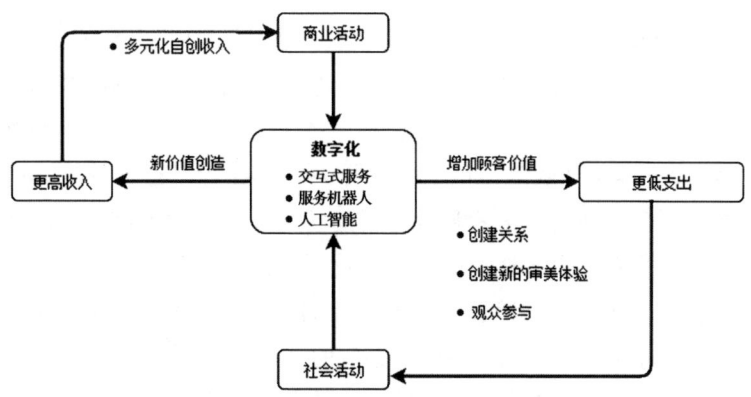

图 2　SPO 中的数字化和商业模式创新示意图

在外文数据库检索后观察到，国外研究非常重视智能设备应用在公共服务中的全面深度应用，相关研究成果数量比例远超于国内相关研究占总研究的比例。例如，公共图书馆中大数据预测模型改进图书馆服务的应用，传承传统文化方面的文化遗产保存上如何利用新的矩阵模型达到更好的效果等。

智慧化正在从根本上促进图书馆等公共文化设施服务的创新。后疫情时代，一些公共设施针对新型互动方式感兴趣的公众群体策划了寓教于乐的虚拟展览，带来了不用到场却亲临其境的审美体验。Nasser Alshawaaf 和 Soo Hee Le 两人研究了英国国家博物馆艺术馆运用数字化手段创新商业模式，实现了以较低的成本为更多受众提供社会价值的服务创新。可以展望，科普湖北的建设必然离不开智慧化路径的探索。

三、智能设备在图书馆服务中的应用

智能设备（IntelligentDevice）是指具有灵敏准确感知收集数据功能，能运用严谨逻辑和计算处理能力处理数据后，进行高效执行的设备和应用的统称。2021 年 6 月湖北省科学技术协会发布的《"科普湖北"建设总体方案》中提到，要创新方式方法提升科普质量，让群众满意。随着互联网技术的广泛应用，智能设备也深入人们的方方面面，许多传统生活用品也出现了智能化产品，为人们的生活带来了很大的便利。基于此，本研究围绕智能设备在图书馆科普服务中的应用展开了调研，结合调查问卷的统计测量与研究分析，为图书馆服务方式智慧化改进提供参考。

(一)接受科普服务的数字方式

《2018年联合国电子政务调查报告》预测政务服务一体化、政务数据流动化、组织机构新型化的数字政府是未来发展的方向，由此得到的研究启示是，读者更易接受的智慧化方式才能促进科普信息数据的流动。本研究选取了智能设备中的应用代表，调查读者更易接受的服务方式。如图3所示，调查问卷中的调查对象88.31%选择微信、54.55%选择微博、41.56%选择手机App接受科普服务，移动设备已成为受访者日常习惯的智能设备。图书馆不一定是所有科普服务的直接提供者，更多地是借助智慧化手段扮演好服务者的角色，广泛运用数字工具鼓励读者与图书馆进行更多的互动与合作。不容忽视的是，即使在有许多智能应用的选项前提下，有23.38%的受访者还是更倾向于组织现场活动，银发时代，传统图书馆服务如何转型值得进一步研究。

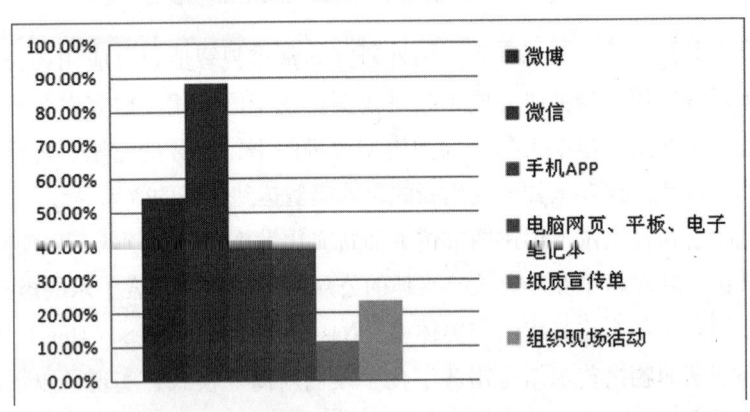

图3 调查对象习惯选择接受科普服务的数字方式数据统计示意图

(二)随年龄变化对创新创造活动的感知与支持力变化

湖北科普创新工作方式方法离不开创新精神的引领。创新精神的培养，首先要遵循创新型人才成长规律。以对创新活动支持力度为自变量，以年龄为因变量，可明显感知调查对象随着年龄的增长，对创新活动的热情与支持下降；其次应创设一个开放创新氛围浓厚的环境。调查问卷中有一个问题是对调查对象所处的人际、工作、生活、社会环境具备的创新氛围浓厚度（0~10数值越大代表创新氛围越浓厚）的测量，测量后发现，平均得分为5.09，仅处于中等微偏上的位置。

十四、智慧图书馆建设模式与路径

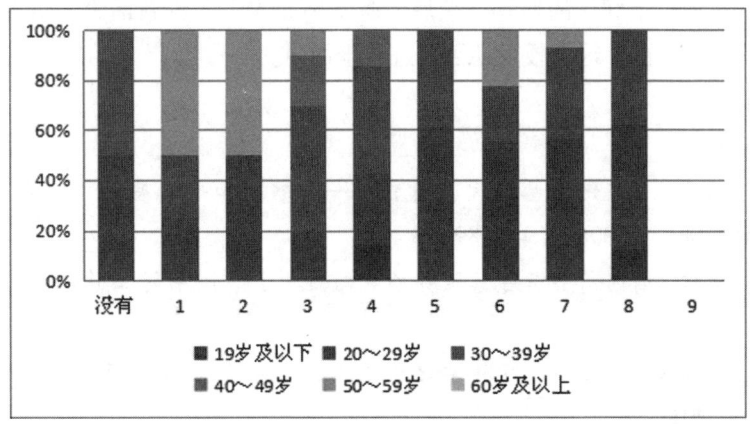

图4 随年龄变化对创新创造活动的感知与支持力示意图

（三）使用数字文化设计工具的意向与现状

与高意愿的科普服务接受意向形成鲜明对比的是，仅有25.97%的调查对象使用过数字化文化设计工具，只有24.68%的调查对象曾尝试或做过文创产品，培养"万众创新"的自主创新社会氛围还有进一步的成长空间。

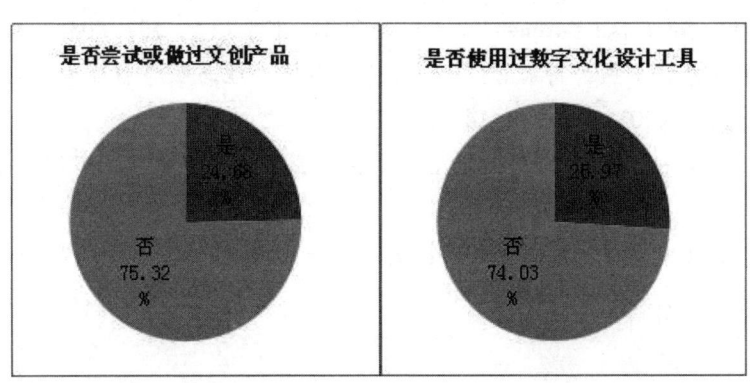

图5 调查对象使用数字文化设计工具意向与现状示意图

四、结束语

2021年，湖北公民具备科学素质的比例完成了"十三五"规划10%的发展目标任务，但是与发达地区相比仍然有较大差距。移动设备已成为湖北人民较为日常习惯的接受公共服务的方式，图书馆科普服务的智能应用开发要重视移动设备应用，同时不能忽视针对老年人群的专门功能研发。随年龄增长，对创新创造活动的支持与感知力度下降，图书馆科普服务要取得事半功倍的效果需要重视针对青少年群体的偏好。最后，激发湖北人民的创新活力，培养湖北开放创新的浓郁氛围，综合投入还需要进一步加强。

参考文献

[1] 王京生. 文化战略与大国责任——对中国和平发展的文化解读 [J]. 马克思主义研究, 2006, (9): 89-93.

[2] 朱珍. 国内图书馆智慧服务研究综述 [J]. 图书馆工作与研究, 2020 (6): 62-68.

[3] 约瑟夫·熊彼特. 经济学说与方法史论 [M]. 武黄岗, 译. 北京: 商务印书馆, 2018.

[4] 柯平, 邹金汇. 后知识服务时代的图书馆转型 [J]. 中国图书馆学报, 2019, 45 (1): 4-17.

[4] 廖嘉琦. 图书馆智慧服务核心要素理论框架构建 [J]. 图书馆, 2020 (4): 36-43.

[5] ALSHAWAAF N, LEE S H. Business model innovation through digitisation in social purpose organisations: A comparative analysis of Tate Modern and Pompidou Centre [J]. Journal of Business Research, 2021, 125 (c): 597-608.

[6] 陈凌, 土燕, 高冰浩, 等. 智慧图书馆管理与服务机制初探 [J]. 数字图书馆论坛, 2018 (6): 8-14.

[7] 初景利, 段美珍. 从智能图书馆到智慧图书馆 [J]. 国家图书馆学刊, 2019, 28 (1): 3-9.

[8] 胡朝君. 基于知识挖掘的公共图书馆个性化智慧服务模式研究 [D]. 天津: 天津理工大学, 2019.

智慧图书馆建设模式与路径

向秀立　刘卫强　周志清

（湖北恩施学院，湖北恩施，445000）

摘　要：智慧图书馆建设既符合社会发展趋势，又是提高图书馆服务质量，充分发挥图书馆功能的重要之策。通过研究，本文分析了智慧图书馆建设现状及面临的主要困境，并提出了针对性的建设路径，旨在进一步促进我国智慧图书馆的建设与发展。

关键词：智慧图书馆；建设模式；物联网

伴随着信息化时代的到来，城市建设也在此背景下产生新的变革，各行业建设均向着信息化、智能化迈进。在城市建设中，图书馆是一个重要的文化标杆，而且智慧图书馆建设水平很大程度上代表了城市技术发展水平，从这一角度而言，智慧图书馆可看做是现代图书馆发展的全新目标。但是，就目前而言，智慧图书馆建设尚处在起步阶段，发展还不够完善。因此，智慧图书馆建设需要从长计议，让智慧图书馆建设与全新技术发展密切结合，做到"软硬兼施"。鉴于此，本文对智慧图书馆建设模式与路径展开研究，具有重要的现实意义。

一、智慧图书馆的内涵

最初，智慧图书馆这一概念是2003年被提出的，而正式为大众所熟知，则是李克强总理在2015年提出的"互联网+"战略。该战略强调各传统行业要积极与"互联网"接触，将"互联网"作为行业转型升级的重要工具，将"互联网"与传统图书馆建设相结合，即为智慧图书馆。在智慧图书馆建设中，通过智能化设备建设内部设施，利用更加先进的信息技术进行互动交流，可显著提升图书馆服务系统的反应速度，提高服务效率，促进图书馆服务管理的转型升级。

二、智慧图书馆的基本构成

智慧图书馆总体上可以分为图书馆基础设施、物联网、云计算和智慧化设备四大区域。

图书馆的基础设施主要是指满足读者需要的基本设备,这些基本设备即为智慧图书馆的建设主体。智慧图书馆的基础设施更具"人性化""智能化",更多的体现出服务性质。例如,智慧图书馆具有良好的通风、智能化温度调节、良好的光照等,可以为读者提供更加舒适的阅读环境。同时,智慧图书馆的基础设施中还采用统一的信息设备,让内部信息可以快速的流通。

物联网技术可以视为是互联网技术的延伸,这种技术的产生使得复杂的互联网系统得到最为直接的体现,可以使人们加快对信息的获取。在智慧图书馆建设中,物联网技术是重要的技术基础,通过物联网技术可实现自动借阅、自动归还等简单服务操作,不但节约了服务时间与服务资源,提高了服务效率,而且让服务不再受时间、地点的限制,极大的提高了服务的自由度。

云计算技术可以对大量的数据信息进行收集,存储,再构建起一个数据库和虚拟信息共享平台,在智慧图书馆中主要负责数据的归纳、分析,可提高工作的效率。

智慧化设备指的是新型智能化图书管理系统与设备,可提高服务效率。例如,智慧化设备具有身份识别功能,通过身份识别,为读者提供更具针对性的服务。可以说,智慧化设备是实现图书馆服务个性化的重要路径。

三、智慧图书馆的建设现状及困境

(一)智慧图书馆的建设现状

就目前而言,我国的智慧图书馆建设尚处于起步时期。在"十二五"规划的指导之下,各种全新智能化技术已经被全面开放出来,如电子标签(RFID)技术等。与此同时,智慧化技术也开始大行其道,各行业均开始注重智慧化建设,图书馆行业也开始注重智慧化发展,目的是建设一个更加高级、更有现代化气息的图书馆服务模式,为读者提供更舒适的阅读、学习环境。现阶段,国内一线发达城市如北京、上海等地,在智慧化图书馆建设中,已经取得了一定成绩,将RFID技术应用到智慧图书馆的建设当中,很大程度上优化了图书馆的服务水平与效果。智慧化技术的应用极大的提升了图书馆的工作效率与服务质量,但是由于技术的应用还处于实践探索的阶段,在实际应用的过程中还存在一些实际问题。

(二)智慧图书馆的发展困境

1. 技术的发展前景与传统图书馆基础建设之间的矛盾很难调和

图书馆应该是文化气息十分厚重的建筑,但是在全新技术手段的改革与冲击之下，这种文化气息正在无形中慢慢地丢失，而这种气息的丢失也就是图书馆文化的丢失，这种无形的财产即使是最先进的技术手段也很难恢复。图书馆的藏书十分丰富，因为图书馆是一个阅读场地，需要很大的占地面积，全新技术的应用也就意味着全新技术设备的到来，也需要在图书馆中安装这些全新的技术设备，自然而然的也就需要对图书馆的接口位置还有服务窗口进行相应的调整。而图书馆的全新内部设计则是需要一定时间的，如果出来的技术方案不符合实际需要，就会对读者的阅读体验造成破坏，另外，对图书馆内部改造时，需要对图书馆大部分的空间进行隔离，噪音也会打破图书馆的环境氛围。

2. 物联网与云计算的技术手段还存在一定缺陷

在智慧图书馆建设中，物联网技术与云计算技术是必需技术，二者对智慧图书馆建设具有直接影响。其中，物联网技术中主要是应用 RFID 技术，而云计算技术主要是应用图书馆内部信息系统的构建与信息共享，但是由于全新的技术手段提出的时间较短，在实际应用中缺乏经验指导。RFID 技术可以分为高频技术与超高频技术两种，两种技术在智慧图书馆中的应用，均具有一定局限性，高频技术对书籍的自动借还册数有一定的要求，即不能够太多，如果超过一定的数量，图书馆的系统就可能出现漏读的现象；而超高频技术可以通过远距离的感受来读取读物的具体信息，但是有的时候会因为内部频率的改变，工作人员对读物的距离读取很难保证准确，很容易造成错误的判断。云计算技术的应用是以信息网络为基础，而信息网络本身便存在安全问题，容易导致信息泄露、丢失，造成十分严重的后果。

四、智慧图书馆的建设路径

（一）重视支撑平台的建设

对于图书馆的内部信息来说，其中的基础数据库也要不断完善，对原有的信息体系也要强化，尤其是原有的网络基础，要进行长期的升级改造，不断扩大无线网络的覆盖面，直至覆盖整个图书馆。在智慧图书馆建设中，从网络建设为基础，在网络建设的基础上，再利用传感器技术与云计算技术、物联网技术等，构建出一个移动互联平台。进一步加强对图书馆内图书信息与读者信息的收集与存储，增强图书馆对信息的敏感性与感知能力。同时利用互联网平台建立起一个收集读者兴趣爱好的平台，打造成一个更加智能化的平台，通过对读者的分析，提高图书馆的个性化服务，让整个图书馆的建设更加智能。

（二）完善智慧图书馆队伍建设

1. 合理制定智慧图书馆的招聘方式

大多数图书馆的人员选拔方式都是通过笔试的方式，这也就意味着，对参加考试的人员要求较高，要求其专业匹配度较高，要拥有较高的计算机基础，以及对新事物的接受能力与对事物的基础判断能力。所以对图书馆的人员招聘可以借鉴其他行业的人员招聘方式，比如，设立一个合理的入职要求，如果想要进入智慧图书馆工作，就需要考取一定的证件，做到"持证上岗"，这样不仅可以保证智慧图书馆管理员的整体职业素养，也可以更好的招聘到工作能力较高的人员。

2. 有效划分现有的图书管理员资源

为了更好的对图书馆进行管理，相关的负责人员可以对现存的图书管理人员进行有效的分类，把人才分配到适合其能力的工作岗位。对新时代智慧图书馆的管理人才应该加大培训力度。此外，智慧图书馆的相关管理人员也应该对高技术的人才进行不断激励，鼓励他们加强自身的工作能力与知识储备，以便更好地为智慧图书馆服务，提升图书馆的运营效率。

3. 加大对智慧图书馆管理人员的培养

相关的管理人员在进行工作时，对自身的要求不能放松，要积极地去学习全新的知识理念。而且要保证与其他图书馆的管理人员进行定期的经验交流与学习，做到共同进步。

（三）共建共享图书资源

随着5G时代的到来，数据信息的传输速度不断加快，也实现了信息的快速发布与获取。借助全新的5G技术构建一个大数据框架，以此来实现图书馆资源的数字化，从而保证每一个智慧图书馆都可以进行数据之间的相互交流与借鉴，做到资源与经验的不断交流与共享。在5G的时代背景下，相关组织应该加快对智慧图书馆的建设，搭建起"5G+智慧图书馆"管理系统，如图1所示。

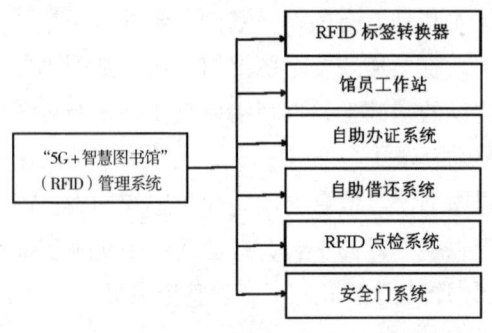

图1 "5G+智慧图书馆"（RFID）管理系统

（四）创新智慧图书馆技术

随着 5G 时代的到来，许多全新的技术也不断出现，为建立智慧图书馆提供了基础的技术支持。

第一，对于智慧图书馆来说，实现自动化管理服务是十分重要的。这种技术可以真正的实现智慧图书馆全智能服务，突破传统服务行业的限制，提高了新型技术的发展。例如，现阶段很多院校已经形成了"5G+智慧墙"，以此种方式进行对智慧图书馆的相关内容的建设。"5G+智慧墙"的全新技术，具有感知信息、分析信息、预测与推荐功能，同时可以通过捕捉进入图书馆人员的脸部信息，再经过后台的自动化对比来展示人员在本图书馆的借阅信息。

第二，要对智慧图书馆的管理员进行相关的培训，使其拥有智能化思维。一般情况下，智慧图书馆管理员缺乏智能化思维，这就导致其对技术不够了解，不能够更好地对系统进行维护，无法有效地对图书馆进行技术的升级与革新。

五、结语

智慧化图书馆建设是一个漫长的过程，需要依靠先进的科学技术为基础，并且要随着时代的发展，以及人们需求的变化，而不断地对其模式和应用进行有效的改革。同时，在智慧图书馆的建设过程中，要充分考虑基础设施在改造过程中对图书馆文化所产生的冲击，从而利用物联网技术与云计算技术，更加迅速，快捷，有效的建设信息化服务平台。

参考文献

[1] 张源. 基于 5G 时代的智慧图书馆建设模式与路径研究 [J]. 现代信息科技, 2020（14）：127-128，132.

[2] 宋生艳, 杨晓辉. 物联网环境下智慧图书馆研究现状与创新路径 [J]. 电子技术与软件工程, 2019（20）：15-16.

[3] 王欢. 大学智慧图书馆信息生态模式及发展途径研究 [J]. 江苏科技信息, 2020（32）：17-20.

[4] 高雪. 数字人文视域下智慧图书馆建设的模式与路径 [J]. 文渊（高中版）, 2019（6）：530.

[5] 李玉海, 金喆, 李佳会, 等. 我国智慧图书馆建设面临的五大问题 [J]. 中国图书馆学报, 2020（2）：17-26.

智慧图书馆建设模式与路径

郭 智

(孝感市孝南区图书馆,湖北孝感,432000)

摘 要:由于近年来科技的快速发展,从传统图书馆书籍被借阅的过程来看,传统图书馆所扮演的角色往往是被动的,因此许多珍贵的资料书籍无法被租借,如何以其他方式来吸引读者来图书馆借阅书籍,是图书馆管理者必须要面对的问题之一。所以,笔者以实际资料为依据,利用信息技术为读者推荐书籍,为读者打造一个全面的借阅平台。

本文以国内图书馆为依托,尝试构建一个为读者提供个性化服务的图书推荐系统,利用信息技术来提高图书馆的运行效率。

关键词:数字图书馆;信息化

随着信息时代的来临,越来越多的传统书籍资料被数据化,人们的阅读习惯也在逐渐改变;就图书馆而言,读者的借阅资料都被记录在电脑的硬盘里。然而这些数字化的资料在很长一段时间内,只能对图书馆的管理流程产生影响,却很少有被再利用的价值。

传统图书馆通常采用以书名、作者、出版社等为主的检索方式,从而在以读者的阅读兴趣为导向的借阅中难以发挥作用。本文将研究信息检索技术,为图书馆读者提供个性化服务,开发出读者需求的推荐系统,让图书馆不再是一个冷冰冰的环境,从而进一步增加图书馆的使用率。

一、构建数字图书馆

(一)个性化的定义

个性化服务,意指使个人带有一般的标志或特征的行为,具有与众不同的特色。在本研究中,个性化服务是推荐针对读者个人的图书租借次数或相关关联行为而打造的个人化的推荐清单,使读者有更多方式得到其他相关书籍资讯,达到更推荐效果。近年来，已有许多利用信息技术进行关于图书馆个人适性化的相关研究，其中，包含利用硬聚类算法（k-means）找出学习社区，以支持数字电子图书馆之个人化服务，还有利用数据探勘技术（data mining）发掘读者的社群关系，作为吸引读者借阅书籍的依据，对提高图书馆的借阅率与读者忠诚度可以提供很大的助益，以及可以利用信息技术找出读者与书籍之间的一般化关联规则，借此作为对读者之新书推荐的依据。

（二）关联规则（associatoin rules）

所谓的关联规则主要是透过数据与数据之间的关联程度，我们可以从这些关联性分析出重要的信息，如图书馆读者借阅书籍行为等，提供了很有用的信息，所以善用关联规则不但可以在各自领域获得相当大的益处，还能了解关联规则当中的探勘结果奥妙。

从关联规则中，我们可以举例来表示关联规则：

一个关联规则的形成为前项集合（antecedent itemsets）、结果项目集合，（consequent itemsets），前后两种项目集合都是I的子集合。所谓的I就是假设一个商品项目，而I就是包含了所有可能的商品项目i（i1、i2、i3……im），且两者的交集为空集合，设立一个关联规则X→Y，可以利用下列公式得到支持度和信赖度，支持度是包含了X→Y交易所占的百分比，而信赖度则是同时包含X与Y的交易数和包含X交易数的比值。

（三）有关关联分析算法（apriori）

对关联规则的探勘来说，apriori算法是最常被使用的，它利用简单且循序的方法，由上往下（bottom-up）去选取每个项目的个数，判断出是否满足最小支持度，若有满足则可归类成高类项目集，若不满足则会删除后选项目集，直到组合到无法产生高频项目集为止。综合这些，我们可以整理出它的执行步骤如下：

首先，订定最小支持度与最小信赖度。

然后，Apriori算法将所有数据项皆视为候选物项，由计算每个候选物项的出现次数，并且将出现次数大于或等于最小信赖度的候选物项留下，则第一次筛选完成。

最后，由前一个步骤筛选出的候选物项计算关联组合的出现次数，用同样的方法剔除弱关联性的候选物项组合。直到数据中候选物项集合的最大数量次数计算出来为止。

（四）群集分析

群集分析又称为数据切割或非监督式学习，它主要目的是将数据集合中的数据纪录加以分群成数个群集（cluster），使每个群集中的数据点间的相似程度高于其他群集中数据点的相似程度，也就是把不同群体或数据分成数个群体。因此，群集分析主要目的在于分析数据彼此间的相似程度，即由分析所找到的群集结果推论出有用或令人感兴趣的特性和现象。在群集分析的过程中，并没有预先指定好的类别信息，也没有任何信息可以表示数据和数据彼此之间是相关的，所以群集分析被视为一个非监督式学习的过程。而分群分析所涵盖的范围则是非常广大，不论是交易型态相关的数据库还是时间序列数据等都能显示出数据和数据之间的特性。

（五）次序检索技术

在数据检索技术中，检索次序样式（sequence pttern mining）是指检索相对时间或其他过程中所出现频率高的样式。例如9个月以前购买苹果手机的客户很有可能在一个月内又购买了新的智能手机。由于很多数据及检索过程或交易数据都是时间序列数据，因此次序相关检索是目前比较受人喜欢的一个检索模式，利用次序去进一步了解消费者及市场的需求与信息。

次序通常有两个主要目的：

（1）找出事件沿时间变化的情形，以便找出固定的型态。如销售是否有季节性。

（2）从历史数据中找出趋势，以便预测未来。

三、利用分群发掘读者个性化的书籍推荐

在图书馆保存成千上万的书籍中，读者往往需要花费许多时间去寻找书籍，这是因为图书馆书籍多而复杂，就算分类详细，读者仍然不容易在第一时间找到自己想要借阅的书籍。我们利用本研究由数据检索让图书馆能够依照读者的特性与属性去分析哪本书适合借给哪位读者，并且推荐给读者，毕竟因图书馆馆藏庞大不易寻找而导致一些书籍借阅次数往往低于其他书籍，这样的方式不但可以刺激读者到图书馆借阅书籍，还可以让读者第一时间了解哪些书籍比较适合他们，让读者能够随时地去图书馆借阅读者想要的书籍，从而有效达成书籍推荐效果。在本篇中，我们以读者之借阅数据为探勘的数据源，每一项借阅数据包含读者曾经借阅过的书籍，利用数据检索中的分群方法作为发掘读者个性化之书籍推荐的依据，进而增加读者到图书馆借阅的意愿与参考方向，也就

是利用分群方法替分群图书馆借阅数据分群与筛检。当分群完毕后，我们可以从群组间找出相似的属性或特征，成为读者个性化之书籍推荐的依据与来源：首先，我们一开始可以从图书馆数据库中把书籍依照图书馆所分类的分成总类、哲学类、自然科学、社会科学等大类，并且去进一步分析资料库中各个借阅者所借阅之书籍是隶属什么类别，紧接着去做归类与整理，发展出读者个人化之书籍推荐，也就是以某一读者之借阅数据为中心点去利用分群技术发掘读者个人化之书籍推荐。

从上面所解释的方法中，我们可以假设 Rjl 与 Rj2 为两项借阅数据，必须先定义借阅相似度

$$r=\frac{(借阅数据 Rj1 与 Rj2 之间有相同书籍项目的个数)}{(借阅数据 Rj1 的书籍项目个数)}$$

而当 r1 愈大，这就可以表示借阅数据 Rj2 包含有愈多与 Rj1 相同的书籍项目。

经过借阅相似度定义之后，我们将两项借阅数据中的书籍项目直接进行计算 Rj1 与 Rj2 之间的借阅相似度。例如，我们定义一函数 getitem（Rj，S1）表示可以撷取借阅数据 Rj 中第 S1 中的书籍项目。

例如设 R = {ABCD}，A、B、C、D ∈ 书籍项目，则 getitem（R1，4）= D，

我们又可以举另外一个例子，假设 R1 = {BDE} 及 R2 = {ABD}，A、B、C、D、E ∈ 书籍项目，其借阅相似度 r1 = 2/3 = 67%。

而假设目前要探勘之某读者的借阅数据为 X，设定 X 为一群组的中心点，设定一个"最小借阅相似度"，这样一来与 X 符合此条件的借阅数据 Rj 就可以分类在同一群组，称之为 X-群组，$1 \leq j \leq n$，表示共有 n 项的借阅数据，分群化的过程可表示成以下算法：

Clustering-1（X）{

for（j=1；j<n；j++）

if Same-Ilem（X，Rj）≥ 最小借阅相似度

Rj ∈ X-群组；}

所以从上面所提出的算法可以知道假设设定的最小借阅相似度为 67%，则与 X 具有 67% 或以上借阅相似度的借阅数据，就归属于 X-群组中。所以可以知道，经过上述算法的分群化步骤，则可以将具有满足最小借阅相似度的借阅数据归属于 X-群组中并且去了解到群组间的特性与性质，而我们从某读者的兴趣程度特征去检索和找出个人化之书籍推荐。

四、结语

从目前数字化科技来看,每一个图书馆已经慢慢的蜕变成数字化图书馆,而当中图书馆藏数据及借阅数据储存方式也已经转为新颖化,不再是传统那死板的储存,数字化的储存方式除了带来空间的便利外,也增加了读者的便利性,更是创造出不同的价值,让许多珍贵的馆藏书籍数据及借阅数据不再容易遗失及可以更方便管理。站在一个数字化的图书馆角度方面,除了书籍、数据的保存与管理外,最重要的就是提供读者全面化的服务,让读者不但可以妥善利用馆藏信息和图书馆功能,还可以增加借阅次数。因此,我们利用数据探勘技术来发掘读者借阅数据,并利用借阅数据提供读者更多其他书籍推荐的选择及功能,不但可以让读者倍感安心,也可以让读者更开心地面对图书馆更好地利用图书馆资源。从图书馆当中,若管理者能够将图书馆资源更好地提升质量,让馆藏信息扮演提升图书馆质量的辅助帮手,并且可以提供给读者开心、便利的氛围环境,相信将会提升读者对图书馆图书的借阅率与系统功能的使用率,从而达成一个双赢的局面。

参考文献

[1] SAVASERE A, OMIECINSKI E, NAVATHE S, An Efficient Algorithm for Min1ng Association Rules [Z]. proceedings the 21st Conference Large Databases, 1995: 432.

智慧图书馆建设与智慧城市

王 显

(湖北经济学院图书馆,湖北武汉,430205)

摘 要：智慧城市能否为公共图书馆和高校图书馆提供新的视角？智慧城市是否会影响图书馆作为文化和科学传播中心的地位？图书馆如何为智慧城市的发展做出贡献？随着信息技术的发展，例如学习中心或绿色图书馆的出现，揭示了智慧图书馆与智慧城市概念的密切关系，然而，高科技并不能代表智慧图书馆。基于这一观察，本文提出了智慧图书馆新概念的轮廓，从四个方面来描述，即智能服务、智慧人员、智能场所和智能治理。然而，智慧图书馆的概念并不是一个独特的模式或项目，而是一个流程，一种更具创造性和创新性完成事情的方式。

关键词：智慧图书馆；智慧城市；融合

一、数字化时代的图书馆与智慧城市建设

数字时代人们获取信息的方式正在发生巨大的变化，"当今图书馆的核心问题是数字化转型，这应该是最重要的问题。"智慧城市是落实国家新型城镇化战略规划，富有中国特色、体现新型政策机制和创新发展模式，智慧城市围绕未来城市治理核心体系，聚焦技术与城市运行中各元素的深度融合，它的概念包含几个相互连接的部分，例如，制造、安全、医疗保健、零售和购物、能源、废物管理、绿化、交通、家庭甚至农业，连同教育和大学，或者在更抽象的层面上，帮助整个社会塑造聪明的公民。图书馆作为社会和技术智力基础设施是必不可少的，智慧图书馆是更大的公共服务和知识机构网络中的元素，每个图书馆都隶属于该网络。智慧图书馆允许人与人之间联系，并且它们有可能成为事实上的社区中心。它们是一个物理空间，是一个消磨时光的好去处，交通便利、价格低廉或免费，有工作人员服务，信息共享空间已成为全球高校图书馆一种普遍的基础服务设施。图书馆是文化和科学机构，拥有馆藏、书架、阅览

室、物理学习空间，以及知识消费和生产的虚拟中心，他们在教育和读者信息素养培训方面发挥作用。但是图书馆在宣传和营销方面存在问题，近十年来，随着数字时代的到来和社会变革人们质疑图书馆的未来。智慧城市能否提供新视角？或"重大改变"传统图书馆？有一件事是肯定的，新兴的城市信息技术和连通性、移动性、数字服务跟本地社区与图书馆的未来发展高度相关，图书馆必须提出创新的解决方案，换句话说，数字化时代是图书馆的挑战，也是机遇，但不是威胁。

二、图书馆如何抓住智慧城市建设的机遇

（一）智慧城市如何在新的基础设施生态中重新定义图书馆

"建立公共图书馆是地方政府和国家的责任，公共图书馆必须受到专门立法的支持，并由国家和地方政府财政拨款资助。数字时代图书馆在应对新的社会和技术挑战时开发了新概念，这些概念产生了影响并取得了成功，因为它们塑造了核心价值观、使命和新一代图书馆的愿景。它们也与另一个原因相关，即图书馆与智慧城市的核心特征具有亲和力。例如，在社交媒体的背景下搞信息共享，图书馆公共资源已应用于市民分享并反对社交媒体以利润为主导及其特定形式的圈地。图书馆是生产者或消费者社区共享的资源或设施，其基本思想是协作、互动、网络、共享治理、非营利性，资源的价值取决于参与和共享，而不是稀有性。分享信息是图书馆核心价值观的一部分，图书馆管理员和其他信息工作者的兴趣是为图书馆用户提供获取任何媒体信息和想法的最佳途径或格式，图书馆提倡开放获取、开源和开放许可的原则。图书馆作为公共机构建立在地方或学术团体参与的基础上，保护知识自由。信息共享一直是（并且仍然是）推广公共和学术图书馆的一个强大的营销概念，例如在英国，公共图书馆有被改造成具有多种学习、信息、娱乐和文化的创意商店机会。

（二）高校将学生置于图书馆的核心位置的学习中心模式

为了提高高校图书馆的吸引力和绩效，在校园内设立学习共享区、媒体共享区，尤其是学习中心将图书馆的重点从馆藏和默读转移到模块化学习空间，智能技术和创客空间，其中一些整合了来自创新和联合的元素。将学生置于图书馆的核心位置，教学已成为图书馆设计的主要驱动力，重点是学习，应该促进以自主、自我监控和个人知识管理为中心的学习过程。高校图书馆应该如何利用它的空间？什么样的建筑、物理环境和技术设备最适合支持和提高学生学习质量？共享资源和设施是这一概念的重要组成部分。其他有趣的方面是对使用、经验、学习和认知的关注，以及社交媒体和移动互联网技术。

（三）绿色图书馆

图书馆如何为保护自然环境做出贡献？相比发电厂、化工厂或汽车运输，图书馆算比较干净。然而，图书馆消耗能源和水，并产生废物。与其他任何服务一样。绿色图书馆的概念试图为一系列有利于发展的行动提供框架，如新建筑或重要的翻新工程（屋顶绿化）循环利用、节约能源等；其他可以随时实施，如使用节能灯泡、废纸回收等。绿色图书馆的模式不仅限于高校图书馆，还适用于各类图书馆。绿色图书馆模式符合可持续发展的定义。图书馆是文化机构，支持教育和研究，但它们不止于此——他们也是当地社区的一部分，像任何其他服务一样，对社会和人类可持续发展做出潜在贡献。

（四）图书馆未来具有足够的潜力和灵活性来适应和生存的特征

（1）作为知识生态系统中的文化基础设施的认知框架机构。
（2）与社区的紧密联系和对用户需求的关注。
（3）重视图书馆的社会影响，具有社会责任。
（4）关注可持续性和环境问题。
（5）资源共享、协作、联网、开放的原则。
（6）创新技术的重要性。
（7）图书馆建筑物的重要作用。

这些融合的特征创造了一个图书馆服务、组织结构和运作的发展，是新的和原始的概念环境，并且与智慧城市的概念有明显的相似之处。因此智慧城市可能会为图书馆科学提供一种新的、包容性的方法。

三、智慧城市对信息服务的关注

智慧城市常常被描述为一个"无处不在的数字生态系统"，由无数愿意相互交互的以信息为中心的服务组成，科技造就城市智能化。图书馆是信息生态系统的一部分，图书馆本身是提供获取信息的技术和智力的基础设施，收集数据，产生信息和知识，为人类创造文化和科学价值社区。智慧城市不仅仅是信息通信技术和互联对象。它建立在创造力、智力和社会资本、"无形资产"之上，它需要治理政策和法规，即有意识的以重要和积极的方式决定如何使用该技术来改变生活和工作。技术是核心维度，但仅有技术做不成智慧城市。正如心理学家所说，城市是由人组成的，而智慧是由人创造的，社会和人文层面的智慧城市即人与社会，这是图书馆与智慧城市链接的概念。

四、智慧图书馆

（一）智慧图书馆的四个维度

1. 第一维度是"创新精神"

智慧城市要发展现代图书馆服务，如 RFID、移动和无线接入、远程协助、人工智能、物联网、机器翻译、语音和图像识别、自然语言处理、增强现实提供享受文化遗产等。一些观点将智慧图书馆服务描述为基于图书馆用于文档搜索、信息检索、协同馆藏建设等。一个智慧图书馆是一个信息枢纽，在更大范围内与其他图书馆和城市服务相链接的信息生态系统。然而，这些创新与其试图让用户适应现有的图书馆服务，不如让智慧图书馆适应用户的需求。例如，移动人群感知，以支持智能流动性、图书馆空间的使用和图书馆设施的使用、用户体验设计以及基于推荐算法的个性化信息服务。

2. 第二维度是生产

图书馆作为"公共平台"的概念支持读者生产内容并与读者一起生产内容，图书馆工作人员是智慧图书馆的一部分，图书馆用户是知识的生产者，未来也许图书馆将比以往任何时候都更能够成为一个读者学习、相遇、合作以及进行艺术和科学教育的地方，同时有阅读、音乐、戏剧、展览、自助餐厅的空间促进读者群体协助和联合。

3. 第三维度是图书馆作为一个实体建筑的吸引力

一方面，这维度可谓是生态，类似于绿色图书馆的概念，涵盖废物管理、绿化环境的吸引力，无污染和资源的可持续管理等。另一方面是与建筑物有关的智能环境，例如楼宇监控、电子设备监控，这两个方面有助于提高图书馆作为建筑的环境质量和吸引力。

4. 第四维度是管理制度

它包括所有图书馆与城市"智慧治理"概念相对应的特征，例如协作、合作、伙伴关系、市民参与。我们可以区分两个方面。一是智能管理，智慧图书馆管理可以包括多项举措，例如，增加行政和管理系统的透明度，用户参与决策流程，实时分析读者大数据以便图书馆使用，以提高图书馆战略和决策等的质量。图书馆读者群体可参与图书馆的管理和行政。二是智能网络，即图书馆在社会和文化环境中的开放性和嵌入性。此外，决策不是作为一个孤立的机构，而是作为其他更大生态系统中的一个组成部分，公共图书馆可以通过多种方式为当地政策做出贡献，包括为文化和教育做出贡献，填补信息素养差距，以及提高获取相关信息能力和社会服务。

(二) 智慧图书馆的不足

中国理论研究的力量并不薄弱，截至2017年年底，中国图书馆学会共有单位会员539家，个人会员14401名。自2013年以来，一些研究，尤其是来自中国和印度的研究者引入了智慧图书馆的概念，然而也存在以技术和相关工作技能为中心的特定术语使用不一致的问题。另外是对社会和人文层面的"软"领域关注较少，例如美国图书馆协会出版的《智慧图书馆通讯》，他们主要关注RFID、物联网和连接对象、移动设备、基础设施和大数据，对社会和人文层面，例如生活、政府、经济和读者的关注较少。

智慧图书馆首先关注智慧城市的人文维度，即智慧城市的作用和发展。公共图书馆服务是为读者打造的"信息素养枢纽"，智慧图书馆在六个主要创新方面（智能经济、移动智能、智能环境、智能人员、智能场所和智能治理）整合了技术、人员和机构。当前许多智能数据技术供应商主要关注技术而不是人。这种"聪明的策略"实际是犯了双重错误。不仅忽视了智能技术本质，即"技术以用户视角为中心"，实际上也边缘化了对读者及其生活质量重要且相关的软领域。作为文化教育机构、信息共享机构，图书馆似乎与软领域、与人、与生活有天然亲和力。智慧城市，作为"学习型城市"或"知识型城市"旨在鼓励培育知识和创新。可以说智慧图书馆在这方面表现良好，它以前瞻性的方式作为信息中心，提供信息访问和改进读者信息素养。

五、结语

智慧城市能否为公共图书馆和高校图书馆提供新视角？智慧城市会影响图书馆的文化和科研地位吗？图书馆如何为智慧城市的发展做贡献？图书馆的最新模式，显示出与智慧城市概念的一些相似之处，尤其是在传播信息的作用以及技术、人员和机构的整合方面。智慧城市，智慧图书馆的概念在某种程度上仍然是"模糊的"、开放的和动态变化的。智慧图书馆的概念并不是一个独特的模式或项目，而是一个流程，一种更具创造性和创新性完成事情的方式。这可能不是所有图书馆的解决方案问题，然而，智慧城市的概念至少为一些图书馆提供了一个机会证明其社会价值。并非所有图书馆都应该改成智慧图书馆。但有些图书馆必须适应新兴的智能环境，在城市或校园中，在一个信息无处不在的世界里，图书馆必须重新塑造他们的角色和在新生态系统中发挥作用。图书馆不享有信息访问的独家垄断权，图书馆的一些信息功能和角色可能将会被外部化或由其他机构取代，未来的图书馆可能与我们想象的大不相同。

参考文献

[1] 张诗博. 美国高校图书馆的转型及其启示［J］. 河南图书馆学刊，2018 (11)：59-62，70.

[2] 国际图书馆协会联合会，联合国教科文组织. 公共图书馆宣言［M］//林祖藻，译. 公共图书馆服务发展指南. 上海：上海科学技术文献出版社，2002：97-100.

[3] "中国图书馆学会2017年年报"［EB/OL］. 中国图书馆学会，2018-04-30.

十五、区域图书馆联盟与总分馆建设研究

浅谈公共图书馆总分馆建设

叶青青

（湖北省图书馆，湖北武汉，430071）

摘　要：公共图书馆总分馆建设是构建现代化公共文化服务体系的重要内容，也是推动全民阅读、满足人民群众文化需求的重要途径。本文通过分析公共图书馆总分馆建设的必要性，以及实践中的管理模式，总结了图书馆总分馆建设中存在的问题，并对公共图书馆总分馆建设的发展策略进行了阐述。

关键词：公共图书馆；总分馆；建设

2018年，《中华人民共和国图书馆法》正式颁布实施，我国图书馆事业迈入法制化轨道。在文化创新、文旅融合不断深化的新时代，公共图书馆不仅肩负着推动全民阅读的重要职责，还承担着公共服务、文化传播、社会教育的重要使命。大力推广和发展公共图书馆总分馆建设，对完善公共文化服务体系建设、满足人民群众日益增长的精神文化需求发挥着重要作用。

一、公共图书馆总分馆建设的必要性

（一）有利于提高资源利用效率

在传统的管理模式下，各公共图书馆之间的信息资源相对闭塞，图书资源重复购置，图书种类同质化问题突出，造成了公共资源的浪费。而实行公共图书馆总分馆制后，总馆负责图书资料的统一采购，各分馆根据其馆藏特色或建馆目标，向总馆申报需要重点采购的图书项目，使总分馆的图书种类更加多元化，避免了图书资源重复采购的问题，进而提升图书资源的利用效率。此外，在图书馆总馆的统一领导下，积极搭建图书资源共享平台，采取统一集中采购，再将其分发至各分馆，能够实现各图书馆图书资源的合理分布，最大限度地降低图书馆书籍采购的成本。

(二) 有利于提升服务水平

在公共文化建设中,公共图书馆总分馆制建设是更好地实现公共文化服务均等化的需要。一方面,在图书馆总分馆制模式下,整个区域范围内的所有图书馆建成了一个整体,总分馆模式扩大了服务范围,服务的对象更加广泛,使基层的分馆覆盖区域的群众都享受到总馆的阅读服务。另一方面,公共图书馆总分馆制建设可以使服务的针对性更强,在具体的实施过程中能够对资源进行有效整合,实现资源的集中共享,将优质资源延伸到基层,并根据区域群众阅读服务需求的分析研判做出具体的决策,提升图书馆服务决策的精准性,实现服务的个性化、精准化和人性化。

(三) 有利于统一规范管理

公共图书馆总分馆制模式的应用,能够将分散于各地的分图书馆资源进行有效整合,实现在总图书馆的领导下对各分图书馆进行有效管理。在整个管理体系中,总馆在做好自身图书馆的日常运行管理、维护好图书馆与读者、其他公共关系的同时,要具体负责指导各分馆的日常运行和标准化管理。在总馆的协调管理下,按照统一的管理标准、制度和规范要求,对分馆进行标准化管理,能够补齐图书馆业务标准不统一、工作推进不平衡、管理相对分散等短板,进而提升区域公共文化服务体系的标准化、规范化发展水平。

二、公共图书馆总分馆的管理模式分析

(一) 直管型模式

直管型模式是指由公共图书馆总馆建立分馆,对各分馆进行统一的监督和管理,各分馆的人员编制、经费保障、基础设施建设以及图书资料等所有权均属于总馆。在此情况下,分馆在实际开展工作时,需要总馆管理人员的协助与监督,因而该模式对总馆管理人员的专业技能和管理素养,以及分馆工作人员的综合能力都有较高的要求,对提升公共图书馆管理效率和服务质量也发挥着重要作用。以十堰市图书馆为例,截止目前,十堰市已建成由1个中心馆、2个总馆、20个分馆、30个基层服务点组成的四级图书馆"中心馆—总分馆"服务体系,通过"一卡通"就能实现服务体系内纸质资源的共建共享、通借通还,并充分发挥数字图书馆的效能,有效解决了城区各级图书馆资源共享、标准服务和"最后一公里"的瓶颈问题,打造了城区"半小时阅读圈"文化,满足了不同层次读者的阅读需要。

（二）联办型模式

联办型模式是由公共图书馆总馆对分馆进行业务管理和指导，为分馆提供丰富的馆藏图书文献资源。联办型模式主要是在总馆与社区或乡镇基层一级之间，由于基层分馆人、财、物基础薄弱，在实际开展工作时，需要由基层提供场地和人力资源，对环境的要求比较严格，也需要分馆具有较强的自主性。在总馆的指导监督下，使总馆的服务功能与乡镇、社区服务进行全面融合，既丰富了总馆的文化服务内容，又提升了分馆的图书服务质量和效率。以湖北省图书馆为例，2020年12月，湖北省图书馆和丹江口市图书馆联合共建的沧浪湿地分馆正式对外开放，沧浪湿地分馆是湖北省图书馆实施业务统筹以来和基层馆联合共建的第一家旅游景区特色图书馆，总面积185平方米，藏书10000册，配备自助办证借还一体机，借阅、检索、办公全部实行自动化管理，市民只需刷身份证或读者证即可进馆借还、阅读书籍，方便高效。

（三）托管型模式

托管型模式是指公共图书馆总馆对分馆实际运行管理工作进行委托式管理。在托管型模式下，总馆与分馆之间需要签订托管协议，将之前由某一部门或单位管理下的图书馆委托由总馆进行改建和管理，进而推动分馆各项业务工作的有序进行，总馆对分馆行使使用权和管理权，分馆工作人员、软硬件设施均委托总馆进行统一管理。以荆门市图书馆为例，为探索图书馆特色服务的新路径，荆门市图书馆依托政府和企业，在荆门支柱企业——金龙泉啤酒集团内开办了荆门市图书馆分馆即啤酒图书馆；之后又在原省文化厅和荆门市政府的支持下，以"馆企联姻"的模式创办了湖北省啤酒文献中心。根据协议，荆门市图书馆提供文献和人力资源，金龙泉啤酒集团提供场地、设施和运转资金。十几年以来，中心在开展文献借阅服务的同时，利用专业馆藏文献积极为金龙泉啤酒集团的科研攻关活动提供文献和信息支持，完成了多项重点科研课题的跟踪服务，为金龙泉啤酒蝉联"中国名牌产品"称号做出了一定的贡献。

三、公共图书馆总分馆建设中存在的问题

（一）管理体制存在壁垒

由于公共图书馆采取的是分级管理，行政和财政体制"各自为营"，一级政府仅负责本级图书馆的建设与管理，各级图书馆仅对各自主管部门负责，因而总馆和分馆之间彼此独立、互不隶属，总馆对分馆无直接管理权，由此造成的

管理体制壁垒以及经费来源差异，对总分馆建设、合作以及资源共享等造成了阻碍。目前国家对乡镇级图书馆的支持力度还不够，投入资金较少，大大制约了图书馆的整体建设目标；而出于自身利益保护等因素，一些总馆不愿共享资源，这也使总馆与分馆之间无论是在软硬件设施上还是文献资源上，都会存在一定差距。

（二）资源分配不合理

从理论上讲，公共图书馆总馆应能够管理分馆的所有资源，包括基础设施、设备、文献及人力资源等，但实际情况中，总馆只享有部分文献资源的产权，其他权利属于政府，因而总馆在资源分配和人员调度上存在较大的局限性，不能制定相对统一的服务标准。另外，政府对总馆建设投入的资金和人力、物力一定会高于各分馆的建设水平，在综合资源的品质方面，总馆所存在的资源也一定会优于基层各分馆的整体资源，管理人员的综合素质也要优于分馆管理人员的整体水平。因此，虽然基层分馆数量上去了，但由于得到的人力、财力、物力支持分馆的业务指导力度有限，造成很多分馆难以维系，最终退出总分馆体系。

（三）专业管理人员缺乏

近些年，虽然政府财政对公共图书馆总分馆建设的支持力度加大，但由于部分分馆专业人才配备不够，并且现有的工作人员缺乏专业素养、服务意识不到位，不能很好地为读者提供服务。另外，具备专业管理素质的管理人员大都在市一级或者省一级的总馆任职，很少有专业的管理或者技术人员会心甘情愿下到基层分馆，因而使得基层分馆的整体服务水准和专业性得不到更好地提升。同时，人员保障制度不到位、工资不高等因素导致了工作人员流动性大、工作热情度低等现象，分馆的服务效能自然也得不到提高。

四、公共图书馆总分馆建设的发展策略

（一）加强政府主导

政府在公共图书馆建设中扮演着重要角色，公共图书馆要大力发展总分馆建设，就必须贯彻政府主导，否则难以实现。为了有效地推动公共图书馆总分馆建设的顺利开展，政府要充分认识、不断强化自身的主导职能，相关部门的管理人员要积极收集全国成功案例及相关政策文件要求等，主动向政府决策部门进言献策，并结合本地区总分馆建设实际发展状况，制定具有针对性的政策法律条例，保障总分馆建设工作落到实处。另一方面，仅靠一级政府的努力并不能满足各分馆的发展需求，需要各级政府给予帮助与支持，破除体制壁垒，采取多级政府共同责任制，上级主动分担基层压力，为基层分馆提供最大限度地保障支持，稳步推进总分馆建设进程。

（二）鼓励社会力量参与

在国家政策的支持下，越来越多的社会力量主动投入到图书馆事业建设中。将社会力量引入到公共图书馆总分馆建设中，能够有效实现共同建设，加强资源的优化配置，扩大业务范围，拓展图书馆服务思路，同时能有效地管理各分馆和服务点，确保公共图书馆总分馆管理具有较高灵活性和可行性。同时，积极引导社会大众参与到公共图书馆外延服务项目的建设中，不仅能够对社会公众的文化需求提供帮助，还能提升公共图书馆总分馆制的社会影响力。

（三）整合公共资源

公共图书馆总分馆建设的有效途径，是通过打破政府部门之间、政府与企事业单位之间的界限，实行多部门联合行动，以协调机制为依托，整合公共资源，跨界推进共建共享，才能使普遍均等的图书馆服务加快实现。对未能改变财政分级投入和行政隶属关系的分馆，可由分馆所在地提供馆舍、设备、管理人员和运行费用等，由总馆为其配置书刊、安装系统、开通资源，并对各分馆工作人员进行业务指导和培训，同时建立相关考核制度，安排专人不定期巡查，分馆工作人员根据总馆的任务安排，负责开展各项读者服务活动等。

（四）加强人才队伍建设

公共图书馆总分馆建设需要拥有一支高素质、专业性强的图书馆人才队伍。随着现代信息化进程的不断加快，管理工作逐渐智能化，加上一些数字管理设备的引入，更需要大量的专业管理人才和技术人才。总馆应按照各分馆的实际需求，统一招聘专业管理人才，并在此基础上进行统一化的管理与岗位设置。另外，加强人才队伍建设还可以通过引进、继续教育、业务培训、学术交流、志愿者团队等形式进行合理利用和培养，形成良性循环的人才培养机制，以确保总分馆建设持续发展，切实提升各级图书馆服务的整体质量和水平。

五、结语

总而言之，公共图书馆总分馆建设有利于提高公共图书馆资源的利用率，实现区域内各公共图书馆文献资源的全面整合，扩大服务范围，拓宽阅读群体，提高图书馆读者服务的效率，对提高图书馆整体效益、强化各分馆的社会影响力以及推动整个地区公共文化事业的发展具有重要的现实意义，也是新时期公共图书馆发展的必然趋势。

参考文献

［1］焦燕.公共图书馆总分馆建设探析［J］.科技资讯，2020（21）：181-183.

［2］吴云科.国内图书馆总分馆制理论及实践探究［J］.兰台内外，2019（8）：79-80.

［3］毛哲.公共图书馆总分馆制建设与公共文化服务研究［J］.延边教育学院学报，2020（5）：112-114.

［4］陈彬强.我国图书馆总分馆制建设的延伸和拓展探讨——以泉州市为例［J］.河北科技图苑，2020（6）：7-13.

［5］凡莉.探索总分馆制办馆模式延伸图书馆的公共服务——以荆门市图书馆为例［J］.农业图书情报学刊，2011（7）：213-216.

论多元支持与合作对公共图书馆事业发展的助力作用
——以黄冈市图书馆总分馆制建设过程中的文献资源建设为例

顾 玲

（黄冈市图书馆；湖北黄冈，438000）

摘　要：为解决黄冈市图书馆在总分馆制建设过程中图书资源短缺和购书经费不足的问题，在黄冈市委主要领导的关心和支持下，2019年黄冈市委宣传部、黄冈市文明办、黄冈市文旅局（原黄冈市文广局）曾联合印发《关于在市直机关单位开展图书捐赠活动的通知》，号召市直机关单位为黄冈市图书馆总分馆建设捐赠图书。通过历时近两个月的捐书活动，黄冈市图书馆共接收捐赠图书两万九千余册，为总分馆制建设的有序推进储备了较充足的图书资源。本文将从图书捐赠活动概况、图书捐赠活动对该馆文献资源建设的作用和图书捐赠活动的几点启发三个方面展开，阐述社会力量对公共图书馆事业的助力作用。

关键词：图书捐赠活动；总分馆制建设；多元合作与支持；文献资源建设；公共图书馆事业发展的助力

一、图书捐赠活动概况

据不完全统计，2019年1月15日—3月11日，我馆累计收到152家市直机关、企事业单位捐赠图书共计29121册。经初步分类整理，合适上架借阅图书约21000册，有效缓解了我馆在总分馆制建设过程中图书资源短缺状况。

此次图书捐赠活动除了为我馆总分馆制建设筹集到一定数量的图书，在捐书活动中，我们惊喜地发现很多单位将图书捐赠与学习型单位建设行动结合进行，这反映出我市企事业单位对提高员工文化素养的重视。如，捐赠单位以图书捐赠为契机，在我馆组织参观学习活动、组织读书活动……这些活动既增强了捐赠单位职工对公共图书馆的了解，又提高了他们利用公共图书馆资源的意识。整个捐书活动使我们感受到黄冈民众对图书馆公共文化资源的利用需求以及好学、尚学的良好社会风气，这对我们图书馆工作人员来说也是一种工作上的勉励。

二、图书捐赠活动对我馆文献资源建设的作用

毫无疑问，数量可观的捐赠图书对增强我馆馆藏实力的作用是极大的，解决了我馆在总分馆制建设过程中的资金资源不足的问题。我馆根据捐赠图书的不同特点，对捐赠图书采取不同的处理方式，也使这些图书发挥了不同的作用：

一是充实分馆建设的文献资源。我馆对适合上架借阅的图书进行加工整理，供分馆上架借阅，截至目前，捐赠图书已用于6家分馆的建设。

二是丰富我馆地方文献馆藏，经整理，捐赠图书中有部分图书为介绍黄冈历史文化或为黄冈籍人士所著，甄选后已入藏地方文献室。

三是作为文化扶贫的补充资源，根据文化扶贫对象的特点，从捐赠图书中有针对性地挑选部分图书，用于文化、卫生、科技"三下乡"等文化扶贫活动。

三、此次捐书活动对今后工作的几点启发

据估算，此次捐书活动节约政府图书采购资金60余万元，展现出在政府主导下，社会力量对公共图书馆事业发展的助力作用。我馆这种文献资源建设方式已先后在麻城、红安、黄川区等县级馆得到有效推广。

（一）公共图书馆的充分发展需要多元支持与合作

社会各界的支持是公共图书馆事业发展的有效补充力量。《中华人民共和国公共文化服务保障法》第四十二条规定："国家鼓励和支持公民、法人和其他组织通过兴办实体、资助项目、赞助活动、提供设施、捐赠产品等方式，参与提供公共文化服务。"社会力量可依法为公共图书馆事业发展提供资金、图书、设备等物质支持或有助于事业发展的新观念、新方法、新模式。多元力量的参与在公共图书馆事业发展过程中，特别是在政府公共支持力度不足时，可以起到很好的补充助力作用。

（二）公共图书馆文献资源建设应多措并举

公共图书馆作为公益性文化服务单位，其文献资源建设经费主要依赖国家财政资金的支持，但国家也鼓励公共图书馆多途径寻求社会支持。《中华人民共和国公共图书馆法》第二十五条规定："公共图书馆可以通过采购、接受交存或者捐赠等合法方式收集文献信息"；第四十八条规定："国家支持公共图书馆加强与学校图书馆、科研机构图书馆以及其他类型图书馆的交流与合作，开展联

合服务"。公共图书馆要实现文献资源的扩容，在政府采购基础上，还可以采取多种合法合规方式来实现，如，可通过馆际合作、馆校合作、馆地合作等方式，实现资源的共享与流通，这样也扩展了公共图书馆的服务半径；又如，可多渠道接收外来捐赠，我馆依靠政府行政力量筹集文献资源就是一个很好的方法，另外还可以借助社会团体、知名人物、出版社等单位机构或个人的支持，拓宽文献资源来源渠道；再如，积极寻访本地文化名人、藏书家，以建立专题图书室或专架形式增加馆内文献资源……在倡导共享经济的时代，公共图书馆的文献资源建设工作应在遵守相关法律法规基础上，以为人民群众提供更优质的公共文化服务为工作目标，创新工作方法，积极寻求多方合作。

（三）公共图书馆应增强与民众的交流

在此次图书捐赠活动过程中，部分单位自发利用图书馆资源组织学习型单位创建活动，还有很多单位表达了对图书馆日常工作开展状况的关注及对图书馆服务项目的多元化诉求。社会民众对利用公共文化资源来提升自身文化素养的意识不断提高，公共图书馆应加强业务宣传，将提高图书馆文化资源的民众知晓率和利用率作为重点工作，多采用菜单式、订单式、问卷式等工作方法，深入了解民众的文化需求，使公共文化服务更加贴近民众生活，从而增进图书馆与广大民众的交流，这不仅有利于实现公共图书馆的各项职能，也有利于在事业发展过程中得到社会力量的支持。

四、结语

《联合国教科文组织公共图书馆宣言》："公共图书馆是传播教育、文化和信息的一支有生力量，是促使人们寻找和平和精神幸福的基本资源。"公共图书馆是为丰富民众的精神生活，传播文明、进行社会教育的机构，是推动社会主义精神文明建设的重要力量。社会力量参与公共图书馆建设事业，可以使公共图书馆获取更多有效资源，促进公共图书馆事业的发展。同时，公共图书馆在与社会力量合作过程中能更加及时地了解不同服务对象的文化需求，使图书馆工作更加贴近民众生活，进而让民众获得更多精神上的幸福感和满足感，从而实现共建"书香社会"的良性互动。

由文献资源建设推及其他方面，公共图书馆在总分馆制建设、古籍保护、全民阅读活动等工作中也应寻求多方支持与合作，实现资源的互助互补，从而促进公共文化服务质量的提档升级。

地方图书馆信息化建设中面临的机遇与存在的问题及对策研讨

何楚龙

(孝感市图书馆,湖北孝感,432000)

摘　要：文章对当前地方图书馆在信息化建设中面临的社会发展、国家政策和信息技术发展所带来的机遇做了分析,并指出了当前地方图书馆在信息化建设中存在的方向和目标问题、建设经费问题、人才建设问题以及管理制度问题,并针对存在的问题提出了相应的解决思路和办法。

关键字：新时期；地方图书馆；信息化建设

党的十九大报告指出："经过长期努力,中国特色社会主义进入了新时代,这是我国发展新的历史方位。"同时,报告提出了新时代文化建设的基本方略。可以概括为四句话：明确了文化建设在中国特色社会主义建设总体布局中的定位,提出了新时代文化建设的目标,指出了新时代文化建设的着力点,提出了新时代文化建设的基本要求。公共图书馆作为地方文化基础设施,其建设也迎来前所未有的发展机遇。

此外,随着近几十年信息技术的快速发展与应用,互联网、物联网、大数据、数字媒体等新技术成为图书馆信息化建设的热点,相应的智能设备产品与服务也层出不穷。这些新技术和产品的应用不仅提高了图书馆管理和服务的效率,同时为广大读者和市民提供了更加丰富和个性化的文化知识服务。因此,公共图书馆的信息化建设在这些新技术的支撑下得到了快速的发展。

然而,地方图书馆的信息化建设没有一个固定的模式和标准,各地都是根据自身情况边探索边建设,在建设过程中也遇到一些问题和挑战。因此,正确的理解和分析这些问题,并结合各地的具体情况研究对策,制定解决措施和方法是值得我们研究和探讨的。

一、新时期地方图书馆信息化建设中面临的机遇

（一）社会发展的机遇

在这个新时代，人民群众对文化知识的需求发生了变化，不仅在数量上呈现巨大的增长，也对知识信息种类的需求呈现多样化，并且对知识信息获取方式的便捷性提出了更高的要求。因此，在社会需求的推动下，数字图书馆成为地方图书馆信息化建设的新方向和目标。

（二）国家政策的机遇

2017年7月7日，文化部关于印发《"十三五"时期全国公共图书馆事业发展规划》的通知中明确提出"加强新技术应用，提升数字化服务能力"，把加强图书馆数字化建设、推进基层公共数字文化综合服务平台建设、加强新技术研发和应用为图书馆的信息化建设作为图书馆信息化建设的重点方向。在这样的政策背景下，中央和地方都加强了对图书馆信息化建设的投入力度，也对图书馆信息化建设提出了更高、更明确的要求。因此，地方图书馆的信息化建设进入了快车道。

（三）技术发展的机遇

近二十年来信息技术得到前所未有的发展，特别是移动互联网、物联网、大数据、云计算、人工智能、数字媒体等为代表的一系列新技术的发展与应用为数字图书馆的建设提供了强有力的技术支撑。"中国知网"的电子学术期刊、"超星"电子图书、"读秀"的学术搜索、"知识视界"视频等一大批数字图书资源的建设极大地拓宽了我们的阅读边界。同时，各种图书自助借还设备、图书采编设备、电子阅览设备的投入使用大大方便了广大读者和图书馆管理人员。此外，有声读书厅、多媒体活动室、创客制造中心等新设施的建设为广大读者开辟了新的体验空间。随着信息技术的发展，越来越多新技术、新产品和新服务将在图书馆信息化建设中发挥重要作用。

二、新时期地方图书馆信息化建设中存在的问题

（一）如何根据当地自身实际情况制定建设目标和实施方案

当前，我国仍存在经济社会发展不平衡的现状。经济发达的东部地区建设经费充足，人员信息化水平高，当地群众对信息化的需求也高，因此在图书馆信息化建设方面投入多，建设标准高，新技术、新产品应用也较多。而中西部地区，地方财政经费有限，人员信息化水平不高，当地群众对信息化的需求不十分迫切。因此，建设过程中如果不根据自身情况合理的制定建设目标和方案，盲目照搬发达地区的建设模式必然会给当地财政带来压力，也会造成社会资源的浪费。所以，如何根据当地自身实际情况，合理制定图书馆信息化建设目标和方案是要通过相关专家科学评估和领导科学决策来解决的问题。

（二）如何解决建设过程中和后期运营的经费问题

图书馆信息化建设不仅仅是资金的投入和设备的购置，它是一个系统性的工程。从基础设施的建设，软件系统平台的安装调试，到数字资源采购，相关人员的培训，再到后期运行维护都需要投入大量人力、物力，因此所需的经费也较多。而地方公共图书馆作为社会公益性机构，其建设和运营以往主要依靠当地财政经费支撑，所以，如何解决图书馆信息化建设过程中和后期运营的经费不足的问题，也是需要我们拓宽思路来解决的问题。

（三）地方图书馆信息化建设中对专业人才需求的问题

图书馆信息化的建设涉及很多新技术、新产品和新服务，要想让这些新技术、新产品充分发挥作用为广大读者提供更好、更便捷的服务，需要我们图书馆的工作人员除了具备传统图书馆管理工作的基本知识和技能外，还需要具备一定的信息技术专业知识和技能，如，计算机网络知识、数据库知识、图书信息管理系统的基础软件知识以及常用自动化设备的日常维护知识等，所以图书馆信息化建设对图书馆工作人员的知识结构有了更高的要求。因此，地方图书馆在信息化建设过程中要有针对性和有计划的解决相关人才问题，吸引既具有图书情报专业知识又懂信息化知识的符合型人才，同时要培训内部现有工作人员让他们能尽快的适应新的工作环境。

（四）图书馆信息化建设中管理运营制度改革的问题

图书馆信息化建设不仅是硬件基础设施的建设，更是管理运营体制和机制的建设。图书馆信息化建设带来的不仅是各种自动化的设备增加，更是一种新思想、新模式的转变。图书馆的管理和运营要从传统的以图书采编、图书借还管理为主的被动管理模式向借助大数据、信息网络、智能化等新技术为广大读者提供丰富多样且更加个性化的数字化信息知识为主的主动服务转型。在这个转型的过程中图书馆的管理体制和机制也必然要做出较大地改革，如在部门设置、人员岗位配备等方面。因此，如何根据本馆自身信息化水平和中长期建设目标有计划、有步骤地对现有的图书馆的管理体制和机制进行改革创新以适应现在和将来图书馆信息化建设的总体目标和要求，是图书馆管理领导层在图书馆信息化建设过程中需要解决的问题。

三、解决地方图书馆信息化建设过程中的问题的思路与具体措施

新时期地方图书馆的信息化建设面临着前所未有的机遇，同时充满了挑战。因此，只有充分发挥我们的主观能动性，科学规划、精准施策、大胆创新才能克服困难，迎接挑战。

（一）找准定位结合本地实际总体规划分阶段建设

图书馆的信息化建设要和当地经济发展水平相适应，服务于当地人民群众的实际需求。所以找准自身定位是规划建设的前提和基础，不能盲目照搬省级馆或其他地方馆的建设经验，要在结合当地实际情况下，认真研究，找准定位制定图书馆信息化建设的中长期目标，为图书馆信息化建设指明方向和实施了路径。同时，要合理做好总体建设规划和各个阶段的建设规划，避免突击建设和重复建设，节约并合理的使用建设资金。循序渐进、有条不紊地依照规划建设，不仅有利于缓解突击建设容易造成的建设资金压力，也有利于在建设的过程中不断完善图书馆的管理和运营体制机制，更有利于相关专业技术和管理人员的培养和引进。在图书馆信息化硬件基础建设的同时，要做好软环境的建设，使两者能有机结合，从而产生更大的效益。

（二）多方面筹措和争取建设经费

地方图书馆的信息化建设所需的资金量大，在做好合理规划节约使用地方政府建设资金的同时，要多方面争取和筹措建设经费，为图书馆的信息化建设做好资金保障工作。首先，我们可以争取社会公众、团体、企事业单位的公益性捐助。地方图书馆作为地方公益性机构是为广大市民读者服务的，因此只要我们在平时做好图书馆的公益性宣传工作，加强同各方的联系与合作，是能够争取到一定公益性捐助资金支持的。其次，我们可以争取国家和省的专项建设经费。得益于当前国家相关政策，特别是2017年7月7日，文化部关于印发《"十三五"时期全国公共图书馆事业发展规划》的通知，地方图书馆的信息化建设是可以从国家和省里的专项建设经费中争取到一部分建设经费的。最后，在充分保障公益性运营，遵守国家政策法规的前提下，我们可以利用自身专业技术优势拓展一些个性化的增值服务，如科技查新，文献查重等，用以补充地方图书馆的信息化建设运营经费。

（三）敢于改革创新管理体制和运营机制

图书馆信息化建设不仅改变了传统的图书馆工作方式，还带来了新的服务模式。如，传统图书借还管理工作现在基本都可以通过自助式的智能终端系统由读者自己完成。图书的采编工作在电子商务平台和图书信息化管理平台的支持下工作得以大大减轻。另外，电子阅览室、有声读物厅、数字图书等信息化设备的建设使配置和管理这些信息化设备的工作逐渐增多。在这种新形势下，有计划、有步骤地进行岗位的调整和管理制度的创新是非常有必要的。此外，随着图书馆信息化的建设和社会需求的转变，现在图书馆已经不再是传统意义上的以提供图书阅览、资料查询服务为主的图书馆，而是以知识分享、文化交流、多媒体互动为主的综合信息服务中心，因此，图书馆的管理和运营体制也需要与时俱进的进行大胆的改革创新。

四、小结

地方图书馆作为一个地方的文化知识传承和传播的信息中心，一直都是地方政府重点关注的公益性建设项目。在当前社会需求、国家政策、信息技术发展各方面机遇下，地方图书馆信息化建设迎来前所未有的大发展时期，同时由于信息化建设的复杂性，地方图书馆信息建设又面临着自身建设目标不明确、建设资金紧张、相关图书馆信息化专业人才匮乏和运营管理体制落户等诸多问题。但是只要我们解放思想、大胆改革、敢于创新就一定能找到问题的突破口，结合自身情况，放眼长远、做好规划、多渠道争取筹措资金、吸引人才、学习提高自身信息化水平、改革创新管理体制就一定能克服困难，解决问题。

当前地方图书馆信息化建设正处在一个前所未有的大发展时期，我们要充分把握机遇，克服困难，迎接挑战，善于创造性的去解决问题，为地方图书馆信息化建设贡献自己的力量，不负这个时代赋予我们的历史责任和使命。

参考文献

[1] 蒋昕. 互联网时代下的图书管理信息化建设 [J]. 中小企业管理与科技（上），2021（1）：29-30.

[2] 林玉盈. 关于强化图书馆管理信息化建设的相关探讨 [J]. 兰台内外，2021（8）：34-36.

[3] 李艳. 信息化背景下图书馆管理创新研究 [J]. 传媒论坛，2021（4）：125-126.

［4］李晶. 数字图书馆信息化建设与发展［J］. 河南图书馆学刊, 2021 (2): 130-131, 134.

［5］鹿蕾. 互联网时代下的图书管理信息化建设［J］. 科技资讯, 2020 (34): 190-192.

［6］梁卫坤. 区域性图书馆的数字化发展方向［J］. 图书馆论坛, 2003 (4): 65-66, 126.

文化建设之路上基层社区图书馆的建设运营

李 岚

(湖北省图书馆,湖北武汉,430071)

摘 要:2020年是全面建成小康社会,打赢脱贫攻坚战的收官之年、决胜之年,值得重视的是脱贫攻坚工作不仅要做到经济脱贫还要做到文化脱贫。基层社区图书馆作为目前基层社区治理工作中的文化建设板块,在文化脱贫这项工作中起着不可或缺的作用,发挥好基层社区图书馆的重要作用,有利于基层社区思想宣传引导工作,更有利于社区居民文化素养的提高,从而整体推进基层社区治理工作步入新的台阶。

关键词:社区图书馆;图书阅览;文化传播;治理推广

现阶段,基层社区图书馆的建设和投入使用率以及实际影响力在一定程度上还有待提高,广大社区工作者乃至广大群众普遍认为,有了更高一级的图书馆就不再需要基层社区图书馆了。社区图书馆相较于其他公共图书馆而言,有其自身别具一格的特点——区域化、生活化、亲民化等,其广泛投入使用将会加速推进我国基层文教事业的建设和完善。

一、基层社区图书馆建设的深远意义

(一) 国家顶层设计要求

中国对国民的阅读状况非常关注,提出了"国民图书阅读率"这个概念,每隔两年在国内进行一次调查。随着全民阅读时代的到来,国家要求重视阅读,尤其是国学文化的学习在近年来受到了广大群众的热衷,然而要想真正意义上实现全民阅读,光有响亮的口号还不够,在北上广地区社区图书馆的建设工作已经取得了部分成效,例如,上海市中心城区里弄社区图书馆总数已达3000多个,因此,想要全民阅读紧跟时代步伐,还得尽快将社区图书馆建设成社区文化的标志性设施。

(二) 社会发展大势所趋

以此次 2019 新冠肺炎疫情防控为例，在基层社区治理的过程中，社区图书馆可以起到有效的科普宣传功能，面对来势汹汹的疫情，全国各地社区居民的生活范围被缩小，此时信息的来源就仅仅依靠互联网信息传播，但是互联网信息传播开放性的特点导致了广大群众在信息选择上面临着许多难题，对信息真实性、科学性的未知又将广大居民带入了新的谜团，然而社区图书馆根据信息技术手段筛选并且发布科学防控措施，同时可以辅助社区信息统计工作，从而为社区治理工作创造有利条件，提升社区防疫效率。

同样以 2020 年全国第七次人口普查为例，社区图书馆可以作为辅助统计部门，极大程度提升统计效率、精细化统计结果，因为图书馆本就可以视为数据统计系统，所以，在这些信息统计的工作中能够发挥出社区其他管理部门不能体现的优势。因此，社区图书馆的建设不光可以提供文化宣传和资料检索功能，还可以搭建起高效化的社区治理平台。

(三) 人民群众内心渴望

面对人民群众日益增长的文化需求，大部分中老年人从传统的生活束缚中解放出来，随着人口老龄化的加剧，中老年人已经成为了社区居民中的一个庞大群体，为了满足这一类人的精神文化需求，社区图书馆可以成为他们学习交流的关键场所，也可以促进社区居民自身的文化修养，提升居民的时代同步感。

二、基层社区图书馆建设运营的指导方向

(一) 党政引领

基层社区图书馆可以依托基层社区的党群服务中心，坚持中国共产党的领导，在科学的思想引领下，以习近平新时代中国特色社会主义思想为指导方针，在服务方面深入践行"为人民服务"的宗旨，打造便民、利民、惠民的图书借阅服务，深入做好图书归类索引、借阅信息登记、错漏资料修订、信息技术产品使用与维护等方面的工作，求真务实、脚踏实地推进物质文明与精神文明的共同发展。同时以政府基金作为建设经费的一部分，减轻初期项目启动的资金运转问题，以确保基层社区图书馆建成使用并且能长效化运行。

(二) 科学指导

基层社区图书馆具有规模小、藏书少，以及专业深度不够等特点，但在此

基础上一定要确保馆内资料的科学性、权威性。基层社区图书馆的服务人群是社区居民，这一群体又呈现出文化层次多元化、认识水平差异化的特点，因此，为确保基层社区居民中的文化层次以及认识水平较弱的这一群体能够获取科学准确的信息指导，基层社区图书馆一定要严格把好图书资料信息这道关口，在进行图书采购和资料入库的过程中一定要遵循社会主义核心价值观，在内容上做到系统科学。

（三）灵活管理

基层社区图书馆在建成投入使用的过程中，由于基层社区工作者图书资料管理经验不足，可能会需要专业的图书资料管理工作人员进行专业管理或者由其对基层社区工作者进行专业系统的知识培训。因为社区图书馆规模小，在管理过程中就可以采用社区志愿者这样的灵活管理手段，居民自己进行管理，学习文化知识的同时培养主人翁意识。但灵活管理不等于松散管理，在制度层面也要做好严格规范，这样才能确保基层图书馆管理张弛有度，激发居民积极性，提升居民参与感。

三、基层社区图书馆建设运营过程中所要规避的几大要点

（一）消极无为经营态度

社区图书馆盈利少，基本属于社区公共资源服务范畴，因此将会导致许多专业图书管理从业人员不愿意到基层社区图书馆工作，而且部分社区居民认为社区图书馆很多都是应付上级建设要求的摆设，因此社区图书馆工作人员也会受此消极情绪的影响而不作为，导致社区图书馆的荒废。根源就在于社区图书馆工作人员态度消极，一旦有此念头，社区图书馆的建设推广工作将举步维艰。

解决这一问题首先要确保社区图书馆的合理建设，在职工层面要有合理的待遇保障，其次上文提到的灵活管理方法中的招募社区志愿者的方式进行协同管理，不仅如此，还要在服务质量这一块做好严格把控，只有在社区居民中赢得好口碑，才能在广大居民的赞美和肯定中获取更多工作的动力，同时把社区图书馆的影响力向周边扩大，实现有担当、有作为。

（二）盲目迎合居民诉求

社区居民的文化需求呈现出多元化的特点，部分社区阅览室在图书采购的过程中为减少采购成本，或者为快速获取居民的认同，将盗版书籍、色情暴力资料、封建迷信、猎奇类书刊收入库中，此举将严重危害青少年身心健康发展，

严重时甚至会威胁到社区治安环境。针对此现象，合理的采取社区民意调查，将广大群众所热衷的信息进行整理，再结合社会主义核心价值体系，系统科学地满足社区居民的文化需求，既能提供个性化针对性服务，又能科学引导，起到科普宣传效果。

（三）固化闭塞经营状态

社区图书馆承载量小，资源流通性差，图书资料信息更新速度慢，长期将社区图书馆处在一个闭塞化经营状态下，就会导致信息过时、资料老旧。如果不打破固有地经营模式，适时进行数据更新，社区图书馆的实用效率就会降低。因此，需要各社区图书馆定期开展资源分享会，并且通过社区自身力量，在社区居民中寻找社会资源，进一步拓展和优化社区图书馆的资源链接平台，形成社区图书馆资源互通，社会资源良性循环利用，从而促进社区图书馆的可持续发展。

四、结语

我国社区图书馆的建设运营之路还需深入探索，因为社区图书馆作为地方公共图书馆的差异化体现，需得继续在公共图书馆建设运营的经验之道上结合社区文化特点，总结出更加适合我国国情以及社区治理的社区图书馆建设方案，坚持科学引领、文化强国，让社区图书馆在运营过程中发挥更大的社会价值。

参考文献

[1] 黄俊贵. 关于图书馆信息资源建设的问题 [J]. 图书馆论坛，2003 (6)：134-138.

[2] 高熔. 发展我国社区（乡镇）图书馆的几点思考积极诱导房地产商举办社区图书馆 [J]. 图书馆建设，2003 (3)：19-21.

十六、智慧图书馆的数据治理、数据安全与长期保存

高校图书馆开展科研数据管理服务策略研究

方 吉 涂文艳

(华中科技大学图书馆,湖北武汉,430074)

摘 要:身处数据驱动时代,开展科研数据管理服务是高校图书馆能力建设、服务转型升级的重大挑战,也是图书馆发展的重要方向。我国高校图书馆进一步强化数据服务意识、建设数据融合与共享平台、设置专职数据馆员、制定数据服务规范、建立数据服务应急机制是开展科研数据服务的关键。

关键词:数据资源;高校图书馆;科研数据管理

一、引言

在现代科学技术的发展和推动下,高校图书馆的服务方式也随之持续发展与进化。身处数据驱动时代,高校图书馆不可避免地融入到以数据为支撑提供分析和服务的环境当中,开展科研数据管理服务模式与策略研究成为高校图书馆能力建设、服务转型升级的重大挑战。

近年来,国内外高校图书馆界普遍认为开展科研数据管理服务将是图书馆发展的重要方向,高校图书馆将在数据集成、传输、存储、可视化分析等技术驱动下提供更加个性化、精准化、智慧化的数据服务。由中国图书馆学会高等学校图书馆分会、中国高等教育文献保障系统(CALIS)管理中心和北京大学图书馆联合主办的"中国高校图书馆发展论坛"被誉为"中国高校图书馆发展风向标",该论坛在 2010 年至 2018 年间发布的主题词次频前三位依次为"服务""新""数据"。美国大学与研究图书馆协会(ACRL)在 2016 年、2018 年发布的《学术图书馆发展趋势报告》中,明确提出学术图书馆的发展趋势将主要聚焦于研究数据服务、数据政策与数据管理计划、研究数据服务馆员的专业发展、研究数据集获取、文本挖局、数据科学等多个方向。高校图书馆对科研数据管理服务的关注度日益提升,科研数据管理服务的模式与发展路径成为业界的研究热点。

二、国内外高校图书馆开展科研数据服务的实践

国外高校开展科研数据服务起步较早，积累了丰富的实践经验。王婉通过对42所澳大利亚大学进行调研发现，其中半数大学将科研数据管理服务交由图书馆统筹管理，服务的重点包括制定科研数据管理计划和政策，同时强调数据道德规范管理。刘舒然通过调研8所德国高校图书馆发现，多数高校图书馆是提供科研数据管理服务的主体，负责制定科研数据管理计划，设立不同层次的数据保存和获取服务，并且开展丰富多样的科研数据管理教育培训和推介活动。杜琪、高波调查了英国10所高校图书馆，发现英国高校图书馆在科研数据管理的计划、数据收集、组织与分析、数据保存、发布与共享以及访问引用等方面建立了较为完善的服务流程。美国高校图书馆则会根据高校实际情况进行科研数据管理服务的顶层设计，制定相应战略规划。在服务开展的过程中，主要依靠学科馆员对所服务的学科团队进行需求挖掘，提出科研数据管理服务方案，遵循由易到难、循序渐进的原则，不断拓展服务深度。

在国内高校图书馆科研数据管理服务实践中，北京大学、武汉大学和复旦大学图书馆主导或承建了各自的科研数据管理服务平台。

尽管国内外高校图书馆在科研数据管理服务方面进行了多种探索和实践，但是在具体实施过程中以及长期管理维护上也面临众多难题。例如：建设、管理经费是否充足？数据资源的选择和评估是否有可靠机制？数据资源业务管理是否具有流程化、标准化体制？如何做好数据的核实、管理、长期保存工作？如何拓展和加强数据资源共建共享？这些问题无疑都给后续数据服务带来比较大的困难。

三、我国高校图书馆科研数据服务存在的问题

（一）管理建设经费不足

科研数据管理服务是一项长期且复杂的服务工作，需要投入的人力、物力、财力巨大，这对高校图书馆来说具有一定困难。目前高校图书馆主导的科研数据服务项目或平台大都是以项目形式建设，受项目资金使用的固定性、周期性等因素影响，限制了平台的持续建设和维护。

（二）数据服务保障机制不完善

国外高校图书馆在制定科研数据服务规范中，已细化到数据生命周期的全流程，覆盖了数据创建、保存、访问、利用、共享等各环节，为这个科研数据

服务提供了一套完善的制度保障。我国对科研数据服务保障性制度的研究与制定还不完善，针对科研数据全生命周期的管理制度尚未形成。

（三）数据保存与共享面临挑战

目前，国内部分高校图书馆参与或主导建设的数据管理和服务平台，在数据内容、数据覆盖范围上存在差异化，关于如何长期保存问题尚未制定有效的措施或方案。由于建设时依据的标准和规范不同，给后续数据的融合、共享造成了一定的困难。例如，北京大学图书馆的开放数据平台也尚未与科研项目管理平台、机构知识库等实现良好的对接。

（四）专业馆员队伍建设不足

科研数据管理作为一种新型的服务内容，图书馆员在为读者提供专业的科研数据管理服务时所需的是储备了相应的技术知识和专业知识。国外高校图书馆往往通过设置科研数据管理专职岗位，明确岗位职责与分工，并强化对馆员专业技能的培养，从而加强队伍建设。

四、我国高校图书馆科研数据服务策略

在以数据为驱动的社会信息环境下，完整的服务体系主要包括三个方面：数据内容、整合平台、接收终端。对于高校图书馆而言，将文献资源与科学研究需求有效关联、充分融合，及时精准的为学校师生教学科研、学科发展决策提供最有力地支撑，是高校图书馆科研数据服务的主要目标。

（一）加强数据资源整合与共享

数据资源的整合属于对信息资源的整合范畴，将不同形态及不同来源的数据信息聚集起来进行汇总、融合，使之成为更便于组织、储存和利用的更大规模的整体性资源。数据整合需要强大的系统平台对数据类型做好分级、分类管理，还需要实时的动态监测，能够从不同时间、空间维度对数据信息进行关联，从而快速响应用户需求，并且能够根据用户的使用习惯和路径，精准推送，有效施策。近年来，高校图书馆对数据资源整合技术研究、数据资源整合与共享平台建设进行了实践。2014年，复旦大学推出了首个中国高校社会科学数据平台，该平台集数据共享、数据监护、数据引证、数据收割等多功能于一体，包含大量自主建设数据及开放数据资源。在平台建设和管理过程中复旦大学图书馆积极参与合作，在数据规范、数据共享政策、数据提交等方面积极做出探索，并联合国内其他九所高校图书馆共同组建"中国高校图书馆研究数据管理推进组",为全国高校图书馆的数据管理工作和数据平台建设积累实践经验,为促进高校图书馆事业发展起到了重要的推动作用。加强数据资源整合与共享平台建设一定程度上有效缓解各高校独立建设面临的资金、人员不足问题,从而加快实现数据服务的转型和升级。

(二) 强化数据管理与服务意识

在数据驱动的环境下,高校图书馆员保持敏锐的数据思维和数据服务意识,掌握必要的数据技能是开展数据化服务、提升服务质量、满足读者个性化需求的重要条件。当今社会,谁能掌握更多的数据资源,并从纷繁庞杂的数据中凝练并形成有价值的情报信息为读者或用户提供参考依据及决策支撑,谁才能在激烈的社会竞争中立于不败之地。

馆员要强化自身的数据服务意识,离不开相关的数据素养教育和培训。目前,国外多所高校图书馆已开展针对提升馆员数据素养的合作培训计划,甚至部分国外高校图书馆已开设针对提升学生数据素养的课程。国内高校图书馆对数据素养教育重视程度正在逐步提升,但因尚处于建设的初级阶段,针对馆员开展的数据素养培训体制也亟待建立。

(三) 设置专职数据馆员

数据馆员的概念最早是由国外学者在20世纪末提出的,随着关注度不断提高,有学者提出将数据馆员作为图书馆专有岗位。岗位职责主要包括数据管理、分析、存储、编译、利用等。国外已有多所名校图书馆专门设立了数据馆员岗位和数据管理团队,提供数据管理、咨询服务,满足学校科研需求。国内高校图书馆还未形成完善的数据馆员制度,目前我国仅有少部分高校,如北京大学图书馆、复旦大学图书馆为学校科研数据平台的建设设置了相关岗位。随着这种数据服务需求的增加,高校图书馆可以根据自身特点、优势及条件,充分论证,设立一定的数据馆员岗位,以应对未来图书馆服务趋势的变化。同时,各校图书馆之间也可以采取联盟、协同合作的方式,开展馆员数据素养培训活动,为有需要的图书馆提供更多学习交流的机会。

(四) 制定科研数据管理服务规范

任何一项服务都需要"有规可依、有范可循",服务规范化程度很大程度上直接影响服务的质量及效果。科研数据管理服务规范包括对数据采集、数据加工、数据存储、数据应用、数据公开、数据隐私、数据伦理方面的具体的操作规范。制定科研数据管理服务规范,其目的是为了保证图书馆在开展数据服务中更好的发挥图书馆的核心价值,让数据的开放共享为创造平等、公正的信息环境提供支撑。由于我国高校图书馆的科研数据管理服务实践经验不足,在服务开展初期可以进行调研,广泛讨论,循序渐进制定符合我国高校图书馆未来数据服务特点的具体规范和政策。

（五）建立数据服务应急机制

在《普通高等学校图书馆规程》中,对于高校图书馆公共安全管理有着明确规定,要求图书馆具备多种防护措施,并制定突发事件应急预案。在以数据资源为核心的服务框架下,建立科研数据管理应急机制主要包括确保数据存储与运行应急机制、设备运行应急机制、人员调度应急机制、经费保障应急机制等。建立科研数据管理服务应急机制需注重对图书馆数据馆员的应急服务培训,加强对应急服务问题的总结,形成专门的应急指导手册,并做好宣传工作。

五、结语

"十四五"已经到来,中国高校图书馆正处于前所未有的"中国梦""双一流""新时代"三重发展机遇之中。高校图书馆应尽快建立和推广科研数据管理服务,充分发挥图书馆的知识服务能力,促进图书馆持续变革与发展。对高校图书馆员而言,则更需保持敏锐的洞察力,关注学校学科建设和国际科技前沿,强化数据素养能力培养,提升服务效率和服务效益,为高校图书馆的服务转型和升级提供智力支持。

参考文献

[1] 周衡,陈天天,张晗.中外高校图书馆发展态势——基于会议主题的比较分析[J].大学图书馆学报,2019,37(5):12-18.

[2] 涂志芳,徐慧芳.国内外15所高校图书馆数字学术服务的内容及特点[J].大学图书馆学报,2018,36(4):29-36.

[3] 王婉.澳大利亚高校图书馆参与科研数据管理服务研究[J].图书馆论坛,2014,34(3):130-136.

[4] 刘舒然.德国高校图书馆科研数据管理研究与启示[J].图书馆工作与研究,2019(7):84-88.

[5] 杜琪,高波.英国高校图书馆科研数据管理现状及启示[J].图书馆工作与研究,2019(11):58-65.

[6] 刘桂锋,卢章平,阮炼.美国高校图书馆的研究数据管理服务体系构

建及策略研究［J］.大学图书馆学报，2016，34（3）：16-22.

［7］涂志芳，徐慧芳.学术图书馆研究数据服务的多元路径［J］.图书情报工作，2018，62（22）：45-54.

［8］朱强，廖书语.新时代高校图书馆文献资源建设的挑战［J］.图书情报知识，2018（6）：4-9.

［9］朱玲，聂华，崔海媛，等.北京大学开放研究数据平台建设：探索与实践［J］.图书情报工作，2016，60（4）：44-51.

［10］孙鹏，车宝晶.数据驱动下的图书馆智慧化服务模式研究［J］.图书馆，2020（1）：59-62.

［11］贾玉文，李超群.嵌入科研生命周期的数据资源整合模型研究［J］.图书馆学刊，2019，41（2）：51-55.

浅论图书馆信息资源建设规划与可持续发展

郭 飞

(武汉市少年儿童图书馆,湖北武汉,430014)

摘 要:馆藏建设的理论与实践始终处在不断发展与演变之中,大体经历了书刊采访、藏书补充、藏书建设、文献资源建设、信息资源建设五个阶段。其中,有两次具有重大意义的变革:一是从"藏书建设"到"文献资源建设";二是从"文献资源建设"到"信息资源建设"。任何理论和概念的演化都是内因与外因的相互作用推动的结果。信息资源建设理论的形成也不例外,它既是网络时代信息技术与社会需求的直接产物,也是图书馆馆藏建设理论发展的必然趋势。

关键词:文献资源建设;馆藏发展;信息技术基础设施

自20世纪20年代图书馆学在我国确立以来,馆藏建设的理论与实践始终处在不断发展与演变之中,大体经历了书刊采访、藏书补充、藏书建设、文献资源建设、信息资源建设五个阶段。其中,有两次具有重大意义的变革:一是从"藏书建设"到"文献资源建设";二是从"文献资源建设"到"信息资源建设"。任何理论和概念的演化都是内因与外因的相互作用推动的结果。信息资源建设理论的形成也不例外,它既是网络时代信息技术与社会需求的直接产物,也是图书馆馆藏建设理论发展的必然趋势。

一、具有重大意义的两次变革

(一)从"藏书建设"到"文献资源建设"

20世纪80年代中期以后,随着知识经济时代的到来,社会对信息的需求日益增长,仅仅依靠各图书馆个体的力量自给自足,显然无力解决"藏与用"的矛盾。为了解决日渐尖锐的文献需求与提供的矛盾,1986年11月,中国图书馆学会在南宁组织召开了文献资源布局学术研讨会,主题就是研究全国文献资源的宏观控制问题。从全局出发,统筹规划、合理布局和协调社会文献资源,建立地区、全国乃至国际的文献资源保障体系,以解决各馆藏书建设中存在的大而全、小而全的问题。

从"藏书建设"到"文献资源建设"的转变,不仅是图书馆特定时期理论与实践客观发展的必然要求,也是人们认识不断提高的结果。比较"文献资源建设"和"藏书建设"两者的定义,不难发现文献建设的主体由"个体"图书馆转向了"全体"图书情报机构,建设的客体由原来的"藏书"转化为"文献",服务任务由满足本馆"读者需求"扩大到"整个社会的文献情报需求"。这些突出了文献收藏的整体化思想,进一步强化了资源共享与特色化建设的理念。

将各类文献收藏视为一种重要的社会资源来加以认识和研究,实际上是站在国民经济发展的战略高度来审视和运作文献资源建设的。这一认识远远超越了"藏书建设"的含义层次,反映出对文献认识水平的深化,同时更有助于我们从一种新的视角去认识图书馆活动的本质。共享性与特色化可看做是文献资源建设中必须同时遵循的一个原则的两个不同侧面;两者相辅相成,特色化是共享性的保障,共享性是特色化的必然结果。尽管文献资源建设对藏书建设的实践有着很大的实际指导意义,但其出发点仍然是充分占有文献资源,注重的是实体文献的完备性,实际上仍带有"以藏为主"的思想。

(二)从"文献资源建设"到"信息资源建设"

进入20世纪90年代以来,网络的兴起和发展给图书馆带来了空前的影响,探讨网络环境下信息资源建设的新特点、新方法和新理论,逐渐成为图书馆学研究的重要课题。研究认为,图书馆信息资源建设的对象已经不再是传统文献概念,而是包括传统文献、电子出版物和网络信息在内的涵盖范围较广的信息资源。建设信息资源的手段不仅包括对文献信息的馆藏,也包括对光盘信息、网上信息的组织、导航和租用。普遍开展的图书馆特色资源数字化建设,以及各种载体资源的有机整合、开发和利用,都是传统的文献资源建设理论所难以涵盖的。

图书馆馆藏建设理论经历了书刊采访、藏书补充、藏书建设、文献资源建设等阶段,如今演进为信息资源建设,总体上不断自我超越、不断拓展前进,是一个高层次理论形态对低层次理论形态包容和扬弃的过程。图书馆信息资源建设要怎么发展呢?针对随着社会信息化浪潮的出现带给图书馆馆藏发展政策的冲击,国外各图书馆将制定怎样新的馆藏发展政策来解决出现的新情况和新问题呢？笔者将根据所找到的国外几所不同类型的图书馆的馆藏发展政策的具体内容进行了分析，归纳出以下四点：

一是确立一个新的资料采选和保护机制，适用于所有载体以及再生资源；

二是与馆内外专业人员开展深入的对话；

三是确立良好的管理意识，培养坚强的意志，促使该馆进行重大的变革；

四是关注信息技术基础设施的建设，以支持这种变革。

二、建立数字馆藏

（一）馆藏和查询

任何一个图书馆，即使是国家图书馆都没有能力收藏全部或大部分数字资料，因此，"分布式收藏+合作式管理"的模式不乏是一种可供参考的方案。图书馆应明确定义哪些数字资源由该馆负责，哪些不由该馆负责，从而有选择的把门户网站模式应用于确定的计划领域。

（二）版本缴送

图书馆迫切需要一种产品质量系统，用于接受和管理数字资料，并管理版权登记。新生成的这一系统应与该馆的其他系统结合起来，并便于缴送者的登记和缴送。但是数字资料没有实体版本，因此，应制定数字资料的版本缴送、采选、交换、捐赠政策，并每年评估一次。

（三）许可资料

图书馆必须拥有接受未经许可的资料的能力，并定期地进行检查。

（四）万维网

图书馆必须尽快制定本国网站的收集政策，收集符合版权法的本国网站内容。应开展收获和归档本国网站的试验，可以与具备该技能的专家和机构合作进行，并将试验所取得的经验立即纳入收藏政策。

（五）基础设施

图书馆需建立各种机制，系统地关注各类数字资源的政策、程序和基础设施，并将它们同著录、编目、检索和保护等系统结合起来。

（1）图书馆可以试验与出版商、发行商签订协议，使本库资料得以联机和脱机地保存和维护，该馆应定期检查资料和系统的完整性，及时承担起缴送和资料收藏的职责。应尽快建立高层次的规划小组来负责数字资源的保护协调工作，制定政策、配备技术力量、确定该机构的负责人人选（此人必须具备数字保护的知识）。

（2）数字信息的整理和智能检索：编目和原编数据图书馆过去和现在都在编目标准协调方面发挥了重大的作用，使合作编目成为了现实。但同时，图书馆在参与原编数据生成和使用的程度不够，图书馆应该把更丰富、更复杂的原编数据当作战略问题对待，要进一步介入该领域，积极参与图书馆和信息界推进原编数据使用的工作。可以考虑积极参与原编数据自动生成技术工具的开发，同时，该工具应与编目流程结合起来考虑。

三、信息技术基础设施

（一）专业发展

该馆应投入更多的经费和时间让技术员工参加继续学习、出席专业会议，并支付他们的差旅费和注册费。

（二）信息技术服务组的管理

在业务部门和信息技术组之间订立具有衡量尺度的服务协议，可以用它衡量该组的服务情况。

（三）硬件和软件

应使每一个员工都能使用电子邮箱。

四、结语

综上所述，图书馆的数字馆藏建设政策是站在一个全局的高度，从怎样能确实收集、整理、保存并提供利用数字化资源的角度来制定这一政策。从而为全国图书馆的建设提供宏观的指导，提供了标准，同时为其他图书馆的数字化馆藏的发展提供了很好的借鉴经验。

发展是硬道理，可持续的发展是促进学习型社会与和谐社会的根本保证。当我们用这一指导思想来指导图书馆工作时，将会对图书馆信息资源建设起到强大的推动作用，使之沿着现代科学发展的方向来展开工作。在今天的网络环境下，数字化时代带给我们图书馆人新的挑战、新的角色转换，对我们今后各项工作均提出了更高的要求，但图书馆工作秉承百年传统，它拥有不可替代的资源优势，只要我们把握时机、勇于探索、不断进取，将迎来前所未有的改革契机。

参考文献

[1] 沈凌燕. 网络环境下高校图书馆的信息资源建设 [J]. 合肥学院学报（社会科学版），2004（3）：88-90.

[2] 裴雪芬. 高校图书馆文献资源建设发展状况分析与对策 [J]. 图书馆工作与研究，2003（2）：53-54.

[3] 沈艳. 网络环境下高校图书馆的信息资源建设与服务 [J]. 中国图书馆学报，2004（5）：94-95.

[4] 殷黎. 以人为本的高校图书馆信息资源建设与管理理念 [J]. 高校图书馆工作，2005（3）：32-33.

[5] 汪琳. 网络环境下高校图书馆的信息资源建设 [J]. 图书馆理论与实践，2004（4）：73-74.

十七、智能时代的图书馆空间建设与空间再造

智能时代的图书馆空间建设与空间再造
——以中国地质大学（武汉）图书馆为例

梁胜男

（中国地质大学（武汉）图书馆，湖北武汉，430074）

摘　要：随着社会发展步入智能时代，传统的图书馆已无法较好的满足读者的多样化需求，因此图书馆的空间建设与空间再造是大多数图书馆需要面临的问题。中国地质大学（武汉）图书馆在过去的十年中进行了旧馆改造扩建和新馆建设的过程，基本上涵盖了目前国内智能时代图书馆空间建设与空间再造中所需要解决的多数问题。本文以中国地质大学（武汉）图书馆为研究对象，系统总结了其在空间建设与空间再造过程中面临的问题及相应的解决措施，并总结了改造后仍存在的的问题。同时提出了一些针对图书馆在空间建设与空间再造中的建议，供后期同类图书馆改造提供参考。

关键词：图书馆；空间建设；空间再造

一、图书馆的空间建设与空间再造背景

高校图书馆是大学文化的重要组成，也是大学的心脏，更是专业学习的"第二课堂"，肩负着服务教学和科研的双重任务。随着智能技术的迅猛发展，越来越多的师生青睐于电子图书和网络资源，读者对于图书馆的需求不再是单纯的纸质图书、阅读空间。学习和阅读方式的改变使读者对于空间的需求发生了变化，同时产生了各种个性化的需求。因此，探索智能时代高校图书馆的空间利用，满足读者多样化的需求具有十分重要的现实意义，也是高校图书馆亟待解决的问题。

为提升读者的舒适度、安全度，最大限度地满足智能时代读者对图书馆的多样化需求，目前国内的图书馆主要是通过空间建设与空间再（改）造两种方式完成。本文的研究对象中国地质大学（武汉）图书馆在过去的十年中既对原图书馆进行了空间再造——对原图书馆进行了改扩建，也进行了空间建设——

建成开放了中国地质大学未来图书馆，是较为全面的高校图书馆空间建设与空间再造的案例。

二、中国地质大学（武汉）图书馆改扩建研究

中国地质大学（武汉）图书馆坐落于校园西区，正对学校大门，是学校的标志性建筑之一，原建筑共有四层，建筑面积8000平方米，随着学校的不断发展，这样的建筑面积和借阅分离的功能模式已经不能满足读者的要求，因此学校决定对其进行改扩建。图书馆的改扩建包括对原建筑进行改建和在原建筑周围加盖进行扩建。改建保留了原图书馆的整体结构，保留了图书馆的历史，对原有的四层建筑内部空间进行重新打造。扩建是在原图书馆的西侧加盖一栋建筑（图1），但内部和原图书馆改建后是联通的，形成了一个整体。

（一）图书馆改扩建面临的问题和解决思路

图书馆在改扩建设计的时候需要考虑解决的问题是：一是原图书馆借阅分离，内部相当于一个书库，无法满足读者对于阅读空间的要求；二是智能技术的发展，学生亟需电子阅览室等功能性空间，部分需要进行问题讨论的同学没有合适的空间；三是图书馆内书架整体较满，但很多老、旧图书和借阅率较低图书在架；四是整体的设计类似于"藏书阁"，内部没有观赏性，也无法满足读者临时休憩的需求。

图1 中国地质大学（武汉）图书馆改扩建外观图

针对以上问题采取解决思路：一是原图书馆改扩建后的馆舍面积为24000

平方米，是原图书馆馆舍面积的3倍，在一楼设置了大阅览室，同时在各楼层书架的四周增加了大量的阅览桌椅，满足读者馆内阅读的需求；二是在五楼增设了电子阅览室等电子服务空间，内部每个阅览座位配备一台电脑，满足读者电子阅读等多方位的需求，在六、七、八楼各设置了两个独立的研修间且配备多媒体设备，每个可容纳6—10人，可以满足读者的小组讨论需求；三是在部分楼层的西侧设置了密集书库，将破旧和借阅率较低的图书定期整理到密集书库，密集书库的图书读者可预约借阅，解决了原书架满架和旧书较多、较难维护的问题；四是在原图书馆和扩建的建筑中间打通，内部形成一个院落空间。中庭南、北、东立面主要以简洁方整的框架梁柱结构为基本构图元素，其间悬挑若干木色盒子休息平台以打破立面的平淡，同时给学生提供了暂时休憩的空间。

图2　中国地质大学（武汉）图书馆内部图

（二）图书馆改造后暴露的细节问题

在以上改造后，中国地质大学（武汉）图书馆基本上能够满足读者的需求，但随着新馆的不断使用，一些改造过程中未考虑到的细节问题也开始暴露出来，可以为其他的图书馆改造提供一些参考。第一，随着科技的发展，越来越多的读者使用各种类型的电子设备如电脑、平板，图书馆内的用电需求越来越多，导致馆内的插座等资源显得过于紧张，而且多数的插座位于墙面，很多读者习惯带各类插线板入馆，造成馆内乱接插线板的现象时有发生，既不美观，又给图书馆的安全造成了极大的威胁，所以图书馆在改造的过程中需要重视这个问题；第二，读者在图书馆阅读的时候会碰到各种打印和复印的需求，这种需求可以通过引进现代化的打（复）印设备来解决，目前，中国地质大学（武汉）图书馆已引进了智能打印、复印设备放置在部分楼层，使读者在馆内可以随时进行自助打印；第三，较多的读者尤其是有考研和考证需求的读者，希望在馆内能有可以朗读的空间；第四，功能性的空间只有研修间、电子阅览室，较为局限。

二、未来图书馆建设研究

随着中国地质大学（武汉）的发展，未来城校区的建设提上议程，未来城校区图书馆的建设也提上议程。未来城校区图书馆（图3a）在建设的过程中，考虑到之前老校区改扩建的图书馆在使用过程中暴露出来的问题后，也针对性地进行了设计。第一，全馆各楼层均设置了阅览区和休闲区（图3b和图3c）且阅览区所有的桌子都配有安全插座，满足读者阅览、休闲及使用电子设备等各方面的需求；第二，设置了八十余个研修间，包括研修室、研讨室、教师研讨室等，可以为师生提供各种规模的讨论、学习需求（图3d）；第三，设置了功能区，如创新空间、共享体验区等，在这些区域里设置了虚拟现实（VR）体验设备、书法体验台、留声机等体验设备，为读者提供了包括沉浸式体验在内的更丰富的体验（图3e和图3f）。

图3　a. 中国地质大学未来图书馆外观图；b. 中国地质大学未来图书馆三楼休闲区；c. 阅览区；d. 研修间；e. 共享体验区的电子阅读体验区；f. 共享体验区

中国地质大学未来图书馆投入使用已近两年，服务中国地质大学（武汉）未来城校区近一万名师生，各方面均受到了广大读者的好评，日均进馆人数达六千余人次。但目前在管理和使用的过程中也暴露出些许小问题，可以为今后高校图书馆的建设提供一些参考。第一，研修室（研讨室）的数量过多，未来图书馆内共有八十余个研修间，虽然使用频率很高，但整体上供过于求，过多的数量给管理带来了较多困难，很多同学将研修间作为自习室，一定程度上没有发挥出研修间的功效；第二，部分功能空间虽有设置，但是目标不够明确，如3D打印设备，在引入后因设计和使用较为复杂，所以整体使用率不高；第三，空间的设计不能只注重外表的观赏性而忽略实用性。未来图书馆外观以玻璃结构为主，整体建筑美观大方，但是过多的玻璃结构也产生了较多的问题，如正午时分，阳光直射，很多座位的光线较为刺眼，给读者造成了不佳的阅读体验。另外，大部分的研修室在建筑四周，都有玻璃结构，夏季阳光直射进入研修间，整体温度比研修室外高很多，也给读者造成了不好的体验。

三、针对问题提出的建议

随着智能时代的发展，为满足读者各方位的需求，提升读者使用的舒适度，图书馆的空间建设和改造也会成为每个图书馆将来面临的问题。所以总结中国地质大学（武汉）两个图书馆的建设和改造的经验及目前遇到的问题，提出几点建议：

（一）深入了解读者的需求，做好规划和设计

随着智能技术的发展，读者对于功能性空间的需求会不断增加，对功能性空间的设计要提前做好规划，不要盲目改造（建设），建议设置多种功能性空间，如研修室、研讨室、朗读室、多媒体室等，功能齐全的同时不能贪多，过多的数量和种类既浪费资源和经费，也会给后期的管理带来较大的不便，在深入了解读者需求和自身可利用的空间范围后进行规划和权衡，设置合理的数量和种类。另外，可以根据读者的特征或需求进行划分，针对不同需求的读者分区域针对性地进行空间的改造，以方便后期为其提供精准的个性化的服务。

（二）建立创新空间、共享体验区等为创新者提供场所和工具来创建、构建、改造、创新和发明

这类空间需要有长远的规划与谋划，对于所需的设备等不能盲目购入，对于需要专业人员维护和使用的设备慎入，对于这类空间的规划不易过于死板，

需要预留发展空间,以避免随着智能技术的不断发展而重复建设和改造造成的浪费。

(三) 空间建设需要注重基础设施建设

目前随着智能技术的发展,各种智能设备都无法离开电和网络,所以对于强电和弱电的布局需要尽量广泛,否则在后期改造的时候会遇到因强电或弱电的问题导致很多智能化的设备无法摆放和利用。甚至会因为强电插口不够出现多插线板串联的现象,既不美观也不安全,所以在空间建设和改造的过程中一定要重视这些基础的设施的布置和建设。

(四) 重视电子信息化,包括电子信息化的管理和服务

目前智慧图书馆的建设已成为图书馆改造和建设的一个大方向,信息化的设备可以帮助读者在海量的图书中筛选出自己需要的并能快速定位,大大方便了读者的查找和借阅。另外,现在很多信息化的设备提供图书、杂志一键带走的功能,使读者可以随时随地进行阅读。信息化的管理和后台数据的维护分析,可以方便图书馆及时掌握读者的需求,动态调整资源采购的方向,也方便图书馆为读者提供个性化的服务。

(五) 重视人的建设

图书馆内部空间改造和规划方案的落地,后期的真正实施离不开训练有素的图书馆馆员。尤其是智能化建设过程中各种智能设备的使用和推广,最终都离不开人。因此,要注重对馆员业务素质的培养和提升,多组织馆员参加各类的培训和学习活动,提高服务理念和意识。只有紧跟时代潮流,方能为读者提供全面、有效的服务。

参考文献

[1] 安锦. 广州大学城高校图书馆人性化服务调查研究 [J]. 河南图书馆学刊, 2013, 33 (2): 73-76.

[2] 王飞娟, 张泉. "双一流"建设背景下高校图书馆空间服务思考 [J]. 河南图书馆学刊, 2021, 41 (5): 41-43.

[3] 王宇, 胡万德, 孙鹏, 等. 高校图书馆新功能体验空间建设及思考——以沈阳师范大学图书馆为例 [J]. 图书情报工作, 2020, 64 (21): 15-20.

[4] 陈识丰, 吴航, 郭卫宏. 旧与新——中国地质大学图书馆改扩建设计

[J]. 华中建筑, 2011, 29 (5)：82-86.

[5] 刘春晓, 高喜洪, 曲秀梅. 浅谈传统图书馆的空间再造——以黑龙江八一农垦大学图书馆为例 [J]. 大庆社会科学, 2019 (4)：121-122.

[6] 张畔. 图书馆空间改造设计与特色主题服务空间 [J]. 传播力研究, 2020, 4 (22)：191-192.

[7] 王宇, 王磊. 大学图书馆空间再造与服务转型——以沈阳师范大学图书馆为例 [J]. 大学图书馆学报, 2019, 37 (4)：61-70.

[8] 彭文梅, 严浪. 国内大学图书馆学习空间再造的思考与建议 [J]. 肇庆学院学报, 2021, 42 (3)：91-94.

[9] 周丹. 现代化进程中的高校图书馆空间改造发展趋势研究 [J]. 牡丹江医学院学报, 2020, 41 (3)：168-170.

[10] 高希. 现代化图书馆空间设计路径探析——以东南大学李文正图书馆内部改造为例 [J]. 城市建筑, 2020, 17 (11)：68-70.

智能时代的图书馆空间建设与空间再造

顾志芹　张卫列

（华中科技大学图书馆，湖北武汉，430074）

摘　要：如今，随着社会的发展和人工智能技术的不断进步，全民知识共享开始逐渐走向现代化，同时成为了全社会共同的奋斗目标。所谓智能时代图书馆就是多门学科集中、多种技术结合的一种智能化共享知识的平台，其发展模式渐渐的可以满足现代文明社会对全面知识的追求，也成为了图书馆界关注度最高的话题。本篇文章主要阐述智能图书馆的空间建设和空间再造的探究及主要存在的问题。

关键词：智能时代；图书馆；空间建设和再造；共享设备

近几年来，随着大数据时代的逐渐深入和发展，智能图书馆已经创新为一种自动搜索、努力获取、随时更新、全民共享的状态。智能时代也是科技和人工智能的时代，智能对于现在的社会来说是必需的，图书馆的建设和再造亦是如此。因此，很多专家和学者都在竭力地把智能图书馆变为人工智能的扩展。在大数据时代背景下人工智能技术在逐渐走向成熟，而且智能化需要进一步地改革和创新。有时读者根本不需要对机器发号施令或查询问题，智能化系统就可以自动按照搜索记录获取借阅者的服务需求，继而更好地提供全面的服务。

一、智能时代的图书馆空间建设的基本特点及发展过程

智慧图书馆也可以理解为图书馆的智能化服务，它打破了以往的传统服务模式，用尽可能便捷、智能的方式为借阅人提供一切所需要的资源和服务，在其全过程使用了科学、合理的智慧自动化模式，不断地对资源获取程序进行优化和升级。

科学、周到的服务。智慧图书馆技术主要目的就是让读者无法辨别人工服务和机器服务的质量和效果。

智慧图书馆的发展历程也是比较漫长的，因此，我们可以对智慧图书馆进

行划分以下类型阶段。

首先，伪智慧阶段，所谓伪智慧阶段就是运用 RFID 标签化的技术，并结合系统感知和读者的进一步反馈，主要用行为去拥护必然发生的结果，从而使其产生一定的智能化。它的特点是单向循环，也就是说只对图书和光碟等实物有一定的感知度，更加偏向于无人图书馆。

其次，弱智慧阶段，即应用各种传感器 WIFI、人脸识别等智能化模型，然后进一步对借阅者的需求提供专项化的服务，机器的程序在使用之前就设定完成了，所以只要按照程序的内容进一步对各自所需的信息进行查询。它的特点是条件多样化、内容复杂化，所以此系统需要提前对双向服务进行设定，最为常见的就是专业化学科咨询老师。

再次，强智慧阶段，它就是利用人工智能在学习知识方面的运用，然后将市场的需求和多样化的借阅情况进行结合和分析，这个系统不需要对程序进行设定就可以感知借阅者的需求，其特征更偏向于随机和交互化模式。

最后，超智慧阶段，在对智慧图书馆的加强建设以及不断发展历程中，专家和相关技术人员对图书馆的期望值变得更高，进一步让图书馆转变为人性化，能独立地进行思考才是他们的目标。同时在需要的时候为读者提供最为优质的服务是所有共享者共同的心愿。

纵观智慧图书馆的发展历程，会不禁感叹其发展的漫长岁月，而且还有着一定的规律性。然而，由于图书馆受到社会各方面的影响，导致技术和资金方面的大量匮乏，使其与城市建设之间的距离将会越发明显，这是一个很难去解决的难点，并不是拥有技术就可以的，更多的则是社会群体的思想和理念。智慧图书馆打破了人们对智能固有的认知，使人工智能进一步发挥其作用和价值，假如人们的思维一直处在系统化服务和服务人员的拮抗状态，那智慧图书馆的建设就很难完成，最后也会引发智慧城市的落后。目前，对于我国图书馆的建设来说，主要是以 RFID 技术为基础去建设一定程度的无人图书馆，并且智慧图书馆的建设还结合了网络发展。

二、智能时代的图书馆建设原理

在智能时代的图书馆建设和改造中，技术人员需要不断地把云计算、物联网等技术引入到建设中来，在保留以往图书馆资源的基础上对此进行不断地创新和改革，对图书馆系统的管理进行智能化。首先，技术人员需要把云计算融入到图书馆建设系统中，这有利于对图书馆管理的便捷度，不仅减少了图书馆内对软件和硬件系统的装置，还对图书馆的建设进一步加大了管理力度和效率。

其次，在建设中引入了物联网 RFID 技术，这项技术的引用对图书的借阅和归还管理更加自动化，同时图书管理人员的工作量就大大减小了，对图书馆的发展具有积极的影响。而且图书馆各种资源的管理和办公的各项系统都被融入到云计算中，这项技术的应用既可以升级和优化数据库，又可以把整合的各类资源提供给读者。

建设智慧图书馆时一定要考虑到以下各个角度，第一，要对桌面上的各类硬件配置进行简洁化处理，可以建立一个云桌面去控制桌面上的各个系统；第二，要把服务器的一切相关工作进行简单化管理，这种做法不仅可以降低对图书馆的投入成本，还可以有效的减少工作人员的工作和投入；第三，要把各项系统和服务器的优势和价值都展现出来，让整个系统尽可能的达到智能化。

智慧城市背景下的智慧图书馆将多门学科和多项技术进行融合，其本质是一项综合性较强的建设工程，在此基础上再引入一些创新和改革后的技术，就可以对图书馆的管理工作实现智能化和个性化。智慧图书馆中的云平台是大量数据的集合点，它可以实现图书馆内的一切服务，包括身份认证、网络化知识学习、网络信息资源的采集等，从而实现了对图书的管理、借阅、归还等操作，也发挥了图书馆智能化和个性化的特点。

三、智能时代的图书馆空间建设和空间再造的方法

(一) 图书馆建设技术与服务的整合

在智慧图书馆的建设中，最为关键的是要把信息的网络化、智能化及个性化都整合起来，使其成为建设智慧图书馆的重要参考依据。在建设智慧图书馆的过程中，技术人员对人工智能的引用需要进行不断的改革和创新，因为人工智能会影响智慧图书馆的进一步建设和发展。除此之外，还要进一步去考虑图书馆的建设理念，如大量的引入和借鉴智慧服务社会理念，这正说明了人们的意识和理念在慢慢发生转变。近几年来，技术人员在建设智慧图书馆时引进了一系列的创新技术，进一步推进了智慧图书馆的发展和建设。但是，整合我国的智慧图书馆建设就会发现很多技术缺乏大量的智能化元素，所以并不能称得上是真正意义上的智慧图书馆，仍然需要技术人员进一步的去探索和深入研究。

(二) 图书馆建设资源与空间的并存

智能时代的图书馆应该是以信息服务为基础，丢弃传统的以书籍为主题的运行模式，结合各种创新化的技术不断地来完善信息服务水平，同时把共享资源、技术、空间和服务等集合为一个整体的图书馆。在此，技术人员应该重视

资源与空间的并行发展，让它更接近人性化和智能化。例如，技术人员在设计整个图书馆的空间模式时，可以适度增加高校图书馆的空间，还可以让图书馆有一些艺术元素，从而使高校师生更有兴趣的在图书馆读书和学习。除此之外，技术人员也应该改善一下智慧图书馆的搜索查找功能，这一功能不仅可以实现对各类资源的搜索，还可以引出一些相关的问题和知识，可以进一步扩展搜索者的知识面。因此，在建设智慧图书馆时既要满足读者对学习资源的需求，也要进一步加强图书馆空间的舒适度，让整个图书馆处于智慧在线模式。

（三）图书馆建设技术与人相结合

科学技术的建设和发展都离不开人、物两者间的融合，在此基础上把知识化服务拓展到智慧服务层中去。智能城市背景下的智慧图书馆的建设也离不开科学技术的应用，但是目前两者仍处于摸索阶段，技术人员可以在建设中把人物和设计结合起来，会给人带来一种前所未有的全新体验和舒适感，这样的设计会更容易让人接纳和融入。从建设层面来说，各界对智慧图书馆的建设一直都是高度重视，这对智慧图书馆的建设打下了一个良好的基础，促进了智慧图书馆的建设和发展。在智慧图书馆的建设中，技术人员应该把读者作为主体，可以在系统上设置借书、还书、座位预约等操作，给读者提供最好的智能化服务。另外，智慧图书馆还要加强对用户的信息及资源的隐秘保护，从而提升智慧图书馆的整体服务水平。

（四）图书馆建设模式与创新共存

智能图书馆可以说是人们对科学技术的二次创新，运用了各种创新的思维和建设理念。如今创新应用到了各个企业的每个阶段，时代在改变、社会在发展，各种建设思维和理念都要循序渐进，要与智能时代的需求相符合，要与读者的体验舒适度成正比，创新和改革的思维才是这个社会所需要的。图书馆建设模式全都是以赋予用户和管理人员进行分析和规划的，在此建设过程中应用了各种创新的科学技术，这对于用户来说是一种全新的体验，也会加强读者对读书的兴趣。同时，在创新建设的基础上，技术人员应该考虑到建设环境的重要性，以读者为主体，为读者提供全面的个性化和智能化的服务，让建设模式和创新意识紧紧结合在一起。

（五）图书馆空间再造与传统元素的结合

空间再造就是要给图书馆赋予新的"生命"，在原有的基础上对图书馆进行二次改造。这种改造既要符合现代人的审美标准，又要给读者带来一种心情上的舒适感和平静感，只有把这两点做到位了，才能更好地为读者共享做出有价值的事。在空间再造的过程中，需要结合一些传统的文化元素，这些传统可以更好地弘扬中华民族的文化，此外还会给人带来一种舒适感和复古感。巧妙地将文化元素和现代艺术结合起来，有益于对图书馆的空间建设和改造，只有这样图书馆的建设和空间再造才能更加完善，建设效率和质量才会逐渐趋于完整化。

四、结语

智能时代下的图书馆建设首先要摆脱固有观念的局限性，在已往建设理念的基础上使用新型的科学技术，对图书馆的空间建设和空间再造进行完善。同时用智能化的建设体系去建立一个初步的图书馆模型，未来的图书馆将用质子技术来实现智慧图书馆，以此来提高智慧图书馆建设的效率和质量。

公共图书馆馆藏空间拓展方法研究

杨 珂

(湖北省图书馆,湖北武汉,430071)

摘 要:针对公共图书馆馆藏空间紧张问题,结合国内实践经验,提出公共图书馆馆藏空间拓展方法。

关键词:储存图书馆;文献剔除;图书采访

进入21世纪以来,随着我国综合国力不断提升以及各级政府高度重视文化建设,我国图书馆事业发展迅速,进入了图书馆发展的"第二个黄金期"。20年间,图书馆的各项业务指标保持高速增长,其中,全国公共图书馆总藏量由2000年的42130万册增至2019年的111181万册,每年相应新购藏量由692万册增加至6986万册。随着各级图书馆入藏文献数量不断增多,文献数量激增与馆舍空间不足的矛盾成为制约图书馆发展的重要因素,针对这一矛盾,图书馆界一直积极探索解决方法,在实践中形成了通过建设储存图书馆来保存借阅率较低的文献,通过文献剔除来缓解图书增长的速度,通过加强图书采访质量保持馆藏数量动态平衡等具有代表性的方式、方法。

一、建设形式多样的储存图书馆

国内外与储存图书馆相关研究表明,储存书库是快速释放馆藏空间、增加物理空间、解决低利用率文献保存最有效的方式。经过多年的实践探索,很多公共图书馆结合自身实际需要,建成形式多样的储存图书馆,它们有的是储存图书馆的完整形态,有的是储存图书馆的雏形。

(一)国家图书馆"国家文献战略储备库"模式

国家图书馆于2018年启动"国家文献战略储备库"项目,在承德建设面积达6.9万平方米的战略储备库,该项目作为国家文献战略储备体系建设的核心内容,是保障国家基本文献资源长期安全有效保藏的重要基础,填补了中国文献战略储备体系建设的空白,是进一步探索中国文献战略储备路径和方法的实际举措。建成后搬迁至战略储备库的馆藏包括全部保存本文献、年代较为久远且利用率较低的基藏本文献等,累计搬迁文献资源总量达 2555 万册。与此同时,国家图书馆已经在战略储备库附近租赁临时库房,成立国家图书馆文献周转库,启动了国家图书馆在北京库区的文献搬迁工作,将未来准备进入战略储备库的文献临时存放在那里,待战略储备库建成后再迁入其中。

(二)上海图书馆"外围书库"模式

上海图书馆目前共有 4 个外围书库,外围书库是上海市图书馆的重要组成板块,它承担了保存资料的收藏与缓解基藏书库压力的重要使命,每个书库都有明确的功能定位,分别储存特定的文献种类,承担起保存藏书的任务。其中,龙吴路书库面积达 10000 平方米,可藏书 300 万册。由于龙吴路书库日渐饱和,上海图书馆在 2016 年投入近五千万资金,建设藏书面积达 9600 平方米的航头保存本书库,500 多万册文献资源将入库。

(三)浙江图书馆"德清书库"模式

2011 年,浙江图书馆实施图书外迁项目,在德清租用面积达 5000 平方米的两层厂房,并投资 300 万元对厂房进行承重改良、消防安全建设、安装书架,累计转运中文过刊合订本、浙江省出版物样本、部分保存本图书近百万册。

(四)南京图书馆"旧馆改造"模式

南京图书馆新馆自建成以来,老馆一直保留一栋 5 层书库和一栋 8 层书库,承担储备书库的职能,存放流通退架的各类文献资源。目前,南京图书馆纸质图书藏量已经超过设计容量 1200 万册,并且南京图书馆的馆藏纸质图书以每年 30 万册的速度在增长。为了释放新馆的馆藏空间,缓解馆藏压力。南京图书馆老馆将变身"南京图书馆储备书库",现已被列入江苏省"十三五"规划的重点文化项目。

(五)广州图书馆"租赁馆外仓库"模式

广州图书馆新馆自 2012 年 12 月开放以来,馆藏文献信息资源迅速增长,截至 2020 年 9 月底,累计馆藏纸质书刊文献 1102 万册,由于广州图书馆新馆设计藏书量为 400 万册,为了应对馆藏空间严重不足的问题,参考业界普遍做法,在馆外租赁仓库存放书刊。

二、有效开展文献剔除工作

（一）文献剔除标准

面对馆舍空间不足问题，通过文献剔除释放馆藏空间是行之有效的解决方法。图书馆界在上世纪八十年代初步提出文献剔除概论后，目前形成了公认的剔除标准是：（1）内容陈旧过时或重复的书刊；（2）长期无人问津、借阅率很低甚至为零的书刊；（3）复本量过多、造成滞架的书刊；（4）不符合本馆馆藏建设需要的书刊；（5）文化部门规定应停止流通的书刊；（6）外观破损且无法再修补的书刊。

（二）文献剔除开展过程存在的问题及原因

虽然大多数公共图书馆都制定了文献剔除的相关制度，但文献剔除实际开展情况不容乐观，存在不少同样的问题。

（1）根据《第六次全国县级以上公共图书馆评估标准细则》要求，省级（副省级）普通文献馆藏量（万册件）指标值对应基本分值为6—15分；加分项共15分：达到600万册件，加5分；达到800万册件，加10分；1000万册件以上，加15分。地级市馆人均文献馆藏量（册件）指标值对应基本分值为4—20分；加分项共10分：达到0.7册件，加5分；达到1册件，加10分。县级馆人均文献馆藏量（册件）指标值对应基本分值为13—25分；加分项共15分：达到1.5册件，加5分；达到2册件，加10分。可以看到文献馆藏量是公共图书馆评估定级标准中的重要指标并占有不少的分值，并且评估定级结果与本地文明城市建设和本馆运行经费拨付挂钩，导致各馆对剔除文献数量严格控制，文献剔除积极性不高。

（2）处置报废图书申报程序烦琐也是导致文献剔除进展缓慢的原因。按《政府会计准则第3号——固定资产》规定：单位价值虽未达到规定标准，但是使用年限超过1年（不含1年）的大批同类物资，如图书、家具、用具、装具等，应当确认为固定资产。文献剔除涉及到国有资产管理，同时《事业单位国有资产管理暂行办法》（2019年修改）规定：事业单位处置国有资产，应当严格履行审批手续，未经批准不得自行处置。处置程序按照单位申请处置后，经主管部门审核后报同级财政部门审批；规定限额以下的资产的处置报主管部门审批，主管部门将审批结果定期报同级财政部门备案。

三、加强图书采访工作质量

图书采访工作是图书馆文献资源建设的核心内容，采访工作的好坏直接关系到图书馆馆藏水平、低借阅率图书在架数量、读者满意度等多个方面。提升采选工作质量能够保持馆藏"吐旧纳新"的动态平衡，能够降低零借阅率图书数量，从而减轻开架区滞架现象，有效保证馆藏空间充裕。自《中华人民共和国招标法》和《中华人民共和国政府采购法》颁布实施以来，公共图书馆图书采购逐渐纳入政府采购渠道，图书招标采购在规范购书经费使用、保障购书经费、增加经费使用透明度等方面起到了积极正面的作用，但同时凸显出图书采购招标文件编制不严谨、最低价中标等问题，这些问题共同造成好书、畅销书进不了图书馆，零借阅率、低借阅率图书严重滞架现象，这也进一步激化了文献数量猛增与馆舍空间不足的矛盾。

（一）招标文件编制不严谨

为了加强本馆藏书建设质量、充分满足读者文化需求。图书馆作为采购主体，应该充分利用国家法律赋予的权利，对招标文件严格把关，对采访书目数据、编目数据、到书率、到书周期等其他服务条款作出详细规定，细化招标、采购、验收等质量控制环节，形成良性循环。

（二）最低价中标问题

由于图书折扣是最硬性的一个指标，往往是最低价者中标，而那些资质优良、进货渠道正规、服务完善的馆配商，因为运营成本较高，不能在招标中胜出。低价中标的馆配商为了实现利润最大化，以劣充优、以次充好，很大程度上造成了滞架严重。针对在图书招投标过程中低价中标现象，要把馆配商的资质信誉和服务评价在综合评分法中的权重提高，同时降低图书折扣在评标标准分值的权重，才能有效避免低价中标现象。

四、新建馆舍充分考量藏书空间

在印刷型文献仍然是馆藏建设主体的今天，数字图书馆高速发展和读者文化活动空间不断增加的双重挤压下，造成了馆藏空间有效面积不停地缩减。随着《中华人民共和国公共文化服务保障法》《中华人民共和国公共图书馆法》的颁布实施，各级政府对公共文化事业投入持续加大，将掀起新一轮的图书馆新馆建设高潮，新建馆舍需要充分考量未来20年—30年的馆藏空间需求，才能依托丰富的馆藏资源更好地为广大读者提供文献借阅、展览讲座、文化交流、阅读推广等现代化、多元化的体验，才能更好地发挥公共图书馆的主要职能。

五、结语

在馆藏空间日益窘迫的情况下，有效拓展馆藏空间，盘活馆藏资源是各图书馆面临的共性问题，正是图书馆界不断地实践和探索，为我们提供了宝贵的经验，才能使图书馆事业更好的发展。

参考文献

［1］第六次全国县级以上公共图书馆评估标准细则［EB/OL］.中华人民共和国文化和旅游部，2017-01-05.

［2］祁兴兰.国内贮存图书馆的研究与实践评述［J］.图书情报工作，2013，57（6）：134-140.

［3］区旭坤，等.图书馆资源政府采购研究［J］.农业图书情报学刊，2010，22（3）：9-17.

十八、图书馆社会教育与特殊人群服务

基于内容分析的我国公共图书馆老年人服务研究

罗 媛

(湖北省图书馆,湖北武汉,430071)

摘 要:对"e线图情"数据库近20年我国图书馆老年服务新闻报道进行分析,发现自2015年以来年均报道量超过15篇;图书馆开展老年人服务主要方式为拓展老年人阅读空间和开展老年人培训活动。图书馆老年人服务存在辐射面不够广,服务方式较为集中,服务制度不完善等问题,需要从做好基础服务,深化品牌效果,拓展智慧服务等方面优化老年服务。

关键词:图书馆;老年;服务

根据2019年民政事业发展统计公报,截至2019年年底,我国60周岁及以上老年人口已达25388万人,占总人口数的18.1%;其中,65周岁及以上老年人口达17603万人,占总人口数的12.55%。[1]我国老年人口的年龄结构相对年轻,老年人受教育程度大幅提升,与此同时,老年人的精神文化生活需求在不断变化[2]。回顾过去20年间我国公共图书馆为老年人服务的情形,总结经验、改进不足、与时俱进,充分发挥图书馆在积极应对人口老龄化中的作用,满足老年人日益增长的精神文化需求,提升公共图书馆服务老年人的能力。

一、数据收集

"e线图情"数据库在2002年创立,是关注图书馆学全文数据库与专业图书馆界的门户网站,能够较为准确、全面的收集反映图书馆事业最新实践的发展状况和趋势报道,故而选择"e线图情"数据库作为收集图书馆老年人服务相关新闻报道的信息来源。

2021年4月6日,在"e线图情"数据库以"老年"为主题词进行网页关键词搜索,检索到2002年至2021年间,网页信息共计424条。对数据进行人工清洗,去除期刊文献129篇,不同媒体重复报道信息13篇,与我国公共图书馆老年人服务主题无关报道信息8篇,共得到274条关于我国公共图书馆老年服务新闻的有效数据。

二、数据分析

（一）图书馆老年人服务新闻时间分析

收集"e 线图情"数据库中 2002 年到 2021 年我国图书馆老年人服务相关新闻。年度新闻报道数量如图 1 所示。2002 年至 2005 年，新闻报道数量一直呈上升趋势；2005 年至 2007 年间，新闻报道数量迅速下降；2007 年至 2014 年期间，新闻报道数量一直在每年 10 篇上下徘徊；2014 年到 2020 年间，新闻报道数量时有上下波动，在 2017 年、2020 年年新闻数量有所回落，但仍高于每年 18 篇，2021 年数据由于只有前 4 个月数据，还不能反映全貌。

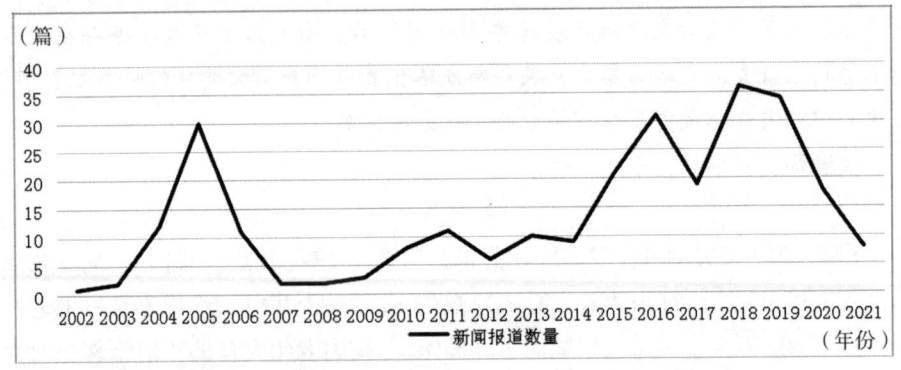

图 1　近 20 年我国图书馆老年人服务新闻数量

2000 年，中共中央国务院发布了《关于加强老龄工作的决定》，要求要满足广大老年人日益增长的物质和文化生活需要，让老年人共享经济建设和社会发展的成果。[3]随后，全国多个地区印发了对 60 周岁以上老年人实行优待服务的相关文件，促进了图书馆界广泛开展老年服务，发布新闻数量也不断上升。2012 年，第十一届全国人民代表大会常务委员会第 30 次会议修订了《中华人民共和国老年人权益保障法》，自 2013 年 7 月 1 日实施，促使图书馆界进一步关注发展老年人公益事业。

（二）图书馆老年人服务主题分析

对有效的 274 条新闻报道数据的标题进行分析，使用 ROST CM6（词频统计软件）对标题进行分词，对分词后词表进行词频分析，导出词频在前 300 的词语。在这些词语中，有"河北""山东""安徽"等表示地区的词语 80 个，将这些词语剔除，剩余词语 220 个。选择词频大于 5 的词语 62 个，去除其中"举办""开展""圆满""走进""设立"等动词和形容词,剩余57个。将这些词语进行同义词合并,如将老年、老年人、中老年、老人、中老年人都合并为老年;培训、培训班合并为培训;阅读、读书、阅览合并为阅读;电脑、计算机合并为电脑;书画、丹青、墨韵合并为书画;重阳、重阳节、九九合并为重阳节;最终得到词频大于5的词语共45个。如表1。

表1 图书馆老年人服务高频词表

序号	词语	词频	序号	词语	词频	序号	词语	词频
1	老年	287	16	文化	15	31	流动	7
2	图书馆	242	17	沙龙	14	32	讲座	7
3	读者	69	18	中心	13	33	敬老	7
4	培训	68	19	常青	13	34	座谈会	7
5	阅读	48	20	社区	12	35	读书会	6
6	书画	33	21	幸福	12	36	协会	6
7	电脑	29	22	知识	11	37	一期	6
8	大学	27	23	公寓	11	38	书画展	6
9	重阳节	26	24	关爱	10	39	乐园	6
10	服务	25	25	艺术	9	40	智能	6
11	数字	20	26	手机	8	41	读报	5
12	分馆	20	27	第二	8	42	服务点	5
13	夕阳	20	28	阅览室	7	43	共享	5
14	图书	18	29	作品展	7	44	健康	5
15	免费	18	30	公益	7	45	群体	5

结合高频词表发现近20年我国图书馆老年人服务主要做法是拓展老年人阅读空间和开展老年人培训活动。其中,拓展老年人阅读空间主要方式为设立老年读者阅览室、流通点、分馆;走进敬老院、老年公寓等捐赠书刊。开展老年人培训活动主要内容为电子设备的使用、图书馆资源获取方式和图书馆馆舍导览介绍。随着数字化时代的不断变迁更新,图书馆老年人培训内容从使用电脑、手机到操作智能App;培训内容较为广泛的还有书画培训等。除培训外,图书馆还举办了广受老年读者欢迎的书画作品展览、老年读书会、座谈会等。

结合高频词表和数据发现,图书馆偏好在特定节日,如重阳节集中开展老年服务及相关活动,如为老年人免费办证、开展座谈会、送书、举办文艺汇演等。

图书馆还举办了一些特色但是小众的主题活动，如安徽省宿松县图书馆开设公益性中老年人乐理知识培训班，由原文化局退休音乐老师每周定时授课；呼和浩特市新城区图书馆为艺术团的老年朋友们开展舞台化妆培训课堂，自该馆免费开放以来，每年都给中老年人开展声乐、书法、电脑、养生、保健、化妆等丰富多彩的专题免费培训课程，充分发挥公益性文化服务职能，使广大群众共享文化成果。

三、我国公共图书馆老年人服务缺点及改进方向

图书馆老年人服务辐射面不够广。图书馆老年服务对象主要为到馆老年读者，由于场地限制，每次活动人数不能太多，且参加活动老年人多为有一定信息素养和物质较丰富的老年离退休干部，能够接受书画知识讲座和展览。图书馆还需要进一步扩大服务面，向残障老年人士、信息素养不足老年人等各类人群开展针对性服务。

图书馆老年人服务方式较为集中。图书馆老年服务方式集中于传统培训、讲座、展览等，服务方式不够发散，还需要挖掘服务方式，利用老年人力资源，应用智能图书馆建设的相关技术，结合文旅融合拓展更多老年人服务形式。

图书馆老年人服务制度不完善。图书馆对老年人服务重视程度有待提高，特别表现在老年人服务的相关制度规范非常缺乏。辽宁省在1997年发布了《辽宁省公共图书馆文明服务规范》，但至今仍然处于自发状态，还需要不断从图书馆行业层面对老年人服务制度进行指导、制定和完善。

（一）做好基础服务

1. 做好藏书基础建设

老年人因其身体机能减弱，视觉、听觉灵敏性降低，更加偏好大字版图书，同时由于长期阅读报纸习惯，老年人更加偏好阅读报刊，特别是纸质版的本地报纸。老年人关心时事政治、健康养生和社会生活，来馆时间相对稳定和固定。图书馆在采购报刊时，可以多征求了解老年读者需求，多选定地方报，增加地方报和时事政治、健康养生类报纸和杂志的复本数。图书馆员需要每天在老年读者大量来馆之前及时上新，让老年读者最快时间看到最新报纸。

2. 做好基础服务建设

图书馆需配备基础助老扶老设施，设立临时救助站，提供创口贴、救心丸、电子血压计、血糖仪等简单医疗设备，配备老花镜、拐杖和轮椅等便民助老用品。图书馆需提供必要的信息引导，使用大号字体在醒目位置标注开放时间、绿色通道、操作指南等，无法张贴标识的地方应为老年人提供老花镜或放大镜。图书馆需保留传统服务方式，在不断优化升级自助办证业务的同时，需要保留现金办证和凭老年证办证的方式，并备有零钱方便老年读者，在老年读者想自助办证时，能积极提供人工帮助指引；在图书馆实行扫码预约进馆时，同时保留人工窗口和电话专线，方便老年人进行现场预约和电话预约，在做好疫情防控的前提下，安排老年人凭身份证、老年证等有效证件登记进入，并采取有效措施加强个人信息保护。

3. 提供服务制度保障

我国公共图书馆行业缺乏老年服务指南制定和行业指导，还需要从结合公共图书馆法律法规，从行业发展角度统筹规划，将老年人服务规范融入图书馆整体行业规范、规划、指南中，结合实际制定出老年人服务相关指南和规范。

（二）深化品牌效果

1. 加强品牌系统建设

要扩大老年人服务半径，需要不断加强品牌化、系统化建设。湖北省图书馆2013年成立"沙湖书会"，以此为品牌连续6年举办18场"走进图书馆"读者培训活动，主要针对老年读者，使其了解图书馆的功能布局，熟练使用图书馆的各种文献资源。"沙湖书会"特色品牌活动"看养生报刊，听健康讲座"针对中老年读者健康知识需求，每年邀请本省三甲医院主治医师来图书馆讲解医学知识。其中，"活过一百岁"的中医养生知识讲座、亚健康与中医保健、颈椎病的预防和治疗等主题，将养生报刊与健康讲座结合起来，通过讲座的形式直观地讲述，深受老年读者好评。

2. 强化区域联动效应

重庆市公共图书馆品牌活动"常青e路·幸福夕阳"自2018年2月开始举办以来，重庆图书馆联合各区图书馆，以相同主题共同开展多项主题培训，让老年人熟悉手机智能App的使用，形成了良好的品牌联动效应。该品牌活动3年间累计举办了12期共计910场培训，累计培训老龄读者达89259人次。联动区域公共图书馆推广老年人服务，能够整合图书馆资源，扩大读者受益面，提升品牌服务效果。

3. 统筹考虑老年服务

图书馆应将老年服务纳入整体图书馆服务和阅读推广中统筹考虑，安庆市少儿图书馆、甘肃省白银市白银区少儿图书馆、重庆市少儿图书馆在少儿阅览室为老年人开辟阅览空间，更加充分合理的应用了图书馆的地理空间。图书馆需要合理利用老年人力资源，招募老年志愿者，培养、建设热爱阅读服务的老年志愿者队伍，使其发挥余热，关心、教育下一代，传授科学文化知识，参与代际阅读活动，促进阅读推广更加高效开展。图书馆应主动作为，增加辐射面，扩展老年服务数量及群体，深入社区，为残障老人、孤寡老人、缺乏信息素养的老人开展相应服务；加强与老年公寓、老年大学等共建共享，建设老年人流通点、老年阅览室，安排老年人自主管理图书阅读空间，提升老年人阅读和工作热情。

（三）拓展智慧服务

1. 开发适老数字资源

根据第十八次全国国民阅读调查成果显示，我国数字化阅读方式的人群分布中50—59周岁人群占15.9%，60—70周岁人群占5.6%，70周岁及以上人群占1.7%。在接触过数字化阅读方式的群体中，50周岁及以上人群占23.2%，较2019年的20.4%增长了2.8个百分点。[4]中老年人对数字化阅读资源的需求一直在上涨，图书馆需要不断开发适合老年人使用的数字资源，特别是要涵盖老年人喜爱的书法、绘画、曲艺、文学经典等内容，通过提供有声读物、视频影院等方式方便老年人获取。图书馆同时要联合数据库商，扩展智能化渠道，探索通过5G、超高清、虚拟现实、增强现实等技术，帮助老年人便捷享受在线数字资源阅览、观看演出、展览等智能化服务。

2. 培养老年信息素养

智慧图书馆可以突破时空的限制，让读者用手机即能享受海量数字阅读资源和阅读服务，因此，更需要培养老年读者信息素养、智能技术应用能力。2020年，文化和旅游部办公厅、国家文物局办公室印发了《关于切实解决老年人运用智能技术困难的实施方案》，随后，各图书馆老年人培训内容主要转向了培训老年人运用智能技术方面，这些培训主要包括培训老年人使用各种生活类的手机应用软件，如智慧出行、点餐、地图、微信等各个方面，受到了老年朋友的广泛好评。

3. 提供适宜资源推送

应用语音分析技术，分析、匹配老年读者与图书馆数字资源的语义特征，建立用户画像，通过建设共享数字资源数据库，有针对性地对老年人推送适宜的阅读材料、音视频等资源。通过后台，分析老年人个性化阅读习惯，记录其阅读成就，在一定时间内反馈给老年读者，提升其阅读积极性。开发智慧伴读机器人，识别老年读者语音指令，以方便阅览资源检索和查找。

四、结语

老龄社会正在快速发展，图书馆需要与时俱进，不断改进老年人服务方式，做好基础服务，深化品牌效果，拓展智慧服务，不断缩小老年人数字鸿沟，满足老年人文化需求，充分利用老年人力资源，大力发展图书馆老龄事业，为积极应对人口老龄化，构建敬老、爱老社会环境助力。

参考文献

［1］肖雪.国外图书馆协会老年服务指南的质性研究及对我国的启示［J］.中国图书馆学报，2014，40（5）：82-97.

［2］王晓慧.智慧图书馆建设与老年读者智慧阅读推广研究［J］.图书馆理论与实践，2019（7）：27-32.

［3］2019年民政事业发展统计公报［EB/OL］.中华人民共和国民政部，2020-09-08.

［4］第四次中国城乡老年人口生活状况抽样调查数据发布［EB/OL］.中国老龄科学研究中心，2019-11-21.

［5］第十八次全国国民阅读调查成果发布［EB/OL］.中国出版网，2021-04-23.

图书馆社会教育与特殊人群服务

何 菁

(湖北省图书馆,湖北武汉,430071)

摘 要:社会教育作为图书馆主要职能之一,其重要性不言而喻,随着社会的高速发展,将图书馆社会教育科学广泛地渗透到包括特殊人群在内的每个群体,是图书馆值得研究的课题,图书馆社会教育范围与方法的扩大和创新是关键。

关键词:互联网+;图书馆社会教育;特殊人群服务

我国的图书馆历史悠久。只是起初并不称作"图书馆",而是称为"府""阁""观""台""殿""院""堂""斋""楼"罢了。如西周的盟府,两汉的石渠阁、东观和兰台,隋唐的观文殿,宋朝的崇文院,明代的澹生堂,清朝的四库七阁等。公共图书馆作为公共文化服务体系重要的组成部分,在构建社会主义和谐社会,推动学习型社会建成方面具有重要意义,而社会教育作为公共图书馆的主要职能之一是其重要价值的体现。

一、图书馆社会教育

(一)社会主义核心价值观教育

树立正确的人生观、价值观、世界观是公民道德建设的必然要求。2017年10月18日,习近平同志在十九大报告中指出,要培育和践行社会主义核心价值观,要以培养担当民族复兴大任的时代新人为着眼点,强化教育引导、实践养成、制度保障,发挥社会主义核心价值观对国民教育、精神文明创建、精神文化产品创作生产传播的引领作用,把社会主义核心价值观融入社会发展各方面,转化为人们的情感认同和行为习惯。

图书馆在社会教育过程中应积极响应习近平总书记的号召来正确引导人们,通过学校教育、家庭教育与社会教育"三位一体"方式进行,让人们全面领悟正确的人生观、价值观、世界观以及社会主义核心价值观的重要性。

（二）爱国主义教育

从古至今，无论是"先天下之忧而忧，后天下之乐而乐"的家国情怀还是"苟利国家生死以，岂因祸福避趋之"的誓报国家之决心，抑或是"人生自古谁无死，留取丹心照汗青"的爱国壮举都无一例外体现了流传千古的爱国精神。爱国主义是指个人或集体对祖国的态度，揭示了个人对祖国的依存关系，是人们对自己家园以及民族和文化的归属感、认同感、尊严感与荣誉感的统一，爱国主义对民族和国家命运具有非常重要的影响力。中共中央国务院印发的《新时代爱国主义教育实施纲要》对此有非常全面且深刻的阐述，作为具有社会教育职能的图书馆开展爱国主义教育是非常有必要的。

（三）人文历史教育

《辞海》中说，"人文指人类社会的各种文化现象。"是一个国家经过多年的发展和积累的精神面貌和道德修养以及传统习俗的总集合。"人民的幸福是发展的定义，人民的特征决定持续的人文发展的性质和方向。"图书馆具有保存人类文化遗产的职能，馆藏有大量的人文历史典籍，因此图书馆对社会进行人文历史教育至关重要。

二、特殊人群服务

特殊人群是社会当中相对弱势的群体，也叫做社会脆弱群体、社会弱者群体。特殊人群弱势群体是根据人的社会地位、生存状况、生理特征、心理特征、体能状态来界定的。联合国教科文组织在《公共图书馆宣言》中明确指出："每一个人都有平等享受公共图书馆服务的权利，而不受年龄、种族、性别、宗教信仰、国籍、语言或社会地位的限制。"公共图书馆作为公益性、服务性、社会教育性机构，作为社会文明服务的重要窗口，作为社会精神文明的重要阵地，理应以服务特殊人群为己任，关心和扶助他们，对他们实施知识援助，必须保证对所有读者提供平等的服务，并为由于各种原因而不能享用图书馆常规服务的特殊人群提供特殊服务。

根据国内相关参考文献中对公共图书馆弱势群体服务的阐述，公共图书馆弱势群体服务主要分为两大方面：一是针对弱势群体开展各类活动，二是弱势群体相关设施、资源建设。

（一）针对弱势群体开展各类活动

1. 培训、科普、讲座、座谈等

特殊群体往往存在着心理亚健康、知识关注点单一等特点，对此采取培训、科普、讲座、座谈等形式是比较科学有效的办法。如，陕西省西安市聋人协会法制宣传走进聋人群体开展普法专题讲座，讲解了有关残疾人非法集资、传销、民间借贷、婚姻家庭等方面的法律知识，同时还针对残疾人朋友普遍关注的家庭、婚姻等法律问题，一对一地做通俗易懂的讲解。再如，安徽省图书馆与安徽省肢协促进无障碍环境建设委员会等单位联合举办预防各年龄段听障问题的讲座，让特殊群体有了更为充实的实用知识，同时增强了相对心理自我否定人士的自信心。

表1 我国部分图书馆对弱势群体开展的活动

图书馆名称	品牌名称	项目概述	创办时间
西藏自治区图书馆	"阿佳讲故事走进驻村点"	西藏自治区图书馆驻村点计划以讲故事，普及科技、卫生等知识为驻村点的学龄前儿童进行学前教育，让基层农（牧）民实实在在地享受到公共文化给他们精神生活带来的变化	2018年起
国家图书馆	"关爱夕阳"	针对老年群体的专项公益培训服务，如悦知文津、手世界、数字生活、光影奇等课程	2014年起
浙江图书馆	"60+阅读计划"	面向60岁以上老年人开展了晨读会、茶文化讲座、书法研讨、电影沙龙等形式多样、内容丰富的系列活动	2019年起
广州市图书馆	"广图盲读快乐营"	通过读书会、培训、参观图书馆、音乐会等形式开展，致力于为视障读者搭建文化学习休闲生活的交流平台和空间，推进残健共融进程	2015年起
上海市南桥镇图书馆	"阳光少年阳光行"	面向弱势群体开办手工课堂、举办户外游览等	2017年起
重庆市图书馆	"红绿熊心阅读"	为盲童提供多元化阅读，也为每个盲童和正常视力儿童做好档案记录	2016年起

2."互联网+"模式创新与应用

在社会高速发展的今天，科技进步尤为明显。将成熟的互联网技术广泛应用于人们的日常生活当中，互联网能够不受空间限制来进行信息交换，更新速度快，信息交换的使用成本低，信息交换容易满足每个人的个性化需求，具有信息储存量大、高效、快速，信息交换能以多种形式存在等众多优点。因此，图书馆在社会教育中，尤其是给特殊人群提供服务时，依托"互联网+"模式是一种优质选择。

如，长沙图书馆开设的老年人"E课堂"，开设了以计算机、平板电脑、手机等新型阅读平台为主的"E课堂"，由湖南大学电气与信息工程学院学生担任该课程教学，一期10课，每周1课，重点教授网络基本知识、汉字输入、视频聊天、影视点播、邮件收发等实用技能，通过生动活泼的授课形式，丰富了老年人的精神生活。

3. 开展文化扶贫、志愿者服务

文化精准扶贫是习近平总书记针对新时代中国特色社会主义思想提出的一项战略，利用文化设施建设以及公共文化服务等各项工作开展精准扶贫工作，借此达到提高群众文化素养、知识水平的目的。公共图书馆作为公共文化体系的生力军，有着不可推卸的使命和职能。弱势群体处于文化信息链的贫困端，是公共文化服务均等化的重点保障人群，是文化扶贫攻坚的主要帮扶对象。

表2　我国部分图书馆文化扶贫和志愿者服务

图书馆名称	品牌名称	项目概述	创办时间
昆明市图书馆	"背篼图书馆"	送文化下乡服务活动，把群众喜爱的文化知识送到家门口，到一线、接地气，助力脱贫攻坚	2018年起
海南省图书馆	"一村一品"	以文化和旅游部"十三五"时期文化扶贫为基本原则，引导公共文化资源向贫困地区聚焦，重心下移、精准帮扶	2019年起
重庆市图书馆	"书香筑梦乡村行"	以文化扶贫的方式，为乡里的留守儿童、残障人士、留守老人三大弱势群体提供服务，让他们能平等享受文化权益和公共文化资源，丰富他们的文化生活	2017年起
兰州市图书馆、黑龙江图书馆、海南省图书馆等	"我们的中国梦"——文化进万家	采取与贫困群众结对子、认亲戚的方式，为贫困群众送去了新春的祝福和问候，解决他们的操心事、烦心事、揪心事。通过村民喜闻乐见不同形式的文化活动，让贫困群众的文化获得感、幸福感更加充实、更有保障、更可持续	2020年

续表

图书馆名称	品牌名称	项目概述	创办时间
武汉市图书馆	"流动书香·书香暖童心"	引入社会力量并召集社会爱心人士加入武汉图书馆文化志愿者队伍，共同关爱留守儿童、流浪儿童、困难家庭儿童等特殊青少年群体、孤寡老人群体等，深入开展文化志愿服务活动	2019年起

（二）弱势群体相关设施、资源建设

弱势群体设施、资源建设包括区域文化共建、分馆建设、馆内建设。区域文化共建指省市公共图书馆与县、乡、村人民政府、社区、妇联、残协、学校、老年机构等合作开设"农村书屋""百姓书屋""文化书屋""文化流通点""学生书屋""妇女儿童活动中心""残疾人培训基地"等拉近弱势群体服务距离，促使文化资源向弱势群体所在区域倾斜，提升该区域内公共图书馆的协同保障与集成服务能力；分馆建设指省、市公共图书馆建设专门面向弱势群体的"特殊分馆""特殊图书馆流通点"等基层文化服务点、服务驿站，将公共服务平台延伸，更有针对性、更便捷地开展特定弱势群体服务。弱势群体馆内建设包括馆员培训，残障人群和未成年人的阅读资源建设。

三、特殊人群服务存在的问题及意见和建议

（一）存在的问题

1．"互联网+"应用程度和宣传力度还不够

据中国互联网络信息中心（CNNIC）2019年2月28日在京发布的第43次《中国互联网络发展状况统计报告》，截至2018年12月，我国网民规模达8.29亿，非网民规模为5.62亿，从我国网民年龄结构来看，10—39岁的群体，占整体网民的67.8%。可以看出，现如今的社会正处于网络信息大爆炸时代，但网络上关于图书馆服务的信息相对较少。

2．服务模式仍比较单一，未能与社区、高校、企业、机关单位等深入合作

如今大部分图书馆貌似不断创新紧跟时代步伐，但实则大部分时间里是独自开展服务工作，其实质效果并不明显。

3. 对公众需求调研力度不够，未能及时跟上社会快速进步所影响的公众需求变化步伐

通过对 31 个省级行政区的 199 名公共图书馆的工作人员进行问卷调查，结果显示公共图书馆最了解的是弱势群体的基本情况，最不了解的是弱势群体的信息获取习惯。对每一类弱势群体，这种现象都存在。即便是在较为发达的东部地区，也仅仅是处于"了解一部分"和"了解"之间，未完全达到了解状态。而且如今弱势群体中大多有一定的教育背景，其具有更为发散的思维，精神诉求也更为多元和深刻；特殊人群在科技和医疗发达情况下除了心理状态更为健康以外，亦具有更为深刻和多元的精神诉求。而如今相当多的图书馆仍旧以之前的服务模式和内容进行服务。

4. 为特殊人群服务意识不足

虽然国家及公益组织加大了对图书馆关于特殊人群的资金及人员扶持，但部分图书馆服务意识不足，对待特殊人群不够重视，甚至忽视。这给特殊群体本就普遍存在自卑抵触交流的心理造成不良影响，加大了特殊人群社会教育难度，偏离了图书馆社会教育准则。

（二）意见和建议

1. 联合"互联网+"等研究部门，加大网络宣传力度

研究运用"互联网+"技术，比如人工智能、区块链、大数据、云服务、物联网等技术如何与图书馆社会教育有效结合，以适应时代发展潮流和达到服务目的，同时积极联合企业或机关单位进行技术和方法创新。重视网络宣传，全面深入观察如今信息流量特点，与知名信息媒体企业合作交流，让图书馆成为网络热词，大范围的进入公众视野，在如今信息大爆炸环境下占有一席之位。

2. 政策引领图书馆工作模式

鉴于图书馆仍存在服务模式单一，究其本质原因之一是未与社区、高校、企业、机关单位等深入合作，以及未能将一些新颖的服务模式有效运用，可以将这些弊端的有效建议写入相关政府的指导文件中，从上至下以任务指令式促进服务模式的创新与有效应用，多部门联合起来将更为有力的提升服务质量和创新服务模式。

3. 规划做好读者尤其是特殊人群调研工作

可以通过不定期的问卷调查、邀请专家举办讲座、有偿征文、心理辅导咨询跟进等方式对读者包括特殊人群进行调研，掌握其在受教育程度、工作状况、阅读需求、技能需求等方面的变化，及时调整图书馆提供的服务方式及内容，

以最大程度的切合特殊人群日益增长和变化的精神文化需求。

4. 提高图书馆员服务意识和职业道德建设

定期组织馆员进行培训，如培训规范言行举止、专业技能等；建立考核制度，进行定期考试并纳入绩效考核体系内；通过专家讲座、心理引导等方式加强图书馆职业道德建设；定期组织工作人员参加公益活动，在实践中感受服务意义，从内心提升服务意识。

参考文献

［1］吴慰慈. 图书馆学概论（修订二版）［M］. 北京：国家图书馆出版社，2008.

［2］加利. 发展纲领［M］. 纽约：联合国新闻部，1995.

［3］张艳国. 中国特色社会主义理论与实践概论［M］. 武汉：华中师范大学出版社，2014.

［4］中国共产党第十九次全国代表大会在京开幕［EB/OL］. 人民网，2017-10-19.

［5］CNNIC. 第43次《中国互联网络发展状况统计报告》［EB/OL］. 中华人民共和国国家互联网信息办公室，2019-02-28.

［6］淳姣，赵媛，张欢. 公共图书馆弱势群体公共信息服务权益保障研究［J］. 图书馆建设，2017，4：77-78.

公共图书馆解决老年人运用智能技术困难的实践与探索
——以湖北省图书馆开展老年读者智慧触网系列主题讲座活动为例

余 梦 贺 维

(湖北省图书馆，湖北武汉，430071)

摘 要： 近年来，在我国人口老龄化和信息化发展共振的情境下，代际数字鸿沟问题日益显现，国务院办公厅印发的《关于切实解决老年人运用智能技术困难的实施方案》提出了开展老年人智能技术教育的新要求。公共图书馆作为国家文化事业的重要组成部分，如何协助构建包容、共享、创新的老龄社会，帮助老年人弥合代际数字鸿沟，体现公共图书馆社会功能和价值，成为推动充分兼顾老年人需要的智慧社会建设的重要环节。

关键词： 公共图书馆；老年人服务；信息素养

伴随疫情封闭空间而来的对电子设备运用的不熟悉导致的情感交流减少和明显不安感，让越来越多的老年人在疫情后时代表现出对智能技术的强烈需求，但智能技术在硬件和软件上的"数字"门槛却造成了诸多困扰。据统计，目前我国使用手机的老年人约2.74亿户，其中使用智能手机上网的老年人约1.34亿户，近1.41亿老年人在网络上呈现"沉默"状态。根据社科院发布的《大健康产业蓝皮书：中国大健康产业发展报告》预测，2050年我国60岁及以上老年人口数量将达4.83亿人。面对老年人口规模及比重的快速上升，在文化领域建立和完善老龄化应对体系，抓住"窗口期"是对公共图书馆公共基础性服务升级的挑战。

一、公共图书馆开展智能技术教育的意义

（一）顺应时代要求

在新发展阶段的背景下，我国人口发展进入了深度转型期。根据2021年5

月11日，国家统计局公布的第七次全国人口普查公报数据，全国人口中，60岁及以上人口占18.70%，与2010年第六次全国人口普查相比上升5.44个百分点。在"十四五"期间，我国将从轻度老龄化迈入中度老龄化，老年人口增长速度将明显加快，截止到2030年占比将达25%左右。我国人口发展出现重要转折性变化，以人口老龄化为核心的人口结构性矛盾日益突出，这势必对公共图书馆等公共基础服务提出挑战。

工业和信息化部决定自2021年1月起，在全国范围内组织开展为期一年的互联网应用适老化及无障碍改造专项行动，首批将优先推动8大类115家网站、6大类43个App进行适老化及无障碍改造，几乎每个行业都会为老年人再细分一次。作为老年读者第二学习和交流空间的公共图书馆，更应在服务上做出适老化调整，打破传统服务模式，升级服务内容，创新服务形式，区分服务群体，顺应时代的发展而变化，以开放的姿态、前瞻的思维，把握时代脉搏，对于社会的重大变迁迅速做出反应调整，为老年人细分出更多符合其生活需求和文化需求的特色信息服务。

（二）担负社会责任

图书馆的社会责任一直没有一个统一的概念，但公共图书馆作为社会主义公共文化服务体系的重要组成部分，一直以来都秉承着向社会公众免费提供丰富馆藏资源，开展继续教育，倡导社会阅读，保护文化遗产和消除信息鸿沟与数字鸿沟的职责。

迈入后疫情时代，新一批老年人被纳入上网活跃人群。据第47次《中国互联网络发展状况统计报告》数据，截止到2020年12月，50岁及以上网民群体占比由2020年3月的16.9%提升到26.3%，互联网进一步向中老年群体渗透。但在一批批老年人涌入移动互联网的同时，更多的老年人成为了网络时代的"新留守"。老年人在被信息化社会裹挟前行的过程中暴露出了"智能鸿沟""网络边缘化""数字恐惧""信息焦虑"等各类问题。这一系列问题的解决是公共图书馆解决老年人运用智能技术困难的着眼点和发力处，也是图书馆履行社会责任的重要一环。

二、老年人数字需求及信息素养现状

（一）数字需求现状

虽然人口数量红利进入尾声，人口老龄化逐步加速，但老年人的心态却在信息社会包裹下逐渐年轻化，其日益增长的数字化生活需求和网络社会距离感之间的矛盾也日益凸显。特别是自疫情以来，中国进入老龄化和数字经济高速发展的叠加期，中国 60 岁以上的银发群体加速拥抱数字生活。据 2020 年 10 月阿里巴巴发布的《老年人数字生活报告》，第三季度老年人手淘月活跃度同比增速远超其他年龄组，高出整体 29.7 个百分点。老年群体消费金额三年复合增长率达 20.9%，疫情期间消费增速位列第二。但依旧有相当比例的老年人面临着"数字鸿沟"的困扰，在线上服务进一步覆盖各个领域后，特别是点餐、预约、挂号、政务、打车、生活缴费等，很多老年人会因跟不上社会变迁的节奏，在"数字化生活"中被"代沟式"淘汰。

（二）数字服务现状

1. 服务供给方面

一是服务专业性不高，虽然各个领域都争相推出了老年人服务板块，但由于缺少统一的规范，存在配套设施不完善、服务人员不专业、服务覆盖不全面、服务流程不连贯等问题。二是服务僵化，服务者与老年人之间缺乏情感交流和共情，想当然的提供而未考虑不同背景老年人的差异性，机械化供给和多元化需求之间存在不平衡现象。

2. 服务成效方面

一是忽视老年人的接收速度，因生理、文化等原因，老年人对信息的接收程度和理解能力普遍较年轻人更慢，存在无法高效、准确地表达诉求等现象，需要大量重复性的工作，要求工作人员有足够的耐心和细致的服务。二是低估信息技术对老年人的门槛，老年人心理安抚需求大，情感需求高，部分呈现出渴望强烈情感共鸣的要求。而部分工作人员习惯性以个体思维代替群体思维，缺乏一定的同理心和主动的换位思考。三是老年人容易产生思维定式，惯性思维严重，易造成交流沟通困难。一些老年人甚至表现出目的极为明确及毫无目的两种极端，沟通难度较大。

三、湖北省图书馆服务老年读者智慧触网的实践与经验

为深化智慧助老服务行动，帮助解决老龄读者"不会用、不敢用、不想用、不能用"智能设备的问题，助其加快融入智能化时代。湖北省图书馆充分利用其数字资源，同时以专业人才为支撑，以智能手机操作指导为主线，举办"银龄 E 时代·网罗智生活"——湖北省图书馆老年人智慧触网系列主题讲座。活动自 2020 年 12 月 11 日正式启动，内容涵盖信息安全、信息查找、设备使用、便捷生活、轻松出行等当下老年人适应数字化时代所需的智能技术应用知识。

现已成功举办 7 期。

(一) 立足小而精，找准服务定位

1. 合理设置规模，保证服务质量

考虑到老年读者的信息接收能力和部分特殊生理因素，老年人服务不能一味追求大而全，而应循序渐进，在保证服务质量的前提下逐步扩大规模效应。特别是在后疫情时代，公共图书馆更应充分认识当前疫情防控的复杂性和不确定性，保证服务环境的舒适安全。

为此，讲座采取分期分批举办，对每场讲座活动报名人数总额设限，采取电话和现场登记两种预约方式进行报名，场内分散就坐，避免人员大规模扎堆聚集。每场讲座由一位员工专门负责主讲，6—8 名工作人员随时提供操作辅导，根据现场需求重复讲座内容并提供演练时间，确保每位读者能够自己上手，跟随教学流程完成手机操作，建立继续学习的信心。

2. 收集读者意见，调整课程结构

为了解老年读者需求程度，在预告推文中嵌入问卷调查，了解读者学习意愿，及时根据反馈留言调整课程内容。截至第一届系列活动结束，共有近 200 名读者参与投票，考虑到老年读者参与网上投票的难度，需求读者人数应远超于参与投票人数。同时，在第二届活动筹备过程中，以本馆老年读者为调查主体，以访谈问卷的方式，从手机基础功能使用困难点、常用服务软件种类、期待掌握的手机实用技巧等方面对多名老年读者进行了访谈，充分了解不同年龄区间老年读者的需求偏好。此外，结合目前国内电信诈骗案的频发，特地邀请公安民警为老年读者讲授网络信息安全，以谨慎、谦虚的态度对待智能技术的蓬勃发展，强调在保护自身及财产安全的前提下轻松享受智能时代的便捷。

3. 聚焦基础应用，讲练结合发力

在前期充分调查摸底的基础上，根据老年读者的现实需求，以生活中最常见的智能手机应用程序和简便的操作方式帮助老年读者加速跨越数字鸿沟。分别为：老骥识途——省图书馆数字资源知晓与应用，从连接网络到使用其数字资源系统梳理介绍省图书馆提供的信息服务；袖手行吟——老年人便捷出行使用指南，充分考虑到时近年关，部分老年人出行需求和难度加大的问题，详细讲解公交查询、网约打车、景区预约、12306 购票等内容；告别"无 G"生活——老年人智能生活实用指南，着重介绍与生活息息相关的常用手机 App，帮助老年人掌握应对"宅生活"的能力，缓解因疫情封闭生活带来的焦虑情绪；安全"触网"——网络诈骗防范指导，在协助老年人加速"触网"的同时，保护老年人的"用网"安全。

在第一届系列活动系统梳理的基础上,第二届老年人智慧触网系列主题讲座将内容细化,充分回应老年读者操作智能手机、解锁智慧功能的诉求。将系列活动分为慧眼识骗局、资源零距离、"玩"转智能机、领略新媒体、尽享云视听、智慧轻消费、便捷云挂号、出行畅无忧"八个板块"。有梯度的课程计划,能够满足大多数老年读者的需求,在巩固旧有知识的同时激起学习欲望,建立学习自信。活动过程中,专设讲解时间和操作时间,确保每一位读者都能够在活动期间完成初次尝试,并在讲座过后提供即时线下指导,及时为老年读者答疑解惑。

(二)发挥共情能力,服务适老升级

1. 降低参与门槛,提高学习意愿

针对老年读者进馆不会调用"健康码",不会线上预约等情况,特开通电话预约和到馆预约,确因特殊原因无法提供准确个人信息的,在讲座当天由工作人员在图书馆入口处接待。同时,考虑到交通出行、身体因素及高温天气等带给老年读者的不便,我们将于暑假期间,把讲座课堂搬到社区,与社区工作人员和党员志愿者通力合作,帮助更多老年人打开通往网络时代的大门。

2. 耐心沟通交流,激发情感共鸣

从历次讲座情况来看,老年读者的交流需求较高,需要工作人员充分发挥共情能力,在思维方式上尽量与老年读者同步,激发情感共鸣,才能保证沟通的顺畅。其一,注重接受能力,在智能技术应用上,老年读者普遍面临着困难超出其预期的现象,容易产生焦虑、恐惧等负面情绪,需要我们能够正确的对待和接纳这些情绪,并帮助安抚,从心理上帮助老年人迈过传统与科技间的门槛。其二,培养分享能力,在沟通过程中经常会遇到老年人难以准确顺畅表达出自己观点和情绪的情况,这时需要工作人员换位思考,通过自身经验的分享引导对方说出其遇到的困难,从而辅助强化服务的准确性和针对性。其三,加强肯定能力。智能手机功能较多,操作难度较大,容易引发倦怠情绪和畏难心理,工作人员不仅要肯定老年读者学习成效,更要肯定其产生负面情绪的资格,让老年读者意识到,面对新鲜事物产生不良情绪是一种正常现象,从而正视并克服。

(三)线上线下联动,宣传扩大效应

契合老年人的信息接收方式,湖北省图书馆在宣传上采用"线上宣传推广,线下普及加码"的方式。在图书馆各大门处及活动举办地门口及时发布讲座活动咨讯，张贴宣传海报，并通过图书馆官网、微信公众号、活动群等提前发布预告信息。在每次活动期间，向参与读者介绍下期活动内容，向馆内其他老年读者进行现场邀约。从宣传情况来看，线上推广特别是活动群推广更能够吸引老年读者的注意，并在老年读者各自的社交圈中扩散。微信公众号更易引起年轻人的关注，帮助家中有需要的老年人报名。而现场宣传和展板宣传则多针对活动当天没有明确阅读目标的老年读者，大多数有需求的老年人会愿意抽出时间尝试参与讲座。

讲座期间，一些老年读者表现出极强的学习欲望，不少读者会自带笔记本进行记录。为增加活动受众，帮助老年人在空闲时间重复巩固所学技能，特开辟学习专栏，将讲座视频配合 PPT 教程向所有读者公开，最大程度拓展服务范围。

四、总结

湖北省图书馆老年读者智慧触网系列活动于 2020 年 10 月开始筹备，在 11 月国务院办公厅发布《关于切实解决老年人运用智能技术困难实施方案的通知》后加速推进，于 2020 年 12 月正式推出，树立了省级公共图书馆开展老年读者智慧触网讲座活动的标杆。系列讲座一经举办就收获了老年读者的积极响应和广泛好评，形成了面向老年读者且具有一定影响力的省图公益服务品牌。

但在提高智能技术在老年读者群体中普及度的同时，我们要考虑到随着时代变迁，老年群体中出现了两种极端情况，一种是"网络越发达，老人越孤独"的"被淘汰"现象，一种是"银发冲浪族"的沉溺现象，不能一味的推动智能科技与老年群体的融合。应用发展变化的眼光看待"银发网民"身边出现的多元问题，如智能技术水平不足引起的错误操作，认知水平的不足导致的盲目自信，网络盲从引起的偏听偏信，精神依赖造成的"老年网瘾"，电信诈骗引发的财产损失等，并适时减缓推进速度，帮助老年人持辩证眼光看待智能时代。

总之，解决老年人运用智能技术困难是一个庞大的课题，我们既要关心老年人的使用问题，更要注重其身心安全。智能技术只是连接老年人与智慧生活的工具，而不应成为享受生活的入场券，更不能成为正常生活的拦路石。公共图书馆要突破传统信息服务阵地的边界，转变观念，由单方面的服务提供转变为对老年人这一特殊群体的关切和回应；顺应时代，根据现实情况随时调整服务方向，在针对解决"智能鸿沟""网络边缘化""数字恐惧""信息焦虑"等服务中，加入"杜绝网瘾""个人信息保护"等内容；平等包容，以自身平台为依托，为老年读者提供与年轻群体一样的阅读空间和精神空间，真正成为符合各类群体需求的公共文化发展推进器。

参考文献

［1］褚连杰.科技向善 助力老年人融入"智能时代"［J］.通信世界，2021（2）：22-24.

［2］刘瑞华.公共图书馆老年读者服务均等化路径探究［J］.图书馆工作与研究，2020（1）：145-148，156.

［3］CNNIC.第47次《中国互联网络发展状况统计报告》［EB/OL］.中华人民共和国国家互联网信息办公室，2021-02-03.

［4］阿里巴巴.《老年人数字生活报告》：别让老年人在数字时代掉队［EB/OL］.新华网，2020-10-23.

［5］中国社会科学院人口与劳动经济研究所，等.大健康产业蓝皮书：中国大健康产业发展报告（2018）［EB/OL］.中国社会科学网，2018-12-28.

湖北省图书馆特殊人群健康支援

李久艳

(湖北省图书馆,湖北武汉,430071)

摘　要：本文结合湖北省图书馆实际情况提出针对特殊需求弱势人群的特色服务,增加主题性讲座、活动,根据其需求提供健康援助相关的图书资料、数字资源。在新冠肺炎疫情背景下,图书馆也为有健康支援需求的个人提供合理服务。

关键字：健康支援服务；弱势群体；新冠肺炎疫情

一、图书馆健康支援服务的概念

世界卫生组织提出"健康不仅是躯体没有疾病,还要具备心理健康、社会适应良好和有道德"。受用户信息素养的限制,医学信息能有效地被大众找到是图书馆所关心的问题。图书馆的"健康支援",就是图书馆对群众的健康（如心理健康和肢体健康等）进行具体的支持。人们通常感到不舒服就会和医疗关联起来,但是随着互联网的发展,信息素养逐渐成为群众健康的中心之一,图书馆健康支援活动开展的如火如荼,在活动过程中,有以下几个特点：

服务对象,健康支援服务对象主要是老年人、残障人士、孕妇、心理创伤人士等社会弱势群体。

服务免费,公共图书馆依靠政府财政拨款,向全体社会人士的服务均不收费,从而吸引了更多的弱势群体来寻求帮助。

二、湖北省图书馆提供健康支援服务现状及未来

(一) 湖北省图书馆根据需求提供服务

从我国实际来看,老年人、心理创伤人士、孕妇等,从外部条件来看并不能体现出其健康问题,援助老年人,鼓励心理创伤人士重回社会再就业,帮助孕妇为其提供服务缓解压力。而残障人士虽然直观的需要帮助,很多图书馆也

设置了无障碍电梯、多功能卫生间,但是专用阅览桌、自习室等硬件设施相当匮乏,很多情况下并没有站在特殊读者群体的角度考虑问题,这些便利设施除了应该提供应有的便利之外,也该充分考虑他们的自尊。

湖北省图书馆内硬件改造,除了图书馆的出入口、楼梯、卫生间、停车场、走廊、图书馆区域地面及电梯等7种设施必须保证特殊人群的正常使用外,省馆于2018年在馆内进行改造,增设了母婴室,内置沙发、婴儿床等母婴用品,改造后还需要定期维护,保持用品清洁,放置位置便利舒适才能将这些设施的作用发挥到最大化。

湖北省图书馆内软件更新,如图书馆的使用指南,应根据类别将其制作成各种版本,适合老年读者的大字版,适合儿童读者的图画版,适合盲人读者的盲文版、音频版,适合听障读者的手语或字幕版等。考虑到这些读者的个人条件限制,提供如适当延长读者借阅时间、更多的借阅数量等服务。

1. 根据老年人的需求提供服务

由于老年人的特殊需求,每层服务台备有放大镜、老花镜及大字版阅读材料,为图书馆工作人员配备粗体记号笔,在为老年读者提供检索服务时让老年读者更直观看到其结果。

2. 根据残障人士的需求提供服务

残障人士除去必要的硬件条件外,购入书籍点读机,在盲人读书室安装了读屏软件,由湖北省残疾人联合会、湖北广播电视台资讯广播、湖北省图书馆联手创建"光明直播室",为残疾朋友尤其是视力障碍人士,提供不仅可以阅览盲文书籍、聆听电台有声读物,还可以方便地走上直播台,将精彩的盲文书籍和自身感悟录制成音频文件与广大听众分享。而为了能够更好地服务残障人士,图书馆也应配备专车,接送障碍人士。应开放专门对于残障人士的送书到家、快递借还书等服务。在实际生活中,除去极个别区域有残障人士聚集,公共场所的残障人士寥寥无几,政府应推进无障碍设施建设与使用,能使残障人士尽可能过上正常的生活。

3. 根据心理创伤及精神障碍人士的需求提供服务

心理健康在近几年才为大众所了解,有较大的引导空间。通过心灵愈疗等活动能够有效地舒缓紧张、压力等都市负面情感,也能很好的缓解心理疾病的恶化。随着现代社会压力越来越大,心理问题人数陡然增加,心理健康支援刻不容缓,由于心理问题的隐蔽性,省馆开展的心理健康讲座、推广的心理健康月等活动能使人们注重自己的心理健康;图书馆的心理健康支援服务,提供专业的书籍、电子资源、讲座和座谈会等多种科普模式,让读者能够放下心中忧虑，也能够自我审视内心，尽快寻求外界的帮助，走出心理阴霾；对于心理创伤人士提供更加专业的资料，使其能够进行正常的生活。而对于精神障碍等人士，省馆开展了如"来自星星的孩子"等活动，让大家更加了解儿童自闭症的表现，对心理疾病不再感到陌生与排斥，帮助自闭症儿童家庭及早发现、及早治疗，能够尽快正常开展日常生活。

4. 根据孕产妇的需求提供帮助

孕产妇虽然大部分是身体健康的女性，但由于处于一个特殊时期，也需要特别的照顾，图书馆除了提供舒适的阅读环境外，也应考虑到中国计划生育政策下独生子女缺乏相关的照料经验，以及周遭无法对其传授相应的经验，而在生育前大多数孕产妇都为职场女性，缺少时间学习相关知识。图书馆可与医院对接提供免费生育前培训，开展讲座，提供书籍及电子资源。现在讲究科学育儿，新手父母特别是新手母亲害怕自己的孩子由于自己没有经验而形成缺点，从而引发焦虑。图书馆作为一个传播知识、储存知识的机构，应为这些社会弱势群体提供帮助，缓解其焦虑。

5. 为病患家属提供帮助

图书馆推荐相关书籍，用于心理疾病的预设以及确诊后护理，为照料人提供相关资料，同样能缓解照料人的焦虑心情，心理障碍人士不仅需要照料人的关爱，也需要全社会的包容与体谅，这为他们回归社会也能打下坚实基础。

在提供此类服务同时，应根据读者需求进行阅读推广，而书籍专业性过强时同样会对读者造成心理压力，应该与读者交流时，根据读者的反应来判断读者的受教育层次、理解能力、是否存在阅读障碍等来进行相应的阅读推广，同时应注意交流的方式，不要让读者感到受挫及心理压力等不适感。

(二) 健康支援服务的未来

针对健康服务，图书馆可鼓励、组织馆员进行心理学知识的学习，开展集体学习活动，取得心理咨询师等资质，也可与社会公益心理援助组织进行合作，可以给读者提供文献资源、心理健康咨询、专业文献传递等各种方式对读者进行援助。通过与专业咨询和指导团队构建阅读推广小组，精准定位，对图书推广活动进行修改，从而使健康支援阅读活动开展的更具有专业性，对读者特别是弱势群体读者在治疗及护理方面提供更具有专业性的服务。

1. 完善健康数据库

健康支援数据库是一个双向的建立过程，由医院等提供的大量病例、案例及论文构成的专业医疗数据库，服务对象主要针对于医生及医疗团队。由图书馆进行分类整理后，结合已有的公共出版物以及如视频影像及电子书等电子资源，形成不同主题，再呈现在读者面前，读者可以根据自身的需求，对于病情的自我评估、预诊及确诊后和治疗后需要长时间护理等书籍、资料在图书馆内进行查阅，再由信息的关联度查找相关医生及医疗团队，最终形成一个闭环，从而为患者和医生及医疗团队提供便利。

2. 建立专业咨询和指导团队

健康信息的服务离不开医疗专业人员，在向读者提供健康信息时，由于读者的主观性，常常会产生对自身评价的偏差，此时医疗专业人士的支援显得尤为重要。医疗咨询服务队一般馆员素质要求较高，它要求馆员不仅要具备基础的医疗、健康知识，还要具备信息筛查的能力，也就是信息素养要求较高。现在网上健康知识鱼龙混杂，真真假假难辨是非，而读者会针对某些健康知识进行提问，也会要求馆员进行相关图书的推荐，这就要求馆员要不断学习，以便迎接各种突如其来的问题。

三、新冠肺炎疫情期间开展湖北省图书馆医疗服务支援

新冠肺炎疫情期间，湖北省图书馆开展的健康支援服务大受好评，利用图书馆网站、微信公众平台、抖音、新浪微博平台、QQ等方式开展活动，组织了在线讲座、直播、在线阅读沙龙等活动给读者们进行抗疫相关的阅读宣传。

"楚天云递"——用快递借还书，快递成为疫情运输资源的"最后一公里"，能够满足读者足不出户也能借阅图书馆内图书的需求。在提供方便快捷服务的同时，做好借书前快递包裹消杀与还书后检查书刊完好工作，为避免病毒感染对书籍进行消杀，对消毒机器进行定期擦拭消毒，以保证读者用书安全。疫情期间全民抗疫，活动空间受限，扑面而来的各种讯息也使得内心渐渐躁动不安，"方舱医院读书哥"的走红，安抚了不少民众，这说明书籍是治愈心灵的良药。湖北省图书馆迅速响应，携手武汉市图书馆、武汉市各区图书馆、武汉市新华书店等单位，共同建设了23座"方舱书屋"，覆盖武汉市各方舱医院，为抗疫贡献自己的一份力量。

除了常规的实体书借还以外，还大力推广数字资源的使用，对数据库的使用进行培训，开展线上讲座等旨在提高读者使用馆内数据库的意向。湖北省图书馆设置疫情信息服务专栏及线上数字阅读平台，主导开发"方舱数字文化之窗"，整合海量数字资源进行文化服务，现已对接公共数字文化工程、湖北省群众艺术馆、中文在线、QQ阅读、云图有声、新语听书、仁仁阅、懒人听书、中华连环画、中华诗词库、艺术一刻钟、翼弧设计库共12家资源商，拥有近20

万册电子书，53万个音频，46143个视频，1080集动漫，10万多条古诗词的丰富电子资源；包含专业课程以及丰富的读书活动、精彩的文博展览、趣味的在线游戏、群众艺术普及教程等数字资源；还设有疫情信息更新、权威辟谣、心理疏导等栏目。数字资源有效地避免人员密集形成交叉感染，也能缓解用书压力，是针对抗疫宣传而不是针对个别读者，是向全民进行推广。实体资源覆盖面远远不及数字资源的能力，数字资源灵活性的优点得到最大的肯定。

四、结语

特殊人群伴随着其身心的特殊性，在对其服务时仅仅靠着热情和耐心是不足以提供优质、有针对性服务的，除硬件条件应随时更新外，对于馆内工作人员应提升知识储备，更新专业技能，考取相关证书，提供特色服务。针对老年人应采取口头问卷模式，增加服务环节，提升服务细节；针对孕产妇，有育儿经验的馆员在系统学习专业育儿知识后，根据现实情况推荐育儿书籍，开设育儿讲座，开展育儿活动；针对残障人士和心理创伤及精神障碍者，馆员应积极学习盲文、手语、心理学等，与有残障服务从业者进行服务交流，在守护残障人士自尊的情况下，进行特色化服务；针对有健康支援需求的个人，在这个信息爆炸的时代，由于数据的庞大而使得信息难辨真伪，如何在这些信息中高效、快捷的找到安全、有效、全面的知识是他们所渴求的，此时他们更倾向于求助有知识权威的图书馆，以用户为中心，线上线下同时服务，最终能帮助到更多的读者。

参考文献

[1] 任宇轩. 浅论日本公立图书馆的服务 [J]. 长春金融高等专科学校学报，2012（1）：94-96.

[2] 沈清波. 试析日本公共图书馆商务支援服务的现状：经验及启示 [J]. 图书馆，2011（6）：98-100.

[3] 时晨. 日本大学图书馆身心障碍读者服务现状及启示 [J]. 图书馆学研究，2019（23）：89-94.

[4] 张慧. 省级公共图书馆对"信息弱势群体"的信息咨询服务 [J]. 图书馆建设，2004（3）：15-16.

[5] 左瑾. 面向弱势群体的图书馆公共信息服务路径研究 [J]. 传媒论坛，2018（24）：154-155.

基层图书馆针对特殊人群的服务现状与建议
——以武汉市区图书馆为例

温明谕

(武汉大学,湖北武汉,430072)

摘　要：公共图书馆作为保障所有公民基本信息权益的文化服务机构,对社会的文明建设与知识文化的传播具有重要意义。本文首先通过对文献的调研阅读,明确特殊人群与基层图书馆的定义；其次,针对武汉市的区级图书馆对于特殊人群服务的现况进行了实证研究,得到当前基层图书馆对特殊人群的服务现状；最后,为改善当前的一些不足,提出了一些针对性建议。

关键词：图书馆服务；基层图书馆；特殊人群

一、绪论

(一) 研究背景

公共性是公共图书馆的主要属性之一,它决定了公共图书馆是一种保障所有公民基本信息权益的文化服务机构,对社会的文明建设以及知识文化的传播都具有非常重要的作用。《公共图书馆法》规定："公共图书馆应当按照平等、开放、共享的要求向社会公众提供服务。"公共图书馆作为公共文化服务机构,应该对每个有信息需求的人提供应有的服务。但是在大多数普通人之外,还有一类特殊人群,常常得不到或很难享受到这种公共文化服务。相较于经费充足、人才密集的国家级、省级、市级图书馆,区级、乡镇级的基层图书馆在服务条件上也有先天不足。了解基层图书馆对特殊人群进行服务的现状,是对服务条件、服务态度等进行改进的基础。

(二) 研究目的与意义

一方面,随着社会的发展,人们的信息需求越来越个性化,用户群体的不同决定了用户信息需求的不同。图书馆只有充分地了解不同群体,才能从资源、设备、服务等多个方面提供个性化、差异化的信息服务。本次研究就是针对多种特殊群体用户的需求得到的服务进行研究，希望能够通过提出具体的建议来推动图书馆公共文化服务的完善。

另一方面，这些特殊人群也是普遍意义上的社会弱势群体。政府设立的公共图书馆，为这些弱势群体服务，体现了图书馆的社会责任，也更加实现"每个人都有平等享受公共图书馆服务的权利"的服务功能，凸显了图书馆在促进社会和谐中的积极作用。

二、文献综述

本次文献综述是以中文文献的相关研究为主要综述对象。在对中国知网和万方两个主要数据库进行检索之后，由于万方数据库未知原因重复文献过多，最终选择了中国知网。此次文献综述分为两个部分，发展历程和研究现状。

（一）发展历程

1. 2010年之前

2010年之前，相关性较高的文献共有35篇，属于这一研究领域的初步发展阶段。1994年，国内出现第一篇关注图书馆的特殊人群服务的文献，对加拿大的高校图书馆的视障、听障、行动不便的特殊人群服务进行了描述性的介绍。1998年，国内学者对于图书馆特殊读者的界定和分类也有了初步的探索。2000—2010年左右的文献在图书馆类型多着眼于特殊教育学校图书馆、高校图书馆，对公共图书馆的讨论还很少；在人群上多讨论少年儿童、下岗职工、外来务工人群等弱势群体，具有鲜明的时代特色。在这一阶段，已经有了部分学者对国外的图书馆特殊人群服务进行学习。

2. 2011—2016年

在这一阶段，相关性较高的文献数量大幅上升，有119篇之多，属于较为快速的发展阶段。与之前不同，公共图书馆特殊人群服务成了主要的研究对象之一，针对高校图书馆、特殊学校图书馆、少年儿童图书馆相对来说有所减少。由于一次关于中小型图书馆服务的会议召开，也有相当数量的文献对中小型图书馆的特殊人群服务进行了研究。值得一提的是，这一阶段出现了数量较多的中外比较研究和国外经验研究，对人数极少的特殊人群（如自闭症、阅读障碍症、读写困难症患者）也有一定研究。

3. 2017年至今

这一阶段与前面的显著不同是对国外图书馆的研究增幅较快，其中以美国最多。同时，由于互联网的快速发展，出现了以此"互联网""大数据"为主题的研究文献；由于新冠肺炎疫情的影响，出现了以疫情为背景的研究。这些都体现了时代背景对学术研究的影响。

（二）研究现状

1. 文献不多，研究较浅

在中国知网上以"图书馆特殊人群""图书馆特殊服务"等关键词为主题，共检索到约 290 篇文献，总体来说研究文献较少。另外，相关研究文献大多属于期刊论文，篇幅短，部分同质化程度较高，研究程度较浅；主题相关的学位论文仅有三篇，研究范围、程度都不能够覆盖大多数角度。因此，在图书馆特殊群体服务这一领域，还有很多内容可以去研究。

2. 聚焦于公共图书馆，级别较高

这一领域文献研究的主体大多数是公共图书馆，在层级上较为笼统。从在"图书馆特殊服务"结果中检索为例，研究者们选取的图书馆对象以市级图书馆最多，特殊教育学校内图书馆、少年儿童图书馆等以特定人群为服务对象的图书馆也不在少数。相对而言，区级、县级的基层公共图书馆的研究较少。

3. 理论性研究较多，实证较少

有实例进行分析的文献约有 50 篇，相比于文献总数并不算多。在理论研究上，有阅读推广理论等，而有具体实例的研究却较少。

4. 探寻国外先例较多

由于国外的图书馆特殊服务起步较早，国内很多研究者向国外探寻，研究他国图书馆建设的先进经验，吸取经验、反思不足；或将同样条件下的中外图书馆进行比较研究，找出不同、探寻原因。

5. 特殊人群分类细，研究人群窄

部分研究者在研究这一领域时，将特殊人群范围现定于某一群体，如残障学生、自闭症儿童、读写困难儿童、父母服刑儿童等。这样的研究往往聚焦某一群体，分类细、研究窄，专业程度较高但普遍意义较低。

（三）研究创新点

1. 聚焦基层，贴近生活

本次研究聚焦基层图书馆，选择离特殊人群更近的区级而不是市级、省级等，贴近生活，服务特殊人群的时间更多。武汉市图、湖北省图距离我们武昌区的区图书馆也不算远，但是藏书、服务却比区级图书馆高，特殊人群更倾向于接受市级、省级图书馆的服务；然而，非省会城市的特殊人群并没有那么方便前往更高级别的图书馆，因此，选取区级图书馆更加贴近特殊人群的生活。

783

2. 着眼于大多数特殊人群

在特殊人群的分类中，会有一定程度的重叠。比如年龄维度上的老年人和社会意义上的孤寡老人。因此，本次研究不再拘泥于上文所提到过的详细分类，对于人数较少的人群，例如自闭症、读写困难等特殊疾病、服刑人员等不作具体的调查。本次研究将特殊人群分为少儿（幼儿）、老年人、残疾人、外来务工人员四大类，着眼于大多数特殊人群，切合服务公众的图书馆职能。

三、服务现状及建议

（一）概念定义

1. 特殊人群

特殊人群可以分为生理性以及社会性的特殊群体，其中生理性的特殊群体包括残疾人、老年人、幼儿或者患有某种疾病的人群；而社会性的特殊群体则包括孤寡老人、贫困群体、服刑人员以及农民工子女等。他们由于各种不同的原因，在获取公共图书馆信息服务时存在一些障碍。本次研究将特殊人群分为少儿（幼儿）、老年人、残疾人、外来务工人员四大类。

2. 基层图书馆

当前基层图书馆尚无准确的定义。但从中国当前的行政区划来看，最低一层的行政层级是县级行政区（城市）或乡级行政区（农村）。就武汉市而言，市辖区可被称为基层，市辖区建立的图书馆便可称为基层图书馆。

（二）服务现状

1. 服务活动开展情况

以2013年之后为时间跨度，选取数据完整的部分区图书馆针对少儿（幼儿）、老年人、残疾人、外来务工人员四大特殊群体所举办的较为有代表性的活动，整理表格如下：

表1 区图书馆特殊人群活动

馆别	少儿	老年人	残疾人	外来务工人员
东西湖区图书馆	"探秘汉字文化，传承古典之美"少儿活动 "热情八月，同享书香"少儿暑期系列活动 "春之声，悦读季"寒假少儿系列读书活动	老年人智慧大讲堂：教你读电子书	—	"书香门第，耕读人家"农民职工读书演讲比赛

续表

馆别	少儿	老年人	残疾人	外来务工人员
江夏区图书馆	"书香伴成长，悦读共分享"关爱留守儿童活动	"浓情端午"文化活动	残障儿童"与诚信同行，在爱中成长"主题绘本阅读活动	—
	春芽儿童读书会			
	"孔子诞辰特别活动"	"九九重阳节，浓浓敬老情"	"图书馆进校园"走入特殊教育学校	
	"书说新时代"百场讲书读荆楚			
江汉区图书馆	"乐趣同年"寒假少儿活动	老年人权益保障讲座	金桥流动讲坛"关爱残疾人"	—
	绘本阅读活动"动物捉迷藏"	金桥流动讲坛"关爱老年人"		
	少儿信息素养培训			
新洲区图书馆	"风雨彩虹·春天的约会"亲子阅读	流动书香——为老年人服务	"文化送温暖，书香伴成长"流动服务车送书特殊教育学校	—
	"书香润童心，悦读越开心"端午阅读活动			
江岸区图书馆	亲子经典吟诵会	重阳节敬老活动：图书流动进福利院	"助残日"主题阅读分享活动	"关爱进城务工子弟，书香传真情"
	以书架桥：红色书籍进校园		"书香同行"残疾人读书活动	
	"七彩梦"起点绘本阅读	中老年读者电脑知识讲座	助残汉绣培训班	"金秋读书节"进城务工人员电影专场
	"小种子流动阅读推广"			
青山区图书馆	青春暑期大阅读	"书香暖夕阳，浓浓敬老情"	—	—
	"儿童与诗"分享会	夕阳红读书会		
汉阳区图书馆	"书香童年，悦读成长"	"老有所学，老有所养，老有所乐"	—	—
	"书香浸润童年，阅读伴我成长"			
黄陂区图书馆	"红色记忆"少儿活动	—	—	—

785

续表

馆别	少儿	老年人	残疾人	外来务工人员
洪山区图书馆	"洪孩子"云上故事会	—	"开启人生智慧"大讲堂残疾人读书活动	"书香进工地，情暖农民工"活动
	"书香飘洪山，讲座进校园"活动			

表2 区图书馆特殊人群活动次数统计

馆别	少儿	老年人	残疾人	外来务工人员
东西湖区图书馆	3	1	0	1
江夏区图书馆	4	2	2	0
江汉区图书馆	3	2	1	0
新洲区图书馆	2	1	1	0
江岸区图书馆	4	2	3	1
青山区图书馆	2	2	0	0
汉阳区图书馆	2	1	0	0
黄陂区图书馆	1	0	0	0
洪山区图书馆	2	0	1	1
总计	23	11	8	3

2. 服务活动开展特点

（1）少年儿童群体最受重视。

由于少年儿童在学习、教育上的需求以及图书馆的社会教育职能，图书馆举办的阅读分享会、亲子共读会等活动切合读者需求和自身能力，举办次数最多。加上学龄儿童寒暑假的存在，图书馆举办服务活动时所需要考虑的时间限制因素最少，更加方便。从上表的统计数据来看，有代表性的少年儿童服务活动有23个，是服务活动最多的群体，活动次数约为其他群体的总和。

（2）社会特殊人群存在感极弱。

在搜集数据时，常常能够看到"下基层""进社区""流动书屋"之类的服务活动，贴近市民生活，能够拉近图书馆与普通市民的距离。但是上百万的外来务工人员同样在这座城市工作、生活，图书馆举办的文化服务活动却几乎忽略了他们。针对外来务工人员的服务活动极为稀少，仅有三次，影响范围也较小，未能形成持续数年品牌，服务次数少且质量不如人意。

（3）服务活动类型较少，亟需丰富。

在收集到的数据中，特殊人群服务活动的形式主要有阅读分享会、流动服务站、讲座、技能培训四种。其中，各种主题的阅读分享、亲子共读等阅读推广活动最多，也形成了数个持续数年的服务活动品牌；流动服务站常见于"送书进某地"的活动，针对性的服务占比低；讲座和培训针对性强，例如，老年人权益保障讲座以及残疾人汉绣培训班两项活动，对于特殊人群有较大助益，但次数较少，也未能形成品牌。

（三）针对基层图书馆特殊人群服务的建议

1. 丰富活动形式，提高信息素养

针对特殊人群的特殊信息需求和信息吸收能力，有指向性地开展文化服务。例如，由于老年读者的身体条件、知识结构或信息素养所限，单纯地开展阅读推广活动所起到的效果不算太好。因此，基层图书馆应该针对不同的特殊群体开展用户教育与培训活动，宣传图书馆的服务方式，促使用户有能力、有意识地积极自主利用图书馆的服务。

2. 重视社会特殊人群

相比于生理意义上的特殊人群，如老年人、残障人群等外在明显的人群，社会意义上的特殊人群更加容易被忽视。农民工、留守儿童等特殊人群同样需要图书馆提供的社会文化服务。基层图书馆应了解社会特殊人群的信息服务需求，开展有针对性的、多样的文化活动，以提升他们的文化素养，切实发挥图书馆的公共文化职能作用。

3. 与相关社会组织合作

图书馆提供针对特殊人群的具有公益性的信息文化服务时，可以借助专业化的社会公益组织或商业组织的力量，利用其进行文化活动的经验，举办更加成熟、专业的服务活动。例如，可以和残疾人联合会、养老院、新华书店及团委等组织，共同举办较为大型的活动，从而发挥更大的作用。

四、结语

公共图书馆作为公益性的社会文化机构，有责任、有义务为特殊群体提供信息服务保障。基层图书馆是最贴近特殊人群日常生活的图书馆，在进行阅读推广、提高文化素养、进行信息保障方面起着重要作用。基层图书馆公平公正、积极主动地为特殊人群提供文化服务活动，对扩大图书馆的服务范围、深化图书馆的服务理念具有重要意义，同时体现了公共图书馆的文化保障价值，对维护社会公平、促进社会进步有着重要意义。

参考文献

[1] 刘宁南，刘多兰.加拿大大学图书馆为有特殊需要的学生提供服务[J].河南图书馆学刊，1994（1）：143-145.

[2] 王珏.少年儿童图书馆为"特殊少儿"群体服务浅谈[J].图书馆研究与工作，2005（4）：48-49.

[3] 李学锋.少儿图书馆为残疾儿童服务中的人文关怀体现[J].河南图书馆学刊，2006（3）：93-94.

公共图书馆主动服务老年读者的探索
——以湖北省图书馆为例

谢正芬

(湖北省图书馆,湖北武汉,430071)

摘 要:随着老龄化社会的发展,公共图书馆在如何积极发挥公益服务功能,如何主动服务老年读者,如何满足老年读者在数字化时代对精神文化的多元追求等方面不断探索。本文以湖北省图书馆为例,阐述了省图在主动服务老年读者方面的举措,并借鉴其他公共图书馆的先进行动,对如何主动服务老年读者进行探索。

关键词:图书馆;老年读者;主动服务

目前,我国已成为世界上老年人口最多的国家,也是老龄化发展速度最快的国家之一,公共图书馆需要守好社会基础性文化服务的重要阵地,积极发挥公益和服务的职能,积极发展老年文化,提高老年读者的精神文化及生活质量,满足他们求知、求乐的需求。

然而,老年读者到馆接受服务面临许多困难。数字时代的老年人落后于时代进步与社会发展,对数字文化的获取与新媒体技能的掌握非常局限。到馆老年读者大都只会享受传统借阅服务,与数字化图书馆脱节,更有甚者不良余行,想来公共图书馆都非常困难。传统图书馆服务已经不能满足老年读者对精神文化的追求,也不能满足他们求知、求乐的需求。

一、公共图书馆服务老年读者存在的问题

(一)一般图书馆缺少老年读者阅览专区

我国公共图书馆借阅管理方式都是按照学科分类来摆放图书,阅览也是按学科、类别分类来设置阅览室,没有考虑到老年人群体的特殊性。没有设置老年读者专门阅览区域,没有考虑到老年人行动不便、动作幅度较大、需求不一

样的情况。

(二) 老年读者对现代信息不熟，而图书馆信息咨询服务不够

随着信息技术的飞速发展，图书方式阅读也在悄然发生着变化，网络阅读已成为现代人获取知识的主要手段。但是由于老年读者对新生事物理解和掌握速度较慢，部分老年人跟不上社会发展步伐，存在排斥高科技服务的思想。老年读者到公共图书馆阅读和学习受到局限，大多读者只能享受传统阅读。

(三) 对老年读者有温度服务缺乏

老年读者的身体机能在不断退化，表现在听力下降、情绪容易激动等情况。图书馆的工作者在与老年读者交流时，容易出现反复咨询同一个问题，导致图书馆工作人员产生不耐烦的情绪，缺乏对老年读者的服务激情，这一现象影响了老年读者到公共图书馆阅读的美好体验。

总之，在现代化社会高度发展的背景下，公共图书馆在很多方面已经不能满足老年读者的阅读需求和阅读体验了。公共图书馆在实践中不断探索，开始由传统阅读服务转变为主动为老年读者服务，并取得了一定的成效。

二、以湖北省图书馆为例，由被动服务转为主动服务老年读者的探索

1. 以"硬件"服务为基础，以"软"服务为依托，主动让老年读者享受智能化、现代化图书馆服务

现代设备的引进是现代化公共图书馆的标志，也是跨进信息化时代的重要一步。公共图书馆中的服务设备不断升级，网络的高速发展，各类传感器融入图书馆空间，如图书续借、在线借阅、借还渠道网络化智能化等。但是这对老年读者来说反而不那么友好，因为网络获取知识，电子工具的学习使用对他们而言都非常困难。在使用自助借还书系统时，他们常常没有安全感，甚至是手足无措。

湖北省图书馆为了更方便老年读者自助借还，特在 2019 年至 2020 年期间改进了自助借还书机的系统。在自助设备上，增加了语音提示，并将借还界面变的更通俗易懂，借还界面字体放大，这些都是方便老年人自助操作借还机的举措。另外，读者服务台和导读咨询台的工作人员积极主动了解老年读者需求，在使用电子设备和阅读需求方面给予相应的指导服务。

在 2020 年疫情后的开馆时期，读者入馆方式是提前预约、到馆扫码。但是，老年读者面临很多问题，比如不会微信预约，抢不到到馆名额等。针对这些情况，湖北省图书馆推出了针对老年读者的电话预约方式，简单易操作，满

足了老年读者的需求。

另外，湖北省图书馆举办多场职工培训力度，加强馆员的教育培训，做有温度的"软"服务。图书馆员在老年读者服务工作中起至关重要的作用，他们专业素质的高低直接影响到老年读者服务工作质量的好坏。要服务好老年读者除了掌握专业的图书馆知识外，还应努力学习和掌握老年生理和心理学知识以及与老年读者的沟通技巧，了解老年读者的阅读心理和阅读需求，为老年读者提供优质阅读指导服务。

"软""硬"服务相结合，主动满足老年读者的阅读需求，让老年读者们在智能时代也可以畅游现代化图书馆，充实知识，享受图书馆的主动服务。

2. 为老年读者服务由在馆服务转变为"走出去"服务

相对于传统读者来馆接受和享受图书馆服务来说，老年读者面临着行动不便甚至无法自主外出的困境。湖北省图书馆针对老年读者这一特点，将图书馆服务"走出去"，主动为读者服务。重阳节为养老院送温暖活动是湖北省图书馆"走出去"主动服务的重要举措之一。

重阳节为养老院送温暖是中文报刊部每年进行的品牌活动，已连续开展15年。为弘扬敬老、爱老、助老的中华传统美德，也为了更好地利用报刊资源，开展针对老年人的延伸服务，把服务"走出去"，在每年的重阳节之际，中文报刊部工作人员带着精心挑选的刊物到福利院或养老院，为老人们送去丰富的精神食粮和节日问候，让老人充分感受到温暖与关怀。刊物一般会选择老年人喜爱的刊物和报纸，如医药知识、养生保健、花木盆景、时事新闻、文学、故事、画报等类型的期刊以及环球时报、参考消息、快乐老人报等报纸，旨在满足老年人的阅读需求。

图书馆将阅读服务搬至馆外，送到需要的老年读者手里。这些刊物能帮助老年人学习保健知识、增添晚年生活乐趣，也能为养老院工作人员照顾老人提供良好的参考，既是我们阅读服务的延申，又是阅读推广很成功的探索。

3. 多元化合作，省图与省中医院专家合作举行老年医疗讲座

湖北省图书馆中文报刊部有许多医药养生、健康长寿类期刊，一直深受老年读者欢迎。但通过自己阅读理解去获取知识并不能满足老年读者对养生的追求，而且养生效果不够直观有效。

省图工作人员针对这一情况，把主动服务理念落到实处，特举办"沙湖书会——看养生报刊，听健康讲座"医疗养生系列讲座活动，将养生报刊与健康讲座结合起来，理论结合实践。"沙湖书会"通过邀请湖北省中医院医疗专家，通过讲座的形式直观地讲述给老年读者，将读者们由期刊引申到与医学专家面

对面，为大家提供更深刻直观的养生知识学习。

"沙湖书会"从2015年开始举办，目前已经举办了5期。讲座涉及读者关注的许多方面知识，有"活过一百岁"养生知识、亚健康与中医保健、急救知识普及、变应性鼻炎的防治与全年整体疗法以及颈椎针灸疗法等。在中医健康养生讲座中不仅有专家的激情讲解，还伴有现场演练，受到了中老年读者的热烈欢迎，为老年读者在读书与实用之间架起了沟通的桥梁。

三、其他公共图书馆主动服务老年读者探索

1. 国家图书馆推出为老年读者服务的"关爱夕阳"老年课堂

公益性、公平性、均等性是图书馆遵循的原则。随着社会老龄化加剧，老年人的精神文化需求备受关注。而在移动互联网与新媒体时代，弥合数字鸿沟，做好老年人数字文化服务，成为数字时代图书馆新的社会责任与时代要求。"如果有天堂，天堂应该是图书馆的模样"博尔赫斯的这句诗文生动地说出了图书馆在人们心目中无所不在的形象。图书馆不只是公共文化服务机构，也应是老年人乐享文化生活的殿堂。这一理念促使国图工作人员不断思索如何在今天更好地提升老年人的服务。

近年来，国家图书馆在推进老年人文化服务方面做了大量工作。自2011年起，国家图书馆通过老年读者公益培训、资源推荐、老年读书沙龙等形式，积极探索老年读者的特殊服务，先后推出15个系列53场次，累计培训4200余人次。2014年11月，为进一步提高老年读者的数字阅读能力，国家图书馆推出了针对老年读者的公开课项目——"关爱夕阳"老年课堂；2015年，又推出"我来当主讲"和"国图交享乐"等自助式老年文化活动，丰富了老年读者的文化生活。一方面，在课堂内容上开展了悦知文津、手机世界、数字生活、光影奇迹等课程，通过开展"野外读书会""重返阅读时光"等活动来构建立体化阅读与交流平台，另一方面，创办"我来当主讲"文化活动，为老年人提供发挥自己特长和展示的空间，让图书馆成为老年人发现自我价值和得到社会尊重的场所。

另外，国家图书馆举办"关爱夕阳"老年读者座谈会，倾听老年读者的心声，调研老年读者的文化需求，提升国家图书馆读者服务工作。

2. 辽宁省图书馆推行文化志愿服务项目"乐龄俱乐部"品牌活动

随着电子信息的不断发展，50、60后成了联网的"难民"。尤其近几年随着移动互联网、智能手机使用，老年读者与数字化脱节。来馆老年读者仅会使用最简单的借书、还书操作系统，很多图书馆的其他功能不会用、不敢用，

文化、娱乐活动单调无趣。

面对这一情况，辽宁省图书馆于2013年成立了"乐龄俱乐部"，每周免费开展老年电脑班、老年英语沙龙、老年诗歌朗诵会等品牌活动，深受老年读者欢迎。辽宁省图书馆想老年人之所想，帮老年人之所需，通过招募有爱心、有专长的志愿者，组织多元化的文化活动，最大限度地满足老年人的文化需求，使其老有所教、老有所学、老有所为、老有所乐，让老年人在"乐龄俱乐部"中愉悦心情，收获快乐。

3. 深圳图书馆举办"老有所乐，深图冲浪"中老年电脑基础知识培训班

深圳图书馆针对老年读者落后于信息时代的情况，举办了中老年电脑基础培训班品牌活动，为电脑零基础的中老年读者教授电脑知识。

"老有所乐，深图冲浪"——中老年电脑基础知识培训班，是深圳图书馆为中老年读者量身打造的特色服务项目。此项目自2014年开始至2019年已举办七期，培训内容是为中老年人量身打造简单易学的课程，对读者采取一人一机、一人讲授多名义工同步辅导的方式，教学涵盖了电脑基础操作、文档编辑、网上娱乐、常用软件下载和应用、网络资源的利用以及深圳图书馆数字资源的使用等内容。

这项活动是深圳图书馆"银发阅读"文化服务项目之一，深受中老年读者的欢迎。此活动每年举办一期，让不会使用电脑的中老年读者能够掌握电脑的基本操作，畅游网络，丰富晚年生活。这是深圳图书馆在主动服务老年读者方面的一个非常成功的探索。

四、结语

进一步提升老龄化社会背景下的公共图书馆读者服务质量，使不同人群充分享受我国公共服务的均等化，是公共服务体系长期建设和发展的目标，也是公共图书馆读者服务的目标。公共图书馆要积极履行图书馆服务老年读者的社会责任，不断加强老年读者服务工作管理，树立关爱老年人的服务理念，关注老年读者的实际需求，充分发挥图书馆自身职能优势，拓展为老年读者服务的方式，积极努力为老年读者提供优质、高效、便捷、满意的服务。

湖北省图书馆在为老年读者主动服务的工作中不断探索和实践，在探索中不断前进，做让读者满意的图书馆。

参考文献

[1] 陈丽华. 公共图书馆读者老龄化现象 [J]. 图书馆, 2004（1）: 90-

91,95.

[2] 姚梅.公共图书馆如何做好老年读者的服务工作[J].图书馆,2000(6):72-74.

[3] 李雅璐.福州地区公共图书馆老年读者服务研究[D].福州:福建师范大学,2018.

[4] 吴玫玫.完善我国城市社区公共文化服务政府供给研究[D].成都:电子科技大学,2015.

[5] 李菲.城市老年人信息需求与服务保障研究[D].武汉:华中师范大学,2015.

[6] 申晓娟.面向公共图书馆服务体系建设的图书馆事业政策研究[D].武汉:武汉大学,2013.

关于公共图书馆开展农民工群体阅读推广的探讨

文 凤

(湖北省图书馆,湖北武汉,430071)

摘 要:随着我国工业化、城镇化进程的推进,农民工群体不断发展壮大。公共图书馆作为公共文化机构,要进一步加强农民工群体阅读推广,通过优化阅读内容、丰富阅读形式等措施,提高农民工群体的阅读满意度,推进全民阅读进程,建设社会主义文化强国。

关键词:公共图书馆;农民工群体;阅读推广

农业劳动力向非农产业转移,是世界各国在工业化、城镇化过程中产生的普遍现象。改革开放以来,随着我国工业化、城镇化进程的不断推进,农民工规模不断扩大。推广全民阅读,建设社会主义文化强国,不能没有农民工群体的参与。公共图书馆作为公共文化机构,推广全民阅读是其法定职责。公共图书馆开展农民工群体阅读推广也具有重要意义。

一、我国农民工群体简介及其阅读现状

(一)我国农民工群体简介

农民工是户籍在农村,但在本地从事非农产业或外出从业6个月及以上的劳动者。按户籍地与从业地是否一致,农民工分为本地农民工和外出农民工。本地农民工是指在户籍所在乡镇地域以内从业的农民工,在户籍所在乡镇地域外从业的农民工即为外出农民工。

农民工是随着工业化、城镇化不断推进而产生的。农业劳动力向非农产业转移,是世界各国工业化、城镇化进程中的普遍现象。我国改革开放以来,工业化、城镇化快速发展,大量农村富余劳动力从农村来到城镇从事非农产业。我国农民工群体从无到有,规模不断壮大。根据国家统计局公布的年报,截至2018年年底,我国有外出农民工17266万人、本地农民工11570万人,农民工

总量达 28836 万人，占当年年末全国就业人员（77586 万人）的 37.17%。

我国农民工规模之大，在世界范围内前所未有。农民工对社会的贡献之大，也是非常明显的。广泛分布在第一、二、三产业各个行业的农民工，通过辛勤劳动，在促进农民增收、缩小城乡差距、支持城市建设、推动城市发展等方面做出了重要贡献。

(二) 我国农民工群体阅读现状

阅读是从视觉材料中获取信息的过程。视觉材料有多种形式，主要是文字和图片，也包括符号、公式、图表等。人们根据自身实际情况选择读取不同的视觉资料，从中获取信息，进而认识世界、拓展思维，获得审美体验。正如伟大学者培根所言，"读史使人明智，读诗使人聪慧，演算使人精密，哲理使人深刻，道德使人高尚，逻辑修辞使人善辩"，可见，阅读对人的发展非常重要。

根据统计数据，我国农民工的阅读情况并不理想。2017 年进城农民工中业余时间参加读书看报的比重仅为 3.6%，比上年还下降了。我国农民工群体的阅读现状不理想，其原因是多方面的。从主观方面来说，农民工群体的受教育程度偏低，主要从事劳动密集型产业，在阅读能力和精力方面稍显不足；客观方面，虽然近年来我国日益重视农民工群体，公共图书馆、文化馆及社会各界力量对农民工群体的关注也不断增加，但相对而言，针对农民工群体的阅读推广还有待进一步加强。

二、公共图书馆开展农民工群体阅读推广的意义

(一) 开展农民工群体阅读推广，是公共图书馆推广全民阅读的法定职责

公共图书馆作为我国收集、整理、保存文献资源，开展社会教育的公共文化设施，开展阅读指导、读书交流、演讲诵读、图书互换共享等活动，推广全民阅读是《中华人民共和国公共图书馆法》赋予公共图书馆的神圣职责。公共图书馆坚持公共属性、推广全民阅读，不能忽视对农民工群体的阅读推广。开展农民工群体阅读推广，是公共图书馆的法定职责。

(二) 公共图书馆开展农民工群体阅读推广意义重大

公共图书馆开展农民工群体阅读推广具有重要的文化、经济、政治、社会意义。如前文所说，当前农民工群体阅读情况不理想的一个重要原因是农民工群体的受教育程度偏低，阅读能力有限。公共图书馆开展农民工群体阅读推广，引导农民工阅读，带领他们感受阅读的乐趣，有助于他们提升文化教育水平，

增强他们的文化获得感，促使社会主义文化强国建设；开展阅读推广，能够丰富农民工业余生活，陶冶情操，促使他们以更好的精神风貌投入到生产工作中，特别是有关职业技能方面阅读材料的推广，有助于农民工提升技能，甚至帮助他们实现职业优化、长远发展，为社会提供更加高效、优质的服务，实现自身收入增长的同时促进国民经济的发展；通过阅读推广，帮助农民工增加文化获得感、提高经济效益，能进一步增加他们的生活幸福感，也有利于社会的和谐稳定，有利于国家的长治久安。

三、公共图书馆开展农民工群体阅读推广的建议

（一）进一步增强对农民工群体开展阅读推广的重视

农民工群体作为我国一股规模巨大的社会力量，对国家建设、城市发展做出了重要贡献。公共图书馆开展农民工群体阅读推广，既是对广大农民工群体的回馈，也是践行法定职责的要求。开展农民工群体阅读推广，具有重要的意义。因此，公共图书馆作为推广全民阅读的骨干力量，要进一步增强对农民工群体开展阅读推广的重视，在预算编制、活动开展等发面充分考虑农民工群体的阅读需求与实际情况，把开展农民工群体阅读推广作为一项重要工作，为方便农民工群体阅读在设施设备、文献资源配置方面给与制度倾斜和经费保障。

（二）针对农民工实际，优化阅读推广内容

公共图书馆开展农民工群体阅读推广，要针对农民工实际情况，优化阅读推广内容。一方面，图书馆工作人员要结合农民工的文化水平、从事行业等实际情况，发现农民工内在的文化需求；另一方面，图书馆要发挥引导作用，通过推介优秀文化作品，帮助农民工群体不断提升素养。

根据国家统计局公布的《农民工监测调查报告》，几乎所有农民工从事的是第二、三产业，不到1%的农民工在第一产业即农业行业工作。在我国广大的农民工群体中，70%以上都没有接受过高等教育，农民工群体受教育程度偏低。在从事非农生产后，仅有30%左右的农民工接受过职业技能培训。因此，公共图书馆开展农民工群体阅读推广，要针对他们的实际情况，向他们提供有关职业技能培训辅导、送书上门、网络服务等阅读推广服务，帮助他们提升职业能力。以上海市为例，在总分馆制建设中，上海嘉定区的图书馆总分馆建立了110个农家书屋，6个农民工公共电子阅览室，通过专门的设施设备、文献资源为农民工群体提供公共文化服务。

另外，国家统计局公布的《农民工近期数据报告》显示，进城农民工群体

的社会活动比较单一，业余时间主要是看电视、上网和休息，其中，看电视、上网的达76.3%。选择参加文娱体育活动、读书看报的比重合计不到10%，而且均比2016年下降。因此，公共图书馆开展农民工群体阅读推广，除了向他们推介职业技能相关的优质阅读材料外，还可以推介其他领域的阅读材料，丰富他们的业余生活，提高他们的阅读质量，让他们进行更多地阅读，不断提高阅读质量。例如，针对当前农民工群体业余时间大部分都是看电视、上网这一情况，公共图书馆可以向农民工专向推广优质的网络视听阅读资源，让他们在不改变现有习惯的同时，能进一步优化阅读内容，提高阅读质量，提升业余生活水平。

（三）丰富阅读推广形式，让农民工真正"悦读"

公共图书馆要采取形式多样的阅读推广形式，吸引农民工群体积极阅读，真正实现"悦读"。公共图书馆要坚持"走出去"与"引进来"相结合的方式，为农民工群体开展阅读活动。在很多人眼里，图书馆是学生、白领才去的地方，很少有农民工会主动进入图书馆。大部分农民工不知道公共文化设施是免费开放的，将公共图书馆误认为是盈利性文化场所，缺乏对公共文化服务的认知。所以，公共图书馆开展农民工群体阅读推广，要积极主动深入到农民工群体中去，打破他们对图书馆的这种误解。公共图书馆可以通过送书到工地、建立农民工"流动书屋"等形式，向农民工推介文化服务，拉近图书馆与农民工的距离，进而吸引农民工到图书馆里来，以接触更多的文献资源，接受更多的公共文化服务。以湖北省为例，早在2016年春节前夕，为了促进全民阅读、丰富农民工业余文化生活，该馆中文报刊部工作人员来到武汉中航九方城项目部，开展了以"关爱农民工"为主题的送书刊、送春联活动，共计为农民工送去社会生活、文学故事、时事政治等各类期刊33种，合计790册。这种送书到工地的形式，不仅给农民工送去了书籍，方便农民工阅读学习，而且送去了图书馆员的热忱之心，拉近了农民工与图书馆的距离。

另外，农民工大多受教育程度不高，从事的主要是劳动密集型产业，不像学生、白领等群体那样，有很好的精力、很多的时间投入到阅读中，因此，公共图书馆还要通过阅读指导、图片展览、视听资料、演讲诵读等多种阅读形式引导农民工阅读，帮助他们从阅读中获得快乐与收获，实现真正"悦读"。以湖北省图书馆为例，在该馆举办的长江读书节阅读品牌系列活动中，该馆向社会各界包括农民工群体招募领读者、讲书人，采取"讲、阅、展、演＋数"的阅读推广服务模式，通过领读者、讲书人等讲述、分享他们的阅读故事、人生经历等，以及举办讲座、展览、书画等阅读推广形式，让固定静止的书籍活起来，吸引越来越多的人参与阅读、享受阅读。

（四）寻求多方合作，共同推进农民工群体阅读

开展农民工群体阅读推广，公共图书馆可以寻求多方合作。根据国家统计局公布的《农民工监测调查报告》，我国农民工与所在地社区、工会、妇联和政府部门的联系日益增加。其中，2018年，在进城农民工中，26.5%参加过所在社区组织的活动，并且保持上涨趋势；15.3%参加过人大代表选举，也比上年增加了1.1%。此外，2018年，加入工会组织的进城农民工占已就业进城农民工的比重为9.8%。在工作和生活中遇到困难时，农民工也越来越多的向工会、妇联、社区和政府部门寻求帮助。

公共图书馆开展农民工群体阅读推广，可以积极寻求多方合作，通过与农民工所在用人单位、社区、工会、妇联和政府有关部门的交流合作，更好地了解农民工的生产、生活状况，拉近图书馆与农民工群体的距离，发现他们在阅读方面遇到的问题和困难，从而进一步结合农民工群体实际情况，开展阅读推广工作。

四、结语

农民工是建设社会主义国家的的重要力量。推进全民阅读，建设社会主义文化强国，不能缺少农民工群体的参与。相信公共图书馆通过与社会各界合作，不断加强农民工群体阅读推广，一定能以优质的阅读内容、丰富的阅读形式吸引越来越多的农民工加入阅读者行列，不断提高农民工群体的"悦读"程度，不断推进社会主义文化强国建设。

参考文献

[1] 杨志明. 我国农民工发展的历程和特色 [J]. 工会博览，2019（1）：26-27.

[2] 郝敏. 对公共图书馆创建阅读品牌的几点思考——以湖北省"长江读书节"为例 [J]. 新世纪图书馆，2017（4）：50-53.

[3] 中华人民共和国公共图书馆法 [EB/OL]. 中国人大网，2018-11-15.

[4] 2018年农民工监测调查报告 [EB/OL]. 国家统计局，2019-04-29.

[5] 2017年农民工监测调查报告 [EB/OL]. 国家统计局，2018-04-27.

公共图书馆为残障群体提供公共文化服务之浅见

胡 玉

(湖北省十堰市图书馆,湖北十堰,442000)

摘　要：本文以公共文化服务为切入点，针对公共图书馆为残障群体提供的文化服务进行深入研究，明确影响公共图书馆服务质量的具体要素，结合残障人士的实际需求，提出具体可行的改良意见。

关键词：公共图书馆；残障群体；公共文化服务

随着时代的进步，基础设施建设对于改善民生、发展经济的作用日益重要，在居民物质生活得到充分保障的今天，人们对精神生活的重视程度越来越高，与之匹配的基础设施建设也成为了城市建设规划中不可或缺的一部分，现如今，人们普遍认为，通过知识和文化的熏陶和培养，能够让自己的精神境界得到有效提升，因此，类似于图书馆这样的文化基础设施建设，对于城市的文化发展有着不可替代的作用。另外，对残障人士的人文关怀也是一个城市精神文明建设的重要组成部分，为了响应国家号召，给特殊群体带来更加方便、快捷的社会城市服务，专门为残障群体提供的图书馆也成为了城市基础设施建设中不可或缺的一部分。

一、残障群体共享公共文化成果状况

残障群体通常是指在生理上具有缺陷的特殊群体，他们受限于自理能力和身体状态，在接受教育的时候，往往会处于一定的劣势地位。在社会精神文明不断积累的今天，如果在外部条件相同的情况下，残障人士获得的精神要素必然是比健康人士要少的，所以，通过人文关怀以及专属文化基础设施建设的方式，对残障人士获取信息和知识的渠道进行保障具有划时代的意义。2009年，深圳的残障人士数量占全市总人数的2.47%，而其中77%的残障人士最高学历只有初中。在深圳这样的发达城市，残障人士的受教育程度都如此欠缺，由此可见，在经济相对欠发达的城市，残障人士获取信息和知识的渠道肯定更加狭窄。残障人士受限于身体素质以及先天缺陷，在就业稳定性方面本身就处于劣势地位，在社会转型升级的关键阶段，残障人士本身就难以适应社会的环境和节奏，大量残疾人下岗待业，受到的社会福利和社会信息支持，根本无法和健全人士相匹配。因此，文化教育的缺失与就业问题之间，形成了非常明显的恶性循环关系。如果这种问题长期存在，残障群体在社会环境中的基本权益也会受到侵蚀。

从制度的角度来看，我国并没有设置专门的法律体系对残障人士获取信息的权益进行保障。截至 2011 年年底，国家有关部门出台《公共图书馆服务规范》（以下简称"规范"）。规范中虽然提到了要尽可能满足残障人士、老年群体、进城务工人员、经济欠发达人员的特殊需求，但是无论是针对主体还是具体保障方向，都没有进行明确的规定。正是因为缺乏具有针对性的规定和法律体系，导致很多公共服务设施在实际落实的过程中，并不会给残疾人这样的特殊群体提供相对应的特殊服务，这就给残疾人获取信息带来了极大的难度和门槛。

二、为残障群体提供公共文化服务中存在的问题

改革开放之后，随着国内经济的不断进步，社会对残障群体的关注度越来越高。《中华人民共和国残疾人保障法》明确规定，残疾人群体在社会环境中应该享有的基本权利，在国家政策和法律的保护之下，残疾人群体的基本权益得到了更加充分且有力的保障。《公共图书馆评估定级条例》明确规定了图书馆残疾人阅读座位的数量、图书馆应该具备的盲文图书数量等，正是这些切实可行的条例，给残疾人社会公共服务体系提供了良好的保障。但是从总体的角度来看，残疾人群体在获取信息方面，仍然与国家提出的总体要求呈现出明显的距离。在一些经济发展相对较慢的城市，针对残疾人群体开设的文化基础设施严重匮乏。为残疾人群体提供的服务质量也有待提升，在国内的很多地级市中，都没有专门为残疾人群体提供的图书馆或者其他获取信息的基础设施途径，在服务内容方面，很多专门针对残障人士的服务内容仍然处于半空白状态，很多已经完成建造的盲人图书馆仍然充斥着形式主义色彩，在实质服务内容以及服务质量方面存在非常明显的问题。

三、为残障群体提供优质公共文化服务的措施

对于公共图书馆而言，为残障群体提供优质的公共文化服务既是社会职能又是社会责任，同时是研究与分析的主要课题，在采取措施的过程中要考虑到多方面的因素，包括设施和设备，另外还有馆员的素质和服务，除此之外还有协同合作、勇于创新和进步等，均推进着公共图书馆残障群体服务工作迈向新的高度。

（一）不断提供完善基本保障与服务设施

因为并未对公共图书馆的开放进行限制，因此，无障碍设施的建设工作不容忽视，例如相关通道和电梯的设立，另外还有休息区和桌椅也需要进行提供。人性化理念是公共设施设计过程中的关键所在，上述内容属于基本保障的范畴内。在发达城市的新馆项目建设过程中，无论是具备盲人特点的设备和有声读物，还是电子阅览室和全方位的无障碍盲道，都进行了相应的设立，为盲人进入相关区域起到一定的便利性；扶手和自动化冲水洗手设施在专用的卫生间中也有相应的设置，同时设置了紧急呼叫系统设施。然而在落后地区中，公共图书馆的条件相对较差，此时可以在普通的阅览室中将特殊阅览座席增设其中，此种方式也能够为残障群体提供文化服务，在《公共图书馆评估定级条例》中，对于特殊阅览座席数量有一定的要求，制定的数值要符合相关规定。

（二）馆员素质和特殊服务尤为关键

图书馆的人员队伍建设与残障群体公共文化服务工作的顺利开展息息相关。无论是传统管理体制还是运行机制，对此项工作都会产生相应的影响，大众对馆员素质的要求也呈现上升的趋势，想要将其满足存在一定的难度，此时需要与国外的服务理念相结合，并借鉴其中的成功经验，逐步加强馆员的素质教育。素质教育所包含的层面有很多，包括业务和技能的培训与学习，另外，还有相互尊重以及友爱也不容忽视，无论是在馆员内心中还是实际工作中，人文关怀的理念都能够得到相应的渗透。残障群体的需求也是需要重点关注的内容，因此，专业的知识是接待残障群体读者的馆员所必须具备的，另外，还有手语和盲文等特殊的服务技能，从而为残障群体提供相应的帮助。

（三）逐步优化延伸服务的内容和方式

公共图书馆在进行特殊书籍的购置过程中要对残障群体的需求进行充分的考虑，包括娱乐和技能培训，另外还有时事热点等，相关专业知识和励志书刊也需要进行收藏，如中医推拿和疾病预防、康复保健和健康饮食等。除此之外，还要以残障群体的生理特点为依据，将服务的力度逐步提升。通过对云南省图书馆进行分析可知，盲用读屏软件培训项目正逐步开设，盲人读者经过培训能够进行网络的相关操作，如语音聊天和发送电子邮件等。在网络中，盲人专用的主页和论坛也有相应的设立，可通过语音提示进行相关操作。对于公共图书馆而言，阵地服务与馆外项目同等重要，将借阅流通点设立在残障群体相对集中的社区中，可经过共享网络来逐步实现，为残障群体读者提供了一定的便利，与此同时，特殊文献资源的服务效能得到了相应的提升。

（四）进一步研发使用创新技术与设备

针对视觉障碍读者逐步将可阅读的电子书籍和杂志等进行开发，另外还有移动设备或手机应用程序 App 等。将图书的借还和馆内布局，另外还有设施的信息向手机应用程序逐步转换，并逐步实现语音模式。对于图书馆而言，无论是在设计中还是在编程中，要考虑到不同环节的特殊情况，要与 W3C 协会 WAI 组织制定的无障碍规范（WCA G2.0）中的规定相一致，进而实现网页无障碍。另外，还要将特殊群体无障碍阅读机引入其中。将先进的 DAISY 设备引进能够解决此类群体在阅读过程中出现的问题，无论是向导功能还是技术要求，都得到了相应的提升。

（五）逐步发挥加强协同作用和社会合作

对于残障群体读者而言，无论是获取信息的能力方面还是渠道方面都相对较弱，因此，在提供公共文化服务的过程中要将其中的单线联系作用充分发挥，社会公众的力量也不容忽视，残障群体服务与上述两者密切相关。无论是资金制约问题还是部门的协作问题，都对公共图书馆残障群体服务的开展产生一定的影响，这也是产生服务不到位问题的主要原因。

对于服务系统而言，全社会的共同参与尤为关键。公共图书馆与其他行业的部门应进一步加强合作，进而将残障读者的需求逐步掌握，对于图书馆公共文化服务而言，无论是针对性方面，还是可行性方面，都具有一定的提升作用。十堰市的图书馆就与市残联建立了合作关系，并成功创建了首家"盲人图书馆"，其中的图书和读物种类繁多，自然科学图书和报纸就分别有 2000 册和 5 种，期刊和拥有语音读屏软件的盲人专用电脑分别有 10 种和 4 台，无论是服务的能力还是服务的水平，都呈现着明显的上升趋势。

在《公共图书馆宣言》中也有相关的内容，"每一位公民获取文献信息的平等权利都需要公共图书馆的维护"。残障群体服务是公共图书馆工作中不容忽视的内容，并逐步推进残障群体公共文化服务的健康发展，为残障群体融入社会起到一定的辅助作用，无论是优秀公共文化成果还是社会待遇都能够实现共享。

参考文献

[1] 曹轶. 公共图书馆特殊群体阅读服务的创新和挑战 [J]. 河南图书馆学刊, 2016 (5): 4-5, 7.

图书馆社会教育与特殊人群服务

曾小梅

(武汉市新洲区图书馆,湖北武汉,430400)

摘 要:社会教育职能是公共图书馆基本职能之一,是社会教育体系的重要组成部分。针对目前特殊人群社会文化教育生活贫乏的现状,公共图书馆有责任和义务为改善特殊人群的文化生活,保护特殊人群的文化权益,构建和谐社会出一份力。本文主要研究我国公共图书馆为特殊人群服务的基本现状,分析了我国公共图书馆目前在为特殊人群服务方面的现状及特殊人群与知识贫困的关系,并在大量的文献调研和实地调查的基础上,提出完善我国公共图书馆对特殊人群服务的对策。

关键词:公共图书馆;服务;现状;问题

图书馆教育的正确定义,不是对图书馆员的培养,而是以图书为出发点、过程和归宿的以图书馆为中心的教育途径。对我国公共图书馆对特殊人群服务的研究,有助于了解公共图书馆对特殊人群服务的思路和方法,总结实践中的经验和教训,这对今后各地区公共图书馆对特殊人群开展服务可以提供借鉴;有助于及时发现在公共图书馆对特殊人群服务发展过程中遇到的诸多问题。只有发现问题,才能想方设法解决问题,才能使公共图书馆对特殊人群延伸服务持续地开展下去;有助于在总结我国各个地区公共图书馆对特殊人群服务经验教训的过程中,启发我们的思路,对于好的经验我们要借鉴,面对出现的问题,我们要解决,并且在以后的实践过程中,要尽量避免同样问题再次出现。

一、公共图书馆特殊人群服务现状

近年来,我国公共图书馆在为特殊人群服务方面做了大量工作,取得了长足的进步。还为特定群体提供了特别服务。在我国,公共图书馆为特殊群体服务的实践主要体现在为残疾人提供特殊服务设施,如为残疾人开设特殊通道、为残疾人设立阅览室等。从儿童阅览室、老年阅览室、农民工阅览室等方面来看，随着图书馆对特殊人群服务的深入研究和重视，这项服务的广度和深度正在向一个新的层次拓展。

在建筑设计方面，深圳图书馆开通了残疾人专用轮椅通道，每层残疾读者都可以乘坐电梯进入，非常方便，真正实现了无障碍。所有电脑均配有先进的中英文屏幕阅读软件，通过字体放大和语音输出，读者可以通过电脑搜索文档和浏览网页。在阅读区，还配置了共享盲文打印机，以便向有需要的读者免费打印盲文电子文档。设计的其他方面也反映了对残疾读者的关注，如轮椅高度作为个性化办公的标准，同时考虑到普通人舒适的坐姿来个性化设计座椅，这样，普通读者不仅可以非常舒适地阅读书籍，而且坐轮椅的人也可以很容易地使用轮椅上的图书馆设备。此外，它避免了"残疾人专用"等字眼，并维护了残疾人的自尊。

但也有很多不合理之处，首先，从图书馆空间的角度来看，大多数书架离得太近，轮椅不能通过，这对残疾读者来说是不方便的。笔者查阅了中国香港图书馆的部分资料，发现香港图书馆在这方面做了比较全面的工作。以香港中央图书馆为例，它不仅实现了每层楼的无障碍通道，而且在每层楼都设置了书架和座位。一切都是为坐轮椅的人考虑的。两个架子之间的通道非常宽敞，足够让一个坐在轮椅上的读者和一个普通的读者在不互相妨碍的情况下并排阅读。其次，与普通读者可以使用的藏书相比，残疾读者可以使用的特殊资料的藏书量仍然太小。笔者认为，可以借鉴加拿大图书馆的经验，引进数据格式转换软件，可以将更多的印刷资料转换成盲文、音频、大字体文档等格式，既可扩展残疾读者的阅读范围，又可节省图书馆资源。

二、特殊人群与社会文化教育的缺失问题

（一）知识贫困是特殊人群经济贫困的根源

随着知识经济时代的来临，人力资本即劳动力的数量和质量最终决定着经济社会的发展速度。为了实现经济的高速度可持续发展，我国的经济增长方式逐步从粗放型向集约型转变，即从主要依靠物质资本的投入转向主要依靠人力资本投入，相应的，劳动者的收入情况也与其人力资本存量的高低正相关。从"路径依赖"原理看，知识匮乏的社会个体如特殊人群，其人力资本更主要的是依赖自身的体力劳动能力；而知识富有的社会个体，其人力资本更主要的是依赖自身的智力劳动能力，因此两者的收入悬殊也是必然结果。

知识贫困还限制了特殊人群的职业选择。知识经济环境中，传统的第一、第二产业在进行体制改革的过程中,将释放出大量的过剩劳动力,知识水平偏低的特殊人群自然首当其冲。而以知识为主要推动力的高科技产业迅猛发展,其人才需求量大、收入高,但特殊人群同样由于知识能力的限制,无法参与到这一就业人群中。据统计,辽宁省2019年尚未就业的64.9万国有企业下岗职工中,初中以下文化程度的就占70%。为了解决食物正常供给的问题,弱势群体只能从事少数低知识需求和低收入的工作,他们的生活水平无法提高。

此外,知识贫困还可以代际传递。有研究对北京市1502户贫困家庭的调查就显示了这种知识贫困的两代沿袭,绝大多数低收入家庭子女的学业经历是:小学(40%)、中学(47.33%)、大专及以上(10.57%),辍学在家的占2.1%。他们的高考升学率约为22%,这与北京市总体超过70%的高考升学率相比说明,特殊人群的子女也面临着知识贫困的窘境,相应地导致特殊人群陷入贫困沿袭的恶性循环中。(数据来源:网络搜集)

因此,要摆脱地区经济贫困,首要的是努力提高知识和信息的获取、交流和利用水平,解决知识贫困问题。

(二) 知识是特殊人群精神贫困的根源

精神贫困一般指某一社会群体或个人在思想道德素质、文化知识水平、思维方式和行为方式的价值取向上落后于社会主要物质生产力要求,从而影响生存质量的状况。精神贫困既反映了人的追求、信念等价值理性认识的偏差,也反映了人的基本生存和发展能力等工具理性认识的缺失。知识贫困不仅使特殊人群的精神生活无法满足,而且尤为严重的是会导致甘于贫困的贫困文化的产生。

第一,马斯洛的需求理论认为,人有生理的需要、安全的需要、爱和归属的需要、尊重的需要和自我实现的需要,这些需要虽有层次和发生的先后之分,但人的行为是受多种需要支配的,同一时期可能存在几种需要。特殊人群也不例外,在为生计奔波忙碌时,也需要精神的慰藉和心灵的充实。但实际上,由于经济所限,他们很少能进行文化消费,2019年全国农村居民平均生活费用总支出为1670.13元,其中文化娱乐支出为18.672元,而所包括的学杂费支出为13.985元,占平均生活费用总支出的0.84%。这笔支出多为未成年人义务教育的开支,而用于成年人的文化消费的开支微乎其微。(数据来源:网络搜集)

第二,特殊人群远离文化氛围,缺乏与外界的知识、信息和精神交流,灵魂荒芜,形成与外界隔绝的孤岛。对浙江省青年农民工的抽样调查显示,69%

的青年农民工在工作生活中"没有文化或娱乐活动"。在这种情况下，黄、赌、毒等不良文化就会蔓延开来，侵蚀弱势群体的精神健康。此外，知识水平低也阻碍了他们阅读和欣赏主流文化。据调查，中国大陆60岁及以上的老年人大多没有受过正规教育，只有不到4%的人受过7年以上的正规教育，60—74岁的平均受教育年限为1.3年。15.7%的人阅读能力极弱。（数据来源：网上收集）

第三，智力贫困对特殊群体精神生活的影响在于，特殊群体在没有正确的思想指导的情况下，处于自身困境与非法社会致富的对比之中。容易导致思想异化和信仰混乱。同时，文化产品的生产和传播又以商业利益为导向，忽视了文化的教育功能。此外，工会、居委会等特殊群体的精神依恋正在减弱，导致强烈的失落感和对社会的离心倾向。

三、完善公共图书馆对特殊人群服务的策略研究

（一）培养有素质的专门人才

图书馆员是特定群体知识服务的直接提供者，其教育水平、价值取向、思维方式、业务水平、服务态度和知识水平直接关系到公共图书馆的服务质量。为了更好地为特殊群体读者服务，公共图书馆一方面要对现有工作人员进行培训，使其更加熟悉馆藏，提高文献检索的能力和速度，提高业务质量。使他们能够学习和掌握手语、盲文、心理学和交际技巧等特殊技能，提高为特殊群体读者服务的能力。

另一方面，要注重后备人才的培养，创新现有的图书馆和信息科学教学体系。在专业基础上明确相关研究方向，设置研究方向特色课程。如果开设专门的课程来研究特殊群体的信息获取和信息交流，掌握为特殊群体服务的特殊技能，毕业生不仅具备图书馆员和信息从业者的基本技能，同时也要具备特殊群体的文化意识和专业知识，为特殊群体服务提供人才保障。

（二）补充适合特殊人群的知识资源

公共图书馆应根据特殊群体摆脱自身贫困和危机的特点，建立相应的知识资源体系。

（1）可选购求职、电脑操作、服装、畜牧、家政、法律等实用书刊，设置专用阅览室，集中布置阅读、自学。实行开放式货架服务，延长营业时间。对于身体有不便的人，应适当购买大号印刷书籍、盲文书籍等。图书馆可以与广播电视媒体合作，开发视听材料，方便特殊人群获取最新的社会信息。

（2）编制机构名录，推荐书籍。图书馆可以与其他福利机构合作，建立目

录和指导方针,帮助特殊群体使用福利制度。该绿皮书在纽约市公共图书馆的所有分馆免费提供,详细说明了各部门和市政府官员以及参议员和州代表的电话号码和地址。以及与公共生活有关的电话,如消费者投诉办公室电话。图书馆还可以邀请各行业的专家编制推荐书目,以满足特殊群体的精神和文化需求,如浙江省温州图书馆,该图书馆为儿童开设了一个网站,推荐适合未成年人阅读、浏览的好书新书、健康有益的儿童网站、图书馆近期儿童活动广告、儿童电影院、电子书等。

(三) 开展免费咨询服务及定向服务

在知识咨询方面,公共图书馆既要坚持传统的文献信息咨询,又要扩大咨询范围,关注特殊群体关注的反复出现的问题。一方面,图书馆应设立咨询馆员,指导专业团体使用图书馆的技术设备,采取合理的检索策略,充分利用网络馆藏和资源。

另一方面,图书馆应与有关部门合作,在法律、政策、就业、心理、医疗等领域开设新的咨询服务,帮助特殊群体获得大量有价值的参考信息。避免做出错误的决定,减少不必要的损失。有些问题可能无法通过库解决,但至少可以告诉读者特定的组在哪里可以获得帮助。在具体操作上,应采取多种方式,即在图书馆设立咨询处,建立电话咨询和网上咨询渠道,并不时举办公众咨询活动,使专责小组能在任何时间、任何地点获得图书馆的协助。在丹麦霍森斯,公共图书馆建立了一个信息站,向个人提供政府、地区和地方信息。他们帮助填写各种表格,引导人们进入相关的公共部门,并回答与消费有关的问题。图书馆还利用印刷材料和网络来处理这些问题。

四、结语

目前我国各级公共图书馆在积极尝试对特殊人群提供各个方面的服务,这意味着我国公共图书馆已经把为特殊人群服务提上了重要工作日程,在此领域做研究的图书馆专家学者们提出的众多服务理论和策略有朝一日将会成为现实,相信,公共图书馆为特殊人群的服务会逐步走向正轨,走向美好的未来。

参考文献

[1] 于永清. 公共图书馆为弱势群体服务问题探讨 [J]. 黑龙江史志,2009 (7): 95,97.

[2] 徐建华. 现代图书馆管理 [M]. 天津: 南开大学出版社,2003.

[3] 熊军. 公共图书馆向基层延伸服务的实践及其研究 [J]. 图书馆论坛, 2007, 27 (5): 121-123, 50.

[4] 余少祥. 法律语境中弱势群体概念构建分析 [J]. 中国法学, 2009 (3): 64-72.

[5] 张秀兰. 为弱势群体提供特殊服务是图书馆义不容辞的责任 [J]. 科技情报开发与经济, 2006 (5): 3-4.

[6] 张永胜. 关爱弱势群体共建和谐社会 [J]. 中小学图书情报世界, 2009 (6): 37-39.

[7] 吴汉华. 图书馆延伸服务的含义与边界 [J]. 大学图书馆学报, 2010, 28 (6): 21-26.

打开盲人视野　点亮阅读人生
——以荆门市图书馆盲人读者服务为例

余金国

（荆门市图书馆，湖北荆门，448000）

摘　要：本文叙述了荆门市图书馆开拓创新，为盲人读者提供特定服务，提高盲人读者素质的工作实践和战略思考。

关键词：图书馆；盲人；服务

一、引言

保障残疾人群体的基本文化权益，为残障人士提供更为便捷的阅读途径，是开展全民阅读工作中的重要一环。视力残疾人因视觉的缺失，在信息获取方面存在诸多障碍，他们不得不对我们通常意义上的阅读望而却步。联合国教科文组织颁布的《公共图书馆宣言》指出：个人都有平等享受公共图书馆服务的权利，而不受年龄、种族、性别、宗教信仰、语言或社会地位的限制。十八届三中会要求构建现代公共文化服务体系，促进基本公共文化服务标准化、均等化。习近平总书记指出：让广大残疾人安居乐业、衣食无忧，过上幸福美好的生活，是我们党全心全意为人民服务宗旨的重要体现，是我国社会主义制度的必然要求。公共图书馆作为向大众提供公共文化服务的重要机构，应责无旁贷为盲人读者提供服务，开辟一条方便优质的信息无障碍"绿色通道"。

二、荆门市图书馆盲人读者服务的实践与经验

（一）关注盲人群体，搭建服务平台

据统计，荆门市视障人士3.8万。为满足广大盲人群体的读书需求，丰富他们的文化生活，让全市视障人群无障碍、零门槛地获取和享受公共文化的阳光，荆门市各级领导非常重视，多次深入基层，了解盲人读者的服务需求。2014年，荆门市图书馆与中国盲文出版社合作建立荆门流通点，与中国盲人图

书馆达成设立分馆协议，正式成立盲人阅览室。荆门市图书馆作为较早开展视障文化服务工作较早的地市级公共图书馆，经过8年的建设与发展，荆门市盲人阅览室配备各类盲文图书1000余册、有声读物1000余册，配备盲人电脑8台、语音阅读器、听书机等一批盲用设备，可同时接待50位视障读者，每周开放40小时。截至2020年，荆门市图书馆盲人阅览室接待视障读者达6000万余人次，外借5000册次（含有声读物）。为盲人朋友提供全程式陪同服务，包括咨询、借阅、网上阅读、下载音乐、刻录光盘等服务。荆门市图书馆网站上也开辟了盲人图书馆专栏，盲人读者坐在家中轻点鼠标就能了解该馆盲文图书的入藏情况。另外，针对盲人读者行动不便这点，推出上门办证、电话借阅、送书上门等服务；除此之外，在荆门市盲协的协作下，荆门市图书馆积极搭建阅读服务的桥梁，根据本市的具体情况设立盲文图书服务点，主动送出盲文图书和有声资源读物，为出行不便的视障读者提供了便捷化服务。目前已在全市6个区设立多个服务点，扩大了荆门市视障读者服务范围。同时，积极争取社会各界的支持，与盲文出版社、盲人图书馆、湖北省广播电视台、市残联、盲协等单位沟通协调，先后创办盲人网络图书中心、开展盲人培训等一系列多元化、个性化的阅读推广服务。正是由于荆门市图书馆在保障残疾人权益和扶持残疾人事业等方面作出了积极贡献，2014年荣获中国盲人协会、中国盲文出版社、中国盲文图书馆、全国盲人阅读推广委员会"全国盲人阅读推广优秀单位"，2015年荣获荆门市政府残疾人工作委员会"全市扶残助残先进单位"，2016年荣获中国助残志愿者协会、中国盲文图书馆"五星级文化助盲志愿服务团队"称号。

荆门市图书馆盲人阅览室的成立，为全市广大盲人读者提供专业、优质、全面的服务，填补了荆门市无正规盲人图书馆的空白，搭起了为盲人服务的平台，开辟了全市公共图书馆服务工作的新领域。

（二）创办2+1服务中心，开启数字化服务

公共图书馆发展至今，已不仅仅是借书还书的地方，而是扩展为公众的信息获取与文化休闲中心。我国公共图书馆定位也在悄然发生着变化，如杭州图书馆被称为"城市的客厅"，深圳图书馆要成为市民的精神家园。盲人阅览室也应该把自己定位成盲人读者的文化家园与信息中心，这也要求它要能提供多元化、人性化的服务满足读者的需求。

荆门市图书馆除了在门口建有盲人无障碍通道和洗手间，对于盲人读者，还千方百计创办了"2+1"服务中心，开启以下三项特定的数字化服务。

1. 创办盲人网络图书中心

为了发挥公共图书馆的社会职能，保障视障读者的基本公共文化服务权益。2005年12月3日第14年"国际残疾人日"荆门市图书馆成立了"荆门市盲人语音网络图书中心暨盲人电脑培训基地"，中心设在电子阅览室。电脑上统一安装了广州永德盲人读屏软件，盲人可以通过读屏软件的语音提示同正常人一样上网，从而获取文学、艺术、医学等方面的知识和信息。

2. 创办盲人语音图书馆中心

有声阅读是应用最为广泛的盲人阅读方式。听有声读物是一种不需要专门学习的阅读方式，更易为广大视力残疾人所接受。2011年11月18日，荆门市图书馆正式启用"盲人语音图书馆"，它是湖北省首个掌上语音图书馆，由荆门市图书馆、湖北楚天广播电台、荆门市残联共同建设，设有"百家讲坛""文学历史""音乐欣赏"等10个主栏目，并链接了国内外相关残疾人网站，实现了无障碍浏览，可为盲人提供近200万小时的有声读物，盲人可通过手机、电脑访问收听、下载有声资源。2013年荆门掌上语音图书馆荣获湖北省全民阅读活动领导小组"2012年度全省阅读创造争优活动励志书屋"称号。

3. 设立智能听书机借阅服务中心

数字阅读是盲人通向信息社会的桥梁。随着5G等新一代信息技术的发展，不仅人类的生产生活正在发生深刻变革，人们的阅读方式也在悄然发生变化。广大视力残疾人像健全人一样渴望通过数字阅读学习技能、融入社会、实现自身价值。因此，借助于数字阅读的便利，为盲人们提供更多数字阅读途径就显得尤为重要。根据盲人读者需求，荆门市图书馆购置了300台"阳光听书郎"智能听书机，在全市6个县市区设置流动服务点，免费向全市所有视障读者提供借阅服务。该设备是一款借助科技手段帮助盲人适应时代的变化、实现阅读无障碍的新式阅读终端机，它除了具有播放、收音机、录音机、通讯录等功能以外，还具有全系统菜单和操作方式语音导航、电子书阅读、复读等功能，通过Wi-Fi连接网络后，智能听书机可以无缝对接中国盲文出版社的数字图书馆，内容涵盖有声读物、期刊等内容，还可以通过互联网搜到个性化的阅读资源和实用资讯。

（三）明确服务方向，提高盲人素质

荆门市图书馆作为盲人文化设施的重要组成部分，它的主要功能是提高盲人的文化素质。通过一系列措施，阅读推广工作取得了一定成效。目前有的盲人已经自开店铺从事医疗按摩，有的已熟练运用电脑等终端进行交流、查询信息。京山县孙桥镇农民张家斌甚至可以轻松从事电子商务、财务管理工作，电脑操作速度与常人无异。

1. 开展盲人电脑培训

荆门市图书馆分步分阶段对有一定文化基础的盲人进行电脑操作技能培训，由盲人中的电脑操作能手担任教师，重点培训县市区盲协骨干及兴趣浓厚的盲人，这些学员学成后回到当地再开展相应培训。使这些盲人读者能像正常人一样在普通电脑上进行打字、上网，还可以和网友聊天，为盲人精彩看世界提供了极大的方便。自2007年以来共举办电脑及移动终端培训50场次，培训盲人学员1330人次。2007年12月，盲人朋友吕锋在给荆门市图书馆的感谢信中写道：帮助我们解决了信息了解难的难题，帮助我们打开了一扇信息的窗口。在这里，我们真诚地表示感谢！正是你们的爱心帮助，我们才敢跨出家门，走进互联网了解信息，与时俱进；也正是你们的爱心帮助，我们才丰富了生活，陶冶了情趣。请相信！我们会将你们的这份爱心继续传递下去，用我们所学的知识去帮助那些需要帮助的盲人朋友。

2. 举办心理健康暨国学讲座

荆门市图书馆多次邀请有关心理健康专家、国学大师到现场为盲人讲授心理健康、国学经典方面知识，让盲人与专家学者互动，有效地推进盲人群体阅读活动，增强了盲人国学素养，化解了盲人朋友工作和生活中的心理疑难。近年来邀请的专家学者有武汉大学哲学学院副教授秦平、华中师范大学历史文化学院教授戴建业、武汉大学传统文化研究中心教授欧阳祯人、中国社会科学院研究员陈一筠、武汉理工大学心理健康与职业发展教育研究所所长雷五明教授等。

3. 不定期举办盲人生存技能培训

2008年在为期12天的盲人定向行走培训中，教会盲人定向行走技巧，训练盲人在各种环境中进行有目的的、安全、有效、独立自如的行动，包括盲杖使用技巧、心理地图建立等等，让他们敢于走出家门。2017年开展盲人医疗按摩资格考试应试系列培训，指导盲人应试技巧，轻松拿证。如荆门市盲人刘海涛，自市图书馆与市残联共同成立荆门市盲人教育基地后，他积极参加电脑知识培训，并很快掌握了盲人语音输入法，能熟练运用社交软件，并在网络上精准搜索信息。目前他在荆门城区有三家盲人按摩诊所，在全国小有名气，经常受邀到周边地区甚至外市如厦门、武汉、上海等地坐诊。

三、荆门市图书馆盲人读者服务存在的问题

（一）盲人活动人员召集困难

盲人参加活动需要人引导、陪护，农村偏远地区交通不便，从事经营活动的盲人想参加活动但会造成收入减少等诸多原因造成活动中盲人参与率不高，达不到预期目标。

（二）经费缺乏

开展盲人阅读活动，经费必不可少。如果邀请知名专家学者，费用更多。近年来，盲人电脑培训基本每年都举办，但专家学者现场讲座则视经费情况而定，高规格上档次有影响的活动举办较少。

（三）资源不足

适合盲人阅读的资源建设不足，特别是数字资源太少，无法满足盲人的文化娱乐和知识技能方面的需求。荆门市东宝区子陵镇南桥村盲人俞先复夫妇每周必到市图书馆下载听书资源，近年来已听遍了语音图书馆上的感兴趣资源，工作人员力所能及地根据其要求上网下载、向上级有关部门申请资源传递，但多次都是乘兴而来失望而归。

四、提高荆门市盲人阅读服务能力的几项措施

（一）深入调查研究，理解读者

公共图书馆要为盲人提供精准服务，须深入进行调研。盲人有先天和后天的原因造成失明、文化程度参差不齐、生存技能有强有弱，不同的盲人有不同的阅读需求，这就要求我们采取多种形式进行深入调查，拟定解决方案，确保盲人基本文化需求，共享社会经济发展成果。力争做到在培养骨干的同时兼顾偏远农村、低学历盲人的阅读需求，配置适于盲人使用的读书机、学习机，提高这些盲人的基础知识水平。

（二）加强资源建设，感召读者

缺乏丰富的盲文图书资料是无法吸引广大盲人朋友走进图书馆、利用图书馆的主要原因。公共图书馆必须根据盲人读者的阅读需求，有针对性地加强资源建设。再加上盲文图书因其特殊性，不仅占用空间大，而且借阅对象有限，应在保证基本藏量的同时加大加强数字资源建设，通过捐赠、购买、试用等多

种途径解决资源短缺问题，同时需注意资源的版权使用限制。

（三）拓展服务功能，吸引读者

公共图书馆一切文化服务活动的宗旨是最大限度满足公众日益提高的精神文化需求。要吸引更多的盲人朋友走进图书馆，开展各类活动是有效手段之一。如召开座谈会、读书会、开通盲人互动交流平台，建立盲人微信群、微信公众号，由盲协骨干参与运营，邀请专家学者定期答疑，定期推送文章、音视频及讲座信息。

（四）联合社会力量，寻找读者

随着社会的发展、图书馆的变革，图书馆的"读者"的概念也应该有新的诠释。在弱势群体中，有相当部分年迈体弱的盲人没有能力独自来到图书馆借阅，不仅需要残联和盲协的密切配合，还需要共青团、妇联、广播电台、新闻媒体及广大志愿者的支持，大力吸取社会力量参与盲人"无障碍"工作，妇联从盲人家庭、共青团从盲人有志青年入手解决盲人面临的实际困难，志愿者在社会力量支持下开展盲人精准帮扶。

无障碍设施的增多，让视障群体的出行更加方便；盲文数字的推广，让视障群体随时随地阅读的梦想变为现实。但是，要想更好地为视障群体提供便利，要想做好盲人阅读推广工作，还需要全社会的支持与配合，需要全社会在公共文化层面做出相应的推动与努力。

参考文献

[1] 廖璠，付伟棠. 我国公共图书馆盲人阅读室服务体系研究 [J]. 图书馆论坛，2012（3）：126-131.

[2] 沃淑萍. 盲人阅读的方式变迁与服务变革 [J]. 新阅读，2019（7）：14-17.

服务于留守儿童的"农家书屋"

刘 利

(武汉市少年儿童图书馆,湖北武汉,430014)

摘 要：本文对农村留守儿童目前的现状、形成的原因以及对文化需求进行了分析和阐述。

关键词：农家书屋 留守儿童 图书馆服务

随着我国社会主义新农村建设掀起高潮，村级图书室建设如雨后春笋，突飞猛进。"农家书屋""全民阅读""共享工程"成为时下关注度很高的关键词。国家八部委大力实施的农家书屋工程，由部门行为升级为政府行为，建设速度越来越快，力度越来越大。武汉市已建成农家书屋 1783 个，2011 年实现村村有农家书屋目标。社会各界长期关注的，图书馆不能满足民众需求的状况正得到极大的改善。到 2019 年我馆已建成 13 家分馆，36 个流通点，例如江夏区法泗街桂山村、黄陂区罗汉寺研子小学、江夏区五里界、江夏区安山镇、新洲区方杨小学等，最大程度地满足偏远地区读者的需求。

由于越来越多的农村青壮年走入城市，在广大农村也随之产生了一个特殊的未成年人群体——农村留守儿童。农村留守儿童是指父母一方或双方因外出务工，孩子留在户籍所在地，由父母单方、祖父母或其他亲友抚养、教育和管理的处于义务教育阶段的儿童。农村留守儿童处于成长发育的关键时期，他们无法享受父母在思想认识及价值观念等方面的正确引导和帮助，成长中缺少了父母情感上的关注和呵护，极易产生认识、价值上的偏离和个性、心理发展的异常，严重的甚至出现了危害社会现象，引发了日益突出的社会问题。而"农家书屋"工程是社会主义新农村建设的重要组成部分，在满足农民群众文化生活的同时，也承担着改善农村留守儿童生存与发展的文化环境、促使他们健康成长的社会责任。

一、留守儿童目前现状

（一）留守儿童在生活、教育上的问题

从调查的儿童中来看，由于临时监护人的年纪一般比较大，缺少精力和耐心管教孩子，加上他们还要忙于地里的农活，无暇照顾孩子们。大部分孩子没有形成良好的生活、学习习惯，主要表现在对学校作业的态度和生活起居的安排上。44.1%的孩子对待学校作业的态度是草草了事、得过且过，有46.7%的孩子看电视没有节制。另外，调研中有一个令人心忧的现象，部分留守儿童拜金现象极为严重，家里干活之前，要先讲好价钱才会去，让人痛心。

（二）老师对留守儿童的关注太少

大部分留守儿童表示老师很少找自己谈话，43%的留守儿童说老师根本没有找他们谈过话，而且都很害怕老师，也不希望老师找自己谈话。虽然带有儿童的心理，但是从这可以看出我们的教育工作还的确很不到位，仅有29.8%的留守儿童表示愿意和老师谈谈心里话。

（三）学习压力大

通过调查，63%的留守儿童感到学习压力大，24%的留守儿童表示自己的学习成绩很差，也有一些表示自己的爷爷奶奶外公外婆不识字，不能辅导学习，想学好没有条件。一些孩子告诉我，由于学习成绩差，就害怕爸爸妈妈会问起，而自己的家庭条件差，被很多同学看不起等等，这就形成很大的压力，面对这种情况，如果没有人及时为他疏导，就有可能压力变得越来越大，进而影响学习和生活。

二、农村留守儿童形成的原因

农村留守儿童现象的产生来自家庭和社会两个方面。一方面，家庭的贫困，使孩子的父母不得不走出农村到城市务工；另一方面，中国长期的城乡二元制以及社会对农民工不公平的待遇，使广大农民没有办法及能力带着孩子一起走进城市。具体情况如下：

（1）农民工在城市从事的一般都是劳动强度大、工作时间长的工作，他们在工作之余根本就没有时间和精力照顾自己的孩子。

（2）农民工的工资和福利水平无法与城市工人相比，差距很大。以他们的工资收入水平很难支撑一个家庭在城市的生活。

（3）由于户籍的限制，农民工的子女在城市的学校上学基本上是不可能的，即使有学校接收，其父母也很难承受高额的费用。而城市中那些面向农民工子女的学校基本上都是民间兴办的，其教学质量不仅无法和城市学校相比，也无法和农村学校相比。

三、图书馆对农村留守儿童进行服务的对策

（一）政府应对农村留守儿童的阅读提供服务

国家和政府首先要认识到少年儿童阅读的重要性，并利用法律、行政的手段予以保障公共图书馆经费的供给，尤其是在财政拨款方面对农村留守儿童集中区域予以适当的倾斜，为我国少年儿童阅读提供法律、法规以及资金的有力保障。

在我国，农村公共图书馆的发展虽然存在着诸多不尽如人意之处，但是仍可以利用现有的馆藏，关爱农村留守流动儿童。例如：在农村中小学内设立留守儿童流动图书馆，在学校设立书刊借阅点，直接在学校开展图书的借阅活动，利用寄宿学生课余时间引导他们多读书、读好书。同时，市县的大型图书馆也应发展并为留守儿童提供更加健全的文化服务，市县的大型图书馆可以将馆藏资源进行科学配置与流转，实行馆校合作，增加有关儿童学习、娱乐性的文献资料，免费为留守儿童或农村儿童服务。

（二）提高和改善儿童馆馆员的服务素质

儿童图书馆的管理人员除了思想道德、专业知识和业务技能等方面的要求外，他们还必须要具有少儿教育、少儿心理学等方面的知识，从而培养少儿读者学会如何更好地利用图书资源。同时，更重要的是他们要有一颗深爱儿童的心，尤其是针对农村留守儿童读者，因长时间与父母分离，缺少情感和心理关怀，不同程度地存在着性格缺陷和心理障碍，这就要求儿童馆馆员不仅仅是提供借阅图书的服务，还要主动了解留守儿童的阅读需求，关爱他们的情感成长，引导他们学习阅读一些优秀的书籍，教育他们学会辨别书籍的优劣，使阅读变成悦读。

（三）完善图书馆的服务内容及服务形式

在提供留守儿童阅读的同时，图书馆也要相应地举办形式多样的文化活动，以增添留守儿童来图书馆的兴趣。例如：针对留守儿童亲情缺失的现实，图书馆应加强心理教育方面的工作，有针对性地举办心理咨询、法律维权、成长规

划等方面的专题讲座。定期邀请家庭教育专家举办亲子主题教育的专题讲座，让留守儿童与他们的监护人一同来加入，共同帮助留守儿童消除成长中的烦恼、学习中的困惑、人际关系中的疙瘩、生活中的苦闷。

同时，安全问题对于留守儿童来说也尤为重要。由于留守儿童自身在生理上没有足够的自我保护能力，心理上也缺乏防范意识，所以容易受到侵害，或者"学坏"。针对这一情况，图书馆还可以通过邀请公安干警、律师、医务人员给孩子们定期进行安全知识讲座、讲解《中华人民共和国未成年人保护法》等相关的法律法规、演示急救常识、组织灾难逃生演习等方式使留守儿童及其监护人掌握一定的安全防护知识，提高他们面对危险时的临场应变能力。

（四）以农家书屋建设为契机，加强为留守儿童服务

农家书屋不仅是社会主义新农村建设的重要组成部分，在满足农民朋友读书、借书的同时，还可以是众多农村中小学生特别是留守儿童的学习园地。农家书屋是农村最基层的图书馆，一般都是在行政村或自然村建立，很方便农村留守儿童看书学习，是他们课外学习文化的最佳场所。放学归家的中小学生（留守儿童）可以走进农家书屋，从读书中受到熏陶，感受读书的快乐，养成读书看报的好习惯。

（五）依托社会力量，搞好农村留守儿童人生观教育

留守儿童正处于人生观、价值观形成的关键时期，如果不用正确的思想去引领，错误的东西就一定会侵蚀他们的头脑。

村镇基层党组织要大力支持农家书屋关爱留守儿童的教育工作。针对留守儿童不同程度地存在人格缺陷和心理障碍，将农村闲散的教育资源组织起来，挑选本村有一定文化素养和有爱心的人士，承担起部分留守儿童的课外教育工作和编外家长的责任，协助监护人共同管理好留守儿童。

与妇联、共青团、关工委、工会结成帮扶对子，邀请心理教育专家到农村协助农家书屋做好农村留守儿童心理健康教育，针对其个性差异，安排相应的心理治疗；对家长及监护人进行培训，使其端正教育观念，掌握与孩子沟通的方法与技巧，探讨并推广先进的家庭教育经验；利用寒暑假开展中小学、大学生志愿者到农村社会实践活动，与农村留守儿童面对面交流，现身说法，通过对我国农村改革开放后的巨大变化和对未来农村的展望，增强孩子们的自信心和自豪感，使留守儿童端正学习态度，珍惜现在的学习时间和战胜困难的信心。

大手牵小手结对爱心妈妈，给农村留守儿童另类的爱。帮扶结对，自由组合，邀请农村孩子到城内妈妈的家中，了解他们的学习、生活、教育等方面的

困惑,给他们细心的关怀和照顾,找他们谈心疏导,帮助他们排解心理上的障碍,解决学习、生活上遇到的困难。

总之,在我国城市化进程中,农村的留守儿童将是我国长期要面对的一个社会问题。他们正处于成长发育的关键时期,却无法享受到父母的关爱与呵护,极易产生认识、价值上的偏离和个性、心理发展的异常,一些人甚至会因此而走上犯罪道路。作为社会公共文化事业重要组成部分的图书馆,必将在今后很长一段时间里肩负起为孩子们提供温馨的人文服务和良好的学习氛围的社会责任。

十九、智能设备在图书馆服务中的应用研究

Interlib 系统在流通部门统计工作中的应用与实践
——以十堰市图书馆外借部为例

田 蜜

(十堰市图书馆,湖北十堰,442000)

摘 要:图书馆自动化管理系统在图书馆由传统管理转向现代化管理的过程中发挥着不可替代的作用。利用 Interlib 系统对图书流通部门的相关数据进行统计分析和研究,进而调整馆藏结构、提高馆藏利用率,改进图书馆服务方式和服务质量。笔者就应用 Interlib 系统做好流通部门的统计分析工作进行了思考和实践。

关键词:Interlib 系统;流通统计;图书馆

近年来,《中华人民共和国公共文化服务保障法》《中华人民共和国公共图书馆法》等法律法规相继出台,坚定文化自信、建设文化强国成为社会主义核心价值观的重要组成部分,全民阅读连续多年被写入政府工作报告,我国公共图书馆事业得以快速发展,各级公共图书馆的基础设施均得到了较大的改善,服务能力和管理水平也有显著提升。图书馆自动化管理系统在公共图书馆由传统管理转向现代化管理的过程中发挥着不可替代的作用,是传统图书馆向智慧图书馆转型过程中的重中之重。

著名图书馆学家阮冈纳赞在其撰写的《图书馆学五定律》中明确指出要使"每个读者有其书""每本书有其读者"。尽管当今读者的阅读需求和阅读方式越来越多元化,但图书等纸质文献资源的收集、整理和流通仍然是公共图书馆所应承担的最基本的社会职能。对图书流通部门的相关数据进行统计分析和研究,能够帮助图书馆及时掌握图书的流通情况,从而调整馆藏结构,进一步提高馆藏利用率,改进图书馆服务方式和服务质量,更好地满足读者需求。

一、概述

(一)十堰市图书馆外借部的职能及其设置

十堰市图书馆外借部是负责图书外借服务工作的职能部门,即流通部门。

主要承担读者证的办理和面向成年人的图书流通业务，提供图书外借、续借、联办图书室和流动借阅服务，组织开展各种读者活动。十堰市图书馆建馆于1979年，馆舍面积1.03万平方米，由于老式建筑结构的局限，目前外借部设置了三个对外服务窗口，位于馆舍的一、二、三楼，分别是自然科学图书外借处（以下简称"一借"）、社会科学图书外借处（以下简称"二借"）、文学与哲学图书外借处（以下简称"三借"），各窗口实行全开架服务。

（二）Interlib系统在十堰市图书馆的使用情况

十堰市图书馆现有馆藏书籍八十余万册，年借阅量达十万余册次。2013年完成自动化管理系统的升级，引进Interlib图书馆集群管理系统。Interlib图书馆集群管理系统是由广州图创计算机软件开发有限公司开发的新一代文献信息管理系统，基于Internet实现传统业务管理与海量数字资源管理的结合。十堰市图书馆在引进Interlib系统后，陆续购置了自助办证机、自助借还机等自动化设备，实现了射频识别（RFID）自助借还。流通系统是Interlib系统其中一个子系统。笔者结合自己在公共图书馆流通部门的工作经验，就应用Interlib系统做好流通部门的统计分析工作进行了思考和实践。

二、Interlib系统在流通统计工作中的应用

做好流通部门的统计工作，不仅能够客观了解读者的借阅需求，指导部门各项工作的开展，还能够为图书馆其他相关业务部门提供参考，进而为本馆制定符合馆藏实际的文献发展策略提供数据支持和依据。外借部每月的月报表由专职人员负责，要求准确完整地记录当月的新书上架册数、图书借还册次等各项指标。

（一）统计指标的选取

1. 新书入藏情况

新书入藏的种类和册次是衡量一个公共图书馆馆藏建设水平的重要指标之一。图书更新速度同样也是吸引读者前来借阅的一个重要因素，关乎图书馆推广全民阅读、传播传承文化这一最重要的社会职能的发挥。近几年，十堰市图书馆外借部每年入藏新书近万种两万余册，内容涉及哲学、文学、历史地理、医学、工业、农业等22个大类。采编部依据各类图书所属的馆藏地点，将新书分发至一借、二借、三借。

2. 文献借还册次

文献借还册次是指各大类的图书在一定时期内（如每月）的借还册次，直接反映了各类读书的实际借阅情况，也是在现有馆藏基础上读者阅读偏好的客

观反馈。统计分析这一指标一方面有助于外借部工作人员了解和掌握各类图书的借阅率，使图书排架、下架入藏工作有据可依；另一方面也可以将各类图书的实际利用率和读者需求情况及时反馈到采编部门，为馆藏结构的进一步优化提供数据支撑。

3. 文献借还总册次

文献借还总册次指某一个时间段内外借部所有图书的借还册数，是统计这一时间段内十堰市图书馆成人类图书流通情况的指标。这一指标具有一定的规律性，由于十堰市图书馆全年免费开放，节假日及寒暑假所在的月份借还总册次明显偏高。这种规律也为外借部全年工作安排提供了重要参考，即节假日需要投入更多的人力和精力在读者服务工作上。同时，这一指标也反映出十堰市图书馆成人读者在这一时间段内的阅读量，一定程度上体现了十堰市图书馆阅读推广工作的成效以及本地区公共图书馆的社会影响力。

4. 读者借还人数

读者借还人数即某一时间段内外借部接待读者的数量。公共图书馆是面向全社会开放的公益性组织，馆藏资源早已从"以藏为主"转向了"以用为主"，而读者就是图书馆的资源的用户。读者数量的多少可以说是一个公共图书馆馆舍基础设施、馆藏资源建设、读者服务质量等"硬实力"和"软实力"的集中体现，也折射出其在阅读推广工作中的影响力和号召力。

5. 文献借阅排行榜

文献借阅排行榜是将某一段时间内被读者借阅次数较多的文献，按照一定的顺序排列出来。例如某一年内被读者借阅次数排在前十位的图书。文献借阅排行榜直接反映出最受读者欢迎的图书种类，是读者阅读喜好的"晴雨表"。但是需要注意的是文献借阅排行榜还与文献复本数相关。

（二）Interlib 系统中流通数据的统计

尽管 Interlib 系统中各个子系统的数据统计功能已经比较完善，但在十堰市图书馆外借部流通数据统计的实际工作中还需要根据各个统计指标配置统计项，以适应本馆的实际统计需求。笔者通过分析研究流通数据统计中相关统计字段、统计类别的意义及其使用，得出符合外借部实际需求的统计方法，大大提高了数据统计效率。

1. 新书入藏统计

十堰市图书馆的新书采购和编目工作由采编部完成，由于政府采购政策的要求和流程等因素的影响，新书入藏的时间通常不固定，一般分批次下书，每批次书都有对应的批次号，如 SYT202012 即表示 2020 年第 12 批次。外借部三个对外服务窗口的馆藏分别是自然科学类、文学与哲学类、社会科学类图书，每一次新书入藏都有三张对应不同馆藏地的下书单，每次入藏的新书基本都涵盖了所有类别，通常都来自不同批次。一个月有可能入藏一到两次新书，每一次的新书又来自不同批次号。如果要依据下书单统计出每个月每类新书的入藏数量，就需要将这个月内所有下书单里每类图书的种类和册次累加，不仅统计效率低、准确率也不高。利用 Interlib 采访管理子系统中的总括财产账统计功能可以准确高效地统计出每个月的新书入藏情况，只需明确这个月所下新书的批次号，设置好相应的字段参数即可。

如图所示，在确定好某一月份的下书批次号后，在检索条件处选择"验收批次号"字段，输入符合相应字段格式的批次号，即可统计出本月入藏每类图书的种数、册数和单价和。

图 1　总括财产账

外借部通过统计数据即可掌握本部门新书入藏情况，合理安排新书的上架、排架工作以及旧书的倒架、剔除工作，同时也可依据统计数据向采编部门及时反馈图书的采购建议，提高馆藏的利用率，建设以读者需求为中心的图书资源。

2. 文献借还册次统计

文献借还册次的统计在 Interlib 流通子系统中的借阅查询统计功能界面进行。由于外借部三个窗口的馆藏图书类别各不相同，因此在统计某一时间段内各类文献的借还册次时，除了设置好借还时间外，还需要在配置统计项中将馆藏地点选定为纵向统计字段，将索书号选定为横向统计字段，在统计类别中可根据需要选择种数或者册数。

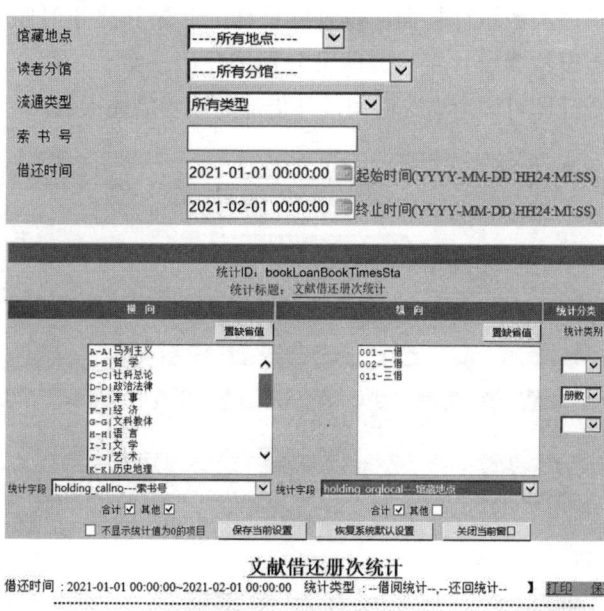

图 2　文献借还册次统计

由文献借还册次统计可知，外借部的借阅服务工作量比较大的是三借，即文学与哲学借阅处，而最受读者青睐的图书类别分别是文学类、历史地理类及哲学类，这也与公共图书馆服务对象的大众化文化需求相符合。

3. 文献借还总册次的统计

文献借还总册次的统计相对简单，无需再次进行系统操作，只需要在统计文献借还册次时在配置统计项中选择统计合计即可。此时统计出来的文献借还总册次与文献借还册次的统计时间段相同。

4. 读者借还人数的统计

读者借还人数的统计在 Interlib 流通子系统中的借阅查询统计功能界面进行。进入读者借还人数统计界面，设置好统计的起始和终止时间，在配置统计项时将发生地点设置为统计字段，即可分别统计出一借、二借、三借的读者借还人数，选择合计即可知道这一时间段外借部的读者借还人数。

图 3　读者借还人数统计

5. 文献借阅排行的统计

在 Interlib 流通子系统中的文献借阅排行榜界面中，设置好借阅时间，选择要统计的文献流通类型和文献馆藏地点。十堰市外借部流通的文献是中文图书，馆藏地点分别来自一借、二借和三借。另外还可以根据需要选择统计结果的输出方式、名次范围及排序方式。

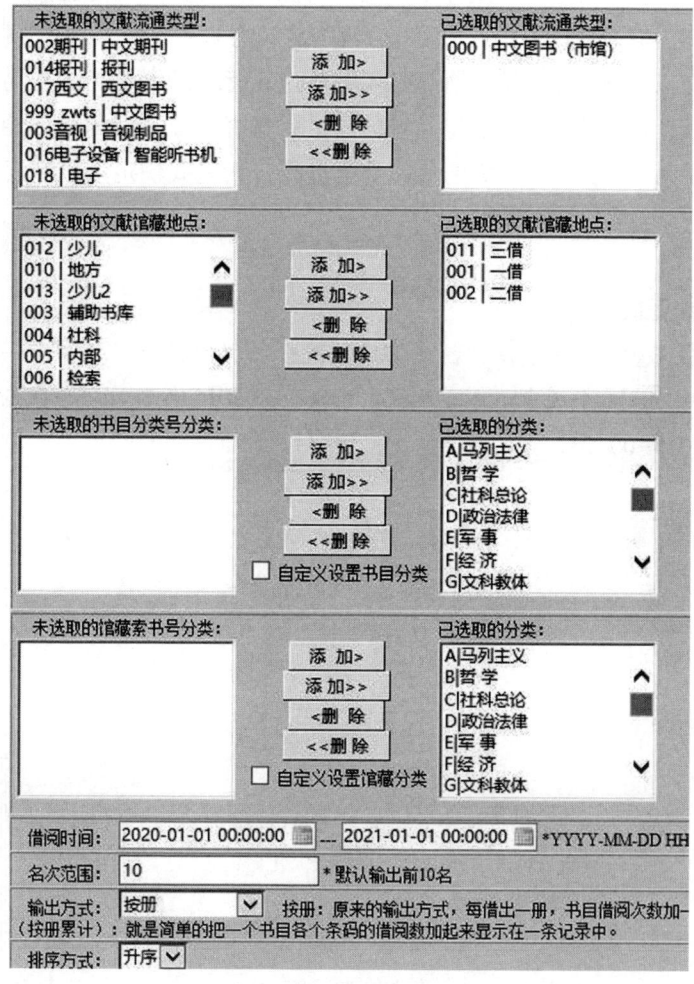

图 4　文献借阅排行榜

通过文献借阅排行榜可以了解一段时间内最受读者欢迎的图书种类，对于读者借阅量特别大的热门图书还可以反馈给采编部门及时补购。另外，借阅排行榜也反映出读者的阅读偏好，为外借部的书目推荐工作提供参考。在补购热门图书的同时推广冷门好书，不仅可以扩大读者的阅读面，还可以提高图书的利用率，引导读者多读书、读好书。

三、结语

Interlib 系统能够为流通部门的统计工作提供及时、客观、可靠的直观数据资料，但是在实际统计工作中还需结合十堰市图书馆外借部的实际情况配置相应的统计项。全面了解并熟练掌握统计功能及其方法，既能提高统计工作的效率，也能为流通管理工作带来便利，为馆藏结构的进一步优化提供数据参考。

笔者以十堰市图书馆流通部门应用 Interlib 系统进行统计工作为例进行了思考与实践，在统计指标的确定及统计方法的选择上有一定的局限性。但无论如何，利用系统对图书和读者的借阅情况进行分析是我们定量研究读者借阅需求的一条科学途径。

参考文献

[1] 王雪峰. 基于公共图书馆借阅统计数据的馆藏资源布局——以邯郸图书馆为例 [C]. 全国中小型公共图书馆联合会 2015 年研讨会会议论文集（三）. 赤峰，2015-06-21.

电子杂志在公共图书馆信息专题服务中的应用分析

刘 聪

(武汉图书馆,湖北武汉,430015)

摘 要:电子杂志作为一种数字化的阅读形式,出现在我们视野里已经有不短的历史了。随着人们对数字阅读的日渐习惯,这种方式也逐渐走入了人们的日常生活。本文讨论的是电子杂志此种数字阅读形式在公共图书馆信息专题服务中的各种优势。并最终得出结论:开展图书馆信息专题服务上运用电子杂志形式可以很好地与时俱进,提高信息服务的时效性、丰富性和互动性。

关键词:电子杂志;图书馆信息专题服务

2021年4月16日在杭州举办的第七届中国数字阅读大会上,中国音像与数字出版协会发布了《2020年度中国数字阅读报告》,数据显示,2020年,中国数字阅读产业规模达351.6亿,数字阅读用户规模达到4.94亿,人均电子书阅读量达9.1本。人均有声书阅读量6.3本。与此同时,人均纸质书阅读量6.2本,同比去年减少2.6本。

不难发现,伴随"互联网+"的飞速发展,数字阅读已经成为中国人获取知识、信息的主要方式。而公共图书馆的信息专题服务近年来也随着信息技术的飞速发展和电子设备的广泛应用,逐渐向数字化阅读发展。目前不少公共图书馆传统的专题咨询服务、内刊信息服务、简报信息服务仍然基于纸质模式。而在可见的未来,这些传统的纸质信息参考服务形式,也势必逐渐被数字化阅读所替代。

一、如何定义电子杂志

眼下,数字阅读日渐发展成为一种与传统阅读并存的社会现象。电子杂志正是这一现象最好的代表。根据百度百科的定义,电子杂志,又称网络杂志、互动杂志。目前已经发展进入第四代。电子杂志兼具了平面与互联网两者的特点,且融入了图像、文字、声音、视频、游戏等,相互动态结合来呈现给读者。

此外，还有超链接、及时互动等网络元素，并且其延展性强，未来可移植到掌上电脑（PDA）、MOBILE（与移动电话有关的）、多功能播放器（MP4）、PSP（日本SONY公司开发的多功能掌机）及TV（数字电视、机顶盒）、平板电脑等多种个人终端进行阅读。是一种新型数字化阅读形式。互动性、多媒体和利用互联网借贷（P2P）平台发送是电子杂志的主要特色。

二、电子杂志形式在图书馆专题信息服务中的优势

（一）电子杂志形式时效性更强

众所周知，公共图书馆信息参考服务中比较重要的一环就是专题信息服务，目前大多数公共图书馆都开展了这一服务。服务对象虽各有不同，但大多数图书馆的服务形式都是以纸质刊物或者专题汇编的形式出现。此种形式虽然具有直观性强、资料存档查找方便、连续性较好等特点，但随着信息时代的发展，其时效性差、制作周期长、信息传递较慢、信息形式单一的劣势也显现出来。

尤其是不少公共图书馆的专题信息服务都是针对政府有关决策部门进行的，如市政府、人大、政协以及各级相关行业系统等，这就更加凸显了信息参考时效性的重要，为了第一时间把相关决策信息传递到用户手中，势必要对目前的信息服务形式做一些调整。而电子杂志这种数字化阅读形式，在制作周期上大大节省了后期的印制环节，更能保证信息收集的时效性；同时采用网络推送，用户既可以直接在线阅览，也可以下载到自己的客户端上延时阅览，大大节省了传统杂志发行过程中所需的人力、物力、财力。

（二）电子杂志形式信息内涵更丰富

传统的信息服务刊物或者专题汇编，从形式上看，很难做到丰富多彩，由于大多数公共图书馆的条件有限，无论是内刊还是专题汇编，在装帧和版面设计形式上相对于正规刊物都较为简化，也不可能在编辑形式上太过于追求丰富多彩，因此在客户阅读感受上往往比较朴实。而电子杂志由于不受纸质这一媒介的限制，其内容的表现形式不仅有文字、图片，还有音频、视频、动图等，人们可以通过接受终端"阅读"到声音和视频。

此外，电子杂志的设计页面丰富多彩、标题醒目，不同类型的杂志风格迥异，使之时尚动感，具有个性化。而且在设计上可以增加互动环节，如趣味游戏、调查投票、发送电子礼券等，更加拉近了用户与编辑的距离，使用户黏度提升，阅读体验更加个性化。

（三）电子杂志形式更易保存和提取

传统的信息服务纸质刊物或专题汇编，无论从保存年限还是保存物理空间来看，都将会被电子化设备所取代，传统的纸质文献保存，即便是增加数据化储存环节，也需要对文件进行数据化处理，那又是较为烦琐的人工操作，而制作电子杂志形式则直接省去了这一烦恼。即便是图片音频格式较为复杂的电子杂志，在存储上也完全可以借助网络云盘或者电脑硬盘实现存储，且随着电子储备空间的发展，网络云盘的容量也足够支撑电子杂志的长期存储。

在信息回溯调用方面，电子杂志也具备了数据资源的调用方便、检索便捷、反复查阅不添加文件物理损耗等优点。且未来将随着区域链技术的发展，网络空间存储将变得越来越低耗和便宜。电子储存技术本就优于传统纸质文献的保存，这方面的优势将会更加明显。

（四）电子杂志形式发布简便，易于推广

目前在国内，几乎所有的公共图书馆都有属于自己的微信公众号，而电子杂志的发布则可以完美借助微信号的网络发布功能进行推送，技术上简便易行，易于推广。如在微信公众号上定期发布一个新的图文信息，在此图文信息中添加电子杂志的二维码图片，这样读者就可以直接长按二维码来打开阅读电子杂志了。

同时，电子杂志的制作也十分便捷，网络上有不少免费使用的模板可以直接使用，即便是付费类电子杂志模板，花费也在合理范围内，相较于纸质文本信息专题的印制、邮寄，其成本方面更具优势。且对于制作流程也有不少网络教程，方便易学，对于信息服务工作者来说，上手容易，制作门槛也较低。

（五）电子杂志形式互动性更强

电子杂志的互动性主要表现在两个方面，一是读者与信息内容之间的交流与沟通，这一互动主要是通过超链接、FLASH（多媒体软件平台）动画等技术的形态来实现的，读者通过更加生动的信息表现形式得到更丰富的感知。二是信息受众与受众之间的互动，这一互动主要是通过网络功能来实现的。

以往的信息专题读者间的交流只能通过后续其他手段进行，如读者交流会或者讨论会等。而电子杂志形式得益于网络技术的帮助，可以实现受众实时交流的效果，如对某些重要事件的媒体调查，可以采用投票的形式实时反馈信息专题受众的调查结果。还可以采用留言讨论的形式，让众多读者就同一信息相互交流。这些实时交流的技术手段虽然不是电子杂志的主要目的，但是却十分

有效地弥补了传统纸质信息专题读者无法相互交流的短板。为专题信息服务提供了新的服务窗口和手段。

同时，信息专题的读者反馈一直是信息专题制作部门很在意的问题，但传统纸质信息专题的反馈渠道非常有限，往往只有通过寄送调查问卷、给读者发电子邮件、上门征询等方式获取，而电子杂志形式除了保留以上几种读者反馈形式外，还可以通过网络留言、后台点击数量检索等新技术手段进行有效的读者反馈信息收集，从而大大扩展了信息专题参考效果的评估范围，有利于及时对信息专题的内容调整和后续跟进，从而有效提高信息专题制作的质量。

（六）电子杂志形式用户使用更方便

相较纸质信息专题而言，电子杂志的信息推送使得用户有了更方便的阅读形式，借助人手一部的手机即可实现随时阅读。同时电子杂志的读者也可以根据需要，自行下载信息文本及电子文件如音频、视频、图片等用于二次编辑，为用户提供了更友好的和更便捷的信息服务。

近年来，国内不少公共图书馆和高校图书馆已经开展了电子杂志形式的信息服务，如杭州图书馆早在2015年的时候，就开始制作并推出电子杂志《阅聆·R&L》，中山职业技术学院图书馆的电子杂志《e湖》等，这些电子杂志形式的信息服务在深化创新数字阅读推广模式、延伸公共图书馆阅读服务内涵、推广读者阅读活动、助推全民阅读事业新发展等方面都起到了积极的促进作用。

三、电子杂志形式运用中应注意的几点问题

首先，目前我国就电子杂志并未设立专门的审核机构和机制，因此眼下电子杂志的发布门槛较低，但未来随着数字阅读行业市场的规范及国家有关机构监管的力度增加，电子杂志可能会采取类似微信公众号发布信息的新媒体审核制度，对于准备长期采取电子杂志形式发布信息专题的各个单位来说，需要时刻关注相关政策法规的推进，及时采取措施，确保信息发布符合国家法规和相关制度。

其次，电子杂志作为信息化时代的产物，同样面临着网络技术的弊端，即信息的可被篡改和数据安全隐患。不同于纸质信息专题的制作，电子杂志即便在发布之后，同样可以通过后台技术手段进行修改和重新发布，因此，不会像纸质文献那样百分百保持历史原貌；同时，由于黑客技术的存在，信息的存储也有泄露及丢失的可能，尽管可以用数据备份的形式来规避这种风险，但相对于纸质文献，其数据丢失的风险还是不容忽视。

最后，电子杂志需要依赖电子阅读设备来完成信息接收，因此具有一定的局限性，在网络受限制时，其局限性更加明显，相较于纸质文献信息专题全天候的阅读环境来说，电子杂志在网络条件较好的区域更有优势。

四、结语

2020年，新冠肺炎疫情的发生及第五代移动通信技术（5G）商用的普及加速了阅读数字化转型。数字阅读行业不断探索"5G+"阅读模式，人工智能（AI）、增强现实（AR）、虚拟现实（VR）等新技术、新模式拓展了云端图书馆、云书店等数字阅读的新空间和新场景，数字阅读领域的云服务、物联网进入发展快行线。在可以预见的未来，电子阅读的形式将愈加成熟和普遍，传统的文献信息专题制作势必将发生翻天覆地的变化。

尽管纸质阅读并不会完全消亡，纸质文献专题这一形式仍然无法完全被替代，但电子杂志作为越来越流行的新媒体信息载体，在AI运用、云存储、区域共享等方面的发展空间更加广阔，在公共图书馆信息专题服务中的前景也被看好。作为公共图书馆的信息服务人员，更应该把握时代进步的脉搏，未雨绸缪，提早布局，利用好电子杂志这一数字化工具做好信息服务工作。

参考文献

[1] 彭涌，滕堃玥. 新媒体时代电子杂志的视觉呈现 [J]. 新闻战线. 2017 (20)，143-144.

[2] 秦云. 电子杂志2.0在图书馆信息服务中的应用——以中山职业技术学院图书馆《e湖》电子杂志为例 [J]. 高校图书馆工作. 2011, 31 (3)：94-96.

[3] 胡新平. 基于电子杂志2.0的个性化文献资源推送服务研究 [J]. 情报理论与实践. 2009, 32 (2)：122-124.

[4] 张燕艳. 国内电子杂志现状及发展策略研究 [D]. 湘潭：湘潭大学，2009.

新媒体在未来公共图书馆的作用简析

李 蓉

（湖北省图书馆，湖北武汉，430071）

摘 要： 日常生活中，随着互联网的普及，人们无时不刻不在被新媒体影响。疫情时代下，新媒体的作用愈发凸显。新媒体的快速发展为人们提供了更多的选择方式，不再局限于空间和时间。公共图书馆作为一个具有具体空间和时间的公共服务机构，在互联网时代，合理利用和发展新媒体已经成为必然选择。本文主要分析新媒体给公共图书馆发展带来的机遇和挑战，其中侧重分析微信公众号和微信小程序以及应用软件（App）。

关键词： 新媒体；公共图书馆；微信公众号；小程序 App

一、新媒体技术

（一）新媒体技术概要

美国哥伦比亚广播电视网（CBS）技术研究所长戈尔德马克于 1967 年率先提出新媒体这一概念，他当时将电子录像称为"新媒体"。1969 年，美国传播政策总统特别委员会主席罗斯托多次使用"新媒体"一词，由此，"新媒体"在美国社会乃至全世界开始传播。

新媒体是利用数字技术和网络技术，通过互联网、宽带局域网、无线通信网、卫星等渠道，以及电脑、手机、数字电视机等终端，向用户提供信息和娱乐服务的传播形态。严格地说，新媒体应该称为数字化新媒体，它属于一个宽泛的概念，区别于报刊、户外、广播、电视四大传统意义上的媒体，它的媒体形态包括数字杂志、数字报纸、数字广播、数字电视、数字电影、手机短信、移动电视、网络、桌面视窗、触摸媒体等，被形象地称为"第五大媒体"。

（二）新媒体发展现状

2020 年 4 月 28 日，中国互联网络信息中心（CNNIC）发布第 45 次《中国互联网络发展状况统计报告》，其中指出互联网应用与群众生活结合日趋紧密，微信、短视频、直播等应用降低了互联网使用门槛，不断丰富群众的文化娱乐生活。

据 iiMedia Research（艾媒咨询）数据显示，自 2018 年以来，从中国自媒体平台市场份额来看，微信公众号占的市场份额最多，为 63.4%。其次为微博自媒体和其他自媒体，所占市场份额分别为 19.3%、13.5%。头条自媒体所占市场份额最少，仅为 3.8%。

另外根据艾媒网《2019 中国新媒体营销价值专题报告》，其中指出新媒体用户稳步增长，视频营销增长势头强劲，随着 5G 行业的发展和逐步普及，对短视频和直播有着强有力的促进。特别是在 2020 年新冠肺炎疫情的情况下，依靠互联网的新媒体成为支撑公共文化和娱乐的重要一环。

二、新媒体与公共图书馆

在新媒体蓬勃发展的态势下，公共图书馆的传统模式也逐步做出改变，由原来的"等读者"变为"给读者"，作为承担着文化教育角色的图书馆，不再是一味"佛系"，而是主动找寻新的方式，将文化资源和信息传递到更多的人的手机、电脑上。采用的新媒体方式包括官方网站、微信、微博、官方 App（应用软件）等。另外需要重视的是，近年来视频媒体的火爆，抖音、一直播等软件也开始进入公共图书馆的新媒体传播视野。

（一）调查与分析

笔者分别对我国 33 个公共图书馆的微信公众号、微信小程序和官方 App 进行统计，调查情况如下。

1. 微信公众号和小程序使用情况分析

通过对以上 33 个公共图书馆的调查可以发现，各大公共图书馆都开通了微信公众号，还有大部分开通了小程序。微信公众号发布内容主要为书籍资源推荐、图书馆活动信息、通知公告和转载的优秀文章等，同时微信公众号中还嵌入在线借阅、活动预约、线上服务等功能。小程序发布内容主要为图书馆数字资源，包括文本、影像、音频等，也有部分图书馆开发的小程序具有预约、续借等功能，但相对于微信公众号，小程序主要优点在于读者图书馆数字资源获取更加方便直接、内容更全面，而微信公众号则是功能更丰富，读者获取图书馆相关信息更加及时。

图书馆名称	公众号	2019年公众号发布篇数	2019年公众号更新频率	2020年截止4.8公众号发布篇数	2020年截止4.8公众号更新频率（篇/天）	小程序
中国国家图书馆	国家图书馆	415	1.14	98	0.99	国家图书馆
安徽省图书馆	安徽省图书馆	327	0.90	92	0.93	安徽省公共图书馆联盟云
福建省图书馆	福建省图书馆	294	0.81	94	0.95	福建省图书馆
甘肃省图书馆	甘肃省图书馆	251	0.69	77	0.78	甘肃省图书馆数字阅读平台
广东省立中山图书馆	广东省中山图书馆	365	1.00	100	1.01	广东省立中山图书馆数字阅读平台
贵州省图书馆	贵州省图书馆	360	0.99	125	1.26	贵州省图书馆数字阅读
海南省图书馆	海南省图书馆	345	0.95	88	0.89	无
河北省图书馆	河北省图书馆	345	0.95	71	0.72	无
河南省图书馆	河南省图书馆	593	1.62	124	1.25	河南省图书馆数字阅读平台
黑龙江省图书馆	黑龙江省图书馆	974	2.67	320	3.23	黑龙江省图书馆
湖北省图书馆	湖北省图书馆	633	1.73	299	3.02	湖北省图书馆
	湖北省图书馆服务号	201	0.55	5	0.05	
湖南图书馆	湖南图书馆	1123	3.08	290	2.93	湖南省图书馆数字阅读平台；湖南图书馆读者服务
吉林省图书馆	吉林省图书馆	171	0.47	189	1.91	吉林省图书馆数字阅读
江苏图书馆	南京图书馆	284	0.78	96	0.97	无
江西省图书馆	江西省图书馆	40	0.11	74	0.75	江西省图书馆
辽宁省图书馆	辽宁省图书馆	345	0.95	84	0.85	辽宁省图书馆数字阅读平台
青海省图书馆	青海省图书馆	381	1.04	149	1.51	青海省图书馆数字阅读平台
山东省图书馆	山东省图书馆	1860	5.10	269	2.72	山东省图书馆数字阅读平台
山西省图书馆	山西省图书馆	188	0.52	75	0.76	山西省图书馆数字阅读
陕西省图书馆	陕西省图书馆	404	1.11	108	1.09	陕西省图书馆
四川省图书馆	四川省图书馆	285	0.78	100	1.01	四川省图书馆
	四川省图书馆订阅号	502		177	1.79	
云南省图书馆	云南省图书馆	509	1.39	147	1.48	云南省图书馆数字阅读平台
浙江图书馆	浙江图书馆	972	2.66	241	2.43	无
首都图书馆	首都图书馆	753	2.06	254	2.57	无
上海图书馆	上海图书馆	362	0.99	90	0.91	上海图书馆阅读季
天津图书馆	天津图书馆	199	0.55	57	0.58	无
深圳图书馆	深圳图书馆	895	2.45	203	2.05	深圳图书馆
重庆图书馆	重庆图书馆	315	0.86	83	0.84	重庆数字图书馆
内蒙古自治区图书馆	内蒙古自治区图书馆	42	0.12	47	0.47	内蒙古自治区图书馆
广西壮族自治区图书馆	广西壮族自治区图书馆	275	0.75	74	0.75	无
西藏自治区图书馆	西藏自治区图书馆	185	0.51	161	1.63	西藏知之云图书馆；西藏图书馆藏汉双语朗读平台；西藏自治区图书馆官网
宁夏回族自治区图书馆	宁夏图书馆	107	0.29	76	0.77	宁夏图书馆数字阅读平台
新疆维吾尔自治区图书馆	新疆图书馆	174	0.48	183	1.85	新疆图书馆数字阅读平台

图1　33个公共图书馆微信公众号发布情况

图书馆名称	APP	最新版本上线时间
中国国家图书馆	国家数字图书馆	2019/8/3
安徽省图书馆	安徽省图书馆	2020/5/12
福建省图书馆		
甘肃省图书馆	甘肃省图书馆	未上线
广东省立中山图书馆	广东省图书馆	2018/1/18
贵州省图书馆		
海南省图书馆		
河北省图书馆		
河南省图书馆		
黑龙江省图书馆		
湖北省图书馆	掌上鄂图	2018/8/30
湖南图书馆		
吉林省图书馆	吉林省图书馆	2018年
江苏图书馆	南京图书馆	未上线
江西省图书馆	掌上赣图	2019/6
辽宁省图书馆		
青海省图书馆		
山东省图书馆		
山西省图书馆		
陕西省图书馆	陕西省图书馆	2018年
四川省图书馆		
云南省图书馆	手机云图	未上线
浙江图书馆		
首都图书馆	首都图书馆	2019/6/21
上海图书馆	上海图书馆	2020/4/27
天津图书馆		
深圳图书馆		
重庆图书馆		
内蒙古自治区图书馆		
广西壮族自治区图书馆		
西藏自治区图书馆		
宁夏回族自治区图书馆		
新疆维吾尔自治区图书馆	新疆移动图书馆	2019/9/20

图2　33个公共图书馆官方App建设情况

从数据可以看出，山东图书馆、湖南图书馆、浙江图书馆、国家图书馆、上海图书馆在 2019 年微信公众号发布频率相对较高，大都处于自媒体行业发达的地区。小程序的发展虽晚于公众号，但各大图书馆正在逐步建立中，以小程序填补微信公众号未开发的功能。数据显示，2020 年截至 4 月 8 日，接近 60% 的图书馆的微信消息推送频率增高，尤其疫情严重的湖北地区，湖北省图书馆微信公众号发布频率由 1.74 篇/天提高到 3.02 篇/天，并且笔者统计，在 2020 年 1 月 23 日到 4 月 8 日疫情发生期间，湖北省图书馆公众号发布推文 276 篇，频率达到 3.54 篇/天。同时 2 月 13 日上线湖北省图书馆小程序，与各大阅读平台合作，提供了丰富的线上资源，在疫情情况下极大地依靠了新媒体来推送消息。在这种条件下，湖北省图书馆微信公众号的首条推送消息平均浏览量由 2019 年的 1090.81 次/篇提高到 2020 年的 2037.39 次/篇，小程序用户在两个月内突破百万人次，也说明了在此期间读者手机阅读的需求量增大，并更加适应于以新媒体的方式进行信息浏览。

2. 官方 App 使用情况分析

从数据可以看出，单独开发 App 的公共图书馆数量并不多，并且部分图书馆没有有效管理和持续开发，通过 App store 和安卓市场的评分，图书馆 App 的评分也不尽如人意。笔者认为其原因有以下几点：①App 开发完成后，再增加新的功能需要新增需求再次开发，并且日常管理上需要及时更新和维护，时间长且成本高，灵活度不够；②App 的大部分功能，包括在线浏览文本和音视频、活动预约、在线检索、续借等都能够被微信公众号或者小程序取代，以读者角度不需要再额外下载 App；③App 内资源有限，基本都能在馆内查找到，不足以吸引读者下载。

在图书馆相关 App 调查中，发现还有许多其他商业机构推出的数字图书馆，如"博库图书馆""藏书馆"等，也具有丰富的资源，其优点在于以读者需求为引导定向推出偏好书籍、更新速度快、用户互动率高等。但其也具有资源质量良莠不齐、获取资源狭窄、存在收费等问题。"移动图书馆" App 是多个公共图书馆将资源整合在一个 App 上，这是一个既节约成本又能资源共享、方便读者的方式。公共图书馆 App 应吸收其他应用的优点，保证免费的资源质量，才能保持优势。

3. 其他平台

除传统的文字、图片类资讯，对短视频、直播等形式用户接受度也逐步提高，将有可能成为用户接收信息的主流手段，但是长视频的接受度仍然不高。公共图书馆在新媒体应用上除了最广泛的微信平台和微博平台，还逐步开始利用抖音短视频、直播平台等新媒体方式进行更广泛的信息推送。

(二) 公共图书馆中的新媒体应用

1. 新媒体环境下公共图书馆的挑战

随着各大公共图书馆新媒体服务的开发和不断升级,新媒体为公共图书馆开展公共文化服务提供了便捷和多样化的方式,同时也带来了一些新的挑战。

(1) 读者对公共图书馆的依赖性降低。传统图书馆主要以其馆藏资源吸引读者,但随着互联网技术的发展,在新媒体环境下,读者获取信息资源的渠道增加,读者的选择更加多样化。现在已经有许多知识付费平台内容十分丰富,很多与公共图书馆合作的资源方也开始独立开辟自己的知识平台。用户还可以通过搜索网站、豆瓣、知乎、天涯等互动平台进行信息资源的获取。其中搜索引擎作为新媒体服务的一部分,逐渐成为公众获取信息资源的重要渠道,甚至部分替代图书馆信息资源服务的功能。根据联机计算机图书馆中心(OCLC)在2005年发布的《图书馆与信息使用者的认知》(Perceptions of Libraries and Information Resourses)报告,可以看到84%的用户选择搜索引擎来获取自己想要查找的信息,而只有1%的用户从图书馆网页上进行信息检索。读者对公共图书馆的依赖性降低,直接影响到公共图书馆提供公共文化服务的用户数量和影响范围,在提供读者信息资源上不再具有优势。

(2) 提高了对信息资源审核的要求。相比公共图书馆一直保存传统的纸质出版物和权威平台数字资源,在新媒体环境下尽管信息资源更加丰富,但不免有鱼龙混杂、真实和虚假信息掺杂的情况。读者公共图书馆作为官方和权威性的提供信息资源和参考咨询机构,公众的信任度高,因此图书馆对于信息资源的审核和选择也将更加严格,这就对图书馆采访人员尤其是网络资源方面的采访人员的要求更高。尤其在官方微信、微博等平台,在对信息资源进行转载时,必须要注意信息的来源和内容的真实性以及版权等问题。

(3) 提高了图书馆公共文化服务能力的要求。新媒体环境下读者需求更加多样化、个体化,在信息资源选择众多的情况下,公共图书馆如何以更优秀的信息服务能力来满足读者的信息检索、参考咨询等要求,是需要思考的问题。因此公共图书馆在公共文化服务过程中应该借助新媒体技术、充分发挥新技术手段,以不同方式来提高自身的公共文化服务能力。

2. 新媒体环境下公共图书馆阅读服务对策

(1) 把握新媒体优势,创新资源内容。新媒体内容形式已经逐渐丰富,包括文字、图片、短视频、长视频、直播、VR/AR、问答等。公共图书馆可以根据需求来选择合适的形式进行信息推广。新媒体环境下读者手机阅读时长增加,碎片化阅读越来越明显,在这种环境下可以扩大数字化资源、节选优秀段落吸引阅读、利用短视频信息推广等方式丰富资源内容。以湖北省图书馆为例，在疫情期间推出的小程序为百万读者提供了阅读平台，并且采用阅读打卡的方式吸引读者长时间阅读；2019年开通的抖音账号，也在此期间发布了积极的短视频内容，并与湖北省图书馆联动扩大受众群体。公共图书馆要把握时代特征，紧跟社会热点，利用新媒体优势，提供更多优秀创新资源。

（2）抓住推广要点，内容化繁为简。现在是信息资源爆炸的时代，读者在信息资源的选择上需要指引。公共图书馆有责任做好信息资源的选择、整合、编目，并以更简单直接的内容来进行指示，从而便于读者信息检索。同样新媒体渠道丰富多样，但应有重点选择，公共图书馆应该以某一个渠道为主、多个渠道为辅，整合多个部门资源和业务内容，避免重复开发。让读者能够第一时间选择到合适的渠道并直接从中获取内容，不需要各个渠道去搜索和整理。

（3）找准风格特色，吸引读者参与。新媒体环境下读者的互动欲望正在逐步增强，读者与图书馆不再是一个简单的使用关系，新媒体可以让读者与图书馆之间产生联系，不只是单向、静态地接收信息，而是能够通过评论、转发、点赞等方式来表达自己的观点。在读者有表达的欲望的时候，图书馆应该给予这样的平台来进行沟通，比如在微博、微信等平台评论区与读者互动、发布更多与时事、生活相关的内容，吸引读者参与；在短视频平台发布图书馆幕后故事，拉近读者距离；在小程序上采用打卡等活动引导读者参与等。图书馆和读者不应处于割裂状态，而是应通过交流、互动形成深度的情感联系。

（4）提高专业能力，打造人才队伍。公共图书馆要在新媒体环境下利用和发展新媒体，必须要有一支专业的人才队伍来专门负责新媒体运营和开发，其中包括美术专业人才、网络自媒体人才、文案编辑人才、策划运营人才等，不仅要有足够的专业水平能力，这支队伍还需要具有敏锐的信息嗅觉和共情能力，能够快速地把握时事热点和筛选重要信息，能够与读者进行良好的沟通并准确把握读者的需求。公共图书馆应注意培养和发展相关人员，以更专业的心态去对待新媒体的发展。

参考文献

[1] 李婕. 互联网引领数字化图书馆建设与管理思考 [J]. 云南科技管理, 2020, 33: 32-34.

[2] 闫翠红. 微信平台在公共图书馆读者服务工作中的应用研究 [J]. 文化创新比较研究, 2020, 4 (5): 85-86.

[3] 艾媒报告 | 2017年中国新媒体行业全景报告 [EB/OL]. 艾媒网, 2017-03-29.

二十、数据资源建设与馆员能力建设

浅析大学学术讲座对人才培养的影响

胡 盼

(湖北省图书馆,湖北武汉,430071)

摘　要：大学作为学生走向社会的最后一道桥梁,在人生的道路上起着至关重要的作用,在大学里仅通过课堂普通的教学已经无法满足学生对最新知识的获取,在大学生步入社会的关键时期如何能成为对社会有用的人,大学里的学习方式起着至关重要的作用。我们可以充分利用学术讲座,为学生营造丰富的学习环境,提供更多先进的学术知识,促进学生在向社会过渡时期,提升自我综合素质能力和适应性。本文旨在分析大学学术讲座对人才培养的影响,通过大量资料的收集,寻找当下许多大学在开展学术讲座过程中存在的问题与困惑,并且提出了一些解决方法,以促进大学学术讲座的多元化发展。这样不仅可以为大学的人才培养提供有效借鉴,更为社会培养更多优秀的复合人才。

关键词：学术讲座；人才培养；影响

学术讲座一般是指某个领域的专家将自身的研究成果通过讲座的形式传授给他人的活动。大学在开展学术讲座的时候,可以使学生了解最新的研究成果,获得最前沿的知识,这对培养学生的创新意识具有重要的作用,因此在大学当中需要充分利用学术讲座的作用,为学生提供更多的知识,从而使学校可以培养出更多综合素质高、专业能力强的人才,促进社会的发展。

一、大学开设学术讲座在人才培养上的作用

(一) 大学学术讲座可以增强教学的效果

学术讲座所选择的主题内容常常是一些比较先进的研究,同时也会进行理论知识的探讨,可以帮助人们了解最新的科学信息。另外,也有一些讲座使用英语进行讲述,这不仅能使学生学到知识,也可以提高自身英语的听说水平,积累丰富的交流经验。在学习中因专业的限制,许多人只了解自己的专业或者

某个单独领域，讲座的开展可以有效集结这些专业人员，进行互相交流，促进彼此的进步。另外开展学术讲座还可以有效培养青年教师，提高其教学的质量。在开展讲座之前，授课老师需要进行大量的资料收集与整理的工作，才能充分了解某个研究；在讲述的同时，则需要足够的临场发挥能力，才能使讲座顺利进行下去；在讲座结束之后的提问环节，可以进一步使其进行反复的思考与探讨。通过学术讲座不仅可以使青年教师的知识结构更加完善，也可以有效提高教学素质，促进了教学效率的提升。

（二）大学学术讲座可以为师生搭建交流平台

学生要想和大学教师进行学术上的交流，学术讲座是一种重要的途径。在学术讲座当中，可以将专家们的思想、知识充分展示出来，为师生吸取优秀的文化提供了重要途径。同时大学讲座的设置可以为不同文化交流提供重要的平台，在学校中可以形成有效的学术交流群体，而且也可以不断扩大研究课题的学者群体，为学校带来更多的荣誉。大学学术讲座是学校进行精神服务的重要工具，可以为学校形成积极进行研究的氛围提供重要的帮助。

（三）大学学术讲座突显了学校的责任

大学的主要任务在于不断进行研究，创造出促进社会发展的精神财富。其中思想指的是进行创新性研究的最先出现的成果。通过学术讲座这一平台，可以为学术自由发展提供重要的舞台，或通过选择某个主题从而不断衍生出新的思想。学术讲座是对大学进行学科建设极为重要的支持，也是提高大学活力的重要手段。在人才培养上，大学可以利用学术讲座不断丰富学生的知识结构与扩大学生知识面，促进教学方式的创新，为学生获得更多的知识提供重要的帮助。

（四）大学学术讲座为社会服务提供了途径

大学和社会间的互动具有较强的互助的意味，大学为社会提供文化方面的服务，促进社会的发展；而社会对大学提供足够的帮助，使大学可以顺利进行学术研究。大学在发展过程中，需要逐渐走进社会，为社会提供所需要的文化和知识，才能使得学校在社会当中体现最大文化价值。而大学学术讲座的出现，不仅是有效促进学术研究的发展，也可以使研究成果更加便捷地进入社会，引发广泛的社会效应，进而影响更多的人。通过学术讲座进行推广研究成果的同时，也可以使研究成果接受社会的检验，促进研究的不断完善，最终促进社会的快速发展。

（五）大学学术讲座促进了大学生综合能力的提升

学生不仅可以通过课堂学习获得大量的知识，也可以通过学术研究了解更多教材当中无法学到的知识。而且通过学校举办的学术讲座，可以感受到名家的风采，不断提高自身的文化修养；在学术讲座当中，可以对社会的事实热点和行业动态进行了解，树立正确的职业规划，促进自身的发展，为进入社会提前做好准备；通过多个角度分析学科发展的趋势，培养自身的创新意识，提高自身的专业能力，为学生的多元化发展提供了有效的途径。另外在听完学术讲座之后，学生可以受到良好的启发，积极主动地参与课题研究与课外创业活动，不断提高自身的综合素质能力。

二、大学学术讲座开展所存在的问题

（一）对学术讲座的重视度不足

大学开设学术讲座，不仅可以有效提高教学的质量，也具有较强的文化价值。但是其蕴含的文化价值不够明显，使其常常被忽略。一般在大学当中每年均会开展各种类型的讲座，但是学校对不同的讲座有着不同的看法，有的官方会不断进行宣传，有的则认为毫无用处，一笔带过。学术讲座可以有效表现大学的文化氛围，也是衡量学校文化底蕴的重要的标准。因此只有讲座的价值得到学校足够的认同，学校才会提高对学术讲座的重视度，为其提供足够的资金，划出专门举行讲座的场地或者提供规模更高的学术报告厅，使学术讲座更好地发展下去。

（二）对学术讲座的规划不完善

一些大学在开展学术讲座的时候，常常出现许多问题。一是内容上没有针对性。大学当中的许多讲座的开展只是为了使不同专业的学生了解其他专业的常识问题，讲座的内容并不深刻。有时候只是主讲者自行随意选择某个方向进行，而没有考虑学生的需要；有的更是为了应付差事，完成讲座任务。二是时间安排不合理。很多学校为了配合讲课老师，将时间定在工作时间，导致许多上课的学生无法参与。在这方面应当充分向学生倾斜，考虑到学术讲座的时间与学生的上课时间相配合，尽量把讲座时间安排在晚自习或者周末，让绝大多数的学生都能去听。三是重视程度不够。部分大学讲座常常是临时进行通知或者在通报栏当中简单地贴一张海报，宣传力度明显不足，使得听讲座的人数明显不够，使学术讲座的效果无法达到最佳。各级学院或者学生会应该充分发挥其作用，积极组织和宣传，提前协调通知，让更多的学生能够知晓讲座。

三、关于学术讲座促进人才培养的对策

（一）精心策划讲座，提高学生对讲座的兴趣

根据大学学术讲座开展的时候出现的问题，需要从讲座的内容、观点、形式等方面进行思考，并且需要树立正确的讲座主题，才能有效提高讲座的有序性。首先学校要成立一个专家委员会，来把握选题方向，讨论选题的针对性和有效性。大学可以邀请本院的教授进行学术讲座。这样不仅可以充分利用老师和学生之间的感情，拉动学生积极参加学术讲座，这种亲近感还能使学生在听学术讲座的过程中不必拘束地与授课老师互动，更容易接收知识。其次可以邀请兄弟高校的专家教授到学校开展学术讲座，选择和社会发展有关的研究课题进行讲述，使师生可以提高对学生讲座的兴趣，掌握最新的社会信息和学术知识，丰富师生的知识结构。在经费充足、条件允许的情况下，也可以适当地邀请一些国外的专家到校开展学术讲座，使师生可以和国外的著名专家进行接触，可以有效培养师生的学术水准。而且这些外国专家通常使用英语讲述最佳的研究成果，师生通过参与这种规格比较高的学术讲座，可以更好提高他们的英语水平和了解国内外动态。

（二）科学合理运作讲座，保证讲座的质量

首先，在讲座举行之前，需要确定主讲人，然后和主讲人一起敲定讲题，讲座主题和主讲人是一场讲座的灵魂，直接影响着讲座的质量和到场听众的人数，紧接着提前选定场地，制作宣传使用的传单、海报、视频，最后在校园内和校内网进行广泛的宣传，使师生最大程度地了解讲座详细情况和讲座举行的地点。其次，在讲座开展的前一天，需要做好场地的布置，确认主讲人的到场时间，做好主讲人的接待工作，同时也需要准备足够的志愿者维持讲座现场的秩序，保证讲座安全有序地进行。最后，在讲座过程中，需要做好讲座录音录像的留存、现场照片的记录。在讲座结束之后，需要做好讲座回顾，总结讲座开展中的经验和教训，使学术讲座得以有序进行。一定要把握好讲座的频率，学校需要保持相关专业一个月至少两次学术讲座，这样不仅可以使学生养成听学术讲座的习惯，也可以使学校形成一种学术研究的氛围，促进师生对学术研究的不断创新。

（三）丰富讲座互动形式，提高学生获得感

大学讲座的形式多为讲授式，互动设置比较少，师生缺乏直接沟通，我们可以试着创新某些讲座方式。在讲座开展当中可以使用互动参与式的方式，避免过度灌输，从而提高师生对讲座的兴趣。首先组织者可以先展示相关专家教授的视频介绍或者以往比较风趣的讲座画面，在这种比较放松的氛围当中倾听讲座，可以有效提高师生对讲座的印象分。其次需要增加讲座提问环节的时间，可以刺激学生进行思考，并且提出自身的疑问。而讲师对问题的讲述可以使学生集中注意力进行倾听，对提高讲座的效果具有重要的作用。最后讲师和学生之间要建立良好的交流关系，课后创建QQ群、微信群，随时可以进一步交流彼此的想法，可以有效促进双方的进步。同时学生在交流过程中，可以不断激发自身的创造力，使学生可以有更大的决心进行研究或者创业，享受自行创造的乐趣。

四、结语

在应试教育的背景下，我们一定要加强和丰富学习的多元化。在大学中开展学术讲座，为学校营造良好的学习氛围与学习环境，对学生知识的提高具有重要作用，因此学校要提高对学术讲座的重视程度。在讲座的实际开展中，可能会遇到经费不足或是安全等因素的影响，但我们不能放弃讲座的开展。我们可以适当地引入社会力量，加强讲座多方融合，让大学校园保持学术讲座常态化，不断摸索，进而提高讲座的质量，多多鼓励学生积极参与学术讲座，以提高自身的学术水平。而师生更要珍惜每次讲座开展的机会，共同参与到学术活动当中，使学生获得更多与学术专家交流的机会，培养同学们的创新精神，从而获得更加宽广的学术视野，促进学生的快速成长，这样一定会对大学人才的培养起到重要的促进作用。

参考文献

[1] 马超. 从讲座制到系科制：欧洲大学内部管理权力的变更 [J]. 比较教育研究, 2016 (4)：61-64.

[2] 谢长青, 李晓燕. 以学术讲座为视角探讨大学通识教育 [J]. 北方经贸, 2016 (1)：121-123.

[3] 黄亲国. 高等教育的学术导向和社会导向 [J]. 现代教育科学（高教研究）, 2014 (3)：17-19.

图书馆员在智慧图书馆构建中的定位思考

孙若涵

（湖北省图书馆，湖北武汉，430071）

摘 要：在科技不断进步的时代中，智慧图书馆不断构建并将逐渐取代传统图书馆成为新发展趋势。智慧图书馆具备资源、服务、空间、管理等智慧化特征，而相对应图书馆员的角色也发生了转变，馆员应积极接受转变，以更好地引导用户体验智慧图书馆，为用户提供优质服务。本文就将对智慧图书馆构建中，馆员角色转变及能力提升展开详细分析阐述。

关键词：智慧图书馆；特征；馆员角色转变

一、智慧图书馆的概述

十九大报告中，习近平总书记提出了"智慧社会"的概念，标志着我国智慧城市建设步入中国化和时代化新阶段。而智慧图书馆这一熟悉又陌生的词汇在中国图书资料领域已经出现十来年。智慧图书馆概念首次提出是在2003年芬兰公开发表的《智慧图书馆：基于位置感知的移动图书馆服务》一文中，来自奥卢大学的作者Markus Aittola在这篇文章中对智慧图书馆的概念发表观点，认为是不受时空限制并且可以被感知的移动图书馆。随着互联网、物联技术以及数字信息技术的高速发展，当国际商业机器公司（IBM）在2008年也提出了"智慧地球"概念以后，"智慧"与各个领域纷纷结合之后逐渐出现"智慧校园""智慧医院""智慧城市"等概念，而智慧图书馆也从最初的鲜有人知逐渐成为图书情报领域的关注和研究热点。

（一）智慧图书馆的概念

智慧图书馆（smart library）是继建设智慧城市、智慧社区和智慧校园后，在图书馆业界兴起的又一热词，并上升到政府推进城市现代化建设层面的高度得以重视。笔者认为，智慧图书馆是指建立在智能技术以及其他各种新科技和新管理理念基础上的新一代现代图书馆的总称，将对正处于转型中的图书馆带来全方位、深刻的影响，必将带来图书馆的业务结构、运行机制、管理方式与服务能力的大变革。

智慧图书馆是智慧城市、智慧校园等概念的一种延伸，建立于现代图书馆的基础上，是图书馆发展的一种新型模式。我们立足于"互联网+"思维视角建设智慧图书馆，可以让人们随时获取数据信息，提供跨时域的信息服务，从而提高图书馆的服务效率和质量。

（二）智慧图书馆的特征

莫尧菊（2017）认为智慧图书馆是一种图书馆智慧服务方式，它基于云计算和无线网络；它为了避免本地服务器数据不同步的问题，采用云端来保存数据，用户只需要一台电脑就能有效地使用图书馆内资源；而智慧图书馆的核心技术中也包括大数据技术，智慧图书馆的智慧化服务可以利用大数据分析技术来实现。智慧图书馆从根本来说是一种"用户导向"的服务体系，可以利用各种信息技术预知到用户需求，并能给用户提供不错体验服务的智慧型图书馆。

笔者认为，智慧图书馆的特征应该是以下四点。

第一，资源智慧化。资源智慧化是现代智慧图书馆的立身之本。笔者从近十来年从事图书馆期刊服务的经验来看，资源是人们想到图书馆的首先要点。一个图书馆的资源丰富与否，很大程度上能决定其社会地位。智慧图书馆主要特征之一就是资源之间的高度整合和组织，通过构建数字化、智能化的资源服务平台，来实现应用、部门、知识库之间的共享，并达成各种媒体之间的深度融合。当前，我国不少图书馆如湖北省图书馆在构建智慧图书馆的过程中，已经开启线上一站式检索系统，这就是图书馆实现资源智慧化的第一步。随着智慧图书馆建设步伐加快，资源智慧化还将进一步加快和深化。

第二，服务智慧化。服务智慧化是建设智慧图书馆的本质需求。图书馆从本质上来说是向大众提供服务的公共文化设施。如何更好地服务大众是智慧化图书馆需要考虑的重点。实现服务智慧化一方面需要技术设施能匹配，类似虚拟现实技术（VR）与现有的资源结合使用以及物联网、大数据等的广泛应用；另外一方面需要馆员转变服务思路，由固定式的服务转变为以用户为主导的智慧化服务。

第三，空间智慧化。智慧图书馆的空间智慧化不仅包括建筑的绿色节能、清洁能源的利用、先进的网络技术应用、全方位监控系统的铺设，更包括公共图书馆延展的空间智慧化。目前，综合阅读、休闲、社交、娱乐等功能于一身的图书馆正成为越来越多社会图书馆的选择。在互联网时代，传统图书馆越来越无法满足公众的需求。以纽约皇后区图书馆为例，过去图书馆80%的业务是图书借阅，现在仅占30%，而70%的精力在于非传统的读者活动上。与西方发达国家相比，中国公共图书馆的建设和使用落后明显。并且存在"重藏轻用"、服务理念陈旧等不足之处。

第四，管理智慧化。智慧图书馆的管理智慧化主要是两方面，一方面是业务流程的智慧化，如推广无纸化办公、一键式办事、开通支付宝/微信借书功能等；另外一方面是馆员管理的智慧化，现代图书馆大部分馆员都是受过高等教育的大学生等，管理和培训就应该更体现智慧化时代的创新性、指向性和能动性。通过各种培训、教育活动，不断增强馆员的职业信仰、提高馆员的职业能力、提升馆员服务意识。

二、智慧图书馆构建中馆员定位变化

（一）智慧图书馆馆员角色转变

印度的图书馆学家阮冈纳赞（Ranganathan, Shiyali Ramamrita）曾在他著作中表示：一个图书馆成败的关键在于图书馆的工作者。笔者认为，无论图书馆发展到什么阶段，都需要"人"来主导。馆员在智慧图书馆的核心要素中占绝对的主导地位。在智慧图书馆的建设过程中，馆员的角色会发生多次转变，笔者认为这些转变主要包括以下两点。

第一，从一岗到多岗。正如上文所言，西方国家传统图书馆模式下的业务人员在巨幅缩减，随着图书馆业务的扩展，图书馆"一岗定终生"的现状正在急速变化。以湖北省图书馆报刊部为例，随着自动借还书/刊机器的推广应用，服务台馆员的角色将不再局限于简单的上/下架、借还书刊，而转变为既要能做好录入和分类存管，又要能做好用户信息的管理，依托大数据对用户进行分析和预测，以此协助用户更快地找到感兴趣的刊物和报纸，并能结合参考咨询服务工作，解决用户想深度了解的问题。这一变化将馆员从原本单一的岗位职责逐渐转变为多岗位并存的状态。

第二，办事中介到协助者。基于智慧图书馆的各种先进技术，馆内很多业务将不再需要馆员直接操作，而是用户通过信息端自助处理。以湖北省图书馆为例，目前书籍类借还、办证、电子资源的下载等都已经实现了用户自助处理。这些自助服务的推广并不是要取代传统馆员的服务，而是将馆员从简单的岗位中抽离出来，以更多的时间和精力用来承担用户的协助工作。

（二）智慧图书馆构建中馆员需具备的核心能力

1. 资源服务能力

智慧图书馆构建中，馆员的资源服务能力是最重要的核心能力，具体包括馆员对智慧图书馆各种信息资源的存储和组织能力、开发和应用能力、展示和交互能力以及智慧化运用能力。馆员资源服务能力的提高，不仅依赖智慧图书馆自身的丰富资源，也依赖馆员自身的技能和学习能力。馆员首先要对馆内的资源充分熟悉和了解，并通过自身的技能对信息进行筛选，这一操作可节约用户时间，以更好地为用户提供针对性的服务。

2. 沟通协作能力

以上文所述，智慧图书馆主要特征之一是实现各种资源、应用、部门之间的整合。在这种环境中沟通协作能力显得尤为重要。在智慧图书馆中，每个馆员不再是一个独立的点，而是放射的线性链接。智慧馆员不仅需要依托现有的先进技术，在虚拟环境下实现与用户的沟通和跨时间/空间的服务，而且需要在服务过程中，准确地实现部门之间的协作和资源的整合。

3. 发展拓新能力

图书馆在服务、空间的智慧化拓展亟需馆员拥有发展拓新能力。笔者认为馆员的发展拓新能力主要包括自主提升职业能力的意愿、清晰的职业规划能力以及工作中开拓创新的思考力和执行力。智慧图书馆的执行主导终究是在于各种层次的图书馆员。馆员对职业的信仰程度、职业的清晰规划将直接影响其在工作中的表现。一方面，图书馆应通过建设/完善工作制度积极引导馆员进行相关培训，清晰职业规划，完善晋升体系如重新划分馆员职能和权责、完善奖惩制度等增强馆员职业忠诚度；另外一方面，馆员也应该加强自我学习，不断完善自身知识储备，实现从专深到终身的学习思路的转变。

三、智慧图书馆构建中图书馆员角色转变应对策略

智慧图书馆的构建是一个循序渐进的过程，这个过程需要长时间持续的努力。同理，智慧图书馆馆员角色转变也将是一个持续的渐进过程。笔者认为应该从以下三点来应对。

（一）外部环境：提高门槛、构建交流

选人用人是培养智慧图书馆馆员的首要环节。图书馆在进行人才选拔的时候，应该制定既严格又灵活的人才选拔体制机制，不断提高准入门槛。图书馆要制定相应的人才准入标准，在选拔人才时要把好关。鉴于智慧图书馆协同合

作等需求，图书馆在选拔人才时应从专业素养、专业技能以及发展潜力等多个方面综合考虑。

我国的智慧图书馆建设正如火如荼。馆际交流与学习是保持智慧图书馆馆员思想前进、技能进步的重要方式。智慧图书馆依托信息交流平台，构建馆际交流机制，通过线上和线下的交流实践，帮助馆员及时了解智慧图书馆建设的最新动态和最新技术，学习技能，并以点带面，将交流的经验智慧与实际工作相结合，将知识进行馆内传播，从而调动主观能动性，营造智慧图书馆的新形象。

（二）内部环境：优化配置、加强培训

智慧图书馆中工作的馆员始终不是一个"孤岛"，其工作的沟通协调属性也决定了馆员调配需要不断优化。管理者应该充分发挥每一个馆员的优势，并进行协调配置。笔者认为，智慧图书馆应该分为专家级馆员和协助性馆员。专家级馆员则是指有硕士研究生以上文凭、在图书资料领域工作有较长经验或者拥有高级职称的馆员。这些馆员承担重要、深度的工作，如参考咨询等。协助性馆员则是在不断成长的年轻馆员或者进行基层实践操作的馆员。馆内可以构建馆员接、帮、带体系，由专家级馆员带组，从而实现人才的树形结构培养。

在这个过程中，馆内培训需要不断加强。智慧图书馆应该完善馆内培训体系，对接继续教育窗口。可设置积分制的年度学习任务，并将其纳入晋级考评加分项目。培训的方式和内容也应以智慧图书馆发展目标为指引，科学定制不同党员的培训计划，综合各种学习资源，实现系统化、科学化、智慧化。

（三）馆员自身：提升意识、拥抱转变

现代智能设备的投入使用，使智慧图书馆馆员从日常琐碎工作中脱身，随即将工作重点转移到智慧服务和智慧科研服务上。在保障以往基础服务和科研开展的基础上，提升服务意识，积极扩大和主动深入现有的科研服务，创新智慧图书馆的服务方式，提升图书馆服务质量。

科技发展日新月异，我们现在正处于不断前进的时代，就应该努力学习，不断成长。既要主动学习，积极更新知识储备，坚持终身学习教育，又要保持良好的心态，积极拥抱角色转变。

参考文献

[1] 李彩宁，毕新华，陈立军. 智慧图书馆服务模式及平台构建研究 [J]. 图书馆，2018（12）：1-7.

［2］侯明艳. 智慧图书馆环境下高校馆员的角色转变［J］. 现代情报，2015，35（5）：165-167.

［3］伍素梅. 基于智慧服务的图书馆员能力建设［J］. 佛山科学技术学院学报（社会科学版），2015，33（1）：94-96.

［4］马明霞. 智慧图书馆员的内涵与提升途径［J］. 农业图书情报学刊，2014，26（5）：198-200.

［5］金敏婕. 智慧图书馆——构建智慧城市之思考［J］. 图书馆工作与研究，2013（4）：17-20.

新时代馆员能力建设探究
——以湖北省图书馆参考咨询员为例

叶振宇

（湖北省图书馆，湖北武汉，430071）

摘　要：随着科技的发展、时代的进步，图书馆员服务读者的素养能力面临着新的挑战，如何提升馆员能力，做好新时代馆员能力建设成为重要一环，本文以湖北省图书馆参考咨询员为例，以工作实践为基础，探讨提升参考咨询员能力的途径。

关键词：馆员能力建设；参考咨询员

一、新时代馆员能力建设背景

（一）数字技术的飞速发展

数字技术的发展给图书馆也带来了巨大变化，以文献查阅为例，从以往的面对面纸质文献搜集查阅到线上交流文献传递，读者的需求和选择更加多元，这也要求参考咨询员熟练掌握数据库检索和应用，根据读者需求，找到对应的数据库，并进行检索。此外，微博、微信等自媒体的迅猛发展，也要求参考咨询员接受参考咨询的方式更加多样，对参考咨询员的能力素养提出了更高的要求。

（二）图书馆自身发展的需要

图书馆的使命就是以书为用，以图书馆员为读者传递需要的信息，在新时代的今天，图书馆要更好实现自己的使命，图书馆员的能力素养提升是当务之急，从普通读者到企业用户再到党政机关干部，从老人到小孩，不同身份不同年龄的读者对图书馆的需求大不相同，要同时满足这些不同读者的需求，参考咨询员素养能力提升必不可少。

（三）馆员自我实现的内在要求

马斯洛的需求层次理论提出，人类最高的需求层次就是自我实现。图书馆员处于新时代，站在新起点。提升自我修养，提升能力素养，实现自我价值，为图书馆事业献出自己的一份力量，应该是每个新时代图书馆人对自己的内在要求。

二、湖北省图书馆参考咨询员现状

（一）参考咨询员

参考咨询服务往往涉及社会学科、自然学科等多个分支，同时要求坚定的政治立场和较高的政治站位。湖北省图书馆信息咨询员多专业、复合型人才、党员，以及具有较长参考咨询工作经验，为湖北省图书馆决策信息服务工作打下坚实基础。信息咨询员是决策信息服务的供给者，是决策信息服务过程中的重要一环。湖北省图书馆信息咨询部现有在编员工26人，其中参考咨询岗11人。这11位信息咨询员分别是图情专业1人，具有生物、通信等理科专业背景3人，其余7人均为外语、法律等文科专业。

（二）参考咨询条件

1. 参考咨询资源

信息咨询员和信息资源是决策信息服务的两大基础，信息咨询员的素养决定决策信息服务的广度和深度，而信息资源则决定着决策信息服务的反应速度。信息资源一般自有信息资源和平台资源。湖北省图书馆拥有馆藏文献超过800万册（件），数字资源600太字节（TB），同时，借助图书馆业界优势，省图积极参与行业交流学习，不断加强专业化程度，作为全国省级公共图书馆决策咨询服务协作平台首批7个成员馆之一，紧密联系国家图书馆以及广东中山图书馆、南京图书馆等多家省级公共图书馆，经常交流信息服务经验，提高信息服务质量。

2. 参考咨询服务方式

湖北省图书馆决策信息服务由湖北省图书馆信息咨询部提供，但决策信息服务只是信息咨询部工作任务中的一项，该部门还承担着保存本入库、上架、调阅，外文书刊采购、上架、借阅，廉政文化图书馆，网上读者咨询等多项职能。该部门的信息咨询员往往承接不止一个课题以及多项其他工作任务。在该部门11位信息咨询员中，全部都承接了2个以上的课题或工作任务。

3. 参考咨询服务机制

一是培训机制。决策信息服务工作的培训由两方面组成，一方面，国家图书馆每年定期召开参考咨询业务培训，湖北省图书馆每年选派两名信息咨询员参加培训，培训方式既有理论授课，也有实践式的"传帮带"；另一方面，湖北省图书馆也会请业界的专家学者给予馆内员工培训，一般为理论授课。

二是激励机制。决策信息服务工作存在一定的保密性质，对决策信息服务工作进行考核激励一般分为两部分。一是通过决策信息服务成果是否达到决策者指定要求，二是通过由信息咨询员在部门考核时汇报工作业绩，由部门同事和领导投票决定。对于业绩表现突出的工作人员，部门会评选"先进工作者""考核优秀""文明职工"等称号，同时给予一定的奖金。

三是合作机制。湖北省图书馆的合作机制主要是紧密联系国家图书馆立法决策服务部，联合上海图书馆，同时作为全国省级公共图书馆决策咨询服务协作平台首批7个成员馆之一，紧密联系国家图书馆以及广东中山图书馆、南京图书馆等多家省级公共图书馆，经常交流信息服务经验，提高信息服务质量。与中国科学院武汉文献情报中心以及各高校图书馆也有合作，但合作较少。省级公共图书馆决策咨询服务协作平台建设由于一些原因被搁置，协作功能暂时无法发挥。

四是沟通反馈机制。湖北省图书馆的沟通反馈机制主要是通过主动拜访党政机关等政府决策者，或是由领导转达决策者信息需求，决策信息服务的沟通反馈需要层层转达。

三、湖北省图书馆参考咨询员成果

（一）历史成绩

自1956年起，湖北省图书馆主动为国家重点建设项目提供决策信息服务，至今已坚持60多年，包括武钢、二汽、葛洲坝、江汉油田、三峡工程在内的一批大、中型建设项目都曾留下湖北省图书馆信息咨询员的足迹。在国家建设三峡水利工程过程中，湖北省图书馆通过编印书目、二三次文献、索引，组建协作网络等方式，为湖北省三峡工程和国家长江经济带服务。编印约30万字的《长江流域史志书目》，编印二、三次文献，如《桥梁技术书目提要》《长江水流量之解析》（日文）、《土力学·地基基础工程书目提要》《三峡工程进展概况》《民国时期湖北水灾系年》《湖北水灾历史分析》《三峡：黄金旅游线》《馆藏西文水利水电书目提要》等书目、资料、索引，组建水利委员会、长江科学院等有关单位参与的课题服务网络以及"湖北长江经济带所属公共图书馆协作服务网"。受到技术人员的欢迎,并得到有关单位的充分肯定:多家新闻媒体曾予以报道,《中国文化报》在报道中还以"要主动服务"为题发表短评说"公共图书馆要为两个文明建设服务,要紧紧围绕经济建设这个中心开展工作"。在这方面湖北省图书馆做出了榜样。

(二) 现有成果

湖北省图书馆开展"两会"服务已持续了十四年之久。14 年来,湖北省图书馆走进湖北省两会代表、委员驻地,现场免费提供信息咨询服务,随着信息服务的深入和信息技术的进步,还提供数字文献资源下载、读者证办理资料打印复印、电子书刊借阅机等服务和设备,同时也通过赠阅"两会"专题信息服务资料,为人大代表和政协委员们参政、议政提供全面可靠的深度文献信息支持与保障,获得了代表和委员们的肯定和表扬。

湖北省图书馆决策信息服务积累了大量的经验,也较好地完成了各种决策信息服务任务和工作,为湖北省重大经济建设以及重大决策作出了一定贡献。同时,我们也需要看到湖北省决策信息服务机制的不足之处。

四、湖北省图书馆参考咨询员能力建设特点

(一) 服务规范标准化

服务流程标准化、规范化有助于领导决策机关了解我们的服务形式,同时也方便决策服务组总结经验。我们所接到的每一项服务都会认真详细地记录其文献需求,按照不同的文献类型,将图书、期刊和报纸等相关资料分类整理,资料排版中对字体大小、著录格式等都统一标准。在定题服务过程中,定期与领导决策机关进行电话、邮件等方式的回访,加强沟通,提高服务意识,及时了解上级领导的文献信息需求重点,使为立法决策机关提供文献信息服务工作有连续性和完整性。

(二) 培训机制系统化

为立法决策机关提供文献服务,需要有高度的政治敏感性,善于观察和发现其决策新动向,这是提高服务工作质量的基础。对党和国家的方针政策、省委省政府的决定要做到认识到位、思想统一,能够认真贯彻执行,有全局观念,有责任意识。服务组工作人员必须通过培训提高自身政治素养,学会把握政治形势,学会厘清政治时局,确保文献推送符合领导机关决策的需要。树立、保

持和提高政治敏感性，将有助于我们更好地开展工作，发挥好为立法决策机关提供文献信息的重要职能。如，在党的群众路线教育实践活动中，我们将与"群众路线教育实践活动"相关的中央领导和省领导讲话精神、人民日报、新华社重要媒体评论、专家评述和基层观点等资料进行分类整理，汇编成册递呈省委督导组。

（三）合作机制平台化

决策信息服务对信息的时效性要求很高，在我们所接受的几项委托中，基本上都要求在短时间内完成，用"尽快办""急需""明日需要"等语义表达对文献资料需要的急迫性。面对这样的情况，需要建立馆内馆外的合作，同时积极构建合作平台。首先，分管馆领导都会在第一时间组织信息部决策服务小组分配工作任务、强调工作纪律，同时要求保证工作质量、注重服务轨迹和保障服务效果；其次，联系采编部、借阅部和网络部等部门配合服务小组工作，提供文献资源，确保在领导机关要求的时间内完成任务。如"荆楚风·中俄情——湖北文化走进俄罗斯"活动是湖北省对外文化交流的重点项目，湖北省图书馆及时为省政府对外文化交流部门出访俄罗斯编辑了大量的涉及两国文化的专题背景资料，为其提供了文献信息资源协助，该活动也取得了圆满的成功。

（四）激励机制常态化

人才的产生和成长的过程往往和单位对他的使用联系在一起，一个人在松散的环境里，他只能发挥20%到30%的能力；在有压力的环境里，他可能发挥70%到80%的能力。专业人员如果处在松散的环境里，长期疏于学习和提高，能力必然会逐渐退化；相反，在有压力的环境里，他会勤于学习和提高，能力也会逐渐提高。计划经济体制下的图书馆，给人以修养所的概念，必然是耽误人才、浪费人才，所以也留不住人才。按照人力资源管理的要求，图书馆对人才既要委以重任，提高报酬，更要严格考核，要求在社会效益或经济效益方面有显著成效。

（五）沟通反馈机制常规化

立法决策机关是图书馆服务对象中的一个特殊群体，他们对文献信息的准确度和契合度要求更加严格，提供精准度较高的文献信息对领导机关决策至关重要。我们的工作思路是，首先，由经验丰富的研究馆员先行判断立法决策机关所需文献信息的方向；其次，由小组成员通过各种途径和手段，分工协作收集和整合文献资源，再将资料汇总由信息部主任和资深馆员进行甄别和筛选，剔除无用或者契合性不高的文献资源；最后，由分管馆长进行最终审定。通过反复地筛选和讨论这一过程，强化了为立法决策机关提供文献资源的准确度。如全国人大就公共图书馆立法在湖北进行调研期间，湖北省图书馆将湖北促进公共图书馆事业发展的相关案例、数据、论文编辑成册，为全国人大公共图书馆立法提供有价值和准确的参考信息，受到了全国人大立法调研组的充分肯定。

五、完善决策信息服务培训机制

湖北省图书馆的外部培训渠道不多，内部培训过于偏重理论。因此，必须进一步拓展培训渠道，同时加强内部培训，形成长效的机制以保证培训效果。

一是拓展外部培训渠道。

（1）加强与服务机关联系，参与其系统培训。在决策信息服务过程中，决策者很愿意让图书馆信息咨询员参与其培训，这不仅有利于信息咨询员了解决策者需求，明确信息要求，迅速精确开展决策信息服务，同时加强了双方的联系。信息咨询员接受服务机关的培训，是业务能力加强和服务质量提升的双重要求。决策信息服务过程中，应与决策者进行协商，让信息咨询员参与决策机关关于决策信息方面的培训，相关的费用可以由信息咨询员所在图书馆解决。

（2）加强与图书馆业界交流，积极参与业界培训。国家图书馆每年定期为全国公共图书馆提供业务培训，已经具备较完善的培训流程和深厚的培训经验积累，同时有来自各个地方的业界同事参与交流，应积极参与到国家图书馆的培训中去，并将经验分享给未参与培训的同事。此外，其他公共图书馆如广东中山图书馆等，也欢迎业界的交流学习，应积极与具备先进经验的公共图书馆开展业务交流。

二是加强内部培训，形成长效交流机制。一方面，应加强内部培训，在培训内容上理论与实践相结合，除了理论学习之外，应适当增加实践培训。另一方面，决策信息服务的信息咨询员应定期召开碰头会，交流决策信息服务经验，各位信息咨询员应积极总结经验，反思决策信息服务过程，反馈困难和问题，集思广益。如果有新加入的信息咨询员，应该以"传、帮、带"的形式以实践代替讲授，让新加入人员迅速适应服务流程。

参考文献

[1] 徐力文，黄国华. 湖北省图书馆为立法决策服务的实践和探索 [J]. 图书情报论坛，2015（3）：2-5.

智能时代图书馆资源建设与数据服务

齐岩婷 汪海燕

(武汉晴川学院,湖北武汉,430012)

摘 要:随着人工智能技术、大数据以及物联网技术的逐渐更新与发展,在一定程度上推动了图书馆向智能化、数字化以及信息化的方向转变。因此,图书馆在建设与发展的过程中,应合理应用当前新型的信息技术,确保完成资源的整合,构建完善的资源服务体系,以此来给用户提供更高质量的阅读服务,这样才能最大程度发挥出智能时代图书馆的价值。

关键词:智能时代;图书馆资源建设;数据服务

智能时代的到来,越来越多的行业意识到了数据以及信息技术的重要性。而对于传统图书馆而言,其发展模式已不再适用新的时代发展需求,在信息技术支撑下,其也逐步开始注重资源建设,提升数据的整体服务能力。因此,为了有效达到这一目标,图书馆就应从建设目标、建设体系以及人才资源等多个方面进行综合考量,确保构建一套满足用户个性化需求、提升图书馆整体服务水平以及提高图书馆智能化发展水平的全新服务模式。本文就针对智能时代高校图书馆资源建设与数据服务展开具体的分析与讨论。

一、智能时代图书馆的发展与变革

(一)图书馆的定位

在人工智能技术以及大数据技术的支撑下,传统图书馆纷纷完成了对图书馆发展模式的创新优化,构建了数字图书馆,并且对于用户提供服务也主要以数字图书馆为主。其中,数字图书馆较传统图书馆不同的是:其具备数据存储、信息收藏和数据服务等多项功能。此外,数字图书馆还包含多种类型的数据格式,像文字、图片、视频以及音频等,这样就能根据用户的个人喜好来给其提供更加个性化的服务体验。因此,智能时代图书馆的发展定位就应以给用户提供全面化的服务为主,确保满足用户的多样化阅读需求，以此就能更好地促进图书馆的可持续稳定发展。

（二）信息资源建设的方向

高校图书馆资源具备较强的公共性，其面对的对象是广大师生。因此，图书馆信息资源的建设方向就应具备公共性、服务性、文化性和普及性，这样才能更好地满足广大师生的阅读需求。因此，图书馆在信息资源建设方面，也应注重涵盖更多具备科研型的数据资源，确保给高校建设提供一定的资源支撑。只有图书馆的资源更加丰富、更加多样，所具备的文化资源和知识资源越多，才能更好地带动读者阅读。

（三）服务方式的变革趋势

智能时代下图书馆的发展，也应考虑到服务方式的变革，只有服务质量得到全面提升，用户才会具备较强的阅读积极性。其中，当前的图书馆有多种类型，且不同高校图书馆的发展方式也有所区别。因此，图书馆的服务方式也应根据图书馆的不同类型和所面对的对象进行适当的调整。此外，图书馆在发展的过程中，也应结合当前时代的发展特点，并利用现有的新型技术，来完成服务方式的变革，确保逐步探索出一套可以促进自我发展的信息资源服务模式，努力向数字化、智能化以及信息化方向转变，这样不仅可以满足读者的阅读需求，而且还能在一定程度上给高校的可持续稳定发展提供强有力的动力。

二、智能图书馆信息资源建设的重点

通过对智能图书馆信息资源建设重点的分析与了解，就能在一定程度上明确智能图书馆的建设方向，确保更快推进智能图书馆的建设与变革工作，以此来全面提升图书馆的服务水平，促进智能图书馆的可持续稳定发展。下面，就针对智能图书馆信息资源建设的重点展开具体的分析与讨论。

（一）制定图书馆信息资源建设的目标

当前许多高校的图书馆建设并非以满足师生的阅读需求为主要目标，而是为了满足高校的功能化配置，只要上级需要有一个图书馆，就去针对性地建设，并非实际性地考虑高校的发展特点和读者的实际阅读需要。而在智能时代发展背景下，图书馆的建设就不能只是简单地为了完成任务，而是应根据实际需要来制定信息资源建设的目标，并且将每个建设目标细致化和明确化，这样才有助于目标的高质量完成。譬如：对于数据资源的保存，应尽量保存一些具有高校特色且能够促进高校发展的数据资源，这样数据资源的保存才更有价值。而对于数据资源服务，则首先要全面和深刻地了解数据服务的对象，且明确服务对象的喜好，并据此来提供针对性的数据服务，这样图书馆的建设才会更受读者的欢迎。此外，为了最大程度发挥出智能时代图书馆的服务价值，图书馆还应建设一个稳定、可靠且系统化的网络平台，确保给图书馆的整体性发展提供技术支撑。

（二）选择适合本馆的信息资源建设模式

图书馆类型不同，其信息资源建设模式也就不尽相同。而就针对当前高校图书馆的信息资源建设模式而言，其主要涵盖：资源保存型、技术探索型以及资源服务型三种类型。其中，资源保存型信息资源建设模式更加注重资源的高质量保存，而技术探索型则更加注重对新型技术的应用，而资源服务型信息资源建设模式则是为了更好地为读者提供服务。因此，图书馆在发展过程中，就可根据自己的发展特性，来选择适合本馆的信息资源建设模式。其中，相关数据表明，在互联网发展背景下，资源服务型建设模式更加符合当前图书馆的发展需要。但是，在具体应用资源服务型信息资源建设模式时，就需要利用资源共享平台，将读者与图书馆的各项资源有效连接起来，这样才能更好为读者提供服务，才能为读者提供更丰富的数据资源。此外，传统图书馆向智能时代图书馆发展演变时，还应注重图书馆机构的完善，确保完善图书馆的各项应用功能。

（三）加强图书馆人才队伍建设

图书管理人员作为图书馆各项活动的主要组织者和展开者，其专业水平的高低就在一定程度上影响着整个图书馆的建设水平。因此，为了加快智能时代图书馆的建设速度，推进整体变革进程，就应做好人才保障工作，确保建设一支专业能力强、综合素质高的人才队伍。其中，图书馆可定期开展培训活动，拓宽图书管理人员的知识面，确保提升其职业素养、文化素养、信息素养等，以此就能给读者提供更高质量的服务。此外，还应招揽更多图书馆专业毕业的人才参与到图书馆的建设过程中，这样就能全面提升图书馆的整体发展水平。高校还应将智能技术贯穿于图书馆智慧服务的整个过程，并针对性地开展智慧服务培训活动，这样就能提升图书馆的整体服务能力。

三、数据服务在资源建设中的应用

（一）为读者提供智能化以及个性化服务

人工智能技术、大数据技术以及计算机信息技术的应用，使得图书馆的配套设施更加完善和智能，可以让读者根据自己的阅读爱好和阅读习惯完成对信息资源的收集与整合,并从中获取到自己想要获取的具备价值的信息。而在建设智能时代图书馆时,就应合理运用数据资源,确保给读者提供更加智能化以及个性化的服务。譬如:对于信息资源的选择,可以为用户提供智能化的定制服务。让用户可以从资源、界面以及服务三个方面完成对有关资源的筛选,确保他们能够准确地搜索到想要的数据库、电子期刊以及专业词汇等各项资源。图书馆的搜索还应具备记忆功能,可以搜集和汇总图书馆用户的一些喜好,并基于此为读者提供相似类型的数据,这样就有助于读者快速获取到想要的信息。此外,图书馆在建设过程中,还应尽量体现服务的个性化,可让学生根据自己的喜好来设置个性化的服务界面,以此就能给读者呈现一种耳目一新的观感体验。

(二)建立人工智能的资源采访模式

图书馆中有丰富的数据资源,不同资源之间又存在着较为紧密的联系。而如何在较短时间内找到这些数据的联系,并最大化地发挥出数据的应用价值,是当前高校图书馆在发展过程中所要解决的主要问题。人工智能技术的应用,可深入数据内部和细节,通过模仿人类思维机制和决策过程,来处理关系比较复杂且计算体系较大的数据,这样就能全面提升读者的阅读效率。因此,在图书馆资源建设中应用数据服务时,还应建立人工智能的资源采访模式,确保全面提升数据的处理效率,能够深度挖掘读者的阅读需求,这样就能为图书馆相关决策的执行提供重要的数据依据。

(三)提高文献编目效率

文献编目是图书馆一项比较复杂且重要的工作,但是传统的文献编目方式还比较落后,大多都采用人工的方式,整体编目效率较低。而在智能化发展时代,图书馆的建设就应注重文献编目效率的有效提升,不能再采用传统的编目方式,而是应积极转变传统的编目观念,并利用现有的计算机技术、大数据技术、物联网技术等,来完成对文献的高质量编目。数据服务的应用,能给文献的编目提供统一的标准和原则,这样就能有效丰富图书馆的数据内容,并且也便于读者快速查阅相关数据信息。

(四)提升馆藏资源服务的智能化水平

传统图书馆向智能化图书馆的转变并非是一蹴而就的,而是有一个逐步过渡的过程。但是,图书馆在建设过程中,首先就要明确提升馆藏资源服务智能化水平的目标,这样才能明确图书馆的整体发展方向,并为其提供强有力的动力。但是,智能图书馆在具体发展时,一般需要经历:首先达到半智能化,然后通过积累经验，再逐步发展为全智能化的两个阶段。其中，在半智能化建设阶段，可在图书馆中配备自主还书设备、电子杂志阅读机以及电子阅读机等多项设备，确保初步满足人们数字化的阅读需求。而在全智能化发展阶段，则可利用物联网技术，将所有智能技术与服务措施整合在一起，并参考其他智能化设备来建立完善的管理模式，确保推动图书馆建设向智能化推进。

不断研究与分析智能时代图书馆资源建设与数据服务，对于全面提升图书馆的资源建设水平和服务质量，有效满足高校师生的个性化和多样化需求以及全面促进图书馆的可持续稳定发展都具有至关重要的作用。因此，我们应首先认识与了解智能时代图书馆的发展与变革和智能图书馆信息资源建设的重点，进而从为读者提供智能化以及个性化的服务、建立人工智能的资源采访模式、提高文献编目效率以及提升馆藏资源服务的智能化水平四个方面将数据服务高效地运用到图书馆资源建设过程中，确保促进传统图书馆向智能化发展方向的积极转变，以此为广大师生提供全天候、全方位、个性化以及智能化的信息资源服务。

参考文献

[1] 赵洪波，张春杨，任艳霞. 人工智能时代智慧图书馆服务体系构建研究 [J]. 河南图书馆学刊，2021，41（1）：92-94.

[2] 杨文泓. 浅议人工智能在智慧图书馆建设中的应用 [J]. 内蒙古科技与经济，2020（24）：158-159+161.

[3] 张洪升. 大数据时代高校图书馆的服务定位与资源建设对策 [J]. 河南图书馆学刊，2020，40（11）：67-69.

[4] 杨振华. 大数据时代高校图书馆信息资源建设与服务研究 [J]. 文化产业，2020（24）：143-144.

[5] 肖芳. 大数据时代图书馆信息资源建设与服务方式变革 [J]. 知识文库，2019（15）：201-202.

[6] 舒婷. 大数据时代高校图书馆资源建设及服务创新探赜 [J]. 成才之路，2019（5）：10.

[7] 刘静春. 大数据时代图书馆信息资源建设与服务方式变革 [J]. 中国中医药图书情报杂志，2019，43（1）：23-25.

[8] 胡赛. 大数据时代背景下高校图书馆资源建设及服务创新的实现与研究 [J]. 信息系统工程，2017（5）：119-120.

[9] 王宁. 大数据时代公共图书馆的服务定位与资源建设策略 [J]. 图书馆学刊，2015，37（10）：9-11.

基层图书馆员在图书推荐中所应发挥的作用

杨 帆

(孝感市图书馆,湖北孝感,432000)

摘 要：一个民族的精神境界取决于这个民族的阅读水平，中国新闻出版研究院今年4月发布的第十八次全国国民阅读调查显示，2020年我国成年国民图书阅读率为59.5%，与发达国家相比仍有较大差距。每年出版的图书和期刊动辄几十万种，取其精华去其糟粕也是相当不容易。社会上琳琅满目的书目推荐固然有其相对的局限性，可不管是考虑个体阅读的选书问题还是全民阅读对社会发展的积极作用，书目推荐都是必不可少的。

关键词：公共图书馆；基层馆员；推荐书目

笔者对孝感市图书馆近年来的书目推荐工作进行梳理与思考，希望能让该项工作在公共图书馆总体工作布局中的作用更加明晰、地位更加明确、价值更加明显。公共图书馆外借部门接触到的各类新书种类繁多、学科内容各不相同，引导读者高效阅读是其基本职责，并成为图书馆的一项基础业务工作。

一、图书馆阅读书目推荐的重要性

(一)书目推荐

书目推荐也称为书目导读，南京大学徐雁教授指出"是为指导读者读书治学或普及科学文化知识，选择适合特定读者群所需要的文献而编制目录"，书目推荐适应了大众深度阅读的需要，是社会发展的必然选择。书目推荐自古都有，在唐朝时期，书目推荐就很受青年学子的欢迎，我们现在能见到的最早的推荐书目是敦煌艺术伯2171号卷子《砸钞》，其中一节以问答体形式为青年学子开列了包括《春秋》《史记》在内的25种文献，是我国现存最古老的一个推荐性书目。现如今我们又身处一个"知识爆炸"的时代，新知识每年以几何级的速度在增长，一个人一生想通读自己所从事领域的图书早已不现实，更何况还有其他学科的书籍需要关注。

（二）书目推荐可以提高图书馆文献的利用率

每年孝感市图书馆借阅排行榜排在前面的基本上都是文学和历史以及工业技术类图书，其他部分图书和期刊借阅率不高甚至无人问津，主要原因是很多读者不熟悉馆藏资源的分布，不知道是否能够在图书馆找得到自己所需要的图书，更不知道如何有效利用图书馆提高自身的阅读水平。书目推荐，既是对优秀图书的展示，也是对图书馆服务的普及，很多不为人所知的精品图书正是靠着书目推荐的形式来提高书籍的利用率，减少资源闲置。

二、基层馆员图书推荐工作中的优势体现

（一）"知己知彼，百战不殆"

公共图书馆读者类型多样，如果不了解读者需求就无法真正做好图书推荐工作。而作为基层窗口的工作人员每天都能接触到不同阅读层次的读者。通过与这些读者平时的交流能够了解读者对书籍内容和作者的评价，观察读者所借还的图书和期刊，统计每一类图书的借阅频率并从中分析他们的阅读习惯和兴趣。例如在笔者所工作的外借部可以发现读者借阅军事、推理和生活类小说的人比较多，而在阅览大厅就感受到阅读生活类、家庭教育类以及历史等书籍的读者较多。总体来说我馆借阅文学书籍的读者占据很大比例。读者所借阅的也都是符合大众文化潮流的文化休闲图书和报刊，以及和自己平时日常工作、生活相关的专业类书籍，而冷门的专业研究类书籍如哲学、语言文字、生物等借阅量较少。

（二）能接触到大量新书、新报刊的出版信息

笔者在阅览大厅每天都能阅读到很多的图书、报刊，这其中就有不少是专门介绍各类新书的，如《中外书摘》《读书》《中华读书报》等。除此以外还经常关注大型出版社的微信公众号如中华书局、商务印书馆、人民文学出版社等等，及时记录这些出版社的新书和精品图书的推荐，工作闲暇之余尽可能地阅读这类报刊，利用发布的广告、读者评价和作者介绍等收集图书中的出版资讯。平时多掌握这些新书的相关信息，在做图书专题推荐的时候就能做到心中有数、有的放矢。

三、图书推荐的方式方法

（一）在醒目的位置设置新书专柜

图书馆必须做好对书目推荐自身的宣传。只有让书目推荐进入更多人的视

野，推荐的优秀馆藏才可能被更多人熟知。新书的出版发行时效性很强，及时准确地发布图书推荐信息可以帮助读者及时了解图书最新信息，掌握图书馆馆藏资源情况，从而更加有效地利用文献资源充分发挥图书的使用价值。在孝感市图书馆借阅厅几乎每月都会有新书上架，根据每个月新书入藏和与之对应的节日活动内容安排专题推荐书目，在大厅的电子显示屏滚动播放。每个月都会有固定的馆藏新书推荐以及有针对性的专题推荐，例如"三八"妇女节就编辑一期以"女性健康和心理"为主题的推荐，"八一"建军节会制作一期"军事战争"题材的图书推荐等等。目前正值建党一百周年之际，在图书馆进门处摆放"建党百年专题图书推荐"专柜，集中展示一批专注党政、党史的图书。这些摆放在专柜的实体书更加直观，更容易受到广大读者的关注。2021年在本馆大厅门口做新书推荐计6次，近一百册。这些书目推荐的书单不只是简单地将书名、作者、出版信息和馆藏位置推荐给读者，还有内容简介、文章试读和评论。图书馆还在阅览大厅摆放了读者留言本，改变过去以公共图书馆为主、以读者为辅的特征，在可以预知的将来，书目推荐将由图书馆和读者共同完成。

（二）在微信公众号和图书馆网站上发布

运用网络技术是公共图书馆推广阅读服务的发展趋势。孝感市图书馆在多年前就有自己的网站和微信公众号，截至2021年6月，孝感市图书馆微信公众号读者关注量已经达到33848人，这就可以让更多读者及时看到新书和期刊信息。2020年还推出了"馆员荐书系列"，鼓励读者在馆员推荐下找到属于自己的阅读内容。让读者在阅览书目信息的同时还可以很方便地与图书馆工作人员反馈阅读感受。图书馆微信公众号的开通提高了阅读推广的影响力。例如，从2013年开始每到世界读书日这天，中国图书评论学会和中央电视台都会为读者分享年度的中国好书。2020年度中国好书分为六大类：主题出版、人文社科、文学艺术、少儿、科普生活、荣誉图书。贴心地为各领域阅读爱好者提供指南。每到这时图书馆都会在第一时间把这些推荐的图书信息整理后发布在网上。除此以外各个有影响力的大出版社都会推出自己的年度好书榜，每本书文字篇幅较小、图文并茂、内容详实，适合零碎时间的阅读需求，这种阅读方式能够帮助读者充分利用"碎片"时间。还有在岁末年终市图书馆还会在微信公众号和网站上推出统计出的图书借阅排行榜、图书借阅类别排行榜。可以从读者层面客观地反映读者在一个时间段内的阅读兴趣，是读者个人的书目推荐，也是馆藏利用情况的展示，为其他读者借阅图书提供一定参考。

（三）举办亲子绘本阅读活动

目前国家大力推广全民阅读的良好社会氛围下，公共图书馆更应重视低年龄段读者的基本阅读需求，适时地开展少儿阅读书目推荐服务，培养其良好的阅读习惯，孝感市图书馆每年都不定期地在一楼少儿活动室举办幼儿读书活动，倡导亲子阅读，推动全社会形成爱读书、读好书、善读书的新风尚。每一场亲子绘本阅读活动都精心策划，构思巧妙、生动活泼，对于还不能独立阅读的儿童具有很大的吸引力，而绘本中与生活经验密切相关的故事情节也引起儿童的情感共鸣。今年市图书馆还将推出六期亲子绘本阅读活动。此外借助纪念建党百年的契机，让小读者感受红色文化熏陶，传承红色基因，图书馆开展了《儿童文学红色经典丛书》推荐，这套丛书受到了一代又一代中国人的喜爱，成为青少年以及成人都不可不读的经典小说，书中塑造的英雄人物成为了一代又一代人学习的榜样。故事会带领小读者阅读经典红色故事，不仅增长知识，了解革命历史，还激发他们的爱国主义情感和民族责任感，让孩子们从阅读中走进经典，传承红色基因，学习革命先辈，树立远大志向。

四、结语

图书馆完成书目推荐的工作人员必须有意识地培养自己成为知识上的"多面手"，只有具备一定的深度和广度的学识方能对读者有所帮助。作为从事书目推荐的工作人员自己要博览群书，应对中外古今、人文地理都要有所认知，要力所能及地照顾到各个年龄段和受教育程度不同的读者群体。所有这些需要图书馆通过长年累月多批次的、多层面的书目推荐才能完成。

参考文献

［1］王慧.刍议公共图书馆阅读书目推荐工作［J］.图书馆界，2016（6）85-87，94.

［2］丁轶.公共图书馆书目推荐工作的实践与思考——以本溪市图书馆为例［J］.山东图书馆学刊，2016（1）：64-68.

［3］聂卫红，王海.数字环境下公共图书馆阅读推广方式创新的思考［J］.新世纪图书馆，2018（11）：32-35.

［4］金龙.一本书的图书馆之旅——图书馆阅读推广十五年［M］.北京：商务印书馆，2019：139-154.

人工智能服务环境下高校图书馆智慧馆员的培养

芦健　汪丽芳

（湖北理工学院图书馆，湖北黄石，435000）

摘　要：随着科学技术的快速进步，高校图书馆的发展以现代化技术和工作人员为基础向读者提供服务，读者的需求随着手机大量普及、网络的便捷、各种科技的进步发生着一些变化，高校图书馆一定要及时调整，将智能技术融入读者服务中，同时这些改变也对工作人员的服务能力提出了新的要求。

关键词：人工智能；智慧馆员

以麦卡赛、明斯基为首的科学家们在1956年来到美国，研究探讨用机器模拟智能的一系列相关的问题，人们对人工智能有了一个初步的设想，第一次提出了"人工智能"这个词，它标志着"人工智能"正式诞生。人类社会经历了农业化、工业化、信息化阶段，现在正在进入智能化的初级阶段，21世纪以来，物联网、移动互联网、云计算、智能设备等技术都有了飞速发展，我国国务院2017年7月印发的《新一代人工智能发展规划》中提道：到2020年，人工智能技术应用成为改善民生的新途径。在这场新冠肺炎疫情发生时期，我们可以看到人工智能、大数据对疫情防控起到了突出的作用，人们生活的方方面面都和智能化相关，一部手机在手，就可以管理各种家用电器：空调可以远程开启、扫地机器人可以远程操作，智能化在越来越多地服务人类。

高校图书馆从单纯的藏、借、阅，到现在的数字化图书馆、智慧化图书馆，一步步走来发生了很大的改变，智能化手机、智能化搜索、智能化设备，这些智能技术的快速发展创新，一次次头脑风暴，我们的读者由70后、80后、90后到现在的00后，他们的眼界、知识体系比过去进步，他们的需求在变化，我们高校图书馆也需要及时成长，与时俱进，顺应高校读者的需求，将智能技术融入读者服务中，为读者提供更加智能和高效便捷的服务，除了人工服务，智能化自助服务也是读者在全新技术与网络环境之下对图书馆服务工作提出的新要求。

一、智能服务现状及发展趋势

在科技创新和智能设备大范围推广应用的背景下，高校图书馆开始在自助服务建设方面积极思考，获得一定的创新和突破性进展，产生了多样化的服务性终端，同时还拥有了可以24小时提供自助服务的设备。

（一）智能技术目前在高校图书馆的应用现状

1. 智能门禁管理系统在高校图书馆工作中的应用

智能门禁管理系统属于掌上校园管理系统的子系统，如我校的校园一卡通，它可以通过建设银行充值，将门禁、打水、图书借阅、食堂消费等用一张卡的形式综合在一起，可以做到一卡在手校园通行。

2. 智能设备在高校图书馆的应用

随着服务的创新和多样化，智能设备在高校图书馆的应用也越来越丰富，如我校已经投入使用的自助借还机、书籍检索机、自助消毒机、阅读屏、朗读亭等智能设备。

（二）发展趋势

1. 智能机器人或高智能形式的系统在高校图书馆中的应用

随着智能化、智慧化各项技术的纵深发展，高智能形式的系统、人工智能的虚拟机器人在图书馆尝试投入使用，如深圳宝安图书馆的宝安图书智能分拣还书系统，整个智能分拣平台分上下两套机器人来共同完成工作，"小智"和"若愚"相互配合，小智可以智能地完成自动避让、避障、充电；若愚可以把重重的书箱背起，搬运到换箱区与工作人员交接。同时另外一台载着空箱的若愚会及时补位，高效地配合工作。又如：国家图书馆的虚拟现实系统，读者通过此系统不但可以直观地欣赏珍贵馆藏资源，还可以触摸设备，身临其境地对珍贵的古籍善本进行阅览，既对馆藏珍品予以保护，又可以提高馆藏利用率，极大地满足了读者需求。再如清华大学图书馆的可爱"小图"，这种实时虚拟咨询服务，包括有关图书馆知识问答、对馆藏图书的查询、自我学习和训练等多个模块。

2. 5G+AI技术与图书馆服务融合

伴随着5G技术的创新发展，微软、华为、腾讯都加大了AI方面的研发投入，并推进了AI与5G的相互融合，我们图书馆也在与时俱进，在5G技术与高校图书馆融合过程中，怎样使5G技术更好地为高校图书馆提供服务，可以用5G结合云计算进行书籍和读者信息存储，AI系统具有的生物采集识别技术可以在服务过程中随时跟踪读者的行为，并及时反馈读者的行为，随时分析读者的动态反应，"AI+5G"的实现可以帮助图书馆解决服务跟踪反馈的相关问题。

二、智慧馆员

在 2013 年中国图书馆学会的征文通知中，就将"智慧图书馆员"作为论文题目之一。系统化的智慧服务能力，除了高校图书馆资源刚性实力外，智慧服务很大程度上还是和智慧馆员的个人服务能力等软性实力关系密切。美国图书馆界就各因素在图书馆服务中所起的相关作用曾经做过调查，调查结果显示：图书馆舍硬件占 5%，信息资料占 20%，图书馆员服务占 75%，由此我们也可以看出智慧图书馆的智慧服务给读者带来更多的帮助和更佳的体验，智慧馆员的服务起决定因素，提升图书馆员的服务意识、提升服务技能就变得特别重要了。高校图书馆如今需要组建一支适应高校发展，具有图书馆知识、心理学知识及智能设备和技术的使用等能力，还要积极发挥团队协作，为用户提供智慧分析，可以帮助读者解决各种问题的智慧馆员服务团队。

三、智慧馆员的优化与培养

随着高校图书馆智能化服务的创新、智能设备的增多，现在利用智能设备和技术提供便捷高效服务也成为高校图书馆服务的一个重要环节。馆员在图书馆资源和读者之间有着重要的桥梁作用，馆员服务态度的好坏、服务水平的高低，直接决定着读者的满意度。作为图书馆的馆员，随着智能自助设备、自动化设施的引入，面对未来的图书馆变革更应该未雨绸缪，为了更高质量地服务读者，对馆员的服务水平也提出了更高的要求。

（一）提高馆员的综合素质

思想道德素质是一个人的灵魂，作为馆员，要树立全心全意为读者服务的思想，有着正确的世界观、人生观、价值观，严格要求自己，以积极认真的态度对待本职工作。不论是面对面，还是通过网络，馆员都需具有良好的理解能力和语言能力，为读者各种疑难问题进行解答。

随着网络技术和信息技术的发展，高校图书馆必然会越来越多地用到智能设备和相对应的软件。作为高校图书馆的馆员，我们的服务群体是和科技联系最紧密的读者，他们拥有先进的个人移动设备、优质的网络资源、敏锐的信息触觉，所以我们馆员需要时刻更新自身的服务本领，不断拓展知识领域和视野。如对新设备、新软件的使用组织馆内业务培训学习，帮助馆员在日常工作过程中可以熟练运用智能设备和业务系统。如果连熟练使用都做不到，就谈不上为读者提供优质服务了。随着网络的发展，也通过网络参加直播学习，如我馆在2020年疫情期间，组织馆员参加网上学习"2020高校图书馆知识服务与创新应用高级研修班（线上研修班）"和"2020湖北省高校图书馆学科服务创新线上培训"，提高馆员的创新意识和服务技能。派工作优秀馆员去优秀图书馆进行交流学习，回馆后进行总结，并开展馆内学习培训，提高整体馆员团队的服务技能。派工作优秀的馆员外出参加高质量的全国性或省学会的学术论坛，了解图书馆的前沿技术及优秀服务案例，回馆后把这些优秀的知识总结并与馆内工作人员分享经验，共同学习提高等。通过提高图书馆员的服务能力，同时配合使用智能设备，更好地与读者之间沟通互动，更大化满足读者的需求，优化服务质量，增强读者的满意度。

（二）加强馆员的继续教育，坚持终身学习

学习型社会是我国未来社会长期发展的目标。终身学习既是一个很好的习惯，也是一项艰巨的长期工程，鼓励高校图书馆馆员利用业余时间继续深造。攻读图书情报、心理学、计算机等专业的第二或第三学位；还可结合本校专业需要针对特定技术和特殊技能进行进修；鼓励馆员考取普通话水平等级证书以及专业技能鉴定等级证书等，使馆员具备多种能力，既能提供纸本资源服务，又能提供信息资源服务，更好地服务于高校的教学和科研。

（三）馆内培养学科馆员和引进相关学科的优秀人才相结合

学科服务最理想的模式与机制是站在读者的角度服务读者，满足用户的需求。高校图书馆开展的学科服务是面向学科建设的主动参与式的服务模式，学科馆员自身的专业素养和综合能力是影响学科资源建设水平和学科服务水平的重要因素。高校图书馆应根据本校的学科专业设置，搭配相应专业的学科馆员，使学科馆员的服务更具专业性，这就要求高校图书馆的学科馆员队伍拥有较全面的专业，最好可以覆盖本校的主要学科。目前，高校图书馆大部分的馆员专业均为信息管理、计算机管理以及图书情报专业，难以与学校专业学科相匹配，需要通过引进不同专业的人才或聘请专业教师，使学科服务团队的组成结构更加多样化和专业化。

（四）建立科学的激励机制

高校图书馆创新服务水平的提升需要建立团队合作和奖惩机制。简单地说就是调动人的积极性，奖罚分明，不能和稀泥。根据人性特征，目前比较合适的方式是物质激励和精神激励,如通过奖罚分明的奖惩制度规范馆员工作职责,既可以对混日子的馆员加强监督规范,又通过对优秀的馆员进行表扬,可以有效调动优秀馆员的工作积极性,避免工作倦怠,也体现了公平,增强馆员的主观能动性,对高校图书馆创新服务水平的提升具有决定性作用。

四、结语

人工智能与高校图书馆服务相融合,结合高校图书馆在智慧服务中的实践情况,为读者提供有深度、个性化和便捷式的服务体验。培养具备综合服务能力的智慧馆员,组建专业化智慧馆员服务队伍势在必行。作为提供智慧服务的馆员应尽快完成自身业务能力升级,将数据的智慧与人的智慧统一结合起来为读者服务,为读者提供更高层次的服务,提升高校图书馆的服务质量。

参考文献

[1] 柯平. 图书馆战略管理 [M]. 北京:海洋出版社,2015:10.

二十一、图书馆智能图书采访和推荐及智能编目的理论、方法和技术研究

关于优化采访流程，丰富馆藏文献的思考

赵金春

（湖北省图书馆，湖北武汉，430071）

摘　要：介绍湖北省图书馆现有的采访流程及馆藏特点，并根据实际工作中遇到的问题进行归纳总结，进而提出优化方案。

关键词：湖北省图书馆；采访；馆藏；优化

子曰："夏礼，吾能言之，杞不足征也；殷礼，吾能言之，宋不足征也。文献不足故也，足则吾能征之矣。"可见，文献对文化传承、历史考证都非常重要。根据我国颁布的国家标准《文献著录总则》，文献的定义是：记录有知识的一切载体。从这个定义出发，我们可以追溯到商代的甲骨文，是我国最早的文献。如今，随着社会的进步、技术手段的发展，文献的存在形式更加丰富了。从刻龟壳以记事到纸墨以成书；从泼墨成画到音像制品；从触手可及的实体文献到海量网络文献……丰富的文献形式，极大丰满了文献对文化的传承，详尽展现了每个历史时刻。收集、加工、整理、科学管理文献资源的图书馆，如何做好收集（采访）文献？笔者结合工作实践，谈几点浅薄的看法。

一、优化采访流程，提质增效

文献选择是指图书馆遵循一定的方针、原则、标准，对众多的文献进行鉴别、判断，从中挑选出适合馆藏文献资源建设目标及用户需要的文献过程。文献采集的方式，主要包括购入和非购入两种。下面，我将结合工作实践，以湖北省图书馆购入方式采集文献为例，介绍文献采访的指导思想、流程，并对实际工作中遇到的问题进行归纳，提出解决办法，进一步优化采访流程，达到提质增效的目的。

（一）文献采访指导思想及流程

《湖北省图书馆馆藏发展政策（2017年版）》在"馆藏发展目标"中提出：

加强馆藏资源采购过程中及结束后的统计和评估工作，支持与鼓励读者荐购；继续贯彻"省内出版物求全，国内出版物求好，外文出版物求精"的采选方针，全面收藏省内文献，广泛采集国内出版的各学科、各类型、各主题与各载体文献。据此，我们至少可以解读出以下几点内容：①"加强对资源采购过程中及结束后的统计和评估工作"，这说明图书馆更加重视对资源采访的整理和归纳工作，为馆藏建设方向提供数据支撑；②"支持与鼓励读者荐购"，真正做到了听民声、汇民智、应民意、聚民心、利文昌；③"继续贯彻'省内出版物求全，国内出版物求好，外文出版物求精'的采选方针，全面收藏省内文献，广泛采集国内出版的各学科、各类型、各主题与各载体文献"，这不但是采选方针，亦是指导思想，为采访工作指明了方向。

根据《湖北省图书馆馆藏发展政策（2017年版）》所提要求，湖北省图书馆建立了以大型网络数据库为抓手、以采访员为媒介的详尽采访制度，打通了读者与文献之间的通道，极大丰富了广大民众文化生活。下图即是图书采访流程图。

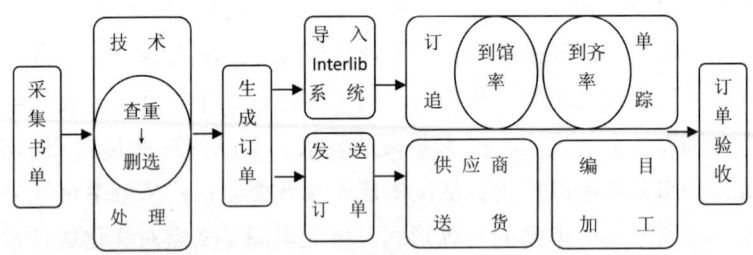

图1　图书采访流程图

从上图我们可以看出，核心环节——技术处理，直接关系读者手中书的质量。采访员如何发挥媒介作用，怎样把好质量关、平衡数量关、算好经济账，是每位采访员都需要面对并解决的问题。

（二）采访工作中常见问题分析

根据采访工作中常见问题，归纳总结为"四不"，具体如下。

1. 整体观、大局观不强

根据《湖北省图书馆馆藏发展政策（2017年版）》中所定目标，继续贯彻"省内出版物求全，国内出版物求好，外文出版物求精"的采选方针，全面收藏省内文献，广泛采集国内出版的各学科、各类型、各主题与各载体文献。但是在实际书单采集过程中，获取书单的方式有以下几种：一是中标供应商提供书单，二是出版社提供书单，三是现采荐购等方式（占比很少）。以上三种书单的获得，都有其片面性，缺乏整体观、大局观。对文献采访工作人员来说，不能掌握全国乃至全球最新出版的书目，是一大遗憾。

2. 信息化、自动化不深

根据图书采访流程图可知，依托 Interlib 系统建立的信息库在整个图书采访闭环中处于中心地位，但是从书单采集到文献呈现在读者面前，人工投入大，干预程度深，信息化、自动化不深。

3. 协调性、统一性不足

文献采访工作处于一种自然生长状态，各图书馆间采访工作缺乏深层次的沟通交流，长期处于松散状态，馆际联编联采停留在口号阶段，很难落实下来。各馆往往着眼于自身或局部特色建设，无法做到协调统一，缺乏强有力的组织机构在更高层面上发挥作用。

4. 简洁性、效率性不高

从采集书单到完成订单验收，周期基本在两三个月，手续流程较为烦琐，缺少信息化、便捷性、高效率的手段，完成文献推陈出新、快速与读者见面的机制。

（三）优化采访工作机制，实现提档升级

从采访工作中遇到的"四不"问题出发，立足文献采访指导思想和流程，以建立更加匹配社会文化需求为目标导向性的文献资源建设为方针，如何优化采访工作机制，实现提档升级。也许可以从以下两个方面发力，或许会有意想不到的收获。

1. 成立更高层面的组织机构

1997 年 10 月全国图书馆联合编目中心成立。其宗旨是：在全国范围内组织和管理图书馆联机联合编目工作，运用现代图书馆的理念和技术手段将各级各类图书馆丰富的书目数据资源和人力资源整合起来，以国家图书馆为中心，实现书目数据资源共建共享，降低成员馆及用户的编目成本，提高编目工作质量，避免书目数据资源的重复建设，实现书目数据资源的共建共享。

中国版本图书馆的前身为中央人民政府出版总署图书馆，成立于 1950 年 7 月 1 日，由中央人民政府出版总署署长胡愈之提议并筹建。其任务是：负责保管本国出版物样本，以利于出版工作的调查研究和文化的传承。

若能参照全国图书馆联合编目中心，建立类似的全国图书馆联合采访中心，创建以中国版本图书馆数据为核心的云平台，那么不但可以解决大局观、协调性等问题,还可以解决部分信息化问题。

2. 加快信息化、自动化布局

依托现有的 Interlib 系统,补足系统指纹+签字订单验收功能,同步开发云书单采集删选功能,同时预留接口,为可能实现的中国版本图书馆数据为核心的云平台做整合,深化信息化功能。

根据现有的全国图书馆联合编目中心数据库数据,构建书籍加工自动化流水线,完成从书单收集到加工、验收等各环节的信息化、自动化改造,提质增效,加快信息化、自动化布局。

二、分析馆藏结构,构建特色与普适并举的馆藏文献

采访是馆藏之里,馆藏是采访之表。先进的采访制度,必定会造就成功的馆藏文献;成功的馆藏文献必反促采访制度不断提档升级。下面,还是以湖北省图书馆为例,共观这百年老馆换新颜中,文献资源建设所迸发出的耀眼光芒。

2007年4月底,武汉媒体报道:为了支持蛇山"显山透绿"工程,被誉为"楚天智海"的湖北省图书馆,根据省政府决定将湖北省图书馆从蛇山南麓整体外迁至武昌沙湖南岸。拟建在武昌沙湖的新馆,建筑面积为10万平方米。这对有着百年历史的湖北省图书馆来说,又是一次新的征程,百年老馆将在沙湖之滨迸发勃勃生机。

2012年12月8日,湖北省图书馆新馆以楚天鹤舞、智海翔云的建筑造型惊艳亮相,开馆纳宾,喜迎八方读者,也迎来了该馆文献资源爆发式增长的阶段。根据《湖北省图书馆馆藏发展政策(2017年版)》谋划,一是湖北省图书馆将在"十三五"规划期间达成1000万总藏量的建成,资源总量和服务水平达到全国前列。力争实现新增藏量、数字资源总量等主要资源指标显著增长,建成"中部领先、全国一流、湖北特色、世界影响"的"智慧型图书馆"。二是合理规划馆藏结构,建设面向大众阅读需求和总分馆建设需要、符合中长期发展计划的省图书馆文献资源体系。三是凸显馆藏特色,完善荆楚特色馆藏,推动家谱、碑帖、地方志等特色文献的利用,以"长江读书节""童之趣"少儿读书节、湖北书架等活动为契机发展特色馆藏。四是促进实体馆藏和数字化资源建设的协调发展,加强数字资源建设,形成完整资源体系。

为确保数据的言之有据、真实有效,根据已掌握的数据及参考相关文献,拟将湖北省图书馆馆藏文献数分为三个阶段,具体如下。第一阶段:湖北省图书馆始建于1904年,经过近百年的努力,到2000年,该馆馆藏文献397.6万册,近50个学科文献达到或接近研究级水平,建立了较完整、合理的藏书体

系，对湖北省经济建设、科研生产和科学决策具有较强的支撑能力，被誉为"楚天智海"。第二阶段：2001年到湖北省图书馆新馆开馆前，即2001—2012年，新增馆藏1504369册，进一步夯实了馆藏体系建设。第三阶段：2013—2020年，新增馆藏3580512册，湖北省图书馆迎来了文献建设的大爆发时期，基本完成《湖北省图书馆馆藏发展政策（2017年版）》谋划中"十三五"规划期间达成1000万总藏量的既定目标，为同时期社会经济文化进入大繁荣注入了"楚天智海"的力量。

如果我们用一个简单公式［收藏速度（VC）=收藏量（C）/时间（T）］来进行比较的话，就可以知道，第一阶段收藏速度（VC）=41417册/年，第二阶段收藏速度（VC）=136761册/年，第三阶段收藏速度（VC）=511502册/年。上面的结果很直观地看出，第三阶段收藏速度是第一阶段的12倍，是第二阶段的3.7倍。这样的结果表明：新馆投入使用后，文献的增长是惊人的，馆藏数量的增长是爆发式的。这带来的影响同样是巨大的，民众的文化生活得到了极大丰富。下面，还是以第三阶段（2013—2020年）馆藏来进行分类统计，详见下表。

表1 第三阶段（2013—2020年）馆藏统计表

（索书号）	种数	册数
A｜马列主义	2936	10513
B｜哲学	57203	186128
C｜社科总论	22262	69528
D｜政治法律	81651	229955
E｜军事	7012	23891
F｜经济	111214	333472
G｜文科教体	87958	264243
H｜语言	34004	106649
I｜文学	206533	795722
J｜艺术	71914	212834
K｜历史地理	97816	310439
N｜自科总论	3226	12571
O｜数理化	10879	33954
P｜天文地球	10059	31947

续表

（索书号）	种数	册数
Q｜生物科学	10467	36416
R｜医药卫生	49039	147256
S｜农业科学	35083	211183
T｜工业技术	106949	320579
U｜交通运输	10725	31293
V｜航空航天	1982	6545
X｜环境劳保	7392	21770
Z｜综合图书	20116	56498
其他	7687	127126
合计	1054107	3580512

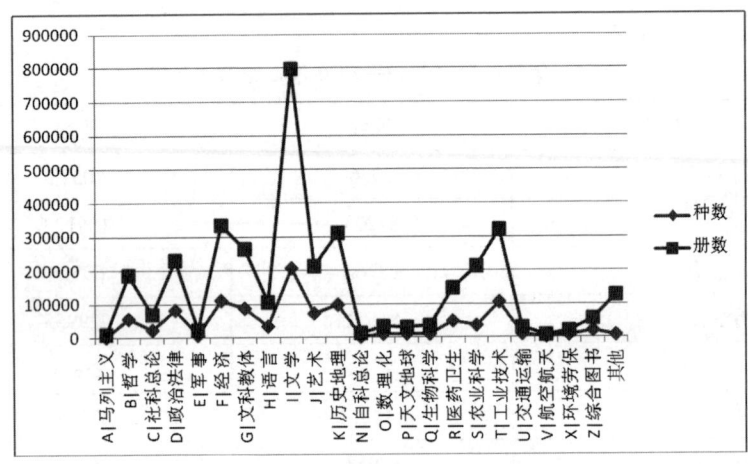

图2　第三阶段（2013—2020年）馆藏统计图

从以上两个图表，我们可以分析出，馆藏文献是以文学类为主，经济类、工业技术类、历史地理类等并举的馆藏结构。这样的馆藏结构，证明了采访与馆藏互为表里的关系。以"省内出版物求全，国内出版物求好，外文出版物求精"的采选方针，支持与鼓励读者荐购为导向性的采访机制，共同造就了这种普适性的馆藏结构。

特色馆藏是近年来湖北省图书馆重点发力的地方，先后创建了一批以"长江讲坛""长江读书节"等为特色的知名品牌。以"长江讲坛"为例："长江讲坛"的建设，始于 2013 年 3 月。开讲以来，王蒙、阎崇年、余秋雨、周国平、易中天、傅佩荣、蒙曼、王立群、郦波、钟朋荣、尹卓、刘震云、王跃文、杨叔子、冯天瑜、熊召政、勒·克莱齐奥、余华等多位国内外知名学者莅临讲坛演讲，现场服务观众 20 余万人次，线下观众遍布湖北全境。讲坛作为中华优秀传统文化的弘扬和传承平台，是文化惠民的重要渠道，同时也是社会主义核心价值观的传播阵地。坚持"长江讲坛"的建设，不但丰富了音像资料，建立了"全国讲座资料中心"，极大丰富了以讲座为中心的馆藏建设，把"讲座之书"落实到了实处，更成为湖北省文化惠民的一道亮丽风景。

2019 年 9 月 8 日，习近平总书记给国家图书馆老专家的回信中指出：图书馆是国家文化发展水平的重要标志，是滋养民族心灵、培育文化自信的重要场所。作为一名图书馆人，很荣幸能投入图书馆的工作中，努力工作，尽己所能奉献微末之光，为国家文化发展注入微末之力。

注：本文系湖北省图书馆科研项目课题《公共图书馆馆藏资源体系优化研究——以湖北省图书馆为例》鄂图科 2020-05 系列论文之一。

参考文献

［1］汤旭岩，严继东. 1980—2000 年湖北省图书馆事业史略（一）［J］. 图书情报论坛，2012（4）：1-14.

浅谈图书馆编目外包业务

刘 利

(武汉市少年儿童图书馆,湖北武汉,430014)

摘 要: 图书馆编目业务外包是图书馆事业发展的需要。本文以武汉市少年儿童图书馆为例,介绍了数据外包的操作流程和管理方法,并提出了一些建议。

关键词: 图书馆编目外包

业务外包源于工业企业的一种创新经营模式,图书馆编目业务外包,是借鉴工业企业乡务外包的一种工作形式,一些图书馆将非核心的工作,通过招投标和签订合同的方式,外包给外界书商或业务机构,以方便集中自身力量搞好核心工作。业务外包体现了图书馆从传统向现代转型的必然发展趋势,值得我们研究。图书馆业务外包主要有以下形式:采访外包、图书加工外包、编目外包、回溯建库外包、报刊装订外包、流通上架外包、计算机硬件维护外包、现代技术外包、物业管理外包等等,其中编目外包是目前图书馆应用最广泛、成效较显著的一种。

一、图书馆编目业务外包的涵义及优点

所谓业务外包,是现代工业企业经营管理中为节约成本、提高竞争力采用的一种新的模式,"外包"这个概念随着管理大师们倡导企业应该在核心竞争力上集中精力而得到迅速的推广。图书馆编目业务外包就是外包商套用外来数据库〔主要是国家图书馆联机编目中心、中国高等教育文献保障系统(CALIS)联机编目中心数据或图书在版编目(CIP)数据中心的数据〕,进行中文图书(CNMARC)和西文图书(USMARC)编目,为图书馆配置编目数据的过程。

早在20世纪七八十年代,美国、日本等国图书馆已经开始将编目业务部分外包,20世纪末业务外包逐渐为我国图书馆界重视和采用。实践证明,这种工作模式大大减少了编目人员的负担,加快了文献处理的速度,解决了不少图

馆待编图书积压严重、工作负荷不均、专业人员不足等问题。通过外包编目工作，图书馆还能在完成购书的同时实现随书配送书目数据、完成图书加工等工作，使图书馆得到更多的优惠和附加的免费服务，比起联机编目来说是更大大降低了图书编目成本。同时，编目业务外包使图书馆能够对业务流程、人员配置进行重新整合，提高图书馆的竞争优势，保持图书馆的持续、稳定、健康的发展。可以说，编目业务外包是现代企业经营管理方式在图书馆界应用的成果，体现了传统图书馆向现代化图书馆转型过程中图书馆非核心业务社会化的必然发展趋势。

二、我馆编目业务外包的原因

一是我馆购书经费从 2009 年的 100 万增至到现在的 200 万元，经费大量增加。

二是馆内编目人员数量不足。目前我馆采编部人员共三名，分别为一名主任、一名采购和一名编目审校员，人员配备严重不足。

三是读者需求增强。网络环境下的信息传输速度加快，知识更新周期越来越短，文献的时效性更加突出，读者希望快速、及时获取所需文献的要求越来越强烈。经馆班子和采编部的多次考察与研究，决定从 2011 年起开始尝试编目外包。

三、我馆编目业务外包的流程

（一）选择适合的外包书商，签订职责明确的合同与协议

数据外包公司的服务质量直接决定数据质量。在对数据外包公司的选择上，着重考虑了以下三个方面：首先，要求外包公司具备相应资质和信誉，重点考察其相关工作的经验和业绩；其次，考虑外包服务的成本是否合理；最后，考虑到外包服务是初步阶段，只将非核心业务外包，积累对数据外包工作的管理经验。通过多方对比考察后选定两家外包商。一家是与我馆多年合作的武汉市新华书店，它的优点在于图书品种丰富、能够提供现采的购书场所、灵活方便，可以根据我馆的需求承受时间配送各种热点畅销图书；缺点是编目数据质量欠缺。另一家是武汉市大型民营企业——三星书业有限公司，它的优点是编目数据质量较高；缺点是最新焦点图书或热点图书较少、配送时间稍长。选择这两家公司的原因就是希望它们互补，使我馆编目业务外包工作得以顺利开展。

（二）有效沟通

我馆与两家外包商的技术人员进行多次交流和讨论，根据数据处理要求，将数据分级处理，对外包公司数据加工人员进行岗前业务培训，强化质量意识。确定影响质量的主要因素，制定并完善工作标准和细则。根据数据质量，检验措施执行情况，判断是否达到预期效果。根据检查结果进行归纳总结，把问题和成绩纳入有关标准、制度或规定之中。设置专用用户名，让他们尽快熟悉图书馆系统，了解操作步骤和我馆的需求。

（三）实地采购

采购人员分别到两家外包商提供的场所进行选书，挑选适合馆藏特点和读者需求的、本馆馆藏没有的图书。

（四）编目加工

选好的图书由外包商进行加工：盖馆藏章、贴磁条、购条码、编目、分类、贴书标、点册数、出书。

（五）抽查验收

加工好后的图书由外包商送至我馆，我馆进行拆包、清点、验收、抽查数据。将分类标引有差错的图书挑出来改正，再安排专人将书脊一侧粘上透明宽胶后下拨至各个开放部门。

（六）数据审校，制定规则

在外包期间，我们对试验数据采取一对一逐册图书审校的方式，严格按照著录标准和质量要求进行认真校对，将发现的质量问题进行归纳，形成数据错误表单，汇总统计表单中的内容，进行分析和归纳，找出影响质量的各种因素。这些因素可以分为人为因素、技术因素、客观因素三类，就不同因素制定了相关细则和改进方案。比如：制定了中文图书机读目录格式必备字段著录规则，让加工人员更为细化，提供丰富直观的样例。另外，提供《中国少年儿童文献分类主题词表》《中华人民共和国省、自治区、直辖市及地区代码表》《常用语种代码》等，可有效指导数据加工人员甄别和解决工作中遇到的实际问题。

四、编目业务外包存在的问题

外包商所追求的经济利益和图书馆追求的以读者为本的目标各不一致，这就造成双方在工作上存在一定的差异及矛盾，如一些实力水平稍弱而又最大限

度地追求经济利益的书商因为没法满足图书馆的工作要求,从而造成编目业务外包中存在不少的问题,具体表现在:

(一)加工质量差的问题

由于大多数的外包商追求的是经济利益的问题,所以在招标采购图书的时候以免费为图书馆加工为图书招标的附加项。但是由于他们追求的经济利益大不同,甚至为了节省时间,有些匆匆盖完馆藏章和潦草地贴完磁条后就把图书配送到各个图书馆了;还有一些磁条贴得不够规范,有些甚至还发现在图书的某一页上露出了一截磁条;甚至不排除有磁条缺漏等等。

(二)工作人员稀缺而流动性强的问题

为了节省工资的开支,大多数外包商聘请了临时性工作人员进行外包工作的加工及编目,可是大多数临时的工作人员因为工作的不稳定及酬劳的不成正比所以造成他们的流动性非常强,而工作人员的流动性强就造成图书馆重复地给工作人员进行重复的培训等工作。

(三)编目著录的质量问题

由于大多数的业务外包商追求的是经济利益,他们往往委派的工作人员并不是专业的编目员,只是对其进行简单的培训就进行委派了。而编目的规则每年都有所变化,如果不参加培训很难跟上最新编目的规则,但是大多数外包商不愿意出钱让临时工作人员去参加培训,所以导致很多委派的工作人员编目过于"落后",造成错漏百出的问题。还有很多馆都有自己的著录特色,这就要求他们要根据对方的特色而进行著录变化。我馆在对到馆的几个工作人员进行一定的本馆著录特色的培训后让其上岗操作,可是在审校的过程中还是发现许多著录存在严重的质量问题,由于我馆是少儿图书馆,因此使用的是《中国少年儿童文献分类法》第三版,在分类上与《中图书法》有较大差异,比如给错606的主题词,也导致696分类号出现严重的错误,这样的质量问题就会影响索书号的给取;再比如,我们的连环画分低幼画册和连环画两种,因此分类的要求、主题词的要求以及贴书贴的要求都有所不同;还有一些书甚至忘记查重,而导致不同版本的书没进行集中或者同一本书没放在一起等等。再加上对方的流动性强,每来一批又得进行重复的培训工作,而每一次的工作人员又有可能导致不同的著录质量问题,这样不仅影响到我们自己的工作进度,还要花费大量的时间和精力在对方的质量问题上进行修改,严重影响了审校的进度。

图书馆的编目业务外包虽然可以节省不少的人力、物力、财力,但是外包商实力水平的高低会直接影响到外包的质量问题,在选择的时候可以考虑对方是否具备一套完善规范的工作规则。

虽然目前编目业务外包处于初级阶段,但随着现代化社会图书馆业的高速发展,笔者相信外包业务会越来越完善,前景会越来越好。

参考文献

[1] 邓凤芝. 对图书馆编目业务外包的几点思考——以青山区图书馆为例 [J]. 图书馆论丛, 2012 (1): 17-19.

[2] 陆耘. 外包数据质量控制初探——以中国科学引文数据库为例 [J]. 河南图书馆学刊, 2013, 33 (4): 95-97.

二十二、新一代智慧图书馆的功能与业务体系建设研究

文化振兴背景下的公共图书馆功能研究

谭兴国

（湖北省图书馆，湖北武汉，430071）

摘　要：中央在新时期提出了"全面推进乡村产业、人才、文化、生态、组织振兴"的战略任务，其中的文化振兴，是乡村实现振兴的主要内容，各级公共图书馆要充分投入到农家书屋建设的重要任务中去，开展"掌握两个要素，施行百千万工程"的辅导建设模式，实施向下发展、落地生根、辐射全省、服务全民的更接地气的建馆战略，充分发挥公共文化设施助力乡村振兴的重要功能。

关键词：文化振兴；公共图书馆；功能

在"十四五"开局之年，中央一号文件发布了《中共中央 国务院关于全面推进乡村振兴加快农业农村现代化的意见》。文件提出，民族要复兴，乡村必振兴，提出了要举全党全社会之力，加快农业农村现代化建设，让广大的农民过上美好的生活。乡村振兴即指"全面推进乡村产业、人才、文化、生态、组织振兴"；其中的主要内容之一就是文化振兴。

作为省级公共图书馆（以下简称省馆），发挥一省之公共文化资源，积极响应国家号召，投身乡村振兴国家战略，责无旁贷；市县公共图书馆，直接联结农村，为广大农民读者提供服务更是义不容辞。如何发挥各级公共图书馆在乡村振兴中的功能？笔者认为主要是从发挥一已之长，从扶持建设基层图书馆室即农家书屋入手。

国家兴建的农家书屋工程，是近年我国实现的重大文化惠民工程之一，是基本公共文化服务实现均等化的重大举措。据统计，全国各级财政累计投入了120多亿元资金，建成了60.0449万家农家书屋，覆盖了全国绝大部分行政村，成为当前丰富农村群众的精神文化生活、实现科技致富的重要阵地。然而农家书屋在管理和发展上也存在着一系列问题，开办方式粗放、不规范，尤其缺乏专业化的指导、标准化的建设，势必影响其建设的效益和作用的发挥。进入

"十四五"期间，数量庞大的农家书屋如何更上一层楼，充分发挥知识存储功能、科技教育功能，提高农民文化科技素质，实现乡村振兴战略，有待于各级公共图书馆的强化辅导和建设。

"十四五"期间，省馆应把全省的万家农家书屋视为建设资源，在建设"高大上"省馆的同时，实施向下发展、落地生根、全省辐射、服务全民的更接地气的战略，不仅为城市也为乡村的读者提供一体化的服务。要把扶持农家书屋的发展兴建，作为投身乡村振兴中心工作的重要任务，在实际工作中，要"把握好两个因素（农家书屋管理员和文献资源），施行百千万工程（即百名专家、千个示范点和万家农家书屋）"，把全省农家书屋兴建工作推向现代化的新高度，确实发挥乡村振兴中的重要功能。

具体解释为：

两个要素：之一是"人"即图书管理人员的要素。以省公共图书馆为主导、市县公共图书馆为辅导，搞好家村图书馆员的培训和教育，对其进行分层分级和分段专业轮训，使其成为熟悉图书管理的专业人才，把农家书屋由随意、粗放的非专业化开放形式转向规范和标准的专业化开放模式。之二是"书"的要素即图书文献源要素。省级图书馆应拓宽数字化和网络化发展领域，向乡村向基层扩大延伸，建设省域信息资源共享，在全省乡村阅览室和农家书屋，建设"省级图书馆网络终端"，使农民即使不离家不出村，照样可以使用省级图书馆的电子图书和文献信息，使广阔农村的农民同样能够成为利用省级公共图书馆文献的读者。

百千万工程："百"是指百名专家或高级专业人才。省级图书馆应组建一支专家队伍培训农村图书馆员，向其传授图书管理方面的相关技能和专业知识，编印农家书屋的工作课程。组建100名专家队伍，送图书管理知识下乡，编写基层图书管理教材，定期发放到农家书屋作为开放的参考规范。"千"是千个示范点。省图书馆应在"十四五"时期，在全省农村建立一千家"示范农家书屋"，作为农家书屋建设开放的示范，推进全省农家书屋实现标准化和规范化。"万"是万家农家书屋管理员，要实现农家书屋管理员管理图书知识的全面化。如湖北省应以省图书馆为龙头，率领全省各市、县（区）公共图书馆，共同开展农村图书馆员的培训工作，在"十四五"期间，全省农村3万家农家书屋图书管理员，分步实现一次轮训，使农家书屋管理员图书专业能力确实提高。

实现千个示范点的目标任务，以"走下去、请进来"为主要模式。省图书馆要选派全省专家下基层，到各地市州，采取分片负责、任务到人到部门模式，分期培训行政区内农家书屋的图书管理员；倡导与驻村挂点和结队扶贫方式相结合，选派业务强、素质好的图书馆员，驻点农家书屋工作，经过一段时间的驻点业务辅导，完成农家书屋建设的规范化、标准化指标，创建成一方农家书屋建设的先进示范点。制订优秀馆员农家书屋工作奖励制度，对主动到农家书屋驻点、工作效果突出的馆员，优先晋级聘职和评先表模。要把积极性高、责任性强的农家书屋管理员"请进来"，筛选一批农家书屋管理员"上派"到省图书馆兼职学习，掌握规范化、标准化的开办农家书屋理念，把先进的管理经验带到乡村，确实提高农家书屋服务质量。

市县级公共图书馆（以下简称县馆），在农家书屋建设的标准化工作上，应发挥"三大功能"，即主导功能、辅导功能和督导功能。

具体解释为：

1. 主导功能

广大农村地域宽广，居住分散，建成的农家书屋，难免会形成分散性、封闭性和独立性的特点；其所拥有的文献资源，也容易形成单一性、过时性，其管理方式也会构成随意性、封闭性和落后性。这些弊端，难免会影响农家书屋的发展，影响其功能的发挥。因此必须要有一个整体管理的组织，既能整合一定区域的整个文献资源，同时有规范化、专业化的管理模式，达到主导作用，促进其健康发展。作为行政上乡村的上级组织县政府开办的县级公共图书馆，这个组织就非县馆莫属。所说的主导功能，具体表现为：所有的乡村农家书屋成为县馆的终端，县馆，即都是本县农家书屋这些终端的主机；或者说，县域内的农家书屋，都是县级公共图书馆的一个阅览部门或分馆。

主导功能的具体呈现方式为"两统一"。

（1）制定标准，统一规范。湖北省在《实施"农家书屋"工程的意见》中虽然对农家书屋提出了相关要求，但也属于面上的大致规范。各县级馆务必按照省政府下发的农家书屋建设的文件精神，结合各地的实际，制定出相应的农家书屋的开办标准。一是硬件设施要统一，要对农家书屋面积，图书种类、数量，书架长度、阅览桌（椅）数量、电脑、投影仪等要求进行具体细化，便于考核、操作；二是相关制度要规范，图书购置、分类、著录、借阅和开放时间、农家书屋管理等要有详细的可操作要求；三是人员标准要统一。县级馆应作为农家书屋管理人员选聘、上岗的主要考核部门，拿出具体的农家书屋管理人员聘任制度，使农家书屋的选人用人有规章可循。

（2）统一编目，资源共享。达到统一编目的目的，是为了缓解农家书屋藏书量的不足及图书数量稀少、品种不全、更新不快的矛盾，同时也是为数字化发展作前期准备。

目前农家书屋的书籍主要是政府配送、社会募捐，选择性不大、更新性不足。大多数的农家书屋图书均分到村，每人不到一本，更无什么实用特色，这对村民来说是没有吸引力的。县馆对全县的农村农家书屋进行统一编目，实现资源共享，同时要开展好调查研究，根据农民科技致富的需要，严把好图书采购关，以解决图书资源针对性不强、吸引力不足、藏量不够、更新不快等种种问题。

要达到资源共享目的，实施的途径可以命名为对应交换法：比如，A村农家书屋的图书与B（或C，D……N）村的农家书屋图书实现定期交换，如此一来，一个村的农民读者借阅利用的书目，就会成倍增加，增加的数量取决于图书对应交换的频率，文献资源可以由全县共享，用公式表述为：

可享用书目＝实际购书量×交换频率

即A村如果年新增藏书只有1000册（实际调查中乡村农家书屋的年增新书量，远远达不到1000册），如果1个月一交换，在对应交换12次后A村的读者可年享用图书：1000册×12＝12000册。显然，这大大缓解了资金不足、新增藏书量不够的难题，也用好用"活"了农家书屋的资源，使只能为一村农民服务的藏书可以为全县民众服务。

要做好对应交换式的资源共享，县馆一是要把好图书购置关，已有的相关部门对农家书屋图书实现以村级为点，"统购统配"的形式（即全县的农家书屋配送同样的书目）要改进，应改变为以县级为点，由县级公共图书馆为主，对村级农家书屋采取"统购不统分"的模式，即把购书的主动权交给县级馆，统一采购图书资料，再对不同的村级农家书屋分流不同的藏书，杜绝复本，避免资源重置，让有限的经费投入达到"效益＋"的目标模式。二是要严把编目关，采用全县农家书屋图书文献统一编目的方式，县馆藏书也不应仅限服务县城读者，要统一流通，达到全县读者、包括农民读者服务的目标，确实实现文化服务的均等化建设目标；三是要利用好图书流动车，开展图书流动，发挥好图书交换、流通的功能。

2. 辅导功能

县级公共图书馆要在农家书屋建设中主动施展图书管理专业性和公共性的优势，对本县域的农家书屋做好业务辅导工作，促进农家书屋专业化、规范化建设。具体来讲，要开展下列三个方面的工作。

（1）人员培训

一方面要加强农家书屋管理员图书管理业务培训。县级馆不但要配合省馆完成农家书屋的管理员培训任务，还应肩负起培训全县农家书屋管理员的重担，要制订培训方案，开展积极的培训活动，力争二至三年，轮训完辖区内全部农家书屋的图书管理员，将其培养成图书管理人才。

另一方面要施行农家书屋建设目标的达标晋级。落实争创"农家书屋先进管理员""星级农家书屋"的活动，推介典型示范，以"示范代培训"和以"活动代培训"，发挥示范书屋的表率作用，以标准化、规范化建设为农家书屋兴建活动的着力点；对于评选出来的模范管理员和星级农家书屋，在农家书屋建设投入、人员工资报酬方面挂钩，实现物质和精神的双重奖励。

（2）信息服务

所说的信息服务包括：一是针对对应交换图书的需求、农家书屋各村读者的需要，确立相关农家书屋图书购置的重点，列出详细的图书采购目录，以农家书屋联盟的形式编印全县图书编目。二是定期向全县各农家书屋联盟单位发放全县新购图书目录信息，协调、组织、统筹全县的农家书屋图书对应交换。三是推送图书事业发展的信息经验，包括全国各地农家书屋开办的先进典型经验，促进农家书屋从闭关自守性转为发展开放性。

（3）业务辅导

业务辅导不仅仅是对农家书屋管理人员图书管理专业知识的培养，还应体现在农家书屋活动的各个方面，如农家书屋的管理、读者活动的举办、文献资源的整理加工、数字化的技能等，实行经常性的辅导，提高农家书屋的开放运行能力。

3. 督导功能

督导功能的作用，是促成农家书屋实现常态化、规范化，推进标准化的发展。为保证农家书屋功能的实现，县级公共图书馆应创建三项制度，确保督导作用的充分发挥。

（1）建立书屋例会报告制度

农家书屋开展活动的状况，要按期进行检查指导，建立一个月或两个月一次的督导例会制度，汇报相关业务工作，包括图书利用率、读者借阅等情况，以及需要解决的问题、工作中成功的做法等，县馆要把各村书屋状况及时汇报、通报给相关部门和相关领导，研究制订农家书屋的后续发展措施。汇总的情况指标，作为考核农家书屋的开办效益、研究制定农家书屋后期工作目标的依据。

（2）建立图书交换管理制度

要制订严格的农家书屋管理制度，强化管理的经济手段和赔偿制度，尽量保证交换的图书不会出现丢失、损坏现象，保证图书的完好率。

（3）建立馆员下乡派驻制度

县馆派驻馆员可以引进"支教"的方式经验，联合驻点挂村、结对帮扶及文化下乡等一系列相关活动，同时向乡村农家书屋轮派图书馆馆员和联络员，轮驻时间可分一年或两年，为农家书屋带去规范化、标准化的管理理念，从而以点带面全面提高农家书屋运营开办的水平。订立激奋、鼓励公共图书馆员下派农家书屋工作的晋职晋级办法，对在派驻农家书屋的工作成效显著的公共图书馆馆员，可以实现优先晋升、晋级，以促进下派活动的长效性、实效性。总之，"十四五"期间内，省级公共图书馆应积极投入到乡村文化振兴的战略中去，把省馆工作的布局从城市扩展到乡村，以省级公共图书馆为龙头，以市县（区）级公共图书馆为支柱，以全省乡村的万家农家书屋为抓手，以千万个广大读者为服务对象，创新服务方式，开拓服务范畴，在新时期乡村文化振兴中确实发挥公共图书馆的作用。

参考文献

[1] 姚雪清. 江苏试点农家书屋纳入县级图书馆 [N]. 人民日报，2015-04-02（12）.

[2] 鄂丽君，程文艳. 农家书屋研究综述 [J]. 国家图书馆学刊，2011（3）：34-38.

[3] 姜仕华. 浅议县级图书馆与农家书屋建设 [J]. 云南图书馆，2014（3）：67-69.

[4] 易红，杨思洛. 关于我国农村图书馆研究论文的计量分析 [J]. 图书馆学研究，2012（4）：9-14.

[5] 何菲，曹湘平. 农家书屋工程持续发展的对策 [J]. 图书馆建设，2009（4）：77-80.

[6] 韩晓玲，左尚鸿. 给农民建"文化粮仓"——湖北农家书屋建设综述 [EB/OL]. 中央政府门户网站，2012-07-12.

高校图书馆吸引社会捐赠措施研究

袁 佳

（武汉大学信息管理学院，湖北武汉，430000）

摘 要：我国高校图书馆的经费来源十分固定且可支配弹性小。本次研究采用文献调研法和网络调研法，从2010—2018年图书馆、美术馆、博物馆的经费收入情况分析高校图书馆经费收入存在的问题。同时，调查经济发达地区双一流高校图书馆的门户网站中捐赠板块的建设情况，给出高校图书馆吸引社会捐赠的措施。

关键词：高校图书馆；社会捐赠；文献调研法

引言

我国图书馆作为社会公益机构，经费收入大部分来源于政府财政拨款。近年来，书刊价格的上涨幅度与经费增长幅度的严重不平衡使得高校图书馆经费预算愈加"囊中羞涩"，这无疑减慢了高校图书馆的建设发展速度。放眼国外图书馆，大量的社会捐赠资金不仅减轻了政府财政负担，图书馆的资金灵活性更大，而且吸引了社会人士加入到图书馆的建设中，形成良性循环。纵向比较于国内外的博物馆、美术馆，也经常受到社会人士的捐赠。社会捐赠一方面反映了该馆在人们心中重要的文化价值和文化地位；另一方面也可以破除高校图书馆经费不足、来源单一的桎梏。

一、背景

（一）政策背景

近年来，国家鼓励图书馆积极寻求社会帮助。2018年实施的《中华人民共和国公共图书馆法》写道"国家鼓励公民、法人和其他组织依法向公共图书馆捐赠"。《普通高等学校图书馆规约》中第四章第十六条写道："高等学校应鼓励社会组织和个人依法积极向图书馆进行捐赠和资助。"有了国家政策上的鼓励，图书馆应该积极改革发展，主动寻求社会支持。

(二) 社会捐赠背景

根据《2017年度中国慈善捐助报告》，2017年我国社会捐赠总额稳步攀升，表明我国社会捐赠的风气逐渐形成。教育领域接受社会捐赠的情况相对乐观，图书馆吸引企业和个人的社会捐赠的可能性较大。

二、高校图书馆吸引社会捐赠的优势

与公共图书馆相比，高校图书馆吸引社会捐赠具有先天性的优势。第一，高校图书馆拥有比较稳定的读者群，比较容易获得读者的认同；第二，高校历届毕业生数量庞大，校友捐赠是高校图书馆获取捐赠的主要来源；第三，高校学术性较强，更加容易获得各种基金组织及海内外学术团体的关注；第四，高校拥有较多的合作单位，接受捐赠的途径及来源比较广泛，如出版机构捐赠、实习基地捐赠、院校互赠、直属政府机构捐赠等。同时，高校图书馆吸引社会捐赠的措施对公共图书馆也有很大的借鉴意义，因此本次研究成果具有可拓展性和延伸性。

三、图书馆经费现状及问题

为了了解图书馆的经费收入情况，同时与博物馆、美术馆进行横向比较，笔者从中国知网（CNKI）的中国文化与经济社会发展统计数据库中下载了2010—2019年图书馆、美术馆、博物馆经费收入情况的资料，并用"统计产品与服务解决方案"软件（SPSS）进行了分析。

(一) 图书馆收入现状及问题

由图1和图2可知，图书馆、博物馆、美术馆的绝大部分收入都来源于财政补贴收入。一方面，经费来源渠道的不均衡给图书馆的长期发展带来了一定风险。另一方面，当地的经济发展水平和政府重视图书馆的程度几乎对当地图书馆的发展起着决定性作用，致使图书馆严重缺乏自主创新发展的能力。

博物馆的事业收入、经营收入比图书馆多两三倍而且呈逐年上升趋势。主要原因有：第一，图书馆的根本宗旨就是"免费为所有人服务"，像科技查新类的服务创收类项目仅占一小部分；第二，近年来随着文化部和旅游部的合并，文旅融合成为大热趋势，许多人在旅游时除了去当地的自然景点和历史古迹，博物馆、美术馆也是首选，而且许多博物馆推出的文创产品广受人们喜欢，这无疑增加了博物馆和美术馆的创收。第三，阅读不是人们的刚需，而随着人们娱乐方式的多样化和电子阅读的兴盛，越来越少的人走进图书馆，更不要说享受图书馆服务。

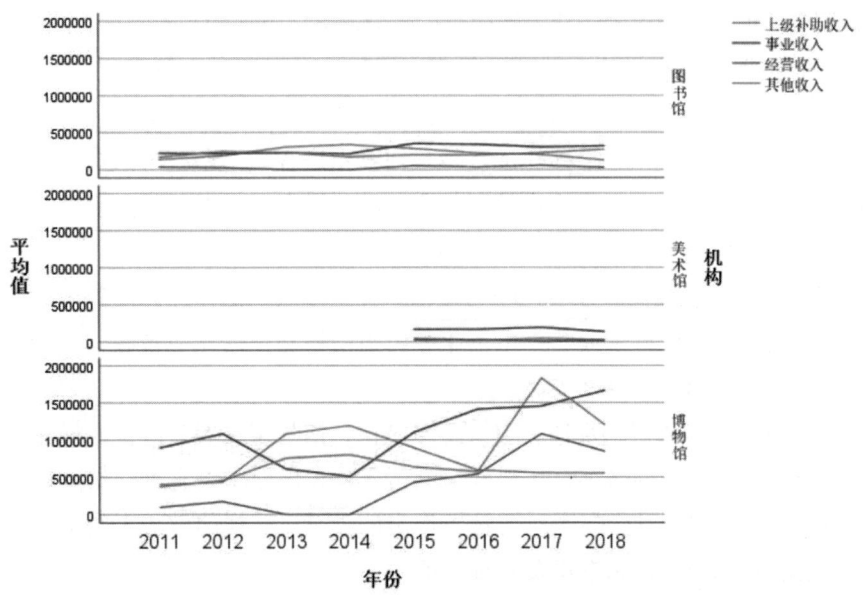

图 1　图、博、美收入折线图

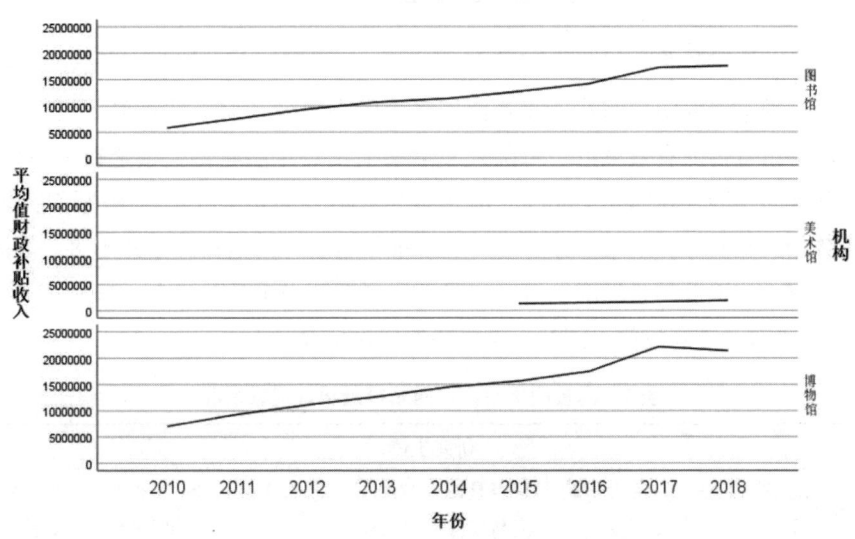

图 2　图、博、美财政补贴收入折线图

（二）博物馆、美术馆的可借鉴之处

在文献调研中，笔者了解到国内博物馆同样面临着经费筹措的问题，政府财政拨款的不足导致博物馆资金的短缺。而美术馆主要依赖于相关企业的投资，私营性和非大众化的模式对图书馆的经费筹措问题不具有太大借鉴意义。因此，笔者调查了国外博物馆的经费筹措途径，认为以下三点比较有借鉴意义。

（1）把握好营利与社会效益的尺度。博物馆可以营利，但营利不是目的，而只是手段，是为了实现博物馆在文化传播、科技普及等方面的作用。如旧金山的加利福尼亚科学中心举办的奇妙的"博物馆之夜"，观众参加这样的活动，他们体验的重点并不在于博物馆是否收费、是否赢利了，更主要在于"我"很高兴有这样的机会去体验夜幕中博物馆的别样的魅力。

（2）政府税收政策对社会捐赠的鼓励。美国多数州法律允许博物馆的商店免交或少交税金，允许个人、公司企业等因捐赠博物馆而减免税收，这无疑鼓励了社会对博物馆的捐赠。

（3）注重对捐赠者的反馈，秉持感谢之情。博物馆在展览前言上标注捐赠者的名字、捐赠公司的名字，在地砖上刻名字，在展厅中设有专门展示捐赠者的区域等，到处可见社会捐赠对博物馆作出的贡献。这样的做法表明了博物馆希望社会群体参与到博物馆建设中的态度。

四、高校图书馆门户网站捐赠板块建设情况

（一）基本情况

高校图书馆的门户网站是读者使用高校图书馆各项服务的重要入口，也是高校图书馆宣传的有效渠道。与国外大学图书馆每年能获得大量金钱、书籍以及其他捐赠不同，我国除了北大、清华等为数不多的几所大学的图书馆能获得相当数量的捐赠外，绝大部分高校图书馆每年能获得的捐赠总量并不多。因此，本次研究主要选取的是经济发达地区双一流高校图书馆，共调查了来自21个省份的42所双一流高校门户网站捐赠板块的建设情况。

表1 高校图书馆门户网站捐赠板块建设情况

省份	地区发达程度	一流大学建设高校	是否是双一流高校	图书馆已有平台与基金会	是否有专门平台	是否有相关基金会
北京	发达地区	北京大学	是（A类）	图书馆捐赠平台、图书馆发展基金	是	是
		中国人民大学	是（A类）	图书馆书刊捐赠	否	否
		清华大学	是（A类）	图书馆捐赠园地、教育基金会	是	是
		北京航天航空大学	是（A类）	首页无法访问		

续表

省份	地区发达程度	一流大学建设高校	是否是双一流高校	图书馆已有平台与基金会	是否有专门平台	是否有相关基金会
北京	发达地区	北京理工大学	是（A类）	图书馆图书捐赠	否	否
		中国农业大学	是（A类）	无		
		北京师范大学	是（A类）	图书馆图书基金（捐书）	是	是
		中央民族大学	是（A类）	无		
江苏	发达地区	南京大学	是（A类）	图书馆捐赠入口、南京大学教育发展基金会	是	是
		东南大学	是（A类）	无		
上海	发达地区	复旦大学	是（A类）	图书馆捐赠平台、捐赠管理方法	是	否
		同济大学	是（A类）	图书馆图书捐赠（条例）	否	否
		上海交通大学	是（A类）	图书捐赠（管理条例）	否	否
		华东师范大学	是（A类）	图书捐赠（捐赠条例、赠人名录）	是	否
四川	中等地区	四川大学	是（A类）	图书捐赠（捐赠条例）	否	否
		电子科技大学	是（A类）	无		
陕西	落后地区	西安交通大学	是（A类）	无		
		西北工业大学	是（A类）	图书馆书刊捐赠（捐赠条例）	否	否
		西北农林科技大学	是（B类）	图书馆图书捐赠（捐赠条例、专题报道）	是	否
湖北	中等地区	武汉大学	是（A类）	图书馆捐赠入口（图书捐赠）	是	否
		华中科技大学	是（A类）	图书馆读者捐赠（书刊捐赠管理办法）	否	否
天津	发达地区	南开大学	是（A类）	图书馆书刊捐赠	否	否
		天津大学	是（A类）	图书馆图书捐赠(条例)	否	否

续表

省份	地区发达程度	一流大学建设高校	是否是双一流高校	图书馆已有平台与基金会	是否有专门平台	是否有相关基金会
广东	发达地区	中山大学	是（A类）	图书馆赠书光荣榜	否	否
		华南理工大学	是（A类）	图书馆图书捐赠		
辽宁	中等地区	大连理工大学	是（A类）	图书馆赠书规则	否	否
		东北大学	是（B类）	图书馆接受捐赠管理办法	否	否
黑龙江	中等地区	哈尔滨工业大学	是（A类）	无		
湖南	中等地区	中南大学	是（A类）	图书馆书刊捐赠（图书馆捐赠系统）	是	否
		国防科技大学	是（A类）	图书馆图书捐赠（管理办法）	否	否
		湖南大学	是（B类）	无		
山东	发达地区	山东大学	是（A类）	图书馆名人赠书	是	否
		中国海洋大学	是（A类）	青岛国际教育交流部（图书转赠）	是	是
吉林	中等地区	吉林大学	是（A类）	图书馆图书捐赠（说明、名单）	是	否
安徽	中等地区	中国科技大学	是（A类）	图书馆捐赠办法	否	否
浙江	发达地区	浙江大学	是（A类）	书刊捐赠（管理办法）	否	否
重庆	中等地区	重庆大学	是（A类）	图书馆捐赠服务	是	否
福建	发达地区	厦门大学	是（A类）	图书捐赠（无法访问）		
河南	中等地区	郑州大学	是（B类）	无		
新疆	落后地区	新疆大学	是（B类）	无		
云南	落后地区	云南大学	是（B类）	无		
甘肃	落后地区	兰州大学	是（A类）	图书捐赠（捐赠说明、榜单）	是	否

由上表可知，在调查的42所双一流高校中，有10所高校的图书馆门户网站没有捐赠板块，且几乎所有的高校都将捐赠板块建设为图书捐赠板块，这也反映了高校图书馆几乎没有接受资金捐赠的现状。

在32所有图书捐赠板块的高校图书馆中，仅有14所高校有专门的捐赠平台（即二次链接网页），其他的高校图书馆捐赠板块均只有图书馆捐赠条例或说明。而这14所高校图书馆的捐赠平台建设主要集中在捐赠名单展示、捐赠专题报道、捐赠方法说明等。

由调查情况可知，高校图书馆捐赠情况不容乐观与高校图书馆对捐赠板块的不重视密切相关。高校图书馆门户网站中没有捐赠入口、捐赠平台无二次链接、没有专门的捐赠基金会、直接将综合基金会链接到捐赠板块等，这些问题反映了高校图书馆对捐赠的不够重视、宣传力度不够；同时，对于想要对图书馆进行捐赠的人士，他们难以找到相应的渠道，捐赠之后资金或者书籍能否得到较好的利用和保管也很难得知。而对于拥有基金会的高校图书馆而言，同样也存在着捐赠信息更新不及时、捐赠链接无效等问题。

（二）高校的优秀做法

在被调查对象中，北京师范大学教育基金会有专门的网站，对基金会简介、筹款项目、捐赠故事、捐赠途径等都有详细介绍及相关链接。基金会获赠基金用于人才培养、科学研究、校园建设、文化创新、社会公益，并成立了以捐赠者命名的各项专项基金。图书馆的基金会能实现获得充足的教育基金并投入科研教学和人才培养的良性循环。

同时笔者在文献调研中了解到，辅仁大学图书馆的捐募揭示系统里，有图书的索书号及馆藏信息，可以显示图书的借阅状态。而对于破损图书的注销、编目中等状态也都有显示。这样不仅让捐赠图书的利用更加规范化，同时也让捐赠者能了解到捐赠物的状态，更加信任图书馆有保管捐赠物的能力。像"巴金赠书流失"事件的发生，就与国家图书馆没有建立合理的赠书管理系统息息相关。

因此，一方面，图书馆可以成立专门的图书基金会并建立相关网站，保证捐赠信息的及时性、捐赠链接的有效性，并且明确图书基金的去向；另一方面，图书馆可以深入开发捐赠系统，与馆藏目录关联，揭示捐赠物品的去向和利用情况。

五、高校图书馆吸引社会捐赠的建议

它山之石，可以攻玉。综合国外博物馆在捐赠方面的成功经验和一些优秀高校的捐赠网站建设情况，对高校图书馆吸引社会捐赠提出以下四点建议。

（一）宣传和细化国家捐赠相关政策

依据《中华人民共和国公益事业捐赠法》第二十四条、第二十五条规定，国家政策对捐赠者和捐赠团体给予一定的税收优惠，但是调查显示，大多数捐赠者并不清楚这一政策。因此，图书馆应当积极宣传国家与捐赠相关的政策，鼓励社会个人与团体对图书馆进行捐赠。

另外，图书馆需要制定长期计划，出台相应的激励政策。在尊重捐赠人意愿的前提下制定合理的资金分配和使用方案，避免一次性捐赠导致图书馆对捐赠物资利用的盲目性，使图书馆的捐赠事业健康有序地传承下去。

（二）加强捐赠门户网站建设

高校图书馆需要加强对捐赠板块门户网站的建设，建立专门的捐赠网站页面，完善对捐赠条例、捐赠报道、捐赠途径等的说明，及时更新捐赠信息，保障捐赠链接的有效性，以达到对图书馆社会捐赠的宣传作用。在此基础上，图书馆可以在自身能力范围内建立专门的图书基金会，规范对捐赠资金的利用，吸纳捐赠金额较多的捐赠者参与到基金会的管理和建设中。同时，图书馆要深入开发捐赠系统，加强对捐赠图书的追踪管理，让捐赠者可以看到图书的破损、修理情况和流通借阅状况。最后，要注重对捐赠者的反馈。古人有云："投我以木桃，报之以琼瑶"。在捐赠网站中建设捐赠报道和捐赠名录，或者以捐赠者命名相应的图书馆馆舍，不仅能体现对捐赠者的重视与尊重，也能鼓励其他捐赠行为，形成良好的捐赠氛围。

（三）合理利用捐赠图书

高校图书馆应当严格把控捐赠图书的质量，破除对赠书质量"不敢提""不必提""不愿提"的心理误区和重数量、轻质量的思想。同时，在征得捐赠者同意后，可以对捐赠书籍进行整理归纳，定期推出推荐书单吸引读者借阅阅读，促进捐赠图书的流通利用，破除对捐赠图书重收藏、轻利用的心理。在此基础上，可以统计每年捐赠书籍的利用情况，设立赠书借阅排行榜，进行赠书的推荐与导读。这既是对捐赠的有效宣传，又可以促进资源的充分利用。

对一些教材教辅类的捐赠书籍，高校图书馆也可以与校内二手书市场进行沟通交流，资源互通。图书馆可以将毕业学长学姐的捐赠教材教辅类书籍赠与校内二手书平台，延长教材类书籍的使用寿命，也为学生省去一笔购书费用。

（四）多样化捐赠形式

高校图书馆可以采用多样化捐赠形式，吸引不同社会群体参与到图书馆的建设中。图书馆可以实施众筹募捐方式，开发潜在捐赠者。众筹募捐具有低门槛、可参与性强等特点，可以吸引小额捐款人，提高公众捐赠意识、营造捐赠氛围。高校图书馆对毕业学生也可以开展专门的捐书回馈活动。进行上门取书、赠送小礼品等活动吸引毕业生捐赠图书。

六、总结与反思

国内高校图书馆的经费困境及政府鼓励图书馆多渠道筹措资金指明了未来的趋势，而图书馆越早思考经费来源的问题，就意味着拥有了越多的主动权。尽管图书馆对经济社会发展起到了多方面的促进作用，但是，社会上普遍认为图书馆是国家财政的包袱，是只投入、不产出或多投入、少产出的被抚养单位。因此，不仅要让社会认识到图书馆在精神文化方面的产出是无价的、重要的；同时，图书馆应当积极吸引社会捐赠，让社会公众参与到图书馆的建设中。

参考文献

[1] 沈戈鹰. 高校图书馆文献经费预算和配置现状及优化策略 [J]. 时代金融（中旬），2017（12）：294.

[2] 戴璐. 美国亨廷顿图书馆经费筹措策略及其启示 [J]. 河北科技图苑，2020，33（3）：80-83.

[3] 关繁华. 重庆市县级公共图书馆经费收支现状及优化策略 [J]. 黑龙江科学，2020，11（9）：142-145.

[4] 李梅. 对博物馆经费来源的一点思考 [J]. 首都博物馆论丛，2015（1）：103-109.

[5] 李秀娥. 论高校图书馆捐赠的特征、问题与未来走向 [J]. 河南图书馆学刊，2015，35（2）：35-37.

[6] 张建静. 台湾地区高校图书馆的捐赠情况及其启示 [J]. 大学图书馆学报，2017，35（2）：39-46.

[7] 王贵海，洪跃，车宝晶. 近代图书馆捐赠事业的滥觞与弘扬 [J]. 图书情报工作，2013，57（19）：87-91.

[8] 肖乃菲. 国内赠书管理工作的研究现状与分析 [J]. 图书馆，2014（5）：124-127.

[9] 单霁翔. 我国博物馆市场营销的探索 [J]. 北方文物，2013（4）：102-108.

我国省级公共图书馆（2016—2020）科研状况分析

张雅俐　刘林玲　黄国华

（湖北省图书馆，湖北武汉，430071）

摘　要：公共图书馆的科研发展水平对于促进图书馆事业发展、加强管理水平、提升服务品质、提高社会影响力等都具有重要的意义。本文以（2016—2020年）我国31所省级公共图书馆的科研水平为研究内容，从论文发表、项目申报、学术期刊三个方面进行统计分析，提出了公共图书馆提升科研水平的思路与办法。

关键词：公共图书馆；科研水平；图书馆员

公共图书馆承担着保存人类文化遗产、开展社会教育、开发智力资源等重要职能。而省级公共图书馆作为该地区的中心，具有馆藏资源丰富、馆员整体素质高、读者覆盖面广等特点，更应该成为以学术研究为主导的图书馆。

为了解全国31所省级图书馆的科研水平情况，本文以CNKI的中国期刊全文数据库作为数据源，对我国31所省级公共图书馆（北京以首都图书馆进行统计，不含港、澳、台地区）2016—2020年在学术期刊上发表的论文进行统计，并依据项目申报、学术期刊等方面的情况，对我国省级公共图书馆，尤其是中部六省公共图书馆学术研究的发展情况进行研究探讨。

一、论文发表情况

论文发表数量能够反映出一个单位或机构的科研产出能力、理论指导实践水平以及科技发展趋势，并将极大地促进科学研究的高质量发展。论文发表数量越多，说明该单位或机构科研产出能力越强，理论指导实践水平越高，科技发展潜力也越大。

据统计，2016—2020年来我国31所省级公共图书馆共发表了5202篇学术论文，各馆论文发表情况见表1。

表1 省级公共图书馆论文发表情况（2016—2020年）

图书馆	发文量/篇	比例/%	图书馆	发文量/篇	比例/%	图书馆	发文量/篇	比例/%
上海图书馆	575	11.05	湖北省图书馆	175	3.36	云南省图书馆	91	1.74
南京图书馆	442	8.49	天津图书馆	164	3.15	贵州省图书馆	82	1.57
重庆市图书馆	421	8.21	安徽省图书馆	163	3.13	新疆维吾尔自治区图书馆	76	1.46
河南省图书馆	290	8.09	黑龙江省图书馆	157	3.06	海南省图书馆	47	0.9
江西省图书馆	287	5.6	辽宁省图书馆	156	3.01	宁夏回族自治区图书馆	45	0.86
吉林省图书馆	260	5.51	四川省图书馆	126	2.45	内蒙古自治区图书馆	18	0.34
湖南图书馆	230	4.42	陕西图书馆	125	2.42	青海省图书馆	16	0.33
广东省立中山图书馆	222	4.33	甘肃省图书馆	120	2.3	西藏自治区图书馆	9	0.17
山西省图书馆	211	4.26	福建省图书馆	110	2.14	合计	5202	
山东省图书馆	206	3.96	浙江图书馆	97	2.11			
广西壮族自治区图书馆	187	3.59	河北省图书馆	94	1.8			

从表1可以看出，我国省级公共图书馆的科研产出能力和科研水平差距比较大，其中上海图书馆以575篇位居榜首，显示出上海图书馆较强的科研水平和丰硕的科研成果。同时，除了上海图书馆，发文量位居前列的南京图书馆442篇，重庆市图书馆421篇，河南省图书馆290篇，江西省图书馆287篇，吉林省图书馆260篇，湖南图书馆230篇，广东省立中山图书馆222篇，山西省图书馆211篇，山东省图书馆206篇，这十所图书馆论文发表数量为3144篇，占论文总数量的60.43%。而这十所图书馆所在的省市基本属于国家发达或较为发达地区。因此，可以看出，经济、文化、教育、科技相对比较发达的地区，公共图书馆的科研成果也会比较丰硕。

表2 论文发表年代分布

年份	论文数	百分比%
2020	889	17.08

续表

年份	论文数	百分比%
2019	1125	21.62
2018	1044	20.06
2017	1077	20.7
2016	1067	20.51

从年论文发表数量表2来看，我国31所省级公共图书馆在2016—2020年5年间共发表论文5202篇，平均每年发表1040篇，仅2020年论文数量没有达到平均水平，发文量最多的年份与最少的年份相差236篇。整体来看，我国31所省级公共图书馆在2016—2020年5年间论文发表数量较为稳定，没有出现大幅波动现象，反映出省级公共图书馆事业不断有序健康发展。

二、基金项目申报分析

国家级、省部级等各类科研基金是国家支持科学研究项目极为重要的渠道之一，科研基金项目在各个学科领域里一般具有技术先进、系统创新、研究深入等特点，科研基金项目的科研水平和学术价值一般要高于其他研究成果，因此，科研基金项目的申请和数量是衡量机构或研究生学术水平的重要指标。省级公共图书馆科研基金的申报级别以及数量，可以反映出该图书馆的科研水平。

（一）国家社科基金科研项目立项情况

国家社科基金科研项目由全国哲学社会科学规划办公室组织规划评审发布，是现阶段我国图书馆、情报与文献学学科科研立项的最高层次，是衡量学术研究机构团体科研实力和学术水平的重要指标。课题指南由国内外知名专家设计，目前设有23个人文社科规划评审小组，图书馆、情报与文献学是其中一个学科分类。

表3 国家级、省级公共图书馆国家社科基金科研项目立项情况

图书馆	立项数量/篇	图书馆	立项数量/篇
国家图书馆	10	内蒙古自治区图书馆	1
上海图书馆	3	湖南图书馆	1
浙江图书馆	2	山东省图书馆	1
广西壮族自治区图书馆	2	天津图书馆	2

续表

图书馆	立项数量/篇	图书馆	立项数量/篇
云南省图书馆	1	黑龙江省图书馆	1
辽宁省图书馆	1	合计	25

由表3可看出，2016—2020年，有11所省级公共图书馆获得25项国家社科基金项目，国家图书馆获得10项位居第一，上海图书馆获得3项位居第二，广西壮族自治区图书馆、天津图书馆、浙江图书馆分别获得2项位居第三，其中，湖南图书馆和黑龙江省图书馆分别获得1项青年项目，说明其青年科研创新能力强。在近几年国家社科基金的申报主题中，图书馆类立项主要集中在古籍、地方文献等相关主题，如国家图书馆的《六朝譬喻文学研究》《西谛藏图谱文献整理和研究》《明代宫廷图书史》，云南省图书馆的《云南民间历史文献整理与研究》，内蒙古自治区图书馆的《蒙元以来中央政府授予藏传佛教喇嘛的"遗留性史料"搜集与整理研究》等。

从国家社科基金科研项目立项的数量来看，国家图书馆和上海图书馆立项数量占图书馆科研立项的52%，充分说明国家图书馆和上海图书馆代表着我国图书馆最高的科研水平和最强的学术能力。而从基金立项的内容来看，公共图书馆要在古籍、地方文献等方面多下功夫，特别是坚持培养好青年馆员的科研能力，以提高自身的科研水平，更好的服务社会。

（二）中国图书馆学会课题立项情况

中国图书馆学会（Library Society of China），是由全国各类型图书馆、相关行业或机构科技工作者联合成立的全国性、学术性、权威性的社会组织，为公共图书馆与高校图书馆以及业内专业人士提供了互相交流、学习的平台和桥梁，是推动我国图书馆事业不断发展进步的重要社会力量。中国图书馆学会每两年开展阅读推广课题申报工作。2016—2020年，省级公共图书馆共有28项课题批准立项，其中，国家图书馆、广东省立中山图书馆、江西省图书馆、内蒙古自治区图书馆分别有3项课题批准立项，湖北省图书馆与宁夏回族自治区图书馆、山东省图书馆分别有2项课题批准立项。

（三）期刊

期刊方面，上海图书馆、天津图书馆、湖南图书馆等8所省级图书馆具有获批的核心期刊，江西省图书馆、宁夏回族自治区图书馆、河南省图书馆等11

所省级图书馆具有公开发行的期刊，而湖北省图书馆、海南省图书馆、新疆维吾尔自治区图书馆等12所省级公共图书馆暂未获批公开发行期刊。

表3 获批核心期刊的省级图书馆

图书馆	期刊
国家图书馆	国家图书馆学刊 中国图书馆学报
上海图书馆	图书馆杂志
广东省中山图书馆	图书馆论坛
吉林省图书馆	图书馆学研究
黑龙江图书馆	图书馆建设
湖南图书馆	图书馆
天津图书馆	图书馆工作与研究
甘肃省图书馆	图书与情报

三、提高公共图书馆科研水平的对策

（一）营造良好的学术研究氛围

良好的学术研究氛围是不断提高公共图书馆学术研究水平的基础。公共图书馆要充分发扬馆内学术研究的模范和带头人的作用，指导青年馆员及时关注国内外重要机构研究报告、国家发展战略、图书馆发展规划、研究前沿、国家和省级社科基金研究指南以及相关学术会议、研讨会、案例、论文征集等信息，并结合本馆工作实际确立科研发展策略和研究方向，定期开展科研培训以及学术沙龙等活动，激发馆员开展学习研究的热情，营造良好的学术研究氛围。比如，以本馆科研课题项目研究为抓手，有效开展学术交流活动，激发馆员深入研究省级公共图书馆事业发展现实问题以及图书情报学科发展前沿问题的积极性，不断促进馆员科研水平提升，并严格规范课题申报、研究、结项流程，继续开展"学术沙龙"等学术交流活动，培养员工的学术规范与学术创新能力；出版课题研究论文集，鼓励馆员基于课题深入开展调查研究，撰写论文、专著，形成一批文献学、图书馆学、公共文化服务理论与实践研究的成果。

（二）建立科学的规章制度

公共图书馆可以结合本馆具体情况，建立起科学、高效的鼓励机制，将馆员的学术研究工作以规章制度的形式进行规范化、常态化管理，不断提高馆员，尤其是青年馆员的学术研究的使命感和责任感，激发他们的积极性和创造性。如：制定奖励机制要充分考虑到馆员科研成果的数量、类型、级别以及对馆里成果转化的贡献大小等因素，从而制定严谨的奖励标准，包括具体时限、负责部门、执行内容都应该有章可循、科学规范。

（三）参加学术交流活动，提高学术研究能力

公共图书馆学术研究是围绕着图书馆的具体工作实践展开的，是对日常工作内容的总结和理论升华。不断与业界或相关行业学者、从业人员进行交流学习，不断思考，才能提升业务能力，形成理论指导实践的学术价值。公共图书馆应邀请图书馆业界知名专家进行学术讲座，并鼓励馆员加强与其他图书馆、高校图书馆及科研院所的合作与学术交流活动，积极撰写学术论文，申报各类型课题，不断拓展学术视野。

（四）建立学术导师制度

公共图书馆的学术研究往往被认为是个人行为，导致青年馆员学术研究的动力不足以及研究的盲目性。虽然图书馆会定期组织专家学者开展论文写作、课题申请、如何选题等方面的讲座或培训，但是青年馆员只有文字上的理解，缺乏实际操作的实践指导。公共图书馆应该充分发挥馆内科研能力强、学术成果多、课题立项经验丰富的学术骨干的带头作用，成立学术导师小组，为青年馆员量身定制学术能力提升的对策。同时，改变学术研究各自为政的状态，在学术导师的指导下，在学术活动中根据青年馆员的专业知识与学术背景充分发展他们的潜力，达到青年馆员业务与学术能力共同发展的目标。

四、结语

我国31所省级公共图书馆在2016—2020年5年间取得了很多有价值的学术性成果，科研水平也稳步向前发展，推动图书馆事业不断健康、有序发展。但是，公共图书馆的科研水平还存在地区间的不均衡，馆际差别大，研究范围局限等问题。因此，公共图书馆馆员应该不断提升自身的学术能力和科研水平，多与高校图书馆、科研机构学习交流，把图书情报学与其他相关学科有机结合起来，并运用到科研工作中。同时，公共图书馆应当从完善激励机制、提升学术氛围等多方面鼓励、培养学术研究性人才。

参考文献

[1] 胡军, 赵楠. 我国省级公共图书馆（2014—2018）科研状况分析[J]. 遵义师范学院学报, 2020（2）: 162-166.

[2] 骆柳宁, 苏瑞竹. 我国公共图书馆科研产出能力分析[J]. 情报探索, 2016（6）: 89-95.

[3] 郑琳, 张丽平. 公共图书馆青年馆员学术能力提升思考——借鉴浙江图书馆青年业务人才工程[J]. 图书馆界, 2017（2）: 79-82.

二十三、少儿智慧图书馆的建设与服务创新研究

少儿智慧图书馆的建设与服务创新研究

陈 静

(湖北省武汉市东西湖区图书馆,湖北武汉,430040)

摘 要:数字化、智能化技术进入大家的生活和学习中,极大程度的推进了我国公共图书馆的发展创新,新时代、新科技、新设备进步下大数据的广泛运用,对公共图书馆智能化便捷式服务的推广产生了非常重要的作用,人工智能驱动着图书馆从过去"互联网图书馆"转向"智能图书馆",人才队伍的建设和人才机制的完善应得到重视,不断提升图书馆馆员原有的服务水平和知识储备,为图书馆事业的发展奠定坚不可摧的基础。

关键词:智慧图书馆;智能化;创新服务

一、什么是智慧图书馆?

智慧图书馆=图书馆+物联网+云计算+智能化设备,是把智能技术运用到传统图书馆中的智慧化服务。将所有文献信息串联起来,通过网络技术将文献、读者和图书管理员等相互智能连接,实现知识的共享,满足读者的各类需求,为读者提供更快速、更优质的服务,使读者在借阅过程中节约更多宝贵时间。

1. 智能技术视角下,物联网技术是智慧图书馆的核心,在软件工程和科学计算等技术的支持下,不受时空限制通过无线网为读者提供图书馆科学技术感知的移动服务。关键要素包括:智能技术、智慧服务。

2. 服务视角下,智慧型图书馆的主要目标就是为读者提供优良的学习环境。随着时代的进步图书馆也在与时俱进,面对不同类型的读者,智慧型图书馆能更短暂、更高效地提供更优质的阅读服务。秉持泛在化、以人为本、以服务为主的理念,和更高效、更便利的优势,为读者提供更深层次的阅读服务,吸引更多读者前来阅读,提高各类读者阅读的积极性,有助于读者们文化知识的积累和创新型人才的培养。

二、少儿阅读的重要性和未来发展

"少年智则国智,少年富则国富,少年强则国强"出自清朝末年思想家、教育家、文学家梁启超的《少年中国说》。少儿是祖国未来发展的希望,少儿的文化教育水平直接反映着国家当下与未来的发展进程。自党的十八大以来,以习近平总书记为核心的党中央高度重视青少年儿童,亲切关怀青少年健康成长,深刻论述指明了当代青少年儿童的历史使命和成长道路,引导青少年儿童树立远大理想、树立和践行社会主义核心价值观,勤奋学习、努力进取,对青少年儿童的健康成长具有十分重要的指导意义。青少年一代有理想、有担当,国家就有前途,民族就有希望。

(一)少儿读者的特殊性和优先服务原则

少儿读者在图书馆属于特殊阅读群体,少儿读者在生理方面处于成长发育阶段,有各个年龄段的能力优劣势,思想意识、语言能力和身体技能都各有不同,无法精准地传递和表述自己内心的意愿,他们在读者类型里处于弱势位置。我国几千年的儒家伦理文化历来推崇"君为臣纲""父为子纲",公众普遍认为孩子由于年龄偏小不懂事,出于保护心理一般由家长和老师替孩子做主,孩子习惯性产生了服从心理,甚至自身都认为自己没必要有自主权,可由家长全权做主。在图书馆内阅读的过程中,少儿读者自主阅读能力较低,经常受到家长或老师的干扰而处于被动状态,图书馆服务于少儿读者时也常常忽视他们的真实需求。国务院颁布的《中国儿童发展纲要(2011—2020)》指出:"坚持儿童优先原则,保障儿童生存、发展、受保护和参与的权利""在制定法律法规、政策规划和配置公共资源等方面优先考虑儿童的权益和需求",并将儿童优先原则设定为五个必须坚持的工作原则之一。早在1994年,联合国教科文组织与国际图书馆协会共同制订的《公共图书馆宣言》中特别指出:公共图书馆是教育、文化和信息的有生力量,其第一使命和首要任务是"尽早培养和加强儿童的阅读习惯",以"激发儿童与青年的想象力和创造力"。在中国的公共图书馆中少儿服务工作越来越受到重视,在图书馆内实施儿童优先服务是必要的,儿童的健康成长小则关乎一个家庭,大则关乎一个国家甚至一个民族的命运,儿童时期也是人生中最重要的成长时期,智力开发离不开阅读,依据其特点图书馆应设定出有别于成年人的阅读服务,建设儿童优先原则的服务内容,如:专项服务空间、专业图书馆员、少儿阅读活动等。

（二）少儿适用的智能服务

随着信息的快速膨胀，数字技术的发展和移动网络的普及，传统图书馆早已不能满足实际应用的需要，特别是新时代的新读者。根据2015年发布的《第八次中国未成年人互联网运用状况调查研究报告》显示，91.9%的未成年人有使用移动网络和数字技术的经历。在疫情后时代数字技术应用和网络学习也是未成年人生活和学习的主要方式之一，同时他们在网络学习中能接触到更多智能化、多元化、便捷性强的新技术，因此智能服务对于少儿来说，已不再稀奇、少见。近几年来随着计算机硬件水平及图形图像技术的发展，虚拟现实技术被广泛地应用到文化教育场合中，有以下几款智能阅读服务适用于少年儿童。

1. 虚拟图书馆3D导航系统

虚拟图书馆3D导航系统。少儿读者可以通过输入图书信息，如书名或者索书号，利用检索功能找到图书的物理坐标，找到书架的地图分布位置，准确地生成最优化的导航路径，从少儿读者当前位置到被检索的图书书架位置，导航箭头会指引少儿读者到达目的地。这样以最快速的方式帮助少儿读者找到他想要的那本图书，减少少儿读者独自阅读的焦虑感和孤独感。

2. AI图书排架和流通系统

AI图书排架和流通系统由"大数据分析+机器人排架+机器人物流+智能调度+智慧借阅"五大系统组合而成。通过对海量的图书数据进行智能化分析，对书库现有的图书做全新排序，机器人再对书架进行有效的排序整理，读者表达意愿输入图书信息数据，图书位置信息以最快的速度通过机器人传递给读者，能够节约时间成本和馆员的劳动力，给读者全新的高科技智能体验。

3. VR图书阅览

VR虚拟场景式阅读是全景式的穿越画面，是一种无接触形式的阅读体验，带上VR眼镜能够一瞬间使少儿读者带入书中的环境。人们常说"读万卷书，不如行万里路"，VR图书阅览正是一种将文字与场景画面的有机结合。传统图书是静态的图片和枯燥的文字，VR图书比传统图书内容更丰富，使读物瞬间立体、生动，让少儿读者"穿越"到书中的情境中，以极强的沉浸感、渗透力增强少儿读者对书的新奇感和阅读趣味性。VR图书阅览充分发挥虚拟图书馆的优势，使少儿读者穿越时空遨游在书的宇宙里。

三、少儿智慧图书馆的服务创新与改革

智慧馆员是智慧图书馆服务的核心，提升馆员综合素养能力及智能服务能

力，要重视馆员的科技知识、专业技能，提高其对智能技术的敏感性。快捷地运用大数据管理，最大限度地满足读者对信息的需求。

随着时代的变迁，始终不变的是馆员的职业精神、专业知识和人际沟通等基础实力。服务创新使得图书馆进入智能化管理，图书馆作为全民阅读服务机构，馆员面对智能技术的快速发展，必须意识到传统的服务方式已经过时了，馆员务必摒弃人浮于事的心态，改正服务意识缺失、协调能力弱等问题。智慧图书馆条件下的馆员务必具备可持续发展的学习能力和紧跟时代发展的认知力。新技术不断被创造出来，广泛运用在生活的方方面面，图书馆现在也普遍应用智能技术，新型智能设备为读者提供了方便快捷的信息资源，图书管理员应先读者一步掌握相关智能信息技术，熟悉智能设备操作方法，紧跟时代不断更新对新技术的掌控力。

智能化助推图书馆服务效力有显著提升，自从馆内配备了智能借阅设备，收到读者不断好评。从多人值守到少人值守，逐渐进入无人值守的智能性服务模式，利用大数据分析系统、云计算技术，与互联网、通信、计算机相结合形成技术融合，精准捕捉读者的借阅需求，从智能系统大数据分析到深度挖掘，提供有效的、高质量的阅读服务。通过智能设备，更立体化、更显著地为少儿读者开展特殊群体阅读活动。多元化的服务方式，使传统的人力服务转换成读者和管理者之间的信息交流与分享，不但没有降低服务质量，反而极大的促进两者交流频率的增加，通过智能系统让家长和管理员更懂孩子、更懂阅读、更懂儿童教育。

加强少儿阅读服务人才建设，全面提高少儿借阅区馆员人才队伍的职业道德水平及教育水平，加大再教育的机会，组织管理员多参加少儿心理学、少儿教育学、少儿文学等培训，加强理论研究和学术研讨，促使馆员强化专业知识、紧跟时代进步，增强馆员专业化的服务意识。根据馆内实际业务能力和业务情况制定馆员培训计划，设置服务工作业务培训班，完成一定学时再实行轮岗制，对新兴智能化图书馆有一个系统的全面认识，发挥馆员的优点选择最合适的岗位，确保服务质量的同时提高人才效能。

公共图书馆已不再处于过去"吃大锅饭"的时代了，时刻关注自身所处在的工作环境，为何馆员普遍都会随身携带着倦怠感？应探究其深层次原因，是否服务创新导向存在偏差、是否服务创新管理不到位、是否缺乏竞争性的服务创新考核指标、是否创新人才成长的激励机制直接或间接地刺激了馆员使之产生倦怠感。一部分馆员工作积极性不高，业务能力差，却将大部分精力投入职称的评定上，严重忽略了图书馆的中心任务是为读者服务。应当重视提升基层一线馆员的业务能力和个人素养，对能力优秀者给予肯定与嘉奖，建设出优秀且专业的少儿图书管理员团队。另外，公共图书馆可实行专业岗位聘任制，通过专业人才选拔竞聘上岗、多向选择等形式选拔优秀的专业班子，不仅能激发原有馆员的工作积极性，还能大大降低多年的职业倦怠现象。

  图书馆是全民阅读中心，全民素质提升的重要阵地，其发展的最终目标不但要让读者们便捷地获得知识和讯息，同时要沁润读者的心灵，感染读者的品格，是具有人文情怀的精神家园。精神家园不但需要馆员单一的服务，也需要科学智能技术与人文精神的相互互动。在构建社会主义和谐社会中，图书馆具有普遍的传播文化和价值引导作用，因此，图书馆的服务创新是当前图书馆界的一项重要任务。人才队伍的建设和人才机制的完善应得到重视，不断提升馆员原有的服务水平和知识储备，为图书馆事业发展奠定坚不可摧的基础。人机共存、人机互补已经成为新时代图书馆服务的新潮流，人工智能驱动着图书馆的前进步伐，从过去的"互联网图书馆"转向"智能图书馆"，通过强劲的智能技术辅佐馆员提供更优质的服务，也体现了图书馆对读者的人文关怀。

社会力量在省级少儿图书馆科普阅读推广中的运用分析

刘映潇

(湖北省图书馆,湖北武汉,430071)

摘　要：少儿图书馆作为公众教育的知识型平台,在科普阅读推广中必然占据着重要的角色。在这个过程中,不仅需要足够的馆员基础专业理论,更需要引入外部科学中坚力量,将基础科学广泛而扎实的传播给少儿读者群体。纵观图书馆界的少儿科普阅读推广,多元合作、引入外部优秀资源似乎渐成常态,但其中还存在着许多的问题,比如,图书馆如何避免与科技馆、科普基地、学校科学课等发生重叠,科普推广如何在少儿读者群体中产生长期的、明显的效果,如何把读者从普通科普活动引导至与图书馆紧密联系的图书中去等。本文将从湖北省少年儿童图书馆实践的角度,阐述社会力量在少儿图书馆科普阅读推广中的运用分析与思考。

关键词：少儿图书馆；科普阅读推广；社会力量

一、少儿图书馆科普阅读推广的背景及意义

科技是国家强盛之基,创新是民族进步之魂。没有强大的科技,"两个翻一番"、"两个一百年"的奋斗目标难以顺利达成,我们也难以从大国走向强国。根据科技部发布的2017年全国科普统计数据,近年来在全国范围内,公众的科学素质明显提升,参与科普活动的积极性不断提高,科普传播媒介日趋多样,全国共出版科普图书1.41万种,总印数1.12亿册,占2017年全国出版图书总印册数的1.21%。全年累计发行科技类报纸4.91亿份,与此同时科普活动广泛开展,深受广大公众喜爱。以科技活动周为代表的群众性科普活动产生广泛社会影响。2017年,各类科普活动参加人数共计7.71亿人次,比2016年增长6.30%。种种数据表明,公众对于科学普及的需求越来越大,对科普图书、科普活动的兴趣越来越浓厚。因此,少儿公共图书馆作为公众教育平台,更应参

与其中，广泛开展科普阅读推广，提升少年儿童的科学素养。

少儿科普阅读推广对于公共图书馆来说，是一项责任重大、目标长远的工作。在这其中，图书馆人必须充分发挥图书馆公众教育功能的广泛性、基础性、传播性，不断引入优秀的科普资源，发掘可行的传播形式，创新先进的阅读指导理念，立体式承担起少儿科普阅读推广的工作。

二、社会力量在少儿科普阅读推广中的意义和问题

少儿公共图书馆在构建阅读氛围的基础上，必须将科普阅读推广提升到一定的高度，在不失精准的情况下，进行更为宏观的推广。公共图书馆在已有的基础馆藏成果之上，需要充分发挥资源整合能力，引入优秀的科普资源，开展多元合作，发挥名家效应，搭建科学研究工作者与最广泛大众之间的桥梁，以科普图书为媒介，开展高质量的科普活动，引导少年儿童充分阅读科普图书，提升其对科学的兴趣，培养其独立思考、实践的能力。这样能够让少儿科普阅读推广工作开展的更为有效，达到的兴趣培养效果更为显著。

少儿公共图书馆充分结合社会科学力量，能够达到一定的阅读推广效果，但其中也会出现一些问题：第一，社会力量从事科普工作缺乏系统规划、长远部署和有效的组织管理制度，造成科学工作者讲一次就走，达不到有效效果。第二，图书馆定位模糊，开展大量科普活动，与科技馆、科普基地、学校科学课等重叠，不能发挥出图书馆的特点。第三，缺乏活动针对性，什么热度高就开展什么活动，导致少儿读者始终停留在活动内容的表面。

三、少儿公共图书馆运用社会科学力量的分析及思考

笔者在少儿科普阅读推广领域不断总结经验，反复思考，将理论运用到实践中去，开展了"趣味科普季"等一系列少儿科普阅读推广活动。"趣味科普季"是湖北省少年儿童图书馆"童之趣"少儿读书节品牌下的重点板块，每年开展精品科普活动数十场，引导湖北省少年儿童广泛阅读科普图书，培养其动手实践、独立思考的能力。2018年湖北省少年儿童图书馆与湖北省科协普及部展开深度合作，签署战略协议，整合社会优秀科普资源，实现优势互补，共同打造以"科学与生活"为主线的湖北省少儿科普品牌活动。系列活动邀请动植物、天文、医学、军事等相关领域的科普研究专家，与小读者近距离接触，开展科普知识名家讲座。其中专家多为各领域科普学会理事、大学教授、研究院工程师等常年奋斗在一线研究岗位上的专家，有着扎实的科学理论基础和实践经验。在策划、组织本活动的过程中，笔者充分结合实际，比如，如何在科普

推广活动中充分扮演好图书馆的角色，如何平衡活动中体现出的矛盾。从活动效果来说，达到了自身预期，也让笔者对如何充分运用社会科学力量有了些许思考。

（一）科研工作者的指导作用

科研工作者在各自的科学领域具有高度的科学专业性，他们究其一生开展科学研究，在某一科学领域达到了一定的造诣，他们所接触的科学知识，都是基于书本而超越书本的，这是将理论与实践结合的最佳实例。科研工作者如果能走进图书馆，为少年儿童讲述在科学研究过程中的幕后趣闻和科普知识，能够加深少年儿童对于科研工作者的崇拜之情，接触到书本中所看不到、学不到的实践经验，进而激发他们对于某一科学领域强烈的好奇心和探索欲，这是其他科普活动无法达到的效果，这样的科普讲座具有独特的科学魅力。湖北省少年儿童图书馆2018年7月开展的《北斗与生活》主题科普讲座就邀请到湖北省地理信息科技馆的测量高级工程师，为小读者解密北斗卫星系统的过去和未来，展现了中国自主的科研力量与科学研究背后的趣闻。

（二）依托科学院所，拓展活动空间

在与各专家的接触过程中，笔者发现许多人的所在单位都有一定的科普成果展示要求，少儿图书馆作为科普推广的重要平台，集合感兴趣的读者，对科研场所、实验室等进行参观，开展实践活动，具有天然的优势。少年儿童深入科普专家的研究场所，能够进一步了解科普工作者的研究过程，感受科研突破带来的卓越成就感。少儿图书馆通过此类型活动，拓展活动空间，扩大普及范围，让广大少年儿童了解到多元化的科学技术，从多角度感受科学的魅力。

（三）依托科普场馆，从理论到实践转变

少儿图书馆的科普阅读推广工作，不仅需要广泛传播科学知识，普及科学常识，更应该锻炼少年儿童的动手实践能力，将理论结合实际，不断加强他们的探索发现、独立思考、团队合作、逻辑判断等科学实践能力，从而引导其创新创造，发掘出自己的科学探索成果。因此，少儿图书馆在开展科普讲座等理论活动之余，不断深入科普场馆，与其开展广泛合作，促进大众与科学的实际交流。湖北省少年儿童图书馆在7月17日开展了一场以气象为主题的户外拓展活动，以游学的形式，让小读者学习气象观测的方法，了解湖北的气候与地貌特点，活动不仅让他们参观科普场所，更通过亲自体验实体龙卷风、闪电、雨的形成，参与天气预报的幕后工作等，增强了他们的直观感受，将理论知识与实践操作结合在一起，形成一个立体的科普阅读推广模式。

（四）充分发挥科普出版物的导向作用

综合现今市场上的少儿科普出版物，普遍都有几个弊端，首先体现在少儿科普图书的原创性与引导性不够强，大量的少儿科普读物鱼龙混杂，充斥大量科普知识，涉及面广，内容却不够深刻，无法正确引导少年儿童对于某一方面的探索兴趣，给予的是填鸭式教学；其次体现在本位意识不强，大多科普内容没有做到合适的年龄分级，图书整体趋近于成人化，使得年龄较小的儿童很难理解书中表达的科普知识；最后体现在市场上的少儿科普读物定价过高，宣传面窄，无法做到真正的全民普及。

因此，少儿图书馆作为知识传播平台，有着大量馆藏并且可供免费阅读的图书资源，这是天然优势，需要我们正确发挥科普出版物的积极效应，充分结合少儿科普活动，引导少儿读者阅读高质量的科普图书。一方面，图书馆对于活动的参与年龄可以进行分级，推广不同的科普图书，另一方面将活动与图书结合在一起，充分体现出图书馆与市面上同类型少儿科普活动相比的独特性、唯一性，使得科普活动在图书馆的开展具有不可替代的重要作用。湖北省少年儿童图书馆在9月15日全国科普日期间，邀请到武汉大学中南医院病毒学博士陈为民教授，开展了《病毒与生活》的主题科普讲座，陈为民教授在活动上，结合他所主编的《图说病毒》一书，用孩子的视角去观察病毒，从讲座延伸到图书，从图书拓展到生活，广泛增加了此类图书的借阅量，激发了少儿读者对讲解病毒的研究方法、生活中如何预防等内容图书的阅读兴趣。这样的科普图书和科普活动的有机结合，是少儿图书馆独具一格的优势，参与者可以通过活动了解某一科学领域的趣味知识，活动结束以后直接阅读相应内容的馆藏图书，趁热打铁，使孩子们进一步深入思考，这是其他任何同类型公益科普活动所无法达到的活动效果。

（五）宏观效应与个体关注的矛盾

少儿科普活动的开展规模不断扩大，现今少儿科普活动在国家政策、核心价值观的引导下，大力开展，如火如荼。许多科普活动注重活动的整体效果，却往往忽视了对个体的关注，这其实是任何一个活动都会出现的矛盾。但少儿科普活动不同于其他活动，它是将活动内容充分建立在科学普及的基础上，因此，尽可能让更多的人接受到科普知识，充分保证活动的整体效果是必要的，但同时，也必须要发掘个体，关注个体，提升个体。少儿图书馆开展的科普活动不同于学校的科学课是对课堂内容的补充，而是更注重对少年儿童兴趣和阅读思考能力的培养。很多时候参加科普活动的少年儿童也许并不是真的对某一科学领域感兴趣，仅仅是家长报了名，被迫来参加，在活动过程中可能表现出坐不住、听不进、注意力不集中等现象。因此，少儿科普活动的开展，不能把眼光单纯放在如何保证活动的整体纪律、整体活动内容所表达的效果上，更是要关注个别真正对某一科学领域感兴趣的少年儿童，加以正确引导，让他们对其有着更深入的学习与思考，在接下来能够进行更加深入的研究。少儿图书馆在开展此类型科普活动时，需要找准宏观效应与个体关注的矛盾平衡点，在保证广泛普及科学知识的同时，能在活动结束后，让一到两个孩子的心中埋下一颗科学探索的种子，能够坚持探索下去，这就达到了一个比较好的活动效果。

（六）"走出去"和"引进来"，让科学研究者成为科学讲师

少儿图书馆在开展科普阅读推广活动时，必须要注重多元合作，多"走出去"和"引进来"，同时，要打破关起门研究问题的壁垒。一味的"走出去"和一味的"引进来"都是不可取的，许多社会科学力量，特别是科学研究者，花费大量的精力做研究、做实验，但对于孩子不一定讲得通、讲得好。图书馆员必须充分结合少年儿童的特点，研究少儿读者在阅读推广活动中的倾向性，对科学研究者进行沟通，使其平衡科学专业性与内容趣味性，对活动进行有针对性的准备，从研究者的身份逐渐转换为讲师的身份，使得活动无论是"走出去"还是"引进来"，都能够充分适应少儿读者特点，紧密结合图书馆的阵地和优势，扩大图书馆的公众教育效应。湖北省少年儿童图书馆在每次开展科普活动之前，都会在读者群里进行充分的调查与交流，并且与活动讲师沟通，反馈读者意见和建议，满足广大少儿读者的需求。

（七）活动小礼品的专属性和差异性

活动礼品或奖品在一定程度上，既可以提升读者的参与积极性，又可以提升他们在活动过程中的互动积极性。如今同类型的科普活动大多奖励参与者文具、图书，好一点的组织单位会奖励一些专属文创产品，但这样的奖励无法让科普活动具有特色。因此在开展此类科普活动时，应充分结合活动主题、活动讲师的特点，打造具有活动专属性质的科普小礼品，以此提升广大少年儿童对于科普活动独特的兴趣。湖北省少年儿童图书馆在《矿物与生活》科普活动中，为读者送出的是中国地质大学的矿石纪念品；在《天文与生活》科普活动中，送出的是湖北省天文学会的纪念明信片；在《昆虫与生活》科普活动中，送出的是真实昆虫标本。这些小礼品都具有当期活动的代表性和独特性，不仅激发了现场小读者对以后活动的参与兴趣，更展现了"童之趣"趣味科普季名

家讲座与其他科普活动的差异性。

（八）打造系列品牌，发挥名家效应

少儿科普阅读推广是一项长期的、系统的工程。这其中不仅需要大量的数据研究，更需要不断的活动积累，形成有一定规模、独具特色的品牌宣传效应。科学界也可以"追星"，这其中就需要充分发挥科学名家的影响力，进一步加深少年儿童对科学家的崇敬，对科学研究的憧憬，扩大活动的覆盖范围。此外，少儿科普活动必须具备一定的延续性，在广泛普及的同时，沉淀一些固定的少儿读者，加强读者与科学家、读者与读者之间的交流，形成独立思考、相互合作的良好阅读氛围。系列活动通过一个共通的主题，将不同领域的不同科学内容加以整合，让广大少年儿童达到一个长期的学习和实践效果。

（九）集结讲师团队，发挥图书馆特色

少儿图书馆开展科普活动，需要充分整合社会力量，形成一个相对固定的讲师群体。很多讲师在针对图书馆读者开展一次讲座活动后，也会积累个人的宝贵经验，不断提升自己，这样能够在科学研究的同时，更好的将科学知识传播出去，充分发挥出科学研究者的社会效应。此外，通过结合馆藏图书等图书馆特色，打造科普讲师团队，充分发挥出图书馆的公众教育功能。

（十）因地制宜，展现地方特色

不同省市的少儿图书馆，在开展少儿科普活动时，可以充分结合地方特色，打造出具有本地化特点的科普活动，既能够让广大少年儿童学习到科学知识，又能够让其了解到本土的科学研究成果，因地制宜，从身边做起，发挥出他们开创性的想象力。湖北省少年儿童图书馆的《矿物与生活》科普活动，除了展示各类形状各异的矿石，更展现了湖北地貌中常见的矿石，让小读者们了解到湖北地区的矿物知识。在气象科普馆的游学参观活动中，老师同样为大家展示了湖北的地貌特点以及天气特征，让大家更了解湖北省的气象知识。

四、结束语

大力开展科学普及、不断增强公众科学素质的背后，是一个民族对未来的期冀和创新的渴求。只有公众科学素质的普遍提高，国家创新能力和可持续发展才会获得更牢固和广泛的社会基础。如今《流浪地球》等电影掀起了一股科学热潮，在这样的大环境下，少儿图书馆如何开展更高质量的科普阅读推广活动，是每一个图书馆员必须思考的问题。我们需要不断开展多元合作，充分利用社会上的科学中坚力量，结合公共图书馆自身的特点，开展有意义、有效果、有特色的少儿阅读推广活动。

参考文献

［1］习近平以创新点燃科技强国引擎［EB/OL］.央视网，2019-01-09

［2］2017年度全国科普统计数据发布［EB/OL］.中国产业经济信息网，2018-12-19.

［3］周立军，刘深.关于北京市社会力量参与科普工作的调查报告［J］.科普研究增刊，2011（2）：21-25.

［4］让科学素质跟上科技发展步伐［EB/OL］.人民日报，2018-12-26.

洛杉矶公共图书馆夏季儿童阅读推广服务探析
——以对襄阳市图书馆的启示为例

徐 崴

(襄阳市图书馆,湖北襄阳,441106)

摘 要:随着新冠病毒在美国的不断蔓延,洛杉矶公共图书馆迅速采取措施积极应对,开展一系列线上阅读推广服务,特别是今年夏天图书馆借重新开放之际,开展的儿童阅读推广活动让市民读者与图书馆重新建立联系,其诸多举措值得我们在疫情防控情况下的分析探究和借鉴。

关键词:新冠疫情防控;洛杉矶公共图书馆;线上服务;儿童阅读推广;襄阳市图书馆

美国儿科学会公布的数据显示,仅三周(2021年8月5日至8月26日)时间,美国就有50多万名儿童感染新冠病毒。美国儿童新冠肺炎确诊病例数超过480万例。美国疾控中心表示,几乎所有美国人都处于新冠病毒高传播地区。面对异常严峻的疫情防控形势,美国众多图书馆的闭馆时间也一再延长。儿童群体是新冠病毒易感染高危人群,如何在确保疫情防控的前提下,做好儿童阅读推广工作,是美国乃至全球公共图书馆共同面临的难题。

继2020年7月8日纽约公共图书馆全面恢复开放后,洛杉矶公共图书馆也重新开放。面向公众全面服务是公共图书馆的主体,洛杉矶公共图书馆作为美国最大的公共图书馆,其应对疫情防控所开展的儿童阅读推广服务可以算作美国公共图书馆阅读推广活动的缩影,特别是其对儿童和青少年服务的重视,应对得当、积极作为,持续加强线上服务,并取得了良好效果。本文通过文献分析法和网络调查法,通过调查分析洛杉矶公共图书馆的做法,可以为襄阳市图书馆开展儿童阅读推广活动得到一些启示。

一、疫情期间洛杉矶公共图书馆开放情况

(一)洛杉矶公共图书馆简介

洛杉矶公共图书馆(Los Angeles Public Library)是洛杉矶市的一个独立部

门，由中央馆和69个分馆构成，其藏书量居美国第三位。洛杉矶公共图书馆服务全市380万人，提供大量的教育、消遣和丰富生活的资源，使洛杉矶的少年儿童和成人受益。

（二）疫情期间免费开放情况

洛杉矶公共图书馆自2019年底新冠肺炎疫情爆发以后一直处于闭馆状态，2020年7月初对外宣布重新开放。目前图书馆已经恢复了正常的服务时间，提供精选的个人服务，包括浏览、电脑访问、取座、移动打印订单和在图书馆内查阅资料。图书馆实施分阶段重新开放，专注于为每个人创造安全和友好的空间。中央及区域图书馆开放时间：周一至周四，上午10：00至晚上8：00，周五和周六上午9：30至下午5：30，周日下午1：00至5：00；分支图书馆开放时间：周一和周三上午10：00至晚上8：00，周二和周四中午12：00至晚上8：00，周五和周六上午9：30至下午5：30，罗伯逊分馆周六休息，周日下午1：00至5：00开放。

在疫情常态化环境下，图书馆场馆内贴有疫情防控进馆须知，比如："无论您是否已接种过疫苗，在图书馆场所都必须佩戴口罩""如果您出现感染COVID-19的症状，请待在家里并使用我们的在线服务"等，这些提示语在一定程度上起到提醒规范作用。

洛杉矶公共图书馆现在取消了滞纳金，将书籍的续借次数从2次增加到3次，读者可以在更长的时间内借出书籍。

在重新开放的这一时期，虽然不提供室内活动和课程，会议室和自习室也不开放，但各种电子媒体资源和数字内容均可在网上观看。一些图书馆分馆现在特别提供户外活动，比如谷广场分馆每周三在户外举办的婴幼儿"故事时间"，活动信息在网站的活动日历上可以查看。

读者可以通过出示带照片的身份证或打开图书馆移动应用程序上的可扫描虚拟电子卡来借阅图书馆资料，还可以去图书馆注册办理一张实体图书借阅证。读者还回的书可以直接被接收。

二、洛杉矶公共图书馆"夏天和图书馆一起"阅读计划

在洛杉矶公共图书馆官网"重新开放"一栏的读者常见问题里，明确提到11岁以下的儿童不能单独进入，必须在成年监护人陪同下进入，儿童玩具和游乐区目前不开放。而很多家长因为工作或者其他原因，并没有时间和精力带孩子来图书馆，现阶段更是受疫情影响，图书馆线下读者活动受到冲击。面对这种现状,洛杉矶公共图书馆策划了一场名为"夏天和图书馆一起"的阅读计划。在图书馆重新开放之际,借少儿活动"夏天和图书馆一起",重新建立青少年与图书馆的联系,让他们通过参加夏季阅读计划,重启对阅读、学习的热爱。这个阅读计划主要为线上活动,分为两个板块:"把书打包带走"和"夏季阅读挑战"。

(一)把书打包带走

"把书打包带走"指的是读者可以免费申请含有5本书的图书包。每张借书卡最多可以申请两份图书包。每个图书包内容都不同,将从洛杉矶所有的图书馆中为读者选择有趣的书籍。当读者的图书包可以取货时,工作人员将和读者联系,让其领取,只有信用良好的读者才能申请。

同时也可根据兴趣、主题、类型,挑选一个个性化的图书包,这就需要填写一张问卷,通过填写问卷问题了解申请者的姓名、读者证号、邮箱地址、联系方式等基本信息,申请者勾选自己感兴趣的年龄段,比如0—2岁或者6—7岁,选择感兴趣的主题和取包地点,提交审核通过后即可领取图书包。

(二)夏季阅读挑战活动

夏季阅读挑战为期两个月(6月7日—8月7日),市民通过报名、阅读及完成寓教于乐的活动来收集积分,最终完成阅读挑战并领取奖品。参与者可以上网注册并在 Beanstack Tracker 程序上追踪进度,或者下载阅读挑战表。阅读20分钟获得20点积分,完成一项活动获得100点积分,当获得1000点积分,即可完成夏季阅读挑战。送交已完成的阅读挑战表或在 Beanstack Tracker 程序上完成挑战以参加抽奖,在已开放的分馆领取挑战完成的奖品。挑战分为新阅读任务、新联系任务、新爱好任务和新探索任务。

新阅读任务:浏览图书馆的推荐书单,阅读或聆听电子书、杂志、有声读物等。

新联系任务:从图书馆的活动版块中查找线上活动,收看"与作家有约"系列节目与工作人员一起参加各种有趣的节目。

新爱好任务:充分利用图书馆的馆藏和网络资源,向洛杉矶市青少年影展提交一部影片。

新探索任务:学习一种新语言,观看视频教程或注册线上课程,收集并共享社区科学研究数据,参加洛杉矶生物闪电战挑战。

(三)"夏天和图书馆一起"阅读计划实施目的及意义

"夏天和图书馆一起"是一项内容丰富、趣味横生的阅读计划,依托此计划,目的是让市民阅读书籍,无论是电子书、漫画小说或杂志,还是聆听有声书,读什么书都可以。比如图书包申请活动,这种体验类似于拆盲盒,读者打开图书包时可能会发现新的惊喜,也许还能重温"老朋友",是一次奇妙的阅读体验。抑或参加各类线上和户外阅读推广活动,借此重新使读者与图书馆建立紧密的联系,重新激发市民对阅读、学习的热爱,探索图书馆提供的所有宝贵资源。这些活动尽量在线上开展,有利于新冠肺炎疫情防控。

三、洛杉矶公共图书馆夏季儿童阅读推广活动特点

(一)推出各类数字资源查询书籍

面对分类众多、眼花缭乱的书籍,洛杉矶公共图书馆提供了多种寻找儿童书籍的方法。

1. 通过 Books 版块中的儿童图书在线功能查找

儿童图书在线(Kids books online)是一个强大的综合查询体系,提供多种在线查询数据库。比如 BookFlix:可以阅读、观看和收听书籍和书籍视频。适合 4 至 8 岁的儿童;Hoopla:即时获取丰富的图书资源,还可选择有声书、漫画、音乐和电影;Overdrive Kids:专为年轻读者而设的专区;Teaching Books:书籍的多媒体资源,以支持所有年级学习内容的阅读活动。还有诸如 Novelist K-8、Something About the Author 等,从不同角度满足孩子们求知和阅读的需求。

2. 提供各类书籍奖项,丰富孩子的阅读视野

美国为优秀的书籍和作者设立了很多权威奖项,比如比蒂奖(Beatty Award):颁给最能提升加州及其人民意识的杰出书籍;凯迪克奖(Caldecott Medal):美国最具权威的绘本奖;科雷塔·斯科特·金作家奖(Coretta Scott King Award-Authors):颁给由非裔美国作家/或插画家创作的赞美非裔美国文化和价值观的最佳书籍;简·亚当斯儿童图书奖-大儿童(The Jane Addams Children's Book Award-Older Children):每年颁发给促进和平和社会平等事业的儿童书籍;施耐德家庭奖(Schneider Family Award):为儿童和青少年读者提供的关于残疾经历的最佳书籍。这些奖项下展示的优秀书籍不仅值得孩子们阅读,也方便家长和孩子们在各类书籍中挑选出优秀书籍。

3. 提供主题鲜明的阅读清单

除了推荐获奖书籍,洛杉矶公共图书馆还按照不同主题以及社会热点提供

分级阅读清单。比如我们一起读（We Read Together）、直面社会不公（Standing up to Social injustice）、自然灾害（Natural Disasters）；最好的清单系列（Best of Lists）：2020 年最佳儿童读物（Best of 2020：Children's Books）、2019 年最佳儿童读物（Best of 2019：Children's Books）；分级图书（Books by Grade）：一年级和二年级的好书（Great Books for 1st and 2nd Graders）、三年级和四年级的好书（Great Books for 3rd and 4th Graders）等。

4. 提供在线作业帮助服务

洛杉矶公共图书馆还为学龄儿童提供线上作业帮助服务，数字资源门类齐全，知识性强。比如访问科学（Access Science），涵盖所有主流科学话题的文章、视频和更多内容；大英百科全书的学校（Britannica School），这个数字资源是一个由三部分组成的多学科百科全书，有面向小学、初中和高中学生的门户网站；InfoBits，为 K—5 年级的孩子们提供各种主题的杂志和报纸文章；大黄蜂小姐（Miss Humblebee's Academy）的学院是一个互动的幼儿园预备项目，向 3 至 6 岁的儿童介绍数学、科学、社会研究、语言和识字、艺术和音乐的关键概念，既有趣又有挑战性。ScienceFlix，通过实践项目、视频、互动功能等学习科学概念和想法。疫情期间如果不方便去图书馆，用一张借书证就能使用海量数字资源和作业帮助服务。

（二）活动类型丰富，寓教于乐

丰富有趣的活动是吸引孩子的必胜法宝，洛杉矶公共图书馆在这方面做出了很多努力。

1. 音乐表演类

音乐无国界，音乐也是低幼孩童乐于接受的感知方式。每周二上午中谷区域图书馆组织的"世界音乐与塔利亚（World Music with Thalia）"活动，7 岁以下的孩童均可参加，通过 Zoom 与塔利亚一起收听世界音乐。在活动开始前至少 24 小时发送电子邮件到指定邮箱，即可获得参加此活动的 Zoom 链接。

2. 儿童聊天采访类

通过定期邀请作家、教育家或者知名文人到线上会客室，与孩子们进行书籍、知识的交流，可以激发孩子们探索图书的积极性。7 月 14 日图书馆邀请到作者 Jarod Pratt 和插画家 Jey Odin 和孩子们在播客聊天，现场采访作家 Jarod Pratt 和艺术家兼插画家 Jey Odin，内容是关于他们的漫画小说《柠檬水密码》（Lemonade Code），并分享他们作为一名作家和插画家的趣事。在开始聊天活动前，网站提前发布活动信息，包括两位聊天者的简介、《柠檬水密码》这本书的故事简介、适合阅读的孩子的年龄段等。值得一提的是，网站提前给出这本书的讨论指南，参加聊天的孩子们可以提前打印出这些讨论问题，以便现场更好地参与到讨论聊天中，比如"是什么让罗比成为故事中的反派？""加洛德和杰喜欢蓝莓柠檬水！你最喜欢什么口味的柠檬水？"等。通过这些问题激发了孩子阅读这本书的好奇心，带着思考去阅读这本书也能更好地理解内容，增加阅读的精度和深度，加深孩子对这本书的喜爱，从而达到良好的阅读推广作用。

3. 艺术工艺和爱好类

"夏季阅读挑战计划"里有一项任务叫洛杉矶生物闪电战挑战，内容是拍摄并绘制动物和植物的地图。这些动物和植物可以在读者的社区、当地公园、徒步小径和其他自然区域找到。参加社区科学项目，阅读关于洛杉矶野生动物的生物闪电战书单，有机会获得夏季阅读挑战的洛杉矶生物闪电战勋章。

洛杉矶位于全球生物多样性热点地区，有大量令人难以置信的本地动物、植物和生态系统可供探索。通过参加这项户外活动，不仅加强了孩子们探索图书馆和世界的能力，而且还有更加现实深远的意义，可以促使孩子们更好地保护和了解不同种类的植物和动物生活的城市，而且孩子们上传的图片，贡献了关于城市生物多样性的知识，达到支持和保护当地野生动物及其栖息地的目的。

4. 大声朗读和故事时间类

"故事时间"是针对低龄幼儿开展的读书活动，针对低龄幼儿专注力较差的特点，"故事时间"都不会太长。伊甸代尔分馆每周一上午开展的针对0至4岁孩子线上活动，4岁及以下的儿童被邀请加入儿童图书管理员艾莉森的互动故事时间，以培养婴儿早期读写能力。谢尔曼橡树马丁波拉德分馆每周三上午开展的线上活动针对婴儿和初学走路的孩子，通过幼儿故事时间，为孩子呈现20分钟左右的歌曲、手指游戏和故事等。注册儿童活动电子邮件，获得Zoom邀请链接即可参加。

（三）按照年龄段有针对性开展适龄活动

这个夏季，洛杉矶公共图书馆根据不同的年龄段设计相应的儿童活动，通常将儿童分为低幼孩童、儿童和青少年这三个年龄段。

1. 低幼孩童活动

低幼孩童活动离不开父母的参与，因此这个阶段的活动主要以启蒙和培养亲子关系为主。洛杉矶公共图书馆针对低幼孩童（从出生到5岁）设立了一项"为幼儿园做好准备（Get Ready for Kindergarten）"的计划。计划主要针对5岁前的儿童，洛杉矶公共图书馆的负责人认为儿童生命的前5年是发育的重要时期。在这段时间里父母和孩子一起读书，可以在培养孩子上学前的技能方面发挥重要作用。为了做好准备工作，图书馆鼓励学生在上幼儿园前阅读 1000 本书，并参加图书馆有趣的互动课程，以提高准备入学的技能。这项计划有三项内容：学前教育活动、定期更新 5 岁前儿童阅读书单和"读婴儿读的书"大礼包。

学前教育活动（Pre-School Events）是计划的重要组成部分，丰富的活动永远是吸引低幼孩童的法宝，比如中谷地区图书馆 8 月 17 日开展的"世界音乐与塔利亚"线上音乐节目、谷广场分馆每周三在户外举办的婴幼儿"故事时间"等。图书馆定期更新 5 岁前儿童阅读书单，比如"给学龄前儿童和幼儿园儿童的好书"、"学前教育 ABC"、"幼儿园双语（英语及西班牙语）"、"幼儿园——农场生活"、"鬼与怪（图画书）"等。"读婴儿读的书（Read Baby Read!）"大礼包是洛杉矶公共图书馆与医院、健康服务提供方、日托中心和早教中心合作的项目，旨在向准父母和有一岁以下婴儿的家长提供有关早期识字的材料和信息，参加大礼包活动的洛杉矶的每个新生儿都将获得他们自己的免费图书卡；新手父母会和他们的孩子一起说话、读书、写字、唱歌、玩耍；新的家庭会来图书馆获取免费的信息、资源，以支持他们的孩子的发展和学习。

2. 儿童活动

儿童活动偏向于培养兴趣和促进亲子关系。比如阿尔玛·里夫斯森林-瓦茨分馆开展了一项户外科学体验活动"被虫子咬一点都不好玩！（Bug Bites are No Fun!）"让儿童加入蚊子特警实验室，学习所有关于蚊子的知识，以及如何防止蚊虫叮咬。让儿童玩有趣的游戏，看彩色图片，度过愉快的时间，活动将在一个社交距离较远的室外庭院举行。

"祝你好运！纳塔利亚家庭音乐会"是中央图书馆举办的音乐表演类活动，是以儿童群体为主的家庭亲子活动，采取线上和现场直播的方式同时进行。儿童歌曲作家纳塔利亚邀请家庭参与互动音乐表演。她充满活力的歌曲会让家人一起唱歌、跳舞，甚至学一点西班牙语，在这个有趣的多元文化体验中！作为洛杉矶拉丁文化月和 Libros 音乐节的一部分，这一活动将在 Facebook 和 YouTube 上进行直播。

3. 青少年活动

青少年活动侧重于个性化培养、才艺展示和增长学识。洛杉矶公共图书馆和各分馆针对青少年制订了一系列丰富的活动，比如每周二下午，比科联合图书馆分馆开展了线上活动好友快信项目（The Buddy Dispatch Project）。Buddy Dispatch Project 是一个笔友程序，旨在通过已失传的书信写作艺术来建立持久的友谊。通过学生之间的相互联系，希望成员们能够分享观点、进行有意义的对话。这些信件将是一个疗愈的窗口，让读者们能在一个自由的空间表达他们的想法。参加活动的青少年需要提前发邮件到指定邮箱获取程序链接。每周三下午，中央图书馆分馆开展的线上活动每周艺术圈（Weekly Art Circle），可以在线分享自己的美术作品、阐述创意思维。在这个虚拟的工作室里，花些时间与美术同行们进行创造性思维的交流。在相关申请页面输入自己的电子邮件地址便可以接收参与链接。

此外，针对学龄儿童提供在线辅导服务（Online Tutoring）。学生和家长可以在数学、科学、英语、社会研究和写作方面得到帮助。经过专业培训、拥有丰富经验的导师在网上与K-12年级的学生在虚拟教室中通过聊天和双向白板进行交流。辅导时间从每天上午11点到晚上11点。

（四）依托各级分馆，以线上服务为主

洛杉矶公共图书馆作为美国最大的公共图书馆，经过多年发展，已经形成了以中央馆为总馆，罗伯逊分馆等69个分馆为分支的强大的总分馆体系。新冠肺炎疫情期间各个分馆发挥出重要的作用，既相互密切合作又独立承担相应的阅读推广活动。比如在"把书打包带走"活动中，读者获取的图书包里的5本书，可从全市所有的分馆调配。比如每周二下午，比科联合图书馆分馆开展的线上活动好友快信项目、谷广场分馆每周三在户外举办的婴幼儿"故事时间"、伊甸代尔分馆每周一上午开展的针对0—4岁孩子的线上活动、中谷地区图书馆每周三开展的"世界音乐与塔利亚"线上音乐节目等，这些线上活动又是各个分馆独立策划开展的。这些线上阅读推广活动有些是长期固定的活动，比如以8月份和9月份为例，婴幼儿活动有每周二的音乐与表演、周三上午11点的在线故事时间、每个月第一个周五下午3点的故事时间和大声朗读。有时候周六会新增其他丰富的活动，总体以线上活动为主，少数线下活动也将活动场地放在开阔的户外。

四、洛杉矶公共图书馆夏季儿童活动对襄阳市图书馆疫情期间儿童阅读推广的启示

（一）襄阳市图书馆儿童阅读推广现状

2020年4月襄阳市图书馆被全国妇联命名为第二批"全国家庭亲子阅读体验基地"和湖北省妇联首批"湖北省亲子阅读体验基地"。2020年10月襄阳市图书馆借与襄阳市少年儿童图书馆两馆的合并契机，新增了少儿区。加上东津

新馆开馆以来，馆长十分重视，依托新馆场馆基地和丰富的馆藏资源大力开展阅读推广工作，此举促进了本市少年儿童阅读推广工作的发展。襄阳市图书馆设有低幼儿绘本区和青少年阅览区，藏书量丰富，吸引了全市少年儿童前来阅读，并长期开展"少图课堂"、"小皮匠悦读园"等线下品牌活动。

襄阳市图书馆搬到东津新区以来，离市区较远，地理位置上不利于市民出行；受新冠肺炎疫情影响，襄阳市图书馆少儿区一度关闭，但线上的少儿活动并没有及时跟上，不利于孩子与图书馆建立联系；"两微一端"宣传渠道与用户联系度不够紧密，有些线上活动参与度不高，网站使用率低；城市总分馆体系没有发挥出最大的作用。

（二）洛杉矶公共图书馆夏季儿童活动对襄阳市图书馆疫情期间儿童阅读推广的启示

1. 大力开展线上活动，扩宽阅读推广服务渠道

疫情缓和后，襄阳市图书馆少儿区日接待量上限为800人，这个服务力度远远不能满足全市少年儿童的阅读需求。襄阳市图书馆应采取有效防疫举措和服务措施，在确保读者和馆员的健康安全的同时，加强线上数字资源服务力度，借助互联网和社交平台扩宽线上服务渠道，发挥馆员的创造力，推出内容丰富形式多样的线上阅读推广活动。通过一系列线上活动，增加市民特别是儿童与图书馆的联系和粘度，将疫情对读者阅读和研究造成的影响降到最低，丰富市民的居家文化生活。洛杉矶公共图书馆在疫情期间积极调整方向，加大线上活动力度，并合理利用全市总分馆服务体系，将线上活动的压力及时分摊给各个分馆，根据各个分馆所在社区现实情况，有针对性开展各类线上活动，取得良好的效果。

2. 丰富少儿活动的类型 增加少儿读者用户黏度

儿童专注力较成年人弱，在一件事物上的关注程度和关注时间较短，因此如何让孩子们爱上图书馆、培养合理使用图书馆的习惯是关键。洛杉矶公共图书馆开展的"夏季阅读挑战"活动中，设计了多个阅读任务，比如新阅读任务是浏览图书馆的推荐书单，阅读或聆听电子书、杂志、有声读物等。通过此举可以吸引读者关注图书馆网络资讯，增加读者浏览网页的时间。我国两大购物平台淘宝和拼多多，也是利用完成各类浏览任务赚取购物金币，达到增加买家浏览平台时间，从而提高购买量的目的。

3. 针对不同年龄段设计活动，提高儿童活动参与度

目前襄阳市图书馆少儿阅览区对低幼儿和青少年进行了区分，但只是针对

书籍类型和活动场地方面，少儿阅读推广活动缺乏更有针对性的年龄段分级，这方面可以借鉴洛杉矶公共图书馆的做法，洛杉矶公共图书馆把少儿活动年龄段分为低幼儿活动、儿童活动和青少年活动。不同的活动侧重点也有很大区别。低幼儿活动时间短，以音乐和故事为主，让新父母学习育儿知识，达到促进亲子关系的目的；儿童活动偏向于培养兴趣和学习生活知识。青少年活动侧重于个性化培养、才艺展示和增长学识。而针对学龄儿童，还增设有家庭作业辅导服务，减轻了家庭中父母的压力，也方便了孩子们足不出户更好地完成学业。公共图书馆应该发挥其文化传播和引领作用，通过阅读推广活动，引导全社会共同参与到儿童阅读教育中来。

4. 在文旅融合背景下，与公共文化场所及景点互惠互助

洛杉矶公共图书馆有一项名为"探索洛杉矶"的体验活动，通过洛杉矶公共图书馆与当地文化机构之间的合作，探索洛杉矶的博物馆和景点。目前合作的机构有 The Board 艺术馆、格莱美博物馆、洛杉矶动物园等。只用持有洛杉矶公共图书馆读者证即可免费或者低成本参加。襄阳市图书馆可利用文旅融合的大背景，与襄阳市科技馆、襄阳市文化艺术中心、华侨城奇幻乐园等文化旅游场所合作，互惠互助，采取通过持有读者证进出这些场所享受到增值服务或者低价门票的方式，吸引儿童参加图书馆的各类活动。

五、结语

在全球新冠疫情的长期蔓延下，如何在疫情防控的同时，更好地开展阅读推广活动是公共图书馆面临的共同难题，洛杉矶公共图书馆在疫情严峻的形势下，积极开展线上阅读推广活动，重视儿童和青少年服务，对襄阳市图书馆少儿阅读推广活动的开展有着现实借鉴意义。新冠肺炎疫情是困难也是挑战，在困难中另辟蹊径，合理利用图书馆资源和社会力量，大力开展线上活动，以此更好地推进襄阳市图书馆的少儿阅读推广工作。

参考文献

[1] 祝玲. 美国公共图书馆儿童早期读写服务实践与启示 [J]. 图书馆理论与实践, 2021 (1): 85-90.

[2] 陈慧娜. 学龄读者公共图书馆利用情况调查与分析——基于对国内19家公共图书馆的调查 [J]. 图书馆工作与研究, 2021 (4): 111-114.

[3] 邱燚. 北欧公共图书馆少年儿童阅读服务样本考察及启示 [J]. 图书馆工作与研究, 2020 (2): 35-41.

[4] 李瑛. 新媒体时代公共图书馆少儿数字阅读推广策略探析 [J]. 图书馆工作与研究, 2019 (S1): 120-124.

[5] 芦婷婷. 德国儿童阅读推广举措及对我国的启示 [J]. 图书馆工作与研究, 2016 (6): 116-120.

[6] 宋莞婷. 基于推荐书目的儿童阅读指导实践研究——以国家图书馆少年儿童馆为例 [J]. 兰台内外, 2019 (8): 46-47.

[7] 刘兰. 国外公共图书馆总分馆制典型案例分析及其启示 [J]. 图书馆建设, 2010 (8): 57-62

[8] 施衍如, 文杰. 大英图书馆学前儿童阅读推广实践与启示 [J]. 图书馆工作与研究, 2021 (6): 49-54.

[9] 金龙. 俄罗斯公共图书馆线上服务研究——新冠病毒肺炎疫情下读者服务缩影 [J]. 图书馆建设, 2021 (3): 162-171.

基于阅读推广的少儿图书馆图书采访策略补探

郭 飞

(武汉市少年儿童图书馆,湖北武汉,430014)

摘 要:文章揭示了图书馆图书采访和阅读推广服务之间的关系,分析了图书采访与阅读推广服务如何相互作用,最后提出了如何通过优化图书采访工作来更好的为阅读推广工作服务。

关键词:少儿图书馆;图书采访;阅读推广

图书馆是人与知识之间沟通的桥梁,担负着传播文化知识,推广文化理念的重任。在图书馆工作中有一项很重要的工作就是阅读推广,因为它可以推动全社会形成良好的阅读风气,从而提高人们的文化素养,对国家发展和社会进步起着不可或缺的重要作用。

说到阅读推广就不能不提图书采访工作,图书采访工作是图书馆提供读者服务、丰富馆藏资源的主要手段,而丰富的馆藏资源可以促进阅读推广服务工作水平的提高,使阅读推广服务效果更加让读者满意。反过来说阅读推广服务也可以让图书采访工作的更贴近读者的需求。

在全民阅读的时代,图书馆如何利用图书采访工作来推动全民阅读推广服务工作,已经成为图书馆特别是少儿图书馆工作者需要重点思考的问题了。

一、少儿图书馆图书采访工作必须坚持的原则

少儿图书馆图书采访原则是根据本馆服务读者的方针、任务、读者需要以及购书经费和新书出版情况,并且结合原有馆藏基础,有计划、有重点的采选文献,形成结构合理、具有特色、满足读者需求的文献资源体系。基本原则有下面五个方面的要求:

1. 图书采访思想性原则。以正确的政治思想和客观的筛选标准采选入藏文献,注重选择内容健康向上、具有一定教育意义的文献;

2. 图书采访针对性、可读性与知识性原则。文献采选应根据本馆少儿读者

对象的阅读需求，注重选购内容浅显易懂、深入浅出、趣味性强，图文并茂、装帧精美的图书。

3. 图书采访完整性、系统性原则。文献采选应注意保持馆藏尤其是多卷集、期刊、报纸等连续出版物的连续性和完整性。符合入藏标准而缺藏的出版物，应及时做好补缺工作。

4. 图书采访地方性原则。文献采选应注意已形成特色馆藏的完备性，注重对重点学科文献不断补充完备，对地区地方少儿文献资料尽全收集。

5. 图书采访多元化原则。文献采选在注重传统印刷型文献的同时，要加强视听文献，电子文献的采选，使馆藏文献结构，不断趋于合理。

二、图书采访与阅读推广的关系

1. 图书采访是少儿图书馆阅读推广的基础。

图书采访工作是阅读推广服务之始。图书采访工作可以根据各自图书馆的发展纲要，结合实际条件、采访原则、读者需求等因素，选择和采集适合本馆收藏且符合读者需求的图书文献。而少儿图书馆采访工作也要做到尽量满足阅读推广工作的需要，所以武汉市少年儿童图书馆很多图书采访工作都是围绕本馆活动部的阅读推广工作进行的。例如："小种子流动阅读推广"活动，该活动体现出图书采访工作对阅读推广的重要作用，图书采访工作人员在"接力""爱心树""新蕾""二十一世纪""童趣""魔法象""长江少儿""浙少社""中少社""外研社""海豚传媒"等全国众多少儿出版社采购大量适合阅读推广的童书，以武汉市少年儿童图书馆图书流动车为平台，推广快乐阅读理念。从2013年开始，行程数万公里，组织各类少儿阅读活动500多场次，服务范围包括学校、幼儿园、社区、广场、边郊贫困地区以及特殊人群聚集地，如农民工子弟学校、未成年人犯管教所等；除了武汉本地，也服务到"8+1"城市圈，包括罗田、咸宁等地。每次活动不仅将丰富的图书馆和图书馆的各种服务带到老百姓的家门口，还将馆内各种丰富多彩的阅读推广活动带去，并依托阅读推广志愿者们开展活动，让更多的人认识图书馆、爱上阅读。让武汉市少年儿童图书馆的阅读推广真正做到"走出去"为广大少年儿童服务。

2. 采访工作保障阅读推广的顺利进行

阅读推广工作可以提高图书馆的服务创新能力，也可以决定图书采访的工作方向。图书馆采购人员根据阅读推广计划提前做好准备，预备好相关的书籍，阅读推广工作人员再合理安排阅读推广活动，这样不仅能充分利用图书馆丰富的馆藏资源为阅读推广工作服务，也能提升图书采访工作的效果，提高图书的利用率。例如：武汉市少年儿童图书馆著名的"小脚印故事吧"活动，该活动致力于推动儿童早期阅读，提供实践及研究的平台，并通过活动向父母们提供科学的儿童阅读指导。"小脚印故事吧"由本馆活动部策划活动方案，选择每期活动需要的图书，由图书采访工作人员进行采购，再邀请一到两位爱心主讲人根据图书内容为小读者们进行故事演绎，主讲人除了馆员之外，主要由社会各界爱心人士构成，包括教师、父母、阅读推广人、电台主持人、以及孩子们等。受众多为3—7岁低龄儿童及其家长。活动坚持公益模式，参加活动无任何条件限制，主讲人们也是利用个人时间不计报酬的奉献爱心。在大家不懈的努力下，该活动在2012年入选了中国图书馆学会"未成年人提升计划"优秀案例，以评委会最高分获二等奖（一等空缺），并向全国其他图书馆推广。

三、少儿图书馆图书采访工作应对策略

1. 努力克服采购低价中标图书造成的困扰

以武汉市少年儿童图书馆为例，目前用于图书采购的经费达到300多万。根据武汉市政府要求，图书采购开始之前需要通过政府招标中心进行图书招标工作来确定图书供应商，政府招标中心工作人员不熟悉图书馆的业务工作，也不知道图书馆的需求，在招标过程中往往把价格放在第一位，而一些图书供应商们为了能中标，会把折扣压得很低，完全不管中标后能不能提供图书馆需要的图书。而正规出版社的图书的发货折扣是有个范围的，低于发货折扣的书是来路不明，质量令人怀疑，通过这种图书供应商采购图书是一件考验采访人员综合素质的事情。很多时候会出现读者想看的书买不到，供应商提供的图书利用率不高，读者拒绝借阅这些图书的局面。

笔者认为克服采购低价图书困扰的同时，必须拓宽文献采访信息源。文献采访信息源是指在文献采购过程中，提供给文献采访人员进行选择、参考、判断，制定采访计划及决定采购具体文献的相关信息。通常采访信息源由图书供应商提供，或者是采购人员通过出版社自行收集，还有一部分是读者提供的需求信息。除了这三种传统的信息源外，采访人员应该关注网上书店这一信息源。在这个网络时代，很多图书会出现在京东、当当等网上书店里，这类书出版社都不一定有货，因为这类书都是和网上书店签订了销售协议的，出版社出版此类图书直接通过网上书店销售，想采购此类图书要么在网上书店直接采购，要么等销售协议到期，再通过出版社采购，当采购到此类图书时，往往过去了很长时间。这类图书里有一些是畅销书，如果因为时间问题造成收集遗漏，对馆藏建设来说也会造成遗憾，所以对于网上书店这种信息源，我们要多加关注，注意收集好书信息，利用一切方式收集能丰富馆藏的文献，为完善图书馆馆藏建设而努力。

2. 降低跟风行为对图书采购工作的影响

根据国家新闻出版署公布的数据，我国每年大约出版图书20多万种，其中少年儿童读物4万余种。近几年出版行业受市场经济的影响，出版社为了生存，逐利倾向渐重，出版质量受到冲击。一些出版社出现大量跟风现象，一书有多个不同版本，同号不同书、同书不同号的情况很普遍，哪个作者的书赚钱就重复出版，造成每年4万多种少年儿童读物中有2万多种是重印。例如：当红作家杨红樱的图书《淘气包马小跳》系列，目前就有浙江少年儿童出版社、安徽少年儿童出版社、接力出版社、明天出版社、吉林美术出版社五家出版社同时出版。这些都是全国名气比较大的出版社，出版的少年儿童读物一般都是质量高、创意新颖的图书。这种跟风行为必然会减少没什么名气的作者的新书面市，每年可买到的新书品种数就会减少，这对于图书馆丰富馆藏建设是不利的。

3. 针对经费投入严重不足的补救措施

购书经费短缺是一直以来困扰图书馆的难题。武汉市少年儿童图书馆每年虽然有300多万的购书经费，但随着书价的上涨和图书出版量的增加，还有阅读推广服务范围的扩大，300万购书经费就显得不够用了。武汉市少年儿童图书馆的经费是由市政府拨款的，不是想增加就能马上增加的，远水解不了近渴，只有让外部资源加入进来，才能继续为广大读者服务。为此，武汉市少年儿童图书馆做出了一些新的尝试，2015年和瑞典博伦厄市友城交流时共同开发了一个名为"千字屋"的阅读推广服务文化项目，旨在帮助儿童读者拓展想象力。2015年8月经两地市政府批准落户武汉市少年儿童图书馆，并得到瑞典国际青少年基金的支持。市政府拨款200万在武汉市少年儿童图书馆建立了武汉"千字屋"，于2016年11月9日搭建完成，并对外开放。"千字屋"自开放以来得到了社会各界的关注，成为儿童课外项目的热点，场场爆满，活动场次及名额供不应求。活动针对5—12岁的少年儿童，可免费预约参加，目前开放日活动仅接受网络预约，小学、幼儿园及社会儿童机构可在非开放日（周二到周五）免费预约团队包场活动。2016年至今已开展活动近800场，参与儿童近16000人次。年开展活动230场，5000人次，月均19场。"千字屋"设计为志愿服务项目，参与活动开展的都是志愿教师，现在注册志愿教师160人，年活跃教师100人。

4. 提高采访人员综合素质，调整专门人才配置

图书馆采访人员的素质从某种程度上决定着馆藏质量的高低。而采访工作

是一个复杂而重要的工作,目前武汉市少年儿童图书馆采访工作人员有三人,采访工作人员人数过少,肯定会影响采访工作任务的完成,其知识结构、知识更新的速度不能快速适应新的发展要求,很难在工作中做到既有数量又有质量,又满足读者需求,还体现和提升本馆的特色。

图书馆的采访人员长期工作在文献采访的第一线,采访人员素质的高低对图书馆文献资源质量具有决定性的影响。采访人员作为采访主体,不仅要具备判断力和决断力,还要具有独到的感受力和灵活的处置能力,以及良好的沟通协调能力。采访人员首先要有学习的主观能动性,能做到边工作边学习,主动自觉的更新个人的知识结构,对于当下的图书情报知识要多了解,这样才能拓宽自己的专业能力,提高综合素质。再次是通过外出培训和学习的机会,多和其他图书馆的采访一线工作人员交流,吸取同行经验,避免在工作犯不必要的错误。最后在工作前做好预备工作,参加一月在北京举办的全国性图书交易大会,多了解一下目前图书出版主流风潮,知道出版社今年会出版那些值得采购收藏的图书,在充分考虑读者需求后,制定相应的采访计划,迅速准确地采集到高质量的文献。

5. 随着信息技术的广泛应用必须注重优化采购方式

随着当前世界范围内信息技术的广泛应用,传统的采购方式已经不能满足读者的需要了,未来图书馆信息资源建设要以读者为中心,采访工作要以读者需求为主,让图书馆从读者需求的角度来进行资源建设,这样可以大幅提高馆藏图书的利用率,用丰富的馆藏留住读者。当前国内公共图书馆采购图书时多利用软件 interlib 系统里的统计功能来确定借阅数量排名靠前的图书,通过借阅量的统计能确定哪些图书是读者感兴趣的这类图书的采购量需要加大。通过工作软件的帮助,我们必然会减少零流通率图书的采购,提高经费利用率,让购书经费花在刀刃上,减少无用的消耗。在满足读者需求的同时,对图书馆文献资源建设的工作也要努力完成,很多文献资源可能利用率很低,但也得尽力采购,否则会失去馆藏建设的系统性和特色性。

四、结语

总之,图书采访工作即是阅读推广之始,可称之为"浅阅读"。阅读推广是图书采访工作的深入延续,可称之为"深阅读"。图书采访和阅读推广服务互相配合,利用图书馆自身优势丰富采访的形式及内容,促进阅读推广服务的完善,才能更好地为广大读者服务,才能更好地推动图书馆事业发展。

参考文献

[1] 陈琴. 浅析文献资源建设与文献采访人员素质的关系 [J]. 出版与印刷, 2015 (2): 45-47.

[2] 黄佩清. 互联网环境下图书馆图书采访与阅读推广服务研究 [J]. 河南图书馆学刊, 2020 (6): 98-100.

[3] 王义翠, 曾永鑫, 杨萍. 面向全民阅读的公共图书馆图书采访策略探讨 [J]. 图书馆工作与研究, 2019 (S1): 64-67.

[4] 聂曼曼. 基于读者需求的公共图书馆文献采访工作 [J]. 内蒙古科技与经济, 2016 (10): 138-139.

公共图书馆开展少儿书目推荐的实践与思考
——以武汉市少年儿童图书馆为例

刘 利

(武汉市少年儿童图书馆,湖北武汉,430014)

摘 要:本文从社会学、目录学的角度分析了少儿书目推荐的必要性,通过介绍武汉市少年儿童图书馆的书目推荐工作,指出书目推荐工作可有效提高文献利用率,加速人才培养进程。同时建议,公共图书馆应根据时代发展要求,开展丰富多彩的阅读推广活动,运用多种学科知识和现代技术,采取多种方式,为青少年健康成长提供优质的书目推荐服务。

关键词:儿童书目推荐方式阅读活动

要实现中华民族伟大复兴,归根结底要靠人才、靠教育。"小来思报国,不是爱封侯。"立志成材,必须努力读书。面对人类文明演进而累积的书海,读什么书、怎么读,成为莘莘学子面对的难题。先贤将解难脱困的目光聚焦于书目,认为书目是治学的门径。社会发展和阅读需求双向发力,致使书目推荐大行其道,少儿书目推荐工作更是重中之重。笔者通过介绍武汉市少年儿童图书馆书目推荐工作及其设计的功能多元、情境多样的阅读辅导体系,以期与同行在促进儿童智力发育、培养良好阅读习惯与阅读兴趣等方面作出更多有益探索。

一、公共图书馆开展少儿书目推荐的必要性

(一) 书目推荐工作是社会发展的必然产物

考察人类文明史的渊源,探究从文字到文献,再到目录的渐进轨迹,我们不难发现,书目是社会发展的产物,历史上官方和私人编撰推荐书目也是一个普遍的人文现象。

随着社会生产和社会关系的发展,人们开始采用实物、图画或符号的方法记事表意,传递信息;在此基础上,人类发明了文字,随后人们又学会了在不

同载体上用文字记录知识体系，进而产生了文献典籍。2500年前，世界各国文献数量有限，编制书目的物质条件不够充分，主观意愿也不强烈。公元前5世纪，中国进入百家争鸣的春秋时期，同时古希腊文明蓬勃兴起，全球文献典籍大量增加；反映某一学术领域的概貌、报道研究成果、介绍图书内容、了解出版和收藏情况的需求空前旺盛，书目编制工作应运而生。

关于中国书目的起源，有西汉末刘向、刘歆撰《别录》《七略》说，有春秋时期孔子整理古籍说，有殷商整理甲骨说。因文献不足，目前尚无定论。不过，学界普遍认为，从西汉《别录》《七略》到清《四库全书总目》，中国古代书目的发展源流是清晰可考的。其中，不乏推荐书目。比如唐代的"唐末士子读书目"，元代的《程氏家塾读书分年日程》，明代的《思辨录》，清代的《经籍举要》《书目答问》《西学书目表》等。古代、近代中国的推荐书目着力于儒家经典的推荐，其教育功能十分明显。20世纪前半叶，在救国图存、教育救国背景下，中国的书目推荐工作掀起了热潮。胡适、梁启超、顾颉刚等率先开列了推荐书目；稍后有鲁迅、朱自清、章太炎、汪辟疆、钱穆、张舜徽等。20世纪50年代后，学者和机构为学子开列推荐书目的热情依然不减。比如，1986年季羡林主编《中外文学书目答问》，2017年出版的《清华大学推荐书目》《北京大学推荐书目》，2018年《人民日报》官方微博推送的"20本经典书目"等，可谓琳琅满目。

西方可查的最早书目是公元前7世纪的尼尼微（Nineveh）的Sennacherib图书馆泥版书目。尔后，公元前4世纪古希腊诗人卡利马赫编撰出《各学科著名学者及其著作目录》，带有推荐导读的性质。到了中世纪，欧洲的修道院图书馆已经有了藏书登记目录，比如《英国圣公会图书登记册》《基督教手稿目录》等。文艺复兴以降，大约在16世纪，以印刷书籍贩卖盈利的德国印刷商创造性地在其店门口张贴店铺中所售图书报告单，这种书单虽带有"推荐"性质，但推销的意味更浓。尽管如此，西方目录学家仍认为，书商店铺的在售图书报告单就是现代书目的起源。那个时期，欧洲各大都会还定期举办书市，编印许多"书市目录"；英、德、法等国还编辑了"贸易书目"。商业性书目的蓬勃发展不仅催生出世界最早的国家书籍总目，而且推动了整个西方书目的发展。格斯纳的《世界书目》、贝尔的《不列颠（包括英格兰、威尔士和苏格兰）名人著作目录》均是在16世纪中叶完成的。此后，英、法等欧洲国家图书馆及美国国会图书馆编辑出版了国家总目。欧美国家十分注重编辑影响力书目，极具推荐性质。例如，1929年美国人考利和史密斯合著的《改变我们心灵的书》，1945年英国人奚普推荐10本"震撼世界的书"，1956年美国人唐斯出版的《改变世界的书》，1986年美国《生活》杂志评选出"人类有史以来的最佳书"等，也是层出不穷。

进入数字时代，文献载体日益多元，书目呈现方式令人眼花缭乱，书目推荐工作也将面临转型和挑战。

（二）少儿书目推荐工作是"以人为本"的应有之义

2000多年前，庄子发出"吾生也有涯，而知也无涯"的感慨，向人们传递求知的紧迫感；唐代杜甫的诗句"读书破万卷，下笔如有神"，则道出了读书的重要性。然而，在中国，汉代已是"书积如丘山"，当今读书人又如何在面对2020年出版的各类报纸277亿份、各类期刊20亿册、图书101亿册（张）时做出理性的阅读选择？

更何况，儿童专注度的持续时间不够长、语言理解能力不够高、抽象思维不够强，特别是0—7岁的低龄幼儿，还不完全具备独立选书能力，更需要获得科学的读书门径。

习近平总书记强调，民生福祉是发展的根本目的。在全面开启社会主义现代化国家建设的新征程中，公共图书馆要不忘"传承文明，服务社会"的初心，努力为少年儿童提供有针对性、实效性强的阅读书目推荐服务，把"在为民办实事中落实以人为本的理念"贯彻始终。

少儿书目推荐工作是时代的要求。少儿书目推荐工作既是公共图书馆的特色服务项目，又是阅读推广的重要方式。习近平总书记代表党中央要求建设"书香社会"，李克强总理连续八年将"全民阅读"写入政府工作报告，各地相继举办包括"全民读书节"在内的阅读推广活动。随着全社会阅读意识和教育强国共识的不断增强，书目推荐的时代需求与日俱增。一份推荐书目往往就是优质图书的宣传广告——对于少儿读者而言，编排精良的推荐书目不仅可以充分了解馆藏文献，同时可以有指向性、有区别地针对不同年龄段的未成年人提供适合的文献资源。对于图书馆而言，推荐书目不仅能够揭示馆藏，还能够盘活资源，提高利用率，进而科学合理地开展文献资源建设，促进图书馆整体、持续、健康发展。

二、武汉市少年儿童图书馆的书目推荐工作探析

（一）依托特色阅读活动进行书目推荐

举办读书活动的主旨在于树立崇尚知识、崇尚科学、崇尚文明的社会好风气，倡导少年儿童多读书、读好书，从而提升综合素质，促进健康成长。武汉

市少年儿童图书馆书目推荐工作方式多种多样，其特色活动"小脚印故事吧""小种子""千字屋""亲子快乐阅读分享会""知识工程"以及"我最喜爱的童书"评选活动都是推荐书目、引导阅读的好搭档。

"我最喜爱的童书"是全国性的儿童阅读推广活动，最初由深圳少年儿童图书馆发起，国内数十家省市图书馆加盟，共同建立了首个由孩子自主阅读、实名投票的童书推荐创新平台，它以更全面、更广阔、更主动的姿态打造国内具有影响力、权威性的童书榜。2019年全国共有39家图书馆加盟"我最喜爱的童书"阅读推广工作，312所学校的数十万学生参加评选活动。组委会收到129家机构、207位个人共计推荐的5455种优质童书。10个多月内收到139万余张学生实名选票，评选出图画类、文学类、知识类童书金、银、铜奖共9个，入围Top30的童书提名奖21个。武汉市少年儿童图书馆于2017年加盟该项目，通过近3年的不懈努力，整体的阅读资源、阅读氛围跃居全国第一方阵。在2019年帮助"我最喜爱的童书"阅读推广活动中，武汉三镇就有10所加盟小学参加，帮助孩子们了解、阅读到更多更好的童书。

"小脚印故事吧"是武汉市少年儿童图书馆品牌阅读活动，深受低幼儿童及其家长的喜爱。每年活动不低于30场次，主题活动丰富多彩。比如，著名儿童作家陈梦敏主持"故事应该这么玩"主题故事会；堤角幼儿园的老师举办"我想飞"绘本剧专场；武汉市少年儿童图书馆还与社会教育机构一起策划了"卡通英语夏令营"主题故事会、"恐龙"主题英语绘本故事会、"作文让成长更精彩"主题活动。

"千字屋"是武汉市少年儿童图书馆从瑞典引进的阅读活动，共设愿望塔、彩虹桥、楚室、瑞典屋、神秘屋、梦想剧场6个活动功能区，通过场景、道具、活动设计，以孩子为主体创造故事，培养儿童想象力、创造力和艺术审美能力。在借鉴新理念的同时，该馆坚持弘扬中华民族优秀传统文化，融入象形文字、京剧脸谱等大量中国元素和特色文化，并结合该馆阅读活动的成功经验，使"千字屋"的形式和内容不断得到丰富和发展。通过这些有趣的活动，提高孩子们的阅读兴趣，在潜移默化中培养孩子们良好的阅读习惯。通过活动，挖掘出读物中有价值的内容，满足孩子们的阅读需求。

"知识工程"是武汉市少年儿童图书馆开展书目推荐的特色活动，它以"用爱国主义教育启迪孩子，用优秀作品熏陶孩子，用国情资料激励孩子，用科学知识丰富孩子"为指导原则，每年确立一个活动主题，成立以作家、馆员、资深出版人、优秀教师为主的阅读指导委员会，围绕活动主题向全市少儿推荐优秀图书，37年从未间断，推荐优秀图书逾2000种。

（二）注重馆内各部门的书目推荐工作

近些年来，武汉市少年儿童图书馆运用系统思维，整合内部各部门资源，融通多种方式，使书目推荐工作呈现出整体大于部分的综合效益。

方式一：借助馆方的官网、微信公众号、微博、手机图书馆、QQ群等平台，开展新书通报、专家荐书服务。

方式二：制作推荐书目宣传单。根据各种主题，挑选书目，把书名、作者、分类号等信息进行罗列，制作推荐书目宣传单，发给小读者以供参考。每年通过这种方式推荐百余种图书给小读者。

方式三：在该馆借阅部设立新书书架和特色书架，每周定期推荐上架一批新书，由专业馆员对新书书目进行灵动制作，图文并茂，并在电子显示屏上滚动播放。

方式四：文献信息部针对广大教育工作者，每季度进行专题书目推荐。例如儿童心理学类专题书目推荐、港台全英文书目推荐等，并以展板的形式公示供读者参考借阅。

方式五：通过世界读书日、国际儿童图书日主题活动进行书目推荐。2021年迎来"中国共产党成立100周年"重要时刻，该馆举办"童心向党·书香武汉"国际儿童图书节校园阅读秀开幕式暨校园阅读启动仪式。以此为契机，进一步弘扬以热爱中国共产党、热爱伟大祖国为核心的民族精神，培养广大少年儿童的家国情怀，鼓励他们多读书、读好书，做担当民族复兴大任的时代新人。

方式六：搭建亲子相约经典的公共平台。该馆抓住3—13岁儿童记忆黄金期，开展亲子相约经典活动。孩子和家长以反复的听、说、读、写、诵、唱、记、背、默等方式，伴以书画、手工、情景剧等，开展家庭式学习经典活动，并在活动中互相交流，分享学习体验，互相促进。每周日下午一次，经典引导入门，每日回家复习，建群打卡，互勉激励。

三、公共图书馆开展少儿书目推荐的几点建议

（一）构建书目推荐与阅读推广活动协同共振新局面

探索发现未成年人的兴趣和爱好，精心设计阅读推广活动。比如，以孔子、岳飞、钱学森、苏格拉底、高斯、爱因斯坦等古今中外名人事迹为创意元素，策划阅读推广活动，并借用"班车式"服务理念，在"世界读书日"等重要时间节点，定期编制少儿推荐书目。唯其如此，方能形成阅读推广活动与少儿书目推荐工作协同共振的良好局面。

（二）构建书目推荐主体多元化长效机制

单丝不成线，独木不成林。要应用系统理论和共同体思维，与专家、学校、出版社等书目推荐主体密切合作，努力构建少儿书目推荐合作共同体。各推荐主体要切实担起强少年、强中国的责任，把契约精神和奉献精神辩证统一起来，建立诸如联席会议的工作机制，驰而不息地开展书目推荐工作，唯其如此，方能久久为功。

（三）重视培养家长和孩子的书目意识

授人以鱼，不如授人以渔。会用、善用推荐书目，无异于掌握多读书、读好书的工具。家长是孩子的第一任老师，提高家长的书目意识，可帮助其科学引导低龄儿童阅读优质童书。增强中小学生书目意识，有利于取得书目信息与文献利用相互促进的良好效果。

（四）持续开展少儿书目推荐业务创新

"国弈不废旧谱，而不执旧谱；国医不泥古方，而不离古方。"公共图书馆要秉持推荐书目揭示文献的基本原理，不断开展业务创新。可利用大数据、AI和5G等新型信息技术，打造移动推荐平台，实现书目推荐泛在化、智能化。可构建书目协同推荐系统，让用户高效、及时地获取书目信息。可借鉴"直播带货"创意，携手专家及学校、出版社，利用自媒体，推荐新书、必读书等。

参考文献

［1］张之洞. 书目答问［M］. 北京：北京联合出版公司，2014.

［2］程焕文. 它山之石可以攻玉——关于中西目录学的几点比较研究［J］. 晋图学刊，1998（3）：9-15.

［3］邓咏秋. 推荐书目的过去、现在与未来［J］. 高校图书馆工作，2009（3）：1-4.

现代家庭环境下少年儿童图书馆的作用

刘 利

(武汉市少年儿童图书馆,湖北武汉,430014)

摘 要:在当代科学技术迅猛发展、人类社会科学知识急剧增长形势的推动下,少儿图书馆教育职能不断扩展,少儿图书馆对广大中小学生进行素质教育的工作将不断得到加强。

关键词:家庭;少儿图书馆;阅读活动

随着经济快速增长和人民生活水平日益提高,人们的家庭环境也随之发生变化。本文就在现代家庭环境下少年儿童图书馆如何更好地发挥作用做粗浅探讨。

一、现代家庭环境变化的趋势

现代家庭环境变化的总趋势是物质文明和精神文明不断提高。从目前的情况来看,存在着精神文明建设相对滞后的问题。现代家庭环境呈现出三个较为显著的特点。

1. 家庭物质建设来势凶猛

随着社会经济不断地增长,人民群众的生活水平大大提高。一座座居民高楼拔地而起,越来越多的家庭迁入新居。在乔迁新居的同时,许多家庭最重视的是现代化的装修,而且一系列现代化的家用电器也随之而入,如大屏幕液晶电视、高科技的数码产品。在家庭中享受现代都市繁华生活,包括丰富多彩的文化生活,已逐步成为现实。

2. 现代家庭的主要模式为独生子女家庭

现代社会,独生子女家庭是家庭的主要模式。有些独生子女家庭有重养轻教的倾向,只注重从生活等方面给孩子以无微不至的关心和爱护,而对孩子的德育却很少提出要求,对孩子的不良行为很少加以限制;只注意孩子取得的成绩,而对孩子的过失却不闻不问或者听之任之,这样对孩子成长产生很大的负面影响。有许多家长采取保护主义，让孩子在家中，与邻居、社会隔离，按家长的思维模式进行教育塑造，扼杀了孩子天真活泼求知欲强的天性，限制了孩子自主意识和主动精神的发展及广泛接触新事物的机会，使其缺少对社会的认识和竞争的意识。

3. 家庭教育学校化

家庭教育与学校教育有严格区别。其一，学校教育有严密计划和程式；家庭教育则随机性较大，比较灵活。其二，学校教育注重群体性，面向全体学生，有统一的要求、进度；而家庭教育则着眼于孩子个体，没有教学进度统一的要求。其三，学校教育是以教学为中心，家庭教育则没有这个中心任务。其四，学校教育注重发挥组织规章制度的作用，而家庭教育则注重发挥法理与情感的作用。正因为以上的区别，表明家庭教育与学校教育各有特色，只能互相补充、协调，而不能互相取代。目前，有的家庭教育有被学校教育取代之势，其主要表现有：家长充当"二老师"陪读，把德育、美育、劳动教育都弃之不顾，抓智育也只是为了孩子在学校考高分。盲目请家教，使孩子在学校听老师讲课辅导，回家还是听老师讲课辅导。为了避免这些现象发生，使家庭教育真正发挥家教的独特作用，可从三个方面入手：一是在家庭教育中不仅只抓智育，还要全面配合学校教育。在学校抓升学率时，还应注重孩子的全面发展。考上大学，生活不能自理的有之；分数高，身体搞垮了的有之；成绩好，品行不正的有之。这些都向我们的家庭教育提出了警示。二是抓智育，也不能像学校教育那样进行"大量训练"，而主要是督促、引导孩子完成学校的功课，复习学校的教学内容。在学习方法上多指教，提高学习效率。如小学一、二年写生字，每个生字每次重复写四遍为佳，有的家长要求孩子一写就是几十遍，孩子既厌烦，又没有效果。三是给孩子较多的自由活动时间，让孩子的身心在紧张的学校生活之余得到调整，以更好地投入第二天的学校生活。

二、把少年儿童吸引到图书馆里来

少年儿童生性活泼、好奇心强、接受能力强、可塑性大，他们喜欢参加丰富多彩的活动。然而，现代家庭环境在一定程度上限制了少年儿童参与社会活动。在对武汉市惠济路小学二年级学生的调查中发现，小学生的活动范围局限性大，多活动于家庭，活动对象多限于家长、自身。但随访中我们了解到家长与孩子其实也很愿意参加社会组织的活动，而在这类活动中尤其希望参加图书馆、少年宫、博物馆、电视台等社会少儿文化活动场所组织的活动。其中，少年儿童图书馆对少年儿童的吸引力是十分突出的。

1. 少儿图书馆是少年儿童接受知识的重要场所

在当代科学技术迅猛发展、人类社会科学知识急剧增长形势的推动下，少儿图书馆教育职能也不断扩展，少儿图书馆对广大中小学生进行素质教育的工作将不断得到加强。从社会发展的要求来看，少儿图书馆必须为少年儿童的素质教育承担更多的社会责任。图书馆作为巨大的知识宝库，它的社会责任加重了，在与学校协调发展的同时，充分利用少儿图书馆的特点优势，更加有效地履行对少年儿童进行素质教育的社会教育职能。从图书馆的工作实践来看，对少年儿童的素质教育势在必行。为了提高民族素质，进一步发展和完善少儿图书馆的教育职能，把图书馆办成素质教育的重要阵地是十分必要的，也是完全可能的。图书馆的教育是以自学为主，以个别教育为主，几乎不存在知识水平的规定性，图书馆的大门是向每一个读者敞开的。在素质教育中有一个很重要的方面，就是培养学生的自学能力，以求学生的个性发展，少儿图书馆在这方面具有任何一个教育机构所不及的特点，这也是它与学校教育的最大区别，也是少儿图书馆成为素质教育阵地的当然理由。

2. 小读者被图书馆的丰富藏书所吸引

我国的少儿图书馆兴起于20世纪30年代，发展于90年代，目前全国独立建制的少儿图书馆已有80余所，而各类型少儿图书馆（室）已达7000余个。这些少儿图书馆（室）分布于市、区（县）、街道（乡镇）、社区，有的藏书千余上万册，有的几万、几十万册。2014年武汉市开创了各区图书馆通借通还服务，这给家长和孩子们提供了借阅的便捷服务。在成人看来这可能不足为奇，但对少年儿童却极具吸引力，因为图书馆的丰富藏书远远超过一般幼儿园和小学校的藏书，为孩子们提供了更为广阔的知识园地。作为少儿图书馆的一名工作者，笔者常常听到那些由父母带领或与小伙伴相约来到图书馆的小朋友说："哇，这里有这么多书呀！""这么多书！"孩子们感叹书海的广阔，常常为此而流连忘返。少儿图书馆丰富的馆藏对少年儿童的课外教育所能发挥的作用，是其他任何文化娱乐场所难以替代的。

3. 丰富多彩、寓教于乐的活动深受孩子们的喜爱

武汉市少年儿童图书馆多年坚持开展丰富多彩的少儿读书活动，形成特色品牌。近年来随着活动的深入，内容不断丰富，包括讲故事、朗诵、课本剧、快板、家庭读书秀等活动。例如，"马良杯"书画大赛，坚持举办三十四年之久，在社会上影响颇大，深受广大家长和少年儿童的喜爱。特色活动"小种子"流动阅读推广活动进学校、进社区、进广场、进乡村，将各项图书馆服务带到馆外，行程数千里，活动数百场，受益儿童数万。还有最新引进的"千字屋"

活动，是瑞典博伦厄市阿斯肯文化中心的一项儿童活动，融入了中国元素，创造属于孩子们自己的故事，旨在培养孩子的想象力、语言表达能力和审美能力，让武汉市儿童在家门口就能体验世界上先进的教育模式。这些适合孩子们的生理特点和心理需求的各种活动，为孩子们创造了一个既生动活泼，又团结和睦的轻松环境。孩子们在紧张的学习之余，到少儿图书馆参加这些对身心健康极为有益的课外活动，不仅使他们经常紧绷的神经得以放松，更有助于他们融入群体、融入社会，在娱乐中扩大交往，享受美的熏陶，得到综合素质和能力的培养与锻炼。

三、现代家庭环境下发挥少儿图书馆作用的做法

目前，全社会都愈来愈关注少年儿童教育问题。作为"第二课堂"的少儿图书馆，是教育事业不可缺少的组成部分，是学校教育的补充和延伸，与学校和家庭共同承担教育之重任。如何正确认识少年儿童图书馆在社会文化教育机构中所占的重要地位，利用其自身的特殊性，充分发挥其社会教育的主阵地作用，提高少儿整体素质，是我们每一个少儿图书馆工作者应关注的问题。少儿图书馆是对少儿进行社会教育的主要阵地。少儿教育由学校、家庭和社会三方面紧密结合来进行，三者有着相互不可替代的特殊作用。学校是向少儿进行教育的专门机构，也是一个人一生接受教育的主要场所。家庭教育主要取决于父母，父母素质的高低对儿童的成长有着潜移默化的作用。社会教育是学校教育、家庭教育的补充和促进，它包括图书馆、少年宫等社会性质场所。少儿图书馆作为教育事业不可缺少的组成部分，与学校、家庭共同承担素质教育之重任。随着人民群众生活水平逐步从温饱走向小康，家庭经济能力的提高和家庭环境的改善，家长们对少年儿童接受全面教育的意识不断增强，对保护少年儿童身心健康，发展高素质少年儿童的要求日益提高。国运兴衰，系于教育，教育振兴，全民有责。人才培养和青少年的成长，不仅需要各级各类学校的努力，而且需要良好的社会环境。少儿图书馆作为社会文化教育机构，对此负有不可推卸的责任，应该发挥其应有的作用，努力做好以下工作：一是要加大宣传力度，扩大少儿图书馆的影响。少儿图书馆应以此倡导为契机，利用广播、电视、报刊等新闻媒介，向社会广泛宣传少儿图书馆，增强少年儿童及其家长、教育工作者和全社会的阅读意识。同时，少儿图书馆可与所在地的教育主管部门达成协议，促使少儿教育工作者向少年儿童尤其是小学生宣传图书馆，向他们传授利用图书馆的方法。由于现在许多以家庭、学校为活动中心的少年儿童对家长的话往往不以为然，而对老师的话常常"言听计从"，因此各级教育工作者的宣

传往往能起到事半功倍的效果。少年儿童在受到图书馆知识方面的教育后，反过来也将促进家长更全面地认识图书馆、走进图书馆，促进图书馆更好地发挥自身的作用。二是转变观念，调整策略，以"大服务观"指导少儿图书馆的读者服务工作。在新的历史时期，少儿图书馆也要走改革之路，逐步改变与现代社会发展不相适应的服务模式，摒弃以往"守株待兔"式的服务方法，代之以多元化、多层次的服务。即以本馆为母系统，建立起以分馆、流通站、服务点等相互配套的子系统；以少年儿童为主要服务对象，进而扩大到需要利用少儿图书馆的一切读者；服务方式上可采用面上普通服务与重点跟踪服务相结合；服务手段上要实现资源共享和图书馆业务管理自动化。

总之，构建社会主义和谐社会，必须要有先进的文化建设来为其提供坚实的思想保证、精神支撑、道德基础和文化条件。少儿图书馆正是使国民提高道德、文化修养，获得精神食粮的重要场所。少儿图书馆在建设社会主义和谐社会中发挥着不可替代的作用。

文化生态视域下少年儿童图书馆的服务

刘 利

(武汉市少年儿童图书馆,湖北武汉,430014)

简 介:21世纪,知识经济将占主导地位,高新技术产业将成为主导产业。相应地在人才培养上,将进一步强调素质教育、创新教育,社会教育也将越来越受到重视。少儿图书馆作为社会教育的一个主要方面,将面临着新的挑战。我们怎样才能提高少年儿童图书馆的服务水平呢?以下几个方面是笔者对服务工作的一点浅见。

关键词:图书馆服务;物质环境;精神环境

一、建设少儿图书馆的重要性

1. 服务多样化

1.1 特色服务

现阶段少儿图书馆的主要阅读群体是90后和21世纪的少年儿童,他们大多数是独生子女,家庭环境优越。由于大多数家长望子成龙、望女成凤的心情,因此孩子们可谓是十八般武艺样样精通,学习舞蹈、弹琴、画画、英语、奥数等,课外的学习时间占据了孩子们的大量时间,因此孩子来图书馆看书的时间少之又少,他们对图书馆的要求也与以前有所不同,这就要求图书馆改变原来的服务模式,开展一些特殊服务,从而能够满足孩子们的阅读的需要。我们作为图书馆馆员,也深感特色服务、创新服务将是以后工作发展的主要方向。

1.2 家庭服务

扩大图书馆的服务空间。对那些学校和家距离少儿图书馆路程较远的小读者或身体有残疾的及具有特殊情况的小读者,开展网上续借、上门送书和电话续借等多项服务,不仅节省了时间,也为他们提供了便捷,深受广大少年儿童的欢迎。开展家庭读书活动,营造浓厚的家庭文化氛围,现在家长陪孩子时间的太少,常常都是把孩子交给老人,孩子与家长相互沟通的时间太少,少儿图书馆会同有关职能部门，精心组织策划相关活动。通过这些读书活动，增强家长与孩子的沟通与理解，使广大少年儿童在一个良好的家庭文化氛围中健康地成长。

1.3 特色收藏、辅导、讲座的方式服务

开展关于如何利用图书馆知识的教育，使孩子能科学有效地利用图书馆。少儿图书馆要指导孩子多读书，扩大服务工作的科技含量，丰富孩子们的知识结构，为推进素质教育做出应有的贡献。主要通过辅导、讲座的方式普及图书馆学知识，在必要的时候，吸收学生参与图书馆的管理工作，使学生能真正了解图书馆，喜欢图书馆，并能够科学有效地利用图书馆。在馆藏结构上，要更多地收藏科普读物。组织中小学生开展多种活动，如普及电脑知识讲座、现代高科技通讯讲座，举办现代科技图书展、电子读物展，小小发明家竞赛等等。通过这一系列丰富多彩的活动，培养孩子热爱科学的精神，使他们了解科学动态，进行科技创造。

1.4 提供少年儿童阅读指导、网络导航服务

已建少儿图书馆和少年儿童阅览室的公共图书馆，要提供少年儿童读者阅读指导服务，开展形式多样、生动鲜活的读书活动，引导少年儿童多读书、读好书。各级公共图书馆和少年儿童图书馆都要建立公共电子阅览室，筛选、整理、提炼有益信息，开展网络导航服务，引导少年儿童正确使用互联网，为少年儿童提供安全、文明、绿色的公益性互联网服务。公共图书馆和少儿图书馆对少年儿童都要实行免费开放。

2. 现代化技术

现代化技术对少儿图书馆的现代化建设既带来了全面的冲击，也提供了极好的机遇。它不仅以信息处理的高度计算机化和电子数据传输来实现文献信息资源共享，而且以信息技术服务的转变影响和改变了图书馆的传统服务方式。信息时代的少儿图书馆不仅要具备快速占有信息资源的能力和快速提供本馆及他馆资源的能力，而且还要拥有社会所需要的多种信息产品（如：数据库，电子出版物，多媒体音像资料，网上资料等）。因此，在世纪之交的历史时期，少儿图书馆不仅要成为学校教学、科研的信息来源和服务中心，而且应成为社会信息服务系统中的一份很重要力量。这种服务一定要建立在信息的收集、加工、整理、储存和传递的高度自动化、网络化、数字化的基础上，即建立在图书馆工作现代化上。少儿图书馆要摆脱文献资源匮乏的困境来满足教学、科研和社会的需求，也必须加速自动化、网络化建设，实现以计算机与网络技术为依托的文献信息共建、共享服务。

2.1 加速馆局域网建设，实现以计算机局网络技术为依托的自动化管理

网络化建设尤为重要，没有网络化建设，就没有现代化的少儿图书馆，少儿图书馆就不能发挥最大的效益。网络化是信息时代少儿图书馆的重要标志，是文献资源共建共享的物质条件。武汉市少年儿童图书馆计算机使用起步较早，但网络化建设却落后于时代的要求。1995年即着手规划自动化管理系统的建设，1996年正式使用了深圳图书馆早期开发的IALS系统，在采编部实施了采访、查重、验收、编目和统计等方面的计算机管理工作、在外借部实施了各项流通工作。该子系统在早年使用过程中，运行基本良好，各功能模块的使用也基本正常，数据规范、准确。但由于该子系统是早期开发的产品，因此有很多程序已适应不了现代的需求，所以应不断的完善更新。

2.2 加强数据库建设，实现文献信息资源共建共享服务

网络技术的发展为文献信息资源的开发和利用提供了良好的环境。因此，少儿图书馆在积极进行自动化基础设施建设的同时，应充分重视文献信息资源的开发和利用工作。文献信息资源建设与网络建设是互为一体的，如果没有信息资源，网络将不具任何实用价值。所以，在加强网络基础设施建设的同时，更应加强具备上网能力的文献数据库建设。

2.3 建立多媒体阅览室，为读者创建现代化服务条件

多媒体技术就是利用计算机将人类多种交流表达形式（数字、文字、声音、图形、图像等）综合处理（包括存储、传递）的技术。它的出现改变了计算机的原有面貌和应用方法，改变了图书的生产和传递方式，改变了人们获取信息的方法和手段，也促进了图书馆电子资料的发展，将对21世纪图书馆的概念、形式产生重大影响。现在很多图书馆都建有多媒体（电子）阅览室。它以其良好的音响效果、色彩鲜艳的动态图像及灵活便捷的交互手段吸引了众多的读者。它将为广大读者提供电子图书阅览、中英文数据库检索以及多媒体和互联网服务等信息技术条件来研究专业资料、学习外语、欣赏音乐和美术及各种优秀的文艺作品等，寓教于乐，达到提高广大读者文化修养的目的。因此，武汉市少年儿童图书馆应该适应现代科技的需要，建立多媒体阅览室，为少年儿童提供更方便、更快捷的阅读服务。

3. 管理科学化

3.1 馆藏资源建设科学化

在图书馆建设中，要优先发展信息网络基础设施，加快图书馆文献资源数字化的步伐，确立科学的馆藏结构，不仅要有文本、图像、语音、影像等载体，更要有传统馆藏资源与虚拟资源的结合。图书馆的馆藏应形成印刷型图书、电

子图书、缩微型图书、视听型资料共存互补的格局。同时，要加强馆际协作，实现区域内少儿图书馆的资源共享、优势互补。

3.2 组织结构科学化

未来的少儿图书馆由于计算机自动化网络的应用以及服务功能的拓展，原来的组织结构已难以适应发展要求。原来需要多个部门、多个人员完成的工作可能由一台计算机就可完成了，许多体力性、事物性的岗位正在被智能技术所取代。纸质文献的采编加工工作量相对减少，光盘、数据库、网络信息成为少年儿童图书馆文献资源的重要组成部分，读者对文献载体的选择也日趋多样化。这些变化需要图书馆设置技术管理、设备维护、导读、咨询、用户教育等岗位。而现今的组织结构既不能满足工作的需要，又会造成巨大的浪费，因此，应根据实际建立科学的组织结构，以满足21世纪少儿图书馆的发展需求。

二、少儿图书馆的物质环境

1. 馆舍环境

馆舍环境是图书馆的门面，它具有"实用性"和"代表性"两个方面。少儿图书馆应该根据少儿的特色，在实用性上做到功能其全，在装修风格上动静结合、层次分明、宽敞明亮、色彩、图案活泼可爱，给少儿读者营造一种轻松的环境。

2. 馆藏特色文献

特色文献是指某一专业领域或是某一地域的文献。图书馆在进行特色文献建设时，首先应对本馆的读者群进行多方面的阅读调查，并作出细致的分析，明确少儿图书馆特色服务的方向，根据特定的方向来进行特色文献建设。做好文献采购工作，采购有品质的精品图书，建立思想内容健康的、科学的藏书体系。馆藏特色文献建设是开展特色服务的基本要求，目的是为了满足广大少儿读者对馆藏特色文献的需求。因此少儿图书馆提供的馆藏特色文献有着特殊性和实用性。

三、少儿图书馆精神环境

1. 工作人员素质化

提高管理人员素质，做儿童的良师益友，建设一支强有力的管理队伍，是做好少儿图书馆工作的重要保证。管理人员素质通常体现在业务技能和敬业精神两个方面。按照常规来说，图书馆管理人员都必须经过系统的业务培训。目前我国尚没有一套完整的适合国情的少儿图书馆管理模式，因此，少儿图书馆首先应配备一支高素质的干部队伍。这支干部队伍要具有较高的文化素质、精湛的专业素质、现代科学管理素质，以及优秀的现代思想素质、高尚的职业道德素质和心理素质。扎实的文化底蕴是解答儿童提问，引导儿童阅读的基本条件。管理人员如果没有这方面的基础条件就无法解答儿童提出的问题，错误的解答还将产生误导。良好的思想意识是勤于工作、乐于奉献的精神源泉，只有勤于工作，才能做好工作，只有乐于奉献，才能赢得小读者的爱戴。

2. 加大投入，为孩子营造一个良好的学习环境

作为纯公益性的少儿图书馆，它的生存完全依赖于财政的扶持，财政对少儿图书馆的投入将直接关系到少儿图书馆的质量和档次。近几年来，随着经济的发展，各地对公益事业的投入不断加大，然而真正投入少儿图书馆建设的还为数不多。为改变这一状况，呼吁各级政府要重视少儿图书馆事业建设，加大对少儿图书馆建设的投入，以更好地配合儿童素质教育工程建设。

3. 掌握儿童特征，科学安排开放时间

如果我们把硬件设施比作资源，那么尽力让资源发挥其应有的作用便是我们专业工作人员的基本职责。武汉市少年儿童图书馆在开放时间上按照广大少儿读者和家长需求进行合理安排，全年365天开放，开放时间为上午11：30至下午6：30，双休日时间为上午9：30至下午5：30，这段时间恰好是少儿读者能来图书馆借还书或是阅读的时间，同时也方便一些家长在图书馆为孩子办理借阅手续。

在多年的工作中我们经常会看到不少因学校提前放学而背着书包光顾图书馆的孩子，有的把老师布置的课堂作业也带到图书馆来做。优雅宁静的环境和丰富的资料足以帮助他们完成作业和解答难题。小朋友之间的相互交流也有益于他们对知识的理解和掌握。笑意写在孩子们的脸上，其乐融融。这一现象足以说明了少年儿童对图书馆的喜爱，因此说，掌握儿童特征，科学安排开放时间是做好少儿图书馆服务的关键。

少年儿童图书馆是我国图书馆事业的重要组成部分，是以广大未成年人为对象的重要的社会教育机构，是未成年人的第二课堂。加强少年儿童图书馆建设，是保护广大未成年人的文化权益、建立健全公共文化服务体系的重要举措。为满足广大未成年人日益增长的精神文化需求，全面提高未成年人的素质，我们必须提高认识，切实加强图书馆建设。丰富文献信息资源，逐步建立资源共建共享体系，发挥教育职能，深入开展阅读指导和服务工作，推进公共电子阅览室建设，努力为未成年人提供安全、绿色的公益性上网服务。加强人才培养，不断提高队伍的专业化水平。扩大宣传，为少年儿童图书馆事业发展营造良好

的社会氛围。

参考文献

[1] 王春萍. 论 21 世纪少儿图书馆建设的发展趋势 [J]. 图书馆学刊, 2003 (4): 59-60.

[2] 彭爱英. 适应社会发展探寻图书馆服务新思路——论少儿图书馆的特色服务 [J]. 中小学图书情报世界, 2009 (6): 42-43.

[3] 刘新民, 梁开健. 加强图书馆现代化建设迎接新技术革命挑战 [J]. 林业图书情报工作, 1999 (4): 8-10.

二十四、其他

国内外三所高校图书馆学者画像服务调查与分析

江语蒙

（武汉大学信息管理学院，湖北武汉，430070）

摘　要：在图书馆开展智慧服务的背景下，通过分析三所具有代表性的国内外高校图书馆学者画像服务的开展情况以及其主要数据来源，提出了对于我国高校图书馆开展学者画像服务的建议及可以开拓的新数据渠道，为国内高校图书馆提升学者画像服务质量提供了参考借鉴。

关键词：学者画像；多源数据；高校图书馆

一、引言

图书馆开展的智慧科研服务一直以来都是国际上图书馆学界关注的热点，《图书馆如何促进联合国2030议程手册》中提到"图书馆要充当科研和学术团体的核心"；《国际图联战略框架2019—2024》将图书馆"激发并提升专业实践"归为国际图联战略方向的重点领域之一。国内同样也对图书馆在科研活动中的支持作用十分重视，国家教育部颁布的《普通高等学校图书馆规程》中提到"图书馆应积极拓展信息服务领域，提供数字信息服务，嵌入教学和科研过程，开展学科化服务，根据需求积极探索开展新服务。"但当前我国国内高校图书馆智慧科研服务开展情况并不理想，调查显示，42所"双一流"高校的图书馆中设有科研支持服务栏目的有北京大学图书馆、上海交通大学图书馆等10所图书馆，而其余未专门设置科研服务栏目的高校图书馆，其科研服务分布在"学术交流""服务"等其他栏目中，缺乏统一集中的获取入口。这说明国内高校图书馆亟待开展高质量的智慧科研服务。

充分利用用户多源数据，提供精准化、个性化科研服务是高校图书馆开展高质量科研服务的重点。随着大数据时代的到来，每个互联网用户都会产生海量数据信息。而在学术界，学者进行科研工作时也会产生诸如论文、书籍、实验数据等相关学术信息。要想了解某领域的学者学术现状或学者排名，就需要利用到学者画像技术。学者画像是图书馆智慧科研服务的重要组成部分，就是通过分析学者的社会属性、学术成果数量、学术影响力等指标，抽象出一个标签化的学者形象。而在高校范围内，学者包括学校内一切开展学术研究的教师和科研人员等教职工。因此高校图书馆开展的学者画像服务，应该包括科研主体的基本情况、学术兴趣领域、合作者关系网络、学术生涯追踪和学术影响力测评等方面，尽可能全面地刻画学者形象。学者画像构建的最终目的就是构建学者库或机构知识库，并在此基础上实现学者推荐、学者学术水平评估、高校人才引进等功能。开展学者画像服务不仅能帮助学者合理规划学术道路，还能为人才管理部门提供科学的决策依据，从整体上提升高校科研创新实力。因此，高校图书馆应充分利用其丰富的多渠道数据优势，精准构建学者画像，辅助学者库和机构知识库的建设。

二、国内外三所高校图书馆学者画像服务开展情况

清华大学作为国内较早开展学者库建设的"双一流"高校，其学者画像服务开展时间久，目前已达到较为成熟的水平。香港大学学术库最初的建设初衷为促进开放共享，因此学术库中包含的学者信息十分全面，涵盖了学者学术成果的多个方面，能快速了解学者的学术成果现状。匹兹堡大学图书馆采用PlumX指标对学者社交媒体平台上的学术影响力进行评估，多方面地评估学者的整体学术影响力。上述三所高校图书馆在其学者画像服务开展方面各有侧重，通过分析三所图书馆的学者画像情况，可以较为全面地展示国内外学者画像服务的整体开展情况。

（一）清华大学学者库

清华大学学者库自 2014 年开始试运行，主要由清华大学图书馆负责建设。图书馆依托其海量的数字资源和技术优势，梳理并维护清华大学的学者信息及相关学术产出情况，构建学者画像，从而建立清华大学学者库。

1. 清华大学学者库基本情况

清华大学学者库的服务功能主要包括汇集学者的学术文章并展示其完整的学术历程，提供学者的论文被引用相关情况，展示灵活管理学者科研数据的平台以及学者的科研合作网络，该学者的研究兴趣领域及学术影响力情况。

以清华大学土木工程系韩林海教授的学者个人主页图 1 为例，在一个学者的主页，用户首先可以了解到该学者的基本信息，并可以通过外部链接的形式访问该学者在所属学院网站上的个人主页，进一步了解个人信息情况。学者的主要研究领域以关键词的方式呈现，可以清楚地展示学者感兴趣的研究方向。

同时，与学者合作密切的合作者名称也已进行展现，通过可视化方法直观地展现合作者关系网络。在学术影响力方面，清华大学学者库选择的指标主要是与论文被引用情况相关的，如 WOS 核心合集引用数量、作者 h 指数、SCOPUS 收录论文数等。

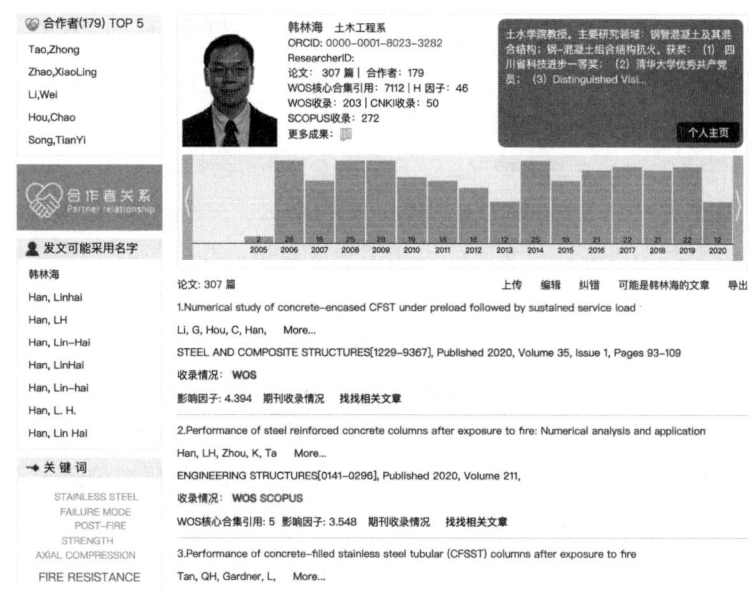

图 1　清华大学学者库学者个人主页示例

2. 清华大学学者库数据来源

清华大学学者库中学者的基本信息主要是通过学者在所属学院网站中的个人主页获取到的，基本上包含了学者个人资料以及在校任职的相关信息。而关于学者的学术研究兴趣、合作者关系网络以及学者学术影响力的评估，则主要通过 WOS、Scopus、EI、CNKI、中国科技期刊/Primo 这五个核心数据库获得。由于清华大学学者库中学者学术影响力的评估指标主要围绕学者的论文影响力展开，因此获取的数据多为中英文权威数据库中该学者的文献信息。

3. 清华大学学者库特点

清华大学学者库的构建重点在于建立专属的学者标识，以便精准追踪学者的学术产出，并帮助清华大学学者清晰地了解自身科研影响力情况。因此清华大学学者库主要侧重于展示学者的学术成果以及学术合作网络，其中最有特色的功能为列举该学者发文可能采用的作者名，以便精准识别学者，并给予每个学者独特的 ThuRID（Tsinghua University Research ID），该标识可以与全球其他提供学者 ID 的平台进行数据的关联与共享，实现学者学术文献的开放共享和规范化管理。

（二）香港大学学术库

香港大学学术库始建于 2005 年，由香港大学图书馆主要承担建立，由国际权威信息机构 Thomas Reuters 提供技术支持。香港大学学术库最初的创立目的是将香港大学的学术成果在网上公开共享，贯彻开放存储的理念。随着学术库的不断发展完善，学者的相关信息也逐渐纳入学术库的范围内，公众不仅可以在线获取香港大学的相关文献，也能便捷地了解到学者及其研究的相关计量信息，为学术界和社会上的专家搜索提供了便利。

1. 香港大学学术库基本情况

目前香港大学学术库主要从出版物、研究学者、组织团体、拨款、数据集、论文、专利和社会服务八个方面提供相关学术成果，其中应用了学者画像服务的板块主要是研究学者的学术介绍。用户首先可以从学者的所属学科部门、所获荣誉和研究领域等方面选择想了解的学者学术情况。

以电子电气工程系邹国棠教授的学者个人主页图 2 为例，用户可以在学者个人主页了解到该学者的学术简介、出版物情况、学术外部关系情况、在校内担任的职责以及负责的基金项目，主要是围绕学者的学术研究情况展开的，同时还能用可视化的方式展现学者的合作网络，深入了解学者的主要研究领域及合作者，方便进行学术合作交流。总的来说香港大学学术库包含的学者学术开展情况还是相对全面的，与清华大学学术库相比多了一些学者主持的基金项目和所加入的专业社团概况。而在学者的学术影响力方面，可以从内部和外部两种计量途径进行选择，内部计量指标包括该学者个人主页的被浏览次数和下载次数，外部指标则是该学者论文的被引用收录情况。

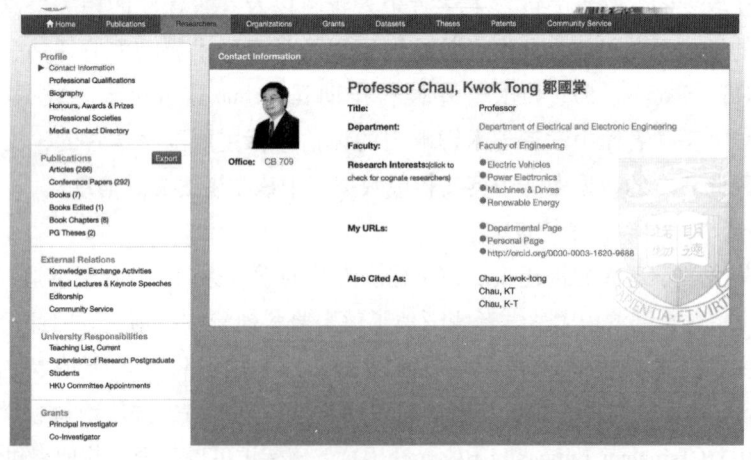

图 2　香港大学学术库学者个人主页示例

2. 香港大学学术库数据来源

香港大学学术库分为外部和内部两个数据源，港大图书馆通过整合内外部数据，为学术库提供可靠有用的数据来源。内部数据主要是校内的学术系统，包括研究成果申报系统、研究和会议经费管理系统以及校内人员传媒通讯录。通讯录中包含学者最基本的个人信息，如联系方式、任职情况、兴趣专长和读写语言能力等；研究成果申报系统中不仅可以查询到学者的论文、书籍等出版物信息，还可以查询到学者的专利成果、荣誉奖项以及编辑职位等相关研究信息；经费管理系统中包含了学者主持或负责的项目情况，通过以上校内系统中提取到的信息，学者的个人信息及荣誉情况都可以较为全面地获取。

外部数据主要来源是 Scopus 和 WOS 两个外文权威数据库，通过数据库中学者的出版物相关信息获取文献的被出版数量和被引用次数。除了依靠数据库获得出版物数据，还能在针对某一领域设置的数据库中获得学者的学术关系，包括其导师和指导的学生情况。香港大学学术库还从 Google Scholar 和 Microsoft Academic Search 等在线学术搜索引擎中获取了作者的 h 指数、g 指数以及合作者关系网络和作者研究兴趣等方面的数据，同时学者在学术社交网站上的关注者和整体影响力，也可以通过 Researchgate 获取到。

3. 香港大学学术库特点

香港大学学术库旨在收集、保存和传播香港大学的一切知识成果，包括论文、专利、基金项目等，因此其研究学者板块对于学者的画像服务也重点关注于学者信息展示的全面性。该页面不仅展示学者在学术方面基本的成果，如论文、专著，还包括该学者的获奖情况、学术沿革历程、社会服务情况以及校内的部分任职情况，兼顾了校内外两个层面，从多角度描述学者，使得构建出的学者画像较为全面、完整。

(三) 匹兹堡大学机构知识库

1. 匹兹堡大学机构知识库基本情况

匹兹堡大学图书馆在 2012 年与 Plum Analytics 合作，共建了匹兹堡大学机构知识库对该校的学术研究人员及成果进行评估。PlumX 指标分别从研究人员、资源类型和群组三个层面来展示匹兹堡大学的研究成果。

其中在研究人员学术成果展示中应用到了学者画像技术，学者主页简要提供了该学者的任职情况和研究领域，重点在于使用 PlumX 的五个指标对学者影响力进行评估，包括文献被使用量、获取量、被提及数、社交媒体影响力和被引用数。其中被使用量包括文章摘要被查看的次数、被点击次数、查看全文的次数等关于该文章是否被读者阅读的指标；获取量包括文献被标记和储存的次数、被添加至文献管理软件的次数以及被持续关注和订阅的次数等；被提及数指在博客或相关报道中该文献被提及的次数和收到的评论数量；社交媒体影响力指研究成果的推广和传播情况，包括点赞数和分享数、评论量以及转发数和收到的推荐转发数等；而被引用数则是较为传统的文献影响力计量指标。

以学者 Mark Abbott 的个人学者主页为例，用户可以清楚地看到该学者发表学术成果的数量以及被使用的情况，同时对于学者学术成果在社交媒体和学术社交网站上的讨论量也可以直接查询。针对每篇特定的论文文献，用户都可以看到关于这篇文章的详细影响力情况。如图 3 展示了 Mark Abbott 所著的一篇文章的相关影响力情况，除了每个指标的计数外，PlumX 还给出了该文章的简要介绍及社交平台上 Twitter 最近提及该文章的推文，同时还有该文章的重点平台，即该文章在哪个方面具备最大的影响力。

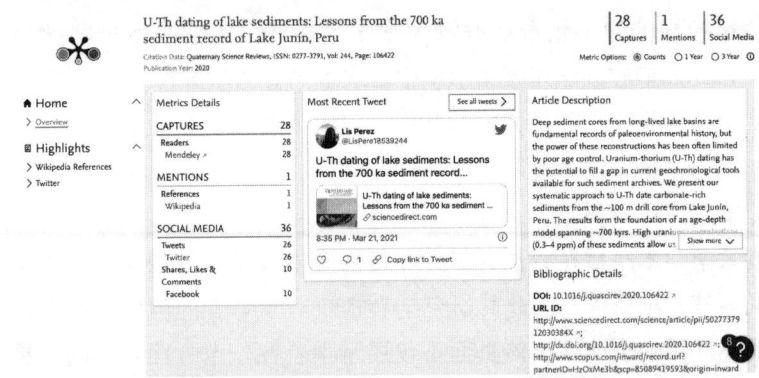

图 3　匹兹堡大学机构知识库文章影响力分析页面示例

2. 匹兹堡大学机构知识库数据来源

匹兹堡大学机构知识库中的数据来源较为多样，包含了数据库、学术社交网站、搜索引擎和社交媒体。数据库中的数据主要来源于 Scopus，获取的指标是论文的被引用数；学术社交网站则选用 Mendeley，获得关于读者在线获取量的相关数据。匹兹堡大学机构知识库在多种数据来源中较为重视大众社交媒体上影响力的评估，选用主流社交平台 Twitter 和 Facebook 作为评估对象，获取每篇文献在社交网站上的转发、点赞和评论数量，以此整体评估该学者的学术影响力。

3. 匹兹堡大学机构知识库特点

相比于清华大学和香港大学的学术库，匹兹堡大学机构知识库对于学者学术成果影响力的评估更为关注，而对于学者的研究兴趣领域和合作者关系网络关注较少。在学术影响力的评估指标中，匹兹堡大学机构知识库兼顾了传统计量指标和 Altmetrics 计量指标，可以较为全面的评估文章及学者的学术影响力。特别是对于非学术型社交软件中学者影响力的评估，匹兹堡大学机构知识库借助 PlumX 标准较为详细地提供了不同软件平台中的衡量标准，为利用社交软件评估学者学术影响力提供了参考依据。

三、三所高校学者画像服务数据来源不足之处

（一）数据渠道来源汇总

总结三所国内外高校图书馆学者画像服务在学术知识库中的应用，可以将数据来源分为高校内外部两个渠道。内部指通过高校内部学术系统收集学者及其研究的相关信息，如学者的基本个人信息、任职情况、所负责的项目、获得的荣誉等。

外部则主要分为数据库、学术搜索引擎、学术社交网站以及大众社交平台四个方面。数据库中可以获得学者的出版物数量、被引用和被收录的次数，以此作为衡量学者学术成果影响力的指标。学术搜索引擎以 Google Scholar 为代表，便于访问且数据覆盖面较广，涵盖了有关该学者学术研究的各方面资料，包括学者的 h 指数等学术影响力指数和合作者关系网络。学术社交网站以 Researchgate、Mendeley 为代表，其中可以通过在学术社交网站的受关注程度，获取学术界其他学者对该学者的态度以及该学者的整体影响力。大众社交平台以 Twitter、Facebook 和微博为代表，通过分析学者学术成果在社交平台上的被关注数量、点赞量以及评论数，可以一定程度上反映学者的公众学术影响力。

（二）三所高校学者画像数据来源不足之处

可以看出三所高校学者服务涉及的数据来源已经非常多元，兼顾校内外各种渠道，涵盖了学者多个维度的属性。但同时三所高校的数据来源渠道还是存在一定的不足，如国外对于学术社交网站的影响力指标评估已经有一定的研究，但国内对于学术社交网站如科学网，两所国内高校图书馆还未将其列入学者影响力的评估指标范围内，这是两所国内高校图书馆的数据来源渠道欠缺之处。此外三所高校图书馆都未对新闻媒体中有关学者的报道信息提取出来，纳入学者画像的构建过程，这将导致部分学者信息缺失，最终无法精准刻画学者形象。因此三所高校图书馆学者画像服务的质量还可以进行进一步的提升。

四、结论与展望

单纯从学者发文的相关指标对学者进行评价和画像构建是远远不够的，在

大数据时代，图书馆应当充分发挥其资源和渠道优势，从各方面获取与学者相关的数据信息，兼顾科研产出、科研合作关系和科研影响三方面的内容，多角度全面构建学者画像，尽可能多地展示学者学术情况，便于合作和决策的开展制定。以下列举了一些国内高校图书馆可以采用的数据来源渠道：

(一) 国内学术社交网站

学术社交网站以社交网站的形式，为学者们提供了一个及时发布学术动态、交流学术观点的平台。学者们可以在学术社交网站上阅读其他学者的学术成果并发表评论，进行学术交流。国外很多大学图书馆在开展学者影响力评估时，都会将学者在 Researchgate、Mendeley 上的活跃度和影响力纳入评估指标中，而国内由于学术社交网站的发展程度不如国外，因此较少有机构和图书馆将其纳入衡量范围内。

目前国内较为知名的学术社交网站是由中国科学院主管的科学网，在其"博客"板块，每个学者都能自由发布自己的最新学术成果及发现，因此构建学者画像时可以通过挖掘科学网上的博客数据来展示学者的影响力。如在学者的博客首页有专门的板块显示其活跃度和威望值，以及博主的关注人数都可以一定程度地展示该学者的学界地位和活跃程度。而每篇博文都会显示相应的评论数、推荐数和收藏数，这些指标也能反映出学者学术成果的受认可度和影响力。

(二) 学术问答社交媒体

在社交媒体上发表学术信息获得的互动数一定程度上也能反映学者的公众影响力，外国的知名社交平台 Twitter、Facebook 和国内社交平台微博已经作为典型案例被纳入部分高校构建学者画像的范围中，而学者在知名问答社区"知乎"中的学术问答活动还未被很好地评估。

知乎有专门的专栏，收录了不同领域的专家学者的优质回答，还有不同领域分区中优秀答主进行推荐，因此学者在这些渠道进行的学术方面的回答造成的影响力，也应该纳入其公众影响力的评估范围中。如是否获得知乎官方的专业认证、问答的总赞同数和收藏数以及专业认可数，还有是否有回答被收录到高质量专栏文章中，这些都可以作为评估其学术影响力的指标。

(三) 校内学术系统

除了学者在网络平台上的影响力外，学者所负责的科研项目等情况也能反映出学者的学术动态。因此合理利用高校内部资源，从科研项目申报系统、科研项目经费管理系统等科研相关的项目系统中，可以提取出学者当前所负责的科研项目情况，这样也能反映学者的学术科研能力。

（四）新闻媒体

学者的学术成果和影响力除了在数据库、社交媒体平台和校内系统中可以进行检索评估外，还可以在搜索引擎中进行范围较宽的检索。如以学者名称和机构名称为关键词在搜索引擎中进行相关的新闻检索，可以获得更多的新闻报道，包括该学者出席某项活动、该学者的学术课程获得何等奖项以及该学者发表过的重要讲话等信息，都可以在相关新闻报道中体现，而上述内容则难以通过单纯的数据库检索和社交媒体检索获得。因此各大新闻网站也是构建完整的学者画像所必不可少的数据来源渠道，参考新闻媒体中的信息，学者的形象才能够更加丰富全面。

本文主要分析了国内外高校图书馆开展的基于多源数据的学者画像服务现状，并探讨了其数据来源，经过对比分析得到了对国内高校图书馆更好地开展以学者画像为主的科研服务的启示，并对构建学者画像的数据来源渠道进行了拓展，有利于提高国内高校图书馆的科研辅助能力。

但本文研究仍存在不足之处，首先本文选取进行分析的图书馆案例数量较少，只选取了国内外具有代表性的三所高校图书馆，对于其他高校图书馆学者画像服务的开展情况则通过文献阅读的方式获取，缺乏实际调研。此外虽然本文研究提出了获取数据来源的新渠道，但并未提供具体的影响力评估模型，因此缺乏实践操作性。这些问题都需要在日后的深入研究中逐一解决。

参考文献

[1] 马兰，鄂丽君. "双一流"大学图书馆科研支持服务现状及优化策略[J]. 图书馆工作与研究，2019（11）：27-34.

[2] 清华大学. 韩林海教授个人主页 [EB/OL]. 清华大学学者库，2021-03-28.

[3] 香港大学. 邹国棠教授个人主页 [EB/OL]. 香港大学学术库，2021-03-28.

[4] Liu, Eliot Z H, Palmer, David T. 香港大学学术库——机构知识库的应用扩展 [J]. 大学图书馆学报，2015，33（4）：68-75.

[5] 匹兹堡大学. Mark Abbott 个人主页 [EB/OL]. 匹兹堡大学机构知识库，2021-03-28.

甘鹏云纂刻的乡邦文献四种
——《楚师儒传》《潜江书征》《潜江贞石记》《潜江旧闻》

石 玥

（湖北省图书馆，湖北武汉，430071）

摘 要：本文力图全方位、多角度地揭示甘氏纂著刊印传世的四种乡邦文献，为全面研究甘鹏云，研究荆楚、湖北、江汉平原、潜江等地方史志研究者提供帮助。

关键词：地方文献；荆楚；潜江；甘鹏云

潜江甘鹏云（1862—1940）为近现代湖北宿儒，毕生喜读书、藏书，著述有《潜庐类稿》《国学笔谈》《潜庐诗录》等数十种。他精于史志，热衷地方历史研究，熟谙地方掌故，极力搜罗、撰辑、刊布乡邦文献，是清末民国著名的地方史志学家。他纂辑历代文集《湖北文征》（主持、辑录、编纂宋元部分）、协纂《湖北先正遗书》，刊刻《晋陵先贤传》《大隐楼集》等湖北先贤著述，还亲自编纂地方文献多种，未刊行的有《潜江诗征》十六卷、《潜江文征》十六卷等；已刊印传世的，于荆楚，有《楚师儒传》；于潜江，有《潜江书征》《潜江贞石记》《潜江旧闻》。

一、楚师儒传

《楚师儒传》八卷，有民国二十三年潜江甘氏刻崇雅堂丛书初编本，2015年6月北京书林书局影印线装本。又有1999年9月湖北人民出版社铅印《湖北地方古籍文献丛书》点校本。

先是，张之洞督鄂，创设两湖书院，即建楚学祠祀楚师儒。张公训诫诸生曰："楚中有学，诸生欲为学乎？就乡先生求之，有余师矣……此六十七君子者，后学之仪型也，愿诸生效之。不徒师其学，并当师其人"，此亦其建祠、祀楚师儒之微旨。本书辑撰缘起，即欲倡楚师儒学行，振楚学雄风，进而培根世教，甘氏《序例》叙之明矣。

本书所传楚师儒，起鬻子，迄曾国藩、胡林翼，均产自两湖。各时代人数，计周秦15、汉4、三国1、晋7、梁2、唐5、宋7、元2、明8、清16。诸子各有专传，即汉黄香、黄琼，唐李善、李邕父子亦然。惟駢臂、铎椒及晋李充、李颙父子等为合传，故仅63篇。

史载楚师儒入祀极严，即其序位，亦经张之洞并湘鄂耆旧审核确定。然"六十七"者，与卷七《清王九溪先生明清》篇末所云"九溪俨然在六十八人之列"之"六十八"相牴牾。据近刻本《楚学祠祀位》，知其入祀者正六十八人。本书所未载者，乃湖南善化人贺熙宁。且《楚学祠祀位》所载，与本书传主之序次有差者近20处。甘氏《序例》称其拟将"其学行表著未列祠祀者数十人，容俟续编，以补所未备"，惜续书至今未见。然拟传人名氏，《潜庐随笔·菱湖日记》卷六，载有庾信、皮日休、易本浪、王柏心等39人名，殆其书拟撰而未竟也。

本书所谓师儒，并非专指传统之儒家，而是兼而有学者身份、且大都有著述的各方面代表人物。以学术论，其主体为儒家，兼及其他，如孔子七十二弟子的秦商、任不齐、公孙龙，开宋代道学滥觞的周敦颐、开朴学之先的宋祁，类属于道家之流的鹖冠子，被号为"颇近儒，时杂道家言"的鬻子，史学家晋邓粲，辞赋家屈原，文学家唐孟浩然、杜甫等。还有撰述或热心搜罗乡邦文献的唐余知古、清邓显鹤。以从政论，有毁家以纾国难、三为楚国令尹的鬬穀於菟，更有清咸丰同治间共襄清室中兴的三位清廷大员罗泽南、胡林翼、曾国藩。其传文"大都本诸前人"，即取自相关史籍的人物传记，仅因撰述之需对个别文字稍作些许改动而已。稽其篇幅，短者三五百字，最长者乃清代胡承拱，约9000字；曾国藩、胡林翼各8000字。各篇末附征引书目，俾读者稽核。各传文字之后，除清代王文清外，皆有甘氏批评，起首曰"述曰"，盖仿史氏之作，内容亦大体与之同。

书中有8人传记正文末有附录，凡9篇。如《李轨著述考》《书茶村遗事》《记胡文忠御将》等。究其大要，首在学术，次在懿行，从体例上，使本书熔铸传、评、附录于一体而臻于完善。

二、潜江书征

《潜江书征》四卷附录一卷，题甘鹏云纂。有民国二十五年甘氏聚珍版印崇雅堂丛书本。

前有民国十五年甘鹏云《自叙》，称其自少研习目录之学，知其功在辨章学术，考镜源流，蒐讨亡佚而备后人征考，故藏书、考古两家皆重视经籍簿录。

甘氏熟谙地方掌故，知潜邑自宋乾德设县，迄明中叶五六百年间，著述家难求一人。时蒲圻张国淦编辑《湖北书征》成，然其书于潜江著述十仅载一二。息园久以邑乘志艺文而不载书目为缺憾，又"惧乡先生著述晦者日益晦，而后来承学之士，且不知一邑作者凡几家、一人所著凡几书，虽欲征考而无从，岂非文献之一厄也哉！"遂决意竭力蒐采潜人著述为专书，遂成此汇录潜江一方撰述之书目。有研究者称：此书虽有遗漏，亦可昭示"潜江人著作既有数量，也有质量"。

本书收录明正德至清末四百年间潜邑相关著述：卷一至四收录潜江籍作者113家（卷一31人，起正德进士初杲，迄崇祯恩贡郭铗；卷二亦31人，起崇祯进士欧阳烝，迄刘之琪；卷三40人，起蔡明谦，迄郭兆梅，皆县学生员；卷四11人，起甘霖，迄谢柄朴，亦皆县学生员），收录著述共262种；附录收书6种，即潜江县志2种，非潜江人士所撰、记载潜江事之著述4种。均以著者时代为序，殆"因人以征书，因书以存人"。一人若著书多种，排列不尽以其内容而拘先后。各种书下，各据其所闻见著录其或存、或佚、或未见；书有序跋者，尽蒐尽录之；无序跋者，录县志所载其书相关信息；甘氏有所发明者，悉以"按"或"鹏云按"出之，故其各则篇幅，大小长短迥异。

卷二末著录张氏《闺中杂咏》二卷，刘子琪《藜阁吟》二卷、《双清阁诗集》二卷，此殆为全书仅有著录的妇人著作；附录中有《表贞集》、《贞孝录》各一卷，分别表彰清末潜江张贞女、谢贞女；诸如此类，似表现作者有重视妇女著述之情结。卷四起首，分别著录鹏云伯父甘霖（3种）、甘城（2种）与其父甘树椿（4种）著述。值得一提的是，书中所载襄阳李楚珩、沔阳卢弼、汉川黄文弼所撰树椿《遗诗》、《家训》之"书后"各一篇，不见于《花隐老人遗著》刻本。

三、潜江贞石记

《潜江贞石记》八卷，始有民国二十五年甘氏自刻《崇雅堂丛书》本。20世纪后半叶，有台湾文海出版社影印《石刻史料新编》本，载第3辑；台湾成文出版社影印《中国方志丛书》本，载湖北省卷。

前有民国十四、十五年甘鹏云、黄维翰二叙，述此书缘起：潜江建县较晚，滨汉带江，水灾频仍，文物毁损倍于他邑，贞石惨遭奇阨者无算；前此金石家著录多止於元代；潜江旧志无金石志，故潜邑贞珉，几无片石著之于录。药樵殚其心力，竭蹶以求，本前人记载，据父老传闻，搜仅存石刻，荟萃编校以成书。

前有目录，碑名下小字记其撰文年代及存佚状况。所录贞石起现存最早之《元伯颜白鹤寺题壁诗刻》（至元十一年，1274）；以光绪二十二年（1896年）甘鹏云撰《骑马隄刻石》殿后，跨年600余载。据凡例，本书原拟名《潜江金石记》，然所收集属于"金"者，仅《元阳西广佛寺钟铭》一件；为名实相副，故易今名。其卷一至五，除首5篇为元代外，余皆属诸明代；卷六至八，则为清代物。全书记载贞石146件，计：元代5：钟铭1、佚；贞石4，存1、佚3。明代83：存13、未见23、佚47。清代57：存23、未见5、佚19。综而计之，所载潜邑贞珉，现存者47件，未见者28件，佚逸者70件，分别占总件数的32%、20%、48%；现存、未见与佚去者，几乎各占其半。卷五末，据旧县志附载石坊76座（明成化志载44、康熙志载25，光绪志载7），各载坊名、位置、立坊人或旌表者，间记存废。

至若本书体例，所载贞石名目，与跋尾或碑文、跋尾合而成篇。各条目悉记题名、碑文，后附甘氏跋尾。跋尾记刻石缘起，立碑年代、处所，撰、书者姓名仕履及著述，存、佚或未见；附著相关文献，考证及匡谬订讹，间有甘氏议论，内容可谓丰富。所录石刻，皆信而可征者，传而缺信者不录。碑文文词美好者，据碑刻或邑志或相关文集全录；否则只录其目，附以跋尾；藉以网罗一邑文献，备征一方故实。前代朝廷颁勒各府州县之碑，已垂百年或数百年，亦不忍听其淹没，悉录入之，使本书蔚为潜邑历代贞石之集大成者，全方位彰显一方贞珉之盛。

此书跋尾之内容，有二个特点：一是关注乡邦文献，纠正旧县志之缺失，冀重修时厘正增补。如卷四《明中宪大夫庆远府知府郭公墓志铭》跋尾，称县志对郭公事记载殊简略。郭公师友渊源及为学本末，尹卢氏县，官刑曹，守庆远府，屡所建白，其历官政绩，皆可补《县志·郭恭冈传》之阙如。又如卷五《胡绳泽夫妇墓志铭》跋尾，据碑文捋顺胡氏世系，自明初自崇安迁潜邑，至伯详公而下官至县令以上者殆有6人，而《潜江县志》仅2人有传，其他包括墓主、被誉为"孝友于家，为善于乡，卓然可称述"的胡栻（字绳泽）皆无传。再如卷八《重修戟门记》，碑末行镌"嘉庆十七年岁次壬申仲冬月兴国州徐州枢北甫撰文"。光绪《县志》不言徐州籍贯及其表字，但注云"十九年任"。据碑，一可正县志徐氏任年之误，二可补其籍贯、表字之缺。

甘氏跋尾的另一个特点，是结合时政，阐发己见。甘氏一贯忧国忧民，对清末以来杂学蠭起、"礼崩乐坏"，尤深恶而痛斥之；每及于此，词皆义愤填膺；其跋文，亦往往掺杂议论。如卷六《传经书院碑记》，谓清雍乾以后师承陵替，学子慕速化、骛科名；民国改学堂，学子群骛科学，希图终业以谋生计，与此前专治时文几无异；遂至"五经束阁，《论语》当薪，国学之荒，视昔尤甚，诚可浩叹者也。"同卷《清明伦堂卧碑》跋尾，甘氏就其时所倡言论出版自由、集会结社自由等发论：其"觝排六经，土苴道德，礼教纲常淆乱，狂焰愈炽，天理灭矣，人道将尽，神州陆沉之祸，其能免耶?"其言其辞，与甘氏此前所著《潜庐随笔》、《潜庐类稿》、《潜庐诗录》等有论及其时其事之词无差。由此可见，甘氏以正大硕儒，对时局之见、之忧，无时不显、无处不彰，即发为诗歌，或记于贞石，亦一以贯之而不辍。

跋尾间有记述贞石故实者，如卷四《明中宪大夫恭冈郭公墓碑》后，述汉唐以来之立碑颂德者："汉碑多门生故吏所立，亦有同舍为之者。宋明以来，墓碑大率子孙所立，他人为之者绝少。至若乡人慕义而为之，尤属仅见"。此为治贞石者不可不知者。

历史文献流传中，由于各种原因，文字时生变易。本书亦不例外。如卷四《潜江县重修儒学碑记》，原石立于明嘉靖三十一年，五十余年圮坏，万历三十二年，潜江教谕吴士奇重刻之。据明邹守益（字谦之，本碑文撰写者）《东廓邹先生文集》卷四"记类"所载同名碑文，两者除个别文字不同外，于"会峡石，沛然以朝宗于海"间，后者无"潜通罡山"4字。即本书甘鹏云叙，在收入《潜庐类稿》时，亦有数处文字改易。

四、潜江旧闻

《潜江旧闻》八卷，题"潜江甘鹏云纂述"，约10万字。有民国二十三年崇雅堂丛书本。又有2002年5月湖北教育出版社铅印《湖北地方古籍文献丛书》本，题名《湖北旧闻录》。

书前傅岳棻《潜江旧闻序》后，有甘氏自序，叙作书缘起，称自幼喜闻长辈（主要是父甘树椿、邑前辈万时义）讲述家乡先贤逸事，嘉言懿行，以至"喜而忘倦，不觉手之舞之，足之蹈之"，辄零纸追记，久之稿草渐多。民国十五年客武汉，发箧陈书，旁搜博采，缀拾丛残，整比旧稿而成书。

书凡171篇，大体按人、事、物三大类，按时代编排：卷一至六118篇，依人记事；卷七10篇，依事记人，涉潜邑建置、水道、兵事等；卷八43篇，系物记事，涉潜邑古迹、名胜、江堤湖泊、碑铭等，全方位地记录有宋至清有关潜江的旧闻轶事。各篇有题揭示主题，篇幅长短不一：有一人数题各记其事者，亦有多人一题合记其事者，还有一题并记多人多事者。

潜江故实久无专书，甘氏素抱其憾。缘史料缺乏，县志简略，本书多取材于史志、文集，于甘树椿撰《三余笔记》，采引甚多；甘氏所记甘树椿、万时义

（字穉云）等所述乡梓轶事，收录亦伙。如卷二《欧阳太仆讲学对》，第2段起首曰"先通议公（指树椿）曰"；卷三《刘云密尚书轶事》，末尾署"万稞云先生说"皆是。亦有编书时追记者，如卷三《〈明史〉无刘若金传》，起首"万稞云先生尝语先通议公曰"，末句"尔时予侍坐甚久，详闻其说，故追记之如此"等是。

甘氏自序，称本书获好友王季芎（名葆心，晚号青垞山人）襄助。书中多处整篇引用王氏提供文字，包括按语：如卷八《潜江县印》篇末，"友人王青垞知予方纂《潜江旧闻》，凡见有关潜故者，辄加按语，录以贻余，兹其一也"。又卷二《欧阳东白诰敕》末，有王氏按语："欧阳东白诰敕殆已久逸不传，应录入《潜江旧闻》，以存先正历官之恩典"等。

书中多援引碑记，多见于《潜江贞石记》，或全载或节录（如卷四《明兵部职方司主事柴公墓碑》等），但不书出处。惟仅叙其事而未载其文者，如卷八《还券亭》，称万历时里人建还券亭，"知县王建中为之《记》，文载《潜江贞石记》"。只是所载碑文，与原书多有出入，或为节引所致。如卷六《朱侯祠碑记》，不足600字，连带碑名共7处不同，包括佚去3句计60余字。

绝大多数篇末，皆有甘氏评论，或以"按""曰"出之，或径接上文（如卷四《朱石泉笃师友之谊》）。对撮录文字，因时过境迁而与今有异者，辄加疏证，如卷七所记潜江舆地山川，次篇《潜江水道》，首载朱载震《潜江县志》记述，次"鹏云按"以大篇幅疏证康熙以来200余年汉水支流夜汊、芦洑河道变迁、名目改易及现状。

书中还附录与正文相关的文字。如卷四《万斛香先生言行记》，记万时喆（曹禺族高祖二叔）牧德庆，有虎夜渡河遁去。后附编修梁国瑚撰《虎渡河记》，将其比之东汉循吏宗均、刘昆（篇幅几于正文等），"俾将来传循吏者有考焉"。

书中行文，承袭甘氏一贯之抨击时事、忧国哀民之情思，如卷二《欧阳先生教术》，对欧阳东白（曾任清河、江夏教谕）褆躬范士，门人熊廷弼、贺逢圣分别为其表墓、撰碑文，追忆不忘30年德教，感叹"此等淳厚之风，今岂可见乎？世变日新，师道不立，益令我发思古之幽情"。自序中，甘氏回应举世趋新而本书谈旧之疑问，怒怼侈谈新教育、新社会、新政治、新法律、新国家者之不齿，称目睹浩劫不可逃，聊述旧闻而已，以致一介72岁老者自序书竟时，流涕被面。

本书搜录广泛，可补潜邑已有史料之缺：如记邑人郭之干官至庆远知府，屡至著有政绩，县志但云"初任卢氏多惠政，祀名宦"而已。卷二《郭之干官绩》，录郭正域《黄离草》所载之干墓志，补县志之缺，供新修志参考。书中所录潜江历史故实、名人轶事，与甘氏所撰其他潜江地方文献所载，虽有互见，但不是简单重复，而是在同一地域、同一时空下不同角度的各取所需。本书将有关潜邑的史实记载与口耳相传的、有历史价值和研究价值的史材有机结合，立体式铺展潜邑史事，是一部全方位记录地方史实的掌故专著。其中甘氏自幼及长所听闻的众多口耳相传史料，成为清代两修潜江县志的重要补充，对于了解潜江、江汉平原及汉江等古代历史渊源，深入地方史研究，提供了堪称珍贵的史料。

后扶贫时代公共图书馆的作为

王义翠

(湖北省图书馆,湖北武汉,430071)

摘 要:全国脱贫攻坚总结表彰大会召开,标志着中国的扶贫工作进入到了一个新时代即后扶贫时代。后扶贫时代的扶贫工作有了许多新的特点,公共图书馆作为扶贫工作的积极参与者,在扶贫定位与方法上将会与之前大不相同。

关键词:后扶贫时代;公共图书馆;扶贫

联合国《2030年可持续发展议程》共有17项可持续发展目标,其中"消除一切形式的贫困"列在17项目标之首。我国在过去的30多年里实现了7亿多人口的脱贫,2020年是中国脱贫攻坚战的收官之年,也是全面建成小康社会目标实现之年。这也意味着中国已迈入后扶贫时代。

一、后扶贫时代特点

(一)绝对贫困消失

从十一届三中全会起我国就开始了有计划有步骤的扶贫工作,发展到今天可以概括为三个阶段。第一阶段主要是实施农村经济体制改革,通过提高农产品价格来增加农民收入实现部分农民脱贫。第二阶段通过扶贫开发和加强贫困地区的基础设施建设改善生产条件,发展种植业来帮助农民脱贫致富。第三阶段国家制定了《国家八七扶贫攻坚计划》,把扶贫重点放到中西部贫困地区,把解决贫困残疾人温饱问题纳入大扶贫,明确提出对贫困残疾人士开展康复扶贫。历经四十多年的努力,这场脱贫攻坚战终于取得胜利,接下来面临的问题就是如何巩固这场战役的成果,防止已脱贫的人口返贫,建立可持续发展的长效机制。

(二)转型贫困和潜在贫困成为未来扶贫工作的重点

后扶贫时代人民的基本生产生活条件明显改善。上学难、就医难、行路难、饮水不安全等问题逐步缓解，基本公共服务与社会保障水平显著提升，为脱贫致富奔小康奠定了坚实基础。中国农村新的贫困格局意味着传统意义上的"贫困"已经不再是2020年后扶贫工作的目标，转型贫困群体和潜在贫困群体将会成为新的扶贫工作的目标群体。而这两类群体的主要贫困特点是多维度的，这就需要尽快形成一个转型扶贫政策和战略。新贫困并不必然反映在绝对收入上，而是主要呈现为收入和社会公共服务获得上的不平等和多元维度贫困两个方面。这同时也意味着未来的扶贫战略重点需要放在社会服务的数量和质量方面以及均等化方面。

美国经济学家舒尔茨（Theodore W. Schultz）认为"影响人的贫困或者富裕的决定性因素是人，是人的自身素质"。在信息化时代，文化素养、信息素养的缺失对致贫有着直接影响，而文化扶贫和信息扶贫则能够提升扶贫对象的综合素质和自我脱贫能力。图书馆在文化扶贫和信息扶贫领域大有可为。

二、公共图书馆在后扶贫时代的作为

（一）加强社会教育职能，着力提高全民信息素养

科技进步是把双刃剑，在推动社会进步的同时也会带来一些新的问题。现在的人们上网便捷，获取信息方便，但这同时也带来了信息泛滥，网络环境也变得异常复杂，各种不良信息充斥着网络，人们获取正确信息的难度加大了。信息鸿沟也悄然在社会不同群体间形成。图书馆作为公益性文化机构，本身就具有开展社会教育的责任，能够对当前社会上存在比较突出的问题开展有针对性的教育。如湖北省图书馆针对当前社会数字化进程加快，老年人在生活中所遇到的问题开展了"银龄E时代，网罗智生活"的系列活动讲座，从智慧交通（网约车、公交查询）、地图运用（定位功能、路线查询）、旅游出行（旅游攻略、网上购票）、健康码调用、购物扫码支付、社区接龙团购、医院预约挂号等方面，引导老人学习使用智能化操作，使老年人快速融入到当前数字化社会中，不会成为数字化弃民。信息素养教育是一个循序渐进的过程，要把信息素养教育融入到每次培训和讲座等活动中。图书馆作为当地的社会公共空间开展此类教育活动有着独天得厚的条件，有场地、有人员、有读者，可以做到免费、均等，真正体现公共文化的服务精髓。

（二）信息和资源的公共获取渠道，给予人们改善生活的机会

解决转型贫困和潜在贫困是今后扶贫工作的新的方向。随着中国改革开放的深入和城市化进程的加快，国内超大型城市群的出现，越来越多的农民变成

了市民，因为拆迁补偿、征地补偿，很多家庭一夜暴富，按照旧的贫困标准，这些人不能算是贫困人群。但现实情况是有些人手握巨款而快速返贫的现象却屡见不鲜。究其原因主要还是他们自身文化水平不高、信息获取渠道不通畅造成的。不是任何人都有驾驭巨额财富的能力。人的行为受文化水平、成长环境、个人经历等多种因素影响。这些几辈子生活在底层的人们突然之间有了百万甚至千万的巨额财富，一时间会无所适从，大概率会跟随身边人的行为来处理这笔财富，因为他们不具有掌控这些财富的能力。自身的能力和所拥有的财富不匹配的时候，就会产生错位，导致盲目的自信自大。或者不具有投资的能力却选择了冒险投资，或者寄希望于赌博能一直好运，甚至还有上当受骗的人，也不在少数。这些失去土地和房屋的被城市化的人们很容易返贫。在国家大力倡导公共文化服务免费均等化的时代，图书馆可以利用自身的资源优势，发展成为市民们可依赖的信息和资源的获取中心，使他们能够零成本地获取所需信息，缩小数字鸿沟，成为信息社会中耳聪目明的人。

（三）在教育和就业中需要的新技能培训

现代社会在信息技术的推动下，知识更新速度和生产工具改进速度加快，社会劳动分工在不同层次、水平上逐渐扩大，形成许多新的产业门类。在我国，每年人社部都会联合市场监管总局、国家统计局向社会发布新的职业。除了第一产业和第二产业传统的职业之外，第三产业中的职业比重越来越大，不断学习，加强继续教育和职业技能培训可以说贯穿了职场人的整个职业生涯。终身学习理论被人们普通接受。在后扶贫时代，图书馆可以利用自身的资源、人才和场地优势，积极参与到继续教育和就业的培训中去，把图书馆打造成人们社会生活中的学习中心，职场人的终身学习和技能培训的中心。

（四）支持政府、公民社会和商业在对抗贫困时的决策信息

进入21世纪国家加大了对图书馆的投入，很多省级公共图书馆都重新进行了选址重建，建筑更漂亮了，场地更大了，经费更全了，设备更智能了，功能更全了，很多新建的图书馆成为了当地的城市地标和时髦的网红打卡地。在新世纪，图书馆的知名度在网络的助推下，迅速扩大。以湖北省图书馆为例，到馆和线上访问的人数持续增长，即使在新冠肺炎疫情期间，每天的预约读者数量也在五千至一万人左右。正是基于以上所述的现实情况，图书馆有能力和资源，帮助政府、机构和个人有效进行沟通、组织、建构和使用信息。对政府而言出台一项政策要经过一番调研，图书馆可以向政府机构提供决策依据，为政府决策提供参考。在社会快速数字化进程中，保障公民平等无障碍地获取信息，

也就是保障公民的平等权，不会因为信息的获取不通畅而造成新的不平等。政府应该像保障水电等民生设施一样，保障每个公民有网络可连，有设备可用，还要让他们具备基本的信息获取、识别的技能。试想一下，如果仅有一部分人会使用信息工具，而另外一部分人则被排拆在外，譬如电子政务、在线医疗、在线学习等，那么这种由数字排斥造成的新型不平等会有扩大化的趋势。而对这种状况的纠偏就是数字包容，顾名思义，它指的是人们可以在自己方便的时间和地点访问价格合理且可进入的数字设备和服务，以及拥有足够的动力、技能，可以使用互联网追求并实现有意义的社会和经济成果。要让所有人都在"线上"，"掉线"的人政府要帮扶，这和政府扶贫的机制有异曲同工之妙。图书馆在增加社会的数字包容度方面可以有所作为，促进社会和谐发展，使每个人都能享受到技术进步带来的便捷和优惠。公共图书馆是政府创立的公益性文化服务机构，这个机构所提供的资源和信息，也代表了政府向社会提供资源和信息，是有真实性保证的，不论是公民个人还是社会机构都可以在这里获取所需信息，为他们未来的决策和规划提供正确的参考。做未来的信息中心，为政府和公民提供服务，这是公共图书馆的发展方向。现在很多图书馆都开设了微信公众号和抖音号，但总有一种被裹挟之嫌，因为这些举措并没有什么可喜的创新之处，只是旧的事物换了一种表达方式。社会发展的潮流不可不加入，但找准定位和方向，就不会被互联网的洪流所淹没。

三、在后扶贫时代公共图书馆参与扶贫要注意的几个问题

（一）发挥图书馆的资源优势，将文化扶贫发展成为常态化的帮扶

我国虽然已经消灭了绝对贫困，但相对贫困还是存在的，随着社会的发展，相对贫困将变得更加隐秘，帮扶的难度也加大了。以前的扶贫都是送一点书、办培训、开讲座和办展览，都是以次来计算的。在后扶贫时代，公共图书馆要根据形势的变化，适当改变扶贫方式，可以为贫困人群建立档案，实现动态化管理，在图书馆资源利用方面为这些人群提供特别通道，开设常态化的教育培训课程，加强线上培训课程的开发，增加远程访问的数据库内容。对于在设备和联网方面有困难的用户，还要提供硬件方面的支持。

（二）细分目标群体，提供个性化的扶贫方案

贫困群体包罗各年龄段人群，从儿童到成年人，每个年龄段的需求和帮扶内容都不相同。儿童多数表现为情感贫困，图书馆可以为他们提供丰富多彩的绘本读物，满足他们的精神需求，丰富他们的童年生活。成年人主要是知识贫

困和信息贫困，导致他们在社会生活和工作中缺乏竞争力，对这类群体图书馆可以向他们提供增加技能的培训课程，并向他们定向推送培训和招聘信息，个性化扶贫将会是未来扶贫工作发展的大方向。

（三）加强社会合作，取长补短，为贫困群体服务

公共图书馆作为个体来说，在扶贫领域资源供给方面还是显得有点势单力薄，应该加强和社会上其它机构的合作，最大限度地利用社会资源为扶贫工作服务。如争取供应商的资源支持，提供免费资源，争取其他文化单位和文艺团体的支持，实现机构间不同类型的文化产品的互补，并为图书馆扶贫工作助力。争取其他科研机构的支持，给贫困人群送技术、送设备、送指导人员，让扶贫工作真正起到实效。

四、结语

后扶贫时代，也是互联网技术飞速发展的时代。新事物层出不穷，信息的泛在化，传播的网络化和短视频化，文字的功能有弱化的趋势。在这种社会背景下，公共图书馆唯有以资源为依托，提升信息服务，为后扶贫时代的扶贫工作开辟出新的路径，扩大公共图书馆的社会影响，助力扶贫工作，同时也推动公共图书馆自身的发展。

参考文献

[1] 胡泳. 为什么今天我们应该关注"数字弃民"？[EB/OL]. 经济观察报，2020-12-25.

拓展功能　创新机制　探索路径
——基层图书馆文化精准扶贫论略

高颖彦

(湖北黄冈市图书馆，湖北黄冈，438000)

摘　要：基层图书馆参与文化精准扶贫，要体现和拓展自身社会化服务功能，扛起实施文化精准扶贫的社会责任；要创新文化精准扶贫的政策机制、评价方式和协作反馈机制，进一步增强基层图书馆文化精准扶贫的适应性；要通过摸清农村文化贫困现状，加强文化精准扶贫的针对性，优化文化资源配置，精准配送文化资源，建设"互联网+"及大数据环境，把基层图书馆文化精准扶贫引入深处，落到实处。

关键词：基层图书馆；文化精准扶贫；拓展功能；创新机制；探索路径

2013年11月，习近平总书记在湖南湘西考察时，首次作出了"实事求是、因地制宜、分类指导、精准扶贫"的重要指示。在十九大报告中，习近平总书记再次指出，要动员全党全国全社会力量，坚持精准扶贫、精准脱贫。文化精准扶贫是精准扶贫的重要组成部分，是"扶贫同扶智相结合"的重要举措。基层图书馆作为贴近农村的文化事业单位，应该充分利用自身的资源优势和特色优势去拓展社会化服务功能、履行社会服务责任，积极参与文化精准扶贫服务的各个环节，更好地为精准扶贫工程服务。

一、拓展功能，扛起基层图书馆文化精准扶贫的社会责任

（一）基层图书馆的资源与技术优势

目前我国多数基层图书馆拥有非常丰富的数字化信息资源库，其数字化管理水平较高，可以不受时空局限进行信息资源的采集和更新。基于文化精准扶贫的需要，基层图书馆除了采用传统方式向扶贫对象输送纸质资源以外，还可以根据扶贫对象的年龄、受教育程度、致贫原因、劳动能力以及当前状况等信

息的采集情况，对扶贫对象进行科学分类，建立多层次多目标的文化精准扶贫数据库，并据此开发相应的数字化信息资源，为受扶对象提供有针对性的文化扶贫服务和扶贫项目。此外，基层图书馆也可以通过文化精准扶贫项目促进自身不断地进行服务创新和发展，不断拓展公共图书馆的信息触角，使得更多优秀的信息资源加入到公共图书馆的馆藏资源中来，更好地为精准扶贫工程服务。

同时，在大数据时代，基层图书馆还具有先进的信息处理技术。其一，可以与当地政府贫困人口数据库对接，及时更新受扶对象的统计数据及分布情况，精准识别和服务扶贫对象，不断丰富馆内的数字化资源；其二，可以实现更高效、更精准、更全面和跨时空的信息采集及比对，进行跟踪式的文化扶贫信息采集和反馈；其三，基层图书馆还可以利用移动图书馆，解决边远地区借书难、看报难、获取科技信息难的问题。充分利用新媒体技术向受扶对象推送最新的扶贫信息和扶贫计划，利用微信公众号建立移动交互平台，及时了解受扶对象的需求、意见和建议，根据所收到的意见和建议，适时调整文化精准扶贫项目的开展内容。

（二）在精准扶贫的工作实践中拓展社会服务功能

基层图书馆具有为社会传递情报和促进社会教育的职能。在推进精准扶贫的进程中，基层图书馆作为一个全面的信息资源交流和传播中心，是实现文化扶贫创新最重要的阵地。与此同时，投身于文化精准扶贫的伟大实践对于基层图书馆来说，也是努力提升自身社会服务功能的重要机遇与挑战。

基层图书馆应该充分抓住和利用展示自身社会服务能力的机会，为当地文化精准扶贫攻坚当好急先锋、排头兵。一是拓展发挥政策优势功能。国家颁布的《公共图书馆法》和国家相关部委的纲领性政策、规定，为基层图书馆参与创新精准扶贫服务，在政策上进行了顶层设计和资源统筹，为基层图书馆扶持贫困地区文化事业的发展，拓展了政策功能。基层图书馆要抓住文化精准扶贫这一重要契机，加快公共文化服务的体系建设，促使基层图书馆不负党和人民赋予的历史使命，为当地"扶贫先扶智"提供自己力所能及的服务。二是拓展发挥统筹延伸功能。《国家新闻出版业"十一五'发展规划》中明确指出：积极组织实施"农家书屋"工程，充分发挥政府、社会等各方面的力量，统一规划，分头实施。国家始终倡导构建学习型社会，倡导建立"农家书屋"工程。此工程是惠及全国9亿农民群众、推动农村文化建设的重大工程。"农家书屋"工程是政府统一规划、组织实施的新农村文化建设的基础工程、民心工程之一，是基层图书馆服务努力向基层延伸、为弱势群体提供公平的服务平台、促进全民阅读的最好实践；三是拓展发挥共享文化功能。"共享工程"是由国家文化部和财政部共同启动并组织实施的。其要义在于充分利用现代高新技术手段，将中华民族几千年来积淀的各种类型的文化信息资源精华，以及贴近大众生活的现代社会文化信息资源，进行数字化加工处理与整合；建成互联网上的中华文化信息中心，并通过覆盖全国所有省、自治区、直辖市和大部分地（市）、县（市）以及部分乡镇、街道（社区）的文化信息资源网络传输系统，实现优秀文化信息在全国范围内的共建共享。这对于缩小城乡差别、巩固农村思想文化阵地、帮助农民科技致富、建设社会主义新农村有着重要的意义。

二、创新机制，增强基层图书馆文化精准扶贫的适应性

（一）创新文化精准扶贫的推进机制

基层图书馆要紧扣国家精准扶贫的有关方针、政策，创新文化精准扶贫政策的引领方式。2002年由文化部主导实施的文化信息资源共享工程；2007年由国家新闻出版署、中央文明办等八个部委联合发布《"农家书屋"工程实施意见》；党的十八届三中全会提出了"推进基本公共服务均等化""构建现代公共文化服务体系"；2015年12月文化部等七部委联合印发的《十三五时期贫困地区公共文化服务体系建设规划纲要》；2016年中央提出要"全面加强农村公共文化服务体系建设，继续实施文化惠民项目"；2017年4月，文化部出台了《"十三五"时期文化产业发展规划》；2018年颁布的《公共图书馆法》等国家和相关部委的纲领性政策、规定，加强顶层设计和资源统筹，加快公共文化服务体系建设，扶持贫困地区基层图书馆事业的发展。这些重大的文化惠民工程，使贫困地区群众基本文化权益实现了有效保障，公共文化服务水平和能力得到显著改善。

基层图书馆文化精准扶贫在政策引领模式上要从"喷灌式"扶贫向"滴灌式"扶贫转变、从"救济式"扶贫向"造血式"扶贫转变。要发展多层次、个性化、特色化的文化精准扶贫，甚至可以为扶贫对象制定专属的帮扶方案，以大幅提高文化扶贫的质量和效能。2018年，黄冈市图书馆在罗田三里畈组织全民阅读活动暨罗田县第四届农民读书节，向当地贫困人员赠送政策类图书200余册；在浠水县巴河镇林家咀村举办的2018年全市文化科技卫生"三下乡"集中服务示范活动，现场开展了图书阅览、戏曲文化图文展和图书赠送活动，赠送宣传类图书300余册，内容包括党的农村经济改革方针、政策的宣传、党的惠民富民政策，在宣传国家精准扶贫政策的引领上有较大突破。

（二）创新文化精准扶贫的评价方式

文化精准扶贫是整个精准扶贫项目中的重要组成部分，要创新基层图书馆文化精准扶贫的管理和绩效评价机制，就要对扶贫对象加以甄别、对扶贫资源实行精准输送、对扶贫内容及效果进行绩效评估。现在的文化精准扶贫管理和绩效评价标准，多局限于送文化下乡的次数、举办科技扶贫培训班的期数、捐赠扶贫图书的册数和捐建扶贫图书室（屋）的个数，以及投入扶贫资金的数额多少等。所有这些举措，也仅仅在基础层次上满足了受扶对象的文化需求，远未达到文化精准扶贫的要求，没有真正满足受扶对象的个性化需求和地域性需求。

创新评价方式必须强调贫困地区群众的主体性。充分体现贫困地区群众的主体性，要根据当地群众的能力、群众的意愿，尤其是根据各乡村的实力和发展潜力，循序渐进，不可一蹴而就。每个县、每个乡镇都有自己的特色，要根据具体情况，集中优势力量重视农产品的加工和农业化龙头企业的引进、培育，促进农副产品的加工、转化、增值。一县一品或者一乡（镇）一品甚至一村一品，形成特色。比如：罗田县的板栗和甜柿已经申报地理标志产品，每年板栗节、甜柿节吸引了八方来客，板栗和甜柿的大规模深加工"一条龙"产品化经济链，取得了良好的社会效益和经济效益；蕲春县大做"李时珍"文章，走"医药兴县"特色之路，全县种植50万亩药材，"地理标志"产品高达9个，居全省之首；其中蕲艾生产区列入国家级标准化示范区，"蕲春珍米"荣获全国最具有影响力农产品区域公共品牌，"蕲春艾灸"被评为全省非物质文化遗产。这种根据贫困地区群众的主体性需要"从下往上"所采取的扶贫方式，取得的效果是很明显的。

（三）创新文化精准扶贫的协作与反馈机制

第一，创新协调社会援助力量的互补性。社会力量援助文化精准扶贫，应优势互补地开展工作，不可各自为政、各行其是。政府部门具有组织职能，应侧重规划、协调和建立保障体系；企业及社会组织拥有经济和人才实力，应负责所需的经费筹措和人员配给；熟悉基层图书馆等文化机构，要承担业务指导、人员培训及读者活动辅导等。准确把握当前农村阅读人群结构和阅读需求信息，重点提供种植养殖、外出务工等与农村生产生活密切相关的信息。做好文化精准扶贫工作，必须全社会共同参与，实现扶贫主体多元化、扶贫形式多样化、扶贫对象精准化、扶贫效果理想化。这就要充分发挥公共文化服务体系的指导作用、公众参与的基础作用、法治制度的保障作用和政府部门的监督作用，整合社会资源，促进参与文化扶贫的主体之间保持合作与协同，保障文化精准扶贫取得实效。

第二，创新长效信息反馈机制。随着大数据时代的到来，基层图书馆的服务要适应新时代的服务需求，将文化精准扶贫工作与大数据等先进技术的强大优势相结合；探索信息交流互换机制，不断完善管理制度，做到制度上墙，接受村民监督；不断创新扶贫服务内容和服务模式，及时跟踪、了解、反馈扶贫对象的需求；借助"农家书屋"和"共享工程"牵线搭桥，建立长效信息反馈机制，针对信息反馈情况组织专家、学者等上门服务，使受扶对象真正从文化精准扶贫中得到实惠。要确保"农家书屋"和"共享工程"的建设质量，进一步完善考核制度，将两项工程的建设列入新农村文化精准扶贫建设的总体规划，纳入当地文明创建考核体系；把受扶对象的精准需求纳入创新扶贫机制，坚持个体化、特色化的服务理念，提供更为完善、周到、接地气的文化精准扶贫服务内容，使受扶对象真正从文化精准扶贫中得到获得感、成就感、幸福感。

基层图书馆要从读者尤其是受扶对象的个性化需求和特色需求出发，从信息资源的分析、分类、引进及分配多个方面，建立全面、高效的扶贫网络信息反馈机制体系，通过扶贫网络体系，对扶贫的项目、资金情况进行全程跟踪，创新长效的信息收集、反馈机制，使文化精准扶贫工作达到便捷、动态、精准、共享和可溯性，实现基层图书馆文化精准扶贫路径创新。

三、探索路径，把基层图书馆文化精准扶贫落到实处

（一）摸清农村文化贫困现状，增强文化精准扶贫的针对性

通过调查研究我们发现，当前农村贫困地区文化贫困仍然是一个突出的问题。多数基层图书馆存在建设经费不足、基础设施落后、文献资源匮乏、管理水平低下、人员配置不足等问题；贫困地区中小学面临办学条件差、教学资源匮乏等问题；贫困务农人员文化水平较低、生活方式封闭落后、思想观念较为保守，对外界信息了解不充分、不及时，无法准确找到市场需求，农事决策容易跟风，导致农业资源无法充分发挥效用；外出务工人员希望得到职业技术培训与指导，并掌握一技之长；留守妇女则希望得到专业技能培训，以及有关子女教育、家庭生活、健康保健等方面的信息帮扶；儿童则希望得到心灵辅导与教育援助等。由于在文化扶贫过程中，缺乏有效的前期调研，没有过多考虑扶贫对象的年龄结构、文化水平以及扶贫对象的特殊需求和他们致贫的根源，导致对文化扶贫对象的识别精准度不够，多采用"送文化"这种让扶贫对象被动

接受和吸收的统一模式，缺乏针对性、灵活性，造成文化扶贫过程中一些输入资源相对不足，另一些输入资源又相对过剩，从而服务水平和服务效能较低，实际上并没有达到预期的扶贫效果。这都要求基层图书馆不断优化精准扶贫服务方案，创新精准扶贫服务模式，对扶贫对象精准识别和精准定位，针对他们的实际需求提供相应的文化扶贫服务。

"扶贫开发贵在精准，重在精准，成败之举在于精准。"精准扶贫的基础和前提是对扶贫对象的精准识别。通过与乡村负责人、农家书屋管理员进行无缝对接，建立有效的贫困识别机制。从进入贫困地区进行实地调研、信息采集和处理，到扶贫工作的正式开展，基层图书馆必须与当地政府及基层组织建立信息数据的对接和共享，根据政府提供的扶贫对象的年龄、文化程度、致贫原因等数据信息，图书馆专业技术人才对这些数据进行深度分析和加工，分门别类建立扶贫档案，利用互联网技术和平台构建文化精准扶贫数据库，并遵循"定量而非定性"的文化扶贫原则，拿出具有针对性的扶贫项目计划和相应的实施方案，确保文化扶贫的高效率和高质量。

在文化精准扶贫过程中，要加强有效的前期调研，重点对扶贫对象的年龄结构、文化水平、现实需求以及他们致贫的根源加以重点识别，提高对文化扶贫对象的识别精度。改变过去"送文化"扶贫缺乏针对性、灵活性，扶贫对象被动接受和吸收的统一模式。黄冈市图书馆2017年12月底在团风县草联中心小学组织"迎元旦·流动书香"关爱留守儿童活动；2018年参加黄冈市农民读书节和全市文化科技卫生"三下乡"结对帮扶活动。这些活动都对精准扶贫工作的开展有很好的推动促进作用。

（二）优化文化资源配置，精准配送文化资源

基层图书馆可通过设计问卷调查表对贫困地区群众的年龄结构、职业情况、文化水平、兴趣爱好、文化生活现状、文化生活需求等进行详细摸底，建立贫困地区群众文化需求数据库，并对收集到的基础信息进行深入分析，准确把握贫困地区群众文化需求，因地制宜地精准配送文化资源。基层图书馆要积极创建文化扶贫信息资源输入新渠道，不断丰富和完善文化扶贫内容。

基层图书馆结合当地实际情况，要根据当地经济社会发展规划，经济支柱产业以及本馆的馆藏书籍，建立分类扶贫档案和数据库，依据提出的文化扶贫项目计划和实施方案，有针对性地对受扶对象进行文化扶贫资源分类、分步输入，确保资源的有效输送和高效利用。基层图书馆所提供的资源和服务，不但不仅限于传统的图书，而且可以提供数字化资源、举办科技技能培训、进行现

场交流互动以及提供扶贫项目咨询服务等。

基层图书馆除推送已有的免费资源之外，还可以利用所采购的移动图书馆资源为受扶对象提供移动阅读服务，引导受扶对象利用移动图书馆进行移动阅读。2012年全国建成达标的"农家书屋"达60多万所，先后投入达180多亿元，在文化精准扶贫内容上，充分发挥了文化信息资源共享的作用。

(三) 推进"互联网+"及大数据环境建设，增强文化精准扶贫实效

"互联网+"及大数据环境为文化精准扶贫各项工作的顺利开展提供了前所未有的便利条件和发展机遇。基层图书馆要顺应大数据时代的发展潮流，将数字化作为文化精准扶贫的模式路径。基层图书馆在文化精准扶贫模式上应以人为载体，利用网络辐射体系达到文化精准扶贫的目的。黄冈市图书馆推出具有黄冈特色的公益文化讲座——临皋讲坛，并与文化进军营、进校园、进社区活动相结合，以网格形式设立馆外服务点，轮换图书18300余册次，服务人数达12000余人；开展"书香博文 畅想阅读"趣味闯关答题活动、"小小图书管理员，争当优秀小小者愿者"送温暖上岗活动、"迎国庆 祖国在我心中"经典朗诵活动、"阅读联通你我·点亮书香黄冈"世界读书日引领读者全城阅读接力活动；分别在城区13个公共场所开展亲子阅读活动，130个家庭、400余人参与了活动。大力推介"书香黄冈"微信公众平台，创新"互联网+"扶贫思路，通过构建文化精准扶贫网络体系，利用贫困数据打造"互联网+"扶贫云平台，构建基于大数据的创新文化扶贫体系，助力国家文化精准扶贫。

基层图书馆是文化扶贫的中转站、补给站和服务站，主要提供科学技术、信息资源、业务培训以及技术咨询等服务，能发挥多大的作用，应该用达到的效果来说话。

黄冈市英山县是全省新农村建设的示范县，秉承"农家书屋"和"共享工程"共建共享思路，早在2010年，全县共建"农家书屋"312个，"共享工程"县级支中心，乡镇基层服务点覆盖率达100%，村级基层服务点覆盖率达90%。整合现有资源，根据行政村的不同情况，定制建设规划。充分利用已建的党员活动室、青年民兵之家、妇女之家、文化中心等基础设施，以"农家书屋"的图书为基础，以县图书馆文献资源为后盾，以"共享工程"基层服务点为依托，统筹调剂、相互补充、同步推进。这种共建是其资源共享的基本硬件条件，在软件上由选调生、大学生村官来担任两项工程的管理员，解决软件设施建设。"建设好"是基础，"管理好、发挥好"是关键。一是创新服务手段，将共享工程服务融入到农村文化服务之中，各行政村充分利用"农家书屋"资源和"共

享工程"文献资源优势，建立统一的服务平台，实施"一卡通"服务，即一书屋办证、多书屋借书，一书屋借书、多书屋还书，实现区域内的"通借通还"。二是利用丰富的"共享工程"资源，让"一台电脑"变成一个"农家书屋"，通过链接有关农村经济建设方面的信息资源，适时推出适合当地的农业种植、养殖新技术，病虫害防治技术、生产技术等。提供农民丰富的文献资源。英山县是知名的茶叶县，每年产茶、销茶、制茶数量大，如何通过网络使英山茶叶走向更广阔的市场，这就有待基层管理员提供丰富的信息资料，让农民群众快速便捷得到信息资料。黄冈市麻城图书馆向农民读者提供适合本地种植的菊花、油茶、枸杞、天麻、草莓、蘑菇、鲜桃、大棚蔬菜等作物的图书资料及养殖奶牛、鸽子等的专题信息；提供生产老米酒、养殖绿色土鸡蛋等农副产品的先进工艺情报。"共享工程"定期送科教专场电影下乡；举办科技信息发布会，把科技信息送到田边地角，把科技的种子，播种在农村这块肥沃的土地上，成为了农村读者致富的帮手。这些实实在在的办法让农民群众意识到文化知识对脱贫致富的重要意义，同时，他们有强烈的文化、信息、及知识需求，会积极主动参与到文化扶贫工作中。这些达到实效的路径，帮扶了贫困落后地区，提高了农民的收入，致富了一方百姓，取得了良好的社会效益和经济效益。

总之，"授人以鱼不如授人以渔"，文化精准扶贫工作就是要充分发挥公共文化服务体系的作用，动员公众主动参与，以政府监督促进法治保障，整合社会资源，促进参与文化扶贫主客体之间的合作与协同，把基层图书馆文化精准扶贫引入深处，保障文化扶贫取得实效。

参考文献

[1] 詹景海.精准扶贫视角下图书馆文化扶贫路径研究[J]图书馆学刊，2017（1）：33-37.

[2] 雷兰芳.基于精准扶贫视角的公共图书馆服务研究[J]图书馆工作与研究，2017（11）：27-30.

[3] 程莉薇.新农村建设中农民素质状况研究[J].传承，2007（6）：70-71.

图书馆智能学术论文平台的探索与研究

胡霍真　孙明

[中国地质大学（武汉）图书馆，湖北武汉，430074]

摘　要：该文提出图书馆智能学术论文平台，依托图书馆购买的电子资源，给予师生学术辅助智能提示，供师生在线撰写论文，拟指引国内外热点研究方向，减轻学生编辑论文格式负担，降低人为错误，保证毕业论文质量，提高论文管理效率。

关键词：图书馆；智能学术论文平台；智能提示

中国地质大学现有24个学院，160多个专业，1500多名研究生导师，近3万名在校本科生、硕士研究生、博士研究生，涉及专业型和学术型、全日制和非全日制。该文提出图书馆新的智能学术论文管理平台，将引进金山在线编辑系统，学校师生能够在线撰写论文，使学生撰写的论文自动符合学校毕业论文的格式要求，导师能审核论文。该平台将与学校统一身份认证系统实现自动对接，并依据图书馆购买的数据库电子资源，智能辅助全校师生撰写学术论文。

一、现有论文平台存在问题

大多数高校论文管理平台，学生能够提交论文，全校师生也能够先查阅论文的基本信息（题目，作者，学院，中英文摘要，关键字等），再到图书馆办理文献传递手续，下载论文。但是在平台系统中不能在线撰写论文，也无法自动生成符合学校毕业论文的格式要求。系统也无智能辅助师生撰写论文的功能，缺少学院机构演进管理，这些都是现有论文管理平台需要完善之处。

二、智能学术论文平台主要功能模块

智能学术论文管理平台的用户角色分为四种：学生、导师、平台检索员和平台管理员。学生可以在线撰写论文，获得平台智能提示，对智能提示进行参数设置，并主动邀请导师审核论文。导师可以在线撰写学术论文，也可以审核学生论文。检索员可以检索平台里的论文状态。管理员可以管理该平台相关设置。

(一) 学生

1. 在线撰写论文

以往学生写完论文后，经常为了论文格式而发愁，去打印店花钱进行编辑。本平台提供定制好的符合研究生院要求的论文格式模板，学生只用专注论文内容，在线编辑的论文自动符合格式要求。学生可以随时下载自己的论文，也可以随时上传自己某个版本的论文。

2. 智能提示

学生在拟好论文题目、写完论文摘要、定好关键词后，平台将在图书馆购买的数据库电子资源里检索，智能提示该论文方向有多少人在研究，权威机构是哪些机构，权威专家是哪些学者，该科研方向是否具有新颖性，国内外相关热点研究方向是什么。

3. 智能提示参数设置

学生可以自主设置智能提示的参数，设置想查看多少个相同研究方向的 Top 权威机构、权威专家、国内外相关热点研究方向。

4. 主动邀请导师审核论文

学生在撰写论文的过程中，或在完成论文后，都可以主动邀请导师审核论文，平台会发邮件告知导师学生的具体请求。学生用户的功能模块图如图1所示。

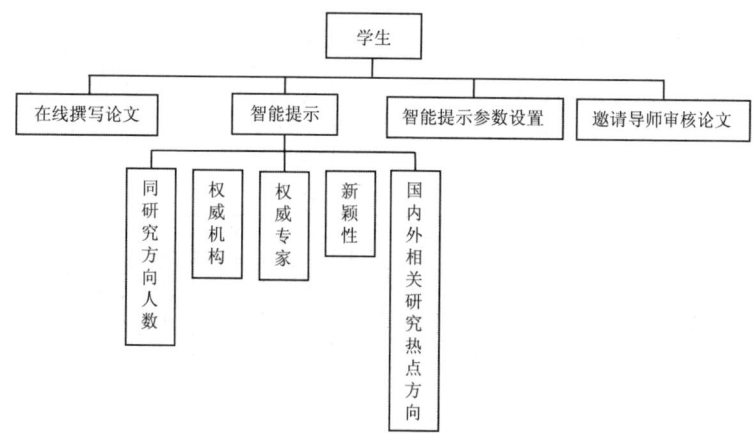

图1 学生用户的功能模块图

(二) 导师

1. 导师审核论文

(1) 论文审核时间节点设置

导师可以给自己的学生设置论文审核时间节点。在导师审核通过该生的研究方向后，在学生撰写论文过程中，可以设置一段时间审核一次论文，例如一个月或两个星期或随时审核等。

（2）研究方向审核

导师可以辅导多个学生，能看到自己所有学生拟好论文题目、写完论文摘要、定好关键词后，收到的智能提示的内容。导师对研究方向进行审核，决定通过或不通过，提出详细建议。导师完成审核后，学生会收到提示邮件。

（3）论文审核

导师会在审核时间节点前一天收到系统发送的审核论文提醒邮件，在线查看学生的论文撰写状态，并及时给出具体建议。在学生最终完成论文后，导师给出指导意见。这些信息，平台都会发送邮件提示学生查看。

2. 导师在线撰写论文

导师作为教师，既要教书育人，又要进行自我提升，要经常开展课题研究、发表文章。导师也可以像学生一样，在该平台上撰写论文、设置智能提示参数，并获得系统的智能提示，以达到智能辅助教员拓展科研方向、精炼学术论文的目的。导师用户的功能模块图如图 2 所示。

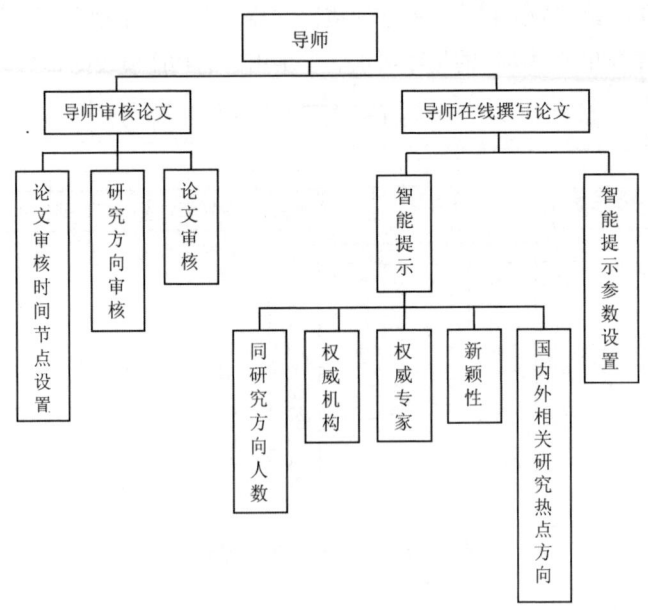

图 2 导师用户的功能模块图

（三）平台检索员

平台检索员可以根据学生的学号、姓名、毕业论文题目等检索论文，查看哪些论文已经完成，并已通过导师审核。平台检索员还要为学生的图书馆离校环节服务，在电子离校系统关闭时，方便学生走纸质离校流程。平台检索员能够修改自己的密码。

（四）平台管理员

1. 论文管理

学生（本科生、硕士生、博士生）毕业论文最终由导师审核通过后，系统自动保存。平台管理人员可以发布审核通过后的毕业论文，供学校师生根据题目、作者、导师、学院、关键字、摘要等查询，以方便文献下载，促进学校师生的学术交流和学习。该模块能下架某论文，因为有部分学生需要二次修改论文。该模块还能批量下载论文、批量导出基本信息表格，批量发布论文，以及批量下架论文。

2. 用户管理

平台与学校统一身份认证系统对接，无需再单独维护师生的基本信息。用户管理包括检索员管理模块和管理员管理模块。检索员管理模块能够新建、修改和注销检索员。检索员基本信息包含账号、密码、姓名、电话、部门。管理员模块能够新建、修改和注销管理员。管理员基本信息包含账号、密码、姓名、电话、部门，还有能否下载论文，以及能否管理检索员等。

3. 系统管理

系统管理模块可以规定论文浏览权限、论文下载权限、论文下载名称。论文浏览权限分为全部开放、IP 内开放、IP 外登录、全部登录。论文下载权限分为 IP 内下载、登录下载、禁止下载。论文下载名称指下载毕业论文时，以什么样的格式来呈现论文文件名称，例如"学号_ 姓名"。系统管理模块还可以上传平台使用说明文件。

4. 学位管理

学位管理模块能够新建、修改和注销学位。学位信息包含学位编号和学位名称，例如理学博士、管理学硕士、同等学力硕士等。该模块能够批量导入、批量导出和批量注销。

5. 学科综合信息管理

学科综合信息管理包含学院管理、专业管理和学科管理模块。该部分能对学院、专业、学科单独新增、修改和注销，也能批量新增、修改和注销。最重要的是，随着学校的发展，学院名称可能发生改变，所以学院管理模块还能追溯学院发展。

6. 统计管理

统计管理可以按管理选择的时间段统计审核通过了多少篇毕业论文，并可以按学院、导师、本硕博类型等细分。因为留学生不走电子离校系统流程，设计该模块可以单独统计留学生审核通过的毕业论文篇数。该模块还能统计出符合平台智能分析的国内外热点研究方向毕业论文有多少篇，某时间段资源检索、资源细览Top50的名单等。

7. 日志管理

日志管理分为操作日志管理、登录日志管理、资源检索日志管理和资源细览日志管理模块。操作日志管理模块记录了哪个用户什么时刻撰写论文、审核论文或下载论文。登录日志管理模块记录了哪个用户什么是时刻以什么IP地址登录了该平台。资源检索日志管理模块记录了哪个用户什么时候检索了该平台发布过的毕业论文。资源细览日志管理模块记录了哪个用户什么时候仔细阅览了平台发布过的毕业论文。这四个模块都能按指定时段进行用户名查找。

三、结语

时代在发展，科技在进步，图书馆如何为读者提供智能服务一直是同行们深思的问题。该文提出了图书馆智能学术平台，通过智能提示研究方向是否具有新颖性、国内外热点研究方向、热门研究机构及专家来辅助读者们撰写学术论文。从根本上提升论文管理工作流程规范，指引师生学术论文研究方向，减轻学生论文格式编辑负担，降低人为错误，保证毕业论文质量，提高论文管理效率。

参考文献

[1] 董越，许亚倩. 金山办公荣获"补天奖"[N]. 中国电子报，2020-04-24.

[2] 龙帅. 毕业论文管理系统设计与实现[D]. 长沙：湖南大学，2019.

[3] 李征博，龚克，欧阳桃花. 新时代构建专业学位案例论文新范式：以管理类论文为例[J]. 学位与研究生教育，2021（4）：14-19.

[4] 牛抗抗，高雅平. 高校图书馆自助离校服务研究与实践——以上海大学图书馆为例[J]. 大学图书情报学刊，2019，37（4）：85-88.

[5] 张瑜，吴雪冰，史水娥. 电子信息类专硕学位论文的过程管理方法初探[J]. 高教论坛，2021（2）：94-96.

[6] 梁小丽，何小东，梁红丽，等. 基于自适应学习的开放教育毕业论文学习指导系统应用研究——以国家开放大学护理学本科专业为例[J]. 内蒙古电大学刊，2021（1）：69-73.

[7] 孟子群，孙超. 本科高校毕业设计（论文）网络管理系统研究与实践[J]. 吉林工程技术师范学院学报，2020，36（10）：34-36.

图书馆基于基础工作的体系构想

要 红

(江汉大学图书馆,湖北武汉,430056)

摘 要:高科技给图书馆带来的冲击,使图书馆基础工作发展了巨大的变化。由此产生的一系列纷繁复杂的技术变革,需要图书馆界做出整体考量、整体规划,给出一套自己的科学体系来应对。本文结合图书馆基础工作性质,做出图书馆体系的初步构想,在原有工作体系、知识结构、理论基础之上,通过新知识、新技术、新设备的获得,来改造、重组、提升和发展原有工作体系,形成一套科学完备的系统,并对今后图书馆事业的战略发展构建顶层设计和预留发展空间。未来社会是一个万物感知、万物互联、万物智能的智慧社会。万物感知打通了物理世界与数字世界的边界,万物互联打通了虚拟世界与现实世界的边界,万物智能打通了机器与人的边界。图书馆在与未来智慧的同步中,衍伸基础工作,构建科学体系,为未来的图书馆顶层服务设计抛砖引玉,为未来的图书馆预期投入时间和精力,为未来的图书馆构架智慧框架,是一项非常重要的环节和内容。

关键词:图书馆;互联网;构建;智慧

一、背景

互联网+、物联网、大数据、云服务、5G、人工智能、区块链等新一代科学技术的发展,量子科技、黑科技的全新挑战,给图书馆带来无限的发展空间和新的契机,为图书馆这一概念融入了更深更广的内涵。在新技术的推动下,用户对图书馆的需求不断提升,新的体验方式、新的工作模式随即涌现,各种机会和选择扑面而来,为图书馆深刻变革的重大时刻迎来新理念、注入新方向。

二、新科技对图书馆业务工作的冲击

图书馆在新技术的冲击下,其服务方式、内容、范围、水平、深度都发生了质的变化。传统的基础工作融入了新科技或被新技术代替。旧的操作系统和管理体系已由自动化、现代化的设备和系统取代。有条件的图书馆已相继引入一些高科技手段，甚至开始了人工智能的初步探索，图书馆的发展将打破瓶颈期，迈入一个新阶段。

计算机的使用，被认为是当代信息管理技术的核心。一切新技术的产生都建立在此基础之上，图书馆现代化的程度也依赖计算机技术的开创性发展。目前为止，图书馆基础业务工作中的文献采购、编目、流通、标引、检索、参考咨询、电子出版物管理、馆际互借数据库建设等都大量使用了计算机互联网技术。技术的创新发展使得图书馆管理系统的更新换代越来越快，服务方式越来越纷呈多样，可选择的新模式层出不穷。图书馆人都有一种共识，科技的进步正引领着图书馆的发展，推动着图书馆的变革。图书馆正在前进的道路上按下快进键。

（一）基础业务工作的变化

图书馆基础业务工作主要包括采访、编目、典藏、流通、咨询。随着技术手段的变迁，基础工作正在悄悄发生着变化。

采访工作及模式的变化，文献采购模式依托互联网采购的方式，联合采购方式，线上开放式的图书荐购系统方式，利用大数据形成用户驱动采购的方式，利用OCLC进行文献采购的方式，利用中国图书馆联盟、中国地区文献资源中心资源进行文献采购的方式，区块链技术的采购方式等。

编目方式的变化，大数据资源的记录与描述，机读目录格式MARC，图书在版编目CIP的使用。联合编目利用CALIS联合目录公共检索系统书目数据库、全国图书馆联合编目中心、OCLC联机计算机图书馆和中心，百分之九十以上的图书馆编目工作都可以使用这些联合数据库中已有的编目数据来完成。

借阅方式的变化，馆际互借，OCLC已为各图书馆办理了数千万次以上的馆际互借。各联盟成员馆、合约馆，都有馆际互借功能，可以邮寄借阅、预约借阅，实体与虚拟结合等。配备多文字的盲人阅读机。丰富线上线下阅读方式。

书刊借还方式的变化，RFID技术实现了图书的自助借还和图书定位。读者借书和还书更加便捷高效，减轻了馆员的劳动强度，节省了时间，降低了错误率，改进了旧的管理系统人工操作的弊端。

存储技术的变化，现代存储技术可以把各种文献载体和各种内容综合为一个整体，同时向读者提供各种形式和各种内容的资料。读者可以随意检索这些资料，即时复制和下载。云存储技术，可以增加图书馆的信息存储量及存储空间，缓解存储空间不足的问题。存储技术的提高，既可加快文献的传输速度，又可将被信息转换载体。

文献复制技术的变化，通过扫描、打印、复印、刻录、声像、影像、缩微，云复制、光复制等，可以为读者提供所需要的各种形式的文献复制品。另外，现在的文献保护和监测技术可使图书馆馆藏文献资源免受损坏，防止文献被盗偷或被破坏。

（二）服务工作方式的变化

图书馆服务工作基本包括读者服务（借阅、阅览、咨询）、阅读推广服务、信息教育服务、参考咨询服务、学科馆员服务。在"互联网+"技术发展快速的今天，"互联网+图书馆"的服务，演变出万千种可能。图书馆读者服务工作的拓展变化、图书馆信息服务工作的拓展变化、图书馆技术服务工作的拓展变化、图书馆平台服务工作的拓展变化等将虚拟图书馆与读者无缝衔接，让指尖上的图书馆信手拈来，打破了传统围墙图书馆的边界，让图书馆的服务随互联网纷呈涌现，流入千家万户。

1. 图书馆服务工作的拓展变化

图书馆通过智能化技术，实现了自动回复、图书查询、续借预约、书目活动预约、座位预约、App推荐库、无缝式签到、线上支付滞纳金等功能。通过举办竞猜活动、讲座、展览、培训、摇一摇推荐图书、微信抽奖等丰富多彩的活动，既增强了与读者的交流，完成了个性化的互动，同时也提升了服务功效。

2. 图书馆功能的拓展变化

经过流程重组、跨界融合、线上服务、数据共享，提出无所不在的"图书馆+"理念，如图书馆+移动服务，图书馆+移动技术，图书馆+移动应用，图书馆+移动终端，图书馆+App等，衍生出移动图书馆、手机图书馆、电视图书馆、自助图书馆、超星图书馆、移动数字图书馆、移动式讲堂、公众平台服务、云服务、幕课、社交网站、客户端服务等多种形式的移动网络服务。

3. 图书馆智能的拓展变化

AI技术的逐渐成熟，在实际工作中的投入运营，诞生了24小时自助图书馆服务、自助巡架检查服务、自助借还书服务、智能搜索引擎、聊天机器人、具有语音交互功能的图书馆助手、智能图书盘点机器人、图书搬运机器人、图书自动存取机器人、自动化立体书库、远程阅览服务、特殊人群的辅助服务、3D打印自助服务、三维立体虚拟图书馆场景、虚拟现实图书馆等智慧图书馆服务。

1001

4. 图书馆高端服务的拓展变化

智库，译自"Think Tank"，又称思想库、智囊团。大数据是智库服务的手段之一。图书馆所能涉足的是创建科研信息智库，为科研决策性、建设性提案提供智慧化科学服务。

区块链，对图书馆影响巨大，它的去中心化本质特性，使其在某些领域具有独特性和较强的实用性。随着国内首家区块链图书馆在深圳的落户，它对未来图书馆行业的驱动指日可待。图书馆中融入区块链技术的云存储、调查投票、读者身份认证等，将推动图书馆迈上新台阶。未来图书馆的服务方式或将彻底改变。

总之，基础的业务工作、服务工作，依旧存在，但其方式方法已彻底改变。

三、构架新技术下图书馆工作的设想

图书馆工作构架设想，是在原有工作体系、知识结构、理论基础之上，通过新知识、新技术、新设备的获得，来改造、重组、提升和发展原有工作体系，形成一套科学完备的系统，并对今后图书馆事业的战略发展构建顶层设计和预留发展空间。

图书馆工作构建设想的形成，是基于现今高速发展的科学技术在图书馆各工作中的不同融合，使图书馆的现代化程度得到提升，智能化进程越来越快。而图书馆的工作性质使其具有高度的共性和通性，具备纵向链接和横向连接的特点。图书馆已有的行业联盟和信息中心为图书馆完整体系工作的搭建创造了良好的基础。打造一套系统科学的图书馆工作体系架构来支撑和引领图书馆工作的方向和发展前景，为图书馆最终达到智慧化提供理论与实践依据，在更高平台上实现信息的共享与服务，形成高级合作互利，是一项重要的环节和内容。

"互联网+"为图书馆提供了互联、移动、物联和智能的新形式，使无限资源共享、一站式和个性化服务成为可能。促进了跨界协同创新、跨国界、跨地区、跨行业、跨领域、跨部门等协作，推动了点、线、面、群向体系发展，整体格局呈现新态势。打造智能化的图书馆，成为现阶段图书馆追逐的目标。在快速发展的同时，关注整个图书馆行业体系发展运程，摒弃各自为政、条块分割、资源浪费的毛病，统一标准、建立衔接、整体规划，把系统、技术、设备参差不齐，兼容性差的问题，规整到一条合理、优化的科学管理体系中来。充分利用"互联网+"的优势，在开放式建设时期，发展中国图书馆事业的整体模式，构建有特色的图书馆体系是重中之重。

(一) 框架

合理构架图书馆的基础工作，梳理图书馆空间信息链条，选择最适合图书馆的先进技术、管理体系，达到图书馆整体最优配置，为图书馆创造高品质服务搭建优化结构。

基于图书馆基础结构体系，结合发展需要和服务功能等，在结构搭建中应该首先考虑五个层面：一是基础业务工作层面，二是扩展服务层面，三是智能层面，四是智慧层面，五是预留发展层面。每个层面既可纵向发展，也可横向发展。

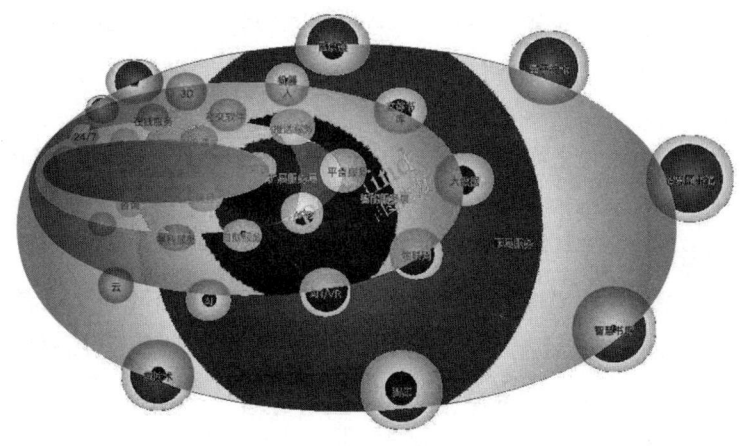

图1　图书馆纵向发展构架图

如图1所示，这是一所独立图书馆体系框架的纵深图。图中的四个层面代表着已有的和可预知的图书馆发展轨迹，即图书馆体系自身纵向发展轨迹。图书馆横向发展轨迹可在此基础上叠加到各领域、各国家、各地区等。你也可把图书馆自身体系比作一个大的"云舟"，那么云舟上可以载纳众"云"，形成"云"系。这就是图书馆工作体系框架的初设。

现在让我们来点击下未来图书馆发展的可预期性。图书馆+互联网+、图书馆+物联网、图书馆+大数据、图书馆+云链、图书馆+5G、图书馆+区块链、图书馆+智能技术、图书馆+量子科技等，这其中的组合变化有多少？各学科技术交叉融合产生的组合又有多少？已有的和未来将出现的新科技、新手段又会带来多少组合方式？我们难以预估。但，最终图书馆会走向全智能、智慧化的远方是我们预期想要达到的目标。

（二）顶层设计思想

图书馆的发展要融入顶层设计理念。运用系统论的方法，权衡各方面、各层次、各要素之间的关系。思想破冰、统筹规划、统揽全局、凝聚共识、集中资源，在最高层次上寻求解决方案。要强化大数据思想、痛客思想、极致思想、发展思想、品牌思想、科学思想，打造尖端产品，实现优质服务。

明确愿景，成就未来。智慧图书馆的构建，可能是我们当今所能想到的最高的图书馆形式了吧。而智慧图书馆的构建是与大数据的运用密不可分的，大数据的质量及其开放和标准化程度是构建智慧图书馆的关键。大数据中隐含的价值，大数据中知识向智慧的转变，是科学构建智慧图书馆和智慧服务模式面临的挑战。大数据提供的用户借阅、下载、浏览、收藏、点击等数据，个人信息数据、社交数据、信息资源数据、业务工作采购数据、馆际互借数据、文献传递数据等海量信息，为数据资源的分析挖掘提供了支持，为智慧图书馆的服务能力、决策能力提供了依据。要想改善和提高整体效能，大数据决策必须覆盖到智慧图书馆的构建、管理与服务全过程中。

智慧图书馆的主要组成，即智慧科技和智慧馆员，离不开高科技的支撑和高级智慧的结晶。光靠智能设备的使用，不能完全称之为智慧图书馆，只有"智能+智慧人"的模式才是智慧图书馆的全部意义。

四、图书馆工作畅想

为用户服务是图书馆存在的唯一理由，为用户提供智慧服务是图书馆服务的发展趋势，用户需求是图书馆发展的原动力，坚持以用户为中心的思想是图书馆发展的第一要素。图书馆的价值，图书馆赖以生存的基石就是一切为了用户。

未来社会是一个万物感知、万物互联、万物智能的智慧社会。万物感知打通了物理世界与数字世界的边界，万物互联打通了虚拟世界与现实世界的边界，万物智能打通了机器与人的边界。

不断产生的新技术使得基础工作的数字化、自动化、智能化和智慧化成为可能。我们一边在享受新技术带给我们的福利，一边在思考图书馆的潜能，想象未来智慧图书馆的模样，寻求自己的标准答案。

五、结语

人工智能正在刷新未来，图书馆如何同步与智慧社会的脚步，是图书馆人必须思考的问题。但，万变离不开图书馆的宗旨，不管图书馆未来如何发展都离不开服务二字。高科技的手段都是围绕着服务的提升而展开，围绕着读者的需求变化而改进，围绕着技术的升级而实现。图书馆唯一要做的是，跟随科技的脚步，与时俱进。技术的进步和人类的文明进程是丰富、完善、发展图书馆内涵的动力。我们一直都在将机器和技术作为跳板，来寻求超出我们想象的更伟大的人类成就。期待智能技术的发展为图书馆的未来带来无限的可能性。

参考文献

［1］周婕，刘海涛. 区块链技术在高校科研诚信建设中的应用探索［J］. 农业图书情报学报，2020，32（8）：34-39.

［2］刘旭辉. 云环境下高校图书馆智慧管理系统模型构建与功能实现［J］. 农业图书情报学报，2019，31（10）：46-53.

［3］刘芷欣. 区块链技术在国内图情领域的应用研究［J］. 农业图书情报学报，2019，31（10）：38-45.

［4］吕璐成，韩涛. AI在图情：人工智能赋能图情服务——2019年图书馆前沿技术论坛（IT4L）会议综述［J］. 农业图书情报学报，2020，32（5）：13-18.

［5］芦晓红，赵迎春. 融合区块链技术的图书馆云平台建设［J］. 大学图书馆情报学刊，2020（1）：113-116.

［6］张媛. 图书馆虚拟现实技术应用研究演进的可视化分析［J］. 图书馆学情报学，2017（11）：144-148.

［7］杨瑞仙，权明喆，魏子瑶. 国外顶尖智库发展经验探究［J］. 现代情报，2017（8）：167-170.

［8］杨俊丽. "互联网+"背景下图书馆学科化服务的协同创新［J］. 现代情报，2017（2）：89-92.

［9］黄林英，孙云倩，阮立. 公共图书馆微信公众平台服务案例分析及创新思考［J］. 新世纪图书馆，2017（3）：49-52.

［10］张凤鸣. 新加坡"新一代图书馆"模式分析［J］. 图书馆建设，2017，281（11）：12-15.

［11］刘晓清. "互联网+"图书馆行动计划的实践与意义——以浙江省公共图书馆为例［J］. 图书馆理论与实践，2017（2）：22-25.

［12］王蓉. 基于云计算平台的高校图书馆借阅信息管理系统［J］. 现代电子技术，2018（13）：182-186.

[13] 殷红, 刘炜. 新一代图书馆服务系统: 功能评价与愿景展望 [J]. 中国图书馆学报, 2013, 24 (5): 26-33.

[14] 张贤淑. 智慧图书馆阅读推广创新策略研究 [J]. 农业图书馆情报学报, 2020, 32 (6): 42-48.

[15] 杨爱华. 智慧图书馆视野下的开架书库排架方式研究——基于第六次全国公共图书馆省级馆开架书库排架方式评估标准 [J]. 农业图书情报学报, 2020, 32 (12): 87-96.

[16] 唐义, 冷亚琼. 加拿大公共图书馆文创产品开发研究——以卡尔加里公共图书馆为例 [J]. 农业图书馆情报学报, 2020, 32 (11): 52-61.

浅谈少儿图书馆如何发展志愿者团队
——以武汉市少年儿童图书馆为例

陈昌龙

(武汉市少年儿童图书馆,湖北武汉,430000)

摘 要:少儿图书馆作为儿童阅读推广活动的前沿阵地,在培养少儿阅读兴趣和习惯、扩大知识领域、加深文化了解、启迪求知欲望、挖掘创造才能、形成良好道德品质等方面有着积极的作用。但往往由于图书馆服务人员不足等多方面情况,少儿图书馆的功能并没有得到完全的施展,图书馆内蕴藏的巨大能量并未被广大少年儿童所汲取。因此以少儿图书馆为依托,形成良好的细致化服务型少儿志愿者团队势在必行,如何发展志愿者团队,志愿者团队如何管理是一项需要探讨的重要工作。

关键词:少儿图书馆;志愿者团队;少儿服务

一、引言

新时代的少儿图书馆服务,不局限于读者自我借阅图书,而变为干预式阅读,主动引导少儿进行阅读,发展、探索不一样的阅读方法和阅读形式,形成阅读的饥饿感。少儿图书馆的主要职能就是让广大少年儿童做阅读的主人,与书籍为伴、与书籍交友。参与阅读的群体的广度与深度是培养阅读氛围、传递阅读习惯的关键要素。因此我们倡导少儿图书馆应形成有自我特色的志愿者团队,推广阅读、服务少儿活动、传递爱心、传播文明。构建志愿者团队并形成良性循环是少儿图书馆发展的重要任务。

二、如何构建少儿图书馆志愿者团队

(一)建立有自我特色的品牌少儿活动凝聚团队

少儿图书馆对于少年儿童的教育具有十分重要的作用,它既是实施素质教育的重要基地,又能够为素质教育的开展提供重要帮助。图书馆不仅能吸引广大小读者到馆驻足阅读，还能吸引许多家长主动带孩子过来参与各种各样的少儿活动。少儿图书馆想成立自己的志愿者服务团队不仅需要加入的人群拥有"奉献、友爱、互助、进步"的志愿者精神，更需要有自己独特的品牌活动来吸引志愿者的加入。先进的思想理念与教育方式往往是各大品牌活动的核心，志愿者对活动理念的认同和对活动实践方式的认可是让他们加入团队的关键。一个优秀的品牌活动更容易凝聚志愿者，志愿者参与优秀活动也能激发他们的荣誉感。以武汉市少年儿童图书馆为例，它的志愿者服务有着悠久的历史，早期的志愿者，大多为高校学生和公益组织人员，人员流动性大、人员结构单一。2010年开始随着儿童阅读推广活动的铺展，志愿者服务开始向个性化、专业化、有组织的管理模式发展，服务的内容更加注重知识与乐趣的结合，图书馆的服务也从单一借阅服务发展到少儿活动全方位服务。随着2015年"千字屋"项目（"千字屋"是借鉴瑞典经验打造的儿童想象力体验项目，是武汉和瑞典博伦厄市文化交流合作的成果）的启动，越来越多专业领域的人才开始加入志愿者团队，他们中有阅读推广人、中小学教师、幼教、作家、主持人、医护工作者、音乐艺术工作者等，目前"千字屋"项目已成为对外文化交流的一张名片，武汉市少年儿童图书馆也多次承办与瑞典博伦厄市的外事交流活动，武汉市少年儿童图书馆的志愿者团队人数已近200人。

（二）因地制宜建立志愿者管理制度

充分运用制度来实现志愿服务规范化管理是核心要素。以武汉市少年儿童图书馆为例，招募"千字屋"志愿者教师，申报门槛并不高，但是要成为一位合格的"千字屋"志愿者教师，则需要经历理论学习、观摩实践、考核等多个环节的历练。每期志愿者招募后，会集中安排第一次培训，第一次培训分为四个部分。第一部分讲述什么是"千字屋"，讲述这个活动有着什么不一样的特点。第二个部分会带领志愿者走入"千字屋"的教学服务，了解"千字屋"的优质课程、"千字屋"的艺术氛围、"千字屋"的工作流程。第三个部分是讲解"千字屋"的管理制度，目的是让参与的志愿者能充分了解自己所进入的志愿者服务领域，更能让他们审视自身是否真的热爱这个服务活动，是否真正适合这方面的工作内容。接下来会在每期活动中设置观摩名额，让志愿者零距离感官到、接触到活动整个流程，并在每次观摩后让他们填写反馈情况表，记录活动中的感想和建议，填写实践反馈表并不是流于形式，而是为了更好的交流与分享。"千字屋"是一个充满想象力的舞台，大家有着共同的理念，但是有着丰富多样的教学方式。活动主办方鼓励畅所欲言，鼓励大家讨论任何环节，提出建议。第四部分是考核，团队中的部长与骨干会集中对新入人员进行整体评价，量化打分，最终考核通过的人员会获得"千字屋教师资格证书"。除此之外"千字屋"志愿者团队还有"千字屋"管理制度、"千字屋"志愿者教师日常管理制度、"千字屋"活动教案编写内容规范等制度来规范整个团队的运作。

（三）建立志愿者激励机制

传统的志愿服务活动对志愿者的理解在于，志愿者是基于自身乐于奉献的精神、对社会公益活动的热爱而从事这项事业。但这种内需力量很容易在时间与空间的变化中不断退减。因此，我们需要积极考量志愿者的动机与内心需求，探寻他们对儿童志愿服务所思所想，不断引领他们对志愿服务活动的新发现，满足他们对志愿服务活动的期许。

1. 挖掘潜能相互学习，提供充足的交流机会

志愿者团队的人员来自各行各业，大家拥有着不同的工作背景、不一样的生活阅历，都有着自身对教育领域中熟知的那一部分。这些阅历和特长是每个志愿者身上宝贵的财富，为了充分发挥每个志愿者身上的优势，每次活动我们鼓励每位老师都当主讲人，把他们的所长教授给大家，让每一位志愿者都成为团队的主人、团队的领军者。乐器方面有特长的老师会教大家音乐知识，告诉大家如何把音乐与少儿活动紧密结合，大家各抒己见想出来不少点子。他们中的医务工作者，教授大家疾病预防与紧急处理的知识，为活动开展保驾护航，为活动中的隐患做了详细的预案。有的是财务、金融方面的工作者，他们就会设计一些金融知识的讲解，让孩子们从小接受金融教育，鼓励孩子们做一个有"财商"的小朋友。还有一些志愿者是全职妈妈，她们愿意为孩子们付出时间，愿意帮助他们茁壮成长，虽然她没有在某些领域独树一帜，但是大家特别喜欢听她介绍育儿经验，如何陪伴孩子，如何让孩子喜欢自己，这都是志愿者妈妈们最感兴趣的话题。如果说在团队中不断学习和吸收的养分能够提升自我能力，那么让每一个人在团队中发光发亮是真正让大家实现了自我价值。

2. 组织定期培训

建立志愿者服务团队定期培训制度是志愿服务以长久留存的重要机制，武汉市少年儿童图书馆"千字屋"志愿者的培训分为三个类型，第一个是业务教学服务质量的培训，让大家学习优秀的教学方案，拓宽活动设计的思路，丰富"千字屋"的活动主题，完善自己带队活动时的细节。第二个是学习新知识、培训新技艺，我们会邀请各行各业的佼佼者来教大家。我们有邀请过儿童文学作者来教大家阅读的方法与写作的技巧；有邀请过皮影戏传承人教授大家非遗文

化知识与舞台表演的要领;有邀请过声乐老师,教大家独唱、合唱的方式;还开展过手工类课程,如插花、剪纸、泥塑等内容。目前已经有老师在筹备古筝班、空灵鼓班等课程的安排。这些看似平常的培训,大大激发了志愿者老师们的兴趣,让他们感受到"千字屋"志愿者团队不仅需要他们奉献自己的力量,更关注他们的感受和成长。第三个是志愿者精神和意志力的培训,一个缺乏志愿者精神和服务理念的团队很容易在服务中缺乏动力,志愿者服务需要一种社会责任感与公民义务感,全面学习志愿者理论知识与志愿者精神,更能塑造一支素养高的团队。在良好的培训体系下,志愿者团队可实现自我管理。

3. 提供良好的对外交流机会

武汉市少年儿童图书馆不仅努力营造良好的少儿服务环境来吸引志愿者老师的加入,更鼓励志愿者老师多参与馆外的交流活动。"千字屋"项目成立以来,"千字屋"志愿者教师已经两次赴瑞典"千字屋"进行交流学习。瑞典"千字屋"团队到访武汉,组织志愿者团队一起进行学习交流的分享会也是不可缺少的组成部分。一些国内图书馆学会、童书展的活动也常有我们志愿者的身影。当志愿者以团队成员身份出席对外活动时,有利于增强团队的凝聚力与自豪感,因此给予志愿者良好的对外交流机会对于志愿者团队建设意义重大。

4. 建立志愿者档案管理制度

志愿者档案管理是志愿者每个人在不同时间段参与志愿服务的真实记录,具有极强的现实意义,既是个人成长的履历,也是个人付出的证明。通过档案的建立,我们可以了解志愿者们的志愿服务的时间、次数以及在活动中的贡献情况。因此建立志愿者档案管理制度尤为重要。在武汉市少年儿童图书馆,志愿者教师拥有自己的文化志愿者注册服务证和志愿者教师电子档案,还有供志愿者教师查询志愿服务活动信息的志愿者管理系统。证书上记载有志愿服务的时间、地点和服务内容等。志愿者管理系统有志愿者个人的档案信息,志愿活动的文章、方案、照片等内容。该系统根据志愿服务的时长等要素,设立了志愿活动信息浏览权限。权限的分级既是制度的要求,又是一种激励形式。志愿者档案的建立会增强志愿者的归属感,这种归属感会促进大家不断完善志愿活动档案的内容,丰富活动的档案记载。建立志愿者档案管理制度是对志愿者尊重与负责的一种实际表现。

5. 建立表彰总结体系

志愿者表彰总结体系的建立是志愿者团队文化形式的标志,更能有效增强团队服务意识,推动志愿者提高自身服务能力。在武汉市少年儿童图书馆,志愿者团队每月进行"千字屋"活动的总结回顾。总结会上会展示出当季度优秀的活动教案,并讨论效果显著的活动环节。每年国际志愿人员日,武汉市少年儿童图书馆志愿者团队组织"志愿者之夜"大型文艺晚会，表彰先进的同时，展示志愿者风采。表彰内容包括优秀志愿者、特殊贡献奖、优秀教案奖、优秀志愿团队等。晚会的作用在于不仅激励当下的志愿者们，更把以往参与过武汉市少年儿童图书馆志愿者服务的志愿者重新拉回到集体中，增强了归属感。志愿者表彰总结是志愿者服务中的重要环节，通过奖励、表彰、馈赠等方式吸引志愿者参加少儿服务活动。

（四）提倡亲子共同参与、共同进步

我们时常考量志愿者加入少儿图书馆志愿者团队的动机与吸引志愿者加入的办法。后来根据实际调查发现，多数志愿者是出于自己的孩子对少儿图书馆少儿活动的喜爱，而加入到志愿者团队中。不少志愿者表示，在学习与了解少儿图书馆少儿活动开展的思路与方式后，自己能更好地加强亲子交流和亲子互动，能更加深入地走入孩子的精神世界。不少孩子也以父母是武汉市少年儿童图书馆志愿者为荣，这种无私的奉献精神也不断帮助孩子们树立心中的价值观。因此，武汉市少年儿童图书馆会经常设置专场活动邀请志愿者家庭来参与，如"千字屋"专场活动、图书馆奇妙夜、"小脚印"故事吧等活动，孩子可作为活动主讲人、主角参与之中。又如游艺会、猜灯谜、小小管理员等活动，他们便成为帮助图书馆开展活动的小管理者，协助工作人员完善活动细节。在武汉市少年儿童图书馆志愿者团队中一直有一个理念，就是家长和孩子共同学习、齐步成长。在活动的进行中，志愿者和孩子们既能感受到活动带来的知识与乐趣，又能体会到工作的不易。这样的措施使得整个团队不断良性循环又富有动力。

三、发展少儿图书馆志愿者的困难

（一）经费保障不足

志愿服务组织的经费问题已经成为制约其发展的一个重要因素，公共服务行业对于人员经费支出的严格把控，内部对于志愿服务活动开展时产生的交通费、误餐费、人员保障费等费用无法提供保证与支持，对于外部社会的捐赠也没有完善的接收与管理体系。这些对志愿者基本保障的缺失会造成志愿者对志愿服务的热情逐步退减，最终导致志愿者流失。

（二）管理人才缺乏

志愿者团队缺少优秀的管理者，更缺少纯粹的管理人员，一般志愿者更愿意参与实际、具体的服务活动，而缺乏志愿者团队的管理意识。志愿者团队对外的工作分工、活动联络、后勤保障，对内的志愿者档案整理、志愿服务活动记录，需要特定的人员进行管理。这些工作更加琐碎，而且更不容易展现在台前，少儿图书馆志愿者团队发展到一定阶段对于管理型志愿者的需求会更大。

（三）人员结构较单一

以武汉市少年儿童图书馆为例，女性志愿者占89%，从年龄结构划分30—45岁的志愿者占63%，有绝大部分都是妈妈志愿者，这类群体有极强的责任感与爱心，非常适合服务少年儿童。许多志愿者都兼顾着家庭生活与志愿活动，因此外出志愿服务时也会对志愿活动时间段、活动地点有较强的要求，在馆外活动设备操控、材料准备等方面能力有所欠缺。图书馆服务的类型可能也是男性志愿者老师缺少的原因之一。

（四）对志愿者的宣传不足

传统志愿者服务活动，更注重于活动的本身与活动的服务效果，对于志愿者活动与志愿者本身宣传力度不够。为完善激励机制，提高志愿服务的水平，应充分发挥报刊、广播、电视、互联网等媒介的作用，宣传志愿服务活动的经验和志愿者的感人事迹。不仅需要对志愿活动进行广泛宣传，更需要对志愿者本人进行宣传报道，引导人们尊重志愿者和志愿者的劳动，营造有利于志愿服务的浓厚舆论氛围，让志愿者在工作中获得自豪感与满足感。

四、结语

少儿图书馆志愿者与传统志愿者有着一定的区别，首先要热爱孩子、尊重孩子，耐心当好孩子的听众，把对孩子的关爱与孩子们的诉求放在首位。少儿图书馆志愿者团队的发展有助于弥补公共服务人员的不足，更加细致的服务少年儿童。少儿图书馆如何更好地融合社会资源与服务来推动青少年的健康成长，是一个值得探究的课题。我们不仅要考虑到志愿者的意愿，更要考虑在少儿图书馆这个特定环境下的他们的内在需求，这样才有助于整个团队的长远发展，才能更加调动志愿者的主观能动性。

参考文献

[1] 姚丽丽. 建立高校青年志愿者工作长效机制探析 [J]. 和田师范专科学校学报（汉文版），2010（2）：49-50.

[2] 焦杨. 公益慈善组织志愿者档案管理工作浅析 [J]. 黑龙江档案，2019，232（1）：83.

新形势下公共图书馆党建工作与业务工作深度融合的实践与思考
——以黄冈市图书馆为例

刘红波

（黄冈市图书馆，湖北黄冈，438000）

摘　要：为破除公共图书馆重业务、轻党建的倾向，打破党建工作与业务工作脱节，存在"两张皮"的现象，本文介绍了黄冈市图书馆党建工作与业务工作深度融合的实践案例，针对公共图书馆党建工作与业务工作深度融合提出了几点思考。

关键词：公共图书馆；党建工作；业务工作；深度融合

一、引言

2019年7月9日，在中央和国家机关党的建设工作会议上，习近平总书记强调，要处理好党建和业务的关系。解决"两张皮"问题，关键是找准结合点，推动机关党建和业务工作相互促进。各部门党组（党委）要围绕中心抓党建、抓好党建促业务，坚持党建工作和业务工作一起谋划、一起部署、一起落实、一起检查，使各项举措在部署上相互配合、在实施中相互促进。这一重要论述也为我们做好新时代公共图书馆党建工作指明了方向。黄冈市图书馆现有职工34人，其中正式党员15人，入党积极分子1人，提交入党申请书1人。近年来，黄冈市图书馆党支部在黄冈市文化和旅游局党组的坚强领导下，认真贯彻落实习近平总书记重要讲话精神和黄冈市委部署要求，结合实际、积极探索，着力推进党建工作与业务工作的深度融合，大力推动党建和业务工作双提升，各项工作取得显著成绩，先后荣获全省共享工程先进单位、全省文化系统"优质服务窗口"、湖北省古籍重点保护单位、黄冈市文明行业创建先进单位、最佳文明单位、"青年文明号""工人先锋号""巾帼文明岗"、社会治安综合治理先进单位等荣誉称号。黄冈市图书馆党支部也多年被黄冈市文化和旅游局党组评为优秀党支部，2020年被黄冈市委直属机关工委表彰为"红旗党支部"。

二、黄冈市图书馆党建工作与业务工作深度融合实践

（一）举办"红色（廉政）文化进基层"读书活动

2020年，为隆重纪念中国共产党成立99周年，按照《黄冈市纪念建党99周年系列活动方案》（黄办发电〔2020〕26号）和《黄冈市文化和旅游局纪念建党99周年活动方案》的要求，为回顾党的光辉历程，讴歌党的丰功伟绩，激励基层党组织和广大党员干部牢记初心使命、勇于担当作为，展示基层党组织和广大党员干部奋力投身黄冈改革发展稳定各项事业的精神风貌，2020年7月至10月，黄冈市图书馆举办了以"诵读红色（廉政）书籍，传承红色基因"为主题的"红色（廉政）文化进基层"读书活动。

为扎实推动诵读红色（廉政）书籍活动落实，确保活动效果，黄冈市图书馆高度重视，成立专班，制订详细的红色（廉政）文化"五进"（进机关、进学校、进企业、进社区、进农村）活动方案，按照时间节点，采用流动图书车送书上门的服务方式，到黄冈市委直属机关工委、湖北正茂新材料科技股份有限公司、安居社区、陈策楼镇程德岗村和市育英学校开展读书活动，送去政治、法律、历史、文学等各类红色（廉政）图书3000余册，供党员干部、人民群众学习借阅，受到普遍欢迎。

（二）党日活动实行中心发言人制度

为切实提高每月党支部主题党日活动的质量，特别是专题讨论这个环节，保证学习效果，自2018年党支部主题党日活动开展以来，黄冈市图书馆在学习形式上进行创新，实行专题讨论中心发言人制度，变"被动学"为"主动学"。每次讨论根据主题确定1名中心发言人，全体党员轮流做发言人。中心发言人在会前做好各项准备工作，深入掌握实际情况，搜集相关资料，认真撰写发言提纲。中心发言人发言完毕，其他同志参与讨论。会后，再将发言稿整理上墙展示，供大家学习、观摩。

2018年7月2日上午，黄冈市图书馆在党员活动室开展主题为"过好政治生日、争做优秀党员"的党支部主题党日活动。在完成了"缴纳党费、奏唱国歌、重温入党誓词、诵读党章、学习党规党情"等5项规定动作之后，学习了黄冈市委庆祝建党97周年大会上表彰的先进人物典型事迹，并以"争做优秀党员、谱写黄冈高质量发展新篇章"为主题开展专题讨论。本次的中心发言人联系工作实际，围绕如何发挥图书馆党员作用、促进图书馆事业高质量发展作了专题发言，随后大家谈感想，找差距，树目标，提建议，想办法，进行了热烈的讨论。

（三）结合实际工作讲党课

黄冈市图书馆积极巩固拓展"不忘初心、牢记使命"的主题教育成果，严格落实"三会一课"制度，坚持每季度至少讲一次党课。

党课内容把学习践行习近平新时代中国特色社会主义思想作为首要政治任务，密切结合实际工作讲党课，注重从工作实践和现实生活中挖掘鲜活素材，根据授课对象合理确定内容，提高党课内容的针对性。主讲人员主要是党支部书记、党员班子成员、党员专家学者、先进工作者等。讲课形式鼓励创新，小角度切入、多角度发散，既深入浅出、通俗易懂，又别开生面、深刻感人。

2020年9月22日，黄冈市图书馆召开党风廉政建设宣传教育月专题大会，市文化和旅游局机关纪委委员、馆党支部副书记刘红波，以"做好新形势下的公共图书馆意识形态工作"为题，从为什么说意识形态工作极端重要、怎样看待当前我国意识形态领域的形势、如何做好公共图书馆的意识形态工作三个方面，讲了一堂密切联系工作实际的党课。

如何做好新形势下的公共图书馆意识形态工作？他认为，一是落实意识形态工作责任制。书记是第一责任人，各岗位主职是直接责任人，切实推动意识形态工作责任制常态化、制度化。二是强化理论学习和舆论引导。组织学习习近平总书记在党的新闻舆论工作座谈会上的重要讲话精神，把握正确的舆论导向。三是守牢意识形态阵地。牢牢把握意识形态工作的领导权、话语权、主动权，承担起举旗帜、聚民心、育新人、兴文化、展形象的使命任务，确保公共图书馆意识形态领域绝对安全。进一步完善捐赠图书的审查和管理制度，坚决剔除境内外寄送捐赠的反动、封建迷信类书籍；加强对公共图书馆网站、微博、微信公众号、新闻发布、宣传栏等内容的审核把关和监督管理；对外部流入阅览室的非法出版物、宣传品及时清理处置，如有关"黄赌毒""法轮功邪教"等方面的宣传资料等；妥善回复和处理读者反映的有关公共图书馆方面的各类问题，同时制订完善的网络舆情应急处理方案，如在"读者交流群""黄州遗爱湖论坛"等处及时回复读者反映的问题；解决各个时代各种途径到馆的60万余册图书、150万余册电子书馆藏的审查问题；加强对重点人群（网红）的教育管理；进一步严格和规范黄冈市图书馆学会组织建设。注意区分图书馆学术问题和政治问题的界限，不要把图书馆学术探讨中出现的问题当作政治问题，也不要把政治倾向性问题当作一般学术问题。学术问题的研究和讨论没有禁区，理论宣传和教学要有纪律，这是我们党正确处理思想理论领域问题的一项重要原则。

（四）打造黄冈红色文化数字馆

黄冈是红军的故乡、将军的摇篮。在这片"血染红土三尺深"的土地上，诞生了董必武、陈潭秋、包惠僧三位中共一大代表，董必武、李先念两位国家主席（代主席），王树声、韩先楚、陈再道、陈锡联、秦基伟等200多名开国将帅，培育了闻一多、熊十力、李四光、居正、汤化龙、王亚南等一大批民主革命先驱和仁人志士。

黄冈的红色文化，是近现代中国革命历史的宝贵遗产，蕴藏着丰富的精神内涵，是激发爱国热情、振奋民族精神的重要载体，是加强党建工作的生动教材。留住红色记忆，传承红色基因。黄冈市图书馆以创建第四批国家公共文化服务体系示范区为契机，积极推进"互联网+黄冈红色文化"工程建设，建成"黄冈红色文化数字馆"。原黄冈市人大常委会副主任、黄冈市红色文化研究会会长王楚平及黄冈部分党史、地方文史专家、相关单位负责人鼎力相助，软景科技公司、万方数据公司提供技术支持。该库收集的黄冈红色文化资源，具体划分为红色人物、革命遗址、红色场馆、红色风云、红色档案、红色音像、红色旅游、红色传承等栏目。黄冈红色文化数字馆的建成并对外开放，推进了黄冈红色文化资源开发利用，扩大了黄冈红色文化影响力，擦亮了黄冈红色文化品牌，使之成为网上党风廉政教育基地。

（五）开展庆祝建党百年系列活动

为深入贯彻习近平新时代中国特色社会主义思想和十九届二中、三中、四中、五中全会精神，唱响主旋律，传播正能量，激发广大群众热爱党、热爱祖国、热爱社会主义的热情，为向中国共产党成立100周年献礼，凝聚团结进取、奋发图强的精神力量，黄冈市图书馆在2021年开展庆祝"建党100周年"系列活动。一是开展"回顾革命征程，品读峥嵘岁月"庆祝中国共产党建党100周年精品党史图书展和"不忘建党初心，勇担时代使命"庆祝中国共产党建党100周年大型党史图片展。利用流动图书车"四进"活动将党史图书和图片展送进社区、学校、工地和军营。二是开展"遗爱湖畔听党史，临皋讲坛述党情"庆祝中国共产党建党100周年系列讲座活动。学史明理，学史增智，利用"临皋讲坛"及特聘党史研究学者进行一系列党史讲座，线上线下进行讲学活动。三是开展"颂光辉历程，迎建党百年"红色经典故事演讲。组织少年儿童积极参与红色经典故事演讲活动，让红色故事"咏"传承，采取线上初选（初赛）、线下（决赛）进行演讲比赛活动。四是开展"星火辉煌已百载，初心使命传万年"的党史知识竞赛。将广大读者分不同层次进行党史知识比赛，如少儿组、成人组等。采取线上初选（初赛）、线下（决赛）比赛的方式。

（六）建设廉政书屋

公共图书馆如何在加强党风廉政建设方面发挥自己的作用？黄冈市图书馆的做法是：利用行业资源优势，全力建设"廉政书屋"。

近年来，黄冈市图书馆把廉政书屋建设作为推动全民阅读的重要抓手，同时与打造学习型、廉洁型机关建设紧密结合起来。2009年12月，黄冈市图书馆与黄冈市财政局首次共同兴办廉政书屋。书屋设在市财政局，现有馆舍面积80平方米，所藏文献3000余册，内容主要有反腐倡廉理论、党纪党规、案例剖析、先进人物事迹及与此有关的各类书刊。图书主要由黄冈市图书馆根据黄冈市财政局需求配置，并坚持每月更换部分图书。该书屋自成立以来，前来阅读、学习的干部络绎不绝，自觉接受廉政教育蔚然成风，增强了党员干部遵纪守纪和崇廉尚廉意识，使他们在读书中感受廉洁，在工作中做到自重、自省、自警、自励。书屋长期开展"读书思廉"等系列活动，如组织市直财政系统干部职工撰写廉政建设心得体会，参加市总工会举办的"读书使我快乐"征文演讲比赛，收集读书心得100余篇。黄冈市图书馆书记、馆长李凯表示，依托廉政书屋这一平台，和相关部门一起，持续开展"读书思廉、反腐倡廉"征文大赛、书画比赛、知识竞答、读书讲座、领导荐书、领导评书、读书成果展等系列活动。廉政书屋的借书证实行"一卡通"，即凭"一卡通"就可在黄冈市图书馆的各个馆外服务窗口办理借书、阅览、上网等业务。

目前，借贯彻落实中央"八项规定"及细则精神、开展"不忘初心、牢记使命"常态化教育活动之东风，黄冈市图书馆大力推广廉政书屋建设，廉政书屋如雨后春笋般在黄州城区建立起来，例如在黄冈市财政局、市人社局、市委党校、黄冈银监分局、市文化和旅游局、市城投公司、市政务服务中心、黄冈中医院、黄州区建新社区、安居社区、余家湾社区、驻黄舟桥部队、武警黄冈支队、湖北正茂新材料科技股份有限公司等单位都已建立起廉政书屋，廉政书风正在吹遍黄州城区。

（七）排查党风廉政建设风险点

公共图书馆是公共文化服务平台，工作性质特殊，特别是纸质文献、电子文献，以及仪器设备采购具有行业特点。公共图书馆虽说不是腐败一级风险单位，但随着国家对公共图书馆投入的加大，加上公共图书馆体制机制还不够健全，在不断融入社会、服务社会的同时，也受到各种消极思潮和不正之风的影响，为腐败现象的滋生蔓延提供了机会和条件。

伴随黄冈经济社会的发展，政府对黄冈市图书馆的投入逐年增加。2018年2月6日，黄冈市区重点民生项目黄冈市图书馆新馆在黄冈白潭湖片区破土动工，该项目总投资额约1.2亿元，总建筑面积15300平方米。2018年至2020年，黄冈市创建第四批国家公共文化服务体系示范区，涉及黄冈市图书馆的创建任务较重，为高质量完成创建各项目标任务，补齐短板，政府加大了投入力度，例如在往年专项购书经费40万元的基础上，2020年黄冈市图书馆增加专项购书经费50万元。另外在增设微型图书馆自助服务终端、建设黄冈文旅云平台、建设4个特色数字资源库（黄冈地方特色文献全文数据库、黄冈红色文化数字馆、黄冈名人文化特色资源库、黄冈戏曲文化特色资源库）、完成黄冈市图书馆网站全面升级、为改进古籍存藏条件购置可供300平方米古籍书库使用的除湿机等方面，政府又投入了大量资金。严峻的形势要求我们要进一步提高认识，对可能产生腐败的风险点进行逐项排查。我们着重从重大事项决策、重要人事任免、重大项目安排、大额资金使用、纪检监察、财务、行政七个方面排查风险并逐项采取对策，例如：

重大项目安排方面的风险：不经过集体讨论研究决定，决策不民主、不科学、不透明；不按国家规定程序使用资金，造成重大经济损失；不按招标、投标程序办理，造成项目质量问题或重大经济损失。采取的对策：按照民主集中制原则集体讨论决定重大项目安排；坚持政务公开、公示制度；按招标、投标程序办理。

财务方面存在的风险：在工程、物资采购等资料不全的情况下办理支付手续；在工程、物资采购等决算过程中采取吃、拿、卡、要；向他人泄露财务相关信息；在报账过程中不按财务管理制度办事；用白条、不正规发票，增开、虚开发票入账；领导授意出纳人员直接拿现金办事；公款私存、公款打入私人银行卡；费用报销，讲人情，对原始凭证的审核不严格，不规范；为图书馆利益建立账外账，隐匿收入，少计入本；不执行年初财务预算，导致开支不合理，造成挪用、误用资金，影响经费正常运转。采取的对策：抵制用白条、不正规发票，增开、虚开发票入账；对原始凭证要认真审核，力求规范合法；必须在资料完整、手续齐备的情况下才能支取现金；按照财务管理制度办事，认真落实财务公开；加强廉洁自律，提高法律意识，严格按相关程序和规定办事，定期核查；发现问题及时向分管领导汇报；加强自身学习，认真贯彻执行《会计法》和相关财务制度。

近年来，黄冈市图书馆始终将党风廉政建设工作置于重中之重，通过对可能产生腐败的风险点进行逐项排查并采取相应对策，堵塞了腐败变质的漏洞，降低了腐败变质的风险，提高了拒腐防变的能力，切实转变了全体党员干部的工作作风，促进了党建工作持续发展，推动了业务工作提质增效，全馆多年无一违规违纪案例发生。

三、公共图书馆党建工作与业务工作深度融合的几点思考

（一）强化政治站位，以思想认识为切入点，推动党建工作与业务工作全面融合

坚持学习习近平总书记系列重要讲话精神和治国理政新理念新思想新战略，不断强化思想认识，提高政治站位。党的建设与党所领导的伟大事业密不可分，相辅相成，如果不抓业务抓党建，党建工作将会失去生命力；如果不抓党建抓业务，业务将会偏离正确的轨道，党建工作也将难以开展。在公共图书馆领域，存在重业务、轻党建的倾向，有的人认为党建是"虚"的、业务是"实"的，从而使党建工作成了脱离业务工作、失去针对性的"花架子"。党建工作跟不上，不能与业务工作相辅相成，久而久之就会使一些党员忘记了共产党员的理想信念，忘记了党章党规，犯错就在所难免。从这个意义上讲，党建工作抓不好，业务工作最终也会"塌陷"。所以必须紧紧围绕业务抓党建，抓好党建促业务，党建工作贯穿业务工作的全过程，切实让党建工作与业务工作从"两根筷子"变为"一根麻花"。

（二）转变工作思路，以活动开展为切入点，推动党建工作与业务工作有机融合

发挥公共图书馆职能优势，打造特色党建活动品牌。扎实开展党员示范岗、党员突击队、志愿服务队建设，开展"红色文化进基层""读书思廉""我为群众办实事"等党建工作，确保党建工作与业务工作融合开展。探索开展"党日活动+"，以主题党日活动为载体同步开展业务活动，既丰富主题党日活动的内容和形式，又提升业务活动的层次和内涵。要充分发挥党支部、党小组在业务工作中的政治引领、督促落实、监督保障作用，通过创建党员先锋岗、设定党员责任区、开展岗位建功活动等，推动党员立足本职、担当作为，更好发挥先锋模范作用。窗口部门党员要主动亮出党员身份和服务承诺，为读者提供优质服务，展示图书馆良好形象。

(三）狠抓重点工作，以突出问题为切入点，推动党建工作与业务工作深入融合

坚持问题导向，立足年度民主生活会、组织生活会查找问题，抓好整改落实。找准基层党组织党建工作与业务工作在重点工作上的结合点，坚持分工不分家，在工作流程设计上，做到"你中有我，我中有你"，把党建工作融进重点业务工作的全过程，渗透到重点业务工作的各个环节。不能人为将抓党建工作和抓业务工作割裂分开。要做到这一点，就必须建设一支精通党务、熟悉业务的党务干部队伍。党务工作者要增强大局意识，在认真钻研党务知识的同时，自觉学习掌握与本部门职责任务相关的业务知识。公共图书馆要按照高素质专业化要求，配强专职党务干部、激活兼职党务干部，注重把既熟悉业务工作又热爱党务工作的优秀干部充实到党务干部队伍中来。推动党务干部与业务干部之间双向交流，促进党务干部懂业务、业务干部懂党务。

参考文献

［1］习近平.在中央和国家机关党的建设工作会议上的讲话［EB/OL］.新华网，2019-11-01.

［2］杨中华.积极推进党建与业务深度融合［EB/OL］.光明网，2019-08-20.

互联网环境下公共图书馆文化服务探讨

杨丹丹

(湖北省图书馆,湖北武汉,430071)

摘　要:介绍了互联网环境下公共图书馆如何克服自身发展障碍,如何通过创新服务,提升自身服务水平。

关键词:互联网;公共图书馆;创新服务

公共图书馆是我国文化事业的重要组成部分,服务创新能力是衡量公共图书馆服务社会水平的重要标准。随着互联网技术的快速发展,社会各行各业在互联网环境下得到快速发展,公共图书馆在互联网环境下,如何通过创新服务方式,提高服务质量,克服自身发展的障碍来改变公共图书馆的社会地位,积极提高公共图书馆在文化体系建设乃至整个文化建设中的影响成为当今研究的一个重要课题。

一、公共图书馆服务中存在的一些问题

(一) 公共图书馆文献资源利用率偏低

一是纸质文献利用率低,以湖北省图书馆为例,读者喜爱的《知音》杂志,虽然订购复本数量高达30本,由于部分读者反复长期借阅,其他读者并不能借阅这本杂志。有些文献因为上架位置不准确,读者实际上很难找到自己想要的那本文献,出现无法借阅的情况。特别是在寒暑假时,书架上的书被翻来翻去,根本等不及工作人员将其正确归位。还有些书籍出现严重破损情况,无法二次借阅,没能及时满足读者的阅读需求,很大程度上降低了纸质文献的利用率。二是图书馆开放时间与读者想利用图书馆的时间有冲突,比如双休日、节假日,读者想利用图书馆的资源,而图书馆这个时间休息,读者来了图书馆吃了闭门羹,也会影响读者对图书馆的使用。另外,公共图书馆数量有限,并不能做到几个社区集中配备一家小型图书馆,一般是以区为单位,一个区配备一家图书

馆，很多读者很想利用图书馆的文献，但是必须到馆里来才能获得文献，又因为路途远的原因，很多读者选择放弃。

（二）缺少专业的工作人员

公共图书馆的工作人员大多数不是图书情报专业的科班人员，缺少专业的职业素养，特别是一线窗口，大部分由临时人员组成，上岗之前未进行职业道德和基本业务培训，因此，在一定程度上影响图书馆的形象和读者服务质量。还有很多工作人员，认为服务读者只是简单地借还，上架排架，长期以被动传统的服务方式服务读者，以自我为中心，等待用户上门，缺乏主动服务意识，做不到积极主动为读者解决问题，更谈不上积极主动寻求新思路新方式为读者服务。很多工作人员岗位固定不变，根本不了解其他岗位的工作内容，在不能全面了解整个工作流程的情况下，为读者提供服务的时候必然显得力不从心，从而在图书馆经常出现工作人员给读者提供错误信息。公共图书馆人性化服务管理的核心便是馆内工作人员，其是提供文化服务的主体，同时也是馆藏资源同读者管理的重要纽带。工作人员素养不高必然降低图书馆服务水平。

（三）公共图书馆服务能力滞后

随着社会的发展及时代的进步，人们对自身文化水平的认知有所提升，这对社会文化事业的发展提出了更高更新的要求。特别是随着互联网技术的不断发展，对图书馆人员的专业服务能力、组织体系、服务结构和服务理念等方面的要求越来越高，传统图书馆已经无法满足大数据时代的服务要求，如何在互联网背景下提升公共图书馆的服务质量，促进图书馆的转型与发展，已成为当今社会需要重点解决的问题。移动互联网的普及，改变了人们获取知识的途径，读者需要更优质更快捷的帮助。个别工作人员思想不够开放，理念不够科学，使得馆藏资源得不到充分利用，创新服务项目跟不上，造成读者流失和服务工作滞后等问题，从而影响了图书馆事业的发展。

二、互联网环境下公共图书馆服务方式的转变

（一）提高文献利用率

互联网环境下，公共图书馆的文献采访工作不应该只是由采访人员根据自己的假想和预测从各类书目中挑选出所需要的图书，而是应该转变为读者推荐的书目，"读者想看啥我们来订啥"成为采访工作的一个重要衡量标准。以湖北省图书馆为例，每年湖北省图书馆中文报刊部都会开展"读者荐书"的活动，

以问卷调查、微信投票、网站留言等方式统计读者阅读需求,然后根据读者的需求定期调整订购期刊种类以及副本数,这种根据读者需求订购期刊的方式,提高了杂志借阅率,体现了读者至上的服务理念。互联网环境下,应该利用互联网的技术支撑,加强图书馆之间的合作交流,随着各家图书馆之间交流合作的深入,可以实现读者到距离自己较近的任意一家图书馆借阅查阅文献的目的。另外,可以迎合读者的阅读兴趣,利用微信对话交流挑选读者喜爱的图书,比如湖北省图书馆一直以来都有"馆长荐书"这个活动,读者可以在微信平台上留言自己想要看的书,然后直接过来取阅,省去了读者自己找书这一环节,某种程度上也大大提高了图书利用率。纸质文献受时间、空间的限制,同一纸质文献在同一时间只能提供给一位读者阅览,利用互联网技术将文献资源数字化,建立数据库可以同时服务于多人。将数字资源集合化,通过全文检索、书名检索等多种方式提高读者获得信息的效率。通过互联网技术将文献扫描录入,读者足不出户在家里就可以检索到自己想要的文献,不受时间及空间限制,大大提高了文献的利用率。

(二) 工作人员业务素质的提升

互联网环境下,作为一名公共图书馆的工作人员,应该与时俱进,顺应时代的发展,具有丰富的知识面,尤其对网络知识应该十分全面准确,要加强馆员业务知识的培训,使其掌握与日常业务相关的业务知识、业务技能、软硬件操作技能等,帮助图书馆工作人员快速地熟练地掌握互联网环境下公共图书馆所提供的各项服务,图书馆工作人员应具备相应的服务理念、结构知识、职业道德准则等。网络的一个重要特点是多通道性,用户可以从多个角度进入同一信息,关键要看对网络的了解程度。互联网环境下的图书馆员必须走在读者的前面,在读者尚未提出问题之前就以自己的经验将信息分类,这样才能使这些信息的价值得到更充分地体现,使读者能够更直接更有效地利用,节约读者的时间,同时又能提高图书馆的层次。网络技术的发展和智能化设备的普及,使得智能手机、平板电脑日渐成为人们生活中不可或缺的部分,有相当读者的阅读从书本转移到更便捷的移动终端上,在此基础上,图书馆员应该根据读者的阅读习惯及获取信息习惯来探索公共图书馆服务模式的创新,建立基于互联网的读者沟通的网络信息平台,为读者推出合适的阅读内容和阅读空间,促进全民阅读的有效推进。同时,也可以简化手续流程,便捷业务办理,在快节奏的生活和工作模式下,时间是毋庸置疑的宝贵财富,互联网的快速发展为节约时间提供了有利条件。互联网和各个传统行业的深度融合为生活各个方面提供了便利，在信息和大数据的流通下，各个业务的办理手续与流程都更加便捷和人性化。在公共图书馆领域，此种便捷同样受到读者与馆员的大力欢迎。

（三）提升公共图书馆服务水平

互联网环境下，充满机遇与挑战，公共图书馆应该握住机遇，提升自己的服务水平。随着手机、平板电脑等日益成为广大群众的日常生活用品，文化的数字化、自助化的服务也显得尤为重要。自助化的服务主要是指自助办理图书证、自助馆藏查询、自助借还书、自助预约研讨室、自助缴纳图书超期罚款等。区别于传统的图书馆，运用互联网技术，实现全自助化、数字化的图书馆：读者可以自助办理图书证；运用OPACE系统读者自己查询馆藏系统；利用借书还书箱，读者只要将图书放在借书还书箱上面，点击"借书还书"按钮即可完成借还书操作。经过筹备试用，湖北省图书馆在支付宝移动端的"基本读还模块"已经建立完成，读者可以通过手机支付宝，轻松绑定读者证，绑定后省图界面实时显示读者证号对应的图书借阅数量、借阅日期、归还日期等信息，同时还可以检索馆藏图书，查看馆内最新活动公告，免费阅读3300多种报纸及杂志。公共图书馆在互联网环境方面也应该促进服务管理转型，比如通过微信平台，开展一对一的实时信息咨询服务。还可以利用微信公众号推送信息给读者，让读者在日常生活中就能够接触到图书信息，建立起图书馆与读者间的联系。可以将读者关心的问题如新书信息、藏书分布、讲座和文化交流等信息通过微信公众号进行推送。这样只要读者关注了该馆微信公众号，就能及时享受这些服务。湖北省图书馆利用微信公众号推送每个星期的"长江讲坛"的讲座预告，让那些年纪较大的读者，再也不用每个星期跑到图书馆拿纸质预告。还会定期推送一些馆里电影预告、音乐欣赏、阅读推广及活动安排，大大提升了图书馆的服务水平。

三、工作展望

综上所述，"互联网+"环境下，运用互联网技术对公共图书馆进行创新与改革是大势所趋。公共图书馆要及时转变服务观念，树立积极的心态，探索"互联网+"在公共图书馆读者服务中的应用，加强对馆员专业素质的培养，同时还要了解读者阅读习惯及喜好的改变，创新图书馆的服务模式及策略，公共图书馆应更加注重为读者提供便利服务，引入创新管理举措。例如，开放二十四小时不间断自助图书馆，补充了以往图书馆开放时间有限及空间不足的缺陷。而古籍阅览室可增加周末开放服务的时间，为一些仅在周末有时间来馆阅读查看资料的人提供更大的方便。为简化广大读者办理借阅书籍证的烦琐流程，缩减等待时间，公共图书馆应积极引进读者自助办理管理系统，针对读者性别差异，可提供一些针对性的服务，为读者创造更加舒适、畅快的阅读空间环境，从而适应"互联网+"带来的挑战，抓住机遇，提升公共图书馆的服务质量，真正体现公共图书馆服务转型的决心。

参考文献

［1］李小巧."互联网+"环境下公共图书馆服务创新的思考［J］.科学与财富，2016（22）：430-431.

［2］刘骁斌."互联网+"环境下的公共图书馆服务模式创新［J］.情报探索，2016（1）：116-120.

［3］陈荧.移动互联网环境下公共图书馆的服务对策［J］.图书馆学刊，2014（4）：91-93.

［4］刘炜红.对公共图书馆开展延伸服务的认识［J］.江西图书馆学刊，2007（3）：60-62.

农家书屋在乡村振兴中的可持续发展探究

江艳雯

（宜昌市图书馆，湖北宜昌，443000）

摘　要：农家书屋的发展尚处于中级阶段。如何解决农家书屋的可持续发展问题迫在眉睫，通过分析农家书屋的产生背景和现实意义，了解当前发展难点和政策，有针对性地对农家书屋的可持续性发展提供策略性的研究与探索。

关键词：农家书屋；乡村阅读；文化建设；乡村振兴

一、引言

由于城镇化的加速以及发展不均衡，在中国的乡村，青壮年为了谋生不得不远走他乡，乡村更多是留守老人、妇女、儿童的聚集地，乡村的可持续发展关系着国计民生。改变乡村面貌，吸引高科技、专业化、多元化的年轻人投身乡村，是强健农业现代化发展的重要路径，是全面实现乡村振兴的重要路径。繁荣乡村文化是乡村振兴的灵魂所在，而农家书屋是乡村文化振兴的重要载体，是农村发展的根，它在引领乡风文明、培养新型农民等方面有着积极的作用，肩负着乡村文化兴盛的重任。国家提出乡村振兴战略，既是机遇，又是挑战，它将在农家书屋的可持续发展中起到积极地指引作用。

二、农家书屋可持续发展运行的积极意义

从实践上看，农家书屋的提出与建设，在繁荣乡村文化中起到了积极作用，保证大部分乡村有阵地、有书、有人员管理，满足了一部分爱读书的村民可以现场阅读和借阅，丰富了村民的娱乐生活方式，更是延伸了公共文化服务的空间与范围。

（一）农家书屋建设背景

农家书屋是为满足农民文化需要，在行政村建立的、农民自己管理的、能

提供农民实用的书籍、报刊和音像电子产品阅读视听条件的公益性文化服务设施。

2019年2月，中央宣传部、中央文明办、教育部、财政部、农业农村部、文化和旅游部、国家广电总局、共青团中央、全国妇联、中国残联联合印发了《农家书屋深化改革创新 提升服务效能实施方案》（以下简称《方案》），以新时代文明实践中心建设为统领，树立问题导向、立足整改提升、坚持改革创新，推动农家书屋提质增效，助力乡村振兴战略实施。

作为一项当代新农村文化建设的基础性工程，农家书屋在一定程度上增强了农民学习知识的兴趣，进而提高了其文化程度，推动农村文化和经济的发展，但是农家书屋在实际运行中也存在着一些不可忽视的问题，这些问题也妨碍着农家书屋在农村中发挥实效，影响社会效益，因此需要克服农家书屋现存的问题，提出具有可行性地解决办法，使其可持续发展，从而在全面实现乡村振兴中起到实际效益。

（二）农家书屋可持续发展的意义

中国是农业大国，近些年各方全力研究"三农"问题的目的就是要解决农村增收、农业发展、农村稳定，因为这关系着国民素质、经济发展，关系着社会稳定、国家富强和民族复兴。国家提出"乡村振兴"战略，积极应对农业发展问题，不仅要着眼于"三农"本身，更应注重从"三农"之外，即各自对立面采取对策。农家书屋的建设与发展，有利于农民就近实现新型非农化、职业化，为农业产业化经营、农业新型化、功能多元化提供内驱力。

（1）解决乡村的协调发展问题，促进乡村现代化。我国还处在社会主义初级阶段，是农业大国，农村的经济、文化等各方面受地域限制等因素影响发展并不均衡，但从科学发展观来看，只有农村的全面协调发展，政治、经济、文化的协调发展，才是实现现代化的重要保证。根据乡村的实际情况，中央又提出乡村振兴战略。从农民的需要出发，农家书屋的可持续发展势必推动乡村振兴的进程。

（2）完善基层乡村文化建设，文化扶贫，提高农民文化素养。从宏观上看，享受文化的成果是每一个公民的权利。知识改变命运，提高农民的文化素质是改善农村经济的内核所在。大量农家书屋建成并投入使用，极大地拓展了公共文化服务范围，为乡村居民获取知识提供了便利。农家书屋作为文化扶贫的前沿阵地，是向基层群众传播知识、汇聚智慧的场所，在助力精准扶贫方面具有不可替代的作用。

（3）营造乡村文化环境，助力乡村振兴。乡村要振兴，文化须先行。农家书屋是基层文化建设的延伸和纽带，用好用活农家书屋，真正使农家书屋成为农民群众学文化、长技能、强本领的场所，营造出具有地域特色的乡村文化环境，让这一文化惠民工程真正助力乡村振兴。依托农家书屋，举办画展、演讲等，逐步构建农民教育体系，推动乡村全民阅读，让"农家书屋"成为乡村振兴的精神家园。

三、农家书屋可持续发展的难点

农家书屋的建设有利于乡村基层文化的发展，更是乡村文化振兴的载体，随着脱贫攻坚、乡村振兴战略的全面提出，国家越来越重视乡村的发展，尤其是乡村文化的培育与繁荣，但由于各种因素，农家书屋的实际成效与可持续发展仍然有困难。

（一）乡村人口少，区域发展不平衡

从实际看，随着城镇化进程的加快，大量乡村人员外流，常住人口减少，多是留守老人、妇女、儿童，而大部分的农家书屋都建立在行政村村委会，有些乡村离村委会较远，乡村地域发展也极其不平衡，导致借书、看书困难。

（二）农民读书意识淡薄，对文化要求不高

很多乡村农民没有很好的读书意识，娱乐形式单一，再加上读书观念陈旧与落后，未形成良好的阅读习惯，对文化要求不高，导致农家书屋的书籍闲置率高。

（三）经费不足，阵地有限，更新慢

农家书屋的书籍主要依靠财政拨款采购，每年资金有限，更新慢，藏书内容单一，没有地域发展特色，建设没有保障，阵地有限。村级图书室具有公益性，服务项目单一无特色，阅读体验感差，建设配套资源落实困难，后续知识更新、资金投入少，缺乏多样化与多元化，无法调动村民阅读的积极性，未能彻底地将其作用发挥出来。

（四）缺乏专职管理人员，流动性大

农家书屋的管理人员主要是村级年轻的储备干部，身兼多职，管理工作多而杂，工作动力及积极性不高，由此可见，农家书屋的专职管理人员非常匮乏，当前的管理人员综合素养不高，专业能力不强。

（五）服务资源结构单一，可持续性不强

农家书屋服务资源结构优化力度不足，服务项目单一，多数农家书屋都是坐等政府扶助，可持续性扶助未形成长效机制，相关部门未能根据实际情况了解建设的问题和困难，推动农家书屋可持续性发展遇到阻碍。

（六）宣传力度不够，引导慢

农家书屋归属于乡村文化建设，而乡村更多的是关注乡村经济的发展，例如养殖业、种植业及其农业专业化的发展，由于宣传力度不够，很多村民对农家书屋并不知情，也并没有专业的管理人员在村民之间进行有效地引导宣传，导致书屋建设滞后，"屋"不能尽其用，乡村阅读得不到有效开展。

四、农家书屋可持续发展的策略

农家书屋初期建设已完成，但要让农家书屋向着多功能、多元化方向发展，真正有效带动基层文化对村民的影响，必须紧紧围绕乡村振兴战略思想，探索出一条适合农家书屋可持续性发展的生存之道，积极调动村民善阅读、学文化的积极性，通过增长见识提升家庭经济水平，改善家庭生活，进一步繁荣乡村文化，进而推动乡村振兴，同时，也为乡村发展奠定坚实的基石。

（一）政策支持，强化领导作用

近年来，文化扶贫、新农村建设、乡村振兴等一系列文化政策一再利好，有各种惠民利民政策为发展经济文化作支撑，很多年轻人对政策的方向、未来趋势感知度高，随着"互联网+"和自媒体的发展，很多年轻人回流到农村，在聚焦"三农"上有了全新的认知，在农村创业，为家乡代言，带货乡村特产、普及乡村习俗文化、宣传乡村非遗项目等成为新型农业发展模式。为了推动乡村振兴，合理利用政策支撑，强化领导作用，认清乡村经济与文化同等重要，将农家书屋的可持续发展作为一项乡村发展大计，就近改善基层文化的质量，切实做好农家书屋的改造升级，保证其可持续发展，让新型村民有学习之地，又能进行自身知识储备提升，逐步让农家书屋适应现代化乡村的发展，成为村民的"加油站"，从而为乡村振兴提供文化动力。

（二）落实长效发展的规划及机制

农家书屋要长远发展，要做到发挥实效，长效发展的规划及机制必不可少。首先，对农家书屋场地的规划要合理均衡，因地制宜，发挥地方特色，可以建

在村委会办公室，也可以建在村小学、农家超市、农村合作社等公共场所，以方便农民群众借阅，还可以根据当地的风土人情进行设计，以营造良好的阅读氛围。其次，农家书屋的管理队伍建设也是重要任务，也要形成长期的管理机制，例如管理员的职责、管理规范制度、管理员业务培训计划等。管理员可以是乡村干部，也可以是爱书村民、热心公益之人，发挥村民的能动性，使其自觉参与到农家书屋的运行中来，增加村民的荣誉感。提升管理员的水平，保证开放时间，让农家书屋成为乡村发展的重要一环。

（三）丰富图书类别，探索数字化阅读方式

农家书屋配置的大部分图书都是由政府出资统一购置，虽然这些图书一定程度上解决了当地农民无书可读的问题，但书籍内容缺乏针对性，无特色化。大部分农家书屋都统一选配政治、经济、文学类相关书籍，这也就导致提供的服务产品具有较强的片面性，忽视了地域差异性问题，没有针对实际情况配置书籍。当地乡村可根据乡村特色选择具有特色的书籍，丰富图书类别。例如旅游乡村可以多选择与乡村旅游建设相关的书籍，种植业多的乡村可选择当地经济作物养护相关的书籍，也可根据时代潮流选择自媒体发展与技术相关的书籍等，以学以致用，拓宽视野为主。

（四）获得社会各界支持，共赢发展

从长远来看，农家书屋在乡村振兴中要实现可持续性发展，仅仅坐等政府扶持是万万不行的，农家书屋的发展要成为乡村发展各方资源整合的重要一环，除了要根据国家政策要求，自身谋划、制订出可行性计划外，还应主动走出去，通过走访、调研，及时了解农家书屋建设中的难点，通过获得各界支持找到解决问题的措施和方法，实现共赢。例如：积极主动与当地公共图书馆联系，接受专业培训，提升队伍的综合管理水平；寻求农业合作社在资金和人力上的支持，以打造合作社特色文化为契机发展创新农家书屋运营模式；与当地企业家建立联系，寻求帮助，让企业家以出资的方式共建特色书屋，也可邀请优秀的企业家开展创业经验座谈分享等活动，还可以主动与书店、出版社等建立联系，获得最新书籍信息；与公益机构开展捐赠等活动。

（五）用好活动平台和媒介资源

利用农家书屋的活动平台和媒介平台，为农村群众搭建现代远程教育、信息服务、农技培训等平台。例如利用"村广播""数字阅读机""微信群"等平台进行广泛宣传，让老百姓亲身感受到文化惠农的成果。还可以开展农家书屋阵地延伸服务，利用图书流动车等，把书籍送到自然村、乡村小学、幼儿园等场所，并开展乡村读书、心得分享等活动，实现图书全民共享，满足人民群众日益增长的文化需求，提升村民的文化素养，让农家书屋产生实效。

（六）借力乡村振兴发展大计，助力农家书屋可持续发展快速与乡村文旅融合

2019年中宣部等十部门联合印发《农家书屋深化改革创新 提升服务效能实施方案》，明确将推动共建共享作为提升农家书屋发展水平的重要措施。加强对农家书屋共建共享理念和实践的研究，对推动农家书屋提升服务效能、助力乡村振兴战略的实施具有现实意义。

农家书屋的可持续发展是推进乡村文化建设的重要一环。目前，乡村振兴战略正在实施阶段，很多乡村建立了旅游村、采摘园、民宿等，可将农家书屋建在人流量大的驻点，让阅读成为村民、游客休憩的娱乐方式。同时通过乡村举办亲子游、桃花节等各种文化旅游活动，联合农家书屋举办乡村摄影展、最美读书人等活动，也可邀请农业专家现场教学种植蔬菜、水果和花草等，这样不仅使村民受益，也能吸引游客，快速推进乡村文旅融合，吸引更多的机构自主扶持农家书屋的发展，助力农家书屋可持续性发展，加快推进农业农村现代化，走中国特色社会主义乡村振兴道路。

五、结语

农家书屋的可持续发展不仅仅从根本上解决了村民"买书难、借书难、读书难"的问题，还解决了公共文化资源均等、共享的问题。农家书屋的建设是一项惠民工程，也是一项民心工程，是实实在在为村民办实事。让村民用知识武装大脑，用文化培育"新型农民"，带动农业兴旺、农民增产增收。在乡村振兴战略中，农家书屋可进一步繁荣乡村文化，促进乡村经济发展，增强乡村村民认同感。

参考文献

[1] 陈乘芳. 公共图书馆农家书屋服务建设的思考[J]. 传媒论坛，2019，2（16）：136.

[2] 刘丽. "农家书屋"可持续发展的思考[J]. 图书馆杂志，2008（2）：47-49.

[3] 余艳娜. 精准扶贫视角下贫困地区农家书屋发展的现实困境及其策略

研究［J］.河南图书馆学刊，2020（1）：96-97.

［4］席艳辉，张志祥."农家书屋"让人欢喜让人忧［J］.新闻传播，2010（12）：33-34.

［5］苑鹏，曹斌，崔红志.空壳农民专业合作社的形成原因、负面效应与应对策略［J］.改革，2019（4）：39-47.

［6］赵颖婷.浅析如何深化农民专业合作社对乡村振兴的积极效应［J］.现代商业，2018（33）：167-168.

图书馆推进"党建+业务"工作融合的探索实践
——以湖北省图书馆为例

周 琪

(湖北省图书馆,湖北武汉,430071)

摘 要:近年来,随着信息化与智能化的蓬勃生发,图书馆作为文献信息中心,依托丰富的馆藏资源,为党政机关提供信息服务。本文以湖北省图书馆为主要研究对象,结合其服务党政机关的具体措施,将党建工作与图书馆业务工作深度融合,以期推动省直机关党员干部学习基地的可持续发展。

关键词:公共图书馆;党政机关;多元化服务

一、引言

党的十九大提出"要以提升组织力为重点,突出政治功能,把基层党组织建设成为坚强战斗堡垒"[1]。根据2019年中国共产党党内统计公报,截至2019年12月31日,中国共产党党员总数为9191.4万名,中国共产党现有基层组织468.1万个。[2] 2019年8月,湖北省图书馆被省委直属机关工委命名为"省直机关党员干部学习基地"。党员干部的学习教育离不开良好的学习阵地,加强阵地建设是深入学习贯彻习近平新时代中国特色社会主义思想,巩固深化"不忘初心、牢记使命"主题教育,加强党员干部思想政治建设的重要内容[3];是加强党员教育管理工作,提高党员队伍建设质量,保持党员队伍的先进性和纯洁性,积极探索的新路径。[4]

二、图书馆提供多元化服务的具体措施

(一) 创新公共文化服务方式

以"书香机关"建设为主题,按照习近平总书记提出的信念坚定、为民服务、勤政务实、敢于担当、清正廉洁好干部标准,牢牢把握意识形态工作的领导权和主动权,守好意识形态阵地,充分发挥图书馆在推进公共文化服务体系

中的作用。新冠肺炎疫情期间，图书馆向援鄂医疗队提供文化服务，量身定制个性书单，为医疗队提供力所能及的文化服务保障；整合海量文化数字资源开展数字文化服务，特别推出"方舱数字文化之窗"，以实际行动贡献文化力量。

结合疫情防控需要，多点发力营造浓厚活动氛围，开展一系列线上线下相结合的创新活动模式，如："在家阅读·书香战'疫'"线上阅读直播活动、"书香战疫，对话楹联"世界读书日主题活动、第五届长江读书节全民阅读活动、"e海悦读·宅家看书"系列活动、助力湖北文旅疫情防控舆情收集工作、"清风颂"省直机关廉政书画作品展，并同步推出线上AR虚拟展厅。通过不断创新宣传载体的方式，拓宽党建工作的宣传渠道，提高图书馆的文化竞争力。

精心打造教学亮点，着力构建党员干部学习平台。为增强基地学习效果，图书馆不断规范、优化学习流程，积极探索创新路径。党员干部可以在基地阅览党政读物、观摩党史及廉政教育影片、开展专题党课及交流研讨会等形式多样的学习活动。通过创新教学模式，积极引导党员干部参与到湖北文化建设中来，切实加强党员干部党风廉政教育，提升党员干部党性修养。

图书馆一直致力于普及先进文化，大力推进"书香机关"建设。通过建设流动服务点、图书馆分馆等流动网点，结合流动图书车、数字资源建设等，有助于快速形成图书馆"文化湖北"宣传推广窗口、数字化服务前沿阵地、新型馆员培训基地和省直机关党员干部的学习基地，逐步形成分级分布的党政机关流动和数字图书馆资源和服务格局。

（二）打造公共文化服务品牌

"长江读书节"作为湖北重要的文化品牌，坚持以倡导全民阅读、建设书香社会为己任，以"讲、阅、展、演+数"的推广模式，着力提升全民阅读活动效能。每年邀请"长江读书节"阅读大使、领读者、讲书人等分享他们在阅读、创作中的心得；或邀请图书作者、责编、知名学者针对图书、音乐、摄影等内容进行点评。党员干部可结合工作实际，进行荐书读书、交流分享、热点讨论等，展现广大党员干部昂扬的精气神和满满的正能量。

立足读者需求，积极主动地开展形式多样的阅读推广服务工作，不断提高服务品质。依托"沙湖书会"读者活动品牌及图书馆读者群，邀请省直机关各职能部门的党员干部，结合自身工作特点和专长，与广大读者见面互动交流，宣讲国家有关方针政策，与图书馆之间建立良好的沟通桥梁和纽带。弘扬优秀传统文化，传播社会主义核心价值观，彰显广大党员干部新时代、新担当、新作为。

依托图书馆自身丰富的馆藏文献资源和专业的信息咨询队伍，把握重点、突出特点、紧扣热点，有针对性地选编，为党员干部提供专题文献信息，如：《领导参考》《文化动态》《信息专报》《廉政文化图书馆推荐阅读》《廉政视野》等，以及结合时政为"两会"代表编制专题信息参考。根据"智库"职能定位，不断加强政策研究、政策解读和政策评估工作，发挥"智库"作用，为党和政府科学决策、民主决策、依法决策提供重要支撑。[5]

（三）提升公共文化服务体验

图书馆积极创新公共文化服务方式，由文化志愿者服务大队定期为党员干部提供文化志愿服务项目，帮助其参与到图书馆对外窗口部门开展读者服务，包括图书整理、文明引导、活动协助等。通过开展"学雷锋志愿服务"活动，打造文化志愿服务常态化品牌，强化党员党性观念，增强服务意识，提高服务能力，发挥广大党员干部的先锋模范作用和志愿服务精神，助推书香社会建设。

为彰显省直机关单位政治机关、文化机关建设的风采和成果，不定期在图书馆开展"省直机关'机关建设风采展'"，分别在图书馆"鄂图展览"、廉政文化图书馆长廊，以及图书馆官方网站、微信公众号、微博等新媒体平台，开展省直单位机关政治文化建设大比拼，旨在展现广大党员干部为民、务实、清廉的精神风貌，营造浓厚的廉政文化氛围，促进省直机关政治文化建设。

扎实开展党史学习教育，图书馆依托馆藏资源，开展庆祝中国共产党建党100周年馆藏党报党刊展，再现百年来中国共产党领导下的发展历程、辉煌成就和中国特色社会主义发展道路；特邀嘉兴市中共党史学会会长陈水林作"中国共产党创建与红船精神"专题讲座，与湖南图书馆、省演讲协会共同举办"书说百年路启航新征程"红色故事讲书人大赛，通过阅读、讲书等形式，重温红色历史，弘扬伟大革命精神，激励广大党员干部砥砺前行、开拓进取。

利用全省文旅融合发展机遇，采用"互联网+"等先进教学手段，充分发挥图书馆阵地优势，广泛运用电子多媒体、互联网等现代科技成果，助推学习型干部队伍建设，成立"省直机关党员干部文化修养培训中心"。根据党员干部的实际情况，聘请知名专家教授，开设写作、书画、舞蹈、瑜伽等培训班，让文化艺术陶冶党员干部情操，丰富文化生活、提高文化品位，全面提升广大党员干部文化修养和综合素质，增强文化感悟。

三、图书馆为党政机关干部开展服务工作中存在的问题

（一）缺乏科学精准的建设规划

整体策划不够科学。学习基地相较于红安七里坪镇、洪湖瞿家湾镇、大悟白果树湾·宣化店等教育基地而言，建设时间较短、起步较晚，馆内资源布局不甚合理，缺乏科学精准的建设规划，未能充分发挥图书馆文化资源优势。

建设经验有待加强。在如何构建独具特色的学习教育活动体系、完善基础设施和管理服务及更好地满足个性化、多样化学习教育需求等方面经验尚浅。如何明确相关部门责任分工，专业高效地对学习教育活动进行管理衔接，需要在实践活动中作进一步检验和调整。

活动内容较为薄弱。基地建设尚在起步磨合阶段，对部分党员干部的思想动态掌握不准、教育资源主题提炼不深；创新意识不足，基地学习形式较为单一，党性教育质量不高，无法吸引更多党员干部开展学习活动。

（二）对基地建设重视程度不够

人才队伍建设滞后。培训工作不够扎实，存在多头管理，统筹和责任落实不到位，各部门各自为战的问题。[6]缺乏完善的培训体系，人力资源后续开发不足，人才管理机制不够完善，在全面推进基地各项工作中显得主动性不够、劲头不足，从而一定程度地影响了工作效率。

经费投入仍显不足。上级部门对基地的投入虽逐年增长，但因经费管理等局限性，基地存在活动内容单调、展示手段落后、日常维护和建设资金短缺等问题，无法满足新时期广大党员干部的文化需求和日益增长的学习需求。

缺乏激励竞争机制。基地缺乏相应的规范化、定量化的绩效考核体系，人才培养机制并不健全。在实际工作中，绩效考核机制没有与部门责任目标、职工的职位晋升等进行直接挂钩，影响基地各项工作进一步开展。

四、对策建议

规范基地管理工作。将基地建设工作纳入图书馆业务发展规划，结合工作实际进一步优化基地规划布局，坚持互补性、共享性和丰富性原则，强化协调配合，统筹管理工作；通过对全省党员干部教育基地采取实地参观、座谈交流、现场听课等方式，研究制定基地建设标准和有关管理规定，推动基地建设运行管理科学化、规范化和制度化，提高基地整体工作效率与管理水平。

大力推动合作研究。加强与全省党员干部教育基地在资料保存、项目建设、

人才培训等方面的交流合作，让"老基地"带动新基地，促进优秀经验、建设成果互联互通、共享共用。加强协同创新，提升公共文化服务水平，不断提高党员干部政治判断力、政治领悟力、政治执行力，增强党员学习教育实效。

加大人才培养力度。人才是事业成败的关键因素，基地的长远发展离不开人才的支撑。建议加强学习基地的人才队伍建设工作，邀请相关领导、专家学者到基地授课，组织实地考察交流。充分汲取全省党员干部教育基地的先进理念和成熟经验，定期组织多层次、多种类的业务培训和学习交流，不断提升工作人员专业水平，为学习基地实现高质量发展提供人才支撑。

加强文献信息保障。图书馆引进先进的硬件设备，提供图书、音视频资源查阅、资料数据库访问以及红色文化展览等内容的主题服务，将文化资源与基地活动相融合，积极推动馆藏文献资源"活起来"，充分发挥图书馆文化阵地职能作用，全面推进学习型党组织的建设，实现党建工作的创新性发展。

完善绩效考核机制。推进全方位的监督机制，严格落实意识形态工作责任制，建立健全督查考核、责任追究。把基地工作纳入部门责任目标管理考核，科学研究设定绩效考核内容，建立以业绩为导向的收入分配制度和奖励机制，充分调动职工干事创业的积极性、主动性和创造性。

五、结语

习近平同志在十九大报告中指出，经过长期努力，中国特色社会主义进入了新时代。在建设学习型党组织过程中，图书馆推进"党建与业务"工作深度融合，提高服务效率与服务质量，创设浓厚的党员学习教育氛围。依托馆藏文献资源优势，科学统筹规划，丰富教学内容，创新宣传教育形式，通过官方网站、微信公众号、微博等新媒体平台广泛宣传基地学习教育活动，为推动工作创新发展提供了有力保证。为顺应新时代要求，确保高质量党员发展，图书馆要充分发挥主阵地作用，立足于满足党员干部读书学习需要和党性教育需求，引导党员干部进一步强党性、提能力，不断激发和凝聚广大党员为中国特色社会主义事业奋斗的内生动力，使湖北省图书馆真正成为党员干部学习教育的重要阵地，以及独具文化特色的"党员干部之家"。

参考文献

[1] 夏思军. 坚持人民至上的基层治理实践——创建亭湖特色的"3+X"基层战斗堡垒[J]. 人民论坛，2021（12）：82-83.

[2]（受权发布）2019年中国共产党党内统计公报[EB/OL]. 新华网，

2020-06-30.

[3] 中共中央办公厅印发《关于巩固深化"不忘初心、牢记使命"主题教育成果的意见》[EB/OL]. 中华人民共和国中央人民政府, 2020-09-14.

[4] 中国共产党党员教育管理工作条例 [EB/OL]. 中华人民共和国中央人民政府, 2019-05-21.

[5] 以科学咨询支撑科学决策 [EB/OL]. 人民网, 2018-12-06.

[6] 刘昕. 提升基层干部培训实效的路径 [J]. 人民论坛, 2021（13）: 40-43.

浅议中国图书馆发展历程

胡媛媛

（湖北理工学院图书馆，湖北黄石，435003）

摘　要：中国图书馆的发展经历了一个漫长的发展过程，从1840年鸦片战争直到当代社会，中国经历了旧民主主义革命、新民主主义革命、社会主义建设、十年动乱、社会经济改革发展几个重要阶段。新中国图书馆的形成和发展也随之经历了不同的阶段。回顾历史，展望未来，图书馆的发展方向应该是传统与现代化技术共同助力的复合型图书馆。

关键词：现代化；中国图书馆的发展；复合图书馆

新中国经过70多年的发展，中国社会整体的物质水平已经得到极大的提高，改革初期"人民日益增长的物质文化与落后的社会生产之间的矛盾"已基本解决。习近平同志在十九大报告中指出，我国社会主要矛盾已经转化为人民日益增长的美好生活需要和发展不平衡不充分之间的矛盾。

人民对美好生活的需求不仅仅是物质层面的，还有对美好精神文化的需求。满足人民对美好精神文化的需求，是新时代面临的重要课题。图书馆的建设属于"四个现代化"建设中科学文化（技术）现代化中的一部分，图书馆是精神文明建设的重要基地和传播者，我们只有了解中国图书馆的发展过程，才能对未来的图书馆建设有基本的构思和蓝图。

中国图书馆的建立和发展经历了一段漫长的过程。简单来说可以分为以下七个阶段。

第一阶段：1840年鸦片战争至辛亥革命——封建藏书楼向近代图书馆的过渡时期。

1900—1902年，乡绅徐树兰在其家乡绍兴府城古贡院创办古越藏书楼，它是中国第一所具有公共图书馆性质的藏书楼，它的建立成为中国近代图书馆出现的标志。第一家以"图书馆"命名的图书馆是湖南图书馆，它是我国最早的省级公共图书馆。至1912年，中国境内相继创建的省级公共图书馆共18所。

2009年9月9日，是中国国家图书馆建馆100周年纪念日，其前身是1909年张之洞执掌学部时的京师图书馆。京师图书馆是真正意义上由中国政府创办的国家图书馆。

美国基督教圣公会于1871年在武昌创办文华书院，1903年美国人英语教师韦棣华女士经多方途径筹集经费在文华书院创办了文华公书林，于1910年正式建成开放。文华公书林就是今天的华中师范大学图书馆，文华书院就是今天的华中师范大学的源头。文华公书林对武汉三镇的公众开放，因此兼有大学图书馆和公共图书馆的双重性质。

第二阶段：五四新文化运动到解放前——介绍和引进西方现代化图书馆理论和方法的起步时期。

辛亥革命的失败，使以陈独秀、李大钊、鲁迅为代表的先进知识分子对中国传统文化教育进行了反思。李大钊自1918年任北京大学图书馆主任兼教授4年间，利用图书馆研究和传播马克思主义，为奠定现代化图书馆的基础做了大量的工作。如试行开架，采用《杜威十进制分类法》分类西文图书等，撰写了《美国图书馆之训练》。

先后出国学习图书馆理论和技术的代表人物有沈祖荣、杜定友、洪有丰、袁同礼、李小缘和刘国钧等，他们或著书立说，如《图书馆学通论》《图书馆学》《图书馆学要旨》等，或演讲游说，介绍外国图书馆的情况，倡导中国现代图书馆运动。

《杜威十进制分类法》的传入，打破了"四分法"的传统格局，出现了数十种"仿杜""改杜""补杜"等文献分类法。刘国钧根据英美编目理论并结合我国目录学的传统，于1931年出版了《中文图书编目条例草案》，从美国引进的卡片式目录页开始在全国图书馆广泛使用。[1]

第三阶段：1949年中华人民共和国成立以后到20世纪60年代中期——向苏联借鉴社会主义理论运用于图书馆理论研究的学习时期。

这一时期，苏联图书馆学思想主导着我国图书馆的研究，伴随着社会主义阵营的形成，我国图书馆界树立了"社会主义图书馆学"的旗帜，初步构建了以马克思主义方法论为基础，以列宁制定的图书馆为人民服务的组织纲要为依据的图书馆学基本框架。

在此期间刊发的关于国外图书馆研究的成果中，大部分是研究苏联图书馆学的，如《列宁与图书馆事业》《学习列宁关于目录学的宝贵遗产》等。

第四阶段：20世纪60年代中期至"文化大革命"结束——在破坏中建设时期。

虽然我国的图书馆事业在"文化大革命"中遭到了极大的破坏，但在党和领导人的支持和图书馆工作者的不懈努力下，图书馆在"文化大革命"后期还取得了一些成就：编制出版《中国图书馆图书分类法》；"汉字信息处理系统工作"（又称"748 工程"）的启动标志着我国图书馆自动化研究的起步；编制《汉语主题词表》（简称《汉表》）使计算机检索汉字文献信息规范化。

刘国钧首次向我国图书界较全面地介绍了美国图书馆研发的西文图书机读目录 LG—MARC，并在重病期间先后撰写了多篇文章。自此，计算机技术开始逐步应用于图书馆工作的各个环节，图书馆开始从手工劳作向计算机管理过渡。

这个时期北京图书馆新馆建立，于 1975 年在周恩来总理的提议下建立，也就是我们今天看到的中国国家图书馆。

第五阶段：20 世纪 70 年代末至 90 年代——中国图书馆事业全面发展时期。

"文化大革命"结束，图书馆事业进入全面发展时期。1977 年，北京大学、武汉大学开始招收图书馆本科学生，随后许多高校开始创建图书馆学专业。1979 年，中国图书馆学会在太原成立，中国图书馆学会会刊《图书馆学通讯》出版。随后，全国各地成立地方学会，创办图书馆学期刊。图书馆学专业的建立、学术期刊的繁荣和学术交流活动的开展，为图书馆学的研究和发展提供了良好的基础和条件。

1980 年，全国高校图书馆发展到 675 所，全国高校图书馆馆舍总面积为 132.33 万平方米，到 1994 年，总面积已达 550.83 万平方米。

1980 年，文化部根据中央决定，成立了图书馆事业管理局。1981 年，成立了"全国高等学校图书情报工作委员会"。1981 年《中华人民共和国高等学校图书馆工作条例》由教育部颁发。1987 年在此基础上修订并颁布了《普通高等学校图书馆规程》。

1988 年，文化部委托深圳市图书馆承担并开发出图书馆自动化集成系统（ILAS），改写了国内图书馆自动化管理多依赖国外进口的历史，被誉为"中国图书馆自动化的骄傲"。

第六阶段：20 世纪 90 年代至 2000 年——现代化技术在各国图书馆的迅速发展时期。

1993 年，美国总统克林顿提出了"信息高速公路"的信息发展计划，世界各国群起效仿。1998 年，美国副总统戈尔提出"数字地球"（Digital Earth）计划，计划至 2005 年实现，2020 年正式建成。信息高速公路、数字地球，都是以计算机和通信网络为基础的现代化数字技术。

1992 年，北京大学图书馆学情报学系改名信息管理系。武汉大学图书馆情报学院历经多次变更后定名为信息管理学院。1999年，中国高等教育文献保障系统（CALIS）的启动标志着中国文献资源共享技术的成立，实现了我国高校图书馆从传统向现代化的转变，实现了文献信息工作与国际接轨。

第七阶段：21世纪——虚拟（数字）信息爆炸的时代。

进入21世纪，"互联网+"、大数据、云计算、人工智能、物联网、5G、区块链等互联网技术层出不穷，应用于社会政治、文化、经济、军事等各行各业。在中国现在几乎人手一部手机，私有轿车保有量达到1亿辆等。基于各种高新科技现代化手段的信息量呈几何数增加，读者获取信息的虚拟技术方式多种多样，虚拟图书馆的设想成为现实。虚拟图书馆（或"数字图书馆"）是图书馆现代化的一个重要标志。

虚拟图书馆从它的结构来说，必须建立在以计算机和通信互联网的硬件和软件为基础的数字化技术上，它与传统图书馆相比，其特征、功能、作用并不一样。随着数字化技术广泛应用于社会的方方面面，数字化技术的弊端也逐步被发现，如：数字化信息的存储对设备有要求，设备的价格不菲，还存在后期对设备的使用和维护等问题；转换成数字形式后，内容可能存在失真问题；数字化信息往往不能直接阅读，必须借助于计算机，不符合人们的阅读习惯；易受到外力的干扰和破坏，存在安全问题；数字化信息会涉及版权、使用费用等诸多问题。这不仅是数字化技术的弊端，也是虚拟技术以及虚拟图书馆的弊端。

展望未来，21世纪的中国图书馆应是传统实体图书馆与虚拟（数字）图书馆作为复合体共存互补的图书馆。虚拟（数字）图书馆是在传统实体图书馆的基础上建立发展起来的，是实体图书馆的补充和延伸，有着传统实体图书馆不可比拟的优势。可以说传统实体图书馆的劣势就是数字图书馆的优势，反之亦然，数字图书馆的劣势是传统实体图书馆的优势。虚拟（数字）图书馆与传统实体图书馆不是互相排斥的，而是有很大的互补性。未来传统实体图书馆与虚拟（数字）图书馆相结合的复合型图书馆应该取长补短共同发挥它们的作用，合力造福于社会。

参考文献

[1] 程亚男. 跨文化交流与中国图书馆现代化 [J]. 图书情报工作，1997(1)：11-14.

书法·读书·养生
——记湖北书法家郑颐贞先生与湖北省图书馆的情缘

孙智龙

（湖北省图书馆，湖北武汉，430071）

郑颐贞先生（以下简称"先生"）字特立，现年90岁，祖籍湖南平江，爱好书法、诗词、楹联。早年移居湖北武汉，曾在华中师范大学读书，武汉市第23、31中学任教，66岁退休。

先生国学功底扎实，幼读私塾，熟背"四书五经"、《古文观止》。创作诗词、楹联，翻译古文《尚书》《论语》。对甲骨文很有研究，能解释常用汉字的形、音、义，识古帖行草字。

勤练书法，乐助后学

先生学书勤奋，书宗王羲之、王献之、钟绍京、欧阳询、赵孟頫等书法大家，研习书法数十年，临帖坚持不懈。擅长楷、行、草书，尤工小楷。喜用金粉书写。据先生介绍，金粉比墨浓，书写难度很大，每写一个字要蘸一次墨水，易损笔。数十年来，先生写坏的毛笔甚多，每月投入300元购买笔墨、宣纸。

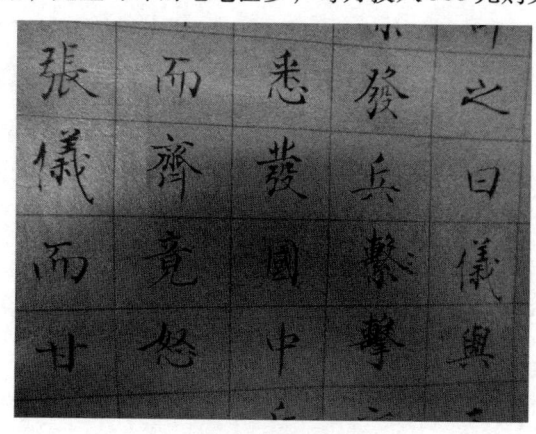

图1 书写作品

智慧图书馆建设与服务 >>>

图2 手书《史记·屈原列传》局部

先生书写小楷篇幅较长，自划行格。或录中国古代文学作品，或录佛教经文。录《史记·屈原列传》（约1800字）、《洛神赋》（约1400字）、《前赤壁赋》《后赤壁赋》（约1300字）达十多次。先生书法功力深厚。小楷一丝不苟，结构严谨，疏密有致，点画到位；行草生动、俊秀。内含筋骨，方圆并用，笔力稳健，笔画干净利索，不陷油滑，颇具神采，书风日趋成熟。其艺能来自三个方面：一是对艺术的热爱和执着的追求；二是刻苦的磨炼；三是超强的艺术领悟力。

先生勤练书法影响着周围的邻居。如笔者拜访先生后，由先生送出，途遇一大妈（约60岁）抱着孙子与先生打招呼，随即大妈从上衣口袋拿出书法习作向先生请教，先生耐心为其指导。大妈说自己练字的墨汁已用完，不知在何处购买，烦请代购，先生应允。

笔者揣度大妈与先生相遇绝非偶然，大妈习练书法深受先生影响，不时向先生请教，对先生的生活规律、出行时间、身体健康状况比较了解，请90岁高龄的老人为之外出买墨不担心出问题是很有把握的。

向先生求教书法者，不仅有先生住所的邻居，还有大专院校的学生及图书馆员等。

教师收入较高，先生生活无忧，心态平和，淡泊名利，居室陈设简易，自言感觉幸福。其生活、学习居室7平方米，仅能摆放一张单人床、两个书柜、一张小书桌。没法相信先生书法精品竟出自这样的简室。笔者从先生居室体会到简能磨炼意志，可养德、养心、养文。先生有四大爱好益于养身：

图3　求教书法，辅导后学

图4　生活从简，起居规律

1. 好书法

习书者心静无杂念，益于长寿。先生每天勤练书法，写大字一小时，小字两小时。笔者比较先生87岁与89岁的作品，发现先生89岁时的书法作品写得更好。可见先生书艺不因年事高而减退，反而日渐精进。

2. 好读书

读书能增智慧，延缓大脑衰老。先生经常来省图书馆借书，每天读书两小时，除利用馆藏资料外，常备的工具书有《说文通》《说文解字》《说文解字段注》《康熙字典》《汉语大词典》《宋本广韵》《中国楹联大典》《十三经注疏附校勘记》《文选》《诗经新注全译》《古代汉语》《三希堂法贴》《淳化贴》《草字汇》等。

图5　手书创作诗稿

3. 好诗词

先生创作诗词千余首，手书成册1—6集，诗册题笺《喓喓集》。喓喓：指深草虫鸣声，为蝈蝈、蛐蛐、螽斯之类。先生诗册以虫吟为题，意在亲近自然，悠然自得，融入嗜好，潜心研究学问，渐入佳境，物我两忘。

4. 好散步

先生近九旬高龄，身体非常好，走路不用拐杖，到图书馆借还书或外出散步不要家人陪同。每天步行十多里，步速接近常人，常在紫阳湖公园、中南财经大学散步。常从千家街住所行至大东门登蛇山，途经阅马场，直至黄鹤楼下山回家。

先生生活极有规律，早上5：00起床习练书法至11：30（其间包括自做早饭，读书两小时）；午饭后休息30—40分钟；下午散步；晚上8：00睡觉。

先生天天洗澡，饭前便后勤洗手。一天洗脸4—5次，刷三次牙。注意饮食，定时定量。不上餐馆，不乘车，不到外面吃东西，不抽烟，不喝酒。晚上看电视，喜看体育频道，如跳水、体操、足球等。不看拳击、战争、武打、悲剧，每天保持乐观心情。

发挥余热，服务社会

先生与图书馆有不解之缘，先生书艺的提高在一定程度上受益于省图书馆，为表达感激之情，先生用工整小楷抄录《史记·屈原列传》（约1800字）；手书自己创作的对联表达心声，内容为："脱俗医愚频临此，藏金贮粟悉在兹"。上款录高尔基语："我每读完一书至于人生阶梯前进一步"，下款录谚语："书中自有黄金屋，书中自有千钟粟"。先生将墨宝赠予图书馆，馆员和读者见此佳作出于耄耋之手笔，惊叹不已，赞不绝口。借此机会，笔者诚邀先生用小楷抄录特藏楼碑文——程其保撰《湖北省立图书馆记》，先生欣然应允。几天后，先生来馆赠送应邀书法作品。我们展开书卷，蓝底金字别具风格，一行行清秀工整的小楷映入眼帘，字迹金光闪耀，点画一丝不苟，笔笔到位，字字珠玑。全篇疏密有致，整观细品皆具神采。行款起止与程其保撰《湖北省立图书馆记》的碑文完全相同，称得上是一件难得的书法精品。

湖北省图书馆藏珍贵地方文献光绪《洪山宝通寺志》缺页，给图书馆收藏和读者阅读带来了缺憾。为此，笔者找到缺页内容，带上宣纸到先生家求助，先生热情接待，欣然命笔。观先生为缺页补字不失原件整体风貌，行格长短、字数起止与原件相同。该志得先生相助自此完整。先生之艺能与善举为馆藏和

>>> 二十四、其他

读者弥补了缺憾,读者阅读可欣赏先生佳作,联想和回忆曾经发生的故事。愿先生对图书馆事业的大力支持,与馆员的深厚情谊传为佳话。

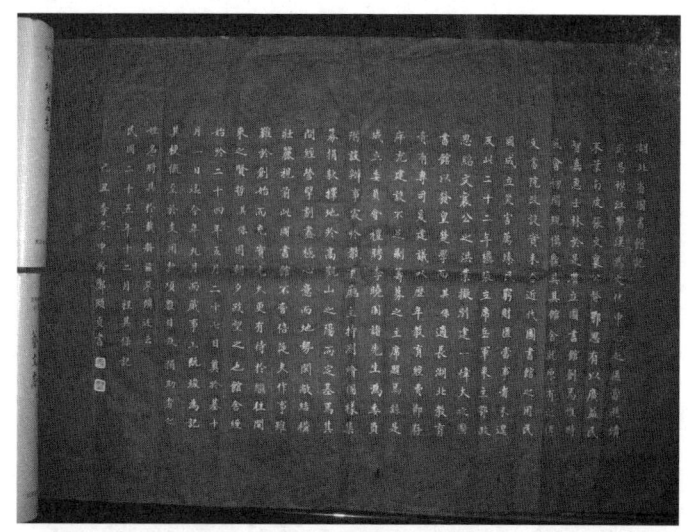

图6 《湖北省图书馆记》

先生不仅为馆藏《洪山宝通寺志》缺页补字,还用小楷选录《洪山宝通寺志》之首序——《洪山宝通寺续修庙志序》,黑底金字,流光溢彩。先生将此书法作品赠给宝通禅寺,得到寺院负责人的高度赞赏。

笔者与先生交流,感觉先生年近九旬,善于言谈,思维敏捷,精力旺盛实属稀见。其长寿与有着良好的生活习惯有关,并与读书、健身、书法结缘。

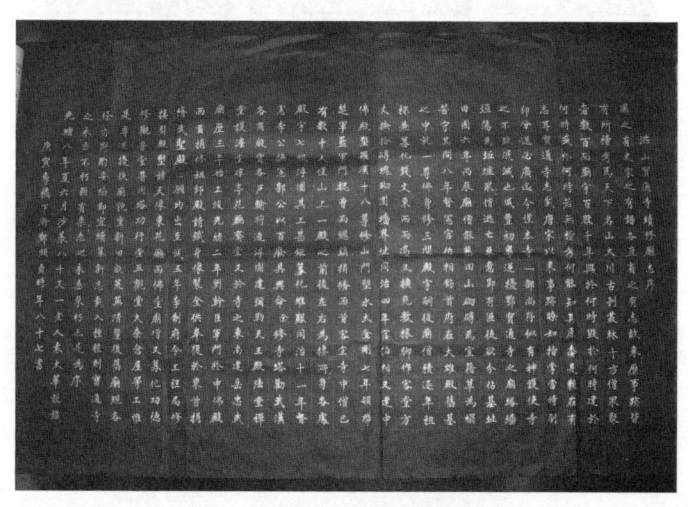

图7 《洪山宝通寺续修庙志序》

1047

读书有助于增长学问,散步有助于强身健体,习书法凝神静意有助于长寿,而长寿有助于书艺的提高。先生在古稀之年积数十年之书法功底为社会再做贡献,值得称颂。先生向公益事业捐赠书法作品,湖北省图书馆官网、宝通寺谈心网、湖北省佛协分别作了报导。

先生曾在中国诗词楹联学会征稿中获得金奖。参加全国书法大赛多次获奖。其书法作品被湖北省图书馆、宝通禅寺、西泠印社收藏。

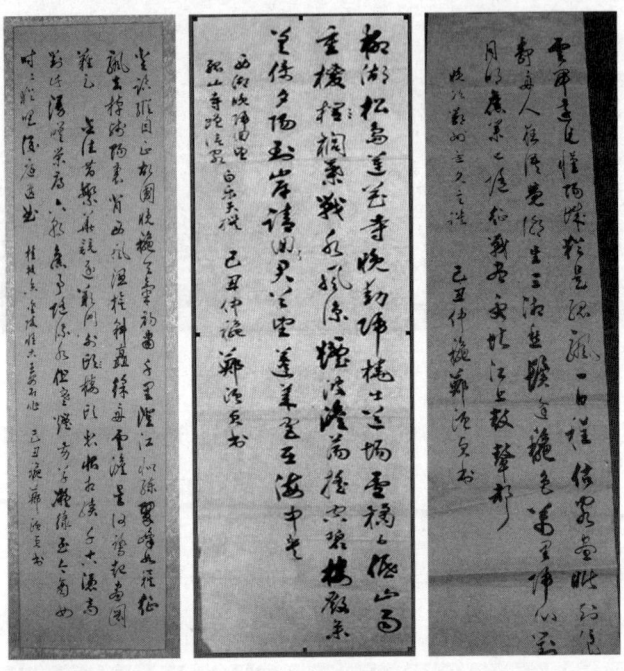

图8 书写作品

文化志愿者服务管理实践探索

赵 燕

（湖北省图书馆，湖北武汉，430071）

摘 要：通过加强文化志愿者服务管理，开发利用好图书馆文化志愿者这一社会资源，提高志愿者的积极性，保证志愿服务的效率最大化。

关键词：志愿者；服务管理

在公共图书馆服务的新进程中，民众参与文化志愿服务逐渐成为公共文化服务发展的新途径、新趋势，为公共服务领域注入源源不断的生机与活力，发挥了不可忽视的作用，在提升图书馆服务价值、补充人力和降低成本等方面具有举足轻重的作用，因此，探索公共图书馆文化志愿者的管理具有重要意义。

一、志愿者及文化志愿者的含义

志愿者（Volunteer）被联合国定义为"自愿进行社会公共利益服务而不获取任何利益、金钱、名利的活动者"，具体指在不为任何物质报酬的情况下，能够主动承担社会责任而不获取报酬，奉献个人时间和有助人为乐行动的人。

文化志愿者是指那些不以物质报酬为目的，利用自己的时间、知识、文艺技能等自愿为社会和他人提供公益性文化艺术服务和帮助的人。

志愿者包含文化志愿者，与普通志愿者不同，文化志愿者的专业性更强，业务素质更高，他们能够提供满足多元化、多层次文化需求的志愿服务，是一支重要的志愿服务力量。

二、背景

中共中央办公厅、国务院办公厅于2015年印发了《关于加快构建现代公共文化服务体系的意见》，提出要大力发扬志愿服务精神，建立形式多样、内容丰富、参与广泛的志愿服务体系，自此，志愿服务在我国公共文化事业中得到快速发展。[1]

文化部《文化志愿服务管理办法》（2016年7月14日）出台，第一条提出"为发挥文化志愿服务在构建现代公共文化服务体系中的积极作用，鼓励和引导文化志愿服务活动广泛深入开展，推动文化志愿服务常态化、规范化、制度化，根据文化志愿服务特点，制定本办法"，对文化志愿者工作提出了具体的规定。

湖北省图书馆积极响应相关文件要求，坚持以人为本、服务至上的理念，积极为社会公众搭建志愿者网络服务平台，组建文化志愿者服务机构，成立湖北省图书馆志愿者服务大队，设立服务岗位，通过湖北省文化和旅游志愿者网络服务平台、官网微信号、馆舍宣传栏长期招募通知、总服务台纸质现场报名等方式招募文化志愿者。

三、文化志愿者服务中存在的问题

（一）文化志愿者管理机构有待优化

文化志愿者管理队伍虽有机构设置，但管理人员皆为兼职，无专职专业人员，欠缺有较高理论知识的管理人员，缺乏对团队的管理提供专业性指导和引领，导致文化志愿者管理队伍服务水平得不到提升。

（二）文化志愿服务项目开展有待系统性筹划

目前湖北省图书馆的文化志愿者服务岗设有图书报刊整理、借阅服务、读者咨询、文明督导服务项目、公益活动服务项目、外援辅导项目、信息咨询服务项目等。根据全馆报送的志愿服务项目来看，80%都是馆内部的服务，基础性的服务，如图书整理、数据录入、秩序维护、图书加工等；专业性强的服务，如讲解员、新闻通信稿拟写、视频剪辑等。馆外开展的服务有走进地市州希望小学爱心捐赠活动、志愿者讲述红色故事等。文化服务项目开展的系统筹划不全面，对于发挥文化志愿者个人专长有一定的局限性，不能更好地发挥个人优势，不利于文化传播的广度和深度。

（三）文化志愿服务项目需求有待完善

目前，文化志愿者越来越多地活跃在湖北省图书馆各个服务岗位，大大解决了图书馆人手不足、经费等问题，但同时存在弊端，有些岗位因文化志愿者的参与承担了部分工作，而导致本岗位馆员出现工作懈怠现象，反而违背了招募文化志愿者服务的初衷。

（四）文化志愿者培训有待加强

文化志愿者在服务中需要通过配套性的培训来不断提升自己的专业服务能

力和综合素质，如得不到及时的培训，会丧失积极性，产生一定的负面情绪，不利于工作的开展和自身的成长。

四、文化志愿者管理对策

（一）完善文化志愿者组织建设

加强管理力量，设专人负责，提高图书馆文化志愿者管理水平。加强文化志愿者管理人员思想建设，使管理人员积极参与到文化志愿者管理中。加强图书馆文化志愿者管理人员对外交流学习，与具有较强管理能力的"兄弟"馆交流学习，吸取先进管理理念，提升管理人员业务水平。图书馆文化志愿者管理人员应积极参与举办的各类业务培训班，提高业务能力和自身素质，为管理好文化志愿者打好基础。

（二）培育文化志愿服务组织

依托现有的组织管理层级，分层分级管理和服务于全社会的志愿者组织（文明办、民政、共青团）；建立志愿者服务联合会，建立志愿者组织发育基地；与专业的社工组织合作，为志愿者组织提供专业服务的培训；为志愿者组织减压，吸引其参与平台交流和资源共享。

（三）提升文化志愿服务项目专业性

一般文化志愿者会在符合自身兴趣的情况下报名参与文化志愿活动，而志愿活动能否满足民众增加生活阅历、拓宽社交网络的需要，是否有利于自我发展与提升，以及自身能力素质是否符合志愿岗位要求，也是影响公民对公共文化服务志愿活动参与意愿的重要因素。

开展文化志愿服务专业性项目活动，如开展领读者项目，组织领读者到乡村、学校开展阅读推广，组织有专长的文化志愿者开展讲座、培训传播知识等，形式多样的专业活动可以激发文化志愿者的参与率，使其更有效地发挥自身特长提升自我。

（四）加强文化志愿服务协调合作

文化志愿者工作包括志愿者招募、培训、工作、激励、保障、评估、应急机制、反馈等，不是单纯的一个部门的工作，需要馆领导和各部门主任、服务小队长及合作单位相互协调和充分配合才能完成。文化志愿服务工作要突破封闭模式，与相关单位、个人建立密切联系，确保各个环节沟通顺畅，起到事半功倍的效果。

（五）创新文化志愿者培训模式

文化志愿者配套培训，可分为岗前培训和在岗培训。

岗前培训是志愿者上岗前视情况对志愿者进行集中培训，培训分素质教育及专业技能培训。素质教育包括志愿者服务理论知识、沟通技巧、文明礼仪、安全教育、团队协作能力等，以及养成爱岗敬业、乐于奉献的良好职业道德。专业技能培训包括图书馆馆情馆貌、岗位细则、业务流程、文化志愿者服务相关的业务知识和图书馆相关专业知识和技能，要有为读者提供文献信息资源搜索、查阅等服务能力。

在岗培训是志愿者上岗后，根据需要由专门的培训人员或资深志愿者对上岗的志愿者进行业务辅导，帮助他们熟悉服务岗位，尽快适应工作环境。

线下的讲座培训，已无法满足现在培训的需求了，应采用实践与课程相结合的模式，如通过组织开展线上线下活动，进行现场及网络视频培训等活动，使文化志愿者在沉浸式活动中不知不觉地提高自身综合素质，实现自我完善。同时可以组织与其他文化志愿者队伍进行交流，文化志愿者们在学习中相互了解、沟通感情，增强志愿者队伍的活力与凝聚力。

五、结语

随着我国人民生活水平的日益提高，公共图书馆文化志愿者志愿服务很大程度满足了志愿者奉献社会的志愿精神追求。公共图书馆通过实践必须探索出一条具有自身特色的文化志愿者服务管理模式，招募广大爱心民众都能够参与进来，充分发挥文化志愿者在社会中的积极作用，在帮助、服务他人时实现自身价值，既做文化的受益者，又做文化的传播者。

参考文献

[1] 陶诚. 大学生志愿者服务动机的调查研究 [J]. 教育教学论坛, 2018 (4)：49-52.

[2] 李雪. 武汉东湖新技术开发区高校图书馆对外开放模式研究 [D]. 上海：华中师范大学, 2019.

[3] 刘静. 高校图书馆面向公众开放模式下文化志愿者的管理实践研究 [J]. 兰台内外, 2020 (35)：48-50.

[4] 唐义, 李江南. 公民个人志愿参与公共数字文化服务现状调查与分析

[J]．图书馆杂志，2021（4）：9-18．

[5]黄明静．刍议公共图书馆志愿服务[J]．内蒙古科技与经济，2021（5）：151-152．

[6]程丞．高校图书馆志愿者管理模式设想——以沈阳大学图书馆为例[J]．图书馆学刊，2020（12）：45-48．

浅析基层公共图书馆存在的问题与对策

王传雄

(安陆市图书馆,湖北安陆,432600)

摘 要:书籍是人类思想的宝库、是文明进步的阶梯,而书籍的海洋是图书馆,图书馆的存在对人的精神生活和社会的发展具有重大的意义。随着图书馆服务重心向基层的转移,在建设过程中,由于基层条件的限制,我国基层图书馆存在诸多问题。此文针对基层图书馆建设出现的问题及其对策,提出几点建议。

关键词:图书馆;基层;问题;对策

一、基层图书馆存在的意义

图书馆是汇集和传播知识的主要阵地,是人类智慧结晶储存的场所,是保存各种文化遗产、文明成果,传递有效信息的重要部门。当前时代背景下,人们对于知识的需求是前所未有的,图书馆承担着向社会大众传递信息的重要责任。各种级别、各种类别的图书馆,都发挥着传播知识的重要作用,基层公共图书馆的建设,是提高基层群众精神文明与综合素质的重要举措。

二、基层公共图书馆发展存在的问题

近年来,在中央及政府相关部门的重视下,基层图书馆的建设力度日益增大,建设成效也日趋明显,但仍旧存在些许实际性问题。接下来,就对公共图书馆建设过程中出现的问题进行分析。

(一)发展观念滞后

一个城市的发展和精神文明现状,一定程度上取决于基层图书馆的规模和利用程度,基层政府在以经济建设为中心、国民生产总值的考核指标下,很难兼顾服务型的事业单位图书馆,而公共图书馆的设施建设很大程度上依赖于地方的财政拨款,在建设过程中存在一定的依赖性,但地方政府对图书馆缺乏正确的认识，致使图书馆建设滞后，而且，由于领导者落后的发展观念，使基层图书馆的重要地位得不到确认。

（二）领导对图书馆事业规划及重视程度不够

根据中共中央办公厅、国务院办公厅印发的《关于加快构建现代公共文化服务体系的意见》要求，各县要建立一个由县党委领导、县政府管理，县级文化部门、财政部门、人社部门等协同的一个权责明确，统筹规划，符合本地区的公共文化服务制度，县政府应定期召开图书馆建设与发展的专题会议，制订同本地区经济与文化发展相适应的图书馆发展规划，并将图书馆建设与发展纳入本县考评与考核中，然而，大部分地方政府虽将图书馆建设与发展纳入发展规划，但并未进一步具体落实与实施。主要是因为图书馆决策者对现代公共图书馆的发展趋势缺乏足够的了解，建设目标认知不够，对建设图书馆没有一个总体的构想与规划，也没有制订具体可行的发展计划。

（三）建设资金短缺，结构不完整不合理

资金是困扰图书馆建设的主要问题，基层政府对于图书馆的财政投入不足不单单是个例，没有足够的资金，图书馆的建设很难开展。就目前来看，基层图书馆馆舍陈旧，服务功能单一，仅能初步完成图书馆的借阅功能，对于设备的维护及运行等保障达不到想要的预期，更没有条件进行改建扩建。配套设施的不足制约了公共图书馆服务效能的发挥，同时数字时代也对图书馆建设提出诸多新的服务要求，在资金不足的情况下，图书馆不仅达不到规定的服务建设要求，数字资源设备也未能大规模普及，资源共享服务乏力，致使图书馆的服务及建设受到极大的影响，严重限制了其功能的发挥。

（四）图书馆的馆藏不足，资源匮乏

行业上规定，合格的公共图书馆，需要满足人均两本的图书标准。但是在很多地方，基层公共图书馆馆藏存储量明显不足，纸质文献老化陈旧，已经跟不上阅读服务的需求。充实公共图书馆馆藏储存量是图书馆建设过程中的一项重要措施，有的地方由于财政资金短缺，每年除了报纸杂志外，很少购买新的文献资源。在第六次评估定级中，为完善公共图书馆服务建设，让图书馆有效地开展延伸服务，把乡镇阅读服务点及文化站的图书室通过资源的整合达到相关要求的作为分馆处理，使得各图书馆文献资源的总量得到扩充，但在读者利用文献资源时，这些陈旧和老化的文献资源，远远不能满足读者的需求。而在第六次评估定级之前，电子文献资源的建设几乎为零，在第六次评估定级指标中，增加了现代技术在图书馆中的应用占比，为此，很多图书馆在经费极度缺乏的情况下购买了少量的电子文献，但是对于落后的基层图书馆来说，这些电子文献怎么被有效地提供使用还是一个难题，而且电子文献是否适用于本地区读者的需求，也是由决策者来定，没有考虑本地读者的需求而进行文献资源的购置，很难满足广大读者的阅读需求。

（五）管理不规范，相关法律制度不健全

2018年1月1日实施的《公共图书馆法》在图书馆的基础建设、运维方式、服务供给、管理制度及保障机制等多方面作了规定，但对于基层图书馆来说，法律中的许多条款似乎都是一般要求，很多规定没有细化，要做到用好、用实并不容易，在管理的过程中还是会出现各项流程不规范的现象，制度建设不够细化、不够完善。

（六）基层图书馆人才建设不足

人才建设，对公共图书馆起着至关重要的作用。受到图书馆资金和领导者人才观念不足的影响，图书馆在人才管理机制上也略显不足，无法有效吸引人才、留住人才，工资待遇较低导致高层次人才不愿去基层和留在基层。另外，图书馆人才考评方式不科学，使得考评的科学度不够。同时，在一定程度上，图书馆人员几乎得不到及时有效的补充和更新，人员的老龄化严重，接受新知识、新技能的能力偏弱，影响和制约了图书馆的全面发展。

（七）服务落后，资源利用率低

公共图书馆作为一项惠民工程，公益性是其显要的特征。政府应响应国家号召关注基层文化建设，但是总的来说，基层政府对公共图书馆的建设不够重视，市民很少去图书馆，导致部分公共图书馆建设成为形式主义，收效甚微，难以发挥服务实效。随着互联网技术的普及，公共图书馆的服务水平一直难以得到较好的提升，严重影响了市民去图书馆的主动性，利用率低也反映出图书馆服务定位存在问题。网络数据时代，传统的服务和管理模式受到冲击，而大部分公共图书馆在认知上仍旧只注重藏书的扩充，却忽略了网络时代人们对电子资源和服务的需求，如果没有发挥互联网的优势，电子图书和报纸杂志将不能及时地通过新媒体进行传播，会导致其实际利用率越来越低。

（八）缺乏信息化共享标准，服务水平待提升

在传统的服务模式中，基层图书馆的服务受众以本地区读者为主，服务比

较被动。新时期，人们有着更高的服务需求，人性化服务成为各大企业、单位发展的风向标，基层图书馆单一被动的服务模式将极大阻碍其建设和发展。各地区公共图书馆在数字化发展中，各自为政，缺乏统一的标准，致使信息无法共享，难以突出数字资源的优势，数字化共建共享的理念难以实现。因此，在以后的建设中，公共图书馆应统一规范，加强制度建设，加大各区域图书馆的联系，走信息资源共享、图书馆共建之路。

三、基层公共图书馆建设对策分析

对于基层公共图书馆来说，它的发展关系到我国文明建设和文化传播的质量，加强基层图书馆的建设，需要采取精准有效的措施，创新思维，针对存在的问题对症下药。下面就图书馆建设对策来进行分析。

（一）改变观念，谋求发展

对于图书馆，要积极了解新形势、新做法，引进新的办馆理念，为谋求发展，必须去掉依赖性，树立自我发展的意识，唯有具备现代化服务理念，才能适应新形势下的发展。而对于基层政府，创新的服务理念是与其他地区竞争的关键优势，因此政府要改变观念，重视基层图书馆建设，加大投入力度，将图书馆纳入评估考核体系，使图书馆所创造的社会价值呈现出来，引起社会各界的关注。

（二）重视图书馆事业规划并实施

政府应将图书馆的建设与发展纳入党委、政府的工作议题中，并积极实施既定的规划，主管部门认真听取图书馆负责人对图书馆建设与发展情况的汇报，切实解决图书馆建设与发展中面临的困难与存在的问题，图书馆决策者是公共文化服务体系建设的主要执行者，应根据本区域发展情况和读者需求及时有效地制订图书馆的发展规划和工作计划，并将图书馆在发展中遇到的困难和存在的问题及时向上级部门汇报。

（三）增加资金投入力度，完善基础设施

基层政府要转变观念，高度支持基层图书馆的建设与发展，加大专项资金投入，着力完善图书馆基础设施建设。政府的重视将决定着图书馆发展的人力、财力投入，地方主管部门要加强认知，想方设法增加图书馆投入力度，扩大图书馆藏书、软硬件设施建设等，对于图书馆管理者来说要重视内部管理，创新工作思维，优化图书馆的内外部发展环境，在基础设施建设上体现人性、个性化设计，做好员工的思想教育工作，通过开展各类活动扩大影响力和提升品牌效应。同时积极抓住各种发展机遇，运用多种途径和方法，多方面、多层次宣传图书馆在构建和谐型社会中的作用，增强各级领导和社会各界对图书馆在促进社会发展中的新认识。

（四）加强馆藏建设资金的筹集

基层图书馆馆藏要得到足够的补充，必须要解决建设资金的问题，加强与当地政府的交流，争取当地财政和社会各界的支持，利用财政和社会资金解决图书馆电子文献和设备的购置、藏书的更新和剔除等问题，同时结合本地读者的实际需求进行文献资源的配置，明确现代化图书馆的建设方向，满足广大读者的阅读需求。

（五）细化法律、制度建设

图书馆提供优质的服务离不开制度的管理和规范。公共图书馆的管理也要实现规范化、制度化，这就要涉及《公共图书馆法》的具体落实方面，《公共图书馆法》应针对存在的管理问题和管理漏洞，不断地健全和细化管理制度。同时，要强化制度的落实，在服务工作中，加大考核力度，按照规章制度规范各项服务，发现问题要及时给予处理。

（六）强化人才建设，提升服务质量

基层公共图书馆想要加快发展速度，提升服务质量，人才是不可或缺的因素，强化人才队伍建设是促进图书馆发展的重要途径。首先要抓住人才的入口，以有利的条件和丰厚的待遇，吸引和留住具有图书管理专业知识和技能的人才，让他们发挥应有的作用；其次，强化在职职工技能培训和学习深造，提高他们的工作能力；最后，要管理人才，采取科学有效的方式对人才进行管理，强化工作考核，提升业务能力，为图书馆发展提供人力支撑。

（七）推动服务创新完善，优化服务

公共图书馆为市民提供优质的服务是其发展的生命线，借助完善的管理制度和有效的行为规范实现优质的服务，为市民提供多元化、个性化服务，图书馆还要通过管理制度的创新带动员工服务理念的创新，将独特的服务理念落实到工作中，在服务过程中不断进行改进和完善，逐渐形成自有的独特服务模式，走个性化与品牌之路。

（八）加强信息、数据化建设，利用馆际合作实现资源共享

新时期公共图书馆理应契合时代新要求，实现充实馆藏为中心到用户体验为中心的转变，积极推动公共图书馆信息化建设共享，区域间图书馆做好图书馆共建，通过标准化的建设和规范化的流程，实现区域数据、馆内馆际数据的实时共享。做好共建共享，一是要加强地域图书馆的联系协调，共同建设共同利用；二是要与其他类型图书馆加强交流协作，建立优势互补、合作共赢的关系，最大限度满足当地群众的精神文化需求。

四、结语

综上所述，基层图书馆是国家公共图书馆不可缺少的组成部分，是图书馆发展中数量最多的群体，加强基层图书馆建设，是基层发展的重要方法。要想建设好基层公共图书馆服务体系，政府应加大对图书馆的投入和支持力度，帮助其解决建设中的实际问题，让图书馆得到健康而有效的发展，这样才有利于文明程度的快速提高。

参考文献

[1] 段军丽. 论公共图书馆建设中存在的问题和对策 [J]. 河南图书馆学刊, 2018 (6): 34-35.

[2] 赵莉. 公共图书馆发展中存在的问题及对策探究 [J]. 祖国, 2016 (24): 92.

[3] 王锐. 探析县级公共图书馆管理存在的问题和对策 [J]. 黑河学刊, 2018 (4): 30-31.

[4] 陈家成. 试论基层公共图书馆建设中存在的问题和对策 [J]. 卷宗, 2014 (11): 20.

馆员心声——我与读者的交流

孙智龙

（湖北省图书馆，湖北武汉，430071）

我从事图书馆工作十余年，经历了采编、报刊、信息和特藏等部门。图书馆如同一个纽带，将我和读者紧密联系在一起。我与读者相互学习、彼此受益。以下介绍我与读者交流的一点体会与收获。

一、平淡续友情

1989 年我在中文采编部工作。有一次中午休息，我到中文外借部观看我馆工作人员下围棋。棋下了半局，下棋者有事出去，由我和一位素不相识的读者续下这盘没有下完的围棋。棋下完后，我与这位读者随意交谈起来。他叫周建明，那时才二十多岁，在武汉印刷厂工作，爱好写作，想来我馆办理借阅证查阅资料。当时本馆规定，需要有办证申请卡才能办理借书证，他正为无办证卡而发愁。为此，我提供办证卡一张，帮助周建明办理了一张借阅证，并向其介绍馆藏书刊资料的检索途径及目录的查询方法。在较短的时间内，他对我馆逐渐熟悉起来。此后，他常来馆里借书、查资料，与我谈学习、谈读书、谈参加社会实践活动的体会。并且多次约我去他家玩。

周建明生活得很有情趣，家里房子不大，但房内干净整洁，家里有哑铃、篮球、吉他，书架上放满了书。其爱好广泛，喜欢运动（跑步、游泳、打篮球）、读书、写作和唱歌。吉他弹奏水平较高，可弹几首古典曲目，能自弹自唱。在周建明家里，我加深了对他的了解，也增进了彼此之间的友谊。每到年底，周建明会送我挂历、贺年片等。周建明利用馆藏资料，促使其写作水平得到了很大的提高，常有文章发表于报刊。几年后，他已是一家报社的记者。与周建明的交流，给我的感受是：周建明过得很充实，充满着进取心和活力，朝着自己理想的目标——当一名新闻工作者而不断努力、追求，是图书馆和馆员帮助他实现了梦想。

二、忘年亦朋友

2004年我来到特藏部工作，在这个部门我接触了很多读者，其中尤其需要提到的是在特藏部阅读达数十年的两位长者，他们分别是郭荣晃老师和徐大纲老师。

郭荣晃老师，年近古稀，是一位在特藏部看书长达三十年的老读者。郭老精通书法、篆刻，熟谙诗词，而且熟练掌握多种古籍工具书的查阅方法。本部门之匾额为郭老题写。部门工作人员与郭老相处非常融洽，馆员与郭老之间相互关心，彼此问候。我们在特藏部经常能听见他谈诗、谈对联、谈书法、谈读书、谈生活。我经常向他请教疑难字（篆字、生僻字和异体字），他都耐心解答或帮助查阅工具书。我还向郭老请教书法，郭老说："写好字并不难，要经常写，贵在坚持，临帖时学像一种字体后就要放弃，再学另外一种字体，书写时将多种字体融会贯通（这一笔用一种字体，写那一笔用另外一种字体），写出的作品就成了自己的字体，从而形成自己的书写风格。除此之外，还要加强字外功夫的修养，要多看书，多读书。"

郭老师在港台发表诗作百余首，多次请我帮助打字或用E-mail发送诗稿。其用数十年时间整理出一部《梅花诗百咏书画集》，该画集是根据元朝冯海粟题写的《梅花百咏》而编纂。郭老将冯海粟作的百首梅花诗配上百幅梅花图，用篆、隶、行、草四体手书百首梅花诗欲出版，请我帮助联系出版商，我帮助郭老师在网上发布了征询出版商出版《梅花诗百咏书画集》的信息。

在特藏部，我与郭老相互学习，互相帮助，取长补短，在帮与被帮之间，我与郭老的情谊日深。郭老师称呼我为小弟。郭老师擅长篆印，想为我刻印章，可惜他年龄大，眼花、手抖，时常感到力不从心，未能如愿。我生病一个多星期未来上班，郭老想来我家探望，我想快八十多岁的人，想去看我，有这个想法就不错了，我何德何能，怎么敢当啊！我紧紧握住郭老师的手说非常感谢！

徐大纲老师，是体院的编辑，现已经退休，也是本部门一位看书长达数十年的老读者。我初来特藏部时，对古籍工具书不熟，难以从深度做好参考咨询工作，但凡有学习方面的问题向徐老师请教，徐老师都能耐心给予指导和帮助。他告诉我，特藏部是学习和出工作成果的地方。在这里工作，要学会使用多种古籍工具书的查阅方法，学习查阅古籍工具书，刚开始应从《文史哲工具书简介》入手。徐老师向我介绍读书方法，他说："在60年代'文化大革命'初期，他经常来馆看书，就读书问题，曾请教于徐孝宓馆长，徐馆长当时在特藏部门口扫地，语重心长地对他说：'人的精力有限，要读的书很多，书是读不完的，书要有选择地读，多读有益的书，最好选读一本你认为最好、最有实用价值的书,对这本书要多读、深读和精读。他体会到'精读一本书论'对他后来的学习和研究很有帮助"。

　　徐老师为精读一本书,参考和阅读了很多很多的书。因而增长了知识,增强了悟性。其理解、分析、判断和考证能力也得到了提升。徐老师博学,擅长书法,主学魏碑和颜体,熟悉武汉掌故,熟练掌握了各种古籍工具书的使用方法,为撰《清汉阳名臣熊伯龙传》在馆阅读时,我常听他自语:"这本书(有的地方)错了!我钦佩徐老师考证古代典籍的分析和判断能力,其丰富的学识与他博览群书有关。就读书问题我曾多次向徐老师请教。在交流中我感受到:徐老师治学的原则是不轻易写一本书和发表一篇文章,努力做到不要贻误后人。我由此看出徐老师务实求真、严谨治学的态度。徐老在馆阅读长达二十余年,其因病离世前两个月,特来图书馆向工作人员和老读者道别,称其视力模糊,已不能来馆看书了,深情看着他常阅读的地方、常坐的座位、熟悉的工具书架……离馆时多次回看特藏楼,最后才依依不舍地离开了图书馆。

　　徐老师用徐馆长的"精读一本书论"来启迪和勉励我读好书,让我通过读书和学习,来增长知识,以利于今后我在工作中做出成果,多为图书馆事业或社会做贡献。

三、服务架桥梁

　　我在期刊部从事读者服务工作时,接待过一位不寻常的读者。他通过我馆馆藏的《全国报刊资料目录索引》查阅了大量的期刊资料,查阅量和资料复印数量多于常人,引起了我的注意。工作中我主动与他交谈起来。他叫张斌,有一个远大理想,想写一部理论专著来论述哲学问题。他目前已离开单位在家专门从事哲学研究。据他介绍,为编写哲学著作,他去过许多省、市级图书馆,就他在我馆查询到的期刊复印资料,摞起来有从他家的地面到屋顶那么高。张斌为追求他信仰的哲学而放弃了工作,这是他的不寻常之处,我敬佩他坚韧不拔和孜孜不倦的求知精神,把他作为一个重点读者来接待。当时,报刊阅览室为读者服务主要采取闭架方式借阅。他使用《全国报刊资料目录索引》查询到的题录,有较多的期刊我馆没有收藏,闭架调阅的服务方式似乎不能满足他的需要。为此,我对他专门进行了培训,使他熟悉和掌握了我馆期刊的排架方式。根据张斌的特殊阅读需要,我与主任商量,同意让他进库进行"地毯式"的查阅。他在期刊库内查阅资料时,如果发现期刊排架错误,会主动帮助我们整架,将期刊放在它应在的位置。我曾对他说,等你的专著出版后,一定要送给我们部门一本。他愉快地答应了。在张斌的身上,我看到了他的毅力,虽然他制定的目标看起来比较遥远，但其执着的学习精神值得我们学习。

四、交流新收获

我馆计算机的普及和应用与市图书馆相比较晚。我馆新电子阅览室于2002年起正式对外开放。这期间，有很多工作要做，但怎么做？这对我馆电子阅览室的管理工作来说是一个空白。为了适应新时期读者对电子文献和网上资源的需求，做好电子阅览室的管理工作，我们需要向其他馆借鉴工作经验，学习工作方法，加强自身的学习、探索与实践。此外，与读者交谈也是开启思路的一个重要渠道，可以开阔眼界，可以通过读者了解外面同行业的信息，可以获得或多或少的收获，既有工作上的收获，也有个人生活和学习上的收获。交流属于共同，收获属于彼此。

我在新电子阅览室工作时，重视与读者的交流、沟通和学习，我曾主动向读者征求改进工作的意见和建议。本馆电子阅览室有一位男士叫甘青，学的是文科，是个实习记者，他经常来我馆上网查询资料。我在与他闲聊中，了解到他想写一篇关于"武汉人品牌意识"的调查报告，他把我作为一个调查或采访的对象，请我谈谈武汉人和图书馆人对品牌意识的看法，我耐心地回答了他提出的若干问题。我也请甘青谈谈他对我馆新电子阅览室的看法，甘青就此提出了他个人的观点和建议，如硬件方面，需增加计算机，增大显示器，扩大规模；软件及管理方面，介绍了大专院校图书馆电子阅览室和社会开办的网络机构情况，这些机构为促销而开展的各项活动。甘青建议我馆可以举办丰富多彩的读者活动，吸引更多的读者来馆。甘青的建议对新时期如何开展好我馆电子阅览室工作有所启迪，有利于我们改进服务工作。我将甘青的建议与主任进行深入交流。此后，新电子阅览室陆续开展了很多读者活动，吸引了更多的读者来电子阅览室上网，我从甘青那儿获得的是工作方面的收获。

有一位女士叫张立明，在武汉电视台工作，负责编辑或主持某个电视专题节目，经常来我馆电子阅览室上网查阅资料。我向她介绍馆藏，或指导其操作软件。我从她那儿了解到有关媒体的知识，开阔了视野。我调入特藏部工作后，张女士曾多次来找过我，或为做电视节目查阅古籍资料，或与我一同谈读书和培育小孩的体会。从她那儿我获得的是学习和生活方面的收获。

此外，电子阅览室还有许多不知道姓名或未曾深交的读者，在他们当中，有的甚至只见过一次面，也会有收获。在电脑出现软件故障的时候，许多有计算机专长的读者会主动提供帮助。我及时向他们学习和请教，学到了许多电脑维护方面的知识。

五、无悔之感悟

我多年交友的体会是：与读者交朋友不分工作性质，不论从事内部管理工作还是从事读者服务工作，都可与读者交朋友，后者与读者联系更加密切，条件更为充分。

图书馆和书刊资料是馆员与读者交朋友的必要条件。图书馆是纽带，书刊资料是桥梁。馆员如失去这二者的联系，与读者交朋友则无从说起。

以读者为本，是馆员与读者交朋友的关键，也是提高书刊资料利用率的重要因素。工作中如贯穿"以读者为本"的思想，那么除了现实已交的读者朋友以外，还会有潜在的读者成为新朋友。馆员应为读者查找资料排忧解难，把读者的事当成自己的事来办，读者服务工作一定会做得更好，读者定会从内心表示感谢。

很多读者对图书馆有很深的感情，有的到馆查阅率不低于馆员工作的出勤率。如果把图书馆视为一个大家庭，这些老读者就是家庭中的成员，喜欢在他习惯坐的地方坐下，他们每天来到这里，会倍感亲切，这里是他们的第二个家。如武汉电视台退休干部周世雯在本馆查阅资料为时一个多月，对我们提供的服务非常满意，她多次对我说："好！这里真好！到了这里就像到了家的感觉。"这是许多读者发自内心的感受，是馆员的热情服务、优美的阅读环境、丰富的书刊资料，使读者产生了"家"的感觉。

我们在工作中，不可避免会遇到问题或发现问题，出现问题并不一定全是坏事，它可以明确我们寻找和解决问题的目标与途径。当解决问题时，除了依靠本馆相关部门外，有些还须向读者请教。当问题解决后，我们及时积累和总结经验，以便以后出现类似的问题时能够很好地解决。

图书馆的读者具有多样性，有的为某一领域的专家，可为我们提供学术或技术上的帮助（如电脑故障、古籍工具书的查阅等）；有的学习执着、刻苦，可从精神上引导和影响我们发奋学习，钻研业务。

与读者交友可以不分年龄、性别，凡有利于改进工作，有利于提高服务技能，有利于提高学习质量，有利于改进生活方式的，都可以与之交往。尤其是与知识广博的读者交往，会有更大的收获，可以丰富我们经历，增长我们的见识，也可以增进联络馆员与读者之间的感情。读者是我学习上的良师和益友。我个人认为讨论、交谈也是获取知识的一条重要渠道，就某个知识问题可与他们"闲聊"，这种"闲聊"可开启思路和起到意想不到的效果。

总之，要做好读者服务工作，就必须善对读者，与读者交朋友，工作中要让读者满意，既给读者提供了帮助，也会使自己受益，更有益于做好读者服务工作。

浅谈数字图书馆的四化建设

张军民

(鄂州市图书馆，湖北鄂州，436000)

摘　要：本文从图书馆馆舍管理智能化、图书资源数字化、全国资源共享化、数据服务个性化四个方面展望了在数据化发展的今天图书馆未来的发展方向。通过智能化的物联网建设来提升图书馆的管理水平；通过图书资源数字化和全国资源共享化实现资源的充分利用和合理配置；利用数据服务个性化提高读者服务水平和借阅体验的同时，更好地为社会的经济建设和国民素质的提高作出贡献。

关键词：智能图书馆数字化

一、馆舍管理智能化

（一）馆舍建设智能化

常规图书馆存在借还书流程复杂、盘点和查找工作量大、效率低下、借阅管理和防盗脱节、工作人员满意度低、读者满意度低等难题。随着 RFID 的引进，图书馆工作人员的工作强度大幅度降低，读者的借阅体验也有较大幅度的提升[1]。如果当今的图书馆能更好地融入现代社会智能家居的理念将会大大提高读者的借阅体验。图书馆是一个相对比较封闭，并且人流量大的环境。图书借阅过程中一些细菌很容易通过图书来传播。特别是像近两年的新冠肺炎疫情，使得大家对公共卫生有了更高的关注度。在当前图书馆的建设情况下，可以从以下几个方面来改善读者的阅读体验：第一，所有照明、采暖、制冷设备智能化。图书馆的照明及采暖设备用电量也占了图书馆运营费用的很大一部分，如果所有的照明采暖设备能够根据外界的光线强度及温度实现自动调节，不仅能节约资源，也符合当下的循环经济主题，为建设绿色图书馆提供基础。同时，为图书馆建立消毒杀菌系统，这样能让读者更放心地借阅而不用担心细菌病毒的传播。第二，可以对图书馆的借阅情况建立数据分析系统。图书馆可以通过对读者借阅习惯的分析建立相应的应对措施。比如该地段的读者更倾向于借阅什么类型的书籍，我们可以根据实际情况对以后的图书购买进行合理的配置，以充分利用图书馆的资源，避免资源浪费，从而更好地为读者服务。对图书馆的数据进行分析后，我们还可以根据读者到馆的情况合理配置工作人员的数量，以避免出现图书馆工作人员配置不合理而导致图书馆服务不到位的情况。

（二）24小时自助借还系统

随着社会的发展，人们的生活节奏越来越快，平时很少有大量的时间用来逛图书馆，周末可利用的时间也非常有限。因此，一个现代化的可以实现24小时借阅的图书馆将会更符合现代人的需求。比如读者可以利用平时零碎的时间在App上寻找自己想要借阅的图书，然后在自己经过图书馆或有空的时候去借出目标图书，这样会让读者有一个非常好的借阅体验。24小时自助借还系统对图书的系统管理提出了更高的要求。24小时还书是一个简单的系统，很多图书馆已经实现，但是如何将借、还系统联系起来，实现还回的图书可以自动分类同时又自动借出，这是一件很有挑战的事情。这不仅需要大量的资金投入，还需要一个非常自动化的系统。从笔者目前的知识范围来看，要实现完全的自动化需要考虑的是资金投入和必要性。我们目前可以借助的是机场的行李收集系统，我们可以将还回的书进行初步的分类，后期还是需要依靠人工来上架，但是这样也节省了不少人力。同时，如果我们上一套自动的索书系统，读者只需要在前台挑选自己需要的图书，5—10分钟之后书就可以自动送到读者面前，这也将是一个非常高效的借还体验。这样也能节省图书馆的人力资源成本，而节省出来的人力可以更好地为读者提供其他服务，比如信息咨询、信息检索服务等。

二、图书资源数字化

随着电子图书的使用和推广，电子书阅读器也逐渐得到发展，尤其是大量免费的电子图书在互联网上迅速而广泛地传播直接推动了电子书阅读器的产生。首款电子书阅读器在2004年上市，凭借着轻便、可弯曲、超低耗的优点，一上市就受到很多消费者的青睐，电子书阅读器市场的发展也突飞猛进。2006年基于Eink显示技术的阅读器只有3种，2007年增加至5种，而现在已经增加到上百种[2]。数字内容技术的发展速度超乎想象，所以图书馆如何适应读者的需求也是当下5G时代需要考虑的一个问题。

(一)现有纸质资源数字化

随着科学技术的发展，纸质资源可以很方便地通过扫描转化为数字资源，并且能够适应新阅读器的使用。所以我们更应充分利用这些纸质资源，并且一些馆藏的资源很有珍藏价值，将这些资料数字化也是一个很好的资源保护过程。当然，对于藏书量大的图书馆，这将是一个庞大的工程。但是这样做是适应现代化、优化资源管理的一种非常有效的方式。我们可以将其列成一个三到五年的长期计划，慢慢来实现。一旦完成这些工作将会对图书馆的管理带来质的飞跃。因为这些资源数字化后将会为后期的数据库共享提供有力的支持。

(二)新进资源数字化

随着资源及数据的更新，图书馆会购入更多新的藏书，我们在订购这些书籍的同时，可以要求图书供应商提供相应的电子授权版本，这样可以方便读者实现线上和线下资源的充分利用。当然，我们不能因为数字化而忽略了当前还愿意继续保留纸质阅读习惯的读者的需求。他们仍然可以继续根据自身的需求选择线上阅读还是线下阅读。我们在选择数据资源的同时还需要考虑以下几个问题：首先，数据资源的兼容性，不同的读者使用的阅读器可能不同，我们需要兼容性更强的电子资源以适应不同读者的需求。其次，电子资源也需要做好图书分类工作，方便读者在纷繁复杂的数据库中很容易检索到自己需要的图书。最后，电子图书的目录也非常重要，因为电子图书的翻阅性没有纸质图书强。一个好的目录更方便读者把握全局以及快速地浏览目标章节。

(三)数字图书馆的推广和版权管理

数字图书馆建设好之后也要及时做好推广工作，让更多的读者了解图书馆的数字资源。同时，我们需要进行适当的培训和引导工作，让读者能够快速地掌握如何使用数字资源，以提高数字图书的阅读体验。中国目前的知识产权保护体系还不够健全，数字图书也是有版权的，如何做好数字资源的版权管理工作也是我们需要思考的一个问题，不能让馆藏资源轻易地被盗取。

三、全国资源共享化

(一)借助物联网实现资源共享化

随着互联网的发展，资源共享会变得越来越方便，图书馆充分数字化之后会为资源共享提供更有利的条件。资源共享在很大程度上能够节省和充分利用资源，减少书籍杂志等资源的重复购买。如何充分做到数字资源跨区域的全国共享更是我们要考虑的一个问题。

物联网是指通过射频识别、红外感应器、全球定位系统、激光扫描器等信息传感设备，按约定的协议，把物品与互联网连接起来，进行信息交换和通信，以实现智能化识别、定位、跟踪、监控和管理的一种网络。物联网把物品都连接到一个网络中，形成物物相连的网络，在这个网络中，物品能够彼此进行"交流"，而无须人的干预。在这种网络下可以大大减少人力资源的投入，实现资源配置的高度优化与高效配置。物联网不仅是工业发展的重要方向，也将会是图书馆发展的前景和方向。物联网的真正实现需要信息采集、信息远程传输、海量信息智能分析与控制等相互配合和完善。信息采集是物联网的基础，通过电子标签和传感器等器件自动识别、采集和感知获取物品的标识信息、物品自身的属性信息和周围的环境参数，借助无线数据传输网络将收集的物品相关信息聚合到统一的中央信息系统中，利用云计算、数据挖掘、模糊识别等各种智能计算技术对物品相关信息进行分析融合处理，完成对物理世界的高度认知，并将处理结果实时反馈给网络中的相关控制部件，实现对物品智能化的决策控制[3]。我们可以充分利用物联网的优势，实现全国不同图书馆之间的数据共享，不仅能充分利用不同图书馆的资源，也大大地提高了读者的体验，同时能更好地为地方高校、企业的研发提供有力的数据基础和支持。

（二）建立灾备数据库

说到数据，就不得不提灾备系统，数字化之后的图书馆，数据是重要的资料，数据的丢失会给图书馆带来巨大的损失。因为数据是计算机系统存在的原因和基础。数据往往是不可再生的，一旦发生数据丢失，图书馆的数字化就失去了意义。概括起来，数据丢失主要分为以下三个层次：一是逻辑方面的错误，包括软件漏洞、外部病毒的攻击、数据块被破坏等。二是物理层面的损坏，包括服务器、磁盘损坏等。三是意外事故及自然灾害，是指火灾、地震等自然灾害对数据中心的摧毁等。为了避免数据丢失造成的损失，必须对数据进行灾备保护，这样才能保护好已有的数据系统。数据库建立了灾备系统之后，一旦数据丢失或损坏，可以在较短的时间内实现数据的恢复，从而不影响图书馆的正常运行。如果能实现全国范围内的数据共享，我们还可以在不同的图书馆之间实现相互的灾备系统，这也是节省成本的一种方式，我们可以选择目标一致的图书馆，实现相互的灾备。

四、数据服务个性化

数字化后的图书馆会有两种类型的数据,一类是数字化后的图书资源,另外一类是期刊文献数据系统。其中,期刊文献数据库是图书馆特有的资源,是社会上的稀缺资源。很多企业没有足够的财力来购买数据库。这些资源对企业的创新和产品开发具有很好的指导意义,图书馆有责任和有义务将这部分资源充分利用起来并发挥其应有的作用,为企业的生产做出应有的贡献。具体我们可以就这两类资源做进一步的资源开发,更好地利用图书馆的优势服务好广大读者。

(一) 图书资源的信息分类定制

传统图书馆的文献信息检索是低效率的人工检索,由于图书馆工作人员的劳动强度大,因此文献信息的查全率和查准率都不高。而且随着课题的不断复杂化,检索所耗费的时间也相应延长。而网络环境下数字图书馆将全部文献信息存储在网络的某个节点上,用户通过关键词或主题词可以快速、方便地检索到所需的文献[4]。

(二) 信息检索服务

图书馆数字化之后,能够很容易地跟踪到读者平时的借阅习惯,我们可以根据读者的需求给读者推荐他们喜欢的图书,这样可以大大减少读者在庞大的数据库里寻找需要资源的麻烦,为读者节省时间。另外,我们可以为读者提供信息分类定制服务。比如在某个阶段,读者需要某方面的数字资源,但他们有没有时间有针对性地查找相关的资源,我们就可以在充分了解读者的需求之后,为读者找寻到他们需要的图书。由于数据库费用昂贵,很少有企业能够负担得起庞大的数据库费用。这也是企业基础研发投入少的原因之一。如果图书馆能充分发挥资源优势,更好地为企业提供文献查询服务,可以大大提高企业的产品开发实力,为经济社会的发展作出长远的贡献。

(三) 深度挖掘图书及期刊数据库以外的内容

深度挖掘信息内容,集成文字、音频、视频、多媒体等多种媒体资源,创造出新的阅读空间,为读者提供更深层次的服务。当今时代快节奏的生活使得人们的阅读习惯从传统的文字阅读逐步转向其他形式的阅读。如乘坐公交、地铁过程中的听书、看视频等方式,这些阅读方式不仅轻松愉快,并且能更充分地利用碎片化时间。因此,图书馆应该多发掘除传统阅读以外的数字资源,这样能更好地吸引读者,特别是青少年读者。知识是人类进步的阶梯,我们应该通过不断地对图书馆资源的创新,吸引更多的读者回归图书馆,而不是让更多的读者关注社会上的一些非主流媒体对一些极小众事件的特殊渲染而掉入西方所谓的娱乐至死的陷阱。

归根结底,图书馆的功能是通过不同的方式提供足够充分的阅读资源为个人、为社会服务。如果我们能充分利用图书馆的资源优势,充分发掘不同的数字化资源,提供更好的阅读体验,让更多的读者回归图书馆,这样也能为"十四五"规划纲要里面所提到的社会文明得到提高做出一份贡献,同时,也为提高全民素质,提高企业的基础研究实力和社会主义建设做出应有的一份贡献。

参考文献

[1] 何都益. 融合人工智能的图书馆资源建设问题反思[J]. 科技情报开发与经济, 2011 (21): 75-77.

[2] 肖红琳. 电子书阅读器影响下的图书馆服务模式之变革[J]. 情报资料工作, 2012 (2): 85-88.

[3] 田秀娟. 物联网发展趋势与图书馆服务模式变革[J]. 情报探索, 2011 (8): 111-113.

[4] 王宁远. 网络环境下传统图书馆服务方式变革初探[J]. 四川图书馆学报, 2002 (5): 17-20.

数据分析在图书馆中的应用
——浅谈读者个性化阅读

赵 晶

(武汉市江汉区图书馆,湖北武汉,430000)

摘 要:通过数据信息对读者进行分析,介绍如何提取图书馆大量信息,对读者行为数据进行分析,提示每个读者的阅读习惯及行为轨迹、各类读者的阅读兴趣爱好,为读者定制个性化阅读,同时结合社交软件建立读者个性化阅读群,扩大读者圈,提升图书馆服务品牌影响力。

关键词:图书馆;数据分析;读者个性化阅读;微信

随着信息技术和网络技术的飞速发展,以及信息资源的爆炸式增长,图书馆读者需要的信息类型呈现出多样化、专业化、复杂化的特点。同时随着数据信息处理技术的不断发展,大数据这个新兴的产业正逐渐在金融、电子商务、医疗卫生、教育、社会安全等国内外各个不同的行业领域发挥着积极作用。如:沃尔玛通过使用客户的Facebook好友喜好和Twitter发布的内容来进行数据分析,从而发现顾客的爱好、生日等有价值的信息进行礼品推荐,实现智能销售。基于大数据相关性分析的亚马逊图书推荐系统根据用户的付费购买行为和用户的浏览行为为用户推荐书目,进而提高用户消费概率。

图书馆也提出了一种新的发展模式,变被动服务为主动服务的智慧型图书馆,即根据不同读者的需求在信息海洋中搜索信息,及时、针对性地通过数据分析各类读者、用户的需要,为读者量身定制个性化阅读服务。

一、读者个性化阅读

读者个性化阅读就是采集读者在图书馆的行为数据,对照进行挖掘、分析,并进行模块化的归纳,形成可视化的阅读报告并展示出来。之后通过邮件、微信、微博等互联网方式呈现,与读者进行互动,向读者展示图书馆大数据的魅力。读者阅读报告单,以单个的读者个体作为研究分析对象,统计读者一年的在馆行为数据，具有针对性、个性化。首先所呈现的内容是读者在图书馆一年的轨迹，共计借阅了多少本书，第一本借的是什么书，在所有读者中的排名情况，以及各类星座的排名，还会为读者推荐一本符合其喜好的图书。

二、读者阅读分析研究

（一）采用数据指标细分读者用户

读者阅读报告单采用数据指标细分读者用户，系统采集的数据指标支持平台前端的个性化行为分析，以读者为主线来进行画像设计，在初期可视化报表成果的基础上，将统计出来的不同规模数据，细分定位到每个读者，使每个数据都有一个读者归属。将分散无序的统计数据，再依据读者衔接起来，在现有图书界面上，每个统计数据都增加一个标签，点击标签，可以展示对应每个读者的行为数据，同时可以链接到其他统计数据页面。由此可以推导出，以读者为主线来建立数据采集指标维度：读者基本信息、读者社会生活信息、读者活动行为偏好、读者借阅行为偏好、读者价值、读者反馈、读者忠诚度等多个维度，依据建立的采集数据维度，可以细分到数据指标或数据属性项。

1. 读者分类

读者按职业类别可分为学生、工程师、教授、讲师、公务员、工人、离退休等；按学历可分为中小学、高中（中技）、大专、大学、研究生等；按年龄可分为少儿读者、青年读者、中年读者、老年读者等。

2. 读者活跃度分析（以本区为例）

以青年读者最为活跃，占比62%，其次为中年、少儿和老年。

3. 读者性别借阅量分析（以本区为例）

2013—2017年女性为121610，男性为175453。

4. 读者借阅时段分析（以本区为例）

从借阅时间分析，上午10时、下午15时和16时是全天最高峰，与图书馆周边居住环境和读者组成情况相符合。

（二）待收集分析读者信息

1. 读者借阅行为偏好

是否有借阅行为，进、出馆时间偏好，借、还时间偏好，续借敏感度，图书品类偏好、出版社偏好、渠道偏好，对纸质图书的偏好、对电子图书的偏好，对新书的偏好。

2. 读者活动行为偏好

是否有参加活动，参加活动的频次、活动时间敏感度、活动类型偏好、对活动种类的偏好、对活动的活跃度。

3. 读者反馈

读者参与的活动，参与的讨论，收藏的图书，借阅过的图书，推荐过的图书，评论过的图书。

（三）读者个性化阅读画签设计

通过采集的读者信息数据，对读者的特征进行提取分析，进入这个环节，就需要依赖各种建立的数据模型或函数算法，计算出读者对应的画像数据值，这就是读者个性化画签设计最为关键的环节。

标签	标签属性	标签属性值
读者基本信息	性别，年龄，星座，居住城区，活跃区域，证件信息，学历，收入，健康等。	男女，年龄值，星座名，城区名、区域，收入值。
读者社会生活信息	行业，职业，生活圈子，收入水平，是否有孩子，孩子年龄。	教育行业，大学老师，有小孩，5岁，1万，购买能力强。
读者借阅行为偏好	是否有借阅行为，是否有预约预借，进、出馆时间偏好，借、还时间偏好，续借偏好，图书品类偏好、出版社偏好，渠道偏好，对纸质图书的偏好，对电子图书的偏好，对新书的偏好。	有借书，有过预约，周末上午进馆、下午出馆，月初借书月末还书，有续借行为，喜欢历史、哲学类图书，使用微信预借、自助机借还，偏爱纸质图书，几乎不看电子书，对新书不敏感。
读者活动行为偏好	是否有参加活动，参加活动的频次、活动时间敏感度，活动类型偏好，对活动种类的偏好，对活动的活跃度。	有参加活动，频繁、次数值，周末上午，亲子类活动，智力类活动，签到簿早退。
读者反馈	读者参与的活动，参与的讨论，收藏的图书，借阅过的图书，推荐过的图书，评论过的图书。	参加你选书我买单活动，对读者最爱图书有发表书评，收藏过文学类图书，借阅过文学图书，推荐过养生类图书，评论过某本电子书。

三、读者个性化阅读信息推送及运营方法

在互联网时代，随着科技的迭代更新，社会不断给人们提供新的工具。如今，传统的媒体不断创新、改革，各种新媒体更是日新月异，这给图书馆运营带来了极大的便利。图书馆可以通过微信、邮件、短信、官方网站等方式推广阅读报告单。下面简单介绍几种读者个性化阅读信息的运营方式。

（一）微信

腾讯微信从最初的"通讯 App"发展到如今几乎涵盖了衣食住行的方方面面，已经积累了大量的用户，2015 年腾讯发布的业绩报告单显示微信覆盖 90% 以上的智能手机，每月活跃用户已达到 5.49 亿。对图书馆而言，微信的应用也几乎垄断了大量的读者，因而使用微信运营读者阅读报告单不失为一个很好的方式。

（二）邮件

在高速发展的移动互联时代，几乎每个人都有一个或多个专属于自己的 E-mail。它已成为人们相互联系、工作交流、拓展业务的必备工具。在读者注册为江汉区图书馆的读者时，图书馆会要求读者自主留下电子邮箱地址，以确保读者能够接收到图书馆的服务通知等。利用电子邮件推广阅读报告单，目标具有明确性，传播具有一对一的针对性，方式最直接，效果更显著。可将门户网站上阅读报告单的链接以及个人版的阅读报告单获取方式以邮件的方式，统一群发给每一位读者，以达到推广服务的目的。

（三）短信

手机短信营销一般是企业惯用的手段，通过发送短信息的形式将企业的产品、服务等信息传递给手机用户（客户群体），从而达到精准营销的目的。它比邮件推广方式的优势更明显。如果江汉区图书馆采取短信推广阅读报告单，效果更佳。读者在注册读者证时，手机联系方式是必填项目，因而，图书馆几乎可以将阅读报告单服务通过短信方式传递给每一位读者。

（四）其他媒体

除了上述三种有效方法外，图书馆推广读者阅读报告单的方法还有很多，如新媒体方面有微博营销、电视广告营销等，传统媒体方面有报纸、广告牌位等，这几种方式，受众面广，对提升图书馆的品牌影响力具有很大的作用。但

是考虑到营销的成本,如果没有相关的资源,营销推广起来还是比较困难,因而,江汉区图书馆会考虑自身的发展需要,逐步建立完善的推广机制。

四、在社交关系网络的影响力

《武汉市全民阅读综合评估指标测评报告》显示,武汉市民阅读总量稳步增长,2017年武汉市民阅读总量相当于平均每位市民每年阅读8本书,综合阅读日均时长超过两个小时。从阅读时段峰值数据得出,上下班、午间时分,成为武汉人的集中阅读时间。87.5%的武汉市民表示他们喜爱"纸电共读",数字阅读已成为武汉人获取阅读的主要途径,特别是手机阅读。超过七成的数字阅读用户为28岁以下的年轻人。

各路媒体争相关注报道,很多读者也纷纷将读者阅读报告发布到自己的朋友圈、微博,将自己的文化消费水平公布于众。

由此可见,根据读者的不同特点和具体要求,为他们量体裁衣,定做或由用户自己选择个性化的服务,吸引具有特定需要的读者,获取和利用图书馆个性化的特色信息资源和特色服务,以全新的观念去指导和开拓信息服务,是一种尝试,是一种创新。读者个性化阅读服务的推送服务,不仅对读者有一定的影响力,也将对图书馆馆员在服务理念上形成一种新的服务挑战。

参考文献

[1] 陈臣,马晓亭. 图书馆大数据分析:挑战、设计和展望 [J]. 新世纪图书馆,2016(3):42-46.

[2] 杨雁. 公共图书馆应用大数据的理性思考 [J]. 图书馆学刊,2014(7):5-8,20.

[3] 马晓亭. 基于个性化服务需求的图书馆大数据分析平台构建研究 [J]. 新世纪图书馆,2014(6):20-23.

[4] 陈雪樵,李黎,毛小雪,等. 基于"大数据"的图书馆应用系统平台设计思路 [J]. 四川图书馆学报,2016(2):15-18.

[5] 杨金明. 信息推送技术在智慧型图书馆建设中的应用与理念创新 [J]. 电子世界,2011(8):11-13.

积殊胜之功德　颂随喜之赞叹
——西藏山南市图书馆五年回眸

平措桑珠

（西藏自治区山南市图书馆，西藏自治区山南，856000）

七月，给一位朋友发了张山南图书馆的照片，这张照片上红色横幅写的是"热烈庆祝中国共产党成立100周年"。朋友随即回复了我现在用作标题的这句话：积殊胜之功德，颂随喜之赞叹。

在西藏山南市委、市政府的高度重视下，山南市图书馆新馆于2016年4月13日正式对外免费开放。在这个临近世界读书节的日子里，人民网于3月26日以《西藏山南图书馆将于4月初开馆》为题，再次报道了这一雪城高原的文化喜讯。

山南市图书馆新馆位于科技文化中心主楼右侧（山南科技局斜对面），总建筑面积达4700余平方米，资金投入约3500万元。该馆设有数字报刊阅读区、少儿阅览室、盲人阅览室、期刊阅览室、影像自助阅览室、公共电子阅览室、藏（汉）图书借阅室和古籍特藏室，并提供100兆宽带服务，实现了免费无线网络全覆盖，馆藏纸质图书有18万余册、52951个品种，报纸110种、杂志类372种、影像资料215种、数字报刊2000余种。馆内配备50多台电脑、2台数字报刊阅读器以及3台图书目录检索机均可供读者免费使用。公共电子阅览室的全部电脑均已连接至国家数字文化网数字资源共享中心，数字报刊阅读器可为读者提供2000余种数字报刊的在线阅读与免费查阅，图书目录检索机可免费查阅馆内纸质图书目录检索、图书信息、馆藏信息，为广大读者提供更加便捷的阅读享受。广大读者持二代身份证前往图书馆一楼大厅综合服务台办理读者卡后即可免费借阅馆内所有图书。

这家图书馆门前还挂着一个牌子，即"湖北省图书馆山南分馆"。有一点让人印象很深，那就是它恰恰坐落在西藏自治区山南市乃东区宽阔的湖北大道上。2017年7月底，这座由湖北省文旅厅援建的"湖北省图书馆山南分馆"正式挂牌，在人才培养、资金投入、资源共享等多个方面，湖北也不断加大文化援藏的投入，推动山南地区文化发展。按山南市文化局局长多吉的说法，湖北省图书馆在山南市设立分馆，首批配置纸质图书1000册，并以IP放行的方式接入湖北省图书馆500TB的数字资源，这让山南市图书馆数字资源跃居全区市级图书馆前列。

自开馆以来，在湖北省图书馆（总馆）的悉心指导和有力帮助下，市图书馆结合实际着力拓展工作思路，在推进常规动作的同时，创新服务方式和方法，探索线上线下阅读推广活动相结合的思路，累计办理读者卡2439张、图书流通册数达74069余册（含向各服务点配送图书）；线上线下系列活动125场次，线上线下服务人数共计约354252余人次（含服务点服务人数）。自2019年山南文化微信公众号开通以来更新信息共计447条，浏览量达48720次。已在市委、市政府、特殊学校、看守所、公安局、各银行等设立图书流通服务点共11个。通过举办的系列活动，进一步扩大了市图书馆的知名度和影响力。

人们不会忘记，在抗击疫情的岁月里，经山南市委、市政府对全市复工复产工作的统筹部署，经山南市应对疫情防控工作领导小组实地评估，山南市文化局同意山南市图书馆于2020年3月31日起恢复对外开放，成为疫情期间全区第一家重新免费开放的公共文化机构。为确保安全"零风险"、防疫"零感染"，山南市图书馆采取了"三项举措"：一是突出"临检、限额、错峰、间隔"等重点，制订了切实可行的应急预案；二是读者进馆需测体温、戴口罩，每日接待读者不超过100人，每张阅览桌限坐2人，全馆每日无死角消毒2次；三是拟采购投资6.5万元的门禁式体温检测设备、图书资料消毒柜设备等，进一步强化防控措施。2020年4月15日，西藏自治区文化厅专门发布信息，总结山南图书馆的经验，称誉"山南市图书馆实施'三项举措'率先恢复对外免费开放"。

连续两年，山南市图书馆荣获了中国图书馆学会授予的"全民阅读优秀组织单位"和"全民阅读先进单位"的荣誉称号，得到了上级领导的充分肯定，也受到了广大阅读爱好者的青睐，为山南和谐稳定发展作出了积极贡献。

藏源之地　求知圆梦
——我和图书馆的故事

平措桑珠

（西藏自治区山南市图书馆，西藏自治区山南，856000）

1998年9月，那时家乡的天气已进入微风、微冷的状态，但我心里热得兴奋，因为，山南政府委培30名学生要到大草原内蒙古学习，我有幸成为30名学员中的一员，也是男生班最小的小帅哥。整整走了一天一夜，才抵达内蒙古呼和浩特市，头晕目眩地来到了内蒙古师范大学，在男生住宿楼一楼住了下来。早上，我们30名学生被统一带到学校食堂，第一口饭吃的就是奶茶、饼子，从那天开始便萌生了我的文艺生涯，我与文化结下了深缘。

每周日早上可以在教室里看电视、电影，有一次，到教室后发现正在播我最喜欢看的《射雕英雄传》。其实，我在老家时，记得那年还是6岁左右吧，就看过《射雕英雄传》。当时，一周只能看一次《射雕英雄传》，我心里又一直在幻想着，郭靖和黄蓉下一集会经历什么样的事情，会学到什么样的神功……除了凌晨4：30跑步、8：10上早课、下午14：40上文化课、晚上晚自习以外，大凡有一点时间，我的脑海里全是郭靖和黄蓉的影子。

有一天，我在寝室里对我的同学们讲《射雕英雄传》。因为我没有完整地看过，所以，自己幻想下一集郭靖和黄蓉的经历。乱讲时，有一位学校的哥哥（叫宝音德力格尔）对我说，这一集的内容不是这样的，他就开始讲了实际的内容，我们也听得很开心。我是我们班同学里最喜欢看武侠片的，而恰巧宝音哥哥讲的也全是武侠的故事，每天一下课，我就追着他，让他给我讲武侠故事。记得他跟我说过，如果你很喜欢武侠故事，就去学校门口租书，每天跟着我也不是个办法，而且我明年就要毕业去日本了。那时候我才知道学校门口还有个可以租书的小店，虽然我一周只有10块钱的零花钱，但我决定用7块钱去租自己喜欢看的武侠小说，3块钱拿来买零食。

终于熬到周末了，周六一大早完成晨练后，一口气跑到学校门口的书店。书店阴阴沉沉，装修破旧，但里面确实有我想要的书。由于当时我不识多少字，就直接租了《射雕英雄传》漫画小说。因为每天4：00就要起来跑步，卓玛老师要给我们轮流压腿、压腰持续到7：00，早上洗漱吃饭的时间也只有1个多小时然后就要去上第一堂课，中午休息时间又很短，所以我的阅读基本上都是在晚上晚自习结束后，窝在被窝里拿个小手电筒看。

一晃四年过去了，我看了《射雕英雄传》《神雕侠侣》《倚天屠龙记》《城市猎人》《热血江湖》《水浒传》《三国演义》《西游记》《七龙珠》《九龙珠》等漫画小说，可以说充实了我在学校期间的业余生活，那时看书不仅成为我生活的一部分，也让我沉浸在武侠梦里，很少想家，也在我血肉里埋下了与"书"的无限情缘。

2002年6月，我们30名学生顺利毕业了。当时我所从事的工作就是一名专业的舞蹈演员，我身边的亲朋好友都很羡慕，因为我13岁就成了国家事业单位的一名正式职工。除了舞蹈以外，我还喜欢游泳（但当时山南没有游泳馆）、音乐。2010年玉树大地震时，我找了山南团委的领导，组织了一场义演，演出人员就是我们乐队：西藏古城乐队，当时在西藏还小有名气，共捐了15万余元人民币和百件物品。2010年因为山南市文化局办公室需要工作人员，在领导安排下，我在文化局办公室工作。2012年在西藏自治区党委的统一部署下，我主动申请参与了西藏千名干部下基层"强基础、惠民生"活动，被派到山南市隆子县隆子镇新巴村驻村。当时，我走村入户时，看到很多贫困家庭，我就组织了山南本土的乐队，举办了"感恩在于行动"，向新巴村特困户和贫困户捐了1万多元和百件物品。

之后又在文化市场科、文化艺术科、公共文化科工作，2013年10月山南市成功申报了第二批创建国家公共文化服务体系示范区建设。在山南市文化局领导的悉心培养下，我有幸全程参与了公共文化服务体系建设的工作。当时，文化局领导从各科室里找了很多人谈话，想要了解有没有人愿意去图书馆工作。因为图书馆马上就要建了，当时，文化局没有一位工作人员和科长明确主动去图书馆工作（谈话的事情我是后来才听说的）。虽然领导没有找我谈话，但我主动提出了申请，说要去图书馆工作，因为我喜欢跟图书在一起，那也是我的梦想，现在有这样的机会，我又激动又兴奋。有一天，我们多吉局长让我去他办公室，跟我说："我看到你的申请了，但图书馆主体还没建起来，现在也没有编制，如果你真想好要去图书馆工作的话会有很多重要的事情等着你去办，你能不能克服这些困难？"因为美梦就要成真了，我什么也没想就答应了局长。

终于在市文化局的安排下，我去了湖北省图书馆、重庆市图书馆参观学习，之后，又让我去西藏自治区图书馆跟班学习。当时我意识到自己的责任很大，所以，认认真真学习了各方面的知识。完成学习后，向领导汇报了各地公共图书馆建设的情况，我还拍了很多照片作为山南图书馆装修改造参考的资料。

在无人员、无假期、无公车、无办公经费的情况下，图书馆筹建工作就开始了，其间克服了种种的困难，2015年8月山南市图书馆完成装修改造、设备图书采购等工作，同年9月分配了4名大学毕业生。但仅5人无法对外开放4600平方米的图书馆，因为也要考虑到人员轮休、休假、病假、事假等问题。在市政府和市文化局主要领导的积极争取下，给我们配了4名公益性岗位和1位馆长。就这样在10个人的共同努力下，山南市图书馆于2016年4月13日正式对外免费开放。当时，除了馆长以外，我们全在服务台管理员岗位上工作，加上西藏作为特殊区域，维稳压力也大。

太让人匪夷所思了！克服了种种困难之后迎来的是充满书香味的一栋楼，可以说这是整个藏源之城独一无二的一栋楼。这栋楼共有三层，对外免费服务的项目共有8个，建设初期藏书有164687册，截至2021年8月已达到18.2万余册，经历了从无到有，从有到接待读者、服务读者，开馆至今已服务读者人数约35.4万余人次。

短短几年的努力和改变，是我一生中无法抹去的记忆，心理充满了满足感，感觉我生下来就是为了从事公共文化服务工作的。因为，我在原单位工作期间组织了很多公益演出，得到了上级领导及社会各界人士的赞誉，我相信很多读者也有过类似的经历。山南图书馆的每一次改变，我都会积极参与，而且以不同身份和角色出现在每一次的改变里，比如：喊口号者、组织者、策划者、带头者、落实者或是参与者等。我不断地享受着这种改变，因为在未来的时间里，这座独一无二的楼将会带领着藏源子孙，开启与全国一道全面建成小康社会而后又开启全面建设社会主义现代化国家新征程和为建设富强民主文明和谐美丽的社会主义现代化新山南做出无可替代的积极贡献。

归根结底，今天的改变得益于70年前西藏和平解放，得益于中国共产党带领西藏各族人民艰苦奋斗。

在辽阔的西藏，我看到一座座雪峰一条条冰川的同时，更看到一个个藏族儿女渴望知识、渴求教育的目光。依然清晰地记得我读小学（西藏山南市第三小学）时的教育条件，那时只能看看学校发的教材，如果想找一本自己喜欢的书比登天还难；我还记得在内蒙古上学期间，我们每周可以领10元的零花钱，我会毫不犹豫地拿7元钱去租武侠小说，看遍了金庸先生写的武侠小说，可以说我9岁离藏赴内蒙古艺术学校学习期间我最好的伙伴就是金庸先生写的武侠小说。小说的情节至今回味无穷，有些武功口诀我还记得很清楚，有时会情不自禁地写出来。后来，看了一些中华优秀传统文化的书籍后才知道金庸先生是博学多识的，没想到他在武侠小说里写的武功的名字都是出自《易经》《道德经》等书籍。我从小就立志要当一名像金庸先生武侠小说里的郭靖一样顶天立地的男子汉。

如今市一级有公共图书馆，还有至少5家书店，县（区）有公共图书阅览室，乡（镇）有公共图书阅览室，村（居）有农家书屋，寺庙有寺庙书屋，全市公共图书馆（室）覆盖率已达到100%，这是多么幸福的时代，而我在机缘巧合之下成为一名为图书服务、为读者服务的平凡人，这也是我一直期盼的一个岗位。

山南，被称为藏文化之源。藏源之地，求知圆梦，利己利民，何其幸哉！我为我拥有和图书馆的情缘而自豪。

随着我在图书馆工作期间不断思考，在业界知名专家的指引下我才慢慢意识到在图书馆工作并不是博览群书把自己变得有多强大，而是受益了多少人，改变了多少人，最后，我把这个理论归结为：你学会了多少知识并不重要，重要的是你用学会的知识改变了多少人才重要。

当然，不断地学习充实自己是一刻都不能松懈的，我会把学习思考的时间留到下班后，上班时间是我用学会的知识拿来实践的。

关于公共图书馆地方文献分类排架方式的探讨
——以方志为例

夏汉群

(湖北省图书馆,湖北武汉,430071)

地方志为"一方之全史",对于社会经济、政治、文化各方面都有着深远影响,对于中华传统文化的传承和社会的发展都有着重要的意义。地方志不仅被集中收藏在各地方志馆、档案馆等,在公共图书馆中也占有相当的比例。本文以地方文献中的地方志分类排架方式作为个案研究,从服务读者和开发利用角度,探索公共图书馆的地方文献分类排架方法,以期提高地方文献开发利用率,充分发挥地方文献价值。

一、公共图书馆地方文献工作

(一)地方文献

展开地方文献工作的起点是首先界定地方文献的范围。关于地方文献的基本概念,杜定友指出有三个部分:史料、人物和出版。地方文献是指有关本地方的一切资料,表现于各种记载形式的,如图书、杂志、报纸、图片、照片、影片、画片、唱片、拓本、表格、传单、票据、文告、手稿、印模、簿籍等。从地方文献的定义不难看出地方文献空间"区域性"、载体"多样性"、价值"史料性"的本质特征和基本特点。

(二)地方文献与地方公共图书馆

杜定友认为:"省立图书馆应该成为一省之文化中心点,而要达到此目的,首先应以保存本省地方文献为注意点,建议地方文献特藏。"地方文献的保存,对于地方文化建设有着重要推动作用,公共图书馆作为保存文献、利用文献的文化学术机构,理应对地方文献予以重视和研究。从内容上,公共图书馆地方文献大致包括方志、年鉴、家谱、名人作品等。

（三）地方文献工作

地方文献工作主要由地方文献的收集、整理（分类、编目）、使用三个密切关联的环节组成。按照科学的分类规则对现有新旧馆藏文献和从社会资源中获取的文献以及其他补充形式文献的登记分类编目，提供利用。设立地方文献专藏，对党政机关、学校和专家学者们提供必要的参考资料，为广大读者提供阅览、展览、咨询、研究等公共服务。

（四）地方志

地方志，古称地志、地记、图经、方志等，是指全面、系统地记述本行政区域自然、政治、经济、文化、社会的历史与现状的资料性文献，简称"方志"。志书，即按一定体例，全面记载某一时期某一地域的自然、社会、政治、经济、文化等方面情况或特定事项的书籍文献。狭义上的地方志仅指志书，社会主义新编地方志包括方志和年鉴。地方志是中华民族特有的传统文化形式，是地方文献的重要组成部分；地方志工作是社会主义文化事业的组成部分，开发利用地方志资源，向广大群众普及地情、市情、省情知识，对青少年进行爱国爱乡教育，使外地游客、学子、商人、出差人员等快速和宏观地了解当地地情，读者多了，地方文献的社会效益才能得以充分发挥。

二、地方文献方志的分类排架探讨

（一）《中国图书馆分类法》分类排架

公共图书馆普遍采用《中国图书馆分类法》的分类标准给出编号，排架工作按所给编号规则排列到最后一级类目后，再按书次号继续排列。《中国图书馆分类法》按照知识的学科体系进行分类，地方文献中同一地域的文献会因此分散在各个类别中，比如同一地区的方志、年鉴会排列在 C-Z 的各个不同门类中，读者查找起来效率低下。

（二）《中国图书馆分类法》与地域编号相结合分类排架

将方志、年鉴分别按照《中国图书馆分类法》粗分到方志 K 和年鉴 Z 大类中，分到省级，按照地域自定义编号排架，这种将《中国图书馆分类法》与地域编号相结合分类排架的特色排架方式目前普遍应用于方志馆，使方志和年鉴相对集中在一起，可以依据地域排号便捷地找到文献。按照地域自定义编号去分类排架，将同一地区的方志集中排架，以省、市、州、乡镇、街道依次排列，它凸显了方志的地域特色，便于读者查找某一地域的文献。但是这种方法使同一学科的文献分散了，重视了地域特点，忽略了学科和专题。由于国家对于省级以下地域的自定义编号尚未有统一规范，各地各馆自定义编号依据各不相同，不便于联机检索，随着书籍的不断增多，也不便于书籍的管理。

三、建议

地方文献分类是公共图书馆的一项基础业务工作，做好地方文献分类工作，对有效建设图书馆特色馆藏，提高读者对图书馆地方文献的检索和利用有着非常重要的作用。

随着许多地方志馆的兴建和公共图书馆地方文献方志使用需求的增大，公共图书馆地方文献的分类排架和开放形式也有必要进行调整，以适应不断的发展变化。目前将地方文献统一采取《中国图书馆分类法》分类，保持文献的学科专题性，结合在地方文献专藏区设置不同区域，分区域排架，比如方志区、家谱区、名人区、本地出版物等依据各地特色做出不同分区，这种方式既延续了文献分类的基本规则体系，实现联机检索、资源共享，也便于各类新增图书的分类管理；从区域上做出划分能够充分体现地域特色、地方特色文化和特色馆藏。同时，对于特别珍贵的地方文献还可以采取闭架借阅方式。

信息时代下在公共图书场景中传承弘扬传统文化

刘 端

(蕲春县图书馆,湖北黄冈,435300)

摘 要:中华优秀传统文化是华夏文明经过时间的沉淀和积累发展出的极具特色的文化,是中华民族历史和精神的非物质表现。图书馆作为文明遗产的重要载体,在弘扬传统文化中占有重要地位,图书馆建设也离不开传统文化。传统文化多由古籍保存,在西风正盛、传统式微的当下,各级如何响应中共中央号召、通过图书馆将传统文化重新发扬并通过传统文化建设更先进更受读者喜爱的现代化图书馆,是新时代图书馆建设的重大议题。

关键词:全民阅读;传统文化;书香社会

一、传统文化与图书馆的紧密联系

上古时期我国便有了图书馆,一开始是叫"府""阁"之类。如西周同盟、两汉石渠亭、东景和兰台、蜀朝观宫、宋代崇文宫、明代玉生堂、清代四库书七亭。虽然历史上出现的各种形式的图书馆由于历代王朝各种不同的原因被不同程度地破坏,但建立图书馆的传统被中国人民历朝历代地保存了下来。

图书馆本身就是传统文化发展到一定程度之后的社会化产物。虽然中国封建时代士大夫阶层进行了知识与文化的垄断,严重阻碍了我国古代社会的进步和人民的解放,但从古至今通过图书馆类似机构遗留下的孤本古籍又保证了中华文化的连绵不绝和源远流长。

藏书的行为在很早的时候就有,一直能够追溯到周朝。周朝为此设立了专门的公务员来负责四方的记载和三皇五帝的典籍。西汉建立了国家图书馆,有专门的抄书人员。由于造纸术和印刷术被创造和广泛应用,印书业日益发展,藏书越来越多。南北朝梁国孝武皇帝萧衍时期的文德殿就有几万册藏书。唐玄宗专门修建书院,在长安抄了五万多册。明清时期,全国藏书量更大。西汉著名史学家司马迁在《报任安书》中说"究天人之际,通古今之变,成一家之言……藏之名山，传之其人"，体现了我国古代的朴素的图书馆思维，古人的文化正是要通过书籍和藏书机构来实现知识的迭代和传承。而今时代下我们了解传统文化正是要通过古书和文言。

随着新媒体、网络平台和搜索引擎的兴起，图书馆的藏书职能越来越主要地向保存古籍、留存纸质版名著等非直接实用方面靠拢。传统文化的弘扬，大部在对三坟五典、名山秘籍的再版、现代化。优秀传统文化则蕴藏于古书之中，中华民族是极重视诗书传家的民族，中华文明的精华也留在古籍之中。我国古代的宗教、哲学、工程、数学、文学、史学、教育、天文、术数、地理、政治等知识，几乎在典籍全部有所记载，这也是中华文明能够长盛不衰的重要原因。

2017年11月4日颁布了《中华人民共和国公共图书馆法》，其中第一章第三条明确规定："公共图书馆应当坚持社会主义先进文化前进方向，坚持以人民为中心，坚持以社会主义核心价值观为引领，传承发展中华优秀传统文化，继承革命文化，发展社会主义先进文化。"其从法律层面，确定和规范了我国公共图书馆的职能和发扬传统文化的重要作用。

图书馆的诞生、存在与发展，作为一种社会文化现象必然会受到传统文化的深刻影响。这种影响不仅表现在图书馆的兴衰起落上，更深刻地浸透在图书馆的办馆思想、收藏内容上。当图书馆开启它的现代化时，传统文化一定会与现代模式产生剧烈冲突。因此，图书馆进行一系列的机构制度改革和特色化发展要对传统文化弃其糟粕取其精华。传统文化的积淀，也使图书馆区别于其他形式藏书的公益和私人机构，它是图书馆文化自身的重要组成部分。

再者，公共图书馆相较于私人藏书或其他形式的藏书有着更为丰富的资源，若要对传统文化进行研究，图书馆是普罗大众良好的学习资源，个人通过图书馆搜集信息总要比在民间自寻资源更省力和节省成本，且公共图书馆可以面向社会鼓励民众捐献古籍或出资收购，以扩充库书量。

二、通过图书馆大力弘扬传统文化的必要性

由于中国近代对比西方国家的巨大落后，中国的有识之士对中国的传统文化也有了不同的看法，但也成为近年文化和历史虚无主义的论调，抨击中华文化为毫无用处之落后腐朽文化。2015年屠呦呦由于发现了双氢青蒿素而斩获当年的诺贝尔生理学或医学奖，而她正是在东晋葛洪所著的《肘后备急方》提到的"青蒿一握，以水二升渍，绞取汁，尽服之"中获得启发，避开了传统高温提取青蒿素破坏结构的方法，对古代抗疟药物进行了再发现。中国五千年的传统和历史留下了古人无数的实践经验和教益，这些经验虽然没有像西方近代科学一样经过逻辑科学的检验而成为系统的学科，但是蕴含了大量的经验哲学，如果能够通过现代科学加以验证，未尝不能为当下的经济社会作出贡献。古人的大量学问以古书的形式流传了下来，这更考验着当今图书管理者的能力：图书馆不能局限于图书的管理和机械化的分门别类等重复劳动，更要用一批有相当科学文化水平和中国古代传统文化水平的从业者对图书进行考据，甚至面向社会有条件开放古籍借阅，借用全体人民的智慧，掀起对传统文化学习和掌握的热潮，对我国古代灿烂的优秀传统文化进行再发现和再利用。

同时图书馆承担着建立"四个自信"的重要任务，而对中华民族文化的自信是中国人民代代相传的传统美德。只有对本民族的传统文化有了强大的自信，才能谈对国家和民族制度道路理论的自信。2016年11月30日，习近平在中国文联十大、中国作协九大开幕式上讲道："文化是一个国家、一个民族的灵魂。历史和现实都表明，一个抛弃了或者背叛了自己历史文化的民族，不仅不可能发展起来，而且很可能上演一场历史悲剧。文化自信，是更基础、更广泛、更深厚的自信，是更基本、更深沉、更持久的力量。坚定文化自信，是事关国运兴衰、事关文化安全、事关民族精神独立性的大问题。"而文化自信的建立，正在于人民群众对于中华传统文化的了解和思考，图书馆在日常的工作中正要贯彻落实这一点，做好优秀传统文化的宣讲者和捍卫者，让人民在传统文化的熏陶下获得更好的精神满足。

中华传统文化传承是图书馆的重要职责，弘扬中华民族优秀传统文化不仅是中共中央的决策要求，而且本就是图书馆的职能和义务。中国特色社会主义已经到了党的十九大所说的新时代之际，经济社会的发展，推动了思想上层建筑的解构与重建，这种意识形态的重建，既有好的因素，又有市场带来的不利因素。正是在当下承前启后之际，图书馆应当把握住社会风气的风向，利用传统文化解读者的身份向全社会对传统优秀文化做新的解读与宣传，在社会意识重构之时，把我国新的社会共识和符合社会主义的思潮引领起来；借传统文化的深厚土壤，厚植社会主义核心价值观，挖掘传统文化的旧有价值，满足人民对我们民族自身文化的需要，重新建立起中华民族优秀传统文化在人类文明史的核心地位。

三、图书馆宣传传统文化的具体措施

图书馆的人文气质与图书馆是不可分割的，传统文化中的以人为本、天人合一、刚健有为、和合仁德精神在现代图书馆工作中依旧拥有指导性地位，对图书馆的服务工作、管理工作、职业道德建设以及馆员的人生价值、人际关系等有着积极作用。在这一系列的条件下，图书馆应当勇担传承优秀传统文化的重任，可以采取以下措施作为指导来开展相关工作。

首先，保留已有受众面，扩大新的受众面。信息社会到来之际，受西方多元化思潮以及图书馆机构制度改革迟缓的影响，图书馆损失了相当一部分的年轻受众。从调研样本来看，在2816个有效样本中，当前我国基层公共图书馆文化参与群体的性别比例基本平衡；年龄上，以中青年和青年群体为主；职业上，学生群体相对于其他职业群体的参与度总体较高；文化水平上，知识群体和半知群体的参与热情要高于初知群体；收入水平上，以中等偏低的低收入群体为主。具体来说，男性的参与度略高于女性，其中男性样本占53.76%，女性样本占46.24%，性别比例上基本保持平衡。年龄分布上，参与人口的平均年龄约为33.72岁，以中青年和青年群体为主，26—40岁的中青年占28.44%，18—25岁的青年占23.69%，18岁以下的青少年和41—60岁的中年也占有较大比重，均为18%左右，60岁以上的老年群体参与度最低，仅占10.48%。各级各地图书馆应当因地制宜、精准施策，根据各地各级自身情况探索出适合扩大图书馆影响的新方案。应当抓住年轻人，鼓励老年人；支持学生，也面向全社会。不应当设置门槛影响低知识人群正常学习，通过新媒体手段将图书馆从线上线下推广出去，使对中华文化怀有向往的人重新进入图书馆，对中华文化无感之人也能了解到中华文化的博大精深。

其次，提高图书馆相关从业人员的专业水平和能力。我国各级图书馆的工作人员由于种种原因，人员构成十分复杂，不仅不同级别图书馆的人员素质有极大差别，甚至同一图书馆内人员由于职能的不同相应的文化水平也有很大不同，并且还存在图书馆工作人员服务意识差和图书馆人力资源管理制度不完善等一系列问题。优化图书馆职员结构、组织有关工作人员进行系统化、专业化学习是图书馆弘扬中华优秀传统文化的必要改革，中华文化博大精深、艰深晦涩，图书馆从业人员必须对传统文化有一定的掌握程度才能更好地参与图书馆的传统文化建设和宣传。中共中央办公厅、国务院办公厅联合印发了《关于实施中华优秀传统文化传承发展工程的意见》，中央势必会大力支持图书馆在传统文化复兴方面起先锋带头作用。同时公共图书馆应当在政策支持的情况下，将一部分资源用于专业人才引进，可以对图书馆工作队伍进行扩充和优化，还可以邀请高校教授、民间艺人、非物质文化遗产传承人等现身说法；定期举办传统文化讲座，在内容和形式上都可以结合时代大胆创新；推动传统文化及有关书籍上山下乡，让图书馆从业人员在实践中加深对传统文化的认识，对于已经落后、低效的人力资源管理制度要进行刮骨疗毒，扫除积弊。

最后，研究和探索传统文化发展新路线，让公共图书馆能形成竞争优势。在碎片化、数字化阅读兴起的时代，图书馆行业不可避免地受到冲击，主要是线上简便阅读方式对实体书籍的降维打击。图书馆应当迅速响应国务院提出的"互联网+"行动计划，利用互联网的创新成果将线下线上阅读方式融合，提升实体图书馆的创新能力和创造能力，形成广泛的以互联网为基础和实体书籍配合的阅读新形态。运用云计算、物联网、大数据为代表的新一代信息技术来壮大图书馆的规模，同时，要利用社会力量收集古籍，增加古籍数量，展开古籍开发工作。同时，要加强古籍文献数字化建设，将古籍记载的知识通过现代手段转化为可以通过新媒体阅读的文字、音像资料，构建完善的中国优秀传统文化数字化知识体系。无论是从新的阅读模式还是从文学长期保存的角度来看，数字资源都有其不可或缺的重要性和先进性，为传统文化阅读开辟了一条更高效、更便捷、更快的交流渠道，使传统文化能够以更加多样化的形式展现给读者。要打破固有的服务模式，创新服务模式，通过现代网络传播数字资源，引导读者阅读新媒体。这种阅读方式改变读者的阅读方式，拓宽了阅读渠道。图书馆应通过建立数字图书馆资源，增加读者的阅读途径。通过数字图书馆的建设和网络资源的整合，形成系统传播传统文化的良好途径。建设顺应新时代要求的传统文化类网站，广泛利用中华传统文化资源，打造具有中华传统文化特色的优秀栏目资源库。

四、传统文化对图书馆建设的作用

不仅图书馆在传承中华优秀传统文化方面有重大建制机构性作用，中华优秀传统文化对建立现代图书馆的气质和精神也有着决定性作用。倡导全民阅读的今天，人民群众日益热衷于阅读，中华民族自古就有崇尚阅读和学习的优良传统。"腹有诗书气自华""才高八斗、学富五车""为往圣继绝学、为万世开太平"无一不是人们对读书的崇尚，特别是中华民族是重视历史和反思的民族，读书成为人们知往鉴今的重要手段。人们对图书馆的评价主要是考虑藏书的优劣与否以及馆藏环境、图书管理者的水平这几方面，如果图书馆能够有效弘扬传统文化，带领社会的文化和道德风尚，才能在人民群众中留下好的口碑，才算完成了图书馆承担的人文社会责任。

《管子·霸言》中载："夫霸王之所始也，以人为本。本理则国固，本乱则国危。"以人为本也是以胡锦涛为核心的第四代中央领导集体提出的科学发展观中的核心观点。以人为本，人是发展的第一资源早就可见于中国古代诸子百家的思想当中，并成为中华民族的宝贵精神财富，中国传统文化有许多儒家对修身养德和治理的策略值得我们去借鉴，图书馆人可以从中吸取有益的经验，从文化修养、知识修养和职业道德等方面经常"吾日三省吾身"，以更严格的要求来约束鞭策自己，不断充实和完善自己，才能胜任知识社会对图书馆人赋予的期望和地位。

在迈入了知识经济社会和电子信息化时代的今天，我们应当提倡阅读传统文化典籍，特别是中华优秀传统文化经典，因为学习传统文化已经成为当代社会的特征。图书馆作为文献信息资源情报中心和科技文化中心，以及广大读者学习的主要场所该如何定位，是图书馆工作者应当解决的问题。更好地把传统文化融入到图书馆的工作生命中去，人能弘道、非道弘人。传统文化具有十分强大的继承性和生命力，现代文明本身就是与传统文化一脉相承互相联系和继承的。中华优秀传统文化经久不衰告诉我们，人才的培养与成长离不开传统文化的培养，任何人都不同程度地受优秀传统文化的影响，传统文化作为历史发展的产物无时不在。我们主张弘扬优秀传统文化，并把它作为教育工作的主要内容之一，不是颂古非今，不是赞扬和认同任何封建社会的落后和腐朽的流毒，而是要用历史唯物主义和唯物辩证法进行科学的分析和审慎的甄别，做到有现实意义的古为今用，传统文化依旧留有许多未开发的内容值得我们继承和发扬光大，它在义务教育和高等院校青年学生教育中起着积极的不可替代的作用。故此人们会以传统文化的气息作为评判图书馆的标准，特别是作为公共实体图书馆功能已经超出了单纯的存书与借阅的范畴，要把图书馆建设放到一个更高的层次上，探索与发展图书馆的新功能和新任务，及时顺应时代潮流的发展而不能落后于时代停滞不前，为社会主义精神文明建设作出贡献。

五、结语

本文从四个方面入手，描述了传统文化与图书馆建设间的紧密联系，传统文化的弘扬要结合新的时代条件，通过一系列传统方法和新媒体方法来实现中华优秀传统文化的传承，同时对于新的信息时代下图书馆的建设，中华传统文化精神也有着人本主义的意义。中华优秀传统文化要繁荣发展起来，图书馆必须在其中扮演好传播者的角色，做好宣传优秀传统文化的工作。图书馆要积极适应经济社会的变革，适时作出机构的重大调整和系统性改革，既要做好历史性的工作，也要做好关于传统文化未来发展的长期规划。

参考文献

[1] 程亚男. 传统文化与图书馆——影响和冲突 [J]. 图书馆理论与实践，

1989（3）：3-6.

［2］田会明. 基于传统文化资源开发与利用的图书馆社会服务功能创新［J］. 科技情报开发与经济，2014，24（16）：40-41，47.

［3］习近平. 在中国文联十大、中国作协九大开幕式上的讲话［M］. 北京：人民出版社，2016.

［4］汤亚非. 中国传统文化精神与图书馆人文精神的契合［J］. 大学图书情报学刊，2006（2）：3-5.

［5］傅才武，潘炜. 基层公共图书馆受众的群体特征及其背后的政策意义——基于18省49县（区）图书馆公众参与状况的调查［J］. 文化软实力研究，2016，1（1）：119-132.

［6］邵国莉. 高校图书馆文化与中国传统文化的传承［J］. 图书馆学刊，2012，34（12）：1-3.

［7］张素鹏. 图书馆与文化经典阅读之我见［J］. 河南图书馆学刊，2009，29（5）：142-144.

［8］许开凤. 高校图书馆应在弘扬优秀传统文化、注重人文精神教育中发挥作用［J］. 图书馆论坛，2002（5）：172-173.

浅谈红色文献收藏的重要性
——以武汉市少年儿童图书馆为例

刘 利

(武汉市少年儿童图书馆, 湖北武汉, 430014)

摘 要: 以红色资源建设为主体, 强化红色文献资源建设, 创办特色品牌活动。切实增强红色文化自信与认同, 创新拓展红色文化依托载体, 搭建完善红色文化传播平台, 并积极开发引导大众文化需求的红色文化产品, 使红色文化的时代价值得到有效实现。

关键词: 红色文献; 文献收集; 品牌活动

加强地方文献馆藏资源建设是增强图书馆核心竞争力的关键举措之一, 对提升图书馆公共文化服务能力和品牌影响力, 推进文化建设、思想政治教育和人才培养具有重要意义。武汉市少年儿童图书馆多年立足于收藏丰富红色文化资源优势, 以红色文化为主题强化地方文献资源建设, 探索构建了"图书馆+红色特色活动"模式, 取得了显著成效。

一、红色连环画是红色文化特色之一

1950年到1985年是中国连环画史上最辉煌的时期, 连环画成为全民喜爱的读物。少年儿童更喜爱, 连环画成为他们儿时阅读的首选。连环画是馆藏图书中的一个特色, 题材广泛, 有历史、革命斗争、神话、寓言故事等多种题材, 其中红色连环画品种不在少数, 占有一定的比例。

1. 红色印迹

红色连环画是我馆连环画中内容、品种最多的一种, 如《敌后武工队》《红日》《红岩》《永不消失的电波》《狼牙山五壮士》《林海雪原》《英雄小八路》《铁道游击队》《小英雄雨来》等为人熟知的作品, 具有深刻的思想内涵和较高的收藏价值。

2. 红色文化精神

2019年至2020年我馆与武汉中共中央机关旧址共同举办了"那些年那些人那些书——连环画中的红色经典"红色连环画巡展。岁月流转，于巴掌大小间呈现栩栩如生故事的中国连环画已历经近百年发展。不同时期的连环画反映着当时的社会背景及思想状况，带有鲜明的时代色彩。其中，红色题材连环画是一段闪光的历史，更是一个时代的高度，一本本红色题材连环画，承载的却是一座座高耸云天的精神丰碑。文化是一个国家、一个民族的灵魂。中国连环画恰似在一幅幅小图中浓缩了中华文化脉络。举办红色题材连环画展览，不只是情感的怀旧，更是为了寻找中华民族传统文化中的永久魅力和时代风采。畅读红色经典，重温如火岁月，缅怀革命先烈，追忆童年时光，弘扬时代精神，不忘初心，砥砺前行。

二、红色文献采购

红色文献馆藏建设首先考虑的是采购，而这种采购和平时的一般性采购是不一样的，需要图书馆采购人员去搜集购买的品种，到底哪些是购买的范畴？这就需要我们图书馆采购人员对红色文献方面的知识做到心中有数，有的放矢。

1. 红色文化的含义

文化是一个国家、一个民族的灵魂，红色文化是中华民族的优良传统和宝贵的精神财富，是中华人民共和国的根基和底色，更是社会主义发展的立国之本。红色文化是革命文化的传承与发展，我们今天继承和弘扬红色文化，主要在于她的精髓：为共产主义而牺牲的理想信念，爱党爱国的祖国情怀，真心实意地为群众谋利益的政治立场，艰难奋战而不溃散的精神底蕴，勇于担当实干兴邦的不畏责任，一切从实际出发的理论品格。新时代要切实增强红色文化自信与认同，创新拓展红色文化依托载体，搭建完善红色文化传播平台，并积极开发引导大众文化需求的红色文化产品，使红色文化的时代价值得到有效实现。

2. 红色文献的特点

（1）价值高。红色文献真实记录了我党我军的早期活动，是日常人们研究学习中共党史不可或缺的内容，具有重要的史料价值，有些文献因其稀有程度俨然具有了文物价值。

（2）分布广泛。在土地革命战争和抗日战争时期，中国共产党在毛泽东等老一辈无产阶级革命家领导下创建的革命根据地遍布了全国28省，每个地方都有中国共产党为革命、为人民抛头颅洒热血的史实，每一寸土地都有悲壮的英雄故事。

（3）时代性。在我国红色文献应包括五四运动前后、建党初期以及建军、井冈山、苏维埃、延安、西柏坡、解放战争等不同时期形成和遗留下来的，以各种载体形式出现的纸质、布质等文字。图书馆的任务就是收集以各种形式形成的文字文献，小至红军战士的家信，大至一代伟人毛泽东的书法墨宝，均属红色文献之列。井冈山时期和苏区时期是我党局部执政的时期，形成了较多的纸质文件、信札、宣传品、民间文化品、党内外文件、课本等。红色文献的教育作用，为少年儿童起到了思想启蒙的重要作用。

3. 红色文献的价值

红色文献具有不可再造性，它蕴含着丰厚的历史与文化价值，是我们的精神坐标、红色基因的承载物。红色文献在收藏领域是一个意义独特的存在。它们再现了中国革命波澜壮阔的历史画卷，承载着中国共产党人筚路蓝缕、披荆斩棘、砥砺前行的革命历程。一件件镌刻着历史足迹的红色文献，能唤醒尘封已久的岁月记忆，激发人们的爱国热情，并从中汲取智慧，凝聚力量。

三、红色文献采购方式

目前文献采购方式多种多样，主要有以下几个途径进行采选。

（1）预订。通过书目向书店或出版社预购文献。

（2）现购。根据读者需求直接到文献批发市场、零售书店选购文献。

（3）邮购。对自办发行或漏购的文献主要采用此种方式补充。

（4）网购。对于限量发行、特别畅销图书等以网购形式进行采选。

（5）捐赠。为实现文化发展为了人民、文化成果惠及人民、文化建设依靠人民的方针，接受广大朋友们、热心读者的捐赠。

四、少儿图书馆如何挖掘和利用好红色文献

我馆应以红色活动为依托，充分利用馆藏红色连环画特色，以红色连环画为阅读载体，围绕"党史里的今天"，用图画讲述百年党史故事、功勋人物、重大革命事件等，重温中国共产党走过的百年光辉历程，以"图画讲党史，经典共聆听"的方式，让广大读者共享红色文献资源。定期举办专题红色连环画展、专题讲座等，让广大少年儿童了解中国的历史、新中国成长史。培养孩子们的人生观和价值观，使他们树立共产主义的崇高理想和建设中国特色社会主义的坚定信念，激励广大少年儿童要珍惜时间，发奋学习，立志成才，为国家、民族谋利益，做有益于人民的有用之材。为响应习总书记"把红色资源利用好、把红色传统发扬好、把红色基因传承好"的号召，我们利用红色资源宝库，从多个维度进行主题资料的挖掘，以传播红色革命精神，服务教育相关课题研究。

保护与传承是历史赋予我们的责任，挖掘和利用是我们的根本任务，我们将联合各方力量，持续搜集整理红色历史文献，并进行数字化，建设集红色文献保护、传播、传承、教育、教学、科研于一体的红色文化数字平台，为红色文献的保护和传承作出积极的贡献。

参考文献

[1] 万彩霞. 遵义师范学院图书馆搜集的红色文献研究资料概述及其利用[J]. 青春岁月，2013（15）：180-181.

[2] 王东，孙宗伟. 图书馆馆藏红色文献建设与服务途径创新研究——以临沂市图书馆为例[J]. 山东图书馆学刊，2020（6）：38-41，51.

满船清梦压星河
——感悟图书馆

郭 飞

（武汉市少年儿童图书馆，湖北武汉，430014）

斜倚方凳，迷糊间大梦初醒，一看窗外，夜色已深。在这年代厚重的楼里，我已度过数十载春秋，捶捶腰背想要拿起水杯，可触手可及的地方竟皆是书籍，摇摇头刚想长叹一声，可嘴角却不经意间上扬，飘扬在书海，当乐在其中。

这一切仿佛一场梦，这带着一缕墨香的羁绊似乎自始至终都常伴吾身。我喜欢图书馆里小花坛的栀子花香，那里四季常青，绿荫厚实，树杈间一栋栋绿瓦红墙的老楼星星点缀。无论是走过的路人或是坐下的读者总是静悄悄的，生怕打扰了旁人似的。那时的我还小，总会掐一朵栀子花放在阅览室的门口，径直走进去找一方凳靠着，观察身旁的人群。有戴着眼镜的年轻学生一边翻看还念念有词，有白发老者颤颤巍巍地翻着书页如痴如醉，有和我一般大小的顽童兴高采烈地琢磨手中的画册。年龄各异身份不同，唯一的共同点是屁股下的方凳和手中的书。毕竟年岁还小，身边的人群手中的画册总会被瞌睡抢了风头，一趴下就进入梦乡。只要是在那方凳上睡着，梦总有个共同的起点。那是一艘船，很大很大的木船，在湍急的海面上航行。我一会儿是手持大戟的将军，一会儿是腰间环佩的公子哥，一会儿是神话里的天仙，一会儿又是不知在《山海经》第几页的妖怪。而身份总与睡前的书有关，手上拿的什么册子，梦里我就是什么身份。

慢慢长大，我却从没离开过图书馆。当别人在网上查资料，我会去图书馆借几本有关的书看得津津有味。当别人在发送电子邮件，我会去图书馆趴在熟悉的木桌上，用哪怕并不美观的字写上几段盖上邮戳。生活已经很快了，车可以停在路途加满油再起航，我也可以选择去图书馆充上电再扬帆。说不清心中的图书馆究竟是什么样子，说是几栋老楼太过片面，说是人间天堂太过笼统。在我的记忆里，图书馆更像是一艘在码头停靠的船，渡过千万人，却从未丢失回到起点的航道。

多年后，从学校毕业，找了份养家糊口的工作，神奇的是又在图书馆里。再次坐在方凳上，我没有过分欣喜，只有回家般的轻车熟路。如我来谈，图书馆便是那艘船，承载着梦，寄托着情。长情的陪伴如水温润，这里有书、有人、有情，十年如一日的陪伴就像一壶老酒，我愿饮下而醉，醉后不知天在水，满船清梦压星河。

   可能梦中的我们都是自己的英雄，有着独断亘古的豪迈，梦醒后却惶然失措。那就在这片人间净土，独倚方凳，恍然间仿佛又坐上了那艘等我们的船，天地人间，且待你我伸伸懒腰。

浅析开架借阅书刊损耗及其规范控制

郭 飞

(武汉市少年儿童图书馆,湖北武汉,430014)

摘 要:列举少儿图书馆开架借阅服务中书刊损耗的诸多现象,对其产生的原因进行分析,从社会教育及资源建设、统计、装订、保存、服务等标准规范的角度提出应对措施。

关键词:开架借阅;读者行为;标准规范;控制

少儿图书馆推行开架借阅模式,服务工作焕然一新,好评如潮。笔者认为,开架借阅的理论依据充分,即源于阮冈纳赞五定律——"图书馆是发展着的有机体""书是为了用的""节约读者的时间""让每本书有其读者""每个读者有其书"的思想;服务效果良好,即读者方便,图书馆亲和力增强,资源利用效率倍增。正如一枚硬币有其两面,较之闭架借阅模式,开架借阅在拥有上述优势的同时,也有错架、乱架率高而导致精准查找时期长的弱点,书刊丢失、毁损现象相对严重而导致文献品相差的弊端,进而影响读者的阅读情绪和阅读效果。鉴于此,本文通过分析开架借阅的书刊损耗机理,对照有关标准规范,提出应对措施,供大家批评指正。

一、书刊丢失、毁损现象

(一)偷窃书

据观察,偷书行为一般有两类:一是搭班子。有些小读者两人一伙,各有分工。在开架书库负责偷书的人通过开启的窗户将书扔出,在外面接应的人把书捡起,事成之后两人离馆。二是挖磁条。有的小读者在书库或卫生间中挖出书中防盗磁条,把书藏于书包或衣裤内携带出馆。他们多选择借阅高峰期行窃,不易被发觉。盗取的对象多为漫画类或知名儿童作家写的书。

（二）假丢书

有的读者借出实用性强的图书后，超期不还，并诈称丢失，然后进行赔偿。实践表明，有些书，特别是教辅类图书，一般不会再版，如果丢失，便很难补充，从而造成图书馆藏书变相丢失。

（三）撕书页

有的小读者把一些自己比较感兴趣的信息资料，不是拿到复印室去复印，或者自己抄下来，而是直接从图书上撕下来带走；还有的读者采用"开窗口"的办法，用刀片把书刊中自己偏爱的部分资料或图片圈割下来；更有甚者，极个别读者在家长的帮助下采用偷梁换柱的办法，把所借精装图书的主体部分抽出，换上其他的废书，再拿到图书馆来还，仅凭外表看不出什么破绽，如果工作人员检查不细，就可能蒙混过关，致使被调换的书刊混入书库。这些不良做法把书刊搞得名不符实、断章少页、千疮百孔，别人无法阅读，影响极坏。

（四）乱涂写

有些应用类的习题集、题解类的书，尤其是英语、语文、数学等图书，污损特别严重。不少读者直接在馆藏图书上做题，到处留下"刻苦用功"的各种痕迹。同时，先前读者的污损行为，就像瘟疫一样泛滥，使一些是非观念不强、自律能力弱的读者加以效仿，劣行蔓延，形成恶性循环，使这些书是越借越"花"，面目全非。

二、书刊损耗原因分析

（一）读者层面

1. 道德水平较低

毋庸讳言，应试教育仍是我国目前主流的教育体制，考什么，教什么；哪个科目权重高，哪个科目受重视的程度就高。我们只要对中小学"思想品德"课程设置及其考试分数占比稍加分析，就不难"理解"为什么学生社会公德较差了。与此同时，家庭教育也有问题。现在大多是独生子女，不少同学从小就娇生惯养，唯我独尊，自私自利，礼、义、仁、孝等优秀传统理念缺失，心目中少有公德意识。

2. 法制观念淡薄

图书馆馆藏文献是国有资产，受法律保护。一些青少年甚至家长认为，偷一本书和撕几页书不值多少钱，没什么大惊小怪。尽管我国新刑法对14周岁以下、14至16周岁、16岁以上的人犯罪有明文规定，同时对其家长或监护人也有相应的法责，但法律知识宣传教育还不够，部分青少年法制观念依然淡薄。

3. 爱书意识缺乏

不良取书习惯增大了图书损耗。有些小读者用一只手取下图书，不合意时也用一只手把它插回挤得紧紧的一排图书中去，这样往往是先把那一排图书放乱或推倒，再勉强把书放回书架，致使图书封面和最外面几页被折叠或挤变形，甚至被撕破。

(二) 图书馆层面

1. 工作人员不足

以我馆为例，借阅部开放时间为9：00—17：30，工作人员分成两班，每班只有3至4人；书库成反凹型形态，工作人员需要完成借还书、排架、上架、整理图书等任务，对书库巡视力度不够，给个别不良读者造成可乘之机。特别是在寒暑假、国家法定节假日、双休日期间，读者流量、借阅量大幅增加，工作人员处于超负荷工作状态，巡库力度更弱，书刊损耗更厉害。

2. 监测设备陈旧落后

电子防盗监控设备"超期服役"，年久失修，故障较多，防盗报警作用大为削弱。防盗磁针及其配套设备是一种比较落后的技术装备，一旦防盗磁针被抽出或被破坏，监测系统则完全失效。

3. 管理存在漏洞

虽然图书馆都有一套严格的岗位管理制度和书刊借阅赔偿制度，但有的不够完善。部分工作人员秉持以教育为主的思想，对偷书行为没有按照管理制度进行处理，让偷书者有了侥幸心理；赔偿制度是十多年前制定的，赔偿的标准一直未作调整，考虑到偷窃图书的都是未成年人，所以很多丢失的书都是按原价赔偿，致使在赔偿的幌子下巧占书刊的现象时有发生。

(三) 出版印刷机构层面

有些出版社为追求效益和速度，图书装订质量越来越差，书脊仅用一层胶来粘结，往往新书只经过两三名读者借阅，书脊就开胶、开裂、掉页，一张条码页的缺失或整本书的散架都导致该书的报废，这也是造成藏书破损的原因之一。

三、应对措施

（一）充分发挥社会教育职能

1. 做好馆前教育宣传工作

在小读者办证进入图书馆之前，就明确告诉他们，在图书馆应该做什么、不应该做什么；发放图文并茂的《读者手册》，手册里详细描述小读者在图书馆里的文明行为和不文明行为；据法律条文讲解偷书、毁书会出现什么后果、怎样处理，在小读者中树立遵纪守法意识。

2. 定期开展文明读者推广活动

少儿图书馆是塑造广大青少年美好心灵的教育阵地，应科学地培育爱书护书的良好习惯。比如，建立爱书宣传专栏，介绍一些伟人、先进人物读书爱书的故事；组织文明读者评选活动，将评选出来的文明读者的事迹在宣传专栏中公布，向文明读者发放证书及奖品，并通知所在学校、社区，将其文明行为广而告之，发挥榜样效应。

3. 强化思想品德和法律知识教育

积极联系学校，利用图书馆资源和学校联合举办污损图书展览，让学生感受污损图书造成的阅读效果差、阅读情绪差的体验。举办法律知识讲座，请少管所的工作人员到学校讲解典型案例，让中小学生明白"勿以恶小而为之，勿以善小而不为"的道理，知晓犯罪在思想、行为方面由量变到质变的过程。这样既加强了思想品德教育，又增进学生遵守法律、遵守图书馆各项规章制度的意识，从而达到"争做文明读者良好氛围"的预期目标。

4. 成立少儿督导队

在少儿阅览室成立少儿督导队，人员可以在经常性小读者中间聘请一些监督员，发挥小小管理员的作用，让他们参与图书管理和书架整理，开展文明阅读督导服务。同龄人纠正同龄人的不良行为，往往可以起到良好的效果。设立奖励制度和举报制度，对制止或举报偷书、损毁图书的读者给予表扬和奖励。

（二）加强内部规范控制

1. 严格执行国家标准和文化行业标准

一是根据资源建设标准，严把购书质量关，杜绝假冒伪劣书刊入藏，从源头上治理图书脱页、散架现象，堵塞因此而造成的丢书途径。二是根据图书馆文献加工、保存和排架标准规范，定期加固流通书刊，及时上架、整架、顺架，搜寻出个别读者藏匿的图书，减少图书假丢现象，从事中加以管控。三是根据

1101

图书馆统计标准，定期收集读者提供的未找到书目，进行大范围搜索，将确实未找到的列入丢失行列并在ILIAS中进行标注，从事后加以管控。

2. 改进磁性监测设备

在书中埋磁针的办法，应尽快以喷磁粉等更为有效的办法代替。一般说来，喷磁粉于书的封面和书脊、切口，或喷于某些内页，使窃书者难以用一般工具刮去。同时，应尽快更换更高质量和更高技术指标或敏感度的监测仪，还应在阅览室里安装电子监控设备，对窃书者起到警告作用。

3. 落实少年儿童图书馆服务规范

一是根据服务规范的要求，明确流通部各个环节的工作职责，使馆员对自己的工作任务及质量要求有一个清晰的认识。比如，借还书处要加强借阅监管，对图书的破损及异样情况作出反应；在扫描时做到手快心细，不疏忽，以免有漏网之鱼。二是合理配置内部机构人员数量，对那些季节性借阅量大的岗位，应对照服务规范作相应的人员调整，适当增加岗位人员数配给，以便及时完成巡库、整架、排架的任务。

（三）优化外部环境

引入社会治理机制，加强图书馆与辖区派出所、图书馆与学校、图书馆与社区、图书馆与家庭的沟通与协调，多方通力合作，形成和谐有序、自律自治的制度化治理机制，共同维护图书馆馆藏安全。

综上所述，开架借阅是少儿图书馆的主流服务形式，也是"以读者为中心"的办馆宗旨的重要体现。多措并举，处理好丢书、毁损图书问题，是提供优质服务的必然要求。先进图书馆的实践证明，严格按照少年儿童服务规范和业务工作标准，结合本馆实际，加强社会教育，提高青少年思想道德水平，强化法律意识；科学制定管理规章，不断改进技术设备，提高员工的责任心；优化外部环境，加强社会治理，开架借阅工作定会日趋完善，读者满意度必然稳步增长。

参考文献

[1] 李秀玲. 从图书丢失损毁现象谈起 [J]. 高等教育研究，1998（3）：71-72.

[2] 孙灵燕，胡维青. 高校图书馆毁损图书调查引发的思考 [J]. 科技情报开发与经济，2007，17（12）：59-60.

附件：2021年湖北省图书馆学会年会征文获奖名单

一等奖（15篇）		
单 位	论文题目	姓名
武汉市洪山区图书馆	5G时代区级图书馆的变革和思考	何敏
湖北省图书馆	文化振兴背景下的公共图书馆功能研究	谭兴国
武汉市少年儿童图书馆	浅析地方文献对"非遗"文创产品的促进作用——以湖北省纺织类"非遗"为例	杨振宇、蔡朝霞
湖北第二师范学院图书馆	我国智慧图书馆研究的热点与趋势分析——基于CNKI信息计量分析	秦艳姣
湖北省图书馆	打造"小而美"的服务矩阵——城市书房差异化建设探讨	李茜
武汉大学信息管理学院	国内外三所高校图书馆学者画像服务调查与分析	江语蒙
湖北省图书馆	基于家庭参与理念的图书馆创意家庭服务研究——以湖北省少年儿童图书馆"成长导师"系列活动为例	杨帆
湖北理工学院图书馆	面向用户的电子资源利用调查与需求驱动的订购决策——以湖北理工学院为例	肖蕾、张岚、程雅倩
黄冈师范学院图书馆	试论《史略》的史部分类特点	童子希
湖北省图书馆	我国公共图书馆地方立法的现状分析与对策——以地方立法法律文本及相关研究为考察中心	黄国华
湖北省图书馆	新时代图书馆文创产品开发与地方文献相结合的思考	王俪颖

续表

单　位	论文题目	姓名
湖北省图书馆	公共图书馆新媒体阅读推广创新探索——2021年湖北省图书馆"因书而美"世界读书日案例浅析	竺佳怡
中国地质大学（武汉）图书馆	智能时代的图书馆空间建设与空间再造——以中国地质大学（武汉）图书馆为例	梁胜男
华中科技大学图书馆	图书馆在"三全育人"中的实践与探索——以华中科技大学图书馆为例	范煜、张绚丽
西北农林科技大学图书馆、中国科学院武汉文献情报中心	新农科背景下"双一流"高校图书馆农业智库建设研究	芦楚屹、刘佳
二等奖（31篇）		
单　位	论文题目	姓名
十堰市汉江师范学院	新一代智慧图书馆的功能与业务体系建设研究	马晓艳
丹江口市图书馆	"文旅融合，拥抱诗与远方"——文旅融合发展与总分馆建设背景下的丹江口市"均州书房"探索与实践	邓亚虎
湖北省图书馆	甘鹏云纂刻的乡邦文献四种——《楚师儒传》《潜江书征》《潜江贞石记》《潜江旧闻》	石玥
湖北省图书馆	浅析文旅融合背景下城市书房服务的发展	杨晓彤
湖北省图书馆	公共图书馆解决老年人运用智能技术困难的实践与探索——以湖北省图书馆开展老年读者智慧触网系列主题讲座活动为例	余梦、贺维
湖北省图书馆	基于内容分析的我国公共图书馆老年人服务研究	罗媛
黄冈市图书馆	拓展功能 创新机制 探索路径——基层图书馆文化精准扶贫论略	高颖彦
湖北省图书馆	图书馆社会教育与特殊人群服务	何菁
湖北第二师范学院图书馆	5G时代高校智慧图书馆多维学习服务体系构建	卢连梅、覃利

续表

单　位	论文题目	姓名
湖北省图书馆	公共图书馆服务模式新研究——以"城市书房"为例	张潇潇
汉江师范学院图书馆	地方院校图书馆学生读者满意度影响因素研究	杨晓月
武汉大学信息管理学院	美国马萨诸塞州公共图书馆信息素养教育实践及启示	冯薇、石庆功
湖北省图书馆	全媒体时代公共图书馆阅读推广服务工作研究——以武汉地区公共图书馆阅读推广为例	邓超
湖北恩施学院图书馆	高校图书馆的特色馆藏建设	金硕
武昌理工学院	高校图书馆智慧服务模式探析	田雅君
新洲区图书馆	公共图书馆阅读推广创新探索	吴红兵
中国地质大学（武汉）图书馆	基于5G的高校图书馆精准服务展望	肖萍新、李卉
湖北省图书馆	新公共管理理论在阅读推广服务中的积极探索——以湖北省图书馆线上方舱图书馆为例	董思涵
湖北省图书馆	公共图书馆文化创意产品开发实践与启示	曹锐
湖北省图书馆	挖掘地方特色价值 助力文创产品开发——以湖北省动漫产业SWOT分析为例	曾铖
武汉大学信息管理学院	高校图书馆吸引社会捐赠措施研究	袁佳
武汉商学院经济学院	信息化时代高校图书馆服务模式的改革创新研究	张兵
襄阳市图书馆（襄阳市少年儿童图书馆）	疫情背景下公共图书馆服务思考——以襄阳市少年儿童图书馆为例	孟子祎
武汉市江岸区图书馆	最短的路径：以终为始——公共图书馆智慧化建设中的Web 2.0模式应用研究	朱玲
仙桃市图书馆	5G时代图书馆服务的变革与思考	刘化兰
湖北省图书馆	文旅融合背景下公共图书馆的服务创新	张广振
武汉大学	国内图书馆数字资源长期保存的现状和策略分析	代亚青

续表

单 位	论文题目	姓名
湖北省图书馆	短视频延伸阅读的触角	杨思
武汉市少年儿童图书馆	图书馆儿童想象力阅读活动探析——以武汉市少年儿童图书馆"千字屋"儿童想象力体验空间为例	林翔
湖北省图书馆	后疫情时代数字阅读特征与需求探析	余昳、王志彦、毛薇
湖北省图书馆	后疫情时代下的公共图书馆讲座发展路径探析——以长江讲坛为例	刘虹

三等奖（38篇）

单 位	论文题目	姓名
湖北省图书馆	浅析后疫情时代读者信息不对称对借还工作的影响——以湖北省图书馆中文外借期刊借还的角度	张定高
湖北省图书馆	"互联网+"背景下的图书馆阅读推广策略探究——以湖北省图书馆为例	雷晶
江汉大学图书馆	图书馆基于基础工作的体系构想	要红
当阳市图书馆	当阳图书馆挖掘地方文献价值开发文创产品的实践与思考	朱慧江
十堰市图书馆	Interlib系统在流通部门统计工作中的应用与实践——以十堰市图书馆外借部为例	田蜜
湖北省图书馆	后扶贫时代公共图书馆的作为	王义翠
湖北省图书馆	人文与技术驱动下智慧图书馆建构探析	李晶
湖北省图书馆	湖北省图书馆特殊人群健康支援	李久艳
十堰市图书馆	十堰市地方文献工作案例研究及创新发展探索	赵璐、郝梦寅
湖北省图书馆	公共图书馆公益讲座推广研究——以湖北省图书馆沙湖书会公益讲座为例	蒋慧
湖北恩施学院	智慧图书馆建设模式与路径	向秀立、刘卫强、周志清

续表

单　位	论文题目	姓名
中南财经政法大学图书馆	我国省级公共图书馆微信公众号运营现状研究	向纯仪
武汉市少儿馆	对少年儿童图书馆做好红色经典阅读推广的思考——以武汉市少年儿童图书馆为例	刘芳
华中科技大学图书馆	公共图书馆服务模式的新研究——以城市书房建设为例	成素凤
湖北省图书馆	公共图书馆文献资源建设优化实践思考——以湖北省图书馆采访工作为例	胡多
湖北省图书馆	公共图书馆信用免押金办证服务工作探析	黄雨晨
黄石市图书馆	关于公共图书馆特色馆藏建设的实践与思考——以黄石市图书馆为例	彭晓燕
武汉大学	基层图书馆针对特殊人群的服务现状与建议——以武汉市区图书馆为例	温明谕
湖北省图书馆	湖北省公共图书馆在应对重大突发公共卫生事件中的实践与思考——以新冠肺炎疫情为例	李红、代新欣
中国地质大学（武汉）图书馆	图书馆智能学术论文平台的探索与研究	胡霍真、孙明
湖北省图书馆	疫情时期公共图书馆舆情信息服务研究——以湖北省图书馆为例	欧阳磊
襄阳市图书馆	浅析现代信息技术在基层图书馆的实践——以襄阳市图书馆为例	果树奕姜懿
湖北省图书馆	疫情防控背景下公共图书馆"云服务"浅探	石星
武汉市少年儿童图书馆	浅谈馆藏统计分析与优化馆藏建设——以武汉市少年儿童图书馆为例	刘利
武汉市新洲区图书馆	图书馆加强阅读推广的途径与方式——以武汉市新洲区图书馆为例	张彩雯
湖北省图书馆	湖北省图书馆科普服务智慧化路径研究——以智能设备在图书馆服务中的应用为例	曾铖
湖北省图书馆	智能时代的图书馆资源建设与数据服务浅析——以湖北省图书馆为例	张广振

续表

单 位	论文题目	姓名
武汉市少年儿童图书馆	"音乐与阅读":公共图书馆儿童阅读推广新模式——武汉市少年儿童图书馆"音乐与阅读"活动实践与思考	徐水琴、陈聪
湖北省图书馆	试探基于多元交互模式下文献智慧借阅体系的架构与设计	翁利鹏
宜昌市图书馆	公共图书馆少儿阅读推广与旅游融合路径思考——以宜昌市图书馆为例	刘文涛、余露雲
湖北省图书馆	文旅融合背景下公共图书馆服务创新初探——以湖北省图书馆为例	钟源
咸宁市图书馆	大数据时代图书馆提升服务效能的创新探索——以咸宁市图书馆为例	王程
华中科技大学图书馆	高校图书馆科技情报服务育人实践和思考——以华中科技大学图书馆为例	次雨桐、方吉
鄂州市图书馆	微信公众号在公共图书馆的应用和优化创新	朱晓敏
湖北省图书馆	公共图书馆"讲书"系列活动品牌创建成效影响因素分析——以湖北省图书馆讲书人系列活动为例	曹星月
中国科学院武汉文献情报中心	潜在科研合作预测方法研究进展	赵展一、李晓妍、宋姗姗
黄石市图书馆	图书馆创建国家A级旅游景区可行性研究分析	卢蓉
湖北省图书馆	公共图书馆红色文献阅读推广研究——以湖北省图书馆建党百年馆藏党报党刊展为例	聂曚、何菁